LE DROIT DE LA GUERRE, ET DE LA PAIX.

PAR

HUGUES GROTIUS.

NOUVELLE TRADUCTION,

Par JEAN BARBEYRAC,

Professeur en Droit à GRONINGUE, *& Membre de la Societé Roiale des Sciences à* BERLIN.

Avec les NOTES DE L'AUTEUR même, qui n'avoient point encore paru en François; & de nouvelles NOTES DU TRADUCTEUR.

TOME SECOND.

G. Rademaker delin. B. Bernaerts sculp.

A AMSTERDAM,

Chez PIERRE DE COUP.

MDCCXXIV.

Avec Privilege de nos Seigneurs les Etats de Hollande & de Westfrise.

LE DROIT DE LA GUERRE, ET DE LA PAIX.

SUITE DU LIVRE SECOND.

CHAPITRE XVII.

Du DOMMAGE causé injustement, & de l'obligation qui en resulte.

I. *Que toute Faute oblige à la réparation du dommage.* II. *Ce que c'est que* DOMMAGE. III *Qu'il faut bien distinguer entre l'*aptitude *ou le mérite, & le* droit *proprement ainsi nommé, qui se trouvent quelquefois joints ensemble à divers égards.* IV. *Que l'estimation du Dommage tombe aussi sur les* fruits, *ou les revenus.* V. *Comment le* profit cessant *entre dans cette estimation.* VI. *Que l'on cause aussi du dommage* par autrui; *& cela ou en faisant certaines choses, soit en prémier chef;* VII. *ou en second chef:* VIII. *Ou en ne faisant pas certaines choses; & cela encore ou en prémier chef;* IX. *ou en second chef.* X. *Quelle influence il faut avoir eu sur l'acte d'autrui, pour être responsable du dommage.* XI. *Ordre du dédommagement, dans un* concours de plusieurs personnes *à causer le dommage.* XII. *Que l'obligation de dédommager s'étend aussi aux* suites *du Dommage.* XIII. *Exemples de la manière de dédommager.* 1. *Lors qu'on a commis un* Homicide. XIV. 2. *Lors qu'on a* maltraité *quelcun en sa personne, de quelque autre manière.* XV. 3. *Lors qu'on a commis* adultére *avec une Femme, ou* attenté à la pudeur *d'une Fille.* XVI. 4. *Lors qu'on a commis un* Vol, *un* Larcin, *ou autres semblables injustices.* XVII. 5. *Lors qu'on s'est fait faire une Promesse par tromperie, ou par force.* XVIII. *Du cas où la crainte, qui oblige à promettre, est juste, selon le Droit Naturel.* XIX. *Si la crainte, qui est reputée juste selon le Droit des Gens, suffit pour autoriser à se prévaloir de la Promesse?* XX. *Comment le* Souverain *est responsable du Dommage causé par ses Sujets. Du butin que des Armateurs font sur les Amis & Alliez, contre les ordres de leur commission.* XXI. *Si, par le Droit Naturel, on est tenu du dommage causé sans qu'il y ait de nôtre faute, par une* Bête *qui nous appartient, ou par la rencontre de deux Vaisseaux?* XXII. *Que l'on peut causer du dommage à l'égard de l'*Honneur *ou de la* Réputation; *& de quelle manière il se répare.*

§. I. 1. TOUT ce qui nous est dû, l'est ou par quelque *Convention*, ou en conséquence de quelque *Délit*, ou en vertu de quelque *Loi*; selon la division que nous avons (a) faite ailleurs. Nous venons de traiter suffisamment de ce qui regarde la prémiére de ces sources, ou les Conventions. Passons maintenant à l'obligation qui résulte naturellement du Délit.

(a) *Chap.* I. de ce Livre, §. 2. *num.* 5.

2. J'entens ici par (b) *Délit*, toute faute (1) commise, soit en faisant ou en ne faisant pas certaines choses, au préjudice de ce à quoi on étoit tenu ou purement & simplement entant qu'Homme, ou à cause d'une (2) certaine qualité particuliére dont on est revêtu.

(b) *Maleficium.*

3. Or, quand on a causé du dommage par une faute comme celle-là, (3) on est naturellement tenu de le reparer (4).

§. II. 1. LE DOMMAGE, comme semble l'insinuer l'étymologie (1) du mot (a) Latin, consiste en ce qu'on *ôte* à quelcun quelque chose de ce qui est *sien*, soit qu'il le tienne de la Nature toute seule, soit que cela lui appartienne en conséquence de quelque acte humain, comme en vertu d'une Convention, ou par une suite de l'établissement de la Propriété des biens; soit enfin que quelque Loi le lui donne.

(a) *Damnum.*

2. Ce qui appartient naturellement à chacun, c'est la *Vie*, dont on est maître pour la conserver, & non pas pour la détruire: c'est ensuite nôtre *Corps*, nos *Membres*, nôtre *Honneur*, nôtre *Réputation*, & nos *Actions* propres.

3. Pour ce qui appartient à chacun en conséquence de l'établissement de la *Propriété* des biens, ou en vertu de quelque *Convention*; nous en avons traité ci-dessus, & par rapport aux choses même qui deviennent aussi nôtres, & par rapport au droit qu'on aquiert ainsi sur les actions d'autrui.

4. Chacun a aussi certains droits, dont il est revêtu par quelque Loi. Car les Loix ont autant (2) ou plus même de pouvoir, que chacun n'en a sur soi-même, & sur ce qui est à lui. Ainsi un Pupille aura droit d'exiger de son Tuteur un degré considérable (3) d'exactitude & de circonspection dans le manîment des affaires de la Tutéle, si les Loix le requiérent ou formellement, ou par une conséquence assez claire. Il faut dire la même chose du Corps de l'Etat, par rapport à un Magistrat; & même chaque Citoien en particulier peut prétendre que les Magistrats (4) s'aquittent de leur devoir avec une grande exactitude, s'il y est autorisé par les Loix.

1. Mais

CHAP. XVII. (1) Le mot de *Faute* se prend ici dans un sens général, qui renferme la mauvaise foi, aussi bien que l'imprudence.

(2) C'est-à-dire, non seulement à cause d'une certaine rélation qu'on a avec d'autres, ou d'un certain Emploi dont on est revêtu, mais encore en vertu de tout engagement ou l'on est entré de soi-même.

(3) Voiez PUFENDORF, *Droit de la Nat. & des Gens*, Liv. III. Chap. I. qui doit être perpétuellement confronté avec nôtre Auteur sur cette matiére.

(4) Les *Grecs* appellent le droit qu'on a d'exiger cete séparation, Ἀμείας δίκη. Il en est traité dans le DIGESTE, Lib. IX. Tit. II. *Ad Leg. Aquil.* & dans les Titres suivans; comme aussi dans les DE'CRE'TALES, Lib. V. Tit. XXXVI. *De injuriis & damno dato.* GROTIUS.

C'est dans HE'SYCHIUS qu'on trouve Ἀμείας δίκη, expliqué par ζημία. Voiez l'Indice du *Thrésor de la Langue Gréque*, par HENRI ETIENNE.

§. II. (1) *Damnum* vient peut-être de *demere*, comme VARRON le dérive: DAMNUM *à demtione, quum minus re factum, quàm quanti constat*, De Lingua Lat. *Lib.* IV. (pag. 41. *Edit. H. Steph.*) D'autres aiment mieux faire venir ce mot, de Δαπάνη, *frais, dépenses*, comme si l'on avoit dit d'abord *Dapnum*, & puis *Damnum*: de même que d'Ὕπνος *Sommeil*, on a fait *Sopnus*, & puis *Somnus*. On pourroit dire aussi, avec assez de vraisemblance, que *Damnum* vient du Grec Δάμνω (ou plûtôt Δαμάω, Δάμνημι) qui signifie la même chose que βιάζω: ou bien de Ζημία, d'où l'on a fait *Damia*, & puis *Damnum*: comme de *Regia*, *Regnum*. GROTIUS.

La prémiére de ces Etymologies, est celle que donnent les Jurisconsultes, comme on l'a remarqué: DAMNUM & DAMNATIO, *ab ademtione & quasi deminutione patrimonii, dicta sunt.* DIGEST. Lib. XXXIX. Tit. II. *De damno infecto* &c. Leg. III.

(2) Voiez ci-dessus, *Liv.* I. *Chap.* I. §. 6.

(3) Ainsi, par le Droit Romain, un Tuteur est responsable non seulement de sa mauvaise foi, ou d'une négligence grossiére, mais encore de ce qu'on appelle *faute legére*, c'est-à-dire, s'il n'a pas fait ce que feroit un Pére de Famille médiocrement avisé: *Quidquid Tutoris dolo, vel latâ culpa, aut levi, seu Curatoris, Minores amiserint, vel, quum possent, non adquisierint; hoc in*

inte-

5. Mais l'aptitude seule, ou le mérite, que l'on appelle aussi *droit* dans un sens impropre, & qui est l'objet de (b) la *Justice Attributive*; ne suffit pas pour que l'on puisse réputer sien véritablement ce qui nous convient de cette manière, & par conséquent n'impose point l'obligation de réparer le dommage: car de cela seul qu'on est capable ou digne d'avoir une chose, il ne s'ensuit pas qu'elle soit nôtre. Sur ce principe, ARISTOTE (5) dit, qu'*un homme, qui, par avarice, n'assiste pas de son bien les Nécessiteux, n'a rien au delà de ce qu'il devoit avoir.* CICERON soûtient aussi, (6) que *tel est le droit des Peuples Libres, qu'ils peuvent, par leurs suffrages, donner ou ôter à chacun ce qu'il leur plaît.* Un peu plus bas néanmoins il remarque, (7) qu'il arrive quelquefois que le Peuple fait ce qu'il veut, & non pas ce qu'il doit; de sorte que là le mot de *devoir* est emploié dans un sens plus étendu.

(b) Voiez Liv. I. Chap. I. §. 7, 8

§. III. 1. MAIS il faut bien prendre garde de ne pas confondre ici deux choses très-différentes. (a) Car si l'on a donné charge à quelcun de conferer certains Emplois Publics, il est tenu envers l'Etat de choisir des sujets dignes, & l'Etat a un droit proprement ainsi nommé d'exiger cela de lui; de sorte que, quand il a choisi quelque sujet indigne, & que l'Etat en souffre du dommage, il est obligé de le reparer.

(a) *Thom.* & *Cajetan.* II. 2. Quæst. LXII. Art. 2. *Soto*, Lib. IV. Qu. VI. *Lessius*, Lib. II. Cap. XII. Dub. 18. *Covarruv.* ad Cap. *Peccatum*: Part. II. §. 7.

2. Tout Citoien aussi, qui n'est pas indigne d'un certain Emploi Public, quoi qu'il n'aît pas droit à la rigueur d'exiger qu'on le lui confére, a pourtant un vrai droit d'y prétendre, comme les autres. Si donc on le traverse dans sa poursuite, soit par violence ou par artifice, il peut légitimement demander, non pas à la vérité l'équivalent de la chose entière qu'il recherchoit, mais un dédommagement de ses espérances, à proportion du plus ou moins d'incertitude qu'il y avoit. La même chose a lieu, lors que, par force ou par ruse, on a empêché qu'un Testateur ne fit un Legs à quelcun. Car la capacité de recevoir un Legs étant une espéce de droit, c'est faire du tort à une personne que de la frustrer de ses espérances, en ôtant à un Testateur la liberté ou la bonne volonté de disposer en sa faveur de quelque partie de ses biens.

§. IV. ON a *moins* qu'on ne devoit, & par conséquent on est censé avoir reçû du Dommage, non seulement à l'égard de la *chose* même qui nous appartenoit, mais encore à l'égard des *fruits*, ou des *revenus*, qui proviennent proprement de la chose, (a) soit qu'on les eût déja recueillis ou non, pourvû qu'on eût lieu de s'attendre à les percevoir: bien entendu que, selon la régle qui défend de s'enrichir aux dépens d'autrui, on déduise préalablement les dépenses faites pour l'amélioration de la chose, ou pour recueillir les fruits.

(a) *Soto*, Lib. IV. Quæst. VIII. *Lessius*, Lib. II. Cap. XII. Dub. XVI. *num.* 3.

§. V. LE profit qu'on auroit pû retirer de son bien, doit aussi être estimé, non pas en

tutela, seu negotiorum gestorum, utile judicium venire, non est incerti juris. COD. Lib. V. Tit. LI. *Arbitrium tutelæ*, Leg. VII.

(4) Et par consequent exiger d'eux un dédommagement du prejudice qu'ils lui ont causé en n'apportant pas à l'exercice de leur charge ce degré d'exactitude. Nôtre Auteur a eu ici apparemment dans l'esprit l'exemple de l'action subsidiaire que le Droit Romain accorde à un Pupille contre les Magistrats Municipaux, qui ou ne lui avoient point donné de Tuteur, en étant requis; ou n'avoient pas eu soin, en lui donnant des Tuteurs, de les bien choisir, ou d'exiger d'eux de bonnes Cautions. Voiez le Titre *De Magistratibus conveniendis*, dans le DIGESTE, *Lib.* XXVII. *Tit.* VIII. & dans le CODE, *Lib.* V. Tit. LXXV. Mais pour l'ordinaire les Particuliers sont obligez de supporter la perte, qui leur arrive par un effet de la négligence, ou même des malversations du Magistrat, sans être autorisez par les Loix à s'en prendre au Magistrat, sur tout à ceux d'un rang fort distingué. Ce n'est pas qu'à en juger, selon les régles inviolables de l'Equité Naturelle, aucun Magistrat soit dispensé en conscience de reparer, autant qu'il lui est possible, le dommage qu'il a véritablement causé aux Particuliers, en manquant considérablement au devoir de sa charge, quelque impunité que les Loix lui assûrent à cet égard. Tout ce qu'il y a, c'est que les Magistrats étant hommes, on doit leur pardonner quelque chose; & par conséquent on est censé les avoir tenus quittes par avance de ce qui arrive par l'effet d'un petit relâchement, ou d'une de ces négligences que la fragilité humaine ne permet pas d'éviter toûjours; sur tout lors que, dans le tems qu'ils s'y sont laissé aller, il n'y avoit pas lieu d'en appréhender vraisemblablement des suites fort fâcheuses, du moins prochaines.

(5) Πλεονεκτεῖ δ' οὐδὲν [οὐ βοηθήσας χρήμασι δι' ἀνελευθερίαν.] Ethic. Nicom. *Lib.* V. *Cap.* IV.

(6) *Est enim hæc conditio liberorum populorum .... posse suffragiis vel dare, vel detrahere, quod velit cuique.* Orat. pro Cn. Plancio, *Cap.* IV.

(7) *Malè judicavit Populus. At judicavit. Non debuit. At potuit.* Ibid.

en lui-même & aussi loin qu'il peut s'étendre, mais à proportion du plus ou moins de disposition prochaine (1) qu'il y avoit à procurer l'effet des espérances conçuës. S'il s'agit, par exemple, d'un Champ semé, que l'on a ravagé, il faut donner à proportion de ce qu'il y avoit plus ou moins d'apparence d'une belle Moisson.

§. VI. 1. OUTRE celui qui a causé le Dommage immédiatement & par lui-même, (a) il y a quelquefois d'autres personnes qui en sont responsables, parce qu'elles ont fait ou qu'elles n'ont pas fait certaines choses.

(a) *Thom.* II. 2. Qu. LXII. Art. 4. *Soto*, Lib IV. Quæst. VI. Art. 5.

2. Ce que l'on a fait par rapport au Dommage causé *par autrui*, en rend responsable ou *en prémier chef*, ou *en second chef*.

3. *En prémier chef*, lors qu'on commande l'action d'autrui d'où provient le dommage, ou qu'on donne le consentement nécessaire pour la commettre, ou que l'on fournit quelque secours à celui qui la commet, ou qu'on le retire & le protége; en un mot, lors qu'on a part de quelque autre maniére (1) à l'action même criminelle.

§. VII. CEUX qui conseillent l'action dommageable, (1) ou qui (2) louent celui qui la commet, ou qui le flattent, sont responsables du dommage *en second chef*. QUELLE *différence y a-t-il*, disoit autrefois (3) CICÉRON, *entre conseiller un crime, & l'approuver, quand il est commis?*

§. VIII. 1. CE que l'on a négligé de faire, rend aussi responsable du dommage causé par autrui, ou *en prémier chef*, ou *en second chef*.

2. *En prémier chef*, lors qu'étant obligé à la rigueur d'empêcher le mal en le défendant à celui qui le commet, ou de (1) secourir celui qui est insulté; on ne le fait pas (2).

§. IX. 1. EN *second chef*, lors que l'on ne dissuade pas quelcun, comme on le devoit, de se porter au mal qu'il va faire; ou lors que, le mal étant déja fait, on garde là-dessus le silence, quoi qu'on fût obligé de le revéler.

(a) *Lessius*, Lib. II. Cap. XIII. Dub. X.

2. Or, en tout ceci, le (a) *devoir* ou l'obligation, que nous supposons, répond au *droit* proprement ainsi nommé, qui est l'objet de la *Justice Explétrice*; soit que ce droit soit fondé sur quelque Loi, ou sur une certaine (1) qualité particuliére. Car si les Régles seules de la Charité nous engagent à faire ou ne pas faire certaines choses qui

§. V. (1) L'Auteur cite ici en marge une Loi, qui porte, qu'en faisant l'inventaire d'une Hoirie, s'il paroit que le Défunt s'étoit engagé à quelque chose sous une condition qui n'étoit pas encore accomplie au tems de sa mort, on doit mettre au rang de ses Dettes, non pas tout ce qu'il auroit pû être un jour obligé de donner, le cas avenant, mais autant qu'on pourroit vendre l'espérance de l'événement de la condition, qui doit déterminer la quantité de cette Dette conditionnelle, encore incertaine: *Magna dubitatio fuit, de his, quorum conditio mortis tempore pendet, id est, an quod sub conditione debetur, in stipulatoris bonis adnumeretur, & promissoris bonis detrahatur? Sed hoc jure utimur, ut quanti ea spes obligationis venire possit, tantum stipulatoris quidem bonis accedere videatur; promissoris vero, decedere.* DIGEST. Lib. XXXV. Tit. II. *Ad Leg. Falcid.* Leg. LXXIII. §. 1. Voiez là-dessus CUJAS, *Recitat. in Paul. ad Edictum*, Tom. V. Opp. *pag.* 826, 827. *Edit. Fabrott.*

§. VI. (1) *Aut qui alio modo in ipso crimine participat.* Je soupçonne que l'Auteur avoit voulu mettre, *alio simili modo*; quoi que toutes les Editions portent de même. Car il ne prétend pas que ceux de l'autre classe inférieure n'aient aucune part au crime: le contraire paroit par ce qu'il dit dans le paragraphe 10. Et au fond, sans cela, en vertu dequoi seroient-ils responsables du dommage? Il a donc voulu mettre au prémier rang, tous ceux qui ont, sur l'action dommageable commise par autrui, une influence *semblable* à ce qu'y contribuent ceux dont il a fait mention. Mais il falloit dire quelque chose de plus précis. Voiez les idées & les ouvertures que j'ai données sur cette matiére, dans les Notes sur les *Devoirs de l'Homme & du Citoien*, Liv. I. Chap. I. §. 27. de la 3. & 4. Edition.

§. VII. (1) C'est-à-dire, en sorte que les Conseils, les Louanges, ou les Flatteries, contribuent quelque chose à determiner celui qui commet l'action dommageable. Voiez la Note précedente.

(2) *Totilas* disoit, dans un Discours aux *Goths*, que celui qui louë l'Auteur d'une action en doit être regardé lui-même comme l'Auteur: 'O γὰρ ἐπαινέσας τὰ ἀδικήματα, οὐδέν τι ἧσσον τῶν ἀπειργασμένων αὐτουργὸς γίνεται. Gothic. *Lib.* III. (*Cap.* XXV.) Le Jurisconsulte ULPIEN veut, que, quoi qu'un Esclave fût entiérement déterminé de lui-même à dérober, ou à s'enfuïr, celui qui a loué son dessein en soit responsable: *Immo & si erat servus omni modo fugiturus, vel furtum facturus, hic vero laudator hujus propositi exstitit, tenetur. non enim oportet laudando augeri malitiam.* DIGEST. Lib. XI. Tit. III. *De Servo corrupto*, Leg. I. §. 4. GROTIUS.

Mais

qui ont du rapport au dommage causé par autrui, on fait mal à la vérité d'y manquer, mais on n'est pas pour cela tenu de reparer le dommage; cette obligation venant d'un droit proprement ainsi nommé, comme je l'ai déja dit.

§. X. 1. Il faut (a) savoir encore, que tous ceux dont je viens de parler sont tenus de reparer le Dommage, supposé qu'ils en aient été véritablement la cause, c'est-à-dire, s'ils y ont contribué efficacement, ou en tout, ou en partie. Car il arrive souvent, à l'égard de ceux qui concourent en second chef à l'action dommageable, soit en faisant ou en ne faisant pas certaines choses, quelquefois même à l'égard de ceux qui concourent en prémier chef; il arrive, dis-je, souvent, que celui qui cause par lui-même le dommage étoit entiérement déterminé à le causer, sans tout ce qu'ils ont fait ou omis de leur part. Et en ce cas-là, ils n'en sont point responsables.

(a) Voiez *Thom.* II. 2 Qu. LXII. Art. 6. *Soto*, Lib. IV. Quæst. VII. Art. 2.

2. Cela (b) ne doit pourtant pas être entendu de telle maniére, que, quand on voit qu'il se seroit trouvé assez d'autres gens qui auroient, par exemple, conseillé à quelcun une mauvaise action, ou qui l'auroient aidé à la commettre, ceux qui ont effectivement donné le conseil ou fourni le secours, ne soient responsables de rien par cette raison. Mais il suffit qu'il paroisse que, sans ce conseil ou ce secours, celui qui a causé le dommage ne l'auroit point fait. Car, si d'autres avoient conseillé l'action, ou aidé en quelque maniére à la commettre, ils seroient aussi responsables du dommage.

(b) *Caietan.* ad Quæst. LXII. Art. 6. *Medin.* Qu. VII.

§. XI. Pour ce qui est de l'ordre qu'il faut suivre dans le dédommagement lors que plusieurs ont concouru au dommage; je dis, que ceux qui ont commandé l'action dommageable, ou qui ont porté l'Agent de quelque autre maniére à la commettre, en sont responsables les prémiers. A leur défaut, on peut s'en prendre à l'Auteur même de l'action; & après lui, aux autres qui y ont contribué: de telle sorte que chacun d'eux en est responsable solidairement, (a) si l'action (1) a été toute produite par lui, quoi qu'agissant conjointement avec d'autres.

(a) Voiez *Lex Longobard.* Lib. I. Tit. IX. 5.

§. XII. Quiconque est responsable d'une action dommageable, (a) est responsable en même tems (1) de toutes les suites qui en sont provenuës par un effet de la nature même de l'action. Sene'que, le Rhéteur, proposant ce cas feint d'un homme qui avoit mis le feu à un Arbre de son Voisin, ce qui fut cause que la Maison de ce Voi-

(a) Voiez Thom. I. 2. Quæst. XX. Art. 5.

Mais voiez ce que j'ai dit sur cette Loi, dans le Chapitre de Pufendorf, qui répond à celui-ci, §. 4. *Note* 2. Pour ce qui est du passage de Procope, le Roi des *Goths* y parle d'une bonne action, & non pas d'une mauvaise; ce qui n'empêche pas que l'application ne soit juste, parce que la pensée est fondée sur le même principe.

(3) *Quid interest inter suasorem facti, & probatorem?* Orat. Philipp. II. (*Cap.* XII.) Ammien Marcellin applique ce mot à *Probus*, Préfet du Prétoire, sous *Valentinien*, *Valens*, & *Gratien*: Lib. XXVII. (Cap. XI.) Par les *Loix des* Lombards, celui qui a conseillé une chose est censé y avoir part, *Lib.* IV. *Tit.* IV. Voiez le dernier verset du Chap. I. de l'*Epitre aux* Romains, & là-dessus les anciens Docteurs. Grotius.

§. VIII. (1) Nice'tas Choniate dit, qu'on regarde comme coupable d'un incendie, non seulement celui qui a mis le feu, mais encore celui qui, pouvant l'éteindre, ne l'a pas voulu: 'O ἐμπρησμὸς οὐ μόνον τοῦ ἀνάψαντος, ἀλλὰ τοῦ κατασβέσαι δυναμένου, δέδοται δὲ [illegible] In *Manuel. Comnen.* (Lib. I. Cap III.) Grotius.

(2) Nôtre Auteur remarquoit ici, & il l'a repeté dans ses Notes sur l'*Epitre aux* Romains, I, 32. que celui qui n'empêche pas les autres de faire du mal, lors qu'il le devroit, est appellé par le Paraphraste Chaldéen, sur Le'vitique, XX, 5. סעד *Sahed*, comme qui diroit, un homme qui *affermit* les autres dans le mal. Et c'est de ces sortes de gens que les Rabbins croient qu'il s'agit, Le'vitiq. XXVI, 21.

§. IX. (1) Sur certaines rélations particuliéres en vertu desquelles on est obligé d'empêcher le mal que d'autres personnes pourroient faire; & à plus forte raison, de les y porter. Tels sont tous ceux qui ont quelque autorité ou quelque direction sur autrui.

§. XI. (1) Voiez l'explication de ceci, dans le Chapitre de Pufendorf sur cette matiére, §. 5.

§. XII. (1) Il y a une Loi qui porte, que si l'on a mis le feu à une Maison, & qu'il se soit communiqué à la Maison voisine, on doit dédommager non seulément le Propriétaire de la premiere Maison, mais encore celui de la Maison voisine, & aussi les Locataires de l'une & de l'autre, dont les effets ont été consumez: *Si quis insulam voluerit meam exurere, & ignis etiam ad vicini insulam pervenerit:* Aquiliâ *tenebitur etiam vicino. non minus etiam inquilinis tenebitur, ob res eorum exustas.* Digest. Lib. IX. Tit. II. *Ad Leg. Aquil.* Leg. XXVII, §. 8.

Voisin se brûla; raisonne ainsi là-dessus: (2) *Quoi que vous n'aiez voulu causer qu'une partie du dommage, cela suffit, vous êtes responsable de tout le mal arrivé, comme si vous aviez eu dessein de le causer tout. Car on ne peut s'excuser valablement sur ce qu'on n'a pas pensé à mal faire, que quand on n'a voulu faire absolument aucun mal.* ARIARATHE, Roi de *Cappadoce*, aiant, pour se divertir, fait boucher l'endroit par où le Fleuve *Mélas* se décharge dans l'*Euphrate*, la digue vint à se rompre, & les eaux, en s'échappant avec violence, firent enfler l'*Euphrate*, qui emporta une partie des terres de *Cappadoce*, & fit de grands ravages dans la *Galatie*, (3) & dans la *Phrygie*. Sur quoi le Peuple Romain aiant été pris pour arbitre, (4) condamna ce Prince à trois cens talens pour les dommages & intérêts.

§. XIII. 1. VOICI quelques exemples de ce que renferme le dédommagement auquel on est tenu, selon les différens cas. Un homme qui en a tué injustement un autre, doit paier les frais des Médecins, si l'on en a fait pour cela; (a) & donner à ceux que le Mort nourrissoit par devoir, comme à ses Pére & Mére, à ses Femmes, à ses Enfans, autant que peut se monter l'espérance de leur entretien pour l'avenir, eu égard à l'âge du Défunt. C'est ainsi (b) qu'*Hercule*, aiant tué *Iphitus*, paia une amende à ses Enfans, pour obtenir plus facilement l'expiation de son crime. Un Commentateur d'ARISTOTE dit (1) que *ce que l'on donne à la Femme, aux Enfans, ou aux autres Patrons de celui qui a été tué, on le lui donne en quelque maniére.*

(a) *Lessius*, Lib. II. Cap. IX. Dub. 19.

(b) *Diod. Sic.* Lib. IV. Cap. 31.

2. Quand je parle ici d'Homicide, j'entens un Homicide injuste, (c) c'est-à-dire, commis par une personne qui n'avoit pas droit de faire ce d'où s'est ensuivi la mort d'un autre. Car si on avoit droit de mettre en danger la vie de quelcun, encore qu'on aît péché contre la Charité, comme quand on n'a pas voulu fuïr; on ne sera pas responsable d'un tel meurtre, pour ce qui regarde le dédommagement dont nous traitons.

(c) *Lessius* ubi supra, *Dub.* XXI.

3. Au reste, on peut bien mettre à prix la Vie d'un Esclave, qui pouvoit lui-même être vendu: (d) mais la Vie d'une Personne Libre n'est pas susceptible d'imputation.

(d) *Navarr.* Cap. XV. *num.* 22.

§. XIV. 1. QUAND on a estropié quelcun, on est aussi tenu de paier les frais des Chirurgiens, & de dédommager outre cela le Blessé, à proportion (1) de ce qu'on l'empêche par là de gagner. Mais ici les cicatrices qui restent, ne sont pas susceptibles (2) d'estimation, non plus que la Vie, quand il s'agit d'une Personne Libre.

2. Ce-

(2) *Etiamsi partem damni dare noluisti, si tamen noluisti* [il faut lire *si tamen partem noluisti*, car, comme il paroît par les diverses Leçons de SCOTT, il y a trois MSS. qui portent, *si tamen voluisti partem*: & la ressemblance des mots *tamen*, *partem*, a fait éclipser le dernier sous la plume des Copistes] *in totum, quasi prudens dederis, tenendus es. Ex toto enim noluisse debet, qui imprudentiâ defenditur.* Lib. V. Excerpt. Controv. V. Voiez ce qui suit.

(3) STRABON, de qui nôtre Auteur a tiré ceci, dit, *aux Galates qui habitent en* Phrygie, Τήν τε τῶν Γαλατῶν, τῶν τὴν Φρυγίαν ἐχόντων οὐκ ὀλίγην ἐλυμήνατο. Geograph. *Lib.* XII. pag. 813. *Ed. Amst.* (539. *Ed. Paris*) Mais comprend-on bien aussi ce que dit là le Géographe? Pour moi, je ne vois pas comment l'*Euphrate* en se débordant aura pû ravager les Terres de *Phrygie*, si éloignées de là! La source même du Fleuve *Mélas* est à une distance considérable de la *Grande Phrygie*. On n'a qu'à jetter un coup d'œil sur les Cartes. Cependant les Commentateurs sont ici muets

(4) Ἀντὶ δὲ τῆς βλάβης ἐπράξατο ζημίαν αὐτὸν τάλαντα τριακόσια, Ῥωμαίοις ἐπιτρέψαντες τὴν κρίσιν, Ibid.

§. XIII. (1) Ἀλλὰ καὶ ὁ φονευθεὶς ἐφ' [illegible] εἶναι τινά. ὃ γὰρ ἡ γυνὴ, ἢ οἱ παῖδες, ἢ οἱ συγγενεῖς [illegible] ἀνελόντες λαβεῖν, τρόπον τινὰ ἐκεῖνος ἔλαβεν. MICHAEL EPHES. in Ethic. Nicom. Lib. V. Cap. II.

§. XIV. (1) *Quum liberi hominis corpus ex eo quod dejectum effusumve quid erit, læsum fuerit: Judex computat mercedes Medicis præstitas, cæteraque impendia, quæ in curatione facta sunt: præterea operarum, quibus caruit aut cariturus est, ob id quod inutilis factus est. Cicatricum autem, aut deformitatis, nulla fit æstimatio: quia liberum corpus nullam recipit æstimationem.* DIGEST. Lib. IX. Tit. III. *De his qui effuder. vel dejec.* Leg. VII. Cela s'observoit parmi les *Juifs*. Voiez le Livre intitulé BABA KAMA, Cap. VIII. §. 1. *Edit. Const. Lempereur.* On dit la même chose des *Anglois*, & des *Danois*. Voiez un Traité entre ces deux Peuples, dans la Dissertation du Savant PONTANUS, sur la Mer. GROTIUS.

Dans le Traité, dont nôtre Auteur veut parler, il n'y a rien sur le cas de la mutilation dont il s'agit. J'y trouve seulement une clause qui porte, Que si quelque *Anglois* tuë un *Norwegeois*, ou quelque *Norwegeois* un

2. Celui (3) qui a mis ou fait mettre quelcun en prison, doit le dédommager de la même maniére.

§. XV. 1. Un (a) Homme & une Femme Adultére sont tenus non seulement d'indemnizer le Mari de la nourriture de l'Enfant, mais encore de reparer la perte que les Enfans Légitimes peuvent faire en ce que l'Illégitime concourt avec eux à la Succession.

(a) *Lessius*, Lib. II. Cap. X. Dub. 6.

2. Celui qui a (b) abusé d'une Fille, soit par violence, ou par artifice, doit la dédommager à proportion de ce qu'elle devient par là moins en état de trouver à se marier. Il est même tenu de l'épouser, s'il n'a obtenu d'elle les derniéres faveurs que sous promesse de mariage.

(b) *Idem*, ibid. Dub. II. & III.

§. XVI. 1. Un (a) Larron, ou un Ravisseur, doivent restituer ce qu'ils ont pris, avec tous ses accroissemens naturels; & reparer aussi le dommage que le Maître de la chose a souffert, tant en ce qu'il a manqué de gagner, qu'en ce qu'il a perdu positivement. Que si la chose volée n'est plus en nature, il faut que celui qui l'avoit prise en paie la valeur, sur un pié qui ne soit (1) ni trop haut, ni trop bas, mais entre deux.

(a) *Lessius*, Lib. II. Cap. XII. Dub. 17.

2. Il faut mettre en ce rang ceux qui fraudent les (b) Impôts légitimes, établis par le Souverain.

3. Ceux qui ont causé du dommage en rendant une Sentence injuste, ou en formant une Accusation injuste, ou en déposant à faux contre quelcun; doivent aussi reparer le tort de la même maniére.

(b) *Idem*, ibid. Cap. XXXIII. Dub. 8. *Covarruv.* in C. *Peccatum*: Part. II. §. 5.

§. XVII. 1. Quand on a porté quelcun à faire un Contract ou une Promesse, par ruse, par violence, ou par une crainte injuste; on doit (1) remettre le Contractant ou le Promettant en liberté de se dédire: parce qu'il avoit droit d'exiger & qu'on ne le trompât point, & qu'on ne le forçât point; le prémier, par une suite de la nature même du Contract; l'autre, en vertu de la Liberté Naturelle.

2. Il faut dire la même chose de (2) ceux qui n'ont voulu faire que pour de l'argent, (a) une chose à quoi ils étoient d'ailleurs engagez par devoir.

(a) *Covarruv.* in C. *Peccatum*: Part. II. §. 3.

§. XVIII. Mais si quelcun a (1) été cause lui-même de la violence ou des menaces dont on a usé à son égard, (a) pour le contraindre ou l'intimider; il ne doit s'en prendre qu'à soi. Car (2) tout acte involontaire, qui a pour principe quelque chose de volontaire, est moralement réputé pour volontaire.

(a) *L[illegible]*, Lib. II. Cap. XVII. Dub. 6.

§. XIX.

un *Anglois*; chaque Roi s'engage réciproquement à faire en sorte que les Héritiers du Défunt obtiennent une juste satisfaction, & que celui qui l'a tué leur paie l'amende: *Quicumque etiam ab* Anglis Norvagi, *vel* Angli à Norvagis *casu intelligentur, operam uterque Regum dat, ut heredibus eorum satisfiat, ac mulcta pendatur.* Ces paroles sont à la page 143. *Lib.* II. *Cap.* XXI. du Livre, que nôtre Auteur indique, & qui fut imprimé à *Harderwic* en 1637. sous ce titre: Joh. Isacii Pontani *Discussiones Historicæ, quibus præcipuè quatenus & quotnam Mare liberum vel non liberum clausumque accipiendum dispiciatur &c.* L'amende, dont il est parlé là, est peut-être le *Werigeld* des anciens *Saxons*; sur quoi on peut voir la Dissertation de feu Mr. Hertius, *De Herede occisi vindice*, §. 8. pag. 303. Tom. III. *Comment. & Opusc.*

(2) Voiez la Loi citée dans la Note précedente, & ce que l'on a dit sur le Chapitre de Pufendorf, qui répond à celui-ci, §. 8. *Note* 2.

(3) *De conjectione in carcerem* &c. On voit bien, qu'il faut supposer, que celui qui a été mis en prison y ait été mis injustement.

§. XVI. (1) Voiez le Chapitre de Pufendorf si souvent cité, §. 17.

§. XVII. (1) On le doit sans doute: mais quand on ne le voudroit pas, la Promesse n'en seroit pas plus valide. L'Auteur raisonne ici sur un faux principe; comme nous l'avons déja remarqué sur le *Chap.* XI. de ce Livre, §. 7. en renvoiant au Traité de Pufendorf, où il est refuté.

(2) C'est-à-dire, qu'ils doivent rendre l'argent, si celui qui l'a donné le veut ravoir.

§. XVIII. (1) C'est-à-dire, s'il n'a pas consenti de bonne grace, comme il le devoit en vertu du droit que quelcun avoit de l'y obliger. Voiez Pufendorf, *Droit de la Nat. & des Gens*, Liv. III. Chap. VI. §. 11.

(2) L'Auteur veut dire, qu'une contrainte, dont on avoit droit d'user envers quelcun, n'empêche pas que son consentement, quoi que forcé, ne passe pour libre, parce qu'il a donné lieu à la contrainte par un refus volontaire. Mais la pensée est exprimée d'une maniére à faire prendre le change au Lecteur: & je vois qu'effectivement Mr Vitriarius, dans son Abrégé de nôtre Auteur, publié sous le titre d'*Institutiones Juris Nat. & Gentium*, (Lib. II. Cap. XVII. §. 14.)

§. XIX. Voici une autre exception fondée sur le Droit des Gens. Comme il a été établi entre les Peuples par les régles de ce Droit, que toute Guerre faite de part & d'autre par autorité du Souverain, & déclarée dans les formes, seroit tenuë pour juste, à l'égard des effets extérieurs; dequoi nous (a) parlerons ailleurs: c'est aussi une de ses maximes, que la crainte par laquelle on a été porté à faire quelque chose dans une telle Guerre (b) soit regardée comme juste, en sorte du moins qu'on (1) ne puisse pas redemander ce qui a été obtenu de cette maniére. C'est en ce sens qu'on peut admettre la distinction que fait Cice'ron, (2) entre les Pirates ou les Brigands, & un Ennemi dans les formes, avec qui nous avons, selon lui, plusieurs droits communs, c'est-à-dire, en vertu du consentement des Peuples. En effet, si un Brigand a extorqué quelque chose par crainte, on peut le lui faire rendre, à moins qu'on ne se soit engagé envers lui avec serment: mais on ne peut pas se faire rendre ce que l'on a été contraint de donner ou de laisser à un Ennemi. Lors donc que Polybe (3) trouve que les *Carthaginois* avoient le droit de leur côté dans la *Seconde Guerre Punique*, parce que les *Romains* leur aiant déclaré la Guerre dans le tems qu'ils étoient occupez par une sédition domestique, leur avoient extorqué l'Ile de *Sardaigne* & une somme d'argent; cela semble à la vérité conforme à l'Equité Naturelle, mais non pas au Droit des Gens; comme nous l'expliquerons ailleurs.

(a) *Liv.* III. *Chap.* III. *& suiv.*

(b) *Bodin*, de Republ. Lib. V. Cap. VI.

§. XX. 1. Les Rois, & les Magistrats, qui n'emploient pas les moiens dont ils peuvent & doivent se servir, (1) pour empêcher les Brigandages & les Pirateries, sont responsables de leur négligence à cet égard: à cause dequoi ceux de l'Ile de *Scyros* furent (2) autrefois condamnez par les *Amphictyons*.

2. Je me souviens ici d'un cas particulier, qui donna lieu à une (3) question sur cette matiére dans ma Patrie. Les Etats de *Hollande* & de *Westfrise* avoient donné des commissions à plusieurs Armateurs, dont quelques-uns firent des prises sur nos propres amis; après quoi quittant le païs, ils se mirent à courir les mers, sans vouloir revenir, quoi qu'on les en sommât. Il s'agissoit donc de savoir, si les Etats étoient responsables du fait de ces Armateurs, soit pour avoir ainsi emploié à leur service de malhonnêtes gens, soit pour ne s'être pas fait donner caution, en leur accordant des commissions. Mon

24.) explique cet endroit, comme si nôtre Auteur avoit voulu parler d'une rénonciation ou expresse, ou tacite, au droit d'exiger qu'on ne nous fasse point de mal. Au lieu qu'il s'agit uniquement de la validité des Conventions ou des Promesses extorquées par une juste contrainte; comme il paroit par la liaison de ce paragraphe avec le précedent, & par les sommaires de ces paragraphes, qui sont au devant du Chapitre. La maxime de nôtre Auteur, de la maniére qu'elle est tournée, convient mieux, & est effectivement appliquée par les Moralistes, à ce que l'on fait dans un état où l'on n'a pas l'usage libre de la Raison, mais en sorte qu'on s'est mis soi-même volontairement dans cet état. Il suffit de dire, dans le cas dont il s'agit, que lors qu'on réduit quelcun à la nécessité d'user de contrainte, pour obtenir de nous une chose qu'il avoit droit d'exiger à la rigueur, le consentement forcé doit être tenu pour volontaire, parce qu'il devoit l'être. La Contrainte n'a point alors ce caractére qui lui donne la vertu d'annuller les Engagemens, je veux dire, l'injustice de celui qui use de violence ou de menaces Que si celui qui est contraint s'étoit volontairement soumis à la direction ou à l'autorité de celui qu'il oblige à le contraindre, la libre détermination qui avoit précedé le refus, en conséquence duquel on a extorqué le consentement, éloigne encore plus ce que la Contrainte a d'odieux & de contraire à la liberté. En un mot, celui qui a consenti alors malgré lui, n'a pas plus de sujet de se plaindre & de se dédire, que n'en auroit un mauvais Paieur, qui a été condamné en Justice, ou contraint par les Armes, à satisfaire son Creancier, ou à promettre de le faire en un certain tems.

§. XIX. (1) Voiez ce que je dirai sur le Livre III. *Chap.* XIX. §. 11. *Note* 1.

(2) *Nam pirata non est perduellium numero definitus, sed communis hostis omnium. cum hoc nec fides debet, nec jusjurandum esse commune . . . . . Regulus vero non debuit conditiones pactionesque bellicas & hostiles perturbare perjurio. cum justo enim & legitimo hoste res gerebatur; adversus quem & totum jus feciale, & multa sunt jura communia.* De Offic. *Lib.* III. *Cap.* XXIX.

(3) Voiez le Livre III. de cet Historien, *Cap.* XIII, *& seqq.*

§. XX. (1) Voiez ci-dessous, *Chap.* XXI. de ce Livre, §. 2, *& suiv.* & *Liv.* III. *Chap.* XVII. §. 2. *num.* 6.

(2) Ce furent quelques Marchands *Thessaliens*, qui s'étant sauvez de prison, où on les retenoit après les avoir dépouillez, firent condamner ceux de *Scyros* par devant le Tribunal des *Amphictyons*: Ἐπεὶ δὲ διαδράντες ἐκ τῶν δεσμῶν οἱ ἄνθρωποι, δίκην κατεδικάσαντο τῆς πόλεως Ἀμφικτυονικὴν, οὐ βουλομένων τὰ χρήματα τῶν πολλῶν συνεκτίνειν &c. Plutarch. in Vit. Cimon. *Tom.* I. *pag.* 483. C. *Ed. Wech.*

(3) Cette question fut apparemment agitée dans l'Assemblée des Etats de *Hollande* & de *Westfrise*, lors que nôtre Auteur y étoit Député en qualité de Pensionnaire de

Mon sentiment fut là-dessus, que les Etats n'étoient tenus à autre chose, qu'à punir les Coupables, ou à les livrer, si on pouvoit les trouver; & à faire d'ailleurs justice aux intéressez, sur les biens de ces Pirates. Voici sur quoi je me fondois. Les Etats, disois-je, n'ont pas été la cause de ces injustes pirateries, & ils n'y ont eu aucune part: bien loin de là, ils ont défendu par des Ordonnances expresses, de faire aucun mal à ceux qui sont de nos Amis. Ils n'étoient obligez en aucune maniére d'exiger caution des Armateurs, puis qu'ils pouvoient, sans donner aucune commission expresse, permettre à tous leurs Sujets de piller l'Ennemi, comme cela s'est pratiqué autrefois. Et la permission, qu'ils ont accordée à ces Armateurs, n'a pas été cause du dommage que ceux-ci ont causé à nos Alliez; puis que tout Particulier peut, même sans une telle permission, armer des Vaisseaux, & se mettre en mer. Il n'étoit pas possible d'ailleurs de prévoir, que ces Armateurs dûssent être des fripons: & il n'y a pas moien de prendre de si bonnes précautions, qu'on ne se serve jamais que d'honnêtes gens; autrement on ne pourroit jamais lever d'Armée. Lors que les Troupes d'un Prince, soit par mer ou par terre, ont, contre ses ordres, fait quelque tort à ses amis; il n'en est pas responsable; comme il paroît par ce qui a été reconnu & en (a) *France*, & en *Angleterre*. Si l'on est responsable du fait des personnes que l'on a à son service, lors même qu'on n'y a rien contribué par sa faute; ce n'est pas selon le Droit des Gens, dont il s'agit dans cette question; mais selon le Droit Civil: & cette régle même du Droit Civil n'est pas générale; elle ne regarde que les *Patrons de navire*, & quelques autres sortes de personnes, à l'égard desquelles on a ainsi réglé les choses pour des raisons particuliéres. Voilà de quelle maniére je raisonnai alors: & c'est ainsi qu'il fut jugé dans la Cour Souveraine de *Hollande*, de *Zélande*, & de *Frise*, contre la demande de quelques gens de *Poméranie*; en quoi aussi on déclara qu'on suivoit un pareil jugement rendu deux cens ans auparavant sur un cas semblable.

(a) *Ordonnances de France*, Tom. III. *Tit.* III. Ordonn. de l'an 1583. Chap. XLIV. Voiez aussi *Tit.* II. Ord. de l'an 1543. Chap. XLIV.

§. XXI. Pour revenir à nôtre sujet, il faut remarquer, qu'il est aussi purement de Droit Civil, qu'un Maître soit responsable du dommage (1) causé par son Esclave, ou par sa Bête. Car dès-là qu'il n'y a point de la faute du Maître, il n'e... tenu à rien, se-

de *Rotterdam*.

§. XXI. (1) Voiez les Titres du Digeste, *Si quadrupes pauperiem fecisse dicatur*, Lib. IX. Tit. I. & *De noxalibus actionibus*, Tit. IV. Pufendorf n'est pas ici du sentiment de nôtre Auteur. Il soûtient, dans le paragraphe 6. du Chapitre qui répond à celui-ci, que, selon le Droit de Nature tout seul, un Maître est responsable du dommage, causé même sans sa faute, & par ses Esclaves, & par quelcune de ses Bêtes. Pour ce qui est des Esclaves, je suis toûjours entré sans peine dans le sentiment de Pufendorf: mais à l'égard du dommage causé par une Bête, je n'étois pas tout-à-fait satisfait de ses raisons, quoi que je n'aie pas témoigné les désapprouver; & il me restoit quelque embarras, dont je ne pouvois sortir qu'en méditant plus à loisir sur la matiére. Il s'en presenta une occasion, il y a quelques années: & je suis bien aise de rendre justice à celui qui me l'a fournie. C'est Mr. Daniel Pury de *Neufchatel*, qui, dans un âge peu avancé, & dans un tems où c'est beaucoup pour l'ordinaire si l'on a retenu passablement bien les leçons de ses Maîtres, a fait voir qu'il pouvoit tirer de son propre fonds. Parmi ses *Observationes Juridicæ*, qu'il publia & soûtint à *Bâle* en M. DCC. XIV. pour prendre le degré de Licentié en Droit, il y en a une, (c'est la VII. *De noxa Bestiæ*) où se déclarant pour l'opinion de Grotius, il réfute ce qu'on allégue en faveur de l'opinion contraire. Il se borne cependant à ce qui regarde le dommage causé par une Bête, dans la pensée que la décision de cette question emporte la décision de l'autre semblable au sujet des Esclaves. Sur ce donc qu'on dit, que l'établissement de la Propriété des biens n'a pû se faire de telle maniére, que l'on fût privé par là du droit de se dédommager d'une maniére ou d'autre du mal que les Bêtes peuvent nous faire; il répond 1. Que, tout Etablissement Humain étant sujet à quelque inconvénient, rien n'empêche que celui dont il s'agit n'ait pû suivre de l'établissement du droit de Propriété, sans que cet établissement cesse pour cela d'être fort utile, parce que l'inconvénient qui en résulte est beaucoup moindre que les autres qu'on prévient par là. 2. Que tout ce qu'on pourroit inférer de la raison alléguée, c'est que le dédommagement du mal causé par une Bête, doit être pris sur ce que le Maître de la Bête n'auroit pas eu sans elle; c'est-à-dire, sur ce qui est au delà de ce qu'elle lui coûte, & qu'il pourroit en retirer, s'il la vendoit. Pour ce qui est de l'autre raison, *Que la réparation du Dommage est un titre infiniment plus favorable, que l'aquisition du Gain*; on répond, que, si cette maxime a quelque sens qui ne soit pas manifestement faux, elle signifie que, dans une egalité de droit ou dans un droit litigieux, il faut donner l'avantage à celle des Parties qui souffriroit du dommage, par dessus celle qui gagneroit. Or en accordant cela, il ne s'ensuivroit non plus autre chose, dans le cas dont il s'agit, que ce qu'on vient de dire. Si, d'un côté celui qui a reçû du dommage de la part de la Bête, peut

selon le Droit de Nature; non plus que celui, dont le Vaisseau a endommagé le Vaisseau d'un autre, sans qu'il y eût de la faute du prémier. Cependant, comme il est difficile de prouver la faute, lors même qu'il y en a véritablement; les Loix de plusieurs Peuples, aussi bien que les nôtres, veulent qu'en ce dernier cas les Maîtres des deux Vaisseaux supportent chacun sa part du dommage.

§. XXII. OUTRE la personne & les biens, on reçoit aussi du dommage, comme nous l'avons déja dit, en son honneur ou en sa réputation, lors que quelcun, par exemple, nous donne des coups, ou nous dit des injures, ou médit de nous, ou nous calomnie, ou se moque de nous, & autres semblables outrages. (a) Ici il faut distinguer, comme en matiére de Larcin & d'autres crimes, le vice ou le péché de l'action, d'avec l'effet qu'elle produit. La Peine répond au prémier; & la réparation du Dommage, à l'autre. Cette réparation se fait en avouant sa faute, en donnant des marques d'estime pour celui que l'on avoit outragé, (1) en rendant témoignage à son innocence; & par d'autres semblables satisfactions. (b) On peut aussi imposer une amende à l'Offenseur, si la personne lézée veut se dédommager de cette maniére: car l'Argent est la mesure commune de toutes les choses d'où il revient quelque utilité aux Hommes.

(a) *Lessius*, Lib. II. Cap. XI. Dub. 19. 25. 27.

(b) *Soto*, Lib. IV. Quæst. VI. Art. 3.

CHA-

peut exiger quelque dédommagement, supposé qu'il y ait sur quoi se dédommager; d'autre côté, le Maître de la Bête ne doit pas le dédommager, en sorte qu'il souffre lui-même du Dommage. Car & comme Maître, & comme étant fort éloigné d'avoir eu part au dommage, il a le même titre, & un titre plus ancien, que celui à qui la Bête a fait quelque mal. Mais, ajoûte-t-il, la maxime sur laquelle il faut raisonner ici, est fausse. Car, quand le droit est ou litigieux, ou égal de part & d'autre, les régles de la Justice veulent manifestement, ou qu'on partage le different, ou qu'on en remette la décision au sort. Voilà à quoi se réduisent en gros les remarques de l'Auteur, que j'ai cité. Pour moi, je crois qu'il faut décider ici autrement, en matiére du Dommage causé par un Esclave, que quand il s'agit du Dommage causé par une Bête. I. A l'égard du Dommage causé par une *Bête*, il me paroît évident, que, selon le Droit Naturel tout-seul, & indépendamment des Loix Civiles, celui qui a reçû du dommage de la part d'une Bête appartenante à autrui, ne peut exiger aucun dédommagement du Maître de la Bête, lors que celui-ci n'a rien contribué au dommage par sa faute; qu'il ne peut, dis-je, exiger aucun dédommagement, pas même sur ce en quoi le Maître profite de la possession de la Bête. Une Bête, par cela même que c'est un Animal destitué de raison, ne sauroit causer aucun dommage, proprement ainsi nommé. Quand on dit, que, dans l'Etat de Nature, celui qui a reçû quelque *dommage* de la part d'une *Bête*, auroit pû s'en *dédommager* sur elle; tout cela n'est qu'un langage figuré & peu exact, qu'il faut mettre à l'écart, lors qu'on veut donner des idées justes & philosophiques. J'aimerois autant dire, que, lors qu'un *Arbre* étoit tombé sur quelcun dans une Forêt, & l'avoit blessé, celui-ci pouvoit se *dédommager* en coupant l'Arbre, en le brûlant, ou s'en servant de quelque autre maniére. II. Mais il n'en est pas de même d'un *Esclave*. Cet Esclave est *Homme*, & en cette qualité capable de causer par lui-même un *dommage* ou un tort proprement ainsi nommé; & par conséquent soûmis par lui-même à la Loi de Nature qui ordonne la réparation du Dommage. L'obligation de réparer le Dommage est une obligation générale, dont personne ne peut être dispensé, dans quelque état qu'il se trouve. A la verité, il est libre aux interessez de renoncer au droit d'exiger cette réparation: mais il faut que la renonciation soit bien claire; & dans un doute il est naturel de présumer, que comme personne ne peut par soi-même se dégager de l'obligation de reparer le dommage qu'il a causé, personne aussi ne dispense aisément les autres de cette obligation à son égard. Ainsi, dans tout Etablissement Humain, l'exception des cas où l'on causeroit du dommage à autrui, est & doit être tacitement renfermée, tant qu'il ne paroît pas qu'on ait relâché quelque chose de cette obligation. Or, on ne sauroit montrer, que l'établissement de la Propriété des biens renferme cette dispense; & on a d'au-

CHAPITRE XVIII.

Du droit des Ambassades.

*I. Que le droit d'*Ambassade *est un de ceux qui sont fondez sur le Droit des Gens. II. Entre quelles personnes il a lieu. III. Si l'on est toûjours tenu de recevoir les Ambassadeurs? IV. Que, quand un Ambassadeur trâme quelque chose contre la Puissance, auprès de laquelle il est envoié, on peut bien se défendre contre lui, mais non pas le punir. V. Que l'on n'est pas obligé d'avoir égard au caractére d'un Ambassadeur, qui est envoié auprès de quelque autre Puissance. VI. Mais l'on doit respecter ceux que l'on a reçû soi-même, de la part d'un Ennemi. VII. Que l'on ne peut pas maltraiter un Ambassadeur par droit de représailles. VIII. Que les priviléges d'un Ambassadeur s'étendent à ceux de sa suite, autant qu'il veut qu'ils en jouissent: IX. Et même à ses biens meubles. X. Exemples d'obligations, dont l'effet ne peut être exigé par des voies de contrainte. XI. Importance de l'observation du droit d'Ambassade.*

§. I. 1. Jusques ici nous avons traité des choses qui nous sont duës par le Droit de Nature; en y mêlant seulement quelque peu de remarques sur le Droit des Gens arbitraire, c'est-à-dire, sur ce qu'il ajoûte au Droit de Nature, en matiére des obligations dont il s'agissoit. Il faut maintenant passer aux *obligations* qui viennent proprement & uniquement de ce *Droit des Gens*, que nous appellons *arbitraire*.

2. Ce qu'il y a ici de plus considérable, (1) c'est ce qui regarde le Droit des Ambassades. Les Livres sont pleins d'expressions & de pensées qui font regarder les Ambassades & les Ambassadeurs, comme des (2) choses sacrées: on pose pour maxime

d'autant moins sujet de le présumer, que les Esclaves seroient encouragez & autorisez en quelque maniere à insulter les autres, si le *Maître n'étoit pas tenu* ou de reparer le dommage qu'ils ont causé, ou de les livrer eux-mêmes à la personne lézée. Un Maître, en achetant ou aquérant de quelque autre maniére un Esclave, a donc pû & dû compter, que ses droits ne s'étendroient pas jusqu'à frustrer ceux qui pourroient être insultez par l'Esclave du dédommagement qu'ils auroient pû prendre sur sa personne dans l'Etat de Nature, & auquel ils n'ont point renoncé. C'étoit à lui à voir s'il vouloit avoir l'avantage qu'il tire du service de l'Esclave, avec les charges qui y sont attachées. Je pourrois dire bien d'autres choses pour confirmer ce que je viens d'établir: mais ce que j'ai dit suffit, sur tout dans une Note, qui est deja assez longue.

§. XXII. (1) Voiez l'exemple d'un certain *Vivien*, qui se repentit d'avoir accusé quelcun injustement; dans Cassiodore, *Var.* IV, 41. Grotius.

Chap. XVIII. §. I. (1) Le Droit des Ambassades est fondé véritablement jusqu'à un certain point sur la Loi de Nature, qui autorise tout ce qui est nécessaire pour procurer, entretenir, ou rétablir la paix & l'amitié entre les Hommes. Voiez Pufendorf, *Droit de la Nat. & des Gens*, Liv. II. Chap. III. §. 23. A l'égard des droits qui ne sont pas nécessaires pour cette fin, si les Ambassadeurs peuvent se les attribuer, ce n'est qu'entant que, l'usage s'étant introduit de laisser les Ambassadeurs jouir de ces sortes de droits, quiconque reçoit une Ambassade est & peut être censé la recevoir sur ce pié-là; à moins qu'il ne déclare expressement qu'il ne veut pas se soûmettre à l'usage reçu, comme il lui est libre de s'en dispenser, lors qu'il en dispense lui-même les autres.

(2) *Sanctimonia Legatorum: Sanctum inter gentes jus Legationum: Fœdera sancta gentibus: Fœdus humanum* &c. Voiez deux Loix du Digeste, & un passage de Ciceron, que l'on citera ci-dessous, §. 6. & 8. Joseph, l'Historien Juif, introduit *Hérode* parlant avec beaucoup de force du respect qu'on doit au caractére des Ambassadeurs, & faisant même valoir la conformité d'un de leurs noms en Grec (Ἄγγελοι) avec celui des Anges, ou de ces Esprits bienheureux, dont Dieu s'est servi pour annoncer sa volonté aux Hommes. *Antiq. Jud.* Lib. XV. (Cap. VIII. pag. 522.) Varron dit, que les personnes des Ambassadeurs sont sacrées: *Sancta sunt corpora Legatorum.* De Lingua Lat. *Lib.* III. L'Historien Latin de la Vie de *Pélopidas* [Cornelius Nepos] raconte, que ce grand Capitaine aiant été envoié en *Thessalie*, comme Ambassadeur, se croioit fort en sûreté, à l'abri de ce caractére respectable parmi tous les Peuples: *Legationisque jure satis tectum se arbitraretur, quod apud omnes sanctum esse consuesset* &c. (Cap. V. *num.* 1.) Diodore *de Sicile* parle des Ambassadeurs, comme de gens auxquels on ne peut faire aucun mal: Τὴν ἄδειαν τὴν τῶν πρεσβευτῶν ἀσυλίαν. Excerpt. Peiresc. (pag. 349.) Le Poëte Stace dit, que le caractére des Ambassadeurs

deurs

me sûre & constante, qu'il faut observer envers eux le Droit des Gens, & que ce Droit est un Droit Divin & Humain; comme Cice'ron (3) entr'autres le qualifie. Aussi *Philippe* de *Macédoine* disoit-il, (4) que, de l'aveu de tout le monde, il y a non seulement de l'injustice, mais encore de l'impiété, à violer un tel droit.

§. II. 1. Mais il faut bien remarquer ici d'entrée, que, quels que soient les priviléges de cette sorte de Droit des Gens, dont nous allons traiter, ils appartiennent uniquement aux Ambassadeurs envoiez de Souverain à Souverain. Car pour ce qui regarde les Députez de Ville, ou de Province, ou autres semblables, qui ne vont pas auprès d'une Puissance étrangére, ce n'est pas par le Droit des Gens commun aux différentes Nations qu'il faut juger de leurs priviléges, mais par le Droit Civil du païs. Tite Live introduit un Ambassadeur, qui se (1) qualifie *Messager public du Peuple Romain.* Et ailleurs il nous apprend, que le Sénat Romain déclara, (2) que les Priviléges des Ambassadeurs étoient pour les Etrangers, & non pas pour les Citoiens ou les Sujets de l'Etat. Sur ce principe, Cice'ron (3) soûtenoit, qu'on ne

deurs est sacré de tout tems parmi les Nations, & qu'ils peuvent, à cause de cela, revenir en toute sûreté:

——— *Sed jussa patris, tutique regressus*
Legato, justaque preces vicère sororis.

Thebaid. *Lib.* II. (vers. 373, 374.)

——— *Et sanctum populis per secula nomen*
Legatum, insidiis tacitoque invadere ferro.

Ibid. (*vers.* 486.) St. Chrysostôme censure certaines gens, de ce qu'ils n'ont pas même respecté la Loi commune à tous les Hommes, qui veut qu'on ne fasse point de mal aux Ambassadeurs: Καὶ οὐδὲ τὸν κοινὸν νόμον ᾐδέσθησαν, ὅτι ὁ πρεσβεύων οὐδέποτε πάσχει τι κακόν. Le Grammairien Servius expliquant un passage de Virgile, où il est dit, que quelques Ambassadeurs étoient couverts de branches d'Olivier, remarque, que cela peut signifier, qu'ils étoient par là à couvert de toute insulte, selon le Droit des Gens: *Aut certe* VELATI, *ab omni injuria tecti, jure gentium.* In Aen. XI. (*vers.* 101.) On pourroit alleguer ici un grand nombre d'autoritez semblables. Il faut se contenter d'en indiquer quelques-unes. Voiez Tite Live, *Lib.* I. (*Cap.* XIV. *num.* 1.) Dion Chrysostôme, Orat. *de Lege & Consuetud.* Velleius Paterculus, Lib. II. *init.* Menander Protector, (*Excerpt. Legat.* Cap. XIX.) la Lettre de *Felix* à *Zénon*, dans l'*Appendix* du *Code Théodosien*, publiée par le Pére Sirmond. Selon Procope, les Peuples même Barbares respectent les Ambassadeurs: Πᾶσι μὲν, ὡς ἐπὶ πλεῖστον εἰπεῖν, νόμος βαρβάροις, τὸ χρῆμα τῶν πρεσβειῶν σέβειν. Gotthic. *Lib.* III. (*Cap.* XVI.) Lambert *de Schafnaburg* rend le même témoignage aux Barbares. Aimoin fait dire au Roi *Clovis*, que, selon les Loix Divines & Humaines, on ne doit faire aucun mal aux Ambassadeurs, parce qu'il n'y a pas d'autre moien d'en venir à une Paix; & que celui qui va en Ambassade, dépouille par là le caractére d'Ennemi: *Ad extremum pro divinis simul humanisque legibus, qua injuriarum immunes sanciunt debere esse eos qui mediatores hostilium efficiuntur armorum. Inter arma namque sola legatio pacis sequestra est. Exuit hostem, qui legatione fungitur.* Hist. Franc. Voiez aussi Radevic, dans sa Continuation de l'Histoire de *Frideric I.* par Otton *de Frisingue*: & au sujet des *Polonois*, Cromer, Hist. *Lib.* XX. à l'égard des *Turcs*, Leunclavius, *Lib.* VIII. & *Lib.* XVII. & pour ce qui est des *Maures*, Mariana, Lib. XII. Grotius.

Ce que nôtre Auteur cite ici de Varron, n'en est point. La seule maniére de citer fait d'abord soupçonner quelque méprise: car ce qui nous reste de l'Ouvrage de cet Ancien sur la *Langue Latine*, ne commence qu'au IV. Livre. Je crois avoir découvert sûrement l'origine de cette fausse citation; & il paroîtra par là, que les plus grands Hommes citent quelquefois sur la foi d'autrui. Denys Godefroi, dans une Note sur le Digeste, Lib. L. Tit. VII. *De Legationibus*, Leg. XVII. copiant ce que Cujas a dit dans ses *Observations*, Lib. XI. Cap. V. prend des paroles de ce fameux Jurisconsulte pour un passage de l'Auteur Romain. Cujas remarque là, que les Prêtres, nommez *Feciales*, connoissoient des cas qui regardoient la violation du droit des Ambassadeurs; & il renvoie sur ce sujet à Varron, *Lib. III. De Vita Populi Romani.* Après quoi il ajoûte de son chef: *Nec mirum; quum Sancta sint, ut diximus, corpora legatorum.* Le Copiste a regardé cela comme les paroles même de l'ancien Auteur Latin; & il a de plus cité comme pour corriger son Original, le III. Livre de l'Ouvrage de Varron qui nous reste, ne sâchant pas que le passage qu'on a en vuë, est d'un Ouvrage perdu, dont Nonius Marcellus nous a conservé ce fragment, au mot Feciales: *Idem* [Varro] Lib. III. De vita Populi Romani: *Si cujus legati violati essent, qui id fecissent, quamvis nobiles essent, uti dederentur civitati statuerunt, Fetialesque viginti, qui de his rebus cognoscerent, judicarent, & statuerent, constituerunt.* Pag. 529. *Edit. Mercer.* Nôtre Auteur, qui avoit lû la Note de Godefroi, s'en est fié à lui d'autant plus facilement, qu'il pouvoit se souvenir d'avoir vû ailleurs des paroles semblables: car voici ce que dit Asconius, Commentateur de Cice'ron, sur ces paroles d'une de ses Harangues: *Etenim nomen legati ejusmodi esse debet, quod non modo inter sociorum jura, sed etiam inter hostium tela incolume versetur.* Sed etiam inter hostium tela] *Invidiose Orator hoc addidit, quum de Magistratu dicat. Nam legatorum in fœderibus faciundis, vel legibus pacis bellique dicendis,* sancta corpora, *jure gentium, atque inviolata servantur.* In Verr. I. *Cap.* XXXIII. Godefroi citant le passage de Cice'ron, le rapporte ainsi: *Nonne legati inter hostes incolumes esse debent?* Nôtre Auteur le cite précisément de même ci-dessous, §. 6. ce qui ne laisse aucun doute de l'origine de la méprise dont il s'agit. Il y a encore, outre quelque petite inadvertence que j'ai corrigée, une inexactitude, dans la citation de Velle'ius Paterculus: car il s'agit d'un sujet different, dans la fin du I. Chap. du II. Livre de cet Historien: & nôtre Auteur a rapporté le passage dans son vrai sens, ci-

ne devoit point envoier d'Ambassadeur à *Marc Antoine*.

2. Pour savoir qui l'on doit regarder comme Etranger, il n'y a qu'à lire ce que dit là-dessus VIRGILE, dont la définition est telle, qu'aucun Jurisconsulte n'auroit sû en donner une plus nette: (4) *Je tiens*, dit-il, *pour Etranger, tout Païs qui n'est pas de nôtre dépendance.* Comme donc, dans une (a) Alliance Inégale, l'Allié Inférieur ne cesse point pour cela d'être indépendant, il a aussi droit d'envoier des Ambassades à l'Allié Supérieur. Ceux même (5) qui sont en partie Sujets de leur Allié, ont ce droit par rapport aux choses à l'égard desquelles ils demeurent indépendans (6).

(a) Voiez *Cromer.* Hist. Pol. Lib. XXX.

3. Mais les Rois qui ont été vaincus dans une Guerre en forme, & depouillez de leur Roiaume, (7) perdent, avec tous les autres biens de la Couronne, le droit d'envoier des Ambassades. C'est pourquoi *Paul Emile* (8) retint les Hérauts de *Persée*, Roi de *Macédoine*, qu'il avoit vaincu.

4. Il y a pourtant des cas où les Ambassadeurs ne viennent point de la part d'une Puissance Etrangére. Dans une Guerre Civile, la nécessité oblige quelquefois à en rece-

ci-dessus, *Chap.* XV. §. 16. *num.* 4.

(3) *Sic enim sentio, jus legatorum, quum hominum præsidio munitum sit, tum etiam divino jure esse vallatum.* Orat. de Haruspicum responsis, *Cap.* XVI.

(4) Καὶ τοι τὸ παρανομεῖν εἰς κήρυκα, καὶ πρεσβεῖς, καὶ τοῖς ἄλλοις τε πᾶσιν ἀσεβὲς εἶναι δοκεῖ, καὶ μάλιστα ὑμῖν. Epist. ad Atheniens. apud DEMOSTHEN. (pag. 62. A. *Edit. Basil.* 1572.) PLUTARQUE traite aussi cela d'action impie, (ἔργον ἀσεβὲς) en parlant de *Persée*, Roi de *Macedoine*, qui retint prisonniers les Ambassadeurs de *Gentius*, Roi d'*Illyrie*. Vit. Æmil. Paul. (*pag.* 261. D. Tom. I. *Ed. Wech.*) Voiez encore JOSEPH, à l'endroit cité dans la *Note* 2. de ce paragraphe, vers le commencement. GROTIUS.

§. II. (1) *Ego sum publicus nuncius Populi Romani, justè pièque legatus venio, verbisque meis fides sit.* Lib. I. Cap. XXXII. *num.* 6.

(2) *Denunciatum Senatûs verbis, facesserent propere ex urbe, ab ore atque oculis Populi Romani, ne nihil eos legationis jus, externo, non civi, comparatum, tegeret.* Lib. VI. Cap. XVII. *num.* 8.

(3) *Non enim ad* Hannibalem *mittimus, ut a* Sagunto *recedat .... ad nostrum civem mittimus* &c. Orat. Philipp. V. *Cap.* X. Voiez une Note de BOECLER sur VELLEIUS PATERCULUS, Lib. II. Cap. VII.

(4) C'est *Amate*, qui parle ainsi:

Omnem equidem sceptris terram quæ libera nostris
Dissidet, externam reor ———

Æneid. *Lib.* VII. *vers.* 369, 370.

(5) Comme les *Carthaginois*, dont il est parlé ci-dessus, *Chap.* XV. §. 7. *num.* 5. On rapporte ici l'exemple des Princes Feudataires; comme de ceux d'*Allemagne*, à l'égard de l'Empereur.

(6) On peut joindre à tout ce que nôtre Auteur vient de dire, un exemple remarquable, dont il traite lui-même dans ses Lettres, *I. Part.* Epist. 364. c'est celui du Chancelier *Oxenstiern*, qui, quoi que Sujet, reçût des Etats de *Suede*, après la mort de *Gustave*, un si grand pouvoir, qu'il étoit autorisé à envoier des Ambassades comme il le jugeoit à propos, à faire la Guerre & la Paix &c. Comme la chose étoit extraordinaire, nôtre Auteur, dans la Lettre citée, allégue, entr'autres exemples, celui des Ambassadeurs, qui aiant été envoiez de *Flandre* par les *Archiducs*, en vertu du pouvoir qu'ils en avoient reçû de *Madrid*, furent reçûs en *France* & en *Angleterre*, comme Ambassadeurs du Roi d'*Espagne*. Voiez ce qu'il dit encore dans cette Lettre, où il raconte au Chancelier même de quelle maniére il répondit aux difficultez qu'on lui fit là-dessus, lors qu'il fut envoié à *Paris*, comme Ambassad[eur] de la Couronne de *Suéde*.

(7) La question [est] inutile, par rapport au Vainqueur, qui n'aura [g]arde de penser seulement à examiner, s'il doit recevoir des Ambassadeurs de la part de celui qu'il a dépouillé de ses Etats. Mais comme un Conquérant, qui avoit entrepris la Guerre pour quelque sujet manifestement injuste, n'aquiert point par sa victoire un veritable droit sur les Etats conquis, jusqu'à ce que le Souverain legitime ait renoncé d'une maniere ou d'autre à toutes ses prétensions: les autres Puissances ne doivent pas moins, tant qu'elles le peuvent sans quelque inconvénient fâcheux, reconnoître pour véritable Roi celui qui l'est effectivement; & par consequent recevoir ses Ambassadeurs, avec tous leurs droits. Le Vainqueur est alors, par rapport à elles, ce qu'est l'Usurpateur, dont nôtre Auteur parle cidessus, *Chap.* XVI. §. 17. La difference qu'il met entr'eux, n'est fondée que sur les effets qu'il attribuë mal-à-propos à son prétendu Droit des Gens; comme nous le montrerons en son lieu.

(8) C'est TITE LIVE qui nous apprend cela, *Lib.* XLIV. *Cap.* XLV. *num.* 1. & *Cap.* XLVI. *num.* 1. Mais (dit GRONOVIUS, dont on avoit mis les paroles en caractére Italique, comme si c'étoient celles de l'Historien même: inexactitude qui a été redressée dans mon Edition de l'Original) le Général Romain ne retint pas les Hérauts de *Persée*, par la raison que ce Prince étant dépouillé de son Roiaume n'avoit plus droit d'envoier des Ambassadeurs: ce fut parce que se croiant en état de le dépouiller véritablement de son Roiaume, il ne voulut point entendre à des propositions de paix; & à cause que ces Ambassadeurs étoient venus sans en avoir permission, comme c'étoit la coûtume de la demander. Voiez TITE LIVE, *Lib.* XXXII. *Cap.* XI. & *Lib.* XXXVII. *Cap.* XLV. Aussi ne leur fit-on point de mal: *Paul Emile* se contenta de ne donner aucune réponse à *Persée* par leur bouche. Je vois pourtant, que *Persée* aiant depuis envoié trois Ambassadeurs, avec des Lettres, *Paul Emile* les renvoia, sans rien répondre, à cause que *Persée* y prenoit encore le titre de Roi: *Lib.* XLV. *Cap.* IV. D'où il s'ensuit, qu'il devoit aussi ne pas regarder ses Ambassadeurs comme jouïssant des mêmes privilèges qu'ils auroient auparavant, & comme n'étant sacrez & inviolables, qu'autant que bon lui sembloit.

cevoir de tels contre la régle, lors, par exemple, (9) que le Peuple est divisé en deux Partis presqu'égaux, en sorte qu'on ne sait de quel côté est le Pouvoir Souverain: ou lors qu'il y a deux Prétendans à la Couronne, qui alléguent chacun des raisons, sur lesquelles il est bien difficile de prononcer en faveur de l'un, à l'exclusion de l'autre. En ces cas-là, une seule & même Nation est regardée pour un tems comme faisant deux Corps de Peuple. Ainsi Tacite blâme ceux du parti de *Vespasien*, (10) de ce que, par une fureur horrible, ils avoient violé à l'égard des Ambassadeurs de *Vitellius* un droit sacré même entre Etrangers.

5. Mais les Pirates & les Brigands ne formant point de Corps d'Etat, ne peuvent point ici se mettre à l'abri du Droit des Gens. *Tibére*, lors que *Tacfarinas* lui eût envoié des Ambassadeurs, fut extrémement mortifié, à ce que nous apprend Tacite, (11) de voir qu'un Traître & un Brigand traitât avec lui en Ennemi de bonne guerre. Quelquefois néanmoins des gens de ce caractére obtiennent, par un Traité, le droit d'envoier des Ambassades; comme on (12) l'accorda autrefois à quelques Brigands des *Monts Pyrenées*.

§. III. 1. Il y a deux maximes du Droit des Gens touchant les Ambassadeurs, sur lesquelles on raisonne communément, comme sur des régles constantes: l'une, (1) *Qu'il faut recevoir les Ambassadeurs*; l'autre, *Qu'on ne doit leur faire aucun mal.*

2. La prémiére se trouve établie dans un passage de Tite Live, où *Hannon*, Sénateur de *Carthage*, parle ainsi contre *Hannibal*: (2) *Il venoit des Ambassadeurs de la part de vos Alliez, & en faveur de vos Alliez: vôtre bon Général ne les a pas voulu laisser entrer dans son Camp; il a violé le Droit des Gens.*

3. Il ne faut pourtant pas (3) prendre cette maxime généralement & sans restriction. Car

(9) Voiez Mariana, *Hist. Hisp.* Lib. XXII. Cap. VIII. au sujet des Ambassadeurs de la Ville de *Tolede* auprès de *Jean II.* Roi de *Castille*: & Albert. Crantzius, *Saxonic.* XII, 33. touchant ceux de *Flandres* Grotius.

(10) La chose n'arriva pas, mais elle faillit à arriver, & on y étoit tout disposé: *Et ni, dato à duce præsidio defensi forent, sacrum etiam in exteras gentes legatorum jus, ante ipsa patria mœnia, civilis rabies usque in exitium temerasset.* Hist. *Lib.* III. *Cap.* LXXX. *num.* 4. *Ed. Rycq.* Nôtre Auteur rapporte ici, dans une Note, ce que dit Zosime au sujet de *Magnentius*, qui s'étoit fait proclamer Empereur. *Constance* lui aiant envoié un des plus considérables de sa Cour, nommé *Philippe*, il delibera en lui-même s'il le renvoieroit sans avoir rien fait, ou s'il le retiendroit, en foulant aux pieds les droits des Ambassadeurs: Μαγνέντιος δὲ καθ' ἑαυτὸν ἔστρεφε γνώμην, πότερον χρὴ Φίλιππον ἄπρακτον ἀποπέμπειν, ἢ κατέχειν παρ' ἑαυτῷ, τὸν ἐπὶ τοῖς πρέσβεσι πατήσαντα θεσμόν. Lib. II. *Hist.* Cap. XLVII. *num.* 3. pag. 217. *Ed. Cellar.*

(11) *Non alias magis suâ Populique Romani contumeliâ indoluisse Cæsarem ferunt, quàm quòd desertor, & prædo, hostium more ageret.* Annal. *Lib.* III. *Cap.* LXXIII. *num.* 2.

(12) *Liceretne civibus ad cives de pace legatos mittere? quod etiam fugitivis ab saltu* Pyrenæo *prædonibusque licuisset* &c. De Bell. Civil. *Lib.* III. *Cap.* XIX. *num.* 2. Voiez là-dessus les Notes de Mr. Davies, & de Cellarius.

§. III. (1) Le Grammairien Donat parle de cette maxime, comme étant du Droit des Gens: Orator ad vos venio] *Oratorem audire oportere, jus gentium est.* In Prolog. Hecyræ, *vers.* 1. Grotius.

L'autre maxime se trouve là aussi, immediatement après; & je m'étonne que nôtre Auteur ne l'ait pas remarquée: *Oratorem non licet injuriam pati. Ideo ergo, ne expellatur, non se prologum, sed oratorem nominat.* Plautus: Impia scelerate oratorem verberas. Ce passage de Plaute n'est pas, à ce que je crois, dans aucune des Comédies qui nous restent; & je ne le vois pas non plus dans le Recueil qu'on a fait de ses Fragmens.

(2) *Legatos ab sociis, & pro sociis, venientes, bonus Imperator vester in castra non admisit; jus gentium sustulit.* Lib. XXI. Cap X. *num.* 6.

(3) Non seulement cela: il faut remarquer encore, avec Mr Thomasius, que, lors même qu'on est tenu de recevoir des Ambassadeurs, c'est un simple Devoir d'Humanité; de sorte que le refus tout seul ne peut jamais être regardé comme une véritable injustice. Voiez les *Institut. Jurisprudentiæ Divinæ* de cet Auteur, *Lib.* III. *Cap.* IX. *num.* 15, *& seqq.* comme aussi ses Notes sur Huber, *De Jure Civitatis*, Lib. III. Sect. IV. Cap. II. §. 10. où il cite aussi un Traité, qu'il vante fort, mais que je n'ai point vû, publié sous un nom feint, & dont le titre est, Justini Presbeuta *Discursus De Jure Legationis Statuum Imperii*, Eleutheropol. 1700.

(4) Voiez Camden, *Hist. Brit.* sur l'année M. D. LXXI. à la quatriéme des Questions qui sont proposées en cet endroit. Grotius.

(5) *Périclès* avoit fait passer en délibération, qu'on ne recevroit ni Héraut, ni Ambassadeur, de la part des *Lacédémoniens*, tant qu'ils auroient les armes à la main: Ἦν γὰρ Περικλέους γνώμη πρότερον νενικηκυῖα, κήρυκα καὶ πρεσβείαν μὴ προσδέχεσθαι Λακεδαιμονίων ἐξεστρατευμένων. Thucydid. Lib. III. Cap. XII. *Ed. Oxon.* C'est que les *Lacedémoniens* avoient refusé de terminer les différens à l'amiable, comme il paroit par la fin du Livre I. & les *Athéniens* leur offroient encore cette voie, puis qu'ils dirent à *Mélésippe*, que, quand les *Lacédémoniens* auroient mis bas les armes, & seroient retournez chez eux, ils n'avoient qu'à leur envoier des

Car le Droit des Gens (4) ne veut point qu'on ne refuse jamais de recevoir les Ambassadeurs; mais il veut qu'on ne le refuse pas sans sujet. Or on peut être bien fondé à le refuser ou à cause de celui qui *envoie* des Ambassadeurs, ou à cause de ceux même qui sont *envoiez*, ou à cause du *sujet* de l'Ambassade.

4. Les *Athéniens*, suivant l'avis de *Periclès*, ordonnérent à *Méléſippe*, Ambassadeur des *Lacédémoniens*, (5) de sortir des terres d'*Athénes*, parce qu'il venoit de la part d'un Ennemi, qui avoit les armes à la main. Le Sénat (a) Romain déclara, (6) qu'il ne pouvoit point recevoir d'Ambassade de la part des *Carthaginois*, pendant que leur Armée étoit en *Italie*. Les *Achéens* ne (7) voulurent point recevoir les Ambassadeurs de *Persée*, Roi de *Macedoine*, lors qu'il se disposoit à entrer en guerre avec les *Romains*. L'Empereur JUSTINIEN refusa (b) une Ambassade de la part de *Totilas*, qui lui avoit souvent manqué de parole : & les *Goths*, qui étoient dans la Ville d'*Urbin*, (c) renvoiérent par la même raison les Ambassadeurs de *Bélisaire*. POLYBE (8) nous apprend, que les Ambassadeurs des *Cynéthiens*, Peuple d'*Arcadie*, étoient chassez de par tout, parce que c'étoit une Nation scélérate.

(a) *Zonar.* Tom. II.

(b) *Procop.* Gothic. Lib. III. Cap. 37.

(c) *Idem*, Lib. II. Cap. 12. [ou l'on allégue pourtant une autre raison.]

5. Nous avons un exemple de la seconde raison pourquoi on peut refuser une Ambassade, dans un Philosophe de l'Antiquité, nommé *Théodore*, & surnommé *l'Athée*; lequel aiant été envoié par *Ptolomée* à *Lysimaque*, celui-ci (9) ne voulut point lui donner audience. La même chose est arrivée à d'autres, qui s'étoient rendus odieux pour quelque sujet particulier.

6. La troisiéme raison a lieu, lors que le sujet de l'Ambassade (10) est suspect, comme quand *Ezéchias* craignit (d) avec raison que *Rhabsacé*, Ambassadeur du Roi d'*Assyrie*, ne vînt (11) pour exciter le Peuple à quelque revolte: ou lors qu'il n'est pas de

(d) *II. Rois*, Chap. XVIII.

des Ambassadeurs, qui seroient alors bien reçûs. On voioit qu'ils vouloient absolument en venir à la Guerre; & on regardoit *Méléſippe* comme un homme qui n'étoit envoié que pour espionner : d'où vient qu'on le fit conduire hors du païs par des gens qui eurent ordre d'empêcher qu'il ne parlât à personne. Voiez un exemple semblable, dans APPIEN, *Bell. Mithr.* pag. 311. *Ed. Amst.* (181. *Ed. H. Steph.*) & dans le Rhéteur ARISTIDE, *Orat. Panathen.* Tom. I. pag. 250. *Edit. P. Steph.* C'est dans des circonstances comme celle-là que nôtre Auteur donne à entendre qu'on a juste sujet de refuser les Ambassadeurs d'une Puissance qui a pris les armes. Il n'a garde de poser pour régle generale, qu'on peut toûjours refuser les Ambassadeurs qui viennent de la part d'un Ennemi armé; comme ZIEGLER & d'autres ont pris ridiculement sa pensée. Il n'étoit pas homme à se contredire si grossierement.

(6) Voiez, sur cette coûtume des *Romains*, SERVIUS, *in Æneid.* VII. GROTIUS.

Nôtre Auteur veut parler de la coûtume qu'avoient les *Romains*, d'examiner, avant que de recevoir des Ambassadeurs, d'où ils venoient & pourquoi : car voici les paroles du Commentateur, qu'il a euës dans l'esprit; je ne sâche au moins rien d'autre, qui puisse convenir ici, dans les Notes sur le Livre qu'il cite : INTRA TECTA VOCARI] *Dissentit hoc loco à Romana consuetudine. Nam legati, si quando incogniti venire nuntiarentur, primo, quid vellent, ab exploratoribus requirebatur : post ad eos egrediebantur magistratus minores ; & tunc demum Senatus extra urbem postulata noscebat, & ita, si visum fuisset, admittebantur.* In vers. 168.

(7) *Legati deinde postea missi ab rege* [Perseo], *quum* Megalopoli *concilium esset; dataque opera est ab iis, qui offensionem apud* Romanos *timebant, ne admitterentur.* TIT. LIV. Lib. XLI. Cap. XXIX. *num.* 20.

(8) Ceux, par les terres de qui ils avoient à passer, ne vouloient pas les laisser entrer dans leurs Villes; & d'autres regardent comme souillez les lieux par où ils avoient passé, faisoient de grandes purifications. C'est ce que dit cet Historien, qui ne parle point du tout de la maniére dont ils furent reçûs par ceux auprès desquels ils étoient envoiez en ambassade : Ἄξιον βραχὺ διαπορῆσαι περὶ τῆς Κυναιθέων ἀγριότητος, πῶς ὄντες ὁμολογουμένως Ἀρκάδες, τοσοῦτο κατ' ἐκείνους τοὺς καιροὺς διήνεγκαν τῶν ἄλλων Ἑλλήνων ὠμότητι καὶ παρανομίᾳ . . . . . καθ' ὃν γὰρ καιρὸν μεγάλην σφαγὴν ποιήσαντες Κυναιθεῖς, ἐπρέσβευσαν πρὸς Λακεδαιμονίους, εἰς ἃς πόλεις κατὰ τὴν Ἀρκαδίαν εἰσῆλθον κατὰ τὴν ὁδόν, οἱ μὲν ἄλλοι παραχρῆμα πάντες αὐτοὺς ἐξεκήρυξαν· Μαντινεῖς δὲ μετὰ τὴν μετάλλαξιν αὐτῶν, καὶ καθαρμὸν ἐποιήσαντο, καὶ σφάγια περιήνεγκαν τῆς τε πόλεως κύκλῳ, καὶ τῆς χώρας πάσης. Lib. IV. Cap. XX. pag. 402. & Cap. XXI. pag. 404, 405. *Ed. Amstel.*

(9) *Lysimaque* lui donna audience; mais il lui défendit de revenir une autre fois : à quoi le Philosophe répondit, qu'il ne le feroit pas, si *Ptolomée* ne l'envoioit plus. C'est ce que nous apprend DIOGENE LAERCE, de qui nôtre Auteur a tiré le fait : Πάλιν δ' εἰπόντος τοῦ Λυσιμάχου, Βλέπε ὅπως μὴ παρέσῃ πρὸς ἡμᾶς ἔτι, Οὐκ ἄν, ἔφη, ἂν μὴ Πτολεμαῖος ἀποστείλῃ. Lib. II. §. 102. *Edit. Amstel.*

(10) C'est pour cette raison, qu'*André de Burgo*, Ambassadeur de l'Empereur, ne fut point reçû en *Espagne*; comme le rapporte MARIANA, Lib. XXIX. On trouve quelque chose de semblable, dans MARTIN CROMER, *Hist. Polon.* Lib. XX. GROTIUS.

(11) Dans la retraite des dix mille *Grecs*, dont XENOPHON nous a laissé l'histoire, les Généraux résolurent, que, tant qu'ils seroient en païs ennemi, ils ne recevroient point de Herauts. Et ce qui les obligea à prendre une telle résolution, ce fut qu'ils avoient éprouvé, que, sous prétexte d'Ambassade, on venoit espion-

de la dignité d'une Puissance de recevoir des Ambassadeurs pour le sujet dont il s'agit ; ou que les circonstances du tems & la situation des affaires ne le permettent pas. C'est ainsi (12) que les *Romains* déclarérent autrefois aux *Etoliens*, qu'ils ne leur envoiassent point d'Ambassadeur, sans la permission du Général de l'Armée Romaine: & à (13) *Persée*, qu'il n'en envoiât point à *Rome*, mais seulement auprès de *Licinius*. Les Ambassadeurs de *Jugurtha* eurent (14) ordre de sortir d'*Italie* en dix jours, à moins qu'ils ne vinssent pour témoigner que leur Maître se rendoit aux *Romains* avec son Roiaume.

7. Pour ce qui est des Ambassades ordinaires & accompagnées d'une résidence perpétuelle, dont l'usage est aujourdhui fort fréquent, on peut fort bien les refuser. (15) L'Antiquité les a ignorées absolument; & cela fait voir combien peu elles sont nécessaires.

§. IV. 1. Il est plus difficile de décider les questions qui se rapportent à l'autre maxime générale, touchant l'obligation (1) de ne faire aucun mal aux Ambassadeurs. Les sentimens des Auteurs célébres de ce Siécle sont fort partagez là-dessus. Il faut parler prémiérement de ce qui regarde la personne même des Ambassadeurs ; & après cela de leur suite, & de leurs biens.

2. A l'égard de la *personne* des *Ambassadeurs*, il y en a qui croient, que, par le Droit des Gens, elle doit seulement être à l'abri de toute injuste violence: car ils suppo-

espionner & debaucher les Soldats: Καὶ ἐν τούτῳ ἐδόκει τοῖς στρατηγοῖς βέλτιον εἶναι, δόγμα ποιήσασθαι, τὸν πόλεμον ἀκήρυκτον εἶναι, ἕως ἐν τῇ πολεμίᾳ εἶεν. ἐπεχείρουν γὰρ διαφθείρειν τοὺς στρατιώτας, καὶ ἕνα γε λοχαγὸν διέφθειραν Νίκαρχον Ἀρκάδα· καὶ ᾤχετο ἀπιὼν νυκτὸς σὺν ἀνθρώποις ὡς εἴκοσι. De expedit. Cyr. *Lib.* III. *Cap.* III. §. 4. *Ed. Oxon.*

(12) *Denuntiatumque, si qua deinde legatio ex Ætolis, nisi permissu Imperatoris, qui eam provinciam obtineret, & cum legato Romano, venisset* Romam, *pro hostibus omnes futuros.* Tit. Liv. Lib. XXXVII. Cap. XLIX. *num.* 3.

(13) *Jussi renuntiare Regi, Consulem* P. Licinium *brevi cum exercitu futurum in* Macedonia *esse. ad eum, si satisfacere in animo esset, mitteret legatos.* Romam *quod praeterea mitteret, non esse: neminem eorum per* Italiam *ire liciturum.* Idem, *Lib.* XLII. *Cap.* XXXVI. *num.* 5, 6. Cet exemple, & le précedent, regardent plûtôt la maniére de recevoir une Ambassade, que les raisons de la refuser.

(14) *Qui postquam* Romam *adventabant, Senatus à* Bestia *consultus est*, placeretne legatos *Jugurtha* recipi mœnibus: *iique decrevere*, nisi regnum ipsumque deditum venissent, uti in diebus proxumis decem *Italiâ* decederent. Sallust. *Bell. Jugurth.* (Cap. XXX. *Ed. Wass*) L'Empereur *Charles Quint*, aiant reçu des Ambassadeurs de la part du Roi de *France*, *François* I, de la part des *Venitiens* & des *Florentins*, qui venoient pour lui déclarer la Guerre ; les fit conduire dans un village à trente milles de sa Cour : Guicciardin, Liv. XVIII. (§. 16. fol. 320. de la vieille Trad. Franc. *pag.* 472. de l'Original, Ed. de *Genéve*, 1645.) *Mémoires de* Du Bellay, Liv. III. (fol. 103. *Edit. de Paris*, 1573.) Grotius.

Ce dernier exemple ne fait rien au sujet. Il s'agit d'Ambassadeurs, qui étoient actuellement auprès de *Charles Quint*, & qu'il fit arrêter, jusqu'à ce qu'il eût avis que les Ambassadeurs qu'il avoit lui-même en *France* & en *Angleterre* fussent en lieu de sûreté.

(15) Voiez la *Jurisprudentia Divina* de Mr. Thomasius, Lib. III. Cap. IX. §. 25, *& seqq.*

§. IV. (1) Ménandre, *le Protecteur*, parlant de l'Empereur *Justin II.* qui retint prisonniers les Ambassadeurs des *Avariens*, dit, qu'il viola en cela le Droit des Gens: Ὁ δὲ παρὰ τὸν κοινὸν τῶν πρεσβευτῶν θεσμὸν, εἶχεν ἐν δεσμοῖς. Voiez Ernest Cothman, Resp. XXXII. *num.* 29, *& seqq.* Tom. V. Grotius.

C'est au contraire *Bajan*, Roi des *Avariens*, qui fit mettre en prison les Ambassadeurs de *Justin II.* comme le rapporte l'Auteur Grec, *Excerpt. Legat. Just. Justinian. & Tiber.* Cap. IX. où se trouvent les paroles citées par nôtre Auteur.

(2) A la verité, si le consentement des Peuples étoit le seul fondement du Droit des Ambassadeurs, il seroit bien difficile de prouver la maxime dont il s'agit, & de marquer jusqu'où elle s'étend. Mais nôtre Auteur n'avoit pas assez consulté les principes de la Loi Naturelle, qui lui auroient fourni des raisons claires & sûres. Voici ce que dit là-dessus Mr. Thomasius, qui a, ce me semble, traité la matiére mieux que personne dans sa *Jurisprudentia Divina*, Lib. III Cap. IX. §. 36, *& seqq.* Il distingue d'abord entre les *Ambassadeurs qui n'ont fait aucun mal*, & ceux *qui ont fait quelque mal*; puis entre ceux qui sont envoiez *par une Puissance à une autre avec qui elle est en paix*, & ceux *qui viennent de la part d'un Ennemi.* 1. Il n'y a pas de difficulté à l'égard des Ambassadeurs qui venant auprès d'une Puissance avec laquelle leur Maître est en paix, n'ont fait aucun mal à personne: les maximes les plus communes & les plus évidentes du Droit Naturel demandent en leur faveur une entiére sûreté ; de sorte que, si on insulte ou qu'on outrage en quelque maniere que ce soit un tel Ambassadeur, on donne à son Maître un juste sujet de Guerre. Le saint Roi *David* nous en fournit un exemple, II. Samuel, *Chap.* X. Pour ce qui est des Ambassadeurs qui viennent de la part d'un Ennemi, & qui n'ont fait aucun mal, avant qu'on les ait reçûs comme Ambassadeurs, leur sûreté dépend uniquement des Loix de l'Humanité. Car un Ennemi, comme tel, est en droit de faire du mal à son Ennemi: ainsi indépendamment des Conventions, par lesquelles on devient en quelque façon Ami pour un tems, on ne peut être obligé à épargner l'Ambassadeur d'un Ennemi, qu'en

posent, que les Priviléges doivent être expliquez par le Droit commun. D'autres disent, qu'on ne peut pas user de violence à l'égard d'un Ambassadeur, pour toute sorte de sujets, mais seulement lors qu'il a violé le Droit des Gens, ce qui s'étend assez loin: car le Droit des Gens renferme le Droit de Nature; de sorte que, sur ce pié-là, toutes sortes de crimes, à la reserve de ceux qui sont uniquement contre les Loix Civiles, autoriseront à punir un Ambassadeur. D'autres restreignent cela aux cas où un Ambassadeur fait quelque chose de nuisible à l'Etat, ou d'injurieux au Souverain, auprès duquel il est envoié. Mais avec cette limitation même, il y a des gens qui trouvent qu'il seroit dangereux d'accorder la permission de punir de soi-même un Ambassadeur: & ils veulent que, pour éviter cet inconvénient, on porte ses plaintes à la Puissance de la part de qui l'Ambassadeur est envoié, & qu'on s'en remette à sa volonté pour le châtiment. Quelques-uns prétendent, qu'on doit consulter en ce cas-là les Rois ou les Peuples désintéressez: & la prudence peut bien le demander quelquefois; mais on ne sauroit l'exiger comme une chose d'une obligation indispensable.

3. Les raisons que chacun des partisans de ces opinions alléguent, ne concluent rien de précis; parce que les régles du Droit des Gens, dont il s'agit, ne sont pas des conséquences démonstratives, qui se déduisent de principes fixes & immuables, comme celles du Droit de Nature, mais des choses qui dépendent de la volonté des Peuples. (2) Or les Peuples ont pû mettre en sûreté les Ambassadeurs ou entiérement, ou avec cer-

qu'en vertu des sentimens d'Humanité que, l'on ne doit jamais dépouiller, & qui nous engagent à respecter tout ce qui tend au bien de la paix. Lors donc qu'on exerce quelque acte d'hostilité contre un Ambassadeur venu de la part d'un Ennemi, avant que de l'avoir reçu, on ne donne point par là un nouveau sujet de Guerre; on confirme seulement celui que l'Ennemi avoit déja, supposé qu'il fût légitime. Je dis, *supposé qu'il fût légitime*: car s'il étoit injuste, c'est-à-dire, si celui qui a envoié l'Ambassadeur avoit véritablement fait du tort à celui auprès duquel il l'envoioit, & l'avoit autorisé par là à prendre les armes contre lui; les actes d'hostilité que celui-ci a exercez contre son Ambassadeur ne font point passer le droit de l'autre côté; à moins que l'Offenseur n'eût envoié l'Ambassadeur pour offrir à son Ennemi une satisfaction raisonnable; car alors cela devroit être regardé comme un cas de nécessité, qui change l'obligation de parfaite en imparfaite. Mais lors qu'on a une fois reçu l'Ambassadeur d'un Ennemi, on s'est engagé par là manifestement, quoi que tacitement pour l'ordinaire, à lui laisser & procurer une entiére sûreté, tant qu'il ne fera lui-même aucun mal. De sorte que, si l'on manque à cet engagement, on fournit par là un juste sujet de Guerre, ou du moins on met le droit de l'autre côté; parce que toute Convention donne un droit parfait. Il ne faut pas même excepter ici les *Hérauts*, qui sont envoiez pour déclarer la Guerre, pourvû qu'ils le fassent d'une maniére qui n'ait rien d'offensant. Car, selon l'usage des Peuples civilizez, cette déclaration emporte une protestation tacite qu'on veut user de la voie des armes conformément à la droite Raison, & avec dessein d'en venir à une bonne paix. Voilà pour les Ambassadeurs innocens. II. A l'égard de ceux qui se sont rendus *coupables* en quelque maniére, ils ont fait du mal ou *d'eux-mêmes*, ou *par ordre de leur Maître*. Si c'est *d'eux-mêmes*, ils perdent le droit d'être en sûreté, lors que le crime est & manifeste, & atroce. Car un Ambassadeur, quel qu'il soit, ne peut jamais avoir plus de privilége, que n'en auroit son Maître; or on ne pardonneroit pas au Maître même un tel crime. Par *crime atroce* il faut entendre ici ceux qui tendent ou à troubler l'Etat, ou à priver de la vie les Sujets du Prince, auprès duquel l'Ambassadeur est envoie, ou à leur causer quelque prejudice considerable en leur honneur, ou en leurs biens; sur tout s'il s'agit de personnes qui soient chéres au Prince. Lors que le crime offense directement l'Etat, ou celui qui en est le Chef, soit que l'Ambassadeur ait actuellement usé de violence, ou non, c'est-à-dire, soit qu'il ait poussé les Sujets à quelque sédition, ou qu'il ait conspiré lui-même contre l'Etat, ou qu'il ait favorisé le complot, soit qu'il ait pris les armes avec les Rebelles ou avec l'Ennemi, ou qu'il les ait fait prendre à ses gens; on peut s'en venger, même en le tuant, non comme Sujet, mais comme Ennemi. Car son Maître même n'auroit pas lieu de s'attendre à un meilleur traitement. Que s'il s'est sauvé, son Maître est tenu de le livrer, lors qu'on le lui demande. Mais si le crime, tout manifeste & atroce qu'il est, n'offense qu'un Particulier, l'Ambassadeur ne doit point pour cela seul être réputé Ennemi de l'Etat ou du Prince: mais comme, si son Maître avoit commis quelque crime de cette nature, on devroit lui demander satisfaction, & ne prendre les armes contre lui que quand il l'auroit refusée; la même raison d'Equité veut que celui, chez qui l'Ambassadeur a commis un tel crime, le renvoie à son Maître, en le priant ou de le livrer, ou de le punir. Car de le retenir en prison, jusqu'à ce que le Maître ou le rappellât pour le punir, ou déclarât qu'il l'abandonne, ce seroit témoigner quelque défiance de la justice du Maître, & par là l'outrager lui-même en quelque façon, puis que l'Ambassadeur le représente encore: outre que, quand on n'a pas droit de punir quelcun, on n'a pas ordinairement droit de se saisir de sa personne. Autre chose est, lors que le crime a été commis par ordre du Maître; car en ce cas-là il y auroit de l'imprudence à lui renvoier l'Ambassadeur, puis qu'on a tout lieu de croire que celui qui a commandé le crime n'aura garde ni de livrer le Coupable, ni de le punir. On peut donc s'assûrer de la personne de l'Ambassadeur, jusqu'à ce que le Maître ait réparé l'injure commise & par son Ambassadeur, &

certaines exceptions. Car si, d'un côté, il est utile de punir ceux qui se sont rendus coupables de grands crimes; de l'autre, il est avantageux de faciliter les Ambassades, ce qui ne peut se mieux faire qu'en procurant aux Ambassadeurs la plus grande sûreté qu'il est possible.

4. Il faut donc chercher, jusqu'où les Peuples ont consenti d'accorder cette sûreté. Or les exemples ne suffisent pas, pour nous donner là-dessus toutes les lumiéres nécessaires; parce qu'il y en a un assez grand nombre pour & contre. Le jugement des personnes sages, & les conjectures qu'on peut avoir de la volonté des Peuples, sont ici les principes auxquels nous devons avoir recours.

5. J'ai en main deux autoritez très-considérables, l'une est de Tite Live; l'autre, de Salluste. Le prémier Historien parlant de quelques Ambassadeurs de *Tarquin*, qui avoient menagé une trahison dans *Rome*, dit, (3) qu'*encore qu'ils semblassent mériter d'être regardez sur le pié d'Ennemis, à cause de cette mauvaise pratique, cependant la considération du Droit des Gens l'emporta.* On voit là, que les privileges du Droit des Gens (4) s'étendent à ceux même d'entre les Ambassadeurs, qui ont commis des actes d'hostilité. Le passage de l'autre Historien regarde à la vérité les gens de la suite d'un Ambassadeur, de quoi nous traiterons plus bas; mais on peut faire valoir ici l'argument du plus au moins, c'est-à-dire, du moins vraisemblable au plus apparent. Salluste dit donc, (5) que *Bomilcar*, qui étoit de la suite de celui qui étoit venu à *Rome* sous la foi publique, *fut mis en Justice plûtôt selon les régles de l'Equité, que selon le Droit des Gens.* L'*Equité*, dont il est parlé ici, c'est-à-dire, le Droit de Nature tout seul, permet de punir le Coupable, lors qu'on le trouve: mais le Droit des Gens excep-

& par lui-même. Pour ceux qui ne représentent pas la personne du Prince, comme les simples *Messagers*, les *Trompettes* &c. on peut les tuer sur le champ, s'ils viennent, par exemple, dire des injures à un autre Prince par ordre de leur Maître. Rien n'est plus absurde, que ce quelques-uns prétendent, que tout le mal que les Ambassadeurs font par ordre de leur Maître doive être imputé uniquement au Maître. Si cela étoit, les Ambassadeurs auroient plus de privileges sur les terres d'autrui, que n'en auroit leur Maître même, s'il y venoit; & le Souverain du païs, au contraire, auroit moins de pouvoir chez lui, que n'en a un Pére de famille dans sa Maison.

(3) *Et quamquam* [Legati] *visi sunt commisisse, ut hostium loco essent, Jus tamen Gentium valuit.* Lib. II. Cap. IV. *num.* 7.

(4) Il me semble, au contraire, que ce passage suppose le contraire. L'Historien vient de dire, qu'on balança si on se saisiroit d'eux, comme on avoit fait des Conjurez: *Proditoribus extemplo in vincula conjectis, de legatis paullulum addubitatum est.* Or auroit-on mis cela en question, si ç'avoit été une maxime constante, qu'un Ambassadeur est à couvert par son caractére, quoi qu'il commette des actes d'hostilité? Les paroles même, dont il s'agit, insinuent, que le Droit des Gens ne s'étend pas jusqu'à mettre dans l'obligation d'épargner un Ambassadeur, qui commet des actes d'hostilité: car c'est comme si l'Historien avoit dit, qu'encore qu'on reconnût que la conduite des Ambassadeurs autorisoit à les traiter en Ennemis, cependant on voulut bien leur laisser le privilége qu'ils auroient eu d'ailleurs par le Droit des Gens, mais dont ils s'étoient rendus indignes. De sorte que c'est ici une exception à la régle, qui déclare déchus de leurs droits les Ambassadeurs, dès-lors qu'ils trament quelque trahison, quelque conjuration, ou autres choses semblables. J'avois écrit ceci il y a long tems, lors qu'il m'est tombé entre les mains une Dissertation de feu Mr. Cocceïus, *De Legato sancto, non impuni*, publiée à *Francfort sur l'Oder* en 1691. dans laquelle j'ai vû avec plaisir que ce fameux Jurisconsulte d'*Allemagne* explique à peu près de la même maniére ce passage & le suivant des deux Historiens Latins, *Sect.* III. §. 2, *& seqq.*

(5) *Fit reus magis ex æquo bonoque, quàm ex Jure Gentium* Bomilcar, *comes ejus, qui* Romam *fide publicâ venerat*. Bell. Jugurth. *Cap.* XXXIX. *Ed. Wass.* (XXXIV. vulg.) Ce passage est encore mal appliqué par nôtre Auteur, & les Commentateurs en ont donné le vrai sens. L'Historien veut dire, qu'encore qu'à la rigueur on pût d'abord faire mourir *Bomilcar*, selon le Droit des Gens, à cause de l'assassinat de *Massiva*, sans lui donner le tems de plaider sa cause en Justice; cependant, pour user de douceur envers lui (c'est ce que signifie ici, comme en bien d'autres endroits, *ex æquo & bono*) on voulut bien lui accorder cette grace, qui servit à le sauver, comme il paroit par la suite. Ainsi ces paroles, *comes ejus, qui* Romam *fide publicâ venerat*, bien loin de donner à entendre, que, parce qu'il étoit de la suite d'une personne venue avec saufconduit, on ne pouvoit lui rien faire, selon le Droit des Gens; insinuent au contraire, qu'aiant commis un crime si atroce, il s'étoit rendu par là d'autant plus digne d'être puni sans délai, qu'il étoit venu sous la foi publique. Consultez encore ici la Dissertation de Mr. Cocceïus que j'ai citée dans la *Note* précédente. Voilà donc les deux passages, alléguez par nôtre Auteur, qui prouvent plûtôt le contraire de ce qu'il en conclut; quoi que l'application qu'il en fait, soit approuvée par Wicquefort, dans son *Ambassadeur*, Liv. I. Chap. XXVII. Tom. I. pag. 821, 822. *Edit. de la Haie* 1681. La vérité est, que, si on examine tout ce qui est dit dans les anciens Auteurs, au sujet de la sûreté des Ambassadeurs, on verra que cette sûreté ne regarde guéres que ceux qui ne font aucun mal, & qu'elle consiste seulement en ce qu'on ne peut pas se prévaloir contr'eux du droit de la Guer-re

cepte les Ambassadeurs, & autres personnes qui viennent à l'abri de la foi publique. Il est donc contre le Droit des Gens, qui défend plusieurs choses permises par le Droit Naturel, de mettre en Justice un Ambassadeur.

6. Il y a aussi des conjectures, qui font présumer que telle a été la volonté des Peuples. Car l'opinion la mieux fondée est, que les Privilèges doivent être expliquez de telle maniére, qu'ils accordent quelque chose au delà du Droit commun. (6) Or si les Ambassadeurs n'étoient à couvert que d'une injuste violence, il n'y auroit là rien de considérable, rien qui leur donnât aucun avantage sur toute autre personne. Ajoûtez à cela, que le bien qui revient de la sûreté des Ambassadeurs, l'emporte sur l'utilité qu'il peut y av[oir] à punir des Coupables. Car la Puissance de la part de qui un Ambassadeur est venu, (7) sans y être forcé, est assez forte pour le punir: & si elle le refuse, on a la voie des armes pour s'en prendre à elle-même, comme témoignant par ce refus approuver le crime.

7. Quelques-uns objectent ici, qu'il vaut mieux qu'une seule personne soit punie, que si plusieurs étoient enveloppez dans les malheurs de la Guerre. Mais si celui, de la part de qui l'Ambassadeur est venu, (8) approuve ce qu'il a fait, on ne sera pas à couvert de la Guerre, encore qu'on aît puni soi-même l'Ambassadeur. D'autre côté, les Ambassadeurs seroient bien peu en sûreté, s'ils étoient obligez de rendre compte de leurs actions à d'autres, qu'à leur Maître. Car les vuës de la Puissance qui envoie des Ambassadeurs, & celles de la Puissance qui les reçoit, étant différentes pour l'ordinaire, & souvent même opposées; (9) on ne manqueroit guéres de trouver quelque chose à redire dans la conduite des Ambassadeurs, à quoi l'on donneroit le nom

re, ou de quelque autre raison qui autoriseroit d'ailleurs à s'en prendre aux Sujets de la Puissance de la part de qui ils sont envoiez.

(6) Fort bien: mais cela ne doit point être étendu au delà de ce que demande le but & l'usage des Ambassades. Or il suffit pour cela, que l'on ne puisse pas regarder un Ambassadeur comme déchû de ses droits pour toute sorte de crimes, mais seulement pour ceux qui sont incontestables, & atroces.

(7) Mais comment saura-t-on, si un Ambassadeur est venu de son bon gré, ou non? Pour ce qui est de la raison en elle-même, il ne s'agit point ici de l'utilité qui peut revenir de la peine, lors que le crime est une fois commis, mais de ce qui est nécessaire pour empêcher qu'on ne le commette. La sûreté des Ambassadeurs doit être entenduë de telle maniére, qu'elle n'emporte rien de contraire à la sûreté des Puissances, auprès desquelles ils sont envoiez, & qui autrement ne voudroient ni ne devroient les recevoir. Or qui ne voit, que les Ambassadeurs seront moins hardis à entreprendre quelque chose contre le Souverain ou les Membres de l'Etat Etranger, dans les terres duquel ils ont été admis, s'ils craignent qu'en cas de trahison, ou de quelque autre malversation considérable, le Souverain du païs pourra lui-même en tirer raison; que s'ils n'ont à apprehender que le châtiment de leur Maître, dont ils pourront aisément se mettre à couvert, soit parce que souvent ils sont assûrez de sa connivence ou de son approbation tacite, soit à cause qu'ils espéreront que, dans le tems qu'il faudra pour lui donner avis de leurs crimes, ils trouveront moien de se retirer ailleurs.

(8) C'est une affaire de prudence, de voir s'il y a lieu de croire, que le Maître de l'Ambassadeur approuvera, ou non, sa conduite. Mais, à considerer le droit, l'incertitude où l'on est là-dessus autorise à tirer soi-même raison d'un crime dont on n'est pas assûré d'avoir satisfaction d'une autre maniére, & qui seroit capable de nous engager à entreprendre la Guerre, si l'on étoit obligé d'attendre ce que feroit à cet égard *le* Maître de l'Ambassadeur. Nôtre Auteur ne conseille pourtant pas ici d'entreprendre la Guerre contre le Prince, pour se venger de ce qu'il n'a pas puni son Ministre; comme l'explique Mr. Cocceïus dans la Dissertation, que j'ai citée ci-dessus, *Cap.* III. §. 8. Il veut dire seulement, pour répondre à l'objection dont il s'agit, que, posé même qu'on puisse punir soi-même l'Ambassadeur, (ce qu'il nie) on n'évitera pas toûjours la Guerre par ce moien; & il le prouve parce qu'il peut arriver que le Maître de l'Ambassadeur approuve sa conduite, lors même qu'on a puni soi-même le Coupable: or, en ce cas-là, ou il voudra lui-même tirer raison de la punition, comme d'un outrage fait à celui qui le représentoit; ou bien on sera en droit de prendre son approbation pour une injure, & par conséquent de lui déclarer la *Guerre* pour ce sujet, si on juge d'ailleurs à propos de l'entreprendre; ce que nôtre Auteur suppose sans doute. Sur ce pié-là donc sa réponse n'est pas mauvaise. Mais il faut dire, que l'objection, & par conséquent la réponse, ne font rien au sujet, par la raison que je viens d'alléguer dans la Note précedente.

(9) Cet inconvénient seroit à craindre, si l'on donnoit droit à la Puissance, auprès de laquelle quelcun est envoié en ambassade, de le punir pour la moindre chose, & sans distinguer les cas, dont on a parlé ci-dessus, *Note* 2. Mais à mettre même la chose au pis aller, l'inconvénient sera pour le moins balancé par les dangers auxquels un Etat seroit exposé, si les Ministres des Puissances Etrangéres pouvoient se flatter toûjours de l'espérance de n'être point punis par le Souverain, auprès duquel ils sont Ambassadeurs. Il faut ici avoir égard perpétuellement à ce que demande la sûreté & l'intérêt, tant de celui qui reçoit les Ambassadeurs, que de celui qui les envoie. Le but & l'effet des Ambassades le demande également.

nom de crime avec assez d'apparence. J'avouë qu'il y a des crimes si manifestes, qu'on ne sauroit raisonnablement douter qu'ils ne soient tels : mais, quoi qu'il puisse arriver qu'un Ambassadeur commette des crimes de cette nature, cela n'empêche pas qu'il ne soit à propos de la mettre même alors à couvert de toute punition de la part de la Puissance auprès de qui il est envoié. Car il suffit, pour rendre juste & utile une Loi générale, qu'elle tende à prévenir un danger auquel on est exposé le plus souvent.

8. Je suis donc pleinement persuadé, que les Peuples ont trouvé bon de faire ici, en la personne des Ambassadeurs, une exception à la coûtume reçuë par tout, de regarder comme soûmis aux Loix du païs tous les Etrangers qui se trouvent dans les Terres de la dépendance de l'Etat. De sorte que, selon le Droit des Gens, comme un Ambassadeur représente (10) par une espéce de fiction, la personne même de son Maitre, il est aussi regardé, par une fiction semblable, (11) comme étant hors des terres de la Puissance auprès de qui il exerce ses fonctions: & de là vient qu'il n'est point tenu d'observer les Loix Civiles du Païs Etranger où il demeure en Ambassade. Si donc il vient à commettre quelque crime, dont on croie pouvoir ne pas se formaliser, il faut ou faire semblant de l'ignorer, ou ordonner à (12) l'Ambassadeur de sortir de nos Etats, comme Polybe nous apprend (13) qu'on en usa à l'égard d'un Ambassadeur, qui étant à *Rome*, fournit à des Otages qu'on y gardoit, le moien de se sauver. D'où il paroît, pour le dire en passant, que, si les *Romains*, dans un autre tems, firent fouetter (14) un Ambassadeur des *Tarentins* pour le même sujet; (15) ce fut parce que les *Tarentins* aiant été vaincus, étoient devenus Sujets des *Romains*.

9. Que si l'Ambassadeur a commis un crime énorme, & qui tende à causer du préjudice à l'Etat; il (16) faut le renvoier à son Maître, en demandant à celui-ci de deux choses l'une, ou qu'il punisse son Ambassadeur, ou qu'il nous le livre. C'est

(10) C'est ainsi, que Ciceron dit d'un Ambassadeur de *Rome*, qu'il portoit avec lui la majesté du Sénat, & l'autorité du Peuple Romain; *Preclaré : Senatûs enim faciem secum adtulerat, auctoritatem Populi Romani* &c. Orat. Philipp. VIII. (Cap. 8.) Grotius.

(11) Cela a lieu tant que les Ambassadeurs n'ont rien fait par où ils soient déchus du droit de sûreté & d'indépendance, que demande la fin de leur Emploi. Mr. Cocceius, dans la Dissertation que j'ai citée plus d'une fois, *De Legato sancto, non impuni*, Sect. II. prétend néanmoins, que tout Ambassadeur est soûmis à la Jurisdiction & Civile, & Criminelle, de la Puissance Etrangére, dans les terres de qui il exerce son Emploi. Mais il raisonne ou sur des préjugez tirez de ce que le Droit Romain établit au sujet d'une autre sorte de Ministres Publics, envoiez à leur Souverain même; ou sur des principes qui ne détruisent point le fondement du droit, dont il s'agit : C'est que, comme un Souverain n'aura garde de se soûmettre de gaieté de cœur à la jurisdiction d'un autre ; on ne sauroit non plus présumer qu'il veuille s'y soûmettre en la personne de son Ambassadeur, qui le représente. Voiez, au reste, Pufendorf, *Droit de la Nat. & des Gens*, Liv. VIII. Chap. IV. §. 21. & *Chap.* XI. §. 3.

(12) C'est ce que fit *Etienne*, Roi de *Pologne*, à l'égard de quelques Ambassadeurs de *Moscovie* ; comme le rapporte De Thou, *Hist.* Lib. LXXIII. sur l'année 1581. (pag. 66. col. 2. *Ed. Francof.*) *Elizabeth*, Reine d'*Angleterre*, en usa de même par rapport à des Ambassadeurs d'*Ecosse*, & d'*Espagne :* Camden, sur les années 1571. & 1584. Grotius.

(13) Nôtre Auteur selon toutes les apparences, a copié ici Alberic Gentil, qui rapporte ce fait, & le suivant dans son Traité *De Legationibus*, Lib. II. Cap. XXI. Mais je ne trouve rien de semblable dans Polybe, pas même dans les Fragmens qu'on en a recueillis de toutes parts avec beaucoup de soin : quoi que Gentil dise ici : *Ut in Selectis habet* Polybius.

(14) Il fut ensuite jetté du haut d'un rocher en bas, avec tous les Otages, qu'on avoit repris. Voiez Tite Live, Lib. XXV. Cap. VII.

(15) C'est ainsi que *Charles Quint* défendit à l'Ambassadeur du Duc de *Milan*, qu'il regardoit comme son Sujet, de s'éloigner de sa Cour. Voiez Guicciardin, dans l'endroit cité ci-dessus (*Note* 14. du §. 3.) Grotius.

(16) Mais voiez ci-dessus, *Note* 2, & 8.

(17) Les *Gaulois* n'avoient pas en leur puissance ces Ambassadeurs : ainsi ils n'étoient point en état de se faire raison eux-mêmes : *Postulatumque, ut pro jure gentium violato Fabii dederentur.* Tit. Liv. Lib. V. Cap. XXXVI. *num.* 8. Nôtre Auteur allégue, ici dans une Note, un autre exemple de l'Histoire Romaine. Quelques Jeunes Gens étant venus de *Carthage* à *Rome*, en qualité d'Ambassadeurs, y commirent des insolences. On les renvoia à *Carthage*. Les *Carthaginois* les livrérent (& non pas, comme traduit nôtre Auteur, ils furent livrez aux *Carthaginois*: *traditique Carthaginiensibus*) méprise qu'il suit jusqu'au bout, puis qu'il ajoûte : *ab his vero nihil illis nocitum est.*) Mais les *Romains* ne leur firent aucun mal, & les laissérent aller en liberté : Ὅτι νεανίσκοι τινὲς Καρχηδονίων πρεσβεύειν εἰς τὴν Ῥώμην ἐλθόντες, ὑβρίσαντες, ἐπέμφθησαν μὲν εἰς τὴν Καρχηδόνα, καὶ ἐξεδόθησαν ἐκεῖσε, ἀπαθεῖς δὲ ὑπ' αὐ-

C'est ainsi que les (17) *Gaulois* demandoient autrefois qu'on leur livrât les *Fabius.*

10. Mais comme toutes les Loix Humaines, selon ce que nous avons déja remarqué plusieurs fois, sont de telle nature, qu'elles n'obligent point dans un cas de nécessité extrême; cela (18) a lieu aussi en matiére de la maxime du Droit des Gens, dont il s'agit, qui rend la personne des Ambassadeurs sacrée & inviolable. Le point de cette nécessité extrême ne consiste pas en ce qu'il faut nécessairement punir (car il y a d'autres cas où le Droit des Gens exemte de la punition, comme il paroîtra par ce que nous dirons ci-dessous, en traitant des effets d'une Guerre dans les formes) beaucoup moins consiste-t-il en ce que les circonstances du lieu, du tems, & de la maniére de punir, demandent qu'on exerce la punition: mais il consiste en ce qu'il n'y a pas d'autre moien commode de se précautionner contre un grand mal, sur tout contre un mal dont l'Etat est menacé. Dans un danger pressant, comme celui-là, on peut donc & arrêter un Ambassadeur, (19) & proceder contre lui par voie d'interrogatoire. C'est ainsi que les Consuls (20) de *Rome* se saisirent des Ambassadeurs des *Tarquins*, prenant garde sur tout qu'il ne se perdît rien des lettres (21) & des papiers dont ils étoient chargez.

11. Que si un Ambassadeur entreprend quelque chose à main armée, on peut alors sans contredit le faire mourir, non en forme de punition, mais en usant du droit naturel de la Défense. Ainsi les *Gaulois* n'auroient pas mal fait, s'ils eussent ôté la vie aux *Fabius*, que Tite Live traite (22) d'infracteurs du Droit des Gens. Dans une Tragédie d'Euripide, *Démophon* s'oppose par la force à un Héraut venu de la part d'*Eurysthée* pour enlever des personnes qui s'étoient réfugiées à *Athénes*: & comme ce Héraut, nommé (a) *Coprée*, lui disoit: (23) *Oseriez-vous frapper un homme revêtu du caractére que je porte?* Oui *bien*, répond *Démophon*, *s'il ne cesse de vouloir user de voies de fait.*

(a) Voiez *Homer*. Iliad. Lib. XV. vers. 639.

αὐτῶν ἄντικρυς ἤδη, ἀλλ' ἀνείληφεν. Dion, Excerpt. Legat. *num.* 19.

(18) Il paroît par ce qui a été dit dans les Notes precedentes, qu'il n'est pas nécessaire d'attendre ici le cas d'une extrême necessité.

(19) Mr. Cocceius, dans la Dissertation déja citée plus d'une fois, *De Legato sancto, non impuni*, tire avantage de ceci contre nôtre Auteur, comme s'il reconnoissoit par là qu'un Ambassadeur est soûmis à la jurisdiction de la Puissance auprès de qui il se trouve envoié. Car, dit-on, faire arrêter quelcun, & l'interroger, sont des actes juridiques d'un Juge envers son Justiciable. Mais la conséquence n'est rien moins que juste. Car la détention & les interrogatoires, qui, hors du cas de nécessité extrême, dont il s'agit, pourroient être regardez comme un acte de Jurisdiction, ne sont ici qu'un moien absolument nécessaire, pour se mettre à couvert des mauvais desseins de l'Ambassadeur. Une juste défense de soi-même autorise à faire tout ce sans quoi on ne sauroit se garantir du danger. Et le Prince, qui fait arrêter & qui interroge un Ambassadeur coupable de trahison, par exemple, n'exerce pas plus par là un acte de Jurisdiction, qu'un Particulier qui tuë un injuste Aggresseur, pour défendre sa propre vie, n'use envers lui du droit de Vie & de Mort.

(20) *Consules, ad deprehendendos legatos conjuratosque, profecti domo, sine tumultu rem omnem oppressêre; literarum inprimis habitâ curâ, ne interciderent.* Tit. Liv. (Lib. II. Cap. IV. *num.* 7.) *Alexandre*, Roi de *Phéres* en *Thessalie*, fit mettre en prison *Pelopidas*, aiant découvert que, sous prétexte d'Ambassade, il animoit secrétement les *Thessaliens* à recouvrer leur liberté; comme le rapporte Plutarque, *Vit. Pelopid.* (Tom. I. pag. 292. *Ed. Wechel.*) & l'Auteur Latin de la Vie de *Pélopidas* (Cornel. Nepos, Cap. V.) Grotius.

Pélopidas n'étoit pas en Ambassade auprès d'*Alexandre*, mais auprès des *Thessaliens*. Ainsi ceci regarde une autre question.

(21) Voiez De Serres, *Inventaire de l'Histoire de France*, dans la Vie d'*Henri IV.* Grotius.

Nôtre Auteur veut parler apparemment des Lettres & papiers du Secrétaire de l'Ambassadeur d'*Espagne*, qui fut arrêté avec *Mairargues*, lors qu'on eût découvert la trahison de celui-ci. Mais la Vie d'*Henri IV.* que l'on cite, n'est point de Jean De Serres, comme chacun fait, puis que l'*Inventaire* de cet Historien ne va pas au delà de *Charles* VII. mais elle est de Monliard, son Continuateur. Nôtre Auteur avoit lû apparemment la Traduction Latine de cet Ouvrage, imprimée à *Francfort* en 1627. *in folio*, & où tout passe, sans aucune distinction, sous le nom de Jean De Serres, quoi que l'Histoire y soit continuée jusqu'en l'année 1625. Le fait, dont il s'agit, se trouve-là, *pag.* 844.

(22) Voiez le passage cité dans la *Note* 17. de ce paragraphe.

(23) C'est le Chœur qui fait l'objection, dans nos Editions: & je ne sai en vertu de quoi nôtre Auteur l'attribuë au Héraut, & ici, & dans ses *Excerpta ex Tragæd. & Com. Græcis*, pag. 317.

XO. Μὴ, πρὸς θεῶν, κήρυκα τολμήσῃς θένειν.

ΔΗ. Εἰ μή γ' ὁ κῆρυξ σωφρονεῖν μαθήσεται.

Heraclid. *vers.* 272, 273. Voiez là-dessus la Note de Mr. Barnes.

fait. Effectivement le Peuple d'*Athénes* le fit mourir, au rapport de (24) Philostrate, par cette raison qu'il (25) avoit commis des violences.

12. Ciceron se sert d'une distinction semblable à celle que nous venons de faire au sujet des Ambassadeurs, (26) pour décider une question de différente nature, savoir, si un Fils est tenu d'accuser son Pére, coupable de trahison envers sa Patrie. L'Orateur Philosophe dit là-dessus, que le Fils y est obligé, lors qu'il peut par là détourner le danger dont l'Etat est menacé; mais non pas lors qu'il n'y a plus rien à craindre, & qu'il s'agiroit seulement de punir le Traître.

§. V. 1. La Loi du Droit des Gens, dont je viens de parler, qui met les Ambassadeurs à l'abri de toute violence, doit aussi être entenduë en sorte qu'elle n'oblige d'autre Puissance, que celle auprès de qui l'Ambassadeur est envoié, & cela seulement depuis qu'elle l'a reçu; car c'est dès lors qu'il y a une espéce de convention tacite sur ce sujet. Du reste, on peut, comme cela se pratique assez souvent, avertir celui de la part duquel on ne peut point recevoir d'Ambassadeurs, qu'il se garde bien d'en envoier, ou qu'autrement on les traitera en Ennemis. Les *Romains* (1) firent une semblable déclaration aux *Etoliens.* Et une autre fois ils (2) donnérent ordre aux Ambassadeurs qui

(24) Cet Auteur dit, que le Héraut vouloit enlever, jusqu'auprès de l'Autel, quelques *Héraclides* réfugiez à *Athénes*; & que les mêmes *Athéniens*, qui le firent mourir, pleurérent ensuite sa mort publiquement: *Πενθοῦσι γὰρ δημοσίᾳ οἱ Ἀθηναῖοι τὸν κήρυκα, τὸν Κοπρέα, ὃν αὐτοὶ ἀπέκτειναν, τοὺς Ἡρακλείδας τοῦ βωμοῦ ἀποσπῶντα.* De Vit. Sophist. *Lib.* II. in Herod. *Cap.* V. pag. 550, 551. *Edit. Olear.*

(25) C'est ainsi qu'il faut expliquer ce que *Theodabat*, Roi des *Goths*, disoit aux Ambassadeurs de l'Empereur *Justinien*: *Σεμνὸν μὲν τὸ χρῆμα τῶν πρεσβειῶν καὶ ἄλλως ἔντιμον καθέστηκεν εἰς πάντας ἀνθρώπους· τοῦτο δὲ τὸ γέρας εἰς τόδε οἱ πρέσβεις ἐν σφίσιν αὐτοῖς διασώζουσιν, ἕως τῇ σφετέρᾳ ἐπιεικείᾳ φυλάξωσι τὸ τῆς πρεσβείας ἀξίωμα. κτείνειν γὰρ ἄνδρα πρεσβευτὴν ἐνδίκως νενομίκασιν ἄνθρωποι, ὅταν ἢ εἰς βασιλέα ὑβρίσας φαίνηται, ἢ γυναικὶ ἄλλου ξυνοικήσας εἰς εὐνὴν ἔλθοι.* " Le caractere d'Ambassadeur est, à la vérité, sacré & respectable, par tout païs: mais ils ne conservent leurs droits & leurs privileges, que tant qu'ils soutiennent la dignité de leurs fonctions par une conduite sage & reglée. Du reste, c'est l'opinion commune, qu'on peut même faire mourir un Ambassadeur, lors qu'il outrage le Prince auprès de qui il est envoié, ou qu'il débauche la Femme de quelcun: Procop. *Gotthic.* Lib. I. (Cap VII.) Là-dessus les Ambassadeurs, après avoir représenté qu'il n'y avoit pas le moindre lieu de les soupçonner d'adultere, puis qu'ils n'étoient pas même sortis sans avoir des Gardes: ajoûtent sagement: " Lors qu'un Ambassadeur ne fait que dire ce dont il est chargé par son Maître, si les discours qu'il tient ne plaisent pas, ce n'est point sa faute; il faut la rejetter entiérement sur celui au nom de qui il parle; car un Ambassadeur ne peut que suivre ses ordres: *Λόγος δὲ, ὅσπερ ἂν ἐκ τοῦ πέμψαντος ἀπαγγελθεὶς εἴη, ἐς αὐτὸν τὴν ἐνθένδε αἰτίαν, ἤν γε οἱ ἀγαθοὶ τύχωσιν ὄντες, εἰκότως ἂν λάβοι· ἀλλ' ὁ μὲν κελεύσας φέροιτο ἂν δικαίως τὸ ἔγκλημα τοῦτο· τῷ δὲ πρεσβευτῇ τὸ τὴν ὑπουργίαν ἐκτελέσαι περιέσται μόνον.* Voiez aussi Camden, dans l'endroit cité ci-dessus (*Note* 12.) sur l'année 1571. Grotius.

La maxime, que pose ici le Roi des *Goths*, considérée en elle-même, est manifestement contraire aux idées de nôtre Auteur, & conforme aux principes que nous avons établis dans les Notes précedentes. Autre chose est de savoir, si elle étoit bien appliquée dans le cas dont il s'agissoit. Le contraire paroît par la suite de l'histoire. Pour ce qui est du second cas, sur lequel les Ambassadeurs se disculpent, la raison, qu'ils alléguent, doit être entenduë avec quelque restriction. Si un Ambassadeur a eu ordre de faire quelque proposition ou quelque declaration, qu'il voie bien ne devoir pas être agreable à la Puissance auprès de qui il est envoié, & renfermer, ou en elle-même, ou dans l'esprit de cette Puissance, quelque injustice, ou même quelque chose d'injurieux; pourvû qu'il expose sa commission d'une maniere honnête, il ne doit être regardé que comme un simple instrument, & il faut se contenter de le congedier, sans lui faire le moindre mal; sur tout s'il témoigne quelque chagrin de ce qu'on l'a chargé d'une commission comme celle-là. Mais s'il outrageoit lui-même en paroles, ou autrement, la Puissance auprès de qui il est envoié, il auroit beau dire, que c'est par ordre de son Maître qu'il le fait; cela ne serviroit qu'à autoriser plus fortement cette Puissance à s'en prendre à lui, puis que, par cela même qu'il auroit agi par ordre, il n'y auroit aucun lieu d'esperer quelque satisfaction de la part du Maître.

(26) Il dit, que, si un Fils vient à découvrir que son Pére veuille trahir sa Patrie, ou s'emparer du Gouvernement, il doit user d'abord de prieres, ensuite de fortes censures, & de menaces même, pour l'obliger à changer de résolution: mais que si tout cela ne sert de rien, il doit enfin le denoncer, & préferer le salut de sa Patrie à la conservation de son propre Pére. Que si le Pére ne fait que piller les Temples, ou le Trésor Public; le Fils, bien loin d'être obligé de le denoncer pour un tel sujet, doit même le défendre, si on l'accuse en Justice. Quoi qu'alors le Pére ait causé quelque préjudice à l'Etat, l'Etat n'est pas perdu pour cela; & il est de l'interêt de l'Etat même, que les Enfans aient de l'affection pour leurs Péres, & qu'ils fassent tout ce qu'ils peuvent pour leur conservation; *Quid si pater fana expilet, cuniculos agat ad ærarium: indicetne id magistratibus filius? nefas id quidem est. quin etiam defendat patrem, si arguatur. Non igitur patria præstat omnibus officiis? Immo vero: sed ipsi patriæ conducit, pios cives habere in parentes. Quid, si tyrannidem occupare, si patriam prodere conabitur pater? silebitne filius? Immo vero obsecrabit patrem, ne id faciat. si nihil proficiet, accusabit, minabitur etiam: ad extremum, si ad perniciem patriæ res spectabit, patriæ salu-*

qui venoient de la part des *Véiens*, de sortir incessamment de la Ville; autrement qu'on les traiteroit de la même maniére qu'avoit fait *Tolumnius*. Les *Romains* eux-mêmes aiant envoié des Ambassadeurs aux *Samnites*, les *Samnites* (3) firent dire à ces Ambassadeurs, pendant qu'ils étoient en chemin, *que, s'ils se présentoient devant quelque Assemblée de leur Païs, ils ne s'en trouveroient pas bien.*

2. Cette Loi ne regarde donc pas les autres Puissances, sur les terres de qui les Ambassadeurs passent, sans en avoir permission. Car, (4) s'ils sont envoiez auprès de leurs Ennemis, ou de la part de leurs Ennemis, ou qu'ils fassent quelque autre chose qui puisse être regardé comme un acte d'hostilité; on est même en droit de les faire mourir, comme les *Athéniens* (5) en usérent à l'égard des Ambassadeurs qui alloient de la part des *Lacedémoniens*, auprès du Roi de *Perse*; & les *Illyriens*, à l'égard (a) de ceux que l'Ile d'*Isse* envoioit aux *Romains*. A plus forte raison peut-on retenir seulement prisonniers de tels Ambassadeurs, comme *Xénophon* (6) en traita quelques-uns; *Alexandre le Grand*, (7) ceux que les *Thébains*, & les *Lacedémoniens* envoioient à *Darius*; les *Romains*, (8) ceux que *Philippe* envoioit à *Hannibal*; & les (9) *Latins*, des Ambassadeurs des *Volsques*.

(a) *Appian.* Bell. Illyr. pag. 1198. *Ed. Amst.* (760. *H. Steph.*)

3. Que

salutem anteponat saluti patris. De Offic. *Lib.* III. *Cap.* XXIII.

§. V. (1) Le passage a déja été cité, dans le paragraphe précedent, *Note* 12.

(2) C'est tout le contraire: ce furent les *Véjens* qui firent ce compliment aux Ambassadeurs de *Rome*; comme le Savant GRONOVIUS l'a remarqué: *Veiens bellum motum, ob superbum responsum* Veientis *Senatus, qui legatis repetentibus res, ni facesserent properè urbe finibusque, daturos, quod* Lars Tolumnius *dedisset, responderi jussit.* TIT. LIV. Lib. IV. Cap. LVIII. *num.* 6, 7. Et pour faire voir que c'est une veritable méprise de l'Auteur, & non pas une simple faute d'écriture; j'ajoûterai ici, que, dans la premiére Edition, il y avoit simplement: *& olim* Veientibus *editum* &c. L'Edition de 1632. porte: *& olim* à Romanis Veientibus *editum* &c. parce que nôtre Auteur ajoûta ensuite un nouvel exemple: *&* Romanis à Samnitibus, *si quod* &c. La premiére addition n'auroit point été necessaire, s'il n'eût pas toûjours eu dans l'esprit, que la réponse brutale étoit des *Romains*. Ainsi il n'avoit point du tout reconnu sa bevuë, comme il s'apperçût d'une autre qu'il y avoit à la fin du paragraphe 7. Car faisant une même histoire de deux choses arrivées en divers tems, il attribuoit, dans la premiére Edition, au seul *Scipion* ce qu'il rapporte sur la foi de TITE LIVE, & de VALE'RE MAXIME: mais il distingua depuis les faits & les personnes, comme on les trouve dans les deux Auteurs citez. Cette remarque n'est pas inutile, pour justifier la liberté & le soin que j'ai pris de redresser, en bien des endroits, de semblables inexactitudes de mon Auteur, qui y est tombé, je ne sai comment, dans ce Chapitre, & dans le suivant plus souvent que dans aucun autre de tout l'Ouvrage.

(3) *Fetiales missi, qui* Samnitem *decedere agro sociorum, ac deducere exercitum finibus* Lucanis *juberent. quibus obviam missi ab* Samnitibus, *qui denuntiarent*, Si quod adissent in *Samnio* concilium, haud inviolatos abituros. TIT. LIV. Lib. X. Cap. XII. *num.* 2.

(4) Les *Siciliens*, Alliez des *Athéniens*, arrêtérent les Ambassadeurs, que ceux de *Syracuse*. Ennemis d'*Athénes*, envoioient aux autres Villes de *Sicile*: THUCYDID Lib. VII. (Cap XXXII. *Ed. Oxon.*) Ceux d'*Argos* arrêtérent les Ambassadeurs d'*Athénes*, envoiez à *Lacédémone* de la part des *Quatre-cents*, qui s'étoient emparez du Gouvernement de la République, & les amenérent à *Argos*: Idem, *Lib.* VIII. (*Cap.* LXXXVI.) Les *Etoliens* aiant envoié des Ambassadeurs aux *Romains*, ceux d'*Epire*, qui etoient en guerre avec les *Etoliens*, arrêtérent ces Ambassadeurs, & leur extorquérent une rançon; il n'y en eut qu'un, qui en fut quitte sans rien paier, parce que n'aiant rien voulu donner, il vint des Lettres de *Rome*, avec ordre de les relâcher. POLYB. Excerpt. Legat. *Cap.* XXVII. Les *Espagnols* prirent sur le *Pô* & firent mourir des Ambassadeurs que le Roi de *France* envoioit en *Turquie*; sur quoi voiez le jugement de PARUTA, Lib. XI. & de BIZARO, Lib. XXI. L'Empereur *Maximilien* fit saisir des Ambassadeurs, que les Villes de *Flandres* envoioient en *France*: KRANTZIUS, *Saxonie*, XII, 33. On louë la clémence de *Bélisaire*, de ce qu'il ne fit aucun mal à des Ambassadeurs, que *Gélimer* avoit envoiez en *Espagne*, & qui revenoient d'*Espagne* à *Carthage*, dont les *Romains* etoient maitres alors; comme nous l'apprenons de PROCOPE, *Vandal. Bell.* Lib I. (Cap. XXIV.) GROTIUS.

Le second de ces exemples n'est pas rapporté tout-à-fait exactement. Ce furent les *Paraliens*, ou gens d'un certain Vaisseau de l'Etat, qui étant chargez de transporter ces Ambassadeurs, les livrérent à ceux d'*Argos*.

(5) Ces Ambassadeurs ne passoient point sur les terres des *Athéniens*: ils furent trahis & arrêtez en *Thrace*, d'où on les mena à *Athénes*. Voiez THUCYDIDE, Lib. II. Cap. LXVII.

(6) On ne savoit point, où alloient ces Ambassadeurs; & l'Historien dit seulement, qu'on les fit garder, pour servir de guides: Ἐντυγχάνουσι πρεσβευταῖς πορευομένοις παρὰ .... ἐνταῦθα τοὺς μὲν ἀνθρώπους τούτους ἐφύλαττον ἰσχυρῶς, ὅπως ἡγεμόνες εἶεν, ὅτι δέοι. De Expedit. Cyr. *Lib.* VI. *Cap.* III. §. 7.

(7) Ceux-ci étoient déja auprès de *Darius*, avant la Bataille, & ils furent pris dans cette Bataille. *Alexandre* même les relâcha. Voiez ARRIEN, *de Exped. Alexandr.* Lib. II. Cap. XV.

(8) Voiez TITE LIVE, Lib. XXIII. (Cap. XXXIII. *num.* 5.) & APPIEN, *Excerpt. Legat.* Cap. XIX. GROTIUS.

(9) Ces Ambassadeurs étoient envoiez aux *Latins* mêmes, pour les engager à entrer dans une Alliance contre les *Romains*; & les *Latins* les menérent liez & garrotez à *Rome*. C'est ce que nous apprend DENYS d'*Halicarnasse*, de qui nôtre Auteur a sans doute pris

ces.

3. Que si, sans qu'il y aît rien de tel, on maltraite des Ambassadeurs qui vont auprès d'une autre Puissance; ce sera bien une rupture d'amitié, & un affront fait ou à celui de la part de qui ces Ambassadeurs sont envoiez, ou à celui auprès de qui ils sont envoiez; mais non (10) pas une infraction du Droit des Gens, dont il s'agit. Justin (11) nous apprend, qu'un Ambassadeur, que *Philippe II.* Roi de *Macédoine* envoioit, avec des Lettres, pour traiter alliance avec *Hannibal*, aiant été pris, & mené au Sénat Romain, le Sénat le relâcha sain & sauf, *non pas par considération pour le Roi son Maître, mais pour ne pas se faire un Ennemi déclaré de ce Prince, dont la mauvaise volonté étoit encore incertaine.*

§. VI. 1. Lors qu'on a une fois reçu l'Ambassade, même de la part d'un Ennemi declaré, & à plus forte raison (1) de la part de quelcun qui nous veut du mal, sans avoir encore pris les armes; les Ambassadeurs sont sous la protection du Droit des Gens. Diodore *de Sicile* dit, (2) que les Hérauts sont en paix, au (3) milieu de la Guerre. He'rodote parlant des *Lacédémoniens*, qui avoient fait mourir les Hérauts envoiez de la part des *Perses*, appelle cela (4) un *renversement du Droit commun à tous les Hommes.* Le Jurisconsulte Pomponius (5) dit, que *battre un Ambassadeur venu de la part d'un Ennemi, c'est une infraction du Droit des Gens; parce qu'on regarde les Ambassadeurs comme des personnes sacrées.* Tacite (6) parlant de la sûreté qu'on doit donner aux Ambassadeurs, appelle cela, *le Droit qui a lieu entre Ennemis, la sainteté des Ambassades,* le *Droit des Gens.* Maltraiter les Ambassadeurs d'un Ennemi même, c'est *violer le Droit des Gens,* selon (7) Cice'ron, (8) Seneque, & (9) Tite Live. Le dernier Auteur racontant de quelle maniére les *Fidénates* avoient fait mourir les Ambassadeurs des *Romains*, traite cela (10) de *crime énorme*, de *chose abominable*, de *meurtre impie.* Et ailleurs, parlant du danger que quelques Ambassadeurs avoient couru d'être pris & arrêtez, il en conclut, (11) qu'*on n'observoit plus ni le Droit de la Paix, ni le Droit de la Guerre. Alexandre, le Grand*, aiant envoié des Hérauts aux *Tyriens*, pour les sommer de se rendre à composition, les *Tyriens* les tuérent, *contre le Droit des Gens*, dit (12) Quinte-Curce, & les jettérent du haut des murs dans la Mer.

2. Et

cet exemple: Λατῖνοι δὲ, πρεσβείας περὶ αὐτὰς ἐπὶ συμμαχίας αἴτησιν ἀφικομένης, δήσαντες τὰς πρέσβεις, εἰς Ῥώμην ἤγαγον. Antiq. Roman. *Lib.* VI. *Cap.* XXV. pag. 346. *in fin.* Edit. Oxon. (p. 361. *Ed. Sylb.*)

(10) Autre chose est, si quelcun dresse des embuches, hors des terres de sa jurisdiction, aux Ambassadeurs d'une autre Puissance; car c'est alors une violation du Droit des Gens, comme les *Thessaliens* la qualifioient, en se plaignant de *Philippe*, Roi de *Macédoine*: *Jam ne à legatis quidem, qui jure gentium sancti sint, violandis abstinere* [Philippum]. *insidias positas euntibus ad* T. Quinctium. Tit. Liv. (Lib. XXXIX. Cap. XXV. *num.* 10.) Grotius.

(11) *Legatum deinde ad* Annibalem, *jungendæ societatis* [illegible], *cum epistolis mittit; qui comprehensus, & ad Senatum perductus, incolumis dimissus est, non in honorem Regis, sed ne dubius adhuc, indubitatus hostis redderetur.* Lib. XXIX. Cap. IV. *num.* 2, 3.

§. VI. (1) *Inimicus*, par opposition à *Hostis.* Nôtre Langue ne sauroit exprimer en un mot cette différence.

(2) Nôtre Auteur a apparemment en vuë l'endroit, où cet Historien parlant du Dieu *Mercure*, dit, qu'on lui attribuë l'invention des Ambassades & des Conventions qui se font entre Ennemis, aussi bien que du *Caducée*, à la faveur duquel ceux qui vont parler à l'Ennemi peuvent revenir en toute sûreté: Τῷ δ' Ἑρμῇ προσάπτουσι τὰς ἐν τοῖς πολέμοις γινομένας ἐπικηρυκείας καὶ διαλλαγὰς καὶ σπονδὰς, καὶ τὸ τούτων σύσσημον κηρύκειον, ὃ φορεῖν εἰώθασιν οἱ περὶ τῶν τοιούτων τοὺς λόγους ποιούμενοι, καὶ διὰ τούτου τυγχάνοντες παρὰ τοῖς πολεμίοις ἀσφαλείας. Biblioth. Histor. *Lib.* V. Cap. LXXV. pag. 235, 236. *Edit. H. Steph.*

(3) Voiez les passages citez ci-dessus, sur le §. 1. *Note* 2. Le Grammairien Donat, Commentateur de Te'rence, remarque, qu'entre Ennemis même il est permis de s'aboucher: Convenire et Conloqui] *Sic pronuntiandum est, ut quasi dicat, Liceat per te, Miles, quod etiam inter hostes, & in bello, licet.* In Eunuch. *Act.* III. *Scen.* II. vers. 14. Grotius.

(4) Κείνους μὲν γὰρ συγχέαι τὰ πάντων ἀνθρώπων νόμιμα, ἀποκτείναντας κήρυκας. Lib. VII. Cap. 137.

(5) *Si quis legatum hostium pulsasset, contra jus gentium id commissum esse existimatur; quia sancti habentur Legati ..... Itaque eum, qui legatum pulsasset,* Quintus Mucius *dedi hostibus, quorum erant legati, solitus est dicere.* Digest. Lib. L. Tit. VII. *De Legationibus.* Leg. XVII.

(6) *Hostium quoque jus, & sacra legationis, & fas gentium, rupistis.* Annal. *Lib.* I. *Cap.* XLII. *num.* 3.

(7) Le passage a déja été cité ci-dessus, dans ce que j'ai ajoûté à la *Note* 2. sur le *paragraphe* 1.

(8) *Violavit legationes, rupto jure gentium rabiesque infanda civitatem tulit* &c. De Ira, *Lib.* III. *Cap.* II.

(9) *Interventu* Fidenatium, *novorum sociorum, consulen-*

2. Et certainement c'est avec beaucoup de raison que le Droit des Gens a ainsi réglé les choses. Car, quand on est en Guerre, il y a mille choses sur lesquelles on ne sauroit traiter ensemble, que par des Ambassadeurs: (13) & la Paix même ne peut guéres se faire autrement.

§. VII. On demande, s'il est permis de tuer ou de maltraiter un Ambassadeur par droit de représailles, c'est-à-dire, lors que celui, de la part de qui il est envoié, a tué ou maltraité quelque Ambassadeur venu de nôtre part? Il y a dans les Histoires un assez grand nombre d'exemples de cette sorte de vengeance; mais les Histoires ne racontent pas seulement des actions justes & innocentes; on y trouve aussi bien des choses faites contre la Justice, dans le feu de la Colére, ou par quelque autre mouvement de passion. Le Droit des Gens ne se contente pas de faire respecter celui qui envoie des Ambassadeurs; il pourvoit encore à la sureté des Ambassadeurs mêmes. On est censé traiter aussi tacitement avec eux: & ainsi on leur fait du tort en les maltraitant, lors même qu'on n'en fait aucun à leur Maître. Ce ne fut donc pas simplement par générosité, mais encore pour observer le Droit des Gens, que *Scipion*, lors qu'on lui eut amené (a) quelques Ambassadeurs des *Carthaginois*, & qu'on lui demandoit ce qu'il falloit leur faire, (1) répondit, *Rien de semblable à ce que les* Carthaginois *ont fait aux nôtres*; & là-dessus les renvoia sains & saufs. Tite Live ajoûte, (2) que ce Général déclara, *qu'il ne vouloit rien faire qui démentît les maximes du Peuple Romain.* Valére Maxime fait répondre aux Consuls Romains, dans un cas semblable, mais de plus vieille datte: (3) *Vous n'avez rien à craindre*, Hannon, *la bonne foi de nôtre Republique vous en est un bon garant.* Car alors les *Carthaginois* avoient aussi mis dans les fers *Cornélius Asina*, contre le droit des Ambassades.

(a) *Appian.* Bell. Punic. pag. 10. (19. *Ed. H. Steph.*)

§. VIII. 1. Les gens de la suite d'un Ambassadeur, & son bagage, sont aussi sacrez à leur maniére. D'où vient que, chez les anciens *Romains*, quand un Héraut étoit envoié pour faire quelque Traité, il disoit au Roi: (1) *M'établissez-vous pour Ambassadeur Roial du Peuple Romain, avec mon bagage & ma suite?* Et dans le Digeste (2) on déclare soumis à la peine de la *Loi Julienne contre la violence publique*, non

lentium dé eade rupturâ jus gentium &c. Lib. IV. Cap. XVII. *num.* 4.

(10) *Ne respicere spem ullam ab* Romanis *posset conscientia tanti* SCELERIS &c. Ibid. *num.* 5. *Ab* CAUSSA *etiam tam* NEFANDA *bellum exorsis* &c. num. 6. *Romanus odio accensus, impium* Fidenatem, *pradonem* Veientem, *ruptores induciarum, cruentos legatorum* INFANDA CÆDE . . . *compellans* &c. Cap. XXXII. *num.* 12.

(11) *Legati ægrè effugerunt: Et jam non modò pacis, sed ne belli quidem jura relicta erant* &c. Lib. XXIV. Cap. XXXIII. *num.* 2, 3.

(12) *Caduceatores, qui ad pacem eos compellerent, misit* [Alexander]: *quos Tyrii, contra jus gentium, occisos, præcipitaverunt in altum.* Lib. IV. Cap. II. *num.* 15.

(13) C'est ce que Philon, Juif, a remarqué: Πόλεμοι γὰρ ἀνοχὰς καὶ διαλύσεις λαμβάνουσι διὰ κηρύκων, εἰρήνην καθισταμένων· οἱ δὲ ἀκήρυκτοι, συμφορὰς ἀνηκέστους ἀπεργάζονται, καὶ τοῖς ἐπιοῦσι, καὶ τοῖς ἀμυνομένοις. De Legat. ad Cajum *pag.* 1006. A. *Ed. Paris.*

§. VII. (1) Σκίπιων, οὐδ᾽, ἔφη, δεῖν ποιεῖν, ὃ τοῖς Καρχηδονίοις ἐγκαλοῦσι. Diodor. Sicul. *Excerpt. Peiresc.* pag. 290. Les *Romains* eux-mêmes, quoi qu'ils sussent ce que les *Carthaginois* avoient fait, ne laisserent pas de relâcher leurs Ambassadeurs. Voiez Appien d'*Alexandrie*, (dans l'endroit cité en marge.) L'Empereur *Constance* renvoia sain & sauf *Titien*, Ambassadeur de *Magnentius*, quoi que celui-ci retînt encore *Philippe*, Ambassadeur de *Constance*: Τιτιανὸς μὲν οὖν πρὸς Μαγνέντιον ἐπανελθεῖν συνεχωρεῖτο, καὶ ταῦτα Φιλίππου παρ᾽ ἐκείνῳ μεμενηκότος. Zosim. Lib. II. (Cap. XLIX. *num.* 2. *Edit. Cellar.*) Voiez d'autres histoires semblables, dans Cromer, Lib. XIX. & XXI. & au sujet des Ambassadeurs de *Venise*, arrêtez comme ils alloient en *France*, Paruta, Lib. VII. Grotius.

(2) *Quibus* Scipio, *Etsi non induciarum modo fides à* Carthaginiensibus, *sed jus etiam gentium in legatis violatum esset; tamen se nihil nec institutis Populi Romani, nec suis moribus indignum, in iis facturum esse; quum dixisset, legatis dimissis, bellum parabat.* Lib. XXX. Cap. XXV. *num.* 10.

(3) *Apud quos quum de belli fine ageret, & Tribunus militum ei dixisset*, posse illi merito evenire, quod *Cornelio* [*Asina*] accidisset: *uterque Consul, Tribuno tacere jusso*, Isto te, *inquit*, metu, *Hanno*, fides civitatis nostræ liberat. Lib. VI. Cap. VI. *num.* 2.

§. VIII. (1) *Postea* [Fecialis] *Regem ita rogavit:* Rex, facisne me tu regium nuntium Populi Romani Quiritium? vasa comitesque meos? Tit. Liv. Lib. I. Cap. XXIV. *num.* 5.

(2) *Item* [Lege Julia de vi publica tenetur] *quod ad legatos, oratores, comitesve adtinebit, si quis eorum* [*quem*] *pulsasse, & sive injuriam fecisse arguatur.* Digest. Lib. XLVIII. Tit. VI. *Ad. Leg. Jul. de vi publica*, Leg. VII.

non seulement ceux qui ont insulté un Ambassadeur, mais encore ceux qui ont insulté quelcun de ses gens.

2. Mais ce n'est qu'à titre d'accessoire (3) que ces sortes de personnes & ces sortes de choses sont sacrées, & par conséquent elles ne le sont qu'autant qu'il plaît à l'Ambassadeur. Si donc les gens de sa suite ont commis quelque crime considérable, on peut le prier de les livrer. Je dis, *prier:* car il ne faut pas (4) s'en saisir par force. Les *Achéens* aiant voulu autrefois enlever quelques *Lacédémoniens* qui étoient à la suite des Ambassadeurs de *Rome*, (5) les *Romains* se recriérent fort là-dessus, disant que c'étoit violer le Droit des Gens. On peut rapporter encore ici le passage de Salluste,
(a) §. 4. num. 5. que nous avons déja allégué, (a) où il juge de la maniére dont on traita *Bomilcar*. Que si l'Ambassadeur refuse de livrer les gens de sa suite, dont on a lieu de se plaindre, il faut en user comme nous avons dit qu'on doit agir à l'égard de l'Ambassadeur lui-même, lors qu'il s'est rendu coupable de certains crimes.

3. De savoir maintenant, si un Ambassadeur a jurisdiction sur les gens de sa Maison, & s'il peut (6) fournir chez lui un azile (7) à tous ceux qui viennent s'y réfugier; c'est ce qui dépend de la volonté & de la permission du Souverain, auprès duquel il est envoié. Car le Droit des Gens ne demande rien de tel.

§. IX. Pour ce qui est des biens meubles d'un Ambassadeur, qui par conséquent sont censez autant de dépendances de sa personne, on ne peut pas non plus les saisir ni pour paiement, ni pour sûreté d'une Dette, soit par ordre de la Justice, soit, comme quelques-uns le veulent, par main forte du Souverain; c'est, à mon avis, l'opinion la mieux fondée. Car un Ambassadeur, pour jouïr d'une pleine sûreté, doit être à l'abri de toute contrainte, & par rapport à sa personne, & par rapport aux choses qui lui sont nécessaires. Si donc il a contracté des Dettes, & que, comme c'est l'ordinaire, il

(3) Voiez les Lettres de Du Fresne *La Canaye*, pag. 75, & 279. Grotius.

(4) Voiez Jean de Serres, *Inventaire de l'Histoire de France*, dans la Vie d'*Henri IV*. Grotius.

C'est au même endroit, qui a été cité sur le §. 4. *Note* 20. & qui n'est pas non plus de cet Historien, mais de son Continuateur.

(5) Cet exemple est mal rapporté, & mal appliqué. Les *Achéens* n'étant pas contens des propositions que leur faisoient des Ambassadeurs envoiez de *Rome* en *Gréce*, pour terminer les différens qu'il y avoit entr'eux & les *Lacédémoniens*, arrêtérent tous ceux qui se trouvoient à *Corinthe*, qu'ils soupçonnoient d'être *Lacédémoniens*, & allérent même prendre par force, dans la maison d'*Oreste*, un des Ambassadeurs, ceux qui s'y étoient réfugiez. Les Ambassadeurs s'en plaignirent, comme d'un attentat, par lequel les *Achéens* rompoient avec les *Romains*. C'est ce que dit Pausanias, cité en marge par nôtre Auteur. Οἱ δὲ, ὡς τὰ ἐγνωσμένα ἐπύθοντο ὑπὸ Ῥωμαίων, αὐτίκα ἐτράποντο ἐπὶ τοὺς Σπαρτιάτας, οἳ Κορίνθῳ ἔτυχον τότε ἐπιδημοῦντες. συνήρπαζον δὲ ἅπαντα τινὰ, καὶ ὃν Λακεδαιμόνιον σαφῶς ὄντα ἠπίσταντο, καὶ ὅτῳ, κουρᾶς ἢ ὑποδημάτων εἵνεκα, ἢ ἐπὶ τῇ ἐσθῆτι, ἢ κατ' ὄνομα, προσεγίνετο ὑπόνοια. τοὺς δὲ αὐτῶν καὶ καταφυγεῖν ἔνθα Ὀρέστης ᾤκει φθάνοντας, [c'est ainsi qu'il faut lire, avec Sylburge] ὅμως καὶ ἐντεῦθεν ἐβιάζοντο ἕλκειν. Ὀρέστης δὲ, καὶ οἱ σὺν αὐτῷ, τῆς τε τόλμης ἐπέχειν τοὺς Ἀχαιοὺς ἐπειρῶντο, καὶ ἐκέλευον μεμνῆσθαι σφᾶς, ὡς ἀδικημάτων καὶ ὕβρεως ἄρχουσιν ἐς Ῥωμαίους. Lib. VII. sive *Achaïc*. Cap. XIV. pag. 219. *Ed. Græc. Wech.* 1583. Ainsi cela se rapporte à la question du droit d'*Azile*, dont il est parlé à la fin de ce paragraphe.

(6) Voiez là-dessus une bonne Dissertation de Mr. Thomasius, intitulée, *De Jure Azyli, Legatorum ædibus competente*. C'est la XVI. parmi celles de *Leipsig*.

(7) On distingue ici ordinairement selon la nature des crimes commis par ceux qui viennent se réfugier chez un Ambassadeur. Voiez Paruta, Lib. X. où il raconte comment on appaisa le Roi de *France*, irrité pour un tel sujet. Voiez le même Historien, *Lib.* XI. Grotius.

§. IX. (1) C'est-à-dire, qu'on peut non seulement saisir alors les biens de l'Ambassadeur, par tout où on les trouve; mais encore user du droit de Représailles, dont nôtre Auteur traitera ci-dessous, *Liv.* III. *Chap.* II.

§. X. (1) Nicolas *de Damas* nous parle de certains Peuples, chez qui l'on ne donnoit point action en Justice à ceux qui s'étoient fiez à la parole d'autrui dans un Contract; c'est-à-dire, qu'on en usoit, comme à l'égard des Ingrats, qui peuvent l'être impunément; en sorte que les Particuliers étoient contraints ou d'effectuer en même tems ce dont ils étoient convenus réciproquement, ou de se contenter de la simple parole du Débiteur. [C'est des *Indiens*, que parle cet Auteur, dans Stobée, Florileg. *Serm.* XLIV. Παρ' Ἰνδοῖς ἐάν τις ἀποστερηθῇ δανείου ἢ παρακαταθήκης, οὐκ ἔστι κρίσις, ἀλλ' αὐτὸν αἰτιᾶται ὁ πιστεύσας. On trouve la même chose dans Elien, (*Var. Hist.* Lib. IV. Cap. I.) Senéque souhaittoit, que les choses fussent sur ce pié-là parmi les Hommes, & qu'on n'exigeât ni ne donnât aucune sûreté pour l'exécution des engagemens où l'on est entré: *Utinam quidem persuadere possemus, ut pecunias creditas tantum à volentibus acciperent! utinam nulla stipulatio emtorem venditori obligaret! nec pacta conventaque impressis signis custodirentur! fides potius illa servaret, & æquum colens animus.* De Benefic, *Lib.* III. *Cap.* XV. Les *Perses*, au rapport d'He-

il n'aît point de biens immeubles dans le païs; il faut lui dire honnêtement de paier: & s'il le refuse, on doit alors s'adresser à son Maître: après quoi on pourra enfin en venir (1) aux voies que l'on prend contre les Débiteurs, qui sont d'une autre jurisdiction.

§. X. 1. QUELQUES-UNS objectent, que, sur ce pié-là, il ne se trouvera personne qui veuille traiter ou avoir à faire avec un Ambassadeur. Mais cet inconvénient n'est pas fort à craindre. Car les Rois, qui ne peuvent point être contraints à paier, ne manquent pas pour cela de trouver des gens qui leur prêtent. Et il y a eu même des Peuples, parmi lesquels (1) on n'avoit point action en Justice contre les Particuliers qui ne vouloient pas tenir un Contract.

2. On fait quelques autres objections, tirées du Droit Romain. Mais les passages qu'on allégue regardent les Députez de Ville ou de Province, & non pas les Ambassadeurs dont il s'agit.

§. XI. REMARQUONS, en finissant cette matiére, que les Histoires Profanes (1) sont pleines de Guerres entreprises pour tirer raison de quelque mauvais traitement fait à des Ambassadeurs. L'Histoire (a) Sainte même nous a conservé la mémoire d'une Guerre que (b) *David* déclara pour ce sujet aux *Hammonites*. CICERON (2) soûtient, que, de toutes les raisons qu'on avoit de prendre les armes contre *Mithridate*, il n'y en avoit pas de plus juste que celle-là.

(a) Voiez *Chrysostom.* ad. Stagir. Lib. III.
(b) *II. Sam.* Chap. X.

d'HE'RODOTE, & d'APPIEN d'*Aléxandrie*, regardoient comme une chose honteuse, d'emprunter de l'argent; parce que cela engage à mentir & à tromper: Αἴσχιστον δὲ αὐτοῖσι τὸ ψεύδεσθαι νενόμισται· δεύτερα δὲ, τὸ ὀφείλειν χρέος· πολλῶν μὲν καὶ ἄλλων εἵνεκα, μάλιστα δὲ ἀναγκαίην φασὶ εἶναι τὸν ὀφείλοντα, καί τι ψεῦδος λέγειν. HERODOT. Lib. I. (Cap. 138. *Ed. Gronov.*) Ὡς λόγῳ καὶ Πέρσαι τὸ κεχρῆσθαι [ἀποστερῆσαι], ὡς ἀπατηλόν τε καὶ φιλοψευδές. APPIAN. *De Bell. Civil.* Lib. I. (pag. 645. *Ed. Amst.* 382. *H. Steph*) STRABON dit, que, parmi une Nation des *Indes*, on n'avoit action en Justice, que pour cause de Meurtre ou d'Injures; & il en allégue deux raisons: l'une, que chacun ne peut pas se précautionner contre les insultes d'autrui, comme il peut prendre ses mesures pour n'être pas trompé dans un Contract: l'autre, qu'il faut éviter le grand nombre de procès: Δίκην δὲ μὴ εἶναι [ἐν τῇ Μουσικανοῦ χώρᾳ], πλὴν φόνου καὶ ὕβρεως. οὐκ ἐπ' αὐτῷ γὰρ τὸ μὴ παθεῖν ταῦτα· τὰ δ' ἐν τοῖς συμβολαίοις, ἐπ' αὐτῷ ἑκάστῳ. ὥστε ἀνέχεσθαι δεῖ, ἐάν τις παραβῇ τὴν πίστιν, ἀλλὰ καὶ προσέχειν ὅτῳ πιστευτέον, καὶ μὴ δικῶν πληροῦν τὴν πόλιν. Lib. XV. (pag. 1035. B. *Ed. Amstel.* 709. *Paris.*) PLATON vouloit, que, dans sa République imaginaire, ceux qui auroient fait credit ne pussent point demander leur argent en Justice: [Ὁ δὲ προέμενος [ἀλλαγὴν] ὡς πιστεύων, ἐάν τε κομίσηται καὶ ἂν μή, στεργέτω, ὡς οὐκέτι δίκης οὔσης τῶν τοιούτων περὶ συναλλάξεων. Lib. VIII. *De Legibus*, Tom. II. pag. 849, 850. *Edit. H. Steph.* Voiez, sur ce passage, le docte CASAUBON, vers la fin de ses Notes sur le Chap. XVIII. des *Caractéres* de THE'OPHRASTE]. Le Législateur *Charondas* établit cela actuellement par une de ses Loix; comme nous le voions dans STOBE'E, *Florileg.* Tit. XLIV. *de Legibus.* ARISTOTE aussi remarque, qu'il y avoit des Païs, où les Loix ne donnoient point action pour l'accomplissement des engagemens d'un Contract: Διὸ παρ' ἐνίοις, τούτων οὐκ εἰσὶ δίκαι, ἀλλ' οἴονται δεῖν στέργειν τοὺς κατὰ πίστιν συναλλάξαντας. Ethic. Nicom. *Lib.* VIII. *Cap.* XV. Ἐνιαχοῦ τ' εἰσὶ νόμοι, τῶν ἑκουσίων συμβολαίων δίκας μὴ εἶναι. Ibid. Lib. IX. Cap. I. GROTIUS.

Ce que nôtre Auteur remarque ici au sujet des *Perses*, sur le témoignage d'HE'RODOTE & d'APPIEN d'*Alexandrie*, ne fait rien au sujet. Car il s'agit-là de ceux qui s'endettent; & il n'y a rien qui insinuë, que, parmi ce Peuple, on n'avoit point action en Justice pour se faire paier. Au reste, joignez avec cette Note tirée du Texte, celle qu'on trouve sur PUFENDORF, *Droit de la Nat. & des Gens*, Liv. V. Chap. II. §. 3. *Note* 1.

§. XI. (1) Les *Romains* entrérent en guerre pour ce sujet contre les *Sénonois*: APPIEN d'*Aléxandrie*, Excerpt. Legat. IV. & X. Contre les *Illyriens* & les *Liguriens*. POLYB. *Excerpt. Legat.* CXXV. & CXXXIV. Contre ceux de l'Ile d'*Isse*: DION CASSIUS, *Excerpt. Legat.* XII. Contre les *Corinthiens*: TIT. LIV. *Epitom.* Lib. LII. (CICER. *Orat. pro Leg. Manil.* Cap. V.) Contre les *Tarentins*: DION. HALICARNASS. *Excerpt. Legat.* IV. (pag. 709, 710. *Ed. Oxon.*) On trouve des exemples semblables, parmi les anciens *Francs* & *Germains*, dans AIMOÏN, Lib. III. Cap. LXI. & LXXXVIII. & dans WITHIKIND, Lib. II. GROTIUS.

Dans l'exemple, que nôtre Auteur rapporte, tiré de DION CASSIUS, il change les personnages. Les *Issiens* furent seulement l'occasion de la Guerre, que les *Romains* déclarérent à *Teuta*, Reine d'*Illyrie*, parce qu'elle avoit maltraité & même fait mourir des Ambassadeurs qu'on lui envoioit de *Rome*, pour interceder en faveur de l'Ile d'*Isse*. On peut voir la chose narrée plus au long, & avec quelque diversité de circonstances, dans POLYBE, *Hist.* Lib. II. Cap. VIII. *& seqq.*

(2) Voiez sa Harangue *Pro Lege Manilia*, Cap. V.

CHAPITRE XIX.

Du droit de Se'pulture.

I. *Que l'obligation d'accorder la* Se'pulture *vient aussi du Droit des Gens.* II. *Origine de la coûtume d'ensévelir les Morts.* III. *Que l'on doit la Sépulture aux Ennemis mêmes.* IV. *Si les Criminels, qui ont été condamnez pour de grands forfaits, sont exclus de ce droit?* V. *De ceux qui se sont donnez la mort à eux-mêmes; des Sacriléges, des Traîtres, & autres semblables gens. Que le refus de la Sépulture fournit un juste sujet de Guerre.* VI. *Enumeration de quelques autres obligations fondées sur le Droit des Gens.*

§. I. 1. Il y a une autre chose que l'on est tenu d'accorder, (1) en vertu du Droit des Gens arbitraire, c'est la Se'pulture. Nous avons là-dessus un grand nombre d'autoritez.

(a) Ἔθη. (b) Τὰ ἔγγρα-φα. 2. L'Orateur Dion *de Pruse*, surnommé *Chrysostôme*, parlant des (a) *Coûtumes*, qu'il oppose aux *Loix* (b) *écrites*, met après les droits des Ambassadeurs, celui (2) *d'exiger qu'on laisse ensevelir les Morts.* Se'neque, le Pére, (3) rapporte aux Loix non

Chap. XIX. §. I. (1) Le droit de Sépulture est véritablement fondé sur le Droit Naturel. Voiez ce que l'on a dit sur Pufendorf, *Droit de la Nat. & des Gens*, Liv. II. Chap. III. §. 23. *Note* 9. de la 2. Edition.

(2) Καὶ τῶν μὲν ἐγγράφων [Νόμων] οὐδὲν ἐν τοῖς πολεμίοις ἰσχύει· τὰ δὲ Ἔθη φυλάττεται παρὰ πᾶσι, κἂν εἰς ἐσχάτην ἔχθραν προέλθωσι. Τὸ γοῦν μὴ κωλύειν τοὺς νεκροὺς θάπτειν, οὐδαμοῦ γέγραπται . . . ἀλλ᾽ ἔθει ἐστὶ τὸ ποιοῦν τῆς φιλανθρωπίας ταύτης τοὺς κατοιχομένους τυγχάνειν· ὁμοίως τὸ τῶν Κηρύκων ἀπέχεσθαι, καὶ μόνοις τούτοις πολλὴν ἀσφάλειαν εἶναι βαδίζουσι. Orat. *De Consuetudine.*

(3) Il met cela au même rang, que l'obligation de donner l'Aumône, & de relever une personne qui est tombée: *Quædam enim jura non scripta, sed omnibus scriptis certiora sunt. Quamvis filius familiæ sim, licet mihi & stipem porrigere mendico, & humum cadaveri. Iniquum est, collapsis manum non porrigere: commune hoc jus generis humani est.* Lib. I. Controv. I. pag. 85. *Edit. Gron. major.*

(4) L'Auteur avoit apparemment dans l'esprit le passage de ce Juif qui sera cité plus bas, *Note* 29. de ce paragraphe, où il y a quelque chose d'approchant. Je ne sache du moins aucun endroit où Philon appelle formellement une *Loi de Nature*, la coûtume d'ensevelir les Morts.

(5) Je trouve cela dans l'endroit, où parlant du Siége de *Jérusalem*, il dit, que les *Juifs*, comme s'ils fussent convenus ensemble de fouler aux pieds, avec les Loix du Païs, celles de la Nature, les Droits Humains & le respect dû à la Divinité, laissoient pourrir les Corps à la vuë du Soleil: Ἀλλὰ καθάπερ συνθήκας πεποιημένοι τοῖς τῆς πατρίδος συγκαταλῦσαι καὶ τοὺς τῆς φύσεως νόμους, ἅμα τε τοῖς εἰς ἀνθρώπους ἀδικήμασι συμμιᾶναι καὶ τὸ θεῖον, ὑφ᾽ ἡλίῳ τοὺς νεκροὺς μυδῶντας ἀπέλιπον. Bell. Jud. *Lib.* V. *Cap.* II. pag. 886. F.

(6) Les passages, que nôtre Auteur cite, montrent pour la plûpart assez clairement qu'on entendoit parler du Droit de Nature, proprement ainsi nommé.

(7) Voiez ci-dessus, *Chap.* XII. de ce Livre, §. 26. & *Liv.* III. *Chap.* VII. §. 5. *num.* 2.

(8) Τῆς φύσεως τῆς κοινῆς ἀπαιτούσης τὸν μηκέτι ζῶντα κατακρύψαι. Var. Hist. *Lib.* XII. *Cap.* LXIV. pag. 775. *Edit. Periz.*

(9) Νῦν οὐδὲ τῶν κοινῶν δίκην, καὶ ἴσων πᾶσιν ἀνθρώποις, μεταςχεῖν ἔχεις, γῆς τε ἅμα, καὶ ταφῆς. Ibid. Lib. XIII. Cap. XXX.

(10) C'est le Chœur qui les appelle ainsi, en parlant de la sépulture que *Créon* refusoit à ceux qui avoient été tuez dans une Bataille entre lui & *Adraste*, près de *Thébes*:

Νόμους βροτῶν μὴ μιαίνειν.

Supplic. *vers.* 378.

(11) Il dit, en parlant de la même histoire, dont il s'agit dans Euripide, que les *Athéniens* prirent le parti de ceux d'*Argos*, regardant comme faite à eux-mêmes une injure par laquelle on violoit la Loi commune du Genre Humain: Ἀλλὰ τὴν μὲν τοῦ νικήσειν ἐλπίδα τῷ συνειδότι τοῦ κρείττονος [Le Traducteur Latin dit ici, *victoria spe in præstantia repositâ*, pour, *in conscientia rectè facti*] ἔχοντες· τὴν δ᾽ ὀργὴν, ὥσπερ ἂν αὐτοὶ πεπονθότες, οὕτω λαβόντες ὑπὲρ τοῦ κοινοῦ νόμου [illegible], τοῖς μὲν τὴν τιμὴν, τοῖς δὲ τὴν τιμωρίαν ἀπέδοσαν. Orat. XIII. sive *Panathenaic.* Tom. I. pag. 202. B. *Ed. P. Steph.*

(12) ——— *Non illum* Pœnus *humator*
Consulis, *&* Libycâ *succensa lampade* Cannæ
Compellunt, *hominum ritus ut servet in hostes.*

Pharsal. *Lib.* VII. *vers.* 799, *& seqq.*

(13) *Terrarum leges*, *& mundi fœdera*, *mecum*
Defensura manus ——— ——— ———

Thebaid. *Lib.* XII. *vers.* 642. Il est parlé immédiatement après de la *Nature*, comme devant favoriser, conjointement avec les Dieux, une entreprise qui tendoit à venger ses droits: car il s'agit encore ici du même cas, que dans les passages des *Notes* 10, & 11.

——— *Hac omnem Divûmque*, *Hominumque*, *favorem*,
Naturamque ducem, *cœtusque silentis* Averni,
Stare palam est ——— ——— ——— ———

Vers. 644, *& seqq.*

(14)

non écrites, mais qui sont plus certaines que toutes les Loix écrites, l'obligation de jetter quelques poignées de terre sur un Corps mort que l'on trouve. PHILON, (4) Juif, JOSEPH (5), EUSE'BE (c) de *Césarée*, ISIDORE (d) *de Péluse*, appellent cela une *Loi de nature*; entendant (6) par le mot de *Nature*, comme nous avons (7) remarqué ailleurs qu'il se prend souvent, une Coûtume généralement reçuë, & conforme à la Raison Naturelle. ELIEN dit, (8) que *la Nature commune à tous les Hommes demande qu'on ensévelisse les Morts*; & ailleurs, que (9) *tous les Hommes ont également droit à la Sépulture.* C'est la *Loi du Genre Humain*, comme l'appelle (10) EURIPIDE; la *Loi commune & universelle*, selon l'expression (11) d'ARISTIDE; la *Coûtume générale des Hommes*, à ce que dit (12) LUCAIN; la *Loi de toute la Terre*, selon (13) STACE; un *commerce que demande la condition humaine*, comme (14) TACITE le pose pour maxime; l'*espérance commune de tous les Mortels*, ainsi que l'Orateur (15) LYSIAS la qualifie. Empêcher qu'on ne rende à quelcun les honneurs de la Sépulture, c'est *dépouiller l'humanité*, au jugement de (16) CLAUDIEN; *deshonorer la Nature*, ainsi que (17) s'exprime l'Empereur LE'ON; *violer les régles de la Justice*, comme le dit ISIDORE (18) *de Péluse.*

(c) *Hist. Eccl.* Lib. VIII. Cap. XIX.

(d) *Epist.* 492.

3. Comme les Anciens, pour rendre plus respectables ces sortes de Loix, généralement reçues parmi les Peuples civilisez, en attribuoient l'établissement aux Dieux; ils faisoient aussi regarder les Dieux comme les auteurs & du droit d'Ambassade, & du droit de Sépulture. EURIPIDE appelle le dernier, (19) une *Loi des Dieux*: & voici ce qu'*Antigone* répond, dans la Tragédie de SOPHOCLE qui porte son nom, au Roi

(14) C'est en parlant de la maniére dont *Tibére* traita ceux qui étoient accusez d'avoir été du parti de *Séjan*; car, après les avoir fait mourir, il defendoit de leur rendre les honneurs de la Sépulture: *Corpora putrefacta .... non cremare quisquam, non contingere. interciderat sortis humanæ commercium, vi metûs.* Annal. *Lib.* VI. *Cap.* XIX. *num.* 3, 4.

(15) Cet Orateur dit aussi cela à l'occasion de la Guerre des *Athéniens* contre les *Thébains*, pour cause du refus que faisoient ceux-ci d'enterrer les Morts de l'Armée d'*Adraste*: Ὑπὲρ δὲ τῶν ἑπτὰ [Ἀργείων] ἵνα μὴ στερηθῶσιν εἰς τὴν αὐτῶν ἀπελθεῖν, πατρίοις τιμαῖς ἀτυχήσαντες, καὶ Ἑλληνικοῦ νόμου στερηθέντες, καὶ κοινῆς ἐλπίδος ἡμαρτηκότες. Orat. XXXI. seu *Funebr.* Cap. III.

(16) Le Poëte parle de *Gildon*, qui ajoûta cette barbarie à celle dont il avoit usé en tuant les Fils de son Frére *Mascezel*:

Obtruncat juvenes, inhumataque corpora vulgo
Dispulit, & tumulo cognatas arcuit umbras:
Naturamque simul, fratremque, hominemque cruentus
Exuit, & tenuem cassis invidit arenam,

Bell. Gildon. *vers.* 395, *& seqq.* Au reste, pour le dire en passant, on peut voir, sur cette façon de parler courte & élégante, *Exuere hominem, fratrem*, & autres semblables, les doctes & judicieuses *Observations* de feu Mr. CUPER, Lib. I. Cap. VIII. Ce Savant cite-là, *pag.* 59. les paroles mêmes, où elle est contenuë, sans marquer le nom du Poëte, de qui elles sont, & comme s'il s'agissoit de *Créon*; d'où il paroît qu'il a cru mal-à-propos que ce passage étoit de la *Thébaïde* de STACE, & non pas de CLAUDIEN. C'est qu'il avoit confondu dans sa mémoire ces paroles de CLAUDIEN avec celles de la *Thébaïde* de STACE, qui seront rapportées ci-dessous, *Note* 38. sur ce paragraphe, & dans lesquelles il y a une idée approchante. Ou peut-être qu'il venoit de lire tout fraîchement le Chapitre d'ALBERIC GENTIL sur cette matiére, dans lequel, après avoir cité le passage de STACE, ce Jurisconsulte ajoûte: *Et Latinus alius* [Poëta] *contra alium Creontem*: Hominemque cruentus Exuit &c. *De Jure Belli*, Lib. II. Cap. XXIV. *pag.* 456, 457. Quoi qu'il en soit, j'ai cru pouvoir remarquer cela, pour faire voir, par occasion, que mon Auteur n'est pas le seul, entre les Grands Hommes, qui soit sujet à se méprendre, en citant de mémoire.

(17) Cet Empereur ne parle pas précisément du refus de la Sépulture, mais seulement de l'inconvénient qu'il y avoit à ne pas permettre qu'on enterrât les Morts dans les Villes, en ce que les Pauvres ne pouvant pas être si tôt portez hors des Villes, faute de laisser dequoi faire la dépense des funerailles, demeuroient, pendant plusieurs jours, sans sépulture: *At quod lex mortuos non nisi extra civitates humari vult, quomodo id humanam naturam dedecore adficere non est? .... Qui enim, dum adhuc viverent, inopes & deserti erant, quomodo mortui, ipso mortis die, humabuntur? quomodo autem, quum, propter paupertatem, sepultura non accelerabitur, multis diebus insepulti, non miserabile simul & horrendum spectaculum jacebunt, talesque sententemque hominum naturam dedecorabunt?* NOVELL. LIII. Nôtre Auteur a indiqué le passage de cette Novelle, sur la foi d'ALBERIC GENTIL, qui l'exprime ainsi: *Naturæ communi dedecus fit, dum fit mortuis*: De Jure Belli, *Lib.* II. Cap. XXIV. pag. 458. Cela paroît de ce qu'il y a, dans l'Original, *Humanam naturam dedecore adficere*; & non pas, *Naturæ dedecus facere*, comme nôtre Auteur rapporte les paroles, après ce Jurisconsulte, de l'Ouvrage duquel nous avons vû qu'il reconnoit s'être servi, *Disc. Prélim.* §. 39.

(18) Τὸν ὅσιον ὑβρίζειν. Epist. CCCCXCI.

(19) Une ancienne Loi des Dieux:

Νόμον παλαιὸν Δαιμόνων διαφθερῶν.

Supplic. *vers.* 563. Il avoit dit, au commencement de la Piéce:

—— 'Οὐδ' ἀναίρεσιν.
Δοῦναι θέλουσι, νόμιμ' ἀτίζοντες Θεῶν,

Vers. 19.

Roi *Créon*, qui avoit fait défenses d'ensevelir *Polynice* : (20) *Ce n'étoit pas un ordre de* Jupiter, *ni de ceux qui exercent la Justice dans les Enfers* ; *& je ne croiois pas que les Edits d'un Homme mortel, comme vous, eussent tant de force, qu'ils dûssent l'emporter sur les Loix des Dieux mêmes, non-écrites à la vérité, mais certaines & immuables. Car elles ne sont pas d'hier ou d'aujourdhui, on les trouve établies de tems immémorial* ; *personne ne sait quand elles ont commencé. Je ne devois donc pas, par la crainte d'aucun Homme, m'exposer, en les violant, à la punition des Dieux.* ISOCRATE, parlant de la Guerre de *Thésée* contre *Créon*, dit, qu'*Adraste*, Roi d'*Argos*, n'aiant pû obtenir une trêve pour enterrer ceux de son Armée qui avoient été tuez devant *Thébes*, vint (21) prier *Thésée*, alors Roi d'*Athénes*, *de ne pas souffrir que les corps de tant de braves gens demeurassent sans sépulture, & qu'en la leur refusant on foulât aux pieds l'ancienne coûtume, & la Loi du Païs, ou plûtôt la Loi universelle, observée de tous les Hommes, non comme une Loi Humaine, mais comme une Loi Divine. Sur quoi* Thélée *envoia incessamment des Ambassadeurs à* Thébes, *pour demander*

(20) Οὐ γάρ τί μοι Ζεὺς ἦν ὁ κηρύξας τάδε,
Οὐδ' ἡ ξύνοικος τῶν κάτω Θεῶν Δίκη,
Οἳ τούσδ' ἐν ἀνθρώποισιν ὥρισαν νόμους.
Οὐδὲ σθένειν τοσοῦτον ᾠόμην τὰ σὰ
Κηρύγμαθ' ὥστ' ἄγραπτα κἀσφαλῆ Θεῶν
Νόμιμα δύνασθαι θνητὸν ὄντ' ὑπερδραμεῖν.
Οὐ γάρ τι νῦν γε κἀχθές, ἀλλ' ἀεί ποτε
Ζῇ ταῦτα, κοὐδεὶς οἶδεν ἐξ ὅτου φάνη.
Τούτων ἐγὼ οὐκ ἔμελλον, ἀνδρὸς οὐδενὸς
Φρόνημα δείσασ', ἐν Θεοῖσι τὴν δίκην
Δώσειν ; ——— ——— ———

Antigon. (*vers.* 460, *& seqq.*) Dans l'*Ajax*, on trouve aussi Νόμοι Δαιμόνων, (vers. 1149.) GROTIUS.

(21) Τίς γὰρ οὐκ οἶδεν, ἢ τίς οὐκ ἀκήκοε τῶν τραγῳδοδιδασκάλων ἐν Διονυσίοις, τὰς Ἀδράστῳ γενομένας ἐν Θήβαις συμφοράς ; ὅτε κατάγειν βουληθεὶς τὸν Οἰδίπου μὲν υἱόν, αὐτοῦ δὲ κηδεστήν, πλείστους μὲν Ἀργείων ἀπώλεσεν, ἅπαντας δὲ τοὺς λοχαγοὺς ἐπεῖδε διαφθαρέντας· αὐτὸς δ' ἐπονειδίστως σωθείς, ἐπειδὴ σπονδῶν οὐχ οἷός τ' ἦν τυχεῖν, οὐδ' ἀνελέσθαι τοὺς τετελευτηκότας, ἱκέτης γενόμενος τῆς πόλεως, ἔτι Θησέως αὐτὴν διοικοῦντος, ἐδεῖτο μὴ περιιδεῖν τοιούτους ἄνδρας ἀτάφους γενομένους, μηδὲ παλαιὸν ἔθος καὶ πάτριον νόμον καταλυόμενον· ᾧ πάντες ἄνθρωποι χρώμενοι διατελοῦσιν, οὐχ ὡς ὑπ' ἀνθρωπίνης κειμένῳ φύσεως, ἀλλ' ὡς ὑπὸ δαιμονίας προστεταγμένῳ δυνάμεως. Ὧν ἀκούσας, οὐδένα χρόνον ἐπισχών, ἔπεμψε πρεσβείαν εἰς Θήβας, περί τε τῆς ἀναιρέσεως συμβουλεύσοντας αὐτοῖς, ὁσιώτερον βουλεύσασθαι, καὶ τὴν ἀπόκρισιν νομιμωτέραν ποιήσασθαι τῆς πρότερον γεγενημένης· κἀκεῖνο ὑποδείξοντας, ὡς ἡ πόλις αὐτοῖς οὐκ ἐπιτρέψει παραβαίνουσι τὸν νόμον τὸν κοινὸν ἁπάντων Ἑλλήνων. Panathen. Orat. (*pag.* 268. *Ed. H. Steph.*) PLUTARQUE dit, que ce fût par un accord que l'on obtint des *Thébains*, qu'ils laissassent enterrer les Morts de l'Armée d'*Adraste* : *Vit. Thes.* (pag. 14. A.) Mais PAUSANIAS assûre, qu'il fallut en venir à un combat, pour les y obliger. *Lib.* I. seu *Attic.* (*Cap.* XXXIX. pag. 37. *Edit. Wech.*) GROTIUS.

(22) Nôtre Auteur a mal pris ici la pensée d'ISOCRATE. Cet Orateur, pour faire voir la déférence qu'on avoit alors pour les *Athéniens*, dit, que celui qui étoit tout puissant à *Thébes* respecta davantage leurs représentations, qu'il n'avoit fait les Loix Divines touchant la Sépulture des Morts : Τοὺς δὲ κυρίους ὄντας Θηβῶν οὕτω διαθεῖναι, ὥσθ' ἑλέσθαι μᾶλλον αὐτοὺς ἐμμεῖναι τοῖς λόγοις τοῖς ὑπὸ τῆς πόλεως ἐκπεμφθεῖσιν, ἢ τοῖς νόμοις τοῖς ὑπὸ τοῦ δαιμονίου κατασταθεῖσι. Pag. 269. C. Nôtre Auteur lisant à la hâte ce passage, & sans faire attention à la suite du discours, a cru qu'ὑπὸ τῆς πόλεως se rapportoit à la Ville de *Thébes* ; au lieu qu'il s'agit d'*Athénes*.

(23) Il parle d'une autre Guerre, savoir, de l'expédition contre les *Amazones* : Καὶ διελέλυτο Ἀμαζόσιν ἥτε ἀρχὴ καὶ ὁ δρόμος· καὶ ἡ πόλις κἀνταῦθα ἐβοήθησε τῇ κοινῇ φύσει. Tom. I. *pag.* 204. A. Mais comme cet exemple est allégué après l'autre, & qu'il y a d'ailleurs un κἀνταῦθα, qui insinuë qu'on peut faire tomber sur tous les deux la pensée d'ARISTIDE ; nôtre Auteur l'a rapportée immédiatement au premier.

(24) Nôtre Auteur cite en marge la Harangue pour *Quintius*, qui est à la tête de toutes celles de l'Orateur Romain : mais je puis assûrer, que dans toute cette Harangue, il n'y a point d'endroit où le mot d'*Humanitas* soit appliqué au devoir de la Sépulture. Je crois avoir découvert l'origine de la méprise. Nôtre Auteur, en ramassant des matériaux pour ce Chapitre, avoit fait usage des autoritez qu'il trouvoit toutes compilées par d'autres. Il pouvoit avoir eu, par exemple, sous la main, à l'occasion d'un passage de PETRONE, qu'il cite dans le §. 2. la longue Note de PIERRE DANIEL, où ce Commentateur expliquant les mots de *tralatitia humanitas*, apporte un grand nombre de passages où il est parlé de quelque Devoir d'Humanité, semblable à celui qui regarde la Sépulture. Il y en a là deux de l'Oraison pour *Quintius* : l'un, du Chap. XVI. où il s'agit des cas où un Honnête Homme relâche de son droit, en faveur même d'un Ennemi, par un principe & d'Honneur & d'Humanité : *Hæc in homines alienissimos, denique inimicissimos, viri boni faciunt, & hominum existimationis, &* COMMUNIS HUMANITATIS *caussâ* : (passage, que je vois aussi cité par PIERRE DU FAUR, dans ses *Semestria*, Lib. II. Cap. I. pag. 11. à peu près dans la même vuë) : l'autre, du Chap. XXXI. ou dernier, dans lequel il est question, à peu près, de la même chose : *Aliquam, si non propinquitatis, at ætatis suæ* ; *si non hominis, at* HUMANITATIS, *rationem haberet.* Nôtre Auteur là-dessus a confondu dans son esprit ces passages, avec ceux qui se rapportoient à la Sépulture. Ma conjecture se confirmera par une autre inadvertence semblable, que je remarquerai dans la *Note* 27. sur ce même paragraphe, & qui vient de la même source. Ce qui peut avoir aidé à faire tomber nôtre Auteur dans celle dont je traite ici, c'est une réflexion que l'on trouve dans la Harangue qui suit immédiatement celle pour *Quintius*. Je vais la rapporter, d'autant plus volontiers, qu'elle est remarquable ; en sorte que je suis surpris

der qu'on laissât enterrer ces corps. L'Orateur censure un peu plus bas les *Thébains*, de ce qu'ils avoient préferé les Ordonnances de leur Ville (22) aux Loix Divines. Il fait mention (e) ailleurs de la même histoire, que l'on trouve aussi dans (f) HE'RODOTE, dans (g) DIODORE *de Sicile*, dans (h) XE'NOPHON, dans (i) LYSIAS, & dans (k) ARISTIDE. Le dernier de ces Auteurs dit, que la (23) Guerre, dont il s'agit, fut entreprise pour maintenir les droits de la Nature Humaine.

4. Les Anciens Auteurs donnent aussi le nom des plus excellentes Vertus, à la pratique des derniers devoirs que l'on rend à quelcun par l'honneur de la Sépulture. CICE'RON (24), & (25) LACTANCE, l'appellent un *acte d'Humanité*; VALE'RE MAXIME, (26) un *acte d'Humanité & de Bonté*; QUINTILIEN, (27) un *acte de Compassion & de Religion*; SENE'QUE, (28) un *acte de Compassion & d'Humanité*; PHILON, Juif, (29) un *acte de Compassion envers la Nature Humaine*; TACITE, (30) un *commerce que demande la condition du Genre Humain*; ULPIEN, (31) un *acte de Compassion & de Piété*; MODESTIN, autre Jurisconsulte, (32) un *souvenir* de

(e) *Panegyr.* pag. 52. *Helen. Encom.* p. 214. *Plutarc.* p. 306. *Ed. H. Steph.*

(f) *Lib.* IX. *Cap.* 27.

(g) *Lib.* IV. *Cap.* 67.

(h) *Hist. Græc.* Lib. VI. Cap. V. §. 38. *Ed. Oxon.*

(i) *Orat. Funebr.* Cap. III.

(k) *Panathen.* Tom. I. pag. 402.

pris qu'on l'ait oubliée dans ce Chapitre, où elle trouvoit naturellement sa place. CICE'RON dit donc, en parlant de la peine des Parricides, qui consistoit à être cousu dans un Sac de peau, & jetté dans la Mer; que les Législateurs, qui avoient établi ce supplice, n'avoient pas jugé à propos de laisser en proie aux Bêtes feroces les Corps de ces Malheureux, de peur qu'une telle pâture ne les rendît encore plus furieuses; ni de les jetter tout nuds dans la Riviére, de peur qu'ils ne souillassent cet élement, qui sert à purifier des autres souillûres: Qu'on avoit voulu aussi ôter à des Criminels si abominables l'usage de toutes les choses communes aux Hommes, tel qu'est l'Air pour les Vivans; la Terre, pour les Morts; la Mer, pour ceux qui sont dans un Vaisseau; les Rivages, pour ceux qui y sont jettez par les flots: *Noluerunt* [majores nostri] *feris corpus* [parricidæ] *objicere, ne bestiis quoque, quæ tantum scelus attigissent, immanioribus uteremur: non sic nudos in flumen dejicere, ne, quum delati essent in mare, ipsum pollurent, quo cetera, quæ violata sunt, expiari putantur. Denique nihil tam vile, neque tam vulgare est, cujus partem ullam reliquerint. etenim quid tam est commune, quàm spiritus vivis, terra mortuis, mare fluctuantibus, litus ejectis? Ita vivunt, dum possunt, ut ducere animam de cælo non queant: ita moriuntur, ut eorum ossa terra non tangat: ita jactantur fluctibus, ut numquam abluantur: ita postremo ejiciuntur, ut ne ad saxa quidem mortui conquiescant.* Orat. pro S. Roscio Amerin. *Cap.* XXVI.

(25) On citera le passage entier, dans le paragraphe suivant, *Note* 12.

(26) C'est au Livre V. Chap. I. qui est intitulé, *De Humanitate & Clementia*; où l'on allégue, entr'autres, plusieurs exemples de gens qui ont rendu les devoirs de la Sépulture à leurs Ennemis: exemples dont quelques-uns sont citez plus bas par nôtre Auteur.

(27) Voici l'autre méprise, dont j'ai parlé, qui confirmera celle que j'ai relevée dans la *Note* 24. L'Auteur cite ici en marge: QUINT. *Lib.* XII. *Cap. ult. Inst. Orat.* Il n'y a absolument rien qui ait du rapport à la Sépulture, dans tout ce Chapitre. Mais nôtre Auteur avoit vû cité, & dans les SEMESTRIA de PIERRE DU FAUR, Lib. II. Cap. I. *pag.* 11. & dans la compilation du Commentateur de PE'TRONE, que j'ai indiquée, le passage suivant, de cette maniére; [QUINTILIEN. Cap. 11. & ult. lib. 12. Instit. *Hos ille formabat quasi eloquentiæ parens: & ut vetus gubernator litora & portus, & quæ tempestatum signa, quid secundis flatibus, quid adversis ratis poscat, docebit, non* HUMANITATIS *solum communi ductus officio, sed amore quodam operis.*] Il avoit aussi lû plus bas, entr'autres passages des *Déclamations* de QUINTILIEN le Pére, celui-ci, où se trouvent véritablement les deux termes, dont il s'agit, & cela à l'occasion de la Sepulture: *Nobis vero* [natura] *adversus exanimes genuit non solum* MISERATIONEM, *quæ cogitationi nostræ subit, sed etiam* RELIGIONEM. *Inde ignotis quoque corporibus transeuntium viatorum collatitia sepultura* &c. Il est aisé de concevoir, que là-dessus il a cité, par mégarde, les Institutions Oratoires du Fils, pour les Declamations du Pére, ou du Grand-Pére.

(28) *Hoc tamen ita beneficium est, si non misericordiæ & humanitati dedi, ut quodlibet cadaver absconderem: sed si corpus agnovi, si filio tunc hoc præstare me cogitavi.* De Benefic. Lib. V. Cap. XX.

(29) C'est dans l'endroit, où il introduit le Patriarche *Jacob* faisant de grandes complaintes, sur la fausse nouvelle que lui avoient donnée ses Fils, de leur Frére *Joseph* déchiré par une Bête Sauvage. Le Pére affligé ne regrette rien tant, que la privation de Sepulture; & apostrophant son cher Fils, qu'il croioit défunt, il lui dit, entr'autres choses: Si tu devois absolument mourir de mort violente & par embûches, il m'eût été moins sensible d'apprendre que tu eusses péri par une main d'Homme; puis que quand même le Meurtrier auroit été assez inhumain pour laisser ton corps sans sépulture, il auroit pû se trouver quelque Passant, qui, touché de compassion pour la Nature Humaine, se seroit aquitté envers toi de ce devoir: [illegible] Lib. de Joseph. *pag.* 530. B. *Ed. Paris.*

(30) Le passage a été déja cité dans la *Note* 14.

(31) *Igitur æstimandum erit arbitro, & perpendendum, quo animo sumtus factus sit* [in funus]*: utrum negotium quis vel defuncti, vel heredis, gerit, vel ipsius* HUMANITATIS; *an vero* MISERICORDIÆ, *vel* PIETATI *tribuens, vel adfectioni. Potest tamen distingui & misericordiæ modus, ut in hoc fuerit misericors, vel pius, qui funeravit, ut eum sepeliret, ne insepultus jaceret, non etiam ut suo sumtu fecerit* &c. DIGEST. Lib. XI. Tit. VII. *De religiosis & sumtibus fun.* Leg. XIV. §. 7.

(32) *Laudandus est magis, quàm accusandus, heres, qui reliquias testatoris non in mare, secundum ipsius voluntatem abjecit; sed,* MEMORIA HUMANÆ CONDITIONIS, *sepulturæ tradidit.* DIGEST. Lib. XXVIII. Tit. VIII. *De condition. institutionum*, Leg. XXVII.

(33)

de la condition humaine; Jules Capitolin, (33) un *acte de Clémence*; Euripide (34) & (35) Lactance, un *acte de Justice*; Prudence, (36) une *œuvre de Charité*.

5. Au contraire, ceux qui manquent à ce Devoir, sont flêtris des titres les plus odieux. Homére appelle cela, (37) *une action tout-à-fait indigne*. Le Poëte Stace fait dire au sujet de *Créon*, qui refusoit de laisser ensevelir les Morts après un Combat, (38) qu'*il faut le contraindre par la force des armes à prendre des sentimens humains*. Spartien dit, (39) que de telles gens *n'ont aucun respect pour l'Humanité*. Tite Live (40) les qualifie *cruels & vindicatifs au delà de ce qu'on peut croire d'un Homme*. Stace traite (41) *Etéocle* d'*impie*, pour ce sujet. Lactance (42) donne le nom de *sagesse impie*, à la pensée de ceux qui regardoient comme inutile la Sépulture. Optat *de Miléve* (1) accuse d'*impiété* les *Donatistes*, qui défendoient d'enterrer les *Catholiques*.

(1) Lib. VI.

§. II. 1. On ne convient pas à l'égard de la raison pourquoi les Hommes se sont avisez au commencement de mettre les Corps en terre, soit après les avoir embaumez, comme cela se (a) pratiquoit parmi les *Egyptiens*; soit après les avoir brûlez, comme c'étoit la coûtume de la plûpart des *Grecs*; soit tels qu'ils sont en mourant, qui est l'usage le plus ancien, selon la remarque de (1) Cicéron, & de (2) Pline. Un Poëte Grec,

(a) *Genése*, L, 2. *Tacit.* Hist. Lib. V. Cap. V. *num.* 7.

(33) Cet Historien ne parle pas précisément de la Sépulture, mais de la bonté qu'eut *Antonin*, de faire faire, aux dépens du Public, les funerailles des gens même du commun; au lieu qu'on ne pratiquoit cela ordinairement que pour honorer des personnes distinguées: *Tantâque clementiâ fuit, ut & sumtu publico vulgaria funera juberet efferri* &c. Vit. M. Anton. *Cap.* XIII.

(34) Σύ τοι σέβεις θεοὺς ———
. . . .
Θάψαι δικαιῶ, τὸν Πανελλήνων νόμον
Σώζων ——— ——— ——— ———
Αἰσχρός τ' ἀκούσεις κ' ἂν θεοῦ διαλύσεται.

Supplic. *vers.* 379, 526, 530. Voiez aussi Sophocle, *Ajac.* vers. 1352.

(35) *In quo autem magis Justitia ratio consistit, quàm in eo, ut, quod præstamus nostris per adfectum, præstemus alienis per humanitatem; quæ est multo certior justiorque, quum jam non homini præstatur, qui nihil sentit, sed Deo soli, cui carissimum sacrificium est, opus justum.* Inst. Div. *Lib.* VI. *Cap.* XII. *num.* 31.

(36) *Qui jacta cadavera passim*
Miserans tegit aggere terræ,
Opus exhibet ille benignum
Christo pius omnipotenti.

Cathemerin. *Hymn.* X. vers. 61, *& seqq.* Ed. Cellar.

(37) Ἦ ῥα, καὶ Ἕκτορα δῖον ἀεικέα μήδετο ἔργα. [Iliad. Lib. XXII. vers. 395. & Lib. XXIII. vers. 24.] Le même Poëte dit, que *Jupiter*, & les autres Dieux, furent en colére contre *Achille*, à cause du mauvais traitement qu'il avoit fait au corps d'*Hector*: Lib. XXIV. (*vers.* 113. *& seqq.*) Grotius.

(38) ——— *Bello cogendus & armis*
In mores hominemque Creon.

Theb. *Lib.* XII. vers. 165, 166.

(39) *Tractaque sunt eorum per plateam cadavera, sine aliqua humanitatis reverentia.* Vit. Caracall. *Cap.* IV.

(40) *Ibi fœda laceratio corporis* (Alexandri, Epiri Regis) *facta. namque, præciso medio, partem* Consentiam *misére: pars ipsis retenta ad ludibrium. quæ, quum jaculis saxisque procul incesseretur; mulier una, ultra humanarum irarum fidem sæviente turba immista, ut parumper sustinerent precata, flens ait* &c. Lib. VIII. Cap. XXIV. *num.* 14, 15.

(41) ——— *Vetat igne rapi, pacemque sepulchri*
Impius, ignaris, nequicquam, manibus aufert.

Theb. *Lib.* III. *vers.* 97, 98.

(42) *Quin etiam non defuerunt, qui supervacaneam facerent sepulturam; nihilque esse dicerent mali, jacere inhumatum atque abjectum. quorum impiam sapientiam, quum omne humanum genus respuit, tum divinæ voces, quæ id fieri jubent.* Inst. Divin. *Lib.* VI. *Cap.* XII. num. 27.

§. II. (1) *At mihi quidem antiquissimum sepulturæ genus id fuisse videtur, quo, apud* Xenophontem Cyrus *utitur. redditur enim terræ corpus, & ita locatum ac situm, quasi operimento matris, obducitur.* De Legib. *Lib.* II. Cap. XXII.

(2) *Ipsum cremare, apud* Romanos, *non fuit veteris instituti: terrâ condebantur. At postquam longinquis bellis obrutos erui cognovere, tunc institutum.* Hist. Nat. *Lib.* VII. *Cap.* LIV. *Sepultus intelligitur quoquo modo conditus; humatus vero, humo contectus.* Ibid. Grotius.

Voiez, sur la signification du mot *Sepelire*, les belles *Observations* de feu Mr. Cuper, Lib. I. Cap. VII.

(3) Nôtre Auteur, se contente ici de donner une traduction latine en vers de sa façon, sans indiquer l'Auteur d'où il avoit pris ce passage de l'ancien Poëte. Je l'ai trouvé dans son Stobée, où il fait partie d'un assez long fragment, dans lequel Moschion décrit la vie sauvage des prémiers Hommes, & la maniére dont le Genre Humain vint peu-à-peu à être civilizé. Voici l'original des vers dont il s'agit:

Κἀκ τοῦδε τοὺς θανόντας ὥρισαν νόμος
Τύμβοις καλύπτειν, κἀπιμοιρᾶσθαι κόνιν,
Νεκροῖς ἀθάπτοις μηδ' ἐν ὀφθαλμοῖς ἐᾶν,
Τῆς πρόσθε θοίνης μνημόνευμα δυσσεβοῦς.

Eclog. Tit. XI.

(4) On sait le mot de *Mecénas*, Que la Nature ensevelit elle-même ceux à qui on n'a pas rendu ce devoir: *Disertè* Mæcenas *ait*:

Nec tumulum curo: sepelit natura relictos.

Senec. Epist. XCII. *in fin.*

(5) Cicéron cite des vers de l'*Hypsipyle*, Tragédie perduë d'Euripide, où il y a ces paroles:

Reddenda est terra terra ——— ———

[Tuscul. Quæst. *Lib.* III. *Cap.* XXV. L'original de ce fragment nous a été conservé par Plutarque, *Consol. ad Apol.* pag. 110, 111.] Salomon a dit, que *la Poudre retourne à la Terre, d'où elle étoit venuë, & l'Esprit à Dieu, qui l'avoit donné.* Ecclesiaste, Chap. XII. vers. 9. Euripide fait dire à *Thésée* quelque chose de semblable, en parlant de la Sépulture:

Ἐάσατ' ἤδη γῇ καλυφθῆναι νεκρούς,
Ὅθεν δ' ἕκαστον εἰς τὸ σῶμ' ἀφίκετο,

'Ενό

Grec, nommé MOSCHION, croit, que la barbarie des *Géants*, qui mangeoient les Hommes, (3) donna lieu à introduire l'usage de la Sépulture, comme une marque de l'abolition de cette pratique brutale.

2. D'autres disent, que les Hommes ont voulu paier par là d'eux-mêmes le tribut que la Nature leur demande, & qu'elle (4) tire d'eux, bon-gré malgré qu'ils en aient. Car le Corps de l'Homme aiant été formé de la Terre, doit retourner dans la Terre, comme DIEU non seulement l'a (b) déclaré à *Adam*, mais encore plusieurs (5) Auteurs Grecs & Latins le reconnoissent.

(b) *Génèse*, III, 19. Voiez *Job*, X, 29.

3. Il y en a qui pensent, que la Sépulture est comme un monument, par lequel les prémiers Péres du Genre Humain (6) ont voulu perpetuer parmi leur Postérité l'espérance de la Resurrection. En effet, le Philosophe *Démocrite*, au rapport de PLINE, enseignoit, qu'on devoit (7) conserver les Corps morts, à cause de la promesse qu'ils ressusciteroient un jour. Les *Chrétiens* rapportent souvent à cela l'usage d'enterrer honorablement les Morts; comme il paroît entr'autres par (8) le Poëte PRUDENSE.

(4) Il est plus simple à mon avis, de dire, que, l'Homme étant d'une nature fort relevée au dessus de celle des autres Animaux, on a trouvé que ce seroit une indignité que son Corps leur servît de pâture; inconvénient auquel on a voulu remédier, autant qu'il se

> Ἐνταῦθ' ἀπελθεῖν· πνεῦμα μὲν πρὸς αἰθέρα,
> Τὸ σῶμα δ' εἰς γῆν. οὔτι γὰρ κεκτήμεθα
> Ἡμέτερον αὐτὸ, πλὴν ἐνοικῆσαι βίον.
> Κἄπειτα τὴν θρέψασαν αὐτὸ, δεῖ λαβεῖν.

„ Laissez mettre les Morts en terre. Chaque partie de „ l'Homme doit retourner dans le lieu d'où elle est „ venuë: l'Esprit, à l'Ether, [Voiez là-dessus la Note „ de Mr. BARNES, sur le vers 1140.] le Corps à la „ Terre. Nous ne possedons pas ce Corps en propre, „ nous en avons seulement l'usage, pour y loger pen„ dant cette Vie; il faut que la Terre, qui l'a nourri, „ le reprenne. *Supplic.* vers. 531, *& seqq.* Voiez le passage de CICERON, qui a été cité dans la *Note* 1. sur ce paragraphe. LUCRECE appelle la Terre, le Tombeau commun de toutes choses:

> ——— *Et quoniam dubio procul esse videtur*
> *Omniparens, eadem rerum commune sepulcrum.*

(Lib. V. vers. 258.) PHILON, Juif, remarque, que la Terre est la demeure propre des Hommes, tant des Morts, que des Vivans, & que, comme elle les reçoit, quand ils naissent, il est juste qu'ils reposent dans son sein, après leur mort: *Βέλτιον δ', ὦ συγγενέσι ἀνδρῶν, ἡ κοινὴ γῆ, σ' ἐν ἀπαλλαγῇ φθορᾶς· ἐπειδήπερ ἀνθρώποις καὶ πᾶσι χερσαίοις οἰκειοτέραν ἡ φύσις χώραν ἀπένειμε γῆν, οὐ μόνον ζῶσιν, ἀλλὰ καὶ ἀποθανοῦσιν, ἵν' ἡ αὐτὴ καὶ τὴν πρώτην ὑποδέξηται γένεσιν, καὶ τὴν ἐκ τοῦ βίου τελευταίαν ἀνάλυσιν.* In Flacc. (*pag.* 991. C.) PLINE dit, à peu près, la même chose: *Sic hominum illa* [Terra], *ut cælum Dei: quæ nos nascentes excipit, natos alit, semelque editos sustinet semper: novissimè complexa gremio, jam à reliqua natura abdicatos, tum maximè, ut mater, operiens.* (Hist. Natur. Lib. II. Cap. LXIII.) Au reste, comme il n'y a point d'action louable dans l'Homme, dont DIEU n'ait mis quelque vestige dans quelque autre sorte d'Animal; cela se remarque aussi à l'égard du devoir de la Sépulture. PLINE dit, que les Fourmis sont les seules de tous les Animaux destituez de raison, qui s'enterrent les unes les autres: *Sepeliuntur inter se, viventium sola, præter hominem.* Lib. XI. Cap. XXX. Il avoit pourtant remarqué lui-même, qu'on a vû des Dauphins porter un Dauphin mort, pour empêcher qu'il ne fût déchiré par les autres Monstres marins: *Conspectique sunt jam defunctum portantes, ne laceraretur à belluis.* Lib. IX. Cap. VIII. VIRGILE parle des funerailles, que les Abeilles font entr'elles:

> ——— *Tum corpora luce carentum*
> *Exportant tectis, & tristia funera ducunt.*

(Georgic. *Lib.* IV. *vers.* 255, 256.) Sur quoi le Grammairien SERVIUS dit: FUNERA DUCUNT] *Cum exsequiali scilicet pompa.* GROTIUS.

On peut voir ici, si l'on veut, les *Semestria* de PIERRE DU FAUR, Lib. III. Cap. XIII.

(6) Il faudroit prouver, & que l'usage de la Sépulture est aussi ancien que les prémiers Péres du Genre Humain; & qu'on avoit alors une idée de Résurrection. L'Histoire de ces anciens tems est trop concise, pour qu'on puisse dire là-dessus rien d'assûré.

(7) Nôtre Auteur, se fiant sans doute à sa mémoire, a changé le sens de PLINE. Le passage se trouve, *Lib.* VII. *Cap.* LV. où, après avoir traité de fables puériles tout ce qu'on disoit des *Enfers*, & de l'état des Ames dans une autre Vie; il ajoûte: *Similis & de adservandis corporibus hominum, ac reviviscendi promissa* DEMOCRITO *vanitas, qui non revixit ipse.* „ Il faut dire la même chose de l'imposture de *Démo*„ *crite*, que les Corps des Hommes se conserveroient, „ & qu'ils revivroient; mais qui n'est lui-même ja„ mais revenu au monde." Ainsi il ne s'agit point là de la Sépulture, dont il a été traité dans le Chapitre precédent; mais seulement de je ne sai quelle idée d'une Résurrection des Corps, que le Philosophe s'étoit faite; sur quoi on peut voir ce qu'a dit Mr. LE CLERC, dans son Indice Philologique sur l'Histoire de la Philosophie Orientale, par STANLEY; au mot *Resurrectio*. Nôtre Auteur avoit lû ou retenu le passage, comme s'il étoit ainsi conçû: *De adservandis corporibus hominum, ob reviviscendi* PROMISSA. Mais s'il eût consulté l'Original, il auroit bien tôt vû qu'il n'y a pas moien d'y trouver cela.

(8)
> *Quidnam sibi saxa cavata?*
> *Quid pulchra volunt monumenta?*
> *Res quod nisi creditur illis*
> *Non mortua, sed data somno!*

Cathemerin, *Hymn.* X. vers. 53, *& seqq.* Edit. Cellarii.

se pourroit, en cachant les Corps Humains dans la Terre. Dans une Déclamation de QUINTILIEN, on remarque, que (9) *la Compassion des Hommes met les Corps morts de leurs semblables à couvert des Oiseaux & des Bêtes Sauvages, qui viendroient les manger.* CICE'RON dit de quelcun, (10) *qu'il fut privé, dans sa mort, des honneurs qu'on doit à tous les Hommes, étant laissé en proie aux Bêtes féroces.* VIRGILE introduit un Ennemi, qui aiant tué son homme, parle ainsi, dans le feu de sa colére, au Cadavre: (11) *Ta Mére ne te rendra point les devoirs de la Sépulture, & ne mettra pas tes os dans le Tombeau de tes Ancêtres; tu seras livré aux Oiseaux de proie.* DIEU même menace, par ses Prophétes, les Rois qui se sont rendus dignes de sa colére, de faire en sorte qu'ils n'auront d'autre Sépulture (c) que celle d'un Âne, & que les Chiens (d) lêcheront leur sang. C'est le desir d'éviter cet inconvénient, que LACTANCE considére comme le vrai but de la Sépulture, lors qu'il dit: (12) *Nous ne souffrirons pas que la figure & l'image de* DIEU *soit laissée en proie aux Bêtes sauvages & aux Oiseaux.* St. AMBROISE est aussi dans la même pensée: car faisant l'éloge de ceux qui s'aquittent de ce devoir, il dit, (13) *qu'il n'y a rien de plus beau, que de faire du bien à ceux qui ne sont plus en état de nous le rendre; de garantir des insultes des Oiseaux & des Bêtes, ceux qui sont de même nature que nous.*

(c) *Jerem.* XXII, 19.
(d) *I. Rois*, XXI, 19.

5. Quand même il n'y auroit pas à craindre un tel inconvénient, ce seroit toûjours une chose peu convenable à la dignité de la Nature Humaine, que le Corps d'un Homme fût exposé à être foulé aux pieds. On trouve une pensée approchante dans SOPATER, ancien Rhéteur Grec: (14) *Il est*, dit-il, *beau & honnête, d'enterrer les Morts:* *la*

(9) *Cadaver ab incursu avium ferarumque tantam miserantium corona custodit.* Declamat. VI. (Cap. III. *Edit. Burm.*) Voiez la prédiction touchant ce qui devoit arriver à la postérité de *Jéroboam*, en punition des péchez de ce Prince, I. ROIS, *Chap.* XIV. *vers.* 11. comme aussi TERTULLIEN, *De Resurrectione.* HOME'RE parlant d'*Egisthe*, qui avoit commis adultére avec la Reine, & s'étoit emparé du Roiaume d'*Argos*; dit, qu'on ne jetta pas même une poignée de terre sur son cadavre, & qu'on le laissa en proie aux Oiseaux & aux Chiens:

Τῷ κέ οἱ οὐδὲ θανόντι χυτὴν ἐπὶ γαῖαν ἔχευαν,
Ἀλλ' ἄρα τόν γε κύνες τε καὶ οἰωνοὶ κατέδαψαν.

Odyss. *Lib.* III. (*vers.* 258, 259.) Mais *Oreste*, plus humain, fit enterrer ce Corps mort; comme je le dis plus bas, dans le Texte. [Voiez la *Note* 2. sur le paragraphe 4.] SOPHOCLE fait dire à *Ménélas*, qu'il veut laisser le Corps d'*Ajax*, sur le rivage, pour servir de pâture aux Oiseaux de mer:

Ἀλλ' ἀμφὶ χλωρὰν ψάμαθον ἐκβεβλημένος,
Ὄρνισι φορβὴ παραλίοις γενήσεται.

Ajac. (*vers.* 1083, 1084.) Mais là-même *Ulysse* s'y oppose; *Ulysse*, dis-je, qui est donné pour un modéle de sagesse. Le même Poëte dit, à la louange d'*Antigone*, qu'elle n'a pas voulu laisser le corps de son Frére exposé à être mangé des Chiens & des Oiseaux de proie:

Ἥτις τὸν αὑτῆς αὐτάδελφον ἐν φοναῖς
Πεπτῶτ' ἄθαπτον, μήθ' ὑπ' ὠμηστῶν κυνῶν
Εἴασ' ὀλέσθαι, μήθ' ὑπ' οἰωνῶν τινός.

Antigon. (*vers.* 711, & *seqq.*) Voiez encore APPIEN d'*Alexandrie*, Bell. Civ. *Lib.* I. (*pag.* 663. *Ed. Amst.* 394. *Ed. H. Steph.*) au sujet de ceux que *Marius* faisoit mourir: & AMMIEN MARCELLIN, Lib. XVII. (Cap. I.) au commencement; où l'on voit le soin qu'eut l'Empereur *Julien* d'empêcher que les Corps de ceux qui avoient été tuez dans une Bataille ne fussent en proie aux Oiseaux. GROTIUS.

Dans le passage d'HOME'RE, il ne s'agit point de ce qui arriva effectivement, mais de ce qu'auroit fait *Ménélas*, s'il eût été à *Argos*. On n'a qu'à voir la suite du discours, pour en convenir. A l'égard de la question en elle-même, le plus naturel est peut-être de dire, que l'on a introduit l'usage d'enterrer les Corps morts, qui est le plus ancien, afin de n'être pas incommodé par les mauvaises odeurs qui en exhaloient, sur tout dans les Païs chauds, qui ont été peuplez les prémiers. A cela il a pû se joindre ensuite d'autres idées, différentes selon les tems & les lieux. La raison, dont nôtre Auteur parle, n'a pas fait impression sur tous les Peuples. Car on voit, par exemple, que les *Hyrcaniens* faisoient dévorer les Cadavres Humains à des Chiens, qu'ils nourrissoient exprès pour cet usage. Et les *Mages*, Philosophes célébres de l'Orient, n'ensevelissoient leurs Morts, qu'après les avoir fait déchirer par des Chiens ou des Oiseaux. Voiez HE'RODOTE, Lib. I. Cap. CXL. CICERON, *Tusc. Quæst.* Lib. I. Cap. XLV. avec les Notes de Mr. DAVIES: SEXTUS EMPIRICUS, *Pyrrhon. hypotyp.* Lib. III. Cap. XXIV. §. 227. avec celles de Mr. FABRICIUS. A quoi on peut joindre un Mémoire qui se trouve dans l'HISTOIRE CRITIQUE, *Tom.* XII. *Art.* X.

(10) *Item, inimicorum in manibus mortuus est, hostili in terra turpiter jacuit insepultus, à feris diu vexatus, communi quoque honore in morte caruit.* De Invent. *Lib.* I. *Cap.* LV.

(11) *Istic nunc, metuende, jace: non te optima mater*
Condet humi, patriove onerabit membra sepulcro;
Alitibus linquêre feris — — —

Aen. X, 557. & *seqq.*

(12) *Non enim patiemur, figuram & figmentum Dei feris ac volucribus in prædam jacere, sed reddamus id terræ, unde ortum est, &, quamvis in homine ignoto, necessariorum sepulturam, nulli negandum munus, implebimus: in quorum locum, quia desunt, succedat humanitas* &c. Lib. VI. Cap. XII. *num.* 30.

(13)

la Nature a appris à leur rendre ce devoir, afin que les Corps Humains ne fussent pas en quelque maniére deshonorez, après leur mort, en paroissant tout nuds, pendant qu'ils se dissolvent & se corrompent. Cet usage, dis-je, est naturellement honnête, & conforme à l'Humanité: tout le monde le trouve tel, soit que ce soient des Dieux, ou des Demi-dieux, qui ont ordonné d'honorer ainsi les Défunts. Comme il n'est pas d'ailleurs conforme à la Raison, que les secrets de la Nature soient exposez, après la mort, aux yeux de chacun; on a établi de tems immémorial la coûtume d'enfermer les Corps Humains, après leur mort, dans des Tombeaux, où ils pûssent pourrir, sans que personne les vît. GRE'GOIRE *de Nysse* dit aussi, (15) que *c'est pour ne pas montrer au Soleil la honte de la Nature Humaine.*

6. C'est pour cela qu'on dit, que la Sépulture est duë, non pas tant à l'Homme, ou à la personne, qu'à l'Humanité, ou à (16) la Nature Humaine. Rendre ce devoir, c'est faire un acte de l'Humanité la plus commune, selon (17) SENE'QUE, QUINTILIEN (18), & PE'TRONE (19). C'est pourquoi (20) les anciens Docteurs Juifs, parlant de la Loi (21) qui défendoit au Souverain Sacrificateur d'approcher d'aucune chose qui eût du rapport aux Funerailles; l'expliquent avec cette restriction, que, s'il trouvoit un Corps sans sépulture, il pouvoit non seulement s'en approcher, mais il devoit (22) l'enterrer lui-même. Les anciens Chrétiens ont regardé le devoir de la Sépulture comme une chose si nécessaire, (23) qu'ils croioient que, pour s'en aquitter, on pouvoit vendre ou fondre les Vases de l'Eglise, même après qu'ils avoient été consacrez, aussi bien que pour entretenir les Pauvres, ou pour racheter des Prisonniers.

§. III.

(13) *Nihil hoc officio præstantius; ei conferre, qui jam tibi non potest reddere: vindicare à volatilibus, vindicare à bestiis consortem naturæ.* Lib. de Tobia, Cap. I.

(14) Ὅτι τὸ θάπτειν καλόν, καὶ ὅτι τοῦτον ἡ φύσις ἔγραψε τοῖς σώμασιν, ἵνα μὴ διαλυθέντα μετὰ θάνατον γυμνά, καθάπερ αἰσχύνεται. τοῦτο τῇ φύσει καλόν, τοῦτο φιλάνθρωπον· τοῦτο τοῖς ἅπασι δοκεῖ, εἴτε Θεοί, εἴτε τινὲς Ἥρωες ταύτην μετὰ θάνατον τοῖς ἀνθρώποις τὴν τιμὴν κατεστήσαντο. ἐπειδὰν καὶ ἐν εὐλόγῳ, τὰ τῆς φύσεως ἀπόῤῥητα μετὰ τὴν τελευτὴν ἅπασι δείκνυσθαι, γῇ κρύπτειν τὸν ἄνθρωπον νενομίκαμεν ἄνωθεν, ἵνα τῷ καλύπτεσθαι μνήματι λαθεῖν τὸ σῶμα διαλυόμενον. SOPATER, in Controversiis.

(15) Ὡς μὴ ἀναδειχθῶσι τῷ ἡλίῳ τὴν ἀσχημοσύνην τῆς φύσεως. Epist. ad *Letoium.* C'est ainsi que les Femmes enceintes ont de coûtume de *cacher la honte de l'accouchement*, τὰ αἰσχυντηλὰ τῆς ὠδῖνος ἐπικαλύπτειν, comme s'exprime AGATHIAS, (*Hist.* Lib. V. Cap. VI.) Tant il est vrai, que, dans nôtre naissance, aussi bien que dans nôtre mort, il y a dequoi nous faire voir combien peu de chose nous sommes naturellement! C'est pour donner à entendre cela, que les Docteurs Juifs disoient, Qu'il falloit que les Grands & les Petits fussent enveloppez, & en naissant, & après leur mort, de bandelettes ou de draps de même étoffe. GROTIUS.

(16) Le Grammairien SERVIUS dit, que la Sépulture est duë généralement à tous les Hommes: HAUD ADSPERNANDA] *Justa, non contemnenda. Sepultura enim beneficium generaliter debetur universis.* In Lib. XI. Æn. (*vers.* 106.) GROTIUS.

(17) *At si terram ignoto mortuo injeci, nullum habeo hujus officii debitorem, in publicum humanus.* De Benefic. *Lib.* V. *Cap.* XX.

(18) *Et ignoto quoque corpori publica humanitas quasi quasdam fecit exsequias.* Declamat. VI. Cap. III. Edit. Burman.

(19) *Aut præteriens aliquis tralatitiâ humanitate lapidabit* &c. Satyric. *Cap.* CXIV.

(20) Cette période, & la suivante se trouvent, dans l'Original, sur la fin du paragraphe suivant. Elles seront mieux ici, que dans l'endroit où l'Auteur les avoit mises, & où il s'agit non de la Sépulture en général, mais de la Sépulture des Ennemis en particulier. Comme une de ces périodes n'étoit pas dans la prémiére Edition, il y a lieu de croire, que l'Auteur, en l'ajoûtant, l'a placée, sans y penser, ailleurs qu'il ne vouloit. Je suis sûr, du moins, qu'il devoit les mettre ici l'une & l'autre.

(21) Voiez LE'VITIQUE, Chap. XXI. *vers.* 1, & *suiv.*

(22) Le Grammairien SERVIUS remarque la même chose, à l'égard des *Pontifes* de *Rome.* GROTIUS.

C'est sur le VI. Livre de l'*Enéïde*, où il dit, qu'il n'étoit pas permis aux Pontifes de voir seulement un Corps mort; mais que ç'auroit été encore plus mal fait à eux, si aiant vû un Corps sans sépulture ils n'y avoient pas jetté quelques poignées de terre: *Qui enim de pietatis generibus scripserunt, primum locum in sepultura esse voluerunt. Unde, quum Pontificibus nefas esset cadaver videre, tamen magis nefas fuerat, si visum insepultum relinquerent. Genus autem fuerat sepulturæ, injectio pulveris.* In *vers.* 176. Voiez GUTHIER, *De Jure Manium*, Lib. II. Cap. VIII. où l'on ne trouve pourtant pas ce passage remarquable du Commentateur de VIRGILE.

(23) *Nemo potest queri, quia captivi redemti sunt: nemo potest accusare, quia templum Dei ædificatum est: nemo potest indignari, quia humandis fidelium reliquiis spatia laxata sunt: nemo potest dolere, quia in sepulturis Christianorum requies defunctorum est. In his tribus generibus vasa Ecclesiæ, etiam initiata, confringere, conflare, vendere, licet.* AMBROS. De Offic. Lib. II. Cap. XXVIII.

§. III. 1. DELA' il s'ensuit, qu'on ne doit point refuser la Sépulture à un *Ennemi*, soit public, soit particulier.

2. Pour commencer par les *Ennemis particuliers*, il y a là-dessus, dans SOPHOCLE, un beau discours d'*Ulysse*, par lequel il veut persuader à *Ménélas* de laisser rendre à *Ajax* les honneurs de la Sépulture. Voici entr'autres ce qu'il dit: (1) *Prenez garde, ô Roi, qu'après tant de belles sentences que vous venez de débiter, vous ne vous laissiez aller à insulter injustement un homme mort.* En effet, la Mort doit finir toutes les quérelles; qui est la raison que le même Poëte (2) en rend ailleurs, & après lui, VIRGILE (3), STACE (4), & d'autres.

3. Tout le monde convient aussi, qu'on doit la Sépulture aux *Ennemis publics*. C'est le *droit commun de la Guerre*, comme le qualifie (5) APPIEN *d'Alexandrie*. PHILON (6), TACITE (7), LUCAIN (8) & DION (9) *Chrysostôme*, disent à peu près la même chose. Le dernier, aussi bien que le Rhéteur SOPATER, (10) cité ci-dessus, ajoûtent, que l'on n'est pas dispensé de ce devoir envers les plus grands Ennemis, qui ne sont plus Ennemis, dès qu'ils sont morts.

4. Aussi voit-on dans l'Histoire une infinité (11) d'exemples de gens qui ont pratiqué ici la Loi de l'Humanité. Pour ne rien dire (12) d'*Hercule*, qui tenoit cela pour maxi-

§. III. (1) Ce n'est point *Ulysse*, qui dit cela, mais le Chœur.

ΧΟ. Μενέλαε, μὴ γνώμας ὑποστήσας σοφὰς,
Εἶτ' αὐτὸς ἐν θανοῦσιν ὑβριστὴς γίγν.

Ajac. *vers.* 1110, 1111. Le discours d'*Ulysse* se trouve plus bas, *vers.* 1349, *& seqq.*

(2) Dans un Fragment de l'*Antigone*:

Θάνατος γὰρ ἀνθρώποισι νεικέων τέλος
Ἔχει· τί γὰρ τοῦδ' ἐστὶ μεῖζον ἐν βροτοῖς;

(Vers. 39. apud BARNES.) Et dans les *Suppliantes*:

Εἰ γάρ τι καὶ πεπόνθατ' Ἀργείων ὕπο,
Τεθνᾶσιν· ἠμύνασθε πολεμίους καλῶς.

(Vers. 528, 529.) GROTIUS.

(3) *Nullum cum victis certamen, & æthere cassis.* (Æn. XI, 104.) L'Auteur de la *Rhétorique adressée à* HE'RENNIUS, citant ce vers, ajoûte, qu'il est arrivé aux Morts tout ce qui peut leur arriver de mal: *Nam quod malorum est extremum, accidit illis jam.* GROTIUS.

Ces paroles, non plus que la citation du vers de VIRGILE, ne se trouvent point certainement dans toute la *Rhétorique* d'un Auteur ancien, qui a été long tems prise pour un Ouvrage de CICE'RON. Je puis ici montrer sûrement la source de l'erreur; & c'est un exemple incontestable, qui prouve que nôtre Auteur s'est trompé quelquefois pour avoir cité sur la foi d'autrui. ALBERIC GENTIL, dans son Traité *De Jure Belli*, Lib. II. Cap. XXIV. pag. 459. après avoir allégué plusieurs des autoritez dont nôtre Auteur a fait ici usage; ajoûte ce passage, qu'il donne pour être du III. Livre de la *Rhétorique à* HE'RENNIUS: *Mortuis iratum esse neminem oportet. Et sic* Ulysses *in* Ajace SOPHOCLIS. *Et sic* Æneas:

Nullum cum victis certamen, & æthere cassis.

Nam, quod malorum est extremum, accidit illis jam: nec quidquam incommodi sensuri sunt. Et sic Apollo *apud* HOMERUM, [Iliad. *Lib.* XXIV. *vers.* 24.] *contra* Achillem:

Surdam fœdat humum, implacatâ concitus irâ.

Mais il n'y a pas un seul vers de VIRGILE dans tous les quatre Livres de la Rhétorique, dont il s'agit; quoi que ce Jurisconsulte se serve ailleurs de cette raison, pour prouver en passant que l'Ouvrage n'est point de CICE'RON: *Qui* [Auctor] dit-il, *non est* CICERO, *si Virgiliana habet.* Pag. 531. Il est donc clair, que nôtre Auteur n'a eu d'autre garant de sa citation qu'ALBERIC GENTIL: mais je ne sai d'où celui-ci avoit tiré les paroles qu'il rapporte. Je les ai cherchées inutilement & dans QUINTILIEN, & dans le Recueil des anciens Rhéteurs Latins, publié par PITHOU, à *Paris*, en 1599. Elles ont pourtant un air, qui n'est pas moderne.

(4) ——— *Bellavimus: esto.*

Sed cecidere odia, & tristes mors obruit iras.

(Theb. Lib. XII. vers. 573, 574.) On trouve une semblable pensée dans OPTAT *de Miléve*: *Ut terreatis vivos, malè tractatis & mortuos, negantes funeribus locum. Si inter viventes fuerat certamen, odia vestra vel mors aliena compescat. Jam tacet, cum quo paullo ante litigabat.* (Lib. VI. *contr. Parm.*) GROTIUS.

On peut ajoûter, si l'on veut, ces vers d'OVIDE: *Corpora magnanimo satis est prostrasse Leoni: Pugna suum finem, quum jacet hostis, habet.* Trist. *Lib.* III. *Eleg.* V. vers. 33, 34. Voiez ce qui suit.

(5) Θάψειν αὐτούς· εἶναι τὸ ἔργον ἀνθρώπειον καὶ κοινὸν ἐν τοῖς πολέμοις ἡγούμενος &c. De Bell. Punic. *pag.* 105. *Edit. Amst.* (63. *Ed. H. Steph.*)

(6) Cet Auteur dit que ceux qui ont de la bonté & de l'humanité, enterrent même à leurs dépens les Morts de l'Armée Ennemie; & que ceux qui étendent leur animosité jusques sur les Morts, ne laissent pas de faire un accord avec l'Ennemi, pour lui permettre de leur rendre les derniers devoirs: Ἤδη δὲ καὶ τοὺς πεσόντας ἐν τῷ πολέμῳ τῶν ἐχθρῶν ταφῆς ἀξιοῦσιν, οἱ μὲν ἐπιεικεῖς καὶ φιλάνθρωποι, ταῖς οἴκοθεν δαπάναις· οἱ δὲ τὴν ἔχθραν καὶ πρὸς τοὺς νεκροὺς ἀποτείνοντες, ὑπόσπονδα τὰ σώματα διδόντες, ὑπὲρ τοῦ μὴ τῆς τελευταίας χάριτος ἀμοιρῆσαι τοὺς νομιζομένους. ἐν πολέμῳ μὲν οἱ δυσμενεῖς ταῦτα &c. In Flacc. *pag.* 974. A.

(7) *Ne hostes quidem sepulturâ invident.* Annal. Lib. I. Cap. XXII. *num.* 3.

(8) Le passage a été cité dans la *Note* 12. sur le paragraphe 1.

(9) Διὰ τοῦτο τοὺς ἀποθανόντας οὐδεὶς ἔτι κρίνει πολεμίους, οὐδὲ τὴν ἔχθραν καὶ τὴν ὕβριν εἰς τὰ σώματα αὐτῶν ἐπιδείκνυται. Orat. *de Lege.* Voiez un autre passage de cet Orateur, qui a été cité ci-dessus, §. 1. *Note* 2.

(10) Τὶς πόλεμος ταύτης τῆς τιμῆς τὸ τῶν ἀνθρώπων γένος ἐστέρησε; τίς ἔχθρα μνησικακήσασα πρὸς τὰ πλημμελήματα, παραβῆναι τὸν θεσμὸν τοῦτον ἠνέσχετο; In Con-

maxime; *Aléxandre le Grand* (a) fit enterrer de son pur mouvement ceux qu'il avoit taillez en piéces à la Bataille d'*Issus*. *Hannibal* en usa ainsi à l'égard de (13) *Cajus Flaminius*, d'*Emilius* (14) *Paulus*, de (15) *Tibérius Gracchus*, de (16) *Marcellus*, tous Romains; en sorte que, comme s'exprime SILIUS ITALICUS, (17) *on eût dit que c'étoient des Généraux Carthaginois, à qui il rendoit les honneurs de la Sépulture.* Les *Romains* firent la même chose (18) à l'égard d'*Hannon*, Carthaginois; *Pompée*, (19) à l'égard de *Mithridate*; *Démétrius*, (20) à l'égard de plusieurs; *Marc Antoine*, (21) à l'égard d'*Archélaüs*. Dans le serment que faisoient autrefois les *Grecs*, lors qu'ils alloient porter les armes contre les *Perses*, il y avoit cette clause: (22) *J'enterrerai tous ceux de nos Alliez qui seront morts dans le Combat; & je ne refuserai pas même la Sépulture aux Barbares, lors que nous serons Vainqueurs.* On voit par tout dans les Histoires, les Ennemis obtenir l'un de l'autre la (23) *permission d'emporter leurs Morts.* En voici un exemple, tiré de PAUSANIAS: (24) *C'étoit*, dit-il, *une chose constante parmi les* Athéniens, *que leurs Ancêtres avoient enterré les* Médes, [qui avoient été tuez à la Bataille de *Marathon*]; *parce qu'il y a une obligation indispensable d'ensévelir les Morts, quels qu'ils soient.*

(a) *Diodor. Sic.* Lib. XVII. Cap. 40.

5. On trouve à la vérité des exemples du contraire; mais qui sont généralement condamnez.

Controvers.

(11) JOSEPH, met au rang des Loix de MOISE, Qu'on doit enterrer les Morts, sans en excepter ceux des Ennemis: Θαπτέσθωσαν δὲ καὶ οἱ πολέμιοι. (Antiq. Jud. *Lib.* IV. *Cap.* VIII. pag. 127. B.) HOMÉRE nous représente *Agamemnon*, faisant ensevelir les *Troiens*, Iliad. Lib. VII. *Antigonus* en usa de même à l'égard de *Pyrrhus*; comme nous l'apprend PLUTARQUE (Vit. Pyrrh. in fin. *pag.* 406. A. B.) GROTIUS.

Il n'est pas dit, dans HOMÉRE, qu'*Agamemnon* fit enterrer les Morts de l'Armée Troienne, mais seulement que l'on convint d'une trêve, pour enterrer chacun les siens. Voiez *vers.* 396, *& seqq.*

(12) Il fut le prémier, à ce qu'on dit, qui accorda une trêve pour enterrer les Morts, au lieu qu'auparavant on laissoit manger aux Chiens ceux qui avoient été tuez: *Πρῶτον γὰρ τὸν ἐξ αἰῶνος νεκροὺς ὑποσπόνδους ἀποδοῦναι ταφησομένους, εἰωθότων τῶν τότε ὀλιγωρεῖν τῶν ἀναιρέσεων, καὶ ἀπολείπειν αὐτοὺς κυνῶν δεῖπνον εἶναι.* ÆLIAN. *Var. Hist.* Lib. XII. Cap. XXVII. Voiez aussi PLUTARQUE, dans la Vie de *Thésée*, pag. 14. A. GROTIUS.

(13) *Hannibal* fit chercher le Corps de *Flaminius*; mais on ne le trouva pas: Flaminii *quoque corpus, funeris caussâ, magnâ cum curâ inquisitum, non invenit.* TIT. LIV. Lib. XXII. Cap. VII. *num.* 5.

(14) C'est aussi TITE LIVE, qui nous apprend cela, mais comme une chose rapportée par quelques Auteurs, & qu'il ne donne pas pour certaine: *Consulem quoque Romanum* [L. Æmil. Paullum] *conquisitum sepultumque, quidam auctores sunt.* Ibid. Cap. LII. *num.* 6.

(15) Autre fait encore incertain: *Funeris quoque* Gracchi *varia est fama. Alii in castris Romanis sepultum ab suis; alii ab* Annibale (*& ea vulgatior fama est*) *tradunt in vestibulo Punicorum castrorum rogum exstructum esse .... ipso* Annibale *omni rerum verborumque honore exsequias celebrante.* TIT. LIV. *Lib.* XXV. *Cap.* XVII. *num.* 4.

(16) Voiez PLUTARQUE, dans sa Vie, *pag.* 316. A. Tom. I. *Ed. Wech.* CICÉRON en fait aussi mention: *Non* M. Marcellum, *cujus interitum ne crudelissimus quidem hostis honore sepulturæ carere passus est.* De Senect. *Cap.* XX. Voiez la Note suivante.

(17) C'est en parlant de *Marcellus*;

——— ——— ——— *Credas*
Sidonium cecidisse ducem ———
Ipse facem subdens; Laus, inquit, parta perennis;
Marcellum abstulimus Latio ——— ——— ———.

De Bello Pun. *Lib.* XV. vers. 389, 390.

(18) C'est de VALÉRE MAXIME que nôtre Auteur a tiré ceci: *Pro quo fortissimè dimicans* Hanno, *dux* Carthaginiensium, *occiderat; corpus ejus è tabernaculo suo amplo funere extulit* [L. Corn. Scipio.] Lib. V. Cap. I. *num.* 2.

(19) Voiez APPIEN d'*Alexandrie*, pag. 413. *Ed. Amst.* (250. *Ed. H. Steph.*)

(20) Comme, par exemple, après la victoire qu'il remporta à *Salamine*, sur *Ptolomée*; PLUTARCH. *in ejus Vit.* pag. 896. A.

(21) Voiez PLUTARQUE, dans sa Vie, *pag.* 917. B.

(22) L'Auteur a tiré ceci de DIODORE *de Sicile*; je ne sâche du moins aucun autre Historien qui ait rapporté la formule du serment dont il s'agit: mais il a mal pris le sens de la clause, qui étant bien expliquée, ne fait rien au sujet. Voici l'original: Ἀλλὰ τοὺς *ἐν τῇ μάχῃ τελευτήσαντας τῶν συμμάχων πάντας θάψω· καὶ κρατήσας τῷ πολέμῳ τῶν* Βαρβάρων, *οὐδεμίαν τῶν ἀγωνισαμένων πόλεων ἀνάστατον ποιήσω.* C'est-à-dire: " J'ensévelirai tous ceux de nos Alliez, qui seront morts " dans le Combat; & lors que j'aurai remporté la " Victoire sur les Barbares, je ne saccagerai aucu- " ne des Villes prises. *Biblioth. Hist.* Lib. XI. Cap. XXIX. pag. 258. *Edit. H. Steph.* Voilà un sens fort différent, & où il n'y a rien qui regarde la Sépulture des Ennemis. Nôtre Auteur aiant ou lû à la hâte, ou mal retenu le passage, l'a tronqué, & en même tems changé la ponctuation, comme s'il y avoit: Πάντας θάψω, καὶ, κρατήσας τῷ πολέμῳ, τοὺς Βαρβάρους. Voilà un exemple bien remarquable de la nécessité qu'il y avoit de chercher les sources des Citations, & de conferer les Passages citez avec les Originaux.

(23) Νεκρῶν *ἀναίρεσιν.* Voiez ci-dessous, *Liv.* III. *Chap.* XX. §. 45. GROTIUS.

Voiez en un exemple dans la *Note* 22. sur le §. 2. de ce Chapitre.

(24) Τοὺς δὲ Μήδους Ἀθηναῖοι *μὲν θάψαι λέγουσιν, ὡς πάντως ὅσιον ἀνθρώπου νεκρὸν γῇ κρύψαι.* Lib. I. seu *Attic.* Cap. XXXII. pag. 31. *Ed. Wech.*

damnez. VIRGILE traite de (25) *fureur*, le refus de la Sépulture, par rapport à un Ennemi; & CLAUDIEN (26) dit, que c'est *dépouiller l'Humanité.* Selon DIODORE de Sicile, (27) *c'est une férocité brutale, que de faire la guerre à des Morts qui étoient de même nature que nous.*

§. IV. 1. JE vois néanmoins, qu'il y a des raisons de douter, si l'on n'est pas dispensé du devoir de la Sépulture envers ceux qui s'étoient rendus coupables de quelque forfait insigne. La Loi Divine, donnée aux anciens *Hébreux*, & qui est une excellente Ecôle d'Humanité, aussi bien que de toutes les autres Vertus; (a) ordonne d'enterrer le même jour un Pendu; genre de supplice qui étoit regardé comme fort ignominieux. Aussi JOSEPH, l'Historien Juif, (1) nous apprend-il, que ceux de sa Nation étoient si fort exacts à rendre le devoir de la Sépulture, qu'ils emportoient & enterroient avant le coucher du Soleil les Corps de ceux qui avoient été suppliciez. D'autres Interprêtes Juifs ajoûtent, qu'on en usoit ainsi par respect pour l'Image de DIEU, à laquelle l'Homme a été créé.

(a) *Deut.* XXI, 23. Voiez *Nombr.* XXV, 4. *II. Sam.* XXI, 12.

2. Parmi les *Grecs*, *Oreste*, aiant tué *Egisthe*, le fit enterrer, au rapport d'HOMÉRE, (2) quoi que cet *Egisthe*, après avoir commis adultére avec la Reine *Clytemnestre*, eût tué le Roi, Pére d'*Oreste*. Chez les *Romains* aussi le Jurisconsulte ULPIEN (3) fut d'avis de ne pas refuser aux Parens les Corps de ceux qui avoient été exécutez. PAUL, autre Jurisconsulte, (4) dit même, qu'il faut donner ces Corps à quiconque les demande. Et les Empereurs DIOCLÉTIEN & MAXIMIEN (5) déclarent, dans un Rescript, qu'ils ne défendent point d'enterrer ceux qui ont été punis du dernier supplice.

3. On trouve bien, dans les Histoires, des exemples de gens, dont (6) les Corps ont été laissez sans sépulture; mais ces exemples sont plus fréquens dans les Guerres Civiles, que dans les Guerres avec des Ennemis du dehors. Aujourdhui encore on laisse long

(25) *Unum hoc, per, si qua est victis venia hostibus, oro;*
Corpus humo patiare tegi: scio acerba meorum
Circumstare odia: hunc, oro, defende furorem.

(Æn. X, 903, & *seqq.*) Sur quoi SERVIUS dit: *Inimicorum iram, & post fata savire cupientem.* GROTIUS.

(26) Voiez le passage cité dans la *Note* 16. sur le paragraphe 1.

(27) Ἀλλὰ τὸ πολεμεῖν τῷ ὁμοφύλῳ τοῖς τετελευτηκόσι θηριῶδες. Lib. V. Cap. XXIX. pag. 213. *Ed. H. Steph.*

§. IV. (1) C'est en parlant de la cruauté des *Iduméens*, dans le carnage qu'ils firent des *Juifs*, pendant la Guerre: Προῆλθον δ' εἰς τοσοῦτον ἀσεβείας, ὥστε καὶ ἀτάφους ῥῖψαι, καίτοι τοσαύτην Ἰουδαίων περὶ τὰς ταφὰς πρόνοιαν ποιουμένων, ὥστε καὶ τοὺς ἐκ καταδίκης ἀνεσταυρωμένους πρὸ δύντος ἡλίου καθελεῖν τε καὶ θάπτειν. Bell. Jud. *Lib.* IV. *Cap.* XV. (VII. in Lat.) pag. 882. F.

(2) HOMÉRE dit, qu'*Oreste*, après avoir tué *Egisthe*, le Galant de sa Mére, fit, selon la coûtume de ces tems-là, un festin funébre à ceux d'*Argos*, pour les funerailles de sa Mére & du Galant, c'est-à-dire, qu'il les tua l'un & l'autre, ce que le Poëte a voulu éviter de dire formellement, par rapport à la Mére, selon la remarque du Scholiaste:

Ἤτοι ὁ τὸν κτείνας δαίνυ τάφον Ἀργείοισι
Μητρός τε στυγερῆς καὶ ἀνάλκιδος Αἰγίσθοιο.

Odyss. *Lib.* III. vers. 309, 310. PAUSANIAS nous apprend, qu'ils furent enterrez hors de la Ville: *Lib.* II. seu *Corinthiac.* Cap. XVI. pag. 59. *Ed. Wech.*

(3) *Corpora eorum, qui capite damnantur, cognatis ipsorum neganda non sunt; & id se observare etiam* DIVUS AUGUSTUS Lib. I. De Vita sua, *scribit.* DIGEST. Lib. XLVIII. Tit. XXIV. *De cadaveribus punitorum*, Leg. I.

(4) *Corpora animadversorum quibuslibet petentibus ad sepulturam danda sunt.* Ibid. *Leg.* III.

(5) *Obnoxios criminum digno supplicio subjectos, sepulturæ tradi non vetamus.* COD. Lib. III. Tit. XLIV. *De religiosis & sumt. fun.* Leg. XI. PHILON, Juif, fait mention de cette coûtume des Romains, dans son Livre touchant *Flaccus*, (pag. 977. A. *Edit. Paris.*) GROTIUS.

(6) C'est ce que JOSEPH appelle, insulter à un Cadavre; dans le discours qu'il fait tenir au Roi *Aléxandre Jannée*, à l'heure de sa mort: Εἰς καθυβρίζειν ἀταφίᾳ με θελήσουσι τὸν νεκρὸν ὡς πολλὰ πεπονθότες ἐξ ἐμοῦ &c. (Antiq. Jud. *Lib.* XIII. *Cap.* XXIII. pag. 463. D.) Voiez QUINTILIEN, *Declamat.* IV. (Cap. IX. init. *Ed. Burmann.*) où l'on trouve ces mots: Quòd [lex] *insepultum voluit abjici* &c.) GROTIUS.

(7) C'est HÉRODOTE qui nous apprend cela. Voici comment il fait répondre *Pausanias* à *Lampon*, un des plus considérables de l'Ile d'*Egine*: Ὦ ξεῖνε Αἰγινῆτα, τὸ μὲν εὐνοέειν τε καὶ προορᾶν, ἄγαμαι σεῦ· γνώμης μέντοι ἡμάρτηκας χρηστῆς. ἐξάειρας γάρ με ὑψοῦ, καὶ τὴν πάτρην, καὶ τὸ ἔργον, ἐς τὸ μηδὲν κατέβαλες, παραινέων νεκρῷ λυμαίνεσθαι· καὶ ἢν ταῦτα ποιέω, φὰς ἄμεινόν με ἀκούσεσθαι, τὰ πρέπει μᾶλλον βαρβάροισι ποιέειν, ἤπερ Ἕλλησι, κἀκείνοισι, ἢ ἐπιφθονέομεν. &c. Lib. IX. Cap. LXXVII. LXXVIII.

(8) ——— *Vade, atra dature*
Supplicia, extremique tamen secure sepulcri.

Thebaid. *Lib.* XII. vers. 780, 781.

long tems exposez à la vuë de tout le monde les Corps de ceux qui ont été condamnez à mort pour certains crimes. Mais c'est une question controversée & entre les Théologiens, (b) & entre les Politiques, si cette coûtume est bien louable.

(b) *Roch.* de consuetud. fol. 12. *Abb.* in Can. XI. Decretal. *De Sepult. Sylvest.* verb. *Sepultura*, Quæst. X.

4. Nous voions, d'autre côté, qu'on a loué ceux qui ont fait enterrer les Corps de certaines personnes qui ne l'avoient pas elles-mêmes permis à d'autres. C'est ainsi que *Pausanias*, Roi de *Lacedémone*, étant sollicité par ceux de l'Ile d'*Egine* à se venger de la maniére indigne dont les *Perses* avoient traité le Corps de *Léonide*, en usant de represailles; rejetta la proposition, (7) comme indigne de lui, & du nom Grec. STACE introduit *Thésée* disant à *Créon*, qui est sur le point d'expirer sous ses coups: (8) *Va, malheureux, que de cruels supplices attendent, & qui peux néanmoins être o[...]iré de la sépulture.* Les *Pharisiens* ensévelirent le Roi *Aléxandre Jannée*, (c) quoi qu'il eût traité fort ignominieusement les Morts de sa nation.

(c) *Joseph.* Antiq. Jud. Lib. XIII. Cap. XXIII. XXIV. & *Joseph. Gorion.*

5. Si quelquefois DIEU a fait en sorte, pour punir certaines personnes, qu'elles fussent privées de la Sépulture, il a usé en cela de son droit suprême, qui le met au dessus des Loix. *David* garda la tête (d) de *Goliath*, pour en faire montre: mais c'étoit la tête d'un Etranger, & d'un homme qui avoit bravé insolemment le DIEU d'*Israël*: on vivoit d'ailleurs, en ce tems-là, sous une Loi, qui bornoit le nom de *Prochain* aux *Israëlites*.

(d) *I. Sam.* XVII, 54.

§. V. 1. IL Y A pourtant ici une chose à remarquer, c'est que les *Juifs* même, comme nous l'apprenons de (1) JOSEPH, & (a) d'HE'GESIPPE, exceptoient de la régle générale touchant la Sépulture des Morts; ceux qui s'étoient fait mourir eux-mêmes. Et il ne faut pas s'en étonner, puis qu'on ne sauroit punir d'une autre maniére ceux pour qui la mort n'est pas un supplice. C'est par la crainte d'une telle punition après la mort, que l'on fit perdre autrefois aux Filles de *Milet* (b) l'envie de se tuer elles-mêmes; & on en usa de même [à] l'égard de (2) la Populace Romaine, ce que (3) PLINE

(a) *Lib.* III. *Cap.* XVII.

(b) *Aul. Gell.* Lib. XV. Cap. X. *Plutarch.* de Mulier. virtut. Tom. II. pag. 249.

§. V. (1) Ce n'étoit que jusqu'au coucher du Soleil qu'on laissoit ces corps sans sépulture, selon la Loi qui vouloit qu'alors on enterrât même ceux qui avoient été pendus: Τὸς γῦν ἀνελόντας ἑαυτὸς, παρὰ μὲν ἡμῖν μέχρις ἡλίου δύσεως ἀτάφους κρίνεται ἐκρίπτειν, καί τοι καὶ πολεμίους θάπτειν θέμιτον ἡγούμενοι &c. De Bell. Jud. *Lib.* III. *Cap.* XXV. pag. 853. A. Pour ce qui est d'HE'GESIPPE, que nôtre Auteur cite aussi, il ne parle pas des *Juifs*, mais des autres Peuples, parmi lesquels les uns, dit-il, font jetter à la voirie les corps de ceux qui se sont donné la mort à eux mêmes; les autres leur coupent la main &c. *Hæc non solum moribus hominum, sed etiam legibus, interdicta accipimus: namque alii insepultos projici jubent eos, qui se in ferrum dejecerunt ..... alii dextram manum abscindunt defunctis* &c. Cette derniére sorte de peine étoit en usage chez les *Athéniens*, comme il paroit par ce que nôtre Auteur remarque dans la *Note* 5. sur ce paragraphe, où il cite ce même endroit d'HE'GESIPPE.

(2) Ce fut *Tarquin l'Ancien*, qui inventa cette punition. Il faisoit travailler par force le Peuple à des Cloaques. Comme l'ouvrage étoit pénible & dangereux, plusieurs se pendoient, pour s'en délivrer. Il crut ne pouvoir mieux faire, pour prévenir ce mal, que d'ordonner, que les Corps de ceux qui se feroient ainsi mourir feroient exposez sur une Croix. C'est ce que nous apprend SERVIUS, sur la foi d'un ancien Historien Latin: ET NODUM INFORMIS LETHI] FABIUS PICTOR *dicit, quòd* Amata *inediâ se interemit. Sane sciendum, quòd cautum fuerat in Pontificalibus Libris, ut qui laqueo vitam finisset, insepultus abjiceretur. Unde bene ait*, informis lethi, *quasi mortis infamissimæ. Ergo, quum nihil sit hac morte deformius, Poëtam etiam pro Regina dignitate dixisse accipiamus.* CASSIUS *autem* HEMINA *ait, Tarquinium Superbum*, quum populum cloacas facere coëgisset, & ob hanc injuriam multi se suspendio necarent, jussisse corpora eorum cruci adfigi. *Tunc primum turpe habitum est, mortem sibi consciscere.* In Æn. XII. (*vers.* 603.) GROTIUS.

Voiez le Traité de Jaques GUTHIER *De Jure Manium*, Lib. I. Cap. X. & les *Observationes Juris Romani* de Mr. DE BYNCKERSHOEK, Lib. IV. Cap. IV. où cet illustre Jurisconsulte allégue bien des raisons, pour faire voir, que, selon le Droit Romain, l'Homicide de soi-même n'étoit puni, que, quand il en revenoit du tort ou au Public, ou à quelque Particulier.

(3) Il ne désapprouve pas la punition, mais il se moque de ceux sur qui elle faisoit impression; comme si, après la mort, on pouvoit être sensible à la maniére ignominieuse dont nôtre corps est traité: *Quum id opus* Tarquinius Priscus *plebis manibus faceret, essetque labor, incertum longior an periculosior, passim conscitâ nece, Quiritibus tædium fugientibus, novum & inexcogitatum antea posteaque remedium invenit ille Rex, ut omnium ita defunctorum figeret crucibus corpora, spectanda civibus, simul & feris volucribusque laceranda. Quamobrem pudor Romani nominis proprius, qui sæpe res perditas servavit in præliis, tunc quoque subvenit: sed illo tempore imposuit, tum erubescens, quum puderet vivos, tamquam puditurum esset exstinctos.* Hist. Nat. Lib. XXXVI. Cap. XV.

(4)

NE désapprouve. *Cléoméne* s'étant tué, (4) le Roi *Ptolomée* fit pendre son Corps. En un mot, c'étoit un usage commun, comme le (5) remarque Aristote, de flêtrir en quelque maniére ceux qui s'étoient donnez la mort à eux-mêmes; ce qu'un (c) Commentateur de ce Philosophe explique d'une privation de Sépulture. *Démonasse*, Reine de *Chypre*, l'avoit ainsi ordonné; & c'est un de ses réglemens que (d) Dion *de Pruse* louë fort.

(c) *Andronic. Rhod.* pag. 332. *Edit. Heins.* 1617.
(d) *Orat.* LXIV.
(e) Voiez *Stobée*, Tit. CXXVI.

2. En vain objecteroit-on contre cette coûtume, ce (e) qu'Homére, Eschyle, Sophocle, Moschion, & d'autres, disent, Que les Morts n'ont aucun sentiment; & qu'ainsi on ne sauroit leur faire du mal, ni leur causer de la honte. Car il suffit que, pendant qu'on est en vie, on craigne d'être traité, après sa mort, d'une certaine maniére, (6) pour que l'on soit détourné du mal par cette considération.

3. Je dis, qu'il y a du mal à se faire mourir soi-même. Car, quoi qu'en disent les (7) *Stoïciens*, & autres, qui ont cru qu'on pouvoit légitimement abréger ses jours, pour éviter l'Esclavage, ou pour se délivrer de quelque Maladie, ou même pour aquérir de la gloire; les *Platoniciens* (8) avoient raison de donner pour maxime, que l'on ne doit (9) pas déloger de cette Vie, sans l'ordre de celui qui a mis nôtre Ame dans nôtre Corps, comme dans un Poste. C'est pourquoi les *Juifs* exprimoient la mort par un mot qui donne l'idée d'un (10) *congé*: Expression qui étoit aussi en usage parmi

(4) Voiez Plutarque, dans la Vie d'*Agis* & de *Cléoméne*, pag. 823. Tom. I. *Ed. Wech.* Mais, comme le remarque ici Gronovius, ce ne fut pas à cause qu'il s'étoit tué lui-même, que *Ptolomée Philopator* traita ainsi son cadavre; mais parce que, dans le dépit de se voir retenu comme prisonnier, il avoit excité une sédition & une conspiration contre lui.

(5) Διὸ καὶ ἡ πόλις ζημιοῖ· καί τις ἀτιμία πρόσεστι τῷ ἑαυτὸν διαφθείραντι, ὡς τὴν πόλιν ἀδικοῦντι. Ethic. Nicom. *Lib.* V. *Cap.* XV. A *Athénes*, du tems de l'Orateur Eschine, lors que quelcun s'étoit tué lui-même, on lui coupoit la main, dont il s'étoit servi pour cela, & on l'enterroit dans un autre lieu, que le reste du Corps: Καὶ ἐάν τις αὑτὸν διαχρήσηται, τὴν χεῖρα, τὴν τοῦτο πράξασαν, χωρὶς τοῦ σώματος, θάπτομεν &c. Æschin. Orat. *adversf. Ctesiphont.* (pag. 309. A. *Edit. Basil.* 1572.) Voiez Hégésippe, Lib. III. Cap. XVII. [& Joseph, *Antiq. Jud.* Lib. III. Cap. XXV. pag. 853. A.] Grotius.

(6) Dans une Déclamation de Quintilien, il est remarqué, au sujet d'une Loi qui condamnoit les Corps des Tyrans à demeurer sans sépulture, qu'on a cru cette sorte de punition nécessaire, parce que l'idée en frappe bien des personnes plus vivement, que celle des peines qu'on souffre étant encore en vie: *At hercle ut insepultus abjiciatur Tyrannus, ad vindictam, ad securitatem pertinet. Non satis putaverunt majores, eas pœnas adversus Tyrannum constituere, quas possit excipere in vita. Multos magis tangit sepultura: ad cogitationem post se futurorum plerique gravius moventur.* Declam. CCLXXIV. Au reste, cette Loi n'est pas chimérique: l'Auteur du Traité sur la Poësie d'*Homére*, attribué ordinairement à Plutarque, mais que d'autres croient être de Denys *d'Halicarnasse*, nous est un bon garant de sa réalité. Voici ce qu'il dit, en citant les vers, que l'on a rapportez ci-dessus, §. 2. *Note* 9. Καὶ ὁπότε ἀνῃρέθη [ὁ Αἴγισθος], φησὶν ὅτι οὐκ ἂν ἔτυχε ταφῆς, ὥσπερ Μενέλαος παρῆν· τοῦτο γὰρ ἐπὶ τῶν Τυράννων νενόμισται· Τῷ κε &c. Pag. LXXIII. *Edit. Barnes.*

(7) Voiez ma *Préface* sur Pufendorf, §. XXVII. à la fin; pag. CXI. de la seconde Edition.

(8) On trouvera plusieurs choses là-dessus, dans Plotin, dans Olympiodore, & dans Macrobe, sur le *Songe de Scipion*. Plusieurs autres Philosophes étoient aussi d'opinion contraire à celle des *Stoïciens*; comme Senéque le reconnoit: *Invenies etiam professos sapientiam, qui vim adferendam vitæ suæ negent, & nefas judicent, ipsum interemtorem sui fieri; exspectandum esse exitum, quem natura decrevit.* Epist. LXX. *Brutus* même, qui imita depuis l'exemple de *Caton*, l'avoit desapprouvé dans sa jeunesse, sur ce principe, qu'il n'est ni beau ni honnête, ni digne d'un homme de cœur, de succomber aux revers de la Fortune, & de se dérober aux fâcheux accidens, au lieu de les soûtenir courageusement: Νέος ὢν ἐγώ, Κάσσιε, καὶ πραγμάτων ἄπειρος, οὐκ οἶδ' ὅπως ἐν φιλοσοφίᾳ λόγον ἀφῆκα μέγαν, ᾐτιασάμην Κάτωνα διαχρησάμενον ἑαυτόν, ὡς οὐχ ὅσιον, οὐδ' ἀνδρὸς ἔργον, ὑποχωρεῖν τῷ δαίμονι, καὶ μὴ δέχεσθαι τὸ συμπῖπτον ἀδεῶς, ἀλλ' ἀποδιδράσκειν. [Plutarch. in Brut. pag. 1002. E.] Procope fait dire à quelcun, que les Sages trouvent qu'on donne mal-à-propos le nom de valeur à cette folle impétuosité qui porte à braver la mort; & que c'est d'ailleurs une espéce d'ingratitude envers la Divinité: Βίαιος καταστροφὴ ἄχηνος, καὶ ἄνοια προπετής· τὸ δὲ εἰς θάνατον θράσος ἀνόητον, τοῦ τε δραστηρίου πρόσχημα οὐκ εὐπρεπὲς τοῖς γε σώφροσιν εἶναι δοκεῖ. καὶ τοι καὶ τοῦτο ἐκλογίζεσθαι χρή, μή τι δίξατε εἰς τὸ θεῖον ἀγνωμονεῖν. Gotthic. *Lib.* IV. (ou *Hist. Misc. Cap.* XII. dans la Harangue d'un Soldat, envoié par *Bessas* à la Garnison de la Citadelle de *Pérée*.) Les Sages des *Indes*, à ce que disoit Mégasthéne, blâmérent *Calanus* de s'être fait mourir lui-même sur un bucher; parce que les maximes de leur Philosophie condamnoient une telle maniére de hâter sa mort, faute de pouvoir souffrir la vie: Μεγασθένης δ' ἐν μὲν τοῖς φιλοσόφοις οὐκ εἶναι δόγμα φησὶν ἑαυτοὺς ἐξάγειν· τοὺς δὲ ποιοῦντας τοῦτο νεανικοὺς κρίνεσθαι &c. Strab. *Geogr.* Lib. XV. (pag. 1045. C. *Edit. Amst.* 718. *Ed. Paris.*) Les *Arabes* étoient dans la même pensée, comme on peut le recueillir de ce qui est dit dans le Livre de Job, *Chap.* III. *vers.* 21. Les *Perses* semblent aussi n'en avoir pas été fort éloignez; car *Darius*, un de leurs Rois, disoit, qu'il aimoit mieux qu'un autre le tuât, que s'il se rendoit lui-même coupable de sa mort: *Forsitan miveris, quod vitam non finiam? alieno scelere, quàm meo, mori malo.* Q. Curt, Lib. V. (Cap. XII. *num.* 11.) Grotius.

Ce

mi les *Grecs*, & dont on trouve des exemples, entr'autres, dans (11) THE'MISTIUS, & dans (12) PLUTARQUE.

4. Quelques *Juifs* (13) pourtant exceptent ici un cas, dans lequel ils regardent l'Homicide de soi-même comme une (14) *sortie raisonnable de la Vie*, c'est lors qu'on voit que l'on ne peut plus vivre que d'une maniére qui tourne à l'opprobre de DIEU même. Car comme c'est DIEU, qui a un plein droit sur nôtre Vie, d'où vient que nous n'y en avons aucun nous-mêmes, ainsi que (15) JOSEPH le représentoit très-bien à ses Compatriotes; ils croient qu'il n'y a qu'une présomtion de la volonté de DIEU, qui puisse autoriser à faire quelque chose qui avance le tems de nôtre mort. Ils rapportent à cela l'exemple de (f) *Samson*, qui voioit qu'en sa personne la vraie Religion seroit désormais exposée aux insultes des Profanes, & celui de (g) *Saul*, qui se laissa aller sur la pointe de son Epée, pour ne pas devenir le jouet de ceux qui étoient les Ennemis de DIEU & les siens: car ils prétendent, que ce Prince s'étoit repenti, depuis que l'Ombre de *Samuel* lui eût prédit qu'il mourroit, s'il livroit bataille; & que, nonobstant cette certitude qu'il avoit de sa mort, il ne fit pas difficulté de s'engager au combat pour la défense de sa Patrie & de la Loi de DIEU; aquérant par là une gloire immortelle, au jugement même de *David*, qui loua aussi ceux qui avoient fait à *Saul* des funerailles honorables. Les Docteurs Juifs alléguent un troisiéme exemple, c'est celui

(f) *Juges*, Chap. XVI.
(g) *I. Sam.* Chap. XXXI.

Ce n'étoient pas seulement les *Platoniciens*, qui condamnoient l'Homicide de soi-même. PLATON, leur Maître, avoit tiré ce dogme de la doctrine de *Pythagore*. Voiez ce que j'ai dit, dans ma *Préface* sur le grand Ouvrage de PUFENDORF, §. XVIII. pag. LXXIX. de la seconde Edition.

(9) Voiez, sur cette matiére, PUFENDORF, *Droit de la Nat. & des Gens*, Liv. II. Chap. IV. §. 19.

(13) Ἀπολύεσθαι. Voiez LUC, II, 29. & dans la Version des *Septante*, GENE'SE, XV, 2. NOMBRES, XX, 29. ou vers. dern. GROTIUS.

Nôtre Auteur, dans ses Notes sur les Evangiles, ajoûte que MARC ANTONIN se sert, pour exprimer la Mort, du mot d'Ἀπολειτουργεῖν, qui signifie, *sortir d'emploi*, ou *de service*. On trouvera le passage, au *Liv.* X. §. 22. sur quoi on peut voir le Commentaire de GATAKER. Mais pour cet autre passage du même Empereur, que nôtre Auteur cite aussi au même endroit: Ἄπιθι οὖν ἵλεως· καὶ γὰρ ὁ ἀπολύων, ἵλεως· je crois que sa mémoire l'a trompé. Voici apparemment le passage qu'il a eu dans l'esprit: Ἄπιθι οὖν ἐκ τοῦ ζῆν εὐμενής, ὡς [c'est ainsi que GATAKER lit avec raison, pour ὧ] καὶ ὁ ἐνεργῶν ἀποθνήσκει, ἅμα ἵλεως τοῖς ἐνισταμένοις. C'est-à-dire; " Sors donc de la vie tranquillement, comme feroit un homme qui auroit réussi dans son dessein; & ne te fâche point contre ce qui t'avoit fait obstacle. *Lib* VII. §. 47. Le Savant & exact Commentateur Anglois de MARC ANTONIN ne cite point d'autre passage paralléle, qui porte ce que nôtre Auteur lui fait dire, & où le mot d'ἀπολύειν soit pris dans le sens dont il s'agit. On trouve seulement ἀπολυθῆναι τοῦ σώματος, Lib. XI. §. 3. sur quoi GATAKER, qui cite le passage de St. LUC, & deux autres, l'un d'HE'RACLITE, l'autre de CLE'MENT d'*Alexandrie*, où ἀπόλυσις & ἀπολύεσθαι se disent de la mort; n'auroit eu garde d'oublier un passage si exprès de son Auteur même. Il ne le cite pas non plus dans sa Dissertation *De Novi Instrumenti stylo*, Cap. VII. où il traite de cette façon de parler, & d'autres approchantes, avec un grand étalage d'autoritez.

(11) Ἀπολύεσθαι τ' ἀποθνήσκοντα, καὶ τὴν τελευτὴν ἀπόλυσιν καλεῖσθαι. De Anima.

(12) Ἕως ἂν ὁ Θεὸς αὐτὸς ἀπολύσῃ ἡμᾶς. De Consol. ad Apollon. *Tom.* II. pag. 108. C. *Ed. Wech.*

(13) Il y a eu là-dessus quelque variété d'opinions parmi les *Juifs*, comme on peut le voir par ce que dit JOSEPH, dans l'endroit où il parle de la mort de *Phasaël*, (*Bell. Jud.* Lib. I. Cap. XI. pag. 732. E. F.) & de la pensée qu'eut *Hérode* de se tuer lui-même (*Antiq. Jud.* Lib. XVII. Cap. IX. pag. 599. B.) Voici ce que les *Juifs* disoient à *Pétrone*, Gouverneur de *Syrie*: " Nous mêlerons nôtre sang à celui de nos Parens, & nous nous tuerons nous-mêmes. Qu'on aille après cela nous faire des commandemens, quand nous serons morts. DIEU même ne désapprouvera pas nôtre conduite, puis que nous aurons été soigneux en même tems de garder le respect que nous devons à nôtre Empereur, & de ne pas violer les Loix Divines. En sortant ainsi de cette vie malheureuse, par un mépris généreux de sa conservation, nous nous aquitterons de l'un & de l'autre de ces devoirs: Ἀνακεράσομεθα τὸ ἴδιον [αἷμα], ἐπικατασφάξαντες αὑτούς· ἀποθανόντων τὸ ἐπίταγμα γινέσθω. Μέμψαιτ' ἂν οὐδ' ὁ Θεὸς ἡμᾶς, ἀμφοτέρων στοχαζομένους, καὶ τῆς πρὸς τὸν Αὐτοκράτορα εὐλαβείας, καὶ τῆς πρὸς τοὺς καθωσιωμένους νόμους ἀποδοχῆς. γενήσεται δὲ τοῦτο, ἐὰν ὑπεκστῶμεν ἀθλίου βίου καταφρονήσαντες. (De Legat. ad Cajum, *pag.* 1026. B. C. *Edit. Paris.*) GROTIUS.

(14) Εὔλογος ἐξαγωγή. Expression des *Stoïciens*. Voiez DIOGE'NE LAËRCE, Lib. VII. §. 130. & là-dessus les Interprêtes.

(15) C'est dans le discours qu'il fit à ceux qui étoient enfermez avec lui dans une Caverne, & qui vouloient se tuer eux-mêmes, pour éviter de tomber entre les mains des *Romains*: Εἰ δέ τις τοῦ σφετέρου σώματος ἐκβάλλει τὴν παρακαταθήκην τοῦ Θεοῦ, λεληθέναι δοκεῖ τὸν ἀδικούμενον; καὶ κολάζειν μὲν τοὺς ἀποδράντας οἰκέτας, δίκαιον νενόμισται, κἂν πονηροὺς καταλίπωσι δεσπότας· αὐτοὶ δὲ κάλλιστον δεσπότην ἀποδιδράσκοντες τὸν Θεὸν, οὐ δοκοῦμεν ἀσεβεῖν; " Si quelcun chasse de son Corps le dépôt précieux, que DIEU lui a confié [l'Ame]; croions-nous que celui, qu'il a offensé par là, n'y prendra pas garde? Lors qu'un Esclave s'est sauvé, " on

(h) *Liv.* II. *Cap.* XIV, 37.

celui de *Razias*, Conseiller de *Jérusalem*; dont il est parlé dans l'Histoire (h) des Macchabe'es.

(i) Voiez *Eusébe*, dans son *Hist. Ecclés.* Lib. VIII. Cap. XII.

5. L'Histoire du Christianisme nous fournit (i) des exemples semblables, de gens qui se sont donné la mort à eux-mêmes, de peur (16) que la violence des tourmens ne les contraignît à abjurer la Religion Chrétienne: comme aussi de quelques Filles, (17) qui se sont jettées dans la Riviére, pour éviter la perte de leur honneur; & que l'Eglise même a mises au rang des Martyrs, loin de flêtrir leur mémoire. On fera bien néanmoins de lire ce que St. Augustin (18) pense là-dessus.

6. Je vois que les *Grecs* mettoient une autre exception au devoir d'enterrer les Morts; c'est celle que les *Locriens* opposoient à ceux de *Phocée*, lors qu'ils leur disoient, (19) *que, selon la coûtume reçuë généralement parmi les* Grecs, *on jette à la voirie les Corps des Sacriléges.* Dion *de Pruse* dit aussi, que l'on refuse la Sépulture aux (20) *Impies* & aux *Scélérats.* La même chose étoit établie à *Athénes* contre les *Traitres*, comme nous l'apprenons de (21) Plutarque.

7. Pour revenir à mon sujet, c'est une chose reconnuë fort unanimément des Anciens, que le refus de la Sépulture fournit un juste sujet de faire la Guerre à quelcun. Cela paroît par ce que nous avons déja (k) rapporté de l'histoire de *Thésée*, après Euripide & Isocrate.

(k) §. 1. num. 8.

§. VI. Voila' pour ce qui est du devoir de la Sépulture. Il y a encore d'autres choses que l'on doit accorder ou laisser à autrui en vertu du *Droit des Gens arbitraire*, comme ce que l'on a possédé long tems, sans qu'il nous appartînt véritablement; les Successions abintestat; & ce que l'on a aquis par un Contract où il y a de l'inégalité, quelle qu'elle soit. Car quoi que toutes ces choses tirent en quelque façon leur origine du Droit Naturel, les Loix Humaines les fixent & les affermissent, soit contre l'incertitude des conjectures, soit contre certaines exceptions que le Droit Naturel semble fournir d'ailleurs; comme (1) nous l'avons fait voir ci-dessus en passant, lors que nous traitions de ces matiéres, par rapport au Droit de Nature.

CHA-

„ on juge qu'il est juste de le punir, quand même „ son Maitre seroit un méchant homme. Et nous ne „ nous regarderions pas comme coupables d'impiété, „ lors que nous nous dérobons à Dieu, le meilleur „ des Maîtres? Bell. Jud. *Lib.* III. *Cap.* XXV. pag. 852. E. F.

(16) Ces gens-là devoient faire reflexion, que Dieu étoit assez puissant pour les soûtenir au milieu des tourmens les plus cruels; & que, quand même il les y laisseroit succomber, il étoit assez bon pour avoir égard à la foiblesse de la Nature Humaine, & pour leur pardonner une abjuration forcée, s'ils en témoignoient une sérieuse repentance. Ainsi cette raison ne les autorisoit nullement à se croire dispensez de la Loi générale. Ils commettoient un péché certain, pour en éviter un incertain.

(17) Cice'ron parle de quelques Filles de *Byzance*, d'un rang très-considérable, qui se jettérent dans des Puits, pour eviter la perte de leur honneur: *Quod constat, nobilissimas virgines se in puteos abjecisse, & morte voluntaria necessariam turpitudinem depulisse.* Orat. de Provinciis Consular. (*Cap.* III.) St. Je'rome rapporte quelque chose de semblable, au sujet de quelques Filles de *Milet*, *Advers. Jovinian* (Lib. I pag. 48. Tom. II. *Edit. Basil.*) Voiez une ancienne Epigramme, dans l'Anthologie, *Lib.* III. Tit. *de Juven'b* (Epigr. XXIX.) qui commence ainsi:

Ὠχόμεθ', ὦ Μίλητε, φίλη πατρὶ, τ' ἀθεμίστων &c.

Les Rabbins racontent, qu'une Femme Juive etant sur mer, comme on voulut la violer, demanda à son Mari, qui étoit présent, si les Corps noiez ressusciteroient? & le Mari aiant répondu, qu'ouï, elle se jette aussi tôt dans la Mer. Pour ce qui est des Femmes Chrétiennes, on a un grand nombre d'exemples de celles qui se sont tuées pour un tel sujet, comme de quelques Femmes d'*Antioche*, sous *Dioclétien*; de *Sephronie*, sous *Maxence.* Voiez les Martyrologes, Zonare, & Sextus Aure'lius. Procope parle de quelques autres Femmes d'*Antioche*, qui firent la même chose: *Bell. Persic.* Lib. II. (Cap. VIII.) St. Ambroise louë les Filles de *Phidon*, & autres, qui avoient conserve leur honneur en se tuant: (*Lib. III. De Virginibus*, (pag. 97. *Ed. Paris.* 1569.) St. Je'rome donne pour maxime, que, quand on est persécute, on ne peut pas pour cela se donner la mort à soi-même; hormis quand on court risque de perdre son honneur: *Unde & in persequutionibus non licet mihi propriâ perire manu, absque eo ubi castitas periclitatur, sed percutienti colla submittere.* Comment. in Jonam, *ad fin. Cap. I.* (pag. 150. D. Tom. VI. *Edit. Basil.*) Grotius.

Je ne sai quel Historien nôtre Auteur a voulu désigner ici, par Sextus Aurelius. Il n'y a dans Sextus Aurelius Victor, ou dans ce qui passe sous son nom, rien qui se rapporte à l'exemple de ces Femmes, qui se sont donne la mort à elles-mêmes, pour éviter la perte de leur honneur. N'auroit-il pas confondu avec cet Abbreviateur de l'Histoire Romaine, un autre des derniers Siecles, qui se trouve quelquefois joint avec Eutrope, Aure'lius Victor, & autres semblables Abregez, sur tout dans le Recueil de Denys Godefroi, imprimé à *Lyon* en 1592.

CHAPITRE XX.

Des Peines.

I. *Ce que c'est que la* Peine; *& son origine.* II. *Que l'usage des Peines se rapporte à la Justice Explétrice, ou Rigoureuse.* III. *Que naturellement le droit de punir n'appartient point à une certaine personne déterminée; mais que cela est permis par le Droit Naturel à toute personne qui n'a pas commis une semblable faute.* IV. *Que, parmi les Hommes, toute Punition doit se faire en vuë de quelque utilité; & pourquoi il n'en est pas de même à l'gard de celles que* Dieu *exerce.* V. *En quel sens la* Vengeance *est naturellement illicite?* VI. *En combien de maniéres il revient de l'utilité des Peines.* VII. *Comment elles tendent à l'avantage du Coupable même: & en quel sens chacun a droit naturellement de punir dans cette vuë.* VIII. *Comment on punit, pour l'avantage de la personne lézée: & jusqu'où la Vengeance est permise par le Droit des Gens.* IX. *Comment on procure, par l'infliction des Peines, l'avantage de tous généralement.* X. *Quelles sont les maximes de l'Evangile sur cette matiére.* XI. *Réfutation d'un argument dont on se sert, tiré de la miséricorde de* Dieu, *telle qu'il nous l'a revélée dans l'Evangile;* XII. *Et d'un autre, pris de ce que l'on ôte aux Criminels, en les faisant mourir, le tems de se repentir.* XIII. *Qu'il est dangereux à un Chrêtien, qui n'est que simple Particulier, de se mêler d'infliger des Peines, lors même que le Droit des Gens le permet:* XIV. *Ou de se porter pour Accusateur de son pur mouvement:* XV. *Ou de rechercher un emploi de Juge Criminel.* XVI. *Si les Loix Humaines, qui permettent de tuer quelques personnes en forme de punition, donnent un véritable droit, ou une simple impunité?* XVII. *Divi-*

1592: Je parle de Pomponius Lætus, qui rapporte le triste expedient, dont s'avisa *Sophronie*, pour se dérober à la brutalité du Tyran *Maxence*. Au reste, Eusébe fait aussi mention de cette histoire tragique, sans nommer pourtant la Dame Romaine, qui se tua elle-même, & en marquant seulement la dignité de son Mari, *Hist. Eccl.* Lib. VIII. Cap. XIV. & *De Vita Constantin.* Lib. I. Cap. XXXIV.

(18) *De Civit. Dei*, Lib. I. Cap. XXVI. Epist. LXI. *ad Dulc.* & Lib. II. Cap. XXIII. *contra secund. Gaud. Epist.* Voiez aussi St. Chrysostôme, sur *Galat.* I, 4. & le *III. Concile d'*Orléans, où il est décidé, que l'on doit recevoir des Offrandes pour ceux qui ont été tuez en commettant quelque crime; mais non pas pour ceux qui se sont tuez eux-mêmes: *Oblationes defunctorum, qui in aliquo crimine fuerint interemti, recipi debere censemus; si tamen non ipsi sibi mortem probentur propriis manibus intulisse.* St. Augustin soûtient pourtant en un autre endroit, qu'il faudroit être bien dur, pour ne pas excuser une Femme qui s'est tuée, pour éviter d'être violée: *Ac per hoc & quæ se occiderunt, ne quidquam hujusmodi paterentur, quis humanus adfectus eis nolit ignosci?* De Civit. Dei, *Lib.* I. *Cap.* XVI. Dans un des Capitulaires des Rois de *France*, il est défendu de recevoir des Offrandes & de dire des Messes pour ceux qui se sont pendus, ou qui se sont tuez de quelque autre maniére; il est permis seulement de donner des Aumônes & de psalmodier pour eux. On ajoûte, que les Jugemens de Dieu sont incompréhensibles: *De eo, qui semet ipsum occidit, aut laqueo se suspendit, consideratum est, ut si quis compatiens velit eleemosynam dare, tribuat, & orationes in psalmodiis faciat; oblationibus tamen & missis ipsi careant: quia incomprehensibilia sunt judicia Dei, & profunditatem consilii ejus nemo potest investigare.* Lib. VI. Cap. LXX. Voiez aussi *Lib.* VII. *Cap.* CCCXLIV. Grotius.

(19) Ὅτι παρὰ πᾶσι τοῖς Ἕλλησι κοινὸς νόμος ἐστὶν, ἀτάφους ῥίπτεσθαι τοὺς ἱεροσύλους. Diodor. Sic. Lib. XVI. Cap. XXV. pag. 523. *Edit. H. Steph.*

(20) Τὰς ἀσεβείας καὶ προδοσίας. Orat. Rhodiac. Voiez, au sujet des Sacriléges, & des Traitres, la *Themis Attica* de Meursius, Lib. II. Cap. II.

(21) *In Decem Orator.* Vit. Antiphont. (*Tom.* II. pag. 834. A. *Ed. Wech.*) Nicétas néanmoins racontant la mort de *Jean Comnéne*, surnommé *le Gros*, qui avoit causé un soûlévement pour s'emparer de l'Empire, & dont le Corps fut jetté à la voirie; dit, que tout le monde trouva cela fort inhumain: Μετὰ δὲ τὸ σῶμα ἐκεῖθεν ἀρθὲν, κυσὶ καὶ ὄρνισι βορὰ παρατίθεται· ὃ καὶ θηριῶδες μικροῦ καὶ ἀπάνθρωπον ἅπασιν ἔδοξεν. Vit. Alexii, fratris Isaaci, *Lib.* III. (*Cap.* VII.) Grotius.

Outre ceux, dont nôtre Auteur parle, il y avoit d'autres crimes, pour lesquels on étoit privé de la sépulture. Voiez, là-dessus, Potter, *Archæolog. Græc.* Lib. IV. Cap. I. J'ai allégué ci-dessus, dans la *Note* 6. sur le §. 5. l'Exemple des *Tyrans*.

§. VI. 1. Mais nous avons aussi fait voir, dans ces endroits-là, ou du moins renvoié à nos Notes sur Pufendorf, où l'on trouve dequoi montrer, que c'est sans raison que nôtre Auteur fonde sur son *Droit des Gens arbitraire*, les choses dont il s'agit.

Divisions peu exactes, que quelques-uns font, des différentes raisons de punir. XVIII. *Que les actes purement internes ne sont pas punissables d'Homme à Homme:* XIX. *Ni les actes extérieurs, qui sont tels, que la fragilité humaine ne permet pas de s'empêcher absolument de les commettre:* XX. *Ni ceux qui ne tendent, ni directement, ni indirectement, au dommage de la Société.* XXI. *Réfutation de la pensée de ceux qui croient, qu'il n'est jamais permis de pardonner.* XXII. *Que cela est permis lors qu'il n'y a point encore de Loix Pénales sur certaines choses:* XXIII. *Mais non pas toujours.* XXIV. *Comment on peut pardonner, même depuis l'établissement des Loix Pénales.* XXV. *Raisons tirées de la nature même de la chose, qui autorisent raisonnablement à pardonner en certains cas.* XXVI. *Raisons tirées de quelque chose d'extérieur, qui rendent aussi le Pardon légitime.* XXVII. *Qu'il est faux de dire, comme font quelques-uns, qu'on ne peut légitimement relâcher d'une Loi, que pour quelque raison renfermée dans la Loi-même comme une exception tacite.* XXVIII. *De la proportion qu'on doit garder entre la grandeur de la Peine, & la gravité du fait criminel.* XXIX. *Que l'on a égard ici aux motifs par lesquels le Coupable a été poussé au Crime. Comparaison de ces différens motifs.* XXX. *Que l'on considére encore ici les raisons qui auroient dû détourner du Crime. Ordre des Préceptes du Décalogue, qui regardent le Prochain. Autres remarques.* XXXI. *Que l'on fait enfin attention à la disposition du Coupable, qui le mettoit plus ou moins en état de pécher, ou de s'en abstenir.* XXXII. *Qu'un Crime peut être tel, que le Coupable mérite de souffrir un plus grand mal, qu'il n'en a causé à autrui.* XXXIII. *Réfutation de ceux qui veulent que, dans la détermination des Peines, on suive une Proportion Harmonique.* XXXIV. *Que la Charité engage à adoucir les Peines; bien entendu que des raisons de charité encore plus fortes ne s'y opposent point.* XXXV. *Que la facilité qu'il y a de commettre un Crime, peut obliger à le punir. Que, quand une chose mauvaise a passé en coûtume, c'est tantôt une raison de punir, & tantôt de pardonner.* XXXVI. *Usage de la Clémence dans l'adoucissement des peines.* XXXVII. *Comment les régles, que les Rabbins & les Jurisconsultes Romains donnent en matiére des Peines, peuvent être rapportées aux chefs dont on a traité ci-dessus.* XXXVIII. *Des Guerres entreprises pour punir celui contre qui on prend les armes.* XXXIX. *Si la Guerre est juste, lors que le crime, dont on veut tirer raison, n'est que commencé?* XL. *Si les Rois & les Peuples peuvent légitimement prendre les armes pour punir des choses contraires au Droit Naturel, mais par lesquelles on n'a offensé ni eux, ni quelcun de leurs Sujets? Qu'il n'est pas vrai, que le droit de punir suppose naturellement quelque Jurisdiction sur celui envers lequel on l'exerce.* XLI. *Distinction, qu'il faut faire ici entre ce qui répugne au Droit Naturel, & ce qui est contraire aux Coûtumes civiles, reçuës en un grand nombre d'endroits;* XLII. *Ou au Droit Divin arbitraire, & qui n'est pas connu de tout le monde.* XLIII. *Qu'en matiére de ce qui est contraire au Droit Naturel, il faut distinguer les Régles qui sont de la derniére évidence, d'avec celles qui ne sont pas si évidentes.* XLIV. *Si les crimes commis contre la Divinité autorisent à prendre les armes?* XLV. *Quelles sont les idées les plus générales touchant la Divinité; & comment elles sont contenuës dans les prémiers Commandemens du Décalogue.* XLVI. *Que ceux qui les prémiers*

CHAP. XX. §. I. (1) On doit comparer, presque par tout, ce Chapitre, avec le Chapitre III. du Liv. VIII. du grand Ouvrage de PUFENDORF, où la même matiére est traitée, & où les pensées de nôtre Auteur sont souvent expliquées ou redressées; quelquefois aussi défenduës dans les Notes.

(2) Τῷ δὲ [Θεῷ] ἕπεται Δίκη, τῶν ἀπολειπομένων τοῦ θείου νόμου τιμωρός, ᾗ χρώμεθα πάντες ἄνθρωποι φύσει πρὸς πάντας ἀνθρώπους, ὥσπερ πολίταις. De Exsilio, *Tom.* II. pag. 601. B. *Ed. Wech.* Les prémiéres paroles de ce passage sont tirées mot-à-mot de PLATON, *De Legib.* Lib. IV. pag. 716. A. Tom. II. *Ed. Steph.*

(3) Ἐπεὶ ἀσεβής γε ἐστιν, ὦ θαυμάσιε, οὐδεὶς ἔτι θεῶν, ἔτι

miers tâchent de détruire ces idées, peuvent être punis : XLVII. *Mais non pas ceux qui donnent atteinte aux autres principes de Religion moins généralement reconnus. Preuve de cela par ce que la Loi de* Moïse *ordonnoit sur ce sujet.* XLVIII. *Qu'on n'a nul droit de prendre les armes pour faire embrasser la Religion Chrétienne à ceux qui ne la veulent pas recevoir.* XLIX. *Mais qu'on peut légitimement déclarer la Guerre à ceux qui maltraitent les* Chrétiens *uniquement à cause de leur Religion.* L. *Que ceux qui expliquent mal la Loi de* Dieu, *ne doivent pas être punis ou attaquez pour un tel sujet. Confirmation de cette vérité, par des autoritez & par des exemples.* LI. *On peut néanmoins prendre justement les armes contre ceux qui se montrent impies envers les Dieux mêmes qu'ils font profession de reconnoître.*

§. I. 1. Lors que nous avons proposé une division (a) générale des raisons pour lesquelles on entreprend la Guerre, nous avons dit, que le *mal* qu'a fait celui contre qui on prend les armes, doit être considéré en deux maniéres, ou entant qu'il peut être *réparé*, ou entant qu'il peut être *puni*. Nous venons d'achever ce qui regarde la *réparation* du mal : il faut maintenant traiter de la *punition*. (1) Et cette matiére mérite d'être examinée avec d'autant plus de soin, que l'on est tombé dans un grand nombre d'erreurs, faute d'avoir bien compris l'origine & la nature des Peines.

(a) *Chap.* I. de ce Livre, §. 2.

2. La Peine, à prendre ce mot dans sa signification la plus générale, est *un mal que l'on fait souffrir à quelcun, à cause du mal qu'il a commis.* Je dis, *un mal que l'on fait souffrir :* car, quoi que l'on ordonne quelquefois pour punition de faire certaines choses, on ne considére alors ces actions que comme un travail pénible & désagréable ; de sorte qu'à cet égard il faut les mettre au rang des maux que l'on souffre.

3. Je dis ensuite, que l'on souffre ce mal à cause *du mal que l'on a commis.* Car quand on est banni du commerce des autres Hommes, ou exclu des Emplois, ou exposé à quelque autre chose d'incommode ou de desagréable, à cause d'une Maladie contagieuse, ou de la perte d'un Membre, ou de quelque autre sorte d'impureté, dont on voit un grand nombre d'exemples dans la Loi de Moïse ; ce ne sont pas là des Peines proprement ainsi nommées ; quoi qu'on leur donne quelquefois ce nom dans un sens impropre, à cause de quelque ressemblance qu'il y a entre l'effet de ces sortes d'Ordonnances, & celui des Punitions.

4. Or une des choses, que la Nature même nous enseigne être permises & n'avoir rien d'injuste, c'est que celui qui a fait du mal en souffre. C'est une Loi très-ancienne, & que les Philosophes appellent le *Droit de Rhadamanthe*, comme nous (b) l'avons déja remarqué ailleurs. Plutarque dit, que (2) Dieu *est accompagné de la Justice, laquelle punit ceux qui ont violé les Loix Divines ;* & il ajoûte, *que les Hommes même exercent naturellement cette Justice vengeresse contre tous les autres Hommes, comme leurs Concitoiens.* Platon avoit déja remarqué, (3) qu'*aucun Dieu, ni aucun Homme, n'oseroit soûtenir, que celui qui a fait du mal à autrui ne doive point en être puni. Hiérax* définissant la *Justice* par cette fonction, comme la plus noble de ses parties, disoit, (4) qu'*elle consiste à punir ceux qui les prémiers ont fait*

(b) *Liv.* I. *Chap.* II. §. 5. *num.* 3.

οὔτε ἀνθρώπων, τολμᾷ λέγειν, ὡς οὐ τῷ γε ἀδικοῦντι δοτέον δίκην. [Euthyphron. *pag.* 8. D. Tom. I.] L'ancien Traducteur Latin de St. Irenée a ainsi traduit ces paroles, & celles qui les précédent ; *Et Deus quidem, quemadmodum & vetus sermo est, initium & medietates omnium, quæ sunt, habens, recte perficit, secundum naturam circumiens : hunc autem semper consequitur Justitia ultrix in eos qui deficiunt à lege divina.* Lib. III. Cap. XIV. Grotius.

(4) Τιμωρίας ἀπαίτησις παρὰ τῶν προηδικηκότων. [Apud Stob. Serm. IX. *De Justitia.*] *Bélisaire* dit, dans Procope, qu'un des prémiers Devoirs de la Justice, c'est de punir les Homicides : Πρῶτον δ᾽ ἂν τῦ δικαίου γένοιτο γνώρισμα, ἡ τῶν ἀδίκως ἀνῃρημένων ποινή. Vanda-

fait du mal à autrui. HIÉROCLÈS l'appelle (5) *un remède pour guérir la Malice Humaine.* LACTANCE traite (6) d'erreur grossiére, la pensée de ceux *qui taxent de cruauté & d'injustice les Châtimens & Humains & Divins, s'imaginant mal-à-propos que celui qui punit les Coupables doit lui-même, à cause de cela, être tenu pour coupable.*

5. Au reste, que toute Peine, proprement ainsi nommée, suppose nécessairement un Crime, pour lequel on l'inflige, comme nous l'avons établi; c'est ce que St. AUGUSTIN a aussi remarqué, lors qu'il a dit, (7) que *toute Peine, si elle est juste, est une punition du Péché.* Et cette maxime s'étend jusqu'aux Peines que DIEU inflige, quoi que, par un effet de l'ignorance des Hommes, il arrive quelquefois, comme le même Pére le remarque, que (8) *l'on voit bien la punition, mais non pas la faute.*

(a) Voiez *Liv. I. Chap. I.* §. 8. §. II. 1. ON demande, à quelle sorte de Justice se rapporte l'usage des Peines; si c'est à la *Justice* (a) *Explétrice*, ou à la *Justice Attributive?* Les sentimens sont partagez là-dessus. Quelques-uns regardent la Punition comme un acte de *Justice Attributive*; fondez sur ce qu'on punit les Coupables plus ou moins rigoureusement selon que le Crime est plus ou moins grand; & sur ce que la Peine est infligée à quelque Membre d'une Communauté, comme par ordre de tout le Corps.

(b) *Ibid.* 2. Mais prémiérement, on suppose là un principe, dont nous avons (b) fait voir la fausseté au commencement de cet Ouvrage, je veux dire, que la *Justice Attributive* aît lieu toutes les fois qu'il s'agit de reduire les choses à l'égalité entre plus de deux termes. D'ailleurs, si l'on punit les uns plus rigoureusement, & les autres moins, selon qu'ils sont

dalie. *Lib.* I. (*Cap.* XII.) Voiez AGATHIAS, *Lib.* V. dans l'endroit où il parle d'*Anatolius.* (*Cap.* II.) GROTIUS.

Dans l'endroit d'AGATHIAS, que nôtre Auteur indique, il n'y a rien qui se rapporte au Sujet. Je vois seulement qu'un peu après l'Historien rapporte une pensée de PLATON sur l'utilité des Peines par rapport au Coupable même.

(5) C'est dans l'endroit, où il dit, qu'on doit tâcher sur toutes choses de ne point pécher; mais que, si l'on est tombé dans quelque Péché, il faut aller incessamment chercher soi-même la Peine, comme le remede du Vice: *Διὸ φυλάττεσθαι δεῖ μάλιστα μὲν μὴ ἁμαρτάνειν, ἁμαρτόντας δὲ σπεύδειν εἰς τὴν ἰατρείαν τῆς πονηρίας τὴν δίκην* &c. Pag. 124. *Edit. Needh.* Comme ce Commentateur de *Pythagore* suit ici les idées de PLATON, c'est aussi de ce Philosophe qu'il a pris les termes que nôtre Auteur cite: *Σωφρονίζει γάρ που, καὶ δικαιοτέρους ποιεῖ, καὶ ἰατρικὴ γίγνεται πονηρίας ἡ δίκη.* In Gorg. *Tom.* I. pag. 478. D. A l'égard de la chose en elle-même, voiez PUFENDORF, dans le Chapitre qui répond à celui-ci, §. 9. *Note* 2.

(6) *Non exiguo falluntur errore, qui censuram, sive humanam, sive divinam acerbitatis nomine infamant, putantes nocentem dici oportere, qui nocentes adficit pœnâ.* De Ira Dei, Cap. XVII. *num.* 6. *Edit. Cellar.*

(7) *Omnis autem pœna, si justa est, peccati pœna est.* Retractat. Lib. I. Cap. IX. *de Liber. Arbitr.* Lib. III. Cap. XVIII.

(8) *Latet culpa, ubi non latet pœna.*

§. II. (1) ———— *Cur non*
Ponderibus modulisque suis ratio utitur, ac, res
Ut quæque est, ita suppliciis delicta coërcet?
Lib. I. *Sermon.* III, 78, 79.

———— *Adsit*
Regula, peccatis quæ pœnas irroget æquas.
Ibid. vers. 117, 118.

(2) *Ac sane si leges reverâ Reipublicæ parentes sunt, quemadmodum sunt profecto; requiritur omnino ut, pro ratione delictorum, pœnas etiam constituant: nequaquam vero immanem aliquam, insolitque, quam pro delicti modo, graviorem pœnam imponant.* NOVELL. CV. SENEQUE dit, qu'il y a de l'injustice à se fâcher également contre ceux qui ont commis des Crimes inégaux: *Nam aut iniquus erit, si æqualiter irascetur delictis inæqualibus; aut iracundissimus, si toties excanduerit, quoties iram scelera meruerint.* De Ira, *Lib.* II. *Cap.* VI. Voici comment TACITE fait parler *Manius Lepidus* au sujet d'un Chevalier Romain, que l'on condamnoit à mort pour quelques vers: " Si nous considérons, d'un „ côté, que, lors même que les Crimes sont en eux-„ mêmes d'une énormité à ne pouvoir être pu-„ nis autant qu'ils le méritent, la clémence du „ Prince, à l'exemple de vos Ancêtres, que vous sui-„ vez vous-mêmes, ne laisse pas de moderer la pei-„ ne; de l'autre, qu'il y a de la différence entre la „ vanité & la scélératesse, entre les paroles & les „ mauvaises actions: nous trouverons qu'il faut o-„ piner ici d'une maniére & à ne pas laisser „ le crime, dont il s'agit, impuni, & à le punir „ en sorte que nous n'aïons pas sujet de nous repen-„ tir ni d'une trop grande indulgence, ni d'une trop „ grande rigueur: *Sin flagitia & facinora sine modo sunt, suppliciis ac remediis, Principis moderatio, majorumque & vestra exempla temperant; & vana à scelestis, dicta à maleficiis differunt: est locus sententiæ, per quam neque huic delictum impunè sit, & nos clementiæ simul ac severitatis non pœniteat.* Annal. *Lib.* III. (*Cap.* L. *num.* 2.) La Noblesse, au rapport d'AMMIEN MARCELLIN, envoia des Députez à l'Empereur *Valentinien*, pour le prier de ne pas faire punir les Crimes au delà de ce qu'ils méritoient: *Oratari, ne delictis supplicia sint grandiora* &c. Lib. XXVIII. (Cap. I. pag. 559. *Edit. Vales. Gron.*) Un *Scholiaste* d'HORACE dit, que, si les moindres fautes méritent les plus grandes peines, il faudra ou que les plus grands Crimes demeurent impu-

font plus ou moins coupables, cela arrive par accident, & non pas par un effet de ce que l'on a principalement en vuë : car ce que l'on se propose prémiérement & directement, c'est que la Peine soit proportionnée au Crime, selon la maxime (8) d'HORACE, & de (2) l'Empereur LÉON, conforme à une Loi Divine, qui se trouve dans le (c) DEUTÉRONOME.

(c) XXV, 2, 3.

3. On suppose encore un autre principe, qui n'est pas mieux fondé, c'est que toute Peine soit originairement infligée par un Corps à quelcun de ses Membres. La fausseté de cette pensée paroîtera par ce que nous dirons tout-à-l'heure. Nous avons d'ailleurs fait voir (d) ci-dessus, que la véritable essence de la *Justice Attributive* ne consiste proprement ni dans l'égalité entre plus de deux termes, ni dans un acte du Corps par rapport à quelcun de ses Membres; mais en ce qu'on a égard à une *aptitude* ou un mérite, qui ne donne pas un droit proprement ainsi nommé, mais qui fournit (3) seulement occasion de l'aquérir. J'avouë que celui qu'on punit, doit être *propre* à la punition, ou digne d'être puni: mais ce n'est point afin (4) qu'il aquiére par là quelcune des choses que la *Justice Attributive* ordonne de rendre à autrui.

(d) *Ubi supra.*

4. Ceux qui veulent qu'en punissant on exerce la *Justice Explétrice*, communément nommée *Permutative*, ne se tirent pas mieux d'affaires. Car ils envisagent la chose, comme (5) si l'on rendoit au Criminel puni ce qui lui appartient de même qu'on le fait dans un Contract. Ce qui les a jettez dans l'erreur, c'est ce que l'on dit ordinairement, Que la Peine est *duë* à celui qui a commis quelque Crime : Expression très-impropre; car celui à qui une chose est véritablement *duë*, a droit de l'exiger d'autrui: au lieu que, quand on dit, que la Peine est *duë* à quelcun, cela signifie seulement, qu'il

punis, ou qu'on invente de nouveaux supplices : *Si in minimis peccatis etiam maxima pœna consumuntur, restat ut maxima peccata aut maneant impunita, aut nova supplicia adinveniantur.* (In Lib. I. Sat. III. *init.*) Dans les *Loix des* WISIGOTHS, on blâme certaines Loix, qui décernent la même peine contre des Crimes inégaux; & on remarque, que cela est contraire à la Loi Divine qui veut que celui qui a le plus peché, soit battu de plus de coups : *Nam quædam leges, sicut culparum habent diversitates, non ita discretas in se continent ultiones; sed permixta scelera transgressorum ad unius permittuntur legis pœnale judicium. Nec secundum modum culpæ modus est adhibitus pœnæ, quum major minorque transgressio non unius debeat mulctationis prædemnari supplicio; præsertim quum Dominus in lege sua præcipiat:* Pro mensura peccati erit & plagarum modus. [DEUTER. XXV, 2.] *Lib.* XII. *Tit.* III. *Cap.* I. Voiez ci-dessous, §. 28. de ce Chapitre; & *Liv.* III. *Chap.* XI. §. 1. GROTIUS.

J'ai traduit le commencement du passage de TACITE, comme s'il y avoit : *Sin, flagitia & facinora*, ETSI *sine modo sunt, suppliciis* &c. Je suis fort tenté de croire, que le mot *etsi* doit être mis dans le Texte; sans quoi la période est tout-à-fait embarrassée. On voit combien aisément cette particule a pû être ômise par les Copistes; & je ne trouve ici autrement aucun sens qui s'accorde avec les termes, ou avec la suite du discours. Ni la paraphrase de FREINSHEMIUS, ni la version d'ABLANCOURT, ne satisfont point. Il faudroit aussi un *&* avant *suppliciis*, comme il y en a un avant le mot *vena*, s'il y avoit ici trois membres, dont le prémier fût, *flagitia & facinora sine modo sunt*. En lisant, comme je fais, tout est deplain pie. L'Edition de GRONOVIUS, qui vient de paroître (en 1721.) n'ajoûte rien ici aux précédentes. Puis que j'y suis, qu'il me soit permis de proposer encore ma conjecture sur un autre passage du même Historien, où celles des Interprêtes ne me satisfont point. C'est au IV. Livre des *Annales*, Chap. XXXIII. *num.* 3. *Sic converso statu, neque alia rerum quam si unus imperitet, hæc conquiri tradique in rem fuerit* &c. Je crois qu'on a sauté un mot, & qu'il faut lire : *neque aliâ* FACIE *rerum, quàm si* &c. Il y a tant de ressemblance entre *alia*, & *facie*, si vous ôtez la prémiére lettre du dernier mot, que les Copistes ont pû fort aisément omettre ce mot, qui étant suppléé rend l'expression nette, & conforme au stile de TACITE, qui dit ailleurs, par exemple : *Nec quisquam adeo* RERUM *humanarum immemor, quem non commoveret illa* FACIES &c. Histor. Lib. III. Cap. LXVIII. *num.* 1.

(3) Un Pauvre, par exemple, quelque digne qu'il soit d'aumône, n'a pas droit à la rigueur d'exiger qu'on la lui fasse; hormis dans le cas d'une necessité extrême. Mais lors qu'on lui a donné une petite piéce d'argent, cette piece lui appartient alors de plein droit, & selon la *Justice Explétrice*; de maniere que, si quelcun, & celui-là même qui la lui a donnée, veut la lui prendre, il commet contre lui une *injustice* proprement ainsi nommée. C'est ce que veut dire nôtre Auteur.

(4) Car personne ne demande à être puni : on fuit au contraire la Peine, autant qu'on peut.

(5) Ce n'est point cela, dit ici le docte GRONOVIUS : ils considerent, au contraire, le Coupable comme celui qui doit & qui rend. D'où vient que celui qui punit est dit *sumere, exigere, expetere pœnas*; & celui qui est puni, *dare, luere, pendere, solvere pœnas.* Voiez la Note de nôtre Auteur sur ACTES, VII, 40. & quelques-uns des passages citez dans la *Note* 6. sur ce paragraphe. La verité est, que toute cette dispute est tout inutile. Il suffit de reconnoître, qu'il y a une liaison naturelle entre le Crime & la Peine, en sorte que, quand on punit celui qui a veritablement péché, on ne fait rien que de juste. Permis à chacun d'appeller comme il voudra, l'acte de Justice qu'on exerce alors.

(6)

qu'il mérite d'être puni, & qu'on ne fera rien que de juste en le punissant.

5. Il est vrai néanmoins, que, dans la Punition, on exerce principalement & directement la *Justice Explétrice*; & la raison en est, que, pour punir légitimement, il faut avoir droit de punir; or ce droit vient du mal que le Criminel a fait. Il y a encore ici une autre chose, qui approche de la (6) nature des Contracts; c'est que, comme un Vendeur est censé s'être engagé à tout ce qui est essentiel a la Vente, (7) encore même qu'il n'ait rien spécifié: de même celui qui a commis un Crime, est censé s'être volontairement soûmis à la Peine. En effet, tout Crime un peu grave est manifestement punissable de sa nature: ainsi quiconque veut directement le commettre, veut aussi, par une conséquence nécessaire, encourir la Peine. C'est en ce sens que les Empereurs Sévère & Antonin disent, dans un de leurs Rescripts: (8) *Vous vous êtes vous-même soûmis à cette peine.* Le Jurisconsulte (9) Marcien pose aussi pour maxime, que, *du moment qu'on a formé le dessein de commettre une mauvaise action, on est en quelque sorte puni par sa propre volonté*, c'est-à-dire, qu'on encourt volontairement la Peine. Et Tacite dit, qu'il fut résolu dans le Sénat, (10) qu'une Femme libre, qui auroit couché avec *un Esclave d'autrui seroit censée avoir consenti à son Esclavage*; parce que c'étoit la punition des Femmes qui s'engageoient dans un tel commerce. Michel *d'Ephèse*, Commentateur d'Aristote, (11) dit, que, *quand un Voleur a pris quelque chose appartenante à autrui, il reçoit pour cela une punition: & qu'ainsi il y a là en quelque façon, donner, d'un côté, & recevoir, de l'autre; en quoi consiste la nature des Contracts.* Il remarque un peu plus bas, que (12) les Anciens entendoient par le mot de *Contract*, non seulement les accords qu'on fait ensemble librement & volontairement, mais encore *ce que l'on fait contre les Loix.*

§. III. 1. Pour ce qui est du *sujet* dans lequel réside le droit d'infliger des peines, c'est-à-dire, de la personne à qui il appartient de punir; la Nature ne détermine rien là-

(6) Le Grammairien Servius remarque souvent, que les Coupables contractent une espèce d'obligation, par laquelle ils se rendent sujets à la Peine. Il dit, par exemple, sur le IV. Livre de l'*Enéide* de Virgile, que ceux qui commettent des Crimes d'une énormité excessive, se condamnent eux-mêmes à la peine: *Nam qui excedunt delinquendi modum, ipsi sibi pœnam sanciunt.* (In *vers.* 693.) Et un peu plus bas, expliquant la signification du mot de *Damnare*, il dit, que c'est délivrer d'une Dette: Damnare *autem est* damno adficere, *id est, debito liberare.* (In *vers.* 699.) Voici encore ce qu'il dit, sur le X. Livre, en examinant, s'il vaut mieux dire, *luere pœnam*, ou *luere peccatum*: Luant peccata] Luant, *id est, absolvant. Dicimus autem &* luo pœnam: *sed melius est*, luo peccatum. *nam peccatum solvitur pœna. Qui, enim crimine tenetur obnoxius, pœna eum à pristina liberat obligatione: Contra* luo pœnam *non procedit, quasi pœna solvatur. Auctoritas tamen ista confundit licenter, more, quo solet penè, vel à sequenti quod præcedit, vel à præcedenti quod sequitur.* (In *vers.* 32.) C'est ce que donne aussi à entendre une façon de parler commune dans l'Ecriture Sainte, où les Pechez, comme le dit Tertullien, sont souvent exprimez figurément par le mot de *Dette*, parce que la Justice a droit d'en exiger la punition, & l'exige en effet, tout de même que le paiement d'une véritable Dette: *Debitum autem, in Scripturis, delicti figura est, quod perinde judicio debeatur, & ab eo exigatur* &c. De Oratione (*Cap.* VII.) S. Chrysostôme traitant du Riche de la Parabole, qui est mis en opposition avec le pauvre *Lazare*, & expliquant le mot d'ἀπέλαβες qu'on trouve là (Luc, XVI, 25.) dit, que les peines & les douleurs étoient *dues* au Riche: Ἐχρεωστεῖτο αὐτῷ τιμωρίαι, ἐχρεωστεῖτο αὐτῷ ὀδύναι. Orat. *de Terra Motu*, Tom. V. Il remarque ailleurs, que le Peché est une espèce de Dette: Τὰ ἁμαρτήματα εἰς ὀφλήματα ἀναγέγραπται. De Pœnitentia, *Lib.* II. St. Augustin, dit, suivant cette idée, que, si l'on ne veut pas *rendre ce que l'on doit*, en vivant bien, on le rendra en souffrant les peines qu'on mérite: *Itaque si non reddit faciendo justitiam, reddet patiendo miseriam: quia in utroque verbum illud* debiti *sonat. Hoc enim etiam modo dici potuit, quod dictum est: si non reddit faciendo quod debet, reddet patiendo quod debet.* De libero Arbitrio, *Lib.* III. (*Cap.* XV.) Grotius.

(7) C'est ainsi que, par le Droit Romain, un Vendeur est obligé à la Garentie, en cas d'éviction, c'est-à-dire, à rendre le double du prix qu'il a reçû, s'il se trouve que la chose venduë appartint à autrui, & que l'Acheteur vienne à en être dépouillé par le véritable Propriétaire: le Vendeur, dis-je, est tenu à cela, encore même qu'il n'en ait été rien stipulé dans le Contract: *Si dupla non promitteretur, & eo nomine agetur, dupli condemnandus est reus.* Digest. Lib. XXI. Tit. I. *De Evictionibus & dupla stipulation.* Leg. II. Voiez Cujas, sur le même Titre du Code, Tom. IX. *Opp. Ed. Fabrott.* pag. 1337, *& seqq.*

(8) *Imperatores* Severus *&* Antoninus [Asclepiadi) *ita rescripserunt: Tu, qui, defensione omissâ, redimere sententiam maluisti, quum tibi crimen objiceretur, non immerito quingentos solidos inferre fisco jussus es: omissâ enim ipsius caussa inquisitione, ipse te huic pœna subdidisti.* Digest. Lib. XLIX. Tit. XIV. *De jure Fisci*, Leg. XXXIV.

là-dessus. La Raison nous enseigne bien, qu'une mauvaise action peut être punie; mais elle ne nous dit point, qui doit la punir. Elle nous fait entendre seulement d'une maniére assez claire, qu'il est très-conforme à la Nature, que ce soit un Supérieur qui punisse; & non pas que cela (1) soit d'une nécessité absoluë: à moins qu'on ne prenne le mot de *Supérieur* en un sens qui réponde à cette pensée, soûtenuë par (2) quelques Théologiens, Que, du moment qu'un Homme a commis quelque mauvaise action, il est censé s'être mis par là au dessous de toute autre personne, & dégradé en quelque maniére du rang de Créature Humaine, pour être réduit à la condition des Bêtes, qui sont soumises à l'empire des Hommes. C'étoit un principe du Philosophe DE'MOCRITE, (3) *Que naturellement celui qui a plus de mérite doit commander à celui qui en a moins.* Et ARISTOTE (4) dit, que *ce qui est moins noble est naturellement fait pour ce qui est plus excellent, & en matiére de choses artificielles, & en matiére de choses naturelles.*

2. D'où il s'ensuit, que, du moins quand on (5) est aussi coupable que celui qui a commis quelque Crime, on ne doit pas s'ingerer de le punir. C'est sur ce principe que Nôtre Seigneur JE'SUS-CHRIST raisonnoit, lors qu'il dit aux *Scribes* & aux *Pharisiens*, au sujet d'une Femme adultére, qui avoit été surprise en flagrant délit: (a) *Que* (a) *Jean,*
celui d'entre vous qui n'est point coupable (c'est-à-dire, d'un semblable péché) *jette la* VIII, 7.
prémiére pierre contre elle. Il parloit ainsi, parce qu'en ce tems-là les *Juifs* étoient si fort corrompus, que ceux qui vouloient passer pour les plus saints, s'abandonnoient sans scrupule à l'Adultére, & à d'autres péchez aussi énormes, comme il paroît par les
reproches que (b) St. PAUL leur en fait. Ainsi cet Apôtre raisonne-t-il là-dessus de (b) *Rom.* II.
même que Nôtre Seigneur: (c) *C'est pourquoi*, dit-il, *ô vous, qui que vous soyez*, 22.
qui condamnez les autres, vous êtes inexcusable: car en condamnant les autres, vous (c) *Ibid.* Chap. II, 1.
vous condamnez vous-mêmes, puis que vous faites ce que vous blâmez en eux. SENE'QUE dit, (6) qu'*un Jugement de condamnation, de la part d'une personne qui mérite*

XXXIV. PHILON, Juif, dit, que ceux qui se hâtent de pécher, courent à la peine: Αὐτοὶ γὰρ τοι σπεύδοντες ἁμαρτάνειν, σπεύδετε καὶ πρὸς τιμωρίας. De Vita Mosis, Lib. I. (pag. 652. D. *Ed. Paris.*) GROTIUS.

(9) *Nam ex quo sceleratissimum quis consilium cepit, exinde quodammodo suâ mente punitus est.* COD. Lib. IX. Tit. VIII. *Ad Leg. Jul. Majest.* Leg. VIII. *princ.*

(10) *Inter quæ refertur ad patres, de pœna fœminarum, quæ servis conjungerentur; statuiturque, ut ignaro domino ad id prolapsæ, in servitutem sibi consensisset, & qui nati essent pro libertis haberentur. Annal.* Lib. XII. Cap. LIII. *num.* 1. C'est ainsi que portent les Editions ordinaires, que nôtre Auteur a suivies: mais il faut certainement lire, comme il y a dans celle de RYCQUIUS: *Ut ignaro domino ad id prolapsa, in servitute, sin consensisset, pro liberta haberetur.* C'est-à-dire, que si c'étoit à l'insû du Maître de l'Esclave, que la Femme libre avoit eu commerce avec cet Esclave, elle devenoit Esclave elle-même: mais que, si le Maître y avoit consenti, elle étoit regardée comme Affranchie. Ainsi le passage ne fait plus rien au sujet, auquel nôtre Auteur l'applique. Voiez les *Recepta Sententiæ* de JULIUS PAULUS, Lib. II. Tit. XXI. A. §. 1. & là-dessus, CUJAS, avec les Notes du dernier Editeur, le célébre Mr. SCHULTING.

(11) Γίνεται τρόπον τινὰ δόσις καὶ λῆψις, ὅ ἐστι τὸ συναλλάσσειν· λαβὼν γὰρ χρήματα, ἢ ἄλλο τι κλέψας, δίδωσιν ἀντ' ἐκείνου ἐνδείας. In Ethic. Nicom. *Lib.* V. *Cap.* II.

(12) Συναλλάγματα εἰ σπανιῶς ἐκδιδῶν, ὃ μόνον ἃ ἑκόντες συνετίθεντο πρὸς ἀλλήλους σπουδῆ, ἀλλὰ καὶ τὰ ὑπὸ τ' νόμου διηγορευμένα. Ibid. *Cap.* V.

§. III. (1) Voiez ce que j'ai dit sur le Chapitre de PUFENDORF, qui répond à celui-ci, §. 4. *Note* 1.

(2) THOMAS d'*Aquin*, Summ. Theol. II. 2. *Quæst.* LXIV. *Artic.* II. & là-dessus le Cardinal CAJETAN. Le Rabbin MOÏSE, *Fils de Maimon*, dit quelque chose de semblable, sur le DEUTER. Chap. XXXIII. GROTIUS.

(3) Φύσει τὸ ἄρχειν οἰκεῖον τῷ κρείσσονι. Apud STOB. *Florileg.* Tit. XLVII.

(4) Ἀεὶ γὰρ τὸ χεῖρον τοῦ βελτίονος ἕνεκέν ἐστι· καὶ τοῦτο φανερὸν ὁμοίως ἔν τε τοῖς κατὰ τέχνην, καὶ τοῖς κατὰ φύσιν. De Republ. *Lib.* VII. *Cap.* XIV. pag 442. E. Tom. II. *Ed. Paris.*

(5) Cela a lieu dans l'Etat de Nature, où tous les Hommes étant égaux, ont un droit égal de punir; & par conséquent entre deux personnes également coupables, il se fait une espece de compensation. Mais nôtre Auteur ne veut pas sans doute etendre la maxime jusqu'à ôter à un Prince ou à un Magistrat, le droit de punir les Crimes, dont il se sent lui-même coupable. Ce n'est pas tant alors le Prince ou le Magistrat, qui punit, que la Loi, ou le Corps entier de la Société, qui a revêtu ces personnes-là du droit de reprimer & châtier en son nom ceux qui feroient des choses contraires au Bien Public.

(6) *Non potest auctoritatem habere sententia, ubi qui damnandus est, damnat.* Je ne sai de quel endroit sont ces paroles. Nôtre Auteur ne marque pas seulement le Traité d'où il les a tirées, ni ici, ni dans une Note sur JEAN, VIII, 7. où il a ramassé d'autres passages semblables.

rite elle-même d'être condamnée, n'est d'aucun poids. Ailleurs il conseille, pour empêcher qu'on ne se fache légérement & avec excès contre ceux qui ont fait quelque faute, (7) *de se demander à soi-même, si l'on n'en a point commis de semblable.* St. AMBROISE (8) donne à peu près le même précepte.

§. IV. 1. UNE autre question qu'il y a ici à examiner, c'est de savoir, quel est le *but* qu'on doit se proposer dans l'usage des Peines. Car ce que nous avons dit jusqu'ici sert seulement à montrer, que, quand on punit ceux qui sont véritablement Coupables, on ne leur fait aucun tort. Mais il ne s'ensuit point de là, que tout Coupable doive être puni nécessairement; & cela au fond n'est pas vrai: car les Hommes, aussi bien que DIEU, pardonnent bien des fautes à un grand nombre de gens, & cette indulgence est même regardée ordinairement comme une matiére d'éloge. C'est un mot celébre (1) de PLATON, qui a été traduit par (2) SENEQUE; *que l'on ne doit pas punir précisément à cause du mal qui a été commis; (car ce qui est fait, est fait; on ne sauroit faire qu'il ne l'aît pas été) mais à cause du mal qui pourroit être commis à l'avenir.* THUCYDIDE introduit un Athénien, qui parle ainsi dans l'Assemblée du Peuple, au sujet des *Mityléniens*, qui s'étoient revoltez de l'alliance: (3) *Je veux qu'ils soient très-coupables, je ne saurois pourtant les condamner à la mort, si je ne vois quelque utilité qui en puisse revenir.*

2. Ce que je viens de dire, est certain, à l'égard des Peines infligées d'Homme à Homme: car, à cause de la parenté naturelle qu'il y a entre tous les Hommes, (4) aucun Homme ne doit faire du mal à un autre, qu'en vuë de procurer par là quelque bien. Mais il n'en est pas de même à l'égard des Punitions Divines; quoi que (5) PLATON y applique la maxime que nous avons rapportée. Car DIEU peut agir (6) en vertu de son droit suprême & absolu sur les Hommes, sans se proposer d'autre but que son action même; sur tout lors qu'il y a dans ceux, par rapport auxquels il agit, quelque chose de particulier, par où ils s'en sont rendus dignes. Et c'est ainsi que quelques Docteurs (a) Juifs expliquent cette sentence de SALOMON, qui se rapporte à nôtre sujet:

(a) *Maimon.* Direct. dubit. Lib. II. Cap. 11. & Rabb. *Imm.* in *Proverb.*

(7) *Faciet nos moderatiores respectus nostri, si consuluerimus nos: Numquid & ipsi aliquid tale commisimus?* [De Ira, Lib. II. Cap. XXVIII.] Voiez aussi un passage de St. AMBROISE, Serm. XX. (Cap. IV. pag. 1593. *Edit. Paris.* 1569.) sur le Pseaume *Beati immaculati*, vers. *Miserationes tua, Domine*; qui se trouve cité dans le DROIT CANONIQUE, *Caus.* III. *Quæst.* VII. Can. IV. Et CASSIODORE, Variar. VI, 21. GROTIUS.

(8) *Unusquisque de alio judicaturus, de se ipso primum judicet, nec minora in alio errata condemnet, quum ipse graviora commiserit.* Apolog. Davidis. *Lib.* II. *Cap.* I.

§. IV. (1) Οὐχ ἕνεκα τοῦ κακουργῆσαι διδοὺς τὴν δίκην· (οὐ γὰρ τὸ γεγονὸς ἀγένητον ἔσται ποτέ) τοῦ δ' εἰς τὸν αὖθις ἕνεκα χρόνου ἢ τὸ παράπαν μισῆσαι τὴν ἀδικίαν αὐτόν τε καὶ τοὺς ἰδόντας αὐτὸν δικαιούμενον, ἢ λωφῆσαι μέρη πολλὰ τῆς τοιαύτης ξυμφορᾶς. De Legib. *Lib.* XI. pag. 934. A. Tom. II. *Ed. H. Steph.* Voiez aussi *Lib.* IX. pag. 854. D. & dans le *Protagoras*, Tom. I. pag. 324. B.

(2) *Nam, ut* PLATO *ait, Nemo prudens punit, quia peccatum est, sed ne peccetur. Revocari enim præterita non possunt, futura prohibentur.* De Ira, Lib. I. Cap. XVI. *Ergo ne homini quidem nocebimus, quia peccavit, sed ne peccet: nec umquam ad præteritum, sed ad futurum, pœna referetur. non enim irascitur, sed cavet.* Lib. II. Cap. XXXI.

(3) Ἤν τε γὰρ ἀποφήνω πάνυ ἀδικοῦντας αὐτοὺς, οὐ διὰ τοῦτο καὶ ἀποκτεῖναι κελεύσω, εἰ μὴ ξυμφέρον. Lib. III. Cap. XLIV. *Ed. Oxon.*

(4) CASSIODORE [ou plûtôt PIERRE *de Blois*] dit, que si, dans le Corps Humain, une main vient à faire du mal à l'autre par hazard, celle-ci ne frappe pas la prémiére à son tour, pour se venger: *Quod si manus una casu aliquo forte lædat alteram, illa, quæ læsa est, non repercutit, nec se erigit in vindictam.* De Amicitia. GROTIUS.

(5) L'Auteur cite en marge le *Gorgias*; & il veut sans doute parler d'un endroit de ce Dialogue, où le Philosophe, après avoir marqué les diverses fins des Peines, comme nous le verrons plus bas, donne à entendre qu'il parle également des Punitions Humaines & des Punitions Divines: car il dit, que ceux qui retirent eux-mêmes de l'utilité du châtiment, soit qu'ils soient punis par les Dieux ou par les Hommes, sont ceux qui commettent des Péchez véniels, pour ainsi dire: Εἰσὶ δὲ οἱ ὠφελούμενοί τε καὶ δίκην διδόντες ὑπὸ Θεῶν τε καὶ ἀνθρώπων, οὗτοι οἳ ἂν ἰάσιμα ἁμαρτήματα ἁμάρτωσιν. Tom. I. pag. 525. B.

(6) Voici quelle est la pensée de nôtre Auteur. Il y a des choses qui d'Homme à Homme seroient injustes, si elles n'etoient faites pour quelque raison ou quelque fin distincte de ce à quoi l'action tend par elle-même, lesquelles néanmoins DIEU peut faire de son pur bon plaisir, sans choquer ses perfections. Par exemple, un Homme ne peut pas ôter la vie à un autre Homme, purement & simplement pour la lui ôter, mais ou pour défendre la sienne injustement attaquée, ou pour exercer un acte de Punition juste & necessaire. Mais DIEU peut, toutes les fois qu'il lui plait, ôter la vie à qui il veut, sans autre raison que son

sujet : (b) Dieu *fait chaque chose pour elle-même, & le Méchant même pour le Jour fâcheux*; c'est-à-dire, que, quand même il punit les Impies, il ne le fait à d'autre dessein, que de les punir. Et sa pensée revient au fond à la même chose, en suivant (7) l'interprétation commune, selon laquelle il faut dire, que Dieu a fait toutes choses pour lui-même, c'est-à-dire, par le droit de sa liberté absoluë & de sa perfection souveraine, sans chercher ni regarder rien hors de lui-même; comme on dit qu'il est (c) *né de lui-même*, parce qu'il n'est né de personne. L'Ecriture Sainte du moins nous donne à entendre ailleurs, que Dieu ne se propose autre chose dans la punition de quelques grands Scélérats, comme quand elle dit, (d) qu'*il prend plaisir à leur mal*, qu'*il se rit & se moque des Impies.* De plus, le dernier Jugement, après lequel il n'y a point d'amendement à attendre, & certaines punitions invisibles que Dieu exerce dès cette Vie, comme l'endurcissement, montrent assez la vérité de ce que nous soûtenons ici contre Platon.

(b) *Proverb.* XVI, 4.

(c) Αὐτοφυής.

(d) *Deuteron.* XXVIII, 63. *Esaïe*, I, 24. *Proverb.* I, 26.

2. Mais la maxime de ce Philosophe est tout-à-fait bien fondée, en matiére des Punitions Humaines. Quand un Homme veut punir un autre Homme, qui lui est égal naturellement, il doit sans contredit se proposer quelque but. Et c'est ce que donnent à entendre les Scholastiques, en disant, (e) que l'on ne doit point agir par un esprit de vengeance, qui se contente de faire du mal à celui qui en a fait. Avant eux le même Platon avoit remarqué, (8) que ceux qui condamnent à la mort, ou à un bannissement, ou à une amende, ne *veulent pas cela purement & simplement*, mais *en vuë de quelque bien.* Senéque dit, que, si l'on est réduit à la nécessité de tirer vengeance de quelque injure, il faut le faire (9) *non pour avoir le plaisir de se venger, mais parce que nôtre intérêt le demande.* Aristote distingue entre ce qui est honnête purement & simplement, & ce qui est honnête parce qu'il y a quelque nécessité qui le demande; (10) & il met au dernier rang l'usage des Punitions.

(e) *Thom.* Summ. Theol. II. 2. *Quæst.* CVIII. *Sylvest.* verb. *Vindicta.*

§. V. 1. Tout ce que l'on (1) dit donc du plaisir & des douceurs de la Vengeance,

son bon plaisir, & le droit qu'il a sur ses Créatures. Si la personne qu'il dépouille de la vie, est innocente, il exerce, à son égard, un acte de son droit souverain & absolu. Que si elle a mérité la mort, c'est alors & un acte de droit absolu, & un acte de Punition. A considérer même cela comme un acte de Punition, il n'est point nécessaire qu'il y ait quelque autre raison qui engage Dieu a punir. Encore que la Punition ne puisse servir, ni à corriger le Coupable, ni à donner un exemple, ni à satisfaire ceux qui ont été lezez, ni à prévenir le mal qui en pourroit revenir aux autres; elle n'en est pas moins légitime. Il suffit que celui qui est puni fût coupable: comme tel, il a mérité d'être puni, & Dieu a droit de le punir, uniquement pour lui faire souffrir ce qu'il mérite. C'est tout ce qu'a voulu dire nôtre Auteur, qui, dans la prémiére Edition, se contentoit de parler d'une maniére qui ne renferme que la moitié de la pensée qu'il exprima ensuite toute entiere: *Dei enim actiones recta esse possunt, etiam si finem nullum sibi proponant extra ipsas.* J'avouë qu'il auroit pû parler un peu plus clairement: mais je ne saurois voir sans indignation, que quelques-uns de ses Interprêtes lui attribuent là-dessus d'étendre le droit souverain de Dieu jusqu'à vouloir qu'il puisse punir des Innocens, & les condamner même à des Supplices éternels. Si l'on avoit eu quelque équité, & qu'on eut fait attention a ce que nôtre Auteur dit dans le Chapitre suivant, §. 14. on n'auroit eu garde de le charger d'un sentiment si odieux

(7) Il y a une Lettre de nôtre Auteur, (c'est la XCI. de la I. Partie,) où il traduit ainsi le passage: Dieu *a disposé toutes choses, en sorte qu'elles se répondent les unes aux autres, & le Méchant au jour de l'adversité*, c'est-à-dire, que Dieu fait en sorte, par le cours même de la Nature, que le Méchant se trouve puni. Dans ses Notes sur le Vieux Testament, publiées long tems après la datte de cette Lettre, il traduit encore un peu autrement: Dieu *dispose toutes choses à ce qui convient à chacune. Le Méchant même* (est disposé) *pour le jour de l'Adversité.*

(8) Οὐκοῦν καὶ ἀποκτείνυμεν, εἴ τινα ἀποκτείνυμεν, καὶ ἐκβάλλομεν, καὶ ἀφαιρούμεθα χρήματα, οἰόμενοι ἄμεινον εἶναι ἡμῖν ταῦτα ποιεῖν, ἢ μή . . . . Ἕνεκ' ἄρα τοῦ ἀγαθοῦ πάντα ταῦτα ποιοῦσιν οἱ ποιοῦντες. In Gorg. Tom. I. pag. 468. B.

(9) *Si tanquam ad remedium venimus, sine ira veniamus; non quasi dulce sit vindicari, sed quasi utile.* De Ira, *Lib.* II. *Cap.* XXXII. Dans le même Traité, il dit ailleurs: " Je vengerai la mort de mon Pére, " parce qu'il le faut, & non pas par ressentiment. *Cæsus est* [pater]? *Exsequar: quia oportet, non quia dolet.* Lib. I. Cap. XII. Grotius.

(10) Λέγω δ' ἐξ ὑποθέσεως, τἀναγκαῖα· τὸ δὲ ἁπλῶς, τὸ καλῶς· οἷον, τὰ περὶ τὰς δικαίας πράξεις, αἱ δίκαιαι τιμωρίαι, καὶ κολάσεις, ἀπ' ἀρετῆς μὲν εἰσίν, ἀναγκαῖαι δέ, καὶ τὸ καλῶς ἀναγκαίως ἔχουσιν· αἱρετώτερον μὲν γὰρ μηθενὸς δεῖσθαι τῶν τοιούτων μήτε τὸν ἄνδρα, μήτε τὴν πόλιν. Politic. *Lib.* VII. *Cap.* XIII. pag. 440, 441.

§. V. (1) Une des Sentences de Publius Syrus, porte, que c'est un soulagement à la douleur, de voir souffrir celui de qui l'on a été offensé;

ce, est bien convenable à ce principe naturel que l'Homme a de (2) commun avec les Bêtes, & d'où naît la Colére, laquelle, dans l'Homme, aussi bien que dans les Bêtes, est *une agitation violente du Sang autour du cœur, produite par le désir de faire du mal à celui de qui l'on croit en avoir reçû*, selon la définition (3) d'EUSTRATIUS: mais ce désir, considéré en lui-même, n'est point digne de la partie raisonnable, (a) dont l'office est de gouverner les Passions. Par conséquent l'esprit de Vengeance n'est nullement conforme au Droit Naturel, qui consiste dans les principes que nous enseigne la Nature Raisonnable & Sociable, considérée comme telle. Car la Raison nous dit, qu'un Homme ne doit rien faire dont un autre puisse souffrir, à moins que ce ne soit en vuë de procurer par là quelque bien. Or la souffrance d'un Ennemi, considerée purement & simplement en elle-même, n'est qu'un bien faux & imaginaire, tel que celui qu'on trouve dans les Richesses superfluës, & dans plusieurs autres choses semblables. Et le désir de rendre le mal pour le mal, est si déraisonnable, lors qu'on s'y abandonne, qu'il porte quelquefois à s'en prendre à des choses de qui l'on n'a reçû aucun mal, comme aux Petits d'une Bête qui nous a blessé, ou même à des (4) choses inanimées, comme un Chien mord la pierre qui l'a frappé. Aussi voions-nous, que ceux qui ont le plus de panchant à la Vengeance, ce sont ceux qui font le moins d'usage de leur Raison, comme les Femmes, ainsi que le dit (5) JUVE'NAL; & les Enfans, les Vieillards, les Malades, selon la remarque de (6) SENE'QUE.

(a) Voiez *Seneque*, De Ira, Lib. I. Cap. V.

2. De là il paroît, que, d'Homme à Homme, il est contre la Nature, de chercher à satisfaire son ressentiment, en faisant souffrir quelcun. Et en ce sens la Vengeance est condamnée non seulement par les Docteurs Chrétiens, mais encore par les Philosophes; comme on le voit dans (b) un Dialogue de PLATON. *C'est un mot inhumain*,

(b) Dans le *Gorgias*. Voiez *Théodoret*, de curandis Græc. adfect. *Lib.* XX.

Læso doloris remedium, inimici dolor.

(Vers. 140.) CICE'RON a dit aussi, *dolorem pœnâ mitigari*. [C'est dans sa Harangue pour *Aulus Cécina*, où il parle de l'action qu'on a en Justice pour cause d'injures: *Actio enim injuriarum non jus possessionis adsequitur, sed dolorem imminutæ libertatis judicio pœnâque mitigat*. Cap. XII.] PLUTARQUE compare le plaisir de la Vengeance, après SIMONIDE, aux rafraichissemens que l'on donne à un Malade, qui est fort échauffé: Καὶ ταῦτα μὲν ἴσχε τὸν τῆς ἀμύνης νόμον. καὶ γὰρ, εἰ δεινὸν ἄδοξε ἀμοσύνης καὶ συγγενείας ἕνεκα μεταχειρίσασθαι δι' ὀργὴν, ἀλλ' ἐν ἀνάγκαις γλυκὺ γίνεται καὶ ἐν σκληρὸν, κατὰ Σιμωνίδην, ὥσπερ ἀλγοῦντι τῷ θυμῷ καὶ φλεγμαίνοντι θεράπευμα καὶ ἀναπλήρωσιν προσφέροντες. [Vit. Arat. Tom. I. pag. 1048. E. *Ed. Wech.*] GROTIUS.

(2) De là vient qu'HOME'RE dit, une colere de *Bête sauvage*, pour marquer une grande colére:

——— χόλος δέ μιν ἄγριος ᾕρει.

(Iliad. IV, 23.)

Ἄγριον ἐν στήθεσσι θέτο μεγαλήτορα θυμόν.

(Iliad. IX, 625.) Et *domter* la Colére:

Ἀλλ', Ἀχιλεῦ, δάμασον θυμὸν μέγαν ———

(Ibid. *vers.* 492.) GROTIUS.

(3) Ζέσις περικαρδίου αἵματος, δι' ὄρεξιν ἀντιλυπήσεως. (In VI. *Ethic. Nicom.* Cap. I.) De là vient qu'HOME'RE dit, *éteindre la colere*, pour dire, l'appaiser: Σβέσσαι χόλον. [Voiez, par exemple, *Iliad.* Lib. IX. vers. 674.] GROTIUS.

(4) „ N'est-ce pas, (dit SENEQUE) une grande fo-„ lie, de se fâcher contre des choses, qui n'ont pas „ mérité nôtre colére, & qui ne la sentent point? *Illis irasci quàm stultum est, quæ iram nostram nec meruerunt, nec sentiunt?* De Ira, *Lib.* II. *Cap.* XXI. Les gens du *Bresil*, Peuple sauvage, s'en prennent au Fer, qui les a blessez, comme si c'étoit une personne. GROTIUS.

Voiez le Voiage de JEAN DE LERY. pag. 163.

(5) Il dit, que la maxime qui porte, que la Vengeance est un bien plus doux que la Vie même, ne peut être approuvée que des Ignorans, qui s'emportent quelquefois pour rien, ou pour peu de chose; mais qu'elle sera toûjours condamnée par un *Thalès*, par un *Chrysippe*, par un *Socrate*: le dernier, ajoûte-t-il, n'auroit pas voulu faire prendre à son Accusateur même la moitié du Verre de Ciguë qu'il fut condamné à boire:

At vindicta bonum vitâ jucundius ipsâ.
Nempe hoc indocti, quorum præcordia nullis
Interdum, aut levibus, videas flagrantia caussis:
Quantulacumque adeo est occasio, sufficit iræ.
Chrysippus *non dicet idem, nec mite* Thaletis
Ingenium, dulcique Senex vicinus Hymetto,
Qui partem acceptæ sæva inter vincla cicutæ
Accusatori nollet dare. Plurima felix
Paulatim vitia, atque errores exuit omnes,
Prima docens rectum sapientia: quippe minuti
Semper, & infirmi est animi, exiguique voluptas,
Ultio: continuo sic collige, quod vindictâ
Nemo magis gaudet, quàm femina ———

Sat. XIII. vers. 180, *& seqq.* LACTANCE dit aussi, que les Sots & les Ignorans, lors qu'ils ont reçû quelque injure, se laissent aller à des emportemens aveugles & déraisonnables, & cherchent à se venger: *Et (ut ad hominum exempla redeamus) imperiti quoque, & insipientes, si quando accipiunt injuriam, cæco & irrationabili furore ducuntur, & iis, qui sibi nocent, vicem retribuere conantur.* Lib. VI. Cap. XVIII. *num.* 22. GROTIUS.

(6) *At qui iracundissimi, infantes, senesque, & ægri sunt; & invalidum omne naturâ querulum est.* De Ira, *Lib.* I. *Cap.* XIII. TE'RENCE parle aussi de la facilité qu'ont les Femmes & les Enfans à se mettre en colére, comme venant de foiblesse d'Esprit:

Pour

main, que celui de Vengeance, disoit (7) Sene'que, *quoi que ce qu'il renferme soit regardé communément comme juste & légitime. Il n'y a proprement de différence entre l'Injure, & la Vengeance, que pour le tems. L'Aggresseur fait la prémiére injure, & celui qui se venge en fait une autre. Le dernier n'est qu'un peu plus excusable.* Maxime *de Tyr* va jusqu'à soûtenir, (8) que *celui qui se vange est plus injuste, que l'Aggresseur.* Musonius disoit, (9) *Que c'est à faire à une Bête féroce, & non pas à un Homme, de vouloir mordre celui qui nous a mordu, & de chercher à rendre le mal pour le mal.* Dion, cet illustre Grec, qui rapporta la Philosophie de *Platon* à l'usage de la Vie Civile, disoit, (10) que, *selon les Loix, l'action de celui qui se venge est plus juste, que celle de l'Offenseur; mais qu'à en juger selon la Nature, l'une & l'autre ont pour principe une même maladie du Cœur Humain.*

3. Puis donc qu'un Homme fait mal d'en punir un autre, purement & simplement pour le punir; il faut voir maintenant, quelles raisons d'utilité il peut y avoir, qui rendent la Punition légitime.

§. VI. 1. On peut rapporter ici une division des Peines, que l'on trouve dans Platon, & dans le Philosophe Taurus, un de ses anciens Commentateurs, dont parle Aulu-Gelle: car & l'Auteur, & le Commentateur, fondent leur division sur le but des Peines; toute la différence qu'il y a entr'eux, c'est que Platon n'a conçû que deux fins, (1) savoir, la correction & l'exemple; au lieu que Taurus y en ajoûte une troisiéme, je veux dire, (2) la satisfaction pour le tort qu'on a fait. Clement *d'Aléxandrie* définit la Punition qui s'exerce dans la derniére de ces vuës, & que (3) Plutarque n'a pas oubliée; (4) *un acte par lequel on fait souffrir quelcun*

> *Pueri inter sese quàm pro levibus noxiis iras gerunt?*
> *Quapropter? quia enim, qui eos gubernat animus, infirmum gerunt.*
> *Itidem mulieres sunt ferme, ut pueri, levi sententiâ.*

Hecyr. (*Act.* III. *Scen.* I. vers. 30.) Ammien Marcellin dit, que les Sages regardent la Colére comme aiant d'ordinaire pour principe une grande foiblesse d'Ame; & qu'ils en alléguent pour raison, que les Malades sont plus sujets à se courroucer, que ceux qui sont en santé; les Femmes, plus que les Hommes; les Vieillards, plus que les Jeunes Gens; les Malheureux, plus que ceux qui sont dans la prospérite: *Hanc enim* (iram) *ulcus animi esse diuturnum, interdumque perpetuum, prudentes definiunt, nasci ex mentis mollitia consuetum: id adserentes argumento probabili, quòd iracundiores sunt incolumibus languidi, & feminæ maribus, & juvenibus senes, & felicibus ærumnosi.* (Lib. XXVII. Cap. VII. *pag.* 536. *Ed. Vales. Gron.*) Grotius.

(7) *Inhumanum verbum est, & quidem pro justo receptum, Ultio: & à contumelia non differt, nisi ordine. Qui dolorem regerit, tantum excusatiùs peccat.* De Ira, *Lib.* II. *Cap.* XXXII.

(8) Ἐπιτολμήσαιμι δ' ἂν ἔγωγε εἰπεῖν, ὅτι ὑπὲρ ἐστὶν ἀδικίας πρὸς ἀδικίαν ὑπερβολὴ, ὁ τιμωρῶν τοῦ προϋπάρξαντος ἀδικώτερος. Differt. II. pag. 24, 26. *Edit. Davis.*

(9) Ce mot se trouve dans Stobe'e, *Serm.* XIX. *De Patientia*: où le Compilateur rapporte un assez long passage d'un Traité de ce Philosophe, sur la Question, *Si un Philosophe doit intenter action d'injures contre quelcun.*

(10) Τὸ γὰρ ἀντιτιμωρεῖσθαι, τοῦ προαδικεῖν, νόμῳ δικαιότερον εἶναι, φύσει γινόμενον ἀπὸ μιᾶς ἀσθενείας. Plutarch. in Vit. Dion. *Tom.* I. pag. 979. A.

§. VI. (1) Voici le passage: Προσήκει δὲ παντὶ τῷ ἐν τιμωρίᾳ ὄντι, ὑπ' ἄλλου ὀρθῶς τιμωρουμένῳ, ἢ βελτίονι γίγνεσθαι καὶ ὀνίνασθαι, ἢ παράδειγμά τι τοῖς ἄλλοις γίγνεσθαι· ἵνα ἄλλοι ὁρῶντες πάσχοντα ἃ ἂν πάσχῃ, φοβούμενοι, βελτίους γίγνωνται. In Gorg. *Tom.* I. pag. 525. A. B.

(2) Τιμωρία: Voici le passage entier. *Puniendis peccatis tres esse debere caussas existimatum est. Una est, quæ νουθεσία, vel κόλασις, vel παραίνεσις dicitur; quum pœna adhibetur castigandi atque emendandi gratiâ, ut is, qui fortuito deliquit, attentior fiat correctiorque. Altera est, quam ii, qui vocabula ista curiosius diviserunt, τιμωρίαν adpellant. ea caussa animadvertendi est, quum dignitas auctoritasque ejus, in quem est peccatum, tuenda est, ne prætermissa animadversio contemtum ejus pariat, & honorem levet: idcircoque id ei vocabulum à conservatione honoris factum putant. Tertia ratio vindicandi est, qua παράδειγμα à* Græcis *nominatur, quum punitio propter exemplum est necessaria, ut ceteri similibus à peccatis, quæ prohiberi publicitus interest, metu cognitæ pœnæ deterreantur. Idcirco veteres quoque nostri* exempla *pro maximis gravissimisque pœnis dicebant . . . . Has tres ulciscendi rationes & Philosophi alii plurifariam, & noster* Taurus, *in primo commentariorum, quos in* Gorgiam Platonis *composuit, scriptas reliquit.* Plato *autem ipse verbis apertis duas solas esse puniendi caussas dixit* &c. Aul. Gell. Noct. Attic. *Lib.* VI. *Cap.* XIV.

(3) Il dit, que les Peines qu'on inflige immédiatement après que le Crime a été commis, empêchent que le Coupable n'en commette à l'avenir de semblables, & sont une grande consolation pour ceux à qui il a fait du mal: Αἱ δ' ὑπὸ χεῖρα τοῖς τολμῶσιν ἀπαντῶσαι τιμωρίαι, καὶ τ' μελλόντων εἰσὶν ἐπισχετικαὶ ἀδικημάτων, καὶ μάλιστα τὸ παρηγορεῖν τοὺς πεπονθότας ἱκανώτατα δύναται. De sera Numin. vindict. *Tom.* II. pag. 548. E.

(4) Τιμωρία δέ ἐστιν ἀνταπόδοσις κακοῦ, ἐπὶ τὸ τοῦ τι-

cun à son tour, pour se dédommager du mal qu'on en a reçû. C'est proprement cette sorte de Punition, qu'ARISTOTE (5) rapporte à la *Justice*, qu'il appelle *Permutative*: mais s'il parle ailleurs & de la *satisfaction* (6) & de la *correction*, il ne dit rien de l'*exemple*.

2. Pour traiter la matiére avec plus d'exactitude, il faut dire, à mon avis, que, dans toute Punition, on a en vuë ou le *bien du Coupable* même, ou l'*utilité de celui qui avoit intérêt que le Crime ne fût pas commis*, ou enfin l'*avantage de tout le monde généralement*.

(a) Νουθεσία. (b) Κόλασις. (c) Παραίνεσις.

§. VII. 1. LA Punition, qui tend à la *prémiére* de ces fins, est ce que les Philosophes appellent, (1) tantôt (a) *Réprimande* ou *Correction*, tantôt (b) *Châtiment*, tantôt (c) *Avertissement*; & qui se fait pour corriger, comme parle le (2) Jurisconsulte PAUL, ou *pour rendre sage*, comme (3) s'exprime PLATON, ou pour *guérir l'Ame*, comme (4) le dit PLUTARQUE. Elle a en effet pour but de corriger le Coupable, & de le rendre plus homme de bien, en guérissant le mal par son contraire. Car, comme toutes sortes d'Actions, sur tout celles qu'on fait de propos délibéré & auxquelles on revient souvent, forment un certain panchant à en produire d'autres semblables, lequel croit de plus en plus jusqu'à ce qu'il tourne en habitude; il faut éloigner, le plûtôt qu'il est possible, tout ce qui sert d'attrait au Vice: & c'est de quoi on ne sauroit mieux venir à bout, qu'en ôtant (5) la douceur du Crime par l'amertume de la Douleur. *Quand les maladies de l'Ame en sont venuës à un tel point, que le Cœur est & corrompu lui-même, & corrupteur des autres; il ne faut pas des remédes moins forts, que l'ardeur des désirs qui le dévorent*; c'est ce que TACITE (6) fait dire à *Tibére*. Selon les *Platoniciens*, au rapport d'APULE'E, (7) *il n'y a pas de plus grand supplice pour un Coupable, que d'obtenir l'impunité, sans avoir du moins à subir les censures des Hommes.*

(d) Voiez *Thom.* Summ. Theol. II. 2. *Quæst.* XXXIII. *Art.* III.

2. Il est permis naturellement à toute (d) personne qui a du Jugement, & qui n'est point entâchée des mêmes Vices, ou d'autres aussi honteux, d'exercer la Punition qui sert au but dont il s'agit. Cela paroît par cette espéce de châtiment qui se fait en paroles. Car, comme le dit un Poëte Latin, (8) *reprendre un Ami, lors qu'il a commis*

μαρτήσαντος συμφέρον ἀναπεμπομένη. On trouve aussi dans St. CHRYSOSTOME, ces trois fins, *νουθεσία, τιμωρία, κόλασις*, la correction, la satisfaction, l'exemple. *In I. ad Corinth.* XI, 32. GROTIUS.

Le passage de CLE'MENT *d'Aléxandrie* a été rapporté ici plus exactement, que ne faisoit nôtre Auteur; car en citant de mémoire, il y avoit changé deux mots. Ce passage est du *Pédagogue*, Lib. I. Cap. VIII. pag. 140. *Edit. Oxon. Potter.* On trouve ailleurs à peu près, la même définition, *Stromat.* Lib. VII. Cap. XVI. pag. 895.

(5) Voiez sa Morale à *Nicomachus*, Lib. V. Cap. VII. VIII.

(6) *Διαφέρει δὲ τιμωρία, καὶ κόλασις· ἡ μὲν γὰρ κόλασις, τοῦ πάσχοντος ἕνεκά ἐστιν· ἡ δὲ τιμωρία, τοῦ ποιοῦντος, ἵνα ἀποπληρωθῇ.* Rhetoric. *Lib.* I. *Cap.* X.

§. VII. (1) Voiez le passage d'AULU-GELLE, qui a été cité dans la *Note* 2. sur le paragraphe précedent.

(2) On aura occasion de citer la Loi, dans le Chapitre suivant, §. 12. *Note* 1.

(3) Voici le passage: *Δίκην δὲ ὑπεχέτω ἐκεῖνος τῷ κακουργήματι σωφρονιστὺς ἕνεκα ξυνεπομένην φρονιστικωτάτην.* De Legg. *Lib.* XI. pag. 933. E. Tom. II. *Ed. Steph.*

(4) *Ἰατρεία τῆς ψυχῆς.* Voiez le Traité de la lenteur de la Vengeance Divine, *Tom.* II. pag. 550. A. 559. F.

(5) C'est ce que SENE'QUE a remarqué: & il se sert de la comparaison d'une piece de bois ronde & longue, que l'on brûle pour la redresser, & que l'on fend, non pour la rompre, mais pour l'ouvrir & l'étendre: *Non enim nocet* [castigatio], *sed medetur, specie nocendi. Quemadmodum quædam hastilia detorta, ut corrigamus, adurimus, & adactis cuneis, non ut frangamus, sed ut explicemus, elidimus: sic ingenia vitio prava, dolore corporis animique corrigimus.* De Ira, *Lib.* I. *Cap.* V. Il dit ailleurs, que les châtimens d'un bon Magistrat, d'un bon Précepteur, d'un bon Juge, sont des maux utiles, comme quand un Medecin fait appliquer le fer à un Membre gangrené, ou ordonne la diéte à son Malade: *Quædam esse diximus, quæ nocere non possunt; quædam, quæ nolunt. In his erunt boni magistratus, parentesque, & præceptores, & judices: quorum castigatio sic accipienda est, quomodo scalpellum, & abstinentia, & alia, quæ profutura torquent.* Ibid. Lib. II. Cap. XXVII. GROTIUS.

(6) *Corruptus simul & corruptor, æger & flagrans animus, haud levioribus remediis restinguendus est, quàm libidinibus ardescit.* Annal. *Lib.* III. *Cap.* LIV. *num.* 2.

(7) *Graviusque & acerbius est omni supplicio, si noxio impunitas deferatur, nec hominum interim animadversione plectatur.* De habitud. Doctr. Platonic. *pag.* 21. *Edit. Elmenhorst.*

(8) *Næ amicum castigare ob meritam noxiam,*
Immune est facinus; verùm in ætate utile
Et conducibile ——————

PLAUT. Trinumm. *Act.* I. *Scen.* I. *vers.* 1.

(9) Les Empereurs VALENTINIEN & VALENS permet-

mis quelque faute qui le mérite, c'est une chose à la vérité dont ceux que l'on reprend voudroient bien qu'on ne se mêlât point, mais qui est d'un grand usage dans la Vie.

3. A l'égard des Coups, & des autres choses qui renferment quelque contrainte, s'il est permis (c) à l'un, & non pas à l'autre, d'user de tels moiens, cette différence ne vient point de la Nature, (car tout ce que la Raison nous enseigne ici, c'est que les Péres & Méres ont un droit particulier de châtier leurs Enfans, à cause de l'étroite liaison qu'ils ont avec eux) mais elle est fondée sur les Loix, qui, pour éviter les quérelles, ont restreint cette parenté générale de tous les Hommes aux plus proches Parens, de qui l'on est le plus tendrement aimé; comme on le voit dans (9) le CODE JUSTINIEN, & ailleurs. C'est sur ce principe, que XE'NOPHON disoit aux Soldats de l'Armée Gréque qu'il avoit commandée : (10) *Si j'ai frappé quelcun de vous pour son bien, j'avouë que je dois subir la même peine, qu'un Enfant peut infliger à son Pére, lors qu'il en a été châtié, ou un Disciple à son Maître. Les Médecins même n'appliquent-ils pas le fer & le feu aux Membres de leurs Malades, pour les guérir?* LACTANCE remarque, (11) que DIEU veut qu'on châtie les Enfans, toutes les fois qu'ils commettent quelque faute, de peur que, par une tendresse nuisible & un excès d'indulgence, on ne les eléve dans le mal.

(c) Voiez *Augustin.* Enchirid. Cap. LXXII.

4. Cette sorte de Punition, qui a pour but le bien du Coupable, ne peut pas s'étendre jusqu'à lui ôter la vie, si ce n'est indirectement, & entant que l'on raméne à une idée positive une idee négative toute opposée. Car comme, selon ce que dit Nôtre Seigneur JE'SUS-CHRIST, (f) il y a des gens pour qui il vaudroit mieux de n'être point nez, c'est-à-dire, qui ne seroient pas aussi malheureux, qu'ils sont: de même on peut dire, qu'il vaudroit mieux pour un naturel incorrigible, de mourir, que de vivre plus long tems, c'est-à-dire, que ce seroit un moindre mal pour une telle personne, puis qu'il est certain que, si elle vit, elle ne fera que devenir de jour en jour plus méchante. C'est de ces sortes de gens que SENE'QUE (12) dit, *que leur intérêt même demande qu'ils périssent*; parce qu'ils ne vivent que, *pour nuire aux autres, & plus encore à eux-mêmes*, comme (13) parle PLUTARQUE. On trouve la même pensée dans (14) JAMBLIQUE, & dans (15) GALIEN.

(f) *Marc,* XIV, 21.

5. Quel-

mettent aux proches Parens, qui ont de l'âge, de châtier modérément un Jeune Homme, en minorité, comme auroit pû faire son Pére; à moins qu'il n'ait commis quelque faute énorme, dont la connoissance appartienne aux Juges: *In corrigendis minoribus, pro qualitate delicti, senioribus propinquis tribuimus potestatem: ut quos, ad vitæ decora, domestica laudis exempla non provocant, saltem correctionis medicina compellat. Neque tamen nos in puniendis minorum vitiis potestatem in immensum extendi volumus, sed jure patrio auctoritas corrigat propinqui juvenis erratum, & privatâ animadversione compescat. Quod si atrocitas facti jus domesticæ emendationis excedat, placet enormis delicti reos dedi judicum notioni.* COD. Lib. IX. Tit. XV. *De emendatione propinquorum.*

(10) Ἐγὼ γὰρ εἰ μὲν ἐπ' ἀγαθῷ ἐκόλασά τινα, ἀξιῶ ὑπέχειν δίκην, οἵαν καὶ γονεῖς υἱοῖς, καὶ διδάσκαλοι παισί. καὶ γὰρ ἰατροὶ τέμνουσι καὶ καίουσιν ἐπ' ἀγαθῷ. De Cyri Expedit. *Lib.* V. *Cap.* VIII. §. 8. *Ed. Oxon.*

(11) *Qui* [Deus] *jubet, uti maledicis & lædentibus non irascamur, manus autem nostras supra minores semper habeamus, hoc est, ut peccantes eos adsiduis verberibus corrigamus, ne amore inutili & indulgentiâ nimiâ educentur ad malum, & ad vitia nutriantur.* Instit. Divin. *Lib.* VI. *Cap.* XIX. *num.* 8. *Edit. Cellar.*

(12) *Ut nemo pereat, nisi quem perire etiam pereuntis intersit.* De Ira, *Lib.* I. *Cap.* V. Voiez aussi le Chap. XVI.

(13) C'est dans un endroit où il dit, que DIEU punit d'abord de tels Pécheurs incorrigibles, au lieu qu'il donne le tems de se convertir à ceux qui péchent par l'ignorance de la Vertu, plûtôt que par l'amour du Vice: Ἀλλὰ τὸ μὲν ἀνίκεστον εὐθὺς ἐξεῖλε τοῦ βίου καὶ ἀπέκοψεν, ὡς ἑτέροις γε πάντως βλαβερὸν, αὐτῷ τε βλαβερώτατον, ἀεὶ συνεῖναι μετὰ πονηρίας· οἷς δ' ὑπ' ἀγνοίας τοῦ καλοῦ μᾶλλον ἢ προαιρέσει τοῦ αἰσχροῦ τὸ ἁμαρτητικὸν εἰκὸς ἐγγεγονέναι, δίδωσι μεταβάλλεσθαι χρόνον. De sera Num. vindict. *pag.* 551. E. *Tom.* II. *Ed. Wech.*

(14) Ce Philosophe dit, que, comme il vaut mieux pour une personne qui a un abscès, d'y laisser mettre le feu, que de demeurer dans l'état où elle est; de même il vaut mieux pour un Méchant, de mourir, que de vivre: Καθάπερ τῷ ὑποπύῳ βέλτιον τὸ καίεσθαι, τοῦ διαμένειν· οὕτω καὶ τῷ μοχθηρῷ τὸ τεθνάναι, τοῦ ζῆν. Protreptic. *Cap.* II.

(15) Après avoir dit, que l'on punit de mort un Homme, prémiérement, pour empêcher le mal qu'il pourroit faire, s'il vivoit plus long tems; & ensuite, pour détourner les autres, par son exemple, de commettre rien de semblable: il ajoûte, qu'il y a une troisiéme raison, c'est qu'il vaut mieux pour le Criminel même de mourir, lors qu'il est d'une malice incorrigible: Καὶ τρίτον, ὅτι καὶ αὐτοῖς ἐκείνοις ἄμεινον τεθνάναι διεφθαρμένοις οὕτω τὴν ψυχὴν, ὡς ἀνίατον ἔχειν τὴν κακίαν. De sera Num. vind. *pag.* 551. E.

(16)

5. Quelques Docteurs croient, que c'est de ceux-là mêmes que l'Apôtre St. JEAN
(g) I. Epître, V, 16. parle, lors qu'il dit, (g) qu'il y a une sorte de Pécheurs, (16) dont *le péché va à la mort.* Mais comme les preuves qu'on peut avoir d'un panchant incorrigible à mal faire, sont sujettes à tromper, la Charité veut qu'on ne désespére pas legérement de l'amendement de qui que ce soit. Ainsi il ne peut arriver que très-rarement que l'on soit obligé de punir quelcun par cette raison qu'on a tout lieu de croire qu'il ne se corrigera jamais.

§. VIII. 1. VOILA' pour la prémiére fin des Peines. La *seconde*, ou l'*utilité de celui à qui il importoit que le Crime ne fût pas commis*, consiste en ce qu'il faut faire en sorte qu'il ne soit désormais exposé à rien de semblable, ni de la part de celui qu'on punit, ni de la part d'aucun autre. AULU-GELLE (1) définit cette sorte de Punition, après le Philosophe TAURUS, par *celle où l'on se propose de défendre la dignité & l'autorité de celui que l'on a offensé, afin que l'impunité ne l'expose pas au mépris.* Ce que l'on dit là de l'atteinte donnée à l'autorité de la personne offensée, il faut l'entendre d'un attentat contre la liberté ou contre tout autre droit de chacun. TACITE (2) donne à entendre, que l'on peut *pourvoir à sa sûreté par une juste punition.*

2. Or il y a trois moiens d'empêcher que la personne lézée (3) ne souffre plus de mal de la part de l'Offenseur. Le prémier est, de faire mourir le Coupable: le second, de le mettre hors d'état de nuire: le dernier, de lui faire souffrir quelque mal, par où il apprenne à ses dépens à être plus sage; ce qui a du rapport avec la correction, dont nous avons parlé ci-dessus.

3. Pour mettre en suite à couvert la personne lézée du tort & des maux pareils que d'autres pourroient lui faire; il faut que le Coupable soit puni, non pas en cachette, mais publiquement & à la vuë de tout le monde.

4. Si

(16) Ces sortes de Pécheurs sont attaquez d'une maladie incurable, selon St. CHRYSOSTÔME, *οἱ ἀνίατα νοσοῦντες.* In II. *ad* CORINTH. XIII, 9. L'Empereur JULIEN distingue aussi entre les Coupables, dont on a quelque espérance qu'ils pourront être guéris de leur malice; & ceux en qui elle est incurable. Il dit, que les Loix punissent de mort les derniers, autant pour le bien d'autrui, que pour le leur propre. *Διττῶν δὲ ὄντων τῶν ἁμαρτημάτων, καὶ τῶν μὲν ὑποφαινόντων ἐλπίδας ἀμείνους, καὶ οὐ παντάπασι τὴν θεραπείαν ἀπεσεισμένων· τῶν δὲ ἀνίατα πλημμεληθέντων· τούτοις δὲ οἱ νόμοι θάνατον λύσιν τῶν κακῶν ἐπινενόηται, οὐκ εἰς τὴν ἐκείνων μᾶλλον, εἰς δὲ τὴν τῶν ἄλλων ὠφέλειαν.* Oration. II. (pag. 89. B. *Edit. Spanhem.*) GROTIUS.

§. VIII. (1) Voiez le passage cité ci-dessus, dans la *Note* 2. sur le paragraphe 6.

(2) C'est *Poppée*, que *Néron* venoit d'épouser, qui représente à cet Empereur, qu'il devoit ou reprendre *Octavie* de son bon gré, plûtôt que par force, ou bien punir *Octavie*, pour se mettre lui-même en sûreté: *Denique, si id rebus conducat, libens, quàm coactus, acciret dominam, vel consuleret securati justâ ultione.* Annal. *Lib.* XIV. *Cap.* LXI. *num.* 7.

(3) On voit dans les Bêtes même quelque image d'une punition faite dans cette vuë. PLINE remarque, que, quand une Lionne s'est accouplée avec un Léopard, le Lion, qui s'en apperçoit à l'odeur du Léopard, se jette sur elle de toute sa force, pour la châtier: *Odore Pardi coitum sentit in adultera Leo, totâque vi consurgit in pœnam.* Hist. Natur. Lib. VIII. Cap. XVI. GROTIUS.

(4) Lors, par exemple, (dit ici le Savant GRONOVIUS) que l'Offenseur se trouve un Pére, ou un homme qui n'étoit pas en son bon sens, ou une personne à qui l'on avoit fait soi-même auparavant quelque injure, & qui nous l'avoit pardonnée. Le premier & le troisiéme exemple, sont justes: mais rien n'est plus mal appliqué que le second. Car peut-on faire une *injure*, proprement ainsi nommée, quand on n'a pas l'usage de la Raison?

(5) *Ac natura quidem jus est, quod nobis non opinio, sed quadam innata vis adferat, ut religionem, pietatem, gratiam, vindicationem, observantiam, veritatem ..... Vindicationem, per quam vim & contumeliam, defendendo aut ulciscendo, propulsamus à nobis, & à nostris, qui nobis esse cari debent, & per quam peccata punimus.* De Invent. *Lib.* II. *Cap.* XXII.

(6) *Quippe adversus latronem, si nequeant pro salute, pro ultione tamen suâ, omnes ferrum stringere.* Lib. XXXVIII. Cap. IV. *num.* 2.

(7) On a cité le passage tout entier, dans la *Note* 1. sur le paragraphe 5. L'Auteur repetoit, sans nécessité, ce passage dans la *Note* suivante; comme il lui est arrivé en d'autres endroits, par oubli sans doute.

(8) *Romulus*, au rapport de PLUTARQUE, disoit, en parlant du meurtre de *Tatius*, commis par quelques *Laurentins*, qu'on avoit rendu meurtre pour meurtre, & qu'ainsi l'injure étoit effacée: *Ἔνιοι δὲ τῶν συγγραφέων ἱστοροῦσι, τὴν μὲν πόλιν τῶν Λαυρεντίων φοβηθεῖσαν ἐκδεδόναι τοὺς αὐτόχειρας Τατίου, τὸν δὲ Ῥωμύλον ἀφεῖναι, φήσαντα φόνον φόνῳ λελύσθαι.* (Vit. Romul. *Tom.* I. pag. 32. C.) PROCOPE fait dire à *Bélisaire*, qu'il est naturel de haïr ceux qui nous ont fait quelque injure ou quelque injustice: *Φύσει γὰρ πεφύκασι τοῖς ἀδικουμένοις ἡ πρὸς τοὺς βιαζομένους ἔχθρα.* Vandalic. Lib. I. (Cap. XVI.) GROTIUS.

(9)

4. Si l'on rapporte à ces fins, & qu'on renferme dans les bornes de l'Equité, la Vengeance même particuliére, elle n'est point illicite, à en juger par le Droit de Nature tout seul, c'est-à-dire, indépendamment des Loix Divines & Humaines, & mis à part les circonstances (4) qui ne sont pas essentielles à la chose; soit que la Vengeance s'exerce par celui-là même qui a été offensé, ou par quelque autre; car il est conforme à la Nature, qu'un Homme en secoure un autre. On peut admettre en ce sens la pensée de Cicéron, (5) qui, après avoir décrit le *Droit Naturel* comme une *Loi qui est fondée non sur l'opinion, mais sur des sentimens nez avec nous*, en donne pour exemple la *Vengeance*, qu'il oppose au *Pardon*: & afin qu'on ne doutât point jusqu'où il étend la signification de ce mot, il définit la Vengeance, *une action par laquelle, en se défendant ou en se vengeant, on repousse la violence & les insultes faites ou à nous, ou aux nôtres, qui doivent nous être chers; & par laquelle aussi on punit les fautes.* Tout *le monde tire l'épée contre un Brigand, du moins pour se venger, si on ne le peut pour sauver sa vie*; c'est ce que Trogus Pompée faisoit dire à *Mithridate*, dans une Harangue que (6) Justin a copiée. Et Plutarque (7) appelle cela, *la Loi de la Vengeance.* C'est aussi sur ce droit (8) naturel que *Samson* se fondoit, lors qu'il disoit, (a) que, s'il faisoit du mal aux *Philistins*, après en avoir reçû d'eux, il seroit entiérement innocent. Et quand il se fut vengé effectivement, il se justifia de la même maniére, (b) disant qu'il leur avoit fait comme eux-mêmes lui avoient fait les prémiers. On peut alléguer (9) plusieurs autres passages semblables d'Auteurs & Profanes, & Ecclésiastiques.

(a) *Juges*, XV, 3.
(b) *Ibid.* vers. 11.

5. Mais comme nous sommes sujets à nous laisser surprendre aux illusions de la Passion, quand il s'agit de nôtre intérêt ou de celui des nôtres; on trouva bon, à cause de cela, lors que plusieurs Familles se furent jointes ensemble dans un même lieu, d'établir des Juges, & de les revêtir eux seuls du pouvoir de venger ceux qui auroient été offen-

(9) Thucydide introduit ceux de *Platée* soûtenant qu'ils ont eu raison de punir les *Thébains*, qui s'étoient emparez de leur Ville, dans un tems de paix; & qu'ils n'ont fait que suivre en cela une Loi établie chez tous les Peuples, selon laquelle on peut justement repousser un Ennemi: Πόλιν γὰρ αὐτοὺς τὴν ἡμετέραν καταλαμβάνοντας ἐν σπονδαῖς, καὶ προσέτι ἱερομηνίᾳ, ὀρθῶς ἐτιμωρησάμεθα, κατὰ τὸν πᾶσι νόμον καθεστῶτα, τὸν ἐπιόντα πολέμιον ὅσιον εἶναι ἀμύνεσθαι. (Lib. III. Cap. LVI. *Edit. Oxon.*) Démosthéne donne pour une Loi commune à tous les Hommes, qu'il est permis de repousser ceux qui nous enlevent nos biens. [Le passage a déja été cité, *Chap.* I. de ce second Livre, §. 11. *num.* 1.] *Jugurtha* aiant parlé des embûches qu'*Adherbal* avoit dressées, pour lui ôter la vie, ajoûte, que le *Peuple Romain* feroit mal de l'empêcher, lui *Jugurtha*, d'user, à l'égard d'*Adherbal*, du droit des Gens, c'est à-dire, du droit de se venger d'un tel attentat: Atherbalem *vitæ suæ insidiatum: quod ubi comperisset, ejus sceleri obviam isse: populum Romanum neque rectè, neque pro bono facturum, si ab jure gentium se prohibuerit.* Sallust. Bell. Jug. (*Cap.* XXV. *Ed. Wass.*) Aristide dit, que c'est une maxime approuvée & par les Poëtes, & par les Législateurs, & par les Orateurs, une maxime conforme aux Proverbes même qui expriment les idées du Commun Peuple, une maxime en un mot reçuë de tout le monde, Qu'on peut se venger d'un Aggresseur: Ἀλλ' ὃ ποιηταί, καὶ νομοθέται, καὶ παροιμίαι, καὶ ῥήτορες, καὶ πάντες κελεύουσιν, ἀμύνεσθαι τοὺς ὑπάρξαντας, τοῦτο εἰσηγεῖτο &c. Orat. Platon. II. *pro Quatuorviris*, (Tom. III. pag. 259. A. *Edit. Paul. Steph.*) St. Ambroise louë les *Maccabées*, de ce qu'ils avoient vengé, dans un jour même de *Sabbat*, la mort de leurs Fréres innocens: *Sed* Maccabæi *considerantes, quid hoc exemplo gens omnis posset perire, Sabbato etiam, quum ipsi in bellum provocarentur, ulti sunt innocentium necem fratrum suorum.* De Offic. *Lib.* I. *Cap.* XL. Voiez aussi ce que dit le même Pére, dans son Discours contre *Symmaque*: & Joseph, *Antiq. Jud.* Lib. XIII. Cap. I. au sujet de la vengeance que l'on tira de la mort de *Jean*, frére de *Jonathan*. St. Ambroise répondant aux plaintes que faisoient les *Juifs*, de ce que les *Chrétiens* leur avoient brûlé une Synagogue, parle encore ainsi: " Si je voulois en appeller au Droit des ,, Gens, je ferois voir ici, combien de Temples des ,, *Chrétiens* ont été brûlez par les *Juifs*, du tems de ,, l'Empereur *Julien*. At *certè si jure gentium agerem, dicerem, quantas Ecclesiæ Basilicas* Judæi *tempore imperii* Juliani *incenderint* &c. Epist. XXIX. (pag. 562. C. *Edit. Paris.* 1569.) Il appelle là une maxime du Droit des Gens, rendre la pareille: & il se sert de la même expression, que Tite Live, au sujet des *Laurentins*, qui demandoient raison de ce qu'on avoit maltraité leurs Ambassadeurs: *Post aliquot annos, propinqui Regis* Tatii *legatos* Laurentium *pulsant. quumque* Laurentes Jure gentium agerent &c. Lib. I. (Cap. XIV. *num.* 1.) C'est ainsi que *Civilis* dit, dans Tacite, qu'après avoir été maltraité en plusieurs maniéres, & à un tel point, que ses Soldats même demandoient sa mort, il vouloit s'en venger, selon le Droit des Gens: *Egregium*, inquit, *pretium laboris cepi, necem fratris, & vincula mea, & sævissimas hujus exercitus voces, quibus ad supplicium petitus, jure gentium pœnas reposco.* Hist. *Lib.* IV. (*Cap.* XXXII. *num.* 4.) Grotius.

offensez, de sorte que tous les autres Membres de la Communauté furent ainsi privez de la liberté que la Nature leur avoit donnée; LUCRE'CE dit, (10) que l'on s'avisa de regler, par des Loix, la maniére d'avoir satisfaction des injures, parce que chacun, en voulant se faire raison à soi-même, ne consultoit que son ressentiment, & passoit les bornes de la Justice. Plusieurs autres Auteurs de l'Antiquité ont (11) reconnu la nécessité d'établir, pour cette raison, des Tribunaux de Justice.

6. Cela n'empêche pas pourtant que la liberté primitive de se faire raison à soi-même ne subsiste encore dans les lieux où il n'y a point de Tribunaux de Justice, comme sur mer. On peut rapporter peut-être ici ce que fit *Jules César*, (c) n'étant encore que simple Particulier. Il avoit été pris par des Pirates: lors qu'ils l'eurent relâché, il les poursuivit avec une Flotte ramassée à la hâte, mit en fuite une partie de leurs Vaisseaux, & coula à fond les autres: ensuite, comme le Proconsul négligeoit de punir les Pirates qu'il avoit fait prisonniers, il se remit en mer, & les fit lui-meme crucifier.

(c) *Vellei. Paterc.* Lib. II. Cap XLII. *Plutarch.* in Cæs. pag. 708. Tom. II. *Ed. Wech.*)

7. Cette liberté naturelle se conserve aussi dans les lieux déserts, & dans ceux où l'on vit à la maniére des (12) *Nomades.* C'est ainsi que, parmi les (13) *Umbriciens*, au rapport de NICOLAS *de Damas*, chacun se faisoit justice à soi-même: & on peut encore aujourd'hui en user ainsi impunément chez les *Moscovites*, lors qu'après avoir porté plainte au Juge, il ne rend pas justice dans un certain tems. De là ont pris aussi naissan-

(10) *Acrius ex ira quòd enim se quisque parabat*
Ulcisci, quàm nunc concessum est legibus aequis,
Hanc ob rem est homines pertæsum vi colere ævum:
Lib. V. vers. 1147, *& seqq.*

(11) Les Loix, dit DE'MOSTHE'NE, ont réglé la maniére dont chaque injure doit être punie, pour empêcher que chacun ne suivît en cela les mouvemens de sa colére, ou son jugement particulier: Ἀλλ' ἐν τοῖς νόμοις εἶναι τούτων ἑκάστου τὴν δίκην [προσήκει?], μὴ τῇ τοῦ προστυχόντος ὀργῇ, μηδὲ βουλήσει ταῦτα κρίνεσθαι. Orat. *adverf. Conon.* (pag. 730. A. *Ed. Basil.* 1572.) La même raison est alleguée par les Empereurs HONORIUS & THE'ODOSE: *Idcirco tamen Judiciorum vigor, jurisque publici tutela videtur in medio constituta, ne quisquam sibi ipsi permittere valeat ultionem.* COD. Lib. I. Tit. IX. *De Judæis & Cælicolis*, Leg. XIV. Voiez aussi un passage de CASSIODORE, qui a été cité ci-dessus, *Liv.* I. *Chap.* III. §. 1. *num.* 2. Voici comment *Tyndare* parle contre *Oreste*, dans la Tragédie d'EURIPIDE qui porte le nom de celui-ci: „ S'agit-il de disputer avec lui de sagesse? Si ce qui „ est honnête ou deshonnête est connu clairement de „ tout le monde, comme on n'en sauroit douter, y „ eut-il jamais d'homme plus insensé, qu'*Oreste*, lui „ qui n'a consideré ni les régles de la Justice, ni les „ Loix communes de toute la *Gréce?* Car lors que ma „ Fille (*Clytemnestre*) eut tué son Mari *Agamemnon*, „ (action très-infame, & que je n'approuverai jamais) „ *Oreste* devoit l'accuser dans les formes, & la chasser „ de la maison, sans avoir égard à la qualité de Mére. „ Par là il auroit témoigné de la modération dans son „ malheur, il auroit agi pieusement & selon les Loix. „ Au lieu qu'il est tombé dans le même excès de fureur, que sa Mére. Il la traite de méchante, & il „ a raison: mais en la tuant, il est devenu pire, „ qu'elle. Permettez-moi, *Ménelas*, de vous faire une „ question. Si une Femme aiant tué son Mari, est „ tuée elle-même par un Fils, & que le Fils de celui-ci expie ce meurtre par un nouveau; quand verra-t-on la fin de ces spectacles tragiques?

TYN. Πρὸς τόνδ' ἀγὼν τίς ἂν σοφίας ἥκει πέρι;
Εἰ τὰ καλὰ πᾶσι φανερὰ, καὶ τὰ μὴ καλὰ,
Τούτου τίς ἀνδρῶν γένετ' ἀσυνετώτερος;
Ὅστις τὰ μὲν δίκαια οὐκ ἐσκέψατο,
Οὐδ' ἦλθεν ἐπὶ τὸν κοινὸν Ἑλλήνων νόμον.
Ἐπεὶ γὰρ ἐξέπνευσεν Ἀγαμέμνων βίον,
Πληγεὶς θυγατρὸς τῆς ἐμῆς ὑπὲρ κάρα,
(Αἴσχιστον, ἔργον οὐ γὰρ αἰνέσω ποτέ)
Χρῆν αὐτὸν ἐπιθεῖναι μὲν αἵματος δίκην
Ὁσίαν, διώκοντ' ἐκβαλεῖν τε δωμάτων
Μητέρα, τὸ σῶφρον τ' ἔλαβεν ἂν τῆς συμφορᾶς,
Καὶ τοῦ νόμου τ' ἂν εἴχετ', εὐσεβής τ' ἂν ἦν.
Νῦν δ' εἰς τὸν αὐτὸν δαίμον' ἦλθε μητέρι·
Κακὴν γὰρ αὐτὴν ἐνδίκως ἡγούμενος,
Αὐτὸς κακίων ἐγένετο, μητέρα κτανών.
Ἐρήσομαι δὲ, Μενέλεως, τοσόνδε σε·
Εἰ τόνδ' ἀποκτείνειεν ὁμόλεκτρος γυνὴ,
Χ' ὁ τοῦδε παῖς αὖ μητέρ' ἀνταποκτενεῖ,
Κἄπειτ' ὁ κείνου γενόμενος φόνον φόνῳ
Λύσει· πέρας δὲ ποῖ κακῶν προβήσεται;

(Vers. 491, *& seqq.*) Les derniéres paroles, qui sont pleines de bon-sens, ont fourni matiére aux réflexions & des Philosophes, & des Orateurs. Ecoutons MAXIME *de Tyr*: „ Si celui qui a reçû une injure, s'en „ venge toûjours, le mal passera, & sautera, pour „ ainsi dire, de l'un à l'autre: une injure sera suivie „ d'une autre. Car, si vous permettez à l'un de rendre le mal pour le mal, l'autre le rendra à son „ tour avec le même droit, puis qu'ils sont à deux „ de jeu. Et bon Dieu! que voulez-vous faire? Voulez-vous faire naître la Justice d'une Injure? Où „ en serons-nous? Où s'arrêtera le mal? Τί δὲ τοίνυν ἔσται καὶ πέρας τοῦ κακοῦ; εἰ γὰρ ὁ ἀδικηθεὶς ἀμύνεται, ἀεὶ μεταβαίνει τὸ κακὸν ἀπ' ἄλλου πρὸς ἄλλον, καὶ μεταπηδᾷ, καὶ διαδέξεται ἀδικία ἀδικίαν. Εἰ γὰρ τῷ αὐτῷ τούτῳ δικαίῳ τῷ παθόντι συγχωρεῖς ἐπεξιέναι εἰς τὸν ἀδικήσαντα, ἐπαναχωρεῖ αὖθις ἀπ' ἐκείνου πρὸς τὸν αὐτὸν ἡ τιμωρία· τὸ γὰρ δίκαιον ἐπ' ἀμφοῖν ἴσον. Ὦ Ζεῦ, καὶ οἷον πεποίηκας, δικαιοσύνην ἐξ ἀδικημάτων; καὶ ποῖ βαδιεῖται τὸ κακὸν, καὶ ποῦ στήσεται; Dissert. II. *Utrum referenda sit injuria*, (pag. 22. *Edit. Davis.*) „ Restera-t-il enfin un seul Grec, disoit ARISTIDE, si, pour venger ceux qui ont été „ tuez, ceux qui restent se font eux-mêmes tuer? Τίς γὰρ τῶν Ἑλλήνων λειφθήσεται, εἰ διὰ τοὺς πρότερον ἀπολλυμένους-

ται

sance les *Duels*, (14) qui, avant le Christianisme, étoient si communs chez les (15) *Nations Germaniques*, & dont l'usage n'est pas tout-à-fait aboli en certains endroits. C'est pourquoi les anciens *Germains* faisant attention à l'ordre judiciaire que les *Romains* observoient, étoient ravis en admiration, à ce que remarque VELLE'JUS PATERCULUS, (16) de voir que la Justice mit fin aux injures, & qu'on terminât, par le moien des Loix, des démêlez qui ne se vuidoient ordinairement chez eux qu'à la pointe de l'épée.

8. La Loi de *Moïse* (d) permettoit au proche Parent d'un homme qui avoit été tué, de tuer lui-même le Meurtrier, s'il le trouvoit hors des bornes de l'Azile. Sur quoi les Commentateurs Juifs remarquent fort bien qu'au lieu qu'un Particulier pouvoit ainsi infliger de sa pure autorité la peine du Talion, pour venger le Mort; on ne pouvoit exiger cette peine pour se venger soi-même, lors qu'on avoit reçû, par exemple, quelque blessûre, qu'en aiant recours aux Juges: parce (17) qu'il est plus difficile de moderer son ressentiment, quand on souffre en sa personne. Parmi les *Grecs*, dans les tems les plus anciens, il y avoit une semblable permission, autorisée par la coûtume, de venger le meurtre de ses Parens, comme il paroit par ce qu'HOME'RE (18) fait dire à *Théoclyméne*, dans l'*Odyssée*. (d) Nombr. XXXV, 19.

9. Mais les exemples les plus ordinaires de cette coûtume se voient dans la maniére dont s'exerce la Vengeance entre ceux qui n'ont point de Juge commun. D'où vient que

γὰς, οἱ μετ' αὐτὸς ἀεὶ ταὐτὰ τοῦτο πεπόνθασι; Orat. II. *De Pace* (Tom. II. pag. 78. C.) Il y a une semblable pensée dans la Seconde des Harangues de cet Orateur, qu'il suppose faites après la Bataille de *Leuctres*. GROTIUS.

(12) Voiez ci-dessus, *Liv.* I. *Chap.* I. §. 1. *Note* 1.

(13) *Apud* STOB. Tit. *de Legibus*. Peut-être que cet Auteur a voulu parler des *Umbriens*, Peuple d'*Italie*. La même coûtume se pratiquoit en plusieurs endroits d'*Afrique*, comme le remarque LE'ON *d'Afrique*, Liv. II. à l'endroit où il traite de *Teijeut*, & de *Tesza*; & ailleurs. GROTIUS.

Voiez la Note de HENRI DE VALOIS, sur le passage de NICOLAS *de Damas*, qui se trouve à la *page* 513. des *Excerpta Peiresciana*.

(14) Le Savant GRONOVIUS renvoie ici à un *Extrait pour l'antiquité des Duels*, qui se trouve dans les *Mémoires* de Mr. DE BE'THUNE, Tom. IV. pag. 323. On peut voir aussi le Traité Anglois de SELDEN, intitulé, *The Duello* &c. qui a été rimprimé à *Londres* en 1712. & le Chap. V. d'une Dissertation de Mr. SLICHER, qui mérite d'être luë, & qui a paru en 1717. à *Amsterdam*, sous ce titre: JANI A' W. SLICHER *Dissert. Jurid. de debitâ ac legitimâ vindicatione Existimationis: ubi & de Duellis*. Une chose qui fait voir, que l'on a regardé l'usage des Duels comme un effet de la permission du Souverain, qui auroit pû les défendre absolument, s'il l'avoit jugé à propos; c'est que souvent ces Combats singuliers se sont faits par autorité publique, comme il paroit par les Auteurs que je viens de citer. On a même composé des Livres, pour donner là-dessus des régles: & j'ai un Traité (je ne sai s'il est fort connu) de BELLISAIRE AQUAVIVA, Duc de *Nardo*, intitulé, *De singulari certamine*, où la matiére est réduite en systême, & expliquée en fort beau Latin. Il fait partie d'un Recueil de Piéces Morales & Politiques, *De Principum Liberis educandis*, *De Venatione*, *De Aucupio*, *De Re Militari*, composées par le même Duc. LEUNCLAVIUS les fit rimprimer à *Bâle*, en 1578. à la suite du Traité de l'Education des Princes, de l'Empereur MANUEL *Paléologue*.

(15) *Théodoric*, Roi des *Goths* en *Italie*, travailloit à corriger ce Peuple de la coûtume des Duels: *Remove consuetudines abominanter inolitas. verbis ibi potius, non armis res tractetur.* CASSIODOR. Var. *Lib.* III. *Ep.* XXIII. *Cur ad monomachiam recurritis? . . . . . Quid opus est homini linguâ, si caussam manus agat armata?* Epist. XXIV. Parmi les Trachonites, Peuple d'*Orient*, les Parens d'un homme, qui avoit été tué, pouvoient venger sa mort, à quelque prix que ce fût; c'étoit une coûtume reçuë & autorisée: Νόμος, πάντα τρόπον ἐκπράττεσθαι τὰς τῶν οἰκείων φονάς. GROTIUS.

Je ne sai d'où nôtre Auteur a tiré le dernier passage. Il n'y a rien là-dessus dans les fragmens de NICOLAS *de Damas*, pas même dans le Recueil de ces Fragmens, que nôtre Auteur lui-même fit, & envoia au célébre Mr. DE PEIRESC. Voiez la 264. Lettre de la I. Partie, où on les trouve. Pour ce qui est des deux passages de CASSIODORE, les *Goths* y sont proposez au contraire pour exemple, comme étant éloignez de la coûtume, dont il s'agit, qui est attribuée aux autres Nations. Un peu avant le prémier, il y a: *Ut inter nationum consuetudinem perversam*, Gothorum *possis demonstrare justitiam* &c. Et après le dernier: *Imitamini certè* Gothos *nostros, qui foris prælia, intus norunt exercere modestiam.*

(16) *Et nunc* [Germani] *provocantes alter alterum injuriâ, nunc agentes gratias, quid eas Romana justitia finiret, feritasque sua novitate incognitæ disciplinæ mitesceret, & solita armis discerni jure terminarentur.* Lib. II. Cap. CXVIII. *num.* 1. *Edit. Burman.*

(17) *Difficilius est enim moderari, ubi dolori debetur ultio, quàm ubi exemplo.* SENEC. De Clement. *Lib.* I. *Cap.* XX.

(18) Ce *Théoclyméne* dit, qu'aiant tué un homme de son païs, il a été obligé de s'enfuïr, pour n'être pas tué lui-même par quelcun des Parens du Défunt, qui étoient en grand nombre:

Οὕτω τοι καὶ ἐγὼν ἐκ πατρίδος, ἄνδρα κατακτὰς
Ἔμφυλον· πολλοὶ δὲ κασίγνητοί τε, ἔται τε,
Ἄργος ἀν' ἱππόβοτον, μέγα δὲ κρατέουσιν Ἀχαιῶν·
Τῶν ὑπαλευάμενος θάνατον, καὶ κῆρα μέλαιναν
Φεύγω ———————

Odyss. *Lib.* XV. vers. 272, *& seqq.*

que, selon St. AUGUSTIN, on appelle (19) *Guerres justes*, celles *qui se font pour tirer raison des injures qu'on a reçuës.* Et PLATON (20) permettoit de pousser la Guerre *jusqu'à ce que ceux qui avoient tort fussent contraints de faire une Satisfaction raisonnable aux Innocens qu'ils avoient maltraitez ou offensez.*

§. IX. 1. L'AVANTAGE de *tout le monde* généralement, qui est la *troisiéme* & derniére *fin des Peines*, demande les mêmes choses, que l'intérêt de la personne lézée. Car il faut empêcher d'un côté que celui qui a fait du mal à quelcun n'en fasse désormais à aucun autre, & pour cet effet il est nécessaire ou de lui ôter la vie; ou de le mettre hors d'état de nuire, en l'affoiblissant, ou le tenant enfermé; ou de lui en faire perdre l'envie, en le corrigeant: de l'autre, il faut empêcher (1) que d'autres personnes, flattées par l'espérance de l'impunité, (2) n'insultent quelcun, & c'est à quoi sert la vuë des Peines infligées en public, que les *Grecs* & les *Latins* appellent à cause de cela des (a) *Punitions exemplaires.*

(a) Παραδείγματα. Exempla.

2. Chacun a aussi naturellement le pouvoir de punir dans cette vuë. PLUTARQUE dit, (3) que tout Homme-de-bien est Magistrat-né, (4) & Magistrat perpétuel; la Loi même de Nature donnant le prémier rang à celui qui suit les régles de la Justice. C'est aussi une sentence (5) d'EURIPIDE, *Que tout homme sage a droit de commander.* CICERON prouve (6) par l'exemple de *Scipion Nasica*, que le Sage n'est jamais simple Particulier. Et HORACE (7) appelle *Lollius*, *Consul pour plus d'une an-*

(19) Le passage a été déja cité, au *Chap.* I. de ce Livre, §. 2. *num.* 7. où l'Auteur l'explique dans un sens plus général.

(20) Il parle des Guerres des *Grecs* les uns contre les autres: Ἀλλὰ μέχρι τούτου ποιήσονται τὴν διαφοράν, μέχρις οὗ ἂν οἱ αἴτιοι ἀναγκασθῶσιν ὑπὸ τῶν ἀναιτίων ἀλγούντων δοῦναι δίκην. De Republ. Lib. V. pag. 471. B. Tom. II. *Ed. H. Steph.*

§. IX. (1) On en use quelquefois de même à l'égard des Bêtes. PLINE rapporte, sur la foi de POLYBE, qu'en *Afrique* on crucifie les Lions, pour empêcher qu'ils ne mangent les Hommes: *Tunc* (leones) *obsidere* Africæ *urbes: eaque de caussa crucifixos vidisse se cum* Scipione, *quia ceteri, metu pœnæ similis, absterrerentur eadem noxa.* Lib. VIII. Cap. XVI. GROTIUS.

(2) Afin que la punition d'un seul en intimide plusieurs, comme parlent les Loix mêmes: *Ut unius pœna metus possit esse multorum.* COD. Lib. IX. Tit. XXVII. *Ad Leg. Jul. repet.* Leg. I. *Ac propterea si quem in hujusmodi facinore deprehenderis, capite eum plectere non dubitabis; ut pœna genere deterreri ceteri possint.* Ibid. Tit. XX. Ad *Leg. Fabiam de plagiar.* Leg. VII. DEMOSTHE'NE dit, que ceux qui foulent insolemment aux pieds les Loix, & qui outragent impudemment la Divinité, doivent être punis par deux raisons: & afin qu'ils souffrent ce qu'ils ont mérité; & afin que les autres prennent garde à eux, dans la crainte d'être punis de même: Καὶ τοὺς ἀσελγῶς μὲν καταφρονοῦντας τῶν νόμων τῶν ὑμετέρων, ἀναιδῶς δ' ἠσεβηκότας εἰς τοὺς Θεούς, ἀξιῶ τιμωρήσασθαι, δυοῖν ἕνεκα· ἵνα οὗτοί τε τῶν ἠδικημένων δίκην δῶσιν, οἵ τ' ἄλλοι πρόνοιαν ποιῶνται καὶ φοβῶνται, μηδὲν εἰς τοὺς Θεοὺς καὶ τὴν πόλιν ἁμαρτάνειν. [Orat. in Neæram, pag. 528. B.] GROTIUS.

(3) Le passage n'est pas rapporté tout-à-fait exactement. Il y a seulement, que *la Loi* (& par là on peut entendre, la Loi générale du Gouvernement) *donne toûjours le prémier rang dans l'Etat, à celui qui pratique la Justice, & qui connoît ce qui est utile:* Ὁ γὰρ νόμος ἀεὶ τῷ τὰ δίκαια πράσσοντι, καὶ γινώσκοντι τὰ συμφέροντα, τὴν πρώτην τάξιν ἐν τῇ πολιτείᾳ δίδωσιν. Præcept. gerend. Reip. *Tom.* II. pag. 817. D. D'ailleurs ce passage, & ceux que nôtre Auteur cite dans les *Notes suivantes*, bien loin de faire à son but, peuvent insinuer quelque chose de contraire à ses idées. Car ils tendent à prouver que chacun peut naturellement punir pour l'avantage des autres en général, parce que chacun a naturellement droit de commander à ceux qui sont moins éclairez & moins sages que lui: & cela ne s'accorde point ni avec ce que nôtre Auteur soûtient avec raison, dans le Chapitre XXII. de ce Livre, §. 12. ni avec le principe qu'il a établi cidessus, que le droit de punir n'est pas naturellement une suite du droit de Supériorité.

(4) Le même Auteur dit, dans la Vie de *Pélopidas*, que la prémiére & la souveraine Loi, la Loi de Nature, veut que ceux qui ne sont pas en état de se conserver eux-mêmes, se soûmettent à ceux qui peuvent travailler efficacement à leur conservation: Ὁ γὰρ πρῶτος, ὡς ἔοικεν, καὶ κυριώτατος νόμος, τῷ σώζεσθαι δεομένῳ, τὸν σώζειν δυνάμενον, ἄρχοντα κατὰ φύσιν ἀποδίδωσι. (Tom. I. pag. 290. C.) Il dit ailleurs la même chose, à l'occasion de *Philopémen*, qui, quoi qu'il n'eût aucun ordre de l'Etat, prit le commandement de quelques Troupes, lesquelles le suivirent volontiers, pour défendre la Ville de *Messéne*: Ἐτύγχανε μὲν ἰδιώτης ὢν τότε ὁ Φιλοποίμην, καὶ δύναμιν οὐδεμίαν ἄγων . . . . . Αὐτὸς ἐβοήθει, τοὺς ἑαυτοῦ πολίτας ἀναλαβὼν, οὔτε νόμον, οὔτε χειροτονίαν περιμείναντας, ἀλλ' ὡς ἀπαντὸς ἄρχοντι, τῷ κρείττονι, κατὰ φύσιν ἑπομένους. Vit. Philopœm. (pag. 363. A.) Voiez aussi à la fin de la Vie de *Flaminius*, (pag. 382. E.) L'Auteur du Dialogue sur les *causes de la corruption de l'Eloquence*, (attribué à TACITE, ou à QUINTILIEN) dit, en parlant des anciens Orateurs de *Rome*, que ceux d'entr'eux qui n'étoient que simples Particuliers, gouvernoient le Peuple & le Sénat, par leurs conseils & par l'autorité qu'ils s'étoient aquise: *Hi, ne privati quidem, sine potestate erant; quum & Populum & Senatum, consilio & auctoritate regerent.* (Cap. XXXVI. *num.* 7.) St. CHRYSOSTÔME raisonne sur le même principe, en parlant de *Moïse*: " *Avant*, (dit-il,) qu'il con-
„ duisît le Peuple hors d'*Egypte*, il en étoit déja le
„ Conducteur par son mérite. C'étoit donc une sotte
„ objection, que celle que lui faisoit cet *Israëlite* qu'il
„ cen-

année. Tout cela néanmoins se doit entendre, dans une Société Civile, autant que les Loix de l'Etat le permettent.

3. Voici comment le Philosophe DE'MOCRITE raisonnoit sur ce droit naturel; car ses paroles sont remarquables. Il parle prémiérement du pouvoir de tuer les autres Animaux & il soûtient, (8) que *quiconque tuë une Bête qui a fait du mal, ou qui veut en faire, est innocent, en sorte qu'il vaut mieux la tuer en ce cas-là, que de ne pas la tuer.* Il ajoûte, *que l'on doit absolument tuer tout ce qui fait du mal injustement à quelque autre.* Et en effet il y a apparence que les Gens-de-bien suivirent cette maxime, (9) avant le Déluge, & lors que DIEU n'avoit pas encore déclaré aux Hommes sa volonté sur la permission de manger les autres Animaux. *Ce que nous avons dit,* (10) continuë le Philosophe, *au sujet des Renards & des Serpens, qui sont nos Ennemis, il faut, à mon avis, le dire des Hommes, on peut les traiter de même* ..... *On est innocent, quand on a tué un Voleur ou un Brigand, de quelque maniére que ce soit, ou de sa propre main, ou par le bras d'un autre à qui on en a donné ordre; ou en le condamnant à la mort par son suffrage.* Je crois que SENE'QUE a eu en vuë ces passages, lors qu'il dit en un endroit: (11) *Quand je condamnerai à la mort un Criminel, je le ferai sans colére avec le même visage & les mêmes dispositions que je tuë un Serpent, ou quelque autre Bête vénimeuse.* Et ailleurs: (12) *Nous ne tuerions pas les Vipéres même, ni les autres Bêtes dont la morsure ou la piqueure est dangereuse, si elles*

„ censuroit : *Qui t'a établi sur nous pour Magistrat & pour Juge?* Que dis-tu là, Ignorant? Tu vois des preuves de fait, & tu disputes sur le nom. C'est comme si une personne blessée voiant un excellent Chirurgien, qui vient à son secours pour lui faire une opération nécessaire, lui demandoit, *Qui vous a établi Médecin? qui vous a dit d'appliquer le fer à mon corps?* C'est mon art, lui répondroit-il, & vôtre maladie, qui m'ont donné ce pouvoir. De même, ce fut l'habileté de *Moïse*, qui l'établit Chef & Conducteur. Car le pouvoir de commander n'est pas seulement une dignité; c'est une science, & la plus sublime de toutes les Sciences : Καὶ περὶ τῆς χειροτονίας δημαγωγὸς ἦν διὰ τῶν ἔργων. διὸ καὶ σφόδρα ἀνοήτως ἔλεγε πρὸς αὐτὸν ὁ Ἑβραῖος ἐκεῖνος· Τίς σε κατέστησεν ἄρχοντα καὶ δικαστὴν ἐφ' ἡμᾶς; Τί λέγεις; τὰ ἔργα ὁρᾷς, καὶ περὶ τῆς προσηγορίας ἀμφιβάλλεις· ὥσπερ ἂν εἴ τις ἰδὼν τέμνοντα τὸν ἰατρὸν ἄριστα, καὶ τῷ πεπονηκότι μέλει τοῦ σώματος βοηθοῦντα, λέγοι· τίς σε κατέστησεν ἰατρὸν, καὶ τέμνειν ἐκέλευσεν; ἡ τέχνη, ὦ βέλτιστε, καὶ ἡ νόσος ἡ σή. οὕτω καὶ τοῦτον ἡ ἐπιστήμη τοιοῦτον ἐποίησε· καὶ γὰρ τέχνη τὸ ἄρχειν ἐστὶν, οὐκ ἀξίωμα μόνον, καὶ τέχνη τεχνῶν πασῶν ἀνωτέρα. In II. ad Corinth. VII, 13. Ce Pére traite ailleurs le même sujet, & il y fait parler ainsi *Moïse*: " C'est ton injustice, c'est ta férocité, qui m'a établi Magistrat & Juge: Ἡ ἀδικία ἡ σὴ, καὶ ἡ ὠμότης, φησὶν, αὕτη με κατέστησεν ἄρχοντα καὶ δικαστήν. In EPHES. III. *in fin.* GROTIUS.

Voiez ce que j'ai remarqué, à la fin de la Note précédente.

(5) —— Ὡς ἄρχων ἀνὴρ πᾶς, ξύνεσιν ἢν ἔχων τύχῃ. Iphigen in Aul. *vers.* 375.

(6) *Mihi vero ne* Scipio *quidem ille Pontifex maximus, qui hoc* Stoïcorum *verum esse declaravit, numquam privatum esse sapientem.* Tuscul. disput. Lib. IV. Cap. XXIII.

(7) *Consulque non unius anni;*
Sed quotiens bonus atque fidus
Judex honestum praetulit utili, &
Rejecit alto dona nocentium
Vultu —— —— ——

Lib. IV. Od. IX, 39, *& seqq.*

(8) Κατὰ δὲ ζώων φόνου καὶ μὴ φόνου ὧδε ἔχει· τὰ ἀδικέοντα, καὶ θέλοντα ἀδικεῖν, ἀθῷος ὁ κτείνων· καὶ πρὸς εὐεστὼ τοῦτο ἔρδειν μᾶλλον, ἢ μή ... Κτείνειν χρὴ τὰ πημαίνοντα παρὰ δίκην πάντα περὶ παντός. Apud. STOB. Serm. XLIV.

Voiez PLUTARQUE, *de solertia Animalium*, Tom. II. pag. 964. F. *Edit. Wech.*

(9) Et ceux aussi qui, depuis le Déluge même, conservérent l'ancienne coûtume : comme il paroît par le témoignage de DICE'ARQUE, & d'autres anciens Auteurs, que St. JE'ROME cite, dans ses Livres contre *Jovinien.* (Tom. II. pag. 78. *Ed. Basil.*) GROTIUS.

(10) Ὅκως περὶ κινάδων τε καὶ ἑρπετέων γεγράφαται τῶν πολεμίων, οὕτω καὶ κατ' ἀνθρώπων δοκεῖ μοι χρεὼν εἶναι ποιεῖν ..... Κλέπτην καὶ λῃστὴν πάντα κτείνων τις ἀθῷος ἂν εἴη, καὶ αὐτοχειρίῃ, καὶ κελεύων, καὶ ψήφῳ. Ubi supra.

(11) *Et iquum cervicem noxio praecidi imperabo ... & sine ira, eo vultu animoque ero, quo serpentes & animalia venenata percutio.* De Ira, *Lib.* I. *Cap.* XVI.

(12) *Ne viperas quidem & natrices, & si qua morsu aut ictu nocent, effligeremus, si, ut reliqua, mansuefacere possemus, aut efficere, ne nobis aliisve periculo essent. Ergo ne homini quidem nocebimus, quia peccavit, sed ne peccet* &c. (Ibid. *Lib.* II. *Cap.* XXXI.) PHILON, Juif, dit aussi, que, comme on tuë les Vipéres, les Scorpions, & autres animaux malfaisans; il est de même juste de punir les Hommes, qui aiant reçû de la Nature des semences de Douceur & de Bonté, deviennent féroces, comme des Bêtes, & trouvent du plaisir & du profit à faire autant de mal qu'ils peuvent aux autres Hommes: Καθάπερ οὖν ἔχεις, καὶ σκορπίους, καὶ ὅσ' ἰοβόλα, πρὶν δακεῖν ἢ τρῶσαι καὶ συνόλως ἐφορμῆσαι, θανατοῦμεν μόνον, χωρὶς ὑπερθέσεως, κτείνομεν, προφυλαττόμενοι διὰ τὴν ἐνυπάρχουσαν ἐν αὐτοῖς κακίαν τὸ μηδὲν παθεῖν· οὕτω προσήκει καὶ ἀνθρώπους ἀξίους τιμωρεῖσθαι, οἳ φύσεως λαχόντες ἡμέρου, διὰ τὴν κοινωνίας αἰτίαν λογικὴν ψυχὴν, ἐπιτηδεύσει πρὸς θηρίων ἀνημερωτάτων ἀγριότητας μεταβάλλουσιν, ἐν ἡδονῇ καὶ ὠφελείᾳ τιθέμενοι τὸ κακῶς ποιεῖν ὅσους ἂν δύνωνται. De special. Legib. *Lib.* II. (pag. 793. A. B. *Ed. Paris.*) PORPHY-

elles pouvoient être apprivoisées, ou si l'on trouvoit moien d'empêcher qu'elles ne fissent du mal ou à nous, ou à d'autres. A plus forte raison devons-nous ne pas faire souffrir un Homme purement & simplement parce qu'il a commis quelque faute, mais afin qu'il n'en commette plus désormais.

4. Mais, pour revenir à nôtre sujet, comme il faut souvent beaucoup de soin & d'exactitude pour s'instruire d'un fait criminel, & toûjours beaucoup de sagesse & d'équité pour proportionner la peine au Crime: les Sociétez bien réglées ont cherché un expédient pour éviter les querelles qui ne pouvoient que s'élever, chacun aiant trop bonne opinion de soi-même, & les autres ne voulant pas s'en rapporter à son jugement. Pour cet effet on a trouvé bon de choisir ceux que l'on croioit les plus gens de bien & en même tems les plus sages, ou que l'on esperoit qui le seroient. Le même DE'MOCRITE, que j'ai cité tout-à-l'heure, disoit, (13) que *si l'on n'avoit pas vû par l'expérience, que les Hommes étoient portez à se faire du mal les uns aux autres, les Loix n'auroient pas empêché de vivre chacun à sa fantaisie. Car*, ajoûte-t-il, *l'Envie étoit une source de séditions & de querelles.*

5. Cependant il s'est conservé quelques traces & quelques restes de l'ancien droit, en matiére de cette sorte de Punition faite pour l'exemple aussi bien qu'à l'égard de la Vengeance. Cela se voit dans les lieux & entre les personnes qui ne relévent pas de certains Tribunaux déterminez; & de plus en certains cas exceptez. Ainsi, selon l'usage des anciens *Hébreux*, une personne de la Nation, qui renonçoit au culte de DIEU & à sa Loi, ou qui tâchoit de porter les autres à l'Idolatrie, (14) pouvoit être tuée sur le champ par tout autre. C'est ce que les Docteurs Juifs appellent (b) un

(b) Voiez *I. Maccab.* II, 24, 26.

Ju-

RE fait dire à *Claude de Naples*, que quiconque voit un Serpent, ou un Scorpion, le tuë d'abord, s'il peut, encore même qu'il n'ait rien à craindre pour soi: c'est, ajoûte-t-on, une vengeance qu'on exerce en faveur du Genre Humain: 'Ουκ ἐςὶ γὰρ ὅςις ἰδὼν ὄφιν, ἐκ ἀνεῖλεν δυνάμενος, ὡς μήτ' αὐτὸς δαχθείη, μήτ' ἄλλος ἁπλῶς ἄνθρωπος . . . . Ὄφιν μὲν καὶ σκορπίον, κἂν μὴ βλάψωσιν ἡμᾶς, κτείνομεν, ἵνα μηδ' ἄλλος πρὸς αὐτῶν τὸ πάθῃ, τῷ κοινῷ γένει τῶν ἀνθρώπων ἀμύνοντες. De non esu Animal. *Lib.* I. (pag. 32, 40. *Edit. Lugd.* 1620.) Le même Philosophe dit ailleurs, en parlant de son chef, qu'encore qu'on ait quelque espéce de société, ou la rélation naturelle de l'Humanité, avec les plus grands Scélérats, on les punit justement, de l'aveu de tout le monde; & il se sert de cette raison pour montrer, qu'on peut, à plus forte raison, tuer les Animaux malfaisans, quoi que, selon ses principes, qui sont ceux des *Pythagoriciens*, il soit défendu de les manger: Ὥσπερ γὰρ, οἰκειότητος οὔσης ἡμῖν πρὸς τοὺς ἀνθρώπους τοὺς κακοποιοὺς, καὶ καθάπερ ὑπό τινος πνοῆς ἰδίας φύσεως καὶ μοχθηρίας φερομένους πρὸς τὸ βλάπτειν τοὺς ἐντυγχάνοντας, ἀναιρεῖν ἡγούμεθα δεῖν καὶ κολάζειν ἅπαντας· οὕτως καὶ τῶν ἀλόγων ζώων τὰ ἄδικα τὴν φύσιν καὶ κακοποιὰ, πρός τε τὸ βλάπτειν ὡρμημένα τῇ φύσει τοὺς ἐμπελάζοντας, ἀναιρεῖν ἴσως προσήκει. Lib. II. (pag. 159.) C'est aussi ce que *Pythagore* établit, dans OVIDE:

——— Nostrum petentia letum
Corpora missa neci, salvâ pietate, fatemur:
Sed, quàm danda neci, tam non epulanda fuerunt.

Metamorph. *Lib.* XV. (vers. 108, *& seqq.*) GROTIUS.

(13) 'Ουκ ἂν ἐκώλυον οἱ νόμοι ζῆν ἕκαστον κατ' ἰδίαν ἐξουσίαν, εἰ μὴ ἕτερος ἕτερον ἐλυμαίνετο. Φθόνος γὰρ στάσιος ἀρχὴν ἀπειργάζετο. Apud STOB. Serm. XXXVIII.

(14) DEUTE'RON. XIII, 9. Voiez-en un exemple, dans JOSEPH, Antiq. Jud. *Lib.* XII, *Cap.* VIII. Voiez aussi MOÏSE *Fils de Maimon*, sur les XIII. Articles; & dans son *Moré Nebochim*, Lib. III. Cap. XLI. GROTIUS.

La Loi du DEUTE'RONOME est mal expliquée par nôtre Auteur. Elle suppose une condamnation en Justice, & elle veut seulement, que chacun se porte pour Accusateur du crime, dont il s'agit. Voiez PUFENDORF, dans le Chapitre qui répond à celui-ci, §. 13. & le Commentaire de Mr. LE CLERC, sur le *Pentateuque*.

(15) Le Gouvernement du Peuple d'*Israël* n'étoit pas encore bien formé. Voiez Mr. LE CLERC, sur le vers. 7. du Chapitre cité en marge; & une Dissertation de Mr. BUDDEUS, *de Jure Zelotarum in gente Hebræa*, §. 34, *& seqq.*

(16) Ce Juif parlant d'un Faux Prophéte, qui veut engager les autres dans l'Idolatrie, dit, qu'un tel homme mérite d'être puni comme un Ennemi Public, sans considerer les rélations les plus étroites qu'on peut avoir avec lui: qu'il faut avertir de ce qu'il fait toutes les personnes pieuses, afin que chacun accoure incessamment pour faire mourir cet impie, avec une pleine persuasion que l'ardeur de tuer est un saint desir: Κολαςέον δὲ δήμιον καὶ κοινὸν ἐχθρὸν ὄντα, ὀλίγα φροντίσαντας οἰκειότητος, καὶ τὰς παραινέσεις αὐτοῦ διαγγελτέον πᾶσι τοῖς εὐσεβείας ἐρασταῖς, οἳ ἀνυπερθέτῳ τάχει ταῖς κατ' ἀνδρὸς ἀνοσίου ὁρμήσονται τιμωρίαις, νομίζοντες εὐαγὲς τὸ κατ' αὐτοῦ φονᾶν. De sacrificantib. (pag. 855. E.) Voiez un autre beau passage de cet Auteur, sur la fin du I. Livre *de la Monarchie* (pag. 818, 819.) GROTIUS.

(17) Ce fait, comme le remarque ici le Savant GRONOVIUS, est tiré de l'*Oraison Panathénaïque* d'ISOCRATE. Voici le passage: Τῶν γὰρ οὕτω μὲν ἐξ ἀρχῆς δεινὰ πεπονθότων, ἐν δὲ τοῖς παροῦσι χαλεπῶς κειμένων ὄντων, ἔξεστι τοῖς ἐφόροις ἀκρίτους ἀποκτεῖναι τοσούτους, ὅσους ἂν βουληθῶσιν. Pag. 271. B. Edit. *H. Steph.*

Mais

Jugement de zéle, & qu'ils disent avoir passé en (15) coûtume depuis *Phinées*, (c) qui l'exerça le prémier. On voit que (d) *Mattathias*, transporté de ce zéle, tua un Juif qui ne faisoit pas scrupule de se souiller en pratiquant les cérémonies des *Grecs*. Et trois cens (e) autres Juifs furent ainsi tuez par ceux de leur Nation. Ce fut aussi sous ce prétexte qu'on (f) lapida *St. Etienne*, & qu'on (g) fit une conjuration contre *St. Paul*. On trouve plusieurs autres exemples semblables, dans (16) PHILON, & dans JOSEPH.

(c) *Numb.* XXV.
(d) *I. Macc. cab.* II, 24.
(e) *III. Macc. cab.*
(f) *Act.* VII, 57.
(g) *Act.* XXIII, 12.

6. Parmi plusieurs Peuples, les Maîtres avoient droit de Vie & de Mort sur leurs Esclaves; & les Péres, sur leurs Enfans. A *Lacedémone*, les *Ephores* (17) pouvoient impunément faire mourir un Citoien, sans aucune forme de procès.

§. X. 1. PAR l'énumération que nous avons (1) faite des différentes fins de la Punition, il paroît qu'il y a un peu d'inexactitude dans la maniére dont le Philosophe TAURUS traitoit cette matiére. Voici ce qu'il disoit, au rapport d'AULU-GELLE: (2) *Lors que le Coupable paroît disposé de telle maniére que l'on a grand sujet d'esperer qu'il se corrigera de lui-même, ou qu'au contraire il n'y a aucun lieu d'esperer qu'il se corrige, quoi qu'on fasse; ou lors qu'il n'est point à craindre que le crime donne atteinte à l'honneur & la dignité de la personne offensée; ou enfin lors qu'il n'y a point de nécessité de faire un exemple: en tous ces cas-là, on a cru qu'il ne valloit pas la peine de punir.* Le Philosophe parle là, comme si, du moment qu'une des fins de la Punition vient à manquer, la Punition devoit aussi cesser: au lieu qu'il faut pour cela que toutes les fins manquent, sans en excepter une seule. De plus, il a omis le cas où l'on ôte la vie à un homme incorrigible, pour empêcher qu'il ne commette d'autres crimes, ou même

Mais, dit nôtre Critique, l'Orateur parle des *Ilotes*, ou *Hélotes*, qui n'étoient pas Citoiens, mais presque Esclaves; & on renvoie là-dessus à NICOLAS CRAGIUS, *De Repub. Laced.* Lib. II. Cap. IV. Ce Savant Danois dit seulement, (*pag.* 132. *Edit. Lugd. Bat.* 1670.) que les *Ephores* exerçoient principalement leur pouvoir sur les *Hélotes*: du reste, il laisse les paroles d'ISOCRATE dans toute leur généralité; il donne seulement à entendre, que cet Orateur pouvoit avoir un peu outré les choses, *pag.* 130. Pour considerer le passage en lui-même, il me semble, que toute la suite du discours montre qu'ISOCRATE ne se borne nullement à parler des *Hélotes*, ou Esclaves publics. Il s'agit du Peuple, ou de la Populace, par opposition aux plus considérables de *Lacedémone*, πλῆθος, δῆμος. Il s'agit de personnes libres, mais que l'on avoit dépouillé des avantages dont elles auroient dû jouïr en cette qualité: Ἀπάντων δὲ ἀποστερήσαντας αὐτοὺς, ὧν προσήκει μετέχειν &c. Il s'agit de gens, dont on avoit rendu l'esprit servile, tout de même que s'ils eussent été Esclaves: Τὸν δὲ δῆμον περιοίκους ποιήσασθαι, καταδουλωσαμένους αὐτῶν τὰς ψυχὰς, οὐδὲν ἧττον, ἢ τὰς τῶν οἰκετῶν &c. Ils n'étoient donc pas véritablement Esclaves. Dans ce dernier endroit, ils sont appellez περίοικοι, *des gens qui demeurent aux environs*, c'est-à-dire, de la Ville de *Lacédémone*: or XENOPHON distingue ces Περίοικοι des *Helotes*, en parlant de la conjuration de *Cinadon*: Συνειδέναι καὶ εἵλωσι, καὶ νεοδαμώδεσι, καὶ τοῖς ὑπομείοσι, καὶ τοῖς περιοίκοις. Hist. Græc. *Lib.* III. *Cap.* III. §. 6. *Ed. Oxon.* Il s'agit enfin de gens, que l'on obligeoit ordinairement d'aller à la Guerre, & de faire les plus périlleuses corvées; comme il paroît par ce qui est dit un peu avant le passage de question: or on sait que les *Lacédémoniens* n'armoient les *Hélotes*, que dans la derniére nécessité, comme après la bataille de *Leuctres*, ou dans celle de *Platée*. La critique de nôtre Commentateur ne paroit donc pas bien fondée; mais il auroit pû remarquer, que les *Ephores* étant des Magistrats, & des Magistrats qui avoient un très-grand pouvoir; rien n'empêche que, quand ils faisoient mourir quelcun, sans autre forme de procès, ils ne pûssent être censez le faire par autorité publique, supposé que cela fût renfermé dans l'étenduë des droits dont la République les avoit revêtus ou expressément, ou tacitement. Ainsi l'exemple n'est pas allégué fort à propos, pour montrer que, depuis l'établissement même des Tribunaux Civils, les simples Particuliers ont conservé, en certains endroits, quelque reste du droit de punir que chacun avoit dans l'indépendance de l'Etat de Nature.

§. X. (1) Ce paragraphe est le treiziéme dans l'Original, & cela dans toutes les Editions. Il interrompt là fort mal-à-propos l'examen des questions qui regardent l'exercice des Peines, par rapport à ce que le devoir d'un Chrétien permet: & je ne puis m'empêcher de soupçonner, que nôtre Auteur aiant voulu ajoûter ce paragraphe, après avoir déja écrit les autres dans son Manuscrit, ne prit pas bien garde où il le plaçoit, & ne s'en apperçut point depuis; comme il lui est arrivé quelquefois à l'égard des additions qu'il fit à son Ouvrage imprimé. Quoi qu'il en soit, on n'a qu'à examiner bien la suite du discours, & on verra que ce paragraphe, qui trouve naturellement sa place dans l'endroit où je l'ai mis, fait une interruption désagréable dans celui d'où je l'ai tiré. Il n'y a pas d'ailleurs un grand inconvénient à faire cette petite transposition, qui ne dérange que quatre paragraphes.

(2) *Quando igitur aut spes magna est, ut is, qui peccavit, citra pœnam ipse sese ultro corrigat; aut spes contra nulla est, emendari eum posse, & corrigi; aut jacturam dignitatis, in quam peccatum est, metui non necessum est; aut non id peccatum est, cujus exemplo necessario metu succurrendum sit: tum, quidquid ita delictum est, non sanè dignum esse imponendæ pœnæ studium visum est.* Lib. VI. Cap. XIV.

(3)

même de plus énormes. Et ce qu'il dit de l'atteinte donnée à l'honneur ou la dignité de la personne offensée, il devoit l'étendre aux autres sortes de perte ou de dommage qu'on a à craindre.

2. SENEQUE est plus exact: car il dit, que les Loix & les bons Princes (3) *se proposent trois choses dans la Punition, savoir, ou de corriger le Coupable, ou de rendre les autres plus gens de bien par l'exemple de son châtiment, ou de les mettre en sûreté en ôtant la vie à un Méchant.* Si par les *autres* on entend ici ceux qui ont été déja offensez, aussi bien que ceux qui peuvent l'être encore; on aura-là une division complette: il faudra seulement ajoûter à ce que le Philosophe dit, d'*ôter la vie aux Méchans* pour la sûreté publique, un autre moien qu'il y a de parvenir au même but sans ôter la vie aux Coupables, c'est de les mettre hors d'état de nuire, en les tenant en prison, ou en leur ôtant les forces de quelque maniére que ce soit. Le même Philosophe fait ailleurs une division moins exacte, lors qu'il dit, (4) que, *dans toute Punition, on doit se proposer ou de corriger les Méchans, ou de s'en défaire.*

3. Il y a encore plus d'inexactitude dans cette maxime de QUINTILIEN: (5) *Toute Punition ne se fait pas tant à cause du Crime, que pour l'exemple.*

§. XI. 1. VOILA' pour ce qui regarde le but des Peines, & ce que le Droit de Nature permettoit là-dessus, ou ce qu'il permet encore aujourdhui, malgré l'établissement des Societez Civiles. Voions maintenant, si la Loi de l'Evangile a resserré cette liberté dans des bornes plus étroites.

2. Il n'y a certainement aucun lieu de s'étonner, comme nous l'avons déja remarqué (a) ailleurs, que certaines choses permises & par la Loi de Nature, & par les Loix Civiles, soient défenduës par une Loi Divine Revélée, & une Loi très-parfaite, qui promet d'ailleurs une récompense au dessus de la Nature Humaine. C'est avec raison, que, pour obtenir cette récompense, on est appellé à des Vertus qui surpassent celles que demandent les Préceptes du Droit Naturel tout seul. Parcourons les différentes sortes de Punition, pour examiner en quoi & jusqu'où cela peut avoir lieu ici.

(a) *Liv.* I. *Chap.* II. §. 6. *num.* 2. *Liv.* II. *Cap.* I. §. 10.

3. Que les (1) Châtimens, qui n'emportent aucune flêtrissûre, ni aucun mal durable

(3) *In quibus* (alienis injuriis) *vindicandis, hæc tria lex sequuta est, quæ Princeps quoque sequi debet: aut ut eum, quem punit, emendet; aut ut pœna ejus ceteros meliores reddat; aut ut sublatis malis securiores ceteri vivant.* De Clement. *Lib.* I. *Cap.* XXII. PHILON, Juif, dit aussi, que, si les Punitions ne corrigent pas toûjours le Coupable, elles rendent au moins les autres plus sages, par la crainte d'être exposez à subir la même peine: Ἀλλ' ὅτι καὶ ἡ κόλασις νουθετεῖ καὶ σωφρονίζει πολλάκις μὲν καὶ τοὺς ἁμαρτάνοντας· εἰ δὲ μή, πάντως γοῦν τοὺς πλησιάζοντας· αἱ γὰρ ἑτέρων τιμωρίαι βελτιοῦσι τοὺς πολλούς, φόβῳ τοῦ μὴ παραπλήσια παθεῖν. De Legat. ad Caium, (*pag.* 993. B.) GROTIUS.

(4) *Hoc semper in omni animadversione servabit, ut sciat alteram adhiberi, ut emendet malos, alteram ut tollat.* De Ira. *Lib.* I. *Cap. ult.*

(5) *Omnis enim pœna non tam ad delictum pertinet, quam ad exemplum.* Declam. CCLXXIV.

§. XI. (1) LACTANCE dit, que c'est un péché, de ne pas châtier ses Enfans, ou ses Esclaves: *Servorum autem, filiorumque, peccata non coërcere, peccatum est.* De Ira Dei, *Cap.* XVIII. (*num.* 12.) Voiez ce qui suit, & ce qui précéde. GROTIUS.

(2) Oeil pour œil, c'est, pour ainsi dire, la justice des Injustes. C'est un mot de St. AUGUSTIN: *Unde & lex modum ultionis statuit;* Oculum pro oculo. *Quæ, si dici potest, injustorum justitia est.* In exposit. PSALM. CVIII. Cela se trouve cité dans le DROIT CANONIQUE, Caus. XXIII. Qu. III. Can. I. GROTIUS.

Il faut toûjours distinguer ici entre la *lettre* de la Loi, & l'*esprit* du Législateur; comme on l'a remarqué ailleurs.

(3) Οὐκ αἰτεῖν τῆς δικαίας ἀμύνης ἕνεκα, ἀλλὰ κρείττονας τῆς ἀνεξικακίας. Lib. VII. Cap. XXIII.

(4) *Novam planè patientiam docet* CHRISTUS, *etiam vicem injuriæ prohibens, permissam à Creatore,* oculum *exigente* pro oculo, & dentem pro dente: *contra ipse* alteram amplius maxillam offerri *jubens,* & super tunicam pallio quoque cedi. *Plane hoc* CHRISTUS *adjecerit, ut supplementa consentanea disciplinæ Creatoris. Atque adeo hoc statim renuntiandum est, an disciplina patientiæ prædicetur penes Creatorem. Sic per* ZACHARIAM *præcipit, ne unusquisque malitiæ fratris sui meminerit, sed nec proximi. Nam & rursus:* Malitiam, *inquit,* proximi sui unusquisque ne recogitet. *Multo magis patientiam indixit injuriæ, qui indixit oblivionem. Sed & quum dicit,* Mihi vindictam, & ego vindicabo [LEVITIC. XIX, 18. DEUT. XXXII, 35.] *proinde patientiam docet, vindictæ exspectatricem. In quantum ergo non capit, ut idem videatur & dentem pro dente, oculum pro oculo, in vicem injuriæ exigere, qui non modo vicem, sed etiam ultionem, etiam recordationem & recogitationem injuriæ prohibet; in tantum aperitur nobis, quomodo oculum pro oculo, & dentem pro dente, censuerit, non ad secundam injuriam talionis permittendam, quam prohibuerat, interdictâ ultione, sed ad primam coërcendam, quam prohibuerat, oppositâ talione, ut unusquisque respiciens licentiam secundæ inju-*

ble, & que l'âge ou quelque autre état rend nécessaires, n'aient rien de contraire aux Préceptes de l'Evangile, lors qu'ils sont exercez par ceux à qui les Loix Humaines le permettent, tels que sont les Péres & Méres, les Tuteurs, les Maîtres, les Précepteurs; cela est clair par la nature même de la chose. Car ce sont des remédes pour les maux de l'Ame, & des remédes aussi innocens, que les potions désagréables qu'on fait prendre à un Malade.

4. On ne peut pas dire la même chose de la Vengeance. Car lors qu'elle tend uniquement à satisfaire le ressentiment de la personne offensée, bien loin que l'Evangile l'approuve, elle est même illicite selon le Droit de Nature; comme nous l'avons fait voir ci-dessus. La Loi de *Moïse* défendoit non seulement (b) de conserver quelque rancune contre le Prochain, c'est-à-dire, contre ceux de la Nation, mais encore elle ordonnoit de rendre à de tels Ennemis certains (c) services, du nombre de ceux que l'on rend à tout le monde. Le nom de *Prochain* aiant été depuis étendu à tous les Hommes par l'Evangile, il est clair que cette sainte Doctrine veut non seulement que nous ne fassions aucun mal à nos Ennemis, quels qu'ils soient, mais encore que nous leur fassions du bien, comme cela est aussi expressément (d) commandé par Nôtre Seigneur. Pour ce que la Loi permettoit aux anciens *Hébreux*, de tirer vengeance des injures considérables, non par des voies de fait, mais en aiant recours aux Juges, Jesus-Christ nous le défend; comme il paroît par cette opposition: (e) *Vous avez appris, qu'il a été dit*, Oeil pour œil, & dent pour dent. *Mais moi je vous dis, de ne point resister à ceux qui vous font du mal* &c. Car quoi qu'il s'agisse-là proprement de la défense de soi-même contre les injures dont on est menacé, défense dont l'usage y est restreint du moins en quelque maniére; le passage n'en est que plus fort pour établir la condamnation de la Vengeance, puis qu'il abolit l'ancienne permission, comme ne convenant qu'aux (2) tems d'une Loi moins parfaite. *Ce n'est pas qu'une Vengeance raisonnable soit injuste*, dit l'Auteur des *Constitutions* (3) attribuées à St. Clément, *mais la Patience vaut mieux.*

(b) *Lévitiq.* XIX, 17.

(c) *Exod.* XXIII, 4, 5.

(d) *Matth.* V, 44.

(e) *Matth.* V, 38, 39.

5. Voici un long passage de Tertullien sur cette matiére: (4) *Nôtre Seigneur*, dit-il, *nous enseigne une nouvelle sorte de Patience, puis qu'il nous défend même ce que le*

injuria, à prima semetipsum contineret. Facilius enim vim comprimi scit, repræsentatione talionis, quàm repromissione ultionis. Vtrumque autem constituendum fuit, pro natura & fide hominum, ut qui Deo *crederet, ultionem à* Deo *exspectaret; qui minus fideret, leges talionis timeret. Hanc legis voluntatem, de intellectu laborantem, dominus & sabbati, & legis, & omnium paternarum dispositionum,* Christus, *& revelavit, & compotem fecit, mandans alterius quoque maxillæ oblationem, ut tanto magis vicem injuriæ exstingueret, quam & Lex per talionem voluerat impedisse, certè quam Prophetia manifestè coërcuerat, & memoriam injuriæ prohibens, & ultionem ad* Deum *redigens. Ita si quid* Christus *intulit, non adversario, sed adjutore præcepto, non destruxit disciplinas Creatoris. Denique si in ipsam rationem patientiæ præcipiendæ, & quidem tam plenæ atque perfectæ, consideremus; non consistet, si non est Creatoris, qui vindictam repromittit, qui judicem præstat. Alioqui si tantum patientiæ pondus, non modo non repercutiendi, sed & aliam maxillam præbendi, & non modo non remaledicendi, sed etiam benedicendi, & non modo non retinendi tunicam, sed amplius & pallium concedendi, is mihi imponit, qui non sit me defensurus, in vacuum patientiam præcepit, non exhibens mihi mercedem præcepti, patientiæ dico fructum, quod est ultio, quam mihi permisisse debuerat, si ipse non præstat, aut, si mihi non permittebat, ipse præstaret; quoniam disciplinæ interest, injuriam vindicari: metu enim ultionis, omnis iniquitas refrenatur; ceterum, passim emissâ libertate, dominabitur. utrumque oculum effossura, & omnem dentem excitatura, præ impunitatis securitate.* Advers. Marcion. *Lib.* IV. (*Cap.* XVI.) Le même Pére dit ailleurs, que Nôtre Seigneur, en ajoûtant la Grace à la Loi, pour étendre & perfectionner la Loi, s'est servi principalement du précepte de la Patience, parce que c'étoit la seule chose qui manquoit pour remplir l'idée de la Justice, telle qu'on l'enseignoit avant lui: *Ita fides patientiâ illuminata, quum in Nationes seminaretur, per semen* Abrahæ, *quod est* Christus, *& gratiam legi superduceret, ampliandæ adimplendæque legi adjutricem suam patientiam præfecit, quod ea sola ad justitiæ doctrinam retro defuisset.* Lib. de Patient. (*Cap.* VI) St. Chrysostôme remarque aussi, que, quand la Loi dit, *œil pour œil, & dent pour dent*, c'est pour retenir ceux qui seroient tentez de crever l'œil à quelcun, ou de lui casser les dents, & non pas pour engager celui à qui on a crevé l'œil, ou cassé les dents, à demander que l'Offenseur soit traité de même; c'est pour sauver les yeux de l'un & de l'autre. La question est, ajoûte-t-il, de savoir, pourquoi, la Vengeance étant alors permise, ceux qui en usoient ne laissent pas d'en être blâmez. Dieu, (dit-il, un peu plus bas) pardonnoit à ceux qui, emportez par un vif ressentiment de l'injure, se laissoient aller à la vengeance. C'est pour cela qu'il dit: *Oeil pour œil, & dent pour dent.* Mais ailleurs: *Les voies des gens colères ménent à la mort.* Que si, pendant qu'il étoit permis de faire souffrir la peine du Talion, les personnes sujettes à la co-

le Créateur permettoit, de rendre la pareille, lors qu'on a reçû une injure, Oeil pour œil, & dent pour dent. *Il veut au contraire, qu'après avoir été frappé sur une jouë, on tende l'autre, & que l'on abandonne la Tunique à celui qui vient nous enlever le Manteau.* JESUS-CHRIST *aura sans doute ajoûté cela, comme un supplément conforme aux Préceptes du Créateur. Voions donc d'abord, si le Créateur recommande la Patience. Il ordonne, par la bouche de* ZACHARIE, *que chacun* oublie la malice de son Frére: *il veut même qu'on oublie celle de son Prochain; Car, voici ce qu'il dit encore:* Que chacun ne pense point à la malice de son Prochain. *Celui qui veut qu'on oublie les injures, veut à plus forte raison qu'on les souffre patiemment. Lors aussi qu'il dit;* C'est à moi qu'appartient la Vengeance, & je l'exercerai; *il enseigne par là à attendre qu'il venge lui-même les injures qu'on a reçuës. Autant donc qu'il paroît incompatible, que le même qui défend non seulement de rendre la pareille, mais encore de se venger en aucune maniére, & qui plus est de se souvenir des injures qu'on a reçuës, ou d'y penser, que le même, dis-je, puisse vouloir qu'en revenche d'une injure on demande* Oeil pour œil, & dent pour dent; *autant est-il clair, que, si* DIEU *a permis de demander* Oeil pour œil, & dent pour dent, *ce n'a pas été à dessein de permettre une seconde injure, faite en rendant la pareille, puis qu'il l'avoit déja défenduë, en défendant la Vengeance; mais en vuë d'empêcher la prémiére injure, qu'il avoit aussi défenduë, en décernant la peine du Talion, afin que chacun considérant la permission d'une seconde injure, s'abstînt de la prémiére. Car* DIEU *sait bien, que l'on s'empêche plus aisément d'insulter les autres par la crainte de la peine présente du Talion que par la pensée de la promesse qu'il a faite de venger un jour les injures. Cependant, comme le naturel des Hommes est différent, & qu'ils sont plus ou moins portez à ajoûter foi à la parole de* DIEU, *il falloit & cette peine, & cette promesse, afin que celui qui croioit à la parole de* DIEU, *attendît de lui la vengeance; & que celui qui n'auroit pas assez de foi, craignît la Loi du Talion. Comme dans cette Loi l'intention du Législateur n'étoit pas assez claire, Nôtre Seigneur* JESUS-CHRIST, *comme Maître & du Sabbat, & de la Loi entiére, & de tous les conseils secrets de son Pére, nous l'a découverte & confirmée, en nous commandant de tendre l'autre joué à celui qui nous a donné un Soufflet, afin d'étouffer d'autant plus en nous le désir de rendre la pareille, ce qu'il avoit aussi voulu prévenir par la Loi du Talion, & que ses Prophétes avoient du moins condamné manifestement, en défendant le souvenir des injures, & renvoiant la Vengeance à* DIEU. *Si donc* JESUS-CHRIST *a ajouté quelque chose, à quoi les Préceptes de* DIEU *non seulement n'ont rien de contraire, mais sont même favorables; on ne peut pas dire, qu'il aît renversé la doctrine du Créateur. Enfin, si nous considérons la raison pourquoi on nous prescrit la Patience, & une Patience si parfaite, nous trouverons qu'elle n'auroit aucune force, si elle n'étoit proposée par le Créateur, qui promet la vengeance, & qui répond du Juge. Car si une Patience aussi onéreuse, que celle qui engage non seulement à ne pas donner à son tour un Soufflet, mais encore à tendre l'autre*

colére étoient menacées d'une si grande punition; combien plus seront punis ceux qui s'abandonnent à cette passion, aujourdhui qu'il est ordonné de s'exposer même à recevoir une nouvelle injure? Διὰ τοῦτο ὀφθαλμὸν ἀντὶ ὀφθαλμοῦ, καὶ ὀδόντα ἀντὶ ὀδόντος, ἵνα τὰς ἐκείνου δήσῃ χεῖρας, οὐχ ἵνα τὰς σὰς ἀντεξαγάγῃ· οὐχ ἵνα τὸν σὸν ὀφθαλμὸν ἀπείρξῃ τὴν βλάβην μόνον, ἀλλ' ἵνα καὶ τοὺς ἐκείνου διατηρήσῃ σώους. Ἀλλ' ὅπερ ἐζήτουν, τίνος ἕνεκεν, συγκεχωρημένης ἀμύνης, ἐκωλύοντο οἱ τῷ πράγματι κεχρημένοι; . . . . . Συγγινώσκει ὁ Θεὸς τοῖς ὑπὸ τῆς ἐπηρείας ἴσως συναρπασθεῖσι, καὶ ἐπὶ τὴν ἄμυναν ὡρμηκόσι, διὸ λέγει, Ὀφθαλμὸν ἀντὶ ὀφθαλμοῦ· καὶ πάλιν, Ὁδοὶ μνησικάκων εἰς θάνατον, εἰ δὲ ἔνθα ὀφθαλμὸν ἀντὶ ὀφθαλμοῦ συγχωρεῖ ἐξῆν, τοσαύτη κεῖται τιμωρία τοῖς μνησικακοῦσι· πολλῷ μᾶλλον τοῖς καὶ παρέχειν ἑαυτοὺς πρὸς τὸ παθεῖν κακῶς κελευσθεῖσι; In EPHES. IV, 13. GROTIUS.

Le passage de ZACHARIE, sur lequel TERTULLIEN fonde son raisonnement, se trouve au *Chap.* VII. vers 10. où il y a: *Et qu'aucun ne pense du mal en son cœur contre son Frére.* Je ne sâche aucun autre endroit, où cela soit repeté, & dit du *Prochain*, comme ce Pére le donne à entendre. Mais il y a plus: le véritable sens du passage est tout autre. Le Prophéte veut dire, comme nôtre Auteur même le remarque dans ses Notes sur le Vieux Testament, que l'on doit se mett-

tre joüé; non seulement à ne pas dire à son tour des injures à celui qui nous injurie, mais encore à dire du bien de lui; non seulement à ne pas empêcher qu'on ne nous enléve nôtre Tunique, mais encore à abandonner le Manteau; si, dis-je, une aussi grande Patience nous étoit imposée par quelcun qui ne voulût pas nous proteger, ce seroit sans raison qu'il nous la prescriroit, puis qu'il ne nous donneroit point la récompense de l'observation du Précepte, je veux dire le fruit de la Patience, qui est la Vengeance. Il devoit nous permettre de prendre cette Vengeance, s'il ne vouloit pas la procurer lui-même, ou s'il ne vouloit pas nous la permettre, il devoit s'en charger; puis que l'interêt de ses Loix même demande que les Injures soient vengées. Car la crainte de la Vengeance est un frein qui détourne de toute sorte d'iniquité. Au lieu que, si on laisse à chacun la liberté d'insulter impunément les autres, la Malice Humaine régnera dans le monde: les Méchans, sûrs de l'impunité, nous creveront les deux yeux, & nous casseront toutes les dents.

6. On voit par ces paroles, que TERTULLIEN croioit non seulement qu'il est défendu aux *Chrétiens* d'appeller quelcun en Justice, pour lui faire souffrir la peine du Talion, mais encore que si cela étoit permis autrefois aux *Juifs*, c'étoit pour éviter un plus grand mal, & non pas comme une chose entiérement innocente. La pensée est vraie sans contredit, pourvû qu'on l'entende d'une poursuite entreprise par un principe d'animosité; comme il paroît par ce que nous avons dit ci-dessus. Car entre les *Juifs* même, ceux qui se distinguoient par leur sagesse, & qui ne s'arrêtant pas aux paroles de la Loi entroient dans le but du Législateur, ont désapprouvé tout usage des voies de la Justice, fait dans cet esprit-là. Voici comment PHILON fait parler les *Juifs* d'*Aléxandrie*, au sujet du malheureux état où étoit tombé *Flaccus*, le Persécuteur de leur Nation: (5) *Nous ne prenons pas plaisir, ô* DIEU, *à voir nos Ennemis punis; vos saintes Loix nous ont appris à être touchez du malheur des Hommes.* C'est précisément sur le même principe que JESUS-CHRIST nous prescrit de (f) pardonner sans distinction à tous ceux qui nous ont offensez, c'est-à-dire, de ne leur causer ni souhaitter même aucun mal, par un ressentiment de celui qu'ils nous ont fait. Car ce seroit-là un *plaisir inhumain, par lequel*, comme le dit le Poëte (6) CLAUDIEN, *on sembleroit tirer soi-même la vengeance qu'il n'appartient qu'aux Loix d'exercer.* C'est pourquoi LACTANCE rapportant ce que dit CICÉRON, (7) que *la prémiére partie de la Justice consiste à ne faire du mal à personne, si ce n'est à ceux qui nous y ont eux-mêmes provoqué par quelque injure*; remarque là-dessus, que l'Orateur Romain (8) a gâté une maxime très-véritable, par l'exception renfermée dans les deux ou trois derniers mots. St. AMBROISE (9) soûtient aussi, que ces paroles de CICÉRON ne sont pas conformes à l'Evangile.

(f) *Matth.* VI, 14, 15.

7. Que dirons-nous maintenant de la Vengeance considérée non pas entant qu'elle se rapporte au passé, mais entant qu'elle a pour but de prendre des précautions pour l'avenir? Ici l'Evangile veut encore qu'on relâche la poursuite de l'offense, prémiérement, lors que l'Offenseur (10) donne des marques apparentes de repentir. Et dans les

mettre dans une telle disposition, qu'il ne nous vienne pas même dans l'esprit de faire du mal à personne. Il ne s'agit donc point ici de la Vengeance en particulier.

(5) Οὐκ ἐφηδόμεθα, λέγοντες, ὦ Δέσποτα, τιμωρίαις ἐχθροῦ, δεδιδαγμένοι πρὸς τῶν ἱερῶν νόμων ἀνθρωποπαθεῖν. In Flaccum, (*pag.* 982. D. *Edit. Paris.*) Voiez ORIGÉNE, contre *Celse*. GROTIUS.

(6) *Qui fruitur pœnâ, ferus est, legumque videtur*
Vindictam præstare sibi ——— ——— ———
De Mallii Consulat. *vers.* 224, 225.

(7) *Sed Justitiæ primum munus est, ut ne cui noceat, nisi lacessitus injuriâ.* De Offic. *Lib.* I. *Cap.* VII.

(8) *O quàm simplicem veramque sententiam, duorum verborum adjectione, corrupit! Quid enim opus fuerat adjungere*, nisi lacessitus injuriâ? *Instit. Divin.* Lib. VI. Cap. XVIII. *num.* 16. Mais voiez là-dessus PUFENDORF, *Droit de la Nat. & des Gens*, Liv. II. Chap. V. §. 14.

(9) *Dicunt enim illi* [Philosophi], *eam primam esse Justitiæ formam*, ut nemini quis noceat, nisi lacessitus injuriâ. *Quod Evangelii auctoritate vacuatur.* Offic. *Lib.* I. *Cap.* XXVIII.

(10) Voiez un passage du Rabbin MOÏSE, *Fils de Maimon*, que le Savant CONSTANTIN L'EMPEREUR cite, dans son Commentaire sur le BABA KAMA, *Cap.* VIII. §. 7. GROTIUS.

(g) *Luc.* XVII, 3. *Ephes.* IV, 32. *Coloss.* III, 13.

les (g) passages où cela nous est prescrit, il s'agit d'un pardon plein & entier, c'est-à-dire, qui aille jusqu'à redonner place dans nôtre amitié à l'Offenseur: d'où il s'ensuit qu'on ne doit rien exiger de lui en punition de l'offense.

(h) *Matth.* V, 40.

8. Lors même qu'on ne voit point de telles marques de repentir, Nôtre Seigneur veut que l'on ne poursuive point la réparation d'un dommage qui n'est pas trop difficile à supporter; ce qu'il donne à entendre par le précepte (h) d'*abandonner la Tunique à celui qui veut nous enlever le Manteau.* Platon est aussi allé jusqu'à dire, qu'il ne faut pas rendre le mal pour le mal, *quand* (11) *même on seroit exposé à souffrir encore quelque chose de plus fâcheux:* pensée, qui se trouve encore dans (12) Maxime *de Tyr.* Musonius, autre Philosophe Paien, disoit (13) qu'il ne voudroit jamais intenter, ni conseiller à personne d'intenter action pour cause d'injures, (qui est précisément ce que Nôtre Seigneur donne à entendre par l'exemple d'un Soufflet) parce qu'il vaut beaucoup mieux pardonner ces sortes d'offenses.

(i) *Chap.* XXI, vers. 19.
(k) Voiez *Lex Wisigoth.* VI, 13.
(l) *Matth.* I, 19.

9. Mais si les choses vont de telle maniére, qu'on ne puisse dissimuler ou mépriser une injure sans un grand danger, on doit alors se contenter de prendre ses sûretez de la maniére la moins nuisible à l'Offenseur, que faire se peut. En effet, la peine du Talion n'étoit pas même en usage parmi les anciens *Hébreux*, comme (14) Joseph & d'autres Docteurs *Juifs* l'ont remarqué: mais, à la place de cela, on condamnoit l'Offenseur à (15) une amende envers la personne lézée, outre les dépens, au sujet desquels il y a une Loi particuliére dans (i) l'Exode, & dont la restitution (k) n'est qu'un simple dédommagement, qui n'emporte aucune peine. La même chose se pratiquoit à *Rome*, comme nous l'apprenons du Philosophe Favorin, cité par (16) Aulu-Gelle. Lors que *Joseph*, chez qui Nôtre Seigneur a été élevé, crut que *Marie* sa Femme étoit convaincuë d'adultére, (l) il aima mieux (17) s'en défaire par un divorce, que de l'exposer à l'opprobre: & l'Evangeliste remarque, qu'il en usa ainsi, parce que c'étoit un *homme juste*, c'est-à-dire, un homme de bien, & plein de douceur. Sur quoi St. Ambroise (18) dit, qu'*un Homme juste a de l'éloignement & pour les cruautez de la Vengeance, & pour la sévérité des Accusations.* Lactan-

(11) C'est dans le Dialogue, intitulé *Criton*, où le Philosophe parle de l'Injustice en général. Il dit, que c'est une chose absolument mauvaise & toûjours honteuse de faire la moindre Injustice, soit que l'on s'attire par là un mal plus fâcheux que celui dont on veut se délivrer, soit qu'on puisse se procurer quelque bien. Il est vrai qu'ensuite, il fait regarder comme une véritable Injustice, de rendre le mal pour le mal, de quelque maniére que ce soit. *Καὶ εἴτε δεῖ ἡμᾶς ἔτι τῶνδε χαλεπώτερα πάσχειν, εἴτε καὶ πρᾳότερα, ὅμως τό γε ἀδικεῖν τῷ ἀδικοῦντι καὶ κακὸν, καὶ αἰσχρὸν, τυγχάνει ὂν παντὶ τρόπῳ φαμὲν, ἢ οὔ.* ΚΡ. *Φαμέν .... Οὐδὲ ἀδικούμενον ἄρα ἀνταδικεῖν, ὡς οἱ πολλοὶ οἴονται· ἐπειδή γε οὐδαμῶς δεῖ ἀδικεῖν.* Tom. I. pag. 49. B. *Edit. Steph.*

(12) C'est apparemment à la fin de la II. Dissertation, où néanmoins la pensée ne paroit pas tout-à-fait la même.

(13) Il parle de ceux qui s'attachent à la Philosophie; & c'est dans un assez long passage, que Stobée nous a conservé, d'un Traité fait exprès sur cette question.

(14) Joseph ne dit point cela: il remarque seulement, que la Loi laisse la liberté à celui, à qui on a crevé un œil, de se contenter d'une amende, en dédommagement du mal qu'on lui a fait: *Ὁ πηρώσας, πασχέτω τὰ ὅμοια, στερούμενος ὅπερ ἄλλον ἐστέρησε, πλὴν εἰ μήτε χρήματα λαβεῖν ἐθελήσειεν ὁ πεπηρωμένος, αὐτὸν τὸν πεπονθότα κύριον τοῦ νόμου ποιοῦντος τιμήσασθαι τὸ συμβεβηκὸς αὐτῷ πάθος, καὶ συγχωροῦντος, εἰ μὴ βούλεται γενέσθαι πικρότερος.* Antiquit. Jud. *Lib.* IV. *Cap.* VIII. pag. 128. C. Ainsi cela semble supposer, au contraire, que l'on pratiquoit quelquefois à la lettre le Talion. Il est néanmoins fort apparent, que le vrai sens de la Loi étoit seulement, qu'on devoit punir ces sortes de crimes, selon la gravité du fait. Voiez ce que j'ai remarqué ci-dessus, *Liv.* I. *Chap.* II. §. 8. *Note* 35.

(15) Voiez le Commentaire de Constantin L'Empereur, sur le Baba Kama, Cap. VIII. §. 1. Grotius.

(16) Ce n'est pas Favorin, qui remarque cela, mais Sextus Cæcilius: *Nolo hoc ignores, hanc quoque ipsam talionem ad æstimationem Judicis redigi necessario solitam. nam si reus, qui depacisci noluerat, Judici talionem imperanti non parebat, æstimatâ lite Judex hominem pecunia damnabat. atque ita, si reo & pactio gravis, & acerba talio visa fuerat, severitas legis ad pecunia multam redibat.* Noct. Attic. *Lib.* XX. *Cap.* I. pag. 868. *Edit. Jac. Gronov.*

(17) St. Augustin dit, qu'un Chrétien ne doit pas tuer sa Femme surprise en adultére, mais se contenter de la renvoier; c'est, à son gré, l'opinion la mieux fondée: *Si autem, quòd verius dicitur, non licet homini Christiano adulteram conjugem occidere, sed tantum dimittere* &c. De adulterinis conjugiis, *Lib.* II. (Cap. XV.) Grotius.

(18) *Non tantum ab ultionis atrocitate, sed etiam ab accu-*

TANCE avoit déja posé pour maxime, (19) *qu'il n'est pas permis à un Homme juste d'accuser quelcun en Justice, quand il s'agit d'un crime punissable de mort.* JUSTIN, Martyr, parlant de ceux qui dénonçoient les Chrétiens, dit: (20) *Nous ne voulons pas qu'on punisse nos Calomniateurs. Ils sont assez punis par leur propre malice, & par l'ignorance où ils sont de la Vérité.*

10. Il reste à examiner, si l'usage des Peines infligées non pas simplement pour l'intérêt des Particuliers, mais pour le Bien Public, & qui tendent en partie à empêcher, ou par la mort du Coupable, ou par quelque autre châtiment, qu'il ne fasse plus de mal à personne, en partie à détourner les autres d'en faire, par la sévérité de l'exemple; si l'usage, dis-je, de ces sortes de peines est aboli par l'Evangile? Nous avons prouvé (m) ailleurs, que non: & cela par cette raison incontestable, que Nôtre Seigneur JESUS-CHRIST, en donnant ses Préceptes, a déclaré qu'il ne prétendoit rien abolir de ce que la Loi de *Moïse* prescrivoit. Or la Loi de *Moïse*, qui, en matiére de ces sortes de choses, devoit subsister, tant que les *Juifs* formeroient un Corps d'Etat, recommandoit (n) fortement aux Magistrats, de punir l'Homicide, & quelques autres Crimes. Si donc il n'y a point eu d'incompatibilité entre les Préceptes de Nôtre Seigneur, & l'observation de la Loi de *Moïse*, en ce qui concerne (21) les cas même où elle décernoit la peine de mort; ces Préceptes pourront (o) aussi s'accorder avec les Loix Humaines, qui imitent ici la Loi Divine donnée aux anciens *Hébreux*.

(m) *Liv.* I. *Chap.* II. §. 7, 8.

(n) *Exod.* XXI, 14. *Nombres*, XXXV, 31, *& suiv. Deuter.* XIX, 13.

(o) Voiez *St. Augustin*, Quæst. Evangelic. I, 10.

§. XII. 1. IL Y A néanmoins des gens, qui veulent, qu'il ne soit plus permis sous l'Evangile, de punir si rigoureusement les Criminels: & ils en alléguent pour raison, que, DIEU usant de tant de douceur dans cette nouvelle Alliance, tous les Hommes doivent l'imiter, & les Magistrats même, comme ses Lieutenans ici-bas. La maxime est vraie à quelque égard, je l'avouë: mais elle ne s'étend pas aussi loin qu'on le prétend. Car cette grande miséricorde, que DIEU nous a manifestée dans la nouvelle Alliance, regarde principalement les Péchez commis contre la Loi (1) donnée au commencement, ou même contre la Loi de *Moïse*, (a) avant que d'avoir eu connoissance de l'Evangile. Car pour ceux que l'on commet, après avoir été éclairé

(a) *Act.* XVII, 30. XIII, 38. *Rom.* II, 15. *Hébr.* IX, 15.

accusationis aliena est justi persona. (In PSALM. CXVIII. *Serm.* VII. Cap. V.) Voiez HINCMAR. *de Divortio*, ad interrogat. V. *in fine.* & le DROIT CANONIQUE, Caus. II. Quæst. VII. Can. 5. & là-dessus PANORMITAN. & dans les *Decrétales*, Lib. V. Tit. I. Cap. VIII. de la maniére que ce Canon est cité par BROCARD, ou BURCARD. Voiez aussi GAILIUS, *de Pace publica*, VIII, 3. GROTIUS.

(19) Il dit, que tout meurtre est défendu, & que c'est tout un de tuer quelcun avec un fer, ou de le tuer par des paroles, comme on fait quand on l'accuse d'un Crime punissable de mort: maxime, qui prise ainsi généralement, est fausse sans contredit. *Neque vero accusare quemquam crimine capitali* [Justo licebit] *quia nihil distat, utrumne verbo, an ferro potius, occidas, quoniam occisio ipsa prohibetur.* Lib. VI. Cap. XX. *num.* 16.

(20) Dans l'ancienne Version Latine: *Nolumus eos puniri, qui in nos calumniantur. Sufficit illis sua pravitas, & rerum bonarum ignorantia.* Le même Pére dit ailleurs, que l'Auteur de la nouvelle Loi ne veut pas qu'on se venge le moins du monde de qui que ce soit: *Μηδὲ μικρὸν ἀμείβεσθαι μηδένα βουλόμενος, ὡς ὁ καινὸς νομοθέτης ἐκέλευσε.* Voiez ce que l'on dira ci-dessous, §. 15. GROTIUS.

(21) JOSEPH louë les *Pharisiens* de leur modération (*ἐπιείκεια*) à punir. De là vient qu'on fit tant d'exceptions aux Loix qui concernoient les Peines infligées par autorité publique. De là vient encore ce qui est dit dans le TALMUD, Tit. *Ketuboth*, que, quand on est indispensablement obligé de condamner quelcun à la mort, il faut le faire souffrir le moins qu'il est possible. GROTIUS.

Le passage de JOSEPH, que nôtre Auteur a eu dans l'esprit, se trouve dans l'endroit où l'Historien Juif raconte de quelle maniére un Sadducéen, nommé *Jonathan*, rendit les *Pharisiens* suspects & odieux à *Hyrcan*, en engageant celui-ci à leur demander comment devoit être puni *Eléazar*, pour les paroles injurieuses qu'il avoit dites à lui Souverain Pontife. Les *Pharisiens* se contentérent de le condamner à être battu & mis en prison, ne croiant pas que de simples injures méritassent la mort, & étant d'ailleurs naturellement portez à la douceur en matiére de Punitions: Ού γὰρ ἐδόκει λοιδορίας ἕνεκα θανάτῳ ζημιοῦν. ἄλλως τε καὶ φύσει πρὸς τὰς κολάσεις ἐπιεικῶς ἔχουσιν οἱ Φαρισαῖοι. Antiq. Jud. *Lib.* XIII. *Cap.* XVIII. pag. 453. F.

§. XII. (1) *Legem Primævam*, dit l'Auteur. Il y avoit dans la prémiére Edition, *contra naturæ legem.* Le changement insinuë, que DIEU révéla lui-même les principales régles du Droit Naturel aux prémiers Hommes, qui les transmirent ensuite à leurs Descendans. Nôtre Auteur a fait de semblables corrections en d'autres endroits, dans la pensée où il étoit entré depuis, que la Tradition étoit ce qui avoit le plus contribué à la connoissance & des principes de la Religion, & des Loix de la Nature. Voiez ci-dessous, §. 45. *num.* 4. *Note* 6.

(b) Voiez *St. Chrysost.* Orat. *ad Patrem fidel.* & II. *de Jejunio.*
(c) *Hebr.* II, 2, 3. X, 29. *Matth.* V, 21, 22, 28.
(d) *I. Cor.* XI, 30.
(e) *Ibid.* vers. 31. & *II. Cor.* VII, 9, 10.
(f) *II. Cor.* II, 7.

clairé des lumiéres de cette sainte Doctrine, sur tout lors qu'on péche avec obstination; il y a des (b) menaces d'un Jugement beaucoup plus (c) rigoureux, que toutes les Peines de la Loi Mosaïque. Et ce n'est pas seulement dans une autre Vie, que Dieu punit de tels Péchez; il le fait (d) souvent dès celle-ci. On n'en obtient le pardon, (e) qu'après (2) s'être puni soi-même en quelque maniére, (f) par une grande tristesse.

2. On dit encore, qu'il faudroit du moins faire grace aux Criminels repentans. Mais, outre que les Hommes ne peuvent guéres s'assûrer que la repentance d'un Criminel soit sincére, & qu'ainsi il n'y auroit point de Coupable qui fût puni, s'il suffisoit de donner quelques marques de repentance; Dieu même ne tient pas quittes de toute peine ceux qui se repentent de leurs crimes. L'exemple de *David* suffit pour nous en convaincre. Comme donc, sous l'ancienne Alliance, Dieu pouvoit faire grace de la peine portée par la Loi, c'est-à-dire, d'une mort violente ou hâtée par quelque autre accident, & faire néanmoins souffrir au Coupable d'autres maux assez grands: (3) de même il peut aujourdhui faire grace de la peine de mort éternelle, & punir cependant lui-même le Pécheur d'une mort prématurée, ou vouloir qu'il soit ainsi puni par le Magistrat.

§. XIII. 1. D'autres trouvent ici à redire, qu'en ôtant la vie à un Criminel on ne lui laisse pas le tems de se repentir. Mais on sait, que les Magistrats pieux ont grand soin de n'apporter, autant qu'en eux est, aucun obstacle à la repentance des Criminels, & qu'ils n'en font exécuter aucun, qu'après lui avoir donné le tems de reconnoître ses péchez, & d'en concevoir un sincére déplaisir. Or l'exemple du Brigand, crucifié avec Nôtre Seigneur Jesus-Christ, nous fait voir, que Dieu peut agréer une telle repentance, (1) quoi que la mort empêche qu'elle ne soit suivie des effets qu'elle auroit dû produire pour la réformation de la conduite du Criminel.

2. On dira peut-être, que si le Criminel eût vêcu plus long tems, il auroit pû s'amender plus sérieusement. Mais il y a des gens, auxquels on pourroit fort bien appliquer ce que dit Sene'que, (2) *que la mort est le seul bien qu'on leur puisse procurer, parce que c'est le seul moien de faire en sorte qu'ils cessent d'être méchans*; comme un Philosophe (3) Grec l'avoit déja remarqué.

(a) *Liv. I. Chap.* II. §. 7.

3. Ce que nous venons de dire, joint avec ce que nous avons dit au (a) commencement de cet Ouvrage, suffit pour répondre aux difficultez de ceux qui veulent qu'il

(2) Tertullien dit, que, pour obtenir le pardon de ses péchez, il faut auparavant avoir déploré son état: *Peccator, ante veniam, deflere se debet.* De Pœnitentia (*Cap.* VI) Voiez St. Ambroise, sur le *Pseaume* XXXVII. St. Chrysostôme, sur la I. Epitre aux *Corinthiens*, Hom. XXVIII. & sur St. Matthieu, Hom. XLII. Grotius.

(3) Voiez St. Je'rome, sur le Chapitre I. du Prophéte Nahum: passage qui se trouve cité dans le Droit Canonique, *Caus.* XXIII. *Quæst.* V. Can. VI. Voiez aussi Syne'sius, Epist. XLIV. & Agathias, dans l'endroit, où il cite un passage de Platon, (à l'occasion de la mort d'*Anatolius*, Lib. V. Cap. II.) Grotius.

§. XIII. (1) Voiez un passage de St. Je'rome, dans une Lettre à *Damase*; lequel passage se trouve cité dans le Droit Canonique, Caus. XXIII. Quæst. III. *De Pœnit.* Distinct. I. Can. LVIII. Grotius.

(2) *Auferemus tibi istam, qua vexaris, insaniam; & per tua alienaque volutato supplicia, id, quod unum bonum tibi superest, repræsentabimus, mortem.* De Ira, *Lib.* I. *Cap.* XVI. *Et quo uno modo possunt, desinant mali esse.* Ibid. *Cap.* XV. Le même Philosophe dit ailleurs, que le seul remède pour des gens comme ceux-là, qui vraisemblablement ne reviendront jamais à eux-mêmes, c'est la mort; par laquelle aussi on rend service à tout le monde: *Et si ex toto ejus sanitas desperata fuerit, eadem manu beneficium omnibus dabo, illi reddam: quando ingeniis talibus vitæ exitus remedium est: optimumque est obire ei, qui ad se numquam rediturus est.* De Benefic. *Lib.* VII. *Cap.* XX. Grotius.

(3) Il se servoit de cette raison, pour montrer, que les Législateurs, en décernant la peine de mort, n'avoient pas eu dessein de faire du mal aux Criminels même qui souffriroient le dernier supplice, mais au contraire de leur procurer par là le dernier remède à leur malice: Ἀγνοεῖ δὲ τὸ μέγιστον, ὅτι καὶ ὁ θάνατος αὐτὸς παρὰ τῶν σοφωτάτων δικαιωσάντων οὐχ ὥς κακὸν ἐπιτιμηθῇ, ἀλλ' ὡς ἔσχατον, καὶ ἐν φαρμάκου λόγῳ, κατὰ τὸ οὐ δυναμένοις τῆς κακίας ἐλευθερωθῆναι, ὅπως, ἐπειδὴ οὐκ οἷα τε ἄλλως, καὶ τούτῳ γε δὴ τῷ τρόπῳ ἀπολυθέντες τοῦ ἐνταῦθα δεσμοῦ, αὐτῆς ἀποδράσωνται φυγῇ. Eusebius, apud Stobæum, Serm. XLVI.

(4) Et même celui des *Romains*, du moins en grand' partie, puis que, depuis la *Loi Porcienne*, aucun Citoien, parmi eux, ne pouvoit être puni de mort, ou fouetté, à moins qu'il ne fût Criminel de Le-

qu'il soit défendu à tous les *Chrétiens* sans exception de punir les Criminels, ou du moins de les punir de mort. Cela est directement contraire à la doctrine de l'Apôtre St. Paul. Car il nous fait regarder (b) comme une partie du devoir des Puissances l'usage du Glaive, en quoi il les appelle les Ministres de la Vengeance Divine: & il exhorte ailleurs (c) à prier Dieu que les Rois se convertissent au Christianisme, & qu'ils soient, comme Rois, les Protecteurs des Innocens: or telle est la malice d'un grand nombre de gens, même depuis la propagation de l'Evangile, que les Princes ne sauroient protéger les Innocens, sans faire mourir quelques Criminels, pour réprimer l'audace des autres. Cela est si vrai, que, malgré tant d'exécutions, malgré tant de gibets & de rouës, l'Innocence n'est pas encore assez en sûreté.

(b) *Rom.* XIII, 4.

(c) *I. Timoth.* II, 1, *& suiv.*

4. Les Puissances (d) Chrétiennes feront bien néanmoins d'imiter, du moins à quelque égard, l'exemple de (4) *Sabacon*, ancien Roi d'*Egypte*, très-celébre pour sa piété. Ce Prince, au lieu de faire mourir les Criminels, les condamna à travailler à des Ouvrages publics, & il le fit avec beaucoup de succès, comme nous l'apprend (e) Diodore *de Sicile*. Il y avoit aussi quelques Nations, près du mont *Caucase*, chez qui, au rapport de (5) Strabon, *on ne faisoit mourir personne, quelque grand crime qu'il eût commis.* Quintilien fait une réflexion, qui n'est pas à mépriser: (6) *Il n'y a point de doute*, dit-il, *que, si les Coupables peuvent se corriger d'une maniére ou d'autre, comme on avouë qu'ils le peuvent quelquefois, il est plus avantageux à l'Etat de les sauver, que de les punir.* Balsamon remarque, que les Loix Romaines, qui décernoient la peine de mort, furent pour la plûpart changées par les derniers (7) Empereurs Chrétiens, qui ordonnérent (8) d'autres punitions, afin que les Criminels eussent, d'un côté, de plus vifs sentimens de repentance, & que, de l'autre, la peine étant plus longue fût plus utile pour l'exemple.

(d) Voiez ci-dessous, *Chap.* XXIV. de ce Liv. §. 2.

(e) *Lib.* I. *Cap.* LXV.

§. XIV. De ce que nous avons dit jusqu'ici, on peut inférer, qu'il est fort dangereux pour un Chrétien, qui n'est que simple Particulier, de (a) punir de son chef, soit pour son propre bien ou pour le bien du Public, un Méchant, quel qu'il soit, sur tout de le punir de mort: quoi que le Droit des Gens le permette quelquefois, comme nous l'avons (b) remarqué ci-dessus. Ainsi on ne peut que louer l'usage des Peuples, chez qui ceux qui vont sur mer se munissent d'une Commission de l'Etat, pour poursuivre les Pirates qu'ils trouveront, afin que, dans l'occasion, ils agissent contre ces Ennemis publics, par autorité publique, & non pas comme d'eux-mêmes.

(a) Voiez quelque chose qu'on a dit là-dessus, *Liv.* I. *Chap.* III. §. 3.

(b) Dans ce Chap. §. 8.

§. XV.

Léze-majesté, ou condamné par sentence du Peuple même. Grotius.

Voiez, sur la *Loi Porcienne*, Tite Live, *Lib.* X. *Cap.* IX. Mais ce ne fut point par un principe de douceur & d'humanité, que l'on défendit aux Magistrats de punir de mort, ou de fouetter un Citoien Romain. C'étoit un privilége, que l'on regardoit alors comme inséparable de la Liberté, dont on étoit fort jaloux, mais qui donna lieu avec le tems à une licence, que l'on fut obligé de réprimer en éludant la Loi par une fiction de droit. Voiez Sigonius, *De antiquo jure Civium Romanor.* Lib. I. Cap. VI. & les *Probabilia Juris* de Mr. Noodt, Lib. III. Cap. XII.

(5) On bannissoit seulement, avec leurs Enfans, ceux qui avoient commis quelque grand crime. Les *Derbiciens*, au contraire, autre Peuple de ces païs-là, faisoient mourir pour les moindres crimes: Ἐτέθη δ' [νόμιμόν ἐστι] μηδένα ἀποκτείνειν τῶν ἐξαμαρτόντων τὰ μέγιστα, ἀλλ' ἐξορίζειν μόνον μετὰ τέκνων, ὑπεναντίον τοῖς Δέρβιξι· καὶ γὰρ ἐπὶ μικροῖς οὗτοι σφάττουσι. Geograph. *Lib.* XI. pag. 790 B. *Ed. Amstel.* (520, *Paris.*)

(6) *At hoc nemo dubitabit, quin, si nocentes mutari in bonam mentem aliquo modo possint, sicut posse interdum conceditur, salvos esse eos magis è republica sit, quàm puniri.* Instit. Orat. *Lib.* XII. *Cap.* I. pag. 1055. *Edit. Burman.*

(7) Voiez le serment d'*Isâc l'Ange*, dans Nicetas Choniate, Lib. I. (Cap. IV.) Le même Historien remarque, que l'Empereur *Jean Comnéne* ne fit mourir personne pendant tout son regne. (In *Joann. Comn.* Cap. XII. *seu ult.*) Voiez ce que dit Malchus, de *Philadelphe*, au sujet de l'Empereur *Zénon* (in *Excerpt. Legation.*) & St. Augustin, Epist. CLVIII. & CLIX. *ad Marcellin. Comit.* passages citez dans le Droit Canonique, *Caus.* XXIII. *Quæst.* V. Can. I. II. Voiez aussi St. Chrysostôme, *adversus Judæos*, dans l'endroit où il traite de la peine de *Caïn*. Grotius.

(8) Qui consistoient sur tout à les faire travailler. St. Augustin veut, qu'on laisse en leur entier les membres des Criminels, pour les emploier à quelque travail utile: (C'est en parlant des *Circumcellions*) *Tu opere misericordi effice, ut illa, quæ nefandis operibus exercebant, alicui utili operi integra eorum membra deserviant.* Epist. CLX. Voiez aussi la Lettre de *Nectaire* à ce Pére de l'Eglise, laquelle est parmi les siennes, la CCI. Grotius.

§. XVI.

§. XV. C'est sur le même principe qu'est fondée la coûtume établie en plusieurs endroits, de ne pas recevoir (1) pour Accusateurs en Justice toute sorte de gens, mais seulement certaines (2) personnes qui sont chargées de cet emploi par autorité publique, afin que (3) personne ne fasse rien qui contribuë à l'effusion du sang d'autrui, que pour satisfaire au devoir de sa charge. Un Canon du *Concile d'*Elibe'ris (4) prive de la Communion, même à l'Article de la mort, tout Chrétien, qui en denonçant quelcun aura été cause de sa mort ou de sa proscription.

§. XVI. Il paroît encore par ce que nous avons dit ci-dessus, qu'il n'est ni avantageux ni bienséant à un vrai Chrétien, de rechercher de lui-même les Emplois (1) Publics, qui demandent qu'on juge à mort, & de témoigner ainsi qu'il se croit digne d'avoir droit de Vie & de Mort sur ses Concitoiens, comme aiant plus de mérite qu'aucun d'eux, & comme étant une espéce de Divinité entre les Hommes. Jesus-Christ nous avertit, qu'il est (a) dangereux de juger d'autrui, parce que, le même jugement qu'on aura fait des autres, Dieu le fera de nous en pareil cas. Cette maxime doit certainement être appliquée ici.

(a) *Matth.* VI, 1, *& suiv.*

§. XVII. 1. C'est une question célébre, de savoir, si les Loix Humaines, qui permettent de tuer certaines personnes, donnent au Meurtrier un vrai droit, même devant le Tribunal Divin, ou si elles laissent seulement le meurtre impuni devant les Hommes? Covarruvias (a), & (b) Fortunius, tiennent le dernier: mais Fernand Vasquez (c) va jusqu'à traiter cette opinion d'exécrable.

(a) *De Matrimon.* Part. II. Cap. VII. §. 7. *num.* 20, *& seqq.*
(b) *De ultim. fine Leg.* Illat. XI.
(c) *Controv. illustr.* Lib. IV. Cap. VIII.
(d) *Liv.* II. *Chap.* I. §. 14.

2. Il n'y a point de doute, qu'en certains cas les Loix Humaines ne puissent faire l'un ou l'autre, ou rendre entiérement innocente l'action qu'elles permettent, ou accorder une simple impunité; comme nous l'avons remarqué (d) ailleurs. Pour savoir donc quelle a été ici l'intention du Législateur, il faut en juger, en partie par les termes de la Loi, en partie par la nature même de la chose dont il s'agit.

3. Si la Loi qui permet de tuer quelcun, le fait pour donner quelque chose au ressentiment d'une personne cruellement offensée, elle met bien à l'abri de toute Punition devant le Tribunal Humain, mais elle n'empêche pas qu'il n'y aît du crime, & que ce ne soit un véritable Homicide. Tel est le cas d'un Mari (1) qui tuë sa Femme surprise en flagrant délit, ou le Galant avec qui elle a commis adultére.

4. Mais

§. XV. (1) St. Chrysostôme dit qu'il faut terminer & prévenir les Procès Civils, par un accommodement à l'amiable: mais qu'on ne doit jamais intenter de Procès Criminel: Καλὸν μὲν ἂν, ὅπερ εἶπον, καὶ τὰς χρηματικὰς δίκας φθάνειν διαλύσεσι φιλικαῖς, ἵνα πρὸς τῷ τέλει τῆς δίκης κυβερνήσῃς τὸν φίλον· ἐγκληματικὰς δὲ μηδὲ διαλύεσθαι γίνοιτο, ἀλλὰ μηδὲ τὴν ἀρχὴν ἐγγυμνάζειν. De Pœnitent. *Hom.* VIII. Grotius.

(2) Comme ce qu'on appelle *Procureur Fiscal*, *Avocat Fiscal* &c.

(3) On a remarqué, avec raison, que ce qui a donné lieu à l'établissement de certains Accusateurs publics, c'est plûtôt la licence des Délateurs.

(4) *Delator si quis exstiterit fidelis, & per delationem ejus aliquis fuerit proscriptus vel interfectus, placuit eum nec in fine accipere communionem.*

§. XVI. (1) Voiez le Traité de Sene'que, *de otio Sapientis*, où il examine, si le Sage doit se mêler des affaires de l'Etat. Grotius.

§. XVII. (1) Voiez un passage de St. Augustin, *de Civitate Dei*, cité dans le Droit Canonique, *Caus.* XXIII. *Quæst.* VIII. Cap. XXXIII. Voiez aussi *Caus.* XXXIII. *Quæst.* II. Cap. VI. VII. Grotius.

La prémiére partie du passage de St. Augustin, cité dans le Canon, n'est point de ce Pére, mais de St. Je'rome, *in Ezech.* Cap. IX. (Tom. V. pag. 404. A. *Ed. Basil.*) comme on l'a remarqué. Les autres paroles pourroient bien aussi être de quelque autre Auteur Ecclésiastique. Je ne les trouve pas du moins dans le Traité *de la Cité de* Dieu: mais j'y vois la même pensée, exprimée d'une maniére différente. Voici le passage. *His igitur exceptis, quos vel Lex justa generaliter, vel ipse fons justitiæ* Deus, *specialiter occidi jubet, quisquis hominem, vel se ipsum, vel quemlibet occiderit, homicidii crimine innectitur.* Lib. I. Cap. XXI.

(2) C'est-à-dire, les Soldats même: car cela regarde aussi ceux qui ne sont pas Gens-de-guerre. Et la Loi suppose que ce soit de nuit, & à la campagne, qu'ils vont piller, ou assassiner les Passans. *Liberam resistendi cunctis tribuimus facultatem: ut quicumque militum vel privatorum ad agros nocturnus populator intraverit, aut itinera frequentata insidiis adgressionis obsederit, permissâ cuicumque licentiâ, digno illico subjugetur; ac mortem, quam minabatur, excipiat, & id, quod intendebat, incurrat. Melius enim est, occurrere in tempore, quam post exitum vindicare. Vestram igitur vobis permittimus ultionem* &c. Cod. Lib. III. Tit. XXVII. *Quando liceat unicuique sine judice se vindicare, vel publicam devotionem*, Leg. I. Voiez Cujas & Fabrot, sur ce Titre.

(3)

4. Mais lors que la Loi a eu en vuë de prévenir un mal que produiroit le délai de la punition, elle doit être censée donner un pouvoir public au Particulier, de sorte qu'en ce cas-là il n'est plus Particulier. Il faut rapporter ici une Loi du CODE JUSTINIEN, où il est permis à chacun de tuer sur le champ, sans autre forme de procès, les Soldats (2) qui pillent & qui ravagent. On en allégue pour raison, *qu'il vaut mieux prévenir à tems le mal, que de le punir, quand il est fait. C'est pourquoi*, continuent les Empereurs VALENTINIEN, THE'ODOSE, & ARCADIUS, *nous vous laissons le soin de vous venger vous-mêmes, & comme il seroit trop tard de punir ces Malfaiteurs en Justice, nous les châtions d'avance par cet Edit, en voulant que personne n'épargne un Soldat, qui mérite qu'on le poursuive les armes à la main, comme un Brigand.* Dans la Loi suivante du même Titre, il est permis à chacun (3) de tuer les *Déserteurs*, & on appelle cela *une permission d'exercer la vengeance publique pour le repos commun.* On peut rapporter encore ici ce que dit TERTULLIEN, (4) que *tout Homme est Soldat de l'Etat, pour agir contre des Criminels de Léze-Majesté, & des Ennemis Publics.*

5. On permet aussi à chaque Particulier, de tuer (5) ces sortes d'Exilez, qu'on appelle *Bannis.* Mais il y a cette différence entre les cas dont nous venons de parler, & celui-ci, qu'il y a eu une Sentence particuliére renduë contre les Bannis; au lieu que dans les autres cas il n'y a qu'un Edit général, qui a force de Sentence anticipée, lors que le fait supposé est (6) manifeste.

§. XVIII. 1. VOIONS maintenant, si tous les actes vicieux sont de nature à pouvoir être punis par les Hommes? Sur quoi il faut d'abord poser pour maxime sûre & incontestable, qu'ils ne sont pas tous tels. Il s'agit seulement de marquer en détail ceux qui doivent être exceptez.

2. Je dis donc, *en prémier lieu*, que les *actes purement internes*, quand même ils viendroient ensuite à être connus par quelque accident, comme par l'aveu qu'on en feroit soi-même, ne peuvent point être punis, par les Hommes; parce que, comme nous (a) l'avons remarqué ailleurs, il n'est pas convenable à la Nature Humaine, que les actes purement internes produisent quelque droit ou quelque obligation, d'Homme à Homme. Et c'est en ce sens qu'il faut entendre la maxime du Droit Romain, (1) *Que personne ne mérite d'être puni pour de simples pensées.*

(a) *Liv.* II. *Chap.* IV. §. 3. *num.* 2. & *Chap.* VI. §. 1. *num.* 3.

3. Ce-

(3) *Opprimendorum desertorum facultatem provincialibus jure permittimus. Qui si resistere ausi fuerint, in his velox ubique jubemus esse supplicium. Cuncti etenim, adversus latrones publicos desertoresque militiæ, jus sibi sciant pro quiete communi exercendæ publicæ ultionis indultum.* Ibid. Leg. II.

(4) *In reos majestatis & publicos hostes omnis homo miles est.* (Apolog. Cap. II.) AGATHIAS dit, que ce ne sont pas seulement les Généraux d'armée, & les autres personnes en place qui s'intéressent ou qui doivent s'intéresser pour le Bien Public, mais que chacun peut & doit être touché des maux qui arrivent à l'Etat dans lequel il vit, & faire tout ce qui dépend de lui pour les empêcher: Ού γδ' ςρατηγοῖς μόνοις, ὃ τοῖς ἄλλως δυνατωτάτοις ὁ τῆς εὐνοίας ἐθέλει σκοπὸς ἐμφύεσθαι, καὶ προσιζάνειν, ἀλλὰ παντὶ τῷ βουλομένῳ βατὸν ἐάσει καὶ πρόσηκον, τῆς ἐν ᾗ τέτακται πολιτείας ὑπεραλγεῖν, καὶ τὸ κοινῇ συνοῖσον εἰς δύναμιν κατορθοῦν. Lib. IV. (dans la Harangue de *Rusticus.* Cap. II.) Voiez ce que nous avons dit dans ce Chapitre, §. 9. GROTIUS.

(5) Le Savant GRONOVIUS cite ici une Loi, rapportée par QUINTILIEN, laquelle porte, qu'il est permis de tuer un homme, qui a été banni, si on le trouve dans le païs: *Declam.* CCCV. *Exsulem, intra fines deprehensum, liceat occidere.* Mais, quoi qu'on voie encore la même chose dans la Déclamation CCXLVIII. *Exsulem occidere intra fines licet*; il pourroit bien être que ce fût une Loi supposée, comme tant d'autres, que les anciens Déclamateurs ont inventées, pour fournir matiére à leurs raisonnemens. Quoi qu'il en soit, nôtre Auteur a eu ici en vuë, comme il paroit par son expression (*Exsules, quos* BANNITOS *vocant*) ces sortes de Proscrits, qui sont *mis au Ban de l'Empire*, en *Allemagne.* Car, selon les Constitutions de cet Empire, chacun peut impunément maltraiter de tels Bannis, & en leur personne, & en leurs biens, jusqu'à leur ôter la vie. Voiez JAQUES ME'NOCHIUS, *De arbitrar. Judic.* Lib. I. Quæst. XC. ANTON. MATTHÆUS, *De Criminib.* Tit. V. Cap. II. BOECLER, *Conductor. Carolin.* Tom. II. Dissert. *pag.* 74, 75. & le *Jus Publicum* de feu Mr. COCCE'JUS, Cap. XXXII. §. 12. &c.

(6) QUINTILIEN dit, qu'il y a des Crimes commis contre l'Etat, qui sont d'une telle évidence, qu'ils sautent aux yeux: *Reipublicæ læsæ quædam sunt, Judices, ad quorum pronuntiationem oculi sufficiunt.* Declam. CCLX. GROTIUS.

Voiez ci-dessus, *Liv.* I. *Chap.* IV. §. 17.

§. XVIII. (1) Il y a seulement, que personne *n'est puni*, c'est-à-dire, par les Loix Civiles: *Cogitationis pœnam nemo patitur.* DIGEST. Lib. XLVIII. Tit. XIX. *De*

(b) *Sayrus*, Thesaur. Lib. III. Cap. VI.

3. Cela n'empêche pourtant pas, qu'on ne puisse avoir égard aux actes internes, (b) entant qu'ils influent sur les externes: & alors on ne les considére pas proprement en eux-mêmes, mais on les fait entrer dans l'estimation des actes extérieurs, qui en deviennent plus ou moins dignes de punition.

§. XIX. 1. En *second lieu*, les Hommes ne doivent pas punir les *fautes inévitables*, *qui sont une suite de la fragilité de nôtre nature*. Car, quoi qu'il ne puisse point y avoir de Péché qui ne soit commis librement, il est néanmoins au dessus de la condition humaine, de s'abstenir absolument & en tout tems de toute sorte de Péché. D'où vient qu'on a dit, qu'il est naturel à l'Homme de pécher: maxime qui a été avancée, entre les Philosophes Paiens, par (1) Sopater, par (2) Hiéroclès, & par (3) Senéque (4); entre les *Juifs*, par (5) Philon; entre les Historiens, par (6) Thucydide; entre les *Chrétiens*, par un grand (7) nombre de Docteurs. Ainsi il

De Pœnis. Leg. XVIII. D'ailleurs, selon ce que dit Mr. de Bynkershoek, *Observat. Jur. Rom.* Lib. III. Cap. X. les Jurisconsultes Romains parlent-là non d'une simple pensée, d'un simple dessein vague, qui n'a determiné à aucun acte extérieur, par lequel on se soit disposé à chercher les moiens d'exécuter ce que l'on se proposoit; mais d'un dessein dont l'exécution n'a pas été suivie de l'effet: car un tel dessein, quoi qu'accompagné d'efforts actuels, n'étoit point puni par le Droit Romain, hormis en matiére de certains Crimes énormes, spécifiez par les Loix, & par rapport auxquels on avoit fait exception à la régle générale, en faveur du Bien Public. Voiez-en les preuves & le détail, dans le Chapitre de cet illustre Jurisconsulte, que je viens de citer. Sur ce pié-là, il faudra regarder les paroles suivantes, que je trouve dans Maxime *de Tyr*, ou comme ne convenant pas au Droit Romain, ou comme peu exactes en partie. Les Loix, dit ce Philosophe Orateur, punissent comme Adultéres, ou comme Voleurs, ou comme Traîtres, non seulement ceux qui ont actuellement eu commerce avec la Femme d'autrui, ou derobé quelque chose, ou trahi l'Etat, mais encore ceux qui ont voulu commettre ces Crimes, sans trouver moien d'y réussir: Καὶ γὰρ μοιχὸν κολάζει ὁ νόμος, οὐ τὸν δράσαντα μόνον, ἀλλὰ καὶ τὸν βουληθέντα· καὶ τοιχωρύχον τὸν ἐπιχειρήσαντα, κἂν μὴ λάθῃ δρᾶσαι· καὶ προδότην τὸν μελετήσαντα, κἂν μὴ προδῷ. Dissert. II. pag. 20. *Edit. Cantabr. Davis.*

§. XIX. (1) Σύμφυτον εἶναι ἀνθρώποις, τὸ ἁμαρτάνειν. Ce mot se trouve dans Stobée, *Serm.* XLVI. *De Magistratu* &c. Ajoûtons les paroles suivantes d'un Philosophe beaucoup plus ancien, c'est Xénophon, qui dit, Qu'il n'y a point d'Homme qui ne commette jamais de fautes: Ὁρῶ γὰρ τῶν ἀνθρώπων οὐδένα ἀναμάρτητον διατελοῦντα. Hist. Græc. *Lib.* VI. Cap. III. §. 6. *Edit. Oxon.*

(2) C'est dans l'endroit, où il dit, qu'il y a un mal né avec nous, & en même tems aquis, savoir, l'abus que nous faisons de nôtre Liberté, d'une maniére contraire à la Nature: Ἦν δὲ σύμφυτον ἅμα καὶ ἐπίκτητον ἡμῖν κακόν, ἡ τοῦ αὐτεξουσίου παρὰ φύσιν κίνησις. Pag. 192. *Edit. Needh.*

(3) Nôtre Auteur a eu peut-être dans l'esprit ce mot, qu'il avoit lû dans Senéque, le Pére: *Nemo sine vitio est.* Lib. II. *Controv.* XII. pag. 189. *Edit. Gronov. maj.* Ou, si sa mémoire ne l'a pas trompé, en lui présentant ce passage du Rhéteur, comme étant du Fils, ou du Philosophe, je ne sâche point d'autre endroit qui puisse être rapporté ici, que ce qu'on trouve dans une Lettre, où le Philosophe soûtient, que les Vices ont eté de tout tems, & qu'on s'y laisse aller par un panchant naturel: *Hominum sunt ista* [vitia], *non temporum* . . . . . *Ad deteriora faciles sumus: quia nec dux potest, nec comes deesse: & res etiam ipsa, sine duce, sine comite, procedit: non pronum est tantum ad vitia, sed præceps.* Epist. XCVII.

(4) Le même Philosophe dit ailleurs, que personne ne peut se disculper lui-même de toute faute: *Nemo, inquam, invenitur, qui se possit absolvere.* De Ira, *Lib.* I. *Cap.* XIV. Selon lui encore, c'est une infirmité inséparable de la Nature Humaine, & d'être réduit à la nécessité de tomber dans l'erreur, & d'aimer son erreur; [d'où il s'ensuit, selon le principe des *Stoïciens*, qui disoient que tout Péché vient de quelque erreur: *Peccantes vero quid habet cur oderit, quum error illos in hujusmodi delicta compellat?* il s'ensuit, dis-je, que les Hommes ne peuvent s'empêcher de pécher quelquefois.] *Inter cetera mortalitatis incommoda, & hæc est caligo mentium; nec tantum necessitas errandi, sed errorum amor.* Ibid. *Lib.* II. *Cap.* IX. Ce Philosophe soûtient ailleurs, que personne n'oseroit se vanter de n'avoir péché contre aucune Loi: *Quis est iste, qui se profitetur omnibus legibus innocentem?* Ibid. *Cap.* XXVII. Au Livre III. il dit en un mot, que nous sommes tous méchans: *Quid lenioribus verbis ulcus publicum abscondo? Omnes mali sumus.* Cap. XXVI. Dans le Traité *de la Clémence*, il s'exprime plus directement. Nous avons vous, dit-il, commis quelques fautes, les uns plus grandes, les autres moins; les uns de propos déliberé, les autres par quelque hazard, ou entraînez par la malice d'autrui: les autres, pour n'avoir pas eu la force de se soûtenir dans un bon dessein, & en perdant malgré eux leur innocence. Non seulement nous péchons, mais nous pécherons encore jusqu'à la fin de nôtre vie. Que si quelcun a si bien purifié son Ame, que rien ne soit plus capable de la troubler, ou de lui faire illusion, ce n'est toûjours qu'en péchant qu'il est parvenu à cet état d'innocence: *Peccavimus omnes, alii gravia, alii leviora; alii ex destinato, alii forte impulsi, aut alienâ nequitiâ ablati: alii in bonis consiliis parum fortiter stetimus, & innocentiam inviti ac renitentes perdidimus. Nec delinquimus tantum, sed usque ad extremum ævi delinquemus. Etiam si quis tam bene purgavit animum, ut nihil obturbare eum ampliùs possit, ac fallere, ad innocentiam tamen peccando pervenit.* De Clement. *Lib.* I. *Cap.* VI. Procope fait dire à *Bélisaire*, qu'il est au dessus de l'Homme & de la nature des choses, de ne tomber dans aucune faute: Τὸ μὲν γὰρ μηδ' ὁτιοῦν ἁμαρτάνειν, ὄντα ἄνθρωπον, καὶ τῆς τῶν πραγμάτων φύσεως ἔξω. Gotthic. *Lib.* III. (*Cap.* XI.) Voiez aussi l'Empereur Basile, *Cap.* L. Grotius.

Je suis fort trompé, si, au lieu de l'Empereur Basile, nôtre Auteur n'a voulu dire, dans la derniére citation de cette Note, Manuel Paléologue, dont nous avons, outre quelques Harangues, des Précep-

Il faudroit punir (8) tout le monde, si l'on vouloit punir tous ceux qui péchent, & si l'on ne *laissoit passer les fautes legéres, où chacun tombe tous les jours*, comme le dit (9) un des Philosophes que je viens de citer. Ce seroit *oublier la foiblesse humaine, & y insulter même*, ainsi que s'exprime DIODORE *de Sicile* (10).

2. Bien plus: il y a lieu de douter, si (11) ces sortes de fautes sont des Péchez, proprement nommez, puis que, si chacune en particulier paroît commise avec liberté, elles ne sont pas libres à les considerer en général. Sur ce principe, PLUTARQUE dit, (12) que *les Loix ne doivent exiger que ce qu'il est possible d'obtenir, si l'on veut punir quelque peu de personnes utilement, & non pas en punir un grand nombre sans aucun fruit.*

3. Il y a aussi des Péchez, qui sont (13) inévitables, non pour tous les Hommes généralement, mais pour telle ou telle personne, & en tel ou tel cas, à cause du (14) Tempérament, dont les influences vont jusqu'à l'Ame, ou par un effet de la force de l'Ha-

ceptes sur l'Education d'un Prince, Ὑποθῆκαι βασιλικῆς ἀγωγῆς. Dans le *Chap.* L. cet Empereur dit, que celui qui saura bien distinguer les fins qu'il doit se proposer, & ce qui s'y rapporte, sur tout cette fin souverainement parfaite, à laquelle toutes choses tendent naturellement, c'est-à-dire, l'Etre Suprême; celui, dis-je, qui saura bien distinguer tout cela, & qui voudra faire ce qu'il croit être le meilleur, ne péchera jamais ni en actions, ni en paroles, ni en pensées, ni par aucun autre mouvement de l'Ame. Mais il avoit d'abord remarqué, en forme de parenthése, que ce n'est-là qu'une supposition; parce qu'il est impossible qu'un Homme s'éléve jusqu'à ce point de science, sans un secours du Ciel: Ὡς ἔγωγε λέγειν, ᾗ χρὴν, ἐπιστάμενος (ἐξ ὑποθέσεως γὰρ εἰρήσθω· οὐ γὰρ δυνατὸν ἄνθρωπον εἰς τοσοῦτον γνώσεως ἐλάσαι, μὴ βοηθουμένῳ Θεόθεν) ὁ γὰρ διακρίνειν ὀρθῶς δυνάμενος τά τε τέλη καὶ τὰ πρὸς αὐτά, καὶ ἔτι γε τὸ ἓν ἐκεῖνο τελειότατον τέλος, πρὸς ὅ γε φύσει πάντα κινεῖται, ὅπερ ἐστὶν ὁ πάντων ἐπέκεινα· καὶ ποιεῖν ἐθέλων ὅπερ ἐδοξάσατο βέλτιον ὄν· ὁ τοιοῦτος οὐκ ἂν ἁμάρτοι, οὐκ ἔργοις, οὐ λόγοις, οὐ λογισμοῖς, οὐδὲ μιᾷ τῆς ψυχῆς δυνάμει τε, καὶ κινήσει, καὶ διαθέσει, καὶ σχέσει. Pag. 78. *Edit. Basil.* 1578. Cet Ouvrage, que LEUNCLAVIUS publia & traduisit, ne doit pas être fort commun, puis que Mr. FABRICIUS n'en dit rien dans sa *Bibliothéque Gréque*. Et ce qui fait que nôtre Auteur a confondu MANUEL *Paléologue* avec BASILE *le Macédonien*, c'est que celui-ci a aussi composé des Préceptes de Morale, adressez à son fils, Κεφάλαια παραινετικά, en 66. Chapitres; au lieu que ceux de l'autre Empereur font cent Chapitres.

(5) Ἀναντίρρητον, ὅτι παντὶ γεννητῷ, κἂν σπουδαῖον ᾖ, παρ' ὅσον ἦλθεν εἰς γένεσιν, συμφυὲς τὸ ἁμαρτάνειν ἐστί. De Vit. Mosis, *Lib.* III. (pag. 675. C.) Voiez aussi ABEN EZRA, sur *Job.* V, 7. & le Rabbin ISRAËL, Cap. VIII. GROTIUS.

(6) Le passage se trouve au *Liv.* III. où cet Historien ajoûte, qu'il n'y a point de Loi qui soit capable d'empêcher que le Public, & les Particuliers, ne commettent jamais aucune faute: Πεφύκασί τε ἅπαντες, καὶ ἰδίᾳ, καὶ δημοσίᾳ, ἁμαρτάνειν· καὶ οὐκ ἔστι νόμος, ὅστις ἀπείρξει τούτου. Lib. III. Cap. XLV. *Ed. Oxon.*

(7) Par exemple, LACTANCE, qui dit aussi, qu'il y a mille choses qui nous portent à pécher, l'Age, le Vin, la Pauvreté, les Occasions, la vuë des Récompenses &c. *At enim si id faceret* [DEUS, si pro merito quemque puniret] *nemo superesset. nullus est enim, qui nihil peccet: & multa sunt, quæ ad peccandum irritent; ætas, vinolentia, egestas, occasio, præmium.* De Ira Dei, *Cap.* XX. *num.* 4. *Ed. Cellar.*

(8) *Nam si puniendus est, cuicumque pravum maleficumque ingenium est, pœna neminem excipiet.* SENEC. de Ira, *Lib.* II. *Cap.* XXXI. Punir les Hommes, comme s'ils devoient être impeccables, c'est aller au delà des bornes que la Nature prescrit: Ἐὰν δ' ἄν τις δὲ ἀναμαρτήτους κολάζῃ, τὸ μέτρον ὑπερβαίνει τῆς κατὰ φύσιν ἐπανορθώσεως. Ce sont des paroles du même Philosophe, que j'ai cité un peu plus haut, SOPATER (apud STOBÆUM, *Serm.* XLVI.) GROTIUS.

(9) Τὰ μικρὰ καὶ συνήθη ἁμαρτήματα. v. SOPATER, ubi supra.

(10) Ὁ γὰρ ἀπαραίτητον ἔχων τὴν περὶ τῶν ἀτυχημάτων ὠμότητα, συνυβρίζει τὴν κοινὴν ἀνθρώπων ἀσθένειαν. Lib. XIII. (*Cap.* XXI. *pag.* 342. *Ed. H. Steph.*) Ὑπερήφανοι δ' ἐν ταῖς εὐτυχίαις γενόμενοι τῆς ἀνθρωπίνης καὶ κοινῆς ἀσθενείας ἐπιλανθάνονται. Lib. XVII. Cap. XXXVIII. pag. 582) Cet Historien dit ailleurs, qu'il ne faut pas se moquer de la fragilité de la Nature Humaine: Μὴ συκοφαντεῖν ἀνθρωπίνης φύσεως τὴν ἀσθένειαν. [Fragm. è Lib. XXVI. Eclog. I.] GROTIUS.

Ces passages, sur tout le dernier, ne sont guéres au sujet, qu'à cause de l'expression, qui peut y être appliquée. On pourra s'en convaincre, si l'on veut, en examinant la suite du discours dans l'Original.

(11) Cette pensée a été critiquée avec raison, par PUFENDORF, *Liv.* I. *Chap.* V. §. 8. du *Droit de la Nat. & des Gens.*

(12) Δεῖ γὰρ πρὸς τὸ δυνατὸν γράφεσθαι τὸν νόμον, εἰ βούλεται χρησίμως ὀλίγους, ἀλλὰ μὴ πολλοὺς ἀχρήστως κολάζειν. In Vit. Solon. *pag.* 90. A. Tom. I. *Ed. Wech.*

(13) Ces Péchez ne sont pas absolument inévitables. En matiére des choses, auxquelles on se porte par un effet du tempérament, ou de l'habitude, l'usage de la Liberté est à la vérité plus difficile, mais il n'est pas entiérement au dessus de nos forces. Voiez PUFENDORF, *Droit de la Nat. & des Gens*, Liv. I. Chap. IV. §. 5, *& suiv.* à quoi on pourroit ajoûter bien des réflexions.

(14) SENE'QUE dit, que le divers mélange des élémens dans nôtre Corps produit la diversité des mœurs, & fait que l'un est enclin à une chose, l'autre à l'autre: *Et locorum itaque, & animalium, & corporum, & morum varietates, mixtura elementorum facit; & proinde in aliquos magis incumbunt ingenia, prout alicujus elementi major vis abundavit.* De Ira, *Lib.* II. *Cap.* XVIII. Il dit ailleurs, que tout ce qui vient du naturel & du tempérament, demeurera toûjours, quelque soin qu'on prenne de le chasser: *Quæcumque adtribuit conditio nascendi, & corporis temperatura, quum multum se diuque, animus composuerit, hærebunt. Nihil horum vetari potest, non magis quàm accersi.* Epist. XI. GROTIUS.

l'Habitude. On punit néanmoins les actions qui viennent de l'un ou l'autre de ces principes; mais ce n'est pas tant à cause d'elles-mêmes, qu'à cause (15) d'une faute dont elles ont été précedées, en ce qu'on a contracté volontairement ces maladies, ou négligé les moiens d'y remédier.

§. XX. 1. En *troisiéme lieu*, il ne faut pas punir les *Péchez qui ne regardent ni directement, ni indirectement, la Société Humaine, ou à la punition desquels aucun Homme n'a intérêt.* Car, puis qu'il n'en reviendroit aucune utilité aux Hommes, il n'y a aucune raison de ne pas laisser à Dieu la vengeance de ces sortes de Péchez, à lui, dis-je, qui a une Connoissance infinie pour les démêler, une souveraine Equité pour en juger, & une Puissance sans bornes pour les punir.

2. Il faut excepter pourtant les Corrections, par lesquelles on se propose de rendre plus sage celui qu'on châtie, quoi que peut-être les autres n'y aient aucun intérêt.

3. On ne doit pas punir non plus les actes contraires à ces sortes de Vertus, dont la nature ne souffre aucune contrainte, telles que sont la Compassion, la Libéralité, la Reconnoissance. Sene'que traitant la question, si l'on doit laisser l'Ingratitude impunie, en allégue plusieurs raisons, dont voici la principale, qui peut être appliquée aux autres Vices semblables: (1) *La Reconnoissance*, dit-il, *qui est une chose très-honnête, ne seroit plus honnête, si l'on pouvoit y être contraint*, c'est-à-dire, perdroit ce qu'elle a de plus beau & de plus louable, qui la met au rang des Vertus excellentes, comme il paroit par les paroles qui suivent immédiatement après: *Car, sur ce pié-là, on ne loueroit pas plus un Homme, de ce qu'il se montre reconnoissant, que de ce qu'il rend un Dépôt, ou de ce qu'il paie ses Dettes, sans avoir été cité en Justice. . . . Il n'y a point de gloire à être reconnoissant, si l'on ne peut impunément être ingrat.* En un mot, on peut appliquer à tout ce en quoi l'on péche contre de telles Vertus, ce mot de Sene'que, le Pére: (2) *Je ne veux pas qu'on louë l'Accusé, je dis seulement qu'il doit être absous.*

§. XXI. Mais, lors même que le Crime est de nature à pouvoir être puni, n'est-il pas permis quelquefois de pardonner, ou de faire grace? Les *Stoïciens* (1) le nient; mais par une raison très-foible: *c'est*, disent-ils, *que tout Pardon* (2) *consiste à remettre*

(15) St. Augustin dit, que, quand *Loth* coucha avec ses propres Filles sans le savoir, il mérita d'être blâmé, non comme coupable d'Inceste, mais à cause de l'yvresse à laquelle il s'étoit laissé aller: *Namque, ut scriptum est*, Inebriaverunt eum [*Loth*] filiæ ejus, & se nescienti miscuerunt. *Quapropter culpandus est quidem; non tamen quantum ille incestus, sed quantum illa meretur ebrietas.* Lib. XXII. *contra Faustum*, Cap. XLIV. Passage cité dans le Droit Canonique, *Caus.* XV. *Quæst.* I. Cap. IX. Grotius.

§. XX. (1) *Deinde, quum res honestissima sit, referre gratiam, desinit esse honesta, si necessaria est. non enim magis laudabit quisquam gratum hominem, quàm eum qui depositum reddidit, aut, quod debebat, citra judicem solvit . . . . . Non est gloriosa res, gratum esse; nisi tutum est, ingratum fuisse.* De Benefic. *Lib.* III. *Cap.* VII. Il dit ailleurs que l'Ingratitude n'est honteuse, que quand on est libre de rendre ou de ne pas rendre service à son Bienfaicteur: *Quibus* [ingratis] *ita demum turpe est non reddere, si & licet.* Lib. I. Cap. I. Sene'que, le Pére, répondant à ce que l'on disoit, que l'Accusé avoit fait une chose qu'il ne devoit pas faire, remarque, que l'idée de ce que l'on *doit* faire renferme beaucoup plus que ce que les Loix exigent, & dont elles punissent la violation: *Ea lege persequere, qua non licuit. Dicit mihi: hoc facere non oportet. Huic rei æstimatio immensa est. itaque nulla vindicta est. Satis abundéque est, si opifex, rerum imperitus, ad legem innocens est.* Lib. V. *Controv.* XXXIV. (pag. 389, 390.) St. Augustin dit de certaines Loix, qu'elles ne contraignent pas de bien faire, mais qu'elles défendent de mal faire: *Sic igitur quod adversus vos leges constituta sunt, non eis bene facere cogimini, sed male facere prohibemini.* Lib. II. Cap. LXXXIII. *contra Petilian.* Grotius.

Le passage de St. Augustin, où il s'agit des Loix contre les *Donatistes*, a un autre sens, que celui dans lequel nôtre Auteur doit l'avoir pris, pour en faire application ici.

(2) *Ego nunc non laudari reum desidero, sed absolvi.* Lib. V. *Controv.* XXXIII. (pag. 379.) Il dit ailleurs, à peu près, la même chose: *Non speramus, ut Flamininum Judex probet, sed ut dimittat.* Lib. IV. *Controv.* XXV. (pag. 308.) Et ailleurs encore, il soûtient, qu'il y a une grande différence entre blâmer, & punir: *Multum interest, utrum objurges, an punias.* Excerpt. Controv. VI. 8. Plutarque a remarqué, qu'il y a certaines fautes & certains defauts, qu'on doit regarder plûtôt comme des imperfections de quelque Vertu, que comme des effets de Vice: Τὰς δ᾽ ἐκ πάθους τινὸς, ἢ πολιτικῆς ἀνάγκης ἐπιτρεχούσας ταῖς πράξεσιν ἁμαρτίας καὶ κῆρας, ἐλλείμματα μᾶλλον ἀρετῆς τινος, ἢ κακίας πονηρεύματα νομί-

tre la Peine qui étoit duë; or le Sage fait toûjours ce qu'il doit faire. L'erreur vient de l'ambiguité qu'il y a dans cette expression, *la Peine est* DUE. Car si l'on entend par là, que celui qui a péché mérite d'être puni, ou qu'on peut le punir sans lui faire tort, il ne s'ensuit point qu'en ne le punissant pas on fasse ce que l'on ne doit pas faire. Que si l'on veut dire, que la Punition étoit *duë* par le Sage, c'est-à-dire, qu'il étoit dans une obligation indispensable de l'exiger, je soûtiens que cela n'arrive pas toûjours, & qu'ainsi la Punition peut n'être pas *duë* en ce sens, mais seulement permise. Cela a lieu, & *avant qu'il y aît des Loix Pénales*, & *depuis qu'il y en a.*

§. XXII. 1. LORS qu'il n'y a point encore de Loix Pénales, il peut néanmoins y avoir un juste usage des Peines, parce que naturellement tout Coupable est sujet à pouvoir être puni légitimement. Mais il ne s'ensuit point de là, (1) que la Peine doive être toûjours infligée: l'obligation où l'on est à cet égard, dépend de la liaison qu'il y a entre les fins pour lesquelles l'usage des Peines est établi, & la Punition de tel ou tel Crime. Si donc il se trouve qu'il ne soit pas moralement nécessaire de prendre des mesures pour produire l'effet auquel les Peines sont destinées, ou que le pardon au contraire puisse produire des effets qui ne sont pas moins utiles ou nécessaires, ou qu'il y aît d'autres moiens d'obtenir ce que l'on se proposeroit en punissant; il est clair, qu'alors rien n'oblige indispensablement à punir.

2. Un exemple du prémier cas, c'est lors que le Crime est connu de très-peu de gens, & qu'ainsi il n'est pas nécessaire, ou que même il seroit nuisible, de le publier en le punissant. C'est dans cette pensée, que (2) CICÉRON disoit d'un certain *Zeuxis*, *qu'il ne faudroit peut-être pas le laisser échapper, si une fois il étoit entre les mains de la Justice, mais qu'il n'étoit pas nécessaire de le poursuivre pour cet effet.*

3. Le second cas se voit dans l'exemple d'une personne, qui demande grace en faveur de ses services, ou de ceux de ses Ancêtres, qui sont tels qu'ils méritent récompense. Car, comme le dit SENÉQUE, (3) *une Injure est effacée par un Bienfait.*

4. Le troisiéme & dernier cas a lieu, par exemple, lors que le Coupable s'est corrigé sur une simple réprimande, ou qu'il a fait de bouche une satisfaction suffisante à la personne offensée, de sorte qu'il n'est plus besoin de punir pour ces deux fins.

5. C'est-

τιμίζοντας. &c. In Vit. Cimon. *Tom.* I. pag. 480. A. *Ed. Wech.* GROTIUS.

§. XXI. (1) Voiez là-dessus un fragment que STOBÉE nous a conservé, *Tit. de Magistratu:* (Serm. XLVI.) comme aussi la Harangue de CICÉRON pour *Murena*; & le Traité de SENÉQUE, *de la Clémence*, sur la fin. DIODORE *de Sicile* donne, au contraire, pour maxime, qu'il vaut mieux pardonner, que punir: *Συγγνώμη τιμωρίας αἱρετωτέρα.* In fragm. (è *Lib.* XXI. *Eclog.* VIII.) St. CYPRIEN se déclare aussi, au nom des *Chrétiens*, contre l'opinion de ces Philosophes: *Alia est Philosophorum, & Stoïcorum, ratio . . . qui dicunt, omnia peccata paria esse, & virum gravem non facilè flecti oportere. Inter* Christianos *autem, & Philosophos, plurimum distat.* Epist. LII. *Edit. Pamel.* (LV. pag. 107. *Ed. Fell. Brem.*) GROTIUS.

(2) *Venia est pœnæ merita remissio . . . . ei ignoscitur, qui puniri debuit: sapiens autem nihil facit, quod non debet; nihil prætermittit, quod debet.* SENEC. de Clementia, *Lib.* II. *Cap.* VII.

§. XXII. (1) L'Empereur JULIEN, dans l'Eloge de l'Impératrice *Eusébie*, dit, qu'encore que quelcun ait bien mérité d'être puni, il n'est pas pour cela absolument nécessaire de le faire périr: Οὐδὲ γὰρ εἴ τις ὀφλὼν ἐπιτήδειος τισὶν ἔδοξε πάσχειν κακῶς, καὶ κολάζεσθαι, τοῦτον ἐκ παντὸς ἀπόλλυσθαι χρεών. (Orat. III. pag. 115. B. *Edit. Spanh.*) GROTIUS.

(2) *Quem* [Zeuxim] *adductum in judicium fortasse dimitti non oportuerit, conquiri vero, & elici blanditiis (ut tu scribis) ad judicium, necesse non fuit.* Epist. *ad Quint. fratr.* Lib. I. Epist. II. Cap. 2.

(3) Le passage se trouve dans le Traité des *Bienfaits*, Lib. VI. Cap. VI. mais l'Auteur a suivi la plûpart des Editions de son tems, qui portoient: *Sic beneficium superveniens* INJURIAM *adparere non patitur*; au lieu qu'il y a dans les MSS. *injuria*, comme le demande nécessairement la suite du discours, & selon la remarque même de JUSTE LIPSE, contemporain de GROTIUS. Ainsi le Philosophe veut dire, qu'une injure faite depuis par celui de qui l'on avoit reçû quelque service, efface le mérite du bienfait. Ce qui n'a aucun rapport avec le sujet dont il s'agit ici. Voiez ce que j'ai déja remarqué sur PUFENDORF, *Droit de la Nat. & des Gens*, Liv. VIII. Chap. III. §. 16. *Note* 4. D'ailleurs, en regardant même comme véritable la maniére de lire que nôtre Auteur a suivie, le passage ne seroit point à propos. Car il s'agiroit d'un service rendu depuis l'injure faite, *beneficium superveniens*: or nôtre Auteur parle des services que le Coupable a déja rendus avant que d'avoir commis le crime, & des services même de ses Ancêtres.

5. C'est-là une (4) partie de la *Clémence*, qui consiste à tenir (5) quitte entiérement de la Peine. Car toute Peine, sur tout si elle est rigoureuse, a quelque chose de contraire par lui-même, sinon à la Justice, du moins à la Charité: ainsi la Raison nous dispense (6) aisément de punir, à moins qu'un motif de Charité plus fort & plus juste ne s'y oppose.

§. XXIII. Or il peut arriver de trois choses l'une, ou que l'on soit dans une obligation indispensable de punir, comme (1) quand il s'agit de Crimes dont l'exemple est très-pernicieux; ou que l'on soit indispensablement tenu de pardonner, comme quand le Bien Public le demande; ou enfin que l'un & l'autre soit permis, & c'est en ce dernier cas qu'il faut dire, avec Sene'que, que (2) *la Clémence est libre*. Le Sage alors *épargne*, (3) disent les *Stoïciens*, mais il ne *pardonne* point. Belle subtilité! Comme si nous ne pouvions pas, en parlant avec le Peuple, qui est le Maître des Langues, nous servir du mot de *pardonner*, pour exprimer ce qu'ils appellent *épargner*. Mais ici, & ailleurs, une grande partie des raisonnemens de ceux de cette Secte (4) se réduisoit à des disputes de mot; defaut qu'un Philosophe doit éviter sur toutes choses, comme (5) Aristote l'a remarqué.

§. XXIV. 1. Il paroît plus de difficulté à dire, que l'on puisse pardonner, lors qu'il (1) y a des Loix Pénales, parce que le Législateur est en quelque façon lié par ses Loix. Mais cela n'est vrai qu'entant que l'on considére le Législateur comme (a) Membre de l'Etat, & non pas comme représentant l'Etat, & étant revêtu de toute son autorité; ainsi que nous l'avons remarqué ailleurs. Car en cette derniére qualité il

(a) Voiez ci-dessus, *Chap.* IV. de ce Livre, §. 12. dans le Texte, & dans les Notes.

(4) On traitera de l'autre partie de la Clémence, au paragraphe 36.

(5) C'est de cela que parle le Sage Juif, qui a composé le Livre de la Sapience, lors qu'il dit, que le Juste doit être humain: Ὅτι δεῖ τὸν δίκαιον εἶναι φιλάνθρωπον. Cap. XII, 19. Grotius.

(6) Le Philosophe Sopater dit, que cette partie de la Justice qui regarde l'égalité dans les Contracts, rejette absolument toute sorte de grace: mais que celle qui consiste à punir souffre qu'on use de douceur & d'humanité, & qu'on relâche de la peine. Τὸ περὶ τὰ συναλλάγματα τῆς δίκης ἐπανορθωτικὸν ἀπείργει παντελῶς τὸ τῶν χαρίτων γένος· τὸ δὲ ἐπὶ τοῖς ἐγκλήμασι κείμενον, ἐνδέχεται τὸ πρᾶον καὶ φιλάνθρωπον τῶν χαρίτων προσφέρειν. (Apud Stob. *Serm.* XLVI. Tit. *De Magistrat.*) Cice'ron pense la même chose de la prémiére sorte de Justice, quand il dit, qu'il y a des choses, en matiére desquelles les régles du Droit ne permettent pas de faire grace à qui que ce soit. Il s'agissoit du paiement d'une Dette d'un de ses Amis, qui n'étoit pas encore avérée. *Quid? ego Fun*danio *non cupio? non amicus sum? non misericordiâ moveor? Nemo magis: sed via juris ejusmodi est quibusdam in rebus, ut nihil sit loci gratia.* Epist. ad *Quint.* Fratr. Lib. I. Epist. II. (*Cap.* III.) Et Dion *de Pruse* parle de l'autre sorte de Justice, lors qu'il dit, qu'il est digne d'un bon Gouverneur, de pardonner: χρηστοῦ ἡγεμόνος, συγγνώμη. Orat. *ad Alexandrinos.* Favorin définit la *Grace* ou la *Clémence*, un acte par lequel on relâche à propos de la rigueur du droit: Ἡ καλουμένη χάρις παρὰ τοῖς ἀνθρώποις, τοῦτο ἐστιν, ἄφεσις ἀκριβείας ἐν δέοντι. Grotius.

§. XXIII. (1) Le *Parricide*, par exemple, qui, comme le dit Joseph, viole les droits communs de la Nature & de la Société Humaine; de sorte que, ne pas le punir, c'est pécher contre la Nature: Γὰρ ὅτι πατροκτονία κοινόν ἐστιν ἀδίκημα καὶ τῆς φύσεως, καὶ τοῦ βίου . . . . καὶ ὁ μὴ κολάζων, ἀδικεῖ τὴν φύσιν. (Antiq. Jud. *Lib.* XVII. *Cap.* VII. pag. 591. C.) Grotius.

(2) *Clementia liberum arbitrium habet.* De Clem. *Lib.* II. *Cap.* VII.

(3) *Parcit enim sapiens . . . . idem facit, quod si ignosceret, nec ignoscit.* Ibid.

(4) C'est ce qui a été remarqué par Cice'ron (*Brut.* Cap. XXXI. *De finib. bon. & mal.* Lib. III. Cap. I. & Lib. IV. Cap. III.) par Galien, par le *Scholiaste* d'Horace, & par d'autres anciens Auteurs. Grotius.

(5) Διὸ παντελῶς εὐλαβητέον τοῖς διαλεκτικοῖς τὸ τοιοῦτο, τὸ πρὸς τοὔνομα διαλέγεσθαι &c. Topic. *Lib.* I. *Cap.* XVII. (pag. 193. B. Tom. I. *Edit. Paris.*) On trouve une pensée semblable dans l'Auteur de la *Rhétorique adressée à* Herennius: *Nos tamen intelligamus, vitiosum esse intendere controversiam propter nominum mutationem.* Lib. II. Cap. XXVIII. Et dans St. Augustin: *Nam sæpe à te audivi, turpe esse disputantibus in verborum quæstione immorari, quum certamen nullum de rebus remanserit.* Contra Academicos, (*Lib.* II. *Cap.* XI.) Grotius.

§. XXIV. (1) On peut faire ici deux questions, que nôtre Auteur propose dans son Sparsio florum ad Jus Justinian. Tit. *De Pœnis*, pag. 213. *Edit. Amst.* La prémiére est, lequel des deux vaut mieux, ou de laisser aux Juges la détermination des Peines pour chaque Crime, ou de régler le genre & le degré de Punition par des Loix expresses? Nôtre Auteur, sans rien decider là-dessus, se contente de remarquer, que le prémier avoit lieu chez les *Locriens* au commencement: mais *Zaleuque* (& non pas *Seleucus*, comme il y a ici, par une faute grossiére d'impression) introduisit le dernier, ainsi que nous l'apprend Strabon, *Geogr.* Lib. VI. (*pag.* 260. *Ed. Paris.*) Pour moi, il me semble qu'ici, comme ailleurs, on doit laisser le moins, qu'il se peut, à la liberté des Juges. L'autre question est, si les Juges, qui ne sont pas eux-mêmes Souverains, peuvent décerner des Peines moindres, que celles qui sont établies par les Loix? C'est-à-dire, non pas dans les cas seulement où les Loix mêmes le leur per-

il peut même entiérement abolir les Loix Pénales; telle étant la nature de toutes les Loix Humaines, qu'elles dépendent de la Volonté Humaine & dans leur origine, & dans leur durée: quoi que, si le Législateur abolit la Loi sans de bonnes raisons, il péche contre les régles du (b) Gouvernement, qui se rapportent à une sorte de Justice. Puis donc qu'il peut abolir toute la Loi, il peut aussi lui ôter sa force par rapport à certaines personnes, ou en certains cas particuliers, sans qu'elle cesse de subsister d'ailleurs, & cela à l'exemple de Dieu même, qui, selon la remarque de LACTANCE, (2) *ne s'est pas dépouillé de tout pouvoir à l'égard des Loix qu'il a données aux Hommes, mais s'est reservé la liberté de faire grace.* St. AUGUSTIN aussi, après avoir remarqué, (3) *que la Puissance Souveraine peut révoquer sa Sentence, & absoudre un Criminel condamné à mort, ou lui pardonner*; en donne pour raison, que *celui qui a le pouvoir de faire des Loix, n'est pas lui-même astreint à suivre les Loix.* SENEQUE (4) conseille à *Néron* de se mettre dans l'esprit, que *chacun peut bien en tuer un autre, au mépris des Loix; mais que lui seul peut sauver la vie à un Homme, malgré les Loix.*

(b) Voiez ci-dessus, *Liv.* I. *Chap.* I. §. 8. *num.* 1.

2. Il ne faut pourtant pas user de ce droit, sans de bonnes raisons, comme je viens de l'insinuer. De dire, quelles sont ces raisons, c'est ce qu'on ne sauroit déterminer en général d'une maniére précise. Mais on peut assûrer qu'elles doivent être plus fortes, lors qu'il y avoit déja des Loix Pénales, que lors qu'il n'y en avoit point; parce que, dans le prémier cas, les raisons de punir sont renforcées par l'utilité manifeste de maintenir l'autorité de la Loi.

§. XXV.

permettent (car alors il n'y a point de difficulté) mais dans tous les cas sans exception. Sur quoi nôtre Auteur dit, qu'on donne ordinairement ce pouvoir aux Juges du prémier ordre; & il allégue là-dessus l'exemple des *Romains*, parmi lesquels le *Sénat* pouvoit & augmenter, & adoucir la rigueur des Loix. Voiez, sur ce fait, la Dissertation de Mr. SCHULTING, *De Recusatione Judicis*, Cap. VII. §. 3. Cela suppose, comme il est vrai, qu'un Juge Subalterne ne peut, comme tel, & sans y être autorisé par le Souverain, ni augmenter, ni diminuer la Peine, lors qu'elle est bien déterminée par les Loix.

(2) *Judex peccatis veniam dare non potest, quia voluntati servit alienae; DEUS autem potest, quia est legis suae ipse disceptator & judex: quam quum poneret, non utique ademit sibi omnem potestatem, sed habet ignoscendi licentiam.* De Ira Dei, *Cap.* XIX. *num.* 9

(3) *Imperatori licet revocare sententiam, & reum mortis absolvere, & ipsi ignoscere: quia non est subjectus legibus, qui habet in potestate leges ferre.* SYMMAQUE dit, que les Magistrats subalternes ne peuvent condamner à des peines moins rigoureuses, que celles qui sont portées par les Loix, sans se rendre suspects de corruption: mais que les Souverains, en adoucissant la rigueur des Loix Pénales, font une chose & qui est en leur pouvoir, & qui est digne d'eux: *Alia est enim conditio Magistratuum, quorum corrupta videntur esse sententia, si sint legibus mitiores: alia Divorum Principum potestas, quos decet acrimoniam severi juris inflectere.* Lib. X. Epist. LXIII. L'Orateur THEMISTIUS remarque aussi cette différence qu'il y a entre le Souverain, & les Juges, *Orat.* V. (*pag.* 227, 228. *Edit. Hard.*) GROTIUS.

Nôtre Auteur ne marque point le Traité de St. AUGUSTIN, d'où il a tiré les paroles qu'il rapporte au commencement de cette Note: mais je ne doute pas qu'il ne les tienne de CUJAS, qui citant le passage plus au long (*Observ.* XX. 32.) le donne comme étant d'un Traité *De Fato*, que l'on ne trouve pourtant point parmi les Oeuvres de ce Pére. Il est bon de faire remarquer ici un exemple bien sensible de la maniére dont les Auteurs se copient les uns les autres, sans dire mot, & s'exposent par là imprudemment à adopter & perpétuer les fautes d'autrui: car j'ai trouvé les paroles, dont il s'agit, citées de la même maniére, & sous le même nom, par ARNISÆUS, *De Republica*, pag. 271, 272. par DENYS GODEFROI, sur le CODE JUSTINIEN, Tit. *De Pœnis*, Leg. XV. par JAQUES GODEFROI, son Fils, (in COD. THEODOS. Tom. III. *pag.* 307.) par CYRIACUS LENTULUS, *in August.* pag. 149. Et je ne doute pas que bien d'autres n'aient fait la même chose, après quelcun de ceux-ci. Il y a grande apparence, que CUJAS, sur la foi de qui on s'est reposé, a ou mis un Auteur pour un autre, ou changé sans y penser le titre de l'Ouvrage de St. AUGUSTIN, d'où il avoit tiré le passage. Je vois quelque chose d'approchant dans une Lettre que ce Pére écrivit au nom de son Clergé, & où exhortant les *Donatistes* à conferer avec les Evêques du Parti dominant, il leur conseille de présenter ensuite à l'Empereur lui-même le résultat de la Conférence, afin qu'il en juge, parce que les Juges ordinaires ne peuvent que suivre les Loix établies contr'eux: *Quanto melius enim hoc inter vos facitis, ut quod egeritis, conscriptum & subscriptum Imperatori mittatis, quàm ut hoc apud terrenas Potestates fiat, quae non possunt, nisi jam datis contra vos Legibus sævire? .... Quanto ergo melius ipse Imperator, qui non* EST EISDEM LEGIBUS SUBDITUS, ET QUI HABET IN POTESTATE ALIAS LEGES FERRE, *quum ei collatio vestra fuerit recitata, de tota ipsa caussa poterit judicare* &c. Epist. LXVIII. Pour ce qui est du passage de l'Orateur THEMISTIUS, que nôtre Auteur indique, on le trouvera rapporté tout du long, dans PUFENDORF, *Droit de la Nat. & des Gens*, Liv. VIII. Chap. III. §. 17. *Note* 1.

(4) *Occidere, contra legem, nemo non potest; servare, nemo, præter me,* De Clement. *Lib.* I. *Cap.* V.

§. XXV.

§. XXV. 1. Les raisons qui autorisent à exempter quelcun des Peines portées par la Loi, sont ou *intérieures*, ou *extérieures*, c'est-à-dire, tirées ou de la nature même de la chose dont il s'agit, ou de quelque circonstance qui n'y a point de rapport.

2. Lors que la Peine seroit, sinon injuste, du moins trop rigoureuse, (1) par rapport au fait dont il s'agit, c'est une *raison intérieure* de ne pas punir.

§. XXVI. 1. Les *raisons extérieures* se tirent de quelque service rendu par le Coupable, ou de quelque autre chose (1) qui le rend recommandable; ou même des grandes espérances qu'il donne pour l'avenir. Ces sortes de raisons sont sur tout de grand poids pour engager à pardonner, lors que le but ou le motif de la Loi cesse, du moins (2) en particulier, dans le fait dont il s'agit. Car quoi qu'il suffise pour maintenir la Loi en force & vigueur, que (3) la raison générale, pourquoi elle a été établie, subsiste, sans être combattuë par une raison contraire: cependant le défaut de l'inconvénient que le Législateur a eu en vuë de prévenir, encore même qu'il ne cesse pas d'avoir lieu en général, fait que (4) l'on peut exempter de la Loi plus aisément, & sans commettre beaucoup son autorité.

2. Cela a lieu sur tout en matiére de fautes commises par ignorance, quoi que l'ignorance ne soit pas entiérement inexcusable; ou par une foiblesse surmontable à la vérité, mais non sans beaucoup de peine: Circonstances, auxquelles un Souverain, qui fait profession du Christianisme, doit avoir beaucoup d'égard, pour imiter Dieu, qui, sous l'Ancienne Alliance, (a) se contentoit de quelques Victimes pour l'expiation d'un grand nombre de Péchez de cette nature; & qui, sous la Nouvelle Alliance, a (b) témoigné & par des déclarations expresses, & par des exemples, qu'il est très-disposé à les pardonner, moiennant une sérieuse repentance. La considération des paroles que Nôtre Seigneur dit sur la Croix, (c) *Pére, pardonne-leur, car ils ne savent ce qu'ils font*; porta (d) *Théodose* à ne pas punir les Habitans d'*Antioche* de l'outrage qu'ils lui avoient fait: & ce fut de ce passage que se servit principalement *Flavien*, Evêque de cette Ville, pour appaiser la colére de l'Empereur, comme le remarque (e) St. Chrysostôme.

(a) *Lévitiq.* Chapp. IV. & V.
(b) *Luc*, XXIII, 34. *I. Timoth.* I, 13. *Hébr.* IV, 15. V, 2.
(c) *Luc*, XXIII, 34.
(d) Voiez-en l'histoire dans *Zonare*.
(e) *Orat.* XX. *De Statuis.*

§. XXVII. De ce que nous venons d'établir, il paroît, que Vasquez se trompe fort, de dire (a), qu'il n'y a point d'autre cause légitime de dispenser d'une Loi, que celles qui sont de telle nature, que, si on avoit consulté le Législateur, il auroit répondu que son intention n'étoit pas de faire observer la Loi en de pareils cas. Ce Ju-

(a) *Illustr. Contr.* Lib. I. Cap. XXVI.

§. XXV. (1) Par exemple, si dans un Païs où la Chasse est défenduë sous des peines très-rigoureuses & même corporelles, un Jeune Homme étourdi, ou une personne qui n'a & ne peut avoir pour l'heure rien autre chose à manger, tuoit un Liévre qui passe sur son chemin. Il y a des endroits, où l'on condamne un Voleur à être pendu, pour une somme assez modique: si quelcun réduit à une extrême pauvreté sans qu'il y eût de sa faute, avoit volé une telle somme; il y auroit de la dureté à le faire mourir: la Clémence voudroit qu'on changeât & adoucît du moins la peine, sans que pourtant on fût obligé pour ce cas seul, ou autres semblables, à réformer entiérement la Loi. Voiez pourtant ce que dit Pufendorf, dans le Chapitre qui répond à celui-ci, §. 17.

§. XXVI. (1) Voiez Tiraqueau, *De Pœnis temperand.* Caus. 50. & *Covarruvias*, *Var. Resol.* II. 9. 5, 6.

(2) C'est à-dire, par rapport à la personne qui a fait quelque chose contre la Loi, & non pas par rapport à tout autre qui auroit violé la Loi dans le même tems.

(3) Pufendorf, & d'autres après lui, entendent par là l'autorité & la volonté du Législateur. Ils se trompent. Cette raison générale n'est autre chose que la raison particuliére de la Loi, considérée comme aiant toûjours lieu en général, quoi qu'elle cesse en certains cas à l'égard de telle ou telle personne en particulier; comme dans l'exemple des *Loix Somptuaires*, qu'on allégue, la raison générale subsiste, tant que les Citoiens en général ne sont pas assez riches pour faire, sans s'incommoder, les dépenses qu'on leur défend; encore qu'il puisse y avoir quelques Particuliers fort riches, pour qui ces dépenses ne sont rien. Au reste, afin que cet exemple soit bien appliqué ici, il faut supposer que la peine des Loix Somptuaires soit corporelle, ou consiste dans quelque autre chose de fort sensible aux Riches: car si elle se réduit, comme cela a lieu ordinairement, à quelque amende pécuniaire, comme un homme extrémement riche ne sera pas plus incommodé de l'amende imposée par la Loi, que des dépenses défenduës, ce seroit au contraire une raison pour aggraver la peine à son égard, de peur que la facilité de violer la Loi ne le portât à en donner de fréquens exemples.

(4) Gratien a ramassé là-dessus bien des choses

Jurisconsulte ne distingue point entre une interprétation favorable selon les régles de l'Equité, & une indulgence par laquelle on relâche de la Loi. D'où vient qu'ailleurs (b) il blâme Thomas d'*Aquin*, & Dominique Soto, de ce qu'ils disent que la Loi oblige, encore même que la raison de la Loi cesse en particulier; comme s'ils avoient cru que la Loi ne renferme autre chose que ce qui est écrit; pensée qui ne leur est jamais venuë dans l'esprit. (b) *Cap.* XLVI.

2. Bien loin que ce soit expliquer la Loi selon l'Equité, proprement ainsi nommée, toutes les fois qu'on relâche de la Loi, ce que souvent on est libre de faire ou de ne pas faire comme on le juge à propos: lors même que les régles de la Charité, & celles du Gouvernement de l'Etat, obligent à relâcher de la Loi, cela ne peut point être rapporté à l'interprétation selon l'Equité. Car autre chose est, de dispenser de la Loi pour de bonnes raisons, ou même pour des raisons pressantes; & autre chose, de déclarer qu'un certain fait n'a jamais été compris dans l'intention de la Loi.

§. XXVIII. 1. Voila' pour ce qui regarde l'exemtion des Peines. Voions maintenant quelle proportion on doit suivre en les infligeant.

2. Il paroît par ce que nous avons dit ci-dessus, que, dans toute Punition, on a égard à deux choses, à la *raison pourquoi* on punit, & au *but* que l'on se propose en punissant. La raison pourquoi on punit, c'est que le Coupable le mérite. Le but que l'on se propose en punissant, c'est l'utilité qui peut revenir de la punition.

3. Il ne faut punir personne au delà de ce qu'il mérite; c'est la maxime d'Horace, que nous avons déja (a) alléguée, & que plusieurs (1) autres Auteurs anciens posent pour constante. Mais on peut punir un Coupable moins qu'il ne le mérite, & cela en sorte qu'on diminuë plus ou moins la peine, selon qu'il paroît plus ou moins avantageux d'en user ainsi. (a) Ci-dessus, §. 2. *num.* 2.

§. XXIX. 1. Pour savoir jusqu'où un Coupable *mérite* d'être puni, il faut examiner 1. le (1) motif qui l'a porté au Crime. 2. Le motif, qui auroit dû l'en détourner. 3. Et enfin la disposition qu'il avoit ou à s'en abstenir, ou à le commettre.

2. Il n'y a guéres d'Homme qui soit méchant de gaieté de cœur: & si quelcun prend plaisir à faire le mal pour le mal même, il passe les bornes ordinaires de la Malice Humaine, c'est une espéce de monstre. La plûpart des Hommes sont portez à pécher par

ses utiles, dans cette partie du Droit Canonique qu'il a compilée, *Caus.* I. *Quaest.* VII. Grotius.

§. XXVIII. (1) Cice'ron dit, qu'il y a une certaine mesure, une certaine médiocrité à garder dans l'infliction des Peines: *Est scilicet utriusque rei* [praemii & poenae) *modus, sicut reliquarum; & quadam in utroque genere mediocritas.* Epist. *ad Brut.* XV. C'est pourquoi le Jurisconsulte Papinien appelle les Peines des *estimations*, des appréciations: *Nec sané verisimile est, delictum unum eadem lege variis aestimationibus coërceri.* Digest. Lib. XLVIII. Tit. XIX. *De Poenis*, Leg. XLI. L'Orateur Aristide a remarqué, que la Nature Humaine demande qu'il y ait, dans chaque Crime, un certain point, au delà duquel la vengeance ne doit point aller: *Τοῦτο γὰρ ἐστὶν ὑπὲρ τῆς φύσεως τοῦ παντὸς γένους ἡμῶν, εἶναί τι τοῖς ἁμαρτοῦσι, μεθ' ὃ δεῖ στῆναι τὴν τοῦ πεπονθότος ὀργήν.* Orat. Leuctr. I. (*Tom.* II. pag. 94. C. *Edit. Paul. Steph.* De'mosthe'ne dit, que l'égalité requise dans la Punition ne consiste pas à comparer simplement la Peine avec le Crime, comme en matiére de Poids & de Mésures; mais qu'il faut considerer en même tems le dessein & le désir du Coupable: *Ἔστι τὸ ταῦτα ποιεῖν ἴσον φατὶ, ὥσπερ ὑπὲρ σταθμῶν ἢ μέτρων τὸ ἴσον συνεστηκὸς· ἀλλ' οὐχ ὑπὲρ ἀνδρῶν προαιρέσεως καὶ πολιτείας βουλόμενοι.* Pro Lycurg. liberis, *Epist.* III. (pag. 114. B.) Voiez les raisonnemens judicieux que font sur ce sujet les Principaux de *Milan*, dans une Harangue au Duc de *Bourbon*, rapportée par François Guicciardin, *Liv.* XVII. (pag. 387, *& suiv.* de l'Original, *Edit. de Genéve*, 1645.) Et conferez ce que nous avons dit dans le §. 2. de ce Chapitre, aussi bien que ce que nous dirons ci-dessous, *Liv.* III. *Chap.* XI. §. 1. Grotius.

§. XXIX. (1) St. Chrysostôme dit, que tout Peché ne mérite pas la même peine, & qu'on doit punir plus rigoureusement ceux dont il etoit plus facile de se corriger & de s'abstenir: *Οὐ γὰρ δὴ πᾶν ἁμάρτημα τὴν αὐτὴν φέρει κόλασιν, ἀλλὰ τὰ εὐκατόρθωτα μείζονα ἡμῖν ἐπάγει τὴν τιμωρίαν.* Orat. X. *De Statuis.* Ailleurs. (Orat. II. *cur obscurum sit Vetus Testamentum*) il se sert de ce principe, pour prouver qu'un Calomniateur est pire qu'un Fornicateur, qu'un Larron, qu'un Homicide. Grotius.

(a) *Chap. I. vers. 15.*

par leurs Passions. *Lors que le Désir a conçû, il enfante le Péché*, dit (a) l'Apôtre St. JAQUES. Par le mot de *Désir*, j'entens ici non seulement ce que l'on appelle ainsi d'ordinaire, mais encore ce mouvement intérieur qui nous porte à éviter le Mal; mouvement le plus naturel de tous, & qui est par conséquent de tous les Désirs le plus honnête. C'est pourquoi les Actions Injustes que l'on commet, pour se garantir de la Mort, de la Prison, des Douleurs, ou d'une extrême Pauvreté, passent ordinairement pour les plus excusables. *Il est raisonnable*, disoit autrefois (2) DEMOSTHENE, *d'être irrité davantage contre ceux qui vivant dans l'abondance ne laissent pas d'être méchans, que contre ceux que la Pauvreté rend tels. Car, dans l'esprit des personnes qui jugent humainement, la nécessité mérite quelque indulgence; au lieu qu'un Riche méchant n'a aucune ombre d'excuse valable.* POLYBE excuse les *Acarnaniens*, de ce que, par la crainte d'un péril dont ils étoient menacez, ils n'avoient (3) pas exécuté les articles d'un Traité conclu avec les *Grecs* contre les *Etoliens*. *L'Intempérance est*, selon (4) ARISTOTE, *plus volontaire, que la Timidité ou la Lâcheté: car la prémiére a pour principe l'amour du Plaisir, au lieu que l'autre est produite par la crainte de la Douleur. Or la Douleur* (5) *met celui qui la souffre hors de son assiette naturelle, & tend à sa destruction: la privation du Plaisir ne produit rien de tel; on se porte donc* (6) *plus volontairement à rechercher celui-ci, qu'à fuïr l'autre.*

3. Les autres Désirs ont pour objet quelque *Bien*, ou *réel*, ou *imaginaire*. Les Vertus, & les actions qu'elles produisent, sont des Biens réels, qui ne portent jamais à pécher; car toutes (7) les Vertus se tiennent, pour ainsi dire, par la main. Mais il y a d'autres Biens réels, qui peuvent entraîner au mal, & qui sont ou *Agréables*, ou de nature à procurer les Agréables; & ceux-ci on les appelle des *Biens Utiles*, telle qu'est l'abondance des choses que l'on posséde.

4. Les *Biens Imaginaires*, (8) ou qui ne sont pas de vrais Biens, sont la Vengeance, & les distinctions qui nous élévent au dessus des autres, entant qu'elles n'ont aucune

(2) C'est dans la prémiére Harangue contre *Etienne*: Καὶ μὴν, ὦ ἄνδρες Ἀθηναῖοι, μᾶλλον ἄξιον ὀργίλως ἔχειν τοῖς μετ' εὐπορίας πονηροῖς, ἢ τοῖς μετ' ἐνδείας. τοῖς μὲν γὰρ ἡ τῆς χρείας ἀνάγκη φέρει τινὰ συγγνώμην παρὰ τοῖς ἀνθρωπίνως λογιζομένοις· οἱ δ' ἐκ περιουσίας, ὥσπερ οὗτος, πονηροὶ, οὐδεμίαν πρόφασιν δικαίαν ἔχοιεν ἂν εἰπεῖν. Pag. 616. B. *Edit. Basil.* 1572.

(3) Ceci est rapporté peu exactement. L'Historien dit, au contraire, qu'encore que les *Acarnaniens* eussent été excusables, autant que quel autre Peuple que ce fût, d'user de délais, & de chercher à éviter la Guerre avec les *Etoliens*, leurs Voisins, de la part de qui ils avoient beaucoup à craindre; cependant, les Ambassadeurs des autres Peuples de la *Gréce*, leurs Alliez, s'étant adressez prémiérement à eux, ils confirmérent d'abord, franchement & sans balancer, la résolution prise dans l'Assemblée générale; & en cette occasion, comme en toute autre, la vuë de leur devoir fit plus d'impression sur eux, que la crainte du danger: Οἱ δ' Ἀκαρνᾶνες, τό τε δόγμα γνησίως συνεπεκύρωσαν, καὶ τὸν ἀπὸ χώρας πόλεμον ἐξήνεγκαν τοῖς Αἰτωλοῖς. καίπερ τούτοις, εἰ καί τισιν ἑτέροις, δίκαιον ἦν συγγνώμην ἔχειν, ὑπερτιθεμένοις καὶ καταμέλλουσι, καὶ καθόλου δεδιόσι τὸν ἀπὸ τῶν ἀστυγειτόνων πόλεμον . . . . Ἀλλὰ μοὶ δοκοῦσιν οἱ γνήσιοι τῶν ἀνδρῶν, καὶ κοινῇ καὶ κατ' ἰδίαν, οὐδέποτε περὶ πλείονος οὐθὲν ποιεῖσθαι τοῦ καθήκοντος· ὅπερ Ἀκαρνᾶνες, ἐν τοῖς πλείστοις καιροῖς, οὐδενὸς τῶν Ἑλλήνων ἧττον εὑρίσκονται διατετηρηκότες, καίπερ ἀπὸ μικρᾶς ὁρμώμενοι δυνάμεως &c. Lib. IV. Cap. XXX. pag. 415. *Ed. Amstel.*

(4) Ἑκουσίῳ δὲ μᾶλλον ἔοικεν ἡ ἀκολασία τῆς δειλίας. ἡ μὲν γὰρ δι' ἡδονήν, ἡ δὲ διὰ λύπην· ὧν τὸ μὲν αἱρετόν, τὸ δὲ, φευκτόν. καὶ ἡ μὲν λύπη ἐξίστησι καὶ φθείρει τὴν τοῦ ἔχοντος φύσιν· ἡ δὲ ἡδονή, οὐδὲν τοιοῦτον ποιεῖ. μᾶλλον δὲ, ἑκούσιον. (Ethic. Nicom. *Lib.* III. *Cap.* XV. *init.*) On trouve la même pensée dans un beau passage de PORPHYRE, *de non esu animalium*, Lib. III. & dans un autre semblable de l'Empereur MARC ANTONIN, Lib. II. [§. 10. que l'on trouvera cité dans PUFENDORF, *Droit de la Nat. & des Gens*, *Liv.* I. *Chap.* IV. §. 7. *Note* 7. de la 2. Edit.] PLUTARQUE comparant *Romulus* avec *Thésée*, en ce que le prémier tua son Frére, & l'autre son Fils; trouve *Thésée* plus excusable, parce qu'il fut poussé à cet excès de colére par des mouvemens plus forts, & auxquels peu de personnes sont capables de résister, savoir, l'amour, la jalousie, la crédulité pour les faux rapports d'une Femme: Ἡ δὲ κινήσασα τὸν θυμὸν ἀρχὴ μᾶλλον παραιτεῖται τὸν ὑπὸ μείζονος αἰτίας, ὥσπερ ὑπὸ πληγῆς χαλεπωτέρας, ἀνατραπέντα . . . . Θησέα δὲ πρὸς τὸν υἱόν, ἃ πάμπαν ὀλίγοι τῶν ὄντων διαπεφεύγασιν, ἔρως, καὶ ζηλοτυπία, καὶ διαβολαὶ γυναικὸς ἔσφηλαν. Comparat. Thes. & Rom. (*pag.* 38. A. Tom. I. *Ed. Wech.*) GROTIUS.

Voici le passage de PORPHYRE, que nôtre Auteur qualifie *insignis locus*. Le Philosophe y dit, qu'un Homme, qui, pour sa conservation, ou pour celle de ses Enfans, ou de sa Patrie, prend le bien d'autrui, ou ravage un Païs, ou saccage une Ville, peut s'excuser sur la nécessité, qui l'y a réduit: mais que celui qui feroit les mêmes choses pour s'enrichir, ou pour vivre

cune liaison avec la Vertu, ou avec une Utilité réelle. Plus ces Biens s'éloignent de la Nature, & plus il est honteux de les rechercher.

5. L'Apôtre St. Jean (b) exprime les désirs de ces trois sortes de Biens, par *la concupiscence de la Chair, la concupiscence des Yeux, & l'Orgueil de la vie.* Car la *concupiscence de la Chair* renferme le désir des Plaisirs: la *concupiscence des Yeux* est le désir d'avoir: & l'*Orgueil de la vie* comprend la passion pour la vaine gloire, & les mouvemens de la Colére. Philon, Juif, dit, (9) que tous les maux viennent *ou du désir des Richesses, ou du désir de la Gloire, ou du désir des Plaisirs.* (b) *I. Jean*, II, 16.

§. XXX. 1. Il y a une raison générale, qui doit détourner du Crime, c'est la considération de l'injustice qu'il renferme. Car il ne s'agit pas ici de toute sorte de Péchez, mais seulement de ceux dont l'effet ne se borne pas à la personne même du Coupable.

2. Plus on cause de dommage à autrui, & plus l'injustice est grande. Ainsi il faut mettre au prémier rang les Crimes achevez, & ensuite ceux qui aiant été commencez, n'ont pas été poussez jusqu'au dernier acte. Les derniers sont plus ou moins atroces, selon que l'exécution imparfaite a plus ou moins approché de la fin.

3. En matiére des uns & des autres, ceux où il y a le plus d'injustice, ce sont ceux qui troublent l'Ordre Public, & qui par là nuisent à un grand nombre de gens. Les Crimes qui regardent les Particuliers, viennent après. Et ici les plus grands sont ceux qui tendent à dépouiller quelcun de la Vie: ensuite ceux qui troublent les Familles, dont le fondement est le Mariage: enfin ceux par lesquels on nuit à autrui à l'égard des biens particuliers dont la possession est désirable, soit en prenant directement quelcune de ces sortes de choses, ou en causant du dommage à leur égard de propos déliberé.

4. On pourroit donner des divisions plus exactes & plus détaillées: mais celle que nous venons de faire est conforme à l'ordre que Dieu même a suivi dans le Décalogue. Car sous le nom des *Péres & Méres*, qui sont les Magistrats naturels, il faut enten-

vivre dans le luxe & dans les délices, en un mot pour satisfaire des désirs déréglez de choses non-nécessaires, est regardé comme un homme insociable, un intempérant & un scélérat: Ὥσπερ ἂν εἰ τις ἐπ' ἀνθρώπων, ὃ μὴ τῆς αὐτοῦ σωτηρίας ἕνεκα, καὶ παῖδας, ἢ πατρίδος, ἢ χρήματα τινων παραιρούμενος, ἢ χώραν ἐπιτρίβων, καὶ πόλιν, ἔχει [c'est ainsi qu'il faut lire, à mon avis, au lieu de ἔχειν] πρόσχημα τῆς ἀδικίας τὴν ἀνάγκην· ὅστις δὲ ταῦτα δρᾷ διὰ πλοῦτον ἢ κόσμον, ἢ ἡδονὰς τρυφώσας καὶ ἀποπληρώσεις οὐκ ἀναγκαίων προσκαθήμενος ἐπιθυμιῶν, ἄμικτος εἶναι δοκεῖ, καὶ ἀκρατὴς, καὶ πονηρός. Pag. 291, 292. *Ed. Lugd.* 1620. Le Traducteur de mon Edition, François de Fogerolles, traduit plaisamment: *deinde per regionem & urbem incedens* &c. pour, *aut regionem vel urbem vastaret* &c. Ce qui soit dit en passant, pour donner un exemple des bevuës de cet Interprête, qui ne sont pas en petit nombre.

(5) Voiez la belle comparaison que Salomon fait entre un Larron, & un Adultére, Proverb. *Chap.* VI. *vers.* 30, *& suiv.* Grotius.

(6) Philon, Juif, remarque, que toutes les Passions à la vérité mettent l'Ame hors de son assiette naturelle, & sont une espéce de maladie; mais qu'il n'y en a point de plus forte & de plus dangereuse, que la Convoitise: parce qu'elle est la seule qui a sa source dans nôtre propre cœur, & dans nôtre volonté, au lieu que les autres viennent, pour ainsi dire, du dehors, & entrent comme malgré nous: Πάντα μὲν γὰρ τῆς ψυχῆς πάθη χαλεπὰ, κινοῦντα καὶ σείοντα αὐτὴν παρὰ φύσιν, καὶ ὑγιαίνειν οὐκ ἐῶντα· χαλεπώτατον δ' ἐπιθυμία· διὸ τῶν μὲν ἄλλων ἕκαστον θύραθεν ἐπεισιὸν, καὶ προσπῖπτον ἔξωθεν, ἀκούσιον εἶναι δοκεῖ· μόνη δ' αὕτη ἡ ἐπιθυμία τὴν ἀρχὴν ἐξ ἡμῶν λαμβάνει, καὶ ἐστὶν ἑκούσιος. De Decalogo, (*pag.* 764. G. *Ed. Paris.*) Grotius.

(7) C'est une maxime des *Stoïciens*, qui ajoûtent que celui qui a une seule Vertu, les a toutes: Τὰς δὲ ἀρετὰς λέγουσιν ἀντακολουθεῖν ἀλλήλαις, καὶ τὸν μίαν ἔχοντα, πάσας ἔχειν. Diogen. Laert. Lib. VII. §. 125.

(8) Sene'que dit, que ces désirs, nez des fausses idées qu'on s'est faites, n'ont point de fin: *Naturalia desideria finita sunt: ex falsâ opinione nascentia, ubi desinant, non habent. nullus enim terminus falso est.* Epist. XVI. Voiez les réflexions morales de St. Chrysostôme, sur *Romains*, VI. sur la II. aux *Corinthiens*, XI, 12. & sur les *Ephésiens*, I, 14. Grotius.

(9) Le passage a été rapporté ci-dessus, avec plusieurs choses qui le précedent, *Liv.* I. *Chap.* II. §. 8. *num.* 9. *Note* 43. Nôtre Auteur citoit encore ici un passage de Lactance, où ce Pére dit, que presque toutes les Injustices & toutes les Mauvaises Actions viennent ou de la Colére, ou de l'avidité des Desirs, ou de l'amour de la Volonté: *Virtus est, iram cohibere; cupiditatem compescere; libidinem refrenare. id est enim, vitium fugere. Nam ferè omnia, quæ fiunt injustè atque improbè, ab his oriuntur adfectibus.* Instit. Divin. *Lib.* VI. *Cap.* V. *num.* 13.

entendre les autres Conducteurs, dont l'autorité sert à entretenir la Société Humaine. L'Homicide est ensuite défendu dans le Décalogue; après cela l'Adultére; puis le Larcin, & les Faussetez; enfin, les Péchez qui ne sont pas accomplis.

5. Au reste, il faut mettre au rang des raisons qui auroient dû détourner du Crime, non seulement la considération de la nature de ce que l'on fait directement, mais encore celle des suites qu'il peut vraisemblablement avoir. Ainsi quand il s'agit d'un Incendie, ou d'une Digue lâchée, on doit avoir égard à la mort ou aux grandes pertes, auxquelles une infinité de gens sont exposez par là.

6. L'injustice, dont nous avons dit que la considération est le motif général qui doit détourner du mal, se trouve quelquefois accompagnée (1) de quelque autre chose de vicieux, qui aggrave le Crime, comme d'un manque d'affection envers ses Pére & Mére, d'inhumanité envers ses Parens, d'ingratitude envers ses Bienfaicteurs.

7. Celui qui a (2) péché souvent se montre aussi par là plus coupable, parce qu'une Mauvaise Habitude est pire qu'un acte unique. Et de là il paroît, jusqu'où & comment l'Equité Naturelle permet de faire entrer dans l'estimation du Crime, (3) la vie passée du Coupable; comme cela (4) se pratiquoit autrefois parmi les *Perses*. On peut bien suivre cette maxime, quand il s'agit de quelcun, qui n'étant pas d'ailleurs méchant, s'est laissé surprendre aux attraits du Crime: mais non pas à l'égard de ceux qui ont entiérement changé de conduite. Dieu même, en parlant de ceux qui sont tels, déclare par la bouche (c) d'Eze'chiel, qu'il n'a aucun égard à leur vie passée: & on peut leur appliquer ce que dit Thucydide; (5) *Ils méritent une double puni-*

(c) *Chap.* XVIII. *vers.* 24.

§. XXX. (1) Il y a ici, dans l'Original, une petite Note, où l'on trouve une plaisante faute d'écriture. La voici: *Vide locum insignem in* Lucæ *verbis*, *apud* Xiphilinum *ex* Dione. C'est ce que porte l'Edition de 1642. la derniére avant la mort de l'Auteur; & celle de 1646. qui la suivit, y est aussi conforme. Dans les derniéres Editions, comme on ne savoit ce que vouloit dire ce *Luca*, on l'a changé en *Lucii*; & parce que Xiphilin a réduit en abrégé les Vies des Empereurs, on a mis *vita*, au lieu de *verbis*. On devoit avoir eu la bonté d'ajoûter, qui est ce *Lucius*; & en quel endroit l'Abréviateur a écrit sa vie. Ou plûtôt il falloit laisser *verbis*, & chercher des paroles qui convinssent au sujet, dans le discours de quelcun, dont le nom eût été confondu par mégarde avec celui de *Luc*. Je crois l'avoir trouvé. *Marc Antonin* aiant appris la revolte de *Cassius*, fait un beau discours à ses Soldats, & leur dit entr'autres choses: " N'est-„ il pas bien fâcheux, d'être réduit à soûtenir guerre „ sur guerre? N'est-il pas étrange, de se voir engagé „ à une Guerre Civile? Mais n'est-il pas encore & „ plus fâcheux, & plus étrange, de voir qu'il n'y a „ plus de fidélité parmi les Hommes; & que celui „ que je regardois comme le meilleur de mes Amis, „ se souléve contre moi, & me met dans la nécessité „ de prendre malgré moi les armes contre lui, sans „ que je lui aie jamais fait la moindre injustice, „ ni manqué en quoi que ce soit à son égard? Πῶς γὰρ οὐ δεινὸν, πολέμοις ἡμᾶς ἐκ πολέμων συμφέρεσθαι; πῶς δ' οὐκ ἄτοπον, καὶ ἐμφυλίῳ συμπλακῆναι; πῶς οὐκ ἀμφότερα, καὶ δεινότητι, καὶ ἀτοπίᾳ νικᾷ, τὸ μηδὲν πιστὸν ἐν ἀνθρώποις εἶναι, ἀλλ' ἐπιβεβουλεῦσθαί τε με ὑπὸ τοῦ φιλτάτου, καὶ εἰς ἀγῶνα ἀκούσιον καθεστάναι, μήτε τι ἠδικηκότα, μήτε τι πεπλημμεληκότα; Pag. 277. B. C. *Edit. H. Steph.* Il dit plus bas, que *Cassius* a violé les droits de l'Amitié, φιλίας ὑπερβάντα. Pag. 278. D. Voilà qui quadre parfaitement bien au but de nôtre Auteur, qui est de faire voir, qu'il y a des circonstances, tirées de la personne même du Coupable, qui rendent son crime plus odieux. Et il n'est pas difficile de concevoir, comment la faute d'écriture, dont il s'agit, s'est glissée. L'Auteur (ou peut-être celui qui copia ses Notes, lors qu'il les envoioit aux Imprimeurs) en voulant mettre *in* Marci *verbis*, aura confondu le nom d'un Evangéliste avec celui d'un autre. Ces noms, qui lui étoient familiers, pouvoient aisément se mêler dans son esprit, dans une pure citation, écrite à la hâte & sans faire attention aux choses mêmes. Cette remarque servira à découvrir l'origine de quelques autres méprises, qui se trouvent ou dans le Texte, ou dans les Notes de nôtre Auteur. Il auroit pû ajoûter un passage d'Aristide, qui vient fort à propos, & qui est tiré d'une Harangue qu'il cite quelquefois dans ce Chapitre: " Personne, „ (dit cet Orateur) ne souffre patiemment les injures: „ mais les plus sensibles, & celles qui excitent une „ colére implacable, ce sont celles qu'on reçoit de „ ceux qui devoient le plus s'abstenir de nous en fai-„ re: Ὅλως μὲν γὰρ οὐκ ἔστι φέρειν ἀδικούμενον· τὸ δ' ὑφ' ὧν ἥκιστα ἐχρῆν, ἀπαραίτητον τὴν ὀργὴν περιίστησι. Orat. Leuctr. II. *Tom.* II. pag. 144. B.

(2) Voici un passage, que nôtre Auteur cite ici dans une Note, mais sans dire de qui il est: " C'est une „ foiblesse humaine, d'avoir ignoré une fois les de-„ voirs de la Vie: mais de tomber souvent dans les „ mêmes fautes, c'est une fureur. Car, plus le nom-„ bre des fautes que l'on commet est grand, & plus „ on mérite d'être rigoureusement puni. Τὸ μὲν γὰρ ἀγνοῆσαί ποτε τὰ κατὰ τὸν βίον, ἐστὶν ἀνθρώπου· τὸ δὲ, ἐπὶ τοῖς αὐτοῖς πράγμασι πλεονάκις ἁμαρτάνειν, τέλεον ἐξεστηκότος τοῖς λογισμοῖς. ὅσῳ γὰρ πλείοσιν ἐλαττώμασι περιπεπτώκαμεν, τοσούτῳ μείζονος τιμωρίας ἄξιοι τυχεῖν ὑπάρχομεν. Ces paroles sont un fragment du Livre XXI. de Diodore *de Sicile*; & elles se trouvent au *num.* 15. du recueil qu'on a fait de ces fragmens. Voici une pensée semblable, de Quintilien: *Semel enim errare sanè tolerabile sit; in eadem vero incidere, nec damnatione quidem compesci, ultra omnia*

punition, parce qu'ils sont devenus méchans, de bons qu'ils étoient; ou, comme il s'exprime ailleurs, (6) *parce qu'ils ont agi d'une maniére indigne d'eux.* Ainsi c'est avec beaucoup de raison que les anciens *Chrétiens*, dans le réglement des Peines Ecclésiastiques, ont voulu qu'on (7) ne considérât pas la faute purement & simplement en elle-même, mais en y joignant la maniére dont le Coupable s'étoit conduit auparavant, ou se conduisoit depuis; comme il paroît par les Canons du (d) *Concile d'*ANCYRE, & d'autres Conciles.

(d) *Can.* XXV.

8. Il faut remarquer encore, que, quand on vient à faire une Loi contre certaines choses vicieuses en elles-mêmes, (e) ce qui étoit déja mauvais le devient par là davantage. *Les défenses de la Loi*, dit très-bien (8) St. AUGUSTIN, *rendent tous les Péchez doublement criminels: car ce n'est pas un simple Péché de faire une chose, qui est non seulement mauvaise, mais encore défenduë.* Il y a une semblable pensée de TACITE: (9) *Quand on est tenté*, dit-il, *de faire des choses qui ne sont pas encore défenduës, on craint qu'elles ne viennent à l'être: mais lors qu'on a une fois contrevenu impunément aux défenses, on n'a plus ni crainte, ni honte.*

(e) Voiez *Romains*, VII, 13.

§. XXXI. 1. LA troisiéme & derniére chose à quoi nous avons dit qu'on fait attention, quand il s'agit de savoir combien un Coupable mérite d'être puni, c'est le plus ou moins de disposition qu'il avoit ou à considerer les raisons qui auroient dû le détourner du Crime, ou à se laisser gagner par les Passions qui y portent. Pour cet effet, on examine son Tempérament, son Age, son Séxe, la maniére dont il a été élevé, & les circonstances de son action.

2. Les

omnia videbatur. Declam. CCCX. Et dans un autre endroit: *Est enim ut sibi aliquis unum casum remittat, & semel lapsus, errore se humanæ necessitatis excuset: hic vero, qui commisit iterum idem, quo exsilium meruit, computatis diebus atque horis legem tantummodo inspexit, non etiam crimina sua numeravit, nihil verecundiæ suæ adjecit, nihil pudori.* Declam. CCXLVIII.

(3) ASINIUS POLLION disoit, qu'il faut juger d'un Homme par la plus grande partie de sa conduite & de son genie: *Qua major pars vitæ atque ingenii stetit, eâ judicandum de homine est.* CICE'RON soûtient aussi, que, quand il s'agit de quelque chose de grave & d'énorme, pour savoir si quelcun l'a voulu, pensé, ou commis, il faut en juger, non par l'accusation même, mais par les mœurs & la conduite de l'Accusé: *Omnibus in rebus, Judices, quæ graviores majoresque sunt, quid quisque voluerit, cogitarit, non ex crimine, sed ex moribus ejus, qui arguitur, est ponderandum.* Orat. pro Cluentio, (*Cap.* XV.) GROTIUS.

Nôtre Auteur ne marque point d'où il a pris le fragment d'ASINIUS POLLION, je n'ai pû le trouver, ni dans QUINTILIEN, ni ailleurs. Au reste, pour ce qui est de la chose même, on peut joindre aux autoritez alléguées par nôtre Auteur, & par PUFENDORF, dans le Chapitre qui répond à celui-ci, (§. 22) CICE'RON, *De Invention.* Lib. II. Cap. XI. & APULE'E, *Apolog.* num. 891. Edit. *Scip. Gentil.*

(4) Si, dans le cours de la vie passée du Coupable, le bien l'emportoit sur le mal, on lui faisoit grace. C'est ce que nous apprend HE'RODOTE. Lib. I. Cap. CXXXVII.

(5) C'est un Ephore de *Lacedémone*, qui dit cela à l'occasion des *Athéniens*, qui se glorifioient de leurs promesses contre les *Médes*: Καὶ τοι εἰ πρὸς τοὺς Μήδους ἐγένοντο ἀγαθοὶ τότε, πρὸς δ' ἡμᾶς κακοὶ νῦν, διπλασίας ζημίας ἄξιοί εἰσιν, ὅτι ἀντ' ἀγαθῶν κακοὶ γεγένηνται. Lib. I. Cap. LXXXVI. *Edit. Oxon.*

(6) Καὶ μὴ παλαιὰς ἀρετάς, εἴ τις ἄρα καὶ ἐγένετο, ἀκούοντες, ἐπικλασθῆτε, ἃς χρὴ τοῖς μὲν ἀδικουμένοις ἐπικούρους εἶναι, τοῖς δὲ αἰσχρόν τι δρῶσι, διπλασίας ζημίας, ὅτι οὐκ ἐκ προσηκόντων ἁμαρτάνουσι. Lib. III. Cap. LXVII.

(7) St. CHRYSOSTÔME veut, que pour régler le tems de la pénitence, on ait égard non seulement à la nature des Crimes considérez en eux-mêmes, mais encore à la disposition & aux mœurs des Pécheurs: Ὅθεν μανθάνομεν, ὅτι οὐ δεῖ μόνον πρὸς τὴν φύσιν τῶν ἁμαρτημάτων, ἀλλὰ καὶ πρὸς τὴν διάνοιαν καὶ τὴν ἕξιν τοῦ ἁμαρτάνοντος τὴν μετάνοιαν ὁρίζειν. In II. Epist. ad Corinth. *Cap.* II. Il dit ailleurs, à peu près, la même chose: Οὐ γὰρ ἁπλῶς πρὸς τὸ τῶν παραπτωμάτων μέτρον δεῖ καὶ τὴν ἐπιτιμίαν ἐπάγειν, ἀλλὰ καὶ τῆς τῶν ἁμαρτανόντων στοχάζεσθαι προαιρέσεως. De Sacerdot. *Lib.* III. GROTIUS.

(8) *In quâ* [adolescentiâ, vehementior prohibitio peccatorum] *omnia delicta congeminat: non enim simplex peccatum est, non solum malum, sed etiam vetitum committere.* De vera Relig. *Cap.* XXVI. St. CHRYSOSTÔME comparant les *Juifs* avec les *Grecs* (ou les Paiens) dit avec raison, que les *Juifs* sont plus coupables, parce qu'ils avoient la Loi de DIEU: Ἐνταῦθα οὐ μόνον ἰσοτιμίαν δείκνυσι Ἰουδαίου καὶ Ἕλληνος, ἀλλὰ καὶ πολὺ τὸν Ἰουδαῖον βαρυνόμενον ἀπὸ τῆς τοῦ νόμου δόσεως. Il ajoûte, que celui qui a eu plus d'instruction, mérite d'être puni plus sévérement, lors qu'il viole la Loi: Ὁ γὰρ πλείονος ἀπολαύσας τῆς διδασκαλίας, μείζονα ἂν εἴη καὶ τιμωρίαν ἄξιος ὑπομεῖναι παρανομῶν. GROTIUS.

(9) *Nam si velis quod nondum vetitum est, timeas, ne vetere: at si prohibita impunè transcenderis, neque metus ultra, neque pudor est.* Annal. Lib. III. Cap. LIV. *num.* 4. Ce passage ne fait rien au sujet. Il ne s'agit point de la vertu qu'ont les défenses d'une Loi, de rendre plus criminelle une chose déja mauvaise en elle-même; mais de l'effet que produit l'impunité, par rapport à ceux qui se sont hazardez de pécher, malgré les défenses.

2. Les Enfans, les Femmes, les gens d'un esprit grossier, & qui ont été mal élevez, connoissent moins, que les autres, la différence du Juste & de l'Injuste, du Licite & de l'Illicite. (1) Les personnes bilieuses sont enclines à la Colére: ceux qui sont d'un tempérament sanguin, ont du panchant à l'Amour. La Jeunesse a d'autres inclinations, que la Vieillesse. La pensée d'un mal, qui nous menace de près, renforce la Crainte; & le ressentiment d'une injure toute fraiche enflamme la Colére: dans l'un & dans l'autre cas, on n'est guéres en état de prêter l'oreille à la Raison. Les Crimes auxquels on est porté par ces deux Passions, passent pour moins odieux, & le sont moins effectivement, que ceux qui naissent du désir des Plaisirs, qui n'est pas si fort, qui ne demande pas toûjours à être satisfait sur l'heure, & qui peut trouver plus facilement de quoi se (2) satisfaire ailleurs sans injustice. Aristote (3) dit, que *la Colére est plus naturelle, que le désir des choses qui vont dans l'excès, & qui ne sont pas nécessaires.*

3. En effet, il faut poser pour maxime incontestable, que l'énormité des Crimes diminuë à proportion de ce qu'on est moins en état de faire usage de son Jugement, & que les causes qui nous en empêchent sont plus naturelles. Aristote raisonne sur ce principe: (4) *Ceux*, dit-il, *qui n'étant que peu ou point poussez par un mouvement de Désir, cherchent des Plaisirs excessifs, ou fuient de legéres Douleurs, sont plus intempérans, que ceux qui s'y portent par l'effet d'un Désir violent. Car que ne feroient pas les prémiers, s'ils venoient à concevoir une forte passion pour quelque objet agréable, ou si le manque des choses nécessaires à la Vie leur causoit un grand chagrin?* Un ancien Comique dit quelque chose d'approchant: (5) *Si un Homme, qui est riche*, (6) *se laisse aller à des choses honteu-*

§. XXXI. (1) Un ancien Commentateur d'Aristote dit, que les Actions deshonnêtes sont excusées en quelque maniére par la disposition qu'y donnoit le naturel: Φαίνεται πείθειν, ὅτι ἀπολογίαν τινὰ δίδωσι τοῖς αἰσχροῖς, τὸ πεφυκέναι πρὸς αὐτά, καὶ ἀνεκτότερον ποιεῖ τὸ ἔγκλημα. Andronic. Rhod. in Paraphr. (Lib. VII. Cap. X. pag 444. *Ed. Heinf.*) Grotius.

(2) Le désir de la chair, dit St. Chrysostôme, cherche seulement à se satisfaire par la compagnie d'une Femme, quelle que ce soit, & non pas par la compagnie d'une certaine Femme seulement: Ἡ ἐπιθυμία μίξιν ἐπιζητεῖ μόνον, οὐ τοιανδὶ μίξιν. In *Galat.* Tertullien remarque, qu'autant qu'il est difficile à ceux qui ne sont pas mariez de garder la continence, autant paroissent-ils excusables, lors qu'ils ne la gardent point. Car, ajoute-t-il, on excuse aisément ce qui est difficile. Mais autant qu'il est facile à une Femme de se marier légitimement, autant est-elle plus blâmable de tomber dans un péché, qu'elle pouvoit éviter par là: *Nam quanto grandis est continentia carnis, quæ viduitati ministrat, tanto, si non sustineatur, ignoscibilis videri potest. difficilium enim facilis est venia. Quanto autem nubere in Domino perpetrabile est, uti nostræ potestatis, tanto culpabilius est, non observare quod possis .... Quanto enim potestas vitandi fuit, tanto contumaciæ crimen oneratur.* Ad Uxor. *Lib.* II. (*Cap.* I. & III.) Voiez le passage de Marc Antonin, auquel j'ai renvoié ci-dessus, (§. 29. *Note* 4.) dans lequel cet Empereur cite Théophraste, le Philosophe. Grotius.

(3) Ὁ δὲ θυμὸς, φυσικώτερον, καὶ ἡ χαλεπότης, τῶν ἐπιθυμιῶν, τῶν τῆς ὑπερβολῆς καὶ τῶν μὴ ἀναγκαίων. Ethic. Nicom. *Lib.* VII. *Cap.* VII. pag. 92. B. Tom. II. *Edit. Paris.*

(4) Διὸ μᾶλλον ἀκόλαστον ἂν εἴποιμεν, ὅστις μὴ ἐπιθυμῶν, ἢ ἠρέμα, διώκει τὰς ὑπερβολὰς, καὶ φεύγει μετρίας λύπας, ἢ τοῦτον, ὅστις διὰ τὸ ἐπιθυμεῖν σφόδρα. τί γὰρ ἂν ἐκεῖνος ποιήσειεν, εἰ προσγένοιτο ἐπιθυμία νεανικὴ, καὶ περὶ τὰς τῶν ἀναγκαίων ἐνδείας λύπη ἰσχυρά; Ibid. *Cap.* VI. pag. 90. B.

(5) Cette sentence, que nôtre Auteur cite seulement en vers Latins de sa façon, se trouve dans Stobée; & voici l'original:

Ὅταν εὐπορῶν τις αἰσχρὰ πράττῃ πράγματα,
Τί τοῦτον ἀπορήσαντα πράξειν προσδοκᾷς;
Floril. Tit. II. *De Malitia.*

(6) " Lors que vous verrez (dit St. Chrysostôme) un Riche injuste, avare, ravisseur, déplorez " d'autant plus son sort, qu'étant riche il se rend " coupable de tels crimes; car il en sera puni avec " d'autant plus de rigueur: Ὥστε ὅταν ἴδῃς τὸν πλουτοῦντα ἀδικοῦντα, πλεονεκτοῦντα, ἁρπάζοντα, διὰ τοῦτο μάλιστα αὐτὸν στέναξον, ἐπειδὰν πλούσιος ὢν ταῦτα ποιῇ· μείζονα γὰρ δίδωσι τιμωρίαν. De Provident. *Lib.* IV. Grotius.

§. XXXII. (1) Τὸ ἀντιπεπονθός. Ou, comme s'exprime Harmenopul. ταυτοπάθεια. (Promptuar. *Lib.* I. *Tit.* II. §. 34.) Grotius.

(2) Il est fait allusion à cette restitution du double, dans l'Apocalypse, XVIII, 6. Nous lisons dans Apollodore, que les *Minyéens* aiant extorqué un tribut des *Thébains*, sans aucun droit, *Hercule* les obligea à rendre aux *Thébains* le double de la valeur de ce tribut. *Bibliothec.* Lib. II. (Cap. III. §. 11. *Edit. Th. Gal.*) Grotius.

(3) Εἰ δέ τις ἰδίαν δίκην κλοπῆς ἁλοίη, ὑπάρχειν μὲν αὐτῷ διπλάσιον ἀποτίσαι τὸ τιμηθέν· προστιμῆσαι δ' ἐξεῖναι τῷ δικαστηρίῳ πρὸς τῷ ἀργυρίῳ, δεσμὸν τῷ κλέπτῃ, πένθ' ἡμέρας, καὶ νύκτας ἴσας &c. Demosth. Orat. *in Timocrat.* (pag. 476. C.) St. Ambroise remarque, que les Loix veulent qu'on fasse rendre ce qui a été pris à quelcun, ou en punissant corporellement le Larron, ou en obligeant à rendre plus qu'il n'a pris; afin que la punition corporelle, ou l'amende, détourne du larcin ceux qui y seroient portez: *Nec ipsæ leges nos docent, quæ ea, quæ detracta sunt alicui, cum injuria personæ, aut rei ipsius cumulo, restitui jubent:*

teuses, que ne feroit-il pas, s'il étoit pauvre? On peut rapporter encore ici les traits qu'on trouve souvent dans les Comédies contre les amours des Vieillards.

§. XXXII. 1. VOILA' comment on juge de la grandeur du Crime, à quoi la Peine doit être proportionnée, en sorte qu'elle n'aille jamais au delà. Selon les anciens *Pythagoriciens*, la Justice, en matiére de Peines, consiste à (1) faire souffrir au Coupable le même mal qu'il a fait. Sur quoi il faut remarquer, que l'on ne doit pas entendre cela, comme si une personne qui a fait du mal à un autre avec déliberation, & sans avoir agi par quelque principe qui diminuë beaucoup la faute, ne devoit souffrir précisément qu'autant de mal, qu'elle en a causé. Le contraire paroît par la Loi Divine de MOÏSE, qui est un parfait modéle de toutes les autres Loix: car elle condamne un (a) Larron à rendre le quadruple. Et par les Loix d'*Athénes*, un Larron, outre la restitution (2) du double, étoit mis en prison (3) pour quelques jours. Chez les *Indiens*, (4) au rapport de STRABON, celui qui avoit mutilé ou estropié quelcun, souffroit la peine du Talion, & étoit condamné de plus à avoir la main coupée.

(a) Exod. XXII, 1, & suiv.

2. En effet, il n'est pas juste que le Coupable n'aît pas plus à craindre, que l'Innocent, comme le montre (b) PHILON, Juif, dans l'endroit où il traite de la punition de l'Homicide: *que celui*, par exemple, *qui a crevé un œil à quelcun, en soit quitte pour avoir un œil crevé*, comme il est dit dans un Ouvrage qui porte le nom (5) d'ARISTOTE. On voit aussi qu'en fait de certains Crimes non achevez, & par conséquent moindres (6) que ceux dont l'exécution est pleine & entiére, le Coupable est néanmoins condamné à souffrir le même mal qu'il s'étoit proposé de faire; comme il paroît par la (c) Loi de *Moïse* (7) au sujet des Faux-témoins, & par (8)

(b) Lib. II. De Specialib. Legib. pag. 789, & seqq.

(c) Deut. XIX, 19.

jubent: quo furem à detrahendo aut pœnâ deterreant, aut mulctâ revocent. Offic. *Lib.* III. *Cap.* III. ARISTIDE remarque, que les Loix permettent à ceux qui ont été offensez d'exiger une punition qui aille au delà du mal qu'on leur a fait: Οἷς [ἀδικήσασι] καὶ μείζονα, ἢ καθ' ἃ πεπόνθασι, δίδοται παρὰ τῶν νόμων εἰς τιμωρίαν λέγειν. Orat. Leuctr. II. (*Tom.* II. pag. 133. C.) SENE'QUE dit, que dans le Jugement qui suit cette Vie, les Méchans sont punis d'une maniére qui surpasse la grandeur de leurs crimes:

——— *Scelera taxantur modò*
Majore nostra ———

GROTIUS.

Le dernier passage, qui se trouve dans l'*Hercule furieux*, vers. 746. est mal appliqué; comme l'a remarqué le docte GRONOVIUS. Il faut lire *vestra*, selon l'excellent Manuscrit de *Florence*, dont il s'est servi dans son Edition. Et le sens du Poëte est, que les Rois & les Magistrats sont punis, dans les Enfers, plus rigoureusement que les Particuliers & les gens du commun.

(4) Ὅ, τι πηρώσας, οὐ τὰ αὐτὰ μόνον ἀντιπάσχει, ἀλλὰ καὶ χειροκοπεῖται. Lib. XV. (*pag.* 1036. *Ed. Amst.* 710. *Ed. Paris.*) Parmi quelques autres Peuples des *Indes*, le Larcin étoit puni de mort, comme NICOLAS *de Damas* l'a remarqué. GROTIUS.

Ce que nôtre Auteur rapporte ici sur la foi de NICOLAS de *Damas*, ne se trouve point dans les Fragmens qu'on en a recueillis de toutes parts, ni même dans ceux qu'il ramassa lui-même, pour les envoier à Mr. DE PEIRESC, & que l'on peut voir parmi ses Lettres, I. *Part. Epist.* 164.

(5) Οὐ γὰρ δίκαιον, εἴ τις τὸν ὀφθαλμὸν ἐξέκοψέ τινος, ἀντεκκοπῆναι μόνον, ἀλλὰ πλείονα παθεῖν &c. Magn. Moral. Lib. I. Cap. XXXIV. pag. 166. B. Tom. II. *Ed. Paris.*

(6) On dit du *Lion*, que, quand il a été blessé, il remarque avec une sagacité merveilleuse celui qui l'a frappé, & va le chercher au milieu de la plus grande foule, pour se jetter sur lui: mais que, si un homme voulant lui tirer dessus a manqué son coup, il se contente de le renverser & de le traîner, sans le blesser: *Vulneratus observatione mirâ percussorem novit, & in quantalibet multitudine adpetit. Eum vero, qui telum quidem miserit, sed tamen non vulneraverit, correptum raptatumque sternit, nec vulnerat.* (Hist. Natur. *Lib.* VIII. *Cap.* XVI.) GROTIUS.

(7) Cela paroît encore par la Loi au sujet d'un Mari, qui, pour gagner la dot de son Epouse, l'avoit accusée faussement d'avoir eu commerce avec un autre Homme, DEUTERON. XXII, 19. comme aussi par une autre Loi, contre celui qui aura plaidé injustement pour s'approprier le bien d'autrui, EXOD. XXII, 9. GROTIUS.

La prémiére de ces Loix porte, que le Mari gardera non seulement sa Femme, sans pouvoir la répudier jamais, mais encore paiera une amende de cent Sicles, au profit du Pére de sa Femme, c'est-à-dire, le double de la Dot, que les Epoux donnoient en ce tems-là au Pére de la Fille qu'ils épousoient, comme il paroît par GENE'SE, XXIX, 18. XXXIV. 12. & cette Dot étoit réglée ordinairement à cinquante Sicles, EXOD. XXII, 17. Ainsi, dans le cas dont il s'agit, le Mari, qui avoit voulu deshonorer sa Femme, en l'accusant d'impudicité, étoit regardé sur le même pié que celui qui avoit véritablement ôté l'honneur à une Fille, en la violant, selon la Loi qui se trouve dans ce même Chapitre du DEUTE'RONOME, *vers.* 28, 29. & sa punition étoit encore plus rigoureuse, en ce qu'il devoit donner le double de la dot, au lieu que l'autre en étoit quitte pour cinquante Sicles. A l'égard de la seconde Loi, que nôtre Auteur allégue ici pour exemple, EXOD. XXII, 9. il s'agit d'un Dépôt: & il est ordonné, que, si le Dépositaire nie ou retient le Dépôt de mauvaise foi, & qu'il en soit convaincu en Justice, il paiera le double au Proprié-

(8) celle des *Romains* contre ceux qui sont allez avec des armes, à dessein de tuer quelcun. Sur ce pié-là, il faudroit punir plus rigoureusement de tels crimes, lors qu'ils ont été pleinement exécutez: mais comme il n'y a pas de plus grande Peine, que la Mort, & qu'on ne sauroit la faire souffrir plus d'une fois, comme le remarque (9) PHILON, Juif, dans l'endroit cité un peu plus haut; on en demeure là nécessairement; tout ce qu'on peut faire, c'est d'y ajoûter des tourmens, comme on le fait quelquefois, selon que le crime le mérite.

§. XXXIII. 1. IL FAUT juger de la grandeur de la Peine en la considérant, non pas purement & simplement en elle-même, mais encore par rapport à celui qui la souffre. Car telle amende, par exemple, incommodera un Homme pauvre, qui ne sera rien pour un Riche: telle marque d'ignominie sera très-sensible à une personne d'un rang honorable, qui ne sera qu'une bagatelle pour une personne de bas lieu.

(a) *De Repub.* Lib. VI. Cap. ult. — 2. Les Loix Romaines appliquent souvent cette distinction: & BODIN (a) fonde là-dessus une nouvelle sorte de Proportion qu'il a inventée, & qu'il appelle *Harmonique*. Mais la vérité est, qu'il n'y a ici qu'une simple Proportion simple & Arithmétique, selon laquelle on égale la Peine à ce que le Crime mérite; de même que, dans un Contract, on égale la quantité d'argent que l'un donne, à la valeur de la Marchandise que l'autre reçoit; quoi que les mêmes Marchandises, & les mêmes Monnoies, vaillent quelquefois plus, quelquefois moins, selon les tems & les lieux.

3. Il faut avouer aussi qu'il y a ici souvent, dans le Droit Romain, une injuste acception de personnes, c'est-à-dire, que dans la Punition des Crimes on (1) a trop d'égard à certains états & certaines qualitez, qui n'ont aucun rapport avec la nature du fait: défaut, dont la Loi de *Moïse* est toûjours fort éloignée.

§. XXXIV. MAIS, quoi que l'on ne fasse rien que de permis, tant qu'on suit les régles que nous venons de donner, fondées sur des principes tirez de la nature même des Peines; la Charité que l'on doit avoir pour le Coupable, veut que l'on demeure, au-

priétaire. Si au contraire le Propriétaire l'a accusé injustement, il sera aussi condamné à paier le double de la valeur du Dépôt. Par conséquent l'un & l'autre sont punis comme s'ils avoient effectivement volé la chose déposée, ainsi qu'il paroît par le verset 7. du même Chapitre.

(8) *Lege Cornelia de Sicariis & veneficiis tenetur qui.... hominis occidendi furtive faciendi caussâ, cum telo ambulaverit.... Divus* HADRIANUS *rescripsit, eum, qui... hominem non occidit, sed vulneravit, ut occidat, pro homicida damnandum.* DIGEST. Lib. XLVIII. Tit. VIII. *Ad Leg. Cornel. de Sicariis* &c. Leg. I. *princ.* & §. 3. Voiez les *Observations* de l'Illustre Mr. DE BYNCKERSHOEK, Lib. III. Cap. X.

(9) Ἐπειδὴ μυρίων θανάτων ἐπάξιος ὤν, ἕνα ὑπομένει, διὰ τὸ τῆς τιμωρίας ἀθάνατον εἰς πάθος μὴ ἐπιμενούσης συναύξεσθαι. De Legib. Special. *Lib.* II. pag. 789. E.

§. XXXIII. (1) Voiez le Chapitre de PUFENDORF, qui répond à celui-ci, §. 25.

§. XXXIV. (1) Voiez le Rabbin MOÏSE, *Fils de Maimon*, Director. dubit. II, 41. CICERON dit, que les Crimes contre lesquels il est le plus difficile de se précautionner, sont aussi ceux qu'on doit punir le plus rigoureusement: *Atqui ea sunt animadvertenda peccata maximè, quæ difficillimè præcaventur.* Orat. *pro Sext. Rosc. Amerin.* (Cap. XL.) GROTIUS.

(2) *Nullum scelus, apud eos, furto gravius: quippe sine tecto munimentoque pecora & armenta inter silvas habentibus, quid salvum esset, si furari liceret?* Lib. II. Cap. II. *num.* 6.

(3) Διὰ τί ποτε, ἐὰν μέν τις ἐκ βαλανείου κλέψῃ, ἢ ἐκ παλαίστρας, ἢ ἐξ ἀγορᾶς, ἢ τῶν τοιούτων τινός, θανάτῳ ζημιοῦται· ἐὰν δέ τις ἐξ οἰκίας, διπλοῦν τῆς ἀξίας τοῦ κλέμματος ἀποτίνει; Ἢ ὅτι ἐν μὲν ταῖς οἰκίαις, φυλάξαι δυνατόν ἐστι; .... ἐν δὲ τῷ βαλανείῳ, καὶ ἐν τοῖς ὅπου κοινοῖς οὖσιν ὥσπερ τὸ βαλανεῖον, ῥᾴδιον τῷ βουλομένῳ κακουργεῖν. οὐδὲν γὰρ ἰσχυρὸν ἔχουσι πρὸς τὴν φυλακὴν οἱ τιθέντες, ἀλλ' ἢ τὸ αὐτῶν ὄμμα· ὥστε ἂν μόνον τις παραβλέψῃ, ἐπὶ τῷ κλέπτοντι ἤδη γίνεται. διὸ ὁ νομοθέτης ἐκ ἱκανοὺς ὄντας ἠγνωσμένους εἶναι φύλακας, τὸν νόμον αὐτοῖς ἐπέστησεν, ἀπειλοῦντα σφοδρῶς, ὡς εἰ βιοτομήσοιεν, ἐάν τι συντερίζοντας τῶν ἀλλοτρίων. Problemat. Sect. XXIX. *num.* 14. pag. 814. A.

(4) A *Athènes*, ceux qui voloient dans un Bain étoient punis de mort, si la chose volée valoit plus de dix drachmes (c'est-à-dire, environ deux Ecus) comme nous l'apprenons de DE'MOSTHE'NE, *Orat. advers. Timocrat.* Voiez aussi DIGEST. Lib. XLVII. Tit. XVII. *De Furibus balneariis*, Leg. I. GROTIUS.

Voici la Loi de *Solon*, que DE'MOSTHE'NE rapporte, dans l'endroit auquel on renvoie ici: Καὶ εἴ τίς γ' ἐκ Λυκείου, ἢ ἐξ Ἀκαδημίας, ἢ ἐκ Κυνοσάργους, ἱμάτιον, ἢ ληκύθιον, ἢ ἄλλο τι φαυλότατον, ἢ τῶν σκευῶν τι, τῶν ἐκ τῶν γυμνασίων, ὑφέλοιτο, ἢ ἐκ τῶν λιμένων, ὑπὲρ δέκα δραχμάς· καὶ τούτοις θάνατον ἐνομοθέτησεν [ὁ Σόλων] εἶναι τὴν ζημίαν. Pag. 476. C. *Edit. Bas.* 1572. Il n'est point parlé là de ceux qui dérobent dans un Bain, mais seulement de ceux qui dérobent dans les *Gymnases* ou lieux d'Exercices, & dans les Ports. Cependant le docte CASAUBON, dans son Commentaire sur les *Caractéres de* THE'OPHRASTE, (Cap. VIII. ou IX.

autant qu'il peut, au dessous du degré de rigueur jusqu'où s'étend la juste proportion entre le Crime & la Peine ; à moins qu'un motif plus juste de Charité envers un plus grand nombre de gens ne s'y oppose pour quelque raison extérieure.

2. Cette raison extérieure est quelquefois un grand danger qu'il y auroit à craindre de la part du Coupable, & le plus souvent la nécessité de faire un exemple. Elle est fondée ordinairement sur certaines circonstances, qui sont pour tout le monde un attrait au Crime, & dont on ne sauroit empêcher l'effet que par des remédes violens.

3. Les principaux de ses attraits, sont la *facilité* de commettre certains Crimes, & la *coûtume* qui s'en est introduite.

§. XXXV. 1. C'est à cause de la facilité (1) qu'il y a de voler le Bêtail qui paît à la Campagne, que la Loi de DIEU, donnée autrefois aux *Israëlites*, (a) punissoit ce (a) *Exod.* XXII, 1, 7, 8.
larcin plus sévérement, que celui qui se faisoit dans une Maison. Parmi les *Scythes*, comme le remarque JUSTIN, (2) *le Vol étoit le crime qu'on punissoit avec le plus de sévérité, & cela avec raison: car, s'il eût été permis, qu'auroit-il resté à des gens, dont tout le bien consistoit en troupeaux, qui n'étoient jamais enfermez?* ARISTOTE raisonne de même sur le fondement d'une Loi, établie en *Gréce*, par laquelle on punissoit de mort ceux qui avoient dérobé quelque chose dans un Bain, dans un lieu d'Exercices, dans un Marché, ou dans quelque autre lieu public; au lieu que ceux qui avoient derobé dans une Maison particuliére, n'étoient condamnez qu'à rendre le double: (3) *c'est*, dit-il, *que le Législateur a eu égard à la facilité qu'il y a de voler dans ces* (4) *endroits-là, & à l'impossiblité où sont les Propriétaires d'avoir toûjours l'œil sur ce qui leur appartient.*

2. Pour ce qui est des Crimes qui ont passé en coûtume dans un Païs, quoi que cela même qu'ils sont (5) communs diminuë quelque chose de la faute, il demande néanmoins à un autre égard que la punition soit plus rigoureuse; parce que, comme le

Περὶ λογοποιΐας, pag. 81. *Edit. Needh.*) cite aussi cette Loi, comme prouvant la même chose que nôtre Auteur y trouve: *Morte* (dit-il) *plectebantur apud* Athenienses *fures balnearii, si rei furtivæ æstimatio erat ὑπὲρ δέκα δραχμάς, ait* DE'MOSTHE'NES *contra Timocrat.* Avant lui, ALCIAT, *Parerg.* Lib. II. Cap. XXXVIII. & PIERRE VITTORIO, *Var. Lect.* Lib. VII. Cap. XVII. avoient insinué la même chose: & le grand CUJAS semble aussi entrer dans cette pensée, *Not. in* PAUL. *Recept. Sentent.* Lib. V. Tit. III. §. 5. Bien plus: dans le Recueil des *Loix Attiques*, compilé & mis en ordre par SAMUEL PETIT, *Lib.* VII. *Tit.* V. la Loi, dont il s'agit, est rapportée avec l'addition de quelques mots, qui y font trouver expressément ceux qui volent dans les Bains: car après ὑφέλοιτο, il y a, ἐκ τῶν βαλανείων. Je n'ai pas sous ma main le Commentaire de ce Savant, pour voir d'où il a pris cette addition: mais dans les diverses leçons de la derniére Edition de DE'MOSTHE'NE, publiée par WOLFIUS, qui est la plus ample que nous ayions, je ne vois rien qui insinuë que le texte fût ici défectueux; & je suis tenté de croire qu'on a suppléé par conjecture les mots d' ἐκ τῶν βαλανείων, sur le passage d'ARISTOTE, que j'ai cité dans la *Note* précedente. Quoi qu'il en soit, c'est apparemment sur la foi des Savans, dont je viens de parler, que nôtre Auteur a donné le fait, comme fondé sur la Loi de *Solon*: car ailleurs, où il en fait aussi mention, il ne cite que le passage d'ARISTOTE. Voiez la *Florum sparsio ad Jus Justinian.* pag. 189. *Ed. Amstel.* Mais, à moins qu'il n'y ait quelque bon Manuscrit, ou quelque autre passage d'un ancien Auteur, où l'on trouve la Loi de *Solon* avec le supplément des mots ἐκ βαλανείων, on n'a, ce me semble, aucune raison de les y fourrer par conjecture. La Loi spécifie les lieux, elle ne donne point à entendre qu'elle veuille parler généralement de tous ceux où il pourroit y avoir la même facilité de voler: il faut s'en tenir à ce qu'elle dit. On peut dans la suite l'avoir étenduë aux vols faits dans les Bains, & autres lieux publics: mais c'étoit ou par une nouvelle Loi, ou par un long usage qui aquit force de Loi, & qui n'autorise point à attribuer à *Solon*, des vuës si générales. Pour ce qui est des *Fures balnearii*, parmi les *Romains*, ils étoient ordinairement condamnez aux Mines, ou autres travaux pour l'usage du Public: mais la peine étoit quelquefois moindre, & quelquefois aussi elle alloit jusqu'à la mort. Voiez CUJAS & Mr. SCHULTING, sur le passage du Jurisconsulte PAUL, que je viens d'indiquer. Dans les tems anciens même, tout Larcin étoit puni de mort, s'il en faut croire SERVIUS, dont nôtre Auteur cite ces paroles, dans l'endroit de sa *Florum sparsio*, &c. que je viens d'indiquer: *Capitale enim crimen apud majores fuit* [Furtum] *ante pœnam quadrupli.* In Æn. VIII. 205.

(5) PLINE (le Jeune) dit de quelcun, qu'il opina, avec raison, à pardonner une chose, defenduë à la vérité, mais pratiquée par un assez grand nombre de gens: *Non sine ratione* [Cœpio] *veniam dedit facto, vetito quidem, non tamen inusitato.* [Epist. Lib. IV. Ep. IX. *num.* 17. *Edit. Cellar.* GROTIUS.

le dit le Jurisconsulte SATURNIN, (6) *il faut alors faire des exemples.* Mais les Juges doivent avoir égard à cette raison, pour adoucir la Peine, plûtôt que pour l'augmenter; & les Législateurs, au contraire, pour l'augmenter, plûtôt que pour l'adoucir, en considérant toûjours les circonstances du tems auquel le Jugement est rendu, ou la Loi établie. Car on a plus en vuë l'utilité qui peut revenir de la Punition, quand on régle la maniére dont une certaine sorte de Crime doit être puni en général, ce que font les Loix: au lieu qu'en examinant de quelle maniére chaque Coupable en particulier doit être puni, on considére plûtôt combien est grande sa faute.

§. XXXVI. 1. POUR revenir à ce que nous avons établi, qu'à moins qu'il n'y aît de fortes & pressantes raisons de punir sévérement, on doit pancher plûtôt à adoucir la peine; remarquons encore ici, que c'est une des parties de la *Clémence*: car l'autre consiste, comme (a) nous l'avons déja dit, à exempter entiérement de la peine. C'est une maxime d'ISOCRATE, (1) qu'*il faut punir les Coupables moins qu'ils ne méritent*; & dans l'Histoire de DIODORE *de Sicile*, on louë (2) un Roi d'*Egypte*, de ce qu'il la (3) suivoit. L'Empereur *Marc Antonin*, le *Philosophe*, (4) diminuoit toûjours la peine portée par les Loix, comme nous le voions dans sa Vie. *Il est difficile de garder ici le juste milieu entre la trop grande Sévérité & la trop grande Indulgence: ainsi toutes les fois qu'on a lieu de craindre qu'on ne passe d'une maniére ou d'autre les bornes de l'Equité, il faut pancher vers le côté le plus doux*; c'est une pensée de (5) SENE'QUE. *Si un Prince*, dit ailleurs (6) le même Philosophe, *peut pardonner sans aucun danger, qu'il pardonne: sinon, qu'il modére la punition.* St. AUGUSTIN (7) a remarqué, que les Juges sont portez à la douceur envers les Criminels, par cette considération, qu'ils ont eux-mêmes besoin que DIEU use envers eux de miséricorde, pour les péchez dont ils se sont rendus Coupables contre sa Majesté Souveraine.

(a) Ci-dessus, §. 22, *num.* 5.

§. XXXVII.

(6) *Nonnumquam evenit, ut aliquorum maleficiorum supplicia exacerbentur, quotiens, nimium multis personis grassantibus, exemplo opus sit.* DIGEST. Lib. XLVIII. Tit. XIX. *De Pœnis*, Leg. XVI. §. 10. Voiez les *Variæ Lectiones* de GUILLAUME DE RANCHIN, Lib. I. Cap. XI. où il a compilé plusieurs autoritez sur ce sujet.

§. XXXVI. (1) Πρᾶος δὲ [φαίνου] τῷ τὰς τιμωρίας ἐλάττους ποιεῖσθαι τῶν ἁμαρτανομένων. Orat. *ad Nicocl.* pag. 19. D. *Edit. H. Steph.*

(2) C'est dans le I. Livre, où il est dit, qu'après les Sacrifices publics, auxquels les Rois d'*Egypte* assistoient tous les jours, le Chef des Prêtres faisoit une énumération des Vertus du Roi, parmi lesquelles il mettoit celle qui consiste à ne pas punir les Coupables aussi rigoureusement qu'ils le méritent, & à recompenser au contraire les Honnêtes gens au delà de leur mérite: Καὶ τὰς μὲν τιμωρίας ἐλάττους τῆς ἀξίας ἐπιτιθέντα τοῖς ἁμαρτήμασι, τὰς δὲ χάριτας μείζους τῆς εὐεργεσίας ἀποδιδόντα τοῖς εὐεργετήσασι. Biblioth. Hist. *Lib.* I. *Cap.* LXX. pag. 45. *Ed. H. Steph.* Ainsi c'étoit un éloge qu'on donnoit à tous les Rois, pour les exhorter indirectement à le mériter, comme le remarque un peu plus bas l'Historien.

(3) L'Empereur *Justin* II. écrivant aux *Huns*, dit, que les *Romains* ont accoûtumé de ne pas punir ceux qui les ont offensez, à proportion de la grandeur de l'offense: Ῥωμαίοις ἔθος, μὴ ἀντιτιθέναι τὰς τιμωρίας ἰσοῤῥόπους τοῖς πλημμελήμασι. GROTIUS.

Je trouve ceci dans les Extraits des *Ambassades* faits par ME'NANDRE *le Protecteur*, Chap. XIV. des Ambassades tirées de l'Histoire des Empereurs *Justinien*, *Justin*, & *Tibère*. Mais le passage est dans une Réponse que l'Empereur *Justin* fait de vive voix aux Ambassadeurs de *Bajan*, Prince des *Avariens*; & non pas dans une Lettre, écrite à ce Peuple, qui étoit une partie des *Huns*.

(4) *Erat mos iste* Antonino, *ut omnia crimina minore supplicio, quàm legibus plecti solent, punirent.* CAPITOLIN. (Cap. XXIV.) L'Orateur ISÆUS a dit aussi, qu'il faut faire des Loix rigoureuses, & punir pourtant avec moins de sévérité que les Loix n'exigent. C'est ce que donnoit à entendre l'Empereur *Henri I.* lors qu'il prit pour devise une Pêche, avec ce mot, *Subacre.* Le Roi *Théodoric* disoit, qu'il y a du danger à punir, mais qu'il est toûjours sûr de pardonner: *Nam qui periculosè justi sumus, sub securitate semper ignoscimus.* CASSIODORE. Var. XI. 40. GROTIUS.

Nôtre Auteur ne rapporte qu'en Latin les paroles d'ISÆUS; & je ne trouve rien de semblable dans les Harangues que nous avons de cet ancien Orateur, lesquelles roulent toutes, comme on sait, sur des affaires civiles, & jamais sur des affaires criminelles. Mais comme je voiois le passage cité en Grec par FRIDERIC LINDENBROG, aussi bien que celui de CAPITOLIN & d'ISOCRATE, dans une Note sur les paroles d'AMMIEN MARCELLIN, (XXVIII. 1.) qui ont été rapportées ci-dessus, (§. 2. *Note* 2.) j'ai soupçonné dans mon Edition Latine de cet Ouvrage, que nôtre Auteur citoit ici sur la foi de ce Commentateur, qui rapporte ainsi le passage d'ISÆUS, sans dire d'où il l'a pris: Χρὴ τοὺς νόμους μὲν τίθεσθαι σφοδρούς, φείδεσθαι δὲ κολάζειν, ἢ ὡς ἐκεῖνοι κελεύουσι. Depuis cela, je l'ai trouvé dans STOBE'E, *Serm.* XLVIII. *De Regno Admonit.* où l'on n'indique pas non plus l'Ouvrage de cet Ancien Orateur Grec, d'où il est tiré. Il faut donc qu'il soit de quelcune des Harangues perduës.

(5) *Modum tenere debemus: sed quia difficile est tempera-*

§. XXXVII. 1. JE crois n'avoir rien omis qui soit fort important pour l'intelligence d'un sujet assez obscur & assez difficile, comme celui dont nous traitons dans ce Chapitre. Et si l'on examine ce que d'autres ont dit là-dessus, on trouvera que tout peut être rapporté à quelques-uns des principes ou des chefs que nous avons posez ci-dessus; comme, par exemple, les quatre choses que le Rabbin (1) MOÏSE *Fils de Maimon* veut que l'on considére principalement dans la Punition, savoir la *grandeur du Péché*, c'est-à-dire, du dommage qu'on a causé; *le nombre des péchez semblables* qu'on a commis; le *degré du désir*; & la *facilité de l'action*.

2. Il en est de même des sept choses, par lesquelles le Jurisconsulte (2) SATURNIN veut qu'on juge de l'atrocité d'un Crime, & qu'il propose d'une maniére assez confuse. Car la *personne du Coupable* doit être considérée principalement par rapport à ce qu'elle étoit plus ou moins capable de connoître le mal qu'elle a fait; & l'état ou le caractére de la *personne lézée* sert quelquefois à faire juger de la grandeur de la faute. La circonstance du (3) *lieu* ajoûte souvent une nouvelle faute à l'injustice de l'action considérée en elle-même; ou bien contribuë à faciliter l'action. Le *tems*, selon qu'il est long ou court, augmente ou diminuë la liberté du Jugement; & quelquefois même découvre un fond de malice. La *qualité* de l'action vient en partie des différentes sortes de Désirs qui la produisent, en partie des raisons qui devoient détourner du Crime: & c'est à ces mêmes raisons que se rapporte (4) l'*événement*. La *quantité* ou le degré du Crime doit aussi être regardée (5) comme un effet de la nature & du degré des Désirs.

§. XXXVIII. 1. NOUS avons remarqué ci-dessus, qu'on en vient souvent à la Guerre, pour punir ceux contre qui on prend les armes, & il s'en trouve bien des exemples dans les Histoires. Il est vrai que cette raison est jointe la plûpart du tems avec

peramentum, quidquid aequo plus futurum est, in partem humaniorem praeponderet. De Clement. *Lib.* I. *Cap.* II. *in fin.*

(6) *Et poenam, si tuto poterit* [Princeps] *donet: sin minus, temperet.* Ibid. *Cap.* XX.

(7) *Sic tamen etiam ipsos criminum ultores, atque in hoc officio non irâ propriâ concitatos, sed legum ministros, nec suarum, sed alienarum examinatarum injuriarum, vindices, quales Judices esse debent, terruit divina censura, ut cogitarent sibi propter sua peccata misericordiam* DEI *necessariam, nec putarent ad culpam officii sui pertinere, si quid erga eos misericorditer agerent, quorum vitae necisque haberent legitimam potestatem.* (Epist LIV.) Il conjure ailleurs le Comte *Marcellin*, par la miséricorde de Nôtre Seigneur JESUS-CHRIST, de ne pas punir certains Criminels autant qu'ils le méritoient: *Unde mihi sollicitudo maxima incussa est, ne forte Sublimitas tua censeat eos tanta legum severitate plectendos, ut, qualia fecerunt, talia patiantur. Ideoque his litteris obtestor fidem tuam, quam habes in* CHRISTO, *per ipsius Domini nostri misericordiam, ut hoc nec facias, nec omnino fieri permittas.* Ad Marcellin. Comit. *Epist.* CLIX. passage, qui se trouve cité dans le DROIT CANONIQUE, *Caus.* XXIII. *Quaest.* V. Cap. I. Voiez la Lettre de *Macédonius* à St. AUGUSTIN, & la réponse de ce Pére, *Epist.* LIII. & LIV. Le prémier demande, pourquoi il est du devoir d'un Ecclesiastique, d'interceder pour les Criminels, comme les Ecclésiastiques s'y croioient obligez: *Officium Sacerdotii, vestri esse dicitis, intervenire pro reis.* Voiez encore ce qui est dit, au sujet de *Théodose, le Jeune*, dans les Extraits de JEAN d'*Antioche*, tirez du Manuscrit de Mr. *de Peiresc.* (pag. 850.) GROTIUS.

§. XXXVII. (1) *Director. dubit.* Lib. III. Cap. XLI. Voiez aussi les DE'CRE'TALES, Lib. V. Tit. XI. *De Homicidio voluntario, vel casuali*, Cap. VI. GROTIUS.

(2) *Sed haec quatuor genera consideranda sunt septem modis: caussâ, personâ, loco, tempore, qualitate, quantitate, & eventu.* DIGEST. Lib. XLVIII. Tit. XIX. *De Poenis*, Leg. XVI. §. 1.

(3) PHILON, Juif, remarque, que les circonstances rendent un crime plus ou moins énorme. Par exemple, dit-il, ce n'est pas la même chose, de battre son propre Pére, ou de battre un Etranger; d'injurier un Magistrat, ou d'injurier un Particulier; de commettre quelque chose d'illicite dans un Lieu profane, ou de le commettre dans un Lieu sacré; dans un Jour de Fête, ou dans un autre Jour: Ταυτὶ δὲ φασὶν, οὐ τἄλλα οὐχ ὁμοίως ἐχόντων. οὐ γὰρ ταὐτὸν πατρὶ καὶ ἀλλοτρίῳ πληγὰς ἐμφορῆσαι. οὐδ' ἄρχοντ' ἢ ἰδιώτην κακῶς εἰπεῖν· οὐδ' ἐργάζεσθαί τι τῶν μὴ ἐφειμένων ἐν βεβήλοις, ἢ ἱεροῖς χωρίοις, οὐδ' ἐν ἑορταῖς καὶ πανηγύρεσι καὶ δημοτελέσι θυσίαις. De Legib. Special. *Lib.* II. (pag. 805. E.) On trouve la même chose dans une Loi du DIGESTE: Personâ *atrocior injuria fit, ut quum Magistratui, quum Parenti, Patrono, fiat.* Tempore, *si ludis, & in conspectu: nam Populi Romani* [c'est ainsi que nôtre Auteur lit avec raison, au lieu de *Praetoris*, en quoi il suit la correction de CUJAS, *Observ.* IX, 16.] *in conspectu, an in solitudine, injuria facta sit, multum interesse ait* [LABEO]: *quia atrocior est, quae in conspectu fiat.* DIGEST. Lib. XLVII. Tit. X. *De injuriis & famosis libellis*, Leg. VII. §. 8. GROTIUS.

Voiez les *Observations* de Mr. DE BYNKERSHOEK, Lib. I. Cap. VIII.

(4) Plus on envisage de près une action mauvaise, que l'on a eu dessein de commettre, & plus on doit être frappé de sa turpitude.

(5) Plus le désir est violent, & plus on cherche, par exemple, à voler une grosse somme.

avec celle de la réparation du dommage, la même action se trouvant d'ordinaire & criminelle, & actuellement préjudiciable à autrui; deux qualitez, d'où naissent deux obligations différentes.

2. Il est certain aussi, qu'on ne doit pas entreprendre la Guerre, pour punir toute sorte de Crimes. Car les Loix même n'exercent pas leur vengeance contre tout ce qui est punissable; quoi qu'elles puissent le faire sans danger, & sans causer du mal à d'autres qu'aux Coupables. Il faut, selon la maxime judicieuse de SOPATER, que
(a) §. 39. num. 3. nous avons (a) rapportée un peu plus haut, laisser passer les fautes legéres & communes.

§. XXXIX. 1. Le sage *Caton*, parlant autrefois dans le Sénat en faveur des *Rhodiens*, disoit, (1) qu'*il n'étoit pas juste de punir quelcun pour avoir voulu mal faire, à moins qu'il n'eût fait actuellement ce qu'il vouloit.* La maxime étoit bien appliquée au cas dont il s'agissoit: car on ne pouvoit alléguer aucune Ordonnance du Peuple de *Rhodes*; il y avoit seulement quelques conjectures de l'irrésolution de ce Peuple. Mais on ne doit point admettre pour régle générale, que le dessein ne puisse jamais être puni, s'il n'est suivi de l'exécution: car une volonté qui n'en est pas demeurée à des actes internes, (lesquels, comme je l'ai dit ci-dessus, ne sont pas punissables devant les Hommes) mais qui a produit quelques actes extérieurs, est ordinairement sujette à être punie; comme le (2) remarque SENE'QUE le Pére. *Celui qui a voulu faire une injure, l'a faite dès-lors*, dit (3) l'autre SENE'QUE. C'étoit un précepte de PE'RIANDRE, un des sept Sages de Gréce, (4) qu'*il faut châtier non seulement ceux qui ont péché, mais encore ceux qui ont voulu pécher.* CICERON dit, (5) que *ce n'est pas l'exécution, que les Loix punissent, mais le dessein.* Les *Romains* aiant sû, que le Roi *Persée* avoit levé des Troupes & équippé une Flotte pour les attaquer, (6) résolurent de lui déclarer la Guerre, s'il ne leur donnoit satisfaction là-dessus.

2. Mais il faut bien remarquer, qu'on suppose toûjours ici que celui qui a formé un mauvais dessein aît fait quelque chose pour en venir à l'exécution: car s'il n'a encore rien fait, il n'est sujet à aucune peine, selon les Loix & les Coûtumes de tous les Etats; comme les Ambassadeurs de *Rhodes* le disoient très-bien dans un Discours que (7) TITE LIVE leur prête.

3. Lors même qu'un mauvais dessein a été manifesté par quelque acte, on n'est pas toûjours autorisé à le punir. Car puis qu'on ne punit pas tous les Péchez actuellement commis, à plus forte raison ne doit-on pas punir tous ceux qui n'ont été que projettez & commencez. En matiére de ces Crimes imparfaits, on peut souvent appliquer ce que disoit CICERON: (8) *Je ne sai s'il ne suffit pas, que l'Offenseur se repente.* La Loi de MOÏSE ne decerne aucune peine particuliére contre la plûpart des Péchez qui regardent la Religion, ou qui tendent à priver quelcun de la vie, lors que l'exécution n'a

§. XXXIX. (1) *Et quis tandem est nostrûm, qui, quod ad sese attinet, aequum censeat, quempiam poenam dare, ob eam rem, quòd arguatur malè facere voluisse? Nemo, opinor.* Noct. Attic. *Lib.* VII. *Cap.* III. pag. 384. *Edit. Gron.* 1706.

(2) *Scelera quoque, quamvis citra exitum subsederunt, puniuntur.* Excerpt. Controvers. IV, 7. Ce n'étoit pas une régle générale. Voiez ci-dessus, §. 18. *Note* 1.

(3) *Et injuriam qui facturus est, jam facit.* De Ira, *Lib.* I. *Cap.* III. Il dit ailleurs qu'un Brigand est tel, avant même qu'il se dispose à detrousser & à tuer les Passans, parce qu'il en a la volonté: *Sic latro est, etiam ante quàm manus inquinet; quia ad occidendum jam armatus est, & habet spoliandi atque interficiendi voluntatem.* De Benef. *Lib.* V, *Cap.* XIV. PHILON, Juif, dit, qu'on doit regarder comme des Homicides, non seulement ceux qui tuent, mais encore ceux qui font ou ouvertement, ou en secret, tout ce qu'ils peuvent pour ôter la vie à quelcun, encore même qu'ils n'aient pas encore exécuté leur dessein: Οὕτω καὶ ἀνδροφόνους χρὴ νομίζειν, οὐ τοὺς κτείνοντας αὐτὸ μόνον, ἀλλὰ καὶ τοὺς πάντα δρῶντας εἰς τ' ἀνελεῖν, ἢ λάθρα, κἂν μὴ τὸ ἀδίκημα ὦσιν εἰργασμένοι. De Legib. Special. *Lib.* II. (pag. 790. C.) GROTIUS.

(4) Μὴ μόνον τοὺς ἁμαρτάνοντας, ἀλλὰ καὶ τοὺς μέλλοντας, κόλαζε. DIOGEN. LAERT. Lib. I. §. 98.

(5) *Nisi forte, quia perfecta res non est, non fuit punienda: perinde quasi exitus rerum, non hominum consilia, legibus vindicentur.* Orat. *pro Milone*, (Cap. VII.) Un Romain fut accusé & condanné en Justice, pour avoir seulement promis de l'argent à une Dame, sans s'é-

n'a pas été pleine & entiére; excepté pour les derniers, le cas où (9) l'on a voulu se servir des voies de la Justice. C'est que, d'un côté, il est facile de se tromper en fait de Choses Divines, qui ne tombent pas sous nos sens; de l'autre, la force des mouvemens de la Colére mérite quelque indulgence, au jugement même du Souverain Législateur. Mais il en usa autrement à l'égard de l'exécution imparfaite des desseins formez pour s'emparer de la Femme ou des Biens d'autrui. Car comme on trouvoit beaucoup de Femmes avec qui l'on pouvoit se marier, & que les biens étoient partagez fort également entre les *Israëlites*; il ne voulut pas souffrir que personne cherchât à avoir la Femme de son Prochain, ni que l'on usât d'aucune fraude, pour s'enrichir aux dépens d'autrui. C'est le sens & le fondement de ce Précepte du Décalogue; *Tu ne convoiteras point la Maison de ton Prochain, ni sa Femme, ni ses Esclaves, ni son Bœuf ou son Ane, ni autre chose qui lui appartienne.* Car, quoi qu'à considérer le but ou l'*esprit* de la Loi, le mot de *convoiter* s'étende plus loin (puis que le Législateur (10) voudroit sans doute que le cœur même & les pensées de chacun fussent très-pures) cependant la lettre de la Loi, ou le *Commandement charnel*, regarde les mouvemens de l'Ame qui se manifestent par quelque action. Cela paroît manifestement par la maniére dont (a) St. MARC exprime ce Commandement: *Tu n'useras point de fraude, pour priver quelcun de son bien:* car on ne peut pas entendre ceci du Larcin, puis que l'Evangéliste vient de rapporter les propres termes du Commandement où il est défendu, *Tu ne déroberas point*; il a donc voulu exprimer le sens de cet autre, *Tu ne convoiteras point.* Et c'est ainsi que le terme Hébreu & le Grec qui y répond, se trouvent pris dans un passage du (b) Prophéte MICHÉE, & ailleurs.

(a) *Chap.* X. vers. 19.

(b) *Chap.* II. vers. 2.

4. Tout Crime imparfait ne devant donc pas être puni, la question est de savoir, en quel cas on peut prendre les armes pour punir un Crime de cette nature. Il faut, à mon avis, que la chose soit de grande importance, & qu'on en soit venu jusqu'à faire certaines démarches, d'où il est provenu actuellement un mal certain, quoi que non pas celui qu'on se proposoit; ou du moins un grand péril: en sorte qu'alors la punition soit d'ailleurs nécessaire ou pour se précautionner contre le mal à venir (de quoi nous avons parlé ci-dessus en (c) traitant de la Défense de soi-même); ou pour avoir réparation d'honneur; ou pour empêcher l'effet d'un exemple pernicieux.

(c) *Chap.* I. de ce Livre.

§. XL. 1. IL FAUT savoir encore, que les Rois, & en général tous les Souverains, ont droit de punir, non seulement les injures faites à eux ou à leurs Sujets, mais encore celles qui ne les regardent point en particulier, lors qu'elles renferment une violation énorme du Droit de la Nature ou de celui des Gens, envers qui que ce soit. Je dis, *envers qui que ce soit*, & non pas seulement envers leurs Sujets: car, si,

s'être satisfait avec elle: on jugea, dit là-dessus VALÉRE MAXIME, non de l'action, mais de la volonté; & il fut plus desavantageux au Criminel d'avoir voulu pécher, qu'il ne lui servit de n'avoir pas péché actuellement: METELLUS *quoque* Celer *stuprosæ mentis acer punitor exstitit*, Cn. Sergio Silo, *promissorum matrisfamilias nummorum gratiâ, diem ad populum dicendo, eumque hoc uno crimine damnando. Non enim fa..am tunc, sed animus, in quæstionem deductus est, plusque voluisse peccare nocuit, quàm non peccasse profuit.* (Lib. VI. Cap. I. num. 8.) GROTIUS.

(6) *Quidque belli parandi adversus Populum Romanum consilia iniisset; arma, milites, classem, ejus rei caussâ, comparasset; ut, nisi de iis rebus satisfecisset, bellum cum eo iniretur.* TIT. LIV. Lib. XLII, Cap. XXX. num, 11.

(7) *Neque moribus, neque legibus, ullius civitatis ita comparatum esse, ut, si quis vellet inimicum perire, si nihil fecerit quo id fiat, capitis damnetur.* Lib. XLV. Cap. XXIV. num. 3.

(8) *Est enim ulciscendi & puniendi modus. atque haud scio, an satis sit, eum, qui lacessierit, injuriæ suæ pænitere* &c. De Offic. Lib. I. Cap. XI.

(9) *Extra judicium.* Nôtre Auteur veut parler de la Loi du DEUTÉRONOME, au sujet des Faux-témoins, XIX, 19. qu'il a déja citée ci-dessus, §. 32. *num.* 2.

(10) On trouve là-dessus bien des choses dans St. CHRYSOSTÔME, sur les *Romains*, III, 13. & sur le Chap. VII. de cette même Epitre. GROTIUS.

si, depuis l'établissement des Societez Civiles & des Tribunaux de Justice, les Souverains ont seuls le pouvoir de procurer l'avantage de la Société Humaine par l'infliction des Peines, au lieu que chacun avoit naturellement ce droit, comme nous l'avons dit ci-dessus; ce n'est pas proprement entant que revêtus du pouvoir de commander à ceux qui dépendent d'eux, mais comme ne dépendans de personne: au lieu que les Sujets sont dépouillez au contraire de cette partie de la Liberté Naturelle, par un effet de leur dépendance.

2. Il est même plus honnête de venger les injures faites à autrui, que celles qu'on a reçuës soi-même; parce qu'à l'égard des derniéres il est plus à craindre qu'un excès de ressentiment ne nous fasse passer les bornes d'une juste punition, ou du moins n'aigrisse trop nôtre esprit. Aussi voions-nous que les Anciens louent fort HERCULE, de ce qu'*il* (1) *couroit les Terres & les Mers, punissant par tout les Méchans*, les *Princes insolens*, aussi bien que les Particuliers; délivrant la Terre d'un *Antée*, d'un *Busiris*, d'un *Dioméde*, & d'autres semblables Tyrans; *rendant ainsi les Etats heureux*, comme le dit (2) DIODORE *de Sicile*, & *faisant de très-grands biens à tous les Hommes*, ainsi que l'Orateur (3) LYSIAS le donne à entendre. On louë (4) aussi *Thésée* de ce qu'il tua les Brigands, *Sciron*, *Sinnis*, & *Procrustès*: il *prit à tâche de pu-*

nir

§. XL. (1) Ἐπῆλθε τὴν οἰκουμένην, κολάζων μὲν τοὺς ἀδίκους &c. DIODOR. SIC. (Lib. V. Cap. LXXVI. pag. 336. *Ed. H. Steph.*) *Hercules nihil sibi vicit: orbem terrarum transivit, non concupiscendo, sed vindicando.* SENEC. *de Benefic.* Lib. I. Cap. XIII. Voiez ISOCRATE, dans son Eloge d'*Héléne* (pag. 212, 213. *Ed. H. Steph.*) PHILON, Juif, loue aussi les travaux & les combats d'*Hercule*, à cause de l'utilité qu'il procuroit par là au Genre Humain, en le délivrant & des Bêtes mal faisantes, & des Hommes dangereux: Ἡρακλῆς ἐκάθηρε γῆν καὶ θάλατταν, ἄθλους ἀναγκαιοτάτους καὶ ὠφελιμωτάτους ἅπασιν ἀνθρώποις ὑποστάς, ἕνεκα τοῦ τὰ βλαβερὰ καὶ κακωτικὰ φύσεως ἑκατέρας ἀνελεῖν. De Legatione ad Cajum, (pag. 1003. D.) GROTIUS.

(2) Ὁμοίως δὲ καὶ τοὺς παρανομοῦντας ἀνθρώπους ἢ δυνάστας ὑπερηφάνους ἀποκτείνας, τὰς πόλεις ἐποίησεν εὐδαίμονας. (Lib. IV. Cap. XVII. pag. 157.) DION *de Pruse* louë *Hercule* de la même chose: Τοὺς πονηροὺς ἀνθρώπους ἐκόλαζε, καὶ τῶν ὑπερηφάνων ἀνθρώπων κατέλυε καὶ ἀφῃρεῖτο τὴν ἐξουσίαν. ARISTIDE dit, qu'il fut mis au rang des Dieux, parce qu'il avoit travaillé au bien commun du Genre Humain. *Orat. Panathen.* (Tom. I. pag. 187, 188.) GROTIUS.

(3) Ὁ μὲν γὰρ [Ἡρακλῆς] καίπερ ὢν ἀγαθῶν πολλῶν αἴτιος ἅπασιν ἀνθρώποις, &c. Orat. XXXI. seu *Funebr* Cap. V.

(4) Voiez PLUTARQUE, dans sa Vie, *Tom.* I. pag. 4, 5.

(5) —— —— Πολλὰ γὰρ δράσας καλά,
Ἔθος τόδ' εἰς Ἕλληνας ἐξελεξάμην,
Ἀεὶ κολαστὴς τῶν κακῶν καθεστάναι.

Supplic. (*vers.* 339, 340.) Dans la même Piéce, le Heraut envoié de la part de *Creon*, demande à *Thésée*, s'il est né avec une force qui le mette en état de tenir tête à tout le monde; & *Thésée* répond, qu'oui, quand il s'agit de combattre avec des Méchans; car, ajoûte-t-il, nous ne punissons pas les Gens-de-bien:

KH. Ἦ πᾶσιν οὖν σ' ἔφυσεν ἐξαρκεῖν πατήρ;
ΘΗ. Ὅσοι γ' ὑβρισταί· χρηστὰ δ' οὐ κολάζομεν.

(Vers. 574, 575.) PLUTARQUE dit, que *Thésée* délivra la *Gréce* de plusieurs cruels Tyrans; & que, sans qu'on lui eût fait aucun mal à lui-même, il se jettoit sur les Méchans, pour le bien des autres: Οὓς ἀναιρῶν καὶ κολάζων, ἀπήλλαττε τὴν Ἑλλάδα δεινῶν τυράννων ..... οὐδὲν αὐτὸς ἀδικούμενος, ὥρμησεν ὑπὲρ ἄλλων ἐπὶ τοὺς πονηρούς. (Comparat. Thes. & Romul. *Tom.* I. pag. 37. C.) VALE'RE MAXIME a aussi remarqué, que *Thésée*, par son courage & par la force de son bras, domta tous les Monstres, & tous les Méchans, qu'il put trouver: *Et quidquid ubique monstri aut sceleris fuit, virtute animi, ac robore dextræ, comminuit.* Lib. V. Cap. III. *num.* 3. ext. GROTIUS.

(6) Καὶ Σογδιανοὺς ἔπεισε [ὁ Ἀλέξανδρος] πατέρας τρέφειν, καὶ μὴ φονεύειν. PLUTARCH. De fortuna Alexandr. *Tom.* II. pag. 328. C.

(7) Cet exemple, qui se trouve dans la premiére Edition, n'a été remis que dans la mienne. S'il avoit disparu dans les autres, je ne doute pas que ce ne fût à cause des autoritez ajoûtées après chaque exemple, qui furent cause ou que l'Auteur effaça sans y penser ces mots, *hospites occidunt*, ou que les Imprimeurs les sautérent par mégarde. Nôtre Auteur avoit sans doute en vuë, ce qu'on rapporte des anciens *Scythes*, qui immoloient les Etrangers, & les mangeoient, faisant ensuite des Gobelets de leurs Cranes: Μηδὲ τοὺς περὶ τοὺς ξένους ὠμότητας αὐτῶν, καὶ θυόντων, καὶ σαρκοφαγούντων, καὶ τοῖς κρανίοις ἐκπώμασι χρωμένων. STRAB. Geograph. *Lib.* VII. pag. 460. B. *Ed. Amst.* (300. *Ed. Paris.*) Voiez aussi LACTANCE, *Inst. Div.* Lib. I. Cap. XXI. où il parle des *Tauriens*, Peuple de la *Scythie*, au dessus du *Pont Euxin*, chez qui il y avoit une Loi, qui ordonnoit d'immoler à *Diane* les Etrangers, qui venoient dans le païs: *Erat lex apud* Tauros, *inhumanam & feram gentem, uti Dianæ hospites immolarentur.* Et OVIDE fait mention de cet usage, comme subsistant de son tems, *Lib.* IV. *Trist.* Eleg. IV. vers. 63, 64.

(8) C'est aussi une coûtume, qu'*Alexandre le Grand* fit perdre aux *Scythes*. GROTIUS.

PLUTARQUE, de qui nôtre Auteur a sans doute tiré ceci, dit, qu'*Alexandre* apprit aux *Scythes* à ensevelir les Morts, & non pas à les manger: Δι' ἣν [φιλοσοφίαν τοῦ Ἀλεξάνδρου] Σκύθαι θάπτουσι τοὺς ἀποθανόντας, οὐ κατεσθίουσι. De Fortun. Alexandr. *pag.* 328. C. A l'égard de la chose même, voiez ce que j'ai dit sur PUFENDORF, *Droit de la Nat. & des Gens*, Liv. VIII. Chap. VI. §. 5. *Note* 5.

(9) Voiez DENYS *d'Halicarnasse*, qui raconte de quelle maniére *Hercule* fit abolir cette coûtume, & plusieurs autres; rendant service indifféremment aux

nir les Méchans, comme il le dit lui-même dans les SUPPLIANTES (5) d'EURIPIDE.

3. Ainsi je ne doute pas qu'on ne puisse justement prendre les armes contre ceux qui traitent inhumainement leurs Péres & Méres, comme faisoient (6) les *Sogdiens*, qui les tuoient, avant qu'*Alexandre le Grand* leur eût persuadé de renoncer à cet usage barbare. Je dis la même chose de (7) ceux qui tuent les Etrangers qui viennent loger chez eux: de ceux qui (8) mangent de la chair humaine, comme faisoient les anciens *Gaulois*, chez qui *Hercule* (9) abolit cette coûtume: de ceux qui font le métier de Pirates & de Corsaires. On peut dire de ces sortes de gens, qui tiennent plus de la Bête que de l'Homme, ce qu'ARISTOTE (10) disoit mal-à-propos des *Perses*, qui ne valoient pas moins que les *Grecs*; que *la Guerre contr'eux est naturelle.* On peut leur appliquer aussi ce mot d'ISOCRATE: (11) *La Guerre la plus juste est celle qu'on fait aux Bêtes; & ensuite, celle qu'on fait aux Hommes qui leur ressemblent.* Encore qu'ils n'en veuillent pas à nous, ou aux nôtres, une aussi grande barbarie, que celle qu'ils témoignent par leurs actions, les *retranche du commerce de la Société Humaine*, comme SENÉQUE le (12) dit des Tyrans insignes. *Le Genre* (13)

Grecs & aux *Barbares.* PLINE ne loue pas moins les *Romains* d'avoir fait du bien au Genre Humain, en detruisant ces monstres d'Hommes, parmi lesquels c'étoit un acte de grande dévotion de tuer des Hommes, & un ragoût fort sain, de les manger: *Non satis æstimari potest, quantum* Romanis *debeatur, qui sustulêre monstra, in quibus hominem occidere religiosissimum erat, mandi vero etiam saluberrimum.* Hist. Natur. Lib. XXX. Cap. I. *in fin.* Voiez ce que nous dirons ci-dessous, dans ce Chapitre, §. 47. (*num.* 4.) L'Empereur *Justinien* defendit aux Chefs des *Abasgiens*, Peuple de *Colchide*, de faire Eunuques les Enfans de leurs Sujets; comme le rapporte PROCOPE, *Goth.* Lib. IV. (seu *Hist. Miscell.* Cap. III.) & ZONARE, *Tom.* III. dans la Vie de *Léon d'Isaurie.* Les Yncas, Rois du *Perou*, contraignirent ceux d'entre les Peuples voisins qui ne voulurent pas se rendre à leurs exhortations, à perdre la coûtume de commettre des Incestes, ou des actes de Sodomie, de manger des Hommes, & de faire d'autres semblables abominations: par où ces Princes s'aquirent un Empire le plus juste de tous ceux que nous connoissons, à la Religion près. GROTIUS.

Nôtre Auteur, dans le Texte, donnoit ici pour garant de ce qu'il dit d'*Hercule*, par rapport aux anciens *Gaulois*, DIODORE *de Sicile*; où l'on ne trouve rien là-dessus. Il avoit voulu parler de DENYS *d'Halicarnasse* comme il paroit par cette Note, qu'il ajoûta depuis, sans effacer la fausse citation du Texte. Mais cet autre Historien n'est pas allégué plus à propos: car il dit précisément le contraire de ce pour quoi on l'appelle en témoignage. Il nous apprend, que *jusqu'à son tems* l'usage d'immoler des Victimes Humaines à *Saturne*, subsistoit encore parmi les *Gaulois*, & autres Peuples de l'*Occident*: Λέγουσι δὲ καὶ τὰς θυσίας ἐπιτελεῖν τῷ Κρόνῳ τοὺς παλαιοὺς, ὥσπερ ἐν Καρχηδόνι, τέως ἡ πόλις διέμεινε, καὶ παρὰ Κελτοῖς εἰς τόδε χρόνου γίνεται, καὶ ἐν ἄλλοις τισὶ τῶν ἑσπερίων ἐθνῶν, ἀνδροφόνους. Antiq. Rom. *Lib.* I. *Cap.* XXXVIII. pag. 30. *Ed. Oxon.* Nôtre Auteur a donc confondu les *Gaulois*, avec les anciens Peuples d'*Italie*, dont il est dit immédiatement après, qu'*Hercule* leur *persuada*, (& non pas qu'il les *contraignit*) d'offrir à *Saturne*, au lieu de Victimes Humaines, des simulachres d'Hommes, qu'ils jetteroient dans le *Tibre*. Il auroit dû se souvenir, que JULES CÉSAR, dans la description qu'il fait des mœurs & des coûtumes des *Gaulois* de son tems, dit formellement, que, quand ils se trouvoient attaquez de quelque fâcheuse maladie, ou dans quelque autre danger, ils immoloient des Victimes Humaines, ou faisoient vœu d'en offrir à leurs Fausses Divinitez: *Atque ob eam caussam, qui sunt adfecti gravioribus morbis, quique in præliis periculisque versantur, aut pro victimis homines immolant, aut se immolaturos vovent.* Bell. Gallic. *Lib.* VI. *Cap.* XVI. CICÉRON est aussi exprès là-dessus, dans sa Harangue *pro Fonteio*, Cap. X. Voiez là-dessus HOTOMAN, & CIACCONIUS, sur le passage de CÉSAR.

(10) ARISTOTE ne parle pas précisément des *Perses*; mais des *Barbares* en général, titre que les *Grecs* donnoient à tous les autres Peuples. Le passage, que nôtre Auteur a en vuë, est ce que dit le Philosophe, dans sa *Politique*, que la Guerre, qu'il regarde comme une espéce de Chasse, est naturellement juste contre ces sortes d'Hommes qui sont naturellement faits pour obéïr, ou, comme il parle, naturellement Esclaves: Ἡ [θηρευτικὴ] δεῖ χρῆσθαι πρός τε τὰ θηρία, καὶ τῶν ἀνθρώπων ὅσοι πεφυκότες ἄρχεσθαι, μὴ θέλουσιν· ὡς φύσει δίκαιον τοῦτον ὄντα τὸν πόλεμον. Lib. I. Cap. VIII. pag. 304. D. Tom. II. *Edit. Paris.* Or il avoit dit auparavant, après les Poëtes, que *Barbare* & *Esclave*, c'est tout un: Διό φασιν οἱ ποιηταὶ, Βαρβάρων δ' Ἕλληνας ἄρχειν εἰκός, ὡς ταὐτὸ φύσει βάρβαρον καὶ δοῦλον ὄν. Cap. II. *pag.* 297. C.

(11) Τὸν δὲ πόλεμον ὑπειλήφασιν ἀναγκαιότατον μὲν καὶ δικαιότατον, τὸν μετὰ πάντων ἀνθρώπων πρὸς τὴν ἀγριότητα τὴν τῶν θηρίων, γιγνόμενον· δεύτερον δὲ, τὸν μετὰ τῶν Ἑλλήνων πρὸς τοὺς βαρβάρους, τοὺς καὶ φύσει πολεμίους ὄντας, καὶ πάντα τὸν χρόνον ἐπιβουλεύοντας ἡμῖν. C'est-à-dire, " La Guerre la plus nécessaire & la plus „ juste, selon nos Ancêtres, est, prémiérement, cel- „ le que tous les Hommes font aux Bêtes Sauvages; „ & ensuite, celle que les *Grecs* font aux *Barbares*, „ qui sont naturellement nos Ennemis, & qui nous „ dressent incessamment des embûches. *Orat. Panathen.* pag. 460. On voit par là, que nôtre Auteur ne rapporte pas tout-à-fait exactement le sens du passage.

(12) *Si non patriam meam impugnat, sed sua gravis est* [Tyrannus], *& sepositus à mea gente, suam exagitat; abscidit nihilominus illum tanta pravitas animi.* De Benefic. *Lib.* VII. *Cap.* XIX.

(13)

(13) *Humain doit prononcer l'Arrêt de leur destruction*, ainsi que s'exprime St. Augustin, en parlant d'un Etat qui auroit ordonné des Crimes énormes.

4. Jusques-là nous suivons l'opinion (a) du Cardinal Innocent, & d'autres qui soûtiennent qu'on peut déclarer la Guerre à ceux (14) qui péchent contre le Droit de Nature, par cette seule raison: au lieu que (b) Victoria, Vasquez (c), Azor, Molina, & d'autres, semblent demander, outre cela, pour rendre une telle Guerre juste, que celui qui l'entreprend ou aît été offensé, soit lui-même, soit en la personne de l'Etat dont il est le Chef; ou aît quelque jurisdiction sur celui contre qui il prend les armes. Car ces derniers Auteurs croient, que le droit de punir est un effet propre de la Jurisdiction Civile. Mais en cela ils se trompent, à mon avis. Le pouvoir de punir vient originairement du Droit même de Nature; sur quoi nous avons dit quelque chose dès le (d) commencement du prémier Livre. Et au fond, si l'on admet l'opinion contraire à la nôtre, un Ennemi n'aura aucun droit de punir son Ennemi, lors même (15) qu'il a justement entrepris la Guerre pour quelque sujet qui n'a point de rapport à la punition. Cependant le sentiment de la plûpart des Docteurs, & l'usage de tous les Peuples, accordent ce droit, non seulement après que l'Ennemi a été vaincu, mais encore pendant le cours de la Guerre. Or ce n'est pas en vertu d'une Jurisdiction Civile, & ce ne peut être qu'en vertu du Droit Naturel, qui, depuis l'établissement même des Societez Civiles, subsiste encore aujourdhui de Particulier à Particulier, dans les lieux où les Hommes ne forment point de Corps d'Etat, mais seulement des Familles séparées.

(a) In Can. *Quod super his*, Decretal. *De Voto*: *Arch. Flor.* III. Part. Tit. XXII. Cap. V. §. 8. *Sylvest.* verb. *Papa*, Quæst. VII.

(b) *Relect.* I. De Indis, Sect. II. *num.* 16.

(c) *Controv. Illust.* L. I. Cap. 24.

(d) *Chap.* II. §. 1. & §. 5. *num.* 3.

§. XLI. 1. Mais il y a quelques *précautions* à observer, pour ne pas abuser de ce droit de punir.

2. La *prémiére* est, de ne prendre pas pour une violation de la Loi Naturelle, ce qui est contraire seulement à certaines Coûtumes, quoi que reçues de plusieurs Peuples, & même avec quelque raison. Telles étoient presque toutes celles, en quoi les *Perses* différoient des *Grecs*; & par rapport auxquelles on peut dire, avec Plutarque, que (1) *vouloir civilizer des Nations Barbares, c'est chercher un prétexte à son ambition.*

§. XLII.

(13) C'est à l'occasion des maximes de l'Astrologie Judiciaire, qui ne laisseroient pas, dit-il, d'être absurdes, quand même on supposeroit que c'est en conséquence d'un pouvoir reçû de Dieu que les Astres tiennent conseil pour ordonner qu'il se fera des Crimes énormes. *In cujus* [Cœli] *velut clarissimo Senatu ac splendidissima Curia opinantur scelera facienda decerni, qualia si aliqua terrena civitas decerneret, decrevissetve, genere humano decernente fuerat evertenda.* De Civit. Dei, *Lib.* V. *Cap.* I.

(14) Voiez Joseph Acosta, *de procuranda Indorum salute*, Lib. II. Cap. IV. Grotius.

(15) *Etiam post susceptum bellum ex caussâ non punitivâ.* C'est ainsi que portoient toutes les Editions, avant la mienne, où j'ai ainsi rétabli le texte: *Post* JUSTE` *susceptum bellum.* Le raisonnement demandoit qu'on ajoûtât cet adverbe, qui avoit été apparemment ômis par la faute des Imprimeurs. L'Auteur raisonne en supposant que l'opinion contraire à la sienne soit véritable: ainsi, dans cette supposition, il n'y a point de Guerre, que l'on puisse entreprendre à dessein de punir celui contre qui l'on prend les armes; or c'est néanmoins ce que suppose l'expression du Texte, tel qu'il est. D'ailleurs, il y a plus grand sujet de douter si l'on a droit de punir dans une Guerre entreprise pour quelque cause qui n'a point de rapport à la punition, que dans une Guerre faite à dessein de punir celui contre qui l'on prend les armes: & cependant le mot, dont se sert ici notre Auteur, suppose, comme on voit, le contraire. Il auroit fallu dire, en ce cas-là, *du moins*, & non pas *même*. En un mot, le sens de ce passage me paroît une enigme inexplicable, sans le mot que j'ai ajoûté, & qui a pû être si facilement ômis, à cause de la ressemblance des lettres initiales du mot voisin *susceptum*. Du moment que ce mot est mis-là, il n'y a plus de difficulté, & l'on sent la force du raisonnement. Car si l'on supposoit la Guerre injustement entreprise, cette injustice du sujet de la Guerre feroit qu'il y auroit moins lieu de s'étonner qu'on n'eût pas droit de punir. Au reste, il ne faut pas s'étonner, que nôtre Auteur ne se soit point apperçu de l'omission, dans les nouvelles Editions qu'il revit: nous avons vû ci-dessus, *Chap.* XII. de ce Livre, §. 10. une omission certaine, qui se trouve dans toutes les Editions; & ce qu'il y a de remarquable, c'est que le mot qui manque là est l'adverbe opposé à celui qui manque ici, & dont les lettres sont presque les mêmes, je veux dire, *injustè*.

§. XLI. (1) C'est dans l'endroit, où censurant l'ambition demesurée de *César* & de *Pompée*, il dit, que, s'ils eussent voulu des trophées & des triomphes, ils pouvoient s'en rassasier, en faisant la Guerre aux *Parthes* & aux *Germains*, sans parler des *Scythes* & des *Indiens*, qui leur auroient donné beaucoup d'ouvrage. Il ajoûte, qu'ils auroient eu un beau prétexte d'attaquer ces Peuples, savoir le desir de les civiliser

§. XLII. IL FAUT prendre garde, *en second lieu*, de ne pas mettre légérement au nombre des choses condamnées par la Nature, celles qu'on n'est pas bien assûré y être contraires, & qui sont plûtôt défenduës par quelque Loi Divine Positive. Telles sont peut-être les conjonctions (1) charnelles hors du Mariage, & quelques-uns de celles qui sont qualifiées incestueuses; comme aussi le (2) Prêt à usure.

§. XLIII. 1. UNE troisiéme précaution est, de bien distinguer les Principes généraux du Droit Naturel, comme celui-ci, *Qu'il faut vivre honnêtement*, c'est-à-dire, conformément à la Raison; & quelques autres principes approchans de ceux-là, mais qui sont d'une évidence inconstestable, tel que celui-ci, *On ne doit pas prendre le bien d'autrui*; de distinguer, dis-je, soigneusement ces Principes, d'avec les conséquences qui s'en déduisent. Car entre ces Conséquences, il y en a qui sont aisées à appercevoir, comme la défense de (1) l'*Adultére* en supposant le *Mariage*: mais il y en a aussi d'autres plus difficiles à découvrir, par exemple celle-ci, *Que la Vengeance, où l'on ne se propose que de rendre mal pour mal, est vicieuse.* Il en est ici, à peu près, comme dans les Mathématiques, où l'on trouve des notions primitives, ou qui découlent immédiatement des primitives; ensuite des Démonstrations si simples & si claires, qu'on les comprend & qu'on y aquiesce d'abord; & puis d'autres, qui, quoi que vraies, ne sont pas d'une évidence manifeste pour tout le monde.

2. Comme donc, en matiére de Loix Civiles, on excuse ceux qui n'en ont pas eu connoissance, ou qui n'ont pas été en état de les comprendre: de même, quand il s'agit des Loix Naturelles, (a) il est juste d'excuser ceux qui les violent, à cause de la (a) Voiez *Matth.* X, 15. *Luc*, XII, 47. 48.
foiblesse de leurs lumiéres, (2) ou par l'effet d'une mauvaise éducation. Car comme l'ignorance de la Loi disculpe entiérement, lors qu'elle est invincible; elle diminuë la faute, lors même qu'il y a quelque négligence de la part de celui qui a ignoré la Loi. Et c'est pourquoi ARISTOTE compare les Barbares, qui, faute d'une bonne éducation, péchent contre les Loix Naturelles, (3) à ceux dont les desirs sont dereglez par l'effet d'une maladie.

3. Ajoûtons enfin une reflexion importante, que nous mettons ici une fois pour toutes, c'est que les Guerres entreprises uniquement pour punir sont suspectes d'injustice, lors

liser: Πολὺ δὲ καὶ Σκυθία λυπρόδημον ἔργον, καὶ Ἰνδοί· καὶ προσφάσει ἐκ δέξαι, ἡμερῶσαι τὰ βάρβαρα. Vit. Pompeii, *Tom.* I. pag. 636. D. *Edit. Wech.*

§. XLII. (1) ASTERIUS, Evêque d'*Amasée*, dit, que ceux qui n'ont égard qu'aux réglemens des Legislateurs temporels, laissent la liberté de commettre impunément des fornications: *Οἱ τοῖς τοῦ βίου τούτου νομοθέταις προσέχοντες, ἀνεύθυνον καταλείπουσι τὴν πορνείας τὴν ἐξουσίαν.* Voiez un passage de St. JE'ROME, *ad Oceanum*, que nous avons cité ci-dessus, *Chap.* V. de ce Livre, §. 9. (*Note* 9.) GROTIUS.

(2) Le *Prêt à usure*, considéré en lui même, & reduit à ses justes bornes, est très-innocent & par le Droit de Nature, & par le Droit Divin. Nôtre Auteur l'a reconnu depuis, comme nous l'avons remarqué ci-dessus, *Chap.* XII. de ce Livre, §. 20.

§. XLIII. (1) PHILON, Juif, dit, que l'Adultére est puni par tout païs, en sorte qu'on permet même de tuer sur le champ, sans autre forme de procès, ceux qui sont surpris en flagrant délit: *Περὶ γὰρ τὰ ἄλλων ἰσαθέντες διαφέρεσθαι, μόνον τοῦθ' ὁμογνωμονοῦσιν, ὅτι πανταχοῦ πάντες ἄξιον θανάτων μυρίων νομίζουσιν, ἀκρίτους ἐκδιδόντες τοὺς ἁλόντας τοῖς πεπονθόσι.* In Vit. Joseph. (*pag.* 533. B. *Edit. Paris.*) Le Jurisconsulte ULPIEN fait regarder l'Adultére comme une chose naturellement deshonnête: *Ut puta Furtum, Adulterium, naturâ turpe est.* DIGEST. Lib. L. Tit. XVI. *De verborum significat.* Leg. XLII. Et PAPINIEN dit, que ni l'âge, ni le Séxe, ne rendent pas l'Adultére excusable: *Quum alias adulterii crimen, quod pubertate delinquitur, non excusetur ætate. Nam & mulieres in jure errantes, incesti crimine non teneri, supra dictum est, quum in adulterio commisso nullam habere possint excusationem.* Lib. XLVIII. Tit. V. *Ad Leg. Jul. de Adulter.* Leg. XXXVIII. §. 4 Selon LACTANCE, l'Adultére est contraire au Droit commun de tous les Peuples: *Item non adulterare. Sed hoc præcepto non solum corrumpere alienum matrimonium prohibetur, quod etiam communi gentium jure damnetur; verum etiam prostitutis corporibus abstinere.* Epitom. Institut. Divin. (*Cap.* V. *num.* 15.) GROTIUS.

(2) St. JE'ROME remarque, que parmi chaque Peuple, on trouve conformes à la Loi de Nature, les maximes dans lesquelles on a été élevé: *Et in omni conversatione unaquaque gens . . . hoc eam naturæ legem putare, quod didicit.* Lib. II. *advers. Jovinian.* (Tom. II. pag. 75. B. *Edit. Basil.*) GROTIUS.

(3) *Τοῖς μὲν διὰ φύσιν· τοῖς δ' ἐξ ἔθους συμβαίνουσιν· οἷον τοῖς ὑβριζομένοις ἐκ παίδων . . . νοσηματώδεις ἕξεις δι' ἔθος.* Ethic. Nicom. *Lib.* VII. (*Cap.* VI. pag. 91. B.) PLUTARQUE dit, qu'il y a des Maladies de l'Ame, qui troublent l'Homme, & le mettent hors de son assiette naturelle: *Νοσήματα καὶ πάθη τῆς ψυχῆς, τὰ κατὰ φύσιν ἐξιστάντα τὸν ἄνθρωπον.* GROTIUS.

Je ne trouve point le dernier passage, que nôtre Auteur cite, sans marquer le Traité de PLUTARQUE, d'où il l'a tiré.

lors qu'il ne s'agit pas de Crimes très-atroces & de la derniére évidence, ou qu'il n'y a pas en même tems quelque autre raison qui autorise à prendre les armes. *Mithridate*, dans un discours que JUSTIN lui prête, dit des *Romains*, peut-être avec assez de fondement, (4) *que ce n'étoit pas aux crimes des Rois qu'ils en vouloient, mais à leur puissance & à leur majesté.*

§. XLIV. 1. L'ORDRE nous méne à traiter des Crimes que l'on commet contre DIEU: car on demande, s'il est permis de faire la Guerre, pour punir ces sortes de Crimes? COVARRUVIAS traite assez au long (a) cette question: mais il suppose, après d'autres, que le pouvoir de punir n'appartient qu'à ceux qui ont une jurisdiction, proprement ainsi nommée, sur ceux à qui ils veulent infliger quelque Peine; sentiment que nous avons réfuté ci-dessus. Ainsi nous pouvons dire, au contraire, que comme, en matiére des choses qui regardent l'Eglise, chaque Evêque est en quelque maniére (1) *chargé du soin de l'Eglise Universelle:* de même, chaque Roi, chaque Puissance Souveraine, est chargée, outre le soin de son Etat en particulier, du soin de ce qui regarde la Société Humaine en général.

(a) *Relect.* in Cap. *Peccatum:* Part. II. §. 10.

2. La principale raison dont se servent ceux qui croient que les Guerres entreprises pour le sujet dont il s'agit, sont injustes, c'est que DIEU saura bien punir les Crimes commis contre sa Majesté Souveraine; selon ce mot que l'on allégue communément: (2) *C'est aux Dieux à venger les injures qu'on leur fait*; & cet autre: (3) DIEU *vengera assez le Parjure.* Mais on pourroit dire la même chose de tous les autres Crimes. Car DIEU est sans doute assez puissant pour les punir; & cependant, de l'aveu de tout le monde, les Hommes peuvent les punir légitimement.

3. Si l'on replique, que la raison pourquoi les Hommes punissent les autres sortes de Crimes, c'est parce qu'il en arrive du mal ou qu'il peut en arriver aux autres Hommes; je répondrai, que l'on ne punit pas seulement les Crimes qui nuisent directement à au-

(4) *Quippe non delicta Regum illos, sed vires ac majestatem insequi.* Lib. XXXVIII. Cap. VI. *num.* 1.

§. XLIV. (1) Τὴν καθολικὴν πεπιστευμένοι. C'est ainsi qu'ils sont appellez dans les *Constitutions* attribuées à St. CLEMENT. On trouve dans St. CYPRIEN, que tous les Evêques doivent veiller au bien du Corps de toute l'Eglise, dont les Membres sont répandus en divers païs: *Omnes enim nos decet, pro corpore totius Ecclesiæ, cujus per varias quasque provincias membra digesta sunt, excubare.* Epist. XXX. *Edit. Pamel.* (XXXVI. Fell.) Ce Pére remarque ailleurs, qu'il n'y a qu'un seul Episcopat, dont chaque Evêque possede solidairement une partie: *Episcopatus unus est, cujus à singulis in solidum pars tenetur.* De unitate Ecclesiæ (*pag.* 108.) On voit aussi dans ses Ouvrages, divers exemples de ce soin universel de toutes les Eglises. Il y en a sur tout un remarquable dans la Lettre LXVII. (LXVIII. *Edit. Fell.*) Voiez encore St. CHRYSOSTÔME, dans l'eloge qu'il fait de St. *Eustache.* GROTIUS.

(2) C'est un mot, que TACITE attribue à l'Empereur *Tibére*: DEORUM *injurias, Diis curæ.* Annal. *Lib.* I. *Cap.* LXXIII. *num.* 4.

(3) Un autre Empereur, savoir ALEXANDRE SEVERE, se sert de cette raison pour justifier l'impunité du Parjure que les Loix Romaines accordoient: *Jurisjurandi contemta religio, satis Deum ultorem habet.* COD. Lib. IV. Tit. I. *De rebus creditis* &c. Leg. II.

(4) Cela est bien conforme à la doctrine de ce Philosophe, & aux maximes qu'il donne en divers endroits: mais je ne trouve nulle part les paroles mêmes, que nôtre Auteur lui attribuë, & qu'il ne donne qu'en Latin, ni ici, ni dans son Traité *De Imperio Summarum Potestatum circa Sacra*, Cap. I. §. 13. Le Savant BOECLER les cite précisément de même, dans une Dissertation intitulée, *Roma sub septem Regibus*, Tom. II. pag. 485. Mais il n'indique non plus aucun endroit: ce qui fait voir qu'il les a copiées d'ici, sans autre examen, comme cela est arrivé souvent à lui, & à d'autres.

(5) Τοῦτο μέντοι τὸ συνεκτικὸν ἁπάσης κοινωνίας καὶ νομοθεσίας ἔρεισμα [τὴν περὶ Θεῶν δόξαν] . . . . ἀνατρέπουσι. Advers. Colot. *pag.* 1125. E. Tom. II. *Ed. Wech.*

(6) Φίλτρον γὰρ ἀνυσιμώτατον καὶ δεσμὸς ἄλυτος εὐνοίας ἑνωτικῆς, ἡ τοῦ ἑνὸς Θεοῦ τιμή. [De Monarchia, *Lib* I. pag. 818. B.] Il remarque ailleurs, que la cause la plus efficace de l'union d'un Peuple, & la source d'une amitié indissoluble, c'est la créance d'un seul DIEU: Αἴτιον δὲ τῆς ὁμονοίας τὸ ἀνώτατον καὶ μέγιστον, ἡ περὶ τοῦ Θεοῦ ἑνὸς δόξα, ἀφ᾽ ἧς, οἷα πηγῆς, ἑνωτικῇ καὶ ἀδιαλύτῳ φιλίᾳ κέχρηνται [οἱ Ἑβραῖοι] πρὸς ἀλλήλους. De Fortitudin. (*pag.* 741. D. E.) JOSEPH dit, que le meilleur moien d'unir les Hommes, c'est de faire en sorte qu'ils soient d'une seule & même opinion touchant la Divinité, sans avoir d'ailleurs une maniére de vivre & des mœurs différentes: Τὸ γὰρ μίαν μὲν ἔχειν καὶ τὴν αὐτὴν δόξαν περὶ Θεοῦ, τῷ βίῳ δὲ καὶ τοῖς ἔθεσι μηδὲν ἀλλήλων διαφέρειν, καλλίστην ἐν ἤθεσιν ἀνθρώπων συμφωνίαν ἀποτελεῖ. Contra Apion. Lib. II. (pag. 1072. F.) GROTIUS.

Le dernier passage ne fait pas bien au sujet; puis qu'il s'agit-là des effets de l'uniformité de Religion, & non pas des effets de la Religion en général; comme il paroît & par la lecture seule du passage, & par la suite du discours. Nôtre Auteur citoit un peu plus bas, dans le Texte, un passage d'un Philosophe Païen, qui

à autrui, mais encore ceux qui nuisent indirectement & par conséquence, comme l'Homicide de soi-même, la Bestialité, & quelques autres. Or, quoi que la Religion tende par elle-même à nous procurer la faveur de Dieu, elle a aussi une très grande influence sur ce qui regarde la Société Humaine. Platon appelle la Religion, (4) *le rempart de l'Autorité, le lien des Loix & d'une bonnête Discipline.* Plutarque dit, qu'elle est (5) *le ciment de toute Société, & le soûtien du Pouvoir Législatif.* Philon, Juif, dit, (6) que *le culte d'un seul Dieu est le charme le plus puissant pour unir les cœurs des Hommes, un lien indissoluble d'Amitié.* L'Impiété produit des effets tout contraires. Un Poëte Latin dit, (7) que *l'ignorance de la nature des Dieux est la prémiére cause de tous les Crimes.* Plutarque a remarqué, (8) que *toute Erreur en matiére de Religion est pernicieuse en elle-même; mais que, quand la passion s'y joint, elle devient pernicieuse au dernier point.* De là vient que Chrysippe, Philosophe Stoïcien, appelle la *Loi,* (9) la *Reine des Choses Divines & Humaines.* Et les Jurisconsultes Romains définissent la *Jurisprudence,* (10) une *connoissance des Choses Divines & Humaines.* Aussi Aristote regarde-t-il comme la prémiére & la plus importante partie du Gouvernement, (11) le soin de la Religion. *Cyrus* disoit, au rapport de Xénophon, (12) que ses Sujets lui obéïroient d'autant mieux, qu'ils craindroient plus la Divinité. *Le Peuple,* au contraire, *craindra moins,* selon (13) Aristote, *d'être traité injustement par un Prince religieux.*

4. Ces effets de la Religion ont lieu non seulement dans un Etat, mais encore dans la Société générale du Genre Humain. Homére dans l'*Odyssée*, oppose à des *gens injustes & sauvages,* (14) ceux qui ont des *sentimens de Religion.* Cicéron dit, (15) qu'*en bannissant la Piété, on détruit en même tems la Bonne Foi & la Société du Genre Humain; & par conséquent la Justice, qui est la plus excellente*

qui est plus à propos; c'est ce que dit Jamblique, après les *Pythagoriciens*, que la connoissance des Dieux, ou la Religion en général, est le comble & de la Vertu, & de la Sagesse, & du Bonheur: Ἡ μὲν γὰρ γνῶσις τῶν Θεῶν, ἀρετή τε ἐστὶ, καὶ σοφία, καὶ εὐδαιμονία τελεία. Protreptic. *Cap.* III. pag. 7. *Edit. Arcer.*

(7) *Heu prima scelerum caussa mortalibus agris,*
Naturam nescire Deûm

Silius Italic. *De Bello Punic.* (*Lib.* IV. *vers.* 794, 795.) Joseph recherchant la raison pourquoi plusieurs Etats anciens étoient mal policez, dit, que cela vient de ce que les prémiers Législateurs ni n'avoient pas connu la véritable nature de Dieu, ni ne s'étoient pas mis en peine de faire bien connoître ce qu'ils en pouvoient comprendre, & de régler là-dessus leurs Loix: Ἐγὼ μὲν ὑπολαμβάνω, τὸ μήτε τὴν ἀληθῆ τοῦ Θεοῦ φύσιν ἐξ ἀρχῆς συνιδεῖν αὐτῶν τοὺς νομοθέτας, μήθ' ὅσον καὶ λαβεῖν ἠδυνήθησαν, ἀκριβῆ γνῶσιν διορίσαντας, πρὸς τοῦτο ποιήσασθαι τὴν ἄλλην τάξιν τοῦ πολιτεύματος. Contra Apion. *Lib.* II. (*pag.* 1078. E.) Voiez ce qui suit, & qui est très-bien pensé. Grotius.

(8) Ἅπαντα μὲν ἂν κρίσις ψευδὴς, ἄλλως τε κἂν ᾖ περὶ ταῦτα, μοχθηρόν· τῇ δὲ (Xylander lit ᾗ δὲ, comme porte un Ms. & Tanneguy Le Févre, ᾗ δὲ) καὶ πάθος πρόσεστι, μοχθηρότατον (c'est ainsi encore qu'il faut lire, au lieu de μοχθηρότερον, sur le même Ms.) *De Superstit.* init. pag. 164. E. Tom. II. *Ed. Wech.*

(9) Le passage de ce Philosophe, tiré de son Livre *sur la Loi*, se trouve cité dans le Digeste: Ὁ νόμος πάντων ἐστὶ βασιλεὺς, θείων τε καὶ ἀνθρωπίνων πραγμάτων. Lib. I. Tit. III. *De Legibus* &c. Leg. II.

(10) *Jurisprudentia est divinarum atque humanarum rerum notitia, justi atque injusti scientia.* Digest. Lib. I. Tit. I. *De Justit. & Jure*, Leg. X. §. 2.

(11) Πέμπτον δὲ καὶ πρῶτον, τὴν περὶ τὸ Θεῖον ἐπιμέλειαν, ἣν καλοῦσιν ἱερατείαν. Politic. *Lib.* VII. *Cap.* VIII. Philon, Juif, fait consister l'art de régner, à gouverner les affaires & particuliéres, & publiques, & sacrées: Καὶ πραγμάτων ἰδιωτικῶν, καὶ δημοσίων, καὶ ἱερῶν, ἐπιμέλειαν &c. De creatione Magistratus, (*pag.* 723. B.) Justin, *Martyr*, exhortant les Empereurs à prendre soin de la Religion, leur répresente, que ce soin est digne d'un Prince: Βασιλικὸν ἂν καὶ τοῦτο ἔργον εἴη. Voiez ce que dit Covarruvias, *Relect.* in Cap. *Peccatum*, Part. II. §. 10. Grotius.

(12) Ὁ δὲ Κῦρος τοὺς μεθ' αὑτοῦ εὐσεβεῖν καὶ ἱεροῦ ... ἀγαθὸν ἐνόμιζε ...., ἐλογίζετο, εἰ πάντες οἱ κοινῶνες θεοσεβεῖς εἶεν, ἧττον ἂν αὐτοὺς ἐθέλειν περί τε ἀλλήλους ἀνόσιόν τι ποιεῖν, καὶ περὶ αὑτόν. De Cyri institut. *Lib.* VIII. *Cap.* I. §. 9. *Ed. Oxon.*

(13) Ἧττόν τε γὰρ φοβοῦνται τὸ παθεῖν τι παράνομον ὑπὸ τῶν τοιούτων, ἐὰν δεισιδαίμονα νομίζωσιν εἶναι τὸν ἄρχοντα, καὶ φροντίζειν τῶν Θεῶν. Politic. *Lib.* V. *Cap.* XI. pag. 409. E.

(14) Ἤ ῥ' οἵ γ' ὑβρισταί τε καὶ ἄγριοι, οὐδὲ δίκαιοι,
Ἠὲ φιλόξεινοι, καί σφιν νόος ἐστὶ θεουδής;

Odyss. *Lib.* VI. vers. 120, 121. Voiez aussi *Lib.* VIII, vers. 575, 576.

(15) *Atque haud scio, an pietate adversus Deos sublatâ, fides etiam & societas humani generis, & una excellentissima virtus, justitia, tollatur.* De Natura Deorum, *Lib.* I. *Cap.* II.

lente des Vertus. Il fait regarder ailleurs comme le fondement de la Justice, (16) *la connoissance de la volonté du Souverain Maître du Monde.* Et une preuve bien claire de cette vérité, c'est qu'*Epicure* aiant nié la Providence Divine, il ne (17) laissa qu'un vain nom de Justice: car il en rapportoit l'origine uniquement aux Conventions que les Hommes font ensemble; il disoit, que les régles de la Justice ne subsistent qu'aussi long tems que l'utilité commune, & que, si l'on doit s'abstenir de faire du mal à autrui, ce n'est que pour éviter la peine. On trouve là-dessus des paroles bien expresses de ce Philosophe, dans (18) DIOGE'NE LAERCE.

5. L'utilité de la Religion est même plus grande par rapport à cette grande Société de tous les Hommes, que par rapport à la Société Civile; parce que, dans celle-ci, les Loix, & le moien qu'on a de les exécuter facilement, suppléent en partie au défaut des impressions de la Piété: au lieu que, dans la Société universelle du Genre Humain, il est très-difficile de se faire rendre ce qui nous est dû, puis qu'on n'a pour cela d'autre voie que les armes; & il y a d'ailleurs très-peu de Loix établies d'un commun consentement, lesquelles même tirent principalement leur force de la crainte d'une Divinité; d'où vient que ceux qui violent le Droit des Gens, sont dits ordinairement pécher contre le Droit Divin. Ce n'est donc pas sans raison, que des Empereurs Chrétiens ont dit, (19) que corrompre la Religion est une Chose que l'on doit regarder comme une offense faite à tout le monde.

§. XLV. 1. POUR traiter à fond cette matiére, il faut remarquer, que la véritable *Religion*, qui a été commune à tous les Siécles, est fondée principalement sur ces quatre principes. Le prémier, *Qu'il y a un* DIEU, *& un seul Dieu.* Le second, *Que* DIEU *n'est rien de ce que l'on voit, mais quelque chose de plus rélevé.* Le troisiéme, *Qu'il prend soin des choses humaines, & qu'il en juge très-justement.* Le quatrié-

(16) *Justitiam etiam adfert, quum cognitum habeas, quod sit summi Rectoris & Domini numen, quæ voluntas.* De Finib. bon. & mal. *Lib.* IV. (Cap. V.) JUSTIN, après TROGUE POMPE'E, loue les anciens *Juifs* (ou plûtôt leurs Rois, qu'il suppose mal-à-propos avoir été toûjours Rois & Sacrificateurs en même tems) de ce qu'ils méloient la Justice avec la Religion: *Quorum* (Regum, eorumdemque Sacerdotum) *justitiâ religione permixtâ, incredibile quantum coaluére.* (Lib. XXXVI. Cap. II. *num.* 16.) STRABON donne le même eloge (aux Successeurs de *Moyse* jusqu'à un certain tems), d'avoir été justes & véritablement pieux: Οἱ δὲ διαδεξάμενοι, χρόνους μέν τινας ἐν τοῖς αὐτοῖς διέμενον, δικαιοπραγοῦντες καὶ θεοσεβεῖς ὡς ἀληθῶς ὄντες &c. Geograph. (*Lib.* XVI. pag. 1104. C. *Ed. Amst.* 761. *Ed. Paris.*) GALIEN, *Lib.* IX. *De placitis Hippocrat. & Plat.* remarque, qu'on agite bien des questions sur le Monde & sur la Nature Divine, lesquelles ne servent de rien par rapport aux mœurs; mais il reconnoit, que la question touchant la Providence est d'un très-grand usage par rapport aux Vertus & publiques, & particulieres. PHILON, Juif, dit, que la Piété, & l'Humanité ou la Justice, viennent d'un même caractere d'esprit: Τῆς γὰρ αὐτῆς φύσεώς ἐστιν, εὐσεβῆ τε εἶναι καὶ φιλάνθρωπον, καὶ περὶ τὸ αὐτὸν ἰδεῖν ἐστιν, ὁσιότης μὲν πρὸς θεόν, δικαιοσύνη δὲ πρὸς ἀνθρώπους θεωρεῖται. De Abraham. (*pag.* 378. D.) LACTANCE soûtient, qu'ignorer la Religion, c'est ignorer la Justice, qui a la Religion pour principe: *Si ergo pietas est cognoscere Deum, cujus cognitionis hæc summa est, ut colas eum, ignorat utique justitiam, qui religionem* DEI *non tenet. quomodo enim potest eam ipsam nosse, qui, unde oriatur, ignorat?* Instit. Divin. *Lib.* V. (*Cap.* XIV. *num.* 12.) Il dit ailleurs, que la Justice est l'effet propre de la Religion: *Religionis est propria Justitia.* De Ira Dei, (*Cap.* VII. *num.* 23.) GROTIUS.

(17) Il disoit, qu'il n'y a rien de juste naturellement; & que, si l'on doit s'abstenir des Crimes, c'est parce qu'ils sont inévitablement accompagnez de la crainte du châtiment, sur quoi SENE'QUE se déclare contre lui: *Illic dissentiamus cum* EPICURO, *ubi dicit, nihil justum esse naturâ, & crimina vitanda esse, quia vitari metus non possit.* Epist. XCVII. GROTIUS.

(18) Οὐκ ἦν τι καθ' ἑαυτὸ δικαιοσύνη, ἀλλ' ἐν ταῖς μετ' ἀλλήλων συστροφαῖς, καθ' ὁπηλίκους δήποτε ἀεὶ τόπους συνθήκη τις ὑπὲρ τοῦ μὴ βλάπτειν, ἢ βλάπτεσθαι. Ἡ ἀδικία, οὐ καθ' ἑαυτὴν κακόν, ἀλλ' ἐν τῷ κατὰ τὴν ὑποψίαν φόβῳ, εἰ μὴ λήσει ὑπὲρ τῶν τοιούτων ἐφεστηκότας κολαστάς. Lib. X. §. 150, 151.

(19) *Quia quod in Religionem divinam committitur, in omnium f[illegible]r injuriam* &c. COD. Lib. I. Tit. V. *De Hæreticis* &c. Leg. IV. Mais l'inscription seule de ce Titre fait voir qu'ARCADIUS & HONORIUS étendoient leur maxime beaucoup plus loin que nôtre Auteur n'a eu dessein de l'admettre; puis que ce qu'ils appelloient un *crime de Religion* consistoit à ne pas recevoir toutes les opinions des Ecclésiastiques qui s'étoient emparez de leur esprit.

§. XLV. (1) Dans la Lettre d'*Agrippa* à l'Empereur *Caligula*; & il parle là de la pensée où avoient été de tout tems les *Juifs* sur ce sujet: Τὸν δὲ ἀόρατον εἰκονογραφεῖν, ἢ διαπλάττειν, οὐχ ὅσιον ἐνομίσθη τοῖς ἡμετέροις προγόνοις. (De Legat. ad Cajum, *pag.* 1032. E.) DIODORE *de Sicile* dit que *Moyse* ne fit point de simulachre de la Divinité, parce qu'il croioit qu'elle n'avoit point de forme humaine: Ἄγαλμα δὲ οὐ κατεσκεύασε, διὰ τὸ μὴ νομίζειν ἀνθρωπόμορφον εἶναι τὸν Θεόν. In fragment. (è *Lib.* XL.) DION CASSIUS remarque la même chose: Οὐδ' ἄγαλμα οὐδὲν ἐν αὐτοῖς

ποτὲ

triéme & dernier, *Que ce même* Dieu *est le Créateur de tout ce qui est hors de lui.*

2. Ces quatre principes sont contenus dans tout autant de Commandemens du Décalogue. Le prémier Commandement établit clairement l'unité de Dieu: le second, sa nature invisible; car c'est pour cela qu'il est défendu d'en faire des images, ou des statuës; comme le dit (1) Philon, Juif, & comme des (2) Paiens même l'ont reconnu. Le troisiéme Commandement donne à entendre la connoissance & le soin qu'il a des choses humaines, même de nos pensées; car c'est-là le fondement du Serment, dans lequel on prend Dieu à témoin de ce qui se passe dans nôtre cœur, & l'on se soûmet en même tems à sa vengeance; par où l'on reconnoit aussi sa Justice & sa Puissance. Le quatriéme Commandement nous représente Dieu comme Créateur de tout l'Univers, en mémoire de quoi (3) le Sabbat fut institué, & cela de maniére que le Législateur en exigeoit l'observation plus exactement, que de toutes les autres cerémonies. Car quand on avoit manqué aux autres cerémonies, qu'on avoit mangé, par exemple, des Viandes défenduës, la peine de la Loi étoit arbitraire: mais si l'on violoit le Sabbat, on étoit puni de mort sans rémission, parce que la violation du Sabbat étoit censée emporter une abjuration du dogme de la Création. La qualité de Créateur du Monde insinuë, au reste, la Bonté, la Sagesse, l'Eternité, & la Puissance de Dieu.

3. De ces idées spéculatives il naît des idées pratiques, comme celles-ci, *Qu'il* [faut] *honorer* Dieu, *l'aimer, le servir, & lui obéir.* C'est pourquoi Aristote dit, (4) que, si quelcun nie qu'on doive honorer Dieu, ou aimer ses Pére & Mére, il faut se servir, pour le convaincre, non pas de raisons, mais de châtimens. Et ailleurs, (5) il remarque, qu'en matiére d'autres choses ce qui passe pour honnête dans un

ποτὲ τοῖς Ἱεροσολύμοις ἔσχον· ἄρρητον δὲ δὴ καὶ ἀειδῆ αὐτὸν [Θεὸν ἕνα] νομίζοντες εἶναι, περισσότατα ἀνθρώπων θρησκεύουσι. Lib. XXXVI. (pag. 41. E. *Ed. Steph.*) Et Tacite: Judæi *mente solâ, unumque numen intelligunt. Profanos, qui Deûm imagines, mortalibus materiis, in species hominum effingant.* (Hist. *Lib.* V. *Cap.* V. n. 8.) Voiez aussi Strabon, Geogr. Lib. XVI. (pag. 1104. A. *Ed. Amst.*) Grotius.

(2) Le Philosophe *Antisthene* [& non pas *Antiphane*, comme nôtre Auteur le nomme dans son *Explication du Décalogue*] disoit, au rapport de Clément *d'Alexandrie*, que la Divinité étant invisible, & ne ressemblant à aucune chose qui tombe sous les sens, personne ne peut la connoître par quelque image: Θεὸν οὐδενὶ ἐοικέναι φησὶν [Ἀντισθένης] διόπερ αὐτὸν οὐδεὶς ἐκμαθεῖν ἐξ εἰκόνος δύναται. (Protreptic. *Cap.* VI. pag. 61. *Edit. Oxon.*) Pensée, que Seneque semble avoir empruntée: *Ipse, qui ea tractat, qui condidit, qui totum hoc fundavit, deditque circa se, majorque est pars operis sui ac melior, effugit oculos, cogitatione visendus est.* Natur. Quæst. *Lib.* VII. *Cap.* XXX. Plutarque expliquant la raison pourquoi *Numa Pompilius* ôta des Temples les simulachres de la Divinité, dit, que ce fut parce qu'il est injurieux à la Divinité de la faire ressembler à des choses au dessous d'elle, & qu'on ne peut d'ailleurs la concevoir que par la pensée: Οὗτος δὲ διεκώλυσεν ἀνθρωποειδῆ καὶ ζωόμορφον εἰκόνα Θεοῦ Ῥωμαίους νομίζειν .... ὡς οὔτε ὅσιον ἀφομοιοῦν τὰ βελτίονα τοῖς χείροσιν, οὔτε ἐφάπτεσθαι Θεοῦ δυνατὸν ἄλλως ἢ νοήσει. Vit. Num. (pag. 65. B. C. Tom. I. *Ed. Wech.*) Voiez aussi Denys *d'Halicarnasse*, sur ce que fit *Numa* par rapport aux représentations corporelles de la Divinité. Grotius.

Il n'y a rien là-dessus dans Denys *d'Halicarnasse*. Nôtre Auteur, qui y renvoie, comme si cela se trouvoit dans ses *Antiquitez Romaines*, avoit tiré le fait de St. Cyrille, qui pourroit bien avoir pris un Auteur pour l'autre: car il fait honneur, comme Plutarque, à la Philosophie de *Pythagore*, du soin qu'eut *Numa* de ne point mettre de Simulachres dans les Temples: Γέγραφε τοίνυν περὶ αὐτοῦ [Νουμᾶ] Διονύσιος ὁ Ἁλικαρνασσεύς, τὰς Ῥωμαίων ἱστορίας ὡς μάλα συντεθεικώς, ὅτι τεμένη μὲν καὶ ναοὺς ἱδρύσατο, βρέτας δὲ ἐν αὐτοῖς οὐδέν. Ἐπειδὴ γὰρ τὴν τοῦ Πυθαγόρου φιλοσοφίαν ἐπαινεῖν ᾔδει, καὶ ὅλως ἦν τῶν ἐκείνου δογμάτων, ἀειδὲς μὲν τὸ θεῖον καὶ μορφῆς εἰς ἅπαν ἀμέτοχον ὑπελάμβανεν &c. Contra Julian. *Lib.* VI. pag. 193. E. *Edit. Spanhem.* Or Denys *d'Halicarnasse*, au contraire, s'attache à faire voir, *Lib.* II. *Cap.* LIX. que *Pythagore* a vêcu quatre générations après *Numa*; & qu'ainsi celui-ci ne sauroit avoir appris la Philosophie de l'autre.

(3) C'est ce que remarque l'Auteur ancien des *Réponses aux Orthodoxes*: Ἵνα ἂν φυλαχθῇ ἡ μνήμη τῆς τοῦ κόσμου ποιήσεως ἐν τοῖς ἀνθρώποις, διὰ τοῦτο τιμιωτέραν τῶν ἄλλων ἡμερῶν ἔταξε τὸν ἑπτὰ ἀριθμὸν ἐν τῇ θείᾳ γραφῇ. Resp. ad *Quæst.* LXIX. Voiez ce qui précéde. Grotius.

(4) Οὐ δεῖ δὲ πᾶν πρόβλημα, οὐδὲ πᾶσαν θέσιν ἐπισκοπεῖν· ἀλλ' ἣν ἀπορήσειεν ἄν τις τῶν λόγου δεομένων, καὶ μὴ κολάσεως, ἢ αἰσθήσεως. οἱ μὲν γὰρ ἀποροῦντες, πότερον δεῖ τοὺς Θεοὺς τιμᾶν, καὶ τοὺς γονεῖς ἀγαπᾶν, ἢ οὔ, κολάσεως δέονται. Topic. *Lib.* I. *Cap.* XI. pag. 187. E. Tom. I. *Edit. Paris.*

(5) Οἷον τὸ πατέρα θύειν, οὐκ ἁπλῶς καλὸν εἶναι, ἀλλά τισι καλὸν εἶναι· οὐκ ἄρα ἁπλῶς καλόν. ἀλλὰ τὸ τοὺς Θεοὺς τιμᾶν, ἁπλῶς καλόν, μηδὲν προστιθείς· ἁπλῶς γὰρ καλόν ἐστιν. Ibid. *Lib.* II. *Cap.* XI. pag. 205. A.

un lieu n'est pas regardé comme tel dans un autre, mais que, par tout païs, il est honnête d'honorer la Divinité.

4. La vérité des principes de Religion, que nous appellons spéculatifs, peut aussi certainement être démontrée par des raisons tirées de la nature même des choses. La plus forte de ces preuves est, qu'il y a des choses qui ont été faites, comme nous en sommes convaincus par le témoignage de nos Sens: or dès-là qu'on reconnoît quelque chose qui a été fait, il faut en venir nécessairement à reconnoitre quelque chose qui n'a point été fait. Mais comme tout le monde ne comprend pas la force de cette raison & d'autres semblables, il suffit que, de tout tems & par tout païs, à la reserve d'un très-petit nombre de gens, les idées dont il s'agit aient été généralement reçûes, tant de ceux qui étoient trop grossiers pour vouloir tromper, que de ceux qui étoient trop éclairez pour se laisser imposer. Car un (6) consentement si universel, dans une aussi grande diversité de Loix & d'Opinions en matiere d'autres choses, montre assez que celle-ci est fondée sur une Tradition venuë des prémiers Hommes, & dont on n'a jamais pû prouver solidement la fausseté; ce qui suffit pour nous en persuader la certitude.

5. L'Orateur Dion de Pruse, parle de ces deux grandes sources des idées de la Religion, lors qu'il dit, qu'il y a une connoissance de Dieu qui est *née avec nous*, c'est-à-dire, tirée des preuves que la Raison nous fournit; & l'autre, qui est (7) *aquise*, c'est-à-dire, venuë par tradition. Plutarque (8) soûtient, que cette ancienne tradition, qu'il regarde comme le *fondement commun de la Piété*, *est le plus fort argument que l'on puisse avancer ou inventer.* Aristote (9), & (10) Platon, alléguent aussi pour preuve de l'existence de quelque Divinité le consentement des Hommes à la reconnoitre.

§. XLVI. 1. Ceux donc qui rejettent les idées générales de la Religion, que nous venons d'indiquer, encore même qu'ils aient l'esprit assez grossier pour ne pouvoir ni trouver d'eux-mêmes ni comprendre les preuves certaines sur lesquelles ces principes sont

(6) Diodore *de Sicile* dit, qu'il y a une Piété naturelle, *φυσικὴ εὐλάβεια*. Fragment. (è *Lib.* XXIII. *Eclog.* XI.) L'Empereur Julien soûtient, que chacun sait sans maître, qu'il y a une Divinité; & il ajoûte, qu'elle se fait sentir à nos Ames, comme la Lumiére à nos Yeux: Ἀλλὰ καὶ τὴν ἐκ τοῦ θεῶν ὑμῖν ὥσπερ ἐγγράφεσθαι ταῖς ψυχαῖς, ὑφ' ἧς ἄν πάντες ἀδιδάκτως εἶναι θεῖόν τι πεπείσμεθα, καὶ πρὸς τοῦτο ἀφορᾶν, ἐπ' αὐτό τε, οἶμαι, σπεύδειν· οὕτω διακείμεναι τὰς ψυχὰς πρὸς αὐτὸ, ὥσπερ, οἶμαι, πρὸς τὸ φῶς τὰ βλέποντα. Ad Heraclium (*Orat.* VII. pag. 209. C. *Ed. Spanhem.*) Voici comment raisonne Philon, Juif. Le Hazard ne produit point d'ouvrage fait avec art: or il n'y a rien qui soit fait avec plus d'art, que le Monde: donc il a été creé par un Ouvrier très-habile & souverainement parfait. C'est ainsi, ajoûte-t-il, que nous venons à connoitre l'existence de Dieu: Οὐδὲν γὰρ τῶν τεχνικῶν ἔργων ἀπαυτοματίζεται· τεχνικώτατος δὲ ὁ κόσμος· ὡς ὑπό τινος τὴν ἐπιστήμην ἀγαθοῦ καὶ τελειοτάτου πάντως δεδημιούργηται. τοῦτον δὲ τὸν τρόπον ἔννοιαν ἐλάβομεν ὑπάρξεως Θεοῦ. De Monarchia, (*pag.* 815. E. Tertullien dit, que le sentiment interieur d'une Divinité, est naturel à l'Ame: *Anima enim à primordio, conscientia Dei, dos est.* Advers. Marcion. (*Lib.* I. *Cap.* X.) Il remarque ailleurs, que l'on connoît Dieu prémierement par la Nature, c'est-à-dire, par ses Oeuvres; & qu'on rappelle ensuite cette connoissance par l'instruction: *Nos definimus* Deum *primùm naturâ cognoscendum, deinde doctrinâ recognoscendum: naturâ, ex operibus; doctrinâ, ex prædicationibus.* Lib. I. *adv. Marcion.* (Cap. XVIII.) St. Cyprien soûtient, que ce qui rend le plus coupables ceux qui ne veulent pas reconnoitre la Divinité, c'est qu'ils ne peuvent pas ignorer qu'il y en ait une: *Atque hæc est summa delicti, nolle agnoscere, quem ignorare non possis.* De Idolorum vanitate, (*Cap.* V. *num.* 9. *Edit. Cellar.*) Grotius.

Tous ces passages, comme on voit, tendent à montrer, que le consentement des Hommes à reconnoitre une Divinité vient de la proportion qu'a cette grande vérité avec les lumiéres naturelles de la Raison: au lieu que, dans le Texte, nôtre Auteur fait regarder ce consentement comme une preuve qu'il y a eu une tradition universelle, venuë des prémiers Hommes. Il semble revenir par là à l'alternative qu'il posoit dans la prémiére Edition; car voici comment il s'y exprimoit: *quæ consensio .... satis ostendit aut lucem quamdam animis insitam, quæ vi suapte animum feriat, aut traditionem a primis hominibus* &c. *quorum utrumvis ad fidem faciendam satis est.* Cependant, dans son Traité *de la Vérité de la Religion Chrétienne*, Lib. I. §. 2. il ne rapporte pas non plus le consentement, dont il s'agit, à la force des lumiéres naturelles, mais il donne une autre alternative, savoir, ou une révélation de Dieu même, ou une tradition venuë des prémiers Hommes. Remarquons encore, que le raisonnement de St. Cyprien, qu'il cite ici, est fondé, comme il paroit par ce qui précéde, sur une pauvre raison, je veux dire, sur ces expressions qui échappoient aux Païens même, *O Deus, Si Deus dederit* &c. Voiez l'*Octavius* de Minucius Felix, Cap. XVIII. pag. 90. *Edit. Davis.* avec la *Note* de ce judicieux

font fondez, ne sont pas pour cela entiérement excusables; parce que les véritez dont il s'agit conduisent à la Vertu, & que d'ailleurs l'opinion contraire est sans fondement.

2. Mais comme il est question de savoir, si ceux qui ne reconnoissent pas ces véritez méritent quelque peine, & cela devant les Hommes; il faut distinguer ici entre les principes mêmes de la Religion, & la maniére dont on les rejette.

3. Ces deux articles, l'un, *Qu'il y a quelque Divinité* (je mets à part la question, s'il y en a une, ou plusieurs) l'autre, *Que cette Divinité prend soin des affaires humaines*; ces deux articles, dis-je, sont les plus généraux, & l'un & l'autre est absolument nécessaire pour constituer l'essence de toute Religion, vraie ou fausse. *Quiconque s'approche de* DIEU, dit (a) l'Auteur de l'*Epître aux* HÉBREUX, (c'est-à-dire, tout Homme qui a une Religion; car, dans le stile de la Langue Hébraïque, la *Religion* est désignée par *s'approcher de* DIEU) *quiconque*, dis-je, *s'approche de* DIEU, *doit croire*, *& que* DIEU *existe*, *& qu'il recompense ceux qui le cherchent.* ELIEN remarque, (1) qu'aucun des Barbares n'est tombé dans l'Athéisme, mais que tous disent, & qu'il y a une Divinité, & qu'elle prend soin de nous. EPICTETE (2) fait consister le principal de la Religion à croire, qu'il y a des Dieux & qu'ils gouvernent toutes choses sagement & justement. Aussi ces deux véritez ne peuvent-elles pas être séparées. *Il y a eu, & il y a encore*, disoit autrefois CICERON, (3) *des Philosophes, qui croient que les Dieux ne se mêlent en aucune maniére des affaires humaines: mais si leur opinion est bien fondée, que deviendra la Piété, la Sainteté, la Religion? Car la raison pourquoi on doit pratiquer ces Vertus d'un cœur pur & saint envers les Dieux immortels, c'est parce qu'ils y prennent garde, & qu'ils ont fait du bien au Genre Humain.* PLUTARQUE (4), & d'autres, ont aussi reconnu, que nier la Providence, c'est nier l'existence de la Divinité. Et, au fond, c'est la même chose, par rapport à l'influence que la Religion a sur les mœurs.

(a) Chap. XI. vers. 6.

4. Aussi voions-nous, que la nécessité de reconnoitre ces deux principes pour l'usage

cieux Commentateur Anglois. D'ailleurs le passage est mal appliqué ici: car le but de St. CYPRIEN est de prouver l'unité d'un Dieu; au lieu qu'il s'agit seulement en cet endroit de l'existence d'une Divinité en général: du moins ne sauroit-on alléguer autrement la preuve tirée du consentement des Hommes; car il s'en faut bien qu'ils se soient accordez à ne reconnoître qu'une seule Divinité.

(7) Ὑπόληψιν ἐνέστησε. Nôtre Auteur ne marque point en quelle Harangue de cet ancien Orateur le passage se trouve. C'est apparemment celle qu'il cite plus bas, dans le paragraphe suivant, *Note* 7. qui est tirée du Texte. Mais je n'ai pas présentement sous ma main le Livre, pour chercher les deux passages.

(8) Ἀρκεῖ γὰρ ἡ πάτριος καὶ παλαιὰ πίστις [περὶ Θεῶν], ἧς οὐκ ἔστιν εἰπεῖν οὐδ' ἀνευρεῖν τεκμήριον ἐναργέστερον. οὐδ' εἰ δι' ἄκρας τὸ σοφὸν εὕρηται φρενὸς, ἀλλ' ἕδρα τις καὶ βάσις ὑφεστῶσα κοινὴ πρὸς εὐσέβειαν. &c. In Amator. *pag.* 756. C. Tom. II. *Ed. Wech.*

(9) Πάντες γὰρ ἄνθρωποι περὶ Θεῶν ἔχουσιν ὑπόληψιν &c. De Cœlo, *Lib.* I. *Cap.* III. pag. 434. E. Tom. I. *Edit. Paris.*

(10) Voiez le X. Livre *des Loix*, pag. 887. D. E. Tom. II. *Edit. Steph.*

§. XLVI. (1) Καὶ τίς οὐκ ἂν ἐπήνεσε τὴν τῶν Βαρβάρων σοφίαν; εἴ γε μηδεὶς αὐτῶν εἰς ἀθεότητα ἐξέπεσε, μηδὲ ἀμφιβάλλουσι περὶ Θεῶν, ἆρά γε εἰσὶν, ἢ οὐκ εἰσί· καὶ ἆρά γε ἡμῶν φροντίζουσιν, ἢ οὔ. Var. Hist. *Lib.* II. *Cap.* XXXI.

(2) Τῆς περὶ τοὺς Θεοὺς εὐσεβείας, ἴσθι ὅτι τὸ κυριώτατον ἐκεῖνό ἐστιν, ὀρθὰς ὑπολήψεις περὶ αὐτῶν ἔχειν, ὡς ὄντων, καὶ διοικούντων τὰ ὅλα καλῶς καὶ δικαίως. (Enchirid. *Cap.* XXVIII. *init.*) SENEQUE dit, que le Culte des Dieux consiste, prémiérement à croire, qu'ils existent; ensuite, à reconnoitre leur Grandeur, & leur Bonté, sans laquelle il n'y a point de véritable Grandeur: *Primus est Deorum cultus, Deos credere: deinde, reddere illis majestatem suam, reddere bonitatem, sine quâ nulla majestas est.* Epist. XCV. GROTIUS.

(3) *Sunt enim Philosophi, & fuerunt, qui omnino nullam habere censerent humanarum rerum procurationem Deos. Quorum si vera sententia est, quæ potest esse pietas? quæ sanctitas? quæ religio? hæc enim omnia purè ac castè tribuenda Deorum numini ita sunt, si animadvertuntur ab his, & si est aliquid à Diis immortalibus hominum generi tributum.* De Natur. Deor. Lib. I. Cap. II.

(4) Καὶ μὴν αὐτοί τε [Στωϊκοὶ] πρὸς τὸν Ἐπίκουρον οὐδὲν ἀπολείπουσι τῶν πραγμάτων, ἰοὺ, ἰοὺ, φεῦ, φεῦ, βοῶντες, ὡς συγχέοντα τὴν τῶν Θεῶν πρόληψιν, ἀναιρουμένης τῆς προνοίας, οὐ γὰρ ἀθάνατον καὶ μακάριον μόνον, ἀλλὰ καὶ φιλάνθρωπον, καὶ κηδεμονικὸν, καὶ ὠφέλιμον προλαμβάνεσθαι καὶ νοεῖσθαι τὸν Θεόν· ὅπερ ἀληθές ἐστι. De communib. notit. adv. Stoïc. (*pag.* 1075. E. *Tom.* II. *Ed. Wech.*) LACTANCE dit, qu'on ne doit ni honorer DIEU, s'il ne fait aucun bien à ceux qui l'honorent, ni le craindre, s'il ne se fâche point contre ceux qui ne l'honorent pas: *Neque honor ullus deberi potest* DEO, *si nihil præstat colenti; nec ullus metus, si non irascitur non colenti.* (De Ira Dei, *Cap.* VI. *num.* 2.) GROTIUS.

(5)

ge de la Vie en a conservé la créance jusqu'à aujourdhui, pendant une si longue suite de siécles, parmi (5) presque tous les Peuples qui nous sont connus. D'où vient que Pomponius, Jurisconsulte, (6) rapporte la *Religion* au *Droit des Gens*. Et Socrate disoit, au rapport de Xe'nophon, (7) que c'est une Loi établie parmi tous les Hommes, *qu'il faut adorer & servir les Dieux*. Cice'ron (8) reconnoît la même chose.

5. C'est pourquoi, dans les Etats bien policez, on punit ceux qui (9) les prémiers entreprennent de détruire ces idées, comme il arriva autrefois à *Diagoras* (10) de *Mélos*; & on en usa de même à l'égard des (11) *Epicuriens*, qui furent chassez des Villes bien réglées. Je ne doute pas non plus, qu'on ne puisse (12) reprimer de telles gens, au nom de la Société Humaine, contre laquelle ils péchent sans aucune raison tant soit peu apparente. Voici comme parle un ancien Rhéteur dans un feint Plaidoier contre *Epicure*: (13) *Mais, me direz-vous, vous voulez donc me faire punir de ce que j'ai une certaine opinion? Non, ce n'est pas pour vôtre sentiment que je veux vous faire punir, mais pour vôtre impiété. Il est permis de proposer ses sentimens, mais il n'est pas permis d'être impie.*

§. XLVII. 1. Les autres principes généraux de la Religion, ne sont pas si évidens, comme ceux-ci, *Qu'il n'y a qu'un* Dieu: *Que ce* Dieu *n'est rien de tout ce que nous voions*, qu'il n'est ni le Monde, ni le Ciel, ni le Soleil, ni l'Air: *Que le Monde n'est point éternel*, pas même la matiére dont il est composé, mais que Dieu est l'auteur & de la forme, & de la matiére. Aussi voions-nous qu'avec le tems la connoissance de ces véritez s'est effacée & presque éteinte, parmi plusieurs Peuples; ce qui est arrivé d'autant plus aisément, que les Loix ne s'en mettoient pas fort en peine, parce qu'il ne laissoit pas pour cela d'y avoir quelque sorte de Religion.

2. La Loi même, que Dieu donna autrefois à un Peuple instruit de ces véritez

(5) Sene'que prouve l'existence des Dieux, par la raison qu'il n'y a point de Peuple si peu civilisé, qui ne reconnoisse quelque Divinité: *Apud nos veritatis argumentum est, aliquid omnibus videri: tamquam Deos esse, inter alia, sic colligimus, quòd omnibus de Diis opinio insita est: nec ulla gens usquam est adeo extra leges moresque projecta, ut non aliquos Deos credat*. Epist. CXVII. Il parle encore ailleurs de ce consentement universel. *Nec in hunc furorem omnes mortales consensissent, alloquendi surda numina, & inefficaces Deos* &c. De Benefic. *Lib.* IV. *Cap.* IV. Voiez Platon, *in Protagor.* (pag. 322. Tom. I. *Edit. Steph.*) & *De Legibus*, Lib. X. (pag. 887. D. E. *Tom.* II.) comme aussi les belles pensées de Jamblique, dans son Traité *De mysteriis Ægyptiorum*, un peu après le commencement; où il dit, que la connoissance de Dieu est propre & naturelle à l'Homme, comme le hennissement à un Cheval. Grotius.

(6) *Veluti* [Jus Gentium est] *erga Deum religio* &c. Digest. Lib. I. Tit. I. *De Justitia & Jure*, Leg. II. On entend ici par *Droit des Gens*, celui qui se decouvre par les lumiéres de la Raison, & qui, à cause de cela, est reçû chez les Nations tant soit peu civilisées.

(7) Καὶ γὰρ παρὰ πᾶσιν ἀνθρώποις πρῶτον νομίζεται, τοὺς Θεοὺς σέβειν. Xenoph. Memorab. Socrat. (*Lib.* IV. *Cap.* IV. §. 19. *Ed. Oxon.*) Il dit ailleurs, que, selon l'opinion commune de tous les Hommes, & *Grecs*, & *Barbares*, les Dieux connoissent le présent & l'avenir: Ὅτι μὲν γὰρ Ἕλληνες καὶ βάρβαροι τοὺς Θεοὺς ἡγοῦνται πάντα εἰδέναι, τά τε ὄντα καὶ τὰ μέλλοντα, εὔδηλον. In Conviv. (*Cap.* IV. §. 47.) Dion *de Pruse* appelle la Religion, une créance commune de tout tems & par tout païs, à tous les Hommes, *Grecs*, & *Barbares*, nécessaire & naturelle à tous les Etres Raisonnables: δόξα καὶ ἐπίνοια κοινὴ τοῦ ξύμπαντος ἀνθρωπίνου γένους, ὁμοίως μὲν Ἑλλήνων, ὁμοίως δὲ βαρβάρων, ἀναγκαία καὶ ἔμφυτος, ἐν παντὶ τῷ λογικῷ γιγνομένη κατὰ φύσιν..... πᾶσιν ἰσχυρᾷ καὶ ἀΐδιος ἐκ τοῦ παντὸς χρόνου καὶ παρὰ πᾶσι τοῖς ἔθνεσιν ἀρξαμένη τε καὶ διαμένουσα. Orat. XII. Grotius.

(8) Nôtre Auteur cite ici le I. Livre *De Natura Deorum*, & le II. Livre *de Inventione*. Voici le prémier passage: *Quæ* [illegible] *m gens, aut quod genus hominum, quod non habeat* [illegible] *ctrina anticipationem quamdam Deorum?* Cap. XVI. Pour ce qui est de l'autre Traité, je n'y trouve rien qui ait quelque rapport avec le sujet, que le commencement d'un passage, qui a été déja cité ci-dessus, §. 8. *Note* 3. Voiez encore les *Tusculanes*, Lib. I. Cap. XIII.

(9) Il n'y a donc que ceux qui dogmatizent, qui puissent être légitimement punis. Voiez ce que j'ai dit sur Pufendorf, *Droit de la Nat. & des Gens*, Liv. III. Chap. IV. §. 4. *Note* 1.

(10) Les *Athéniens* le chassérent de leur Ville; ou, comme d'autres le disent, ce Philosophe s'étant sauvé, dans la crainte d'être puni, ils mirent sa tête à prix. Voiez la Comédie des *Oiseaux* d'Aristophane, avec la Note du Scholiaste Grec; & Vale're Maxime, *Lib.* I. *Cap.* I. *num.* 7. *extern.*

(11) Voiez Elien, *Var. Hist.* IX, 12. & là-dessus les Interprêtes.

(12) *Moxus*, Lydien, aiant assiégé & pris la Ville de *Crambe*, en fit noier les Habitans, parce qu'ils étoient

tez d'une manière claire & certaine, & par les Prophétes, & par des miracles ou dont il avoit été témoin lui-même, ou qu'il avoit appris par une tradition incontestable; cette Loi, dis-je, quoi qu'elle ne défende rien si fortement, que le culte des fausses Divinitez; ne punit pas néanmoins de mort tous ceux qui sont convaincus d'Idolatrie, mais seulement ceux dont le crime est accompagné de quelque circonstance particuliére; comme une personne (a) qui en a séduit d'autres; une Ville, (b) qui a introduit (1) le culte de quelques Divinitez auparavant inconnuës; un homme, qui (c) adore les Astres, (2) en sorte qu'il renonce à toute la Loi, & par conséquent au culte du vrai Dieu; ceux qui sacrifient (d) leurs propres Enfans à *Moloch*, c'est-à-dire, à *Saturne*. Pour ce qui est des *Cananéens*, & des Peuples voisins, qui, depuis long tems, s'étoient abandonnez à des superstitions criminelles, Dieu ne voulut pas les punir d'abord, mais seulement lors (e) qu'ils eurent comblé leur idolatrie par de grands forfaits. De même, à l'égard des autres Nations, il (f) *dissimula les tems d'ignorance* par rapport au culte des fausses Divinitez. C'est que, comme Philon, Juif, l'a très-bien remarqué, (3) chacun trouve sa Religion la meilleure, parce qu'on en juge d'ordinaire, non par des raisons, mais par l'attachement & le zéle qu'on a pour celle où l'on a été élevé. Il en est ici à peu près de même, que des Sectes de Philosophie, dans lesquelles la plûpart des gens se trouvent engagez, comme le dit Ciceron, (4) avant que d'être en état de discerner le Vrai d'avec le Faux.

(a) *Deuter.* XIII, 1, *& suiv.* 6, *& suiv.*
(b) *Ibid.* vers. 12, *& suiv.*
(c) *Ibid.* Chap. XVII. vers. 2, *& suiv.*
(d) *Levitiq.* XX, 2.
(e) Voiez *Genese*, XV, 16.
(f) *Act.* XVII, 30.

3. Ceux donc, qui n'aiant reçû aucune Loi revélée, adorent les propriétez des Astres, ou d'autres choses naturelles; ou qui rendent des hommages religieux aux Esprits, soit dans quelque Image, ou dans quelque Animal, ou dans quelque autre chose; ou qui servent des Intelligences dégagées de la matiére, ou même les Ames des Morts, qui s'étoient distinguez pendant leur vie, par leur vertu & par les services qu'ils rendoient au Genre Humain; tous ceux-là, dis-je, sont excusables, & ne doivent pas du moins être punis par les Hommes; sur tout s'ils n'ont pas eux-mêmes inventé ces sor-

étoient Athées, *εἶεν ἄθεοι*, qu'ils ne connoissoient & n'adoroient aucune Divinité; comme Nicolas *de Damas* nous l'apprend, *Excerpt. Peiresc.* (pag. 440, 441.) Grotius.

Si un Peuple, quoi qu'Athée, vivoit moralement bien, son Atheïsme seul ne seroit pas une raison pour l'exterminer, tant qu'il ne travailleroit pas à infecter les autres des principes d'irreligion dont il est imbu. Voiez ci-dessus, *Note* 9.

(13) *Δόγματος δὲ ἀντείπεν εἶναι; Οὐκ, ἀλλ' ἀσεβείας· δογματίζειν μὲν γὰρ ἔξεστιν, ἀσεβεῖν δὲ οὐκ ἐπιτέτραπται.* Himerius, Action. *in Epicur.* Nôtre Auteur a tiré ceci de la Bibliothéque de Photius, *Cod.* CCXLIII. pag. 1083. *Edit. Rothom.* 1653.

§. XLVII. (1) Dans le passage cité à la marge, il ne s'agit pas de l'introduction d'un Culte idolâtre, pratiqué par tous les Habitans; mais de la tolerance de ce culte, pratiqué par quelques Particuliers, qui y ont sollicité impunément les autres. Voiez là-dessus Mr. Le Clerc.

(2) C'est ce que St. Paul appelle, *adorer la Créature, & non pas le Créateur* [Romains, *Chap.* I. vers. 25.] *Καὶ ἐσεβάσθησαν καὶ ἐλάτρευσαν τῇ κτίσει παρὰ τὸν κτίσαντα.* Car la preposition *παρὰ* a ici, comme en d'autres endroits, un sens exclusif; & c'est ainsi que le Rabbin Moïse, *Fils de Maimon*, explique le passage du Deuteronome, Direct. Dubit. III. 41. Cette sorte d'idolatrie sujette à punition, pendant quelque tems, parmi les Descendans d'*Esaü*; comme il paroit par ce qui est dit dans le Livre de Job, XXXI, 26, 27. Philon, Juif, dit, qu'il y a des gens, qui, par un excès d'impiété, ne partagent pas même leurs hommages religieux entre le Créateur & la Créature, mais donnent tout à celle-ci, & oublient entiérement le prémier: Εἰσὶ δ' οἳ καὶ προσυπερβάλλοντες ἀσέβειαν, μηδὲ τὴν ἴσην μεταδιδόντες, ἀλλὰ τοῖς μὲν [γεγονόσι] τὰ πάντα τῶν εἰς τιμὴν χαριζόμενοι· τῷ δὲ [πεποιηκότι] οὐδὲν εἴκοντες, ἀλλ' οὐδὲ μνήμης τὸ κοινότατον ἀξιοῦντες. ἐπιλανθάνονται γὰρ ὃν μόνον προσῆκον ἦν μεμνῆσθαι, ἀπονοηθέντες οἱ βαρυδαίμονες ἑκόντες λαθεῖν. In Decalog. (*pag.* 758. A. B. *Ed. Paris.*) Grotius.

Nôtre Auteur, dans ses Notes sur le Nouveau Testament, explique autrement le passage de l'*Epître aux* Romains, savoir, *ils ont adoré la Créature* plus *que le Créateur*: c'est, dit-il, le sens qu'a ordinairement la préposition *παρὰ*, avec un accusatif, lors qu'on fait quelque comparaison, & il en donne plusieurs exemples. Pour ce qui est du passage de Job, il s'agit là de la crainte des châtimens du Ciel, & on n'y entrevoit rien qui donne à entendre qu'il y eût à craindre quelque punition de la part des Hommes. Ainsi la conséquence que nôtre Auteur en tire, n'est pas bien fondée.

(3) Dans la Lettre d'*Agrippa* à l'Empereur *Caligula*: Καλὰ δὲ ἑκάστοις, εἰ καὶ μὴ πρὸς ἀλήθειάν ἐστι, διανοεῖται τὰ οἰκεῖα· κρίνουσι γὰρ αὐτὰ, οὐ λογισμῷ μᾶλλον, ἢ τῷ τῆς εὐνοίας πάθει. De Legat. ad Cajum, *pag.* 1031. B.

(4) *Quid graviùs ferremus, si quisquam ullam disciplinam Philosophiæ probaret, præter eam, quam ipse sequeretur . . . . Nam ceteri . . . ante tenentur adstricti, quàm, quid esset optimum, judicare potuerunt.* Academic. Quæst. *Lib.* IV. *Cap.* III.

sortes de cultes, & qu'ils ne (5) renoncent pas pour cela au culte du vrai Dieu.

4. Mais, d'autre côté, il faut mettre au rang des Impies, plûtôt qu'au nombre des Errans, (6) ceux qui s'avisent de rendre des honneurs divins aux Démons, qu'ils connoissent tels, ou à des noms de Vices, ou à des Hommes, dont la vie a été pleine de Crimes. Il en est de même de ceux qui immolent, en l'honneur de leurs fausses Divinitez, des personnes innocentes. *Darius*, (7) Roi de *Perse*, & *Gélon*, (8) Tyran de *Syracuse*, sont louez de ce qu'ils contraignirent les *Carthaginois* à s'abstenir de ces cruels sacrifices, qui étoient en usage parmi eux. Plutarque nous apprend, (9) que les *Romains* voulurent punir certains Barbares, qui offroient à leurs Dieux des victimes humaines; mais que, comme ils s'excusérent sur l'antiquité de cette coûtume, on ne leur fit aucun mal; on leur défendit seulement de pratiquer désormais rien de semblable.

§. XLVIII. 1. Que dirons-nous des Guerres entreprises pour obliger quelques Peuples à embrasser le Christianisme? Je n'examine pas maintenant, si on propose cette sainte Religion telle qu'elle est, & de la maniére qu'on doit. Supposons que cela soit: je dis, qu'il y a ici deux choses à remarquer.

2. La prémiere est, que la vérité de la Religion Chrétienne, considérée entant qu'elle ajoûte bien des choses à la Religion naturelle & primitive, ne peut pas être prouvée par des raisons purement naturelles. Elle est fondée sur l'histoire de la resurrection de Nôtre Seigneur Jésus-Christ, comme aussi sur l'histoire de ses miracles, & de ceux de ses Apôtres. Or c'est-là une chose de fait, qui a été à la vérité prouvée autrefois par des témoignages incontestables, mais qui l'a été autrefois; de sorte qu'il s'agit d'une question de fait, & d'un fait très-ancien. Cela rend la doctrine de l'Evangile d'autant (1) plus difficile à persuader entiérement à ceux qui n'en avoient ja-

(5) C'est ainsi que les *Juifs* reçûrent les victimes que les Rois d'*Egypte*, & l'Empereur *Auguste*, & *Tibére*, offrirent dans leur Temple; comme Philon (*De Legat. ad Cajum*, pag. 1036. C.) & Joseph nous l'apprennent. Grotius.

Mais ces Princes reconnoissoient-ils pour cela le Dieu des *Juifs* comme fort élevé au dessus des autres? Et n'auroient-ils pas rendu aussi aisément des hommages religieux à toute autre Divinité etrangére? La vérité est, que l'Idolatrie, de quelque nature qu'elle soit, doit encore moins être punie, que l'Atheïsme, tant qu'elle ne porte point à commettre de véritables Crimes, punissables devant le Tribunal Humain: & alors ce sont ces Crimes, que l'on punit, & non pas l'Idolatrie.

(6) Si tous ces gens-là agissent conséquemment à leur Idolatrie, c'est-à-dire, s'ils se portent à des choses véritablement criminelles, à l'exemple des objets de leur Culte; ils sont punissables. Mais s'ils ne suivent pas leurs principes, comme il est arrivé souvent dans le Paganisme, rien n'oblige, ni n'autorise à les punir.

(7) *Adferentes edictum* [Darii] *quo Poeni humanas hostias immolare . . . . prohibebantur.* Justin. Lib. XIX. (*Cap.* I. *num.* 10.) C'étoit *Darius*, Fils d'*Hystaspe*, Pére de *Xerxès*. Voiez ce que l'on a dit ci-dessus, §. 41. Grotius.

(8) Il ne voulut faire la paix avec les *Carthaginois*, que sous cette condition: Γέλων ὁ τύραννος, ὅτε Καρχηδονίους περὶ Ἱμέραν κατεπολέμησεν, εἰρήνην ποιούμενος πρὸς αὐτοὺς, ἠνάγκασεν ἐγγράψαι ταῖς ὁμολογίαις, ὅτι καὶ τὰ τέκνα παύσονται τῷ Κρόνῳ καταθύοντες. Plutarch. Apophthegmat. Reg. & Imper. *pag.* 175. A. Tom. II. *Ed. Wech.* Voiez aussi *De sera Numinis vindicta*, pag. 552. A. On attribuë aussi à *Iphicrate*, d'avoir fait cesser, parmi les *Carthaginois*, l'usage barbare de ces Sacrifices de victimes humaines. Voiez la Note d'Isaac Vossius, sur le passage de Justin, qui vient d'être cité. Au reste, la chose étoit d'autant plus abominable, que ces Peuples immoloient ainsi leurs propres Enfans, comme faisoient aussi les *Cananéens* en l'honneur de *Moloch*. Voiez une longue Note de nôtre Auteur, sur Deuteronom. XVIII. 10. & Mr. Le Clerc, sur Levitiq. XVIII. 21.

(9) Il appelle ce Peuple, les *Blétonesiens*; nom, que je ne trouve nulle part ailleurs, & je ne vois pas qu'aucun Géographe en ait parlé; à moins que le mot ne soit corrompu. Il dit, qu'on voulut punir leurs Magistrats, d'avoir souffert un tel sacrifice: ὅτι τοὺς καλουμένους Βλετονησίους, βαρβάρους ὄντας, ἄνθρωπον τεθυκέναι θεοῖς πυθόμενοι, μετεπέμψαντο τοὺς ἄρχοντας αὐτῶν, ὡς κολάσοντες· ἐπεὶ δ' νόμῳ τινὶ τοῦτο ἐφαίνοντο πεποιηκότες, ἐκείνους μὲν ἀπέλυσαν, ἐκώλυσαν δὲ πρὸς τὸ λοιπὸν &c. Quæst. Roman. LXXXIII. *pag.* 283. E. Tom. II. Si l'on veut un plus grand nombre d'exemples de Peuples & anciens, & modernes, parmi lesquels on trouve établie l'abominable coûtume d'immoler des Victimes Humaines; on n'a qu'à consulter une Dissertation de George Moebius autrefois Professeur en Théologie à *Leipsic*, intitulée, *De Sacrificiorum origine & materia*, & imprimée en 1660. à la suite de son Traité *De Oraculorum Ethnicorum origine* &c.

§. XLVIII. (1) Outre la force des préjugez de l'Education, & de l'attachement que chacun a pour les principes de Religion, dont il a été une fois imbu.

(2) *De* Judæis *autem præcipit sancta Synodus, nemini deinceps ad credendum vim inferri.* Cui enim vult Deus, miseretur, & quem vult, indurat. In Jure Canonic.

jamais entendu parler; à moins qu'il ne survienne quelques secours intérieurs de DIEU. Et comme ces secours ne sont accordez à personne en recompense de quelque œuvre qui le mérite; les raisons pour lesquelles DIEU les réfuse à quelques-uns, ou les leur accorde moins libéralement, ne sont pas injustes à la vérité, mais nous sont inconnuës la plûpart du tems, & par conséquent ne rendent pas ces gens-là punissables devant les Hommes. C'est ce qu'a en vuë un Canon du *IV. Concile de* TOLE'DE, où (2) *il est défendu de faire désormais violence à aucun* Juif, *pour l'obliger à croire; parce*, ajoûte-t-on, *que* DIEU *a compassion de qui il veut, & qu'il endurcit qui bon lui semble.* Le passage qu'on cite là, doit être entendu selon le stile des Ecrivains Sacrez, qui (3) ont accoûtumé de rapporter à la Volonté Divine les effets dont nous ignorons les causes.

2. L'autre chose qu'il y a ici à remarquer, c'est que l'Auteur même de la Loi nouvelle, Nôtre Seigneur JE'SUS-CHRIST, a voulu certainement que personne ne fût (4) contraint à recevoir sa Loi par les peines de cette Vie, ou par la crainte de ces sortes de peines; comme il paroît par (a) plusieurs passages du Nouveau Testament. (a) *Matth.* XIII, 29. *Luc*, IX, 54, 55. *Jean*, VI, 67. *Rom.* VIII, 15. *Hebr.* II, 15.
Et en ce sens on peut admettre comme très-véritable ce mot de TERTULLIEN: (5) *La Loi nouvelle ne se venge point avec le Glaive.* Dans un ancien Ouvrage, qui porte le titre de *Constitutions de* St. CLEMENT, il est dit, en parlant de Nôtre Seigneur: (6) *Il a laissé aux Hommes la liberté entière de leur volonté, ne les punissant point de mort temporelle, mais se reservant à leur faire rendre compte de leur conduite dans un autre Siécle.* St. ATHANASE remarque la (7) même chose, & il le prouve par ce que Nôtre Seigneur disoit à tout le monde, *Si quelcun veut venir après moi*; & à ses Apôtres, *Et vous, ne voulez-vous pas aussi vous en aller?* conséquence, que (8) St. CYPRIEN, & (9) St. CHRYSOSTÔME, tirent aussi du dernier passage.

3. En

nic. Distinct. XLV. Cap. V. JOSEPH dit, que chacun doit servir DIEU librement, selon les lumiéres de sa Conscience, & non pas être forcé à croire telle ou telle chose en matiére de Religion: δεῖν ἕκαστον κατὰ τὴν ἑαυτοῦ προαίρεσιν Θεὸν εὐσεβεῖν, ἀλλὰ μὴ μετὰ βίας. GROTIUS.

L'Historien Juif dit cela à l'occasion de ses Compatriotes, qui vouloient contraindre quelques Grands Seigneurs, Sujets du Roi de *Trachonitide*, à se faire circoncire. *Vit. Joseph.* pag. 1007. C.

(3) Le Grammairien SERVIUS a remarqué, que, toutes les fois qu'on ne voit pas la raison de ce qui arrive, & qu'on ne peut en juger, on a accoûtumé de dire, que *cela a semblé bon* aux Dieux: VISUM SUPERIS] *Ut ipse qui* Neptunum, Junonem, Minervam &c. .... *Quotiescumque autem ratio, vel judicium, non adparet*, sic visum, *interponitur: ut* HORATIUS, Sic visum Veneri &c. In *Æn.* III, 2. DONAT fait la même remarque: QUID SI HOC QUISPIAM VOLUIT DEUS] *Pleraq. repentinis impulsionibus nata, mirisque proventibus, Deo adscribi solent. Ut*, Descendo, ac ducente Deo Flammam inter & hostes Expedior — *Et:* Hinc me digressum vestris Deus adpulit oris. *Et* SALLUSTIUS: Ut tanta repente mutatio non sine Deo videretur. *In Eunuch.* TERENT. Act. V. Scen. II. (vers. 36.) Le Rabbin ABARBANEL dit, que le mot Hébreu צפח se prend aussi dans ce sens-là. GROTIUS.

(4) Cette matiere est traitée par GREGOIRE *de Nazianze*, Orat. *Quum adsumtus est à Patre*; & par BEDE, Lib. I. Cap. XXVI. ISIDORE dit, que *Sisebut*, Roi des *Wisigoths* en *Espagne*, voulant faire embrasser aux *Juifs* le Christianisme, s'y prit d'une maniére à témoigner qu'il avoit à la vérité du zéle, mais un zéle mal éclairé, puis qu'il emploia les voies de la force, au lieu de celle de la persuasion, la seule convenable & légitime: *Qui* [Sisebutus] *in initio regni sui* Judæos *ad fidem Christianam permovens, æmulationem quidem Dei habuit, sed non secundum scientiam. potestate enim compulit, quos provocare fidei ratione oportuit.* (In *Chronic. Gothor. Vandal.* &c. pag. 224. *Edit. Vulcan.* 1597.) RODERIC SANCTIUS a copié cela, dans son Histoire d'*Espagne*, II, 23. D'autres Rois d'*Espagne*, postérieurs à *Sisebut*, sont blâmez pour le même sujet, par JE'ROME OSORIO, & par MARIANA. Voiez le dernier, XXVI, 14. XXVII, 5. GROTIUS.

(5) *Lex nova non se vindicat ultore gladio.* J'ai déja remarqué dans une Note sur le III. Volume des *Sermons* de TILLOTSON, pag. 13. que nôtre Auteur citant de mémoire, a eu en vuë les paroles suivantes: *Nam vetus lex ultione gladii se vindicabat, & oculum pro oculo eruebat, & vindictam injuriæ retribuebat. Nova autem lex clementiam designabat.* Advers. Judæos, *Cap.* III.

(6) Τὸ αὐτεξούσιον τῆς ἀνθρώπων ἀφῆκεν ἐλεύθερον, οὐ προσκαίρῳ θανάτῳ δικάζων, ἀλλ' ἐν ἑτέρᾳ καταστάσει λογοθετῶν αὐτό.

(7) Καὶ γὰρ ὁ Κύριος αὐτὸς, οὐ βιαζόμενος, ἀλλὰ τῇ προαιρέσει διδοὺς ἔλεγε, πᾶσι μέν· Εἴ τις θέλει ὀπίσω μου ἐλθεῖν· τοῖς δὲ μαθηταῖς· Μὴ καὶ ὑμεῖς θέλετε ἀπελθεῖν; Epist. ad Solitar. vit. agent. *Tom.* I. pag. 853, A. *Edit. Colon.* seu Lips. 1686.

(8) *Sed magis conversus ad Apostolos suos, dixit:* Numquid & vos vultis ire? *Servans scilicet legem, quâ homo libertati suæ relictus, & in arbitrio proprio constitutus, sibimet ipse vel mortem adpetit, vel salutem.* Epist. LV. *Pamel.* (LIX. *Fell.*)

(9) Ἐρωτᾷ λέγων· Μὴ καὶ ὑμεῖς θέλετε ὑπάγειν; Ὅπερ πᾶσαν ἦν ἀφαιροῦντος βίαν καὶ ἀνάγκην. Ad loc. JOANN.

(b) *Luc*, XIV, 23.

(c) *Matth.* XIV, 22. *Marc*, VI, 45. *Galat.* II, 14.

(d) *Luc*, XXIV, 29.

(e) *Cap.* 11.

3. En vain objecteroit-on, que, dans la Parabole des Nôces, il est ordonné (b) de *contraindre* quelques personnes *à entrer*. Car comme, dans la Parabole, le mot de *contraindre* ne signifie autre chose qu'une invitation (10) pressante; il faut l'entendre de même dans l'explication morale: & c'est aussi en ce sens que le (c) terme de l'Original, & (d) un autre de même signification sont pris ailleurs. PROCOPE nous apprend, dans son (e) *Histoire Secréte*, que l'Empereur (11) *Justinien* aiant usé de violence & de menaces, pour faire embrasser le Christianisme aux *Samaritains*, il en fut blâmé par les personnes sages: & il ajoûte, qu'il naquit de là plusieurs inconvéniens, dont on peut voir le détail dans sa narration.

§. XLIX. 1. MAIS, d'autre côté, ceux qui punissent quelcun, à cause qu'il enseigne ou qu'il professe le Christianisme, agissent certainement contre la Raison. Car il n'y a rien dans la Religion Chrétienne (je la considére ici en elle-même, & sans le mêlange des erreurs qu'on peut y ajoûter) il n'y a rien, dis-je, dans cette sainte Doctrine, qui nuise à la Société Humaine; ou plûtôt il n'y a rien qui ne tende à l'avantage commun des Hommes. La chose parle d'elle-même; & ceux d'une autre Religion sont contraints de l'avouer. PLINE, *le Jeune*, (1) dit, que, quand les *Chrétiens* s'assembloient, *ils s'engageoient par serment à ne point commettre de larcin, point de brigandage, point d'adultére, à ne point manquer de parole* &c. AMMIEN MARCELLIN (2) rend ce témoignage à la Religion Chrétienne, qu'elle n'enseigne rien que de conforme à la Justice & à la Douceur. C'étoit autrefois une façon de parler commune parmi le Peuple: (3) *Un tel est homme-de-bien, il ne lui manque que de n'être pas Chrétien.*

2. On dit, que toute nouveauté est à craindre, sur tout lors que ceux qui suivent les nouveautez s'assemblent. Mais ce n'est-là qu'une vaine excuse. Quelque nouvelle que soit une Doctrine, on n'a rien à en appréhender, lors qu'elle tend à inspirer toute sorte de Vertu, & à faire rendre aux Supérieurs l'obéïssance qui leur est duë. Des Assemblées (4) de gens de bien, & qui ne cherchent à se cacher, que quand on les y force, ne doivent pas non plus être suspectes. On peut appliquer ici avec raison, ce que l'Empereur *Auguste* disoit, au rapport de (5) PHILON, des Assemblées des *Juifs*,

(10) St. CYPRIEN, faisant allusion à ce passage, dit, qu'après l'ascension de Nôtre Seigneur JESUS-CHRIST, les Apôtres devoient, par ordre de leur Maître & de DIEU, aller par tout le monde, pour ramener les Hommes des ténebres de l'Erreur à la lumiére de la Vérité, en leur annonçant l'Evangile; ce qu'ils firent, malgré les tourmens & les supplices auxquels ils furent exposez, & par lesquels ils prouverent d'une maniére incontestable la divinité de leur mission: *Per orbem vero Discipuli, Magistro & DEO monente, diffusi, praecepta Dei in salutem darent, ab errore tenebrarum ad viam lucis adducerent, caecos & ignaros ad agnitionem veritatis ocularent. Ac ne esset probatio minus solida, & de* CHRISTO *delicata confessio, per tormenta, per cruces, per multa poenarum genera tentantur.* De Idolorum vanitate, *Cap.* VII. *num.* 6, 7. *Edit. Cellar.*

(11) Voiez aussi la Lettre de *Théodahade*, Roi des *Goths*, au même *Justinien*, dans CASSIODORE, Var. X, 26. GROTIUS.

§. XLIX. (1) *Seque sacramento non in scelus aliquod obstringere* [Christianos] *sed ne furta, ne latrocinia, ne adulteria committerent, ne fidem fallerent, ne depositum adpellati abnegarent.* Epist. XCVII. *num.* 7. *Ed. Cellar.*

(2) C'est à l'occasion de *George*, Evêque d'*Alexandrie*, grand brouillon & delateur: *Professionisque suae oblitus, quae nihil nisi justum suadet & lene, ad delatorum ausa feralia desciscebat.* [Lib. XXII. Cap. XI. *pag.* 333. *Ed. Vales. Gron.*] Le même Historien appelle ailleurs le Christianisme, une Religion simple & franche: *Christianam Religionem, absolutam & simplicem, anili superstitione confundens* [Constantius] &c. (Lib. XXI. Cap. XVI. *pag.* 318.) ZOSIME, autre Auteur Païen, dit, que la Religion Chrétienne promet de délivrer de toute sorte de Vice & d'impiété: *Πάσης ἁμαρτάδος ἀναιρετικὴν εἶναι τὴν τῶν Χριστιανῶν διεβεβαιοῦτο δόξαν· καὶ τοῦτο ἔχειν ἐπάγγελμα, τὸ τοὺς ἀσεβεῖς μεταλαμβάνοντας αὐτῆς, πάσης ἁμαρτίας ἔξω παραχρῆμα καθίστασθαι.* (Lib. II. Cap XXIX. *num.* 7. *Edit. Cellar.*) Les Païens l'appelloient ordinairement, une Secte qui ne fait du mal à personne: *Secta nemini molesta.* TERTULLIAN. *Scorpiaco* (Cap. I.) JUSTIN, *Martyr*, soûtient, que les *Chrétiens* sont ceux qui contribuent le plus à la tranquillité de l'Empire, en enseignant, que, soit que l'on vive bien ou mal, on ne sauroit dérober ses actions aux yeux de DIEU, & que chacun a à attendre des récompenses ou des peines éternelles, selon qu'il se sera conduit en ce Monde: *Ἀρωγοὶ δ' ὑμῖν καὶ σύμμαχοι πρὸς εἰρήνην ἐσμὲν πάντων μᾶλλον ἀνθρώπων, ὅτι ταῦτα δοξάζομεν, ὡς λαθεῖν Θεὸν κακοεργὸν, ἢ πλεονέκτην, ἢ ἐπίβουλον, ἢ ἐνάρετον, ἀδύνατον εἶναι· καὶ ἕκαστον εἰς αἰωνίαν κόλασιν ἢ σωτηρίαν, κατ' ἀξίαν τ' πράξεων, πορεύεσθαι.* Apolog. II. ARNOBE parlant des Assemblées des *Chrétiens*, dit, qu'on n'y entend rien qui n'inspire l'Humanité, la Douceur, la Pudeur, la Chas-

Juifs, que ce n'étoient pas des *Bacchanales*, ou des attroupemens faits pour troubler la paix publique, mais des Ecôles de Vertu.

3. Quand on maltraite de telles gens, on se rend soi-même digne d'être justement puni, c'est le sentiment de THOMAS (f) *d'Aquin*. C'est aussi pour ce sujet, que *Constantin* (6) fit la guerre à *Licinius*; & d'autres (g) Empereurs, aux *Perses*. Ces Guerres néanmoins se rapportent plûtôt à une défense innocente de soi-même, de quoi nous parlerons plus bas; qu'à une punition proprement ainsi nommée.

(f) *Summ. Theol.* II. 2. *Quæst.* 188.

(g) Voiez *Menandre le Protecteur.*

§. L. 1. POUR ce qui est des *Chrétiens*, qui persécutent eux-mêmes & condamnent à des supplices barbares, des gens qui reconnoissent pour vraie la Loi de JESUS-CHRIST, mais qui doutent, ou qui errent, en matiére de certains points, sur lesquels il n'y a rien de décidé dans cette Loi, ou à l'égard desquels le sens de la Loi paroit ambigu, & a été diversement expliqué par les anciens *Chrétiens*; (1) c'est une souveraine injustice, comme il paroit & par ce que nous avons déja dit, & par l'exemple des anciens *Juifs*. Car ceux-ci, quoi qu'ils eussent une Loi, dont la violation soûmettoit les contrevenans aux peines de cette Vie, ne punirent jamais néanmoins les *Saducéens*, qui rejettoient le dogme de la Résurrection, très-véritable sans contredit, mais qui n'étoit proposé dans la Loi de *Moïse* que d'une maniére obscure, & sous l'enveloppe de certaines paroles ou de certaines choses symboliques.

2. Mais, dira-t-on, n'y a-t-il pas des Erreurs grossiéres, & dont on peut aisément être convaincu devant des Juges équitables, par l'autorité de l'Ecriture Sainte, ou par le consentement des Anciens? Ici encore il faut penser, combien il est difficile de déraciner des opinions dont on a été long tems prévenu, & combien l'attachement que chacun a pour son Parti diminue la liberté du Jugement. *Il n'y a point de gale si incurable*, selon la pensée de (2) GALIEN. *Il est plus facile de se défaire de toute autre habitude, pour si forte qu'elle soit, que de celle des opinions auxquelles on a été attaché*; c'est ce que dit très-bien (3) ORIGÉNE. Ajoûtez à cela, que le degré de la faute de ceux qui errent est proportionné au degré des lumiéres qu'ils ont reçuës, & à d'autres dispositions intérieures, qu'il n'est pas possible aux Hommes de penétrer.

3. St.

Chasteté, la Libéralité, la Bénéficence, l'amour de tous les Hommes: *In quibus* (conventiculis) *aliud audiunt nihil, nisi quod humanos faciat, nisi quod mites, verecundos, pudicos, castos, familiaris communicatores rei, & cum omnibus consolida germanitatis necessitudine copulatos.* Advers. Gentes, *Lib.* IV. (pag. 152, 153. *Edit. Salmas.* 1651.) GROTIUS.

(3) *Bonus vir* Cajus Sejus, *tantum quod Christianus.* TERTULLIAN Apologet. *Cap.* III. Voiez aussi *Ad Nationes*, Lib. I. Cap. IV.

(4) Nôtre Auteur auroit pû citer ici fort à propos ce mot de TERTULLIEN: *Quum probi, quum boni coeunt, quum pii, quum casti congregantur, non est factio dicenda, sed curia.* Apolog. *Cap.* XXXIX. *in fin.*

(5) Μὴ γὰρ εἶναι ταῦτα [συναγώγια] συνόδους ἐκ μέθης καὶ παροινίας ἐπὶ συστάσει, ὡς λυμαίνεσθαι τὰ τῆς εἰρήνης. ἀλλὰ διδασκαλεῖα σωφροσύνης, καὶ δικαιοσύνης &c. De Legat. ad Cajum (*pag.* 1035. E. *Edit. Paris.*) Il fait voir ailleurs, quelle grande difference il y a entre les Synagogues, & les Mystéres du Paganisme: *Lib. de Sacrificantib* (pag. 856, *& seqq.*) Le passage mérite d'etre lû. Voiez quelque chose de semblable, dans JOSEPH, *contra Apion.* Lib. II. GROTIUS.

(6) Voiez ZONARE, (dans la Vie de *Constantin*, Tom. III. *init.*) St. AUGUSTIN dit, que, si *Maximien*, Evêque de *Vagies* en *Afrique*, demanda du secours à un Empereur Chrétien, ce ne fut pas tant pour se defendre lui-même, que pour défendre l'Eglise, qui lui étoit confiée, contre les Ennemis du Christianisme: *Auxilium ergo petivit* (Maximianus, *Episcopus* Vaglensis) *ab Imperatore Christiano* (contra hostes Ecclesiæ) *non tam sui ulciscendi causâ, quam tuenda Ecclesia sibi credita.* Ad Bonifac. *Epist.* L. Ces paroles se trouvent rapportées dans le DROIT CANONIQUE, *Caus.* XXIII. Quæst. III. Cap. II. GROTIUS.

§. L. (1) On peut voir plusieurs Livres de divers Auteurs, faits à la fin du Siécle passé, & dans celui-ci, sur la matiére de la *Tolérance*; dans lesquels les Persécuteurs sont accablez & de preuves directes de la derniére évidence, & de réponses sans replique. Tout le monde connoit ces Ouvrages, publiez en diverses Langues, sur tout en François & en Anglois. Joignez-y les *Observations* de MATTHIAS BERNEGGER, publiées à *Strasbourg*, en 1669. Obs. XV.

(2) Δυσανίατόν τι κακόν ἐστιν ἡ περὶ τὰς αἱρέσεις φιλοτιμία, καὶ δυσέκνιπτον ἐν τοῖς μάλιστα, καὶ ψώρας ἁπάσης δυσιατότερον. De Natur. Facult. *Lib.* I.

(3) Εὐχερέστερον γε ἀποθέσθαι τὰ περὶ ἄλλα συνήθειαν, κἂν δυσαποσπάστως αὐτῶν ἔχῃ, καταλεῖψαι ἄν, ἢ τὰ περὶ τὰ δόγματα. S. CHRYSOSTÔME dit aussi, qu'il n'y a rien de si difficile, que de se résoudre à changer, en matiére de Religion: Ὅταν δὲ καὶ ἐν δόγμασιν ἡ συνήθεια ᾖ, βιαιοτέρα γίνεται. πάντα γὰρ τις εὐκολώτερον ἀμείψειεν, ἢ τὰ περὶ τὰς θρησκείας. In I. ad Corinth. *Hom.* II. GROTIUS.

(4)

5. St. AUGUSTIN ne regarde comme *Hérétiques*, (4) que ceux qui, pour quelque intérêt temporel, & ſur tout pour s'aquérir de la (5) gloire & pour s'ériger en Chefs de Secte, inventent ou ſuivent des opinions fauſſes & nouvelles. Ecoutons ce que SALVIEN dit, au ſujet des *Ariens:* (6) *Ils ſont Hérétiques, mais ils ne le ſavent point: ils ſont Hérétiques chez nous, mais ils ne le ſont pas chez eux; car ils ſe croient ſi bien Catholiques, qu'ils nous traitent nous-mêmes d'Hérétiques. Ce donc qu'ils ſont par rapport à nous, nous le ſommes par rapport à eux. Nous ſommes perſuadez, qu'ils ont une penſée injurieuſe à la Génération Divine, en ce qu'ils diſent que le Fils eſt moindre que le Pére: ils croient eux, que nous ſommes dans une opinion injurieuſe au Pére, parce que nous faiſons le Pére & le Fils égaux. La Vérité eſt de nôtre côté: mais ils prétendent l'avoir du leur. Nous rendons à* DIEU *l'honneur qui lui eſt dû: mais ils croient auſſi le lui rendre en penſant de la maniére qu'ils penſent. Ils ne s'aquittent pas de leur devoir: mais ils ſont conſiſter en cela même où ils y manquent, le plus grand devoir de la Religion. Ils ſont impies: mais en cela même ils croient ſuivre la véritable Piété. Ils ſe trompent donc, mais c'eſt de bonne foi,* (7) *par un principe d'amour envers* DIEU, *& non qu'ils le haïſſent, puis qu'ils croient honorer & aimer le Seigneur. Quoi qu'ils n'aient pas la vraie Foi, ils regardent celles qu'ils ont comme un parfait amour de* DIEU: *& il n'y a que le Souverain Juge de l'Univers,* (8) *qui puiſſe ſavoir comment ils ſeront punis de leurs erreurs au jour du jugement. Cependant*

(4) *Quandoquidem Hæreticus eſt, ut mea fert opinio, temporalis commodi, & maximè gloriæ, principatûsque ſui gratiâ, falſas ac novas opiniones vel gignit, vel ſequitur.* Lib. de *utilitate credendi*, Cap. I. Ces paroles ſont inſérées dans le DROIT CANONIQUE, *Cauſ.* XXIV. *Quæſt.* III. (*Cap.* XXVIII.) Il diſtingue enſuite entre un *Hérétique*, & une perſonne qui ſe laiſſe éblouïr aux raiſons des Hérétiques: *Ille autem, qui hujuſmodi hominibus credit, homo eſt imaginatione quadam veritatis ac pietatis illuſus.* Voiez la Lettre CLXII. du même Pére, citée dans le Canon ſuivant. Dans le CODE JUSTINIEN, l'*Héréſie* eſt définie, une folle opiniâtreté: *Nullus Hæreticis miniſteriorum locus, nulla ad exercendam animi obſtinatioris dementiam pateat occaſio.* Lib. I. Tit I. *De Summa Trinit.* &c. Leg. II. *princ.* GROTIUS.

Mais cette *opiniâtreté* eſt une choſe, dont les Hommes ne peuvent pas juger ſûrement; & ceux qui ſont eux-mêmes dans l'erreur, peuvent regarder comme des opiniâtres les partiſans de la Vérité; ainſi que l'ont remarqué & prouvé au long les Auteurs, dont j'ai parlé dans la *Note* 1. de ce paragraphe.

(5) L'Auteur des Réponſes aux Orthodoxes, dit, que l'ambition & la jalouſie des Héréſiarques eſt la ſource de toutes les Héréſies: Δῆλον ἐστιν ὅτι ἐκ φιλοδοξίας ἢ ἀνθυπαθείας τῶν αἱρεσιαρχῶν πᾶσαι αἱ αἱρέσεις τὰς ἀφορμὰς ἐσχήκασι τῆς συστάσεως αὐτῶν. Quæſt. IV. On trouve la même penſée dans St. CHRYSOSTÔME: Ἡ γὰρ τῶν αἱρέσεων μήτηρ, ἡ τῆς φιλαρχίας ἐστὶν ἐπιθυμία. In Galat. Cap. V. GROTIUS.

(6) *Hæretici ergo ſunt, ſed non ſcientes: denique apud nos ſunt hæretici, apud ſe non ſunt. Nam in tantum ſe Catholicos eſſe judicant, ut nos ipſos titulo hæreticæ adpellationis infament. Quod ergo illi nobis ſunt, & hoc nos illis. Nos eos injuriam divinæ generationi facere certi ſumus, quòd minorem Patre Filium dicant: illi nos injurioſos Patri exiſtimant, quia æquales eſſe credamus. Veritas apud nos eſt: ſed illi apud ſe eſſe præſumunt. Honor Dei apud nos eſt: ſed illi hoc arbitrantur honorem divinitatis eſſe, quod credunt. Inofficioſi ſunt: ſed illis hoc eſt ſummum religionis officium. Impii ſunt: ſed hoc putant veram eſſe pietatem. Errant ergo, ſed bono animo errant, non odio, ſed adfectu Dei, honorare ſe dominum atque amare credentes. Quamvis non habeant rectam fidem, illi tamen hoc perfectam Dei æſtimant caritatem. Qualiter pro hoc ipſo falſæ opinionis errore, in die Judicii, puniendi ſint, nullus poteſt ſcire, niſi Judex. Interim idcirco eis, ut reor, patientiam Deus commodat, quia videt eos, etſi non recte credere, adfectu tamen piæ opinionis errare.* De Gubernat. Dei, *Lib.* V. pag. 150, 151. *Edit. Paris.* 1645.

(7) AGATHIAS parlant des ridicules ſuperſtitions des anciens *Allemands*, dit que tous les Errans ſont plus dignes de pitié, que de colére, parce que ce n'eſt pas volontairement qu'ils s'égarent, mais par les fauſſes idées qu'ils ſe ſont du Bien après lequel ils ſoupirent, & auxquelles ils ſe tiennent conſtamment attachez, quelles qu'elles ſoient: Ἐλεεῖσθαι μὲν οὖν, ἢ χαλεπαίνεσθαι, δίκαιοι ἂν εἶεν, καὶ πλείστης μεταλαγχάνειν συγγνώμης, ἅπαντες ὅσοι δὴ τοῦ ἀληθοῦς ἁμαρτάνουσιν. οὐ γὰρ δήπου ἑκόντες ἀλῶνται καὶ ὀλισθαίνουσιν, ἀλλὰ τοῦ ἀγαθοῦ ἐφιέμενοι, ἔπειτα σφαλέντες τῇ κρίσει, τὸ λοιπὸν ἔχονται τῶν δοκηθέντων ἀπρὶξ, ὁποῖα ἄττα καὶ τύχοιεν ὄντα. Lib. I. (Cap. V.) GROTIUS.

(8) C'eſt auſſi ce que remarque St. CHRYSOSTÔME. Le moien, dit-il, de ſavoir, comment cette perſonne, que vous croiez dans l'erreur, s'accuſera ou s'excuſera elle-même, au jour que DIEU jugera des ſecrets des Hommes? Et là-deſſus il ajoûte, qu'il eſt impoſſible aux Hommes de ſonder les voies & les jugemens de DIEU. Τὸ κεκρυμμένον, τῷ τῶν αἰώνων κριτῇ ἀνεπισφαλὲς ἀποφαίνεσθαι, μόνῳ εἰδότι καὶ μέτρα γνώσεως, καὶ ποσότητα πίστεως. πόθεν γὰρ ἴσμεν, εἰπέ μοι, παρακαλῶ, ποίοις ῥήμασι κατηγορήσει ἑαυτοῦ ἢ καὶ ἀπολογήσεται, ἐν ἡμέρᾳ ὅτε μέλλει ὁ Θεὸς κρίνειν τὰ κρυπτὰ τῶν ἀνθρώπων; ὄντως ἀνεξερεύνητα τὰ κρίματα, καὶ ἀνεξιχνίαστοι αἱ ὁδοὶ αὐτοῦ. Homil. *contra Anathematizant.* GROTIUS.

(9) *Illi in vos ſæviant, qui neſciunt cum quo labore verum inveniatur, & quàm difficilè caveantur errores. Illi in vos ſæviant, qui neſciunt, quàm rarum & arduum ſit, carnalia phantaſmata piæ mentis ſerenitate ſuperare. Illi in vos ſæviant, qui neſciunt, cum quantâ difficultate ſanetur oculus interioris hominis, ut poſſit intueri Solem ſuum*

pendant DIEU, *à mon avis, les supporte patiemment, parce qu'il voit que, s'ils sont dans l'erreur, ils errent par un mouvement de Piété.*

4. Voici encore ce que St. AUGUSTIN dit des *Manichéens*, dans les erreurs grossiéres desquels il avoit été long tems engagé: (9) *Nous n'avons garde de vous traiter avec rigueur: nous laissons cela à ceux qui ne savent pas quelle peine il faut pour trouver la Vérité, & combien il est difficile de se garantir des Erreurs. Nous laissons cela à ceux qui ne savent pas combien il est rare & pénible de s'élever au dessus des fantômes d'une Imagination grossiére, par le calme d'une Intelligence pieuse. Nous laissons cela à ceux qui ne savent pas, quelle difficulté il y a à guérir l'œil de l'Homme intérieur, pour le mettre en état de voir son Soleil..... Nous laissons cela à ceux qui ne savent pas, quels gémissemens & quels soûpirs il faut, pour aquérir quelque petite connoissance de la Nature Divine. Nous laissons cela enfin à ceux qui ne sont jamais tombez dans des erreurs semblables à celle qui vous séduit. Pour moi, je ne puis absolument me résoudre à vous maltraiter: je dois au contraire vous supporter, comme on m'a supporté moi-même autrefois, & user envers vous d'une aussi grande tolérance, que celle dont mes Proches usoient envers moi, lors qu'une fureur aveugle me faisoit égarer avec vous.*

5. Il y a une forte invective de St. ATHANASE (10) contre les *Ariens*, sur ce qu'ils étoient les prémiers qui avoient eu recours à la Puissance Civile pour terrasser l'o-

suum.... Illi in vos saeviant, qui nesciunt, quibus gemitibus & suspiriis fiat, ut ex quantulacumque parte possit intelligi Deus. Postremo in vos illi saeviant, qui nullo tali errore decepti sunt, quali vos deceptos vident..... Ego autem... saevire in vos omnino non possum, quos, sicut me ipsum [il semble qu'il manque ici *alii.*] *illo tempore, ita nunc debeo sustinere, & tantâ patientiâ vobiscum agere, quantâ mecum egerunt proximi mei, quum in vestro dogmate rabiosus & caecus errarem.* Contra *Epist. Manichaei*, quam vocant fundamenti, *Cap.* II. & III. pag. 78. 79. Tom. VI. *Edit. Basil.* 1528. Voilà de beaux discours, si ce Pére ne les avoit démentis par sa conduite. Consultez la *Note* 11. sur ce paragraphe.

(10) C'est avec raison que nous haïssons ces gens-là, qui les prémiers du Christianisme ont donné le mauvais exemple de persécuter. Voiez leurs cruautez dans EUSE'BE, *de Vit. Constantini*. Lib I. Cap. V. XXXVIII. SOCRATE, *Hist. Eccl.* Lib. IV. Cap. XXIX. PROCOPE, *Vandalic.* Lib. I. dans l'endroit où il parle d'*Honorie* (ou *Huneric*, Cap. VIII.) & *Gotthic.* Lib. I. (Cap. XIII.) au sujet d'*Amalaric*; comme aussi VICTOR *d'Utique*. St. EPIPHANE accuse les *Demi-Ariens*, de persécuter ceux qui enseignent la Vérité, & de vouloir les convertir non par la persuasion, mais par des haines, par des guerres, par l'épée; ensorte, ajoûte-t-il, qu'ils ont travaillé à ruiner des Villes & des Provinces entiéres: Τοὺς τὴν ἀλήθειαν διδάσκοντας διώκουσιν, οὐκέτι λόγοις εὐλόγοις ἀνατρέπειν, ἀλλὰ καὶ ἔχθραις, καὶ πολέμοις, καὶ μαχαίραις παραδιδόντες τοὺς ὀρθῶς πιστεύοντας. λύμην δ' οὐ μιᾷ πόλει καὶ χώρᾳ εἰργάσαντο, ἀλλὰ πολλαῖς. GRE'GOIRE, Evêque de *Rome*, dit à l'Evêque de *Constantinople*; en parlant de tels Persécuteurs, que c'est une nouvelle maniére de Prédication, de convertir les gens à coups de bâton: *Nova & inaudita est ista praedicatio, quae verberibus exigit fidem.* GROTIUS.

Les *Ariens* ont eu sans doute tort de persécuter; mais, comme il faut rendre justice à tout le monde, nôtre Auteur ne devoit pas les charger du reproche d'avoir été les prémiers qui ont deshonoré le Christianisme par une maniére d'agir si opposée à l'Evangile. Feu Mr. BAYLE a très-bien remarqué, dans son *Commentaire Philosophique*, (Supplément, *pag.* 364. 1. Edit.) & dans son *Dictionnaire Hist. & Critiq.* à l'article d'*Arius*, Not. A. G. que *les* Orthodoxes *avoient été les aggresseurs: car ce furent eux qui implorérent le bras séculier de* Constantin *contre l'Arianisme, avant que les* Ariens *eussent emploié aucune voie de fait.* Voiez ce qui suit; & EUSE'BE, dans sa *Vie de* CONSTANTIN, Lib. III. Cap. LXIV, *& seqq.* SOCRATE, *Hist. Eccl.* Lib. I. Cap. IX. dans la Lettre de *Constantin* aux Evêques & au Peuple. Nôtre Auteur cite mal-à-propos cette Vie, où il n'y a rien sur les persécutions dont les *Ariens* usérent envers ceux du Parti opposé. Il a eu apparemment dans l'esprit ce que rapporte SOZOMENE, *Hist. Eccl.* Lib. II. Cap. XXV. XXVIII. touchant la déposition & l'exil de *St. Athanase*. La citation, qui suit, est aussi fautive pour le chiffre du Chapitre: car c'est aux Chapp. VI. XV. XVI. XVII. XVIII. & XIX. du Livre IV. que SOCRATE parle des violences & des cruautez, que l'Empereur *Valens*, animé par les *Ariens*, exerça contre les défenseurs de la consubstantialité du Verbe. Au reste, nôtre Auteur, dans ses Notes sur les Evangiles (*in* MATTH. XIII, 41. pag. 257.) s'exprime autrement sur ce fait. Il se contente d'attribuer aux *Ariens* l'introduction des Peines corporelles un peu rigoureuses, d'où ils passérent ensuite, dit-il, à répandre le sang de ceux qui n'étoient pas de même opinion, qu'eux, sur la Religion. Mais il avouë, que *Constantin*, après avoir déclaré, dans ses prémiers Edits, qu'il falloit laisser à chacun la liberté de Conscience, décerna ensuite des peines, la plûpart pécuniaires, contre ceux qui s'étoient separez de la communion de *la grande Eglise*, c'est-à-dire, du Parti le plus fort: ce qu'il fit (ajoûte nôtre Auteur) ou par politique, ou à la sollicitation des Evêques, qui vouloient s'épargner la peine de disputer tous les jours avec les contredisants: *Seu quod imperio ita conducere arbitraretur, seu quòd Episcopi laborem quotidianae disputationis subterfugerent* &c.

(11)

l'opinion contraire à la leur, & pour attirer à leur parti par la violence, par les coups, par les prisons, ceux qu'ils n'avoient pû persuader par des discours. (11) *En quoi*, ajoûte-t-il, *cette Hérésie fait bien voir, qu'elle n'est point pieuse, ni religieuse*. C'est, à mon avis, une allusion à ce que dit St. PAUL, dans son Epître aux *Galates*: (a) *Comme alors celui qui étoit né selon la chair, persécutoit celui qui étoit né selon l'esprit; il en est de même à present*. On trouve quelque chose de semblable dans un Discours de St. HILAIRE à l'Empereur *Constance*. L'Eglise de l'ancienne *Gaule* condamna la conduite (12) de quelques Evêques, qui avoient fait en sorte qu'on punit de mort les *Priscillianistes*. Et en *Orient* on desapprouva aussi un Concile, qui avoit consenti à ce que *Bogomile* fût brûlé. Ceux qui exercent ou qui approuvent de pareilles violences, doivent être renvoiez à l'école d'un Philosophe Paien, c'est PLATON, qui a dit très-sagement, (13) que *la peine duë à un homme qui est* (14) *dans l'erreur, c'est d'être instruit*.

(a) *Galat*. IV, 29. Voiez là-dessus *St. Jérome*, cité dans le Droit Canonique, *Caus*. LXIII. *Qu*. IV. Cap. 13.

§. LI. IL Y A plus de justice à punir (1) ceux qui agissent avec irrévérence & avec irreligion envers les Dieux qu'ils reconnoissent. C'est une des raisons qu'on allégua (a) pour justifier la Guerre du *Peloponnése* entre les *Athéniens* & les *Lacédémo-*

(a) *Thucydid*. Lib. I. Cap. CXXVI, & seqq. *Ed. Oxon*.

(11) Il ajoûte, que c'est le propre de la Piété, d'emploier non les voies de la Contrainte, mais celles de la Persuasion: Ἡ δὲ νέα καὶ μιαρὰ αὕτη αἵρεσις, ὅταν ἀνατρέπηται τοῖς λόγοις, ὅταν ὑπὸ τῆς ἀληθείας αἰσχυνθεῖσα ᾖ, λοιπὸν οὓς μὴ δεδύνηται πεῖσαι λόγοις, τούτους τῇ βίᾳ, καὶ πληγαῖς, καὶ δεσμωτηρίοις ἕλκειν ἐπιχειρεῖ, γνωρίζουσα ἑαυτὴν καὶ οὕτως, ὡς πάντα μᾶλλόν ἐστιν ἢ θεοσεβής. Θεοσεβείας μὲν γὰρ ἴδιον, μὴ ἀναγκάζειν, ἀλλὰ πείθειν, ὥσπερ εἴπαμεν. Epist. ad Solitar. *Tom*. I. pag. 855. A. On peut se prévaloir, avec raison, d'un aveu si formel de St. ATHANASE. Mais la vérité est, que lui & divers autres Péres, qui ont parlé de même, se sont souvent contredits dans leur conduite, & ont même admis ou établi des principes, en conséquence desquels la Persecution pour cause de Réligion n'étoit condamnée qu'à demi par leurs maximes vagues & mal digérees. En particulier, le grand St. AUGUSTIN a varié là-dessus, selon les tems, comme nôtre Auteur le reconnoit dans le même endroit de ses Notes sur les Evangiles, que je viens de citer. Ce Pére, dit-il, a cru pendant long tems, qu'on ne doit punir en aucune maniére ceux que l'on appelle *Hérétiques*. Mais aiant eu depuis à soûtenir bien des combats contre les *Donatistes*, gens assez opiniâtres, il changea de sentiment, & approuva les Punitions qui laissent au Coupable le tems de se repentir; condamnant toûjours d'ailleurs le dernier supplice, qu'il dissuada souvent contre ces sortes de gens. Voiez, au reste, le Traité de MARC-ANTOINE DE DOMINIS, *De Republ. Ecclesiastica*, Lib. VII. Cap. VIII. où l'on a ramassé plusieurs autres passages des Péres, sur le sujet dont il s'agit.

(12) *Idace*, & *Ithace*. SULPICE SE'VE'RE remarque, qu'ils furent bien peu sages, d'avoir recours, comme ils firent d'abord, aux Juges Civils, pour les engager à faire chasser des Villes les *Priscillianistes*: *Tum vero* Idacius *atque* Ithacius *acriùs instare, arbitrantes posse inter initia malum comprimi: sed parum sanis consiliis, seculares Judices adeunt, ut eorum decretis atque exsequutionibus Haretici urbibus pellerentur*. (Hist. Sacr. *Lib*. II. *Cap*. XLVII. *num*. 5. *Edit. Vorst*.) Un peu plus bas, en parlant du Concile de *Bourdeaux*, où les deux Evêques Espagnols, dont il s'agit, parurent comme Accusateurs des *Priscillianistes*, cet Historien dit, qu'il ne blâmeroit pas leur zele contre l'Herésie, s'ils n'avoient agi avec trop de chaleur, par le desir de vaincre; & il condamne également les Accusez, & les Accusateurs: *Sequuti etiam accusatores*, Idacius, *&* Ithacius *Episcopi: quorum studium in expugnandis Hareticis non reprehenderem, si non, studio vincendi, plus quàm oportuit, certassent. Ac mea quidem sententia est, mihi tam reos, quam accusatores, displicere*. (Cap. L. *num*. 1, 2.) *Martin*, Evêque de *Tours*, n'oublia rien pour engager *Idace* à se desister de son accusation: il pria l'Empereur *Maxime* de ne pas répandre le sang de ces malheureux: il lui représenta, qu'il suffisoit de reste, qu'après avoir été declarez Hérétiques par la sentence des Evêques, on les mit hors des Eglises; que c'étoit un attentat inouï, qu'en matiére d'affaires Ecclesiastiques on eût recours aux Juges Civils: *Namque tum* Martinus *apud* Treviros *constitutus, non desinebat increpare* Ithacium, *ut ab accusatione desisteret*; Maximum *orare, ut sanguine infelicium abstineret: satis superque sufficere, ut, Episcopali sententiâ Haretici judicati, Ecclesiis pellerentur: novum esse & inauditum nefas, ut causam Ecclesia Judex seculi judicaret*. (Ibid. *num*. 5.) GROTIUS.

(13) J'ai trouvé ce mot, dans le I. Livre *de la République*, où le Philosophe parle de ceux qui ignorent quelque Vérité: or cette ignorance jette ordinairement dans quelque Erreur: Τί οὖν (ἔφη) ἂν ἐγὼ δείξω ἑτέραν ἀπόκρισιν παρὰ πάσας ταύτας περὶ δικαιοσύνης, βελτίω τούτων, τί ἀξιοῖς παθεῖν; Τί ἄλλο (ἦν δ᾽ ἐγώ) ἢ ὅπερ προσήκει πάσχειν τῷ μὴ εἰδότι; προσήκει δέ που μαθεῖν παρὰ τοῦ εἰδότος. Pag. 337. D. Tom. II. *Edit. H. Steph*. C'est de là visiblement qu'est prise la pensée d'un Pére de l'Eglise, que nôtre Auteur cite dans la Note suivante.

(14) L'Erreur ne mérite pas le nom de crime, selon SENE'QUE:

THES. ; *Quis nomen unquam sceleris errori dedit?* (Hercul. fur. *vers*. 1237.) Le même Philosophe dit, qu'il n'est pas d'un Homme sage de haïr ceux qui sont dans l'erreur; autrement il faudroit qu'il se haït lui-même: *Non est autem prudentis, errantes odisse: alioquin ipse sibi odio erit*. De Ira, *Lib*. I. Cap. XIV. Voici une sentence de l'Empereur MARC ANTONIN: „ Instruis, si tu le peux, ceux qui s'égarent: sinon, „ souviens-toi, que la Douceur t'a été donnée pour en „ faire usage à leur égard. Les Dieux même les sup„ portent avec douceur: Εἰ μὲν δύνασαι, μεταδίδασκε· εἰ δὲ μή, μέμνησο, ὅτι πρὸς τοῦτο ἡ εὐμένειά σοι δέδοται. καὶ οἱ Θεοὶ δὲ εὐμενεῖς τοῖς τοιούτοις εἰσί. Lib. IX. (§. 11.) St. CHRYSOSTÔME dit, qu'on ne doit ni punir, ni accu-

moniens. *Philippe* de *Macédoine* prit les armes pour le même sujet (b) contre les (b) *Diod. Sic.* Lib. XVI. Cap. LX, & *seqq.*
Phocéens, dont le sacrilége, à ce (2) que dit JUSTIN, *méritoit que toutes les forces du Monde se réunissent pour le venger.* St. JE'ROME remarque, que, (3) *tant que les Vaisseaux sacrez du Temple de* Jérusalem *demeurérent dans le Temple des Idoles à* Babylone, DIEU *ne se mit point en colére contre les* Babyloniens, *parce qu'ils consacroient ainsi de bonne foi au culte divin, selon leurs fausses idées, des choses qui appartenoient à* DIEU: *mais depuis qu'ils eurent profané ces choses saintes, en les faisant servir à des usages profanes, le sacrilége fut bien tôt suivi de la punition.* St. AUGUSTIN dit, que DIEU rendit l'Empire des *Romains* si étendu, à cause (4) que ce Peuple étoit zélé pour sa Religion, quoi que fausse; &, comme s'exprime LACTANCE, (5) parce qu'*il s'attachoit constamment au grand Devoir des Hommes, sinon par une vraie pratique, du moins avec bonne intention.* Et nous avons remarqué (c) (c) *Chap.* XIII. de ce Livre, §. 12.
ci-dessus, que le vrai DIEU punit le Parjure, quelque fausses que soient les Divinitez par lesquelles on a juré, les prenant pour la véritable. SENE'QUE dit, (6) qu'on punit de telles gens, *parce qu'ils ont cru outrager la Divinité; & que cette pensée où ils sont les rend sujets à la peine.* C'est ainsi que j'entens ce que le même Philoso-

accuser même, ceux qui sont dans l'ignorance, mais qu'il est juste de leur apprendre ce qu'ils ignorent: *Τὸν γὰρ ἀγνοοῦντα, οὐ κακῶς ἀκούειν, οὐδὲ ἐγκαλεῖσθαι, ἀλλὰ μανθάνειν δίκαιόν ἐστιν ὅπερ ἀγνοεῖ.* In Ephes. IV, 17. L'Empereur *Valentinien I.* est loué de sa modération, par AMMIEN MARCELLIN, en ce qu'il n'inquiéta personne pour cause de Religion, & qu'il laissa chacun servir DIEU paisiblement selon les lumiéres de sa Conscience: *Postremo hoc moderamine principatûs inclaruit, quòd inter Religionum diversitates medius stetit: nec quemquam inquietavit, neque ut hoc coleretur imperavit, aut illud: nec interdictis minacibus subjectorum cervicem ad id, quod ipse coluit, inclinabat: sed intemeratas reliquit has partes, ut reperit.* Lib. XXX. Cap. IX. GROTIUS.

§. LI. (1) Voiez là-dessus de belles choses dans les Livres V. & VI. de St. CYRILLE, contre l'Empereur *Julien.* Les *Amphictyons*, à la persuasion de *Solon*, firent la guerre aux *Cirrhéens*, à cause qu'ils étoient entrez par force dans le Temple de *Delphes*; comme le témoigne PLUTARQUE, dans la Vie de *Solon*, (pag. 83. E. Tom. I. *Edit. Wech.*) On peut aussi punir légitimement ceux qui veulent passer pour Prophétes, quoi qu'ils ne le soient point. Voiez AGATHIAS, Lib. V. (dans l'endroit où il parle de ces sortes de gens, qui s'élevérent à *Byzance*, Cap. III.) GROTIUS.

(2) *Illum vindicem sacrilegii, illum ultorem religionum, quod orbis viribus expiari debuit, solum qui piacula exigeret, extitisse.* Lib. VIII. Cap. II. *num.* 6.

(3) *Quamdiu vasa fuerunt in idolio* Babylonis, *non est iratus Dominus: (videbantur enim rem Dei, secundum pravam quidem opinionem, tamen divino cultui consecrasse) postquam autem humanis usibus divina contaminant, statim pœna sequitur post sacrilegium.* In Daniel. Cap. V. (*Tom.* V. pag. 581. B. *Edit. Basil.*)

(4) On ne cite point l'endroit où l'on a trouvé cela: & il pourroit bien ne se trouver nulle part; quoi qu'un docte Allémand, CHRISTOPHLE ADAM RUPERT, pose en fait la même chose, dans ses *Observations* sur VALE'RE MAXIME, Lib. I. Cap. I. pag. 19. sans doute sur la foi de nôtre Auteur. Je soupçonne fort, qu'il a mal pris la pensée du Pére de l'Eglise: ou si ce Pére a dit quelque chose de semblable, il n'est pas ici tout-à-fait constant dans ses principes: car, dans son Traité *de la Cité de* DIEU, Lib. V. Cap. XII. il établit au long, que la Providence Divine a voulu que l'Empire des *Romains* s'accrût, non à cause de l'attachement qu'ils avoient à leur Religion, quoi que fausse; mais à cause de leurs Vertus Civiles. Voiez aussi *Lib.* IV. *Cap.* XII. Je vois dans les Notes de TESMAR, un passage de la V. Lettre, écrite à *Marcellin*, où ce Compilateur trouve la pensée, que nôtre Auteur attribuë à St. AUGUSTIN: mais c'est justement tout le contraire, & je vais rapporter le passage, afin qu'on voie en même tems la verité de ce que je viens de remarquer, & le peu de jugement que TESMAR fait paroître ici, comme par tout ailleurs: *Ut, quamdiu inde peregrinamur, feramus eos, si corrigere non valemus, qui, vitiis impunitis, volunt stare Rempublicam, quam primi* Romani *constituerunt auxeruntque virtutibus: &, si non habentes veram pietatem erga* DEUM *verum, quæ illos etiam in æternam civitatem posset salubri religione perducere, custodientes tamen quandam sui generis* PROBITATEM, *quæ posset* TERRENÆ CIVITATI CONSTITUENDÆ, AUGENDÆ, CONSERVANDÆQUE *sufficere.* DEUS *enim sic ostendit in opulentissimo & præclaro Imperio* Romanorum, QUANTUM VALERENT CIVILES, ETIAM SINE VERA RELIGIONE VIRTUTES &c. Voilà qui s'accorde bien avec ce que l'ancien Docteur dit dans les endroits de son autre Ouvrage, que j'ai indiquez.

(5) Il parle des Peuples Idolatres en général: *Nam isti fragilium cultores, quamvis sint inepti, quia cœlestia constituunt in rebus corruptibilibus atque terrenis; aliquid tamen sapientiæ retinent, & habere veniam possunt, quia summum hominis officium, etsi non re ipsâ, tamen proposito tenent* &c. Instit. Divin. *Lib.* II. *Cap.* III. *num.* 14. *Edit. Cellar.*

(6) *Injuriam sacrilegus Deo quidem non potest facere, quem extra ictum sua divinitas posuit: sed punitur, quia tamquam Deo fecit. Opinio illum nostra, ac sua, obligat pœnæ.* De Benefic. *Lib.* VII. *Cap.* VII. Le Philosophe ne parle point-là de ceux qui outragent de fausses Divinitez: mais sa pensée est, comme il paroit par toute la suite du discours, qu'encore qu'en commettant un sacrilége, on ne fasse, à proprement parler, aucun mal à la Divinité, qu'il suppose véritable, parce qu'elle est au dessus de toute atteinte; cependant celui qui commet le sacrilége, mérite d'être puni, parce qu'il croit faire du mal à la Divinité, & que les autres regardent son action sur ce pie-là. Nôtre Auteur a néanmoins depuis allégué ailleurs ce passage, ainsi mal appliqué, dans ses *Notes* sur le Livre de la

losophe dit ailleurs, (7) qu'*on punit diversement, selon les lieux, le violement de la Religion, mais que par tout il y a quelque peine attachée à ce crime.* C'est dans le même sens que PLATON (d) condamne à la mort les violateurs de la Religion.

(d) *De Legib.* Lib. X. pag. 907, *& seqq.* Tom. II. *Ed. Steph.*

CHAPITRE XXI.

De la maniére dont LES PEINES SE COMMUNIQUENT d'une personne à l'autre.

I. *Comment on a* PART A' LA PUNITION, *pour avoir eu part au Crime.* II. *Qu'un* Corps, *ou ceux qui le gouvernent, sont responsables des Crimes de ceux qui dépendent d'eux, si en aiant connoissance, ils ne les ont pas empêchez, lors qu'ils le pouvoient & qu'ils le devoient.* III. *Il en est de même, quand on a donné retraite à ceux qui ont commis ailleurs quelque Crime:* IV. *A moins qu'on ne punisse, ou qu'on ne livre le Coupable. Eclaircissement de cela, par des exemples.* V. *Que les privilèges des* Supplians, *ou Réfugiez, sont établis en faveur des Malheureux, & non pas en faveur des Coupables. Exception à cette régle.* VI. *Que l'on peut proteger les Supplians, ou Réfugiez, jusques à ce que leur procès soit instruit. Par quelles Loix on doit juger de leur crime?* VII. *Comment les* Sujets *ont part aux crimes de leur* Souverain, *ou les Membres d'un Corps à ceux du Corps. Différence qu'il y a entre la punition d'un Corps, & la punition des Particuliers, qui le composent.* VIII. *Combien de tems dure le droit qu'on a de punir un Corps.* IX. *Si l'on peut avoir part à la Peine, sans avoir eu part au Crime?* X. *Distinction entre les maux qu'on fait souffrir directement, & ceux que l'on cause par une suite des prémiers.* XI. *Et entre ceux qui sont une véritable punition du Crime, & ceux que l'on fait souffrir seulement à l'occasion du Crime.* XII. *Qu'à parler proprement,* per-

la *Sapience* de SALOMON, vers. 31. où, sur le mot *opinio*, il dit: *adde, aut professio.*

(7) *Et homicidii, veneficii, parricidii, violatarum religionum, alibi atque alibi diversa pœna est, sed ubique aliqua.* Ibid. *Lib.* III. *Cap.* VI.

CHAP. XXI. §. I. (1) Voiez, sur cette matiére, PUFENDORF, *Droit de la Nat. & des Gens*, Liv. VIII. Chap. III §. 28, *& suiv.* & *Chap.* VI. §. 12.

(2) Les Ministres & les Complices d'un Crime y aiant volontairement concouru, partagent la faute avec les Auteurs mêmes de l'Action, comme le remarque TERTULLIEN: *Dicunt enim, ministros & socios habere arbitrium ministrandi atque sociandi, & potestatem suæ voluntatis in utrumque, homines scilicet & ipsos: ideirco cum auctoribus merita communicare, quibus operam sponte accommodant.* De Resurrectione carnis. (*Cap.* XVI.) GROTIUS.

(3) Quand on fit mourir *St. Etienne*, quoi que *Saul* gardât seulement les habits de ceux qui jettoient des pierres contre ce saint homme, il le lapidoit par leurs mains; comme le remarque St. AUGUSTIN: Saulus *manibus omnium lapidabat.* Serm. V. *De Sanctis*, Cap. IV. Voiez quelque chose de semblable *Serm.* I. in idem argument. *Cap.* III. & *Serm.* XIV. GROTIUS.

Le consentement de *Saul* n'étoit pas nécessaire; on auroit bien lapidé, sans lui, *St. Etienne.* Ainsi cet exemple se rapporte à une autre classe, ou au cas de ceux qui ne concourant que peu ou point à la production actuelle d'un Crime, sont unis de volonté avec celui qui le commet, & disposez à faire beaucoup pour l'y aider, s'il le falloit.

(4) Comme si l'on fait tomber de l'argent de la poche de quelcun, afin qu'un autre s'en saisisse: ou si on l'arrête, pour donner à un autre le tems de prendre quelque chose de son bien: ou si l'on fait fuir les Brebis ou les Bœufs de quelcun, avec du drap rouge, par exemple, pour les faire tomber entre les mains d'un Voleur: ou si l'on met une Echelle à la Fenêtre, ou qu'on enfonce la Fenêtre ou la Porte, afin que le Voleur puisse entrer: ou si on lui prête l'Echelle, pour monter, ou quelque Instrument de fer, pour ouvrir. Ce sont les exemples qu'on allégue dans les INSTITUTES: *Interdum furti tenetur, qui ipse furtum non fecit: qualis est, cujus ope consilio furtum factum est. In quo numero est, qui tibi nummos excussit, ut alius eos raperet; aut tibi obstiterit, ut alius rem tuam exciperet; aut oves tuas vel boves fugaverit, ut alius eas exciperet. Et hoc Veteres scripserunt de eo, qui panno rubro fugavit armentum . . . Ope consilio ejus quoque furtum admitti videtur, qui scalas forte fenestris supponit; aut ipsas fenestras vel ostium effringit, ut alius furtum faceret; quive ferramenta ad effringendum, aut scalas, ut fenestris supponerentur, commodaverit, sciens cujus gratiâ commodaverit.* Lib. IV. Tit. I. *De obligationibus, quæ ex delicto nascuntur*, §. 11. Voiez l'*Edit* de THEODORIC, Cap. CXX.

personne ne peut être légitimement puni, pour un Crime d'autrui: XIII. *Un Fils, par exemple, pour les Crimes de son Pére;* XIV. *Ce qui n'est pas détruit par la maniére dont* Dieu *traite les Enfans de certains Pécheurs.* XV. *Moins encore doit-on punir les autres Parens.* XVI. *On peut néanmoins refuser aux Enfans ou aux Parens d'un Coupable, quelque chose qu'ils auroient pû avoir sans cela.* XVII. *Les Sujets ne doivent pas non plus être punis proprement & directement, pour les fautes de leur Souverain.* XVIII. *Ni les Membres d'un Corps, pour la faute du Corps, à laquelle ils n'ont pas consenti.* XIX. *Que les Héritiers ne sont pas punissables d'un Crime du Défunt, à considerer le mal qu'on voudroit leur faire souffrir comme une véritable Peine:* XX. *Mais qu'ils doivent subir la Peine, lors qu'elle a été changée en une autre sorte d'obligation.*

§. I. 1. On demande, *si les* Peines *peuvent* se communiquer d'une personne à l'autre? Et cela s'entend toûjours, ou de *ceux* (1) *qui ont eu part au Crime*, ou des autres, *qui n'y ont eu aucune part*.

2. Quand on a eu part au Crime, on n'est pas tant puni pour le Crime d'autrui, (2) que pour le sien propre. Or on a part aux Crimes d'autrui, à peu près de la même maniére que j'ai dit ci-dessus (a) qu'on a part au Dommage causé injustement par quelcun; quoi que l'obligation de réparer le Dommage ne suppose pas toûjours un Crime, mais seulement lors qu'on a causé le Dommage par l'effet d'une malice considérable; ce qui n'arrive pas toûjours: au contraire, une simple faute, quelque legére qu'elle soit, sufit souvent pour imposer la nécessité de réparer le Dommage.

(a) *Chap.* XVII. de ce Livre.

3. Ceux donc qui commandent une Action Mauvaise; ceux qui y (3) consentent, lors que leur consentement étoit nécessaire pour la commettre; ceux qui fournissent (4) quelque secours à l'Auteur de l'action, ou qui (5) lui donnent retraite, ou qui ont part au Crime de quelque autre maniére; ceux (6) qui conseillent le Crime, ceux (7) qui le louent, ou qui flattent la personne qu'ils voient tentée de le commettre; ceux qui pouvant & devant l'empêcher, en vertu d'une obligation proprement

CXX. Grotius.

(1) St. Jérome [ou celui dont l'Ouvrage passe mal-à-propos sous le nom de ce Pére] dit, qu'on est complice d'un Larcin, lors que pouvant indiquer le Voleur au Maître de l'argent dérobé, qui le cherche, on ne le fait pas: *Non enim fur solummodo, sed etiam ille reus tenetur, qui conscius furti, quærenti possessori pecuniam qui perdidit, non vult indicare, quum valet.* Comment. in Parabolas Salomon. (*Cap.* XXIX. Tom. VII. pag. 53. C. *Edit. Froben.* 1537.) St. Chrysostôme fait le même jugement de ceux qui sachant que quelcun se parjure, ne le découvrent pas: Οὐ γὰρ οἱ ἐπιορκοῦντες μόνον, ἀλλὰ καὶ οἱ συνειδότες αὐτοῖς, περιστέλλοντες δὲ, κοινωνοῦσι τῶν ἐγκλημάτων. De Statuis, Orat. XIV. Grotius.

(6) Voiez les Institutes, & l'*Edit* de Theodoric, dans les endroits que je viens de citer, *Note* 4. Selon une ancienne Loi d'*Athénes*, celui qui avoit conseillé un Crime étoit sujet à la peine, tout de même que celui qui l'avoit commis: Καὶ ἔτι ὁ νόμος καὶ πρότερον ἦν ἐν καλῶς ἔχων, καὶ νῦν ἐστι, καὶ χρῆσθε αὐτῷ, τὸν βουλεύσαντα ἐν τῷ αὐτῷ ἐνέχεσθαι, καὶ τὸν τῇ χειρὶ ἐργασάμενον. Andocid. (Orat. I. *de Mysteriis*, pag. 219. *Ed. Wech.*) Aristote dit, que, sans le conseil donné, celui qui l'a suivi n'auroit pas fait ce qu'il a fait: Οὐ γὰρ ἂν πραχθῆναι, μὴ βουλεύσαντος. Rhetoric. Lib. I. Cap. VII. (pag. 126. *Edit. Victor.* 527. *Edit. Paris.* Tom. II. Grotius.

Ce que l'on cite ici d'Aristote, le Philosophe le rapporte comme étant de l'Orateur *Léodamas*, qui se fondoit là-dessus pour prouver que celui qui donne un mauvais conseil est plus coupable que celui qui le suit: Ὥσπερ ὁ Λεωδάμας κατηγορῶν ἔφη Καλλιστράτου, τὸν συμβουλεύσαντα τοῦ πράξαντος μᾶλλον αἴτιον· οὐ γὰρ ἂν &c. Nôtre Auteur (pour le dire en passant) citoit ici par méprise, *De Poëtica, Cap.* 17. Il faut remarquer encore, que dans l'endroit des Institutes auquel il renvoie, le simple Conseil n'est pas regardé comme une chose qui rende complice du Larcin: l'Empereur veut, au contraire, que celui qui a conseillé de dérober, soit à l'abri de toute poursuite, s'il n'a point donné de secours réel d'une maniére ou d'autre: *Certe qui nullam opem ad furtum faciendum adhibuit, sed tantum consilium dedit, atque hortatus est ad furtum faciendum, non tenetur furti.* Cela est clair; & je ne dois pas entrer dans la dispute des Interprêtes sur le sens de cette formule, *Ope consilio*, ou, *Ope aut consilio*: dispute, à quoi a donné lieu l'ambiguité du mot *Consilio*, & la difference d'opinions sur ce sujet entre les Sectes des anciens Jurisconsultes.

(7) Selon St. Chrysostôme, celui qui louë une Mauvaise Action, est pire que celui qui la commet: Καὶ γὰρ τοῦ πλημμελοῦντος ὁ τὸν ἁμαρτάνοντα ἐπαινῶν χαλεπώτερος. In Cap. I. ad Roman. *circa fin.* Par les Loix des anciens *Lombards*, celui qui étant présent encourage une personne qui fait mal, est regardé comme

s'il

ment ainsi nommée, ne (8) le font pas; ou qui étant dans une semblable obligation de secourir une personne à qui l'on fait du tort, la laissent impunément insulter; ceux qui négligent de dissuader, comme ils y étoient obligez, l'Auteur de l'Action Mauvaise; ceux qui gardent le silence, sur un Crime qu'ils étoient tenus de revéler; tous ceux-là peuvent être punis, s'il y a eu dans leur fait une malice assez grande pour les rendre dignes de punition, selon les maximes établies dans le Chapitre précedent.

§. II. 1. POUR éclaircir ce que nous venons de dire, il faut en alléguer des exemples. Une Société Civile, comme tous les autres Corps, n'est pas responsable (1) des actions de chaque Particulier, auxquelles elle n'a rien contribué en faisant ou ne faisant pas certaines choses. Un Pére n'est pas non plus responsable des fautes de ses Enfans; ni un Maitre, de celles de ses Esclaves; ni tout autre Supérieur, de celles des personnes qui dépendent de lui: à moins qu'il n'y aît quelque chose de criminel dans sa conduite, par rapport aux fautes de ceux sur qui il a autorité. Or entre toutes les maniéres dont un Supérieur peut se rendre coupable à cet égard, il y en a deux qui sont le plus communes, & qui méritent d'être considérées avec beaucoup de soin: l'une est, lors qu'ils souffrent que l'on commette un Crime; l'autre, lors qu'ils donnent retraite au Coupable.

2. Sur

s'il commettoit lui-même le Crime, *Lib.* I. *Tit.* IX. §. 23. Voiez les passages de PHILON, & de JOSEPH, que je citerai ci-dessous, dans la *Note* du §. 17. GROTIUS.

Voiez, sur tout ceci, le *Droit de la Nat. & des Gens*, de PUFENDORF, *Liv.* I. *Chap.* V. §. dernier: *Liv.* III. Chap. I. §. 4. & les Notes sur l'Abrégé des *Devoirs de l'Homme & du Citoien*, Liv. I. Chap. I. §. dernier.

(8) Ceux qui pouvant empêcher un Larcin, ne l'ont pas fait, sont punis de la même maniére que le Voleur, selon St. CHRYSOSTÔME: Ὥσπερ ἂν οὐχ οἱ κλέπτοντες μόνον, ἀλλὰ καὶ οἱ δυνάμενοι μὲν ἐκείνους κωλῦσαι, μὴ κωλύσαντες δὲ, τὴν αὐτὴν ἐκείνοις δώσουσι δίκην. Advers. Judæos, *Orat.* I. Le même Pére soûtient ailleurs, que celui qui empêche qu'on ne soigne un Malade, & qu'on ne le traite, est coupable, tout de même que s'il l'avoit blessé; *In II. ad Corinth.* Cap. VII. GROTIUS.

§. II. (1) St. AUGUSTIN distingue entre les Fautes propres que chacun commet, & les Fautes publiques, qui se commettent par l'union des volontez d'une Multitude: *Aliud est enim, quod in Populo habet quisque peccatum suum proprium, & possunt habere omnes propria: aliud, quando commune peccatum est, quod uno animo fit, & unâ voluntate ad aliquid multitudine comparatâ committitur.* [Quæst. *in* LEVITIC. XXVI.] De là vient cette clause des anciens Traitez d'Alliance: *Si prior defexit publico consilio, dolo malo* &c. [TIT. LIV. Lib. I. Cap. XXIV. *num.* 8.] par où l'on donnoit à entendre, qu'il n'y avoit que ce qui étoit fait par délibération publique, qui pût être regardé comme une infraction du Traité. Et c'est ce que les Deputez des *Locriens* représentoient au Sénat Romain, pour excuser leur révolte: *Quippe si & culpa defectionis procul à publico consilio absit* &c. Idem, (*Lib.* XXIX. *Cap.* XVII. *num.* 2.) *Zénon*, demandant grace la larme à l'œil, pour les *Magnésiens*, prioit *Titus Quinctius*, & les autres Ambassadeurs du Peuple Romain, qui l'accompagnoient, de ne pas rendre tout l'Etat responsable de la folie d'une seule personne; ajoûtant, que les fautes sont personnelles, & aux risques & perils de celui qui se laisse emporter à sa passion: *Ab T. Quinctio, legatisque aliis, flens petiit, ne unius amentiam civitati adsignarent. Suo quemque periculo furere.* *Idem* (Lib. XXXV. Cap. XXXI. *num.* 14, 15.) Les Ambassadeurs de *Rhodes*, parlant devant le Sénat Romain, distinguoient le fait du Public d'avec la faute des Particuliers: ils représentoient en même tems, qu'il n'y a point d'Etat où l'on ne trouve quelquefois de méchans Citoiens, & que par tout la Multitude est aveugle & ignorante: *Sed publicam caussam à privatorum culpâ segregaturus* [sum]. *Nulla enim est civitas, quæ non & improbos cives aliquando, & imperitam multitudinem semper habeat.* Idem, *Lib.* XLV. (Cap. XXIII. *num.* 7, 8.) AMMIEN MARCELLIN rapporte, que les Ambassadeurs des *Quades*, ancien Peuple d'*Allemagne*, se servirent de l'excuse ordinaire, qu'on n'avoit rien fait contre les *Romains* par délibération publique des Principaux de la Nation, mais que les désordres venoient de quelques Brigands étrangers: *Docere jussi, quæ ferebant, (Quadorum legati) usitatas illas caussarum species, jurandi fidem addendo, firmabant: nihil ex communi mente Procerum gentis delictum adseverantes in nostros, sed per extimos quosdam latrones, amnique confines, evenisse, quæ inciviliter gesta sunt* &c. Lib. XXX. (*Cap.* VI.) St. CHRYSOSTÔME parlant de ceux qui avoient excité à *Antioche* la sedition, dans laquelle on renversa les Statues de l'Empereur *Théodose*, & de la Famille Impériale; remarque, que le Corps de la Ville n'eut point de part à ces désordres, mais que les auteurs en furent quelques Etrangers insolens & furieux: d'où il conclut, qu'il ne seroit pas juste qu'une si grande Ville fût ruinée, pour la folie d'un petit nombre de gens, & que les Innocens fussent punis avec les Coupables: Ὅτι οὐ κοινὸν τῆς πόλεως τὸ ἁμάρτημα γέγονεν, ἀλλὰ ἀνθρώπων τινῶν ξένων καὶ ἐπηλύδων, οὐδὲν λογισμῷ πραττόντων, ἢ τόλμῃ καὶ παρανομίᾳ πάσῃ. καὶ ὡς ἂν εἴη δίκαιον, ὑπὲρ τῆς ὀλίγων ἀπονοίας πόλιν τοσαύτην ἀναρπασθῆναι, καὶ τοὺς οὐδὲν ἠδικηκότας διδόναι δίκην. Orat. III. *de Statuis.* GROTIUS.

(2) Il dit, dans sa Harangue contre *Pison*, qu'il n'y a pas grande différence entre troubler l'Etat par des Loix pernicieuses & des Harangues séditieuses, & permettre que d'autres le troublent de cette maniére, sur tout quand c'est un Consul qui fait de pareilles choses: *Nondum quæ feceris, sed quæ fieri passus sis,* dico.

2. Sur le prémier chef, il faut poser pour maxime, que celui qui aiant connoissance du Crime, & pouvant & devant l'empêcher, ne le fait pas, se rend lui-même coupable; parce qu'il est censé avoir consenti à l'action mauvaise qu'il a laissé commettre, comme l'ont remarqué (2) CICE'RON, St. AUGUSTIN (3), & (4) autres anciens Auteurs. Ainsi, par les Loix Romaines, (5) celui qui souffre qu'on prostituë une Fille Esclave qu'il pouvoit mettre à couvert de la prostitution, est censé la prostituer lui-même. Si un Esclave tuë quelcun, & que son Maître le sache, celui-ci est responsable solidairement du meurtre: (6) il est censé alors, disent les Jurisconsultes, avoir ôté lui-même la vie à celui que son Esclave a tué. La *Loi Fabienne* (7) punit un Maître, lors que, lui le sachant, son Esclave en a suborné & caché un autre, appartenant à autrui.

3. Mais il ne suffit pas d'avoir eu connoissance du mal que font ceux sur qui l'on a autorité, il faut encore que l'on ait pû l'empêcher, comme nous l'avons dit. C'est aussi la décision des Loix Romaines, (8) qui se fondent sur ce que la connoissance doit être ici accompagnée de volonté. D'où elles inférent, qu'un (9) Maître n'est pas responsable des fautes de son Esclave, si l'Esclave a appellé en Justice pour prouver qu'il étoit de condition libre, ou s'il s'est moqué des défenses de son Maître; parce qu'en ce cas-là le Maître n'a pû (10) empêcher ce qu'a fait l'Esclave. Ainsi un Pére est

dico, neque vero multum interest, præsertim in Consule, utrum ipse perniciosis legibus, improbis concionibus, Rempublicam vexet, an alios vexare patiatur. (Cap. V.) GROTIUS.

(3) *Qui desinit obviare, quum potest, consentit.* Nôtre Auteur ne dit point de quel Ouvrage de ce Pére il a tiré ces paroles. Je les trouve dans le DROIT CANONIQUE, *Caus.* XXIII. Quæst. III. Can. X où on les donne comme étant du Commentaire de *St.* AUGUSTIN sur le *Pseaume* LXXXI.

(4) BRUTUS, dans une Lettre à CICE'RON, dit, qu'on est coupable d'une faute d'autrui, lors qu'on a pû l'empêcher: *Aliena igitur, inquies, culpa me reum facies? Prorsus aliena, si provideri potuit, ne existeret.* (Epist. *ad Brut.* IV.) Souffrir que les autres fassent du mal, c'est, selon ARNOBE, les rendre plus hardis à le commettre: *Quisquis enim patitur peccare peccantem, is vires subministrat audaciæ.* Adversus Gentes, *Lib.* IV. (pag. 149. Edit. Lugd. B. 1651.) Ne pas empêcher un Crime, quand on le peut, c'est le commander, à ce que dit SALVIEN: *In cujus enim manu est, ut prohibeat, jubet agi, si non prohibet admitti.* (De Gubernat. Dei, *Lib.* VII. pag. 266. *Ed. Paris.* 1645.) Le Diacre AGAPET donne pour maxime à l'Empereur *Justinien*, que c'est tout un de ne pas empêcher les autres de pécher, ou de pécher soi-même: Ἴσον τῷ πλημμελεῖν, τὸ μὴ κωλύειν τοὺς πλημμελοῦντας λογίζε. (Parænetic. Cap. XXVIII.) GROTIUS.

(5) *Imperator noster, cum Patre suo, constituit, in eo, qui, quum possit abducere prostitutam ancillam, pecuniâ acceptâ, manûs injectionem vendidit, ut libera esset: nihil enim interesse, ipse abducas, & prostituas; an patiaris prostitutam esse, pretio accepto, quum possis eximere.* DIGEST. Lib. XL. Tit. VIII. *Qui sine manumissione ad libertatem perveniunt*, Leg. VII.

(6) *Si servus, sciente domino, occidit, in solidum dominum obligat: ipse enim videtur dominus occidisse.* DIGEST. Lib. IX. Tit. IV. *De noxalibus actionibus*, Leg. II. *princip.* Voiez le Traité de Mr. NOODT, *ad Leg. Aquil.* Cap. X.

(7) *Si servus, sciente domino, alienum servum subtraxerit, vendiderit, celaverit, in ipsum dominum animadvertitur.* JUL. PAUL. *Rec. Sentent.* Lib. V, Tit. XXX. *Ad Legem Fabiam*, §. 2.

(8) *Scientiam hoic pro patientia accipimus, ut qui prohibere potuit teneatur, si non fecerit.* DIGEST. Lib. IX. Tit. I. *Ad Leg. Aquil.* Leg. XLV. *Is autem accipitur scire, qui scit, & potuit prohibere: scientiam enim spectare debemus, quæ habet & voluntatem.* Lib. XLVII. Tit. VI. *Si familia furtum fecisse dicatur*, Leg. I. §. 1. Voiez aussi *Lib.* XLVII. *Tit.* VII. *Arborum furtim cæsarum*, Leg. VII. §. 5. & LEX WISIGOTTHOR. *Lib.* VIII. *Tit.* IV. *Cap.* XI. XXVI. & alibi: *Lib.* IX. *Tit.* I. *Cap.* I. GROTIUS.

(9) *In delictis servorum*, scientia *domini quemadmodum accipienda est? utrum cum consilio, an & si viderit tantum, quamvis prohibere non potuerit? Quid enim, si ad libertatem proclamans, domino sciente faciat? aut quid si contemnat dominum? vel, quum trans flumen sit servus, vidente quidem, sed invito domino, noxiam noceat? Rectiùs itaque dicitur, scientiam ejus accipiendam, qui prohibere potest* &c. DIGEST. Lib. IX. Tit. IV. *De noxalib. act.* Leg. IV. *princ.* J'ai rapporté cette Loi, selon la leçon autrefois commune, que nôtre Auteur a suivie dans ces mots: *aut quid si contemnat Dominum?* Au lieu que, dans l'Edition de *Florence*, il y a: *aut qui condemnat Dominum*; ce qui fait un autre sens, & veut dire, que l'Esclave a fait condamner son Maître à lui laisser la liberté: car le mot de *condemnare* se dit quelquefois des Parties, qui obtiennent une sentence du Juge en leur faveur, comme on peut voir par les exemples qu'alléguent le Président BRISSON, dans son Dictionnaire de Droit, & PIERRE DU FAUR, *Semestr.* Lib. II. Cap. XXIII. pag. m. 353, 354. Je vois néanmoins, que le grand CUJAS, dans son Commentaire sur JULIUS PAULUS, *ad Edictum*, pag. 41. & ANTOINE DU FAUR, *Ration.* Tom. II. pag. 922. préférent aussi la maniére de lire, que nôtre Auteur a suivie. Voiez, au reste, sur le fond même des décisions du Droit Romain en matiére des Crimes commis par un Esclave, le Traité de Mr. NOODT, *Ad Legem Aquiliam*, Cap. X.

(10) *Culpâ caret, qui scit, sed prohibere non potest.* DIGEST. Lib. L. Tit. XVII. *De diversis Reg. Juris*, Leg. L. Voiez aussi la Loi CIX. du même Titre; & là-dessus le Commentaire de PIERRE DU FAUR, de qui nôtre Auteur paroit avoir tiré les Loix, & la plûpart des passages qu'il cite ici.

est bien responsable des fautes de ses Enfans, (11) mais seulement pendant qu'ils sont sous sa puissance. D'autre côté, encore même qu'ils soient sous sa puissance, & qu'ainsi il aît pû empêcher ce qu'ils ont fait, il n'en est pas responsable, (12) s'il n'en a pas eu connoissance. En un mot, l'un & l'autre doit se trouver ici également, la connoissance, & la négligence à empêcher. Ce qui doit être aussi appliqué, & de la même maniére, aux Crimes commis par des Sujets, & par toute autre personne dépendante d'autrui: car les maximes, que nous venons d'établir, sont fondées sur l'Equité Naturelle. On a lieu de croire que celui qui souffre ce qu'il pouvoit empêcher, le permet (13) ou l'approuve; sur tout s'il est fort puissant; & *Thucydide* va jusqu'à dire, (14) qu'il est plus l'Auteur de l'Action, que celui-là même qui l'a commise. HE'SIODE, un des plus anciens Poëtes Grecs, a (15) dit, que *souvent tout un Peuple est puni de ce qu'a fait une seule personne*. Sur quoi un Commentateur remarque très-bien, que c'est (16) *parce que le Peuple aiant pû empêcher le crime de cette personne, ne l'a pas fait*. Dans l'Armée des *Grecs* liguez contre *Troie*, comme *Agamemnon* lui-même & les autres Chefs étoient dépendans de l'Assemblée générale; les *Grecs*, ainsi que le (17) dit HORACE, *paioient les folies des Rois*; & cela avec raison, parce qu'ils auroient dû (18) contraindre *Agamemnon* à rendre au Prêtre d'*Apollon* sa Fille, qu'on avoit fait prisonniére. La Flotte des mêmes *Grecs* fut ensuite brûlée, parce qu'ils (19) n'avoient pas empêché qu'*Ajax*, Fils d'*Oilée*, n'enlevât *Cassandre*, Vierge Prêtresse. Les *Amphictyons* condamnérent (a) les Habitans de *Scy-*

(a) Plutarch. in Vit. Cimon. pag. 483. C. Tom. II.

(11) Cela est décidé dans le DIGESTE, au sujet d'un Pére, qui laisse marier son Fils avec une Veuve, avant la fin du tems réglé pour le deuil; ou qui permet que son Fils ou sa Fille se fiancent à deux personnes en même tems au nom d'une troisiéme; ou qui souffre que sa Fille, devenuë Veuve, se dise grosse, pour être mise en possession des biens du Mari défunt: car, en tous ces cas-là, le Pére est noté d'infamie, aussi bien que son Fils, ou sa Fille, s'il les avoit encore sous sa puissance: *Et* [infamiâ notatur] *qui eum, quem in potestate haberet, eam, de qua supra comprehensum est*, [quæ intra id tempus, quo elugere virum moris est, in matrimonium collocata est] *uxorem ducere passus fuerit*. DIGEST. Lib. III. Tit. II. *De his qui notantur infamiâ*, Leg. I. *Si quis alieno nomine bina sponsalia constituerit, non notatur, nisi ejus nomine constituat, quem quamve in potestate haberet. Certè qui filium, vel filiam constituere patitur, quodammodo ipse videtur constituisse*. Ibid. Leg. XIII. §. 1. *Idque & in patre erit servandum, qui, calumniæ caussâ, passus est filiam, quam in potestate habebat, in possessionem, ventris nomine, mitti*. Leg. XIX. GROTIUS.

(12) Voici encore une Loi, que nôtre Auteur cite en marge, & qui porte, que, quand un Esclave a commis quelque Delit de son pur mouvement, & sans ordre de son Maître; celui ci est néanmoins tenu ou de reparer le dommage, ou de livrer l'Esclave: *Quod si servo suo non præceperit dominus, sed ipse suâ voluntate id admiserit*, SABINUS *ait, competere noxale, ut in ceteris maleficiis. Quæ sententia vera est*. DIGEST. Lib. XLVII. Tit. VII. §. 5. Mais cela avoit lieu, encore même que le Maître n'eût aucune connoissance du mauvais dessein de l'Esclave. Ainsi le cas ne fait pas ici. Voiez ce que j'ai dit ci-dessus, sur le Chap. X. de ce Livre, §. 21.

(13) C'est ce que dit SALVIEN, en parlant des Rois: *Potestas quippe magna & potentissima, quæ inhibere scelus maximum potest, quasi probat debere fieri, si sciens patitur perpetrari. In cujus enim manu est, ut prohibeat, jubet agi, si non prohibet admitti*. (De Gubernat. Dei, *Lib*. VII. pag. 266.) PHILON, Juif, remarque, à peu près la même chose à l'occasion de *Flaccus*: Ὁ γὰρ ἐπιτρέψας ἢ τὸ φανερώτατον ἐπισχεῖν δυνηθεὶς, εἰ μὴ κωλύσειε, δόξει ἂν ποιεῖν καὶ ἐπιτρέπειν αὐτός. In Flaccum, (*pag*. 970. B.) DION CASSIUS [ou plûtôt XIPHILIN, son Abbréviateur] dit, qu'il suffit à un Particulier, de ne faire lui-même du tort à personne; mais que les Puissances doivent, outre cela, prendre garde que les autres ne fassent du tort à quelcun: Τοῖς μὲν γὰρ ἰδιώταις ἀπόχρη μηδὲν ἀδικεῖν· τοῖς δὲ τὰς ἡγεμονίας ἔχουσιν ἀνάγκη προορᾶν ὅπως μηδ᾽ ἄλλος κακουργῇ. In Galba (*pag*. 199. B. *Edit. H. Steph.*) Dans un Canon du *Concile de* PISTES, qui se trouve parmi les CAPITULAIRES de CHARLES *le Chauve*, il est dit, que c'est se rendre complice d'un Péché, que de ne pas le corriger, quand on le peut: *Non est liber à consensu, qui, quod emendare potest, emendare negligit; quapropter sine dubio peccati se participem facit*. Can. IV. Voiez NICE'TAS CHONIATE, *Vit. Andronic*. Lib. II. (Cap. III.) GROTIUS.

(14) C'est en parlant de ceux qui souffrent que leurs Alliez soient reduits à l'esclavage par quelque autre Etat, quoi qu'ils pûssent l'empêcher: Οὐ γὰρ ὁ δουλωσάμενος, ἀλλ᾽ ὁ δυνάμενος μὲν παῦσαι, περιορῶν δὲ, ἀληθέστερον αὐτὸ δρᾷ. Lib. I. Cap. LXIX. *Ed. Oxon*.

(15) Πολλάκι καὶ ξύμπασα πόλις κακοῦ ἀνδρὸς ἀπηύρα,
Ὅστις ἀλιτραίνει, καὶ ἀτάσθαλα μηχανάαται.

Oper. & Dier. *vers*. 240, 241. *Ed. Cler.*

(16) Ὡς ἐξὸν κωλύειν, μὴ κωλύσασα τὴν ἐκείνου πονηρίαν. PROCLUS, in vers. laud.

(17) *Quidquid delirant Reges, plectuntur* Achivi.
Lib. I. Epist. II. vers. 14.

(18) C'est ainsi que la chose est expliquée par St. CYRILLE, Lib. V. *adversus Julian*. GROTIUS.

L'endroit, dont nôtre Auteur veut parler, se trouve à la page 175. *Edit. Spanhem*. Mais je ne vois pas que ce Pére donne une telle explication. Il se sert seulement de cet exemple pour retorquer contre *Julien* l'Apostat, le reproche que celui-ci faisoit au vrai DIEU, d'être sujet à se mettre fort en colére.

(19)

Scyros, parce qu'ils souffroient que quelques-uns d'entr'eux fissent des pirateries. *Tatius*, Roi des *Sabins*, aiant refusé satisfaction aux *Laurentins*, dont les Ambassadeurs avoient été maltraitez par quelques-uns de ses Parens, *il attira* (20) *sur lui-même*, comme le remarque Tite Live, *la punition que méritoient* ces infracteurs du Droit des Gens. Dans le meme (21) Historien, les *Veïens* & les *Latins* aiant sû que quelques-uns de leurs Sujets avoient donné du secours aux Ennemis des *Romains*, s'excusent auprès de ceux-ci, sur ce que cela s'étoit fait à leur insû. Au contraire, (b) *Teuta*, Reine d'*Illyrie*, aiant voulu alléguer pour sa justification, que ce n'étoit pas elle, mais ses Sujets, qui faisoient des pirateries; on ne reçut point cette excuse, parce que cette Princesse n'empêchoit pas ses Sujets de pirater. (b) Polyb. Lib. II. Cap. VIII.

4. Au reste, pour ce qui est de la connoissance, on la présume aisément, lors qu'il s'agit de choses faites ouvertement, ou fréquemment. *Personne*, (22) dit un ancien Orateur, *ne peut ignorer ce que plusieurs font.* Polybe censure fortement (23) les *Etoliens*, de ce que, quoi qu'ils ne voulussent pas être regardez comme Ennemis de *Philippe*, ils souffroient que des gens de leur Nation commissent des actes d'hostilité manifeste, & ils élevoient aux prémiéres Dignitez les principaux de ces gens-là.

§. III. 1. Venons maintenant à l'autre maniére dont un Supérieur se rend coupable, par rapport aux Crimes d'autrui, c'est lors qu'il donne retraite au Coupable, & qu'il empêche ainsi qu'on ne le punisse.

2. Cha-

(19) ——— —— Pallas *ne exurere classem*
Argivûm, atque ipsos potuit submergere ponto,
Unius ob noxam & furias Ajacis Oïlei?
(Virgil. Aen. I, 39, *& seqq.*)
Narsciusque heros, à virgine, virgine raptâ,
Quam meruit solus, pœnam digessit in omnes.
Ovid. Metam. Lib. XIV. (vers. 468.) Dans une Tragedie d'Euripide, *Minerve* parlant de cette même affaire, se plaint de ce que les *Grecs* ne firent rien, & ne dirent même rien, à *Ajax*:
ΑΘ. Οὐκ οἶσθ' ὑβρισθεῖσάν με, καὶ ναοὺς ἐμούς;
ΠΟΣ. Οἶδ', ἡνίκ' Αἴας εἷλκε Κασσάνδραν βίᾳ.
ΑΘ. Κοὐδέν γ' Ἀχαιῶν ἔπαθεν, οὐδ' ἤκουσ' ὕπο.
Troad. (*vers.* 69, *& seqq.*) St. Chrysostôme raisonnant sur le même principe, fait regarder tout le Peuple d'*Antioche* comme coupable de la sédition où l'on abbattit les Statuës de l'Empereur & de la Famille Impériale; parce que le Peuple [illegible] dû prévenir ce desordre, en chassant de la V[illegible] qui le causérent: Ἰδοὺ τὸ ἁμάρτημα γέγονεν ὀλίγων, καὶ τὸ ἔγκλημα γέγονε κοινόν. Ἰδοὺ δι' ἐκείνους ἅπαντες δεδοίκαμεν, καὶ τῶν ἐκείνοις τετολμημένων αὐτοὶ τὰς τιμωρίας ἀναμένομεν. Εἰ δὲ προλαβόντες αὐτοὺς ἐξεβάλομεν τῆς πόλεως, καὶ τὸ νενοσηκὸς διωρθώσαμεν μέλος, οὐκ ἂν τὸν παρόντα ἐφοβούμεθα φόβον. De Statuis, *Orat.* I. Ce Pere ajoûte plus bas, qu'il falloit accourir incessamment, arrêter la sédition, s'exposer même au danger pour l'honneur de l'Empereur; & que le Peuple d'*Antioche* ne l'aiant pas fait, mérite d'être puni & entiérement détruit: Δι' αὐτὸ δὲ τοῦτο κολάζει, φησὶ, δίδω δίκην τὴν ἐσχάτην, ὅτι μὴ παρῆν, μηδὲ ἐκώλυσε, μηδὲ τοὺς ἀπονοοῦντας κατέσχε, μηδὲ ἐκινδύνευσεν ὑπὲρ τῆς εἰς τὸν Βασιλέα τιμῆς. Οὐ μετέσχες τῶν τετολμημένων, ἐπαινῶ τοῦτο, καὶ ἀποδέχομαι, ἀλλ' οὐδὲ ἐπέσχες τὰ γινόμενα· τοῦτο κατηγορίας ἄξι... Grotius.

(20) *Post aliquot annos, propinqui Regis* Tatii *legatos* Laurentium *pulsant. quumque* Laurentes *jure gentium agerent; apud* Tatium *gratia suorum & preces plus poterant. Igitur illorum pœnam in se vertit.* Lib. I. Cap. XIV. *num.* 1, 2.

(21) L'Auteur cite en marge *Lib. I. & VI.* Je trouve bien dans ce dernier endroit, que les *Latins* & les *Herniciens* s'excuserent, par cette raison, de ce que quelques-uns de leur Jeunesse étoient allez servir dans l'Armée des *Volsques*, contre les *Romains*: *Responsum, frequenti utriusque gentis concilio est, nec culpam in eo publicam, nec consilium fuisse, quòd sua juventutis aliqui apud* Volscos *militaverint.* Cap. X. *num.* 7. Mais je ne vois rien de tel, au sujet des *Veïens* dans le I. Livre; & je doute que ce Peuple, qui, jusqu'à la destruction de sa Ville, fut presque toûjours ennemi des *Romains*, ait jamais pensé à s'excuser auprès d'eux, sur le cas dont il s'agit. Nôtre Auteur s'exprime mal ici, pour avoir lû à la hâte Alberic Gentil, de qui il a pris ces exemples, & quelques autres de ceux qu'il allegue dans ce Chapitre; comme il paroit aussi par la maniére dont il indique les endroits de Tite Live: car ce Jurisconsulte, dans le Chap. XXI. du Liv. I. de son Traité *De Jure Belli*, met aussi en marge, *Liv. Lib. I. VI.* Dans le passage du Liv. I. de Tite Live, il est dit, que, les *Romains* étant en Guerre avec les *Sabins*, & ceux-ci cherchant de tous côtez à faire entrer les Peuples Voisins dans leur parti; il y eut, parmi les *Veïens*, quelques Volontaires qui s'y rangérent: mais l'Etat ne donna aucun secours aux *Sabins*, pour ne pas rompre la Trêve: de quoi l'Historien témoigne être surpris, sans doute par la raison que j'ai indiquée: *Publico auxilio nullo adjuti sunt. valuitque apud* Veientes (*nam de cæteris minus mirum est*) *pacta cum* Romulo *induciarum fides.* Cap. XXX. *num.* 7. Voiez, au sujet de la Trêve, dont il est parlé-là, la Note de Mr. Le Clerc; & les *Animadversiones Historicæ* de feu Mr. Perizonius, Cap. IV. pag. 170, *& seqq.*

(22) Τὸ ἐν πολλῶν συμβαῖνον, ἀδύνατον μηδένα ἀγνοεῖν. Orat. Rhodiac.

(23) Τὸ γὰρ κοινῷ μὲν δόγματι μὴ πολεμεῖν, πανδημεὶ δὲ στρατεύοντας ἄγειν καὶ φέρειν τὰ τῶν πέλας· καὶ κολάζειν μὲν μηδένα τῶν αἰτίων, στρατηγεῖν δ' αἱρεῖσθαι καὶ τιμᾶν τοὺς προεστῶτας τῶν τοιούτων ἔργων· ἐμοὶ μὲν δοκεῖ τῆς πάσης γέμειν κακοπραγμοσύνης. Lib. IV. Cap. XXVII.

§. III.

(a) *Chap.* XX. §. 1.

2. Chacun, comme nous (a) avons dit ci-dessus, a naturellement droit de punir, lors qu'on ne peut lui reprocher rien qui approche du Crime qui a été commis. Depuis l'établissement des Sociétez Civiles, on est convenu à la vérité, que chaque Etat, ou ceux qui le gouvernent, seroient seuls maîtres de punir, ou de ne pas punir, comme ils le jugeroient à propos, les fautes de leurs Sujets qui intéressent proprement le Corps dont ils sont Membres: mais on ne leur a pas laissé un droit si absolu & si particulier à l'égard des Crimes qui intéressent en quelque façon la Société Humaine. Car, pour ce qui est de ceux-ci, les autres Etats, ou leurs Chefs, ont droit d'en poursuivre la punition, de la même maniére que les Loix d'un Etat particulier donnent (1) à chacun action en Justice pour la poursuite de certains Crimes. A plus forte raison ont-ils ce droit, lors qu'il s'agit de Crimes par lesquels ils sont offensez en particulier, & qu'ils peuvent punir par cette raison seule, pour le maintien de leur sûreté ou de leur honneur, selon ce que nous avons dit ci-dessus. Ainsi l'Etat, ou le Chef de l'Etat, chez qui un Coupable Etranger se trouve, ne doit apporter aucun obstacle à l'usage du droit qu'a l'autre Puissance.

§. IV. 1. Or un Etat ne permet pas ordinairement qu'un autre Etat envoie sur ses terres des gens armez pour prendre des Criminels, qu'il veut punir; & cela aussi seroit sujet à de fâcheux inconvéniens. Il faut donc que l'Etat, sur les terres duquel se trouve un Coupable (1) atteint & convaincu, fasse de deux choses l'une, ou qu'il punisse lui-même le Coupable, à la requisition de l'autre Etat, ou qu'il le remette entre ses mains, pour le punir comme il le jugera à propos.

(a) *Juges*, Chap. XX.

(b) *Ibid.* Chap. XV.

(c) *Pausanias*, Lib. IV. Cap. IV.

(d) *Strab.* Geograph. Lib. VIII. pag. 556. *Ed. Amst.* pag. 362. *Ed. Paris. Casaub.*

(e) *Sueton.* in Jul. Caes. *Cap.* XXIV. Voiez ci-dessus, *Liv.* I. *Chap.* III. §. 5. n. 4.

2. Le dernier est ce que l'on appelle *livrer*, & dont on trouve tant d'exemples dans (2) l'Histoire. Ainsi la Tribu de (a) *Benjamin* fut sommée par les autres Tribus d'*Israël*, de livrer ceux de la Ville de *Guibha* qui étoient coupables de l'infamie commise en la personne de la Concubine d'un Lévite. Les *Philistins* (b) demandérent *Samson* aux *Israëlites*, comme un homme qui leur avoit fait du mal. Les *Lacedémoniens* déclarérent la Guerre aux *Messéniens*, (c) parce qu'ils refusoient de leur livrer un homme qui tuoit les *Lacedémoniens*. (d) Ils prirent une autre fois les armes contre le même Peuple, pour un semblable refus à l'égard de ceux qui avoient violé de jeunes Filles envoiées à une Fête. *Caton* (e) opinant dans le Sénat, fut d'avis qu'on

§. III. (1) *Actio Popularis*. Expression du Droit Romain, qui donne par là à chacun, en matiére de certains Délits, le pouvoir de poursuivre civilement, & non pas criminellement, ceux qui les ont commis. Voiez Digest. Lib. XLVII. Tit. XXIII. *De Popularib. action.* & là-dessus les Interprêtes.

§. IV. (1) Car, avant que de livrer un Coupable, il faut avoir examiné ce dont on l'accuse; on ne doit pas le condamner, sans l'entendre, comme *Rémus* & *Romulus* se plaignoient qu'*Amulius* avoit fait à leur égard: Καὶ γὰρ εἶναι δοκεῖς Ἀμούλιος βασιλικώτερος · ἀδικεῖ γὰρ καὶ ἀνακρίνειν πρὶν ἢ κολάζειν · ὃ δ' ἀκρίτους ἐκδίδωσι. Plutarch. in Romul. (*pag.* 21. C. Tom. I.) Le Roi d'*Ecosse* disoit à la Reine *Elizabeth* d'*Angleterre*, qu'il lui enverroit le Baron de *Fernihurst*, & le Chancelier même, pourvû qu'on pût les convaincre, par des preuves claires & juridiques d'avoir violé la sûreté promise aux *Anglois*, & d'avoir été complices du meurtre de *Russel*. Cambden, *Annal.* ad ann. 1585. (pag. 402. *Edit. Elzevir.* 1625.) Grotius.

(2) *Mithridate* s'étant réfugié chez *Tigrane* son Gendre, Roi d'*Arménie*, *Lucullus* le demanda à *Tigrane*: & comme celui-ci refusa de le lui livrer, il lui déclara la Guerre; Appian. *in Mithridat. Bell.* (pag. 381. *Ed. Amst.* 228. *Ed. Steph.*) Plutarch. *in Vit. Luculli.* (pag. 505.) Les *Romains* sommérent les *Allobroges* de leur livrer les *Salgues*. Appian. *Excerpt. Legat.* XI. Voiez Priscus, *Excerpt. Legat.* XXI. au sujet d'un Evêque, que les *Romains* vouloient livrer aux *Scythes*. Un Roi de *Gascogne* livra le Duc de *Benevent* à *Ferdinand*, Roi de *Castille*; Mariana, *Hist. Hisp.* XX, 1. Grotius.

(3) Nôtre Auteur a sans doute tiré ce fait de Denys d'*Halicarnasse*, qui dit, que les *Herniciens* refusérent de rendre les Coupables, par une espéce de représailles, *Antiq. Rom.* Lib. VIII. Cap. LXIV. pag. 510, 511. *Edit. Oxon.*

(4) Ce fut auparavant que les *Romains* demandérent aux *Carthaginois* qu'on leur livrât *Hannibal*: Tit. Liv. Lib. XXI. Cap. VI. & X. Diod. Sic. Fragm. è Liv. XXV. Mais il est vrai, que, depuis le tems dont il s'agit, les *Romains* demandérent le même *Hannibal* à *Antiochus*: Idem, XXXVII, 45. Cette remarque est de Gronovius.

(5) C'est dans la Harangue des Députez de *Marius*, où ils disent à *Bocchus*, qu'ils sont bien aises de voir qu'il ne réduise pas les *Romains* à la fâcheuse nécessité de poursuivre en même tems le scélérat *Jugurtha*, & lui qui le protégeoit imprudemment: *Simul* *nobis*

qu'on livrât *Jules César* aux *Germains*, pour leur avoir fait la guerre injustement. Les *Gaulois* demandoient (f) qu'on leur livrât les *Fabiens*, qui avoient pris les armes contr'eux. Les *Romains* (3) sommérent les *Herniciens* de leur livrer ceux qui avoient ravagé leurs terres; & les *Carthaginois*, de leur livrer (g) *Hamilcar*, non pas ce Général si fameux, mais un autre qui poussoit les *Gaulois* à attaquer les *Romains*. Ils (4) demandérent depuis, qu'on leur livrât *Hannibal*: & ils voulurent que *Bocchus* (5) leur livrât *Jugurtha*. Ils envoierent aussi (h) demander *Démétrius* de *Pharos*, à *Philippe* de *Macédoine*, chez qui il s'étoit sauvé. Les *Romains* eux-mêmes livrérent ceux qui avoient insulté les Ambassadeurs de (i) *Carthage*, & les Ambassadeurs (k) d'*Apollonie*. Les *Achéens* (l) firent dire aux *Lacedémoniens*, que, s'ils ne leur livroient ceux qui avoient attaqué le Bourg de *Las*, ils regarderoient cela comme une infraction du Traité d'Alliance qu'il y avoit entr'eux. Les *Athéniens* firent déclarer par un Crieur public, que si quelcun, après avoir dressé des embûches à *Philippe*, Roi de *Macedoine*, se réfugioit à *Athénes*, (6) il s'exposeroit à être livré. Les *Béotiens* exigérent de ceux de la Ville d'*Hippote*, (m) qu'on leur livrât les Meurtriers de *Phocus*.

(f) *Plutarch.* in Camill. pag. 136, 137. *Appian.* Exc. Legat. IX. *Liv.* V, 36.
(g) *Tit. Liv.* XXXI, 11.
(h) *Idem*, XXII, 33. *num.* 3.
(i) *Tit. Liv.* XXXVIII., 42.
(k) *Valer. Max.* VI, 6. *num.* 5. Epitom. Liv. XV.
(l) *Tit. Liv.* Lib. XXXVIII. Cap. XXXI. *num.* 2.
(m) *Plutarch.* Narrat. amat. *pag.* 774, 775. Tom. II.

3. Mais il faut bien se souvenir de ce que nous avons déja insinué, c'est qu'un Peuple ou un Roi n'est pas tenu précisément & indispensablement de livrer les Coupables, mais de les livrer, ou de les punir. Nous lisons, que les *Eléens* (7) déclarérent la guerre aux *Lacedémoniens*, parce que ceux-ci refusoient de punir des gens qui avoient fait du tort aux *Eléens*; c'est-a-dire, ne vouloient ni punir les Coupables, ni les livrer: car l'obligation, dont il s'agit, renferme une alternative.

4. Quelquefois même, pour donner une plus ample satisfaction aux intéressez, on leur laisse (n) le choix, ou de punir les Coupables qu'ils demandent, ou de se contenter de la punition qu'on en fera. C'est ainsi que, dans (8) TITE LIVE, les *Cérétins* représentent aux *Romains*, que les *Tarquiniens* aiant passé malgré eux sur leurs terres avec un Corps d'Armée, quoi qu'ils n'eussent demandé autre chose que le passage, avoient entraîné quelques Païsans à les accompagner dans le pillage, dont on les accusoit: mais *qu'ils étoient tout prêts ou à livrer ces Païsans, si on le souhaittoit, ou à les punir*.

(n) Voiez le Traité entre les Rois d'*Angleterre* & de *Danemark*, dans *If. Pontanus*, De Mari.

5. Quand

nobis demeres acerbam necessitudinem, pariter te errantem, & illum sceleratissimum [Jugurthum] *persequi.* SALLUST. Bell. Jugurth. Cap. CIX. pag. 504. *Ed. Wass.*

(6) Ἀναγορευσάσης δὲ τοῦ κήρυκος πάντα διὰ τοῦ κηρύγματος, τὸ τελευταῖον εἶπεν, ἄν τις ἐπιβουλεύσας Φιλίππῳ τῷ βασιλεῖ, καταφύγῃ πρὸς Ἀθηναίους, παραδότιμον εἶναι τοῦτον. DIOD. SIC. Lib. XVI. Cap. XCIII. pag. 557. *Ed. H. Steph.*

(7) Nôtre Auteur ne cite ici personne: mais ALBERIC GENTIL, de qui, comme je l'ai déja remarqué, il a emprunté cet exemple, avec quelques autres, (*Lib.* I. *Cap.* XXI. pag. 163.) renvoie en marge au VI. Livre de PAUSANIAS. Le passage se trouve vers le commencement: & tout ce que l'Historien dit, c'est qu'il s'éleva une Guerre entre les *Lacédémoniens* & les *Eléens*, parce que les *Hellanodiques* (ou Juges des Combats dans les *Jeux Olympiques*) avoient fait fouetter un Lacédémonien, nommé *Lichas*: Καὶ ἐπὶ τούτῳ μαστιγοῦσιν αὐτὸν [Λίχαν] οἱ Ἑλλανοδίκαι. Καὶ διὰ τὸν Λίχαν τοῦτον ἡ κατ' Ἆγιν βασιλέα ἐπιστρατεία Λακεδαιμονίων ἐγένετο ἐπὶ Ἠλείους καὶ ἐντὸς τῆς Ἄλτεως μάχη. Cap. II. *pag.* 178. *Ed. Græc. Wechel.* Ainsi nôtre Auteur change les personnages, faisant regarder les *Lacédémoniens* comme les aggresseurs, au lieu que c'étoient les *Eléens*: & il suppose d'ailleurs une circonstance, dont il n'y a rien dans PAUSANIAS, je veux dire, le refus de livrer ou de punir les Coupables. On ne trouve rien non plus là-dessus, ni dans XENOPHON, *Hist. Græc.* Lib. III. Cap. II. §. 16. ni dans THUCYDIDE, Lib. V. Cap. L. où il est parlé du même fait. Mais nôtre Auteur aiant lû cet exemple dans ALBERIC GENTIL, immédiatement après un autre, tiré aussi de PAUSANIAS, Lib. IV. Cap. IV. qu'il rapporte lui-même ci-dessus, & dans lequel on voit une Guerre véritablement déclarée aux *Messéniens* par les *Lacédemoniens*, sous prétexte que ceux-ci n'avoient pas voulu livrer un Messénien, nommé *Polycharès*, qui tuoit tout autant de *Lacédémoniens* qu'il en trouvoit; nôtre Auteur, dis-je, a cru là-dessus, qu'il s'agissoit précisement de la même chose dans l'exemple suivant, que le Jurisconsulte, dont il se servoit, exprime ainsi: *Hæc belli caussa* Eleos *inter &* Lacedemonios: *quòd Lacedæmonius vir ab* Eleis *habitus malè.*

(8) *Transeuntes agmine infesto per agrum suum* Tarquinienses, *quum præter viam nihil petissent, traxisse quosdam agrestium populationis ejus, quæ sibi crimini detur, comites. Eos, seu dedi placeat, dedere se paratos esse: seu supplicio adfici, daturos pœnas.* Lib. VII. Cap. XX. *num.* 6, 7.

5. Quand un Etat a fait de telles offres, on ne peut lui rien imputer; comme (9) le disoit autrefois l'Orateur ESCHINE, en traitant de la paix entre *Philippe de Macedoine*, & la *Gréce*. Mais ceux qui donnent retraite aux Coupables, pour les mettre à couvert de la punition, doivent être mis, à peu près, au même rang, que les Coupables mêmes; ainsi que QUINTILIEN le soûtient, en (10) parlant des Transfuges.

6. On demande ici, au sujet des Coupables qui ont été livrez par l'Etat, dont ils étoient Sujets, (11) si, lors que l'autre Etat n'a pas voulu les recevoir, ils demeurent toûjours Citoiens de l'Etat qui les a livrez? Le Jurisconsulte SCE'VOLA (12) soûtenoit, que non; parce que livrer un Citoien, c'étoit le bannir en quelque maniére; tout de même que quand on défendoit de lui fournir ni eau, ni feu. Mais BRUTUS, & après lui (o) CICE'RON, prétendoient, au contraire, qu'en ce cas-là le Coupable renvoié ne perdoit pas ses droits de Citoien; & cette opinion est, à mon avis, la mieux fondée. Ce n'est pourtant pas proprement par la raison que CICERON en donne, (13) savoir, qu'on ne peut pas concevoir qu'une personne aît été *livrée*, si on n'a pas voulu la recevoir, non plus qu'on ne sauroit concevoir une Donation sans acceptation. Car l'acte de la Donation n'est point accompli sans le consentement & de celui qui transfére son droit de Propriété, & de celui à qui il le transfére: au lieu que l'acte de livrer, dont il s'agit, n'est autre chose que la volonté de remettre un Sujet de l'Etat entre les mains d'une Puissance Etrangére, afin qu'elle le traite comme elle jugera à propos. Or cette permission ne donne ni n'ôte aucun droit: (14) elle léve seulement l'obstacle qui empêchoit que la Puissance Etrangére n'usât de celui qu'elle avoit d'ailleurs. Si donc cette Puissance ne veut pas profiter de la permission qu'on lui donne, l'Etat peut ou punir, (15) ou ne pas punir, selon qu'il le juge à propos, le Coupable renvoié, de même qu'il a cette liberté en matiére de

(o) *De Orator.* Lib. I. Cap. XL. & Lib. II. Cap. XXXII. *Topic.* Cap. VIII. *Orat. pro Cæcin.* Cap. XXXIV.

(9) Il représentoit à ce Prince, comme il avoit aussi opiné dans l'Assemblée des *Amphictyons*, que ceux qui avoient eux-mêmes pillé le Temple de *Delphes*, ou qui avoient conseillé le pillage, devoient être punis, & non pas les Villes d'où ils étoient originaires, & qui avoient offert de les livrer pour être jugez: Συλλεγέντας ἢ Ἀμφικτύονας εἰς τὸ ἱερὸν, καὶ τυχόντας ἀπολογίας καὶ ψήφου, τοὺς αἰτίους τῆς ἐξ ἀρχῆς καταλήψεως τοῦ ἱεροῦ, δίκην ἀξίαν τυχεῖν, μὴ τὰς πατρίδας αὐτῶν, ἀλλ' αὐτοὺς τοὺς χειρουργήσαντας, καὶ βουλεύσαντας· τὰς ἢ πόλεις παρεχούσας εἰς κρίσιν τοὺς ἀδικήσαντας, ἀζημίους εἶναι. Orat. de male obita legatione, pag. 262. B. *Ed. Basil.* 1572.

(10) *Proximos existimo esse eos transfugis, à quibus transfugæ recipiantur.* Declam. CCLV. (pag. 466. *Ed. Burmann.*) Dans une clause du Second Traité entre les *Carthaginois* & les *Romains*, tel que POLYBE le rapporte, il y a un passage, dont les paroles sont mal ponctuées & mal entenduës par ceux qui ont publié cet Historien: Εἰ ἢ μὴ, ἰδίᾳ μεταπορευέσθω. ἐὰν δέ τις τοῦτο ποιήσῃ, δημόσιον γινέσθω τὸ ἀδίκημα. C'est-à-dire: *Que si on ne fait cela* (on ne sait de quoi il s'agit, car il y a une lacune dans les paroles précedentes) *Que si on ne fait cela, chacun pourra poursuivre son droit de son autorité privée: & quand quelcun en aura ainsi usé* (c'est-à-dire, après qu'on ne lui aura pas rendu justice) *l'Etat sera censé coupable du crime.* (Lib. III. Cap. XXIV. *pag.* 249. *Ed. Amstel.*) DION *de Pruse*, faisant l'énumération des maux qui naissent de la discorde entre les Etats, met dans ce nombre la facilité que trouvent alors ceux qui ont offensé un Etat, de se refugier dans un autre: Ἔστι τοῖς ἀδικήσασι τὴν ἑτέραν, πρὸς τὴν ἑτέραν καταφυγεῖν. Orat. ad Nicomed. *Bardas*, surnommé *le Dur* (Σκληρός) s'étant réfugié chez *Cosroez*, Roi de *Perse*, l'Empereur *Basile Porphyrogenete* envoia prier *Chosroez* de ne pas retirer un Rebelle, qui avoit voulu dethroner son légitime Souverain, & de considerer que ce seroit donner un mauvais exemple, dont il pourroit lui-même se trouver mal: Ἔπεμψε πρὸς Χοσρόην, ἀξιῶν μὴ παραδέξασθαι τὸν τυραννήσαντα, καὶ κατ' αὐτοῦ δεσπότου γενόμενον, ἵνα μὴ καὶ καθ' ἑαυτὸν ὑπόδειγμα εἴη οὐκ ἀγαθόν. ZONAR. Tom. III. *in Basil. Porphyrogenn.* Voiez ce que rapporte LAONIC CHALCONDYLE, au sujet de quelques Corsaires, auxquels on donna retraite dans l'Ile de *Lesbos*: Hist. Turc. *Lib.* X. *init.* GROTIUS.

(11) Voiez, sur cette question, PUFENDORF, *Droit de la Nat. & des Gens*, Liv. VIII. Chap. XI. §. 9.

(12) *Quem* (deditum) *hostes si non recepissent, quæsitum est, an civis Romanus maneret? quibusdam existimantibus manere, aliis contra: quia quem semel Populus jussisset dedi, ex civitate expulisse videretur; sicut faceret, quum aquâ & igni interdiceret. In qua sententia videtur* Publius Mucius *fuisse. Id autem maxime quæsitum est in* Hostilio Mancino, *quem* Numantini *sibi deditum non acceperunt* &c. DIGEST. Lib. L. Tit. VII. *De Legationib.* Leg. VII.

(13) *Quo in genere etiam* Mancini *caussa defendi potest postliminio rediisse: deditum non esse, quoniam non sit receptus. Nam neque deditionem, neque donationem, sine acceptione intelligi posse.* Topic. *Cap.* VIII. Le sentiment de *Brutus*, que l'Orateur Romain embrasse ici, ne fut point suivi dans l'affaire d'*Hostilius Mancinus*; comme il semble se déduire de la derniere Loi du Titre *De Legationibus*, qui va être citée dans la Note 16. Voiez ce que je dirai là sur cette Loi; & ailleurs,

Liv.

de plusieurs Crimes. Mais pour ce qui est du droit de Citoien, & des autres droits ou biens du Coupable, ils ne se perdent point par cela (p) seul qu'on a fait quelque mauvaise action, pour laquelle on peut en être dépouillé: il faut, outre cela, une Ordonnance ou un Jugement dans les formes; à moins qu'il n'y ait quelque Loi qui veuille que, du moment qu'on a commis le Crime, on soit censé avoir été condamné juridiquement, ce qu'on ne peut pas dire dans le cas dont il s'agit.

(p) *Ipso facto.*

7. Il en est de même des biens du Coupable, que de sa personne. Si celui à qui on a livré ces biens, ne veut pas les accepter, ils demeureront à l'ancien Propriétaire.

8. Mais lors que ceux à qui l'on a livré quelcun, ont accepté l'offre, & se sont saisis du Coupable; s'il trouve ensuite moien, par quelque hazard, de retourner dans le païs, il n'est plus Citoien de l'Etat, & il ne peut le redevenir que par une rehabilitation. Et en ce sens, la décision (16) du Jurisconsulte MODESTIN est bien fondée.

9. Ce que nous venons de dire touchant l'obligation de livrer ou de punir un Coupable, regarde non seulement ceux qui ont toûjours été Sujets de l'Etat, sur les terres duquel ils se trouvent, mais encore ceux qui, après avoir commis ailleurs le Crime, sont venus se réfugier dans le païs.

§. V. 1. EN VAIN objecteroit-on ici les privilèges (1) des *Supplians*, ou Réfugiez, que l'Antiquité respectoit si fort, & les exemples de tant d'Azyles ouverts à ceux qui craignoient d'être punis. Cette protection est pour des personnes exposées aux poursuites d'une injuste haine, mais non pas pour des gens qui ont commis malicieusement des choses nuisibles ou à la Société Humaine en général, ou à quelcun en particulier. GYLIPPE, Lacedémonien, parlant de ce droit des Supplians, dit, dans l'His-

Liv. III. *Chap.* IX. §. 8.

(14) Cela est vrai, généralement parlant. Mais il peut arriver aussi que celui qui livre depouille par là de tous ses droits celui qui est livré. C'est dequoi il faut juger par les circonstances. Et tel etoit le cas particulier, qui a donné lieu à la question, comme nous le ferons voir sur le *Chap.* IX. du *Livre suivant*, §. 8.

(15) Comme fit le Sénat Romain, à l'egard de *Marc Clodius*, que les *Corses*, à qui il avoit été livré pour avoir conclu avec eux une paix honteuse, ne voulurent point recevoir; car il fut executé à *Rome* dans la prison. Marcum *enim* Clodium *Senatus* Corsis, *quia turpem cum his pacem fecerat, dedidit: quem, ab hostibus non acceptum, in publica custodia necari jussit.* VALER. MAXIM. Lib. VI. Cap. III. *num.* 3. GROTIUS.

(16) *An qui hostibus deditus, reversus, nec à nobis receptus, civis Romanus sit, inter* Brutum *&* Scævolam *varie tractatum est? Et consequens est, ut civitatem non adipiscatur.* DIGEST. Lib. XLIX. Tit. XV. *De Captivis & Postlim.* Leg. IV. Cette Loi n'est pas sans difficulté. Comme la question dans le cas particulier dont le Jurisconsulte MODESTIN parle ici, étoit de savoir, si *Hostilius Mancinus* conservoit ses droits de Citoien Romain, par le refus des *Numantins*, à qui il avoit été livré; il semble d'abord, qu'au lieu de ces mots, *nec* A' NOBIS *receptus*, on doive lire, *nec* AB IIS *receptus*: d'autant plus que la faute a pû aisément se glisser. Effectivement je vois que quelques Jurisconsultes celébres l'ont ainsi conjecturé il y a long tems, comme FRANÇOIS BAUDOUÏN, dans sa *Jurisprudentia Muciana*, pag. 48. ANTOINE FAURE, *Jurispr. Papinian.* Tit. XI. Princip. VIII. Illat. I. *pag.* 612. & JULES PACIUS, à la marge de son Edition du Corps de Droit: trois Auteurs, dont aucun ne témoigne avoir emprunté d'ailleurs cette correction. Je ne la crois pourtant pas necessaire, sans l'autorité de quelques bons Manuscrits. Car on peut fort bien entendre ces paroles, *nec à nobis receptus*, comme si le Jurisconsulte, en même tems qu'il nie que celui dont il s'agit redevienne Citoien par droit de Postliminie, insinué qu'il peut le redevenir par une rehabilitation & une nouvelle Ordonnance du Peuple. Cela eut lieu dans l'affaire de *Mancinus*: car il fallût une Loi du Peuple, pour le remettre dans son premier etat, en conséquence de quoi il obtint la dignité de Preteur; ainsi que nous le voions dans la derniere Loi du Titre *De Legationibus*, qui vient d'être citée: *De quo* (Hostilio Mancino) *lex postea lata est, ut esset civis Romanus, & Praturam quoque gessisse dicitur.* Il paroit par là, à mon avis, que l'opinion de *Scævola* prevalut, dans la dispute dont il s'agit; comme le remarque BAUDOUÏN, (*ubi supra*, p. 47.) Mr. THOMASIUS, qui pretend, que la Loi en faveur de *Mancinus* n'emportoit qu'une simple decision du cas controverse, n'en allégue pas des raisons assez convaincantes. La Préture même, que *Mancinus* rechercha pour la seconde fois, puis qu'il avoit été Consul; suppose une rehabilitation. Voiez la Note d'ANDRE' SCHOT sur AURELIUS VICTOR *De Vir. Illustr.* Cap. 59. *num.* 4. Ainsi l'application que fait nôtre Auteur des paroles de MODESTIN, n'est point juste.

§. V. (1) *Κοινὰ ἱκετῶν νόμιμα*, comme les appellent POLYBE, & MALCHUS, dans les *Excerpta Legationum*, c'est-à-dire, les Loix reçuës généralement au sujet des Supplians. GROTIUS.

l'Histoire de (2) DIODORE *de Sicile*, que *ceux qui l'ont les prémiers établi, ont bien eu dessein d'assurer aux Malheureux les effets de la compassion d'autrui, mais non pas de mettre à couvert de la punition ceux qui ont fait du mal de propos délibéré.* Les derniers, ajoûte-t-il, *qui ont agi malicieusement, qui par un désir injuste du bien d'autrui se sont jettez dans le cas fâcheux où ils se trouvent, ne doivent pas s'en prendre à la Fortune, ni se mettre au rang des Supplians. Ce titre n'est dû, par le Droit des Gens, qu'à ceux dont le Cœur est innocent,* (3) *mais que la Fortune persécute. Une vie pleine d'actions injustes ne laisse aucune ressource dans la compassion & la protection des Hommes.* Le Poëte (4) MÉNANDRE, l'Orateur (5) DÉMOSTHÈNE, & (6) plusieurs autres Auteurs, font aussi très-bien cette distinction entre le *malheur*, & le *crime*. La Loi de *Moïse*, cette Loi si sage, ouvroit (a) un Azyle à ceux qui avoient tué quelcun avec un instrument échappé par mégarde de leurs mains. Elle accordoit la même faveur aux (b) Esclaves fugitifs. Mais si quelcun avoit tué de pro-

(a) *Deut.* XIX, 1, & *suiv.*

(b) *Ibid.* XXIII, 15.

(2) Οἱ γὰρ ἀπ' ἀρχῆς τὰ περὶ τούτων [ἱκετῶν] νόμιμα διατάξαντες, τοῖς μὲν δυστυχοῦσι τὸν ἔλεον, τοῖς δὲ διὰ πονηρίαν ἀδικοῦσιν ἔταξαν τιμωρίαν . . . . Εἰ δ' ἐλέγχονται [οἱ αἰχμαλῶτοι] διὰ πονηρίαν καὶ πλεονεξίαν τοιούτοις ἐλαττώμασι περιπεπλωκότες· μὴ καταμεμφέσθωσαν τὴν τύχην, μηδ' ἐπικαλείσθωσαν τὸ τῆς ἱκεσίας ὄνομα. τοῦτο γὰρ παρ' ἀνθρώποις φυλάττεται τοῖς καθαρὰν μὲν τὴν ψυχὴν, ἀγνώμονα δὲ τὴν τύχην ἐσχηκόσιν. ὅτοι δὲ ἁπάντων τῶν ἀτυχημάτων [Il faut ici nécessairement ἀδικημάτων, comme nôtre Auteur & le Traducteur Latin l'ont exprimé dans leur version : & je n'ai pas sous ma main l'Edition de RHODOMAN, pour voir s'il a corrigé cette faute manifeste, qu'HENRI ÉTIENNE a laissé passer] πλήρη τὸν βίον ἔχοντες, οὐδένα τόπον αὐτοῖς βάσιμον εἰς ἔλεον καὶ καταφυγὴν ἀπολελοίπασι. Biblioth. Histor. *Lib.* XIII. *Cap.* XXIX. *pag.* 345, 346. *Edit. H. Steph.*

(3) Un ancien Oracle déclara innocent un Jeune Homme, qui, en se defendant contre un Brigand, manqua son coup, & alla tuer son Camarade :

Ἔκτεινας τὸν ἑταῖρον ἀμύνων· οὔ σ' ἐμίανεν
Αἷμα, πέλεις δὲ χέρας καθαρώτερος, ἢ πάρος ἦσθα.

GROTIUS.

Cet Oracle se trouve dans ELIEN, *Var. Histor.* Lib. III. Cap. XLIV.

(4) Ἀτύχημα καὶ Ἀδίκημα διαφορὰν ἔχει·
Τὸ γὰρ διὰ τύχην γίγνεται, τὸ δὲ αἱρέσει.

Apud STOB. Tit. VII.

(5) Il dit, qu'on doit avoir pitié de ceux qui sont malheureux sans qu'il y ait de leur faute, & non pas des Méchans. Δίκαιον δὲ ἐστ' ἐλεεῖν, οὐ τοὺς ἀδίκους τῶν ἀνθρώπων, ἀλλὰ τοὺς παραλόγως δυστυχοῦντας. In Aphob. *Orat.* II. (sub fin. pag. 556. A.) CICÉRON a exprimé ainsi ces paroles en Latin : *Eorum misereri oportere, qui propter fortunam, non propter malitiam, in miseriis sint.* De Invent. *Lib.* II. (*Cap.* XXXVI.) GROTIUS.

(6) C'est un mot d'ANTIPHANE, Qu'une faute commise involontairement, est la faute de la Fortune; mais que celles que l'on commet volontairement, doivent nous être imputées, comme étant l'effet de nôtre propre délibération : Τὸ ἀκούσιον ἁμάρτημα τῆς τύχης ἐστὶ, τὸ δὲ ἑκούσιον, τῆς γνώμης. LYSIAS dit, que personne n'est malheureux par un pur effet de sa propre volonté : Οὐδενὶ οὐδὲν ἑκούσιον δυστύχημα γίνεται. PHILON, *Juif*, donne pour maxime, que la Compassion n'est duë qu'aux Malheureux, & que celui qui fait mal volontairement n'est pas malheureux, mais injuste : Ἔλεος γὰρ ἐπ' ἀτυχήμασιν· ὁ δὲ ἑκουσίᾳ γνώμῃ πονηρευόμενος, οὐκ ἀτυχὴς, ἀλλ' ἄδικος. De Judice (*pag.* 722. A.) L'Empereur MARC ANTONIN veut que l'on examine l'esprit des autres pour savoir s'ils agissent par ignorance, ou de propos déliberé, & pour considerer en même tems les choses qui ont de la liaison avec celle-là : Τὸ δὲ τούτου [ἡγεμονικὸν], ἵνα ἐπιστήσῃς, πότερον ἀγνοίᾳ ἢ γνώμῃ, καὶ ἅμα λογίσῃ ὅτι συγγενές. (Lib. IX. §. 22. *Ed. Gataker.*) *Totilas* distingue entre ce qui se fait par ignorance ou par oubli, & ce qui se fait de propos déliberé : Τὰ ἐξ ἀγνοίας ἢ λήθης, καὶ τὰ ἐκ προνοίας. Gotthic. *Lib.* III. *Cap.* IX. dans une Lettre qu'il écrivit au Sénat de *Rome*.) GROTIUS.

Cet *Antiphane*, que nôtre Auteur cite ici, est l'Orateur ANTIPHON, dont le nom se trouve ainsi corrompu deux fois dans ce Chapitre, & cela dans toutes les Editions ; savoir ici, où le passage étoit dans le Texte, & au paragraphe 16. Voiez l'Oraison XIV. & XV. pag. 134. *Ed. Wech.* Pour ce qui est de LYSIAS, je ne sai en quel endroit il a dit ce que nôtre Auteur lui attribuë. Mais il me tombe sous les yeux une pensée de ce dernier Orateur, toute semblable à celle de la Note précedente : Οὐ γὰρ οἱ δικαίως ἀποθνήσκοντες, ἀλλ' οἱ ἀδίκως, ἄξιοι εἰσιν ἐλεεῖσθαι. Contra Andocid. *Orat.* V. *in fine.* Les derniéres paroles du passage de MARC ANTONIN ont été mal entenduës par nôtre Auteur, *& simul ea consideres, quæ his cohærent* ; car elles signifient, qu'il faut considerer *que cet autre Homme est nôtre Parent*, c'est-à-dire, par la Nature ; comme traduit GATAKER, & après lui Mr. & Madame DACIER. Les derniers, pour le dire en passant, ont fait ici une faute, en mettant, *pour connoître s'il agit par raison*, au lieu de dire, *s'il agit*, ou *s'il péche, par ignorance, ou volontairement.*

(7) Ἀσυλίαν ἀνθρώποις τὸ ἱερὸν μὴ παρέχεσθαι. De Legib. Special. *pag.* 790. D. *Ed. Paris.*

(8) Τὸν Ναύπλιόν φασιν ὑπὸ τῶν Ἀχαιῶν διωκόμενον, Χαλκιδεῖς ἱκετεῦσαι, καὶ τὰ μὲν περὶ τῆς αἰτίας ἀπολογεῖσθαι, τὰ δὲ αὐτὸν ἀντεγκαλεῖν τοῖς Ἀχαιοῖς. ἐκδιδόναι μὲν αὐτὸν οἱ Χαλκιδεῖς οὐκ ἐμέλλησαν. PLUTARCH. Quæst. Græc. XXXII. (*pag.* 298 D. *Ed. Wech.* Tom. II.) *Pépin* retira chez lui les Réfugiez de *Neustrie*, qui fuioient la tyrannie, & ne voulut pas les livrer : FREDEGAR. *in rebus Pipini*, ad *ann.* 688. L'Empereur LOUÏS *le Debonnaire* donna aussi retraite à ceux qui se sauvoient de l'Eglise de *Rome*, comme il paroît par une de ses Ordonnances, faite l'an 817. & inserée dans le II. Tome des CONCILES *de la Gaule*. CHARLES *le Chauve* en usa de même à l'égard de ceux qui venoient de chez son Frére *Louïs*. AIMOIN. *Lib.* V. *Cap.* XXXIV. *Constantin Monomaque* refusa de livrer *Cegéne Patzinaque*, à *Tyrach* Gouverneur Turc. Voiez ZONARE, Tom. III. dans la Vie de cet Empereur. Le Gouverneur *Inungin* ne voulut pas non plus livrer *Osman*

propos délibéré une personne innocente, ou troublé l'Etat; (c) l'Autel même de DIEU, si saint & si sacré, n'étoit pas pour lui une retraite assûrée; comme le remarque PHILON, Juif, (7) en expliquant la Loi dont je viens de parler.

(c) *Exod.* XXI, 14. *I. Rois*, II, 29. *II. Rois*, XI, 13, *& suiv.*

2. Il en étoit de même parmi les plus anciens *Grecs*. Ceux de *Chalcis* ne voulurent (8) pas livrer *Nauplius* aux *Achéens*, parce, dit-on, qu'il s'étoit suffisamment justifié de ce dont on l'accusoit. Il y avoit à *Athénes* un Autel de la *Miséricorde*, dont plusieurs (9) Auteurs nous parlent. Mais pour qui servoit-il d'azyle? C'étoit, comme le dit un Poëte Latin, qui en a fait une longue description, (10) pour les *Malheureux*, pour ceux *qui s'étoient sauvez d'une défaite*, ou *qui avoient eté chassez de leur patrie*, ou *dépouillez de leur Roiaume*, ou, *qui avoient commis imprudemment quelque Crime*. C'est pourquoi (11) ARISTIDE, & (12) XE'NOPHON, louent les *Athéniens*, de ce qu'ils étoient le réfuge des Malheureux, d'où qu'ils vinssent. Mais

Osman à *Eskisar*, comme nous l'apprend LEUNCLAVIUS, *Hist. Turc.* Lib. II. Les *Portugais* firent le même refus, au sujet du Duc d'*Albuquerque*; ainsi que le rapporte MARIANA, XVI, 18. GROTIUS.

(9) CICE'RON, PAUSANIAS (Lib. I. Cap. XVI. de l'*Eneïde* (vers. 342.) THE'OPHILE, dans sa Paraphrase Greque des INSTITUTES, Lib. I. Tit. II. §. 1.) GROTIUS.

Notre Auteur a apparemment cité ici CICE'RON, sur la foi du Scholiaste de *Stace*, qui parle ainsi: *Hanc aram* CICERO, *libro* Tusculanarum, Misericordiæ *nominat* &c. In *Theb.* XII, 481. Car je ne vois pas que NIZOLIUS même indique aucun endroit où l'Orateur Romain parle de cet Autel. Et il peut se faire que le Scholiaste citant de mémoire ait donné comme étant des *Recherches Tusculanes*, un passage qu'il avoit lû dans quelcun des Ouvrages qui ne subsistent plus aujourdhui.

(10) *Urbe fuit mediâ nulli concessa potentum*
Ara Deûm: mitis posuit Clementia sedem,
Et miseri fecère sacram ——— ———
Huc victi bellis, patriaque è sede fugati,
Regnorumque inopes, scelerumque errore nocentes,
Conveniunt, pacemque rogant ——— ———

STAT. Theb. XII, 481, *& seqq.* 507, *& seqq.*

(11) Μεγίστη δὲ καὶ κοινοτάτη τῶν εὐεργεσιῶν, ἡ τῶν πανταχόθεν δυστυχησάντων ὑποδοχὴ καὶ παραμυθία. Orat. Panathen. *pag.* 187. B. Tom. I. *Edit. P. Steph.* Οὕτως ὁ παλαιὸς λόγος ἐστ' ἀληθής, ὅτι τοῖς καθ' ἕκαστον ἀτυχοῦσι κοινὴ πᾶσιν ὑπῆρχεν ἀτυχία, τὸ τῆς πόλεως ταύτης ἦθος, ὑφ' οὗ σῴζονται. *Orat. Leuctr.* I. pag. 89. A. Tom. II. [& non pas *De Pace*, *II.* comme l'Auteur cite en marge.] MARIANA donne la même louange à ceux d'*Aragon*, Hist. Hisp. XX, 12. Les *Gépides* disoient, qu'ils périroient plûtôt que de livrer *Ildigisal* aux *Romains*, ou aux *Lombards*. PROCOP. Gothic. Lib. IV. (seu *Hist. Miscell.* Cap. XXVII.) GROTIUS.

(12) C'est *Patrocle*, Phliasien, qui dit dans un Discours aux *Athéniens*, qu'il a toûjours admiré la bonté avec laquelle ils donnoient retraite à tous ceux qui etoient injustement maltraitez, ou qui craignoient de l'être: Ἐγὼ δέ, ὦ ἄνδρες Ἀθηναῖοι, πρόσθεν μὲν αἰνῶν ἐζήλουν τήνδε τὴν πόλιν, ὅτι πάντας καὶ τοὺς ἀδικουμένους, καὶ τοὺς φοβουμένους, ἐνθάδε καταφεύγοντας, ἐπικουρίας δεομένους, ἤκουον τυγχάνειν. (Hist. Græc. *Lib.* VI. *Cap.* V. §. 38. *Ed. Oxon.*) Voiez aussi DE'MOSTHE'NE, *Epist. pro Lycurgi liberis*, (pag. 114. B.) Dans une Tragédie de SOPHOCLE, *Oedipe* vient se réfugier, après avoir été chassé de son païs pour un crime involontaire, comme il le dit lui-même:

Ἤνεγκον κακότατ', ὦ ξένοι, ἤνεγ——
κον, ἄκων μέν, θεὸς ἴστω.
Τούτων δ' αὐθαίρετον οὐδέν.

Oedip. Colon. (*vers.* 512, *& seqq.*) *Thésée* là-dessus lui dit, qu'il ne laissera jamais sans protection un Etranger comme lui; & que l'Humanité l'y engage:

Ὥστε ξένον γ' οὐδέν' ὄνθ', ὥσπερ σὺ νῦν,
Ὑπεκτραποίμην μὴ οὐ συνεκσῴζειν σ' ἐπεί.
Ἔξοιδ' ἀνὴρ ὤν ——— ——— ———

(Vers. 558) Voiez tout le passage, qui mérite d'être lû. *Démophoon*, Fils du même *Thésée*, [ou plûtôt le Chœur] dit, au sujet des Descendans d'*Hercule*, qui se réfugioient à *Athénes*, que cette Ville a toûjours secouru avec beaucoup d'empressement les Malheureux, qui avoient bon droit:

Ἀεὶ ποθ' ἥδε γαῖα τοῖς ἀμηχάνοις
Σὺν τῷ δικαίῳ βούλεται προσωφελεῖν.
Τοὺς γὰρ πόνους δὴ μυρίους ὑπὲρ φίλων
Ἤνεγκε· καὶ νῦν τόνδ' ἀγῶν' ὁρῶ πέλας.

[EURIPID. Heraclid. vers. 330, *& seqq.*] C'est principalement de la générosité dont les *Athéniens* userent dans cette occasion, que CALLISTHE'NE les louoit autrefois: Ils entreprirent, disoit-il, la Guerre en faveur des Enfans d'*Hercule*, contre *Eurysthée*, qui étoit alors Tyran de la *Gréce*. Τούτους γὰρ καὶ πρὸς Εὐρυσθέα πολεμῆσαι ὑπὲρ τῶν παίδων τοῦ Ἡρακλέους, τυραννοῦντα ἐν τῷ τότε τῆς Ἑλλάδος. Voiez les *Héraclides* d'EURIPIDE, & APOLLODORE, dans sa *Bibliothéque* (Lib. II. Cap. VIII. §. 1.) GROTIUS.

Les paroles de CALLISTHE'NE ne sont pas tirées, comme on pourroit le croire, de quelcune des Histoires qu'avoit composées ce Philosophe, Cousin & Disciple d'*Aristote*: mais je les trouve dans l'Histoire d'*Alexandre le Grand* par ARRIEN. C'est une réponse que l'on dit qu'il avoit faite à *Philotas*, & dont on se servit apparemment pour colorer l'accusation qu'on intenta contre lui, d'avoir part à la conspiration tramée contre *Alexandre*. Il disoit donc à *Philotas*, que ceux, dont les *Athéniens* honoroient le plus la mémoire, c'étoient *Harmodius* & *Aristogiton*, parce qu'ils avoient tué un des Tyrans, & détruit la Tyrannie. *Philotas* lui demanda là-dessus, où devroit se refugier celui à qui il arriveroit de tuer un Tyran? *Callisthéne* répondit, que ce seroit à *Athénes*, ou nulle part; & il en allégua pour raison ce que nôtre Auteur rapporte, du secours & de la protection qu'ils accordérent aux *Héraclides*: *De Expedit. Alex.* Lib. IV. Cap. X.

Mais l'Orateur LYCURGUE raconte, (13) qu'un certain *Callistrate*, après avoir commis un crime digne de mort, alla consulter l'Oracle, qui lui répondit, que, s'il alloit à *Athénes*, il y seroit *traité selon les Loix*. Là-dessus, il alla se réfugier auprès de l'Autel le plus sacré qu'il y eût dans cette Ville, dans l'espérance d'y trouver l'impunité. Les *Athéniens* néanmoins, quoi que pleins de respect pour tout ce qui regardoit la Religion, firent mourir cet homme, & accomplirent ainsi la prédiction de l'Oracle. TACITE blâme la coûtume, qui se renforçoit de son tems dans les Villes de la *Gréce*, (14) de protéger des Scélérats, comme si c'eût été défendre la Religion. Le même Historien dit, (15) que *les Dieux n'exaucent que les priéres justes des Supplians*.

3. Il faut donc ou punir, ou livrer, ou du moins faire sortir du païs, les Réfugiez qui sont véritablement coupables. C'est ainsi que les *Cyméens*, au rapport d'HE'RODOTE, ne voulant pas livrer *Pactyas*, (16) Persan, & n'osant le garder chez eux, lui permirent de s'en aller à *Mytiléne*. *Persée*, Roi de *Macédoine*, dans un Discours que TITE LIVE lui prête, & où il justifie sa conduite devant les *Romains*, (17) dit à *Marcius*, en parlant de ceux qu'on disoit avoir dressé des embûches à *Euménès*, qu'*aussi tôt qu'on lui avoit donné avis que ces gens-là étoient en* Macédoine, *il leur avoit ordonné de sortir de son Roiaume, & de n'y rentrer jamais. Evandre*, de *Créte*, étoit celui qu'on accusoit de cette entreprise. Les *Samothraces* lui firent dire, (18) que, s'il n'osoit se venir mettre en Justice, *il sortît de l'azyle de leur Temple, & qu'il se sauvât comme il pourroit*.

4. Au reste, le droit qu'ont les Puissances Souveraines, de demander les Criminels qui

(13) Τὶς γὰρ οὐ μέμνηται τῶν πρεσβυτέρων, ἢ τῶν νεωτέρων οὐκ ἀκήκοε, Καλλίστρατον, οὗ θάνατον ἡ πόλις κατέγνω, τοῦτον φυγόντα, καὶ τοῦ Θεοῦ τοῦ ἐν Δελφοῖς ἀκούσαντα ὅτι ἂν ἔλθῃ Ἀθήναζε, τεύξεται τῶν νόμων, ἀφικόμενον καὶ ἐπὶ τὸν βωμὸν τῶν δώδεκα θεῶν καταφυγόντα, καὶ οὐδὲν ἧττον ὑπὸ τῆς πόλεως ἀποθανόντα. δικαίως. Orat. *adversus Leocrat.* (pag. 156. *Ed. Wech.*) EURIPIDE dit, dans une de ses Tragedies, que les Mechans devroient être chassez de l'Autel, & qu'il n'est pas digne des Dieux, que les Scelérats trouvent dans leurs Temples une protection que les Gens-de-bien méritent seuls:

Τοὺς μὲν γὰρ ἀδίκους, βωμὸν οὐχ ἵζειν ἐχρῆν,
Ἀλλ' ἐξελαύνειν· οὐδὲ γὰρ ψαύειν καλὸν
Θεῶν πονηρὰν χεῖρα· τοῖσι δ' ἐνδίκοις
Ἱερὰ καθίζειν, ὅστις ἠδικεῖτ', ἐχρῆν,
Καὶ μὴ 'πὶ ταὐτὸ τοῦτ' ἰόντ' ἔχειν ἴσον,
Τόν τ' ἐσθλὸν ὄντα, τόν τε μὴ, Θεῶν πάρα.

Ion. (vers. 1315. & *seqq.*) Un Grand Chambellan du Roi de *Portugal* aiant violé une Fille de qualité, eut beau se réfugier dans une Eglise: on l'enleva delà, & on le fit brûler. Il se nommoit *Ferdinand*; & le fait est rapporté par MARIANA, *Lib* XXI. Voiez encore, sur cette matiére, un Traite des *Asyles*, composé par un grand homme, le Pere PAUL, Servite. GROTIUS.

Cette Note, & la précédente, sont presque toutes tirées du Texte, où l'on trouve les quatre vers suivans, qui doivent être traduits ou d'EURIPIDE, ou de SOPHOCLE; mais, de la maniere que nôtre Auteur s'exprime, on ne sait d'abord lequel de ces deux Poëtes il a voulu désigner:

Hunc, qui facinorum conscius, nunc legibus
Fidens, ad aras volvitur supplex Deûm,
Trahere ad tribunal, nulla relligio mihi:
Mala semper æquum ferre, qui fecit malè.

Avant cela, il dit seulement: *De maleficis hoc habes in eadem Tragœdia.* Or il avoit cité d'abord SOPHOCLE, *Oedip. Colon.* vers. 512, & *seqq.* ensuite les *Heraclides* d'EURIPIDE, vers. 330, & *seqq.* mais sans nommer ni la Tragédie, ni le Poëte, & comme si c'étoit du même qu'il venoit de citer; attribuant d'ailleurs à *Démophoon*, les paroles, qui sont cependant du Chœur. J'ai trouvé l'Original dans STOBE'E, où cependant l'Edition même de nôtre Auteur indique seulement EURIPIDE, sans marquer la Tragédie. Nôtre Auteur a cru, que c'étoient les *Héraclides*, parce que STOBE'E venoit de les citer; & de là vient qu'il a omis les vers, dont il s'agit, dans ses *Excerpta ex Trag. & Comœd. Græc.* Mais ces vers ne se trouvent point certainement dans la Piéce qu'on vient de nommer: comme on ne les voit pas non plus dans le Recueil des Fragmens d'EURIPIDE, que feu Mr. BARNES a ramassez, après nôtre Auteur, dont il met par tout la traduction. Quoi qu'il en soit, voici les vers même, que notre Auteur traduit dans son STOBE'E tout de même qu'il fait ici; à cela près qu'il n'y a pas laissé glisser, dans le prémier vers Latin, une faute d'impression, que toutes les Editions de mon Original, sans en excepter la prémiere, ont conservée: *nunc legibus*, pour, *nec legibus* &c.

Ἐγὼ γὰρ ὅστις μὴ δίκαιος ὢν ἀνὴρ
Βωμὸν προσίζει, τὸν νόμον χαίρειν ἐῶν,
Πρὸς τὴν δίκην ἄγοιμ' ἂν οὐ τρέσας Θεούς.
Κακὸν γὰρ ἄνδρα χρὴ κακῶς πάσχειν ἀεί.

„ Je ne craindrai nullement d'offenser les Dieux, si „ je poursuis en Justice un homme, qui, quoi qu'il „ ne se sente pas innocent, s'est refugié auprès de „ l'Autel, ne se fiant point à la protection des Loix. Il „ est juste que les Mechans, qui ont fait du mal, en „ souffrent. *Florileg* Tit. XLVI. *De Magistrat.* Au reste, j'ai aussi laissé passer la faute, dont je viens de parler, dans mon Edition de l'Original de cet Ouvrage, parce que je n'avois pas alors le STOBE'E de mon Auteur.

(14) *Crebrescebat enim* Græcas *per urbes licentia atque impunitas asyla statuendi: complebantur templa pessimis servitiorum: eodem subsidio obærati adversum creditores, suspectique capitalium criminum, receptabantur. Nec ul-*

qui se sont sauvez hors de leurs terres, n'a lieu, selon l'usage établi depuis quelques Siécles dans la plus grande partie de l'*Europe*, qu'en matiére de Crimes d'Etat, ou de ceux qui sont d'une énormité extrême. Pour les autres moins considérables, on y ferme les yeux de part & d'autre; à moins qu'on n'en soit autrement convenu (19) par quelque Traité.

5. Il faut savoir encore, que, quand des Brigands ou des Corsaires se sont rendus formidables par leur puissance, on peut innocemment leur donner retraite, & les proteger, pour les mettre à couvert de la punition; parce qu'il est de l'intérêt du Genre Humain, que tout Peuple ou tout Prince doit procurer, d'empêcher ces gens là de continuer leurs voleries par l'espérance de l'impunité, si l'on ne peut (20) les en détourner autrement.

§. VI. 1. UNE autre chose qu'il y a ici à remarquer, c'est que l'on peut proteger une personne qui vient se réfugier dans le païs, jusqu'à ce qu'on ait été instruit de ce dont on l'accuse, & qu'on sache bien si elle est coupable, ou non. Ainsi, dans une Tragédie d'EURIPIDE, *Démophoon*, Roi d'*Athénes*, répond à un Ambassadeur d'*Eurysthée* qui venoit lui demander les Enfans d'*Hercule*: (1) *Si vôtre Maître a quelque sujet de plainte contre ces Etrangers, on lui fera justice; mais je ne souffrirai pas que vous les emmeniez par force.* Voici comment *Thésée*, Pére de *Démophoon*, parle à *Créon*, Roi de *Thébes*, dans une autre Tragédie: (2) *Prince, vous avez fait là une chose que je ne méritois pas, & qui n'est digne ni de vos Ancêtres, ni de vôtre Patrie. Vous êtes venu dans une Ville où l'on observe exactement la Justice, & où l'on* ne

lum satis validum imperium erat coercendis seditionibus populi, flagitia hominum, ut cærimonias Deum, protegentis. Annal. *Lib.* III. *Cap.* LX. *num.* 2, 3.

(15) *Principes quidem instar Deorum esse: sed neque à Diis, nisi justas, supplicum preces audiri* &c. Ibid. *Cap.* XXXVI. *num.* 3.

(16) Il n'étoit pas Persan, mais *Lydien*, comme HERODOTE le qualifie plus d'une fois. Voici le passage, où se trouve ce que nôtre Auteur en dit: Οἱ βουλεόμενοι (οἱ Κυμαῖοι) οὔτε ἐκδόντες Πακτύην, οὔτε παρ' ἑωυτοῖσι ἔχοντες πολιορκέεσθαι, ἐς Μυτιλήνην αὐτὸν ἐκπέμπουσι. Lib. I. Cap. CLX.

(17) *Ego tamen istos, ut primum in* Macedonia *esse admonitus à vobis comperi, conquisitos abire ex regno jussi, & in perpetuum interdixi finibus meis.* TIT. LIV. Lib. XLII. Cap. XLI. *num.* 8. Cela est rapporté aussi par APPIEN d'*Aléxandrie*, Excerpt. Legat. XX. On trouve un fait semblable, dans l'Auteur Latin de la Vie de *Themistocle*: car il nous apprend qu'*Admete*, Roi des *Molossiens*, ne voulut pas livrer *Themistocle* aux *Athéniens* & aux *Lacedémoniens*, qui le demandoient, mais qu'il l'avertit au contraire de prendre garde à soi, & le fit mener à *Pydna*, Ville de *Macedoine*, avec une bonne escorte, ne le croiant pas assez en sûreté dans ses propres Etats, à cause du voisinage: *Nam, quum ab* Atheniensibus *&* Lacedæmoniis *exposceretur publicè, supplicem non prodidit, monuitque ut consuleret sibi, difficile enim esse, in tam propinquo loco tutò eum versari.* Itaque Pydnam *eum deduci jussit, & quod satis esset præsidii dedit.* (CORNEL. NEPOS, in Vit. Themistocl. *Cap.* VIII. *num.* 5.) Les *Gépidiens* renvoiérent hors de chez eux *Ildisge*, Lombard: PROCOP. Lib. III. *Gotthic.* Cap. XXXV. Voiez la Lettre de *Theuderic* (ou *Théoderic*) à *Trasamund*, Roi des *Vandales*, au sujet de la retraite donnée à *Gisélic*, [dans CASSIODORE: *Var.*] V, 43, 44. & celle qui se trouve dans la Vie du Roi *Louis*. L'Empereur *Rodolphe II* fit sortir de ses Etats *Christophle Sborowski*; comme le rapporte DE THOU, Lib. LXXXIII. sur l'an 1585. La Reine *Elizabeth* répondit aux *Ecossois*, qu'elle leur remettroit le Comte de *Bothwel*, ou qu'elle le chasseroit d'*Angleterre*: CAMDEN, *in ann.* 1593. (pag. 607. *Ed.* Elzev. 1625. Voiez MARIANA, XIX, 6. au sujet d'*Alfonse*, Comte de *Gegion*, à qui l'on refusa de donner retraite en *Espagne*, après qu'il eût été condamné par le Roi de *France*. GROTIUS.

(18) *Argui cædis* [*Eumenis* Regis] Evandrum Cretensem . . . . . . *Si consideret* Evander, *innoxium se rei capitalis argui, veniret ad caussam dicendam: si committere se judicio non auderet, liberaret religione templum, ac sibimet ipse consuleret.* TIT. LIV. Lib. XLV. Cap. V. *num.* 8.

(19) Comme on le voit dans le Traité des *Suisses* avec ceux de *Milan*, rapporté par SIMLER (*De Republ. Helvet.* pag. 263. *Edit. Elzevir.*) Par les Traitez faits autrefois entre l'*Angleterre* & la *France*, on étoit obligé de part & d'autre de rendre les Rebelles & les Fugitifs: mais ceux que l'*Angleterre* avoit faits avec la *Bourgogne* engageoient seulement à chasser ces sortes de personnes. C'est ce que nous apprend CAMDEN sur l'année 1600. (pag. 738.) GROTIUS.

(20) Il faut bien remarquer cette condition, que nôtre Auteur suppose; car autrement ce seroit favoriser les brigandages de ceux que l'on soustrait à la punition.

§. VI. (1) Πρὸς ταῦθ' ἐκεῖν', εἴ τι τοῖσδ' ἐγκαλεῖ ξένοις,
Δίκης κυρήσει· τούσδε δ' οὐκ ἄξει ποτέ.

Heraclid. *vers.* 252, 253.

(2) C'est dans une Tragédie de SOPHOCLE:

Ἐπεὶ δέδρακας οὔτ' ἐμοῦ κατάξια,
Οὐδ' ὧν πέφυκας αὐτὸς, οὔτε σῆς χθονὸς,
Ὅστις δίκαι' ἀσκοῦσαν εἰσελθὼν πόλιν,
Κἄνευ νόμου κραίνουσαν οὐδὲν, εἶτ' ἀφεὶς
Τὰ τῆσδε τῆς γῆς κύρι', ὧδ' ἐπεισπεσὼν,
Ἄγεις τὰ χρήζεις, καὶ παρίστασαι βίᾳ·
Καί μοι πόλιν κένανδρον ἢ δούλην τινὰ
Ἔδοξας εἶναι, κἀμ' ἴσον τῷ μηδενί·
Καίτοι σε Θῆβαί γ' οὐκ ἐπαίδευσαν κακόν·

Oo

ne fait rien que selon les Loix. Cependant, sans tenir aucun compte de nos Loix, vous entrez par force, vous prenez ce que vous voulez, vous usez de toute sorte de violence. On diroit que vous croiez être dans une Ville où il n'y aît point de gens de cœur, & qui soit toute prête à subir le joug; & que vous me regardez, moi, comme un homme de néant. Ce n'est pas Thèbes *qui vous a appris à en user ainsi: elle n'a pas accoûtumé de nourrir dans son sein des Hommes injustes; & elle ne vous louera pas, quand elle saura que vous êtes venu m'enlever ce qui m'appartient, & en même tems ce qui appartient aux Dieux, en vous saisissant de pauvres Réfugiez. Pour moi, si j'étois entré dans vôtre païs, quelque juste sujet que j'eusse, je n'aurois pas voulu prendre & emmener la moindre personne sans la permission du Souverain, quel qu'il fût; je n'aurois jamais oublié le devoir d'un Etranger. Mais vous, vous deshonorez vôtre Ville, sans qu'elle l'aît mérité, & on voit bien que l'âge vous a ôté la Raison.*

2. Que si ce dont on accuse les Supplians ou Réfugiez, n'est défendu ni par le Droit de Nature, ni par le Droit des Gens; il faudra en juger par le Droit Civil du païs d'où ils viennent. C'est ce que le Poëte ESCHYLE donne très-bien à entendre dans les paroles suivantes, qu'il met dans la bouche du Roi d'*Argos*, au sujet des *Danaïdes*, venuës d'*Egypte*: (3) *Si les Fils* d'Egyptus, *vôtre Oncle, veulent vous avoir, par la raison qu'ils sont vos plus proches Parens selon les Loix de vôtre païs, qui est-ce qui voudroit s'y opposer? C'est donc à vous à prouver, que, selon ces Loix, ils n'ont aucun droit sur vous.*

§. VII. 1. VOILA' comment les Souverains doivent agir, s'ils veulent ne pas se rendre complices des Crimes de leurs Sujets, tant naturels, qu'Etrangers. Les Sujets, au contraire, participent quelquefois aux Crimes de leur Souverain, savoir, quand ils y ont consenti, ou qu'ils ont fait, par ordre ou à la persuasion du Souverain, quelque chose qu'ils ne pouvoient faire sans crime. Mais nous aurons occasion de traiter plus commodément cette matiére, quand nous parlerons du (a) devoir des Sujets.

(a) Chap. XXVI. de ce Livre.

2. Le Crime se communique aussi entre un Corps, & les Particuliers qui en sont Membres. Car, comme le dit (1) St. AUGUSTIN, *où est le Corps, là sont les Particuliers. Les Corps ne peuvent être composez que de Particuliers: car ce sont plusieurs Particuliers rassemblez, ou considérez comme un seul Tout, qui font le Corps.*

3. Or afin que les Membres d'un Corps soient regardez comme coupables de ce qu'a fait le Corps, il faut qu'ils y aient donné leur consentement. Ainsi ceux dont l'opinion a eu du dessous, sont innocens.

4. Il y a aussi (2) de la différence entre la maniére dont on punit un Corps, & la maniére dont on punit les Particuliers. On fait mourir quelquefois les Particuliers: mais la mort d'un Etat consiste (3) en ce que les

Οὐ γάρ φιλοῦσιν ἄνδρας ἐκδίκους τρέφειν·
Οὐδ' ἄν σ' ἐπαινέσειαν, εἰ πυθοίατο
Συλῶντα τἀμὰ, καὶ τὰ τῶν Θεῶν βίᾳ,
Ἄγοντα φωτῶν ἀθλίων ἱκτήρια.
Οὔκουν ἔγωγ' ἂν σῆς ἐπεμβαίνων χθονὸς,
Οὔθ' εἷλκον, οὔτ' ἂν ἦγον· ἀλλ' ἠπιστάμην
Ξένον παρ' ἀστοῖς ὡς διαιτᾶσθαι χρεών.
Σὺ δ' ἀξίαν οὐκ οὖσαν αἰσχύνεις πόλιν
Τὴν αὐτὸς αὑτοῦ· καί σ' ὁ πληθύων χρόνος
Γέροντ' ὁμοῦ τίθησι, καὶ τοῦ νοῦ κενόν.
Oedip. Colon. *vers.* 904, *& seqq.*

(3) Εἴ τοι κρατοῦσι παῖδες Αἰγύπτου σέθεν,
Νόμῳ πόλεως φάσκοντες ἐγγύτατα γένους
Εἶναι, τίς ἂν τοῖσδ' ἀντιωθῆναι θέλοι;
Δεῖ τοί σε φεύγειν κατὰ νόμους τοὺς οἴκοθεν,
Ὡς οὐκ ἔχουσι κῦρος οὐδὲν ἀμφὶ σοῦ.
Supplic. *pag.* 321. *Ed. H. Steph.*

§. VII. (1) *Ubi universi, ibi & singuli. Universi non possunt, nisi ex singulis quibusque constare: nam singuli quique congregati, vel in summam reputati, faciunt universos.* In LEVITIC. Quæst. XXVI.

(2) Il y a dans l'Original, *Distincta enim sunt pœna* &c. Mais je crois que l'Auteur avoit voulu mettre *etiam*, au lieu d'*enim*, qui est peut-être une faute d'impression, dont il ne s'est point apperçû. Ceci au moins ne contient pas une raison de ce qui précéde.

(3) La mort d'un Etat, c'est, selon un ancien Orateur Grec, d'être renversé: Εἰ γὰρ δεῖ τὴν ἀλήθειαν εἰπεῖν, πόλεώς ἐστι θάνατος, ἀνάστατον γενέσθαι. LYCURG. Orat. advers. Leocrat. (*pag.* 159. *Ed. Wech.*) GROTIUS.

(4) *Si ususfructus civitati legetur, & aratrum in eam inducatur, civitas esse desinit, ut passa est* Carthago: ideo

les Membres dont il est composé ne forment plus (b) un Corps de Société Civile, quoi que chacun demeure en vie. Lors qu'un Etat est ainsi détruit, il perd le droit d'usufruit qu'il avoit sur un bien d'autrui, comme entre Particuliers ce droit s'éteint par la mort de l'Usufruitier; c'est la décision judicieuse (4) du Jurisconsulte MODESTIN. On punit aussi les Particuliers, en les rendant Esclaves, comme fit (c) *Alexandre le Grand* à l'égard des *Thébains*, excepté ceux qui s'étoient opposez à la délibération prise de se détacher de l'Alliance avec les *Macédoniens*. Une semblable punition pour un Etat, c'est d'être réduit en forme de Province: esclavage (5) civil, qui laisse à chacun sa liberté personnelle. On confisque les biens des Particuliers: de même on ôte à un Corps de Ville ce qu'il possédoit en commun, ses Murailles, ses Ports, ses Vaisseaux de Guerre, ses Armes, ses Eléphans, son Trésor public, ses Terres, sans que chaque Particulier perde rien pour cela de ses biens propres. Que si, pour punir le Crime d'un Corps, on vouloit dépouiller les Membres qui le composent de ce qu'ils possédent comme Particuliers, il y auroit de l'injustice à ne pas excepter ceux qui n'ont pas donné leur consentement à ce que le Corps a fait. C'est ce que montre très-bien l'Orateur LIBANIUS, dans sa Harangue sur la Sédition d'*Antioche*. (6) Aussi l'Empereur *Théodose* se contenta-t-il d'oter à ceux de cette Ville son Théatre, ses Bains, & le titre de Métropole.

(b) Voiez ci-dessus, Chap. IX. §. 4.

(c) Plutarch. in Alex. pag. 670. B. Tom. I. Ed. Wech.

§. VIII. 1. IL Y A ici une belle question à examiner, savoir, si l'on peut punir en quel tems que ce soit les Crimes commis par un Corps? Il semble d'abord, qu'on le puisse, tant que le Corps subsiste, parce que c'est toûjours le même Corps, malgré le changement & la succession continuelle des Particuliers qui le composent; comme nous (a) l'avons fait voir ailleurs. Mais il faut remarquer, d'autre côté, qu'entre les choses que l'on attribuë à un Corps, il y en a qu'il posséde directement & par lui-même, comme, par exemple, le Trésor public, les Loix; d'autres, qui ne lui appartiennent, (b) qu'entant qu'elles se trouvent dans les Particuliers, comme quand on dit qu'un Corps est savant, ou brave, parce qu'un grand nombre de ceux qui le composent ont de l'érudition ou de la valeur. C'est à cette derniére sorte qu'il faut rapporter le mérite ou le démérite d'une action; car il appartient principalement & directement aux Particuliers, comme aiant une Volonté physique, dont le Corps, entant que Corps, est destitué. Ainsi du moment que ceux qui faisoient rejaillir sur le Corps le mérite ou le démérite de l'action, viennent à manquer, cette qualité s'éteint aussi, & par conséquent l'obligation à subir la peine; obligation, qui, comme nous l'avons dit (c) ci-dessus, suppose nécessairement qu'on l'ait mérité. C'est ainsi que LIBANIUS disoit à l'Empereur *Théodose*: (1) *Il vous suffit, je crois, qu'il ne reste aucun des Coupables.*

(a) Chap. IX. §. 3.

(b) Voiez *Aristote*, Politic. Lib. VII. Cap. XIII.

(c) Chap. précedent.

2. Le Philosophe ARRIEN a eu donc raison de blâmer *Aléxandre le Grand*, (2) de ce

ideoque, quasi morte, desinit habere usumfructum. DIGEST. Lib. VII. Tit. IV. *Quibus modis usufructus vel usus* &c. Leg. XXI.

(5) Voiez ci-dessus, *Liv.* I. *Chap.* III. §. 12. *num.* 1. & *Liv.* II. *Chap.* V. §. 32.

(6) St. CHRYSOSTÔME dit la même chose, que l'Orateur Paien, dans son XVII. Discours *sur le renversement des Statuës*. L'Empereur *Marc Antonin* avoit autrefois condamné ceux d'*Antioche* à la même punition, que fit depuis *Theodose*; comme le rapporte CAPITOLIN (Cap. XXV.) *Sévére* aussi détruisit la Ville de *Bizance*, & lui ôta son Théatre, ses Bains, tous ses honneurs & ses ornemens. Il la réduisit même en village, & la donna aux *Périnthiens*. C'est ce que nous apprenons d'HE'RODIEN, (*Lib.* III. *Cap.* VI. *num.* 19. *Ed. Boecler.*) Voiez encore ZONARE; & ce que nous avons dit ci-dessus (*Chap.* V. §. 32.) GROTIUS.

§. VIII. (1) Ἐμοὶ μὲν γὰρ δοκεῖς ἀρκεῖν ἡγήσασθαι, τὸ μηδέν' εἶναι μηδένα τῶν ταῦτ' ἠδικηκότων. Orat. *de sedit. Antioch.*

(2) C'est la raison dont ce Conquérant se servit, lors que *Parménion* voulut le dissuader de brûler le Palais Roial de *Persépolis*: Ὁ δὲ τιμωρήσασθαι ἐθέλειν Πέρσας ἔφασκεν, ἀνθ' ὧν ἐπὶ τὴν Ἑλλάδα ἐλάσαντες, τάς τε Ἀθήνας κατέσκαψαν, καὶ τὰ ἱερὰ ἐνέπρησαν καὶ ὅσα ἄλλα κακὰ τοὺς Ἕλληνας εἰργάσαντο, ὑπὲρ τούτων δίκας λαβεῖν. Après quoi suit le jugement de l'Historien: Ἀλλ' οὐδ' ἐμοὶ δοκεῖ σὺν νῷ δρᾶσαι τοῦτό γε Ἀλέξανδρος, οὐδὲ εἶναί τις αὕτη Περσῶν τῶν πάλαι τιμωρία. De Exped. Alexandr. *Lib.* III. *Cap.* XVIII. Nôtre Auteur, qui dans la prémiére Edition s'étoit contenté de citer ici

ce qu'il voulut se venger des *Perses*, (3) long tems après la mort de ceux qui avoient offensé les *Grecs*. Le même *Alexandre* extermina les *Branchides* sous un semblable prétexte, & voici le jugement qu'en porte QUINTE-CURCE: (4) *Si toutes ces inhumanitez*, dit-il, *eussent été exercées contre les Auteurs mêmes de la trahison, on auroit pû faire passer cela pour une juste vengeance, & non pas pour une cruauté inouïe. Mais les Descendans portoient la peine du crime de leurs Ancêtres, quoi qu'ils n'eussent jamais vû* Milet, *tant s'en faut qu'ils l'eussent pû livrer à* Xerxès. Qui est-ce qui ne trouve pas ridicule la réponse (5) que fit *Agathoclès*, Tyran de *Sicile*, aux plaintes que lui portoient ceux de l'Ile d'*Ithaque*, du dommage causé par ses Sujets?" *Ulysse*, leur dit-il, a bien plus fait de mal autrefois aux *Siciliens*. PLUTARQUE, en critiquant *Hérodote*, soûtient qu'il n'est nullement vraisemblable (6) que les *Corinthiens* aient voulu, *après trois générations*, se venger d'une injure reçuë de ceux de *Samos* si long tems auparavant.

(d) *De sera Numin. vindicta*, pag. 557, 558.

(e) §. 14.

3. Ce Philosophe néanmoins, dans un (d) autre de ses Traitez, veut justifier cette action, & autres semblables, par l'exemple de la Divinité, qui punit quelquefois la postérité des Coupables. Mais il y a de la différence entre le droit de DIEU, & celui des Hommes; comme il paroîtra par ce que nous dirons (e) un peu plus bas.

4. S'il est juste que les Descendans reçoivent des honneurs & des récompenses, en considération de ce que leurs Ancêtres ont fait de bien, il ne (7) s'ensuit pas non plus de là, qu'ils puissent justement être punis pour les fautes de leurs Ancêtres. Car telle est la nature des Bienfaits, qu'on peut sans injustice les communiquer à qui l'on veut: mais il n'en est pas de même des Peines.

§. IX. NOUS avons traité jusqu'ici des différentes maniéres dont la Peine se communique à ceux qui ont eu part à la faute, ou au Crime. Il faut voir présentement, si l'on

ici une fois ARRIEN, ajoûta, dans les Editions suivantes, une autre pensée semblable du même Auteur, qui se trouve après le passage de QUINTE-CURCE. Mais sa mémoire a multiplié mal-à-propos un seul & même jugement, donné dans une seule & même occasion: de sorte que j'ai cru pouvoir supprimer, dans mon Texte, cette repetition superfluë & mal fondée. Ce qui l'a trompé, c'est qu'*Alexandre* dit ailleurs, dans une Lettre à *Darius*: " Vos Ancêtres sont venus en „ *Macedoine* & dans le reste de la *Gréce*, & nous ont „ fait bien des maux, sans qu'on leur en eût donné „ aucun sujet. Moi, au contraire, quoi qu'aiant été „ établi Général des *Grecs*, je voulusse & je dusse „ venger les injures qu'ils ont reçuës des *Perses*, je ne „ suis passé en *Asie*, qu'après que vous avez com- „ mencé les actes d'hostilité: Οἱ ὑμέτεροι πρόγονοι, ἐλθόντες εἰς Μακεδονίαν καὶ εἰς τὴν ἄλλην Ἑλλάδα, κακῶς ἐποίησαν ἡμᾶς, οὐδὲν προηδικημένοι· ἐγὼ δὲ τῶν Ἑλλήνων ἡγεμὼν κατασταθείς, καὶ τιμωρήσασθαι βουλόμενος Πέρσας διέβην εἰς τὴν Ἀσίαν, ὑπαρξάντων ὑμῶν. Lib. II. Cap. XIV. Mais l'Historien ne dit rien ici, qui tende à condamner le motif de son Héros. La Note suivante fera voir cependant, que nôtre Auteur a eu en vuë cet endroit, où il s'agit de l'entreprise de la Guerre en général contre les *Perses*; au lieu que, dans l'autre, il n'est question que d'un acte particulier d'hostilité.

(3) De là vient que l'Empereur JULIEN attribuë à un autre motif la Guerre qu'*Alexandre* entreprit contre les *Perses*. " Tout le monde sait, (dit-il,) que, „ jusques ici, aucune Guerre, réputée juste, n'a été „ entreprise pour un tel sujet, comme celle des *Grecs*, „ contre les *Troiens*, ou celle des *Macédoniens* contre „ les *Perses*. Car ils ne poursuivoient point la ven- „ geance de quelques injures de fort vieille datte, „ pas même contre les Petits-Fils ou les Fils de ceux „ qui en étoient les Auteurs: mais ils attaquoient „ ceux qui insultoient les Enfans des personnes de „ merite & qui les dépouilloient de la Couronne: Καὶ ὅτι μὲν οὐδεὶς τῶν πολέμων οὗτος πρότερον, οὐδὲ ὁ ἐπὶ Τροίαν τοῖς Ἕλλησιν, οὐδὲ ὁ ἐπὶ τοὺς Πέρσας Μακεδόσιν, εἴπερ δὴ δοκοῦσιν ἐν δίκῃ γενέσθαι, τοσαύτην ἔχων [illegible] ἰσχύν, καὶ παντί τῳ δῆλον. τὸν μὲν γε διὰ ἀρχαίων ἀδικημάτων τιμωρίας οὐδένα τινήσαντες, οὔτ' εἰς παῖδας, οὔτε εἰς ἐγγόνους γενομένης· ἀλλ' εἰς τὸ ἀσελγαίνειν καὶ ἀφαιρούμενοι τὴν ἀρχὴν τοὺς τῶν εὐδοκιμηκότων (c'est ainsi qu'il faut lire, au lieu de ἀδικηκότων) ἀπογόνους. Orat. II. de rebus gestis Constantii (*pag.* 95. B. *Ed. Spanh.*) GROTIUS.

J'ai traduit le passage, selon la version qu'en donne nôtre Auteur: mais s'il eût bien consideré la suite du discours, il auroit reconnu qu'en donnant un faux sens aux paroles dont il s'agit, il fait dire à l'Empereur tout le contraire de ce qu'il a dit, & qu'il a dû dire. Il s'agit de la Guerre contre *Magnence*, qui s'étoit emparé de l'Empire. JULIEN veut montrer la justice de cette Guerre: & pour cet effet il la compare avec les Guerres qui passoient pour les plus justes, comme celle des *Grecs* contre *Troie*, & celle des *Macédoniens* contre les *Perses*; dont la premiére fut entreprise pour venger l'enlévement d'une Femme, ainsi qu'il le dit après; & l'autre, comme il l'insinuë ici clairement, eut pour motif le désir de venger les maux que la *Gréce* avoit soufferts autrefois de la part des *Perses*. Au lieu que *Constance* n'avoit pris les armes, que pour mettre à la raison un Usurpateur, qui lui enlevoit l'Empire dont il devoit hériter, comme Fils du grand *Constantin*; à quoi se rapporte le mot d'a-

si l'on peut être légitimement puni, quoi qu'on n'aît eu aucune part à la faute. Pour bien éclaircir cette matiére, & pour empêcher qu'à cause de quelque ressemblance des termes on ne confonde des choses réellement différentes, il y a ici quelques remarques à faire.

§. X. 1. IL FAUT distinguer *prémiérement* entre un *Dommage causé directement*, & un *Dommage qui provient seulement par une suite accidentelle.* On cause du Dommage *directement*, lors que l'on ôte à quelcun une chose à quoi il avoit un droit propre. On cause du Dommage *indirectement & par une suite accidentelle*, lors qu'on fait en sorte que quelcun n'aît pas ce qu'il auroit eu sans cela, en empêchant l'effet d'une condition absolument nécessaire pour lui donner quelque droit.

2. ULPIEN nous fournit un exemple de cette derniére sorte de Dommage. (1) Lors, dit-il, qu'en creusant un Puits dans mon Fonds, j'y attire les veines d'Eau, qui sans cela auroient coulé jusques dans la Terre de mon Voisin; comme je ne fais qu'user de mon droit, je ne cause pas à mon Voisin un Dommage proprement ainsi nommé. Le même Jurisconsulte remarque ailleurs, (2) qu'il y a une grande différence entre recevoir *du Dommage*, & être *privé d'une occasion de gagner* que l'on avoit. PAUL, autre Jurisconsulte Romain, (3) dit, que *c'est anticiper l'ordre naturel des choses, que de se croire plus riche, avant que d'avoir aquis ce qui doit augmenter nos biens.*

3. Ainsi, lors que les biens d'un Pére sont confisquez, les Enfans à la vérité en souffrent, mais ce n'est pas proprement une Punition pour eux; parce qu'ils ne devoient hériter de ces biens, que dans la supposition que leur Pére les conservât jusqu'à sa mort. C'est ce que le Jurisconsulte ALPHE'NUS a très-bien remarqué, lors qu'il dit, (4) qu'en conséquence de la punition d'un Pére, les Enfans perdent tout ce qui

d'*ἀδικησάντων*, que nôtre Auteur substitue heureusement à celui d'*ἀδικηθέντων*. Il falloit donc rapporter à *Constance*, ce que nôtre Auteur a attribué aux *Grecs* & aux *Macédoniens*; & traduire ainsi tout le passage: *Chacun sait qu'on n'a jamais vû de Guerre entreprise pour un sujet aussi légitime, pas même celle des* Grecs *contre* Troie, *ou celle des* Macédoniens *contre les* Perses, *qui passent néanmoins pour avoir été justes. Car nôtre Empereur n'a point cherché à tirer par là vengeance de quelque vieille injure, il n'a point poursuivi les Fils ou les Descendans de celui de qui il l'avoit reçuë: mais a attaqué un homme qui enlevoit l'Empire aux Descendans & légitimes Successeurs de personnes célébres par leur mérite.* On voit bien qu'en se servant du pluriel, il donne à entendre & l'usurpation de l'Empire au préjudice de *Constance*, & l'assassinat de *Constant* son Frére, qui étoient l'un & l'autre l'ouvrage de *Magnence.* Je conclus, que ce passage, bien loin de prouver que JULIEN cherche un autre motif de la Guerre d'*Alexandre* contre les *Perses*, que celui de venger les anciennes injures qu'ils avoient faites aux *Grecs*, sert au contraire à confirmer la vérité de ce motif. Mais je ne veux pas oublier, d'autre côté, de remarquer à la louange de mon Auteur, qu'il a heureusement corrigé, à la fin du passage, le mot d'*ἀδικηθέντων*, manifestement corrompu. Le Traducteur Latin, ce savant Pére PE'TAU, s'est tiré d'affaires en n'exprimant point du tout les quatre derniers mots, dont celui-ci fait partie; & l'Illustre Mr. le Baron DE SPANHEIM n'a mis en marge aucun avertissement, qui insinuë qu'il y a faute.

(4) *Quæ si in ipsos proditionis auctores excogitata essent; justa ultio esse, non crudelitas videretur: nunc culpam majorum posteri luere, qui ne viderant quidem* Miletum, *adeo* Xerxi *non potuerant prodere.* Lib. VII. Cap. V. *num.* 31. Voiez PLUTARQUE, *de sera Numinis vindicta*, pag. 557. B. Tom. II. *Ed. Wech.*

(5) Voiez-la dans PLUTARQUE, Apophtegm. *pag.* 176. D. E. & *De sera Num. vindict.* pag. 557. B.

(6) Κορίνθιοι δὲ τί παθόντες ἐτιμωρήσαντο Σαμίους [illegible] καὶ ταῦτα [illegible] De Herodoti malignit. *pag.* 859, 860. Tom. II. *Ed. Wech.*

(7) C'est la fausse conséquence, que le même PLUTARQUE tire: [illegible] De sera Num. vindicta, *pag.* 558. B. C.

§. X. (1) *Item videamus, quando damnum dari videatur . . . . ut, puta, in domo mea puteum aperio quo aperto venæ putei tui præcisæ sunt: an tenear? Ait* TREBATIUS, *non teneri me damni infecti: neque enim existimari, operis mei vitio damnum tibi dari in ea re, in quâ jure meo usus sum.* DIGEST. Lib. XXXIX. Tit. II. *De damno infecto* &c. Leg. XXIV. §. 12.

(2) *Multumque interesse, utrum damnum quis faciat, an lucro, quod adhuc faciebat, uti prohibeatur.* Ibid. *Leg.* XXVI.

(3) *Esse autem præposterum, ante nos locupletes dici, quam adquisierimus.* DIGEST. Lib. XXXV. Tit. II. Ad Leg. Falcid. *Leg.* LXIII. *princ.*

(4) *Eum, qui civitatem amitteret, nihil aliud juris adimere liberis, nisi quod ab ipso perventurum esset ad eos,*

 si in-

qui seroit passé de lui à eux, mais non pas ce qui leur vient de la Nature, ou d'ailleurs. Les Enfans de *Thémistocle* furent de cette manière réduits à la pauvreté; & CICE'RON, qui le remarque, (5) soûtient qu'il n'y a point d'injustice à ce que les Enfans de *Lépide* soient exposez au même malheur. C'est, ajoûte-t-il, un usage ancien, & reçû dans tous les Etats. Les Loix Romaines (6) néanmoins des siécles suivans adoucirent beaucoup la rigueur de cette pratique.

4. Pour donner encore un autre exemple, lors qu'à cause du Crime de la plus grande partie d'un Corps, qui, comme nous l'avons dit ailleurs, représente le Corps entier, on lui ôte sa liberté civile, les murailles d'une Ville, & autres avantages, qu'il possedoit; les Particuliers, qui étoient innocens, en souffrent aussi, mais seulement à l'égard des choses qui ne leur appartenoient qu'en qualité de Membres du Corps.

§. XI. UNE autre chose qu'il faut remarquer ici, c'est que l'on fait quelquefois souffrir un mal à quelcun, ou qu'on le prive de quelque bien, à l'occasion d'une faute d'autrui, mais en sorte néanmoins que cette faute n'est pas la cause prochaine de ce que l'on fait, pour ce qui regarde le droit même de le faire. Ainsi lors qu'on a promis quelque chose à l'occasion d'une Dette d'autrui, on en souffre du mal, selon l'ancien proverbe, *Qui* (1) *répond, ne tardera pas à s'en repentir*: mais cependant la cause prochaine de l'obligation où l'on est de paier, est la promesse même par laquelle on s'y est engagé. En effet, comme celui qui a répondu pour un Acheteur n'est pas proprement tenu de paier en vertu de l'Achat, mais à cause de l'engagement où il est entré; de même celui qui a cautionné pour un Coupable, n'est pas tenu en vertu du Crime, mais à cause de son propre cautionnement. Et de là vient que le degré du mal qu'il doit souffrir est proportionné non pas au Crime d'autrui, mais à l'étenduë du pouvoir qu'il avoit de s'engager.

2. D'où il s'ensuit, selon le sentiment qui me paroît le mieux fondé, que l'on ne peut faire mourir personne pour un simple Cautionnement: parce que personne n'a un tel droit sur sa propre Vie, qu'il puisse ou se l'ôter lui-même, ou s'engager à permettre qu'on l'en dépouille. C'est par erreur que les anciens (2) *Grecs* & *Romains* ont cru le contraire, comme il paroît par (3) un vers d'AUSONE, & par l'histoire, que tout le monde sait, de *Damon* & de (4) *Pythias*: d'où vient aussi qu'on a souvent fait

si intestatus in civitate moreretur: hoc est, hereditatem ejus, & liberos, & si quid aliud in hoc genere, reperiri potest. quæ verò non à patre, sed à genere, a civitate, à rerum natura tribuerentur, ea manere iis incolumia. DIGEST. Lib. XLVIII. Tit. XXII. *De Interdictis, & Relegatis* &c. Leg. III.

(5) *In qua* [sententia] *videtur illud crudele, quòd ad liberos* (Lepidi), *qui nihil meruerunt, pœna pervenit. Sed id & antiquum est, & omnium civitatum: si quidem etiam* Themistocli *liberi eguerunt.* Epist. *ad Brut.* XV. Voiez aussi *Epist.* XII.

(6) Voiez les Interprêtes, sur le DIGESTE, Lib. XLVIII. Tit. XX. *De bonis Damnatorum*, Leg. VII.

§. XI. (1) Ἐγγύα, πάρα δ' ἄτα. C'est un mot très-ancien, puis qu'on l'attribuë à *Thalès*, un des Sept Sages, comme il paroît par STOBE'E, *Florileg.* Tit. III. Voiez les *Adages* d'ERASME.

(2) Il paroît clairement, que les *Hébreux* étoient aussi dans les mêmes idées, par la proposition que *Ruben* fit à *Jacob* son Pére, GE'NE'SE, Chap. XLII. vers. 37. Voiez aussi JOSEPH, *Antiq. Jud.* Lib. II. Cap. II. (pag. 46. B.) Ces Pleiges sont appellez Ἀντίψυχοι, (comme qui diroit, gens qui mettent leur ame ou leur vie à la place de celle d'un autre) par EUTROPE, *in Caligula*: & Ἐγγυηταὶ θανάτου, *Répondans de la vie*, par DIODORE *de Sicile*, in *Excerpt. Peiresc.* (pag. 241. où il y a, en parlant de *Damon*, qui se rendit pleige pour *Phintias*: Ἔγγυος αὐθις ἐγένετο θανάτου.) St CHRYSOSTOME suppose cet usage, dans la comparaison qu'il fait d'un homme innocent, qui en voulant mourir pour un Criminel, le délivre de la mort, à laquelle il avoit été condamné: Καθάπερ τινὸς κατακριθέντος θανάτῳ, ἕτερος ἀνεύθυνος ἑλόμενος θανεῖν ὑπὲρ ἐκείνου, ἐξαρπάζει τῆς τιμωρίας αὐτόν. In GALAT. Cap. II. St. AUGUSTIN remarque, qu'il arrive quelquefois que celui qui a été cause de la mort de quelcun, est plus coupable que celui-là même qui l'a fait mourir, comme, par exemple, si un Pleige est puni de mort, pour avoir été trompé par celui pour qui il avoit engagé sa vie: *Et aliquando qui caussa mortis fuit, potiùs in culpa est, quam ille, qui occidit. velut si quisquam decipiat fidejussorem suum, atque ille pro isto legitimum supplicium subeat.* Epist. LIV. *ad Macedonium.* GROTIUS.

On sera sans doute surpris de voir citer ici, sur l'usage du mot Ἀντίψυχοι, EUTROPE, Auteur Latin, chez qui on ne trouve pas un mot de Grec. Nôtre Auteur n'a pourtant pas eu en vuë la Traduction Grecque, que nous avons de cet Auteur, faite par

PAA-

fait mourir des Otages, comme nous (a) le verrons ailleurs. (a) *Liv.* III. *Chap.* IV. §. 14.

3. Ce que nous disons de la Vie, il faut l'entendre aussi des Membres de nôtre Corps: car l'Homme n'a non plus reçû de pouvoir sur ses Membres, qu'autant que le demande la conservation de son Corps.

4. Mais si l'on s'est soûmis à l'exil, ou à une amende pécuniaire, & que la condition supposée arrive par le crime où tombe la personne pour qui l'on a cautionné; le mal que l'on souffre & qu'on doit souffrir alors, n'est pas une punition, à parler exactement. Il en est ici à peu près comme de ceux qui joüissent de quelque droit, dont l'usage dépend de la volonté d'autrui, tel qu'est le droit de (5) *Précaire*, par rapport au Maître de la chose ainsi prêtée; & le droit des Particuliers, par rapport au *Domaine éminent* qu'a l'Etat sur les biens de chacun, autant que le demande l'utilité publique. Car si on est dépouillé de quelque chose de semblable, à l'occasion d'un Crime d'autrui, celui qui nous en dépouille n'exerce pas proprement un acte de Punition, il ne fait qu'user du droit qu'il avoit auparavant. C'est ainsi encore que, quand on fait mourir une Bête, à cause, par exemple, qu'un Homme a eu avec elle un commerce charnel, ainsi que l'ordonnoit la (b) Loi de MOÏSE; comme la Bête, à parler proprement, ne peut pas être coupable, on ne la punit pas non plus véritablement; on use seulement du droit de Propriété que les Hommes ont sur les Animaux destituez de Raison. (b) *Lévit.* XVIII, 23. & XX, 15, 16. Voiez *Moïse Fils de Maimon*, Ductore dubit. III, 40.

§. XII. CES distinctions posées, nous disons, que personne ne peut être puni raisonnablement pour un Crime d'autrui, lors qu'il est lui-même innocent. La véritable raison de cela n'est pas que les Peines ont été établies pour corriger les Hommes, comme le Jurisconsulte PAUL (1) raisonne sur ce sujet; car on peut, ce semble, faire un exemple hors de la personne même du Coupable, en la personne néanmoins de quelcun qui le touche de près, comme nous le (a) dirons tout-à-l'heure: mais c'est parce que toute obligation à la Peine vient de ce qu'on l'a méritée; or tout mérite ou démérite est personnel, comme aiant pour principe la volonté de chacun, qui est ce que l'on a de plus propre & de plus incommunicable; idée que donne le mot (b) Grec dont on se sert pour exprimer le Libre Arbitre. (a) §. suivant, *num.* 1. (b) Αὐτεξούσιον.

§. XIII. AINSI *on n'impute aux Enfans ni les Vertus, ni les Vices de leurs Péres*, comme le remarque (1) St. JE'ROME. Et St. AUGUSTIN va jusqu'à dire, (2)

FRANIUS: mais il a confondu un Auteur Grec avec un Auteur Latin; un Abbréviateur de l'Histoire Romaine, avec un des grands Historiens, qui nous reste en partie; car DION CASSIUS parle d'un certain *Publius Afranius Potitus*, qui, par une sotte flatterie, avoit juré de mourir, si *Caligula* recouvroit la santé; & d'un Chevalier, aussi fou, nommé *Atanius Secundus*, qui avoit promis, en ce cas-là, de se battre dans les Spectacles des Gladiateurs. Ces deux hommes-là, ajoûte l'Historien, s'attendoient à recevoir de l'Empereur une grosse récompense, pour le zéle qui les avoit portez à vouloir sacrifier leur vie pour la sienne: mais, au lieu de cela, il les contraignit à se faire mourir, pour ne pas violer leur serment: Ἀντὶ τῶν χρημάτων, ἃ ἤλπιζον παρ' αὐτῶ, ὡς καὶ ANTIΨYXOI οἱ ἀποθανεῖν ἐθελήσαντες, λήψεσθαι, ἀποδοῦναι τὴν ὑπόσχεσιν ἠναγκάσθησαν, ἵνα μὴ ἐπιορκήσωσι. Lib. LIX. pag. 741. B. *Ed. H. Steph.* Voiez, au reste, touchant l'expression & la matiére dont il s'agit, les Additions de Mr. LE CLERC aux Notes de HAMMOND, sur *Matth.* XX, 28.

(3) *Quis subit in pœnam capitali judicio?* VAS. Technopægnion monosyllab. *pag.* 488. *Ed. Tollii.*

(4) Ou plûtôt *Phintias*, qui est le vrai nom. Voiez CICE'RON, *de Offic.* Lib. III. Cap. X. & là-dessus les Interprêtes. J'ai eu occasion d'indiquer, dans la *Note* 2. sur ce paragraphe, un passage de DIODORE *de Sicile*, où ce Philosophe Pythagoricien est ainsi appellé.

(5) Voiez PUFENDORF, *Liv.* V. *Chap.* IV. §. 6. du *Droit de la Nat. & des Gens.*

§. XII. (1) *Si pœna alicui irrogatur, receptum est commentitio jure, ne ad heredes transeat: cujus rei illa ratio videtur, quòd pœna constituitur in emendationem hominum; quæ, mortuo eo, in quem constitui videtur, desinit.* DIGEST. Lib. XLVIII. Tit. XIX. *De Pœnis*, Leg. XX. Mais ZIEGLER remarque ici, que le Jurisconsulte parle de la correction du Coupable même, & non pas de celle des autres Hommes. Nôtre Auteur lui-même l'a citée en ce sens, dans le Chapitre précédent, §. 7. au commencement. Au reste, il est assez difficile d'expliquer ce que veut dire le *Jus commentitium*, auquel PAUL rapporte l'établissement de la maxime dont il s'agit. On peut voir là-dessus la *Jurisprudentia Papinianea* d'ANTOINE FAURE, Tit. I. Princip. II. Illat. V. MARC. LYCKLAMA, *Membran.* Lib. I. Eclog. IX. & une nouvelle explication de Mr. WÆCHTLER, qui se trouve dans les ACTA ERUDITORUM de *Leipsig*, Ann. 1714. pag. 555.

§. XIII. (1) *Nec virtutes, nec vitia parentum, liberis im-*

(2) que DIEU *même seroit injuste, s'il condamnoit un Innocent.* En un mot, les Fautes étant personnelles, la Punition le doit être aussi, selon la (3) maxime commune, approuvée, entr'autres Auteurs, par (4) DION DE PRUSE, par (5) des Empereurs Chrétiens, & par (6) PHILON, Juif. DENYS *d'Halicarnasse*, qui, aussi bien que PHILON, blâme la coûtume de quelques Nations, chez lesquelles on faisoit mourir les Enfans des Tyrans, & des Traîtres, (7) montre en même tems combien est frivole le prétexte dont on se sert pour justifier cette cruauté, c'est que l'on croit que les Enfans (8) ressembleront à leurs Péres: cela n'est pas sûr, dit-il, & une crainte incertaine ne suffit pas pour donner droit d'ôter la vie à personne. Ce n'est pas une meilleure raison, de (a) dire, qu'on craint que les Enfans (9) ne vengent la mort de leurs Péres. Aussi voions-nous, que l'Empereur *Marc Antonin*, après avoir recommandé au Sénat, dans une Lettre qu'il lui écrivit après la défaite & la mort d'*Avidius Cassius*, qui s'étoit revolté contre lui, *de pardonner à ses Enfans, à son Gendre, & à sa Femme,* ajoûte: (10) *Mais que dis-je, pardonner, puis qu'ils n'ont rien fait?*

(a) Voiez *Victoria*, De Jure Belli, *num.* 38.

§. XIV.

imputantur. Epist. III. *ad Heliador.* de morte Nepotiani, *Tom.* I. pag. 21. A. *Ed. Froben.* 1537.

(2) DEUS *ipse foret injustus, si quemquam damnaret innoxium.* Epist. CV. C'est ainsi que nôtre Auteur rapporte & cotte le passage. Je ne le trouve point dans la Lettre indiquée: mais voici la même pensée, exprimée en d'autres termes, dans la Lettre suivante: *Quamquam vere immeritum, & nulli obnoxium peccato, si* DEUS *damnare creditur, alienus ab iniquitate non creditur.* Epist. CVI.

(3) *Noxa caput sequitur.* Cette maxime est tirée de ce qui est dit dans le DIGESTE, au sujet des Esclaves: *Servi, quorum noxa caput sequitur, ibi defendendi sunt, ubi deliquisse arguentur.* Lib. IX. Tit. IV. *De noxalib. action.* Leg. XLIII. Mais les Jurisconsultes Romains veulent dire par là seulement, comme il paroît par le paragraphe 5. du même Titre des INSTITUTES, & par d'autres endroits, que l'action qu'on a pour dommage causé par un Esclave, contre son Maître, doit s'intenter contre celui qui a actuellement l'Esclave sous sa puissance dans le tems qu'on va en Justice, ou contre l'Esclave même, s'il a été affranchi depuis; & non pas contre celui qui possedoit l'Esclave lors du délit commis. Ainsi cela ne fait pas directement au sujet. Voiez ce que j'ai deja dit ci-dessus, *chap.* V. de ce II. Livre, §. 32. *Note* 7.

(4) Cet Orateur, après avoir parlé de la sanction des Loix de *Solon*, dans laquelle les *Athéniens* maudissoient les Descendans de ceux qui violeroient ces Loix; ajoûte, qu'il n'en est pas de même de la Loi de DIEU, selon laquelle chacun n'est puni que pour ses propres actions: Πλὴν παῖδας καὶ γένος ἂν ἐπιζημιοῖ, ἀλλ' ἐκεῖ, τῶν ἁμαρτημάτων· ἀλλ' ἕκαστος αὑτῷ γίνεται τῆς ἀτυχίας αἴτιος. Orat. ult.

(5) *Sancimus, ibi esse pœnam, ubi & noxia est. Propinquos, notos, familiares, procul à calumnia submovemus, quos reos sceleris societas non facit. Nec enim adfinitas, vel amicitia, nefarium crimen admittunt. Peccata igitur suos teneant auctores: nec ulteriùs progrediatur metus, quàm reperiatur delictum.* COD. Lib. IX. Tit. XLVII. *De Pœnis*, Leg. XXII.

(6) Il blâme la coûtume de quelques Peuples, parmi lesquels on punissoit de mort les Enfans, quoi qu'innocens, d'un Tyran, ou d'un Traître; & il soûtient, à cette occasion, que la Justice veut qu'on punisse uniquement ceux qui sont coupables, comme cela est expressément ordonné par la Loi de *Moïse* (DEUTERON. XXIV, 16.) Εἰ μὲν γὰρ συνεξήμαρτον, καὶ συγκολαζέσθωσαν. εἰ δὲ μήτε κατεκοινώνησαν, μήτε ζηλωταὶ τῶν ὁμοίων ἐγένοντο, μήτε ταῖς τῶν οἰκείων εὐτυχίαις ἐπαρθέντες ἐνεδυνάστευσαν, τίνος χάριν ἀναιρήσονται; ἢ δι' ἓν τοῦτο μόνον ὅτι συγγενεῖς εἰσί; γένους γὰρ, ἢ παρανομημάτων αἱ τιμωρίαι; . . . . . . Ταῦτ' οὖν ἐκλογισάμενος ὁ ἡμέτερος νομοθέτης . . . . . οὐδέ ποτέ τινα τῶν συμβεβηκότων ἐξέδωκεν ἐπὶ τιμωρίᾳ, προσθήκην προσαγόμενος αὐτὸν ἀδικημάτων ἐπέχων· διόπερ ἄντικρυς ἀπεῖπεν υἱοὺς ἀντὶ γονέων, ἢ γονεῖς ἀντ' υἱῶν ἀναιρεῖσθαι· δικαιώσας, ὧν τὰ ἁμαρτήματα, τούτων εἶναι καὶ τὰς τιμωρίας &c. De Specialib. Legib. *Lib.* II. (pag. 802. E. 803. A. B.) Le même Auteur remarque ailleurs, qu'il n'y a point d'établissement plus nuisible dans un Etat, que de ne pas punir un Méchant, par la raison qu'il est né d'un Pére honnête homme; & de ne pas recompenser un Homme-de-bien, parce qu'il a eu le malheur de naître d'un Méchant Homme. Les Loix, ajoûte-t-il, doivent récompenser ou punir chacun, selon son propre mérite: Ἢ πῶς οὐδ' εἴ τις βλαβερώτερος γένοιτ' ἂν εἰσήγησις, εἰ μήτε τοῖς ἐξ ἀγαθῶν πονηρευομένοις ἐπανακληθήσεται τιμωρὸς δίκη, μήτε τοῖς ἐκ πονηρῶν ἀγαθοῖς ἕψεται τιμή, τοῦ νόμου δικάζοντος ἕκαστον αὐτὸν ἀφ' ἑαυτοῦ, μὴ συγγενῶν ἀρεταῖς ἐπαινετὸς, ἢ (il faut ajoûter ici κακίαις) ψεκτός. (De Nobilitate, *in fin.* pag. 910. A.) JOSEPH dit, au sujet d'*Aléxandre*, Roi des *Juifs*, qui suivit une maxime toute contraire, faisant égorger les Femmes & les Enfans de ceux qu'il vouloit punir de mort comme coupables envers lui, que c'étoit un acte de punition contraire à l'Humanité: Ἄλλως δὲ ὑπὲρ ἄνθρωπον ταύτην εἰσπραξάμενος τὴν δίκην &c. (Antiq. Jud. *Lib.* XIII. *Cap.* XXII. pag. 461. C.) OVIDE insinuë que c'étoit une injustice à *Jupiter Hammon*, d'avoir ordonné qu'on attachât *Andromède* à un rocher, pour y être punie de la faute que sa Mére *Cassiope* avoit commise en se vantant d'être plus belle que les *Néréïdes*:

Illic immeritam maternæ pendere linguæ
Andromedan *pœnas injustus jusserat* Ammon.

(Metam. IV, 668, 669.) GROTIUS.

Je ne saurois m'empêcher de faire appercevoir ici le Lecteur, d'une fausse citation, que j'ai corrigée. Nôtre Auteur donnoit le second passage de PHILON, comme étant de son Traité *de la Piété* (*Libro de Pietate*) Or on sait qu'il n'y a point d'Ouvrage de ce Juif, qui porte un tel titre. La méprise est venuë de la ressemblance des mots Grecs. Au lieu de Περὶ εὐγενείας, nôtre Auteur a lû, sans y penser, Περὶ εὐσεβείας.

(7)

§. XIV. A la vérité Dieu, dans la Loi qu'il donna aux anciens *Israëlites*, menace de (a) punir l'impiété des Péres sur leur postérité: mais comme il est le Maître souverain & de nos biens & de nôtre vie, il peut, sans aucun sujet & en tout tems, ôter à chacun, toutes fois & quantes que bon lui semble, ce présent de sa libéralité. Si donc il enléve d'une mort violente & prématurée les Enfans (b) d'*Achan*, ceux de (c) *Saül*, ceux de (d) *Jéroboam*, ceux (e) d'*Achab*, ce n'est pas envers eux un acte de Punition, mais un acte de son droit (f) absolu sur leur vie, par l'exercice duquel il punit plus sévérement leurs Péres. Car ou les Péres survivent aux Enfans qui meurent ainsi, ce que la Loi Divine a eu principalement en vuë; d'où vient qu'elle n'étend pas ses menaces plus loin (g) que les Arriere-petits-fils, jusqu'où l'on peut voir de ses Descendans; & en ce cas-là, il est certain que les Péres sont punis par un tel spectacle, qui (1) est plus affligeant pour eux, que le mal qu'ils souffrent en leur personne: Ou bien les Péres ne vivent pas assez long tems pour être témoins de la mort de leurs Enfans, & alors c'est toûjours (2) un grand supplice pour eux, de mourir dans cette crainte.

(a) *Exod.* XX, 5.

(b) *Josué*, VII, 24.

(c) *I. Sam.* XXI.

(d) *I. Rois*, XIV.

(e) *II. Rois*, VIII, 19, 20.

(f) Comme le croit, avec beaucoup de raison, le Rabbin *Siméon Barsema*.

(g) On le voit dans l'exemple de *Zimri*, & de *Jéhu*.

2. Mais

(7) J'ai déja remarqué, dans mes Notes sur Pufendorf, que ceci est mal rapporté. L'Historien, bien loin de réfuter la raison dont il s'agit, ne décide pas même si l'usage de punir les Enfans pour les crimes de leurs Péres est juste, ou non, & il laisse au Lecteur à en juger; soit qu'il n'eût pas des idées assez justes d'Equité, soit qu'il ne voulût pas choquer ceux de sa Nation: Ἀλλὰ τοὺς ἐκ τυράννων γενομένους, οἱ μὲν [Ἑλλήνων] συναποκτείνουσι τοῖς πατράσι δικαιοῦσιν, οἱ δὲ αἰωνίᾳ κολάζουσιν, ὥσπερ οὐκ ἐνδεχομένης τῆς φύσεως χρηστοὺς παῖδας ἐκ πονηρῶν πατέρων, ἢ κακοὺς ἐξ ἀγαθῶν γενέσθαι. ἀλλ' ὑπὲρ μὲν τούτων, εἴτε ὁ παρ' Ἑλλήνων νόμος, εἴτε τὸ Ῥωμαίων ἔθος κρεῖττον, ἀφίημι τῷ βουλομένῳ σκοπεῖν. Antiq. Rom. *Lib.* VIII. *Cap.* LXXX. pag. 525. *Ed. Oxon.* (pag. 547. Sylburg.)

(8) Sous l'Empire de *Valens*, quelques Voleurs de *Syrie*, qui faisoient beaucoup de désordre, aiant été pris, on les fit tous mourir, avec leurs Enfans encore en bas âge; de peur que ces Enfans ne fissent un jour le même métier, que leurs Péres: *Eorumque Soboles, parva etiamtum, ne ad parentum exempla subcresceret, pari sorte deleta est* &c. Amm. Marcellin. Lib. XXVIII. (Cap. II. *in fin.* Ed. Vales. Gron.) L'Empereur Arcadius, à l'instigation de je ne sai qui, osa dire, dans une de ses Constitutions, que les Enfans, de la part desquels on craint qu'ils n'imitent le crime de leur Pére, méritent d'être punis comme lui: *Paterno enim deberent perire supplicio, in quibus paterni, hoc est, hereditarii criminis exempla metuuntur.* Cod. Lib. IX. Tit. VIII. *Ad Leg. Jul. Majestatis*, Leg. V. §. 1. Grotius.

Voiez une Dissertation entiére de Jaques Godefroi, sur cette Loi, parmi ses Opuscules imprimez en 1654.

(9) C'est là-dessus qu'est fondé le Proverbe Grec:

Νήπιος, ὃς πατέρα κτείνας, παῖδας καταλείποι.
Sot, qui tuant le Pére, épargne les Enfans.

[Aristot. *Rhetor.* L. I. Cap. XV. Voiez les *Adages* d'Erasme, au Proverbe, *Stultus, qui, patre caeso, liberis pepercit.*] Mais Senéque a raison de dire, que c'est une souveraine injustice, de vouloir qu'un Enfant hérite de la haine qu'on avoit pour son Pére: *Nihil est iniquius, quàm aliquem heredem paterni odii fieri.* De ira, *Lib.* II. *Cap.* XXXIV. Et *Pausanias*, Général des *Grecs*, lors qu'on lui eût livré les Enfans d'*Attaginus*, qui avoit engagé les *Thébains* à se revolter de l'obéïssance des *Médes*; ne voulut leur faire aucun mal, parce, disoit-il, qu'ils n'avoient aucune part à la revolte: Παῖδας δὲ αὐτοῦ [Ἀτταγίνου] ἀπαχθέντας Παυσανίης ἀπέλυσε τῆς αἰτίης, φὰς τοῦ Μηδισμοῦ παῖδας οὐδὲν εἶναι μεταιτίους. Herodot. Lib. IX. (Cap. LXXXVIII.) Grotius.

(10) *Quare filiis* Avidii Cassii, *& genero, & uxori veniam dabitis. Et quid dico, veniam? quum illi nihil fecerint.* Vulcat. Gallican. in Avid. Cass. (*Cap.* XII.) L'Empereur Julien louë *Constance* d'avoir usé d'une semblable humanité envers le Fils de *Magnence*, & il dit, que l'on a souvent vû des Enfans vertueux naître de Peres méchans, comme les Abeilles volent des rochers, comme les Figues naissent d'un bois amer, & les Grenades sortent des Epines: Ὁ δὲ ἀγαθὸς Βασιλεύς, μιμούμενος ἀτεχνῶς τὸν Θεόν, οἶδε μὲν καὶ ἐκ τῶν πετρῶν ἑσμὸν μελιττῶν ἐξιπτάμενον· καὶ ἐκ τοῦ δριμυτάτου ξύλου τὸν γλυκὺν καρπὸν φυόμενον, σῦκά φημι τὰ χαρίεντα· καὶ ἐξ ἀκανθῶν τὴν σίδαν. &c. (Orat. II. *pag.* 100, 101.) Il dit ailleurs, que c'est le chef-d'œuvre de la vertu de cet Empereur, de n'avoir pas enveloppé dans la punition de *Maxence*, un Enfant encore en bas âge: Ἀλλὰ καὶ τὸν παῖδα τοῦ τετολμηκότος νήπιον κομιδῇ τῆς πατρῴας οὐδὲν εἴασας μετασχεῖν ζημίας. οὕτω σοι πρὸς ὀλίγους ἡ πρᾶξις ῥέπουσα, τελείας ἀρετῆς ὑπάρχει γνώρισμα. (Orat. I. *in fin.*) Grotius.

§. XIV. (1) C'est ce que St. Chrysostôme remarque, Homil. XXIX. *In Cap. IX. Genes.* Plutarque l'avoit dit avant lui: Αἱ δὲ διὰ τῶν παίδων δίκαι [καὶ πόλεως] καὶ διὰ γένους, ἐμφανεῖς τοῖς αὖθις γινόμεναι, πολλοὺς ἀποτρέπουσι καὶ συστέλλουσι τῶν πονηρῶν· ὅτι δ' οὐκ ἔστιν αἴσχιον, οὐδὲ λυπεῖται μᾶλλον ἑτέρα κόλασις, ἢ τοὺς ἐξ ἑαυτῶν κακὰ πάσχοντας δι' αὐτοὺς ὁρᾶν. (De sera Numinis vindicta, *pag.* 561. A. Tom. II.) Grotius.

(2) Tertullien dit, que la *dureté de cœur* des *Israëlites* avoit obligé Dieu à leur faire appréhender les châtimens qu'ils attireroient sur leur postérité même, s'ils n'obeïssoient pas à ses Loix: *Duritia Populi ad talia remedia compulerat, ut vel posteritatibus suis prospicientes, Legi divinae obedirent.* (*Advers. Marc.* Lib. II. Cap. XV.) Dans Quinte-Curce, *Alexandre le Grand* dit à des Conjurez, qui étant condamnez à la mort, le prioient d'épargner leurs Parens; qu'ils méritoient bien de ne pas savoir quel seroit leur sort, afin de mourir avec plus de regret: mais, que, par un effet de bonté, il veut bien les assûrer, que ces Parens ne perdront même rien de leurs honneurs & de leurs avantages, puis qu'il a aboli, depuis long tems

2. Mais il faut remarquer aussi, que Dieu n'use de cette vengeance, qu'en matiére de Crimes qui tendent proprement & directement à l'outrager, tel qu'est l'Idolatrie, le Parjure, le Sacrilége. C'étoit même la pensée des anciens *Grecs*: car les Crimes, (3) dans la punition desquels ils croioient que la Postérité pouvoit être enveloppée, sont tous de ce genre; sur quoi Plutarque (4) raisonne fort éloquemment.

3. De plus, malgré les menaces que Dieu a faites sur ce sujet, il n'use pas toûjours de son droit; sur tout lors que les Enfans se distinguent par une Vertu éclattante, comme il paroît par ce qui est dit dans (h) Eze'chiel, & par quelques exemples que Plutarque allégue; ou qu'ils témoignent hautement avoir en horreur le crime de leurs Péres, comme fit (i) *Andronic Paléologue*. Et sous la Nouvelle Alliance, dans laquelle Dieu a revelé plus clairement, qu'autrefois, les Peines qui attendent les Méchans après cette Vie, on ne trouve aucune menace (5) qui ne soit personnelle; à quoi aussi Eze'chiel fait allusion principalement dans l'endroit que j'ai cité, quoi que d'une maniére obscure, selon la coûtume des Prophétes.

(h) *Chap.* XVIII. vers. 20.

(i) *Niceph. Gregor.* Lib. V. Cap. 81.

4. Mais il n'est jamais permis aux Hommes d'imiter la maniére dont Dieu traite les Enfans innocens du crime de leurs Péres. Le cas n'est pas le même, parce que Dieu, comme nous l'avons dit, a droit sur nôtre Vie, indépendamment de toute considération de nos Péchez; au lieu que les Hommes n'ont droit sur la Vie de leurs sem-

tems, la coûtume qui étoit reçuë parmi les *Macedoniens*, de faire mourir les Innocens avec les Coupables: *Non oportebat quidem vos scire, quid de his statuissem, quò tristiores periretis, si qua vobis parentum memoria & cura est: sed olim istum morem occidendi cum scelestis insontes propinquos parentesque solvi: & profiteor, in eodem honore futuros omnes eos, in quo fuerunt.* Lib. VIII. (Cap. VIII. *num.* 18.) Grotius.

(3) Ils les appellent Ἄγη. Voiez Plutarque, dans la Vie de *Periclés* (pag. 170. A. Tom. I.) & ce que nous avons dit ci-dessus, au sujet des Parjures, *Chap.* XIII. §. 1. Grotius.

(4) Dans son Traité *des Châtimens du Ciel qui tardent longtems*. Elien rapporte un Oracle rendu aux *Sybarites* par la Prêtresse de *Delphes*, lequel porte, que ceux qui avoient tué un Musicien, dans le Temple même de *Junon* où il s'étoit réfugié, n'échapperoient point à la Vengeance Divine, fussent-ils Fils de *Jupiter* même, mais que la punition fondroit sur eux, & sur leurs Enfans, de generation en génération:

Τοὺς δὲ κακῶς ῥέξαντας δίκης τέλος οὐχὶ χρονιστόν,
Οὐδ' ἀπαραίτητον, οὐδ' εἰ Διὸς ἔκγονοι εἶεν.
Ἀλλ' αὐτῶν κεφαλῇσι, καὶ ἐν σφετέροισι τέκνοισιν
Εἰλεῖται, καὶ πῆμα δόμοις ἐπὶ πήματι βαίνει.

Var. Hist. *Lib.* III. *Cap.* XLIII. Libanius dit la même chose, en parlant aussi des Sacriléges: *Ὧν οἱ μὲν ἔδοσαν ἤδη δίκην, οἱ δὲ ὄπω μέν· οὐκ ἔστι δὲ ὅ τι αὐτοὺς ἐξαιρήσεται· λέγω δὲ αὐτοὺς καὶ παῖδας· λέγω καὶ τοὺς ἐξ ἐκείνων.* On trouve encore quelque chose de semblable dans une Harangue de cet Orateur, publiée par Godefroi. Chacun sait aussi l'histoire de l'*or de Toulouze*, que l'on peut voir dans Strabon (*Georg.* Lib. IV. pag. 286, 287. *Ed. Amst.*) & dans Aulu-Gelle, *Noct. Attic.* (Lib. III. Cap. IX.) Grotius.

(5) C'est ce que Tertullien a remarqué [faisant allusion à ce qui est dit, Je're'mie, XXXI, 29, 30. & Eze'chiel, XVIII, 2.]: *Et desivit uva acerba, à patribus manducata, dentes filiorum obstupefacere: unusquisque enim in suo delicto morietur.* De Monogamia. (Cap. VII.) Grotius.

(6) Cet Orateur, dans l'*Eloge de Busiris*, que nôtre Auteur cite en marge, ne parle point du tout d'une Loi etablie en *Egypte*, par laquelle il soit défendu de faire mourir les Enfans innocens, pour le crime de leurs Péres: mais voici dequoi il s'agit. Isocrate louant la Religion des *Egyptiens*, dit, que le Serment est regardé chez eux avec plus de respect, qu'ailleurs; & qu'ils croient, que chaque Péché sera puni sur le champ par la Vengeance Divine, sans que la punition des Coupables soit ni différée, pour eux, ni renvoiée jusqu'à leurs Enfans: *Εὐσεβείας τοίνυν οὕτως ἁγίως καὶ σεμνῶς περὶ ταῦτα ἔχουσιν, ὥστε καὶ τοὺς ὅρκους πιστοτέρους εἶναι, τοὺς ἐν τοῖς ἐκείνων ἱεροῖς, ἢ τοὺς παρ' ἄλλοις καθεστηκότας· καὶ τῶν ἁμαρτημάτων ἕκαστον οἴεσθαι παραχρῆμα δώσειν δίκην, ἀλλ' οὐ διαλήσειν τὸν παρόντα χρόνον, οὐδ' εἰς τοὺς παῖδας ἀναβληθήσεσθαι τὰς τιμωρίας.* Pag. 191. J'avouë cependant, qu'il y a grande apparence, que les *Egyptiens*, dans les Loix desquels il y a tant d'équité, (comme on peut le voir par le Recueil qu'en a fait Boecler, *Tom.* II. *Dissert.* XXIII.) n'imitérent point la barbarie de quelques autres Nations, qui, du tems de *Moïse*, pratiquoient déja vraisemblablement la coûtume de faire mourir des personnes innocentes, à cause de leur parenté avec le Coupable; ainsi que la défense même de la Loi de Moïse semble l'insinuer. Je ne vois pas, du moins, comment on peut accorder une telle pratique avec la Loi des *Egyptiens*, que nôtre Auteur rapporte un peu plus bas, sur le renvoi du supplice des Femmes enceintes. Il y auroit sans doute plus de cruauté à faire mourir des Créatures venuës au monde, sur tout si elles y ont été long tems, qu'à laisser mourir, avec une Mére, l'Enfant qu'elle porte dans son sein: & je ne comprens pas comment des Législateurs si sages auroient pû se contredire si grossierement.

(7) Il ne la louë point comme je l'ai déja dit dans la *Note* 7. sur le paragraphe 13. Il dit seulement, que ceux qui voulurent introduire un usage contraire, en la personne des Enfans des personnes proscrites par *Sylla*, furent regardez, parmi les *Romains*, comme faisant une chose très-odieuse & devant les Hommes, & devant la Divinité, qui les en punit aussi manifeste-

semblables, qu'à cause de quelque Crime énorme, & d'un Crime personnel. C'est pourquoi la Loi même de Dieu (k) défend de punir de mort les Enfans pour les crimes de leurs Péres, aussi bien que les Péres pour les crimes de leurs Enfans. Et les Rois pieux, comme (l) *Amasias*, ont observé cette Loi, même à l'égard des Criminels de Léze-Majesté. Il y en avoit une (m) semblable parmi les *Egyptiens*, & parmi les *Romains*, dont la prémiére est fort louée par (6) Isocrate, & l'autre par (7) Denys d'*Halicarnasse*. Platon a dit, (8) qu'*aucun Enfant ne doit être chargé des flêtrissûres & des punitions que son Pére a méritées.* Le Jurisconsulte Calistrate, (9) qui exprime en Latin la pensée du Philosophe Grec, en rend cette raison, que *chacun n'est responsable que de ce qu'il a commis lui-même, & qu'on n'hérite pas des Crimes d'autrui.* Dans *quel Etat souffriroit-on*, dit Cicéron, (10) *que quelcun proposât de faire une Loi, par laquelle il fût porté, que quand un Pére ou un Grand-Pére auroient commis quelque Crime, on condamneroit le Fils ou le Petit-Fils?* C'est pour cette raison que les Loix des (11) *Egyptiens*, des (12) *Grecs*, & des (13) *Romains*, défendoient de faire mourir une Femme enceinte, quoi que condamnée, (14) jusqu'à ce qu'elle eût accouché.

§. XV. Ce sont donc des Loix Humaines injustes, que celles qui condamnent les Enfans à la mort, pour les Crimes de leurs Péres. Mais il y a encore plus d'injustice dans une Loi des (a) *Perses* & des *Macédoniens*, qui enveloppoit aussi les (1) Proche-

(k) Deuter. XXIV, 16. Voiez *Joseph*, Antiq. Jud. *Lib.* IV. *Cap.* VIII. pag. 129. A. B. & Philon. *De Legib. Spec.* Lib. II. pag. 801, & *seqq.*

(l) *II. Rois*, XIV, 6.

(m) Voiez aussi *Lex Wisigoth.* Lib. VI. Tit. I. Cap. VIII.

(a) *Daniel*, VI, 24. *Justin.* X, 2. *num.* 5, 6.

tement, en les abbaissant à une condition vile, & ne laissant subsister aucun de leurs Descendans, que du côté des Femmes. Καὶ ἐξ ἐκείνου τὸ ἔθος τοῦτο Ῥωμαίοις ἐπιχώριον γέγονεν, ἕως τῆς καθ' ἡμᾶς διατετήρηται ἡλικίας, ἀφεῖσθαι τιμωρίας ἁπάσης τοὺς παῖδας, ὧν ἂν οἱ πατέρες ἀδικήσωσιν.... οἵ τε καταλῦσαι τὸ ἔθος τοῦτο ἐπιβαλόμενοι κατὰ τοὺς ἡμετέρους χρόνους, μετὰ τὴν συντέλειαν τοῦ Μαρσικοῦ τε καὶ [...]λίου πολέμου, καὶ τοὺς παῖδας τῶν ἐπικηρυχθέντων ἐπὶ [...] πατέρων ἀφελόμενοι τὸ μετιέναι τὰς πατρίους ἀρχὰς καὶ βουλῆς μετέχειν, καθ' ὃν ἐδυνάστευον αὐτοὶ χρόνον, ἐπίφθονόν τι ἀνθρώποις, καὶ νεμεσητὸν θεοῖς ἔργον ἔδοξαν ἀποδείξασθαι· τοιγάρτοι δίκη μὲν ἐκείνοις σὺν χρόνῳ τιμωρὸς οὐ μεμπτὴ παρηκολούθησε, δι' ἣν ἐκ μεγίστου τε αὐχήματος εἰς ταπεινότατον πτῶμα ἤχθησαν, καὶ οὐδὲ γένος τὸ ἐξ αὐτῶν, ὅτι μὴ κατὰ γυναῖκας, ἔτι λείπεται. Antiq. Rom. *Lib.* VIII. *Cap.* LXXX. pag. 524. *Ed. Oxon.* J'ai suivi quelques corrections fort nécessaires, que Mr. Hudson approuve, & qu'il auroit dû, à mon avis, mettre dans le Texte, puis qu'elles sont fondées sur de bons Manuscrits.

(8) Ἓν δὲ λέγω, πατρὸς ὀνείδη καὶ τιμωρίας παίδων μηδενὶ ξυνέπεσθαι. De Legib. *Lib.* IX. pag. 856. D. Tom. II. *Ed. Steph.* Le Philosophe ajoûte néanmoins une exception à cette Loi de sa République imaginaire : c'est que, si le Pére, le Grand-Pére, & le Bisaïeul ont été tous les uns après les autres condamnez à la mort, les Enfans doivent être bannis de l'Etat, en conservant néanmoins les biens qu'ils ont, à la reserve de ceux qu'ils auroient hérité de leurs Péres : Πλὴν ἐάν τινι πατήρ, καὶ πάππος, καὶ πάππου πατήρ, ἐφεξῆς ὄφλωσι θανάτου δίκην· τούτους δὲ ἡ πόλις, ἔχοντας τὴν αὐτῶν οὐσίαν, πλὴν ὅσον κατεσκευασμένου τοῦ κλήρου παντελῶς, εἰς τὴν αὐτῶν ἀρχαίαν ἐκπεμπέσθω πατρίδα καὶ πόλιν. Ibid.

(9) *Crimen vel pœna paterna nullam maculam filio infligere potest. Namque unusquisque ex suo admisso sorti subjicitur, nec alieni criminis successor constituitur.* Digest. Lib. XLVIII. Tit. XIX. *De Pœnis*, Leg. XXVI.

(10) *Ferret-ne ulla civitas latorem istiusmodi legis, ut condemnaretur filius, aut nepos, si pater aut avus deliquissent?* De Natura Deorum, *Lib.* III. Cap. XXXVIII.

(11) Voiez Diodore *de Sicile*, Lib. I. Cap. LXXVII.

(12) Le même Historien dit, au même endroit, que *plusieurs* des *Grecs* emprunterent cette Loi : & Plutarque l'attribuë à *quelques-uns*; De sera Num. vindict. *pag.* 552. D. Tom. II. *Ed. Wech.* Il paroit qu'elle étoit en usage chez les *Athéniens*, par ce que rapporte Elien, *Var. Hist.* Lib. V. Cap. XVIII.

(13) *Imperator* Hadrianus Publicio Marcello *rescripsit, liberam, quæ prægnans ultimo supplicio damnata est, liberam parere : & solitum esse servari eam, dum partum ederet.* Digest. Lib. I. Tit. V. *De statu hominum*, Leg. XVIII. Voiez aussi *Lib.* XLVIII. Tit. XIX. *De Pœnis*, Leg. III.

(14) Philon, Juif, louë cette Loi : *Συνεῖδε δὲ καὶ ὅπερ ἐνίοις ἡμαρτήθη τῶν νομοθετῶν, καὶ τὸ ἐπὶ ταῖς καταγνώστοις γυναιξὶν εἰσηγήσατο νόμον, τὰς κυούσας τὰς ἐγκυούσας, ἂν ἀξία θανάτου δρῶσιν, μὴ θανατοῦν, μέχρις ἂν ἀποτέκωσιν, ἵνα μὴ ἀναιρεθέντα, συναπόληται τὸ κατὰ γαστρός.* De Humanitate, (*pag.* 710. E.) Grotius.

§. XV. (1) C'est la coûtume des Tyrans, à ce que dit Philon, Juif, de faire mourir, avec un Criminel, les cinq Familles qui lui sont le plus proches. Voiez Hérodien, Lib. III. & un exemple moderne de la maniere dont on usa à *Milan*, apres avoir fait mourir *Galeaz*, dans Pierre Bizaro, *Hist. Genu.* Lib. XIV. Grotius.

Le passage de Philon, que nôtre Auteur a en vuë, se trouve dans le II. Livre *sur les Loix particulieres du Décalogue* : mais il en a fort changé le sens ; car le texte Grec porte clairement, que quelques Législateurs ont ordonné, qu'on feroit mourir un Traitre, avec ses Enfans ; & un Tyran, avec les cinq Familles qui lui sont le plus proches : Κελεύσαντες, τοῖς μὲν προδόταις τοὺς παῖδας συναναιρεῖσθαι, τοῖς δὲ τυράννοις τὰς ἐγγυτάτω πέντε οἰκίας. Pag. 802. D. *Ed. Paris.* Il y a aussi beaucoup d'apparence, que nôtre Auteur, ou son Copiste, ou ses Imprimeurs, ont mis ici Hérodien, pour Hérodote. Je ne vois du moins rien qui puisse se rapporter ici, dans le III. Livre du prémier de ces

che-parens, dans la condamnation des Criminels de Léze-Majesté, afin que ceux qui avoient offensé le Roi mourussent avec plus de regret, comme parle (2 QUINTE-CURCE. C'est la plus cruelle de toutes les Loix, au jugement (3) d'AMMIEN MARCELLIN.

§. XVI. IL FAUT remarquer pourtant, que, si les Enfans des Criminels d'Etat ont ou peuvent attendre quelque chose sur quoi ils n'aient pas un droit propre, mais qui dépende de la volonté du Peuple ou du Roi; on peut le leur ôter en vertu du pouvoir qu'on a de disposer de ces sortes de choses, en sorte que cela tourne en même tems à la punition des Coupables. C'est ainsi que les Descendans d'*Antiphon*, condamné comme Traître, furent exclus des Honneurs & des Dignitez, au rapport de (1) PLUTARQUE. On en usa de même à *Rome*, envers les (2) Enfans de ceux qui avoient été proscrits par *Sylla*.

(a) Chap. V. de ce Livre, §. 25. 2. Pour ce qui est de l'Esclavage, nous avons expliqué ailleurs (a) comment & jusqu'où les Enfans peuvent y être soûmis sans injustice, à cause de la faute de leurs Péres.

§. XVII. CE que nous venons de dire au sujet des Enfans, on peut l'appliquer à la question, Si un Peuple véritablement sujet peut être justement puni, pour les Crimes de son Roi, ou de ses Maîtres? Je dis, un Peuple *véritablement sujet*: car un Peuple libre peut être puni, parce qu'il y a de sa faute, ou de sa négligence, comme
(a) §. 2. nous (a) l'avons dit ci-dessus. Et il ne s'agit pas ici non plus du cas où le Peuple même a (1) consenti aux Crimes de son Souverain, ou a fait quelque autre chose qui en soi mérite punition: mais il s'agit du (2) mal qui se communique par la nature même du Corps, dont le Roi est le Chef; & tous les autres, les Membres.

2. DIEU, à cause du péché de *David*, fit périr grand nombre de ses Sujets par la peste, tout innocens qu'ils étoient au jugement du Roi coupable. Mais DIEU avoit un

ces Historiens au lieu que je trouve dans le III. Livre de l'autre, *Intapherne* condamné à la mort par *Darius*, selon la coûtume des *Perses*, avec ses Enfans, & toute la Famille, *Cap.* CXIX.

(2) Voiez le passage, cité ci-dessus, *Note* 2. sur le paragraphe 14.

(3) Il l'appelle une Loi abominable : *Leges apud eos* [Persas] *impendio formidatæ : inter quas diritate exsuperant latæ contra ingratos & desertores ; & abominanda alia, per quas, ob noxam unius, omnis propinquitas perit.* Lib. XXIII. (Cap. VI. pag. 416. *Ed. Vales. Gron.*) Voiez aussi le IV. Concile de *Tolède*. GROTIUS.

§. XVI. (1) Καὶ τοῖς περὶ τῶν προδοτῶν ὁπτιμῶσιν ὑπαχθεὶς, ἄταφος ἐῤῥίφη, καὶ σὺν τοῖς ἐκγόνοις ἄτιμος ἀνεγράφη. [Vit. decem Rhetorum. *Tom.* II. pag. 833. A.] Ainsi, dans la Loi d'ARCADIUS, que j'ai deja citée (§. 13. *Note* 8.) les Enfans sont exclus des Honneurs & des Charges publiques ; *Ad nullos honores, ad nulla sacramenta perveniant.* S'il n'y avoit autre chose, la Constitution de cet Empereur seroit passablement raisonnable. GROTIUS.

Toutes les Editions de l'Original de mon Auteur sont ici fautives, en ce que l'on rapporte après PLUTARQUE, sans indiquer l'endroit d'où il est tiré; car on y trouve *Antiphane*, pour *Antiphon.* Au reste le mot d'ἄτιμος semble emporter ici quelque chose de plus qu'une simple exclusion des Honneurs, puis qu'il est dit des Coupables mêmes, que l'on faisoit mourir, aussi bien que de leur postérité. C'étoit donc une note d'infamie, qui tomboit & sur le Criminel, & sur les Innocens, & qui par conséquent les rendoit inhabiles à prétendre aux Honneurs.

(2) Voiez VELLE'IUS PATERCULUS, Lib. II. Cap. XXVIII. PLUTARCH. *in Sylla*, pag. 472. C. Tom. I. Mais *Jules César* abolit cela : *Admisit ad honores & proscriptorum liberos.* SUETON. Cap. XLI.

§. XVII. (1) C'est sur ce principe que PHILON, Juif, dit, que toute la Maison du Roi d'*Egypte*, qui s'étoit emparé de *Sara*, eut part à la punition de ce Prince, parce qu'au lieu de témoigner de l'indignation pour ce qu'il faisoit, chacun lui avoit applaudi, & par là s'étoit rendu complice du crime : Παρεπήλαυσε δὲ τῆς τιμωρίας σύμπας αὐτῷ ὁ οἶκος, μηδενὸς ἐπὶ τῇ παρανομίᾳ δυσχεράναντος, ἀλλὰ πάντων, ἕνεκα τοῦ συναινεῖν, μονονοὺ συγχειρουργησάντων τὸ ἀδίκημα. (De Abraham. pag. 363. D.) JOSEPH, rapportant l'Oracle prononcé contre *Jéroboam*, en exprime ainsi un article: " Le Peuple aura part aussi à la punition: „ car il sera chassé de ce bon païs, & dispersé dans „ les lieux au delà de l'*Euphrate*, parce qu'il a suivi „ les impietez de son Roi: Μεθέξει δὲ τῆς τιμωρίας καὶ τὸ πλῆθος, ἐκπεσὸν τῆς ἀγαθῆς γῆς, καὶ διασπαρὲν εἰς τοὺς πέραν Εὐφράτου τόπους, ὅτι τοῖς τοῦ βασιλέως ἀσεβήμασι κατηκολούθησε. (Antiq. Jud. *Lib.* VIII. *Cap.* IV. pag. 280. E.) GROTIUS.

(2) *De eo* CONTACTU *qui ex natura oritur ejus corporis* &c. C'est ainsi qu'il faut lire, selon que porte la prémiére Edition, & celle de 1632. comme je l'ai remarqué dans mon Edition Latine, où les Imprimeurs néanmoins n'ont pas suivi ma correction dans le Texte, & ont laissé *contractu.* La faute se trouve deja dans l'Edition de 1642. qui est la derniére avant la mort de l'Auteur : & elle vient peut-être de quelque Correcteur imprudent, qui n'a point entendu ce mot *contactus*, pris pour *contagio*, comme on le trouve dans de bons Auteurs anciens, par exemple, dans SENE'QUE & dans TACITE. Le Savant GRONO-

un droit absolu sur leur vie; & c'étoit une punition non pour le Peuple, mais pour (3) *David*: tout de même que quand on frappe sur le dos d'une personne, dont la main a péché, ainsi que le dit (b) un ancien Auteur Chrétien. Ou, pour me servir de la comparaison que fait PLUTARQUE (4) sur un semblable sujet, c'est comme quand un Médecin brûle le pouce d'un Malade, pour lui guérir la cuisse. Ainsi ce que DIEU fait en de telles occasions, les Hommes ne peuvent pas le faire, par la raison que nous avons alléguée ci-dessus.

(b) *Quaest. ad Orthodox.* 138.

§. XVIII. IL FAUT dire la même chose du mal que l'on voudroit faire souffrir aux Particuliers, en matiére des choses qui leur appartiennent en propre, pour le crime du Corps dont ils sont Membres, quoi qu'ils n'aient point consenti à la délibération par laquelle le Corps s'est rendu coupable.

§. XIX. UN Héritier aussi, (1) quoi que tenu des autres Dettes du Défunt, ne peut pas être puni pour lui, selon les (2) Jurisconsultes Romains. Et la véritable raison de cela est, que l'Héritier représente le Défunt, non à l'égard du mérite ou du démérite, qui sont purement personnels, (3) mais à l'égard des biens qu'il lui laisse, auxquels sont (4) attachées, par un établissement aussi ancien que la Proprieté même, les Dettes qui viennent (5) de l'inégalité des choses.

§. XX. DE là il s'ensuit, que si, outre le Crime par lequel le Défunt s'est rendu sujet à la Peine, il y a eu quelque nouveau fondement d'obligation, l'Héritier peut être Débiteur de ce en quoi le Défunt devoit être puni; quoi que ce ne soit pas proprement en forme de punition que l'Héritier est chargé d'une telle Dette. Ainsi, en certains endroits un Héritier paie l'amende, lors que le Défunt, qui y avoit été condamné, est mort après (1) la Sentence renduë; en d'autres, cela a lieu, du moment que (2) le Procès est formé, encore que le Défunt soit venu à mourir avant le Jugement: parce que tantôt on donne force de Contract à la (3) Sentence du Juge, & tantôt à la sen-

NOVIUS avoit ainsi lû ce passage, comme il paroît par sa Note; quoi qu'il n'en avertisse point. Mais ZIEGLER n'aiant eu aucun soupçon que le Texte fût fautif, comme il auroit dû s'en appercevoir, s'il avoit bien fait attention à la suite du discours; accuse nôtre Auteur de donner une explication plus obscure que la question même, & après s'être donné la torture pour trouver ici un sens raisonnable, avouë enfin qu'il n'y en a point. D'où il paroît, combien il étoit nécessaire de conferer avec soin les anciennes Editions, avant que d'entreprendre, je ne dirai pas de critiquer, mais de lire un Ouvrage comme celui-ci, pour l'entendre.

(3) C'est une punition très-sensible aux Princes, que de voir leurs Sujets punis; comme le remarque un ancien Auteur Chretien: *Πικροτάτη τιμωρία τῶν ἡμαρτηκότων βασιλέων, ἡ τιμωρία τοῦ λαοῦ.* Quaest. ad Orthodox. CXXXVIII. GROTIUS.

(4) C'est dans un Traité, qui a déja été cité plusieurs fois, où il veut justifier les punitions exercées sur la postérité des Coupables: *Ὥσπερ ἐν ἰατρικῇ τὸ χρήσιμον καὶ δίκαιόν ἐστι, καὶ γελοῖος ὁ φάσκων ἄδικον εἶναι, τὸν ἰσχίον πονοῦντα, καίειν τὸν ἀντίχειρα* &c. De sera Num. vindict. *pag.* 559. E. Tom. II.

§. XIX. (1) Voiez le Rabbin MOÏSE, Fils de *Maimon*, Tit. גזילה, Cap. V. §. 6. & la GUE'MARE, dans le Traité *Baba Kama*, Cap. X. §. 1. (*Edit. Constant. L'Empereur*). GROTIUS.

(2) On a deja cité la Loi ci-dessus, §. 12. *Note* 1.

(3) Voiez le VIII. Concile de *Tolede*, sur l'affaire de *Recceswinth*, Roi des *Wisigoths*: & ce que nous avons dit ci-dessus, *Chap.* XIV. §. 10. Il n'y a personne qui représente mieux le Défunt, que l'Heritier, comme le remarque CICE'RON: *Nulla est enim persona, quae ad vicem ejus, qui è vita emigraverit, propiùs accedat*; [quàm Heres]. De Legibus, *Lib.* II. (*Cap.* XIX.) GROTIUS.

(4) DION *de Pruse* soûtient que les Dettes passent aux Descendans les plus éloignez, qui ne sauroient dire qu'ils ont répudié l'Hérédité de leurs Ancêtres: *Ἅπαντα ὀφείλουσι τὰ τῶν προγόνων, οὐχ ἧττον αὐτῶν ἐκείνων, εἰς οὓς ἄν ποτε καθήκοι τὸ γένος· οὐ γὰρ ἀφίστασθαι φήσουσι τῆς διαδοχῆς.* Orat. Rhodiac. GROTIUS.

(5) De ce que l'un a plus, & l'autre moins qu'il ne doit avoir. Voiez ci-dessus, *Chap.* XII. §. 8.

§. XX. (1) Cela se voit, par exemple, dans le *Droit de Souabe* en *Allemagne*, selon lequel on n'a action pénale contre un Héritier, qu'après la Sentence, lors qu'il s'agit de Larcin, de Jeu, ou d'Usure; & pour les autres Délits, il faut du moins que le fait eût été prouvé juridiquement avant la mort du Délinquant. Voiez une Dissertation de Mr. THOMASIUS, *De usu Actionum Poenalium Juris Romani in foris Germaniae*, Cap. II. §. 16. où il cite les propres paroles du SPECULUM SUEVICUM, *Art.* CCLVII.

(2) *Post litem contestatam.* C'est la décision du Droit Romain, & l'usage des Païs où on le suit: *Omnes poenales actiones, post litem inchoatam, & ad heredes transeunt.* DIGEST. Lib. XLIV. Tit. VII. *De Obligat. & Actionibus*, Leg. XXVI. Voiez aussi la Loi LVIII. & *Lib.* L. Tit. XVII. *De diversis Reg. Juris*, Leg. CXXXIX. CLXIV.

(3) C'est la régle générale du Droit Romain, & ici, & dans toute autre sorte d'affaire. Dès-là que la Sentence est renduë, celui en faveur de qui on a jugé, ou son Héritier, a action contre l'Héritier de l'autre Partie: *Judicati actio perpetua est, & rei persequutio-*

seule (4) Contestation en cause. Il en est de même, lors que le Défunt, en traitant sur quelque chose, (5) s'étoit soûmis lui-même à une certaine peine pécuniaire. Car, en ces cas-là, il y a eu un nouveau sujet d'obligation, distinct de la Peine.

CHAPITRE XXII.

Des Causes injustes de la Guerre.

I. *Différence qu'il y a entre les* Raisons justificatives, *& les* Motifs *de la Guerre.* II. *Que les Guerres, qui n'ont ni l'une ni l'autre de ces causes, ne conviennent qu'à des Bêtes féroces.* III. *Que celles qui se font pour quelque motif d'utilité, sans aucune ombre de justice, sont des Brigandages.* IV. *Des raisons qui n'ont qu'une fausse apparence de justice:* V. *Comme, une crainte incertaine, de la part de ceux contre qui l'on prend les armes:* VI. *L'utilité, sans la nécessité:* VII. *Le refus de donner des Femmes en mariage, lors que ceux qui en demandent, n'en manquent pas chez eux:* VIII. *L'envie de s'établir dans un meilleur païs, que celui qu'on posséde:* IX. *La découverte de quelque chose, qui est déja occupée par autrui;* X. *A moins que ceux, qui en sont en possession, ne fussent absolument privez de l'usage de la Raison.* XI. *Qu'un Peuple sujet ne peut pas non plus faire légitimement la Guerre, pour recouvrer sa liberté.* XII. *Autres causes injustes: Le désir de s'emparer du Gouvernement d'un Peuple, sous prétexte que ce sera pour son bien:* XIII. *Un prétendu titre de Souveraineté universelle, que quelques-uns attribuent* mal-

quutionem continet. Item heredi, & in heredem competit. Digest. Lib. XLII. Tit. I. *De re judicatâ, & de effectu sententiarum* &c. Leg. VI. §. 3.

(4) Du moment que le Procès est formé, les deux Parties sont censées s'engager par là à paier tout ce qui sera dû en vertu de la Sentence: *Nam sicut stipulatione contrahitur cum Filio, ita judicio contrahi: proinde non originem judicii spectandam, sed ipsam judicati velut obligationem.* Digest. Lib. XV. Tit. I. *De Peculio*, Leg. III. §. 11. Ainsi y aiant une obligation du Défunt, fondée sur cette présomtion, que les Loix autorisent; elle se transmet aux Héritiers, de la même maniére que celle des Contracts & des Engagemens exprès, qui est comme attachée aux biens du Défunt.

(5) *Ut & ea qua in conventionem deducta est.* Mais ce n'est là qu'une Peine improprement ainsi nommée: à parler juste, il faudroit l'appeller une espéce de dédommagement, dont on étoit convenu. En voici un exemple, tiré du Droit Romain. Un homme avoit vendu des materiaux, & touché l'argent, sous une certaine peine, s'il ne fournissoit pas tous les matériaux dans le tems fixé. Il vient à mourir, avant que de les avoir fournis tous, & son Héritier n'achéve pas non plus de fournir ce qui manquoit. Le Vendeur a alors action contre l'Héritier, pour cette peine ou ce dédommagement, à quoi le Défunt s'étoit soûmis par le Contract de Vente: Lucius Titius, *acceptâ pecuniâ ad materias vendendas, sub pœna certa, ita ut, si non integras repræstaverit intra statuta tempora, pœna conveniatur, partim, datis materiis, decessit. Quum igitur Testator in pœnam commiserit, neque heres ejus reliquam materiam exhibuerit, an . . in pœnam . . . conveniri possit?* Paulus respondit: *Ex contractu, de quo quæritur, etiam heredem venditoris in pœnam conveniri posse* &c. Digest. Lib. XIX. Tit. I. *De actionibus emti & venditi*, Leg. XLVII.

Chap. XXII. §. I. (1) Polybe, qui a le prémier fait cette distinction, donne aux *Motifs*, le nom général de Cause, Αἰτίας: & il appelle les *Raisons justificatives*, Προφάσεις, parce que ce sont celles qu'on allégue publiquement; d'où vient que Tite Live se sert quelquefois, pour les exprimer, du mot de *titulus*, *titre*, [par exemple, *Lib.* XXXVII. Cap. LIV. *num.* 13.] Voiez les *Excerpta Legationum* de l'Historien Grec, *Cap.* CXXV. où il traite de la Guerre des *Romains* contre les *Illyriens*; & ce que l'on a dit ci-dessus, *Chap.* I. de ce Livre, §. 1. Plutarque, dans la Vie de *Galba* (pag. 1062. D. Tom. I. *Ed. Wech.*) & Dion Cassius, dans l'Histoire de la Guerre entre *César* & *Pompée* [ou plûtôt Xiphilin, son Abbréviateur, *pag.* 13. C. *Ed. H. Steph.* distinguent aussi ces deux sortes de causes. On peut appeller les Raisons justificatives, le *prétexte*; & les Motifs, la *cause* de la Guerre, comme fait Suétone, en parlant de la Guerre Civile que le même *Jules César* entreprit: *Et* PRÆTEXTUM *quidem illi civilium armorum hoc fuit:* CAUSSAS *autem alias fuisse opinantur.* (Cap. XXX.) Thucydide racontant le mouvement que les *Athéniens* firent contre la *Sicile*, dit que le prétexte spécieux en fut, de donner du secours à ceux de la Ville d'*Egeste*; mais qu'au fond la véritable raison (πρόφασις) étoit l'envie de s'emparer de toute la *Sicile*: [Καὶ ἐπὶ τοσήνδε οὖσαν αὐτὴν [Σικελίαν] στρατεύειν ὥρμηντο, ἐφιέμενοι μὲν, τῇ ἀληθεστάτῃ προφάσει, τῆς πάσης ἄρξειν, βοηθεῖν δὲ ἅμα εὐπρεπῶς βουλόμενοι τοῖς ἑαυτῶν ξυγγενέσι, καὶ τοῖς προσγεγενημένοις ξυμμάχοις. Lib. VI. Cap. VI.] Dans le même Auteur, *Hermocrate* pas-

*mal-à-propos à l'*Empereur; XIV. *Et d'autres à l'*Eglise: XV. *L'accomplissement de quelque Prophétie, sans avoir un ordre du Ciel, qui autorise à le procurer:* XVI. *Le dessein de se faire rendre ce qui ne nous est pas dû à la rigueur.* XVII. *Distinction entre les Guerres dont le sujet est injuste, & celles qui ont d'ailleurs quelque chose de vicieux.*

§. I. 1. EN commençant de parler des *Causes de la Guerre*, nous les avons (a) divisées en (1) *Raisons justificatives*, & *Motifs*. Donnons-en quelques exemples.

(a) *Chap.* I. de ce Livre, §. 1.

2. Dans la Guerre d'*Aléxandre le Grand* contre *Darius*, la raison justificative, dont le prémier se servoit, étoit, qu'il vouloit venger les injures que les (2) *Grecs* avoient reçuës des *Perses*: le motif étoit la vanité, l'ambition, l'avarice de ce Conquérant, qui se portoit d'autant plus promptement à prendre les armes, que les expéditions de (3) *Xénophon* & d'*Agésilas* (4) lui faisoient concevoir une grande espérance de réussir aisément.

3. La raison justificative de la *Seconde Guerre Punique*, fut le démêlé au sujet de la Ville de *Sagonte*: le motif en étoit l'indignation des *Carthaginois*, de ce que les *Romains* leur avoient extorqué des conventions onéreuses, dans le tems que la fortune ne leur étoit pas favorable; & l'encouragement que leur donnoient les bons succès de leurs armes en *Espagne*. Polybe (b) a remarqué ces deux exemples.

(b) *Lib.* III. *Cap.* 6, 7, 8, 9.

4. La véritable cause de la Guerre du *Péloponése* fut, selon (5) Thucydide, l'accroissement des forces d'*Athénes*, qui donna de l'ombrage aux *Lacédémoniens*: le prétexte, dont on se servit pour justifier cette Guerre, fût le démêlé de ceux de *Corfou*, de *Potidée*, & autres choses semblables.

5. Les *Campanois* disent aux *Romains*, dans (6) Tite Live, qu'en prenant les ar-

parlant de cette même expédition des *Athéniens*, appelle la raison de secourir leurs Alliez, le *prétexte* (πρόφασις); & le dessein de se rendre maîtres de la *Sicile*, le *véritable motif*, τὸ ἀληθές. Ibid. (Cap. XXXIII.) Appien d'*Aléxandrie* se sert du mot de προφάσεις, Mithridat. Bell. (dans la réponse de *Sylla* à *Mithridate*, pag. 351. *Ed. Amst.* 209. *Ed. H. Steph.*) Et lors qu'il explique ce qui brouilla *César Auguste*, & *Sextus Pompée*, il distingue entre les raisons sécrétes de cette rupture, & celles qu'*Auguste* publioit: Καίσαρι δὲ καὶ Πομπηΐῳ διελύθησαν αἱ γεγενημέναι σπονδαί, κατὰ μὲν αἰτίας, ὡς ὑπενοεῖτο, ἑτέρας· αἱ δὲ ἐς τὸ φανερὸν ὑπὸ τοῦ Καίσαρος ἐπιφερόμεναι, αἵδε ἦσαν &c. Bell. Civil. *Lib.* V. (pag. 1136. *Ed. Amst.* 716. *H. Steph.*) Agathias, au lieu du mot πρόφασις, se sert de ceux de σκῆψις & προκάλυμμα, qui signifient *prétexte feint*, *couleur*, *que l'on donne*, à quoi il oppose le vrai motif. αἰτία; dans l'histoire de *Zamergan*, Chef des *Huns*, Lib. V. (Cap. V.) Procope dit, qu'il y auroit de la folie à ne pas parler hardiment, lors qu'on a pour guide la Justice, & pour compagne l'Utilité. *Persic.* Lib. II. Grotius.

On sent d'abord, que le dernier passage, qui est de Procope, ne fait point au sujet, car s'agit-il ici de la liberté de parler? Je ne comprens pas comment nôtre Auteur a trouvé là quelque chose qui pût se rapporter à la matiére de cette Note, ni comment il a changé le sens de l'Historien: car voici apparemment l'endroit qu'il a en vuë; au moins n'y a-t-il ailleurs rien d'approchant dans les deux Livres de la Guerre contre les *Perses*. C'est à la fin de la Harangue, que les Ambassadeurs des *Laziens* font à *Cosroez*, Roi de *Perse*, pour le prier de recevoir leur Nation dans son Alliance & sous sa protection, contre les *Romains*. Après avoir étalé toutes les raisons capables de montrer la justice de leur demande, ils représentent les avantages qui en reviendront à *Cosroez* même, & ils concluent, que la prudence veut qu'il accepte des offres qui sont de telle nature, que la Justice les précéde, & l'Utilité les accompagne. *Lib.* II. Cap. XV.

(2) Voiez ce que l'on a dit dans le Chapitre précedent, §. 8. *Note* 2.

(3) Dans la fameuse retraite des dix mille *Grecs*, dont ce Philosophe, grand Capitaine, a écrit l'histoire.

(4) Voiez sa Vie, par Cornelius Nepos, Cap. III. & Polybe, Lib. III. Cap. VI.

(5) Τὴν μὲν γὰρ ἀληθεστάτην πρόφασιν, ἀφανεστάτην δὲ λόγῳ, τοὺς Ἀθηναίους ἡγοῦμαι, μεγάλους γιγνομένους, καὶ φόβον παρέχοντας τοῖς Λακεδαιμονίοις, ἀναγκάσαι ἐς τὸ πολεμεῖν. αἱ δ' ἐς τὸ φανερὸν λεγόμεναι αἰτίαι, αἵδ' ἦσαν ἑκατέρων &c. Lib. I. (Cap. XXIII. Voiez aussi *Cap.* LVI. & LXXXVIII.) L'Historien confond néanmoins ici les mots d'αἰτία, & de πρόφασις. Il en use de même au Livre V. où, parlant de la Guerre de ceux d'*Argos* contre les *Epidauriens*, il appelle αἰτία, ce qu'il venoit d'appeller un peu plus haut πρόφασις. C'est ainsi que, (comme nous avons remarqué ci-dessus, *Chap.* I. de ce Livre) le mot Grec Ἀρχαί, & le Latin *Principia*, & autres semblables dont on se sert pour marquer l'origine d'une Guerre, sont equivoques. Les Ecrivains de l'Histoire de *Constantinople* se servent souvent du mot de Πάτροκλος, pour exprimer ce que d'autres nomment pretexte, πρόφασις: & cela par allusion à l'histoire d'*Achille*, qui prit occasion de la mort de *Patrocle* de reprendre les armes, qu'il avoit abandonnées. Grotius.

(6) *Quamquam pugnavimus, verbo pro* Sidicinis, *re*

armes contre les *Samnites*, ils avoient témoigné faire la Guerre pour la défense des *Sidicins*, mais qu'au fond ils pensoient à leur propre intérêt, voiant bien le danger où ils étoient que le feu ne prît ensuite chez eux, à cause du voisinage. Voilà les deux causes de la Guerre, bien distinguées.

6. Le même Historien remarque, (7) que, lors qu'*Antiochus*, Roi de *Syrie*, entreprit la Guerre contre les *Romains*, il le fit en apparence à cause du meurtre de *Brachyllas*, Magistrat des *Béotiens*, & sous quelque autre prétexte: mais en effet parce que le relâchement de l'ordre & de la discipline, parmi les *Romains*, lui faisoit concevoir une grande espérance d'avoir le dessus sur eux.

7. Plutarque (8) remarque aussi, que ce fut sans fondement que *Cicéron* reprocha à *Marc Antoine*, d'avoir été cause de la Guerre Civile; puis que *César*, tout résolu d'ailleurs à prendre les armes, avoit pris pour prétexte le mauvais traitement fait à *Marc Antoine*.

§. II. Parmi ceux qui font la Guerre, il y en a qui l'entreprennent sans aucune raison justificative, ni aucun motif, & qui, selon l'expression de Tacite, (1) courent au danger (2) pour le danger même. C'est-là une fureur qui va (3) au delà de ce dont les Hommes sont ordinairement capables, & qui tient de la ferocité des Bêtes, selon l'expression de Seneque (4). *Il n'y a que peu ou point de gens qui cherchent*

pro nobis, quum videremus finitimum populum nefario latrocinio Samnitium *peti; &, ubi conflagrassent* Sidicini, *ad nos trajecturum illud incendium esse*. Lib. VII. Cap. XXX. *num*. 12.

(7) Nôtre Auteur, faute de prendre garde à la construction des termes, attribue au Roi *Antiochus*, ce que l'Historien Latin dit des *Béotiens*: *In* Bœotiam *ipse* [Antiochus] *profectus est; caussas in speciem iræ adversus* Romanos *eas, quas ante dixi, habentem*: Brachyllæ *necem, & bellum a* Quinctio Coroneæ, *propter Romanorum militum cædes, illatum: revera per multa jam sæcula publicè privatimque labante egregiâ quondam disciplinâ gentis, & multorum eo statu, qui diuturnus esse sine mutatione rerum non posset*. Lib. XXXVI. Cap. VI. *num*. 1, 2. Cette faute a été copiée exactement par Boecler, dans une Dissertation intitulée, *De Clarigatione & Manifestis*, Tom. II. pag. 1212. où il s'exprime de la même maniére que nôtre Auteur, quoi qu'il ne le nomme point.

(8) Comme on ne cite point ici l'endroit où le Philosophe a fait cette réflexion, Gronovius semble douter, qu'elle soit veritablement de lui. Mais je vais rapporter le passage; d'où il paroîtra aussi, que ce Savant s'est imaginé mal-à-propos, que nôtre Auteur parloit d'*Octavius*, ou *César Auguste*, au lieu qu'il s'agit de *Jules César*: Διὸ καὶ Κικέρων ἐν τοῖς Φιλιππικοῖς ἔγραψε, τοῦ μὲν Τρωικοῦ πολέμου τὴν Ἑλένην, τοῦ δ' ἐμφυλίου τὸν Ἀντώνιον ἀρχὴν γενέσθαι· περιφανῶς ψευδόμενος. Οὐ γὰρ οὕτως εὐχερὴς ἦν, οὐδὲ ῥᾳδίως ὑπ' ὀργῆς ἐκ τῶν λογισμῶν Γάϊος Καῖσαρ, ὥστε, εἰ μὴ ταῦτα πάλαι ἔγνωστο πράττειν, οὕτως ἂν ἐπὶ καιρῷ τὸν κατὰ τῆς πατρίδος ἐξενεγκεῖν πόλεμον, ὅτι φαύλως ἠμφιεσμένους εἶδεν Ἀντώνιον καὶ Κάσσιον ἐπὶ ζεύγους μισθίου πεφευγότας πρὸς αὐτόν· ἀλλὰ ταῦτα πάλαι δεομένῳ προφάσεως, σχῆμα καὶ λόγον εὐπρεπῆ τοῦ πολέμου παρέσχεν. In Marc. Anton. *pag*. 918. C. D. Tom. I. *Edit. Wech*. L'endroit des *Philippiques*, dont Plutarque veut parler, & où il est dit, qu'*Antoine* fut cause de la Guerre Civile, comme *Hélene* l'avoit été de la Guerre de *Troie*; se trouve dans la *II. Philippique*, Cap. XXII. Nôtre Auteur citoit ici dans une Note, des vers de Lucain, où ce Poëte parlant du même sujet, dit, que le mauvais traitement fait aux Tribuns du Peuple *Q. Cassius* & *Marc Antoine*, acheva de determiner l'esprit irresolu de *César*, la Fortune lui fournissant ainsi des prétextes, pour justifier la Guerre où il s'engageoit:

Ecce faces belli, dubiæque in prœlia menti
Urgentes addunt stimulos, cunctasque pudoris
Rumpunt fata moras: justos Fortuna laborat
Esse ducis motus, & caussas invenit armis.

Pharsal. *Lib*. I. vers. 262, *& seqq*.

§. II. (1) *Periculorum propter ipsa avidi*. Nôtre Auteur rapporte ici le sens, plûtôt que les paroles: car il a en vuë apparemment ce passage, où il s'agit de *Cornelius Fuscus*: *Non tam præmiis periculorum quam ipsis periculis lætus*. Hist. Lib II. Cap. LXXXVI. *num*. 7. Mais Tacite dit ailleurs simplement, *periculorum avidi*, Lib. III. Cap. XLI. *num*. 4. & Lib. V. Cap. XIX. *num*. 5. Je trouve dans Seneque une expression toute semblable: *Periclitamur periculi caussâ*. Quæst. Nat. *Lib*. V. *Cap*. XVIII. pag. 778. *Edit. Var. Elzevir*.

(2) Ammien Marcellin, parlant des *Alains*, dit, qu'ils aiment les dangers & la Guerre, autant que les personnes pacifiques trouvent du plaisir au repos: *Utque hominibus quietis & placidis otium est voluptabile, ita illos pericula juvant & bella*. Lib. XXXI. (Cap. II. pag. 672. *Edit. Vales. Gron.*) Grotius.

(3) C'est ce qu'Aristote appelle Θηριότης (Ethic. Nicom. *Lib*. VII. *Cap*. I.) Il dit ailleurs, que personne ne fait la Guerre, purement & simplement pour faire la Guerre, & que ce seroit être un véritable Assassin: Οὐδεὶς γὰρ αἱρεῖται τὸ πολεμεῖν, τοῦ πολεμεῖν ἕνεκα, οὐδὲ παρασκευάζει πόλεμον· δόξαι γὰρ ἂν παντελῶς μιαιφόνος τις εἶναι, εἰ τοὺς φίλους πολεμίους ποιοῖτο, ἵνα μάχαι καὶ φόνοι γίγνοιντο. Lib. X. (Cap. VII. pag. 138. A. Tom. II. *Edit. Paris.*) Dion *de Pruse* soûtient aussi, que c'est une souveraine folie, de faire la Guerre, sans sujet: Τὸ δὲ καὶ χωρὶς ὑποθέσεως πολεμεῖν καὶ μάχεσθαι, τί ἄλλο ἢ μανία παντελής ἐστι, καὶ διὰ ταύτην κακῶν ἐπιθυμία. Orat. XXXVII. Grotius.

(4) *Possumus dicere, non esse hanc crudelitatem, sed feritatem, cui, voluptati sævitia est: possumus insaniam vocare. nam varia sunt genera ejus, & nullum certius, quam quod in cædes hominum & laniationes pervenit*. De Clementia, *Lib*. II. *Cap*. 17. Il dit ailleurs, en parlant d'*Apollodore* & de *Phalaris*, deux Tyrans tres-inhu-

chent à répandre le sang humain, purement & simplement pour le répandre, comme le dit (5) encore le dernier de ces Philosophes.

§. III. LA plûpart de ceux qui entrent en Guerre, en ont des motifs ou seuls, ou accompagnez de quelques raisons justificatives. On peut dire des prémiers, qui ne se mettent point en peine des raisons justificatives, ce que les Jurisconsultes Romains disent des Brigands, (1) qu'il faut renfermer sous ce nom ceux qui, quand on leur demande en vertu dequoi ils possédent telle ou telle chose, n'en alléguent d'autre titre que la possession. Ces sortes de Guerriers, qui ne suivent d'autre régle, & n'ont d'autre motif, que leur ambition, sont en effet de (2) *grands Voleurs*; titre que leur donne St. AUGUSTIN. Il n'y a point en eux de véritable bravoure, mais *une cruauté souverainement inhumaine*, comme le dit (3) CICERON. Ce sont des *Scélérats* & des *Impies*, ainsi que les qualifie (4) un ancien Paraphraste d'ARISTOTE. Tel étoit *Brennus*, Chef des *Gaulois*, lequel disoit, (5) que tout appartient à celui qui est le plus fort: Et *Hannibal*, qui, selon (6) SILIUS ITALICUS, *faisoit dépendre de son Epée la force des Traitez & les régles de la Justice*. Tel étoit encore (7) *Attila*: tels sont ceux qui débitent les maximes suivantes: *Qu'il faut juger d'une* (8) *Guerre par le succès, & non pas par le sujet pour lequel elle a été entreprise*: Que *le Vaincu* (9) *est* celui

inhumains, qui aimoient à répandre le sang humain, sans en avoir aucun sujet, qu'on ne pouvoit pas dire qu'ils agissent purement & simplement par colere, mais que c'étoit l'effet d'une ferocité brutale: *Hi qui vulgo saeviunt, & sanguine humano gaudent, an irascuntur, quum eos occidunt à quibus nec acceperunt injuriam, nec accepisse se existimant: qualis fuit* Apollodorus, *aut* Phalaris. *Hac non est ira: feritas est.* De Ira, *Lib* II. *Cap.* V. GROTIUS.

(5) *Nemo ad humanum sanguinem, propter ipsum, venit, aut admodum pauci.* Epist. XIV.

§. III. (1) *Sed enim & bonorum possessor pro herede videtur possidere, qui interrogatus cur possideat, responsurus sit*, quia possideo: *nec contendet se heredem vel per mendacium: nec ullam caussam possessionis possit dicere. & ideo fur & raptor petitione hereditatis tenentur.* DIGEST. Lib. V. Tit. III. *De hereditatis petitione*, Leg. XI. *in fin.* & XII. XIII. *init.* Telle étoit la Guerre des *Herules* contre les *Lombards*, entreprise sans aucun prétexte, [illegible] (comme le dit PROCOPE, *de Bell. Goth.* Lib. II. Cap. XIV.) GROTIUS.

(2) *Inferre bella finitimis, & inde in cetera procedere, ac populos sibi non molestos, solâ regni cupiditate conterere ac subdere, quid aliud quam grande latrocinium nominandum est?* De Civit. Dei, *Lib.* IV. Cap. VI. *in fin.* C'est ce que VELLEIUS PATERCULUS appelle une Guerre, où l'on cherche uniquement le profit qu'on peut en retirer, sans s'embarrasser de la justice de la cause: *Bellaque non caussis inita, sed pront eorum merces fuit.* (Lib. II. Cap. III.) GROTIUS.

(3) *Sed ea animi elatio, quæ cernitur in periculis & laboribus, si justitiâ vacat, pugnatque non pro salute communi, sed pro suis commodis, in vitio est. non enim modo id virtutis non est, sed potius immanitatis, omnem humanitatem repellentis.* De Offic. Lib. I. (*Cap.* XIX.) AGATHIAS traite d'insolens & de scelérats, ceux qui possédez de l'amour du gain, ou aveuglez par la haine, s'emparent des terres d'autrui, sans avoir aucun juste sujet de se plaindre de ceux qu'ils attaquent: Ὅσοι [illegible] Lib. II. (Cap. I.) ME'NANDRE *le Protecteur* nous en fournit un exemple remarquable en la personne de *Bajan*, Chagan (ou Prince) des *Avariens*, qui rompit les Traitez qu'il avoit faits avec les *Romains*, sans chercher même aucun faux pretexte pour colorer cette rupture: [illegible] (Cap. XXI. des Ambassades de *Justinien*, *Justin*, & *Tibere*.) GROTIUS.

(4) [illegible] ANDRONIC. RHOD. (*Paraphras. Ethic. Nicom.* Lib. IV. Cap. II. pag. 202.) PHILON, Juif, parlant aussi des Tyrans & des Ambitieux, dit, que, quand ils ont la force en main, & qu'ils peuvent promettre l'impunité, ils pillent des Villes entiéres, & commettent de grands brigandages, sous le beau nom de Gouvernement: Ὅσοι [illegible] In Decalog. (*pag.* 763. C. D.) Cela s'accorde parfaitement bien avec les passages de SENE'QUE, de QUINTE-CURCE, de JUSTIN, & de St. AUGUSTIN, que nous avons citez ci-dessus, *Chap.* I. de ce Livre, §. 1. GROTIUS.

(5) Romanis *quærentibus*, &, *quid in* Etruria *rei* Gallis *esset? quum illi* se in armis jus ferre, & omnia fortium virorum esse, *ferociter dicerent* &c. TIT. LIV. Lib. V. Cap. XXXVI. *num.* 5.

(6) *Ductoremque feram, cui nunc pro fœdere proque*
Justitia est ensis — — — —

De Bello Pun. II. *Lib.* XI. vers 183, 184.

(7) Nôtre Auteur avoit apparemment en vuë ce que dit l'Empereur VALENTINIEN, dans une Lettre à *Théodoric*, rapportée par JORNAND: *Qui* [Attila] *caussas prælii non requirit, sed quidquid commiserit, hoc putat esse legitimum.* De Goth. orig. & reb. gestis, Cap. XXXVI. *Edit. Vulcan.*

(8) C'est un passage d'une Tragédie de SENE'QUE:

— — *Quæritur belli exitus,*
Non caussa — — — —

Herc. fur. *vers.* 407, 408.

(9) C'est le sens que nôtre Auteur donne à un vers de

celui qui a tort : Qu'entre (10) *les Grands, la raison du plus fort est la meilleure.*

§. IV. Il y en a d'autres, qui allèguent quelque espéce de raisons justificatives, mais telles, que bien pesées à la balance de la droite Raison, elles se trouvent injustes; de sorte qu'on voit bien que ceux qui s'en servent, cherchent à l'emporter par la supériorité de leurs armes, plûtôt que par leur bon droit, comme le dit (1) Tite Live à l'occasion d'un pareil cas. La Guerre & la Paix, au jugement de Plutarque, (2) sont deux noms, dont la plûpart des Princes font usage, comme de leur Monnoie, selon que le demande leur intérêt, & non pas selon les régles invariables de la Justice.

2. Pour savoir maintenant, quelles sont les causes injustes d'une Guerre, il suffiroit en quelque maniére de considérer les justes causes, que nous avons expliquées jusqu'ici: car ce qui est droit fait connoître par lui-même ce qui ne l'est pas. Cependant, pour ne laisser rien d'obscur, nous indiquerons ici les principaux (3) chefs.

(a) Chap. I. de ce Livre, §. 17. §. V. 1. Nous avons déja remarqué, (a) que, pour avoir un juste sujet de prendre les armes, il ne suffit pas que l'on craigne la puissance d'un Voisin. Car la Défense n'est légitime, que quand elle est nécessaire: & elle n'est nullement nécessaire, tant qu'on n'est point assûré, & cela d'une certitude morale, que celui qu'on craint a non seulement le pouvoir, mais encore la volonté de nous attaquer.

2. Il faut donc rejetter absolument la pensée de ceux qui croient, que l'on a juste sujet de déclarer la Guerre à un Voisin, lors que, quoi qu'il n'y aît aucune Convention qui l'en empêche, il fait bâtir sur ses terres une Citadelle, ou travailler à quelque autre Fortification, dont il pourroit quelque jour se servir pour nous nuire. Car on peut bien alors se fortifier de son côté, ou prendre d'autres précautions semblables, (b) Zonar. Tom. II. ubi de Bell. Macedon. I. mais non pas en venir aux armes. La Guerre des *Romains* (b) contre *Philippe*, Roi de *Macédoine*, & celle de *Lysimaque* (1) contre *Démétrius*, étoient donc injustes, s'il n'y avoit pas d'autre raison, que cette crainte incertaine. Mais le portrait que fait Tacite des *Cauciens*, Nation de l'ancienne *Germanie*, me plaît beaucoup: (2) *Illustres*, dit-il, *parmi ces Peuples, ils aiment mieux maintenir leur grandeur par la*

de Lucain, qu'il emploie ici sans dire de qui il est. Mais *César*, qui est celui que le Poëte introduit parlant ainsi à ses Soldats, veut dire que les Dieux montreroient de quel côté étoit la bonne cause, en faisant tourner la victoire de ce côté-là: ainsi l'application n'est pas bien juste. Voici l'original.

Hac, fato quæ teste probet, quis justiùs arma
Sumserit; hæc acies victum factura nocentem est.

Pharsal. *Lib.* VII. *vers.* 259, 260. C'est ainsi qu'un Héraut Romain, en déclarant la Guerre aux *Samnites*, disoit, que les Dieux, qui président à la Guerre, jugeroient lequel des deux Peuples avoit enfraint les Traitez: [illegible] Dion. Halicarn. Except. Legat. pag. 705. *Ed. Oxon.*

(10) Ce sont des paroles de *Tacite*, qu'on a deja citées, dans le *Discours preliminaire*, §. 3. *Note* 2.

§. IV. (1) L'Historien dit cela au sujet d'*Hannibal*, par rapport aux voisins de *Sagonte*, à qui il cherchoit querelle: *Quibus quum adesset idem, qui litis erat sator, nec certamen juris, sed vim quæri, adpareret* &c. Lib. XXI. Cap. VI. *num.* 2.

(2) Δυοῖν δ' ὀνομάτων, ὥσπερ νομισμάτων, πολέμου καὶ εἰρήνης, τῷ παρατυχόντι χρῶνται πρὸς τὸ συμφέρον, οὐ πρὸς τὸ δίκαιον. In Vit. Pyrrh. *pag.* 389. E. Tom. I. *Ed. Wech.*

(3) Voiez Pufendorf, *Droit de la Nat. & des Gens*, Liv. VIII. Chap. VI. §. 4, 5.

§. V. (1) C'est Pausanias, cité en marge par nôtre Auteur, qui dit, que *Lysimaque* voulut prévenir *Démétrius*, le connoissant ambitieux, comme son Pere: [illegible] &c. Lib. I. Cap. X. pag. 9. *Ed. Græc. Wech.* Mais on voit immédiatement après, que *Lysimaque* prit pour prétexte la perfidie de *Démétrius* envers *Alexandre*, fils de *Cassandre*, qu'il assassina, pour régner à sa place en *Macédoine*. Les *Romains* aussi alléguoient d'autres raisons, pour justifier leur Guerre contre *Philippe*; lesquelles raisons néanmoins n'étoient guéres meilleures. Voiez là-dessus le *Specimen Jurisprud. Histor.* de Mr. Buddeus, §. 101. La conjecture que fait ici Gronovius, en accusant nôtre Auteur d'avoir pris une chose pour une autre, n'est point fondée. Car nôtre Auteur ne veut pas dire, que ces Guerres aient été entreprises pour empêcher qu'un Voisin ne bâtisse une Place forte sur les frontiéres; ce n'étoit là qu'un exemple qu'il avoit donné de ce dont on prend ombrage: & il suffit que ces Guerres aient eu pour but, ou pour prétexte, de prévenir le mal que l'on craint de la part d'autrui. Or c'est ce que Zonare, cité

la justice, que par la force. Sages & contens de ce qu'ils ont, sans ambition, sans envie, ils vivent en paix, & se tiennent chez eux, ne cherchant quérelle à personne, s'abstenant de piller & de faire des courses sur les terres d'autrui. Une grande marque de leur bravoure & de leurs forces, c'est qu'ils ne conservent pas leur supériorité par des violences injustes, & que cependant ils sont toûjours bien fournis d'armes, & en état, s'il le faut, de mettre sur pié de bonnes Armées, aiant grand nombre & d'Hommes & de Chevaux. Dans la plus profonde paix, ils sont toûjours également respectez & redoutez.

§. VI. L'UTILITE' (1) ne donne pas non plus ici le même droit que la nécessité.

§. VII. LE refus d'un Mariage, lors qu'on ne manque pas de Femmes, (1) n'autorise pas à prendre les armes, comme firent autrefois, sous ce prétexte, *Hercule* (2) contre *Euryte*; *Darius*, (3) contre les *Scythes*; & *Antonin Caracalla*, (a) contre *Artaban*, Roi des *Parthes*.

(a) *Xiphilin*, Epit. Dion. pag. 336. C. *Ed. H. Steph.*

§. VIII. IL FAUT dire la même chose de l'envie de changer de demeure, de quitter des Marais & des Déserts, pour s'établir dans un païs plus fertile, ce qui fit souvent entreprendre la Guerre aux anciens *Germains*, comme (1) nous l'apprend TACITE.

§. IX. IL EST aussi injuste (a) de s'approprier des choses qui sont possédées par autrui, sous prétexte qu'on les a découvertes; & cela quand même le Possesseur seroit un Méchant homme, ou qu'il auroit de mauvais sentimens au sujet de la Divinité, ou qu'il seroit d'un esprit stupide. Car on ne peut s'approprier par droit de Découverte, que ce qui n'appartient à personne.

(a) *Franc. Victoria*, de Indis, *Relect.* I. num. 31.

§. X. 1. ET il n'est pas nécessaire, pour être légitime Propriétaire, d'avoir des Vertus Morales, ou de la Piété, ou une Intelligence exquise. Tout ce que l'on pourroit soûtenir ici, c'est que, supposé qu'il y aît des (b) Peuples entiérement destituez de l'usage de la Raison, ils n'ont point aussi de droit de Propriété; on doit seulement, par charité, leur fournir les choses nécessaires à la Vie.

(b) *Idem*, de Bello, *num.* 5, 6, 7, 8. & *Lib.* II. n. 18.

2. En vain objecteroit-on ce que nous avons (c) remarqué ailleurs, que le Droit des Gens conserve le droit de Propriété aux Enfans & aux Insensez, jusqu'à ce qu'ils soient

(c) *Chap.* III. de ce Livre, §. 6.

tité en marge, dit expressément de la Guerre des *Romains* contre *Philippe*. Ainsi nôtre Auteur n'avoit point dans l'esprit ce que dit TITE LIVE, Lib. XXXII. Cap. XXXVII. *num.* 3. comme GRONOVIUS le prétend.

(2) *Populus* [Chauci] *inter* Germanos *nobilissimus, quique magnitudinem suam malit justitiâ tueri. Sine cupiditate, sine impotentia, quieti secretique, nulla provocant bella, nullis raptibus aut latrociniis populantur. Idque præcipuum virtutis ac virium argumentum est, quod, ut superiores agant, non per injurias adsequuntur. Prompta tamen omnibus arma, ac, si res poscat, exercitus: plurimum virorum, equorumque: & quiescentibus eadem fama.* German. *Cap.* XXXV. *num.* 4, 5, 6.

§. VI. (1) On ne peut pas légitimement prendre les armes pour s'emparer de quelque endroit qui est à nôtre bienséance, & propre à couvrir nos frontiéres. C'est l'exemple qu'allégue ici feu Mr. VITRIARIUS, *Instit. Jur. Nat. & Gent.* Lib. II. Cap. XXII. §. 3.

§. VII. (1) Voiez ci-dessus, *Chap.* II. de ce Livre, §. 21.

(2) Si l'on suit APOLLODORE, cet exemple est mal appliqué. Car, selon lui, *Euryte*, Roi d'*Oechalie*, avoit promis sa Fille *Iolé* à celui qui tireroit mieux de l'arc, que lui & ses Fils. *Hercule* se présenta; & aiant gagné le prix proposé, on ne voulut pas le lui donner. Ainsi il y avoit là un manquement de parole, dont il pouvoit tirer raison par les armes. *Biblioth.* Lib. II. Cap. VI. §. 1. Mais nôtre Auteur a suivi DIODORE *de* SICILE, qui ne parle point de la promesse, & qui dit seulement, qu'*Hercule* rechercha en mariage *Iole*: Lib. IV. Cap. XXXI.

(3) C'est sans doute de JUSTIN que nôtre Auteur a tiré ceci. Cet Abréviateur dit que *Janeyre* (nom qui est fort diversement exprimé dans les Auteurs) que *Janeyre*, dis-je, *Idantyre*, ou *Indathyrse*, aiant refusé de donner sa Fille en mariage à *Darius*, celui-ci lui déclara la Guerre pour ce sujet: *Huic* Darius, *Rex Persarum* . . . *quum filiæ ejus nuptias non obtinuisset, bellum intulit* Lib. II. Cap. V. *num.* 9. Je m'apperçois néanmoins, qu'ALBERIC GENTIL, dont nôtre Auteur avoit l'ouvrage devant les yeux, quand il travailloit au sien, rapporte cet exemple sur la foi de JORNAND, *Hist. Goth.* (Cap. X.) & de PAUL OROSE, Lib. II. Cap. VIII. Voiez le Traité de ce Jurisconsulte, souvent cité, *De Jure Belli*, Lib. I. Cap. XX. pag. 158.

§. VIII. (1) *Eadem semper caussa* Germanis *transcendendi in* Gallias, *libido, atque avaritia, & mutandæ sedis amor; ut, relictis paludibus & solitudinibus suis,* se-

soient en état d'en jouïr par eux-mêmes. Car cela n'a lieu que par rapport aux Peuples, qui sont en état de lier commerce avec les autres par des Conventions. Or on ne peut pas regarder comme tel un Peuple entiérement privé de raison, supposé qu'il y en ait effectivement de ce caractére; de quoi je doute fort.

3. C'est donc mal-à-propos que les *Grecs* traitoient les *Barbares* de gens qui étoient naturellement (1) leurs ennemis, à cause de la diversité de leurs mœurs, & peut-être aussi parce qu'ils paroissoient n'avoir pas autant d'esprit qu'eux.

4. Autre chose est de savoir, comment on peut dépouiller un Peuple de son droit de Propriété, pour des crimes énormes, & contraires à la Nature ou à la Société Humaine. C'est une question, dont (d) nous avons traité, en expliquant la matiére des Peines.

(d) *Chap.* XX. §. 40.

§. XI. Un autre sujet injuste de Guerre, c'est le désir de recouvrer sa Liberté, soit qu'il s'agisse de celle des Particuliers ou de celle d'un (a) Etat; (1) comme si c'étoit un droit que chacun a naturellement & pour toûjours. (2) Car quand on dit, que les Hommes ou les Peuples sont *naturellement libres*, cela doit s'entendre d'un droit naturel qui précéde tout acte humain, & d'une exemtion (b) d'Esclavage, mais non pas (c) d'une incompatibilité absoluë avec l'Esclavage: c'est-à-dire, que personne n'est naturellement Esclave, mais que personne n'a droit de ne le devenir jamais; car, en ce dernier sens, personne n'est libre. On peut rapporter ici ce mot d'un ancien Rhéteur, (3) que *personne n'est naturellement ni Libre, ni Esclave; mais que la Fortune impose ensuite à chacun l'un ou l'autre de ces noms.* Aristote a dit, dans le même sens, (4) que, *si l'un est Libre, & l'autre Esclave, c'est un effet de la Loi.* Ceux donc qui sont tombez dans un Esclavage ou personnel, ou civil, par l'effet d'une cause légitime, doivent être contens de leur sort, selon la maxime de l'Apôtre St. Paul: (d) *Avez-vous été appellé étant Esclave? Ne vous faites aucune peine de vôtre sort.*

(a) Αὐτονομία, le pouvoir de se gouverner par soi-même.

(b) *Libertas* κατ' ἀπόφασιν.

(c) *Libertas* κατ' ἐναντιότητα.

(d) *I. Corinth.* VII, 21.

§. XII. Il n'est pas moins injuste, de prendre les armes contre un Peuple pour le réduire sous son obéïssance, comme étant d'un tel génie, qu'il lui convient d'avoir un Maître: à cause dequoi les Philosophes appellent quelquefois ceux qui sont ainsi faits, des gens *naturellement Esclaves.* Mais, de cela seul qu'une chose est avantageuse à quelcun, il ne s'ensuit point qu'on puisse le contraindre à s'y soûmettre. Quiconque a l'usage de la Raison, doit avoir la liberté de choisir ce qu'il croit être avantageux ou désavantageux pour soi; à moins que quelque autre personne n'ait aquis un droit sur lui, en vertu duquel elle puisse l'obliger à se régler là-dessus sur son jugement. (a) Je dis,

(a) *Franc. Victor.* De Indis, *num.* 24. *Ayala*, de Jure Belli, *Lib.* I. *Cap.* II. *num.* 29.

fecundissimum hoc solum, vosque ipsos possiderent. Hist. *Lib.* IV. *Cap.* LXXIII. *num.* 6.

§. X. (1) *φύσει πολεμίους.* Voiez Platon, *de Republ.* (Lib. V. pag. 470. C. Tom. II. *Ed. Steph.*) Aristot. Politic. (Lib. I. Cap. II.) Euripid. *in Hecub.* [ou plûtôt *Iphig. in Aulid.* vers. 1400, 1401.] Tit. Liv. Lib. XXXI. (Cap. XXIX. *num.* 15.) Isocrat. *Orat. Panathen.* (pag. 267. *Ed. Henr. Steph.*) Grotius.

Voiez ci-dessus, *Chap.* XX. §. 40. *Note* 10, & 11.

§. XI. (1) Voiez le IV. Concile de *Toléde*; & ce que nous avons dit ci-dessus, *Chap.* IV. de ce Livre, §. 14. Grotius.

(2) Consultez ici Pufendorf, *Liv.* III. *Chap.* II. §. 8. du *Droit de la Nat. & des Gens.*

(3) Albutius *& philosophatus est: dixit, neminem natum liberum esse, neminem servum; hæc postea nomina singulis imposuisse fortunam.* Senec. *Controvers.* Lib. III. Contr. XXI.

(4) Il ne dit pas cela de son chef; mais il rapporte l'opinion de quelques autres, qui croioient, que tout Esclavage est contraire à la Nature, & par conséquent injuste: *Τοῖς δ' [ἄλλοις] παρὰ φύσιν τὸ δεσπόζειν. νόμῳ γὰρ, τὸν μὲν δοῦλον εἶναι, τὸν δ' ἐλεύθερον· φύσει δ' οὐθὲν διαφέρειν. διόπερ οὐδὲ δίκαιον· βίαιον γάρ.* Politic. *Lib.* I. *Cap.* III.

§. XII. (1) J'ai ajoûté ces mots, *& les Insensez*; parce qu'il y a toutes les apparences du monde que les Imprimeurs ont sauté *& amentium*, à cause de la ressemblance du mot *Infantiam*, qui précedoit. Dans le §. 10. nôtre Auteur joint ensemble les Enfans & ceux qui sont en démence.

§. XIII. (1) Ἀντωνῖνος εἶπεν Εὐδαίμονι· *Ἐγὼ μὲν τοῦ κόσμου κύριος, ὁ δὲ νόμος τῆς θαλάσσης.* Digest. Lib. XIV. Tit. II. *Ad. Leg. Rhod. de jactu*, Leg. IX. Nôtre Auteur auroit pû s'épargner la peine de réfuter sérieusement l'opinion de Bartole, s'il eût consideré, que l'Empire Romain est éteint depuis long tems, comme je l'ai fait voir dans les Notes sur le Chap. IX. de ce Livre, §. 11. Voiez la Dissertation de Mr. de Bynkershoek sur la *Loi Rhodienne*, Cap. VI. pag. 52, *& seqq.*

(2) Les Ecrivains des siécles postérieurs ont appellé

dis, *quiconque a l'usage de la Raison*: car les Enfans & (1) les Insensez n'aiant pas le pouvoir de se conduire eux-mêmes, la Nature le donne au prémier qui veut se charger de les conduire, & qui en est capable.

§. XIII. 1. QUELQUES-UNS prétendent, que l'*Empereur Romain* a droit de commander aux Peuples les plus éloignez, & à ceux-mêmes qui nous sont encore inconnus. (a) Mais c'est-là un titre si ridicule, que je n'aurois presque pas pû me résoudre à en parler, si BARTOLE, qui a long tems passé pour le prémier des Jurisconsultes, n'avoit osé (b) traiter d'Hérétiques ceux qui n'entrent pas dans cette pensée. Il se fonde sur ce qu'un Empereur (1) se qualifie lui-même (c) *le Maître du Monde*; & sur ce que dans l'Ecriture Sainte, l'*Empire* (2) *Romain* est appellé le *Monde* (d) ou la *Terre* (3) *habitable*. Mais il en est de cela comme quand un ancien Poëte Latin dit, (4) que les *Romains* avoient déja *vaincu tout le Monde*, quoi que leur domination ne s'étendît guéres que sur la sixiéme partie des Païs connus alors. On trouve plusieurs autres semblables expressions, ou hyperboliques, ou dans lesquelles on donne le nom du Tout à une de ses parties les plus considérables. Dans l'Ecriture même la *Judée* (5) est souvent appellée le *Monde* ou la *Terre habitable*. Et c'est en ce sens que les anciens *Juifs* disoient, que (6) la Ville de *Jérusalem* étoit au milieu de la Terre, c'est-à-dire, (e) au milieu de la *Judée*; comme les *Grecs* appelloient *Delphes*, pour la même raison, (7) le *nombril du Monde*, parce qu'elle étoit située au milieu de la *Gréce*.

(a) Voiez *Covarruv.* in Cap. *Peccatum*: Part. II. §. 9. *num.* 5.

(b) Ad Leg. XXIV. Dig. *De Captiv. & postlim.* &c.

(c) Voiez aussi le Concile de *Chalcedoine*, Act. XI. & XII.

(d) *Luc*, II. 1.

(e) Voiez *Joseph.* de Bello Jud. *Lib.* III. Cap. IV. pag. 833. F.

2. Et il ne faut pas se laisser éblouïr aux raisons dont (8) DANTE se sert pour prouver que l'Empereur a droit de commander à tous les Peuples du Monde, parce que cela est avantageux au Genre Humain. Car les avantages, dont il parle, sont contrebalancez par les inconvéniens qui les accompagnent. Un Vaisseau peut être si grand, qu'il n'y aura plus moien de le gouverner. De même, la multitude des Hommes & la distance des lieux peuvent être si grandes, (f) qu'il ne soit pas possible qu'ils soient régis par un seul Gouvernement.

3. Mais, supposé même que cela fût véritablement avantageux, (g) cet avantage ne donneroit pas le droit de commander, qui ne peut venir que du consentement même de ceux à qui l'on commande, ou de quelque crime en punition duquel ils aient été assujettis. L'Empereur même n'est pas Maître à présent de tout ce qui a appartenu autrefois au Peuple Romain. Plusieurs Païs, qui avoient été conquis, ont été perdus par des conquêtes. D'autres ont (9) passé sous la domination d'autres Peuples, ou d'autres Princes, par des Traitez, ou par un abandonnement tacite. Quelques Etats aussi, qui relevoient autrefois entiérement de l'Empire, sont venus avec le tems à

(f) Voiez *Aristote*, Politic. Lib. VII. Cap. IV.

(g) *Sylvestr.* verbo *Bellum*: P. 1. *num.* 21. *Covarruv.* ubi supra.

cet Empire *Romania*. On trouve aussi ce nom dans St. ATHANASE, *Epist. ad Solitarios.* GROTIUS.

Ce Pere dit, que *Rome* est la Ville Capitale de la *Romanie*: Οὐδ' ὅτι μητρόπολις ἡ Ῥώμη τῆς Ῥωμανίας ἐςὶ &c. Tom. I. pag. 832. C. *Edit. Colon.* seu Lips. 1686.

(3) PHILON, Juif, dit, qu'on appelle proprement le *Monde* ou la *Terre habitable*, les païs renfermez entre l'*Euphrate* & le *Rhein*: Ἀρχὴν ἔχει τὴν ἀοίδιμον καὶ διαγκωνισαμένην μεγᾶν τῆς Οἰκουμένης, ἣ δὴ καὶ κυρίως ἄν τις Οἰκουμένην εἴποι, δυσὶ ποταμοῖς ὁριζομένην, Εὐφράτῃ τε καὶ Ῥήνῳ &c. De Legat. ad Cajum, (*pag.* 993. D. E.) GROTIUS.

(4) *Orbem jam totum victor* Romanus *habebat.*
PETRON. *Satyr.* Cap. CXIX.

(5) C'est une remarque de St. JE'ROME, que le mot de *Terre*, lors même qu'on y ajoûte l'épithéte de *toute*, se doit restreindre au Païs dont il est parlé: *Nomen* TERRÆ, *etiam quum additur particula* omnis, *restringi debet ad eam regionem, de qua sermo est.* GROTIUS.

Voiez la *Palestine* de feu Mr. RE'LAND, Lib. I. Cap. V.

(6) Consultez la Géographie Sainte de l'Auteur que je viens de citer, *Lib.* I. *Cap.* X.

(7) On trouvera les témoignages des Anciens là-dessus, dans le même endroit de l'Ouvrage de Mr. RE'LAND.

(8) C'est au Livre II. du Traité de DANTE ALIGHERI, *de Monarchia*, imprimé à *Bâle*, en 1559. chez *Jean Oporin*.

(9) Par exemple, l'*Espagne*: sur quoi voiez GOMEZ. in §. *Fuerat*, num. 5. *De Actionibus*: PANORMITAN. in Cap. *Venerabilem*, col. 9. *De Electione*: JASON. in Leg. I. Cod. *De Summa Trin.* col. 2. MENOCHIUS, *Consil.* II. num. 102. le Cardinal TUSCHUS, *Practic. Concl.* 345. §. *Rex Hispan.* DU MOULIN, *Cons. Paris.* num. 20. *princ.* CHASSANE'E, *de la Gloire du Monde*, Part. V. Consideral. 28. AZOR. *Instit. Moral.* Lib. II. Cap. V. pag. 2. GROTIUS.

à n'être dépendans qu'en partie, ou seulement Alliez par une confédération inégale. Car toutes ces différentes maniéres dont le droit de commander se perd, ou se change, ont lieu par rapport à l'Empereur Romain, aussi bien que par rapport aux autres Puissances.

(a) Voiez *Franc. Victoria*, De Indis, Relect. I. *num.* 31, *& seqq. Ayala*, Lib. I. Cap. II. *num.* 29.
(b) *I. Corinth.* V, 12.

§. XIV. 1. Il y a eu aussi des gens, (a) qui ont soûtenu, que l'*Eglise* a droit de commander aux Peuples même des Terres encore inconnuës. (1) Mais l'Apôtre St. Paul a déclaré expressément, qu'il n'avoit aucune jurisdiction sur ceux qui ne sont pas Chrétiens: (b) *Est-ce à moi*, dit-il, *de juger ceux qui sont dehors?* Et la jurisdiction qu'avoient les Apôtres, quoi qu'elle regardât à sa maniére les choses terrestres, aussi bien que les célestes, étoit pourtant d'une nature céleste, pour ainsi dire, & non pas d'un génie terrestre; puis qu'ils devoient l'exercer, non en aiant recours aux armes & aux coups, mais avec le secours de la Parole de Dieu, proposée & en général, & d'une maniére convenable aux circonstances particuliéres; comme aussi en présentant ou refusant aux Chrétiens les seaux de la Grace Divine, selon que le bien de chacun le demandoit; & enfin en infligeant des peines, non pas naturelles, mais surnaturelles, & par conséquent émanées de Dieu, comme il parut en la personne d'*Ananias*, d'*Elymas*, d'*Hymenée*, & d'autres.

(c) *Jean*, XVIII, 36. Voiez *Petr. Damian*, Lib. IV. Epist. IX. & *Bernard*, Epist. CCXXI.
(d) *Matth.* XXVI, 53.

2. Nôtre Seigneur Jesus-Christ lui-même, de qui vient tout Pouvoir Ecclésiastique, & dont la vie doit être le modéle de l'Eglise, considérée comme telle; Nôtre Seigneur, dis-je, a dit, que (c) *son Régne n'étoit point de ce Monde*, c'est-à-dire, qu'il n'est pas de la même nature, que les autres Régnes: autrement, ajoûte-t-il, il se seroit servi de Soldats, comme sont les autres Rois. Et s'il eût voulu demander des Légions, (d) il auroit demandé des Légions d'Anges, & non pas des Légions d'Hommes. Tout ce qu'il a fait d'autorité, il l'a fait non par un pouvoir humain, mais par une vertu divine, lors même qu'il chassa du Temple les gens qui y trafiquoient. Car alors le Fouet, dont il se servit, étoit un signe, & non pas un instru-

§. XIV. (1) Conferez avec ceci le Traité de nôtre Auteur *De Imperio Summarum Potestatum circa Sacra*, Cap. IV.

(2) *Audite ergo*, Judæi & Gentes: *audi*, *Circumcisio*; *audi*, *Præputium*: *audite*, *omnia regna terrena*: *Non impedio dominationem vestram in hoc mundo*: Regnum meum non est de hoc mundo, *Nolite metuere metu vanissimo*, *quo* Herodes *ille* Major, *quum* Christus *natus nuntiaretur*, *expavit*, *& tot infantes*, *ut ad eum mors perveniret*, *occidit*, *timendo magis*, *quàm irascendo*, *crudelior*. Regnum, *inquit*, meum non est de hoc mundo. *Quid vultis amplius? Venite ad regnum*, *quod non est de hoc mundo*: *venite credendo*, *& nolite sævire metuendo*. In Joann. XVIII, 36. (*Tractat.* CXV.) St. Hilaire, d'*Arles*, dit, que Nôtre Seigneur n'étoit pas venu pour envahir la gloire d'autrui, mais pour communiquer la sienne: qu'il ne vouloit pas s'emparer ici-bas d'un Roiaume terrestre, mais donner le Roiaume Céleste aux Hommes: *Non enim ad hoc venerat* Christus, *ut alienam invaderet gloriam*, *sed ut suam donaret*: *non ut regnum terrestre præriperet*, *sed ut cæleste conferret*. Grotius.

(3) Ἀνάγκη κρατεῖν. Voiez les endroits, que nôtre Auteur cite en marge, & dans son Traite *De Jure Summarum Potestatum circa Sacra*, Cap. IV. §. 7.

(4) Voici ce qu'il dit. » Il n'est pas permis, sur » tout aux Prêtres Chrétiens, d'user de la force pour » corriger les Pécheurs. Les Juges Séculiers exercent » beaucoup ce pouvoir sur ceux qui font du mal, & » que l'on découvre avoir violé les Loix: ils les contraignent, bon gré malgré qu'ils en aient, à ne » pas vivre à leur fantaisie. Mais pour nous, nous » devons travailler à rendre meilleurs de telles gens, » en les persuadant, & non pas en les forçant. Car » les Loix ne nous ont pas donné un tel pouvoir, » pour reprimer les Pécheurs: & quand même elles » nous l'auroient donné, ce seroit en vain que nous » voudrions l'exercer, puis que Dieu couronne non » ceux qui s'abstiennent de pécher par crainte, mais » ceux qui s'en abstiennent volontairement. Il faut » donc que nous prenions beaucoup de peine, & » que nous usions de beaucoup d'adresse, pour engager ces Malades spirituels à venir eux-mêmes » se faire guérir par les Prêtres: Μάλιστα μὲν ἐν τοῖς Χριστιανοῖς οὐκ ἔξεστι πρὸς βίαν ἐπανορθοῦν τὰ τῶν ἁμαρτανόντων πταίσματα. ἀλλ' οἱ μὲν ἔξωθεν δικασταὶ τοὺς κακούργους, ὅταν ὑπὸ τοὺς νόμους λάβωσι, πολλὴν ἐνδείκνυνται τὴν ἐξουσίαν, καὶ ἄκοντας τοὺς τρόπους κωλύουσι χρῆσθαι τοῖς αὐτῶν· ἐνταῦθα δὲ οὐ βιαζόμενον, ἀλλὰ πείθοντα δεῖ ποιεῖν ἀμείνω τὸν τοιοῦτον. οὔτε γὰρ ἡμῖν ἐξουσία τοιαύτη παρὰ τῶν νόμων δέδοται, πρὸς τὸ κωλύειν τοὺς ἁμαρτάνοντας· οὔτε, εἰ καὶ ἐδίδοτο, εἴχομεν ὅπου καὶ χρησαίμεθα τῇ δυνάμει· οὐ τοὺς ἀνάγκῃ τῆς κακίας, ἀλλὰ τοὺς προαιρέσει ταύτης ἀπεχομένους, στεφανοῦντος τοῦ Θεοῦ. διὰ τοῦτο πολλῆς χρεία τῆς μηχανῆς, ἵνα πεισθῶσιν ἑκόντες ἑαυτοὺς ταῖς παρὰ τῶν ἱερέων θεραπείαις οἱ κάμνοντες.. De Sacerdotio, *Lib.* II. Un peu plus bas, il ajoûte, que ceux qui errent dans la Foi ne doivent pas être contraints, ni portez même par la crainte, à embrasser la Vérité: Οὐ γὰρ ἑλκύσαι πρὸς βίαν ἐστὶν, οὐδὲ ἀναγκάσαι φόβῳ. Il représente ailleurs les Ecclesiastiques, comme des gens qui ne peuvent que conseiller, & qui doivent laisser aux Auditeurs la liberté de suivre ou non leurs conseils: Εἰς διδασκαλίαν λέγω προεχειρίσθημεν, οὐκ εἰς ἀρχὴν, οὐδὲ εἰς αὐθεντίαν. συμβούλων τάξιν ἐπέχομεν παραινοῦντες· ὁ συμβουλεύων λέγει τὰ

trument de la Colére Divine: de même que, dans une autre occasion, la salive & l'huile étoient (e) des signes de guérison, & non pas de véritables remédes. C'est pourquoi St. Augustin paraphrase ainsi les paroles de nôtre Seigneur, que nous venons de citer: (2) *Ecoutez,* Juifs *&* Gentils; *écoutez, Incirconcis; écoutez, toutes les Puissances de la Terre: Je ne viens point empêcher que vous ne dominiez en ce Monde;* mon *Régne n'est pas de ce Monde. Ne vous laissez point aller à ces terreurs paniques, dont* Hérode, *cet* Hérode le Grand, *fut saisi, quand on lui annonça la naissance du Messie, & qui le poussérent à faire mourir un si grand nombre d'Enfans, pour ne pas laisser échapper celui qu'il craignoit; se montrant plus cruel par sa crainte, que par sa colére:* Mon Régne, *dit-il,* n'est pas de ce monde. *Que voulez-vous davantage? Venez à un Roiaume qui n'est pas de ce Monde, venez-y en croiant, & que la crainte ne vous porte point à faire des cruautez.*

(e) Comme l'explique très-bien *Tostat*, sur *Matth.* IX.

3. Entre les régles de conduite que l'Apôtre St. Paul prescrit aux Evêques, il leur défend sur tout d'être (f) *promts à frapper.* Et St. Chrysostôme (g) dit, qu'il appartient aux Rois, & non pas aux Evêques, de (3) *gouverner en imposant quelque nécessité*, c'est-à-dire, une nécessité qui vienne de quelque contrainte humaine. *Nous n'avons pas reçû*, dit-il ailleurs, (4) *le pouvoir de détourner les Hommes du Péché par une Sentence prononcée avec autorité*, c'est-à-dire, avec une autorité qui renferme le droit d'exécuter la Sentence en Souverain, ou à main armée, ou d'ôter (5) quelque droit humain aux Coupables. Il dit encore, qu'un Evêque doit s'aquitter de son devoir, *en usant non des voies de la Contrainte, mais de celles de la Persuasion.*

(f) *I. Timoth.* III, 3.

(g) *In Act. Apost.* Hom. III. *In Epist. ad Tit.* I. *ad Thess.* Hom. IV. *De Sacerdot.* Lib. II.

4. D'où il paroit, que les Evêques, (6) considérez comme tels, n'ont aucun droit d'exercer sur les Hommes une domination humaine. Car, comme le dit St. Jerome, (7) *un Roi commande aux Hommes, bon gré mal gré qu'ils en aient; au lieu qu'un Evêque ne commande qu'autant qu'on veut lui obéir.* De dire, si les Rois même

τὰ περὶ ἑαυτῦ, ἐκ ἀναγκάζειν ἢ ἀμαρτάνειν, ἀλλ' αὐτὸν ἐάσαι τῶν ἢ λεγομένων αἱρέσεως κύριον. In Ephes. *Cap.* IV. St. Ambroise dit, que, quand un Prêtre, en vertu de sa Charge, donne son jugement au sujet de la rémission des Péchez de quelcun, il n'exerce par là aucun acte de Pouvoir; la Parole de Dieu étant seule ce qui pardonne les Péchez: *Verbum* Dei *dimittit peccata: Sacerdos est judex. Sacerdos quidem officium suum exhibet, at nullius potestatis jura exercet.* Lib. II. *De Cain & Abel*, Cap. IV. Ce passage se trouve cité dans le Droit Canonique, Caus. XXXIII. Quæst. III. *De Pœnit.* Distinc. I. Cap. LI. Grotius.

Nôtre Auteur a traité cette matiére plus au long, dans son Traité *De Imperio Summarum Potestatum circa Sacra*, Cap. III. & IV. que l'on fera bien de consulter.

(5) C'est aux Rois, & non pas à l'Eglise, qu'il appartient de juger des Fiefs, comme le reconnoit le Pape Innocent III. *Non enim intendimus judicare de Feudo, cujus ad ipsum* [Regem Francorum] *spectat judicium, nisi forte juri communi, per speciale privilegium vel contrariam consuetudinem aliquid sit detractum.* Decretal. Lib. II. Tit. I. *De Judiciis*, Can. XIII. Alexandre III. avouë la même chose, au sujet des Possessions: *Nos adtendentes, quid ad Regem pertinet, non ad Ecclesiam, de talibus possessionibus judicare, ne videamur juri Regis* Anglorum *detrahere, qui ipsarum judicium ad se adserit pertinere* &c. Ibid. Lib. IV. Tit. XVII. *Qui Filii sunt legitimi*, Can. VII. En effet, les Rois ne reconnoissent point de Supérieur ici-bas, à l'egard du Temporel: c'est de quoi Innocent III. tombe aussi d'accord: *Insuper, quum Rex superiorem in temporalibus minimè recognoscat* &c. Ibid. *Can.* XIII. Le Pape Nicolas I. dit, que, selon l'institution de Nôtre Seigneur Je'sus-Christ, comme les Empereurs Chrétiens ont besoin des Papes par rapport au Salut éternel, les Papes aussi suivent les Loix des Empereurs pour le Temporel: *Quoniam idem Mediator Dei & Hominum, Homo Christus* Jesus, *sic actibus propriis & dignitatibus distinctis officia potestatis utriusque discrevit propria, volens medicinali humilitate hominum corda sursum efferri, non humanâ superbiâ rursus in inferna demergi: ut & Christiani Imperatores pro æterna vita Pontificibus indigerent, & Pontifices pro cursu temporalium tantummodo rerum Imperialibus Legibus uterentur, quatenus spiritualis actio à carnalibus distaret incursibus, & ideo militans* Deo *minimè se negotiis secularibus implicaret; ac vicissim non ille rebus divinis præsidere videretur, qui esset secularibus negotiis implicatus.* Distinct. X. Can. VIII. Voiez aussi *Distinct.* XCVI. Can. VI. comme aussi le LXXXII. des Canons dits Apostoliques, que nous avons déja cité ailleurs, *Liv.* I. *Chap.* II. §. dern. (*Note* 31.) avec ce que nous disons-là de plus dans le Texte, & dans les Notes. Grotius.

(6) Nôtre Auteur donne à entendre par là, que, si les Ecclésiastiques ont quelque Pouvoir coactif, comme ils le tiennent des Loix & de la Puissance Souveraine, lors aussi qu'ils l'exercent, ils n'agissent point en Ministres de l'Evangile; ils prennent, pour ainsi dire, un autre personnage, & sont à cet égard Séculiers. Voiez encore ici le Traité de nôtre Auteur, *De Jure Summarum Potestatum circa Sacra*, Cap. VIII. & IX.

(7) *Ut Regi, sic Episcopo, immo minus Episcopo, quàm*

me peuvent, comme pour punition, faire la Guerre à ceux qui rejettent la Religion Chrétienne, c'est dequoi nous avons traité suffisamment, par rapport à nôtre but, dans le Chapitre (h) des *Peines*.

(h) *Chap.* XX. §. 48, & *suiv.*

§. XV. J'ai à donner ici un autre avis, qui ne sera pas inutile, & qui tend à prévenir de grands malheurs dont on est menacé, comme je le prévois en comparant l'Histoire Moderne avec l'Ancienne. C'est que les espérances (1) conçuës sur l'explication de quelque Prophétie ne fournissent pas un juste sujet de prendre les armes. Car, outre que, sans être inspiré, on ne peut guéres (2) expliquer sûrement les Oracles qui ne sont pas encore accomplis; lors même que le sens d'une Prophétie est certain, nous pouvons ignorer le tems auquel ce qu'elle prédit doit arriver. Et après tout, une Prédiction ne donne aucun droit, sans un ordre exprès de Dieu, qui autorise à se mettre en devoir de l'exécuter; puis que Dieu permet souvent que l'accomplissement de ce qu'il a prédit se fasse par de Méchans Hommes, ou par des Actions Mauvaises.

§. XVI. Il faut savoir encore, que, quand quelcun est obligé à faire envers nous certaines choses, non par la Justice proprement ainsi nommée, mais par quelque autre Vertu, telle qu'est la Liberalité, la Reconnoissance, la Compassion, la Charité; comme on ne peut pas, de Concitoien à Concitoien, avoir recours aux Juges pour se faire rendre ce qui nous est dû de cette maniére, on ne peut pas non plus, de Puissance à Puissance, y contraindre par les armes. Car, pour rendre légitime l'usage de ces deux sortes de Contrainte, il ne suffit pas que ceux de qui on exige une chose, soient moralement tenus de la faire; il faut encore que l'on aît quelque droit de l'exiger d'eux à la rigueur: droit que l'on n'a pas ordinairement en matiére de celles dont il

quàm Regi. *Ille enim nolentibus praest, hic volentibus: ille terrori subjicit, hic servituti donatur.* Epist. ad Heliodorum, *de Epitaphio Nepotiani* (Tom. I. pag. 25. B. *Ed. Froben.*) Dans une Lettre d'un Prefet du Prétoire, aux Evêques, il est dit, que c'est aux Evêques à instruire si bien, que les Juges ne trouvent pas dequoi punir: *Episcopus doceat, ne Judex possit invenire, quod puniat.* Cassiodor. Var. XI, 3. L'Empereur *Frideric Barberousse* dit, dans un Poëte, en parlant du Pape: *Qu'il gouverne son Eglise, & qu'il régle le Spirituel; mais qu'il nous laisse l'Empire & l'Autorité Civile:*

> *Ecclesiam regat ille suam, divinaque jura*
> *Temperet: imperium nobis fascesque relinquat.*

Gunther. *Ligurin.* Un Evêque de *Roschild*, nommé *Guillaume*, aiant voulu empêcher *Suénon*, Roi de *Danemark*, qui étoit excommunié, d'entrer dans l'Eglise, en lui présentant le Bâton Pastoral; comme les gens du Roi mirent la main à l'Epée, il fit le devoir d'un Evêque, & tendit son col, pour être décapité. Voiez ce que nous avons dit ci-dessus, *Liv.* I. *Chap.* IV. §. 5. Grotius.

§. XV. (1) Voiez, au sujet d'un certain *Théodore*, qui vivoit du tems de l'Empereur *Gratien*, Zosime (Lib. IV. Cap. XIII. *Ed. Cellar.*) & Ammien Marcellin, (Lib. XXIX. Cap. I.) & touchant *Jean de Cappadoce*, Procope, *Persic.* Lib. II. (Cap. XXX.) Voiez aussi Leunclavius, *Hist. Turc.* Lib. XVIII. Grotius.

On peut joindre ici ce que dit le célébre Mr. Schulting, sur les *Receptæ Sententiæ* du Jurisconsulte Paul, Lib. V. Tit. XXI. §. 1. *Jurisprud. Ante-Justin.* pag. 502.

(2) En effet, les Livres Prophétiques sont fermez, & comme séellez, jusqu'au tems marqué pour l'accomplissement des Oracles, en sorte qu'on ne peut auparavant les entendre; comme il paroit par ce qui est dit, dans les *Révélations* de Daniel, Chap. XII. vers. 4, 8, 9. Sur quoi St. Jérome raisonne de cette maniére: Si le Prophéte, qui a ouï l'Oracle, ne l'entend point; comment est-ce que d'autres se flattent de pouvoir en pénetrer les obscuritez? *Si autem Propheta audivit, & non intellexit: quid faciant hi, qui signatum librum, &, usque ad tempus consummationis, multis obscuritatibus involutum, præsumtione mentis edisserunt?* Comm. in Daniel. (Tom. V. pag. 606. B. Ed. Froben.) Procope parlant des Oracles des *Sibylles*, dit, qu'il n'est pas possible à un Homme de les expliquer avant l'événement: *Τῶν γὰρ Σιβύλλης λογίων τὴν διάνοιαν πρὸ τοῦ ἔργου ἐξευρεῖν, ἀνθρώπῳ εἶναι ἀδύνατον.* Gothic. *Lib.* I. (*Cap.* XXIV.) Il ajoûte, un peu plus bas, que l'événement en est seul l'interpréte sûr: *Ταῦτα τε ἀδύνατά ἐστιν ἀνθρώπῳ ὄντι ἄν, πρὸ τοῦ ἔργου τῆς Σιβύλλης λόγια ξυνεῖναι, ἢν μὴ καὶ ὁ χρόνος αὐτὸς, ἐκβάντος ἤδη τοῦ πράγματος, καὶ τοῦ λόγου εἰς πεῖραν ἐλθόντος, ἀκριβὴς τοῦ ἔπους ἑρμηνευτὴς γένηται.* Nicéphore Grégoras remarque, au sujet d'un Oracle, dans l'explication duquel tout le monde, & l'Empereur même *Andronic* se trompa, mais dont l'événement découvrit, après sa mort, le vrai sens; que toutes les Prédictions en général sont conçuës d'une maniére obscure & ambiguë, qui les rend très-difficiles à expliquer: *Ἀλλ' ὥσπερ καὶ τἄλλα τῶν χρησμῳδουμένων δυσείκαστά ἐστι καὶ δυσξύμβολα καὶ πλείστας δεχόμενα τὰς ἀναλύσεις καὶ ἀναπτύξεις, μέχρις αὐτῆς ἐκβάσεως· οὕτως καὶ οὗτος ὁ χρησμὸς ἐπλάνα τοὺς πλείστους, καὶ αὐτὸν δὴ τὸν Βασιλέα Ἀνδρόνικον, μέχρις αὐτῆς τελευτῆς, ὡς εἰρήσεται. ἐξ ἀνθρώπων δ' αὐτοῦ γενομένου, αὐτὸς ἑαυτὸν ὁ χρησμὸς διεσάφησε.* Lib. V. Théologiens trop hardis, prenez donc garde à vous: Et vous, Politiques, gardez-vous des Théologiens trop hardis. Il y a là-dessus un endroit dans l'Histoire de Mr. De Thou, qui mérite d'être lû; c'est au sujet d'un

il s'agit. Que si les (1) Loix & Divines, & Humaines, donnent quelquefois ce droit, il se forme alors une nouvelle Obligation, qui se rapporte à la Justice. Mais hors de là, toute Guerre entreprise pour cause d'un refus de ce à quoi engagent les autres Vertus, est une Guerre injuste, comme celle que les *Romains* firent (2) au Roi de *Chypre*, sous prétexte qu'il s'étoit rendu coupable envers eux d'ingratitude. Car un (3) Bienfaicteur, comme tel, n'a aucun droit, proprement ainsi nommé, d'exiger les effets de la Reconnoissance de celui à qui il a fait du bien; autrement ce ne seroit plus un Bienfait, mais un Contract.

§. XVII. Enfin, il faut (a) remarquer, que, lors même qu'il y a un juste sujet de prendre les armes, & que par conséquent la Guerre est juste en soi, il arrive souvent que l'entreprise en devient vicieuse à cause de la disposition de celui qui s'y engage; soit qu'il s'y détermine moins par la considération de la justice de sa cause, que par la vuë de quelque autre chose, qui n'est pas illicite en elle-même, comme pour aquérir (1) de la gloire, ou pour se procurer quelque avantage ou public, ou particulier, qu'il attend de la Guerre, indépendamment de la raison justificative; (2) soit qu'il se laisse aller à quelque passion entiérement illicite, telle qu'est, par exemple, la joie qu'on a de voir souffrir les autres, sans penser au bien qui peut revenir du mal qu'ils souffrent. Mais, quoi que tout cela rende coupable de quelque Péché celui qui fait la Guerre pour un juste sujet, la Guerre en elle-même n'en devient point injuste par rapport à l'Ennemi; comme Aristide (3) le remarque, en parlant de celle que *Philippe de Macédoine* fit aux *Phocéens*, non par un principe de Religion, mais pour étendre les bornes de son Empire. Aussi n'est-on pas tenu de restituer (b) ce que l'on a pris dans une telle Guerre.

(a) *Fr. Victoria*, De Jure Belli, *num.* 2.

(b) *Covarruv.* in C. *Peccatum*, Part. II. §. 9. *num.* 2. *Cajetan.* II. 2. Quæst. XL. Art. 1. *Sylvest.* verb. *Bellum*, num. 3. *Summa Ang.* verb. *Bell.* n. 5. *Summ. Ros.* ib. *num.* 3. & 8. *Thom. Aqu.* II. 2. Qu. LXVI. Art. 8.

CHA-

d'un certain *Jaques Brecard*, Lib. LXXIX. sur l'année 1583. Grotius.

§. XVI. (1) Voiez Pufendorf, *Liv.* III. *Chap.* III. §. 4. du *Droit de la Nat. & des Gens.*

(2) Nôtre Auteur ne cite personne: mais il a ici en vuë ce que dit Strabon, que *Ptolomée*, dernier Roi de *Chypre*, fut dépouillé de son Roiaume par les *Romains*, à cause de sa mauvaise conduite, & de son ingratitude envers ses Bienfaicteurs: Ἐπεὶ δ' ὁ τελευταῖος ἄρξας Πτολεμαῖος ἀδελφὸς τοῦ Κλεοπάτρας πατρὸς, τῆς καθ' ἡμᾶς βασιλισσης, ἔδοξε πλημμελής τε εἶναι, καὶ ἀχάριστος εἰς τοὺς εὐεργέτας, ἐκεῖνος μὲν καθῃρέθη, Ῥωμαῖοι δὲ κατέσχον τὴν νῆσον. &c. Geograph. *Lib.* XIV. in fin. *pag.* 1004. A. *Ed. Amst.* (684. *Ed. Paris.*) Mais cette Guerre avoit des causes encore plus injustes, & de la part de *P. Clodius*, qui y porta le Peuple Romain; & de la part du Peuple Romain même. Voiez Cicéron, *Orat. pro Sext.* Cap. XXVI. Florus, Lib. III. Cap. IX. Dion Cassius, XXXVIII. pag. 86, 87. *Ed. Steph.* Appien *d'Alexandrie*, De Bell. Civil. *Lib.* II. pag. 728. *Ed. Amst.* (441. *H. Steph.*) Ammien Marcellin, Lib. XIV. Cap. VIII. *in fin.* Ed. Valesf. Gron.

(3) Voiez Pufendorf, *Droit de la Nat. & des Gens*, Liv. III. Chap. III. §. 17.

§. XVII. (1) C'est un des Vices qui s'insinuë le plus sous les apparences de la Vertu. Mais comme le dit très-bien St. Augustin, il vaut mieux s'exposer à être puni, comme l'homme le plus lâche du monde, que d'aquérir de la gloire par de telles armes: *Satius est, cujuslibet inertiæ pœnas luere, quàm illorum armorum gloriam quærere.* De Civit. Dei, *Lib.* III. *Cap.* XIV. Voiez le passage d'Agathias, que nous avons cité sur le §. 3. (*Note* 3.) Grotius.

Mais, dans ce passage, auquel on renvoie, aussi bien que dans celui de St. Augustin, il s'agit de Guerres injustes en elles-mêmes.

(2) Salluste dit des *Romains*, que la grande & unique raison, qui, de tout tems, a porté les *Romains* à faire la Guerre, ç'a été un désir insatiable de dominer & de s'enrichir: *Namque* Romanis, *cum Nationibus, Populis, Regibus cunctis, una & ea vetus caussa bellandi est, cupido profunda imperii & divitiarum.* (Epist. Mithridat. ad Arsacen, *Fragm.* Lib. IV. §. 8. *Ed. Wass.*) Dans Tacite, on remarque, en parlant de quelques Peuples de l'ancienne *Germanie*, que l'or & les richesses sont la principale cause de leurs Guerres: *Penes quos aurum & opes, præcipua bellorum caussæ.* (Hist. *Lib.* IV. *Cap.* LXXIV. *num.* 7.) *Hippolyte* dit, dans une Tragédie de Sénèque, que l'avidité impie du gain, & les emportemens de la Colére, ont troublé la paix où le Genre Humain vivoit autrefois:

Rupère fœdus impius lucri furor,
Et ira præceps ——— ———

Hippol. (*vers.* 540, 541.) Selon St. Augustin, ce que l'on blâme avec raison dans la Guerre, c'est un désir de nuire, ou de se venger; un esprit implacable; l'esprit de rebellion: le désir de dominer; & autres choses semblables: *Nocendi cupiditas, ulciscendi crudelitas, implacatus & implacabilis animus, feritas rebellandi, libido dominandi, & si quæ sunt similia, hæc sunt, quæ in bellis jure culpantur* &c. Contra Faust. *Lib.* XXII. *Cap.* LXXIV. Grotius.

(3) Οὐδεὶς ἀντιλέγει, τὸ μὴ οὐ δικαίως Φωκέας ἀπολωλέναι· ἀλλ' οὐ διὰ τοῦτο δικαίως ἐπεστράτευσε Φίλιππος. ἀλλ' εἴ τι δεῖ καὶ περὶ Φωκέων εἰπεῖν, τῷ μὲν καθ' αὑτοὺς μέρει δικαίως ταῦτα πεπόνθασιν· ὅσα δ' εἰς Φίλιππον, οὐκ ὀρθῶς. ὅταν γὰρ, μὴ τοῦ Θεοῦ χάριν, μηδ' ὑμῶν, ἀλλ' ὑπὲρ τῆς αὑτοῦ πλεονεξίας, ἣν ἐν ἅπασι δείκνυσι, φαίνηται ταῦτα συμπεράξας· ἐκεῖνοι μὲν δικαίως ἴσως ἀπολώλασιν, οὗτος δ' οὐχὶ δικαίως ἀνῄρηκε. Orat. II. *De Societate*, Tom. II. pag. 256, 257.

§. I.

CHAPITRE XXIII.

Des Causes douteuses de la Guerre.

I. *D'où viennent les* DOUTES, *en matiére des Choses Morales.* II. *Qu'il ne faut rien faire contre les lumiéres de sa Conscience, quoi qu'erronée.* III. *Comment on est entraîné, dans son Jugement, tantôt d'un côté, tantôt de l'autre, ou par des preuves tirées de la nature même des choses:* IV. *Ou par l'Autorité.* V. *De quelle maniére on doit se conduire, lors qu'il y a de part & d'autre des raisons de douter, en matiére d'une chose de grande importance, & lors qu'il faut nécessairement prendre un parti.* VI. *Que, dans un tel cas, il faut s'abstenir de la Guerre.* VII. *Comment on peut éviter la Guerre, par une conférence amiable:* VIII. *Ou par un Arbitrage; (à propos de quoi on traite du devoir des Princes Chrétiens par rapport aux Puissances qui sont en guerre):* IX. *Ou même par la voie du Sort.* X. *Si, pour prévenir une Guerre, on peut permettre un Combat singulier?* XI. *Que, dans un doute égal de part & d'autre, le Possesseur a l'avantage.* XII. *Mais, si aucune des deux Parties n'est en possession, il faut, en ce cas-là, partager la chose sur quoi elles sont en différent.* XIII. *S'il y a quelque Guerre, qui soit juste de part & d'autre?*

§. I. ARISTOTE a dit, avec beaucoup de vérité, (1) qu'on ne trouve pas, dans les Sciences Morales, la même certitude, que dans les Mathématiques. (2) Cela vient de ce que les Mathématiques, faisant abstraction de la Matiére, ne considérent que les Figures, qui, pour l'ordinaire, (3) ne souffrent point de milieu; car il n'y a rien, par exemple, qui tienne le milieu entre une Ligne Droite & une Ligne Courbe. Au lieu qu'en fait de Choses Morales, les moindres circonstances changent la *matiére:* & d'ailleurs il se trouve presque toûjours entre les *Formes*, ou les Qualitez, dont on traite dans ces sortes de Sciences, un (4) Milieu qui a quelque étenduë, en sorte que tantôt on s'approche plus d'une extrémité, & tantôt de l'autre. Ainsi,

§. I. (1) Voiez le passage rapporté tout du long dans PUFENDORF, *Droit de la Nat. & des Gens*, Liv. I. Chap. II. §. 1. & ce que j'ai dit dans les Notes sur ce paragraphe.

(2) PUFENDORF a examiné ceci, dans le Chapitre, que je viens de citer, §. 9. Tout ce que nôtre Auteur dit, prouve seulement, que l'application des principes de Morale aux cas particuliers est souvent assez difficile. Voiez ma *Préface* sur ce même Ouvrage de PUFENDORF, §. 3. *num.* 3.

(3) En matiére de ces sortes de choses, le changement se fait d'une extrémité opposée, à l'autre, εἰς τὸ ἀντικείμενον: au lieu, qu'en fait de Choses Morales, on passe par un milieu, εἰς τὸ μεταξὺ. GROTIUS.

(4) Voiez St. CHRYSOSTÔME, sur le IV. Chap. des *Ephésiens*; & ARISTOTE, *Magn. Moral.* (Lib. I. Cap. IX.) GROTIUS.

J'ai suppléé ici, en dévinant, la derniére citation, dont l'Auteur a été omis dans l'Original, où la Note est ainsi conçuë: *Vide Chrysostomum ad IV. Ephesiorum II. Morali.* J'ai cru, que les Imprimeurs avoient sauté le mot *Aristot.* & mis ensuite II. pour I. car je trouve, dans le Chap. du Livre que j'ai indiqué, quelque chose qui se rapporte assez bien au sujet, puis que le Philosophe y montre que les Vices sont tantôt plus, & tantôt moins éloignez du milieu dans lequel il fait consister la Vertu. Dans mon Edition Latine, j'avois conjecturé, que le nom omis étoit *Acotium*, Scholastique, dont on a des *Institutiones Morales*, que nôtre Auteur cite ailleurs. Mais je n'ai pas le Livre, pour voir si cette conjecture est mieux fondée, que l'autre, à laquelle je me tiens en attendant. La chose, au fond, est peu importante.

(5) Ἔστι δ' χαλεπὸν ἐνίοτε τὸ κρῖναι, ποῖον ἀντὶ ποίου αἱρετέον. *Ethic. Nicom. Lib.* III. *Cap.* I.

(6) Καὶ διὰ τοῦτο τὸ κατ' ἀλήθειαν καλὸν καὶ δίκαιον, δυσχερές ἐστι τῷ δοκοῦντος διελεῖν. ANDRONIC. RHODIUS, Lib. I. Cap. III. pag. 10.

§. II. (1) C'est à quoi se rapporte ce qui est dit dans le même Chapitre: *Que chacun soit pleinement persuadé dans son esprit:* Ἕκαστος ἐν τῷ ἰδίῳ νοῒ πληροφορείσθω. Vers. 5. Et encore: *Heureux celui, qui ne se condamne pas lui-même en ce qu'il choisit!* Μακάριος ὁ μὴ κρίνων ἑαυτὸν ἐν ᾧ δοκιμάζει. Vers. 22. St. AMBROISE, sur le passage dont il est question, l'explique aussi de ce que l'on fait sans l'approuver en soi-même: *Recte peccatum adpellat, quod aliter fit, quàm probatum est.* St. AUGUSTIN suit cette idée: & les paroles de l'un & de l'autre de ces Péres sont citées dans le DROIT

si, entre ce que l'on doit faire, & ce qu'on ne doit pas faire, il y a un milieu, savoir, ce qui est permis: mais ce milieu est quelquefois plus près de l'un des côtez, & quelquefois de l'autre; d'où il naît souvent de l'obscurité & de l'incertitude, à peu près comme quand on voit le Crépuscule, ou qu'on touche de l'Eau froide, qui commence à s'échauffer. En ces cas-là, *il est difficile*, comme le dit (5) ARISTOTE, *de savoir quel parti on doit prendre*; ou, comme l'explique un de ses Paraphrastes, (6) *de discerner ce qui est véritablement juste, d'avec ce qui paroît tel.*

§. II. 1. ICI il faut d'abord poser pour maxime, qu'encore qu'une chose soit juste en elle-même, si celui qui la fait, après avoir tout examiné, la trouve injuste, il fait mal. C'est ce que dit l'Apôtre St. PAUL, (a) *Que tout ce qui se fait sans foi, est un péché:* car le mot de (1) *foi* signifie là le jugement que l'on porte d'une chose. En effet, DIEU a donné aux Hommes la faculté de juger, pour leur servir de guide dans leurs actions: & mépriser ce qu'elle nous dicte, c'est abbaisser son Esprit à la condition des Bêtes brutes.

(a) *Romains*, XIV. 23.

2. Mais il arrive souvent, que les lumiéres de nôtre Raison ne nous font voir rien de certain, & que nôtre Jugement demeure comme suspendu. (b) Alors, si l'on ne peut se tirer de cet état de suspension par un examen attentif, il faut suivre le précepte de CICÉRON, (2) qui veut, après (3) d'autres, *qu'on ne se détermine à rien, tant qu'on doute si l'on fera bien ou mal.*

(b) Voiez *Covarruvias*, Tom. I. *De Matrimon.* Part. II. Cap. VII. §. 2. *num.* 9. *& seq.*

3. Que si l'on est réduit à la nécessité de faire l'une ou l'autre de deux choses, de la justice desquelles on doute; comme la suspension d'action ne peut avoir lieu alors, il faut prendre le parti où il paroît moins d'injustice. (4) Car quand il n'y a pas moien de s'empêcher de choisir, un moindre Mal est toûjours regardé comme un Bien, selon la maxime (5) d'ARISTOTE, de (6) CICÉRON, & de (7) QUINTILIEN.

§. III. IL ARRIVE néanmoins la plûpart du tems, qu'après quelque examen en matiére de choses douteuses, l'Esprit ne demeure plus suspendu, mais se détermine d'un ou d'autre côté, sur des raisons (1) tirées ou de la chose même, ou de l'opinion qu'il a des autres Hommes, qui prononcent là-dessus. Car ici a lieu ce que dit véritablement HÉSIODE, (2) *Que le meilleur est de voir & de se conduire par soi-même; & ensuite, au défaut de ses propres lumiéres, de suivre celles d'autrui.*

§. IV.

DROIT CANONIQUE, *Caus.* XXVIII. *Quæst.* I. Cap. XIV. *in additam.* GRATIANI. On trouve dans PLUTARQUE une pensée approchante: " Il ne suffit pas, " dit-il, qu'une Action soit belle & juste; il faut " aussi qu'elle parte d'une persuasion ferme & iné- " branlable, en sorte qu'il paroisse qu'on agit avec " choix & avec mûre délibération: Δεῖ γὰρ οὐ μόνον τὴν πρᾶξιν καλὴν εἶναι καὶ δικαίαν, ἀλλὰ καὶ τὴν δόξαν, ἀφ' ἧς πράττεται, μόνιμον καὶ ἀμετάπτωτον, ἵνα πράττωμεν δοκιμάσαντες. Vit. Timoleont. (*pag.* 238. C. Tom. I. *Ed. Wech.*) GROTIUS.

On peut joindre ici ce que nôtre Auteur dit dans son *Votum pro Pace Ecclesiastica*, ad Artic. XXI. pag. 71, *& seqq.* Edit. 1642.

(2) *Benè præcipiunt, qui vetant quidquam agere, quod dubites, æquum sit an iniquum.* De Offic. Lib. I. Cap. IX. Voiez, sur ceci, PUFENDORF, *Liv.* I. *Chap.* III. §. 8. du *Droit de la Nat. & des Gens.*

(3) Comme PLINE *le Jeune*: *Aut, si tutius putas, illud cautissimi cujusque præceptum*. QUOD DUBITAS, NE FECERIS; *id ipsum rescribe.* Lib. I. Epist. XVIII. C'est aussi une maxime des Rabbins, Qu'on doit se garder de faire une chose, sur laquelle on a quelque doute: והסתלק מן הספק *Vehistallek min hassaphek.* R. GAMALIEL, in PIRKE ABOTH, pag. 14. Edit. P. *Fagii.*] GROTIUS.

(4) Ceci a besoin d'être rectifié. Voiez l'endroit de PUFENDORF, que je viens de citer dans la *Note* 2. sur ce paragraphe.

(5) Ἐπεὶ οὖν τοῦ μέσου τυχεῖν ἄκρως χαλεπόν, κατὰ τὸν δεύτερόν φασι πλοῦν, τὰ ἐλάχιστα ληπτέον τῶν κακῶν. Ethic. Nicom. *Lib.* II. *Cap.* IX. pag. 27. Tom. II. *Ed. Paris.*

(6) *Sed quia sic ab hominibus doctis accepimus, non solum ex malis eligere minima oportere, sed etiam excerpere ex his ipsis, si quid inesset boni.* De Offic. *Lib.* III. *Cap.* I.

(7) *Nam in comparatione malorum, boni locum obtinet levius.* Inst. Orat. Lib. VII. Cap. IV. pag. 626. *Edit. Burman.*

§. III. (1) St. AUGUSTIN dit, qu'en matiére de choses obscures, on se détermine ou par la Raison, ou par l'Autorité: *Duplex enim est via, quam sequimur, quum rerum nos obscuritas movet, aut rationem, aut certè auctoritatem.* De ordine, *Lib.* II. (*Cap.* V.) Cela est expliqué par GABRIEL VASQUEZ, Disput. LXII. Cap. III. *num.* 10. Voiez aussi MEDINA, I. 2. Quæst. XIV. GROTIUS.

(2) Οὗτος μὲν πανάριστος, ὃς αὐτὸς πάντα νοήσει,
[Φρασσάμενος τά κ' ἔπειτα καὶ ἐς τέλος ᾖσιν ἀμείνω.]
Ἐσθλὸς δ' αὖ κἀκεῖνος, ὃς εὖ εἰπόντι πίθηται.

§. IV. 1. LES *raisons* prises de la *chose* même, se tirent des Causes, des Effets, & d'autres circonstances. Mais, pour bien connoître tout cela, il faut quelque expérience & de l'habileté: de sorte que ceux qui n'en ont pas assez, sont (a) tenus d'écouter les conseils des Sages, pour bien conduire leur Jugement dans la pratique. Car, comme le dit ARISTOTE, (1) le *Probable* est ce qui paroît vrai ou à tout le monde, ou au plus grand nombre, ou du moins aux Sages; & entre ces derniers, ou à tous, ou à la plûpart, ou aux plus intelligens. Dans les Questions de fait, on tient pour vrai ce qui est certifié par le plus grand nombre de Témoins & les plus dignes de foi: de même, dit ARISTIDE le Rhéteur, (2) en matiére de pratique, il faut suivre l'opinion du plus grand nombre des gens, & des plus habiles.

(a) *Franc. Victor.* De Indis, *Relect.* I. *num.* 12. & *De Jure Belli*, n. 21, & 24.

2. C'est la maniére dont se conduisent sur tout les Rois, qui n'ont guéres le loisir d'apprendre ou d'examiner par eux-mêmes (3) ce qu'il y a de plus subtil dans les Arts & les Sciences. Ainsi les anciens *Romains* n'entreprenoient point de Guerre, sans avoir consulté (4) le Collége de certains Prêtres (b) établis pour cet effet; & les Empereurs Chrétiens ne prenoient guéres non plus les armes, (5) sans avoir écouté l'avis des Evêques, pour savoir s'il y avoit dans leur entreprise quelque chose qui pût faire naître des scrupules.

(b) *Feciales.*

§. V. 1. OR, en matiére de plusieurs questions controversées, il peut arriver qu'on voie de part & d'autre des raisons tirées ou de la *chose* même, ou de l'*autorité* d'autrui. En ce cas-là, s'il s'agit de choses de peu d'importance, on peut, ce semble, prendre in-

Le Poëte ajoûte, que celui qui n'aiant pas des lumiéres, ne veut pas suivre celles d'autrui, est un vaurien:

Ὃς δὲ κε μήτ' αὐτὸς νοέῃ, μήτ' ἄλλου ἀκούων
Ἐν θυμῷ βάλληται, ὃ δ' αὖ ἀχρήϊος ἀνήρ.

(Oper. & Dier. *vers.* 293, *& seqq.* Ed. Cleric.) Cette pensée a été imitée par TITE LIVE, qui fait parler ainsi *Minucius* à ses Soldats: *Sæpe ego audivi, Milites, eum primum esse virum, qui ipse consulat quid in rem sit; secundum eum, qui bene monenti obediat: qui nec ipse consulere, nec alteri parêre sciat, eum extremi ingenii esse.* Lib. XXII. (Cap. XXIX. *num.* 8.) CICERON l'a aussi empruntée: *Sapientissimum esse dicunt eum, cui, quod opus sit, ipsi veniat in mentem: proximè accedere illum, qui alterius bene inventis obtemperet.* Orat. pro Cluent. (*Cap.* XXXI.) GROTIUS.

§. IV. (1) Ἔνδοξα δὲ, τὰ δοκοῦντα πᾶσιν, ἢ τοῖς πλείστοις, ἢ τοῖς σοφοῖς· καὶ τούτοις ἢ τοῖς πᾶσιν, ἢ τοῖς πλείστοις, ἢ τοῖς μάλιστα γνωρίμοις, καὶ ἐνδόξοις. Topic. Lib. I. Cap. I.

(2) Οἶμαι δὲ ἅπαντας ἂν ὑμᾶς συμφῆσαι, ὥσπερ γε ἐν τοῖς δικαστηρίοις λόγοις τούτους ἀληθεστάτους ἡγεῖσθε, ὧν ἂν πλεῖστοι καὶ γνωριμώτατοι μάρτυρες ὦσιν· οὕτω καὶ τῶν εἰς συμβουλὴν ἡκόντων, οἷς ἂν πλεῖστοι καὶ σπουδαιότατοι μάρτυρες ὦσι, τούτοις μάλιστα χρῆναι πιστεύειν. Orat. de concordia, ad Rhodios, *Tom.* II. pag. 378. B. C.

(3) *Quibus artium momenta ediscerè aut expendere vix vacat.* Nôtre Auteur a ici imité ce que CICÉRON dit au sujet du Sage *Caton*: *Et primum M. Catoni, vitam ad certam rationis normam dirigenti, & diligentissimè perpendenti* MOMENTA OFFICIORUM *omnium, de officio respondebo.* Orat. pro Mur. *Cap.* II. Il cite ici dans le Texte, ce vers Grec, sans marquer d'où il l'a pris:

Σοφοὶ τύραννοι τῶν σοφῶν ξυνουσίᾳ.

C'est-à-dire; *Le commerce des Sages rend un Roi sage.* C'est une ancienne sentence proverbiale, à ce que dit AULU-GELLE, *Noct. Attic.* Lib. XIII. Cap. XVIII. sur quoi on peut voir les Commentateurs, qui n'ont pourtant pas remarqué, que STOBÉE, *Serm.* XLVIII. la cite comme étant d'EURIPIDE; & d'autres, comme de SOPHOCLE; ainsi qu'il paroît par les *Excerpta ex Trag. & Comœd. Græcis* de nôtre Auteur, *pag.* 181. Pour ce qui est de la chose en elle-même, il n'est que trop vrai que les Grands en général, & sur tout les Princes, ne voient guéres par leurs propres yeux, & se fient à ceux d'autrui. Mais ce n'est pas qu'il leur manque le tems & les moiens de s'instruire par eux-mêmes des choses sur quoi ils sont obligez de juger. S'ils étoient bien élevez, & qu'ils voulussent emploier à cela tant d'heures qu'ils donnent à leurs plaisirs ou à des occupations frivoles; ils auroient tout le loisir nécessaire pour se mettre en état de juger par eux-mêmes, en aquérant des lumiéres suffisantes: & ils ont ordinairement en main tous les moiens nécessaires, s'ils daignoient les emploier.

(4) Voiez là-dessus la Dissertation de Mr. JENSIUS, *De Fetialibus*, dans son *Ferculum literarium*, imprimé en MDCCXVII.

(5) Mais ces Evêques devoient-ils mieux savoir, que les Empereurs, ce qui regardoit une partie si importante du pouvoir & du devoir des Souverains? Les Ecclesiastiques ont-ils ou doivent-ils avoir une assez grande connoissance des affaires politiques, pour décider quand il faut ou ne faut pas faire la Guerre? A considérer la maniére dont un grand nombre d'entr'eux ont été faits de tout tems, il est plûtôt à craindre qu'ils n'engagent un Prince dans des Guerres injustes ou téméraires. L'Histoire de ceux, qui ont été Ministres d'Etat, le montre suffisamment.

§. V. (1) Il vaut mieux pécher de ce côté-là, comme dit un commun Proverbe:

Verum in istam partem potius peccato tamen.

[TERENT. *Adelph.* Act. II. Scen. I. vers. 20.] AMMIEN MARCELLIN [ou plûtôt CICÉRON, *Epist. ad Quint. Fratr.* I, 1. cité par cet Historien] dit, qu'une facilité à se mettre en colére, & à s'appaiser aussi, vaut mieux, qu'une colére implacable, & qu'ainsi il faut préferer ce vice, comme le moindre de deux maux: *Interdum enim exoratus parcebat aliquibus, quod prope vitium esse in hoc loco*, legitur apud TULLIUM: Nam

innocemment quel des deux partis que ce soit.

2. Mais lors que la chose est de grande importance, comme quand il s'agit de punir un Homme de mort, alors, à cause de la différence considérable qu'il y a entre les choses sur quoi on a à choisir, il faut prendre (1) le parti le plus sûr. Ainsi il vaut mieux courir risque d'absoudre un Coupable, que de s'exposer à condamner un Innocent; comme le dit l'Auteur des *Problêmes* (2) attribuez à ARISTOTE, ajoûtant pour raison celle que nous avons alléguée ci-dessus, que, *dans un doute, il faut se déterminer du côté où l'on péchera le moins.*

§. VI. LA Guerre est sans contredit une chose de très-grande conséquence, puis qu'elle attire ordinairement une infinité de maux, même sur des Innocens. Ainsi, quand il y a là-dessus des raisons de part & d'autre, il faut pancher vers la paix, comme faisoit *Fabius*, selon un (1) ancien Poëte Latin.

§. VII. OR il y a trois moiens d'éviter la Guerre. (a) Le *prémier* est une *conférence* amiable entre les Parties qui ont quelque démêlé. CICERON dit, (1) qu'*il y a deux maniéres de vuider un différent: l'une, par la discussion des raisons de part & d'autre: l'autre, par la force. La prémiére convient proprement à l'Homme: l'autre, aux Bêtes. Il ne faut*, ajoûte-t-il, *en venir à celle-ci, que quand il n'y a pas moien d'emploier l'autre.* Cette maxime est confirmée par plusieurs (2) autres autoritez des anciens *Grecs* & *Latins.*

(a) *Victoria*, De Jure Belli, num. 28.

§. VIII. 1. LE *second* moien de terminer un différent, entre ceux qui n'ont point de

Nam si implacabiles iracundiæ sunt, summa est acerbitas: sin autem exorabiles, summa levitas; quæ tamen, ut in malis, acerbitati anteponenda est. Lib. XXVIII. (Cap. I. pag. 562. *Edit. Vales. Gron.*) Voiez GABRIEL VASQUEZ, *Disput.* LXII. Cap. IV. *num.* 21. GROTIUS.

(2) Ὅτε δ᾽ ἕκαστος ἡμῶν μᾶλλον ἂν προέλοιτο τὸ ἀδικοῦντος (c'est ainsi qu'il faut lire, au lieu de μὴ ἀδικοῦντος) ἀποψηφίσασθαι ὡς ἀδικεῖ, ἢ τὸ μὴ (c'est ici qu'il faut ajoûter le μὴ, mal placé à la ligne précédente) ἀδικοῦντος καταψηφίσασθαι ὡς ἀδικεῖ· οἷον εἴ τις φεύγει δειλίας, ἢ ἀνδρεῖος ..... ἴσα γὰρ, ὅταν τις ἀμφιδοξῇ, τὸ ἔλαττον τῶν ἁμαρτημάτων αἱρετέον. Sect. XXIX. *num.* 13. L'Orateur ANTIPHON dit aussi, que si un Juge craint de se tromper, il vaut mieux pour lui d'absoudre injustement, que de condamner à la mort injustement: le prémier n'est qu'une faute, l'autre est une impiété: Καὶ μὴν εἰ δέοι ἁμαρτεῖν ὅτι τῷ δικάζειν, τὸ ἀδίκως ἀπολῦσαι ὁσιώτερον, ἢ τὸ ἀδίκως ἀπολέσαι. τὸ μὲν γὰρ, μόνον ἁμάρτημά ἐστι· τὸ δ᾽ ἕτερον, καὶ ἀσέβημα. (Orat. XIV. XV. pag. 138. *Ed. Wech.*) GROTIUS.

Voiez sur PUFENDORF, *Droit de la Nat. & des Gens*, Liv. I. Chap. III. §. 6. *Note* 3. de la seconde Edition.

§. VI. (1) Il dit, que ce sage Général pensoit à l'avenir, & qu'il n'aimoit pas à s'exposer légérement au hazard des Combats:

Ast Fabius cautâ speculator mente futuri,
Nec latus dubiis, parcusque lacessere Martem.

SILIUS ITAL. Punic. Lib. I. *vers.* 679, 680. *Ed. Cellar.*

§. VII. (1) *Nam, quum sint duo genera decertandi, unum per disceptationem, alterum per vim; quumque illud proprium sit hominis, hoc belluarum: confugiendum est ad posterius, si uti non licet superiore.* De Offic. Lib. I. Cap. XI.

(2) TERENCE dit, qu'avant que d'en venir aux mains, un Homme sage doit tenter toute autre voie, & emploier les paroles, plûtôt que les armes:

Omnia priùs experiri verbis, quàm armis sapientem decet.

(Eunuch. *Act.* IV. *Scen.* VII. *vers.* 19.) On trouve la même pensée dans APOLLONIUS *de Rhodes*: (Argon. *Lib.* III. *vers.* 185.)

Μηδ᾽ αὔτως ἀλκῇ πρὶν ἔπεσσί γε πειρηθῆναι.

Et dans DENYS *d'Halicarnasse*, où les *Romains* se glorifient, par la bouche de leurs Ambassadeurs, d'agir de cette maniére avec les *Samnites*, qui avoient violé hautement leurs Traitez: Οὕτω δὲ φανερῶς καὶ ἀναισχύντως συγχεόντων ὑμῶν τὰ περὶ τῆς φιλίας καὶ συμμαχίας ὅρκια, πρεσβείαν πρὸς ὑμᾶς ἐκρίναμεν ἀποστεῖλαι πρῶτον, καὶ μὴ πρότερον ἄρξαι τῶν ἔργων, πρὶν ἢ πειρασθῆναι τῶν λόγων. Excerpt. Legat. (*pag.* 704. *Ed. Oxon.*) *Ménélas* débite aussi cette maxime, dans un ancien Rhéteur Grec: Πειρῶνται μὲν γὰρ τὰ δίκαια τῷ λόγῳ πρότερον λαμβάνειν, ἀλλὰ μὴ τοῖς ὅπλοις ἀπαιτεῖν, ἀνθρωπινώτερον ἡγούμενοι. LIBANIUS, (Declam. I. pag. 196. D. *Ed. Paris. Morell.*) Et EURIPIDE, dans ce vers:

Λόγοισι πεῖσαι· εἰ δὲ μὴ, βίᾳ κρατεῖν.

Le même Poëte fait dire à ses Acteurs plusieurs choses approchantes. Dans son *Héléne*, le Chœur traite d'insensez ceux qui font consister la Vertu dans la Guerre, & qui ne cherchent le repos que par la voie des Armes: car, ajoûte-t-on, si l'on veut toûjours terminer les différens à la pointe de l'épée, les querelles ne finiront jamais:

Ἄφρονες, ὅσοι τὰς ἀρετὰς πολέμῳ
Κτᾶσθε, δορὸς ἀλκαίου
Λόγχαισι καταπαυόμενοι
Πόνους θνατῶν ἀμαθῶς.
Εἰ γὰρ ἅμιλλα κρινεῖ νιν
Αἵματος, οὔποτ᾽ ἔρις
Λείψει κατ᾽ ἀνθρώπων πόλεις.

(Vers. 1166, & *seqq.*) Dans les *Suppliantes*, *Adraste* blâme les Etats, qui pouvant éviter par un accommodement les malheurs de la Guerre, aiment mieux s'y exposer:

Πόλεις τ᾽ ἔχουσαι διὰ λόγου κάμψαι κακὰ,
Φόνῳ καθαιρεῖσθ᾽, οὐ λόγῳ, τὰ πράγματα.

(Vers. 748, 749.) Dans l'*Iphigénie en Aulide*, *Achille* dit à *Clytemnestre*, que, si elle peut obtenir d'*Agamemnon* qu'il renonce au dessein barbare de faire mou-

rir

de Juge commun, c'est (1) un *Compromis* entre les mains d'Arbitres. THUCYDIDE (2) soûtient, qu'*on ne peut pas innocemment attaquer, comme coupable d'injustice, celui qui est tout prêt d'accepter cette voie d'accommodement*. On en trouve grand nombre d'exemples dans l'Antiquité. *Adraste*, & *Amphiaraüs*, se disputant l'un à l'autre le Roiaume d'*Argos*, s'en remirent au jugement d'*Eriphyle*, Sœur du prémier, & Femme de l'autre; comme (a) DIODORE *de Sicile* nous l'apprend. Les *Athéniens* (b) & ceux de *Mégare* prirent pour arbitres cinq personnes de *Lacedémone*, sur le différent qu'ils avoient touchant l'Ile de *Salamine*. Ceux de *Corfou* (c) déclarérent aux *Corinthiens*, qu'ils étoient prêts de laisser la décision de leurs démêlez aux Villes du *Pé-*

(a) *Lib.* IV. *Cap.* LXVII.
(b) *Plutarch.* in Solon. pag. 83. E. Tom. I. *Ed. Wech.*
(c) *Thucyd.* Lib. I, Cap. XXVIII.

rir sa propre Fille, il ne sera plus besoin que lui, *Achille*, s'en mêle: Qu'*Iphigenie* étant ainsi sauvée, il aura le plaisir de ne pas se brouiller avec un Ami comme *Agamemnon*, & toute l'Armée des *Grecs* ne lui saura pas mauvais gré d'avoir emploie les voies de la douceur, plûtôt que celles de la force:

> Εἰ γὰρ τὸ χρῆζον δράσετ', οὐ τοὐμὸν χρεὼν
> Χωρεῖ· ἔχει γὰρ τοῦτο τὴν σωτηρίαν·
> Κἀγώ τ' ἀμείνων πρὸς φίλον γενήσομαι,
> Στρατός τ' ἂν οὐ μέμψαιτό μ', εἰ τὰ πράγματα
> Λελογισμένως πράξαιμι μᾶλλον, ἢ σθένει.

(Vers. 1017, & *seqq.*) Dans les *Phéniciennes*, *Etéocle* représente à sa Mere, que *Polynice* son Frére devoit chercher quelque autre voie d'accommodement, que celle des Armes; & que, par une conférence amiable, on obtient tout ce que l'on pourroit espérer du succès d'une Guerre:

> Χρῆν δ' αὐτὸν οὐχ ὅπλοισι τὰς διαλλαγάς,
> Μῆτερ, περαιοῦν. Πᾶν γὰρ ἐξαιρεῖ λόγος
> Ὃ καὶ σίδηρος πολεμίων δράσειεν ἄν.

(Vers. 518, & *seqq.*) TITE LIVE a enchéri sur cette pensée, lors qu'il fait dire à *Phéneas*, un des principaux d'*Etolie*, que les Hommes, pour éviter la Guerre, relâchent volontairement bien des choses, auxquelles on ne pourroit pas les contraindre par les armes: *Multa homines, ne bellarent, voluntate remittere, quæ bello & armis cogi non possunt.* (Lib. XXXV. Cap. XLV. *num.* 4.) Le Grammairien DONAT donne aussi pour une maxime ou une chose connuë, que ce qu'on avoit refusé opiniâtrement, lors que quelcun vouloit l'avoir par force, on le relâche ensuite de son bon gré, lors qu'il paroit disposé à prendre la chose sur un autre ton: *Pervulgatum est enim, Quod summâ vi defenderis, quum extorqueretur, hæc idem postmodum remitti.* [Il y a dans mon Edition *Variorum* de 1686. *remitte*] *remittensi.* In Eunuch. *Terent.* (Act. I. Scen. II. vers. 94.) Dans HE'RODOTE, *Mardonius* blâme les *Grecs*, de ce que parlant une même langue, ils ne terminent pas leurs démêlez, en s'envoiant les uns aux autres des Hérauts & des Ambassadeurs, & par toute autre voie, que celle de la Guerre: Τοὺς [Ἕλληνας] χρῆν, ἐόντας ὁμογλώσσους, κήρυξί τε διαχρεωμένους καὶ ἀγγέλοισι, καταλαμβάνειν τὰς διαφορὰς καὶ παντὶ μᾶλλον ἢ μάχῃσι. Lib. VII. (Cap. IX. *num.* 2. *Ed. Gronov.*) *Marcius Coriolan* dit, dans DENYS *d'Halicarnasse*, que, quand on ne fait que demander ce qui nous appartient, & qu'après un refus, on prend les armes, c'est une Guerre juste, de l'aveu de tout le monde: Τὸ γὰρ μὴ τῶν ἀλλοτρίων ἐφίεσθαι, ἀλλὰ τὰ ἑαυτῶν ἀπαιτεῖν [Il y a ici dans l'Edition d'*Oxford*, ἀπαιτεῖν. Mais c'est apparemment une faute d'impression, quoi que l'Editeur, Mr. HUDSON, ne la marque point dans l'*Errata*. Il ne dit rien non plus dans ses Notes sur cette expression, qui seroit fort singuliére, & que SYLBURGE, à mon avis, n'auroit pas manqué de mettre dans son *Index.*] καὶ μὴ τυγχάνοντας τότε πολεμεῖν, ἅπαντες ὁμολογοῦσιν εἶναι καλόν. (Antiq. Rom. *Lib.* VIII. *Cap.* VIII. pag. 468. *Ed. Oxon.* 487. *Sylb.*) Le même Historien fait dire à *Tullus Hostilius*, que, quand on n'a pû s'accommoder à l'amiable, il faut en venir à la Guerre: Ὁπόσα γὰρ μὴ διαιρεῖται ὑπὸ λόγου, ταῦτα ὑπὸ τῶν ὅπλων κρίνεται. (Lib. III. Cap. XI. *in fin.*) *Vologése*, Roi des *Parthes*, se glorifie, dans TACITE, de ce qu'il avoit mieux aimé conserver par la Justice, que par l'effusion du sang, par un pourparler, que par les armes, ce qu'il tenoit de ses Ancêtres: *Non ibo inficias, æquitate, quàm sanguine, caussâ, quàm armis, retinere parta majoribus malueram.* (Annal. *Lib.* XV. *Cap.* II. *num.* 3.) Et *Théodoric*, Roi des *Goths*, dit, qu'il n'est à propos d'en venir aux armes, que lors que ceux avec qui l'on a quelque chose à démêler ne veulent point écouter la Justice: *Et tunc utile solum est ad arma concurrere, quum locum apud adversarium justitia non potest invenire.* CASSIODOR. *Var.* III. 1. GROTIUS.

§. VIII. (1) Les Grands négligent pour l'ordinaire cette maniére de terminer un différent. Voiez CONNESTAGIUS, *De Portugallia conjunctione cum Regno Castellæ.* Mais elle mérite d'être suivie par ceux qui aiment la Justice & la Paix: & elle l'a eté aussi par plusieurs grands Princes, & par plusieurs Peuples illustres, dont nous avons allégué les exemples dans le Texte. Ajoûtons-en ici quelques autres. Dans un Traité fait entre les *Lacedémoniens* & ceux d'*Argos*, il y avoit une clause, qui portoit, Que ces deux Peuples se soûmettroient également à être jugez selon les Coûtumes du païs: Ἐπὶ τοῖς ἴσοις καὶ ὁμοίοις δίκας διδόντας κατὰ πάτρια. THUCYDID. Lib. V. (*Cap.* LXXIX. *Ed. Oxon.*) Un peu plus bas, il est dit, que s'il survenoit quelque différent entre quelques-uns de leurs Alliez, ceux-ci prendroient pour arbitre telle Ville qu'ils voudroient, & qu'ils croiroient ne s'intéresser pas plus pour l'un que pour l'autre: Αἰ δέ τις τῶν ξυμμάχων πόλις πόλει ἐρίζῃ, ἐς πόλιν ἐλθεῖν, ἅν τινα ἴσαν ἀμφοτέραις ταῖς πολίεσσι δοκεῖν. Ibid. L'Empereur *Marc Antonin* fut pris pour arbitre par plusieurs Peuples qui étoient hors de l'Empire Romain, & qui vouloient éviter la Guerre en s'accommodant. C'est ce qu'on trouve dans AURE'LIUS VICTOR, & dans d'autres Auteurs. Les *Gépides*, au rapport de PROCOPE, disoient aux *Lombards*, qu'ils étoient tout prêts à subir un arbitrage, & qu'ainsi on ne pouvoit sans injustice en venir contr'eux aux voies de la Force: Δίκῃ γὰρ διαλύειν τὰ διάφορα, ἐν σπουδῇ ἔχομεν· δικάζεσθαι οἷς ἂν σπουδάζηται, βιάζεσθαι δὲ μὴ ἐθέλειν. Gotthic. *Lib.* III. (Cap. XXXIV.) Le même Historien rapporte, que *Theudibald* [ou *Theodebalde* ou *Thibaud*, Roi d'*Austrasie*] offroit de prendre des Arbitres au sujet des disputes qu'il avoit avec les *Romains*: Lib. IV. (seu *Hist. Misc.* Cap. XXIV.) Voiez dans POLYBE, ce que les *Romains* firent dire à *Philippe*, Roi de *Macédoine*, Excerpt. Legat. *Cap.* IV. Et une clause du Traité entr'eux, & le Roi *Antiochus* (à la fin) ibid. Cap. XXXV. *Magnus*, Roi de *Norwége*, & *Canut*, Roi de *Dannemark*, se disputant l'un à l'autre les deux Roiaumes, terminérent le différent par le moien d'Arbitres: de même que l'Empereur *Julien*, prémier du nom, (*Didius Julianus*) voiant que *Sévére* lui disputoit l'Empire, vou-

Péloponnése, dont il feroit convenu entr'eux. Aristide (3) loue *Périclès*, de ce que, pour éviter la Guerre, il avoit voulu que les *Athéniens* se soûmissent à un arbitrage. Isocrate fait aussi l'éloge de (4) *Philippe de Macedoine*, sur ce qu'il étoit disposé à s'en rapporter au jugement de quelque Ville neutre & désintéressée, pour terminer les différens qu'il avoit avec les *Athéniens*. Les (d) *Ardéates* & les *Aricins*, & depuis eux les *Néapolitains* (5) & les *Nolains*, remirent leurs démêlez à la décision du Peuple Romain. Les *Samnites*, dans leur dispute avec les *Romains*, en (6) appellérent à des Amis communs. *Cyrus* (e) prit pour arbitre entre lui & le Roi d'*Assyrie*, celui des *Indes*. Les *Carthaginois*, pour éviter la Guerre avec (7) *Masinisse*, Roi

(d) *Tit. Liv.* Lib. III. Cap. LXXI. *num.* 2.

(e) *Xenoph.* Cyrop. Lib. II. Cap. IV. §. 7. *Ed. Oxon.*

voulut obtenir un Arrêt sur la possession. *Magnus*, Roi de *Suéde*, fut pris pour arbitre entre les deux *Erics*, Rois de *Dannemark* & de *Norwége*. Le Roi d'*Angleterre* fut pris pour arbitre au sujet de la Succession d'Ecosse: & le Comte de *Holstein*, entre le Roi de *Dannemark* & ses Fréres; au rapport de Pontanus, Hist. Dan. *Lib.* VII. Voiez d'autres exemples, dans Mariana, Lib. XXIV. Cap. XX. Lib. XXIX. Cap. XXIII. dans Paruta, Lib. VI. & XI. dans Bizaro, Lib. VII. dans Crantzius, *Hist. Saxon.* Lib. VI. Cap. XV. & joignez y ce que nous dirons ci-dessous, *Liv.* III. Chap. XX. §. 46. Grotius.

Dans cette Note, où j'ai transposé quelques exemples, pour garder l'ordre des tems; il y a une inadvertence de nôtre Auteur, qui attribuë à *Marc Antonin, le Philosophe*, ce que les Historiens disent d'*Antonin, le Débonnaire*: car on ne trouve rien de tel au sujet du prémier de ces Empereurs; & voici comment parle de l'autre Aure'lius Victor, ou celui, que nôtre Auteur, cite sous ce nom, qui lui est donné ordinairement: *Adeo trementibus eum* [Antoninum Pium] *atque amantibus cunctis Regibus, Nationibusque & Populis, ut Parentem seu Patronum magis quàm Dominum Imperatoremve reputarent: omnesque uno ore, in cœlestium morem, propitium optantes, de controversiis inter se judicem poscerent.* Epitom. *Cap.* XV. *num.* 3. Voiez aussi Eutrope, *Breviar.* Lib. VIII. Cap. IV. Suidas, Lexic. in voc. Ἀντωνῖνος: Capitolin. in Antonin. Pio, *Cap.* IX. avec la Note du docte Casaubon, sur ces mots; *Caussas regales terminavit*: où il semble avoir raison de dire, que cela ne doit guéres s'entendre que de quelques Roitelets de l'*Orient*, qui étoient dépendans en quelque maniere des *Romains*. Le passage même d'Aure'lius Victor, que je viens de rapporter, l'insinuë assez. De sorte que, sur ce pié-là, l'application qu'en fait nôtre Auteur n'est pas tout-à-fait juste. Pour ce qu'il dit de *Didius Julien*, que cet autre Empereur voulut *agere interdicto*, je ne trouve cette expression dans aucun des Historiens qui ont écrit sa Vie. Nôtre Auteur a eu dans l'esprit apparemment le partage de l'Empire, sur quoi le Sénat donna un Arrêt, à la réquisition de cet Empereur, lors que l'on eût appris que l'Armée de *Sévére* s'approchoit: *Quare melio re consilio ad Senatum venit, petiitque ut fieret Senatusconsultum de participatione Imperii, quod statim factum est.* Spartian. in Did. Julian. *Cap.* VI. *in fin.* Voiez aussi dans la Vie de *Septimius Severus*, Cap. V. & l'Abrégé de Dion, par Xiphilin, *in Did. Julian.* pag. 292. *Edit. Rob. Steph.* Mais cette démarche de *Julien* ne fut qu'un effet de l'impuissance où il se voioit de résister à son Concurrent, plus aimé que lui. La fraieur, où il étoit, alla même si loin, au rapport d'He'rodien, (*Lib.* II. *Cap.* XII. *Ed. Boecler.*) qu'il demanda instamment qu'on lui permit de renoncer entiérement à l'Empire. Ainsi nôtre Auteur auroit bien pû se passer de lui faire ici honneur d'une chose où il n'entroit rien moins qu'un désir de terminer à l'amiable la dispute pour l'Empire.

(2) Ἐπὶ δὲ τὸ δικάζειν [εἶναι] ὃ συμβάσεων νόμιμον, ὧν ἂν ἀδικῶνται εἶναι, Lib. I. Cap. LXXXV. *Ed. Oxon.*

(3) C'est dans la Seconde de ses Harangues contre *Platon*: Ἀρχὴν δ' ἐκεῖνος [Περικλῆς] οὐδ' ἠξίου γίνεσθαι πόλεμον, ἀλλὰ δίκῃ διαλύεσθαι περὶ τῶν διαφόρων. Tom. III. *pag.* 248. B. *Ed. P. Steph.*

(4) Nôtre Auteur indique ici, dès la prémiére Edition de son Ouvrage, la Harangue contre *Ctesiphon*: mais Isocrate n'en a fait aucune sur un tel sujet; & je ne sai si le mot même de *Ctésiphon* se trouve dans ses Ecrits. On a voulu dire, Eschine: car voici le passage, où l'Orateur accusant *Démosthéne* d'avoir été la cause de la Guerre avec *Philippe de Macédoine*, dit que, lors que ce Prince offroit d'en passer par le jugement de quelque Etat neutre & désintéressé, *Démosthéne* soûtenoit, qu'on ne trouvoit point de tel Juge entre *Philippe* & les *Athéniens*: Εἰ δ' ἐπηγγέλλετο [Φίλιππος] ἐθέλειν ὡσπερεὶ τινὶ ἴσῳ καὶ ὁμοίῳ περὶ τῶν ἐγκλημάτων δίκας εἶναι κριτὴν ἴσον ὑμῖν [Δημοσθένης,] καὶ Φιλίππῳ. Orat. adversus Ctesiphont. pag. 286. A. La méprise de nôtre Auteur est venuë, de ce qu'Isocrate loue beaucoup *Philippe de Macédoine*, sur tout dans une Harangue où il s'adresse à lui-même, mais où il n'y a rien touchant ces offres d'accommodement avec les *Athéniens*.

(5) Nôtre Auteur ne citoit ici en marge, dans toutes les Editions, avant la mienne, d'autre Auteur, que *Livius lib. VIII.* ce qui ne peut convenir qu'à l'exemple des *Samnites*, rapporté dans la periode suivante. C'est qu'il avoit mal compris, à quoi se rapportoit la citation marginale d'Alberic Gentil, *de Jure Bell.* Lib. I. Cap. III. pag. m. 23. Le fait, dont il s'agit, se trouve dans Cice'ron, *De Offic.* Lib. I. Cap. X. & dans Vale're Maxime, Lib. VII. Cap. III. *num.* 4.

(6) Je suis fort trompé, si ce n'est ici le même fait, que nôtre Auteur rapporte un peu plus bas, en changeant les personnages. Car voici ce que dit Tite Live de l'Ambassadeur des *Romains* auprès des *Samnites*: *Quum Romanus legatus ad disceptandum eos* [Samnites] *ad communes Socios atque amicos vocaret* &c. Tit. Liv. Lib. VIII. Cap. XXIII. *num.* 8. Je ne sâche point d'autre endroit où cela soit dit des *Samnites*, par rapport aux *Romains*: & il y a grande apparence que nôtre Auteur, qui se sert, dans les deux endroits, des termes mêmes du passage que je viens de rapporter, avec cette différence, que dans l'un il met *amicos*, & dans l'autre, *Socios*; il y a, dis-je, grande apparence, qu'aiant d'abord cité de mémoire, ou plûtôt sur la foi du même Auteur dont je viens de parler dans la Note précedente, qui fait la même faute, *pag.* 23. & se sert aussi du mot *amicis*; il cita ensuite sur l'Original, où il crut trouver un fait nouveau, à cause de la méprise où il étoit tombé en mettant les *Samnites* pour les *Romains* dans la prémiére citation.

(7) Voiez Tite Live, Lib. XL. Cap. XVII.

Roi de *Numidie*, demandérent des Arbitres. Les *Romains* eux-mêmes, au rapport de *Tite Live*, (8) en appellérent au jugement d'Alliez communs, dans le démêlé qu'ils avoient avec les *Samnites*. Et *Philippe*, Roi de *Macedoine*, étant en dispute avec les *Grecs*, dit qu'il en passeroit par ce que jugeroient des Peuples neutres de part & d'autre. *Pompée*, à la réquisition (f) des *Parthes* & des *Arméniens*, leur donna des Arbitres pour régler leurs frontiéres. Une des principales fonctions des Prêtres de *Rome*, nommez *Féciaux*, consistoit à (g) empêcher qu'on n'en vint à la Guerre, avant que d'avoir perdu toute espérance de s'accommoder par le moien d'Arbitres. C'étoit aussi l'emploi des (9) Prêtres d'*Ibérie*, & des *Druïdes*, Prêtres Gaulois, au rapport de STRABON, qui nous apprend que ceux-ci (10) ont souvent séparé des Armées qui étoient sur le point de se battre.

(f) *Plutarch.* Pomp. pag. 637.

(g) *Strab.* Lib. XI. pag. 765. C. *Ed. Amst.*

2. Les Rois & les Etats Chrétiens (11) sont (h) sur tout obligez de prendre la voie des Arbitres, pour s'empêcher d'en venir aux armes. Car, si autrefois les *Juifs* & les *Chrétiens*, pour éviter d'être jugez par des gens qui n'étoient pas de la vraie Religion, établirent entr'eux des Juges à l'amiable, comme St. PAUL (i) aussi l'ordonne expressément; combien plus doit-on en user ainsi, pour éviter la Guerre, qui est un mal beaucoup plus fâcheux? TERTULLIEN, pour prouver qu'un Chrétien ne doit point porter les armes, (12) se sert quelque part de cet argument, qu'il ne lui est pas même permis de plaider: ce qui pourtant doit être entendu avec quelque restriction, selon ce que nous avons dit (k) ailleurs.

(h) *Fr. Victor.* De Jure Belli, *num.* 28.

(i) *I. Corint.* VI. *& suiv.*

(k) *Liv.* I. *Chap.* II. §. 8. *num.* 8.

3. Pour la raison, dont je viens de parler, & pour plusieurs autres, il seroit utile, & en quelque façon nécessaire, que les Puissances Chrétiennes fissent entr'elles quelque espéce de Corps, dans les Assemblées duquel les démêlez de chacune se terminassent par le jugement des autres non intéressées; (l) & que l'on (13) cherchât même les moiens de contraindre les Parties à s'accommoder sous des conditions raisonnables. C'est ce que faisoient (14) autrefois les *Druïdes*, parmi les *Gaulois*, comme nous l'apprenons de (m) DIODORE *de Sicile*, & de (n) STRABON: & les Evêques (15) prirent, à cet égard, la place des *Druïdes*, avec un droit mieux fondé. Nous lisons aussi, (16) que les anciens Rois de *France* ont quelquefois laissé aux Grands de leur Etat le jugement sur la division du Roiaume.

(l) *Molina*, Disp. CIII. §. *Quando inter* &c. *Aegid. Reg. de actib. Supern.* Disp. XXXI. Dub. IV. *num.* 72.

(m) *Lib.* V. *Cap.* XXXI.

(n) *Geogr.* Lib. IV. pag. 302. A. *Ed. Amst.*

§. IX.

(8) Voiez la *Note* 6.

(9) [illegible] PLUTARCH. Vit. Num. *pag.* 68. A. Tom. I. *Ed. Wech.*

(10) [illegible] STRABO, Geograph. *Lib.* IV. pag. 302. A. *Ed. Amst.* (197. *Paris. Casaub.*)

(11) Un des Ecrivains de l'Histoire Byzantine dit, en parlant d'*Alexandre*, Bulgarien, qu'il n'est pas bienséant à des *Chrétiens* de se faire la Guerre si cruellement les uns aux autres, lors qu'ils peuvent en venir à un accommodement, & tourner leurs forces en commun contre les Impies: [illegible] NICEPHOR. GREGORAS, Lib. X. GROTIUS.

(12) J'ai trouvé le Passage dans le Traité *de la Couronne du Soldat*, où ce Pére parle ainsi: *Et prœlio operabitur filius pacis, cui nec litigare conveniet?* Cap. XI.

(13) Voiez-en un exemple dans CASSIODORE, *Var.* Lib. III. Epist. I. II. III. & IV. Voiez aussi GAILIUS, *de Pace Publica*, Lib. II. Cap. XVIII. *num.* 12. GROTIUS.

(14) Ils le faisoient, par la grande considération qu'on avoit pour eux; comme il paroit par le passage de STRABON cité ci-dessus, *Note* 10. qui est le même que nôtre Auteur a eu ici dans l'esprit, & qui s'accorde avec celui de DIODORE *de Sicile*.

(15) Voiez la Lettre des Evêques au Roi *Louis*, dans les *Capitulaires de* CHARLES LE CHAUVE: &, au sujet des Evêques d'*Espagne*, RODERIC. TOLETAN. Lib. VII. Cap. III. GROTIUS.

(16) Je ne sai de qui nôtre Auteur veut parler; car il ne cite personne. Il faut que ce soit de quelcun de la prémiere Race des Rois de *France*, parmi lesquels le Roiaume étoit héréditaire; comme le P. DANIEL l'a fait voir dans sa *Préface Historique*. Et nôtre Auteur devoit reconnoitre que la Couronne de *France* étoit élective sous la Seconde Race, après ce qu'il a dit ci-dessus, *Liv.* I. *Chap.* III. §. 13.

§. IX. (1) Voiez ST. AUGUSTIN, *De Doctrina Christ.* Lib. I. Cap. XXVIII. & THOMAS *d'Aquin*, Summ. Theol. II. 2. *Quaest.* XCV. Art. 8. & ibi *Cajetan.* GROTIUS.

(2) Voiez ce que j'ai dit là-dessus dans mon *Discours sur la nature du Sort*, §. 27. & ce que nôtre Auteur dira ci-dessous, *Liv.* III. *Chap.* XX. §. 42.

§. X. (1) Voiez ci-dessous, *Liv.* III. *Chap.* XX. §. 45. & PUFENDORF, *Liv.* VIII. *Chap.* VIII. §. 5. du *Droit de la Nat. & des Gens.*

(2) L'Auteur de la *Thébaïde* [ou STACE], dans les

§. IX. LE *troisiéme* moien de terminer un différent, sans en venir à la Guerre, c'est la (1) voie du *Sort*. DION *de Pruse* recommande cet expédient, dans une de (a) ses Harangues, & le Roi SALOMON (2) l'avoit fait (b) long tems auparavant.

(a) Orat. III. *in Fortun.* (b) Proverb. XVIII, 18.

§. X. 1. IL Y A une chose qui a du rapport avec le Sort, ce sont les *Combats* (1) *singuliers*, dont l'usage ne semble pas devoir être absolument rejetté, lors que deux personnes, dont les différens (2) causeroient de grans maux à des Peuples entiers, sont prêtes à vuider leur querelle par les armes; comme firent autrefois (a) *Hyllus* & *Echémus*, pour savoir qui seroit maître du *Peloponnése*; *Hypérochus*, Roi des *Achéens*, (b) & *Phémius*, Roi des *Enianes*, au sujet du païs qui est près du Fleuve *Inaque*; *Pyréchme*, Etolien, & *Degméne*, Epéen, au (c) sujet de l'*Elide*; *Corbis* & *Orsua*, (d) au sujet d'*Ibe*, Ville d'*Afrique*. En ce cas-là, si les deux Champions ne peuvent pas s'engager innocemment à un tel Combat, l'Etat du moins peut l'accepter, comme un moindre mal; comme un expédient, par lequel, sans répandre beaucoup de sang & sans causer de grandes pertes, on décide, par exemple, lequel des deux Peuples commandera à l'autre; ainsi que le disoit *Mettius Fuffetius* (3) à *Tullus Hostilius*, Roi de *Rome*. STRABON (4) parle de cet usage, comme d'une coûtume fort ancienne parmi les *Grecs*: & VIRGILE (5) fait dire à *Enée*, qu'il est juste que *Turnus* & lui vuident de cette maniére leur différent.

(a) Herodot. Lib. IX. Cap. XXVI.
(b) Plutarch. Quaest. Graec. pag. 294. B. Tom. II.
(c) Strab. Geogr. Lib. VIII. pag. 548. B. Ed. Amst.
(d) Tit. Liv. Lib. XXVIII. Cap. XXI.

2. AGATHIAS décrivant les mœurs des anciens *François*, louë sur toutes choses cette coûtume, qui étoit aussi établie parmi eux. Ses paroles sont remarquables, & je vais les rapporter tout du long: (6) *Lors, dit-il, qu'il s'éléve quelque différent entre leurs Rois, tous à la vérité se mettent d'abord en campagne, comme pour se battre, & ils marchent jusqu'à ce qu'ils soient en présence les uns des autres: mais aussi tôt qu'ils se voient, leur colére cesse, ils entrent dans des sentimens de concorde, & ils disent à leurs Rois de s'accommoder, ou bien de se battre eux seuls, & à leurs risques; n'étant pas juste, ni selon l'usage de leurs Ancêtres, que des Princes, pour satisfaire leur ressentiment particulier, ruïnent ou commettent le Bien Public. Ainsi les Armées se séparent, on met bas les armes, on redevient bons amis, le commerce est rétabli avec toute sûreté; les malheurs, dont on étoit menacé, disparoissent. Tant il y a* dans

les *Phéniciennes*, comme les meilleurs MSS. portent au titre de cette Tragédie) introduit *Jocaste* disant à ses Fils *Etéocle* & *Polynice*: „ Voiez qui sera Roi de vous „ deux: mais que ce soit sans détruire le Roiaume:

——— *Rex sit è vobis uter,*
Manente regno, quaerite ———

(Vers 564, 565.) L'Empereur *Othon* disoit, qu'il est beaucoup plus juste qu'une seule personne périsse pour le Public, que si plusieurs périssoient pour une seule personne: [illegible]. DION (ou plûtôt son Abbréviateur XIPHILIN) *in Othon*. (pag. 204. B. *Ed. H. Steph.*) GROTIUS.

(3) *Ineamus aliquam viam, quâ, utri utris imperent, sine magna clade, sine multo sanguine utriusque populi, decerni possit.* TIT. LIV. Lib. I. Cap. XXIII. num. 9.

(4) C'est à l'occasion du combat singulier de *Pyréchme* & de *Degméne*, dont il vient d'être parlé un peu plus haut: [illegible] &c. Lib. VIII. pag. 548. B. *Ed. Amst.* (357. Paris.)

(5) *Aeneas huic Turnum fuerat se opponere morti.* *Aen.* XI. (vers. 115.) C'est pour la même raison que *Marc Antoine* appelloit *Octavius* à un combat singulier: PLUTARCH. *in M. Anton.* (pag. 944. E. Tom. I. *Ed. Wech.*) GROTIUS.

Ce n'étoit point par compassion pour les *Romains* que *Marc Antoine* fit ce défi à *Octavius*, mais pour opposer fanfaronnade à fanfaronnade, [illegible], comme le dit l'Historien cité.

(6) [illegible] Lib. I. (Cap. II.) Voiez le *Capitulaire* de CHARLES *le Chauve*, fait à *St. Arnoul*, & le Traité d'*Aix la Chapelle*. Les *Lombards* étoient aussi équitables. Voiez PAUL WARNEFRID. Lib. I. Cap. XII. Lib. IV. Cap. XVII. Lib. V. Cap. XL. GROTIUS.

§. XI.

dans les Sujets d'amour de la Justice & de la Patrie; & dans les Souverains, de douceur & de docilité, quand il le faut.

§. XI. 1. Quoi que, dans une cause douteuse, chacune des Parties soit tenuë de chercher tous les moiens d'accommodement qui peuvent servir à éviter la Guerre; le Demandeur y est pourtant plus obligé, que le Possesseur. (a) Car il est non seulement de Droit Civil, mais encore de Droit Naturel, que, dans une (1) égalité de droit & de raisons, le Possesseur ait l'avantage; de quoi (2) nous avons allégué ailleurs la raison, tirée de l'Auteur des *Problêmes* attribuez à Aristote.

(a) *Victoria*, De Jure Bell. *num.* 27, & 30. *Herrera*, Hist. gen. Ind. Tom. II.

2. Ajoûtons encore, (b) que, quelque assûré qu'on soit de la justice de sa cause, si l'on n'a pas en main des titres suffisans pour convaincre le Possesseur de l'injustice de sa possession, on ne peut pas légitimement lui déclarer la Guerre pour ce sujet; parce qu'en ce cas-là, on n'a pas droit de le contraindre à se dessaisir de ce qu'il tient.

(b) *Lessius*, de Justitia, Cap. XXIX. Dub. 10. *Molina*, Disp. CIII. §. *In Secundo vero* &c. *Lorca*, II, 2. Sect. III. Disp. LIII. *num.* 4.

§. XII. Mais lors que, le droit étant douteux de part & d'autre, (a) aucune des Parties n'est en possession de la chose contestée, ou qu'elles la possédent toutes deux également; si l'une d'elles offre de se contenter de la moitié, l'autre, qui refuse le partage, doit être reputée injuste & déraisonnable.

(a) *Lorca*, II, 2. Sect. XL. Disp. LIII. *Soto*, V. *De Justitia*. *Jur.* XLI. Art. 7.

§. XIII. 1. Par ce que nous avons dit, on peut décider une question que plusieurs agitent ici, savoir, (a) *Si la Guerre peut être juste des deux côtez*, eu égard à ceux qui en sont les principaux auteurs? Il faut distinguer (1) les divers sens du mot de *Juste*. Une chose est dite *juste* ou par rapport à sa *cause*, ou par rapport à ses *effets*. Et ce qui est juste par rapport à sa *cause*, est tel ou en prenant le mot de *Justice* dans un sens particulier, ou en entendant par là en général tout ce qui est droit.

(a) *Covarruv.* in Cap. *Peccatum*, Relect. II. §. 410. *num.* 6. *Alciat.* Paradox. II, 21. *Fulgos.* de Just. Lib. V. *Piccolomin.* Philos. Civil. Lib. VI. Cap. XXI. *Alberic. Gentil.* Lib. I. Cap. VI.

2. La *Justice* prise dans un sens particulier, se divise aussi en celle qui convient à l'action, & celle qui convient à l'Agent. La (2) prémiére sorte de Justice peut être appellée *positive*, & l'autre *négative*. En effet, l'Agent est dit quelquefois agir justement, quoi que ce qu'il fait ne soit pas juste, ce qui a lieu toutes les fois qu'on agit, sans s'y déterminer par un principe d'injustice. C'est ainsi qu'Aristote distingue fort bien entre (3) *agir injustement*, & *faire quelque chose d'injuste*.

3. Cela posé, je dis qu'à prendre le mot de *Justice* dans sa signification particuliére, & entant qu'elle convient à l'action même, la Guerre, non plus qu'un Procès, ne sauroit être (b) juste des deux côtez; parce que la nature même de la chose ne permet pas qu'on ait un pouvoir moral, ou un véritable droit, à deux choses contraires, comme est faire, & empêcher de faire.

(b) Voiez *St. Augustin*, De Civit. Dei, *Lib.* XV. *Cap.* V. Lib. XIX. Cap. XV. & *Covarruvias*, ubi supra.

4. Mais il peut très-bien arriver, qu'aucun des deux qui sont en guerre n'agisse injustement. Car on n'agit injustement, que quand on sait que ce qu'on fait est injuste: & il y a plusieurs personnes, qui l'ignorent. Ainsi on peut faire la Guerre de part & d'autre justement, c'est-à-dire, de bonne foi. Car & pour le *droit*, & pour le *fait*, les Hommes ignorent souvent bien des choses, d'où il naît quelque droit.

5. A

§. XI. (1) *In pari caussâ possessor potior haberi debet.* Digest. Lib. L. Tit. XVII. *De diversis Reg. Juris*, Leg. CXXVIII.

(2) Voiez le *Chap.* V. de ce Livre, §. 18. *Note* 4.

§. XIII. (1) C'est ainsi que Gratien, dans une addition à un passage du Droit Canonique, distingue entre une Sentence juste dans sa cause, une Sentence juste à l'égard de l'ordre, & une Sentence juste en conscience, *caussâ*, *ordine*, *animo*. Caus. XI. Quæst. III. post *Cap.* LXV. Grotius.

(2) Ceci avoit été sauté apparemment par les Imprimeurs, dans toutes les Editions, depuis la prémiére. Je l'ai remis dans la mienne, publiée en 1720.

(3) Οὐ γὰρ ταὐτὸν, τὸ τὰ ἄδικα πράττειν, τῷ ἀδικεῖν· οὐδὲ τὸ τὰ ἄδικα πάσχειν, τῷ ἀδικεῖσθαι. Ethic. Nicom. *Lib.* V. *Cap.* XI. (pag. 70. A. Tom. II. *Edit. Paris.*) Voiez le Chap. précedent, & la *Rhétorique* du même Philosophe, Lib. I. Cap. XIII. Grotius.

(a) Il dit cela par opposition à la Question de fait, à l'égard de laquelle ou l'une des Parties nie de mauvaise foi d'avoir fait ce qu'elle ne peut ignorer qu'elle a fait, ou bien l'autre l'accuse sans fondement d'avoir fait ce qu'elle n'a pas fait. Au lieu que, quand il s'agit de savoir ce qui est juste ou injuste, il peut y avoir de

5. A prendre le mot de *Juste* dans sa signification générale, on entend par là ce en quoi il n'y a point de faute de la part de l'Agent. (c) Or on fait bien des choses sans droit, & sans être néanmoins coupable d'aucune faute, parce qu'on agit par une ignorance inévitable. Cela se voit, par exemple, dans ceux qui n'observent pas une Loi, qu'ils ignorent sans qu'il y aît de leur faute; depuis qu'elle a été publiée, & après même que le tems suffisant pour la connoître est passé. Ainsi il peut arriver, en matiére de Procès, qu'aucune des Parties ne soit coupable ni d'injustice, ni d'aucun autre défaut; sur tout lors que l'une d'elles, ou toutes les deux, plaident non en leur propre nom, mais au nom d'autrui, comme, par exemple, un Tuteur, qui, comme tel, est tenu de ne pas négliger les droits même litigieux de son Pupille. Aristote dit, (4) que dans les Causes où l'on conteste sur un point de Droit, aucun des Plaideurs n'agit en méchant. Et Quintilien (5) suivant ces idées, prétend qu'il peut arriver que l'Orateur, c'est-à-dire, selon lui, un Homme-de-bien, soûtienne le pour & le contre. Aristote remarque même, que quand on dit d'un *Juge*, (6) *qu'il juge justement*, cela signifie ou qu'il juge *entiérement comme il faut*, sans aucune ignorance, ou qu'il juge *selon sa conscience.* Il dit ailleurs, (7) que, *quand on juge mal par ignorance, on n'agit point injustement.*

(c) Voiez *Suarez*, de Legibus, *Lib.* III. Cap. XVIII. *Alphons. de Castro*, de potestate Leg. pœnalium, *Lib.* I. Cap. I. & III.

6. Mais, quand il s'agit de la Guerre, il ne manque guéres d'y avoir ici quelque témérité, ou quelque défaut de Charité. Car l'affaire est de si grande importance, qu'elle demande absolument qu'on ne se contente pas de probabilitez, & qu'on ne s'y engage que sur des raisons très-évidentes.

7. Enfin, si l'on entend le mot de *Juste* par rapport à certains effets de droit, il est certain qu'en ce sens il y a des Guerres justes de part & d'autre; comme il paroîtra par ce que nous dirons ci-dessous des Guerres Publiques & dans les formes. C'est ainsi qu'une Sentence injuste, & une Possession injuste, ont aussi quelques (8) effets de droit.

CHA-

de l'ignorance de part & d'autre: Μὴ λανθανέτω δ', ὅτι ἀναγκαῖον ἐν ταύτῃ ἀμφισβητήσει μόνῃ τὸν ἕτερον εἶναι πονηρόν· οὐ γὰρ ἔστιν ἄγνοια αἰτία, ὥσπερ ἂν εἴ τινες περὶ τοῦ δικαίου ἀμφισβητοῖεν. Rhetoric. Lib. III. Cap. XVII. *init.* Voiez là-dessus les Notes de Victorius.

(5) Le Rhéteur dit, que cela ne peut guéres arriver que par une espéce de miracle, parce que les Causes manifestement injustes n'appartiennent point à l'Art Oratoire: *Alioquin, ubi injusta caussa est, ibi Rhetorice non est: adeo ut vix ex admirabili quodam casu possit accidere, ut ex utraque parte Orator, id est, vir bonus, dicat.* Inst. Orat. *Lib.* II. *Cap.* XVII. pag. 196. *Edit. Burman.*

(6) Οἷον εἰ τὸ δικαίως λέγεται, τὸ, τε κατὰ τὴν ἑαυτοῦ γνώμην κρῖναι, καὶ τὸ ὡς δεῖ. Topic. Lib. I. Cap. XV. pag. 190. E. Tom. I. *Ed. Paris.*

(7) Ἔτι, εἰ μὲν ἀγνοῶν ἔκρινεν, οὐκ ἀδικεῖ κατὰ τὸ νομικὸν δίκαιον, οὐδ' ἄδικος ἡ κρίσις ἐστίν. ἔστι δ' ὡς ἄδικος &c. Ethic. Nicom. Lib. V. Cap. XII.

(8) C'est-à-dire, des effets injustes, qui ne donnent quelque droit que devant les Hommes, & nullement devant le Tribunal Divin.

CHAPITRE XXIV.

Qu'il ne faut pas se déterminer légérement à entreprendre la Guerre, lors même qu'on en a de justes sujets.

I. *Pour éviter la Guerre, il faut souvent relâcher de son droit :* II. *Sur tout du droit qu'on a de punir.* III. *Cet avis regarde même principalement les Princes, qui ont été offensez.* IV. *Nôtre propre intérêt, ou celui des nôtres, veut aussi souvent qu'on s'abstienne d'en venir aux armes.* V. *Régles de prudence, touchant le choix des Biens.* VI. *Application de quelcune de ces Régles au cas où il s'agit de déliberer s'il vaut mieux pour un Peuple de racheter la paix, en perdant sa liberté, que de s'exposer, pour conserver sa liberté, à être entiérement détruit.* VII. *Que l'on ne doit pas prendre les armes pour punir quelcun, lors qu'on n'est pas beaucoup plus fort que lui.* VIII. *En un mot, qu'on ne doit entreprendre la Guerre que par nécessité :* IX. *Ou lors qu'aiant un très-grand sujet d'en venir aux armes, on trouve une occasion très-favorable de réussir.* X. *Portrait des maux, qui suivent la Guerre.*

§. I. 1. QUOI QUE, dans cet Ouvrage où nous traitons du *Droit de la Guerre*, il ne soit pas, à proprement parler, de nôtre dessein, d'expliquer ce que les Vertus distinctes de la Justice demandent ou conseillent par rapport à la Guerre : il faut néanmoins avertir en passant, de ne pas s'imaginer, que, du moment que l'on a un droit bien clair, l'on doive ou l'on puisse même toûjours en venir aux

§. I. (1) Nôtre Auteur cite en marge le Livre IV. de cet Historien, où je ne trouve rien qui se rapporte ici, que la réflexion qu'il fait, en blâmant les *Messéniens* de ce qu'ils refusérent d'entrer en guerre contre les *Etoliens* : „ Je conviens, dit-il, que la Guerre est „ une chose qu'on doit craindre, mais non pas jus- „ qu'au point de tout souffrir, pour l'éviter : Ἐγὼ γὰρ φοβερὸν μὲν εἶναί φημι τὸν πόλεμον, οὐ μὴν οὕτω γε φοβερὸν, ὥστε πᾶν ὑπομένειν, χάριν τοῦ μὴ προσδέξασθαι πόλεμον. Cap. XXXI. pag. 416. *Ed. Amst.* Il suppose là, comme on voit, qu'il faut souffrir quelque chose, plûtôt que d'en venir à la Guerre.

(2) Il est dit, dans une Déclamation de SENEQUE, que l'on doit bien faire la Guerre pour la défense de sa Liberté, de sa Femme, de ses Enfans ; mais non pas pour des choses inutiles & dont on ne recevra aucun prejudice : *Bellum suscipiendum fuisse* [declamavit GALLIO] *pro libertate, pro conjugibus, pro liberis, pro re supervacua, & nihil nocitura, si fieret, non esse suscipiendum.* Suasor. V. *Apollonius* de *Tyane* alloit plus loin. Il dit au Roi de *Babylone*, qu'il ne falloit pas disputer avec les *Romains*, pour quelques Villages si chétifs, que de simples Particuliers en ont quelquefois de plus grands : & il ajoûta, qu'on ne doit pas même en venir à la Guerre pour des choses considérables : Προστίθει δὲ καὶ τὸ μὴ δεῖν ὑπὲρ κωμῶν, ὧν μείζους κέκτηνται τάχα καὶ ἰδιῶται, διαφέρεσθαι πρὸς Ῥωμαίους, καὶ πόλεμον οὐδ' ὑπὲρ μεγάλων αἴρεσθαι. PHILOSTRAT. Vit. Apoll. Tyan. *Lib.* I. (Cap. XXXVIII. *Ed. Olear.*) JOSEPH remarque, à la louange de sa Nation, que les *Juifs* ne font pas usage de leur valeur, pour s'aggrandir, mais pour maintenir leurs Loix : Qu'ils souffrent patiemment tout autre dommage, mais que, quand on veut les contraindre à abandonner leurs Loix, ils se mettent alors en état de faire la Guerre, au dessus même de leurs forces, & ils la soûtiennent jusqu'à la derniere extremité : Οὐδὲ τὴν ἀνδρείαν ἐπὶ τῷ πολέμους ἄρασθαι χάριν πλεονεξίας, ἀλλ' ἐπὶ τῷ τοὺς νόμους διαφυλάττειν. τὰς γοῦν ἄλλας ἐλαττώσεις πρᾴως ὑπομένοντες, ἐπειδάν τινες ἡμᾶς τὰ νόμιμα κινεῖν ἀναγκάζωσι, τότε καὶ παρὰ δύναμιν αἱρούμεθα πολέμους, καὶ μέχρι τῶν ἐσχάτων ταῖς συμφοραῖς ἐγκαρτεροῦμεν. Contra Apion. *Lib.* II. (pag. 1080. C.) GROTIUS.

(3) Mais où est-ce qu'ils l'en ont blâmé ? PAUSANIAS, dont nôtre Auteur cite ici en marge le *Livre V.* dit seulement, qu'*Hercule* n'eût pas occasion de se signaler beaucoup dans la Guerre qu'il entreprit contre *Augias* : Τῷ δὲ Ἡρακλεῖ πρὸς τὸν Αὐγέαν πολεμοῦντι, οὐδὲν ὑπῆρξεν ἀποδείξασθαι λαμπρόν. Cap. II. pag. 148. *Ed. Græc. Wech.* Et il ajoûte, que ce fut à cause des secours puissans qu'*Augias* trouvoit dans les Fils d'*Actor*. Il pourroit bien se faire, que nôtre Auteur lisant à la hâte ce passage, ou le citant de memoire, y ait cru trouver que cette expédition ne fut pas *glorieuse* à Hercule, & qu'il ait expliqué le mot de λαμπρόν, comme s'il insinuoit que le sujet de la Guerre étoit frivole.

(4) Voiez ce fait, dans APOLLODORE, *Biblioth.* Lib II. Cap. IV. §. 9. & dans DIODORE *de Sicile*, Lib. IV. Cap. XXXII.

(5) Les mêmes Auteurs, que je viens de citer, parlent de cela : le prémier, au §. 5. du même Chapitre ; & l'autre, au Chap. XXXIII. du même Livre.

§. II. (1) C'est ce que remarque SENEQUE, en parlant de l'*Abdication* ou l'*Exhérédation* : *Nemo nisi, aliquis sanus filium, a prima offensa, exheredat ? nisi magnæ & multæ injuriæ patientiam evicerint, nisi plus est, quod timet, quàm quod damnat, non accedit ad decretorium*

aux armes. Il est certain, au contraire, que le plus souvent il y a plus d'humanité & d'honnêteté morale à relâcher de son droit. Car il est même beau & louable, d'abandonner le soin de nôtre propre vie, pour conserver la vie & procurer, autant qu'il dépend de nous, le salut éternel d'une autre personne, comme (a) nous l'avons remarqué en son lieu. Cette générosité est digne sur tout des *Chrétiens*, appellez à imiter l'exemple parfait de Je'sus-Christ, qui a bien voulu (b) mourir pour nous, dans le tems que nous étions encore impies & Ennemis de Dieu. C'est là un nouveau motif, & beaucoup plus fort, de ne pas poursuivre toûjours ce qui nous appartient ou qui nous est dû, par une voie qui attire sur les autres autant de maux, que la Guerre en entraîne après soi.

(a) *Chap.* I. de ce Livre, §. 8. Voiez *Fr. Victoria*, de Jure Bell. *num.* 14, & 33.

(b) *Rom.* V, 6. *& suiv.*

2. Aristote (c), & (1) Polybe, ont dit, qu'il (2) ne faut pas toûjours prendre les armes pour de tels sujets, quelque légitimes qu'ils soient en eux-mêmes. Et les Anciens n'ont pas loué *Hercule*, (3) de ce qu'il fit la Guerre à (4) *Laomédon*, Roi de *Troie*, & à (5) *Augias*, Roi d'*Elide*, à cause que ces Princes ne lui avoient pas paié le salaire promis. L'Orateur Dion *de Pruse* (6) remarque, que, quand il s'agit de déclarer la Guerre à quelcun, il ne faut pas examiner seulement s'il nous a fait du tort, mais encore de quelle conséquence est la chose.

(c) *Rhetor. ad Alexandr.* Cap. III.

§. II. 1. Pour ce qui est de la Punition, il y a bien des raisons qui nous engagent à ne pas user du droit que nous avons par rapport à ceux qui l'ont méritée. Considérons combien de fautes un Pére pardonne à ses Enfans: il faut (1) qu'ils aient poussé à bout sa patience par un grand nombre d'offenses, & d'offenses criantes, pour qu'il se résolve à les punir. Or quiconque veut punir une autre personne, prend envers elle, pour ainsi dire, le personnage de Magistrat, c'est-à-dire, de (2) Pére; car tel doit être un bon Souverain & un bon Juge, qui (3) aime mieux toûjours pardonner que pu-

rium stylum. De Clement *Lib.* I. *Cap.* XIV. *Phinée*, Roi de *Thrace*, dit à peu près la même chose, dans Diodore *de Sicile*: Μέτρια γὰρ πατέρα λαβεῖν παρ' υἱῶν ἐκτίνειν τιμωρίαν, εἰ μὴ τῷ μεγέθει τῶν ἀδικημάτων ὑπερβοῖντο τὴν φυσικὴν τῶν γονέων εἰς τέκνα φιλοστοργίαν. Lib. IV. (Cap. XLV. pag. 172. *Ed. H. Steph.*) Et Andronic *de Rhodes*, Paraphraste d'*Aristote*: Ἴσως δ' οὐδεὶς πατὴρ ἀφίσταται τοῦ υἱοῦ, εἰ μὴ ὑπερβαλλόντως εἴη μοχθηρός. (Lib. VIII. Cap. XVIII. pag. 569. *Edit. Heins.* 1617.) Philon Juif, dit aussi, qu'un Pére ne se résout à deshériter son Fils, que quand la méchanceté de celui-ci est assez grande pour l'emporter sur la tendresse paternelle: Διό μοι δοκοῦσι φιλοστοργότατοι πατέρες ἀπορρήσεις χρηματίζειν τῶν υἱῶν, ἀποσχοινίζοντες αὐτοὺς τῆς οἰκίας καὶ συγγενείας, ὅταν τὴν ἐκ φύσεως ἐν τοῖς ὑπερβάλλουσαν εὔνοιαν ἡ ἐν ἐκείνοις μοχθηρία καταγωνίσηται. De Nobilit. (*pag.* 904. C. *Ed. Paris.*) Un Pére, qui vouloit juger son Fils, coupable de parricide, [dans le tems que les Péres avoient droit de vie & de mort sur leurs Enfans] prit pour un de ses Conseillers ou Assesseurs, selon la coûtume, *César Auguste*; qui fut d'avis, que le Pére se contentât de le reléguer où il jugeroit à propos; & cela par cette raison, qu'un Pére doit punir ses Enfans le moins rigoureusement qu'il est possible: *Dixit* [Cæsar Augustus] *relegandum, quò patri videretur. Non culleum, non serpentes, non carcerem decrevit: memor, non de quo censeret, sed cui in consilio esset. Mollissimo genere pœnæ contentum esse debere patrem dixit* &c. Senec. *de Clem.* Lib. I. Cap. XV. Cela est exprimé ainsi, dans un vers de Te'rence:

Pro peccato magno paululum supplicii satis est patri.

Andr. (Act. V. Scen. III. vers. 32.) Cice'ron dit, que, quand on est accusé devant un Pére, on demande pardon; on avouë sa faute; on s'excuse sur ce qu'on y est tombé par imprudence; on promet de n'y retourner plus, & l'on se soûmet, au cas qu'on manque de parole, à toute l'indignation de celui qu'on a offensé. Au lieu que, lors qu'on est devant les Juges, on nie le fait, on soûtient que le crime est feint, & les Témoins faux: *Ignoscite, Judices: erravit: lapsus est: non putavit: si unquam posthac.* ad parentem sic agi solet. Ad Judices: *Non fecit, non cogitavit; falsi testes, fictum crimen.* Orat. pro Ligar. (*Cap.* X.) Voiez aussi un beau discours du même Orateur sur cette matiére, dans Dion Cassius, (Lib. XLIV. pag. 290. *Ed. H. Steph.*) Grotius.

(2) C'est pour cela que St. Augustin dit, qu'un Juge Chrétien doit agir en bon Pére: *Imple, Christiane Judex, pii patris officium.* Epist. CLIX. *ad Comit. Marcellin.* Grotius.

Le passage se trouve cité dans le Droit Canonique, *Caus.* XXIII. *Quæst.* V. Can. I.

(3) C'étoit une maxime de *Pittacus*, un des Sept Sages de *Gréce*, qu'il vaut mieux pardonner, que punir: Τὸν Πιττακοῦ ἐπαινῶν τοῦ λόγου, ὃς τὴν συγγνώμην τῆς τιμωρίας προὐτίθει. Julian. (Orat. II. pag. 50. E. *Edit. Spanh.*) Diodore *de Sicile* dit, qu'il ne faut pas toûjours punir tous les Coupables, mais seulement ceux qui ne se repentent point: Οὐ δεῖ τοὺς ἁμαρτάνοντας ἐκ παντὸς τρόπου κολάζειν, ἀλλὰ τοὺς ἐπὶ τοῖς ἡμαρτημένοις μὴ μεταδιδασκομένους. Fragm. (è *Lib.* XXI. *num.* 17.) St. Augustin [ou plûtôt Be'de, in Galat. Cap. VI.] dit, qu'il faut punir un Homme, comme Coupable, mais avoir pitié de lui, entant qu'Homme: *Duo ista nomina quum dicimus*, Homo peccator, *non utique frustra dicimus. Quia* peccator *est, corripe: quia* homo *est, miserere.* Ce passage se trouve cité dans le Droit Canonique, *Caus.* XXIII. *Quæst.* IV. Voiez ce qui suit; & ce que nous avons dit ci-dessus, *Chap.* XX. de ce Livre, §. 13, 26, 36. Grotius.

(4)

punir, imitant en cela l'exemple de DIEU même, comme le remarque (4) LIBANIUS.

(a) *Molin.* De Justit. Tractat. II. Disput. CIII. *Lorca*, Disp. CLIII. *num.* 11. *Ægid. Reg.* De act. supern. Disp. XXXI. Dub. VII. *num.* 107.
(b) *Chap.* I. de ce Livre, §. 9.
(c) *Matth.* V, 39, 40.

2. De plus, les circonstances sont quelquefois telles, (a) qu'il est non seulement louable de relâcher de son droit, mais qu'on y est même obligé par un principe de cette Charité que nous devons à tous les Hommes, sans en excepter nos Ennemis, soit qu'on la considére en elle-même, ou entant qu'elle est prescrite par la Loi très-sainte de l'Evangile. Il y a des gens pour la conservation desquels nous devons mourir, comme il (b) a été remarqué ci-dessus, plûtôt que de leur ôter la vie, lors même qu'ils nous attaquent; parce que nous savons qu'ils sont ou nécessaires ou très-utiles à la Société Humaine. Si Nôtre Seigneur veut que nous négligions certains intérêts, (c) pour éviter des Procès; il y a tout lieu de croire qu'il veut aussi que nous négligions de beaucoup plus grands intérêts, pour ne pas en venir à la Guerre, qui est infiniment plus nuisible qu'un Procès.

3. D'ordinaire même il est non seulement beau & généreux de relâcher de son droit, mais encore on y trouve son avantage propre; comme le remarque (5) St. AMBROISE. Ainsi, tout bien compté, la Sagesse veut que non seulement on ne prenne pas les armes pour un sujet peu considerable, selon le conseil qu'ARISTIDE (6) donne aux Etats; mais encore qu'on l'évite, si on peut, lors même qu'on en a de grands sujets, comme (7) XENOPHON & PHILOSTRATE (8) le donnent pour maxime.

(a) *Ephes.* IV, 32.

§. III. 1. NOUS sommes tenus, sinon en qualité d'Hommes, du moins en qualité de (1) *Chrétiens*, de pardonner facilement & de bon cœur les offenses qu'on nous a faites, de même que DIEU nous (a) pardonne nos péchez en considération de JESUS-CHRIST. Modérer sa colére, lors que celui qui nous en a donné sujet a commis contre nous des choses qui méritent la mort, c'est approcher en quelque façon de l'excellen-

(4) Ἀφιέναι τιμωρίας χαρίεν μᾶλλον, ἢ λαμβάνειν. Orat. de Sedition. Antioch.

(5) *Si quidem de suo jure virum bonum aliquid relaxare, non solum liberalitatis, sed plerumque etiam commoditatis est.* De Offic. *Lib.* II. *Cap.* XXI.

(6) Il dit, que l'on doit ceder quelque chose de médiocre, *συγχωρεῖν καὶ παριέναι ὅ, τι ἂν ᾖ μέτριον.* Et il en allégue pour raison, qu'on louë un Particulier, lors qu'il est d'un esprit accommodant, & qu'il aime mieux souffrir quelque dommage, que d'avoir procès avec quelcun: *Ὥσπερ γὰρ καὶ τῶν ἰδιωτῶν ἐπαινεῖτε τοὺς εὐγνώμονας, καὶ βλαβῆναί τινα μᾶλλον αἱρουμένους, ἢ διαφέρεσθαι περὶ παντὸς* &c. GROTIUS.

Je doute, que ce passage soit d'ARISTIDE. Je ne le trouve, ni dans la Harangue où cet Orateur exhorte les Etats de *Gréce* à la concorde, ni en aucun autre endroit. Nôtre Auteur aura peut-être écrit le nom d'un Orateur Grec pour celui d'un autre, comme, par exemple, de DION *de Pruse*.

(7) C'est dans le discours de *Callias*, aux *Lacédémoniens*: Καὶ *σωφρόνων μὲν δή που ἐστὶ, μηδ' εἰ μικρὰ τὰ διαφέροντα εἴη, πόλεμον ἀναιρεῖσθαι.* Hist. Græc. *Lib.* VI. *Cap.* III. §. 4. *Ed. Oxon.*

(8) Le passage a déja été cité, dans la *Note* 2. sur le paragraphe I.

§. III. (1) St. CHRYSOSTÔME, pour montrer que la Religion Chrétienne tient dans l'ordre tous les Hommes, & bride les Puissances même, dit qu'elle ordonne à chacun de pardonner à ceux qui l'ont offensé, & qui sont Serviteurs d'un même Maitre, que lui; afin que ce Maitre commun, en récompense d'un tel acte de bonté, use envers lui de miséricorde au grand jour du Jugement: *Μαθέτωσαν οἱ ἄπιστοι πάντες, ὅτι ὁ τοῦ Χριστοῦ φόβος πᾶσαν ἐξουσίαν δύναται χαλινοῦν. Δέξασθαί σου τὸν δεσπότην, τοῖς συνδούλοις ἀφεὶς τὰ ἁμαρτήματα, ἵνα καὶ αὐτός σε δόξῃ μείζονα· ἵνα ἡμέρᾳ σοι κατὰ τὴν τῆς κρίσεως ἡμέραν δείξῃ τὸ ὄμμα, καὶ γαληνόν, ταύτης μεμνημένος σου τῆς φιλανθρωπίας.* Orat. *de Statuis* VI. Voiez aussi ce que l'on a rapporté ci-dessus, *Chap.* XX. §. 26. à la fin. GROTIUS.

(2) *Τό γε μὴν πάντων ἀόργητον, ὑπὲρ ὧν τὸ ζῆν ὑπεύθυνον τῇ κολάσει γίνεται τῶν ἠδικηκότων, Θεοῦ φύσει προστίθη.* Antiq. Jud. Lib. II. Cap. III. pag. 49. C.

(3) *Longèque sit in suis, quàm in alienis, exorabilior injuriis. Nam quemadmodum non est magni animi, qui de alieno liberalis est, sed ille, qui, quod alteri donat, sibi detrahit: ita clementem vocabo, non in alieno dolore facilem, sed eum, qui, quum suis stimulis exagitetur, non prosilit: qui intelligit, magni animi esse, injurias in summa potentia pati, nec quidquam esse gloriosius Principe impune læso.* De Clement. *Lib.* I. *Cap.* XX. QUINTILIEN dit, qu'il faut conseiller à un Prince de chercher à aquérir de la gloire par sa douceur & sa moderation, plûtôt qu'à goûter le plaisir de la Vengeance: *Suadebimus Principi, ut laudem humanitatis, potiùs quam voluptatem ultionis concupiscat.* CICERON donne cette louange à *Jules César*, comme la principale, qu'il n'oublioit que les injures qu'on lui faisoit: *Spero etiam te, qui oblivisci nihil soles, nisi injurias* &c. (Orat. pro Ligar. Cap. XII.) *Livie* représentoit à *Auguste*, que, selon l'opinion commune des Hommes, un Prince doit punir les actions par lesquelles on fait du tort au Public; mais ne pas se venger des injures qu'on lui fait à lui-même: *Τοὺς δ' ἄρχοντας (νομίζουσιν οἱ πολλοί,) τοῖς μὲν τὸ κοινὸν ἀδικοῦσιν ἐπεξιέναι χρῆναι, τοὺς δ' ἴδιά τι εἰς αὐτοὺς πλημμελεῖν δοκοῦντας φέρειν.* DION. CASS. (Lib. LV. pag. 643. C. *Ed. H. Steph.*) *Marc Antonin* disoit, dans une Lettre au Sénat Romain, que la vengeance qu'un Empereur prend de ses injures particulieres, paroit toûjours trop rigoureuse, quelque juste qu'elle soit: *Non enim unquam placet in Imperatore vindicta sui doloris, quæ, etsi justior fuerit, acrior videtur.*

VUL-

lence de la Nature Divine, comme (2) le dit Joseph, l'Historien Juif.

2. Un Prince sur tout doit être *plus disposé à pardonner les injures qu'on lui fait à lui-même, que celles qu'on fait à autrui; persuadé*, comme le dit (3) Seneque, *qu'il est digne d'une grande Ame* (4) *de souffrir les injures, quoi que l'on soit fort puissant; & qu'il n'y a rien de plus glorieux, qu'un Prince impunément offensé.* L'Ecriture Sainte nous fournit des exemples de cette excellente Vertu, en la personne de (b) *Moïse*, & en celle de (c) *David*. (b) *Nombres*, XI, 10, & *suiv.* (c) *II. Sam.* XVI, 7.

3. On y est d'autant plus obligé, lors que l'on se sent coupable soi-même de quelque faute, (d) ou que celle qui a été commise contre nous vient d'une foiblesse humaine & par conséquent excusable, ou enfin que l'Offenseur donne des marques (5) suffisantes de repentir. (d) *Dried.* de Libert. Christ. *Lib.* II. *Cap.* VI.

§. IV. 1. Outre ces raisons tirées de la Charité que nous devons avoir, ou que du moins nous faisons bien d'exercer envers nos Ennemis mêmes; nôtre propre intérêt, ou celui des nôtres, (1) nous met souvent dans l'obligation de ne pas en venir aux armes. Plutarque dit que parmi les anciens *Romains*, lors que les Prêtres, nommez *Féciaux*, avoient conclu que l'on pouvoit justement entreprendre la Guerre, le Sénat examinoit encore, (2) s'il étoit avantageux de s'y engager. Nôtre Seigneur Jesus-Christ, dans une de ses Paraboles, (a) nous représente un Roi, qui, avant que de se mettre en campagne contre un autre Roi, s'assied, comme font ceux qui délibérent avec soin, pour examiner en lui-même, si, avec dix-mille hommes qu'il a, il pourra tenir tête à son Ennemi, qui en a le double: & voiant qu'il n'est pas assez fort, envoie à cet autre Prince, sans attendre qu'il soit entré dans ses Etats, une Ambassade pour traiter de paix avec lui. Il faut peser ses forces, & penser en même tems aux hazards de la Guerre, selon ce qui est dit dans (3) Tite Live, & dans (4) Thucydide. *Quand on* (a) *Luc*, XIV, 31, & *suiv.*

Vulcatius Gallican. Vit. Avid. Cassii (Cap. XII.) St. Ambroise loüe *Théodose*, d'avoir pardonné à ceux d'*Antioche* l'offense qu'ils lui avoient faite: Antiochenis *tuam donasti injuriam.* Epist. *ad Theodos.* Et l'Orateur Themistius louant le même Empereur, dit, qu'un bon Prince doit se montrer au dessus de ceux qui l'ont offensé, non en leur faisant du mal à son tour, mais en leur faisant du bien: Ὅτι οὐκ ἀντιβλάπτοντα χρὴ τὸν ἀγαθὸν βασιλέα, ἀλλ' εὐεργετοῦντα μείζω φαίνεσθαι τῶν ἠδικηκότων. Orat. de laudib. ad Senat. St. Chrysostôme dit, que la Clémence est glorieuse à tous les Hommes, mais sur tout aux Souverains; n'y aiant rien de plus beau, que de savoir se moderer, & de prendre la Loi de Dieu pour régle de ses actions, lors qu'on peut, comme les Rois, faire tout ce que l'on veut: Ἅπαντα μὲν γὰρ ἄνθρωπον τοῦτο κοσμεῖν δύναται· διαφερόντως δὲ τοὺς ἐν ἐξουσίαις. τὸ γὰρ πάντα ποιεῖν ἐπιτρεπόμενον τῆς βασιλείας, κατέχειν ἑαυτὸν, καὶ τὸν τοῦ Θεοῦ νόμον ἡγεμόνα ποιεῖσθαι τῆς ἐξουσίας, ἔχει μὲν εἰς εὐφημίαν καὶ δόξαν. De laud. Clement. St. Augustin exhorte le Comte *Boniface* à pardonner, aussi tôt que ceux qui l'ont offensé lui en demandent pardon: *Memento cito ignoscere, si quis in te peccaverit, & veniam postulaverit* &c. Epist. CCV. Grotius.

(4) Aristote donne pour un des caractéres du *Magnanime*, qu'il oublie les injures: Οὐδὲ μνησίκακος· οὐ γὰρ μεγαλοψύχου τὸ ἀπομνημονεύειν, ἄλλως τε καὶ κακά. (Ethic. Nicom. Lib. IV. Cap. VIII. pag. 51. C. Tom. II. *Ed. Paris.*) Cicéron dit, suivant cela, qu'il n'y a rien de plus digne d'un Grand Homme, que d'être facile à appaiser, & clément: *Nihil enim laudabilius, nihil magno & praeclaro viro dignius placabilitate, atque clementia.* De Offic. *Lib.* I. (Cap. XXV.) Grotius.

(5) Voiez un passage de Cicéron, qui a été déja cité ci-dessus, *Chap.* XX. §. 19. *num.* 3. Seneque dit, que le Sage relâche bien des choses, & qu'il laisse vivre bien des Coupables, lors qu'ils paroissent disposez à se corriger: *Sapiens multa remittet: multos parum sani, sed sanabilis ingenii, servabit.* De Clement. Lib. II. Cap. VII. Procope remarque, que pour l'ordinaire un repentir survenu à tems désarme la personne offensée, & l'engage à pardonner: Μεταμέλος γὰρ ἐν δέοντι ἐπιπεσὼν ὀλιγωρηθέντων, συγγνώμονας αὐτοῖς τοὺς ἠδικημένους ποιεῖ εἶναι. Vandalic. Lib. II. Grotius.

§. IV. (1) Les *Goths* représentoient à *Belisaire*, que les Souverains de l'une & de l'autre Nation ne devoient pas sacrifier à leur propre gloire la conservation de leurs Sujets, mais préferer ce qui étoit juste & utile, non seulement à eux, mais encore à leurs Ennemis: Ὅταν δὲ αὐτὰ ὅπως ἔχῃ, τοὺς ἑκατέρων ἡγουμένους προσήκει μὴ δόξης τῆς οἰκείας τὴν τῶν ἀρχομένων σωτηρίαν προΐεσθαι· ἀλλὰ τά τε δίκαια, τά τε ξύμφορα, οὐ σφίσιν αὐτοῖς μόνον, ἀλλὰ καὶ τοῖς σφῶν ἐναντίοις ἑλέσθαι. Gothic. Lib. II. (Cap. VI.) Grotius.

(2) Plutarque parle du Roi: Ἀλλὰ παρὰ τούτων ἔδει τὴν ἀρχὴν τοῦ πολέμου δεξάμενον, ὡς δίκαιον, τὸν ἄρχοντα, τότε σκοπεῖν περὶ τοῦ συμφέροντος. In Vit Num. *pag.* 68. B. Tom I. *Ed. Wech.* Nôtre Auteur cite ici, dans une Note, un passage de Thucydide, qui se trouve deja rapporté ci-dessus, *Chap.* XX. §. 4. *num.* 1.

(3) Dans la Harangue d'*Hannibal* à *Scipion*: *Quum tuas vires, tum vim fortunae, Martemque belli communem, propone animo.* Lib. XXX. Cap. XXX. *num.* 20.

(4) Ce sont les Ambassadeurs d'*Athénes*, qui parlent aux *Lacedémoniens*: Τοῦ δὲ πολέμου τὸν παράλογον, ὅσος ἐστὶ, πρὶν ἐν αὐτῷ γενέσθαι, προδιάγνωτε. Lib. I. Cap. LXXVIII. *Edit. Oxon.* Nôtre Auteur, pour avoir cité ce passage sur la foi de Stobée, (*Floril.* Tit L.) le rapporte un peu autrement à l'égard des termes, qu'il n'est conçû dans l'Original

on délibére sur la Guerre, personne ne pense qu'il court risque d'y mourir, on jette tout le danger sur les autres. Mais si, avant que de donner son suffrage, on eût eu la mort présente à ses yeux, on auroit évité de courir en furieux à sa ruine: c'est ce qu'EURIPIDE (5) dit des *Grecs*, & qu'on peut bien appliquer à tous les autres Etats.

(b) *Plutarch.* In Vit. Camill. pag. 149. Tom. I. *Ed. Wech.* T. *Liv.* Lib. VI. Cap. 26.

2. Aussi y en a-t-il eu, qui ont pris cette sage précaution. Les *Tusculans*, (b) en souffrant tout, & ne refusant rien, obtinrent la paix des *Romains*. En vain un Général Romain chercha-t-il querelle aux *Eduéns*, au commencement de l'Empire d'*Othon*: ce Peuple ne se contenta pas de donner de l'argent, & des armes, qu'on lui demandoit, il fournit encore des vivres, sans exiger qu'on les lui paiât; comme nous l'apprenons de (6) TACITE. La Reine *Amalazonthe* dit aux Ambassadeurs de l'Empereur *Justinien*, (c) qu'elle ne vouloit point avoir de guerre avec lui.

(c) Voiez *Procop.* Vandal. *Lib.* II. Cap. 5. & *Gothic.* Lib. I. Cap. 3.

(d) *Geograph.* Lib. VII. pag. 462. *Ed. Amst.* (301. *Ed. Paris.*)

3. On peut aussi prendre un milieu en ces cas-là, comme fit autrefois, au rapport de (d) STRABON, *Syrmus*, Roi des *Triballiens*. *Aléxandre le Grand* vouloit entrer dans l'Ile de *Peuce*; il l'en empêcha, & lui envoia en même tems des présens honorables, pour lui montrer que ce qu'il en faisoit, c'étoit par une juste crainte, & non par aucune haine ou aucun mépris qu'il eût pour lui.

§. V. 1. ON délibére, en partie sur les fins (j'entens, sur les (1) fins subordonnées, & non pas sur les derniéres) en partie sur les moiens nécessaires pour y parvenir. La *Fin* que l'on se propose, est toûjours quelque Bien, ou du moins l'éloignement de quelque Mal, ce qui tient souvent lieu de Bien. Les *Moiens* ne sont pas recherchez pour eux-mêmes, mais entant qu'ils ménent à la Fin, de l'une ou de l'autre maniére. Ainsi, dans toute délibération, il faut comparer non seulement les Fins les unes avec les autres, mais encore la vertu qu'ont les Moiens pour faire obtenir ces Fins. Car, comme ARISTOTE l'a très-bien remarqué, (2) *les Propositions qui roulent sur quelque action, sont de deux sortes: les unes, où il s'agit de ce qui est Bon; les autres, où il s'agit de ce qui est possible.*

2. Pour faire cette comparaison, il y a trois (3) Régles à observer. I. Si la chose, dont il s'agit, paroît, à en juger moralement, avoir autant de disposition à produire du Mal, qu'à produire du Bien, il ne faut s'y déterminer, (4) qu'au cas que le Bien qu'on en espére, renferme, pour ainsi dire, un plus grand degré de Bien, que le Mal qu'on en appréhende ne renferme de Mal.

3. II. Si le Bien & le Mal, qui peuvent provenir de la chose dont il est question, paroissent égaux; il ne faut s'y déterminer, qu'au cas que l'on y voie plus de disposition

(5) Ὅταν γὰρ ἔλθῃ πόλεμος εἰς ψῆφον πόλεως,
Οὐδεὶς ἔθ' αὑτῷ θάνατον ἐκλογίζεται·
Τὸ δυστυχὲς δὲ τοῦτ' ἐς ἄλλον ἐκτρέπει.
Εἰ δ' ἦν παρ' ὄμμα θάνατος ἐν ψήφου φορᾷ,
Οὐκ ἄν ποθ' Ἑλλὰς δοριμανὴς ἀπώλετο.
Supplic. *vers.* 481, *& seqq.*

(6) *Frustra adversus Æduos quæsita belli caussa. jussi pecuniam atque arma deferre, gratuitos insuper commeatus præbuére.* (Hist. Lib. I. Cap. LXIV. *num.* 5.) Sous l'Empire de *Septimius Severus*, un Roi d'*Arménie* prévint la Guerre dont cet Empereur le menaçoit, en lui envoiant de lui-même des Otages, avec des présens. Voiez HERODIEN, Lib. III. (Cap. IX. *num.* 3. *Ed. Boecl.*) GROTIUS.

§. V. (1) Ces Fins subordonnées peuvent être regardées comme des Moiens, par rapport à la derniére.

(2) Αἱ δὲ προτάσεις αἱ ποιητικαὶ διὰ δύο εἰδῶν γίνονται, διά τε τοῦ ἀγαθοῦ, καὶ διὰ τοῦ δυνατοῦ. De Animalium motione, *Cap.* VII. pag. 705. D. Tom. I. *Ed. Paris.*

(3) Voiez l'explication de ces Régles, dans PUFENDORF, *Droit de la Nat. & des Gens*, Liv. I. Chap. II. §. 7.

(4) C'est ce que l'Orateur ARISTIDE exprime ainsi: „ Quand l'avantage qu'on espére est moindre, „ que le mal qu'on a à craindre, il vaut mieux alors „ faire la paix. Οὐκοῦν ὅτ' ἔλαττον τοῦ δυσχεροῦς τἀγαθόν, κρεῖττον διαλλαχθαι. [Orat. I. *De Pace*, Tom. II. *pag.* 63. B. *Ed. P. Steph.*] ANDRONIC *de Rhodes*, faisant le portrait du Magnanime, dit qu'il ne s'expose aux dangers, que pour des sujets fort considérables. [Οὐ γὰρ συνεχῶς εἰς κινδύνους ἑαυτὸν ἐμβάλλει, διὰ τὸ μὴ τιμᾶν τὰ τυχόντα, καὶ μικρῶν τινῶν καὶ ὀλίγων προκινδυνεύειν· μεγαλοκίνδυνος δὲ &c. Paraphr. in Ethic. Nicom. *Lib.* IV. *Cap.* V. pag. 219.] GROTIUS.

(5) *Narsès* applique sagement cette régle, dans PROCOPE, *Gothic.* Lib. II. (Cap. XVIII.) GROTIUS.

(6) J'ai déja remarqué, dans mes Notes sur PUFENDORF, à l'endroit qui vient d'être cotté, qu'il y a ici dans l'Original, *comparata ad malum*, pour *comparata* efficaciæ *ad malum.* Cette omission étoit déja dans la prémiére Edition; & on l'a laissée passer, comme quelques autres fautes semblables, dans toutes les revisions & les Editions suivantes. Mais mon Edition a rétabli ici le Texte, comme le demandoit la pensée &

tion à produire le Bien, qu'à produire le Mal.

4. III. Si le Bien & le Mal paroissent inégaux, aussi bien que la disposition des choses à produire l'un & l'autre; il ne faut se déterminer à ce dont il s'agit, qu'au cas (5) que la disposition à produire du Bien, comparée avec la disposition opposée, la surpasse à proportion plus considérablement, que le Mal ne surpasse le Bien; ou au cas que le Bien, comparé au Mal, soit plus considérable, que la disposition de la chose à produire du Mal, comparée avec (6) la disposition à produire du Bien.

5. CICERON établit des maximes, qui ne sont pas à la vérité aussi précises & aussi exactes que les Régles que nous venons de poser, mais qui ménent là & qui sont même conçuës d'une maniére qui est plus à la portée de tout le monde. (7) *Il n'y a rien*, dit-il, *de plus insensé, que de s'exposer sans sujet aux dangers. Quand on s'y expose, il faut imiter les Médecins, qui ne donnent que des remédes bénins à ceux qui sont peu malades; mais qui, dans les grandes maladies, sont contraints de hazarder des remédes incertains & dangereux. C'est une folie, de souhaitter la Tempête, pendant qu'on jouït du Calme: mais il est d'un Homme sage, lors que la Tempête est survenuë, de mettre tout en usage pour y remédier; sur tout si le bien que l'on pourra procurer, en la dissipant, est plus grand, que le mal qui revient du trouble.* LORS *qu'il n'y a pas grand' chose à gagner*, (8) dit ailleurs le même Auteur, *& qu'au contraire, pour peu qu'on réüssisse mal, on en recevra beaucoup de préjudice, à quoi bon en courir le risque?* DION *de Pruse* (9), & ARISTIDE (10), deux autres Orateurs, raisonnent aussi sur le même principe. Donnons-en un exemple.

§. VI. 1. TACITE (1) nous apprend, que les divers Etats de la *Gaule* déliberérent entr'eux, *s'ils travailleroient à conserver leur liberté, ou à rechercher la paix?* Par la *Liberté*, il faut entendre ici la Liberté Civile, c'est-à-dire, le droit de gouverner l'Etat par soi-même: droit, qui est plein & entier dans un Etat Démocratique; & tempéré, dans un Etat Aristocratique, sur tout dans ceux où aucun Citoien n'est exclu des Charges. Et la Paix, dont il s'agit, est une Paix par laquelle on se rachete d'une (2) Guerre sanglante, qui est telle, qu'à bien considerer ce que l'on peut prevoir de l'événement, elle semble ne menacer de guéres moins que de l'entiére ruïne du Peuple; comme quand *Jérusalem* étoit assiégée par l'Empereur *Titus*.

2. Personne n'ignore, quel seroit ici l'avis d'un *Caton*, qui aima mieux mourir, que de se résoudre à subir la domination d'une seule personne. C'est à quoi tendent plusieurs sentences qu'on trouve dans les Auteurs, comme ce que dit un Poëte, (3) *Qu'il n'est*

& l'intention de l'Auteur.

(7) *Sed fugiendum etiam illud, ne offeramus nos periculis sine caussâ: quo nihil potest esse stultius. Quapropter in adeundis periculis consuetudo imitanda Medicorum est, qui leviter ægrotantes leniter curant; gravioribus autem morbis periculosas curationes & ancipites adhibere coguntur. Quare in tranquillo tempestatem adversam optare, dementis est: subvenire autem tempestati quavis ratione, sapientis; eoque magis, si plus adipiscare, re explicatâ, boni, quàm addubitatâ, mali.* De Offic. Lib. I. Cap. XXIV.

(8) *Ubi enim* ἐπίτευγμα *magnum nullum fieri possit;* ἀπότευγμα, *vel non magnum, molestum futurum sit: quid opus est* παρακινδυνεύειν? Lib. XIII. Epist. ad Attic. XXVII.

(9) Que l'injure, dit-il, qu'on a reçuë, soit sensible & criante tant qu'il vous plaira: il ne faut pas pour cela s'exposer soi-même à de fâcheux inconvéniens: Ἔστω δεινὸν καὶ ἄδικον· ἀλλ' οὐκ εἴ τι μὴ δίκαιον συμβαίνει, δεῖ πρὸς τοῦτο φιλονεικοῦντας αὑτοὺς περιβάλλειν ἀτόπῳ τινί. Il se sert, un peu plus bas, de cette comparaison: Quand un fardeau est insupportable, on cherche à s'en décharger incessamment: mais quand la charge est médiocrement pesante, & qu'on voit qu'il faut nécessairement la porter, ou une autre plus pesante; on se résout alors à marcher le plus légérement qu'il est possible: Ὥσπερ, οἶμαι, τὰ βάρη ταῦτ', ἂν μὲν σφόδρα πιέζῃ, καὶ ἀνέχεσθαι μὴ δυνάμεθα, ζητοῦμεν ὡς τάχιστα ἀπορρίψαι· μετρίως δὲ ἐνοχλούμενοι, καὶ ὁρῶντες ἀνάγκην οὖσαν φέρειν ἢ τοῦτο, ἢ τούτου μεῖζον ἕτερον, σκοποῦμεν ὡς κουφότατα ἐπιθέσθαι. Orat. Tars. II.

(10) Lors, dit-il, que ce qu'on a lieu de craindre est plus fâcheux, que ce qu'on espére n'est avantageux, ne doit-on pas éviter de s'exposer au danger? Ὅτε τοίνυν μεῖζον ὁ φόβος τῆς ἐλπίδος, πῶς οὐκ ἄξιον φυλάξασθαι; Orat. Sic. II. *Tom.* II. pag. 52. D.

§. VI. (1) Le passage a été rapporté ci-dessus, *Liv.* I. *Chap.* IV. §. 19.

(2) Nôtre Auteur cite ici un passage de CICERON, conçû en termes Grecs, qui a été cité au même endroit que je viens d'indiquer.

(3) C'est LUCAIN, qui dit cela:

Non tamen ignava, post hæc exempla virorum,
Percipient gentes, quàm sit non ardua virtus
Servitium fugisse manu . . . .

Pharsal. *Lib.* IV. *vers.* 575, *& seqq.*

(4) Ils

n'est pas difficile d'éviter l'Esclavage, en prenant la généreuse résolution de vaincre ou de mourir.

3. Mais la droite Raison tient un autre langage. Elle nous dit, que la Vie, qui est le fondement de tous les Biens Temporels, & qui nous fournit occasion de travailler à aquérir les Biens Eternels, vaut mieux que la Liberté, soit que vous consideriez l'une & l'autre dans une seule personne, ou dans un Corps de Peuple. C'est pourquoi DIEU lui-même, lors qu'au lieu de faire périr les Hommes, il les livre à l'Esclavage, veut (a) qu'on regarde cela comme un effet de sa Bonté. Et il conseilla aux *Juifs*, par la bouche (b) d'un de ses Prophétes, de se soûmettre à l'Esclavage des *Babyloniens*, pour éviter de mourir par la famine ou par la peste. Ainsi, quelques éloges que les Anciens aient donnez aux *Sagontins*, (c) la résolution (4) desespérée qu'ils prirent, lors qu'ils étoient assiégez par *Hannibal*, n'est point à approuver, non plus que tout ce qui tend-là. Car la destruction d'un Peuple doit être regardée ici comme le plus grand de tous les Maux. CICERON donne (5) pour exemple d'un cas de Nécessité, l'état des *Casiliniens*, qui furent contraints de se rendre à *Hannibal*: mais c'étoit avec cette alternative, s'ils (6) n'aimoient mieux mourir de faim. DIODORE *de Sicile*, parlant des *Thébains* qui vivoient du tems d'*Aléxandre le Grand*, (7) juge, qu'*ils se montrérent plus courageux, que sages, en attirant la ruine entiére de leur Patrie.* PLUTARQUE porte un semblable jugement de *Caton*, dont nous avons parlé un peu plus haut, & de *Scipion*: (8) *Ils sont blâmables*, dit-il, *d'avoir causé sans nécessité la perte d'un grand nombre de gens.*

(a) *II. Croniq.* XII, 7, 8.

(b) *Jérém.* XXVII, 13.

(c) Voiez *St. Augustin*, De Civit. Dei, *Lib.* XXII. Cap. VI.

4. Ce que j'ai dit de la Liberté, il faut le dire aussi des autres choses que nous aimons, & qui sont l'objet innocent de nos désirs: on doit les sacrifier, lors que l'on a autant ou plus de sujet de craindre un plus grand mal. Car, comme le dit trés-bien l'Orateur ARISTIDE, (9) pour sauver un Vaisseau, c'est la coûtume de jetter dans la Mer les marchandises, & non pas les personnes qu'il porte.

§. VII. 1. UNE autre chose qu'il faut bien remarquer, en matiére des Guerres qui ont

(4) Ils se brûlérent, avec leurs Femmes, leurs Enfans, & toutes leurs richesses. Voiez TITE LIVE, Lib. XXI. Cap. XIV. Nôtre Auteur cite ici, sans dire de qui il est, un vers, qui fait partie du discours que LUCAIN met dans la bouche des Députez de *Marseille*, parlans à *César*. Le voici, avec celui qui précéde:

Nec pavet hic populus pro libertate subire
Obsessum Pœno gessit quod Marte Saguntum.

Lib. III. vers. 349, 350.

(5) *Atque etiam hæc mihi videor dicere, esse quasdam cum adjunctione necessitudines; quasdam simplices & absolutas. Nam aliter dicere solemus:* Necesse est *Casilinenses* se dedere *Annibali*; *aliter autem:* Necesse est *Casilinum* venire in *Annibalis* potestatem. *Illic in superiore adjunctio est hæc; Nisi malint fame perire. Si enim id malunt, non necesse est.* De Invent. Lib. II. Cap. LVII.

(6) *Anaxilas*, qui avoit rendu la Ville de *Byzance*, à cause de la famine, se justifia par là. Il dit, que les Hommes devoient combattre contre les Hommes, & non pas contre la Nature. C'est ce que rapporte XE'NOPHON (*Hist. Græc.* Lib. I. Cap. III. §. 12.) PROCOPE remarque, qu'on ne louë point, parmi les Hommes, ceux qui courent à la mort, tant qu'il y a quelque espérance qui paroît plus grande que le danger: Οὐ γὰρ ἐπαινοῦσι τὴν ἑκούσιον τελευτὴν ἄνθρωποι, ἕως ἄν τις ὁρᾶσθαι κρείσσων τοῦ κατ' αὐτὴν κινδύνου ἐλπίς. Gotthic. *Lib.* IV. (seu *Hist. Misc.* Cap. XII. dans la Harangue que *Bessas* fait à la Garnison d'une Citadelle, pour l'exhorter à se rendre.) Un Poëte Allemand fait dire à *Guy Blandrate*, dans un Discours à ceux de *Milan*, qu'aucun Homme de bon-sens n'aime sa liberté, plus que sa vie; & que ce n'est pas amour de la Liberté, mais vaine gloire, de s'exposer à une perte certaine, que l'on peut éviter:

Omnia securi pro libertate feremus.
Sed libertatem contemtâ nemo salute
Sanus amat: neque enim certa susceptio cladis,
Quam vitare queas, nisi cum ratione Salutis,
Libertatis amor, sed gloria vana putanda est.

GUNTHER. Ligurin. (*Lib.* VIII. pag. 397. *Edit. Reuber.*) GROTIUS.

Il est bien vrai, qu'*Anaxilas* s'excusa sur la famine, qui pressoit la Ville: mais la sentence que nôtre Auteur lui prête, ne se voit point dans l'endroit de XE'NOPHON, que j'ai noté, où il est parlé de ce Commandant de *Byzance*. Je m'imagine, que nôtre Auteur a confondu dans son esprit ce que le même Historien fait dire à *Cyrus*, Qu'il n'y a point d'homme assez vaillant & assez vigoureux, pour combattre contre la Faim & le Froid: Τίς ἂν οὕτω ἀγαθὸς, ἢ τίς οὕτω ἰσχυρὸς, ὃς λιμῷ καὶ ῥίγει δύναιτ' ἂν μαχόμενος στρατεύεσθαι. Cyrop. Lib. VI. Cap. I. §. 10.

(7) Τοῖς πράγμασιν ἀνδρειότερον μᾶλλον ἢ φρονιμώτερον χρησάμενοι, περιέπεσον εἰς πανώλεθρον τῆς πατρίδος ὄλεθρον. Lib. XVII. (Cap. X.) Le même Historien parlant de la Guerre, que les *Athéniens* entreprirent, aprés la mort d'*Aléxandre le Grand*, dit, qu'au jugement des plus sages, ils avoient bien par là travaillé à aquérir de la gloire, mais non pas pensé à leur intérêt: Πρὸς εὐδοξίαν εὖ βεβουλεῦσθαι, τοῦ δὲ συμφέροντος διημαρτηκέναι. C'est que, comme on l'ajoûte un peu plus

ont pour but de punir ceux contre qui on prend les armes, c'est de ne s'engager jamais dans une telle Guerre, lors que celui qu'on veut attaquer est aussi fort, que nous. (a) Un Juge Civil doit être beaucoup plus fort, que le Criminel qu'il condamne: il en est de même d'une Puissance, qui prend les armes pour punir les crimes d'une autre.

(a) *Cajetan.* II. 2. Quæst. XCV. Art. 8.

2. Et ce n'est pas seulement par prudence, ou par charité envers ses Sujets, qu'on doit s'abstenir d'une Guerre dangereuse; on y est souvent obligé (b) par la Justice même, c'est-à-dire, par la Justice du Gouvernement, laquelle, par une suite de la nature même du Gouvernement, oblige le Supérieur à avoir soin de ses Inférieurs, autant que les Inférieurs à lui obéir.

(b) *Molin.* De Instit. *Tract.* I. Cap. CII.

3. D'où il s'ensuit, comme les Théologiens l'enseignent avec raison, qu'un Roi qui entreprend la Guerre pour de legers sujets, ou pour venger sans nécessité quelque offense, dont il ne peut tirer raison sans s'exposer à un grand danger, est tenu de reparer les dommages que ses Sujets en souffrent. Car quoi qu'en ce cas-là il ne fasse aucun tort à l'Ennemi, il en fait un très-réel à ses Sujets, en attirant sur eux de si grands maux pour de tels sujets. En un mot, comme le dit Tite Live, (1) *la Guerre n'est juste, que lors qu'elle est nécessaire, & qu'on n'a d'autre ressource que dans les Armes.*

§. VIII. Il arrive donc rarement que le sujet de Guerre qu'on a soit tel, (1) qu'on ne puisse ou qu'on ne doive pas le négliger. Cela a lieu, lors que, comme parle Florus, (2) toute la justice qu'on a à attendre est plus cruelle, que les Armes mêmes. Senéque remarque, (3) *qu'on se jette dans les dangers, lors qu'en demeurant les bras croisez on auroit autant à craindre.* Ajoûtons, & à plus forte raison, quand on auroit à craindre quelque chose de pis, selon la maxime (4) d'Aristide. *On fait bien*, ainsi que le dit (5) Tacite, *de préferer la Guerre à une misérable Paix*; c'est-à-dire, *lors que*, comme le même Historien s'exprime ailleurs, (6) *les choses sont dans une telle situation, que, si l'on est vaincu, on n'en sera pas*

plus bas, il n'y avoit point alors de nécessité de s'exposer aux hazards de la Guerre, *ἀνακινδυνεύειν μεθ᾽ ἡμῶν ἀνάγκης κατεπειγούσης*· Dequoi ils auroient dû être détournez par l'exemple des *Thébains*. (Lib. XVIII. Cap. X.) Grotius.

(8) Αἰτίαν ἔχουσιν, ὡς πολλάκις καὶ ἀγαθοὺς ἄνδρας ἐν λόγῳ παρανάλωσαντες. Ceci se trouve dans la Vie d'*Othon*, pag. 1072. D.

(9) Voici apparemment le passage, que nôtre Auteur a eu dans l'esprit. Cet Orateur dit, qu'un Maître de Vaisseau ne peut commander à aucune des personnes de l'équipage de se jetter dans la Mer, mais seulement de jetter les marchandises dans la Mer, pour sauver les personnes: Οὐκ ἔνι τῷ κυβερνήτῃ πρὸς οὐδένα τῶν ἐμπλεόντων εἰπεῖν, ὅτι χρὴ τοῦ θανάτου καταφρονῆσαι, οὐδ᾽ ὅτι ἐξαναστάντες αὐτὸν εἰς τὴν θάλατταν ῥίψαι· ἀλλ᾽ ὅσον τῶν σκευῶν ἐκβαλεῖν, καὶ ταῦτα ὑπὲρ σωτηρίας τῶν σωμάτων. Orat. Platonic. II. Tom. III pag. 283. B.

§. VII. (1) *Justum est bellum*, Samnites, *quibus necessarium: & pia arma, quibus nulla, nisi in armis, relinquitur spes.* Lib. IX. (Cap. I. *num.* 10.) Ovide souhaitte, qu'on ne fasse la Guerre que pour sa propre défense:

Sola gerat miles, quibus arma coërceat, arma.

Fastor Lib I. (vers. 715.) Grotius.

§. VIII. (1) Le Grammairien Servius suppose, qu'il n'y en a aucun de si juste, que l'on doive l'embrasser. C'est en expliquant un vers de Virgile, où le Poëte dit, que les Dieux avoient pitie de la vaine colére des deux Partis Ennemis, & du peu de repos que les Hommes se donnent:

Di Jovis *in tectis iram miserantur inanem*
Amborum, & tantos mortalibus esse labores.

Iram miserantur inanem] *Generaliter dicit omnem iram bellicam. ubi enim tam inanis iracundia est, quàm in bello, ubi, ut pereamus, irascimur? Aut quia nulla caussa tam justa est, ut propterea bellum geri debeat. nam leo ait,* et tantos mortalibus esse labores. In Æneid. X. (vers. 758, 759.) Grotius.

(2) Il n'y a ici que l'expression qui convienne, & cela dans un sens différent de celui de l'Historien. Il s'agit de *Quintilius Varus*, Genéral Romain, qui rendoit la Justice aux *Germains* nouvellement vaincus, d'une maniére qu'ils trouvoient plus cruelle que la Guerre; ce qui les obligea à se revolter, sous la conduite d'*Arminius*: *Ut primum togas, & saviora armis jura viderunt, duce* Arminio *arma corripiunt.* Lib. IV. Cap. XII. *num.* 32.

(3) *Incurri in pericula, ubi quiescenti paria metuuntur.* Voila comment nôtre Auteur cite ce passage, que je ne trouve nulle part.

(4) C'est dans sa *prémiére Harangue touchant la Paix*: Τότε γὰρ χρὴ, κἂν ἄδηλον ᾖ τὸ μέλλον, αἱρεῖσθαι κινδυνεύειν, ὅταν τὸ τὴν ἡσυχίαν ἄγειν φανερῶς χεῖρον ᾖ. Tom. II. pag. 67. B.

(5) *Miseram pacem vel bello bene mutari.* Annal. Lib. III. Cap. XLIV. *num.* 5.

(6) *Denique ausos aut Libertas sequetur, aut victi iidem erimus.* Hist. Lib. IV. Cap. XXXII. *num.* 6.

(7) C'est

pas plus malheureux; *au lieu que, si une courageuse résolution est suivie d'un bon succès, on gagnera sa liberté.* Ou, pour me servir des paroles de TITE LIVE, (7) *lors que la Paix avec l'Esclavage est plus insupportable, que la Guerre avec la Liberté.* Mais il n'en est pas de même, quand il y a lieu de craindre qu'on ne périsse, si l'on a du dessous, & qu'au contraire, si l'on est vainqueur, on ne laisse pas d'être Esclave. C'est un cas proposé & décidé comme il faut par (8) CICERON.

§. IX. 1. UNE autre occasion, où l'on peut entreprendre la Guerre en bonne conscience, c'est lors qu'après avoir tout bien examiné, on trouve qu'avec une cause juste, & dont le maintien est de très-grande importance, on a de son côté des forces supérieures. C'étoit la maxime d'*Auguste*, (1) *Qu'on ne doit en venir à la Guerre, que quand il y a plus d'apparence d'y gagner, que d'y perdre.* Et l'on peut appliquer ici assez bien, ce que (2) *Scipion l'Africain* & (3) *Emilius Paulus* disoient d'une Bataille, *qu'il ne faut s'y engager que* (4) *dans une grande nécessité, ou lors qu'on en trouve une occasion très-favorable.*

2. Ce que je viens de dire, doit être sur tout observé, quand il y a lieu d'esperer que l'on pourra venir à bout de ses desseins par la (5) crainte & le bruit de ses préparatifs, sans courir que peu ou point de risque; comme (a) *Dion* conseilloit d'en user, pour délivrer *Syracuse*. Selon (6) PLINE *le Jeune, c'est la plus belle des victoires, que de domter son Ennemi en l'intimidant.*

(a) *Diod. Sic.* Lib. XVI. Cap. XVII.

§. X. 1. POUR nous convaincre, combien les avis que nous donnons sont raisonnables, considerons que la Guerre est une chose très-cruelle, comme le dit (1) PLUTARQUE, & qui entraîne après soi une infinité d'injustices & de violences. Voici là-dessus des pensées de St. AUGUSTIN: (2) *Si je voulois faire un détail exact des malheurs horribles & en grand nombre, auxquels on est exposé, des cruelles nécessitez auxquelles on est réduit par la Guerre; outre que je ne pourrois pas m'en aquitter comme il*

(7) C'est ce que disent les *Samnites*, prêts à secouer le joug des *Romains*: *Rebellasse, quid pax servientibus gravior, quàm liberis bellum esset.* Lib. X. Cap. XVI. *num.* 5.

(8) Il parle du parti qu'il y avoit à prendre, dans la Guerre entre *César* & *Pompée*: *Depugna, inquis, potiùs quàm servias. Ut quid? Si victus eris, proscribare? Si viceris, tamen servias?* Lib. VII. *ad Attic.* Epist. VII.

§. IX. (1) Il parle & de l'entreprise de la Guerre, & des Batailles qu'on donne, quand on a une fois pris les armes: *Prælium quidem aut bellum suscipiendum omnino negabat, nisi quum major emolumenti spes, quàm damni metus ostenderetur.* SUETON. in Aug. *Cap.* XXV.

(2) *Idem* [Scipio Africanus] *negabat, aliter cum hoste confligi debere, quàm si aut occasio obvenisset, aut necessitas incidisset.* VALER. MAXIM. Lib. VII. Cap. II. *num.* 2.

(3) *In quo de* Publio Africano, Pauli *filio, ita scriptum est:* Num se patrem suum audisse dicere *L. Æmilium Paulum*, nimis bonum Imperatorem signis collatis non decertare, nisi summa necessitudo, aut summa ei occasio data esset. AUL. GELL. *Noct. Attic.* Lib. XIII. Cap. III.

(4) PLUTARQUE donne pour maxime, qu'il n'est ni d'un sage Médecin, ni d'un bon Politique, d'en venir au fer, si ce n'est dans une extrême nécessité: Οὐ γὰρ ἄνευ τῆς ἐσχάτης ἀνάγκης ὑπομένειν σίδηρον, οὔτε ἰατρικὸν, οὔτε πολιτικὸν, ἀλλ' ἀτεχνίας μὲν ἀμφότερα &c. Vita Gracchor. *pag.* 845. A. Tom. I. *Ed. Wech.* L'Empereur *Marcien* disoit ordinairement, qu'un Prince ne doit point prendre les armes, tant qu'il peut demeurer en paix: Μὴ δεῖν ὅπλα Βασιλέα κινεῖν, ἕως εἰρηνεύειν ἐξόν. ZONAR. *in Marcian.* Tom. III. St. AUGUSTIN dit, qu'on doit entretenir & rétablir la Paix volontairement, mais ne faire la Guerre que par nécessité; afin que DIEU nous délivre de cette nécessité, & nous maintienne en paix: *Pacem habere, voluntatis est: bellum autem debet esse necessitatis, ut liberet* DEUS *à necessitate, & conservet in pace.* Epist. L. *Ad Bonifac.* GROTIUS.

Le dernier passage n'est pas de la Lettre L. mais de la CCV. écrite au même *Boniface*; & il y a même quelque difference, pour les termes, dans les Editions que j'ai vuës.

(5) PLINE remarque, que les Lions, quand on les attaque, se contentent, pendant long tems, d'inspirer de la terreur par leur contenance fiére & menaçante, temoignant en quelque façon par là qu'on les force à en venir aux prises: *Generositas in periculis maximè deprehenditur: non in illo tantummodo, quòd spernens tela, diu se terrore solo tuetur, ac velut cogi testatur* &c. Hist. Natur. *Lib.* VIII. *Cap.* XVI. GROTIUS.

(6) *Ostentatoque bello, ferocissimam gentem, (quod est pulcherrimum victoriæ genus) terrore perdomuit* [Spurinna.] Lib. II. Epist. VII. *num.* 2. *Ed. Cellar.*

§. X. (1) Καὶ πρὸς τοὺς παρόντας εἰπεῖν [Κάμιλλος] ὡς χαλεπὸν μὲν ἐστι πόλεμος, καὶ διὰ πολλῆς ἀδικίας καὶ βιαίων περαινόμενος ἔργων &c. Vit. Camill. *pag.* 134. B. Tom. I. *Ed. Wech.*

(2) *Quorum malorum* [quæ ex bello nascuntur] *multas & multiplices clades, diras & duras necessitates, si, ut dignum est, eloqui velim; quamquam nequaquam, sicut res postulat, possim; quis erit prolixæ disputationis modus? Sed sapiens, inquiunt, justa bella gesturus est. Quasi non, si se hominem meminit, multo magis dolebit justorum necessi-*

il faut, ce ne seroit jamais fait. Mais, direz-vous, le Sage ne fera que des Guerres justes. Fort bien: mais si ce Sage se souvient qu'il est Homme, il sera beaucoup plus fâché de se voir réduit à la nécessité d'entreprendre une Guerre juste; puis que, s'il n'en avoit pas un juste sujet, il ne seroit pas autorisé à prendre les armes, & ainsi il ne les prendroit jamais. En effet, c'est l'injustice de l'autre Partie qui rend la Guerre juste, & quelquefois même nécessaire, de la part d'un Homme sage: & tout Homme doit déplorer (3) *cette injustice, par cela seul que c'est un autre Homme qui s'en rend coupable, lors même qu'elle ne met pas dans la nécessité de faire la Guerre. Quiconque donc envisage avec douleur des maux si grands, si horribles, si cruels, doit avouer qu'il est malheureux de se voir réduit à les causer. Que si on les souffre ou si on y pense sans douleur, on est beaucoup plus malheureux, en ce que l'on tient pour un bonheur, d'avoir dépouillé les sentimens de l'Humanité.* Le même Pére dit ailleurs, (4) que *les Méchans se croient heureux de faire la Guerre, au lieu que les Gens-de-bien la regardent comme une fâcheuse nécessité.* MAXIME *de Tyr*, Orateur & Philosophe Paien, dit à peu près (5) la même chose.

2. Certainement, *un Homme ne doit pas être prodigue du sang d'un autre Homme*, selon la maxime (6) de SENEQUE. Et si les Princes peuvent rechercher la Gloire, ce n'est (7) qu'*en vuë de porter par tout la paix & la prospérité, & non pas pour être des pestes du Genre Humain, ou de grands fleaux*; selon le précepte que *Philisque* donnoit à *Aléxandre le Grand*; voulant dire que le carnage des Peuples, le saccagement des Villes, sont des actions dont les auteurs peuvent être regardez comme des pestes; au lieu qu'il n'y a rien de plus digne d'un Roi, que de travailler à la conservation de tous les Hommes, qui est le fruit de la Paix.

3. Si, selon la Loi des anciens *Hébreux*, une personne qui en avoit tué une autre, même sans y penser & sans dessein, étoit (b) obligée de s'enfuïr: si DIEU ne voulut (b) *Nombr.* XXXV. *Deuter.* XIX.

cessitatem sibi extitisse bellorum: quia, nisi justa essent, ei gerenda non essent; ac per hoc sapienti nulla bella essent. Iniquitas enim partis adversæ justa bella ingerit gerenda sapienti, immo & necessaria: quæ iniquitas homini utique dolenda, quia hominum est, etsi nulla ex eo bellandi necessitas nascatur. Hæc itaque mala tam magna, tam horrenda, tam sæva, quisquis cum dolore considerat, miseriam necesse est fateatur. quisquis autem vel patitur ea sine animi dolore, vel cogitat, multo utique miseriùs ideo se putat beatum, quia & humanum perdidit sensum. De Civit. Dei, Lib. XIX. Cap. VII.

(3) Les Ambassadeurs de *Lacédemone* dans un Discours que DIODORE *de Sicile* leur prête, déclarent, qu'ils se croient obligez de prendre à témoin les Dieux & les Hommes, que les *Lacédémoniens* ne sont pas la cause des malheurs terribles & en grand nombre que la Guerre entraine ordinairement après soi: Θεωροῦντες γὰρ τὰς ἐν τῷ πολέμῳ φιλονεικίας πολλὰ καὶ δεινὰ πάθη ποιούσας, οἰόμεθα δεῖν φανερὸν ποιῆσαι πᾶσι καὶ θεοῖς καὶ ἀνθρώποις, ὅτι τούτων ἥκιστα πάντων ἐσόμεθα αἴτιοι. Lib. XIII. (Cap. LII.) PLUTARQUE parlant du Roi *Numa*, qui tourna toutes ses vuës du côté de la Paix, se fait cette objection: N'est-ce pas par les Guerres, que *Rome* s'est aggrandie? Sur quoi il dit, qu'il faudroit bien des discours pour répondre à la question, lors qu'on a à faire à des gens qui font consister la prosperité dans les Richesses, dans les Plaisirs, & dans la domination, plûtôt que dans la Sûreté publique, dans la Douceur, & la Clémence, dans un Esprit content de son sort & inviolablement attaché à la Justice: Τὸ δ' ὅτι (φήσει τις) οὐκ ἐπὶ τὸ βέλτιον προῆλθεν ἡ Ῥώμη τοῖς πολεμικοῖς; ἐρωτῶν ἐρώτημα μακρᾶς ἀποκρίσεως δεόμενον, πρὸς ἀνθρώπους τὸ βέλτιον ἐν πλούτῳ, καὶ τρυφῇ, καὶ ἡγεμονίᾳ, μᾶλλον ἢ σωτηρίᾳ, καὶ πρᾳότητι, καὶ τῇ μετὰ δικαιοσύνης αὐταρκείᾳ, τιθεμένους. Vit. Num. (*pag.* 78. B. Tom. I. *Ed. Wech.*) Le Médecin *Etienne* représentoit à *Chosroez*, Roi des *Perses*, que le Carnage, les Combats, la prise des Villes lui pourroit bien faire donner quelque autre titre, mais non pas celui d'Homme-de-bien: Οὐκοῦν, ὦ κράτιστε Βασιλεῦ, φόνους σοι καὶ μάχας ἐργαζομένῳ, καὶ πόλεων ἀνδραποδισμούς, τῶν μὲν ἄλλων ἴσως ὀνομάτων παρέσται τυχεῖν· τὸ δὲ ἀγαθὸν εἶναι δοκεῖν, οὐ μήποτε ἔσται. Persic Lib. II. (Cap. XXVI.) Voiez un beau passage de GUICCIARDIN, *Liv.* XVI. (§. 4. dans le Discours de l'Evêque d'*Osime.*) GROTIUS.

(4) *Belligerare, malis videtur felicitas, bonis necessitas.* De Civit. Dei, *Lib.* IV. *Cap.* XV.

(5) Il dit, que, mis à part même l'injustice, la Guerre est toûjours une fâcheuse nécessité: Ἧς [πολεμεῖν χρείας] κἂν ἀφέλῃς τὸ ἄδικον, ἐλεεινὸν αὐτῆς τὸ ἀναγκαῖον. (Dissert. XIV. pag. 146. *Ed. Davis.*) Et plus bas, il ajoûte, que les Gens-de-bien ne font la Guerre que par nécessité; au lieu que les Méchans s'y portent d'eux-mêmes: Φαίνεται τοίνυν ὁ πόλεμος, τοῖς μὲν δικαίοις ἀναγκαῖος ὤν, τοῖς δὲ ἀδίκοις ἑκούσιος. GROTIUS.

(6) *Quæ* [Clementia] *alieno sanguini, tamquam suo, parcit, & scit homini non esse homine prodigè utendum.* Epist. LXXXVIII. pag. 390. *Edit. Gron. maj.*

(7) Δόξης φρόντιζε, ἀλλὰ μὴ ἔσο λοιμός, καὶ μὴ μεγάλη νόσος, ἀλλὰ εἰρήνη καὶ ὑγίεια. ÆLIAN. *Var. Hist.* Lib. IV. Cap. XI.

(c) 1. *Chron.* XXVIII, 3.

lut pas (c) que *David* lui bâtit un Temple, parce (8) qu'il avoit répandu beaucoup de sang, quoi qu'il n'eût fait que des Guerres justes: Si, parmi les (9) anciens *Grecs*, on avoit besoin de quelque expiation, lors qu'on avoit souillé sa main du sang de quelcun, quoi qu'on l'eût fait innocemment: qui ne voit, sur tout si l'on est Chrétien, que la Guerre, quoi que non injuste, est toûjours une chose très-malheureuse & de très-mauvais augure, & qu'on doit faire tous ses efforts pour l'éviter? Dans l'ancienne *Eglise Gréque* on observa pendant long tems un Canon, par lequel ceux qui avoient tué quelque Ennemi, dans quelle Guerre que ce fût, étoient excommuniez (d) pour trois ans.

(d) *Basil.* ad *Amphiloch.* X, 13. *Zonar.* in Niceph. Phoc. Tom. III.

CHAPITRE XXV.

Des Guerres qu'on fait pour autrui.

I. *Qu'on peut légitimement faire la* Guerre pour ses Sujets: II. *Mais qu'on ne doit pas toûjours s'y engager en leur faveur.* III. *Si l'on peut livrer à l'Ennemi un Sujet innocent, pour se garantir de quelque danger?* IV. *Que l'on peut aussi prendre justement les armes pour ses* Alliez, *tant égaux, qu'inégaux:* V. *Et pour ses* Amis: VI. *Et même pour* tous les Hommes. VII. *Mais qu'on peut néanmoins, en ce dernier cas, s'abstenir innocemment de la Guerre, lors qu'on auroit à craindre pour soi-même, ou même pour la vie de celui qui fait du tort à un autre.* VIII. *Si une Guerre entreprise pour la défense des* Sujets d'autrui, *est juste?* IX. *Que les Alliances pour la Guerre, sans distinction de cause, sont injustes; aussi bien que le métier de ceux qui servent pour toute Puissance qui les paie, sans s'embarrasser d'autre chose.* X. *Qu'il y a même du péché à servir principalement en vuë du butin qu'on peut faire, ou de la paie qu'on tire.*

(a) *Liv.* I. *Chap.* V.

§. I. 1. NOus avons prouvé ci-dessus, en (a) parlant de ceux qui font la Guerre, que naturellement chacun est autorisé à maintenir non seulement ses propres droits, mais encore ceux d'autrui. Ainsi les mêmes raisons qui rendent la Guerre juste par rapport aux intéressez, la rendent aussi juste par rapport aux autres qui les secourent.

(b) *Navarr.* Lib. XXIV. Cap. XVIII.

2. Or (1) ceux qu'on doit défendre les prémiers, & pour lesquels il est le plus nécessaire de s'intéresser, (b) ce sont (2) ceux qui dépendent du Défenseur, soit en qualité de Chef de Famille, ou en qualité de Souverain: car ils sont comme partie de

(8) C'est la raison qu'en rend Joseph: Οὐκ ἐπιτρέπει δὲ [ὁ Θεὸς] πολλοὺς πολέμους ἠγωνισμένῳ, καὶ φόνῳ τῶν ἐχθρῶν μεμιασμένῳ, ποιῆσαι ναὸν αὐτῷ. Antiq. Jud. *Lib.* VII. *Cap.* IV. Voiez ce qui suit. Philon, Juif, remarque, qu'encore qu'il soit permis de tuer un Ennemi, cependant quiconque tuë un Homme, quelque justement que ce soit, & en son corps défendant, semble coupable en quelque maniére, à cause de la parenté commune qu'il y a entre tous les Hommes. C'est pour cela, ajoûte-t-il, que l'on avoit besoin, en ce cas-là, de quelque expiation. Καὶ γὰρ εἰ νόμιμοι αἱ κατ' ἐχθρῶν σφαγαί, ἀλλ' ὅ γε κτείνων ἄνθρωπον, εἰ καὶ δικαίως, καὶ ἀμυνόμενος, καὶ βιασθείς, ὑπαίτιος εἶναι δοκεῖ, διὰ τὴν ἀνωτάτω καὶ κοινὴν συγγένειαν· ὅθεν καθαρσίων ἔδει τοῖς κτείνασι, πρὸς ἀπαλλαγὴν τοῦ νομισθέντος ἄγους γεγενῆσθαι. De Vita Mosis, (*Lib.* I. pag. 650. E. *Edit. Paris.*) Pline, après avoir parlé des Batailles que *Jules César* donna, dit, qu'il ne regarde pas comme une chose glorieuse pour lui, d'avoir fait tant de maux au Genre Humain, quand même il y auroit été contraint: *Non equidem in gloria posuerim tantam, etiam coactam, humani generis injuriam.* Hist. Nat. *Lib.* VII. Cap. XXV. Grotius.

(9) Voiez sur Pufendorf, *Droit de la Nat. & des Gens*, Liv. II. Chap. V. §. 13. *Note* 2.

Chap. XXV. §. I. (1) Voiez Pufendorf, *Liv.* VIII. *Chap.* VI. §. 14. du *Droit de la Nat. & des Gens.*

(2) Procope dit, qu'il ne suffit pas, pour être juste, de ne faire du tort à personne, mais qu'il faut encore être disposé à empêcher que personne n'en fasse à ceux qui sont sous nôtre puissance: Οὐ γὰρ ὁ μηδὲν αὐτὸς ἀδικῶν δίκαιος, εἰ μὴ καὶ τοὺς ὑφ' ἑτέρων ἀδικουμένους ἔχων ἐν ἐξουσίᾳ ῥύεσθαι ἀρνεῖται. Persic. *Lib.* II. (*Cap.* XV. dans

de celui de qui ils dépendent. C'est ainsi que les *Gabaonites* s'étant soûmis à la domination du Peuple d'*Israël*, ce Peuple prit les armes (c) pour eux, sous la conduite de *Josué*. Les *Romains*, comme le remarque (3) Cicéron, firent souvent la Guerre pour venger des mauvais traitemens faits à des Marchands ou des Maîtres de navire, qui étoient Citoiens de *Rome*. Les mêmes, après avoir refusé de prendre les armes pour de simples Alliez, croioient ne pouvoir s'en dispenser, lors que ces Alliez se donnoient à eux, c'est-à-dire, devenoient leurs Sujets. Et c'est pour cela que les *Campaniens* déclarent qu'ils avoient pris ce parti: (4) *Afin* (disent-ils dans Tite Live) *que vous défendiez ce qui va être à vous, puis que vous n'avez pas voulu le défendre, pendant qu'il étoit à nous.* L'Alliance qu'il y avoit entr'eux & les *Romains* devint alors plus étroite, selon (5) Florus: *on crut qu'il étoit de la foi publique, de ne pas abandonner ceux qui s'étoient donnez au Peuple Romain*, comme le dit encore (6) Tite Live.

(c) *Josué*, X, 6.

§. II. Les Souverains ne sont pourtant pas toûjours obligez de prendre les armes pour quelcun de leurs Sujets, encore même que ceux-ci aient juste sujet de se plaindre. Mais il faut qu'on puisse en venir à cette extrémité sans nuire ou à tous les autres Sujets, ou au plus grand nombre. Car le devoir des Souverains a pour objet tout le Corps, plûtôt que les Membres: & plus une Partie est grande, plus elle approche de la nature du Tout.

§. III. 1. Si donc (1) un Sujet, quoi qu'innocent, est demandé par un Ennemi qui veut le faire périr, (a) il n'y a point de doute (2) qu'on ne puisse l'abandonner, lors qu'on voit que l'Etat est de beaucoup plus foible, que cet Ennemi. Ferdinand Vasquez (b) dispute contre cette opinion. Mais si l'on considére sa pensée, plûtôt que ses paroles, on trouvera qu'il semble ne vouloir autre chose, si ce n'est qu'on ne doit pas facilement abandonner en ce cas-là un Sujet, tant qu'il y a quelque espérance de pouvoir le défendre. Car il allégue entr'autres l'exemple de l'Infanterie Italienne, qui abandonna *Pompée*, lors que ses affaires n'étoient pas encore tout-à-fait desesperées, sur les assurances que *César* lui donna qu'il ne la feroit point périr: action, que notre Jurisconsulte désapprouve avec raison.

(a) *Domin. Soto*, De Just. & Jure, *Lib.* V. *Quæst.* I. Art. 7.

(b) *Controv. Illust.* Lib. I. Cap. XIII.

2. Mais peut-on aussi livrer soi-même entre les mains de l'Ennemi un Sujet innocent, lors que l'Etat est menacé de périr, s'il ne le fait? Ce n'est pas d'aujourdhui que les Savans sont partagez sur cette question. Elle a été agitée depuis long tems, comme quand (3) *Démosthéne* proposa cette Fable célébre de la demande que les Loups firent aux Brebis, de leur livrer leurs Chiens, si elles vouloient qu'ils fissent la paix ensemble.

3. Vasquez tient ici pour la négative; & non seulement lui, mais encore un Au-

dans la Harangue des Ambassadeurs du Prince des *Laziens*, à *Chosroes*, Roi des *Perses*.) Grotius.

(3) *Majores vestri sæpe, mercatoribus ac naviculariis injuriosiùs tractatis, bella gesserunt.* Orat. pro Leg. Manil. *Cap.* V. *Quæ bella majores nostros, & quanta suscepisse arbitramini, quòd cives Romani injuriâ adfecti, quòd navicularii retenti, quòd mercatores spoliati dicerentur?* In Verr. *Lib.* V. Cap LVIII.

(4) *Quandoquidem*, inquit [princeps legationis *Campanorum*] *nostra tueri adversus vim atque injuriam justâ vi non vultis; vestra certè defendatis. Itaque Populum Campanum* &c. Tit. Liv. Lib. VII. Cap. XXXI. *num.* 3.

(5) *Erat fœdus cum utrisque* [Samnitibus & Campanis] *percussum: sed hoc Campani sanctius & prius, omnium suorum deditione, fecerant.* Lib. I. Cap. XVI. *num.* 2.

(6) *Tum jam fides agi visa, deditos non prodi.* Ubi supra, *num.* 7.

§. III. (1) Voiez Pufendorf, *Liv.* VIII. *Chap.* II. §. 5.

(2) Voiez le conseil que le Patriarche *Nicéphore* donna à l'Empereur *Michel Rangabe*, touchant quelques fugitifs de *Bulgarie* qu'il vouloit rendre au Chef des *Bulgares*, pour faire la paix avec lui. Il vaut mieux, dit là-dessus le Patriarche avec les Prêtres, qu'un petit nombre de gens souffrent, que si une grande multitude étoit exposée à des maux innombrables: Κρεῖσσον [illegible] Zonar. (Tom. II. *in Mich. Rangab.*) Grotius.

(3) Voiez sa Vie, écrite par Plutarque, Tom. I. pag. 856. E. *Edit. Wech.*

(4) Com-

Auteur qu'il accuse d'avancer une opinion qui (4) autorise presque la perfidie; je veux dire, (c) Dominique Soto. Il est vrai pourtant que celui-ci soûtient, que le Sujet est tenu, dans le cas dont il s'agit, d'aller se remettre lui-même entre les mains de l'Ennemi: ce que Vasquez nie, par la raison que la nature d'une Société Civile, où chacun est entré en vuë de son propre avantage, ne demande pas un tel sacrifice. Mais tout ce qui suit de là, c'est que l'Etat ne peut pas l'exiger de son Sujet, en vertu d'un droit proprement ainsi nommé: & autre chose est de savoir, si la Charité permet au Sujet de s'en dispenser. Car il y a bien des Devoirs de Charité, dont la pratique est non seulement louable, comme le reconnoît Vasquez, mais encore auxquels on ne peut manquer innocemment, quoi qu'ils ne nous soient pas imposez par la Justice proprement ainsi nommée. Or il semble qu'il faille mettre en ce rang (5) le cas où, en exposant sa propre vie, on peut sauver celle d'une grande multitude de personnes innocentes. Euripide fait dire à *Praxitée*, dans une Tragédie perduë, que (6) *quiconque sait compter, & distinguer entre le plus & le moins, doit convenir que la ruine d'une Famille n'est pas même à comparer avec la ruine de tout l'Etat, bien loin qu'elle soit plus considérable.* Lors qu'*Alexandre le Grand* envoia demander aux *Athéniens* les dix Orateurs qui avoient soûlevé le Peuple contre lui, du nombre desquels étoit *Démosthéne*; (d) *Phocion* les exhorta à souffrir la mort, à l'exemple des Filles de *Léus* & (e) d'*Hyacinthe*, plûtôt que de laisser leur Patrie exposée à un mal irréparable. Voici un cas que Ciceron suppose, & qu'il résout, selon ce principe: (7) *Si étant sur mer avec quelques-uns de mes Amis, il survenoit de divers endroits des Pirates, qui menaçassent de fondre sur le Vaisseau avec leurs Flottes, à moins qu'on ne me livrât à eux; & que les autres, qui sont dans le Vaisseau, aimassent mieux périr avec moi, que de me livrer aux Ennemis: je me jetterois plûtôt dans la Mer, pour sauver ces autres personnes, qui me témoigneroient tant d'affection, que de les exposer, je ne dis pas à une mort inévitable, mais à un grand danger de leur vie.* Le même Orateur donne ailleurs pour maxime, (8) *qu'un Homme sage & de probité, qui respecte les Loix, & qui n'ignore pas les devoirs d'un Citoien, pense à procurer le Bien Public, plûtôt que l'avantage d'une seule personne, ou même que son propre avantage.* Dans Tite Live, un Jeune Homme de la Ville de *Passaron* dans le païs des *Molossiens*, dit, au sujet de quelques-uns de ses Compatriotes, qui sâchant qu'ils n'avoient à

(c) *Ubi supra.*

(d) *Diod. Sic.* Lib. XVII. Cap. XV.

(e) Voiez *Apollodor.* Biblioth. *Lib.* III. *Cap.* XIV. §. 8.

(4) Comme si l'Etat manquoit par là à ce qu'il a promis au Sujet, que l'Ennemi demande.

(5) Mais comme on n'est obligé de faire un sacrifice de sa propre vie, que quand on a tout lieu de croire qu'on sauvera par là l'Etat, ou un grand nombre de personnes, il faut voir si dans le cas, dont il s'agit, on a là-dessus une certitude suffisante. Celui qui demande un Innocent, pour le faire périr, donne par là lieu de tout craindre de sa part. S'il est capable de vouloir ôter la vie à une personne qui n'a rien fait pour mériter la mort; il sera aussi bien capable de manquer même à la parole qu'il auroit donnée de laisser l'Etat en repos, lors qu'on lui aura livré celui qu'il demande. En un mot on peut, ce me semble, pour l'ordinaire, regarder ces sortes de demandes comme des démarches d'une Puissance qui cherche querelle, & qui veut à quelque prix que ce soit opprimer un Prince ou un Peuple qu'il voit hors d'état de lui résister.

(6) Εἴπερ γὰρ ἀριθμὸν οἶδα, καὶ τοὐλάσσονος
Τὸ μεῖζον, εἷς γ' οἶκος οὐ πλέον σθένει
Πταίσας ἁπάσης πόλεως, οὐδ' ἴσον φέρει.

Erecht. fragm. (*vers.* 82, *& seqq.* Edit. Barnes.) Philon, Juif, dit, qu'il est injuste que le Tout ne soit regardé que comme une appendice de quelcune de ses Parties: Οὐδὲ [δίκαιον] ἀντιβάλλειν τὸ ὅλον μέρει εἶναι. De Vita Mosis, *Lib.* I. (pag. 632. B.) Il y a là d'autres choses qui méritent fort d'être luës. Grotius.

(7) *Etenim si mihi in aliqua nave cum meis amicis naviganti hoc, Judices, accidisset, ut multi ex multis locis prædones classibus eam navem se oppressuros minitarentur, nisi me unum sibi dedidissent: si id vectores negarent, ac mecum simul interire, quàm me tradere hostibus mallent; jecissem me ipse potius in profundum, ut ceteros conservarem, quàm illos mei tam cupidos, non modo ad certam mortem, sed in magnum vitæ discrimen adducerem.* Orat. pro Sextio, *Cap.* XX.

(8) *Ut enim leges omnium salutem singulorum saluti anteponunt: Sic vir bonus & sapiens, & legibus parens, & civilis officii non ignarus, utilitati omnium, plus quàm unius alicujus, aut sua, consulit.* De finib. bon. & mal. *Lib.* III. *Cap.* XIX.

(9) *Quæ vos rabies*, inquit, *agitat, qui duorum hominum noxa civitatem accessionem facitis? Equidem pro patria qui letum oppetissent, sæpe fando audivi: qui patriam pro se perire æquum censerent, hi primi inventi sunt.* Lib. XLV. Cap. XXVI. *num.* 8.

(10) C'est ainsi que, parmi les *Lucaniens*, il y avoit autrefois une Loi qui punissoit les Prodigues. Le même Peuple, aussi bien que les *Athéniens*, punissoient l'Oi-

à esperer aucun pardon des *Romains*, vouloient qu'on leur fermât les portes: (9) *J'ai souvent oüi parler de gens qui sont morts pour leur Patrie; mais il n'y a encore eu personne d'assez déraisonnable, pour prétendre, comme font ceux-ci, que la Patrie dût périr pour le sauver.*

4. Mais posé qu'un Sujet innocent soit tenu de sacrifier sa vie pour le Bien Public, lors qu'un Ennemi le demande, & que le Souverain n'est pas en état de le proteger: il reste encore à savoir, si au cas que ce Sujet ne veuille pas se remettre lui-même entre les mains de l'Ennemi, on peut l'y contraindre? SOTO, que nous avons déja cité, le nie: & il se sert, pour appuier son opinion, de l'exemple d'un Riche, que l'on n'a nul droit de contraindre à donner l'aumône à un Pauvre, quoi qu'il y soit obligé par les Loix de la Charité & de la Miséricorde. Mais il faut remarquer, qu'il n'en est pas des Particuliers considérez les uns par rapport aux autres, comme du Souverain comparé avec ses Sujets. Car un Egal ne peut contraindre son Egal, qu'à ce que celui-ci lui doit à la rigueur, en conséquence d'un droit proprement ainsi nommé. Au lieu qu'un Supérieur peut contraindre ses Inférieurs (10) aux choses même qui sont prescrites par les autres Vertus distinctes de la Justice, (11) ce pouvoir étant renfermé dans le droit propre du Supérieur, consideré comme tel. (f) C'est ainsi que, dans une grande disette de Blé, le Souverain oblige les Particuliers, bon gré malgré qu'ils en aient, à faire part au Public de celui qu'ils ont dans leurs Greniers. Je trouve donc plus raisonnable de dire, que, dans le cas dont il s'agit, un Sujet peut être contraint à faire ce que la Charité, ou l'amour du Bien Public, exige de lui. C'est pourquoi le même (g) *Phocion*, dont j'ai parlé, disoit, que les affaires étoient en si mauvais état, que si *Aléxandre* demandoit le plus grand Ami qu'il eût, lui *Phocion*, comme, par exemple, *Nicoclès*; il seroit le prémier à opiner qu'on le livrât.

(f) *Lessius*, Lib. II. Cap. IX. Dub. 7.

(g) *Plutarch.* in ejus Vit. pag. 749. C. Tom. I. Ed. Wech.

§. IV. 1. VOILA pour ce qui regarde les Sujets. Il faut mettre après eux, ou plûtôt au même rang, par rapport à l'obligation de les défendre par les armes, les *Alliez*, auxquels on s'est engagé expressément par le Traité, de donner du secours dans le besoin; soit qu'ils se soient mis sous nôtre protection, comme se reconnoissant inférieurs, soit qu'on aît stipulé du secours de part & d'autre. *Celui qui ne défend pas un Allié, lors qu'il le peut, est aussi coupable, que l'Aggresseur*, selon (1) St. AMBROISE.

2. Mais il faut se souvenir ici de ce que nous avons déja dit ailleurs, que l'on ne peut pas innocemment s'engager à secourir quelcun dans (2) une Guerre injuste. C'est pour-

l'Oisiveté; & les *Macédoniens*, l'Ingratitude. Voiez aussi ce que l'on a remarqué ci-dessus, *Liv.* I. *Chap.* I. §. 9. *Note* 6. GROTIUS.

Pour la Loi des *Athéniens* contre l'Oisiveté, on peut voir DIOGE'NE LAERCE, Lib. I. §. 55. avec les Notes de ME'NAGE. Celle des *Lucaniens* sur le même sujet, se trouve dans un fragment de NICOLAS *de Damas*, rapporté par STOBE'E, *Florileg.* Tit. XLII. Voiez-en d'autres exemples, dans ELIEN, *Var. Hist.* II, 5. IV, 1. A l'égard de l'Ingratitude, punie par les *Macédoniens*, quelques Savans prétendent que cela n'est fondé que sur une faute des Editions de SENE'QUE, *De Benefic.* Lib. III. Cap. VI. où on lit *Macedonum*, pour *Medorum*. Voiez ce que j'ai dit sur PUFENDORF, *Liv.* III. *Chap.* III. §. 17. *Note* 3. de la seconde Edition.

(11) Puis que les Souverains peuvent prescrire des choses indifférentes en elles-mêmes, lors que le Bien Public le demande; à plus forte raison peuvent-ils exiger des choses auxquelles on étoit déja tenu par les régles de quelque Vertu, quoi qu'on n'y pût pas être contraint sans l'autorité d'un Supérieur légitime. Mais la question est de savoir, si, dans le cas dont il s'agit, il y a une obligation de Charité bien claire, & qui puisse l'emporter sur le soin de la conservation de l'Innocent. Voiez ce que j'ai dit dans la *Note* 3. sur ce paragraphe.

§. IV. (1) *Qui enim non repellit à Socio injuriam, si potest, tam est in vitio, quàm ille qui facit.* Offic. *Lib.* I. *Cap.* XXXVI. Ce Pére ne parle point là des Alliez, auxquels nôtre Auteur applique le passage; comme il paroit par l'exemple qui suit, de ce que fit *Moïse* en tuant l'Egyptien, qui insultoit un de ses Compatriotes. *Socius* est donc ici tous ceux avec qui l'on a quelque rélation un peu particuliere.

(2) Voiez SIMLER, *de Republica Helvetior.* [pag. 160. *Edit. Elzevir.* dans le Traité d'Alliance des huit Cantons.] Selon le Droit Féodal, un Vassal est tenu de servir son Seigneur dans une Guerre de la justice de laquelle il est convaincu, ou il doute seulement. Mais lors que la Guerre est manifestement déraisonnable, le Vassal n'est obligé de servir que pour la défensive: *Domino guerram faciente alicui, si sciatur, quòd justè, aut quum dubitatur, Vassallus eum adjuvare tenetur. Sed quum palam est, quòd irrationabiliter eam facit, adjuvet eum ad ejus defensionem; ad offendendum verò alium non adjuvet, si vult.* FEUDOR. Lib. II. Tit. XXVIII. GROTIUS.

(3) Dans

pourquoi les *Lacedémoniens*, avant que d'entrer en (3) guerre avec les *Athéniens*, voulurent que tous leurs Alliez jugeassent s'ils en avoient un juste sujet. Les (a) *Romains* laissérent aussi aux *Grecs* le jugement de la justice de leur cause, dans la Guerre qu'ils entreprirent contre *Nabis*.

(a) *Tit. Liv.* Lib. XXXIV. Cap. XXII.

3. Ajoûtons, qu'un (4) Allié n'est pas non plus tenu de secourir l'autre, quand il n'y a aucune espérance d'un bon succès. Car toute Alliance se contracte en vuë de quelque bien, & non pas pour s'attirer par là du mal.

4. Au reste, on doit défendre un Allié, même contre un autre Allié; à moins que, par un Traité antérieur, on n'aît fait quelque convention particuliére, par laquelle on se soit ôté à soi-même la liberté de secourir les autres Puissances avec qui l'on viendroit à s'allier. Ainsi, supposé que la cause de ceux de (5) *Corfou* fût juste, les *Athéniens* pouvoient prendre leur défense contre les *Corinthiens* même, quoi qu'Alliez de plus vieille datte.

§. V. IL FAUT mettre au troisiéme rang les (a) Amis, auxquels, quoi qu'on ne leur aît promis aucun secours, on doit néanmoins (1) en donner à cause de l'amitié, si on peut le faire aisément & sans s'incommoder soi-même. C'est ainsi qu'*Abraham* (b) prit les armes en faveur de *Loth* son Neveu. Les *Romains* défendirent (2) à ceux d'*Antium*, de pirater sur les *Grecs*, comme aiant quelque parenté avec les Peuples d'*Italie*. Les mêmes *Romains* firent souvent ou menacérent de faire la Guerre, non seulement pour leurs Alliez, à qui ils devoient du secours en vertu des Traitez, mais encore pour leurs Amis.

(a) *Fr. Victoria*, de Indis, Part. II. *num.* 27. *Cajetan.* II. 2. *Quæst.* IV. Art. 1.
(b) *Genése*, Chap. XIV.

§. VI. ENFIN, la seule liaison qu'il y a entre les Hommes par leur nature commune, qui forme la rélation la plus étenduë, (a) suffit pour autoriser à secourir ceux qui sont injustement insultez. *Les Hommes sont nez pour s'aider les uns les autres*, comme

(a) Voiez ci-dessus, *Liv.* I. *Chap.* V.

(3) Dans la Guerre du *Péloponnése*. Voiez THUCYDIDE, Lib. I. Cap. CXIX. CXXV. *Ed. Oxon.*

(4) Voiez ce que dit sur ceci PUFENDORF, *Droit de la Nat. & des Gens*, Liv. VIII. Chap. VI. §. 14.

(5) Le cas, dont nôtre Auteur parle, arriva un peu avant la Guerre du *Péloponnése*. Voiez THUCYDIDE, Lib. I. Cap. XXXI. & *seqq.* & ce que l'on a dit ci-dessus, *Chap.* XVI. de ce Livre, §. 13. *num.* 4.

§. V. (1) Un homme aiant consulté autrefois l'Oracle de *Delphes*, le Dieu lui dit, qu'il ne vouloit lui rien répondre, si ce n'est qu'il eût à sortir au plûtôt du Temple; parce qu'il n'avoit pas secouru un de ses Camarades, qui avoit été tué par des Brigands:

Ἀνδρὶ φίλῳ θνήσκοντι παρὼν οὐκ ἤρκεσας·
Οὔ σε θεμιστεύσω· περικαλλέος ἔξιθι ναοῦ.

GROTIUS.

Cet Oracle se trouve dans ELIEN, *Var. Hist.* Lib. III. Cap. XLIV.

(2) Nôtre Auteur a sans doute tiré ce fait de STRABON; car il n'y a rien là-dessus ni dans TITE LIVE, ni dans DENYS *d'Halicarnasse*, ni ailleurs, que je sâche. Mais il ne rapporte pas la chose tout-à-fait exactement. Le Géographe dit, que ceux d'*Antium* avoient autrefois des Vaisseaux, & qu'ils faisoient le métier de Pirates en société avec les *Tyrrhéniens*, depuis même qu'ils furent soûmis aux *Romains*. C'est pourquoi *Aléxandre* s'en plaignit à ceux-ci: & depuis lui, *Démétrius*, qui envoia aussi aux *Romains* tous les autres Pirates qu'il pût prendre, disant qu'il les leur livroit, *à cause de la parenté qu'il y avoit entre les* Grecs *& les* Romains; mais ajoûtant, qu'il n'étoit pas digne des *Romains*, qui commandoient à l'*Italie*, & qui avoient un Temple dédié à *Castor* & *Pollux*, Divinitez bienfaisantes, que tout le monde honoroit du nom de *Sauveurs*; qu'il n'étoit pas, dis-je, digne d'eux, d'envoier des Corsaires en *Gréce*. Sur quoi les *Romains* firent cesser ces pirateries: Καὶ πρότερον δὲ ναῦς ἐκέκτηντο, καὶ ἐκοινώνουν τῶν λῃστηρίων τοῖς Τυρρηνοῖς, καίπερ ἤδη τοῖς Ῥωμαίοις ὑπακούοντες. Διόπερ καὶ Ἀλέξανδρος πρότερον ἐγκαλῶν ἐπέστειλε, καὶ Δημήτριος ὕστερον, τοὺς ἄλλους τῶν λῃστῶν ἀναπέμπων τοῖς Ῥωμαίοις, χαρίζεσθαι μὲν αὐτοῖς ἔφη τὰ σώματα, διὰ τὴν πρὸς τοὺς Ἕλληνας συγγένειαν· οὐκ ἀξιοῦν δὲ τοὺς αὐτοὺς ἄνδρας στρατηγεῖν τε ἅμα τῆς Ἰταλίας, καὶ λῃστήρια ἐκπέμπειν· καὶ ἐν μὲν τῇ ἀγορᾷ Διοσκούρων ἱερὸν ἱδρυσαμένους τιμᾶν, οὓς πάντες σωτῆρας ὀνομάζουσιν, εἰς δὲ τὴν Ἑλλάδα πέμπειν τοὺς τὴν ἐκείνων πατρίδα λεηλατήσοντας. Ἔπαυσαν δ' αὐτοὺς Ῥωμαῖοι τῆς τοιαύτης ἐπιτηδεύσεως. Geograph. *Lib.* V. pag. 354, 355. *Ed. Amst.* 232. *Ed. Paris. Casaub.* Cela ne semble pas s'accorder trop bien avec ce que dit TITE LIVE, qu'après la défaite de ceux d'*Antium*, on leur defendit d'aller sur mer, & on leur ôta leurs Vaisseaux, dont on garda les uns à *Rome*, & on brûla les autres, ornant des éperons de ceux-ci la Tribune aux Harangues, qui tira de là son nom de *Rostra*: NAVES *inde longæ abactæ: interdictumque mari* Antiati *populo est*. . . . . *Naves* Antiatium, *partim in navalia* Romæ *subductæ, partim incensæ, rostrisque earum suggestum, in foro exstructum, adornari placuit:* Rostraque *id templum adpellatum.* Lib. VIII. Cap. XIV. *num.* 8, 12. Ou bien il faut que les *Romains* se soient assez tôt relâchez envers ceux d'*Antium*, & leur aient laissé refaire des Vaisseaux, & s'en servir pour pirater. Quoi qu'il en soit, l'exemple est toûjours mal appliqué au sujet de nôtre Auteur; puis qu'il s'agit ici de faire cesser des actes d'hostilité de la part d'un Peuple dependant; & non pas de secourir des Amis contre un Ennemi, sur lequel on n'a aucune autorité.

§. VI.

me le dit (1) SENEQUE. *Les Etats servent d'azyle aux autres Etats contre les dangers qui les menacent: de même que les Rochers servent d'azyle aux Bêtes féroces, & les Autels aux Esclaves*; c'est une pensée (2) d'EURIPIDE.

§. VII. 1. MAIS un Homme est-il aussi obligé de défendre tout autre Homme, & un Peuple tout autre Peuple, par un pur motif d'Humanité? C'est une question qui se présente ici à examiner. PLATON (1) veut que l'on punisse (2) celui qui n'aura pas défendu une personne qu'il voioit insulter: & cela étoit expressément ordonné par une (3) Loi des *Egyptiens.*

2. Pour moi, je dis prémiérement, qu'on n'y est point tenu, quand il y a un danger manifeste. Car on peut préferer la conservation de sa propre vie & de ses biens, à celle de la vie & des biens d'autrui. Et c'est ainsi, à mon avis, qu'il faut expliquer la maxime de (4) CICERON, qui dit, que *ne pas défendre, quand on le peut, ceux que l'on voit exposez à recevoir quelque injure, c'est une chose aussi criminelle, que d'abandonner, dans un besoin, son Pére ou sa Mére, ses Amis ou sa Patrie.* Cette restriction, *quand on le peut*, doit être expliquée ainsi, lors qu'on trouve occasion de défendre quelcun commodément. Car le même Auteur dit en un autre endroit, (5) que *l'on peut ne pas défendre les Hommes, sans que peut-être il y ait rien à redire.*

3. SENEQUE pourtant met ici une exception, qui n'est pas à mépriser: (6) *Je donnerai*, dit-il, *du secours à une personne qui est en danger de périr, mais sans risquer de périr moi-même; à moins qu'il ne s'agisse de sacrifier ma vie pour un homme ou une chose de grande importance.*

4. On n'est pas non plus obligé de (a) défendre une personne insultée, lors qu'on ne peut la tirer du péril, qu'en tuant l'Aggresseur. (7) Car si celui-là même qui est attaqué peut préferer la vie de l'Aggresseur à la sienne propre, comme nous l'avons dit ail-

(a) *Lessius*, Lib. II. Cap. IV. *Dub.* 15.

§. VI. (1) *Homo in adjutorium mutuum generatus est.* De Ira, Lib. I. Cap. V.

(2) —— Ἔχει γὰρ καταφυγὴν, θὴρ μὲν πέτραν,
Δοῦλος δὲ βωμοὺς θεῶν· πόλις δὲ πρὸς πόλιν
Ἔπτηξε, χειμασθεῖσα —————— ——

Supplic. *vers.* 267, *& seqq.* Nôtre Auteur citoit encore ici un passage de St. AMBROISE, qui a été déja rapporté ci-dessus, *Liv.* I. *Chap.* II. §. 10. *num.* 5. *Note* 18.

§. VII. (1) Nôtre Auteur cite ici à la marge le IV. Livre *des Loix*, où il n'y a rien de semblable. Il a voulu marquer le IX. Livre, où la Loi n'est pourtant pas générale, comme il la fait. Le Philosophe parle de ceux qui voiant un Fils nullement hors de son bon sens, battre son Pére ou sa Mére, son Grand-Pere, ou sa Grand-Mére, ne secourent pas cette personne si indignement traitée par une autre qui lui devoit au contraire toute sorte de respect: Ὃς ἂν τολμήσῃ πατέρα ἢ μητέρα, ἢ τούτων πατέρας ἢ μητέρας τύπτειν, μὴ μανίαις ἐχόμενος. πρῶτον μὲν ὁ προστυγχάνων, καθάπερ ἐν τοῖς ἔμπροσθεν, βοηθείτω &c. Pag. 881. B. Il avoit dit la même chose, dans la page précedente, avec quelque modification, de ceux qui voient battre quelcun par une personne plus jeune de vint ans, ou au dessous.

(2) Les Rabbins veulent aussi qu'on punisse un tel homme. Voiez MOÏSE *de Cotzi*, Præcept. jubent. LXXVII. LXXX. vetant. CLXIV. CLXV. GROTIUS.

(3) Il y alloit de la vie, soit que l'on trouvât un homme exposé à être tué sur un grand chemin, ou insulté ailleurs de quelque autre maniére: Ἐὰν δέ τις ἐν ὁδῷ κατὰ τὴν χώραν ἰδὼν φονευόμενον ἄνθρωπον, ἢ τὸ καθόλου βίαιόν τι πάσχοντα, μὴ ῥύσαιτο δυνατὸς ὤν, θανάτῳ περιπεσεῖν ὤφειλε. DIOD. Biblioth. Histor. *Lib.* I. Cap. 77. *pag.* 49. *Ed. H. Steph.*

(4) *Qui autem non defendit, nec obsistit, si potest, injuria, tam est in vitio, quàm si parentes, aut amicos, aut patriam deserat.* De Offic. Lib. I. Cap. VII.

(5) *Non defendi homines sine vituperatione fortasse possunt.* Ceci se trouve rapporté par AMMIEN MARCELLIN, *Lib.* XXX. *Cap.* IV. pag. 643. quoi que je ne voie point le passage parmi les Fragmens, que l'on a recueillis des Ouvrages perdus de CICERON. Nôtre Auteur cite encore ici un Fragment de SALLUSTE, qui fait le commencement d'une Lettre de *Mithridate*, Roi de *Pont*, à *Arsace*, Roi de *Perse*; & dont le sens est, que ceux qu'on veut faire entrer dans une Alliance pour la Guerre, pendant qu'ils sont dans un état de prosperité, doivent examiner, prémiérement, s'ils peuvent continuer à vivre en repos; & ensuite, si la Guerre sera juste ou non, sûre ou non, glorieuse ou non: *Omnes, qui secundis rebus suis ad belli societatem orantur, considerare debent, liceatne tum pacem agere: dein, quod quæritur, satisne pium, tutum, gloriosum, an indecorum sit.* Fragm. Lib. IV. *num.* 2. Edit. Wass.

(6) *Succurram perituro; sed ut ipse non peream. nisi si futurus ero magni hominis, aut magnæ rei, merces.* De Benefic. *Lib.* II. *Cap.* XV. Le même Philosophe dit ailleurs, qu'on défendra une personne de mérite, aux dépens même de son propre sang: & pour ce qui est même d'une personne qui ne le mérite pas, si en criant on peut la délivrer des mains des Brigands, on lâchera volontiers quelques cris, pour sauver un Homme: *Dignum, etiam impendio sanguinis mei tuebor, & in partem discriminis veniam: indignum, si eripere latronibus potero, clamore sublato, salutarem vocem homini non pigebit emittere.* Lib. I. Cap X. Voiez ce que l'on a dit ci-dessus, *Liv.* II. *Chap.* I. § 8. GROTIUS.

(7) Ceci est fondé sur un principe, que nous avons réfuté ailleurs. Il vaut mieux certainement sauver l'Innocent, que le Coupable.

ailleurs; le tiers, qui voit qu'il n'y a pas moien de sauver le prémier, sans perdre l'autre, ne péchera point en supposant ou en prétendant que celui qui est attaqué de cette maniére aime mieux qu'on le laisse périr, que de le sauver à ce prix-là: sur tout y aiant de la part de l'Aggresseur un plus grand danger d'un dommage irréparable, ou du Salut éternel.

§. VIII. 1. Une autre question, que l'on agite ici, c'est si l'on peut légitimement prendre les armes pour délivrer les Sujets d'un autre Etat de l'oppression de leur Souverain? Il est certain que, depuis l'établissement des Sociétez Civiles, le Souverain de chaque Etat a aquis un droit tout particulier sur ses Sujets, en vertu duquel il peut les punir, sans qu'aucune autre Puissance doive se mêler de ce qui se passe chez lui; comme (1) Euripide le fait dire à un Héraut d'*Argos*: & comme le soûtiennent les *Corinthiens*, dans (2) Thucydide; & *Persée*, Roi de *Macédoine*, dans un Discours que Tite Live (3) lui prête. Le contraire donneroit lieu à bien des Guerres, selon ce que dit (4) St. Ambroise, en parlant des Faux Dieux du Paganisme, dont les principaux avoient chacun leur département dans le Gouvernement du Monde.

2. Mais les Souverains n'ont ce droit chacun chez soi, que quand leurs Sujets sont véritablement coupables, ou que du moins leur crime (5) est douteux. (a) Car c'est-là le but de ce partage des Gouvernemens Civils.

(a) *Fr. Victoria*, Relect. *de Indis*, num. 15.

3. Ainsi il ne s'ensuit point de là, que, quand l'oppression est manifeste, lors qu'un (6) *Busiris*, un (7) *Phalaris*, un (8) *Dioméde* de *Thrace*, maltraitent leurs Sujets d'une maniére à être condamnez par toute personne équitable; ces Sujets opprimez soient exclus de la protection des Loix de la (9) Société Humaine. (b) Nous voions que *Constantin le Grand* prit les armes contre *Licinius*; & que d'autres Empereurs Romains les prirent aussi, ou menacérent de les prendre contre les *Perses*, (c) pour empêcher qu'ils ne maltraitassent, à cause du Christianisme, ceux de leurs Sujets qui en faisoient profession.

(b) Idem, *ibid.* P. II. *num.* 13.

(c) Voiez un autre exemple, dans l'histoire de *Pépin*, apud *Fredegar*, in fin.

4. Bien

§. VIII. (1) Ce Héraut, nommé *Coprée*, demandoit de la part d'*Eurysthée*, les *Héraclides*, qui s'étoient réfugiez à *Athénes*, & qui avoient été, dit-il, condamnez à mort dans leur païs. Sur quoi il ajoûte, qu'il est juste que chacun fasse justice de ses Sujets:

—— *Δίκαιοι δ' ὄντες οἰκοῦντες πόλιν*
Αὐτοὶ καθ' αὑτῶν κυρίους κραίνειν δίκας.

Heraclid. *vers.* 143, 144.

(2) Il s'agit là des Alliez, & non pas des Sujets. L'Orateur des *Corinthiens* dit, que chacun doit tirer vengeance des injures que ses Alliez lui font: *Τοὺς σφετέρους ξυμμάχους αὐτόν τινα κολάζειν.* Lib. I. Cap. XLIII. *Ed. Oxon.* Nôtre Auteur citoit encore un passage du même Historien, que l'on a déja vû ci-dessus, *Liv.* I. *Chap.* III. §. 6. *num.* 1.

(3) C'est en parlant à *Marcius*, Chef d'une Ambassade des *Romains*. Ce Prince dit, au sujet des *Dolopes*, qu'encore qu'ils n'eussent pas mérité d'être maltraitez, cependant il ne croioit pas devoir se justifier de ce qu'il étoit allé avec une Armée les châtier; puis qu'ils étoient ses Sujets: *Non sum eodem modo defensurus*, Romani, *quod* Dolopas *armis coërcuerim, quia, etsi non merito eorum, jure feci meo: quum mei regni, mea ditionis essent, vestro decreto patri adtributi meo.* Tit. Liv. Lib. XLII. (Cap. XLI. *num.* 13.) A cela se rapportent ces vers, qui ont passé en Proverbe:

Σπάρτην ἔλαχες, κείνην κόσμει·
Τὰς δὲ Μυκήνας ἡμεῖς ἰδίᾳ.

„ Mêlez vous de ce qui se passe à *Sparte*, qui vous „ est échuë en partage: pour nous, nous gouvernerons *Mycénes.* [*Ex* Euripid. *Fragm. Phœnic.* apud Barnes. vers. 19, 20.] C'est aussi sur ce fondement que *Neptune* dit, dans Virgile, qu'*Eole* n'a que faire de venir régner sur la Mer, dont le Roiaume appartient à lui *Neptune*:

Non illi imperium pelagi, sævumque tridentem,
Sed mihi sorte datum —— —— ——

Æn. Lib. I. (*vers.* 142.) Et Ovide, qu'un Dieu ne peut point casser ce qu'a fait un autre Dieu:

—— *Neque enim licet irrita cuiquam*
Facta Dei fecisse Deo —— ——

Metamorph. *Lib.* III. (vers. 336, 337.)

—— *Nisi quod rescindere numquam*
Dis licet acta Deûm —— ——

Ibid. *Lib.* XIV. (vers. 784, 785.) Euripide aussi fait dire à *Diane*, que les Dieux ne se contredisent jamais l'un l'autre:

—— *Θεοῖσι δ' ὧδ' ἔχει νόμος·*
Οὐδεὶς ἀπαντᾶν βούλεται προθυμίᾳ
Τῇ τοῦ θέλοντος, ἀλλ' ἀφιστάμεσθ' ἀεί.

Hippolyt. coron. (*vers.* 1328, *& seqq.*) St. Augustin dit, qu'on peut à la vérité faire du bien aux Etrangers, & exercer par là sa Bonté; mais que la Justice ne demande pas qu'on se mêle de les punir: *Non enim, ut alicujus est bonitatis, alienis præstare beneficia, ita justitia, vindicare in alienos.* De Liber. arbitr. *Lib.* II. (Cap. 1.) Procope soûtient, que chacun doit gouverner chez soi, sans se mettre en peine des affaires d'un autre Etat: *Τὴν ὑπήκοον ἡγεμονίαν αὐτόν τινα διοικεῖσθαι καλόν, καὶ μὴ ἀλλοτρίας οἰκειοῦ-*

σθαι·

4. Bien plus: quand on accorderoit que les Sujets ne peuvent jamais prendre les armes légitimement, pas même dans la derniére extrémité; (de quoi doutent néanmoins ceux qui ont pris à tâche de défendre le Pouvoir des Rois, comme nous l'avons (d) vû ci-dessus) il ne s'ensuivroit point de là, que d'autres ne pûssent déclarer la Guerre au Souverain pour la défense de ses Sujets opprimez. Car dans tous les cas où l'on doit s'abstenir de quelque action, à cause d'un empêchement qui vient de la personne, & non pas de la nature même de la chose; ce que l'on ne peut pas faire soi-même, un autre peut le faire pour nous, lors qu'il s'agit d'une affaire dans laquelle cet autre nous rendra service. C'est ainsi qu'un Tuteur, ou toute autre personne, plaide pour un Pupille, qui, comme tel, ne sauroit comparoître lui-même en Justice. Et chacun peut aussi plaider pour une personne absente, sans (10) en avoir même aucun ordre. Or ce qui empêche qu'un Sujet ne puisse résister à son Souverain, ne vient pas d'une raison qui aît lieu également & par rapport au Sujet, & par rapport à celui qui ne l'est point, mais d'une qualité personnelle & incommunicable. Ainsi SENEQUE (11) a raison de dire, comme nous l'avons remarqué (e) ailleurs, qu'on peut faire la Guerre aux Etrangers qui maltraitent ceux de leur Nation; ce qui emporte souvent la défense des (12) Sujets innocens.

(d) *Liv.* I. *Chap.* IV. §. 11.

(e) *Chap.* XX. de ce Liv. §. 40. *num.* 3.

5. A la vérité, il paroît & par l'Histoire Ancienne, & par l'Histoire Moderne, que le désir d'envahir les Etats d'autrui se couvre souvent de semblables prétextes. Mais l'usage que les Méchans font d'une chose, n'empêche pas toûjours qu'elle ne soit juste en elle-même. Les Corsaires vont sur mer, aussi bien que tout autre Navigateur. Les Brigands portent l'Epée, comme toute autre personne.

§. IX. 1. NOUS avons dit (a) ci-dessus, qu'il n'est pas permis de faire une Alliance, dans laquelle on s'engage à donner du secours pour toute sorte de Guerres, justes ou non. Par la même raison, (b) il n'y a point de genre de vie plus mauvais, que le métier de ceux qui s'enrôllent pour de l'argent, sans se mettre en peine si la Puissance qu'ils servent a droit ou tort dans les Guerres qu'elle entreprend: gens en un mot, qui *tron-*

(a) §. 4. *num.* 2.

(b) *Sylvest.* in verbo *Bellum*; Part. I. §. 10. circa fin.

φογγίδατ. Vandal. Lib. I. (Cap. IX. dans la réponse de *Gélimer* à la Letre de l'Empereur *Justinien.*) GROTIUS.

(4) *Qui* [Poëtæ] *mundum in tres ferunt esse divisum; ut alii cælum, alii mare, alii inferna, coërcenda, imperii sorte, obvenerint: eosque cavere, ne, usurpatâ aliarum partium solicitudine, inter se bellum excitent.* Offic. Lib. I. Cap. XIII. *in fin.*

(5) En effet, dans un doute, la présomtion doit être en faveur du Souverain. Autrement ce seroit fournir aux autres Puissances un prétexte de se mêler aisément de ce qui se passe hors de leurs Etats.

(6) On fait ce *Busiris* Roi d'*Egypte*; & l'on dit, qu'il immoloit à *Jupiter* les Etrangers qui venoient dans son païs. C'est ainsi que la Fable le représente. Voiez APOLLODORE, *Biblioth.* Lib. II. Cap. V. §. 11. Mais quelques Anciens Auteurs l'ont justifié là-dessus: & d'autres soûtiennent même qu'il n'y a jamais eu de *Busiris*. Voiez le *Canon Chronicus* du Chevalier MARSHAM, pag. 50, 79. *Ed. Lips.*

(7) C'étoit un Tyran de *Sicile*, fort cruel; jusques-là qu'on dit qu'il mangea son propre Fils. Voiez la Savante Dissertation de Mr. BENTLEY, sur les Letres de *Phalaris*, pag. 512, 513. *Edit.* 1699.

(8) On dit de ce Roi de *Thrace*, qu'il nourrissoit ses Chevaux de chair humaine. Voiez DIODORE *de Sicile*, Lib. IV. Cap. XV. APOLLODORE, Lib. II. Cap. V. §. 8.

(9) Tout Homme, entant qu'Homme, a droit d'éxiger que les autres Hommes le secourent dans le besoin; & chacun y est obligé, lors qu'il le peut, par les Loix de l'Humanité. Voiez PUFENDORF, *Liv.* III, *Chap.* III. §. 1. du *Droit de la Nat. & des Gens.* Or on ne renonce point à ces Loix, & on ne peut y renoncer, en entrant dans une Société Civile. On peut bien être censé s'engager à ne pas implorer le secours des Etrangers pour de legéres injures, ou pour de grandes même, qui ne tombent que sur quelque peu de personnes. Mais lors que tous les Sujets, ou une grande partie, gémissent sous l'oppression d'un Tyran: les Sujets, d'un côté, rentrent dans tous les droits de la Liberté Naturelle, qui les autorise à chercher du secours où ils en peuvent trouver; &, de l'autre, ceux qui sont en état de leur en donner, sans s'incommoder eux-mêmes considérablement, peuvent non seulement, mais doivent travailler de toutes leurs forces, à délivrer les Opprimez, par cette seule raison qu'ils sont Hommes, & Membres de la Société Humaine, dont les Sociétez Civiles font partie.

(10) C'est ce qu'on appelle, dans le Droit Romain *Defensor*; terme dont nôtre Auteur se sert ici, & qui est opposé à *Procurator*. Voiez ci-dessus, *Chap.* X. §. 2, *num.* 3.

(11) Le passage a été déja cité ci-dessus, *Chap.* XX. §. 41. *num.* 3.

(12) Il y a ici dans toutes les Editions de l'Original: *cum defensione innocentium conjuncta est.* Mais il est clair, que l'Auteur, ou les Imprimeurs, ont oublié le mot de *Subditorum*. Car il faut toûjours supposer, que les Etrangers maltraitez sont innocens.

trouvent la Justice, par tout où il y a le plus à gagner pour eux; comme Platon le (1) prouve par un vers de *Tyrtée*, ancien Poëte Grec. *Philippe*, Roi de *Macédoine*, reprochoit (2) autrefois aux *Etoliens* une conduite si honteuse; & (3) Denys *de Milet* aux *Arcadiens*.

2. C'est sans contredit une chose déplorable, qu'un Homme vende sa vie pour de l'argent, ou pour avoir de quoi vivre; comme l'ont dit le Poëte (4) Antiphane, & l'Orateur (5) Dion *de Pruse*. Mais ce seroit peu, si ceux dont nous parlons ne vendoient aussi souvent la vie de quantité de personnes innocentes. (c) Ainsi ils sont pires que des Bourreaux, qui ne tuent que (6) des Criminels: comparaison dont le Philosophe (7) Antisthène se servoit par rapport aux Tyrans, qui font mourir des Innocens. *Philippe de Macédoine* (8) disoit, en parlant de ces sortes de gens, qui gagnent leur vie à porter les armes, que la Guerre est pour eux la Paix; & la Paix, la Guerre.

(c) *Bellinus*, De re militari, *Part.* II. *Tit.* II. *num.* 4.

3. Certainement la Guerre n'est pas un mêtier ou une profession: c'est une chose si horrible, qu'il n'y a qu'une extrême nécessité, ou une vraie charité, qui puisse la rendre honnête; comme on peut le voir par ce que nous avons dit dans le Cha-

§. IX. (1) *Quod* Plato *ex* Tyrtæo *probat*. C'est ainsi que s'exprime nôtre Auteur, après avoir cité le vers en Latin seulement, de cette maniére:

—— *Ibi fas, ubi plurima merces.*

Il n'indique point l'endroit des Oeuvres de Platon, qu'il a eu dans l'esprit. Le voici. On n'y trouve aucun vers de Tyrtée, ni même aucune pensée de ce Poëte, qui se rapporte à l'application que nôtre Auteur en fait. Le Philosophe blâme le Poëte, de ce qu'en faisant un éloge magnifique de la Valeur militaire, il semble n'avoir pensé qu'à celle que l'on montre dans les Guerres contre des Ennemis du dehors. Il prétend, au contraire, que ceux qui se signalent dans une Guerre intestine, sont beaucoup plus braves: & il en allégue cette raison, que, pour conserver la Fidélité & l'intégrité, au milieu d'une telle Guerre, il faut être orné de toute sorte de Vertus; au lieu que, dans une Guerre contre les Ennemis du dehors, un grand nombre même de ceux qui servent pour de l'argent tiendront ferme jusqu'à la mort; quoi que la plûpart d'entr'eux ne soient que des étourdis, des insolens, des scélérats, & les moins sages presque de tous les Hommes: Πιστὸς μὲν γὰρ καὶ ὑγιὴς ἐν στάσεσιν οὐκ ἄν ποτε γένοιτο, ἄνευ ξυμπάσης ἀρετῆς· διαβάντες δ' εὖ καὶ μαχόμενοι, ἐθέλοντες ἀποθνῄσκειν ἐν τῷ πολέμῳ (ὃν φράζει Τυρταῖος) τῶν μισθοφόρων εἰσὶ πάμπολλοι, ὧν οἱ πλεῖστοι γίγνονται θρασεῖς, καὶ ἄδικοι, καὶ ὑβρισταί, καὶ ἀφρονέστατοι σχεδὸν ἁπάντων, ἐκτὸς δὴ τινῶν μάλα ὀλίγων. De Legib. *Lib.* I. pag. 630. B. Tom. II. *Ed. H. Steph.* En parlant de l'intrépidité de ces Soldats mercenaires, le Philosophe se sert là du mot de διαβάντες, par lequel, comme l'a remarqué Henri Etienne, il fait allusion aux deux vers suivans de Tyrtée, qu'il explique en termes moins poëtiques:

Ἀλλά τις εὖ διαβὰς μενέτω ποσὶν ἀμφοτέροισιν
Στηριχθεὶς ἐπὶ γῆς, χεῖλος ὀδοῦσι δακών.

C'est-à-dire: „ Qu'un Homme de coeur s'étant bien „ planté, demeure ferme sur ses deux pieds, & mor- „ de ses lévres avec ses dents. " Ainsi *Tyrtée* ne dit rien des gens qui servent pour de l'argent: c'est Platon, qui en parle, sans dire néanmoins s'il blâme ou s'il approuve ce mêtier en lui-même; les défauts qu'il reproche à ceux qui le font étant des choses qui ne conviennent, selon lui, qu'à *la plûpart*.

(2) Ce Prince dit, que les *Etoliens* ont mauvaise grace de se plaindre, de ce qu'il n'a pas laissé en repos leurs Alliez, puis qu'eux-mêmes ont de tout tems, sinon autorisé expressément, du moins souffert que leur Jeunesse servît contre leurs propres Alliez; de sorte qu'on voioit souvent des *Etoliens* dans les deux Armées ennemies: *An quòd à sociis eorum non abstinuerim, justam querelam habent, quum ipsi pro lege hunc morem antiquitus servent, ut adversus socios ipsi suos, publicâ tantum auctoritate demtâ, juventutem suam militare sinant, & contraria persæpe acies in utraque parte Ætolica auxilia habeant?* Tit. Liv. Lib. XXXII. Cap. XXXIV. *num.* 5. Voiez un autre exemple, ancien, que nôtre Auteur rapportera ci-dessous, *Liv.* III. *Chap* XX. §. 31. *Note* 1. Et joignez y ce que feu Mr. Bayle dit des *Suisses*, dans l'article *Bullinger* de son. *Diction. Hist. & Critiq.* Lettre E. pag. 696. B. de la troisiéme Edition.

(3) Ἀγορὰ πολέμου προκεῖται, καὶ τὰ τῶν Ἑλλήνων κακὰ τὴν Ἀρκάδων τρέφει, καὶ περιέρχεται πόλεμος, αἰτίαν οὐκ ἔχων. „ Les *Arcadiens* font un marché de la Guer- „ re: les maux de la *Gréce* nourrissent l'*Arcadie*: ce „ Peuple va porter les armes de tous côtez, sans avoir „ aucun sujet de faire de Guerre à ceux contre qui „ il les porte. " Voilà le passage, tel que nôtre Auteur le cite, & le traduit, sans dire d'où il l'a tiré. Mais je l'ai trouvé dans Philostrate, *Vit. Sophist.* Lib. I. Cap. XXII. & je vois que nôtre Auteur a omis les mots suivans, qui marquent clairement la mauvaise réputation où étoient les *Arcadiens* sur le sujet dont il s'agit: Τοῖς κεκηρυγμένοις ἐπὶ τῷ μισθοφορεῖν. Ἀρκάδων ἀγορὰ πολέμου &c. Cette omission est d'autant plus à remarquer, que, s'il en faut croire le dernier Editeur de *Philostrate*, le passage ne renferme pas autrement ce que nôtre Auteur y trouve; car il traduit ainsi les derniéres paroles: *La Guerre est portée de tous côtez, sans qu'on puisse blâmer pour cela les* Arcadiens. Et au lieu de dire, que *les* Arcadiens *font un marché de la Guerre*, *Démosthène*, que le Sophiste introduit ici parlant, dit, selon nôtre Savant Interpréte, que *les* Grecs *vont faire un marché de la Guerre chez les* Arcadiens, en cherchant à les enrôller, au lieu que c'étoit leur coûtume de chercher eux-mêmes à s'enrôller par tout où ils pouvoient. Au reste, il ne sera pas hors de propos d'alléguer un passage que je trouve dans Thucydide, & qui confirme ce que l'on dit là des *Arcadiens*. Cet Auteur remarque, que les *Arcadiens* avoient accoûtumé de tout tems d'aller à la Guerre con-

Chapitre précedent. St. AUGUSTIN dit, (9) que *ce n'est pas un péché de porter les armes; mais que l'on péche en servant pour le butin.*

§. X. BIEN PLUS: quoi qu'il soit certainement permis de tirer une paie, selon la maxime de l'Apôtre St. PAUL: (a) *Qui est-ce*, dit-il, *qui va servir à la Guerre, à ses dépens?* je soûtiens, que c'est un péché, de servir uniquement ou principalement en vuë du salaire qu'on en retire. (a) I. Corinth. IX, 7.

CHA-

contre tout Ennemi, quel qu'il fût: & il dit, que, dans la Guerre de *Syracuse*, il y eut des Troupes auxiliaires de *Mantinée*, & d'autres endroits d'*Arcadie*, qui servirent pour les *Athéniens* contre ceux même de leur Nation qui étoient venus à la Solde des *Corinthiens*, Alliez des *Syracusains*: Μαντινῆς δὲ, καὶ ἄλλοι Ἀρκάδων μισθοφόροι, ἐπὶ τοὺς αἰεὶ πολεμίους σφίσιν ἀποδεικνυμένους ἰέναι εἰωθότες, καὶ τότε τοὺς μετὰ τῶν Κορινθίων ἐλθόντας Ἀρκάδας, οὐδὲν ἧσσον, διὰ κέρδους, ἡγούμενοι πολεμίους. Lib. VII. Cap. LVII. *Ed. Oxon.*

(4) Ὃς ἕνεκα τοῦ ζῆν ἔρχετ' ἀποθανούμενος. C'est ce que PLAUTE exprime ainsi, dans ses *Bacchides*:

—— *Suam, qui auro vitam venditant.*

GROTIUS.

Le dernier passage n'est point dans la Comédie, que nôtre Auteur cite; & je doute qu'il se trouve dans aucune autre Piéce du même Poëte. On ne le voit point indiqué dans le *Lexicon Plautinum* de PAREUS, qui est fort exact à marquer tous les passages où il y a quelque expression tant soit peu remarquable. Mais je me souviens d'une pensée approchante de MANILE, au sujet de ceux qui se vendoient, pour combattre dans les Spectacles des Gladiateurs:

Nunc caput in mortem vendunt, & funus arenæ.

Astronomic. *Lib.* IV. pag. 87. *Edit. Scalig.* 1655. Pour ce qui est du vers a. Grec d'ANTIPHANE, il se trouve dans STOBE'E, où il est précedé d'un autre, qui, joint à celui-ci, fait que le sens du passage entier se réduit à dire, Que c'est se mettre à la Solde de la Mort, que d'exposer sa vie, pour avoir dequoi vivre:

Τίς δ' οὐχὶ θανάτου μισθοφόρος, ὦ φίλτατε,
Ὃς ἕνεκα τοῦ ζῆν ἔρχετ' ἀποθανούμενος;

Florileg. *Tit.* LIII. Nôtre Auteur citoit encore ici un passage de SENE'QUE, où néanmoins il s'agit d'autre chose. Le Philosophe traite de ridicule l'empressement qu'on a à amasser des richesses, au péril même de sa vie, pour les emploier à des choses qui contribuent à abréger la vie: *Magis ridebis, quum cogitaveris, vitâ parari ea, in quibus vita consumitur.* Quæst. Natur. Lib. V. Cap. XVIII. *in fine Lib. & Cap.*

(5) Il dit, qu'il n'y a rien de plus nécessaire, rien que tout le monde estime plus, que la Vie; & cependant on la sacrifie, pour amasser des richesses: Καὶ τοι τί τοῦ ζῆν ἀναγκαιότερόν ἐστι; ἢ τί τούτου περὶ πλείονος ποιοῦνται πάντες; ἀλλ' ὅμως καὶ τοῦτο ἀπολλύουσι διὰ χρημάτων ἐπιθυμίαν. C'est ce que l'ingénieux LA BRUYE'RE a ainsi exprimé dans ses excellens CARACTE'RES des mœurs de ce siécle: *Il n'y a rien que les Hommes aiment mieux à conserver, & qu'ils ménagent moins, que leur propre Vie.* Pag. 362. *Ed. de Brux.* 1697.

(6) C'est une folie, dit SENE'QUE, d'aller de toutes parts chercher des inconnus, pour se jetter sur eux; de se mettre en colére & de ravager tout ce qui se présente, sans que personne nous en ait donné sujet; de tuer, avec une fureur de Bête féroce, des gens que l'on ne hait point: *Hoc vero quid aliud quis dixerit, quàm insaniam, circumferre pericula, & ruere in ignotos, iratum sine injuria, occurrentia devastantem, ac, ferarum more, occidere, quem non oderis?* Quæst. Natur. Lib. V. Cap. XVIII. Un Poëte Allemand de nation, faisant la description de ceux qui servent ainsi, sans examiner si la Guerre est juste ou non, dit, qu'ils ne cherchent que le salaire; qu'ils changent de parti, selon qu'ils y trouvent mieux leur compte; & qu'ils regardent comme leur Ennemi, quiconque il plait à celui qui les paie:

Ære dato conducta cohors, & bellica miles
Dona sequens, pretioque suum mutare favorem
Suetus, & accepto pariter cum munere bello,
Hunc habuisse, dator pretii quem jusserit, hostem.

GUNTHER. *Ligurin.* (Lib. VII. *pag.* 389. *Ed. Reub.*)
GROTIUS.

(7) C'est STOBE'E, qui nous a conservé ce mot, dans son *Florilegium*, Tit. XLIX. Ἀντισθένης, ὁ φιλόσοφος, τοὺς δημίους εὐσεβεστέρους ἔλεγεν εἶναι τῶν τυράννων . . . . ὑπὸ μὲν τῶν δημίων οἱ ἀδικοῦντες ἀναιροῦνται· ὑπὸ δὲ τῶν τυράννων οἱ μηδὲν ἁμαρτάνοντες.

(8) Οἷς [τοὺς ξένους εἰωθόσι ἔχειν ἐκ τοῦ μισθοφορεῖν] ποτ' ἔφησεν ὁ Φίλιππος, τὸν μὲν πόλεμον εἰρήνην ὑπάρχειν, τὴν δὲ εἰρήνην πόλεμον. DIODOR. SICUL. *Bibl. Hist.* Lib. XVIII. Cap. X. pag. 632. *Ed. H. Steph.*

(9) Ce passage, que l'on donne aussi comme étant de St. AMBROISE, a été déja cité ci dessus, *Liv.* I. *Chap.* II. §. 10. *num.* 5. *Note* 17.

CHAPITRE XXVI.

Des raisons qui autorisent ceux qui dépendent d'autrui, à porter les armes légitimement pour leurs Supérieurs.

I. *Quelles personnes sont dépendantes d'autrui.* II. *Comment doit se conduire un Inférieur, lors que son Supérieur le consulte sur la justice de la Guerre qu'il a dessein d'entreprendre; ou lors qu'il lui laisse le choix de servir, ou non.* III. *Que, malgré les ordres du Supérieur, on ne doit point aller à la Guerre, si on la croit injuste.* IV. *Que doit-on faire dans un doute?* V. *Qu'il est du devoir d'un bon Souverain, de ne point contraindre à prendre les armes ceux de leurs Sujets qui doutent de la Justice de la Guerre; & de leur imposer plûtôt quelque tribut extraordinaire.* VI. *En quel cas les Sujets portent légitimement les armes, quoi que la Guerre en elle-même soit injuste.*

§. I. NOUS avons traité de la Guerre que peuvent justement entreprendre ceux qui sont indépendans. Il faut voir maintenant, comment la Guerre est juste de la part des *personnes dépendantes d'autrui*, tels que sont les *Fils de famille*, les *Esclaves*, les *Sujets*, & même chaque *Citoien* (1) d'une République, comparé avec le Corps de l'Etat.

(a) *Ægid. Reg.* De act. supern. *Disput.* XXXI. *num.* 80.

§. II. TOUS ces (a) Inférieurs, si leur Supérieur leur demande conseil au sujet d'une Guerre qu'il a dessein d'entreprendre, ou s'il leur laisse la liberté de servir ou de demeurer en repos chez eux; doivent suivre les mêmes régles, que ceux qui font la Guerre de leur pure volonté, soit pour eux-mêmes, ou pour autrui.

(a) *Fr. Victoria*, De Jure Belli, *num.* 22.

§. III. 1. MAIS si (a) on leur ordonne, comme cela arrive ordinairement, de por-

CHAP. XXVI. §. I. (1) Voiez PUFENDORF, *Liv.* VII. *Chap.* V. §. 5. du *Droit de la Nat. & des Gens.*

§. III. (1) Ils disent, que, quand le Roi commande quelque chose de contraire à la Loi de DIEU, il faut absolument refuser d'obéïr. JOSEPH rapporte, que quelques Jeunes gens de sa Nation, sur la question que leur faisoit le Commandant des Troupes d'*Hérode*, pourquoi ils avoient abbattu l'Aigle d'or, que ce Prince avoit fait mettre sur la grande Porte du Temple; répondirent hardiment, qu'il ne devoit pas être surpris, s'ils avoient obéï aux Loix Divines de MOÏSE, qui défendoient de consacrer aucune représentation de cette nature, plûtôt qu'aux Ordonnances d'un Homme: *Θαυμαστὸν ἢ οὐδὲν, εἰ ἃ σῶν δογμάτων ἀξιωτέρους τετηρεῖσθαι ἡγούμεθα νόμους, οὓς Μωυσῆς, ὑπαγορεύσει καὶ διδαχῇ τοῦ Θεοῦ γραψάμενος, κατέλιπε.* Antiq. Jud. *Lib.* XVII. (Cap. VIII. *pag.* 526. G.) Voiez le passage d'un Rabbin, que DRUSIUS cite, sur le passage des *Actes*, V, 29. GROTIUS.

(2) *Ὅτι ἐγὼ ὑμᾶς, ὦ ἄνδρες Ἀθηναῖοι, ἀσπάζομαι μὲν καὶ φιλῶ, πείσομαι δὲ τῷ Θεῷ, μᾶλλον ἢ ὑμῖν.* PLATO, Apolog. Socrat. (*pag.* 29. D. Tom. I. *Edit. H. Steph.*) Le Philosophe *Apollonius de Tyane* opposoit à l'Edit de *Néron*, pour proscrire la Philosophie, ce vers de SOPHOCLE: (*Antigon.* vers 456.)

Οὐ γάρ τί μοι Ζεὺς ἦν ὁ κηρύξας τάδε.

Ce ne sont pas des ordres de Jupiter. (PHILOSTRAT. *Vit. Apoll. Tyan.* Lib. IV. Cap. XXXVIII. *Ed. Olear.*) GROTIUS.

(3) *Peccatum filiorum est, non obedire parentibus. Et quia poterant parentes aliquid imperare perversum, adjunxit,* IN DOMINO. Tom. IX. pag. 237. C. *Edit. Froben.*

(4) C'est-à-dire, selon l'explication de St. CHRYSOSTOME, dans les choses par lesquelles les Enfans n'offenseront point DIEU: *Τὸν ἐστὶν, ἐν οἷς μὴ προσκρούσει Θεῷ.* Il dit ailleurs, qu'un Enfant doit honorer son Pére & sa Mére, & leur obéïr, autant qu'il peut le faire sans préjudice de la Piété: *Οὐ γὰρ δὴ μισητῇ ἡμῖν κεῖται μισθὸς, τοὺς τοὺς γεγεννηκότας τιμῶσιν· ἀλλ' ὡς δεσπότας αὐτοὺς ἡγεῖσθαι κελευόμεθα, λόγῳ τε καὶ ἔργῳ θεραπεύειν, ὅταν μὴ τὰ τῆς εὐσεβείας παραβλάπτηται.* Ad Patrem infidel. C'est ainsi qu'il faut entendre ce mot de St. JÉRÔME; *Per calcatum perge patrem:* „ Continuë ton chemin, en passant même sur le ventre à ton Pére. " C'est une expression déclamatoire, empruntée du Rhéteur *Porcius Latro*, & qui se trouve dans SENEQUE: [*Ut ad hostem pervenias, patrem calca.* Controvers. VIII. pag. 142. *Edit. Gronov. maj.*] On doit expliquer de même ce que dit St. AMBROISE, *De Virginitate*; & St. AUGUSTIN, *Epist.* XXXVIII. *ad Latum*: comme aussi le IV. Canon du *I. Concile de* NICÉE, selon la traduction Arabe. GROTIUS.

(5) *Neque autem illa* [sententia,] *quam primo in loco diximus, vera & proba videri potest, omnia esse, quæ pater jusserit, parendum. Quid enim? si proditionem patriæ, si matris necem, si alia quadam imperarit turpia aut impia? Media igitur sententia optima atque tutissima visa est; quædam esse parendum, quædam non obsequendum,*

porter les armes, & qu'ils soient assûrez que la Guerre est injuste; ils sont indispensablement tenus de n'y point aller. *Il faut* (b) *obéïr à* Dieu, *plûtôt qu'aux Hommes*: ce n'est pas seulement une maxime des Apôtres, mais encore (1) des Rabbins, & de (2) Socrate même, ce grand Philosophe Grec. (b) *Actes*, V, 29.

2. L'Apôtre St. Paul applique cette maxime aux Enfans: (c) Enfans, leur dit-il, *obéïssez à vos Péres, selon le Seigneur; car cela est juste.* Sur quoi St. Jérôme fait cette remarque; (3) *C'est un péché de ne pas obéïr à son Pére & à sa Mére. Mais comme ils peuvent commander quelque chose de mauvais, c'est pour cela que l'Apôtre ajoûte, qu'on ne doit leur obéïr que* selon (4) le Seigneur. Aulu-Gelle soûtient aussi, que (5) c'est une mauvaise maxime, de prétendre qu'un Fils doive faire tout ce que son Pére lui commande. *Quoi donc?* (dit-il) *si le Pére exige de lui qu'il trahisse sa Patrie, qu'il tue sa Mére, ou qu'il commette quelque autre action deshonnête ou dénaturée; obéïra-t-il? Ici*, ajoûte cet Auteur, *il faut tenir un milieu: c'est qu'un Fils doit obéïr en certaines choses à son Pére, & ne pas lui obéïr en d'autres.* Quintilien est dans la même pensée: & il (6) allégue pour exemple des choses, à l'égard desquelles un Fils peut se dispenser d'obéïr, *si le Pére lui ordonne de trahir son sentiment; de déposer ou d'opiner sur une chose qu'il ignore, de mettre le feu au* Capitole, *ou de s'emparer de la Place* &c. (c) *Ephes.* VI, 1.

3. St. Jérôme remarque encore, que les Esclaves (7) ne doivent pas, non plus que les Enfans, obéïr à leurs Maîtres, lors que ceux-ci leur ordonnent quelque chose de contraire à la volonté de Dieu. C'est pour cela que le même Apôtre, que nous avons cité, dit un peu plus bas, (d) que *chacun remportera la récompense de ses bonnes actions, soit Esclave, ou personne libre.* Senéque (8) veut aussi qu'un Esclave soit dispensé d'obéïr à son Maître, lorsque le Maître lui ordonne de faire quelque chose contre le bien de l'Etat; & en général toutes les fois qu'il s'agit de prêter son bras à quelque Crime. (d) *Ibid.* vers. 8.

4. Il faut dire la même chose des Puissances Civiles. Nous avons (e) dans l'Histoire Sain- (e) *I. Sam.* XXII, 18, 19. *I. Rois*, XVIII, 4, 13. *II. Rois*, I, 10, 11, 14.

dam. Noct. Attic. Lib. II. Cap. VII.

(6) *Ergo non omnia necesse est facere liberis, quaecumque patres imperant. Multa sunt, quae fieri non possunt: & ideo judicium constitutum est adversus abdicantes, quoniam recipiebat natura, ut etiam patres aliquando aut errarent, aut injustè imperarent. Si imperes filio, ut sententiam dicat, contra quàm existimat: si testimonium jubeas dici ejus rei, quam ignorat; si sententiam in Senatu: haec magis civilia, & in medio posita, si ex nostra libertate argumenta repetenda sunt: si* Capitolium *me incendere jubeas, arcem occupare: licet dicere, Haec sunt, quae fieri non oportet.* Declam. CCLXXI. Le même Auteur soûtient, que la reconnoissance qu'on doit à un Pére & une Mére n'engage pas à faire tout ce qu'ils voudroient: autrement les Bienfaits séroient très-onéreux & très-dangereux, puis qu'ils réduiroient à la nécessité de commettre même des Crimes: *Non omnia esse praestanda, etiam parentibus, dico: alioqui nihil est periculosius acceptis beneficiis, si in omnem nos adligant servitutem, nam etiam scelerum, si ita videatur his, qui nos meritis obligavêre, adferunt necessitatem.* [Declam. CCCXXXIII.) Senéque le Pére dit aussi, qu'il ne faut pas faire tout ce qui nous est commandé, même par un Pére: *Non omnibus imperiis parendum est.* Lib. I. Controv. I. (pag. 80.) Et Sopater excepte aussi ce qui est contraire aux Loix, & à l'Honnêteté: Ἔδει, φησὶ, πεισθῆναι τῷ πατρί. εἰ μὲν τὰ νόμιμα, καλῶς· εἰ δὲ παρὰ τὸ πρέπον, ἀνεύλογον. Grotius.

(7) *Et pulcrè imperans servis, ut obediant dominis, adjecit,* Quasi Christo: *& iterum,* Ut Servi Christi, facientes voluntatem Dei; *ut scilicet non audiat servus carnalem dominum, si contraria Dei praeceptis voluerit imperare.* In Ephes. *Cap.* VI. (*pag.* 238. B. *Tom.* IX.) Le même Pére dit ailleurs, que les Enfans & les Esclaves ne doivent être soûmis à la volonté de leurs Péres & de leurs Maîtres, qu'en ce qui n'est point contraire à la volonté de Dieu: *In illis tantum debent dominis & parentibus esse subjecti, quae contra* Dei *voluntatem non sunt.* St. Chrysostôme remarque aussi, que ce sont là les bornes que Dieu lui-même a prescrites à l'obéïssance que les Esclaves doivent à leurs Maîtres: Καὶ γὰρ εἰσὶν ὅροι δίκαιοι παρὰ τοῦ Θεοῦ κείμενοι· καὶ μέχρις ἂν δεῖ φυλάττειν αὐτοὺς καὶ ταῦτα ὑπομένειν, καὶ ὑπερβαίνειν αὐτοὺς οὐ χρή. ὅταν γὰρ μηδὲν ὁ δεσπότης ἐπιτάττῃ τῶν μὴ δοκούντων τῷ Θεῷ, ἕπεσθαι δεῖ καὶ πείθεσθαι, περαιτέρω δὲ μηδέν. In I. *ad Corinth.* VII, 24. Clément *d'Alexandrie* dit, qu'une Femme doit obéïr à son Mari en toutes choses, & ne rien faire malgré lui, hormis ce qu'elle croit de quelque conséquence par rapport à la Vertu & au Salut: Πάντα δὲ τῷ ἀνδρὶ συμπεισθεῖσαν, ὡς μηδὲν ἄκοντος ἐκείνου πρᾶξαί ποτε, πλὴν ὅσα εἰς ἀρετὴν καὶ σωτηρίαν διαφέρειν νομίζεται. Grotius.

Le passage de Clément *d'Aléxandrie* se trouve dans ses *Stromates*, Lib. IV. Cap. XIX. pag. 620. *Edit. Oxon.* Potter.

(8) *Non enim aut nos omnia jubere possumus, aut in omnia servi parere coguntur. Contra rempublicam imperata non facient: nulli sceleri manus commodabunt.* De Benefic. *Lib.* III. Cap. XX.

(9) *Se-*

Sainte des exemples remarquables de gens qui ont été punis pour avoir obéï à des ordres injustes; & d'autres qui sont louez, d'y avoir désobéï. TERTULLIEN donne pour maxime, (9) que *nous devons, selon le Précepte de l'Apôtre, avoir toute sorte de soûmission pour les Magistrats, les Princes, & les Puissances; mais autant que nôtre Religion le permet.* Et le Martyr *Silvain* disoit: (10) *Nous désobéïssons aux Loix Romaines, pour obéïr aux Loix Divines. Polycarpe*, autre Confesseur de l'Evangile, parloit ainsi un peu avant que de mourir: (11) *Nous sommes instruits à honorer comme il faut les Puissances établies de* DIEU, *c'est-à-dire, autant que nous le pouvons, sans préjudice de nôtre Salut.* Dans les *Phéniciennes* d'EURIPIDE, (12) *Créon* dit: *Ne faut-il pas exécuter les ordres d'un Roi?* NON, (lui répond *Antigone*) *lors qu'ils sont pleins d'injustice & de cruauté.* On s'est moqué autrefois de *Stratoclès*, qui proposa à *Athénes* (13) une Loi portant, que tout ce que le Roi *Démétrius* trouveroit bon, seroit saint devant les Dieux, & juste devant les Hommes.

5. En un mot, *refuser d'obéïr aux ordres deshonnêtes, ou injustes, d'un Pére, ou d'un Magistrat, ou d'un Maître, ce n'est pas désobéïr, ni faire du tort, ni manquer à son devoir*, comme le disoit (14) le Philosophe MUSONIUS. C'est pourquoi PLINE *le Jeune* aiant à parler contre quelques Provinciaux d'*Espagne*, accusez d'avoir été les ministres des concussions d'un Proconsul Romain, commença par prouver, (15) qu'il y a du crime à faire, par ordre d'un Supérieur, quelque chose de mauvais.

6. Les Loix Civiles même, qui pardonnent aisément les fautes excusables en quelque maniére, ont à la vérité de l'indulgence pour ceux qui sont réduits à la nécessité d'obéïr,

(9) *Satis praescriptum habemus, in omni obsequio esse nos oportere, secundum Apostoli praeceptum, subditos Magistratibus, Principibus, & Potestatibus; sed intra limites disciplinae.* De Idololatr. *Cap.* XV.

(10) *Idcirco Leges Romanas contemnimus, ut jussa divina servemus.* In Martyrolog.

(11) Δεδιδάγμεθα γὰρ ἀρχαῖς καὶ ἐξουσίαις ὑπὸ Θεοῦ τεταγμέναις τιμὴν κατὰ τὸ προσῆκον, τὴν μὴ βλάπτουσαν ἡμᾶς, ἀπονέμειν. EUSEB. *Hist. Eccles.* Lib. IV. Cap. XV. Voiez le Traité de nôtre Auteur *De Imperio Summar. Potest. circa Sacra*, Cap. V. §. 5, 10, 11.

(12) ΚΡ. Πῶς; τἀντεταλμένα οὐ δίκαιον ἐκτελεῖν;
ANT. Οὐκ, ἢν πονηρά τ᾽ ᾖ, κακῶς τ᾽ εἰρημένα.
Supplic. *vers.* 1642, 1643.

(13) Ἔτι δὲ προσεψηφίσαντο, δεδόχθαι τῷ δήμῳ τῶν Ἀθηναίων, ὅ, τι ὁ βασιλεὺς Δημήτριος κελεύσῃ, τοῦτο καὶ πρὸς Θεοὺς ὅσιον, καὶ πρὸς ἀνθρώπους εἶναι δίκαιον. Εἰπόντος δέ τινος τῶν καλῶν κἀγαθῶν ἀνδρῶν, μαίνεσθαι τὸν Στρατοκλέα τοιαῦτα γράφοντα, Δημοχάρης ὁ Λευκονεὺς (c'est ainsi qu'il faut lire, au lieu de Λακωνεύς, comme l'a remarqué PAUMIER, dans ses *Exercit. in optimos Auct. Graecos*, pag. 213.) εἶπε, Μαίνοιτο μέντ᾽ ἄν, εἰ μὴ μαίνοιτο. (PLUTARCH. Vit. Demetr. *Tom.* I. pag. 899, 900.) C'est ainsi que l'Empereur *Andronic Comnéne* exigea de *Basile Camatére* un billet, par lequel celui-ci promettoit de ne rien faire, lors qu'il seroit élevé au Patriarchat, que ce qu'*Andronic* trouveroit bon, sans en excepter les choses les plus abominables; & qu'il s'abstiendroit, au contraire, de tout ce qui ne plairoit point à cet Empereur: Ἐκεῖνα ἐν τῷ ἀρχιερατεύειν διαπράττεσθαι, ὅσα φίλα τῷ Ἀνδρονίκῳ, κἂν εἶεν ἀναθέματα· κἀκεῖνα πάλιν ἀποσπεύδειν, ὁπόσα οὐχ ἥδοιτο Ἀνδρόνικος. NICETAS CHONIAT. in Alex. Comnen. (*Cap.* XIV.) GROTIUS.

(14) C'est dans STOBE'E, qu'on trouve ces paroles, qui font partie d'un assez long discours, où la chose est traitée au long: *Florileg.* Tit. LXXIX. *A Liberis honorem debitum praestandum Parentibus, & an per omnia eis obediendum.* Voici l'Original. Ὥστε εἴτε πατρὸς, εἴτε ἄρχοντος, εἴτε καὶ νὴ Δία δεσπότου προστάγματα μὴ ὑπακούῃ τις, κακὰ προστάττοντος, ἢ ἄδικα, ἢ αἰσχρὰ, οὐκ ἀπειθεῖ οὐδαμῶς, ὥσπερ οὐδ᾽ ἀδικεῖ, οὐδ᾽ ἁμαρτάνει. Pag. 458. *Edit. Gesner.* 1549.

(15) *Horum antequam crimina ingrederer, necessarium credidi elaborare, ut constaret, ministerium crimen esse.* Lib. III. Epist. IX. (*num.* 14. *Edit. Cellar.*) TERTULLIEN dit, que celui qui a commandé une mauvaise action mérite d'être puni plus que l'Auteur même de l'Action; puis que celui-ci même n'est pas excusé, quoi qu'il ne fasse qu'obéïr: *Plus caeditur, qui jubet, quando nec qui obsequitur, excusatur.* De Anima (*Cap.* XL.) Il remarque ailleurs, que, parmi les Hommes l'exercice le plus parfait de la Justice va jusqu'à rechercher ceux même qui n'ont été que les ministres d'une action, pour les punir ou les recompenser, aussi bien que ceux qui se sont servis de leur ministére: *Quum humana censura eo perfectior habeatur, quo etiam ministros facti cujusque deposcit, nec parcens aut invidens illis, quominus cum auctoribus aut poena, aut gratia, commune* [*c*]*ent fructum.* De Resurrect. carnis. (*Cap.* XV.) Voiez GAILIUS, de Pace publica, *Lib.* I. *Cap.* IV. *num.* 14. GROTIUS.

(16) *Ad ea, quae non habent atrocitatem facinoris vel sceleris, ignoscitur servis, si vel dominis, vel his, qui vice dominorum sunt, veluti tutoribus & curatoribus, obtemperaverint.* DIGEST. Lib. L. Tit. XVII. *De diversis reg. Juris*, Leg. CLVII. Il y a une autre Loi, où l'on donne pour exemple, si un Maître commande à son Esclave d'aller tuer un homme, ou de dérober, ou de pirater: *Servus non in omnibus rebus, sine poena, domino dicto audiens esse solet: sicuti si dominus hominem occidere, aut furtum alicui facere, servum jussisset. Quare, quamvis domini jussu servus piraticam fecisset, judicium in eum post libertatem reddi oportet.* Lib. XLIV. Tit. VII. *De obligat. & action.* Leg. XX. Voiez Mr. NOODT, *Ad Legem Aquil.* Cap. X. & *Observat.* Lib. II. Cap. XIV.

(17) *Neque in ulla* [Lege] *praeteritum tempus reprehenditur, nisi ejus rei, quae sua sponte scelerata ac nefaria est, ut, etiamsi lex non esset, magnopere vitanda fuerit.* In Verr. *Lib.* I. *Cap.* XLII.

(18)

d'obéir, mais non pas en toute sorte de choses. (16) Elles exceptent les Actions & les Crimes énormes; les choses, qui, comme parle (17) CICERON, sont mauvaises & criminelles par elles-mêmes; ou dont on doit s'abstenir volontairement, non à cause des décisions des Jurisconsultes, ou des défenses de quelcun, mais pour suivre les lumiéres naturelles, comme (18) ASCONIUS explique les termes de l'Orateur Romain. L'Empereur (19) *Sévére* voulut que l'on ne pardonnât point à ceux qui auroient tué un Sénateur par ordre même de l'Empereur.

7. Aussi le Paganisme nous fournit-il des exemples de personnes, qui ont généreusement refusé d'obéir à leur Souverain, en matiére de choses deshonnêtes. Celui du Jurisconsulte (20) *Papinien* est assez connu: on en trouve un autre (21) dans AMMIEN MARCELLIN, au sujet d'*Helpidius*: & parmi les *Chrétiens*, on voit un *Manuel* & un *George*, (f) qui refusérent de prêter leur bras à la mort de l'Impératrice.

8. Les *Juifs*, qui servoient dans l'Armée d'*Alexandre le Grand*, ne voulurent (22) jamais, dans le tems qu'il étoit à *Babylone*, porter de la terre, comme les autres Soldats, pour un Temple de *Bel*, que ce Conquérant faisoit rebâtir. Quelques coups qu'on leur donnât, quelque mauvais traitemens qu'on leur fit, ils persistérent dans leur refus. C'est ce que JOSEPH (g) rapporte, après HE'CATE'E, Historien Paien.

9. Mais nous avons, sous le Christianisme, des exemples plus approchans de nôtre sujet; celui de la *Légion Thébéenne*, dont (h) nous avons parlé ci-dessus; & celui des Soldats Chrétiens, qui portoient les armes pour l'Empereur (23) *Julien*, tout Apostat qu'il

(f) *Nicet.* in Alexio, Manuelis fil. *Cap.* XVI.

(g) *Contra Apion.* Lib. I. pag. 1048, 1049.

(h) *Liv.* I. *Chap.* IV. §. 7. *num.* 9, *& seqq.*

(18) *Maleficia sponte, & non disputatione Jurisconsultorum, sed naturali interpretatione, fugienda sunt, ut veneficium, parricidium, & cetera, quæ etiam nullo prohibente evitanda sunt.* In h. l.

(19) Il fit ordonner, que l'on tiendroit pour Ennemi de l'Etat, lui & ses Enfans, quiconque tueroit un Sénateur, fut-ce l'Empereur, ou quelcun par son ordre: Εἰσελθὼν ἢ οὗτος, ἐπεψηφίσατο μὲν οἷα καὶ οἱ αὐτοκράτορες περὶ ἡμᾶς, ὡς δόξαν τῶν βουλευτῶν ἀποκτεῖνειν· καὶ ὤμοσε περὶ τούτου· καὶ τόγε μεῖζον, ψηφίσματι κοινῷ αὐτὸ κυρωθῆναι προσετετάχει, πολέμιον καὶ τὸν Αὐτοκράτορα, καὶ τὸν ὑπηρετήσαντα αὐτῷ ἐς τὸ τοιοῦτον, αὐτούς τε καὶ τοὺς παῖδας αὐτῶν, νομίζεσθαι δογματίσας. XIPHILIN. in Sever. pag. 310. A. *Ed. H. Steph.*

(20) L'Empereur *Caracalla* aiant fait mourir son Frére *Géte*, voulut, à ce que disent quelques-uns, obliger *Papinien* à lui composer un Discours, pour excuser ce meurtre devant le Sénat ou devant le Peuple. Mais le Jurisconsulte répondit, *Qu'il n'étoit pas aussi aisé d'excuser un parricide, que de le commettre; & que c'étoit un second parricide, après avoir ôté la vie à un Innocent, de l'accuser encore, & de chercher à flétrir sa mémoire.* SPARTIAN. *in Antonin. Carac.* Cap. VIII. IX.

(21) *Constanse* aiant commandé de sa propre bouche à ce Préfet du Prétoire, de faire mettre à la question une personne innocente, il le refusa, priant l'Empereur de lui ôter sa charge, & de donner cette commission à d'autres: *Adeo ut, quum ei coram innocentem quemdam torquere* Constantius *præcepisset, æquo animo abrogari sibi potestatem oraret, hacque potioribus aliis ex sententiâ Principis, agenda permitti.* Lib. XXI. Cap. VI. Au reste, cet *Helpidius* n'étoit point Paien, comme le croit nôtre Auteur, mais Chrétien. Voiez DE VALOIS, sur le passage qui vient d'être cité.

(22) Dans la persuasion où étoient ces Soldats Juifs, qu'ils violeroient leur Loi, en servant de manœuvres pour porter de la terre destinée à rebâtir le Temple d'un Faux Dieu; leur résolution est louable sans contredit. Mais, à considerer la chose en elle-même, je ne sai s'il n'y avoit pas là un scrupule mal fondé. A la vérité, si, avant la Captivité de *Babylone*, un Roi de *Juda* ou d'*Israël* avoit voulu bâtir un Temple dans ses Etats, à quelque fausse Divinité, ses Sujets auroient dû refuser tout travail nécessaire pour un tel Edifice; parce qu'en exerçant ce ministére, ils auroient contribué à introduire l'Idolatrie dans un Païs, d'où DIEU vouloit qu'elle fût entiérement bannie. Et ainsi cet *Urie*, Sacrificateur, dont il est parlé dans l'Ecriture, fit mal d'exécuter l'ordre que lui donna *Achaz* de bâtir un Autel sur le modéle de celui qu'il avoit vû à *Damas*: II. ROIS, *Chap.* XVI. *vers.* 10. *& suiv.* Mais ici ce n'est pas la même chose. L'Idolatrie régnoit, depuis long tems, à *Babylone*, & n'y auroit pas moins régné, quand quelques Soldats Juifs auroient refusé de porter des pierres ou de la terre, c'est-à-dire, de faire une chose indifférente en elle même, par ordre d'un Prince, au service de qui ils étoient. *Aléxandre* d'ailleurs n'exigeoit point cela d'eux, comme une marque qu'ils abjuroient le Judaïsme: il demandoit un ministére purement civil. Ainsi ils ne devoient pas plus faire difficulté de porter des pierres ou de la terre, pour aider à rebâtir le Temple de *Bel*, que *Nahaman le Syrien* n'en fit avec l'approbation du Prophéte *Elisée*, d'accompagner le Roi de *Syrie* dans le Temple de *Rimmon*, & de se courber, pour laisser appuier son Maître sur lui.

(23) Car cet Empereur ne laissa pas toûjours les *Chrétiens* en repos, sur tout lors qu'il croioit avoir quelque prétexte pour les persecuter. St. JE'ROME dit, qu'il fit égorger une Armée Chrétienne: JULIANUS, *proditor animæ suæ, & Christiani jugulator exercitus* &c. (Epitaph. Nepotiani, *pag.* 26. C. Tom. I. *Edit. Froben.*) St. AUGUSTIN nous apprend, qu'on avoit commencé à persécuter les *Chrétiens* à *Antioche*, par son ordre; & qu'un Jeune Homme y fut mis à la question: *De Civit. Dei*, Lib. XVIII. Cap. LII. On trouve dans les Martyrologes, *St. Eliphius*, Ecossois, & trente trois de ses Compagnons, que *Julien* fit décapiter entre *Toul* & *Grand*. Voiez aussi JEAN *d'Antioche, in Excerpt. Peiresc.* GROTIUS.

(24) Ce

qu'il étoit. *Lors qu'il leur disoit*, (24) Marchez au combat, pour la défense de l'Etat; *ils lui obéïssoient aussi tôt. Mais quand il leur disoit*, Prenez les armes contre les Chrétiens; *ils respectoient alors les ordres de l'Empereur céleste, préférablement à ceux de l'Empereur terrestre*, comme le dit St. AMBROISE. Nous lisons aussi, que quelques (i) Exécuteurs publics, convertis au Christianisme, aimérent mieux mourir, que de servir d'instrument à l'exécution des Edits & des Arrêts prononcez contre les *Chrétiens*.

(i) *Spiculatores.*

10. Au reste, ce que nous venons d'établir a lieu lors même (k) qu'on est (25) faussement persuadé que ce que le Supérieur commande est injuste. Car tant qu'on ne peut se désabuser, on doit regarder la chose commandée comme illicite, selon ce qui a été dit ci-dessus.

(k) *Victoria*, De Jure Belli, *num.* 23.

§. IV. 1. MAIS que faut-il faire, lors qu'on doute seulement si la chose commandée est licite ou illicite? Plusieurs croient qu'en ce cas-là on doit obéïr. Et quand on leur objecte la maxime communément approuvée, qui défend de faire ce dont on doute s'il est juste ou non; ils répondent, que celui qui doute pour la théorie peut ne point douter pour ce qui regarde la pratique; car il peut croire, que, dans un doute, on doit obéïr au Supérieur.

2. On ne sauroit nier que cette distinction entre un *Jugement de théorie*, & un *Jugement de pratique*, n'aît lieu en matiére de plusieurs actions. Les Loix Civiles, & parmi les *Romains*, & parmi d'autres Peuples, accordent non seulement (1) l'impunité à ceux qui obéïssent en de telles circonstances, mais encore ne donnent point action civile contr'eux. *L'Auteur du Dommage, c'est*, dit-on, (2) *celui qui a commandé de le faire: pour l'autre, qui a été contraint d'obéïr, il n'y a pas de sa faute.* LA né-

(24) Ce passage, qui n'est pas de St. AMBROISE, a été déja cité ci-dessus, *Liv.* I. *Chap.* II. §. 10. *num.* 9. *Note* 38. où l'on peut voir ce que j'ai remarqué. Mais voici des paroles fort semblables de St. AUGUSTIN, que nôtre Auteur citoit à la fin de la Note précedente: JULIANUS *exstitit infidelis Imperator: nonne exstitit apostata iniquus & idololatra? Milites Christiani servierunt Imperatori infideli. Ubi veniebatur ad caussam* CHRISTI, *non agnoscebant nisi illum qui in Cœlo erat. Quando volebat, ut idola colerent & thurificarent, præponebant illi* DEUM. Nôtre Auteur cite ici la Lettre L. de ce Pére, écrite à *Boniface*; & il ajoûte, que le passage se trouve rapporté dans le DROIT CANONIQUE, *Caus.* XI. Quæst. III. Can. 98. Mais GRATIEN le donne comme étant du Commentaire sur le Livre des PSEAUMES: & on indique à la marge le *Psalm.* 124.

(25) Le mot de *falso*, ou quelque autre semblable, a été ici omis, dans toutes les Editions de l'Original.

§. IV. (1) On suppose, que celui qui obéït, ne le fait pas volontairement, & par conséquent n'est point coupable: *Nam servum nihil deliquisse* [CELSUS ait,] *qui domino jubenti obtemperavit.* DIGEST. Lib. IX. Tit. IV. *De noxalib. actionib.* Leg. II. *Velle non creditur, qui obsequitur imperio patris, vel domini.* Lib. L. Tit. XVII. *De diversis Reg. Juris*, Leg. IV. Voiez CUJAS sur cette derniére Loi (& *Observat.* XVI, 40.) SENEQUE dit, que celui qui veut une chose ne peut pas dire qu'il la fait nécessairement: *In volente necessitas non est.* Voiez JUL. PAULI *Recept. Sentent.* Lib. V. Tit. XXII. §. 2. LEGES LONGOBARD. Lib. I. Tit. IV. Cap. XI. & Tit. XXVI. *De termino effosso:* LEGES WISIGOTH. Lib. II. Tit. II. Cap. XI. Lib. VIII. Tit. I. Cap. III. IV. Lib. VII. Tit. IV. Cap. II. *Mithridate* ne fit point de mal à quelques Affranchis d'*Attilius*, Sénateur Romain, qui avoit conspiré contre lui: il leur pardonna, dit APPIEN d'*Alexandrie*, parce que, quoi que complices, ils n'avoient été que les ministres de leur Maître: Ἀπελευθέρους δ' ὅσοι τῷ Ἀττιλίῳ συνεγνώκεσαν, ἀναθεὶς ἀφῆκεν, ὡς δεσπότῃ διακονησαμένους. Bell. Mithridat. (*pag.* 387. *Ed. Amst.* 213. *H. Steph.*) Le même Prince en usa de même, à l'égard des Amis particuliers de son fils *Machares*, revolté contre lui: Τοὺς δὲ τοῦ παιδὸς (φίλους) ἀναθεὶς, ὡς ὑπηρέτας ἰδίου φίλου γενομένους, ἀφῆκε. (*Pag.* 400. *Amst.* 241. *H. Steph.*) *Tiberius Gracchus* ne fut point puni du Traité conclu avec les *Numantins*; parce qu'il l'avoit fait par ordre du Commandant de l'Armée: [PLUTARCH. *Vit. Gracchor.* pag. 826, 827.] St. CHRYSOSTÔME remarque, qu'on a bien puni plusieurs Magistrats, pour avoir fait mourir injustement quelques personnes; mais qu'on n'accusera jamais en Justice les Bourreaux dont ils se sont servis pour exécuter ces Innocens, & qu'on ne pensera pas même à les rechercher; la nécessité d'obéïr où ils ont été, suffisant pour les disculper: Πολλοὶ γὰρ ἀρχόντων ἐπὶ φόνοις ἀδίκοις κατηγορηθέντες, δίκην ἔδοσαν· τοὺς δὲ δημίους τοὺς διακονησαμένους τῷ φόνῳ, καὶ αὐτόχειρας γενομένους τῆς σφαγῆς, οὐδ' εἰς δικαστήριον εἵλκυσέ τις, ἀλλ' οὐδὲ ἐζήτησε τὴν ἀρχὴν, τῆς ἀνάγκης ὑπὲρ αὐτῶν ἀπολογουμένης, καὶ τοῦ τῆς ἀρχῆς ἀξιώματος, καὶ τοῦ τῆς ὑποταγῆς φόβου. De Providentia, *Lib.* III. GROTIUS.

(2) *Is damnum dat, qui jubet dare: ejus vero nulla culpa est, cui parêre necesse est.* DIGEST. Lib. L. Tit. XVII. *De diversis Reg. Jur.* Leg. CLXIX. *Liber homo, si, jussu alterius, manu injuriam dedit, actio Legis Aquiliæ cum eo est, qui jussit, si modo jus imperandi habuit: quod si non habuit, cum eo agendum est, qui fecit.* Lib. IX. Tit. II. *Ad Leg. Aquil.* Leg. XXXVII. *init.* QUI *jussu Judicis aliquid facit, non videtur dolo malo facere, qui parêre necesse habet.* De diversis Reg. Jur. Leg. CLXVII. §. 1. GROTIUS.

(3) Il met l'Esclave agissant par ordre de son Maître, au même rang que les choses inanimées dont on se sert pour tuer, par exemple, quelcun, ou la main avec laquelle on frappe: Ἔτι ἐστὶ πολλαχῶς τὸ αἰτί-

nécessité d'obéïr à celui qui a pouvoir de commander, fournit une excuse légitime: & autres semblables maximes.

3. Aristote même (3) met au rang de ceux qui n'agissent point injustement, quoi qu'ils fassent quelque chose d'injuste, un Esclave qui fait ce que son Maître lui commande. C'est le Maître alors, dit-il, qui agit injustement, parce que c'est lui qui est le principe de l'action. En effet, un Esclave n'a pas tout le Jugement (4) nécessaire, pour discerner le Juste d'avec l'Injuste; selon un ancien Proverbe, qui (5) porte que *l'Esclavage ôte la moitié de l'Esprit.* C'est pourquoi Senéque soûtient, (6) qu'*un Esclave n'est pas le Censeur, mais l'Exécuteur des volontez de son Maître.* Tacite dit la même chose des Sujets: (7) *les Dieux*, selon lui, *ne leur ont laissé que la gloire d'obéïr; ils ont donné à leur Prince le pouvoir de juger souverainement.* Le même Historien nous apprend, (8) que *Tibére* regarda le jeune *Pison* comme innocent du crime d'avoir eu part à la Guerre Civile; *parce qu'il n'avoit pû qu'obéïr à son Pére.*

4. St. Augustin est dans la même pensée, pour ce qui regarde en particulier la question de la Guerre, dont il s'agit. *Un Homme de bien*, dit-il, (9) *qui porte les armes, sous un Prince même sacrilége, peut innocemment obéïr à ses ordres, sans rien faire contre l'ordre établi pour la tranquillité de la Société Civile, pourvû qu'il soit assûré que ce qu'on lui ordonne n'a rien de contraire aux Commandemens de* Dieu, *ou du moins qu'il ne soit point assûré qu'il y aît quelque chose de contraire. En ce cas-là, il peut se faire que le Prince soit coupable, d'avoir ordonné des choses injustes: mais la condition de Sujet, qui demande l'obéïssance, rend le Soldat innocent.* Un *Soldat*, dit ailleurs (10) le même Pére, *lors qu'il tuë quelcun par ordre d'une Puissance légitime, de qui*

λέγεται, καὶ ἔστιν δὲ τὰ ἄψυχα κτείνει, καὶ ἡ χείρ, καὶ ὁ οἰκέτης ἐπιτάξαντος, ἐν ἀδικεῖ μὲν, φαῦλα δὲ τὰ ἄδικα. Ethic. Nicomach. *Lib.* V. *Cap.* XII. Il appelle ailleurs formellement les Esclaves, des instrumens animez; & les instrumens, des Esclaves inanimez: Ὁ γὰρ δοῦλος, ἔμψυχον ὄργανον· τὸ δ' ὄργανον, ἄψυχον δοῦλος. Lib. VIII. Cap. XIII.

(4) C'est, à mon avis, ce que nôtre Auteur entend par ces mots: *in famulo vis deliberatrix plena non est*; comme quand il dit ci-dessus des Enfans en bas âge, qu'ils n'ont pas *vis electrix*, Chap. V. de ce Livre, §. 2. *num.* 1. Et c'est à cause de ce défaut de Jugement qu'on suppose, selon lui, que les Esclaves n'ont pas la liberté de déliberer sur ce que leurs Maîtres leur ordonnent, pour savoir s'il est juste ou non. Ainsi, quand il fait ensuite application de cette maxime aux Enfans même en âge de raison, & aux Sujets, sa pensée est, que, selon ceux dont il rapporte le sentiment, un Fils ne connoit pas, aussi bien que son Pére, ce qu'il doit faire ou ne pas faire; & les Sujets non plus ne sont pas assez éclairez sur les affaires qui ont du rapport au Gouvernement, pour se mêler de juger de ce que le Souverain ordonne. A cause de quoi l'Orateur Thémistius, (*Orat.* IX.) parlant de la Guerre, compare les Princes à la Raison; & les Soldats, qui servent sous lui, à la Colére; comme nôtre Auteur le remarquoit plus bas, dans une petite Note. Effectivement la chose se trouve ainsi souvent, mais non pas toûjours.

(5) Nôtre Auteur cite ici prémiérement ce Proverbe, comme il l'appelle:

Ἥμισυ τ' ἀρετῆς ἀποαίρεται δούλιον ἦμαρ.

Ensuite, deux autres vers, qui signifient, que *Jupiter* ôte la moitié de l'Esprit, ou de la Raison, à ceux qui sont réduits à la condition d'Esclaves:

Ἥμισυ γάρ τε νόου ἀπαμείρεται εὐρύοπα Ζεὺς
Ἀνδρῶν, οὓς ἂν δὴ κατὰ δούλιον ἦμαρ ἕλῃσι.

Enfin, cet autre vers, rapporté par Philon, dont le sens est, qu'un Esclave n'a pas de la Raison:

Δοῦλος πέφυκας· οὐ μέτεστί σοι λόγου.

Ce dernier vers se trouve dans le Traité de l'Auteur Juif, qui a pour titre, *Que tout Homme-de-bien est libre*, pag. 871. D. *Edit. Paris.* Pour les autres, l'Auteur avoit pris apparemment le prémier dans Longin, qui le cite comme étant d'Homére *Sect.* XLIII. Ce Rhéteur avoit en vuë cet endroit de l'*Odyssée*, Lib. XVII. vers. 322, 323.

Ἥμισυ γάρ τ' ἀρετῆς ἀποαίνυται εὐρύοπα Ζεὺς
Ἀνέρος, εὖτ' ἄν μιν κατὰ δούλιον ἦμαρ ἕλῃσιν.

Voilà sans doute les deux autres vers que nôtre Auteur donne pour différens du prémier, quoi que semblables, & sans en marquer la source. C'est qu'il les avoit lûs dans Platon, qui les cite précisément de la même maniére, *De Legibus*, Lib. VI. pag. 777. A. Tom. II. *Ed. H. Steph.* Du reste, le sens revient à la même chose.

(6) *Servus herilis imperii non censor est, sed minister.* Lib. III. Excerpt. Controv. IX.

(7) Il met cela dans la bouche d'un Chevalier Romain, parlant à *Tibere*: *Tibi summum rerum judicium Dii dedere: nobis obsequii gloria relicta est.* Annal. Lib. VI. Cap. VIII. *num.* 5.

(8) *Post quæ* Tiberius *adolescentem* [Pisonem] *crimine civilis belli purgavit. Patris quippe jussa, nec potuisse filium detrectare.* Annal. Lib. III. Cap. XVII. *num.* 1.

(9) *Quum ergo vir justus, si forte sub Rege, etiam sacrilego, militet, rectè possit, illo jubente, bellare, civicæ pacis ordinem servans, cui quod jubetur, vel non esse contra Dei præceptum certum est, vel, utrum sit, certum non est; ita ut fortasse reum faciat Regem iniquitas imperandi, innocentem autem militem ostendat ordo serviendi* &c. Contra Faust. *Lib.* XXII. *Cap.* LXXV.

(10) *Nam & Miles, quum obediens potestati, sub qua legitimè constitutus est, hominem occidit; nullâ civitatis suæ lege reus est homicidii: immo, nisi fecerit, reus est imperii deserti atque contemti. quod si suâ sponte atque* ane-

qui il dépend, n'est point coupable d'homicide par les Loix de l'Etat, dont il est Sujet: au contraire, s'il refusoit de faire alors ce qu'on lui commande, il se rendroit coupable de désobéïssance. Mais si de lui-même, & de sa pure autorité, il alloit tuer un Homme, il commettroit un véritable Homicide. De sorte que la même chose qui l'expose à être puni, quand il la fait sans ordre, le rend punissable, lors qu'il ne la fait point après en avoir eu ordre.

5. C'est sur ce principe que l'on croit communément, (a) que, par rapport aux Sujets, il peut y avoir une Guerre juste de part & d'autre, c'est-à-dire, qui ne soit (11) injuste d'aucun des deux côtez.

6. Cependant il n'est pas sans difficulté, de dire que l'on doive obéïr à un Supérieur, lors qu'on doute de la justice de ce qu'il commande. Et le Pape (b) ADRIEN, Hollandois de nation, le dernier des Cardinaux de deçà les *Alpes* qui a été élevé au Pontificat, soûtient (c) l'opinion contraire. On peut la défendre, non pas précisément par la raison qu'il allégue, mais par une autre plus pressante, c'est que, quand on doute pour la théorie, on doit se déterminer, dans la pratique, du côté le plus sûr: or (12) le plus sûr est ici, de s'abstenir d'aller à la Guerre. On louë les (13) *Esséniens*, de ce qu'ils juroient, entr'autres choses, *de ne faire du mal à personne, quand même il leur seroit ordonné par leurs Supérieurs.* A leur (14) exemple, les *Pythagoriciens* s'abstenoient de la Guerre, par la raison, dit JAMBLIQUE, (15) que *la Guerre n'inspire que meurtres & que carnage.*

7. En vain objecteroit-on ici, que l'on court risque d'autre côté de se rendre coupable de désobéïssance envers un Supérieur légitime. Car l'un & l'autre de ces inconvéniens, je veux dire, celui de servir dans une Guerre injuste, & celui de désobéïr, étant incertain, (puis que, si la Guerre est effectivement injuste, ce n'est pas désobéïr, que de refuser d'y aller) on peut, sans pécher, choisir le moindre des deux maux que l'on craint. (d) Or, en matiére de pareilles choses, la désobéïssance est (16) un moindre mal, que l'Homicide, sur tout quand on s'expose à faire mourir un grand nombre d'In-

(a) *Sylvest.* verb. *Bellum*, Part. I. *num.* 9. Qu. IV. *Castr.* in Digest. *de Just. & Jur.* Leg. V. *Soto*, Lib. V. Qu. I. Art. 7. & Qu. III. Art. 3. *Victoria*, de jure Bell. *num.* 32. *Covarruv.* ad Cap. *Peccatum*, Part. II. §. 10. *num.* 6.

(b) Quæst. *Quod.* Lib. II.

(c) Voiez des exemples d'autres Auteurs, qui sont de ce sentiment, dans *Lambert de Schafnaburg.*

(d) *Bald.* II. Consil. 385. *Sonus*, de det. secr. *Membr.* 3. quæst. 2. in resp. ad 1.

auctoritate fecisset, in crimen effusi humani sanguinis incidisset. Itaque, unde punitur, si fecerit injussus, inde punietur, si non fecerit jussus. De Civit. Dei, *Lib.* I. *Cap.* XXVI. Le même Pére remarque ailleurs, que ce n'est pas un péché, & qu'on n'appelle pas non plus proprement Homicide, lors qu'un Soldat tuë quelque Ennemi; ou lors qu'un Juge fait mourir un Criminel, ou que le Bourreau l'exécute; ou lors qu'on tuë quelcun, sans y penser, en lâchant une arme: *Si homicidium est hominem occidere; potest tamen occidere aliquando sine peccato. Nam & Miles hostem, & Judex, vel minister ejus, nocentem; & cui forte invito, atque, imprudenti, telum manu fugit, non mihi videntur peccare, quum hominem occidunt.* EVODIUS. *Adsentior. Sed homicidæ isti adpellare non solent.* De Libero Arbitr. *Lib.* I. *Cap.* IV. Ce passage se trouve cité dans le DROIT CANONIQUE, *Caus.* XXIII. *Quæst.* V. (Cap. XLI. & le prémier aussi, *ibid.* Cap. XIII.) GROTIUS.

(11) Nôtre Auteur citoit ici ces demi-vers, sans dire de qui ils sont:

—— *Quis justius induit arma,*
Scire nefas —— ——

C'est LUCAIN, qui parle ainsi, au sujet de la Guerre entre *César*, & *Pompée*, Pharsal. Lib. I. vers. 126, 127. La raison qu'il allégue de cette incertitude, est que, si les Dieux se déclarérent pour *César*, le sage *Caton* fut du parti de *Pompée*:

—— *Magno se judice quisque tuetur:*
Victrix caussa Deis placuit, sed victa Catoni.

Pensée, que l'on a critiquée avec raison, comme trop hardie, & injurieuse à la Divinité.

(12) Cela est bon, quand il est libre de prendre tel parti qu'on veut entre aller à la Guerre, ou n'y point aller. Mais ici il faut comparer l'incertitude où l'on est touchant la justice de la Guerre, avec l'obligation claire d'obéïr à un Supérieur légitime. Ainsi le parti le plus sûr est d'obéïr, puis qu'on ne sauroit douter que l'on ne soit tenu d'obéïr à celui qui commande, & que le commandement peut n'avoir rien d'injuste, quoi qu'on ne soit point assûré s'il est tout-à-fait juste. Tout ce qu'il y a, c'est qu'en matiére des choses, de la justice desquelles on a quelque lieu de douter, on doit chercher toutes les voies honnêtes & légitimes d'empêcher que le Souverain ne veuille nous mettre dans la nécessité de faire de semblables choses. Voiez, au reste, ce que dit PUFFENDORF, sur cette question, *Liv.* VIII. *Chap.* I. §. 8. ou dernier.

(13) Καὶ μήτε κατὰ γνώμην βλάψειν τινὰ, μήτε ἐξ ἐπιτάγματος. JOSEPH. *De Bell. Jud.* Lib. II. Cap. XII. pag. 786. E. On trouve précisément les mêmes termes dans PORPHYRE. *De abstin. Animal.* Lib. IV. Pag. 388. Edit. Lugd. 1620.

(14) Voiez ce que l'on a dit ci-dessus, *Chap.* II. de ce Livre, §. 2. *Note* 4.

(15) Πολὺ μᾶλλον ἀθεμιτώτερον τὸ ἀνθρώπων ἀναιρεῖν, διὰ τοῦτο ἐπολέμουν. φόνων γὰρ χορηγέτης καὶ νομοθέτης ὁ πόλεμος. De Vita Pythagor. §. 186. *Edit. Kuster.*

(16) Mais le carnage fait dans une Guerre juste, & par la nécessité de la Guerre, n'étant pas un véritable Homicide; &, dans le cas dont il s'agit, le Sujet n'étant point assûré que la Guerre soit injuste: le moindre inconvénient est, au contraire, du côté de l'obéïssance.

(17)

d'Innocens. La Fable ancienne nous dit, (17) que *Mercure* étant accusé devant le Conseil des Dieux, de ce qu'il avoit tué *Argus*, il s'excusa sur l'ordre que *Jupiter* lui en avoit donné: cependant les Dieux n'osérent l'absoudre. MARTIAL, dans une de ses Epigrammes, n'excuse pas non plus (18) *Pothin*, Officier du Roi *Ptolomée*, quoi qu'il le fasse regarder comme moins coupable que *Marc Antoine*.

8. Quelques-uns font une autre objection, qui n'a pas beaucoup de force. (e) Si l'on établit, disent-ils, que les Sujets peuvent se dispenser de porter les armes, toutes les fois qu'ils doutent de la justice de la Guerre; l'Etat sera par là souvent en danger de périr; parce que pour l'ordinaire il n'est pas à propos de découvrir au Peuple les raisons des délibérations qui se prennent dans le Conseil du Souverain. Cela peut être, pour ce qui regarde les motifs qui engagent à prendre les armes. Mais il est faux, qu'on puisse en user ainsi, à l'égard des raisons justificatives de la Guerre. Ces raisons (19) doivent être claires & évidentes, & telles par conséquent, qu'on puisse & qu'on doive les publier. Ce que TERTULLIEN assûre, peut-être trop généralement, de toute sorte de Loix sans distinction, a lieu certainement en matiére des Loix ou des Ordonnances particuliéres, qui imposent la nécessité d'aller à la Guerre: *Un* (20) *Citoien*, dit-il, *ne peut pas obéir fidélement à la Loi, s'il ne connoît la nature de ce que la Loi punit. Il n'y a point de Loi, qui doive se contenter d'être juste au gré du Législateur; il faut toûjours qu'elle fasse connoître sa justice à ceux de qui elle exige l'obéïssance. Une Loi est suspecte d'injustice, du moment qu'elle ne veut pas qu'on examine si elle est juste. Et c'est une Loi tyrannique, que celle qui veut absolument qu'on lui obéïsse, quoi qu'elle ne puisse alléguer aucune bonne raison pour persuader qu'elle est juste.*

(e) *Victoria*, de jure Belli, *num.* 25.

9. Rien aussi n'est plus propre à animer le Soldat, que la persuasion où il est qu'il combat pour une cause juste: au lieu, que s'il soupçonne le contraire, cela est capable d'abbattre son courage; ainsi que le (21) remarque PROPERCE, & comme l'insinuë STACE, autre Poëte Latin, par la maniére dont il fait parler (22) *Achille*, & (23) *Thésée*. Un ancien (24) Panégyriste dit là-dessus, qu'*une bonne conscience a tant*

(17) Je ne sai, dans quel Ouvrage de l'Antiquité nôtre Auteur a pris cette circonstance: & il auroit mieux fait de ne point l'alléguer, puis que, comme le remarque ici OBRECHT, l'exemple n'est point à propos. *Mercure* pouvoit & devoit savoir, que l'ordre de *Jupiter* étoit manifestement injuste; *Argus* n'étant coupable, que de servir *Junon* dans le dessein qu'elle avoit d'empêcher les galanteries criminelles de son Mari.

(18) Antoni *tamen est pejor, quàm caussa* Pothini:
Hic facinus domino præstitit, ille sibi.
Epigramm. *Lib.* III. *Epigr.* LXVI. *vers.* 5, 6. Cet exemple est encore plus mal appliqué, que le précedent. Car ce fut *Photin* lui-même, comme chacun sait, qui inspira au Roi *Ptolomée* le dessein de faire assassiner *Pompée*, uniquement pour gagner les bonnes graces de *César*.

(19) Mais, outre qu'il peut arriver, comme le remarque BOECLER, (Diss. *de religione Mandati*, Tom. I. pag. 248.) qu'il ne soit pas à propos d'alléguer d'abord les principales raisons justificatives; ces raisons, quelque claires qu'elles soient, peuvent être telles, que la plûpart des Sujets, & ceux dont on auroit le plus de besoin, ne seront pas capables d'en sentir toute la force, à cause de la matiére même, qui demande des discussions au dessus de leur portée. De sorte qu'il leur sera facile de se former des scrupules, ou de les prendre pour prétexte de leur paresse, ou de leur inclination à désobéïr. En général, il est dangereux d'établir, qu'un simple doute puisse dispenser de l'obéïssance à un Supérieur légitime: & il suffit bien d'accorder cette dispense, dans les cas où l'on est pleinement persuadé de l'injustice de la chose commandée. Il est juste, que, dans un doute, la présomtion soit en faveur du Supérieur.

(20) *Neque civis fideliter Legi obsequitur, ignorans quale sit, quod ulciscitur Lex. Nulla Lex sibi soli conscientiam justitiæ suæ debet, sed eis, à quibus obsequium exspectat. Cæterum suspecta Lex est, quæ probari se non vult: improba autem, si non probata dominetur.* Apologet. Cap. IV. Voiez aussi *Ad Nationes*, Lib. I. Cap. VI.

(21) J'ai déja cité le passage, sur le *Discours préliminaire* de nôtre Auteur, §. 28. *Note* 2.

(22) Il prie *Ulysse* de lui apprendre la cause & l'origine de la Guerre de *Troie*, à laquelle *Ulysse* l'avoit persuadé d'aller: cela, ajoûte-t-il, m'animera d'une juste colére:

——— *Quæ* Danais *tanti primordia belli,*
Ede: libet justas hinc sumere protinus iras.
Achilleid. *Lib.* II. vers. 332, 333.

(23) Ce Prince exhorte & encourage ses Soldats, en leur représentant la bonté de la cause, pour laquelle ils marchoient:

Ite, alacres, tantæque, precor, confidite caussæ.
Thebaïd. *Lib.* XII. vers. 648.

(24) Ce Panégyriste, c'est NAZARIUS, dans son Panégyrique de *Constantin*, qui est le neuviéme du Recueil qu'on a fait de ces sortes de piéces. Voici le passage: *Tantum, etiam inter arma, bona conscientia sibi vindicat, ut jam cœperit non virtutis magis, quàm integritatis, esse victoria.* Cap. VII. *num.* 2. Edit. Cellar.

tant de force, même à la Guerre, que l'on peut regarder la victoire comme un effet de l'intégrité de celui qui a la bonne cause, plûtôt que de sa valeur. Dans l'endroit de la GENE'SE, où est racontée l'expédition d'*Abraham* contre quelques Roitelets de la *Palestine*, il y a un (25) mot, que quelques Savans expliquent comme s'il vouloit dire, que ce Patriarche, avant que de mener ses gens au combat, les instruisit pleinement de la justice des raisons qui l'obligeoient à prendre les armes.

10. Il est certain, que les Déclarations de Guerre, comme nous le verrons plus bas, se faisoient autrefois solennellement, & étoient accompagnées de la raison pourquoi on prenoit les armes; afin que tout le Genre Humain, pour ainsi dire, pût connoître de la justice de la cause. En effet, la Prudence est bien une Vertu propre du Souverain, (26) selon la remarque d'ARISTOTE: mais la Justice convient à tout Homme, consideré comme tel.

(f) *Ægid. Reg.* de act. supern. *Disp.* XXXI. *Dub.* V. *num.* 85. *Bannes,* II. 2. Qu. XL. *Molina*, Tract. II. Disp. CXIII.

11. Il semble, du moins, que (f) l'on doive absolument se ranger au sentiment du Pape ADRIEN, dont nous avons parlé, lors qu'un Sujet doute non seulement de la justice de la Guerre, mais encore panche à croire, sur des raisons vraisemblables, que la Guerre est injuste; sur tout s'il s'agit d'une Guerre Offensive, & non pas d'une Défensive.

12. Il y a même apparence, qu'un Bourreau, (27) avant que d'exécuter un Criminel condamné à mort, doit être suffisamment instruit de son crime, ou pour avoir assisté aux Informations & au Jugement du Procès, ou par la confession même du Coupable, afin (28) d'être assûré qu'il mérite de mourir. C'est aussi ce qui se pratique en quelques endroits. Et la Loi de (g) *Moïse* ordonnoit, pour la même raison, que les Témoins, sur la déposition desquels quelcun avoit été condamné à être lapidé par le Peuple, fussent les prémiers à jetter la pierre contre lui.

(g) *Deuteron.* XVII, 7.

§. V. 1. QUE si, après avoir allégué les raisons qu'on a d'entrer en guerre, les Sujets ne les trouvent pas assez justes; il est alors certainement du devoir d'un bon Ma-

(25) Le mot de ירק *jarek*, Chap. XIV. vers. 14. Quelques-uns aussi raménent au même sens le mot de חניכיו *hhanichau*, qui se trouve au même endroit, & ils l'expliquent, *instruits par lui*, c'est-à-dire, par *Abraham*. Le Roi *Hérode*, dans un Discours qu'il fit aux *Juifs*, après avoir reçû quelque échec de la part des *Arabes*, leur représenta, combien justement il avoit entrepris cette guerre, y étant forcé par les insultes de l'Ennemi; & il ajoûta, que ce devoit être pour eux un grand encouragement: *Βούλομαι δὲ πρῶτον μὲν ὑπὲρ τοῦ πολεμεῖν, ὡς δικαίως αὐτὸ ποιοῦμεν, ἐπιδεῖξαι, διὰ τὴν ὕβριν τῶν ἐναντίων ἠναγκασμένοι· μέγιστον γὰρ, εἰ μάθοιτε τοῦτο, προθυμίας αἴτιον ὑμῖν ἔσται.* (Antiq. Jud. *Lib.* XV. *Cap.* VIII. pag. 521. C.) GROTIUS.

Le sens, que les Interprêtes, dont parle nôtre Auteur, donnent aux paroles du Livre de la GENE'SE, n'est pas bien fondé. Il y a grande apparence, que l'Historien Sacré veut dire seulement, qu'*Abraham* mena au combat ses gens *dressez aux armes*. Voiez là-dessus Mr. LE CLERC.

(26) C'est dans sa *Politique*: *Ἡ δὲ φρόνησις, ἄρχοντος ἴδιος ἀρετὴ μόνη.* Lib. III. Cap. III. pag. 268. *Ed. Heinsii.*

(27) A la vérité, quand cela se peut, c'est toûjours le mieux. Mais, du caractére dont les Bourreaux sont ordinairement, il est souvent impossible qu'ils jugent si la Sentence est juste, ou non. Il suffit donc de dire, qu'ils ne doivent point prêter leur bras à l'exécution qu'on leur commande, lors qu'ils sont convaincus, ou qu'ils peuvent l'être, de l'innocence du Prévenu condamné, ou par des preuves de fait, sur lesquelles ils ne sauroient se tromper, ou par des raisons de droit, qui sont à leur portée. Voiez ce que j'ai dit des Huissiers, sur PUFENDORF, *Droit de la Nat. & des Gens*, Liv. VIII. Chap. I. §. 6. *Note* 4.

(28) C'est pour cela que les gens de *Saül*, plus consciencieux que l'Iduméen *Doëg*, ne voulurent point, quoi que ce Prince le leur commandât, tuer les Sacrificateurs, qui demeuroient à *Nob*, I. SAMUEL, XXII, 17. Et le troisiéme des Officiers, qu'*Achab* avoit envoiez pour prendre *Elie*, se garda bien de lui faire aucune violence, II. ROIS, I, 13. Quelques Bourreaux, convertis au Christianisme, renoncérent dès-lors à cet emploi, comme à un métier dangereux. Voiez le MARTYROLOGE, & BE'DE, Lib. I. Cap. VII. GROTIUS.

§. V. (1) Mais, comme le remarque ici HENNIGES, un des Commentateurs de cet Ouvrage, si le Prince n'a aucun droit de contraindre ses Sujets à servir, lors qu'ils doutent de la justice de ses armes; il n'aura pas non plus droit de leur imposer des subsides pour la Guerre. Les Sujets, qui, dans cette supposition, ne devroient point l'aider de leur bras, ne pourroient pas non plus en conscience l'aider de leurs biens; puis qu'on ne doit fournir aucun secours, quel qu'il soit, pour l'execution d'une action mauvaise.

(2) A la vérite, on fait bien de ne forcer personne, tant qu'on trouve assez de Soldats, soit naturels du païs, ou Etrangers, qui s'enrôllent volontairement. Mais, comme il pourroit arriver qu'on manqueroit de Troupes, l'Etat se verroit sans défense, s'il n'étoit jamais permis au Souverain de forcer ses Sujets, quelque

Magistrat, d'exiger d'eux (1) quelque subside extraordinaire, plûtôt que de les obliger à servir: sur tout s'il ne manque pas d'ailleurs de gens qui veuillent porter les armes. Et un Roi juste peut emploier ces gens-là, qui s'offrent volontairement, non seulement lors qu'ils le font en bonne conscience, mais encore lors qu'il y a quelque chose de vicieux dans leur résolution: de même que Dieu se sert du ministére & du Diable, & des Méchans, qu'il trouve tout disposez à faire certaines choses, & comme on peut innocemment, dans un grand besoin, emprunter de l'argent d'un Usurier.

2. Bien plus: lors même que la justice d'une Guerre est claire comme le jour, il ne semble pourtant (2) pas juste de contraindre un Chrétien à porter les armes; parce que s'abstenir de la Guerre, quand on peut la faire innocemment, est un (3) acte de Sainteté extraordinaire, que l'on a exigé, pendant long tems, sous le Christianisme, des Ecclésiastiques & des Pénitens; & recommandé à tous les autres Chrétiens en différentes maniéres. Voici ce qu'Origéne répond (4) à l'objection que Celse lui faisoit, sur ce que les *Chrétiens* refusoient d'aller à la Guerre: *Les Prêtres de vos Idoles, les Sacristains de ceux que vous croiez être Dieux, gardent leurs mains pures, & ne versent point le sang humain, afin de pouvoir offrir à ces prétenduës Divinitez des sacrifices qui ne soient souillez d'aucun Meurtre: on n'enrôlle point ces Ministres Publics de vôtre Religion, quand il s'éléve quelque Guerre; & ce n'est pas sans raison que vous les dispensez de servir. Combien plus donc nous qui, en gardant aussi nos mains pures, combattons auprès de* Dieu *par nos priéres, en faveur des autres qui font justement la Guerre, & de celui qui régne légitimement, devons-nous être regardez comme des Soldats à nôtre maniére, en qualité de Prêtres & d'Adorateurs de* Dieu? Origéne donne là à tous les *Chrétiens* le nom de *Prêtres*, suivant le stile (a) des Ecrivains Sacrez.

(a) *I. Pierre*, II, 5. *Apocal.* I, 6.

§. VI. 1. Il peut arriver aussi, à mon avis, que dans une Guerre non seulement douteuse, mais encore manifestement injuste, les Sujets se défendent justement à certains égards. Car l'Ennemi, quelque juste que soit sa cause, n'aiant pas droit véritable-

que juste sujet qu'il ait de prendre les armes. Mr. Buddeus, qui croit d'ailleurs avec nôtre Auteur, qu'un Sujet ne doit pas, dans un doute, prendre les armes pour servir son Prince, soûtient néanmoins, que, quand la justice de la Guerre est claire, le Prince peut contraindre ses Sujets à marcher. Voiez la Dissertation *De officio Imperantium circa conscribendum militem*, §. 11. parmi les Selecta Juris Nat. et Gentium. En quoi je ne sai si les principes de cet habile Auteur sont assez liez ensemble. Car, quelque bienfondées que le Prince croie ses raisons justificatives, & quoi qu'elles le soient effectivement; dès-là que les Sujets diront, qu'ils ne les trouvent pas telles, & qu'ils doutent de leur solidité; comme chacun est seul juge de ce qui se passe dans sa propre conscience, on ne pourra jamais les convaincre, qu'ils soient persuadez de la justice de la cause; & par conséquent on ne devra jamais les forcer. La vérité est, que, par une suite nécessaire de la constitution même des Sociétez Civiles, le Souverain a plein droit de contraindre ses Sujets à porter les armes, lors qu'il se détermine à entreprendre la Guerre par des raisons justificatives de la derniere évidence, & qu'il ne trouve pas d'ailleurs assez de gens qui s'en [illegible]ent volontairement; sans qu'il soit obligé alors d'avoir égard aux Scrupules de ceux dont le bras lui est absolument nécessaire. Mais je crois qu'il arrivera très-rarement que des Sujets soient bien persuadez qu'une cause est injuste, quoi que la justice en soit manifeste. Les plus simples ne peuvent guéres en ce cas-là qu'avoir des doutes; & le doute, selon moi, n'exemte pas de l'obéïssance. Après tout, le conflict qu'il y auroit entre les droits de la Conscience de quelques Particuliers, & les droits du Souverain, autoriseroit bien ces Particuliers à refuser d'obéïr, mais n'empêcheroit pas néanmoins que le Souverain ne conservât son autorité. Le bien de l'Etat ne doit point être sacrifié à de vains scrupules.

(3) Ceci est fondé sur la distinction des *Conseils* & des *Préceptes*, que nous avons réfutée ailleurs, *Liv.* I. *Chap.* II. §. 9. *Note* 19. On peut dire, au contraire, que vouloir se dispenser de la Guerre, lors qu'elle est nécessaire, comme nous la supposons toûjours avec nôtre Auteur, & qu'on peut y servir utilement; c'est non seulement une lâcheté, mais encore un défaut de charité, ou plûtôt une violation des engagemens où est tout Citoïen, comme tel, de défendre sa Patrie.

(4) *Ἐροῦμεν ἂν πρὸς τοὺς ἀλλοτρίους τῆς πίστεως, καὶ ἀξιοῦντας ἡμᾶς στρατεύεσθαι ὑπὲρ τοῦ κοινοῦ, καὶ ἀνθρώπους ἀναιρεῖν· ὅτι καὶ οἱ καθ' ὑμᾶς ἱερεῖς ἀγαλμάτων τινῶν, καὶ νεωκόροι ὧν νομίζετε Θεῶν, τηροῦσιν ἑαυτῶν ἀμίαντον τὴν δεξιὰν, διὰ τὰς θυσίας, ἵν' ἀναιμάκτοις χερσὶ, καὶ καθαραῖς ἀπὸ φόνων, προσάγωσι τὰς νενομισμένας θυσίας οἷς φατε Θεοῖς· καὶ οὐ δή που, πολέμου καταλαβόντος, καὶ τοὺς ἱερεῖς στρατεύετε. Εἰ οὖν τοῦτ' εὐλόγως γίνεται· πόσῳ μᾶλλον, ἄλλων στρατευομένων, καὶ οὗτοι στρατεύονται, ὡς ἱερεῖς τοῦ Θεοῦ καὶ θεραπευταί· καθαρὰς μὲν τηροῦντες τὰς δεξιὰς, ἀγωνιζόμενοι δὲ διὰ τῶν πρὸς Θεὸν εὐχῶν, ὑπὲρ τῶν δικαίως στρατευομένων, καὶ ὑπὲρ τοῦ δικαίως βασιλεύοντος, ἵνα τὰ ἐναντία πάντα, καὶ ἐχθρὰ τοῖς δικαίως πράττουσι, καθαιρεθῇ.* Contra Cels. *Lib.* VIII. *pag.* 427. *Edit. Cantabrig.*

§. VI.

blement, ou en conscience, de tuer les Sujets innocens de l'autre parti, qui n'ont eu aucune part au sujet de la Guerre; n'aiant, dis-je, aucun droit de les tuer, qu'autant que cela est nécessaire pour sa défense, ou (1) par une suite de ce qu'il fait sans dessein, puis que ceux qui sont tels ne méritent pas d'être punis: il s'ensuit, que, si l'on est assûré que l'Ennemi vient tout résolu de ne point épargner, quoi qu'il le pût, la vie des Sujets de son Ennemi; ces Sujets peuvent se défendre en vertu du Droit de Nature, dont les privileges ne leur ont point été ôtez par le Droit des Gens.

2. On ne doit pourtant pas, à cause de cela, dire que la Guerre est juste des deux côtez. Car il ne s'agit point ici du fond même de la Guerre, mais d'un acte particulier d'hostilité, lequel, quoi qu'il soit exercé par celui qui a d'ailleurs droit de faire la Guerre, est néanmoins injuste, & par conséquent peut justement être repoussé.

§. VI. (1) Voiez le Chapitre suivant, ou le prémier du *Liv.* III. §. 4.

FIN DU SECOND LIVRE.

LE

LE DROIT DE LA GUERRE, ET DE LA PAIX.

LIVRE TROISIE'ME.

Où l'on traite de tout ce qui regarde le cours de la Guerre, & des Traitez de Paix, qui y mettent fin.

CHAPITRE I.

Régles générales, pour connoître ce qui est PERMIS dans la GUERRE, selon le Droit Naturel: Où l'on traite aussi des RUSES de guerre, & du MENSONGE en général.

I. *Transition, & ordre des matiéres dont on va traiter.* II. Prémiére Régle: *Que tout ce qui est nécessaire pour le but de la Guerre, est aussi permis.* III. Seconde Régle: *Que le droit qu'on a contre un Ennemi vient non seulement de ce qui a donné lieu à prendre les armes, mais encore des nouvelles causes qui surviennent pendant le cours de la Guerre.* IV. Troisiéme Régle: *Que l'on peut faire innocemment, par une suite accidentelle des justes actes d'hostilité, des choses qu'on ne pourroit pas faire directement & de propos délibéré. Restriction de cette maxime.* V. *Comment on peut agir contre ceux qui fournissent à l'Ennemi certaines choses.* VI. *Si la* RUSE *est permise dans la Guerre?* VII. *Qu'il y a une* Tromperie négative, *& une* Tromperie positive; *& que la premiere n'est point illicite par elle-même.* VIII. *Distinction de la* Tromperie positive *en celle qui se fait par des actes qui peuvent signifier tout ce qu'on veut, & celle qui se fait par des actes qui signifient certaines choses déterminées, en vertu de quelque convention. Qu'à l'égard des prémiers, il n'y a point de mal à tromper.* IX. *Difficulté de la question, par rapport aux autres sortes d'actes.* X. *Qu'il n'est pas toûjours illicite de se servir de termes, qu'on sait qui seront pris dans un autre sens que celui qu'on a dans l'esprit.* XI. *En quoi consiste la nature du* MENSONGE *illicite.* XII. *Qu'il est permis de dire quelque chose de faux à des Enfans, ou à des personnes qui ne sont pas dans leur bon-sens :* XIII. *Comme aussi lors qu'on trompe par là ceux auxquels le discours ne s'adresse point, & qu'il seroit permis de tromper indépendamment du discours.* XIV. *Il en est de même, lors qu'on parle à des gens, qui veulent bien être trompez de cette maniére :* XV. *Et quand on use du* *du droit de Supériorité qu'on a sur quelcun:* XVI. *Peut-être aussi, lors qu'il n'y a pas moien de sauver autrement la vie d'une personne innocente, ou quelque autre chose d'équivalent.* XVII. *Liste d'Auteurs, qui ont cru qu'on peut dire quelque chose de faux à un Ennemi.* XVIII. *Qu'on ne doit point étendre cela aux Promesses:* XIX. *Ni aux Sermens.* XX. *Qu'il est pourtant plus conforme à la Générosité, & en même tems à la Simplicité Chrétienne, de s'abstenir de toute tromperie en paroles, même par rapport à un Ennemi.* XXI. *Qu'il n'est pas permis de solliciter quelcun à une chose qu'on peut bien faire par soi-même innocemment, mais qu'il ne peut faire sans crime.* XXII. *Qu'on peut néanmoins accepter le service de ces sortes de gens, lors qu'ils viennent s'offrir d'eux-mêmes.*

§. I. 1. Ous avons traité & des personnes qui font la Guerre, & des raisons qui autorisent à prendre les armes. Il faut voir maintenant *quelles choses sont permises pendant la* GUERRE, (1) & jusqu'où & de quelle manière on peut user de cette permission.

2. Les choses permises pendant la Guerre, sont telles ou *purement & simplement en elles-mêmes*, ou *en vertu de quelque Promesse.*

3. Celles qui sont permises purement & simplement en elles-mêmes, le sont ou par le *Droit de Nature*, ou par le *Droit des Gens.* Commençons par ce que le *Droit de Nature* permet.

(a) Fr. *Victoria*, de Jure Belli, *num.* 15.

§. II. 1. JE DIS *prémiérement*, comme je l'ai déja remarqué (1) plus d'une fois, qu'en matiére de Choses Morales, les Moiens qui conduisent à une certaine Fin, se revêtent de la nature même de cette Fin. Ainsi tout ce (2) qui est nécessaire, non pas d'une nécessité physique & infaillible, mais d'une nécessité morale, pour le maintien ou la poursuite de quelque droit que l'on a; on est censé être autorisé à le mettre en usage comme on le juge à propos. Et par les droits que l'on peut poursuivre ou maintenir de cette maniére, j'entens ceux qui sont proprement ainsi nommez, & qui emportent (3) un pouvoir d'agir uniquement fondé sur le bien de la Société. Par exemple, il m'est permis, si je ne puis autrement sauver ma vie, d'user de toute sorte de violences pour repousser celui qui veut me l'ôter, quoi que peut-être il soit lui-même innocent; comme (b) nous l'avons dit ailleurs: parce que ce droit ne vient pas proprement de l'injustice de l'Aggresseur, mais de la Nature même, qui m'autorise à me conserver moi-même.

(b) *Liv.* II. *Chap.* I. §. 3. *num.* 3.

(c) *Victor.* ubi supra, *num.* 18, 39, 55.

2. Je puis même, lors que je me vois menacé (c) d'un péril certain à l'occasion d'une chose appartenante à autrui, m'en emparer, sans considérer s'il y a, ou non, de la faute de celui à qui elle appartient. Bien entendu, que je ne m'approprie pas pour cela

CHAP. I. §. I. (1) St. AUGUSTIN dit très-bien, qu'au milieu même de la Guerre, on doit garder la foi, & chercher la paix: *Ut in ipsis bellis (si adhuc in eis versari te opus est) fidem teneas, pacem quaras.* Ad Bonifac. Comit. *Epist.* LXX. *Esto ergo, etiam bellando, pacificus.* Epist. CCV. *ad eumdem Bonifac.* Il y a, dans PROCOPE, *Vandalic.* Lib. I. (Cap. XVI.) un beau discours de *Bélisaire* à ses Soldats, où il montre, que ceux qui font la Guerre ne doivent pas laisser pour cela d'observer la Justice. PAUL OROSE dit, que c'est ainsi que se font les Guerres Civiles, sous le Christianisme & par les Princes Chrétiens, lors qu'il n'y a pas moien de les éviter: *Ecce, Regibus & temporibus Christianis, qualiter bella civilia, quum vitari nequeunt, transiguntur.* Lib. VII. Le même Historien, parlant de *Théodose*, défie tout le monde de lui montrer, depuis le commencement de la fondation de *Rome*, une seule Guerre, qui ait été entreprise si justement & si nécessairement, & si heureusement finie, par les soins de la Providence, en sorte que ni les Combats n'en avoient été fort sanglants, ni la victoire suivie d'une cruelle vengeance: *Unum aliquod, ab initio Urbis condita, bellum proferant, tam piâ necessitate susceptum, tam divinâ felicitate confectum, ubi nec pugna gravem cadem, nec victoria cruentam exegerit ultionem.* GROTIUS.

§. II. (1) Voiez *Liv.* II. *Chap.* V. §. 24. *num.* 2. & *Chap.* VII. §. 2. *num.* 3.

(2) Nôtre Auteur ne veut pas parler des choses essentiellement mauvaises, & qui, comme telles, ne sau-

cela cette chose; ce qui n'est point nécessaire pour le but dont il s'agit: mais que je la garde seulement, jusqu'à ce que je n'en aie plus rien à craindre; comme nous l'avons aussi (d) expliqué ailleurs.

(d) *Liv.* II. *Chap.* II. §. 10.

3. Lors aussi que quelcun me retie[illegible] une chose qui est à moi, j'ai droit naturellement de la lui enlever, (4) ou, si cela est trop difficile, de me saisir de quelque autre chose d'équivalent. (e) J'en puis user de même, pour avoir ce qui m'est dû, & qu'on me refuse. Et en ces cas-là, je deviens propriétaire de ce que j'ai pris, parce qu'il n'y a pas d'autre moien de redresser l'inégalité qu'il y avoit à mon désavantage.

(e) *Sylvest.* verb. *Bellum*, Part. I. *num.* 10, vers. *Prima.*

4. Lors qu'on a un juste sujet de punir quelcun, toute voie de fait, sans laquelle on ne sauroit exercer la punition, est aussi juste & legitime; aussi bien que tout ce qui fait partie de la punition, comme les Incendies, & autres moiens de détruire les choses qui appartiennent au Coupable: c'est-à-dire, autant que le demande la juste proportion entre la Peine & le Crime.

§. III. 1. IL FAUT savoir, *en second lieu*, que le droit qu'on a contre un Ennemi est fondé non seulement sur ce qui a donné lieu à prendre les armes, mais encore sur les nouvelles causes qui surviennent pendant le cours de la Guerre: de même qu'en Justice, une Partie aquiert souvent un nouveau droit, depuis l'ouverture du Procès. Lors, par exemple, que d'autres, soit Alliez ou Sujets, se joignent contre moi avec l'Aggresseur, ils me donnent droit par là de me défendre aussi contr'eux.

2. De même, ceux qui se mêlent dans une Guerre injuste, sur tout s'ils peuvent & s'ils doivent savoir qu'elle est injuste, s'engagent par là à dédommager l'Ennemi des frais de la Guerre, & des pertes qu'il y fait; parce qu'ils lui causent du dommage par leur faute.

3. Ceux qui entrent dans une Guerre, qu'un autre a entreprise sans quelque raison plausible, se rendent aussi par là sujets à être punis, à proportion de la grandeur de leur injustice. PLATON (1) approuve qu'on pousse la Guerre, *jusqu'à ce que les Coupables soient contraints de subir la punition que l'Offensé leur imposera.*

§. IV. 1. REMARQUONS, *en troisiéme lieu*, que le droit d'agir emporte une permission de faire indirectement (1) & sans un dessein formel, bien des choses que l'on ne pourroit pas faire sans cela & en vuë d'elles-mêmes. Nous avons expliqué (a) ailleurs, comment cela a lieu dans une juste Défense de soi-même.

(a) *Liv.* II. *Chap.* I.

2. Ainsi, pour avoir ce qui nous appartient, (b) si l'on ne peut prendre précisément autant qu'il nous est dû, on a droit de prendre une chose qui vaut davantage, sous l'obligation néanmoins de rendre la valeur de ce qui est au delà de la Dette.

(b) *Fr. Victoria*, de Jure Belli, *num.* 37.

3. On peut canonner un Vaisseau plein de Corsaires, ou une Maison pleine de Voleurs, quoi que, dans ce Vaisseau & dans cette Maison, il se trouve quelque peu d'Enfans, de Femmes, ou d'autres personnes innocentes, qui courent risque d'être enveloppées dans la ruine de ceux à qui on en veut justement.

4. Si

sauroient être légitimes en aucun cas, & à quelque fin qu'on les rapporte; mais seulement de celles, qu'on ne pourroit pas faire d'ailleurs sans la liaison nécessaire qu'elles ont avec une fin légitime. Voiez ce qu'il dit ci-dessous, [illegible] fin du paragraphe 6. A la vérité, les choses mauvaises de leur nature ne sont pas ordinairement nécessaires, de la nécessité dont il s'agit. Mais supposé qu'elles le fussent, comme cela n'est pas impossible, & qu'on ne pût, par exemple, maintenir ou obtenir ses justes droits, que par un Adultére, par un Blasphême, par un Sacrilége, par une abjuration de la Religion que l'on croit vraie; l'innocence de la fin n'empêcheroit pas que les moiens ne fussent entiérement illicites, & qu'on ne dût, plûtôt que d'en emploier de tels, renoncer aux prétensions les plus légitimes.

(3) *Facultatem agendi in solo societatis respectu.* Voiez le *Discours préliminaire* de nôtre Auteur, §. 7, 8. Ce n'est pas que les autres sortes de droits, qui imposent une Obligation imparfaite, ne contribuent au bien de la Société: mais ils ne sont pas absolument nécessaires pour la maintenir en paix; & c'est pour cela qu'on ne peut pas les faire valoir par les voies de la Force

(4) Voiez ci-dessus, *Liv.* II. *Chap.* VII. §. 2.

§. III. (1) Le passage a été déja cité ci-dessus, *Liv.* II. *Chap.* XX. §. 8. *num.* 8. à la fin.

§. IV. (1) Voiez THOMAS *d'Aquin*, II. 2. *Quaest.* LXXIII. Art. 8, & MOLINA, Tract. II. *Disp.* CXXI. GROTIUS.

(2) Une

4. Si un homme aiant environné sa possession de murailles, il en tombe des pierres, qui tuent quelcun; le Propriétaire n'est point coupable de cette mort; c'est un exemple, que (2) St. AUGUSTIN allégue.

5. Mais il faut se souvenir ici de ce que nous avons dit plusieurs fois, que les choses conformes au Droit proprement ainsi nommé, ne sont pas toûjours permises à tous égards. Car la Charité envers le Prochain défend souvent d'user de ce droit rigoureux. Il faut donc prendre garde de ne donner lieu à rien de ce qui arrive & qu'on prévoit pouvoir arriver, même contre nôtre intention; à moins que le bien qu'on se propose en faisant une action sujette à cet inconvénient, ne soit plus considérable que le mal qu'on en appréhende; ou que, dans l'égalité du bien & du mal, il n'y aît beaucoup plus d'apparence que le bien arrive, qu'il n'y en a que le mal s'ensuive. C'est dequoi le jugement est laissé à la prudence de chacun. Il y a seulement ici une régle à observer, c'est que, dans un doute, on doit pancher du côté qui est plus favorable à autrui, qu'à nous-mêmes, comme vers le côté le plus sûr. *Ne cueillez point l'yvraie,* dit (c) le souverain Docteur, *mais laissez-la croître jusqu'à la moisson, de peur que vous n'arrachiez le Blé en même tems. Faire mourir plusieurs personnes sans distinction, c'est,* selon (3) SENEQUE, *imiter l'impétuosité aveugle d'un Incendie, ou de la chûte d'un Bâtiment.* Nous voions dans l'Histoire, combien l'Empereur *Théodose*, après s'être abandonné à un tel excès pour cause de punition, en fit sérieusement pénitence, sur les rémontrances de *St. Ambroise.*

(c) *Matth.* XIII, 28, 29.

6. Si DIEU en use quelquefois de cette maniére, cela ne nous autorise point à l'imiter. Il agit alors en vertu du droit souverain & absolu qu'il a sur nous, & qu'il ne nous a point donné les uns sur les autres; comme (d) je l'ai remarqué ailleurs. Ce même DIEU néanmoins, tout Maître qu'il est des Hommes, pardonne ordinairement à une Multitude de Méchans, quelque grande qu'elle soit, en considération d'un très-petit nombre de Gens-de-bien, & témoigne par là l'équité dont il use en qualité de Juge; comme il paroît clairement par l'entretien (e) qu'il eut avec le Patriarche *Abraham*, au sujet de la Ville de *Sodome.*

(d) *Liv.* II. *Chap.* XXI. §. 14.

(e) *Genése*, Chap. XVIII.

§. V. 1. VOILA' les Régles générales, par où l'on pourra connoître ce que le Droit Naturel permet par rapport à un Ennemi. On demande encore, de quelle maniére on peut agir par rapport à ceux qui n'étant point Ennemis, & ne voulant point passer pour tels, fournissent néanmoins certaines choses à nôtre Ennemi déclaré.

2. Cette question a été agitée autrefois, aussi bien que depuis peu, avec beaucoup de chaleur: les uns tenant pour la rigueur des Loix de la Guerre; les autres, pour la li-

(2) *Unde nec reus est mortis alienæ, qui, quum suæ possessioni murorum ambitum circumduxit, aliquis ex ipsorum usu percussus interiit.* Epist. ad Publicol. CLIV. C'est ainsi que nôtre Auteur cite ce passage, dans la prémiére Edition, dans celle de 1632. & dans celle de 1642. la derniére publiée de son vivant. Les derniéres Editions ont été changées par je ne sai qui, selon l'Original, où il y a *murum*, au lieu de *murorum ambitum*, & *si aliquis . . . . intereat*, pour *aliquis . . . . interiit.* Nôtre Auteur avoit suivi la maniére dont on lisoit ce passage dans le DROIT CANONIQUE, *Caus.* XXIII. *Quæst.* V. Cap. VIII. Mais le Correcteur de l'Edition de *Rome* a mis depuis, sur la foi d'un Manuscrit du *Vatican*, *ex lapidibus murum circumduxerit*; ce qui vaut mieux. Dans les paroles suivantes, quelques Editions de l'Original portent, *ex ipsius* RUINIS, pour *ex ipsorum usu.* La derniére leçon paroît la meilleure, pourvû qu'on la corrige, & qu'on mette, comme il faut, à mon avis, CASU, au lieu d'USU, qui a pû se glisser facilement. Le sens le demande, comme on voit; & GRONOVIUS, qui veut qu'on lise *prolapsus*, au lieu de *percussus*, n'a pas pris garde, que ce seroit alors clairement & directement la faute de celui qui seroit monté sur la muraille; au lieu qu'il s'agit de certains cas où le dommage semble provenir de ce que fait une personne en usant de son droit: comme dans cet exemple, où St. AUGUSTIN veut dire, qu'on ne laisse pas de pouvoir bâtir une Muraille, pour fermer ses Possessions, encore qu'il puisse arriver que la Muraille venant à tomber tuë quelcun. J'ai suivi ce sens, en traduisant le passage.

(3) *Multos autem occidere, & indiscretos, incendii ac ruinæ potentia est.* De Clement. *Lib.* I. Cap. XXVI. *in fin.*

§. V. (1) C'est ce que les *Athéniens* appelloient Ἀπόῤῥητα, *Marchandises de contrebande*, comme les Cordages, les Outres, le Bois, la Cire, la Poix. Voiez le Scholiaste d'ARISTOPHANE, sur les *Grenouilles* (vers. 365.) & sur les *Chevaliers* (vers. 282.) GROTIUS.

(2) C'est dans la Réponse de cette Princesse à une Let-

liberté du Commerce. Pour savoir ce qu'on doit penser là-dessus, il faut d'abord distinguer la nature des différentes choses que les Peuples Neutres peuvent fournir à un Ennemi. Car il y en a, qui ne servent que pour la Guerre, comme les Armes. Il y en a d'autres, qui ne sont d'aucun usage à la Guerre, comme celles qui ne sont faites que pour le plaisir. Il y en a enfin, qui servent & dans la Guerre, & hors de la Guerre, comme l'Argent, les Vivres, les Vaisseaux, & (1) leurs dépendances.

3. A l'égard de la prémiére sorte, il est certain que l'on peut regarder comme du parti de nôtre Ennemi, ceux qui lui fournissent des choses nécessaires pour la Guerre; ainsi que la Reine (2) *Amalasonthe* le disoit autrefois à l'Empereur *Justinien*.

4. Pour les choses qui ne servent qu'au plaisir, on n'a pas lieu de se plaindre, si ceux qui sont neutres les fournissent à nôtre Ennemi. C'est sur ce principe que (3) Sénéque soûtient, qu'on peut témoigner de la reconnoissance à un Tyran, si (a) le service qu'on lui rend, en vuë de ceux qu'on en a reçûs, n'est pas capable de lui donner de plus grandes forces pour travailler à la ruine de l'Etat, ou d'affermir celles qu'il a déja; en un mot, si l'on peut se montrer reconnoissant envers lui, sans nuire au Public. Le Philosophe, pour expliquer sa pensée, ajoûte, entr'autres, les exemples suivans: *Je ne donnerai point*, dit-il, *à ce Tyran, de l'argent, pour paier ses Gardes: mais s'il souhaitte d'avoir du Marbre, ou des Etoffes magnifiques, je ne ferai du mal à personne, en lui procurant de pareilles choses, pour satisfaire son luxe. Je ne lui fournirai ni Soldats, ni Armes: mais s'il me demande instamment des Comédiens . . . . ou autres choses semblables, propres à adoucir sa férocité; je les lui fournirai volontiers. Je ne voudrois pas lui donner des Vaisseaux de guerre: mais je ne ferai point difficulté de lui envoier des Gondoles, des Galiotes, & autres semblables Bâtimens, pour la promenade ou pour le divertissement.* St. Ambroise (4) met aussi au rang des libéralitez mal entenduës, celles qu'on fait à une personne qui conspire contre la Patrie.

(a) Voiez *Pavita*, Lib. VII.

5. En matiére de la troisiéme (b) sorte de choses, qui sont d'usage en tout tems, il faut distinguer, selon l'état de la Guerre. Car si je ne puis me défendre, sans arrêter des choses de cette nature, que l'on envoie à mon Ennemi; (5) la nécessité me donne droit alors de m'en saisir, comme nous (c) l'avons expliqué ailleurs, à la charge de restituer, s'il ne survient quelque autre raison qui m'en empêche.

(b) Voiez les *Décrétales*, Lib. V. Tit. VI. *De Judais*, Cap. VI. & XVII.

(c) *Liv.* II. Chap. II. §. 10.

6. Que si les choses, qu'on a déja envoiées à mon Ennemi, ont été cause que je n'ai pû venir à bout de ce que j'avois entrepris pour la poursuite de mon droit, & que celui qui a transporté ces choses-là aît pû le savoir, comme si j'assiégeois une Place, si je

Lettre de *Justinien*, rapportées l'une & l'autre par Procope, que nôtre Auteur cite en marge, Gothic. Lib. I. Cap. III.

(3) *Sed, quamvis hæc ita sit, & ex eo tempore omnia mihi in illum* [Tyrannum] *sint libera, ex quo, corrumpendo fas omne, ut nihil in eum nefas esset, effecerit: illum mihi servandum modum credam, ut si beneficium illi meum neque vires majores daturum est in exitium commune, nec confirmaturum quas habet, id autem erit, quod illi reddi sine pernicie publica possit, reddam. . . . Pecuniam, qua satellitem stipendio teneat, non subministrabo: si marmora & vestes desiderabit, nihil oberit cuiquam id, quo luxuria ejus instruitur. Militem, & arma, non suggeram: si pro magno petet munere artifices scenæ, . . . & quæ feritatem ejus emolliant, libens offeram. Cui triremes & æratas non mitterem, lusorias cubiculatas, & alia ludibria Regum in mari lasciviantium, mittam.* De Benefic. Lib. VII. Cap. XX.

(4) *Officere enim istud est, non prodesse alteri: si largiaris ei, qui conspiret adversus patriam. . . . non est hæc probabilis liberalitas* &c. Offic. Lib. I. Cap. XXX.

(5) Nôtre Auteur suppose ici que l'on soit réduit à la derniére extrémité; & en ce cas-là, sa décision est bien fondée: quoi qu'en dise feu Mr. Cocceïus, *Dissert. De Jure Belli in Amicos*, §. 12. où il ne fait que critiquer nôtre Auteur sur ce qu'il établit ailleurs, que, dans un cas de nécessité, les Biens redeviennent communs. Il suffit, comme il est vrai, que l'on puisse alors se servir du bien d'autrui, sans le consentement même du Propriétaire. Mais pour ce qui est des cas suivans, ce Jurisconsulte a raison, selon-moi, de dire, §. 15, 17: que, pourvû qu'en fournissant du Blé, par exemple, à celui des deux Ennemis qui est assiégé, & pressé par l'autre, on ne le fasse pas à dessein de le delivrer de cette extrémité fâcheuse, & qu'on soit d'ailleurs tout prêt à vendre aussi les mêmes denrées à l'autre Ennemi; l'état de Neutralité, & la liberté du Commerce, ôtent à l'Assiégeant tout sujet de se plaindre de nous. J'ajoûte, que cela a d'autant plus lieu, lors que l'on avoit accoûtumé de trafiquer de ces sortes de choses, avant la Guerre, avec celui qui en a maintenant un grand besoin.

je tenois un Port bloqué, & que l'Ennemi fût sur le point de se rendre, ou de faire la paix: le tiers sera tenu de me dédommager du préjudice (d) qu'il m'a causé par sa faute; comme le seroit celui qui feroit sortir de prison le Débiteur d'un autre, ou qui lui fourniroit les moiens de s'évader, pour frustrer le Créancier de sa dette. Je pourrai aussi prendre des effets de ce tiers, jusqu'à la concurrence du dommage causé, & me les approprier pour le recouvrement de ce qu'il me doit.

(d) *Sylvest.* verb. *Restitutio*, Part. III. §. 12.

7. Si le dommage n'est pas actuellement causé, mais qu'on aît voulu le causer, j'aurai droit de retenir les choses qu'on envoioit à mon Ennemi, pour contraindre celui qui les envoioit à me donner des sûretez pour l'avenir, comme des Otages, des Gages, ou quelque autre chose de semblable.

8. Si l'injustice de mon Ennemi envers moi est de la derniére évidence, & que le tiers neutre, en lui envoiant des choses comme celles dont il s'agit, le fortifie & le

(6) Voiez des exemples de ces sortes de notifications, dans la Ligue des Princes Chrétiens contre les *Egyptiens*, les *Sarazins*, & autres, DECRETAL. Lib. V. Tit. VI. *De Judais*, Can. XI. & EXTRAVAGANT. Lib. V. Tit. II. *De Judais*, Can. I. On a publié en Italien un Livre intitulé, LE CONSULAT DE LA MER, où l'on trouve les Ordonnances, sur ce sujet, des *Empereurs Grecs*, de ceux d'*Allémagne*, des Rois de *France*, d'*Espagne*, de *Syrie*, de *Chypre*, de *Majorque* & *Minorque*; comme aussi de la République de *Vénise*, & de celle de *Génes*. Au Titre CCLXXIV. de cet Ouvrage, on traite de ces sortes de questions; & voici des décisions qu'on y donne. Si un Vaisseau de transport & la charge, appartiennent aux Ennemis; il est clair, dit-on, qu'en le prenant, on se l'approprie de droit. Que si le Vaisseau appartient à des gens d'un païs neutre, que les marchandises, qu'il porte, soient à nos Ennemis; on peut contraindre le Patron à mener son Vaisseau dans quelcun des Ports, qui sont de nôtre parti, en lui paiant les frais du voiage. Mais si, au contraire, le Vaisseau appartient aux Ennemis, & les Marchandises à des gens d'un Païs neutre; il faut ou traiter avec eux pour la valeur du Vaisseau, ou si ceux qui sont dedans ne veulent point traiter, ils peuvent être contraints de venir dans quelcun de nos Ports, & de nous paier ce qu'ils devoient pour le passage. Lors que les *Hollandois* étoient en guerre avec la Ville de *Lubec*, & autres Villes situées sur la *Mer Baltique*, & sur l'*Elbe*, en M. CCCC. XXXVIII. il fut jugé, dans une Assemblée nombreuse des Etats, que les Marchandises trouvées dans quelque Vaisseau des Ennemis, n'étoient pas de bonne prise, s'il paroissoit qu'elles appartinssent à d'autres: & cela a passé depuis en loi. Le Roi de *Dannemark* étoit dans la même pensée, puis qu'en l'année M. D. XCVII. il envoia aux *Hollandois*, & à leurs Alliez, une Ambassade, pour conserver à ses Sujets le droit qu'il prétendoit qu'ils eussent de porter des Marchandises en *Espagne*, avec laquelle les *Hollandois* avoient alors une Guerre très-sanglante. En *France*, on a toûjours permis aux Peuples, qui sont en paix, de commercer même avec les Ennemis du Roiaume; & cela avec si peu de reserve, que les Ennemis mêmes cachoient souvent leurs effets sous le nom d'autrui; comme il paroît par une Ordonnance de M. D. XLIII. Chap. XLII. qui a été renouvellée dans celle de M. D. LXXXIV. & dans les suivantes. Il est porté expressément dans ces Ordonnances, que les Amis de la *France* pourront commercer, en tems de Guerre, mais seulement avec leurs propres Vaisseaux, & par leurs gens; & transporter leurs Marchandises où il leur plaira, pourvû que ce ne soient pas des choses nécessaires à la Guerre avec lesquelles ils veuillent aider les Ennemis: auquel cas, il est permis aux *François* de se saisir de ces sortes de choses, & les garder, en paiant ce qu'elles valent. Ici il y a deux choses à remarquer: l'une est, que, par les Loix de *France*, dont nous venons de parler, on ne confisque pas même ce qui sert à la Guerre; l'autre, que les Marchandises d'un usage innocent sont, à plus forte raison, à l'abri de la confiscation. J'avoue, qu'on en a quelquefois usé autrement parmi les Peuples du *Nord*: mais l'usage y a été variable, & accommodé aux circonstances des tems, plûtôt que réglé sur des maximes perpétuelles d'Equité. Les *Anglois* aiant voulu, sous prétexte de leurs Guerres, empêcher le commerce des *Danois*, cela fit naître, il y a long-tems, entre ces deux Peuples, une Guerre, qui ne finit pas heureusement pour les *Anglois*: car les *Danois* leur imposérent un tribut, appellé *le Denier Danois*, dont le nom subsista, après même que la raison du tribut eût été changée, jusqu'à *Guillaume le Bâtard*, qui est le Fondateur de la Race aujourdhui régnante (dans le tems que GROTIUS écrivoit ceci); comme l'a remarqué cet Historien très-fidéle, Mr. DE THOU, Lib. XCVI. sur l'année M. D. LXXXIX. La Reine *Elizabeth*, Princesse très-sage, envoia, en M. D. LXXV. des Ambassadeurs en *Hollande*, savoir le Chevalier *Guillaume Winter*, & *Robert Beale*, Secretaire du Conseil Privé, pour représenter aux *Provinces Unies*, que l'*Angleterre* ne pouvoit digerer qu'elles eussent fait arrêter des Vaisseaux Anglois, qui alloient dans des Ports d'*Espagne*, pendant le plus grand feu de la Guerre entre l'*Espagne* & les *Provinces Unies*. C'est ce que rapporte EVERARD DE REIDE, dans son *Histoire des Provinces Unies*, sur l'année 1575. (pag. 17. de la Traduction Latine de DENYS VOSSIUS) & CAMBDEN, Anglois, sur l'année suivante, (*pag.* 273. *Ed. Elzevir* 1625.) Lors qu'ensuite les *Anglois* furent devenus Ennemis de l'*Espagne*, ils voulurent eux-mêmes empêcher les Villes d'*Allemagne* d'y envoier des Vaisseaux: en quoi ils agissoient sans pouvoir alléguer un droit bien clair, comme il paroît par les Ecrits publiez de part & d'autre, & qui méritent d'être lûs de tous ceux qui veulent s'instruire sur cette matiére. Il est à remarquer, que les *Anglois* eux-mêmes reconnoissent, dans les Livres écrits en leur faveur, que leurs prétensions n'étoient guéres bien fondées; puis qu'ils se servent de ces deux raisons principales: l'une, que les Marchandises, que les Vaisseaux Allemands transportoient en *Espagne*, étoient des choses qui servoient à la Guerre; l'autre, que cela ne leur étoit pas permis par d'anciens Traitez. Les *Hollandois*, & leurs Alliez, firent depuis un semblable Traité avec ceux de *Lubec*, & leurs Alliez, en M. DC. XIII. par lequel ils s'enga-

le mette en état de soûtenir opiniâtrement une Guerre si injuste ; il sera alors tenu envers moi non seulement pour le civil, ou pour le dommage qu'il me cause, mais encore criminellement, comme une personne qui dérobe aux poursuites du Juge un Criminel convaincu. Ainsi je serai alors en droit de punir le tiers, selon l'exigence du fait ; & je pourrai pour cet effet le dépouiller même de ses biens, si le cas échet.

9. C'est pour toutes ces raisons (6) que ceux qui entrent en guerre le notifient ordinairement aux autres Peuples, afin que ceux-ci soient instruits & des raisons justificatives qui ont obligé à prendre les armes, & des espérances qu'on a de tirer raison de l'injustice.

10. Au reste, j'ai rapporté au Droit Naturel la question que je viens d'examiner, parce (7) que je n'ai rien trouvé dans les Histoires, d'où il parût qu'il y aît eu

gageoient réciproquement à ne point permettre que les Sujets de leurs Ennemis trafiquassent dans leur païs, & à ne point aider leurs Ennemis ni d'argent, ni de Troupes, ni de Vaisseaux. Depuis, savoir en l'année M. DC. XXVII. il fut convenu entre le Roi de *Suéde*, & celui de *Dannemark*, que le Roi de *Dannemark* empêcheroit tout commerce avec la Ville de *Dantzic*, Ennemie des *Suedois*, & qu'il ne laisseroit même passer par le Détroit de *Sund* aucune Marchandise que l'on portât à quelque autre Ennemi de la *Suéde* ; en récompense de quoi le Roi de *Dannemark* stipuloit, à son tour, certains avantages. Mais ce sont-là des Conventions particuliéres, d'où l'on ne peut inferer aucune Régle générale, que tous les Peuples doivent suivre. Les *Allemans*, d'autre côté, dirent dans les Ecrits dont j'ai parlé un peu plus haut, que les Traitez, qu'on alléguoit, ne défendoient pas le transport de toute sorte de Marchandises, mais seulement de celles qui avoient été déja portées en *Angleterre*, ou achetées dans ce Roiaume. Et ils ne furent pas les seuls qui s'opposérent à l'interdiction que l'*Angleterre* faisoit de tout commerce avec ses Ennemis : les *Polonois* se plaignirent aussi par un Ambassadeur envoïé exprès, que l'*Angleterre* violoit le Droit des Gens, en voulant leur ôter la liberté du Commerce, sous prétexte de la Guerre qu'elle avoit avec l'*Espagne* ; comme le rapportent CAMBDEN (*pag. 692. & seqq.*) & DE REIDE, que nous avons déja citez, sur l'année M. D. XCVII. (*pag. 372, & seqq.*) Après la Paix de *Vervins*, la Reine *Elizabeth* continuant la Guerre avec l'*Espagne*, pria le Roi de *France* de permettre qu'elle fit visiter les Vaisseaux François qui alloient en *Espagne*, pour savoir s'ils n'y portoient point de munitions de Guerre cachées : mais on le refusa, par la raison que ce seroit une occasion de favoriser le pillage, & de troubler le Commerce. Dans le Traité, que l'*Angleterre* fit avec les *Hollandois* & leurs Alliez, en l'année M. DC. XXV. on convint, que l'on prieroit les autres Puissances, intéressées à abbattre la grandeur de l'*Espagne*, d'interdire tout commerce avec les *Espagnols* : & que, si elles le refusoient, on visiteroit les Vaisseaux de leur païs, pour savoir s'ils portoient des munitions de Guerre ; mais que, pour les autres Marchandises, on ne les arrêteroit point, ni les Vaisseaux, & on ne feroit aucun mal aux gens des Peuples Neutres. La même année, un Vaisseau de *Hambourg* allant en *Espagne*, chargé en grande partie de munitions de guerre ; les *Anglois* prirent ces munitions, mais ils paiérent la valeur des autres Marchandises. Et les *Anglois* voulant confisquer quelques Vaisseaux de *France* qui alloient en *Espagne*, le Roi de *France* déclara, qu'il ne le souffriroit point. Nous avons donc eu raison de dire, qu'il faut que ceux qui entrent en guerre, le notifient aux Etats Neutres, & leur signifient qu'ils aient à ne point commercer avec l'Ennemi. Les *Anglois* eux-mêmes l'ont reconnu, & l'ont pratiqué : on en voit des exemples dans CAMBDEN, sur l'année M. D. XCI. & M. D. XCVIII. On n'a pourtant pas toûjours eu égard à ces sortes de notifications : mais on a distingué les tems, les lieux, & les causes. En l'année M. CCCC. LVIII. la Ville de *Lubec* ne jugea pas à propos d'accorder à celle de *Dantzic*, la demande qu'elle lui faisoit de ne point negocier avec ceux de *Malmoë* & de *Memel*, ses Ennemis. Les *Hollandois* en userent de même, en l'année M. D. LI. lors que la Ville de *Lubec* leur fit signifier qu'ils ne commerçassent point en *Dannemark*, avec qui elle étoit alors en guerre. L'année M. DC. XXII. pendant la Guerre entre les *Suedois* & les *Danois*, le Roi de *Dannemark* pria les *Villes Anséatiques* de ne faire aucun commerce avec la *Suéde* : quelques-unes de ces Villes lui accordérent sa demande, parce qu'elles avoient besoin de l'amitié du Roi de *Dannemark*, mais d'autres n'en voulurent rien faire. Dans la Guerre entre la *Suéde* & le Roi de *Pologne*, les *Hollandois* n'ont jamais voulu interrompre leur commerce ni avec les *Suédois*, ni avec les *Polonois*. Et lors qu'ils étoient en guerre avec l'*Espagne*, ils ont toûjours rendu à la *France* les Vaisseaux qui avoient été pris par des *Hollandois*, allant en *Espagne*, ou en revenant. Voiez le Discours de LOUIS SERVIN, alors Avocat du Roi, fait en M. D. XCII. au sujet de l'affaire de ceux de *Hambourg*. Mais les mêmes *Hollandois* ne voulurent point permettre que les *Anglois* portassent des marchandises à *Dunquerque*, devant laquelle ils avoient une Flotte. Et la Ville de *Dantzic*, en M. CCCC. LV. fit dire aux *Hollandois*, qu'ils ne portassent rien à *Konisberg*, comme nous l'apprend GASPAR SCHUTZ, dans son *Histoire de Prusse*. Voiez GABET. *Decis.* XLVII. *num.* 2. SERAPHIN DE FREITAS, dans son Traité *de justo imperio Lusitanorum Asiatico*, où il cite plusieurs autres Auteurs. GROTIUS.

(7) On trouve bien des choses, sur cette question, dans l'Histoire de *Dannemark* du Savant MEURSIUS, *Lib.* I. & II. où l'on voit que ceux de *Lubec*, & l'Empereur, soûtiennent la liberté du Commerce, pendant que les *Danois* veulent l'ôter. Voiez aussi ALBERT CRANTZIUS, *Vandalic. Hist.* Lib. XIV. (Cap. 41.) DE THOU, sur l'année 1589. Lib. XCVI. CAMBDEN, outre les passages déja citez, dans quelques autres endroits, sur les années 1589. & 1595. où est traitée la dispute qu'il y eut entre les *Anglois*, & les *Villes Anséatiques* d'*Allemagne*. GROTIUS.

ou quelque chose d'établi là-dessus par le Droit des Gens arbitraire. Les *Carthaginois* arrêtérent plusieurs *Romains* qui avoient porté des vivres à leur Ennemi: (e) ils les rendirent ensuite, lors qu'on les demanda de la part de *Rome*. Le Roi *Démétrius* étant entré dans le païs d'*Athénes* avec une Armée, & aiant déja pris les Villes voisines d'*Eleusis* & de *Rhamnus*, (f) comme il étoit sur le point d'affamer *Athénes*, il vint un Vaisseau étranger qui y portoit des vivres. (8) Ce Prince fit pendre le Maître du Vaisseau & le Pilote, & épouvantant par là les autres qui auroient voulu imiter leur exemple, il se rendit maître de la Ville.

(e) *Polyb.* Lib. I. Cap. LXXXIII.

(f) *Plutarch.* in *Demetr.* pag. 904. E. Tom. I. *Ed. Wech.*

§. VI. 1. VENONS maintenant à la maniére dont on peut agir contre un Ennemi. La Terreur & la Force ouverte sont le caractére propre de la Guerre, & la voie la plus commune dont on se sert. Mais ne peut-on pas aussi emploier la Tromperie & les Ruses? C'est une question que l'on agite ici ordinairement.

2. HOME'RE (1) a décidé, il y a long tems, pour l'affirmative. Il est suivi en cela par (2) PINDARE, & par (3) VIRGILE: & lui-même nous représente *Ulysse*, en la personne duquel il a voulu donner l'idée d'un Homme Sage, comme usant de toute sorte d'artifices pour tromper son Ennemi. Sur cette autorité, LUCIEN établit pour régle, (4) qu'en trompant un Ennemi, on se rend digne de louange. *Solon*, ce fameux Sage de *Gréce*, (5) suivit cette maxime. XE'NOPHON (6) dit, qu'à la Guer-

(8) *Pompée* fit quelque chose de semblable, dans la Guerre avec *Mithridate*. Il mit des Gardes pour observer les Vaisseaux qui iroient dans le *Bosphore*; & il faisoit mourir les Marchands qu'on y trouvoit: Ἐπέστησε φύλακας τῇ θαλάττῃ ἐπὶ τοὺς πλέοντας εἰς Βόσπορον ἐμπόρους· καὶ θάνατος ἦν ἡ ζημία τοῖς ἁλισκομένοις. PLUTARCH. Vit. Pomp. (pag. 639. E.) GROTIUS.

§. VI. (1) L'Auteur cite ici ce vers:

Ἢ δόλῳ, ἢ βίῃ, ἢ ἀμφαδὸν, ἠὲ κρυφηδόν.

„ Il faut nuire à l'Ennemi, ou par ruse, ou par for-„ ce, ou ouvertement, ou en cachette. Mais voici tout ce qu'on trouve dans HOME'RE:

Αὐτὰρ ἐπεὶ μνηστῆρας ἐνὶ μεγάροισι τεοῖσι
Κτείνῃς, ἠὲ δόλῳ, ἢ ἀμφαδὸν ὀξέϊ χαλκῷ &c.

Odyss. Lib. XI. *vers.* 118, 119. C'est l'Ombre de *Tirésias*, qui dit à *Ulysse*, que, quand il sera de retour chez lui, il tuera les Galans de sa Femme, ou par ruse, ou à force ouverte. Voiez aussi *Lib.* I. *vers.* 295, 296. où *Minerve* dit la même chose à *Télémaque*. Nôtre Auteur a tiré le vers qu'il rapporte, des Recueils de STOBE'E, où on l'attribue à *Antigone*, qui l'avoit fabriqué à l'imitation de l'ancien Poëte: Ἀντίγονος ἐρωτηθεὶς, πῶς ἄν τις ἐπίθοιτο τοῖς πολεμίοις, εἶπεν, Ἢ δόλῳ &c. Florileg. *Tit.* LIV. (ou LII.) *De Imperatoribus* &c. pag. 365. *Edit. Gesner.* 1549.

(2) ——— *Χρὴ δὲ πᾶν ἔρ-*
δοντ', ἀμαυρῶσαι τὸν ἐχθρόν.

„ Il faut tout mettre en œuvre, pour abbattre son En-„ nemi. *Isthm.* Od. IV, 81, 82.

(3) C'est à l'occasion de quelques *Troiens*, qui avoient pris les armes des *Grecs*, leurs Ennemis:

Mutemus clypeos, Danaumque insignia nobis
Aptemus. Dolus, an virtus, quis in hoste requirat?

Æneïd. *Lib.* II. vers. 389, 390. Et un de ceux qui pratiquérent cette ruse de guerre, est mis au nombre des plus justes & des plus gens de bien de *Troie*:

Hoc Ripheus, *hoc ipse* Dymas, *omnisque juventus*
Læta facit ——— ——— ——— ———
———*Cadit &* Ripheus, *justissimus unus*,
Qui fuit in Teucris, *& servantissimus æqui.*

(Vers. 394, 426, 427.) GROTIUS.

(4) Il parle non seulement de la Guerre, mais encore de tous les cas où le Mensonge est un *reméde*, pour se tirer de quelque péril; comme ceux, dont *Ulysse* usa en diverses occasions pour sa conservation, & pour procurer le retour de ses Compagnons: *Συγγνώμης τοιγαροῦν ἄξιοι γε μᾶλλον καὶ ἐπαίνου τινὲς αὐτῶν ἦσαν, ὁπόσοι ἢ πολεμίους ἐξηπάτησαν, ἢ ἐπὶ σωτηρίᾳ τῷ τοιῷδε φαρμάκῳ ἐχρήσαντο ἐν τοῖς δεινοῖς, οἷα πολλὰ καὶ Ὀδυσσεὺς ἐποίει, τήν τε αὑτοῦ ψυχὴν ἀρνύμενος, καὶ τὸν νόστον τῶν ἑταίρων.* In Philopseud. circa init. *pag.* 326, 327. *Ed. Amstel.* Tom. II.

(5) Nôtre Auteur veut parler sans doute du stratagême, dont *Solon* se servit, pour prendre l'Ile de *Salamine*. Voiez sa Vie, écrite par PLUTARQUE, pag. 82. Tom. I. *Ed. Wech.*

(6) *Οὐδὲν γὰρ κερδαλεώτερον ἐν πολέμῳ ἀπάτης.* De magisterio Equit. *Cap.* V. *num.* 9. *Edit. Oxon.* Voiez aussi *de Cyri instit.* Lib. I. Cap. VI.

(7) *Καὶ τὰ κλέμματα ταῦτα καλλίστην δόξαν ἔχει, ἃ τὸν πολέμιον μάλιστ' ἄν τις ἀπατήσας, τοὺς φίλους μέγιστ' ἂν ὠφελήσειεν.* Lib. V. Cap. IX. *Ed. Oxon.* Ce que THUCYDIDE exprime ici par le mot de *larcin*, κλέμματα, VIRGILE l'appelle aussi *Belli furta*, Æn. Lib. XI. (vers. 515.) sur quoi le Grammairien SERVIUS cite un passage semblable de SALLUSTE: *Gentis ad furta belli peridonea.* GROTIUS.

Le dernier passage est un fragment, qu'on trouve dans NONIUS MARCELLUS, au mot *Furtum*, pag. 310. *Edit. Paris. Mercer.* Voiez la Note de Mr. WASSE, sur ce Fragment, *Addend.* pag. 291. col. a. Il est au Liv. I. Chap. XX. du Recueil.

(8) *Ἐν τοῖς φίλοις, Ἀποστρατηγεῖν καὶ δόλοις, ἀσεβές· τοὺς δὲ πολεμίους παραλογίζεσθαι, οὐ μόνον δίκαιον καὶ ἔνδοξον, ἀλλὰ καὶ ἡδὺ καὶ κερδαλέον.* Apopht. Laconic. *pag.* 209. B. Tom. II. *Ed. Wech.*

(9) ——— *Tacitusque quiete*
Exin virtuti placuit dolus ———

De Bello Pun. II. *Lib.* XV. vers. 326, 327.

(10) *Bellandum est astu: levior laus in Duce dextra.* Lib. V. *vers.* 100. C'est ainsi que nôtre Auteur cite ce vers, & avec raison, selon les meilleurs MSS. si ce n'est qu'il vaut mieux lire *dextra*, au lieu de *dextra*, comme le dernier Editeur, Mr. DRAKENBORG, Professeur à *Utrecht*, a mis dans son texte. Les Editions ordinaires portoient *indice dextra*: d'où CEL-

LA-

Guerre il n'y a rien de plus utile que les Ruses. *Brasidas* soûtient, dans l'histoire de THUCYDIDE, (7) qu'il y a beaucoup de gloire à user de ces supercheries militaires; & *Agésilas*, dans PLUTARQUE, (8) qu'il est juste & permis, de tromper un Ennemi. SILIUS ITALICUS (9) dit, en parlant de *Fabius Maximus*, que la Valeur de ce grand Capitaine trouva bon d'emploier l'Artifice: & le même Poëte (10) fait dire à *Corvinus*, qu'il y a moins de gloire à se signaler par la force de son bras. Cette derniére pensée est imitée de (11) POLYBE: & les sévéres *Lacedémoniens* en étoient imbus, au rapport (12) de PLUTARQUE; à cause de quoi celui qui avoit tué son Ennemi par adresse, immoloit, chez eux, une plus grande victime, que celui qui l'avoit tué à main armée. PLUTARQUE (13) louë aussi beaucoup *Lysandre*, de ce qu'il faisoit la plûpart de ses exploits militaires par des stratagêmes; & il lui compare *Sylla*, qui réunissoit (14) dans son caractére le Lion & le Renard, selon le mot de *Carbon*, à son sujet. Le même Auteur donne entr'autres cet éloge à *Philopémen*, (15) que suivant les maximes des *Crétois*, chez qui il avoit été élevé, il mêloit les ruses & l'artifice à la simplicité & la générosité de la force ouverte. Il est remarqué, dans AMMIEN MARCELLIN, (16) que *tous les avantages qu'on remporte à la Guerre sont matiére à louange, sans qu'il soit necessaire de distinguer si on en est redevable à la Valeur ou à la Ruse.*

3. Les

LARIUS a fait, *indice dextrâ*; & voici, pour le dire en passant, comment il explique cela: *Si actiones bellicæ*, dit-il, *prius quàm fiant, quasi indice digito hostibus præmonstrentur.* Mais cette explication est contraire au but du Capitaine, qui parle. Il veut faire voir, comme il paroît par ce qui précéde, que le parti qu'il prend d'user de stratagême, est non seulement nécessaire dans la circonstance, mais encore qu'il ne lui sera pas moins glorieux de s'en bien tirer, que s'il faisoit un coup de main vigoureux. Au lieu que, selon CELLARIUS, il voudroit dire, au contraire, qu'il y a plus de gloire dans les exploits à main armée, qui se font ouvertement. Outre que cette interprétation en elle-même a quelque chose de forcé, & n'est appuiée d'aucun exemple d'une expression qui paroît assez extraordinaire. Ce que nôtre Auteur remarque, avec beaucoup d'apparence, qu'il y a ici une imitation du passage de POLYBE, qu'on va voir dans la Note suivante; sert aussi à confirmer la maniére dont il rapporte le vers. Au reste, il citoit ici, dans une Note, cette pensée semblable de l'ALCORAN, où *Mahomet* dit, que *la Guerre demande qu'on use de tromperie.* Il remarquoit encore que VIRGILE met à la suite du [illegible] *Mars*, non seulement la Colére, mais encore les Embûches:

—— Circumque atræ Formidinis ora
Iræque Insidiæque Dei comitatus aguntur.

Æn. XII. 335, 336. Sur quoi le Grammairien SERVIUS dit, que le Poëte veut donner à entendre, que la Ruse est nécessaire à la Guerre, aussi bien que la Valeur: *Non tantum virtute, sed insidiis comitatum se ostendit.*

(11) Il dit, que les Exploits militaires faits ouvertement & à main armée, sont moins considérables, que ce qu'on fait par ruse & en profitant de l'occasion: Ὅτι [illegible] ἐπὶ τῶν πολεμικῶν ἔργων ἐλάττω τὰ φανερὰ καὶ [illegible] βίας ἐπιτελούμενα, τῶν μετὰ δόλου καὶ σὺν καιρῷ πραττομένων, εὐχερὲς τῷ βουλομένῳ καταμαθεῖν. Lib. IX. Cap. XI. *pag.* 766, 767. ISAAC CASAUBON traduit ici le mot d'ἐλάττω, d'une maniére qui rendroit l'application du passage peu juste, *pauciora esse* &c. Mais ce Savant Interpréte semble n'avoir pas fait assez d'attention à la suite du discours, & avoir été trompé par le mot de πλείω, qui se trouve dans la période suivante, & qui marque effectivement le nombre, & non pas la qualité des actions dont il s'agit; à cause dequoi il a cru apparemment, qu'ἐλάττω devoit s'entendre de même dans ce qui precéde. Au lieu que la pensée de l'Historien est, que non seulement il est de plus grande conséquence, de bien conduire une ruse de Guerre, mais encore que cela est plus difficile; l'expérience faisant voir, qu'on y échoue plus souvent qu'on n'y réussit: Ὅτι γε μὴν αὐτῶν τῶν ἐν καιρῷ πολὺ πλείω τῶν κατορθουμένων γίγνεται τὰ διαμαρτανόμενα τῶν κατορθουμένων, οὐδὲ τοῦτο γνῶναι χαλεπὸν ἐκ τῶν συμβαινόντων. Par tout cela il donne à entendre, que l'usage des Stratagêmes est très-louable. Ainsi nôtre Auteur a eu raison de traduire, *quæ vi fiunt, in bello minoris censenda* &c. Et je vois que JUSTE LIPSE a entendu de même ce passage, qu'il cite dans sa *Politique*, Lib. V. Cap. XVII. où il en exprime ainsi le sens: *Facinorum militarium ea esse minoris laudis ac momenti* &c.

(12) Θύει γὰρ ἐν Σπάρτῃ τῶν ἀποστρατήγων, ὁ μὲν δι' ἀπάτης ἢ πειθοῦς ὃ βούλεται διαπραξάμενος, βοῦν· ὁ δὲ διὰ μάχης, ἀλεκτρυόνα. καίπερ γὰρ ὄντες πολεμικώτατοι, μεῖζον καὶ μᾶλλον ἀνθρώπῳ πρέπον ἡγοῦντο τὴν διὰ λόγου καὶ συνέσεως πρᾶξιν, ἢ τὴν μετὰ βίας καὶ ἀνδρείας. Vit. Marcell. *pag.* 311. A. B. Tom. I. *Ed. Wech.*

(13) Ἀπάταις τὰ πολλὰ διαποικίλλων τοῦ πολέμου. Vit. Lysandr. *pag.* 437. A. Ce n'est point l'Historien qui parle là de son chef: & ceux dont il rapporte les sentimens, blâmoient au contraire cette conduite; comme il paroît par ce qui suit & ce qui précéde.

(14) Ὅτε καὶ Κάρβωνά φασιν εἰπεῖν, ὡς ἀλώπεκι καὶ λέοντι πολεμῶν ἐν τῇ Σύλλα ψυχῇ κατοικοῦσιν, ὑπὸ τῆς ἀλώπεκος ἀνιῷτο μᾶλλον. Vit. Syll. *pag.* 469. F.

(15) Ἀλλὰ τὸ Κρητικὸν ἦθος ἐνδὺς, καὶ ταῖς ἐκείνων σοφίσμασι καὶ δόλοις, κλωπείαις τε καὶ λοχισμοῖς χρώμενος ἐπ' αὐτοὺς &c. Vit. Philopœm. *pag.* 363. E.

(16) C'est dans la Lettre de *Sapor* à l'Empereur *Constance*, où ce Prince dit, que cette maxime des *Romains* n'a jamais été reçuë chez lui: *Illud apud nos numquam acceptum fuit, quod adseritis vos exsultantes, nullo discrimine virtutis ac doli, prosperos omnes laudari debere belli eventus.* Lib. XVII. Cap. V. pag. 179. *Edit. Vales. Gron.*

3. Les Jurisconsultes Romains (17) appellent une *tromperie innocente*, celle qu'on trâme contre un Ennemi. Ils remarquent ailleurs, (18) qu'il n'importe qu'un Prisonnier de guerre se soit sauvé en usant de force ou de ruse.

4. Parmi les Théologiens, St. AUGUSTIN dit (19) formellement, que, *dans une Guerre juste, soit que l'on combatte à force ouverte, ou qu'on dresse des embûches, on ne fait rien de contraire à la Justice.* St. CHRYSOSTÔME remarque, (20) que les Empereurs, qui ont remporté la victoire par quelque stratagême, sont ceux qu'on louë le plus. EUSTATHE, Archevêque de *Thessalonique*, dit, (21) qu'il y a une Tromperie, qui n'est point blâmable, & il en donne pour exemple, celle dont on use à la Guerre.

5. Il ne manque pas, d'autre côté, de passages d'Auteurs, qui semblent établir l'opinion contraire; & nous en alléguerons plus bas quelques-uns.

6. Pour décider la question, il faut auparavant avoir bien examiné si ce qu'on appelle (a) *Tromperie*, *Ruse*, *Artifice*, est une de ces choses qui sont toûjours mauvaises, & en matiére desquelles a lieu la maxime, qu'il ne faut point faire de mal, afin qu'il en arrive du bien; ou si c'est une chose qui n'est pas mauvaise de sa nature, mais qui peut être bonne en certaines circonstances.

(a) *Dolus.*

§. VII. 1. JE remarque d'abord, qu'il y a une *Tromperie* qui se fait par (1) un *acte négatif*, & une autre qui se fait par un acte positif. J'étens le mot de *Tromperie* aux cas même où l'on trompe quelcun par un acte négatif, & en cela je ne fais que suivre la pensée du Jurisconsulte (2) LABEON, qui mettoit au rang des Tromperies, mais des

(17) *Non fuit autem contentus Prætor* dolum *dicere, sed adjecit* malum: *quoniam veteres dolum etiam* bonum *dicebant, & pro solertia hoc nomen accipiebant: maxime si adversus hostem latronemve quis machinetur.* DIGEST. Lib. IV. Tit. III. *De dolo malo*, Leg. I. §. 3. Voiez le Traité de Mr. NOODT, *De forma emendandi doli mali* &c. Cap. I.

(18) *Nihil interest, quomodo captivus reversus est: utrum dimissus, an vi, vel fallaciâ, potestatem hostium evaserit.* Lib. XLIX. Tit. XV. *De Captivis & Postlimin.* &c. Leg. XXVI.

(19) *Quum autem justum bellum suscipitur, utrum apertâ pugnâ, utrum insidiis, vincat, nihil ad justitiam interest.* Quæst. X. *super Josue.* Nôtre Auteur changeoit ici quelques termes, pour avoir suivi le sommaire d'un Canon, où ce passage est rapporté, *Caus.* XXIII. *Quæst.* II. *Can.* II.

(20) Le passage sera cité plus bas, §. 17. *Note* 2.

(21) δόλ@ ὁ ψεκτὸς, ὁἷα στρατηγικός. Ad ILIAD. Lib. XV.

§. VII. (1) C'est-à-dire, lors qu'en ne disant pas ou ne faisant pas une chose, on donne & l'on veut bien donner lieu aux autres de croire ce que l'on sait qui n'est pas. D'où il est aisé de voir, ce que c'est que tromper par un *acte positif.*

(2) LABEO *autem, posse & sine dissimulatione id agi, ut quis circumveniatur; posse & sine dolo malo aliud agi, aliud simulari: sicut faciunt, qui per ejusmodi dissimulationem deserviunt, & tuentur vel sua, vel aliena.* DIGEST. Lib. IV. Tit. III. *De dolo malo*, Leg. I. §. 2.

(3) *Quod si Aquiliana definitio vera est, ex omni vita simulatio dissimulatioque tollenda est.* De Offic. Lib. III. Cap. XV. J'ai déja remarqué, sur le *Droit de la Nat. & des Gens*, de PUFENDORF, *Liv.* IV. *Chap.* I. §. 9. *Note* 5. que CICERON ne parle que d'une feinte & d'une dissimulation accompagnée d'injustice & de mauvaise foi. Nôtre Auteur lui-même cite plus bas, §. 9. ce grand Orateur, parmi ceux qui ont cru qu'il y a des Menteries innocentes.

(4) *Licet veritatem occultare prudenter, sub aliqua dissimulatione.* Lib. *contra Mendacium*, *Cap.* X. Le même Pére dit ailleurs, qu'il y a de la différence entre *mentir*, & *cacher la vérité: Quoniam aliud est mentiri, aliud est, verum occultare* &c. In Psalm. V. vers. *Perdes omnes.* Passage, qui se trouve cité dans le DROIT CANONIQUE, *Caus.* XXII. *Quæst.* II. Cap. XIV. Voiez THOMAS d'Aquin, II. 2. *Quæst.* LXXI. Art. III. in *Resp. ad tertium*: comme aussi SYLVESTR. in verb. *Bellum*, Part. I. *num.* 9. GROTIUS.

Le prémier passage de St. AUGUSTIN, que nôtre Auteur cite ici, n'est pas en autant de termes, dans les deux Traitez de ce Pére sur le Mensonge. Mais je trouve le sens dans le Chapitre indiqué du second Traité, où on allégue sur ce sujet l'exemple de Nôtre Seigneur JESUS-CHRIST, qui ne mentoit pas en disant à ses Disciples, qu'il avoit bien des choses à leur dire, mais qu'elles n'étoient pas encore à leur portée: *Non autem hoc est occultare veritatem, quod est proferre mendacium. Quamvis enim omnis, qui mentitur, velit celare quod verum est; non tamen omnis, qui vult quod verum est celare, mentitur. Plerumque enim vera non mentiendo occultamus, sed tacendo. Neque enim mentitus est Dominus, ubi ait:* Multa habeo vobis dicere, sed non potestis illa portare modo (JOAN. XVI, 12.) *Vera tacuit, non falsa locutus est, quibus veris audiendis eos minus idoneos judicavit. Quod si eis hoc ipsum non indicasset, id est, non eos posse portare, quæ dicere noluit, occultaret quidem nihilominus aliquid veritatis, sed posse hoc recte fieri forsan nesciremus, aut non tanto firmaremur exemplo . . . Non est ergo mendacium, quum silendo absconditur verum, sed quum loquendo promitur falsum.* Lib. contr. Mendac. *Cap.* X.

(5) Nôtre Auteur cite ici en marge la Harangue pour *Milon*, celle pour *Plancius*, & *Lib.* VII. *Epist.* IX. La derniére citation est fausse, comme bien d'autres, que je corrige sans dire mot; car le passage se trouve dans la Lettre VIII. du Livre X. mais il y a plus, c'est que la Lettre n'est pas de CICERON; elle est de PLANCUS, qui rendant raison de la con-

des Tromperies innocentes, la dissimulation dont on use pour défendre ou conserver ce qui nous appartient, ou ce qui appartient à d'autres.

2. Cice'ron (3) dit, que *la Feinte & la Dissimulation doivent être entiérement bannies du commerce de la Vie.* Cela est certainement outré. Car on n'est point tenu de découvrir aux autres tout ce qu'on fait, ni tout ce qu'on veut: & ainsi il doit être permis de dissimuler certaines choses devant certaines personnes, c'est-à-dire, de les leur cacher. *On peut quelquefois*, dit (4) St. Augustin, *cacher sagement la Vérité, en usant de quelque dissimulation.* Et Cice'ron lui-même reconnoît, en plusieurs endroits, (5) que cette dissimulation est (b) quelquefois nécessaire & inévitable, sur tout pour ceux qui ont part au Gouvernement de l'Etat.

(b) Voiez *St. Chrysostôme*, De Sacerdot. Lib. I.

3. Nous en avons un exemple remarquable dans l'histoire de Jere'mie. Ce (c) saint Prophéte, aiant été appellé par *Sédécias*, pour lui apprendre en secret quelle seroit l'issuë du siége de *Jérusalem*, cacha cela sagement aux Grands de la Nation, par ordre du Roi; leur racontant un autre sujet, mais très-véritable, de l'entretien qu'il avoit eu avec le Roi. On peut rapporter encore ici l'exemple d'*Abraham*, qui étant en *Egypte*, appelloit *Sara* sa *Sœur*, c'est-à-dire, sa proche parente, selon le stile de ce tems-là; dissimulant qu'elle (6) fût aussi sa Femme.

(c) *Jérem.* XXXVIII. 25. *& suiv.*

§. VIII. 1. La Tromperie qui se fait par un *acte positif*, consiste ou en actions, ou en paroles. La prémiére est ce qu'on appelle *Feinte*; & l'autre, *Mensonge*.

2. Quelques-uns mettent cette différence entre les *Actions* & les *Paroles*, que les derniéres sont naturellement des signes de nos pensées, & non pas les prémiéres. Mais il

conduite qu'il avoit tenuë dans les troubles de la République, dit, qu'il avoit été obligé, malgré lui, de feindre & de dissimuler bien des choses, pour venir à bout de ses desseins: *Ita numquam diffitebor, multa me, ut ad effectum harum consiliorum pervenirem, & simulasse invitum, & dissimulasse cum dolore* &c. Dans le passage de la Harangue pour *Milon*, il s'agit d'autre chose. L'Orateur veut excuser *Pompée*, de ce qu'il avoit un peu trop legérement ajoûté foi aux faux bruits qu'on répandoit contre *Milon*: il dit pour cet effet, que ceux qui ont en main le Gouvernement de l'Etat sont contraints d'écouter trop de choses, & qu'ils ne peuvent faire autrement: *Laudabam equidem incredibilem diligentiam Cn. Pompeii: sed, dicam ut sentio, Judices; nimis multa audire coguntur, neque aliter facere possunt ii, quibus tota commissa est Respublica.* Cap. XXIV. Je suis fort trompé si la méprise ne vient de ce que nôtre Auteur, en citant ce passage, avoit devant les yeux la Politique de Juste Lipse, qui, comme il fait en bien d'autres endroits, applique les derniéres paroles à un sujet different de celui à l'occasion duquel elles ont été écrites. Car il cite aussi les deux autres passages, dont le dernier, qui reste à examiner, est plus à propos. Ciceron dit, que le Peuple est bien aise de donner ses suffrages d'une maniére qui lui laisse la liberté de faire bonne mine à tout le monde, & de cacher la bonne volonté qu'il a de favoriser tels ou tels Pretendans, plûtôt que d'autres: *Etenim si populo grata est tabella, quæ frontes aperit hominum, mentes tegit, datque eam libertatem, ut, quod velint, faciant* &c. Orat. pro Plancio, *Cap.* VI.

(6) St. Augustin dit, que ce Patriarche ne mentoit point, & qu'il cachoit seulement la verité: *Sed veritatem voluit celari, non mendacium dici.* In Genes. *Quæst.* XXVII. Ce passage se trouve cité dans le Droit Canonique, *Caus.* XXII. *Quæst.* II. Can. XXII. Grotius.

Voiez Pufendorf, *Droit de la Nat. & des Gens*, Liv. IV. Chap. I. §. 11. Il faut désormais confronter ici perpétuellement ce Chapitre, avec les Notes, où la même matiére est traitée avec plus d'étenduë & d'exactitude. Au reste, les paroles de St. Augustin, que nôtre Auteur cite, sont bien ainsi conçuës dans le Canon indiqué: mais elles ne se trouvent point dans la *Question* 26. sur la Gene'se. C'est que, comme on le remarque sur ce Canon, il est composé de divers passages de St. Augustin, que Gratien a joints ensemble. Voici comment le même Pere s'exprime sur le même sujet, dans son second Traité du Mensonge: *Aliquid ergo veri tacuit, non falsi aliquid dixit, quando tacuit uxorem, dixit sororem.* Contra Mendac. *ad* Consentium, Cap. X. Au reste, Cle'ment d'*Aléxandrie* remarque, qu'*Abraham* donne à entendre qu'on ne pouvoit point en ce tems-là épouser légitimement une Sœur née d'une même Mére; par où il suppose manifestement, que *Sara* étoit véritablement Sœur de Pere de ce Patriarche, & non pas simplement Parente à quelque autre degré plus eloigné: Ὅθεν ὁ Ἀβραὰμ φησὶν, ἐπὶ τῇ γυναικὸς σημαινόμενος ἀδελφῇ, Ἀδελφή μοι ἐστὶν ἐκ πατρὸς, ἀλλ' οὐκ ἐκ μητρὸς, ἐγένετο δέ μοι εἰς γυναῖκα· τὰς ὁμομητρίας μὴ δεῖν ἄγεσθαι πρὸς γάμον διδάσκων. Strom. *Lib.* II. *Cap.* XXIII. pag. 502. *Ed. Oxon.* Je vois que le passage a deja été cité par Mr. Le Clerc, sur le XX. Chap. de la Gene'se, où l'histoire est racontée. Feu Mr. Bayle le rapporte aussi, dans l'article de *Sara*, de son *Diction. Hist. & Critique* (pag. 2536. col. 2. de la troisiéme Edition:) mais il explique le mot ὁμομητρίας, comme s'il signifioit seulement une Sœur utérine. Et il est bien vrai que c'est-là le sens propre de ce terme. Mais je ne sai si Cle'ment d'*Aléxandrie* ne l'a pas pris ici improprement pour une Sœur de pére & de mére tout ensemble. C'est ainsi qu'il entend ailleurs par *Polygamie*, l'état & de ceux qui ont plusieurs Femmes en même tems, & de ceux qui en ont plusieurs les unes apres les autres; comme il paroît par le passage, que j'ai rapporté ci-dessous, *Chap.* IV. de ce Livre III. §. 2. *Note* 3.

il est vrai, au contraire, que les Paroles ne signifient rien de leur nature, & indépendamment de la volonté des Hommes; à moins que ce ne soit quelque voix confuse & inarticulée, comme celles que fait pousser la douleur; qui même, à proprement parler, sont des actions, plûtôt que des paroles. Que si l'on dit, que l'Homme, par un privilége de sa nature qui le met au dessus du reste des Animaux, a la faculté de faire connoître à autrui ses propres pensées, & que c'est pour cela qu'on a inventé l'usage de la Parole; on a raison en cela: mais il faut y ajoûter, que les Paroles ne sont pas le seul moien de découvrir nos pensées. On le fait aussi par (1) des gestes, comme il paroît par l'exemple des Muets: soit que ces gestes aient naturellement quelque rapport avec les choses signifiées, soit que ce qu'ils ont de significatif vienne uniquement de l'institution humaine. On peut mettre au même rang les caractéres dont on se sert pour représenter non pas les voix formées par la langue, comme s'exprime (2) le Jurisconsulte PAUL, mais les choses mêmes; soit à cause de quelque rapport qu'il y a entre ces caractéres, & les choses qu'ils signifient, comme dans les *Hiéroglyphes*; soit qu'il n'y aît aucun rapport, & que la signification dépende entiérement d'une volonté arbitraire, comme cela se voit dans les caractéres des *Chinois*.

3. Il faut donc faire ici une autre distinction, semblable à celle que nous avons emploiée pour démêler l'ambiguité de ce qu'on appelle *Droit des Gens*. Nous avons dit, qu'on entend par *Droit des Gens* & ce qui est établi parmi chaque Nation, sans aucune obligation des unes envers les autres; & ce qui est établi entr'elles avec une obligation réciproque. (3) De même, les Paroles, les Gestes, & les Caractéres, dont nous avons parlé, ont été établis pour signifier certaines choses, avec une obligation réciproque d'en faire un tel usage, c'est-à-dire, *par une convention*, comme le dit (4) ARISTOTE; au lieu qu'il n'en est pas de même des autres choses. Ainsi on peut emploier ces autres choses, encore même (a) qu'on prévoie que cela donnera lieu à quelque faux jugement d'autrui. J'entens à considérer l'usage en lui-même, & non pas les suites acci-

(a) Voiez *Augustin. De Doctrin. Christ. Lib. II. Cap.* XXIV.

§. VIII. (1) Quelques Peuples d'ETHIOPIE, au rapport de PLINE, n'avoient point l'usage de la Parole, mais se faisoient entendre les uns aux autres par des signes de tête, & par divers mouvemens des autres parties de leur corps: *Quibusdam pro sermone nutus motusque membrorum est.* Hist. Natur. *Lib.* VI. *Cap.* XXX. Les Jurisconsultes Romains ont décidé, que si ceux qui ne peuvent pas parler, expriment leur pensée par les efforts qu'ils font de se faire entendre de quelque autre maniére, & par une voix inarticulée; on doit regarder cela comme une déclaration suffisante de leur volonté, qui autrement auroit dû se manifester par des paroles: *Nam etsi prior atque potentior est, quàm vox, mens dicentis, tamen nemo sine voce dixisse existimatur: nisi forte & eos, qui loqui non possunt, conatu ipso & sono quodam, καὶ τῇ ἀνάρθρῳ φωνῇ, id est, inarticulata voce, dicere existimamus.* DIGEST. Lib. XXXIII. Tit. X. *De Supellectile legata*, Leg. VII. §. 2. *in fin.* Dans les DECRETALES, il est dit, qu'un Sourd & un Muet peuvent contracter mariage, en donnant à connoître leur consentement par des signes: *Nam surdi & muti possunt contrahere matrimonium per consensum mutuum, sine verbis.* Lib. IV. Tit. I. *De Sponsalib. & Matrim.* Cap. XXV. GROTIUS.

(2) C'est dans une Loi où il dit, que ce n'est pas la figure des Lettres dont on se sert en écrivant, mais les paroles qu'elles représentent, qui font que l'on contracte par là quelque obligation; entant que l'on a jugé à propos d'établir que l'Ecriture auroit la même force, que les mots formez & peints, pour ainsi dire, par la Langue: *Non figurâ literarum, sed oratione, quam exprimunt literæ, obligamur: quatenus placuit, non minus valere quod scripturâ, quàm quod vocibus linguâ figuratis, significaretur.* DIGEST. Lib. XLIV. Tit. VII. *De obligat. & action.* Leg. XXXVIII. Le Jurisconsulte s'exprime d'une maniére très-philosophique, en disant qu'*on a jugé à propos* &c. car il insinuë par là, que tout ce qui regarde l'usage des signes est l'effet d'une convention, ἐν συνθήκῃ. GROTIUS.

(3) Cette distinction n'est guéres mieux fondée, que celle du *Droit des Gens*, avec laquelle nôtre Auteur la compare, & dont nous avons montré ailleurs le peu de solidité. Toute l'obligation qu'il y a ici, consiste en ce que, quand on est tenu de manifester ses propres pensées, comme on ne peut le faire que par des Signes capables de les donner à connoître à ceux avec qui l'on a à faire, il faut ordinairement se servir de ceux qui sont le plus en usage, parce qu'il n'y en a point de plus connus de tout le monde, & par conséquent de plus commodes. Voiez ce que j'ai dit sur le Chapitre de PUFENDORF, qui répond à celui-ci, §. 5. Ainsi la difference qu'il y a entre les Paroles, les Caractéres, ou les Gestes significatifs, & les autres sortes de Signes, consiste en ce que, l'usage des derniers étant moins commun, ou plûtôt l'usage ne les aiant déterminez à rien de fixe, ils ne sont pas propres par eux-mêmes à faire connoître clairement la pensée de celui qui les emploie: de sorte que, tant qu'on n'en a point fixé la signification d'une maniére ou d'autre, ils ne peuvent pas être regardez comme des signes sur lesquels on aît lieu de compter. Que si l'on doit s'en abstenir, lors qu'on prévoit que certaines personnes les expliqueront d'une certaine maniére déterminée, contraire à nôtre pensée, ce n'est point

cidentelles qu'il peut avoir. Il faut donc poser ici des cas, dans lesquels il ne puisse en arriver (5) aucun mal, ou, s'il en arrive, ce soit un mal que l'on puisse causer, indépendamment de la tromperie.

4. Je trouve un exemple du prémier cas, dans l'action de Nôtre Seigneur Jésus-Christ, qui étant près du Bourg d'*Emmaüs*, avec deux de ses Disciples, qu'il avoit rencontrez en chemin, sans en être connu, (b) *fit semblant d'aller plus loin.* A moins qu'on n'aime mieux dire, qu'il avoit effectivement dessein de passer outre, s'il n'étoit retenu par les pressantes sollicitations de ces gens-là: de même que Dieu est dit *vouloir* bien des choses, qui n'arrivent pourtant pas; & comme l'Evangéliste dit ailleurs de Jésus-Christ lui-même, qu'allant sur le Lac de *Tibériade*, il voulut (c) passer au delà de la Barque de ses Apôtres; c'est-à-dire, à moins qu'ils ne le priassent instamment d'y entrer.

(b) Προσεποιεῖτο. Luc, XXIV, 28.

(c) Marc, VI, 48.

5. L'Apôtre *St. Paul* nous fournit un autre exemple du prémier cas, dont il s'agit. Il fit circoncire *Timothée*, (6) sachant bien que les *Juifs* prendroient cela pour une preuve, que le précepte de la Circoncision, qui effectivement étoit déja aboli, subsistoit encore par rapport à la postérité des *Israëlites*, & que *St. Paul* & *Timothée* en étoient bien persuadez. Ce n'étoit pourtant pas l'intention de *St. Paul*: il vouloit seulement se procurer par là, & procurer à son Disciple, l'occasion de fréquenter familiérement les *Juifs*. En effet, la Loi Divine touchant la Circoncision étant alors abrogée, l'acte de circoncire ne signifioit plus, par un effet de l'institution, la nécessité de pratiquer cette cérémonie. Et d'ailleurs, le mal que pouvoit produire l'erreur où les *Juifs* seroient pour un tems, & dont on devoit les désabuser ensuite, n'étoit pas aussi considérable, que le bien que *St. Paul* espéroit tirer de là, savoir la propagation de la doctrine de l'Evangile. Les Péres Grecs donnent souvent le nom d'*économie* (7) ou de sage ménagement, à une feinte de cette nature. Et Clément *d'Aléxandrie* dit très-bien (8) là-dessus, qu'*un Homme-de-bien fera, pour l'avantage de son Prochain, des* cho-

point à cause de l'erreur considérée en elle-même, mais à cause des suites accidentelles, dont parle nôtre Auteur, & que l'on est d'ailleurs obligé de prévenir en vertu d'une Loi Naturelle, qui veut que l'on évite tout ce en quoi l'on pourroit causer du mal, ou directement, ou indirectement, à ceux qui ne l'ont point mérite. Or cela auroit lieu aussi, supposé que le même effet résultât de l'usage de la Parole; si, par exemple, l'on avoit sujet de croire qu'une personne ou par ignorance, ou par distraction, ou autrement prendra à contresens ce qu'on lui dit en termes les plus communs & les plus clairs.

(4) *Λόγος δέ ἐστι φωνὴ σημαντικὴ κατὰ συνθήκην* &c. De Interpret. *Cap.* IV.

(5) Comme dans ce que fit *Michol*, pour sauver *David*, son Mari, I. Samuel, XIX, 16. Grotius.

(6) Clément d'*Alexandrie* raisonne à peu près de même sur cet exemple; & je m'étonne que nôtre Auteur ne se soit point prévalu de cette autorité. Ce Pére dit, que *St Paul* se faisoit ainsi tout à tous par condescendance, & que sans donner atteinte aux principes fondamentaux de la Religion Chrétienne, il gagnoit tout le monde par de tels ménagemens, qui ne sauroient être traitez de mensonge, proprement ainsi nommé: *Αὐτίκα ὁ Παῦλος τὸν Τιμόθεον περιέτεμε διὰ τοὺς ἐκ Ἰουδαίων πεπιστευκότας· ἵνα μὴ καταλύσειεν αὐτοῦ τὰ ἐκ τοῦ νόμου παραπέμποντες προσαναλαμβάνοντες, ἀποστῶσι τῆς πίστεως, οἱ ἐκ νόμου κατηχημένοι· εἰδὼς ἀκριβῶς ὅτι περιτομὴ οὐ δικαιοῖ· τοῖς πᾶσι γὰρ πάντα γίνεσθαι ὁμολογεῖ κατὰ συμπεριφοράν, σώζων τὰ κύρια τῶν δογμάτων, ἵνα πάντας κερδήσῃ* .... *Ψευδαὶ τοίνυν τῷ ὄντι, οὐχ ὁ συμπεριφερόμενος διὰ οἰκονομίαν σωτηρίας* &c. Stromat. *Lib.* VI. *Cap.* XV. pag. 802. *Ed. Oxon.*

(7) St. Chrysostôme dit, que c'est le nom qu'il faut donner à de telles feintes innocentes, & non pas celui de *tromperie* (*ἀπάτη*.) Lib. I. *De Sacerdotio.* Il y joint ailleurs le mot de *condescendance*: *Ἦν δὲ ταῦτα οὐχ ὑπόκρισις, ἀλλὰ συγκατάβασις καὶ οἰκονομία.* In I. *ad* Corinth. IV, 6. Et en traitant de ce que St. Paul dit, qu'*il s'étoit fait tout à tous*, il l'explique ainsi, que, pour rendre semblables à lui ceux qu'il vouloit faire changer, il étoit devenu tel qu'eux, mais seulement en apparence, & il avoit fait les mêmes choses qu'eux, mais non pas avec la même intention & les mêmes dispositions: *Ἵνα γὰρ τοὺς ὄντας ἀλλαχοῦ εἰς ταῦτα μεταστήσῃ, ἐγένετο αὐτὸς ἐκ ἀλλαχοῦ εἰς ταῦτα μεταστὰς· ἐγένετο αὐτὸς ὡς ἐκεῖνος, ὑποκρινόμενος μόνον, οὐκ ὢν δὲ, οὐδὲ ἐκ διανοίας ταῦτα πράττων ὥσπερ ἐκεῖνοι.* In *Cap.* IX, 20. *ejusd. Epist.* On peut rapporter ici l'exemple de *David*, qui fit semblant d'être fou (I. Sam. XXI, 13.) Grotius.

Voiez un passage de St. Cyrille, qui sera cité plus bas, §. 13. *Note* 2. & celui de Clément d'*Aléxandrie*, que je viens de citer.

(8) *Ἐπὶ τῇ τοῦ πέλας σωτηρίᾳ μόνῃ ποιήσει τινά, ἃ οὐκ ἂν προηγουμένως αὐτῷ πραχθείη, εἰ μὴ δι' ἐκείνους ἐποίει.* Ces paroles, dont nôtre Auteur n'indique point l'endroit, se trouvent dans les *Stromates*, Lib. VII. Cap. IX. pag. 863. *Edit. Oxon.* un peu après le passage qu'il cite plus bas, §. 14. *Note* 10. & cela d'une maniére aussi vague. Le Pére parle, dans l'un & dans l'autre, de son *Gnostique*.

choses qu'il ne feroit pas autrement de lui-même & comme le prémier but qu'il se propose. C'est ainsi que, pendant une Guerre des *Romains*, (d) ceux qui se trouvoient assiégez dans le *Capitole*, jettérent des pains dans l'endroit où etoient les Ennemis, pour leur faire accroire qu'ils n'étoient pas encore exposez à la famine.

(d) *Tit. Liv.* Lib. V. Cap. XLVIII.

6. Un exemple de l'autre cas, dont j'ai parlé, c'est lors qu'on fait semblant de fuïr, comme (e) *Josué* l'ordonna à ses Soldats, quand il voulut prendre la Ville d'*Haï*; & comme d'autres Généraux d'Armée l'ont souvent pratiqué. Car nous supposons ici la Guerre juste, & par conséquent le mal qu'on fait à l'Ennemi en lui donnant lieu de croire ce qui n'est pas. La fuite en elle-même ne signifie rien par institution. Si l'Ennemi la prend pour un signe qu'on a peur, on n'est point tenu d'empêcher qu'il ne se trompe: on ne fait qu'user de la liberté qu'on a d'aller d'un ou d'autre côté, plus ou moins vîte, & avec telle ou telle contenance, comme on le trouve à propos.

(e) *Jos.* VIII, 3, & *suiv.* Voiez *Sylvest.* verb. *Bellum*, Part. I. *num.* 8.

7. Il faut dire la même chose de ceux qui prennent les Habits ou les Armes de l'Ennemi, ou qui arborent ses Etendars ou son Pavillon. Car ces sortes de choses sont toutes de telle nature, que chacun peut s'en servir comme bon lui semble, même contre la coûtume; parce que la coûtume elle-même a été établie par la volonté des Particuliers, sans une espéce de consentement général; or une telle coûtume n'impose aucune obligation à personne.

§. IX. 1. Il y a plus de difficulté à décider, en matiére de ces sortes de signes, qui entrent, pour ainsi dire, dans le commerce des Hommes, & dans le faux usage desquels consiste proprement ce qu'on appelle *Mensonge*.

2. Déja on trouve dans l'Ecriture Sainte plusieurs passages contre le Mensonge. *L'Homme juste*, (dit Salomon, dans ses (a) Proverbes) c'est-à-dire, l'Homme-de-bien, *a en horreur les paroles menteuses.* Eloigne (b) *de moi*, (dit ailleurs ce sage Roi, parlant à Dieu) *éloigne de moi la fausseté & les menteries.* Tu *perdras ceux qui mentent*, dit (c) le Psalmiste. Ne *mentez point l'un à l'autre*, dit l'Apô-

(a) *Chap.* XIII. *vers.* 5.
(b) *Chap.* XXX. *vers.* 8.
(c) *Pseaum.* V, 7.

§. IX. (1) Ἐχθρὸς γάρ μοι κεῖνος, ὁμῶς Ἀΐδαο πύλῃσιν,
Ὅς χ' ἕτερον μὲν κεύθει ἐνὶ φρεσίν, ἄλλο δὲ βάζει.
Iliad. *Lib.* IX. vers. 312, 313.

(2) Καλὸν μὲν οὖν οὐκ ἔστι τὰ ψευδῆ λέγειν·
Ὅτῳ δ' ὄλεθρον δεινὸν ἀλήθει' ἄγει,
Συγγνωστὸν εἰπεῖν ἐστι καὶ τὸ μὴ καλόν.

C'est un fragment de la Tragédie perduë. intitulée *Creuse*: & Stobe'e nous l'a conservé, *Florileg.* Tit. XII.

(3) Ψεῦδος δὲ μισεῖ πᾶς ὁ φρόνιμος καὶ σοφός.
C'est encore Stobe'e, qui nous a conservé ce vers, au même endroit, *Tit.* XII. Il y en a un autre tout semblable immédiatement après, que les Editions ordinaires attribuent à Me'nandre, mais qui, dans celle de nôtre Auteur, qu'il avoit revuë sur les MSS. est mise comme étant d'un Auteur inconnu:

Ψεῦδος δὲ μισεῖ πᾶς σοφὸς καὶ χρήσιμος.

(4) Καθ' αὑτὸ δὲ τὸ μὲν ψεῦδος, φαῦλον καὶ ψεκτόν· τὸ δ' ἀληθές, καλὸν καὶ ἐπαινετόν. Ethic. Nicomach. *Lib.* IV. *Cap.* XIII. pag. 55. C. Tom. II. *Ed. Paris.*

(5) St. Ire'ne'e dit avoir appris d'un vieux Prêtre cette maxime, qu'on ne doit point blâmer les choses que l'Ecriture Sainte rapporte tout simplement, sans les condamner: *De quibus Scriptura non increpant, sed simpliciter sunt posita, nos non debere fieri accusatores.* Lib. IV. Cap. L. Grotius.

La maxime de ce bon Prêtre, posée si généralement, est fausse sans contredit. Mais il est certain, qu'il n'y a aucune des choses, sur la nature desquelles l'Ecriture n'a rien décidé clairement & incontestablement, dont on y trouve autant d'exemples, que de ces menteries innocentes, pratiquées par des Gens-de-bien sans aucun scrupule de conscience. D'ailleurs, comme le remarque Moïse Amyraut, dans sa *Morale Chrêtienne*, „ il se trouve bien des endroits, où „ les fautes des Fideles sont racontées sans blâme dans „ la Parole de Dieu, mais il ne s'en trouve pas ailleurs, qu'en l'histoire de ces mensonges officieux, „ où le Saint Esprit les ait louées, comme elle fait „ à l'égard de *Rahab*, & des Sages-femmes d'*Egypte*, „ qui ont remporté des récompenses & des louanges. „ *Tom.* III *pag.* 283.

(6) Quelques uns de ces passages seront citez plus bas.

(7) Il fait cet aveu, dans ses *Questions* sur le Le'vitique: *Sed utrum hae aliquâ compensatione admittenda sint, magna quæstio est: sicut de Mendacio pene omnibus videtur, quòd, ubi nemo læditur, pro salute mentiendum est.* Quæst. LXVIII.

(8) *Magna quæstio, latebrosa tractatio, disputatio inter doctos alternans.* De Mendacio, *Cap.* I. Nôtre Auteur lui-même, depuis la prémiére Edition de son Livre, dans une Lettre où il demande au celébre *Gerard Jean Vossius* des avis pour une nouvelle Edition qu'il préparoit, avoué, que la question du Mensonge est encore une de celles qui le font suer: *Æstuo enim in nonnullis quæstionibus, maximè illa de Mendacio* &c. I. Part. Epist. 218. Mais cette difficulté vient de ce qu'on ne connoissoit pas bien la topique de la question, faute d'avoir assez penetré la nature même de la chose, & les principes simples du Droit Naturel.

(9) C'est Xe'nophon qui nous a conservé les pensées de ce grand Philosophe, dans les *Mémoires de ses faits & dits notables.* Il fait convenir *Euthydéme*, avec qui il s'entretient, qu'il n'y a point d'injustice, ni

l'Apôtre (d) St. PAUL.

(d) *Coloss.* III, 9.

3. St. AUGUSTIN, fort rigide sur cette matiére, soûtient qu'on ne doit jamais mentir. Il y a aussi des Philosophes, & des Poëtes, qui semblent être de ce sentiment. *Je hais, comme les Portes de l'Enfer*, dit *Achille* dans HOMÉRE, (1) *celui qui dit une chose, & en pense une autre.* *Il n'est jamais beau & honnête, de mentir*, selon SOPHOCLE (2): *mais*, ajoûte-t-il, *si quelcun, en disant la vérité, s'attire sa ruine, on doit lui pardonner de ne pas parler alors comme il faut.* C'est une sentence de CLÉOBULE, (3) *Que tout Homme sage & vertueux hait le Mensonge.* ARISTOTE dit, (4) que *le Mensonge est mauvais & blâmable par lui-même; & la Vérité, au contraire, belle & louable par elle-même.*

4. Il ne manque pourtant pas d'autoritez en faveur du sentiment opposé. Prémiérement, on trouve dans l'Ecriture Sainte des (5) exemples de personnages, dont la probité y est louée, qui cependant ont menti quelquefois, sans en être blâmez nulle part.

5. De plus, on a là-dessus (6) des décisions formelles de plusieurs anciens Docteurs de l'Eglise Chrétienne, d'un ORIGÉNE, d'un CLÉMENT *d'Aléxandrie*, d'un TERTULLIEN, d'un LACTANCE, d'un CHRYSOSTÔME, d'un St. JÉRÔME, d'un CASSIEN, ou plûtôt de presque toute l'Antiquité Chrétienne, comme l'avouë St. AUGUSTIN (7); qui, en même tems qu'il se déclare d'un autre sentiment, reconnoit aussi (8) que *la question est difficile & obscure, & qu'il y a du pour & du contre*; ce sont ses propres termes.

6. Parmi les Philosophes, l'opinion qui ne condamne pas toute sorte de Mensonge est ouvertement soûtenuë par (9) SOCRATE, & par (10) PLATON & (11) XÉNOPHON, ses Disciples; par (12) CICÉRON; &, s'il en faut croire (13) PLUTARQUE & (14) QUINTILIEN, par la Secte des *Stoïciens*, qui mettoient, dit-on, au rang des belles qualitez de leur Sage, l'art de mentir à propos; ce qu'EUSTATHE, (15) Archevêque de *Thessalonique*, dit aussi formellement du Sage, ajoûtant là-dessus des

ni à tromper un Ennemi, ni même à tromper un Ami pour son bien. Et il en allegue pour exemple, un Général d'armée, qui, pour relever le courage abbatu de ses Soldats, leur dit, qu'il arrivera bien tôt du secours, quoi qu'il sache que cela n'est point; & un Pere, qui voiant que son Fils a de la répugnance pour un remede qui lui est nécessaire, le lui fait prendre comme un aliment. Βέλτιον ἄρ, ἔφη, ταῦτα οὕτω θέντες, διαγνώμεθα πάλιν, περὶ μὲν τοὺς πολεμίους δίκαιον εἶναι τὰ τοιαῦτα ποιεῖν, πρὸς δὲ τοὺς φίλους ἄδικον· ἀλλὰ δεῖν πρός γε τούτους ὡς ἁπλούστατον εἶναι. Πάνυ μὲν οὖν, ἔφη ὁ Εὐθύδημος. Τί οὖν, ἔφη ὁ Σωκράτης, ἐάν τις στρατηγὸς ὁρῶν ἀθύμως ἔχον τὸ στράτευμα, ψευσάμενος φήσῃ συμμάχους προσιέναι, καὶ τῷ ψεύδει τούτῳ παύσῃ τὴν ἀθυμίαν τοῦ στρατεύματος· ποτέρωθι τὴν ἀπάτην ταύτην θήσομεν; Δοκεῖ μοι, ἔφη, πρὸς τὴν δικαιοσύνην. Ἐὰν δέ τις υἱὸν ἑαυτοῦ δεόμενον φαρμακείας, καὶ μὴ προσιέμενον φάρμακον, ἐξαπατήσας, ὡς σιτίον τὸ φάρμακον δῷ, καὶ τῷ ψεύδει χρησάμενος οὕτως ὑγιᾶ ποιήσῃ· ταύτην αὖ τὴν ἀπάτην ποῖ θετέον; Δοκεῖ μοι, ἔφη, καὶ ταύτην εἰς τὸ αὐτό. Lib. IV. Cap. II. §. 16, 17.

(10) On citera là-dessus quelques passages de ce Philosophe, sur le paragraphe 15. *Note* 2, 4.

(11) Le passage cité dans la *Note* 9. suffit pour témoigner quelle étoit la pensée de ce Philosophe, qui, comme Disciple de *Socrate*, approuvoit sans doute tout ce qu'il nous apprend des opinions de son Maître. Voiez aussi ceux que l'on a cité ci-dessus, sur le §. 6. *Note* 6.

(12) *Alicubi* CICERO, dit nôtre Auteur. Voiez le passage qu'il cite plus bas, *Note* 15. & ceux qui ont été rapportez dans PUFENDORF, *Liv.* IV. *Chap.* I. §. 21. avec ce que j'ai dit là dans la *Note* 1.

(13) Πολλάκις γὰρ οἱ σοφοὶ ψεύδει χρῶνται πρὸς τοὺς φαύλους &c. De Stoïcorum repugnant. *pag.* 1055, 1056. Tom. II. *Ed. Wech.* On peut voir la pensée de ces Philosophes expliquée plus au long dans STOBÉE, *Eclog. Ethic.* Cap. IV.

(14) Cet Orateur allegue l'exemple des petits mensonges qu'on dit à un Enfant malade; de ceux dont on se sert pour sauver la vie d'une personne qui est tombée entre les mains des Brigands, ou pour tromper un Ennemi, lors que le salut de la Patrie le demande: *At primum concedam mihi omnes oportet, quod Stoïcorum quoque asperrimi confitentur, facturum aliquando bonum virum, ut mendacium dicat, & quidem nonnunquam levioribus caussis; uti pueris ægrotantibus, utilitatis eorum gratiâ, multa fingimus, multa non facturi promittimus: nedum si ab homine occidendo grassator avertendus sit, aut hostis pro salute patriæ fallendus: ut hoc, quod aliàs in servis quoque reprehendendum est, sit aliàs in ipso sapiente laudandum.* Instit. Orat. *Lib.* XII. *Cap.* I. pag. 1034. *Edit. Burm.*

(15) Ψεύσεται ἐν καιρῷ ὁ σοφός. In ODYSS. *Lib.* II. Ce qu'il dit là ἐν καιρῷ, le Grammairien DONAT l'exprime par *in tempore*, ajoûtant, que quelques Moralistes approuvent les tromperies faites à propos: *Quanquam & ipsum fallere in tempore, quidam de officiis scribentes, rectum putant.* In Adelph. *Act.* IV. *Scen.* III. (vers. 18.) CICÉRON insinuë, qu'il y a des Mensonges honnêtes & charitables, comme ceux par lesquels on tâche de sauver un Citoien malheureux: *Si honesto & misericordi mendacio saluti civi calamitoso esse vellemus* &c. Orat. pro Ligar. (Cap. V.) GROTIUS.

(16)

des témoignages (16) d'Hérodote, & d'Isocrate. Il semble même qu'Aristote n'étoit pas éloigné de cette pensée, à en juger par ce qu'il dit (17) en quelques endroits. Et dans le passage, que nous avons cité, qui y paroît contraire, puis qu'il dit que le Mensonge est *mauvais par lui-même*; ce *par lui même*, peut être entendu généralement parlant, ou en faisant abstraction des circonstances. Un de ses Interprêtes, (18) Andronic *de Rhodes*, parlant d'un Médecin qui dit quelque chose de faux à son Malade, soûtient, que, *quoi que ce Médecin trompe le Malade, il n'est pourtant pas Trompeur*; *parce*, ajoûte-t-il, *qu'il ne se propose point de tromper le Malade, mais de le guérir.* Quintilien défendant la même opinion, (19) remarque, *que la plûpart des choses sont de telle nature, qu'elles deviennent honnêtes ou deshonnêtes, selon les motifs pour lesquels on le fait, & non pas à cause de l'action en elle-même.*

7. Entre les *Poëtes*, Diphile (20), & Sophocle (21) font dire à quelques-uns de leurs Acteurs, qu'il n'y a point de mal à mentir, quand on le fait pour se tirer de quelque péril. On cite de semblables passages de (22) Pisandre, & d'Euripide (23).

§. X. 1. Il y aura peut-être moien de concilier ces opinions si différentes, en distinguant l'idée plus ou moins étenduë, qu'on attache au terme de *Mensonge*.

(a) *Thom.* II. 2. Quæst. CX. Art. 1. *in Resp.*

2. Et d'abord nous ne renfermons pas ici dans l'idée du Mensonge, (a) ce que l'on dit de faux, sans le savoir; comme Aulu-Gelle (1) distingue entre *dire un mensonge*, & *mentir*: mais il s'agit seulement d'une fausseté que l'on dit le sachant bien, & pour faire entendre aux autres quelque chose qui ne s'accorde pas avec nôtre pensée, soit avec ce que nous connoissons simplement, ou avec ce que nous voulons. Car ce que nous donnons à entendre prémiérement & immédiatement par nos paroles, & par autres semblables signes, ce sont nos pensées. Ainsi ce n'est pas mentir, que de dire une

(16) C'est ce que l'Historien fait dire à *Otane*, qu'il faut mentir, lors qu'il y a quelque raison qui le demande: Ἔνθα γάρ τι δεῖ ψεῦδος λέγεσθαι, λεγέσθω. Lib. III. Cap. LXXII.

(17) Voici les passages, que nôtre Auteur cotte en marge, mais où les nombres sont un peu fautifs, dans les Editions qui ont précedé la mienne. Le Philosophe parlant des Vices opposez à la *Véracité*, donne pour une des extrémitez, de faire semblant d'avoir des qualitez avantageuses qu'on n'a pas, ou de n'en avoir pas, que l'on a: Ἡ δὲ προσποίησις, ἡ μὲν ἐπὶ τὸ μεῖζον, ἀλαζονεία, καὶ ὁ ἔχων αὐτὴν, ἀλαζών· ἡ δὲ ἐπὶ τὸ ἔλαττον, εἰρωνεία, καὶ εἴρων. Ethic. Nicom. *Lib.* II. *Cap.* VII. pag. 25. B. Tom. II. *Ed. Paris.* Par là il donne à entendre, que la Feinte & la Dissimulation ne sont pas toûjours vicieuses, mais seulement à cause de l'excès ou du défaut dans les choses que l'on feint ou qu'on déguise. Aussi dit-il formellement, dans l'autre passage dont il s'agit, que ceux qui dissimulent avec modération, & en matiére de choses qui ne sautent point aux yeux, passent pour des gens polis: Οἱ δὲ μετρίως χρώμενοι τῇ εἰρωνείᾳ, καὶ περὶ τὰ μὴ λίαν ἐμποδὼν καὶ φανερὰ εἰρωνευόμενοι, χαρίεντες φαίνονται. Lib. IV. Cap. XIII. *in fin.* pag. 56. B.

(18) Ἀπατᾷ μὲν γὰρ ὁ ἰατρὸς, ἀπατεὼν δὲ οὐκ ἔστιν· οὐ γὰρ τέλος ἔχει τὴν ἀπάτην τοῦ νοσοῦντος, ἀλλὰ τὴν σωτηρίαν. Paraphr. in *Lib.* V. *Cap.* VIII. *Ethic. Nicom.* pag. 297. *Edit. Heins.*

(19) *Sic judicet, pleraque esse, quæ non tam factis, quàm caussis eorum, vel honesta fiant, vel turpia.* Instit. Orat. (*Lib.* XII. *Cap.* I. pag. 1054. *Ed. Burm.*) Il dit ailleurs, que le Sage même peut mentir quelquefois: *Nam & mendacium dicere, etiam sapienti aliquando concessum est.* (Lib. II. Cap. XVII. pag. 127.) Grotius.

(20) Ὑπολαμβάνω τὸ ψεῦδος ἐπὶ σωτηρίᾳ
Λεγόμενον, οὐθὲν περιποιεῖσθαι δυσχερές.

Ces vers nous ont été conservez par Stobée, *Florileg.* Tit. XII.

(21) ΝΕ. Οὐκ αἰσχρὸν ἡγῇ δῆτα τὰ ψευδῆ λέγειν;
ΟΔ. Οὐκ, εἰ τὸ σωθῆναί γε τὸ ψεῦδος φέρει.

Philoctet. *vers.* 107, 108.

(22) Οὐ νέμεσις καὶ ψεῦδος ὑπὲρ ψυχῆς ἀγορεύειν.

C'est un vers, que l'on trouve aussi dans Stobée, Tit. XII.

(23) C'est peut-être ce qu'il fait dire, à *Ulysse*, que, quand il fut découvert venant espionner dans *Troie*, il inventa mille choses, pour éviter la mort:

ἙΚ. Τί δῆτ᾽ ἔλεξας, δοῦλος ὢν ἐμὸς τότε;
ΟΔ. Πολλῶν λόγων εὑρήμαθ᾽, ὥστε μὴ θανεῖν.

Hecub. *vers.* 249, 250. Dans le Recueil des Fragmens, compilé par Mr. Barnes, il y en a un, qui peut être rapporté ici, *Incert.* vers. 73. Mais il est de Ménandre, & on le trouve à la page 208. *vers.* 57. *Collect. Cleric.*

§. X. (1) Il cite là dessus des paroles de Publius Nigidius, contemporain de *Jules César*, & de *Cicéron*: Verba *sunt hæc ipsa* P. Nigidii.... *Inter* mendacium dicere & mentiri *distat. Qui mentitur, ipse non fallitur, sed alterum fallere conatur: qui mendacium dicit, ipse fallitur.* Lib. XI. Cap. XI. St. Augustin remarque aussi, qu'on ne se rend point coupable de Mensonge, quand on dit une chose fausse, que l'on croit vraie: *Ream linguam non facit, nisi mens rea.* De verbis Apostoli, *Serm.* XXVIII. *Nemo mentiens judicandus est, qui dicit falsum, quod putat verum; quoniam, quantum in ipso est, non fallit ipse, sed fallitur.* Enchirid. *Cap.* XVIII. Ces deux passages se trouvent citez dans le Droit Canonique,

Caus.

une chose fausse, que l'on croit vraie: & c'est mentir, au contraire, que de dire une chose vraie, que l'on croit fausse.

3. Il faut donc, pour constituer la nature du MENSONGE en général, que les paroles signifient quelque chose de différent de ce qu'on a dans l'esprit. D'où il s'ensuit, que, quand on se sert de termes, qui ou seuls, ou joints ensemble, sont susceptibles de plusieurs sens, soit dans l'usage ordinaire, soit dans le stile de quelque art, soit par une figure commune & aisée à entendre; il suffit que nôtre pensée réponde à quelcune de ces significations: on ne ment point, encore même qu'on croie (2) que celui qui nous écoute prendra nos paroles en un autre sens.

4. A la vérité, il ne faut pas se permettre légérement & sans quelque nécessité de tels discours ambigus: mais l'usage en peut être même louable, à cause des raisons pour lesquelles on y a recours, comme quand cela sert à instruire ceux qui sont confiez à nos soins, ou à éluder une question captieuse. Nôtre Seigneur JESUS-CHRIST nous (3) a donné lui-même un exemple du prémier cas, lors qu'il dit à ses Apôtres, (b) *Nôtre ami* Lazare *dort*: ce que les Apôtres entendoient du sommeil, proprement ainsi nommé. Lors encore qu'il dit, (c) *qu'on démolît ce Temple, & qu'il le rebâtiroit en trois jours*, voulant parler de son propre Corps; il savoit bien que les *Juifs* entendroient par là le Temple de *Jérusalem*. Il n'ignoroit pas non plus, quand il (d) promettoit à ses Douze Apôtres, dans son Roiaume, les prémiéres places & les plus proches du Roi, comme les avoient, parmi les *Juifs*, les Chefs des Tribus; & ailleurs, (e) qu'ils boiroient, avec lui, du vin nouveau, dans le Roiaume de son Pére: il n'ignoroit pas, dis-je, que ses Apôtres n'entendroient tout cela que d'un Régne terrestre, de l'espérance duquel ils furent pleins jusqu'au moment (f) de l'Ascension de leur Maître dans le Ciel. Il s'est souvent servi, en parlant au Peuple, de Paraboles obscures, (g) afin que ceux qui l'écoutoient n'entendissent point ce qu'il vouloit di-

(b) *Jean*, XI, 11.
(c) *Jean*, II, 20, 21.
(d) *Luc*, XXII, 30.
(e) *Matth.* XXVI, 29.
(f) *Actes*, I, 6.
(g) *Matth.* XIII, 13.

Caus. XXII. *Quæst.* II. (Can. III. IV.) GROTIUS.

(2) C'est ainsi qu'*Abraham*, lors qu'il alloit sacrifier son Fils sur la montagne de *Morijah*, dit à ses Serviteurs; *Demeurez ici: nous monterons, l'Enfant & moi; & quand nous aurons adoré* DIEU, *nous retournerons.* En quoi il parloit ambigûment, selon St. AMBROISE, de peur que, si ses gens eussent sû ce qu'il vouloit faire, ils n'eussent tâché de l'en empêcher, ou ne l'eussent importuné par leurs larmes & leurs gémissemens: *Captiosè autem loquebatur cum servulis; ne, cognito negotio, aut impediret aliquis, aut gemitu obstreperet, aut fletu.* Lib. I. *De Abrahamo*, (Cap. VIII.) Ce Pére de l'Eglise approuve la conduite du Patriarche; & après lui GRATIEN, *Caus.* XXII. *Quæst.* II. post *Can.* XX. GROTIUS.

Cet exemple renferme quelque chose de plus qu'une simple ambiguité. „ Il n'y a personne qui ne voie, que si „ *Abraham* ne parloit pas contre son désir, au moins „ parloit-il contre son espérance, & qu'il mettoit par „ ses paroles d'autres idées dans l'esprit de ses Servi„ teurs, que celles qu'il avoit dans le sien; comme le dit très-bien AMYRAUT, *Morale Chrét.* Tom. IV. pag. 523. Il ne suffit pas, pour dire qu'il n'y a point de Mensonge, que les paroles dont on se sert puissent être susceptibles d'un sens qui réponde à ce que l'on pense; il faut encore que, dans l'état où sont les choses, & de la maniére que sont disposez ceux à qui l'on parle, ils aient lieu de prendre les paroles dans ce sens-là; autrement on ouvriroit la porte à la tromperie en matiére des affaires où tout le monde reconnoit qu'il faut dire de bonne foi ce que l'on pense. Et nôtre Auteur l'a bien senti, puis qu'il remarque immédiatement après, *talem locutionem usurpatam temerè non probandam.* Voiez PUFENDORF, §. 13. du Chapitre, qui répond à celui-ci. Or les gens d'*Abraham*, ignorant, comme ils faisoient, l'ordre du Ciel donné à ce Patriarche; pouvoit-il jamais leur venir dans l'esprit, que ces mots, *nous retournerons*, ne dûssent s'entendre que du Pére, & non pas du Pére & du Fils, dont *Abraham* venoit de parler. Je vais plus loin, & je soûtiens que, quand même les paroles sont conçuës de telle maniére, que ceux à qui l'on parle pourroient, s'ils y faisoient bien attention, en démêler l'ambiguité, & reconnoitre le sens que celui qui parle a dans l'esprit; si neanmoins celui-ci a lieu de croire qu'ils les prendront dans un sens différent de sa pensée, c'est alors, par rapport à eux, un véritable Mensonge, puis qu'il produit le même effet, que si l'on s'étoit servi de termes, qui ne fussent susceptibles que d'un seul sens, contraire à la pensée de celui qui les emploie. Ainsi non seulement *Abraham*, & plusieurs autres saints personnages, mais encore Nôtre Seigneur JESUS-CHRIST lui-même, s'étant servis, comme nôtre Auteur le remarque un peu plus bas, de ces sortes d'expressions qu'ils savoient bien qui seroient entenduës dans un autre sens, que celui qu'ils avoient dans l'esprit: il résulte de là, à mon avis, un argument invincible, contre les Partisans de l'opinion contraire & rigide, qui veulent que ce soit un Mensonge criminel, toutes les fois qu'on parle ou qu'on agit d'une maniére à vouloir faire entendre aux autres quelque chose de différent de ce qu'on pense. Il ne sert de rien de dire, que c'étoit pour une bonne fin que Nôtre Seigneur parloit de cette maniére: car la fin ne rend pas innocent l'usage d'un moien mauvais en lui-même.

(3) Voiez ce que je viens de dire, sur la Note précedente.

dire, s'ils n'apportoient l'attention & la docilité qu'ils devoient avoir.

5. Pour ce qui est du cas, où l'on veut éluder une question captieuse, l'Histoire Profane nous en fournit un en la personne de *Lucius Vitellius.* L'Affranchi *Narcisse* le pressa fort de s'expliquer clairement, & de dire ce qu'il savoit des débordemens de *Messaline:* mais il (4) persista toûjours à se servir d'expressions vagues & ambiguës, qui pouvoient être tournées de quelque côté qu'on voulût. Il y a une sentence des Rabbins, qui porte, (5) que *si l'on sait trouver des mots & des expressions à deux entendre, on peut parler; sinon, il faut se taire.*

6. Mais il peut arriver, au contraire, qu'il soit non seulement peu louable, mais encore criminel, d'user de la moindre ambiguité, savoir, (6) quand la gloire de DIEU, ou (7) l'amour du Prochain, ou le respect qu'on doit à un Supérieur, ou la nature même de la chose dont il s'agit, demandent qu'on découvre clairement & sans détour ce que l'on a dans l'esprit. C'est ainsi que, dans un Contract, il faut s'expliquer avec toute la clarté possible sur ce qui est regardé comme essentiel au Contract; ainsi que (h) nous l'avons remarqué ailleurs. Et c'est ainsi qu'on peut entendre ce que dit CICÉRON, (8) *Que tout Mensonge doit être banni des affaires que l'on contracte ensemble:* maxime empruntée d'une ancienne Loi d'*Athénes*, qui défendoit (9) *de mentir au Marché.* Dans ces deux endroits le mot de *Mensonge* semble se prendre dans un sens étendu, qui renferme jusqu'aux expressions obscures. Mais, à parler proprement, ces sortes d'expressions doivent être excluës, comme nous l'avons fait un peu plus haut, de l'idée du Mensonge.

(h) *Liv.* II. *Chap.* XII. §. 9.

§. XI.

(4) *Instabat quidem* Narcissus, *aperire ambages, & veri copiam facere: sed non ideo pervicit, quin suspensa, & quò ducerentur inclinatura, responderet.* TACIT. Annal. *Lib.* XI. (Cap. XXXIV. *num.* 2.) Le même Historien dit, qu'il y a bien des gens, qui s'expriment d'une maniére ambiguë, pour pouvoir ensuite expliquer leurs paroles, selon que leur intérêt le demandera: *Non, ut plerique, incerta disseruit, huc illuc tracturus interpretationem, prout conduxisset.* Histor. *Lib.* III. (Cap. III. *num.* 2.) Il en donne ailleurs un exemple en la personne de *Mucien*, Gouverneur de *Syrie*, lequel écrivant aux Généraux *Antonius Primus* & *Arrius Varus*, leur parloit tantôt de la nécessité de presser l'exécution des projets concertez, tantôt de l'avantage qu'il y auroit à la retarder, tout cela en composant ses discours de telle maniére, qu'il pût, selon l'événement, ou dédire ces Généraux, s'ils réussissoient mal, ou se faire honneur de leurs bons succès: *Namque* Mucianus, *tam celeri victoriâ anxius, &, ni præsens urbe potiretur, expertem se belli gloriæque ratus, ad* Primum & Varum *media scriptitabat*, instandum cœptis, *aut rursus* cunctandi utilitates *edisserens; atque ita compositus, ut, ex eventu rerum, adversa abnueret, aut prospera adgnosceret.* Ibid. (*Cap.* LII. *num.* 3.) GROTIUS.

(5) Les mêmes Rabbins disent, qu'on peut s'exprimer ambigûment, pour procurer par là quelque bien: maxime citée par MANASSÉ, *Fils d'Israël*, Conciliator. *Quæst.* XXXVII. St. CHRYSOSTÔME dit, que c'est une tromperie, quand on se sert de telles ambiguitez pour faire du tort à quelcun, mais non pas quand on en use à bon dessein: Ἀπατεὼν ἐκεῖνος ἂν εἴη καλεῖσθαι δίκαιος, ὁ τῷ πράγματι κεχρημένος ἀδίκως, οὐχ ὁ μεθ' ὑγιοῦς γνώμης τοῦτο ποιῶν. De Sacerdotio, *Lib.* I. GROTIUS.

(6) PHILON, Juif, dit, qu'en matiére des choses qui se rapportent à la Religion, ceux même qui ont d'ailleurs pris l'habitude de mentir ne peuvent s'empêcher de dire la vérité; la Vérité étant la compagne de DIEU: Ἀλλὰ καὶ ἐπ' ἔργοις, ἅπερ ἀναφέρεται πρὸς Θεοῦ τιμήν, εἰ ἃ μόνα καὶ τὸ ἐν τοῖς ἄλλοις τὸ ἦθος κατεψευσμένον, ἀναγκαῖον ἦν ἀληθεύειν· ἀλήθεια γὰρ ὀπαδὸς Θεοῦ. Lib. III. *De Vita Mosis*, (pag. 679. E. *Edit. Paris.*) St. AUGUSTIN remarque, qu'autre chose est de savoir, si un Homme-de-bien peut mentir quelquefois; & autre chose, de dire, si un Ecrivain Sacré a dû mentir: *Alia quippe quæstio est, sitne aliquando mentiri viri boni: & alia quæstio est utrum Scriptorem sacrarum Scripturarum mentiri oportuerit.* Epist. VIII. Voiez ce que l'on dira plus bas, §. 15. (*num.* 2.) GROTIUS.

(7) Dans ESCHYLE, *Promethée* dit, qu'il répondra clairement & sans détour sur ce qu'on lui demande, comme on doit parler à des Amis:

Λέξω τορῶς σοι, ὅ, τι χρῄζεις μαθεῖν,
Οὐκ ἐμπλέκων αἰνίγματ', ἀλλ' ἁπλῷ λόγῳ,
Ὥσπερ δίκαιον πρὸς φίλους οἴγειν στόμα.

Prometh. vinct. (*pag.* 39. *Ed. H. Steph.*) GROTIUS.

(8) *Tollendum est igitur ex rebus contrahendis omne mendacium.* De Offic. *Lib.* III. Cap. XV.

(9) C'est DÉMOSTHÉNE, qui parle de cette Loi: Πῶς γὰρ οὐκ αἰσχρόν, ὦ ἄνδρες Ἀθηναῖοι, κατὰ μὲν τὴν ἀγορὰν ἀψευδεῖν νόμον γεγράφθαι &c. Orat. *adversus Leptin.* pag. 363. A. *Ed. Basil.* 1572.

§. XI. (1) Voiez ce que j'ai dit, sur la *Note* 2. du paragraphe precedent.

(2) C'est pour cela que, dans l'ancienne Langue Hébraïque, on dit, *dérober le cœur de quelcun*, pour marquer qu'on lui ôte les moiens de connoître certaines choses. Voiez GENÉSE, *Chap.* XXXI. vers. 26, 27. avec la Paraphrase Chaldaïque d'ONKELOS, & la Version des LXX. Voiez aussi le Rabbin DAVID, dans son Livre des Racines; le Rabbin SALOMON, dans son Commentaire; & ABEN-EZRA, autre Rabbin. GROTIUS.

(3) Nôtre Auteur disoit un peu plus bas, dans la prémiére Edition, que *l'obligation de découvrir aux autres, par la Parole, ce que l'on a dans l'esprit, vient d'une convention tacite, non pas néanmoins particuliére, & qui ne se fasse que quand on commence à parler, comme cela a lieu en matiére de Promesses; mais d'une espèce de* Con-

§. XI. 1. POUR donner donc une définition exacte, qui convienne à tout ce que l'on appelle *Mensonge*, il faut supposer que ce qui est dit, ou écrit, ou marqué par des caractéres, ou donné à entendre par quelque geste, ne puisse être (1) pris que dans un sens différent de la pensée de celui qui s'exprime par ces signes.

2. Mais pour savoir ensuite ce que c'est qu'un *Mensonge*, entant qu'il est naturellement *illicite*, il faut chercher quelque idée particuliére, ou quelque différence propre, qui restreigne cette signification générale. Or, si l'on y fait bien attention, on trouvera que, du moins selon l'opinion commune des Peuples, ce ne peut être que l'atteinte qu'on donne à un droit réel, & subsistant sans diminution quelconque, de celui à qui l'on parle, ou envers qui l'on se sert de quelque autre signe équivalent à la Parole.

3. Je dis, *un droit de celui à qui l'on parle:* car il est clair, que personne ne ment à soi-même, quelque fausseté qu'il dise en son particulier. Et par le *droit*, dont il s'agit, je n'entens pas toute sorte de droit, ou un droit qui n'aît aucun rapport avec la nature de la chose, mais un droit propre & essentiel à l'affaire dont il s'agit; c'est-à-dire, en un mot, la liberté (2) de juger des pensées d'autrui: liberté que ceux qui parlent ensemble sont censez devoir s'accorder l'un à l'autre, en vertu d'une espéce de convention tacite qu'ils font entr'eux. (3) C'est là une obligation réciproque, que les Hommes, en introduisant l'usage de la Parole, & d'autres signes semblables, prétendirent qui en résulteroit, puis que sans cela un tel établissement auroit été inutile: mais aussi il n'en faut pas chercher d'autre.

4. De

Convention générale, & ancienne, comme celle que nous avons dit ci-dessus qu'il y a eu dans l'établissement de la Propriété des biens, au sujet de la restitution des choses appartenantes à autrui, qui se trouvent entre nos mains: convention néanmoins, qui est telle, que la compensation d'une Dette, & autres choses semblables, empêchent qu'elle n'ait son effet. Ces paroles, retranchées dans les Editions postérieures, servent à faire mieux comprendre les idées de l'Auteur. Il fonde l'obligation où l'on est de dire la vérité, sur ce que les Hommes, en introduisant l'usage de la Parole, convinrent entr'eux tacitement, qu'on se serviroit de ce signe, ou autres semblables, d'une maniére à se faire connoitre par là réciproquement ce que l'on pense. Mais cette Convention n'est pas mieux fondée, que l'autre avec laquelle il la compare, & dont nous avons fait voir l'inutilité, dans les Notes sur PUFENDORF, *Droit de la Nat. & des Gens*, Liv. IV. Chap. XIII. §. 3. *Note* 1. L'établissement même de la signification des Mots, quoi qu'il se fasse par une espéce de consentement des Hommes, ne se fait point par une Convention proprement ainsi nommée, & qui ait force d'obliger, comme on l'a prouvé dans les mêmes Notes, *Liv.* IV. *Chap.* I. §. 5. *Note* 1. Et il n'est nullement nécessaire de supposer, que les Hommes soient convenus entr'eux de se manifester réciproquement leurs pensées en se servant de la Parole, & cela d'une maniére propre à les faire connoitre. Les Hommes étant souvent tenus de s'entrecommuniquer leurs pensées, pour s'aquitter de ce qu'ils se doivent les uns aux autres; & n'aiant d'autre moien pour cela, que les Paroles emploiées dans un certain sens, qui est d'ordinaire le plus commun: il suit de cela seul, qu'ils doivent en faire un tel usage, en vertu de la régle connuë & incontestable, que quiconque est tenu de procurer une fin, doit aussi emploier les moiens nécessaires pour y parvenir. Il n'est pas non plus besoin, à mon avis, de supposer, que lors qu'on se met à parler avec quelcun, on fasse une convention particuliére, par où l'on témoigne vouloir entrer dans la convention générale. C'est ce que prétend néanmoins l'Auteur ingénieux d'un Mémoire publié dans le JOURNAL LITERAIRE, de *La Haie*, Tom. V. Part. II. pag. 256, *& suiv.* que l'on fera bien d'ailleurs de lire, & dans lequel on a évité les extremitez vicieuses. Mais il me paroit plus simple de dire, sans tant de détours, que la question du Mensonge se réduit à savoir, s'il y a toûjours quelque raison qui nous oblige à manifester nos pensées à ceux avec qui nous parlons: car, supposé qu'il y ait des cas où rien ne nous y oblige, on peut alors faire de la Parole tel usage qu'on veut. Or les plus grands Partisans de l'opinion rigide avouent, qu'on peut quelquefois cacher aux autres ce que l'on pense; & de là vient qu'ils veulent qu'on se tire d'affaires en ne disant mot, ou en déclarant qu'on ne veut pas dire ce que l'on pense. Or qu'importe-t-il aux autres, qu'en ces cas-là on les laisse dans l'ignorance, ou qu'on leur parle d'une maniere à leur faire croire des choses qui ne sont pas? Dès-là qu'il s'agit de quelque chose que rien ne nous oblige à leur dire, c'est tant pis pour eux, s'ils comptent sur nos paroles; & à plus forte raison, lors qu'on a de bonnes raisons d'empêcher qu'ils ne sâchent ce que l'on pense. Ainsi y aiant un assez grand nombre de cas, où ni les Loix de la Justice, ni celles de l'Humanité ou de la Charité, ne nous imposent aucune obligation de découvrir aux autres fidélement nos pensées, il seroit aussi fort souvent permis de les déguiser, sans les inconvéniens dont j'ai parlé dans ma grande Note sur PUFENDORF, *Liv.* IV. *Chap.* I. §. 7. *Note* 1. qui font qu'on ne doit se le permettre que pour quelque raison considérable, mais qui n'empêchent pas qu'il n'y ait des cas où l'on peut non seulement, mais l'on doit même user de quelque menterie innocente, pour se procurer ou pour procurer à autrui quelque grand bien, ou éviter quelque grand mal. L'avantage de la Société Humaine demande également l'un & l'autre.

(4) On

4. De plus, nous supposons que le droit, dont il s'agit, subsiste en son entier, dans le tems qu'on parle. (4) Car il peut arriver que ce droit cesse, ou qu'il se perde par l'opposition de quelque autre droit survenu; comme une Dette s'éteint par l'*acceptilation* du Créancier, ou par le défaut d'une condition, à laquelle la Dette étoit attachée.

5. Il faut encore, que le droit, auquel on donne ici atteinte, soit le droit de celui à qui l'on parle, & non pas d'un autre: de même qu'en matiére de Contracts, l'injustice ne consiste que dans la violation du droit des Parties contractantes. C'est peut-être pour cela, que (5) PLATON, après le Poëte SIMONIDE, rapporte la *Véracité* à la *Justice:* & que l'Ecriture Sainte parlant du Mensonge, c'est-à-dire, de celui qui est illicite, l'exprime par *témoigner* ou *parler* (6) *faussement contre son Prochain.* St. AUGUSTIN (7) même veut que la volonté de (8) tromper entre dans la nature du Mensonge. Et CICE'RON (9) décide par les fondemens de la Justice, la question pourquoi & quand on doit dire la Vérité.

6. Au reste, comme le droit, dont il s'agit, se perd par un consentement exprès de celui avec qui l'on a à faire, lors, par exemple, qu'on lui a déclaré d'avance qu'on diroit des choses fausses, & qu'il y a consenti: il se perd aussi ou par un consentement tacite, ou raisonnablement présumé, ou bien par l'opposition d'un droit d'autrui, beaucoup plus fort, au jugement de tout le monde.

§. XII. 1. LES principes, que nous venons de poser, bien entendus, nous fourniront plusieurs conséquences, qui ne serviront pas peu à concilier les différentes opinions que nous avons dit qu'il y a sur ce sujet.

2. *Prémiérement*, il s'ensuit de là, que ce n'est pas un Mensonge criminel, de dire quelque chose de faux à un Enfant, ou à une personne qui n'est pas en son bon-sens. La raison prochaine & directe en est, que les Enfans & les Insensez n'aiant pas la liberté du Jugement, on ne sauroit leur faire du tort à cet égard. Pour les Enfans en particulier, ç'a été de tout tems une opinion généralement reçuë de tous les Hommes, qu'on peut *tromper innocemment cet âge imprudent*, comme parle (1) LUCRE'CE; & *leur faire accroire bien des choses pour leur profit*, comme le dit (2) QUINTILIEN.

§. XIII. 1. JE DIS *en second lieu*, que l'on ne ment point, toutes les fois que celui à qui s'adresse le discours n'est point trompé, encore même qu'on s'exprime d'une maniére à donner lieu à un tiers de se tromper, & de prendre nos paroles dans un sens diffé-

(4) On voit bien que tout ceci est superflu, selon le systême établi dans la *Note* précedente.

(5) Le passage a été deja rapporté ci-dessus, *Liv.* II. *Chap.* XI. §. 1. *num.* 8.

(6) Dans toutes les Editions, sans en excepter la premiére, il y a ici simplement, *describunt testimonio sive elocutione adversus proximum.* Mais on voit bien que le Copiste ou les Imprimeurs ont sauté le mot de *falso*, qui est absolument nécessaire pour trouver l'idée du Mensonge dans l'expression de l'Ecriture Sainte, dont le Decalogue même nous fournit un exemple, au neuviême Commandement. Aussi ai-je supplée hardiment cette omission manifeste, dans mon Edition de l'Original.

(7) Voici le passage: *Omnis autem, qui mentitur, contra id quod animo sentit, loquitur, voluntate fallendi.* Enchirid. Cap. XXII. Cela est rapporté dans le DROIT CANONIQUE, *Caus.* XXII. *Quæst.* II. Can. IV.

(8) LACTANCE dit aussi, qu'un Chrétien ne mentira jamais pour tromper les autres, ou pour leur nuire: *Ut non mentiatur umquam, decipiendi aut nocendi caussâ.* Instit. Divin. *Lib.* VI. *Cap.* XVIII. (*num.* 4. *Ed. Cellar.*) GROTIUS.

(9) *Ut reddere depositum, promissum facere, quæque pertinent ad veritatem, & ad fidem, ea migrare interdum, & non servare, fit justum. Referri enim decet ad ea, quæ proposui in principio, fundamenta Justitiæ: primum, ut ne cui noceatur; deinde, ut communi utilitati serviatur.* De Offic. Lib. I. Cap. X.

§. XII. (1) *Sed veluti pueris absinthia tetra medentes,*
Quum dare conantur, prius oras pocula circum
Contingunt mellis dulci flavoque liquore,
Ut puerorum ætas improvida ludificetur &c.
Lib. I. vers. 935, *& seqq.*

(2) Le passage, où cela se trouve, a été déja cité ci-dessus, §. 9. *Note* 13.

§. XIII. (1) *In hoc omnis hyperbole extenditur, ut ad verum mendacio veniat. . . . incredibilia adfirmat, ut ad credibilia perveniat.* De Benefic. *Lib.* VII. *Cap.* XXIII. QUINTILIEN appelle cette figure, une exaggération outrée & menteuse: HYPERBOLEN *audaciöris ornatus summo loco posui. Est hæc ementiens superjectio.* GROTIUS.

Ce dernier passage se trouve dans les *Institutions Oratoi-*

différent de nôtre pensée. Ce n'est pas un mensonge par rapport à celui auquel on parle, puis qu'on lui laisse la liberté entiére de connoître nôtre pensée : de même que quand on fait un conte inventé à plaisir devant des gens qui en savent tout le mystére ; ou lors qu'on parle ironiquement, ou qu'on use d'hyperbole ; figure, qui, comme le dit (1) SENEQUE, *méne à la Vérité par quelque chose de faux & d'outré* ; & *affirme des choses incroiables, pour en persuader de croiables.* Ce n'est pas non plus un mensonge, par rapport au tiers qui écoute par hazard, puis que ce n'est point à lui qu'on parle ; & qu'ainsi on n'est dans aucune obligation de lui découvrir ce que l'on pense. Que si, en jugeant de ce qui est dit à un autre, & non pas à lui, il se forge des chiméres, c'est uniquement sa faute ; il ne doit s'en prendre qu'à soi-même ; puis qu'à parler exactement, les paroles, qu'il écoute, ne sont pas pour lui des paroles, mais des sons qui peuvent signifier tout ce que l'on veut.

2. Il n'y a donc point de mal à ce que fit *Caton, le Censeur*, (a) lors qu'il promit à ses Alliez du secours, qu'il savoit bien qui ne leur viendroit point ; quoi que par là les Ennemis fussent trompez. Il faut dire la même chose de (b) *Flaccus*, qui raconta à d'autres qu'une Ville des Ennemis avoit été prise par *Emilius Paulus*, sâchant bien que cela n'étoit point. Car ni l'un, ni l'autre, ne dirent rien aux Ennemis mêmes : & si cela causa du préjudice aux Ennemis, c'étoit une chose accidentelle, & de telle nature qu'il n'y avoit rien d'illicite à la souhaitter, ou à la procurer.

(a) *Tit. Liv.* Lib. XXXIV. Cap. XII.

(b) *Appian.* Bell. Hispan. pag. 513. *Ed. Amst.* (301. *H. Steph.*) Voiez quelque chose de semblable, que fit *Agesilas*, au rapport de *Plutarque*, in ejus Vit.

3. Quelques Péres de l'Eglise, comme (2) St. CHRYSOSTÔME, & (3) St. JERÔME, rapportent ici la censure que (c) *St. Paul*, étant à *Antioche*, fit à *St. Pierre*, comme si celui-ci eût trop judaïzé. Car ils s'imaginent, que *St. Pierre* comprit fort bien que *St. Paul* ne parloit pas sérieusement, & qu'il vouloit s'accommoder à la foiblesse de ceux qui l'écoutoient.

(c) *Galat.* II, 14.

§. XIV. 1. EN *troisiéme lieu*, toutes les fois qu'il est certain que celui à qui l'on parle, bien loin de s'offenser de l'atteinte qu'on donne à la liberté de son jugement, nous en saura bon gré, à cause de quelque avantage qui lui en revient ; il n'y a point de Mensonge proprement ainsi nommé, ou de tromperie injuste : de même que ce ne seroit pas un Larcin, si l'on prenoit une chose appartenante à autrui, & de peu de valeur, & qu'on la consumât, pour lui procurer quelque grande utilité. Car, en ces sortes de cas, où l'on a si fort lieu d'être assûré de ce que l'on croit, une présomtion de la volonté d'autrui a autant de force qu'un consentement exprès. Et c'est une maxime incontestable, qu'on ne fait point de tort à qui consent.

2. Il

toires, Lib. VIII. Cap. VI. vers la fin. Mais dans l'Edition d'OBRECHT, faite sur celle d'*Oxford*, & corrigée exactement sur divers Mss. on lit (*pag.* 500.) d'une maniére qui forme un sens contraire. *Est hac* DECENS *sermonis superjectio* : C'est-à-dire, que l'*Hyperbole* est une exaggération raisonnable, ou qui n'est pas poussée trop loin. Le dernier Editeur, Mr. BURMAN, ne fait que rapporter les diverses leçons, la plûpart visiblement fautives, des Mss. & des Editions. Si OBRECHT avoit trouvé la sienne dans quelque MS. elle devroit être certainement préferée à toutes les autres. Mais, à ne la regarder que comme une conjecture, elle peut se tirer aisément des vestiges de ces leçons corrompuës : & elle se confirme par ce que QUINTILIEN dit plus bas : *Sed hujus quoque rei servatur mensura quadam. Quamvis enim est omnis hyperbole ultra fidem, non tamen esse debet* ULTRA MODUM . . . *nec ita ut mendacio fallere velit. Quo magis intuendum est, quousque* DECEAT *extollere, quod nobis non creditur.* Pag. 713. *Ed. Burm.*

(2) Ajoûtez encore St. CYRILLE, dans son Ouvrage contre l'Empereur *Julien*, Lib. IX. *in fin.* [Οὐ γὰρ ἂν ἐπεργγράψαιτο ὁ μαθητὴς [Πέτρος,] ἀλλ' ἐπὶ καιροῦ ταῖς καθηκούσαις οἰκονομίαις χρώμενος, διὰ τρόπου παντὸς ὀνῆσαι ἐσπούδαζε τοὺς προσιόντας αὐτῷ. ἐπειδὴ δὲ μονότροπος ἦν ὁ μακάριος Παῦλος, ὑπέμνησε πρεπόντως. ἐδεδίει γὰρ μή πως ἡ σκῆψις ἀγνοηθῇ, καὶ ὁ τῆς οἰκονομίας τρόπος ἀδικήσῃ τινάς. „ *St. Pierre* n'étoit pas d'un „ autre sentiment, que *St. Paul* : mais usant à propos „ d'un ménagement convenable, il vouloit procurer „ de toute sorte de maniéres l'avantage de ceux qui „ vouloient être ses Disciples. Au lieu que *St. Paul* „ agissant d'une maniére uniforme, se crut obligé de „ donner là-dessus un avis à St. *Pierre*, dans la crainte qu'on ne comprît point l'intention de celui-ci, „ & que quelques-uns ne fussent choquez des ménagemens dont il usoit. *Pag.* 325. C. D. *Ed. Spanh.*] TERTULLIEN est, à peu près, dans la même pensée, *Lib.* I. *contra Marcion.* (Cap. XX.) & Lib. IV. (Cap. III.) Lib. V. Cap. III. [Ajoûtez encore, *De praescript. adversus Haereticos*, Cap. XXIII.] GROTIUS.

(3) Voiez sa Lettre à *St. Augustin*, Tom. II. pag. 336, *& seqq.* Edit. Froben.

2. Il semble donc, que l'on puisse innocemment faire accroire, par exemple, quelque chose de faux à un Ami malade, pour le soulager, comme en usa une Dame Romaine envers (a) *Pétus* son Mari, lors que leur Fils, malade en même tems que le Pére, vint à mourir. Il est permis, par la même raison, d'annoncer aux Soldats une fausse nouvelle, pour relever leur courage abbattu, dans une occasion périlleuse, & les mettre par là en état d'échapper & de remporter même la victoire. On trouve un exemple de ceci dans (1) XE'NOPHON. Parmi les *Romains*, le Roi *Tullus Hostilius* (b) avertit ses Soldats, que c'étoit par son ordre que l'Armée des *Albains* se retiroit pour investir l'Ennemi; quoi qu'il eût bien compris, que c'étoit un effet de la trahison du Général d'*Albe*. Le Consul *Quinctius* dit aussi à ses Soldats, que les Ennemis fuioient du côté de l'autre Aîle, usant par là, comme (2) s'exprime TITE LIVE, d'un *mensonge salutaire*. On trouve par tout, dans les Histoires, de semblables exemples.

(a) *Plin.* Lib. III. Epist. XVI. *num.* 3, 4, 5, 6.

(b) *Tit. Liv.* Lib. I. Cap. XXVII. *num.* 8.

3. Cette conduite est conforme aux maximes de plusieurs Sages de l'Antiquité. DE'MOCRITE donnoit pour régle, (3) qu'*il faut dire la vérité, mais lors que cela est avantageux.* XE'NOPHON (4) soûtient, qu'*il est permis de tromper un Ami, quand c'est pour son bien.* Selon MAXIME *de Tyr*, (5) *un Médecin trompe innocemment son Malade; un Général, ses Soldats; un Pilote, ses Mariniers.* PROCLUS, Com-

§. XIV. (1) Le passage a été déja cité ci-dessus, §. 9. *Note* 9. Nôtre Auteur ajoûte ici dans une Note, le Stratagême qu'emploia *Agésilas*, lors qu'il eut appris, en arrivant dans la *Beotie*, que *Pisandre* avoit été battu sur mer, par *Pharnabaze* & *Conon*. Il fit publier le contraire parmi ses Soldats, & sacrifia solemnellement en rejouïssance de cette fausse victoire. PLUTARCH. *in Agesil. Vit.* pag. 605. C.

(2) *Et* Romani, *quia paucitas damno sentiendo propior erat, gradum retulissent, ni salubri mendacio Consul, fugere hostes ab cornu altero clamitans, concitasset aciem.* Lib. II. Cap. LXIV. *num.* 6.

(3) Ἀληθομυθεῖν χρεὼν, ὅπου λῷον. Ce mot nous a été conservé par STOBE'E, *Florileg.* Serm. XII.

(4) Φίλον δίκαιον ἐξαπατᾷν, ἐπὶ τῷ ἀγαθῷ. Je ne sai d'où nôtre Auteur a tiré ces paroles. Le passage qui a été cité ci-dessus, §. 9. *Note* 9. en renferme le sens, mais non pas les termes mêmes.

(5) Οὕτως καὶ ἰατρὸς κάμνοντα ἐξαπατᾷ, καὶ στρατηγὸς στρατόπεδον, καὶ κυβερνήτης ναύτας. καὶ οὐδὲν δεινόν. Dissert. III. pag. 30. *Edit. Cantabr. Davis.* St CHRYSOSTÔME, Lib. I. *de Sacerdot.* allégue aussi, sur ce sujet, l'exemple des Médecins. GROTIUS.

(6) Τὸ γὰρ ἀγαθὸν κρεῖττόν ἐστι τῆς ἀληθείας. On trouve la même pensée dans ce vers de ME'NANDRE:

Κρεῖττον δ' ἐστὶ ψεῦδος, ἢ ἀληθὲς κακόν.

Ex incert. Comœd. *apud* STOB. Tit. XII.

(7) Il soûtient qu'en ce cas-là, c'est plûtôt *dire un mensonge*, que *mentir*; & il allégue l'exemple d'un Médecin, qui trompe son Malade, pour le guérir: Ἀληθῆ τε γὰρ φρονεῖ ἅμα καὶ ἀληθεύει [ὁ Γνωστικός]· πλὴν εἰ μή ποτε ἐν θεραπείας μέρει, καθάπερ ἰατρὸς πρὸς νοσοῦντας ἐπὶ σωτηρίᾳ τῶν καμνόντων, ψεύσεται, ἢ ψεῦδος ἐρεῖ, κατὰ τοὺς σοφιστάς. Stromat. *Lib.* VII. Cap. IX. pag. 873. *Ed. Oxon.* Voiez un passage semblable d'ORIGE'NE, que GRONOVIUS rapporte, sur le §. 9. & ce que dit PHILON, *De Cherubim*, pag. 110. D. *Ed. Paris.* passage, que je vois aussi cité par Mr. l'Evêque d'*Oxford*.

§. XV. (1) C'est ainsi que, dans HOME'RE, *Agamemnon*, Général de l'Armée des *Grecs*, fait semblant, pour les sonder, de vouloir qu'ils s'en retournent, & il parle de cette feinte, comme d'un innocent artifice, qu'il lui est permis d'emploier:

Πρῶτα δ' ἐγὼν ἔπεσιν πειρήσομαι, ἣ θέμις ἐστί,
Καὶ φεύγειν σὺν νηυσὶ πολυκλήισι κελεύσω.

Iliad. (Lib. II. vers. 73, 74.) GROTIUS.

Autre chose est, de savoir, si la feinte de ce Général étoit à propos; sur quoi, aussi bien qu'en matiére d'autres choses, Mr. l'Abbé TERRASSON donne bien de la tablature aux admirateurs outrez d'HOME'RE, dans sa judicieuse *Dissertation critique sur l'Iliade*, Tom. I. pag. 317. & *suiv.*

(2) Τοῖς ἄρχουσι δὴ τῆς πόλεως, εἴπερ τισὶν ἄλλοις, προσήκει ψεύδεσθαι, ἢ πολεμίων, ἢ πολιτῶν ἕνεκα, ἐπ' ὠφελείᾳ τῆς πόλεως. De Republ. *Lib.* III. pag. 389. B.

(3) Mais voiez ce que j'ai dit sur PUFENDORF, *Droit de la Nat. & des Gens*, Liv. IV. Chap. I. §. 17. *Note* 1. de la seconde Edition.

(4) Ce Philosophe montre ainsi, que le Mensonge ne convient point à la Nature Divine. DIEU, dit-il, n'a pas besoin de mentir, ni pour représenter, à la maniére des Poëtes, les choses anciennes sous des fictions ingénieuses, comme s'il ignoroit de quelle maniére tout s'est passé: ni pour tromper ses Ennemis, comme s'il les craignoit: ni pour empêcher les effets de la folie de ses Amis; car aucune personne en démence n'est amie de DIEU: Κατὰ τί δὴ οὖν τούτων, τῷ Θεῷ τὸ ψεῦδος χρήσιμον; Πότερον, διὰ τὸ μὴ εἰδέναι τὰ παλαιά, ἀφομοιῶν ἂν ψεύδοιτο; Γελοῖον μὲν τ' ἂν εἴη, ἔφη. Ποιητὴς μὲν ἄρα ψευδὴς ἐν Θεῷ οὐκ ἔνι. Οὔ μοι δοκεῖ. Ἀλλὰ δεδιὼς τοὺς ἐχθροὺς ψεύδοιτο; Πολλοῦ γε δεῖ. Ἀλλὰ δι' οἰκείων ἄνοιαν, ἢ μανίαν; Ἀλλ' οὐδείς, ἔφη, τῶν ἀνοήτων καὶ μαινομένων θεοφιλής. Οὐκ ἄρ' ἐστιν οὗ ἕνεκα ἂν Θεὸς ψεύδοιτο. Οὐκ ἔστιν. Πάντῃ ἄρα ἀψευδὲς τὸ δαιμόνιόν τε καὶ τὸ θεῖον. Παντάπασι μὲν οὖν, ἔφη. Κομιδῇ ἄρα ὁ Θεὸς ἁπλοῦν καὶ ἀληθὲς ἔν τε ἔργῳ καὶ ἐν λόγῳ, καὶ οὔτε αὐτὸς μεθίσταται, οὔτε ἄλλους ἐξαπατᾷ &c. De Republ. *Lib.* I. pag. 382. D. E. Tom. II. *Ed. H. Steph.*

(5) Car DIEU aiant une infinité de moiens, pour parvenir à ses fins, n'a pas besoin de celui-ci, auquel les Hommes sont contraints d'avoir recours, parce qu'ils ne peuvent autrement venir à bout de certaines choses qu'ils se proposent. D'où il paroit, que les Hommes ne sont pas plus obligez d'imiter ici DIEU, que de vouloir être tout-puissans, comme lui. Cela suffiroit, pour répondre à l'objection spécieuse qu'on tire de l'exemple de cet Etre Souverain, & qui ouvre un beau champ à la Déclamation. Mais disons encore quelque chose, pour mettre dans tout son jour la foi-blesse

Commentateur de PLATON, qui est dans les mêmes idées, (6) en rend cette raison, que *l'Utilité, en de pareils cas, vaut mieux que la Vérité.* CLE'MENT *d'Aléxandrie* (7) permet le Mensonge, *comme un remede.*

4. Et il faut remarquer, qu'il y a d'autant moins d'inconvénient à déguiser sa pensée en ces cas-là, que cela ne se fait guéres que pour un moment; la vérité devant se découvrir peu après.

§. XV. 1. UNE *quatriéme* conséquence, qui a du rapport avec la précedente, c'est que ce n'est point un Mensonge criminel, lors qu'un Supérieur, qui a un droit éminent (1) sur tous les droits de ceux qui dépendent de lui, use de ce droit en leur disant quelque chose de faux, pour leur avantage ou public, ou particulier. C'est ce que PLATON semble avoir eu principalement en vuë, (2) lors qu'il permet aux Magistrats de mentir. Et quand on voit que (3) tantôt il semble donner aux Médecins cette permission, & tantôt la leur ôter; on peut concilier cela, en disant, qu'il la donne aux Médecins autorisez par le Public; & qu'il la refuse à ceux qui s'ingérent de cela de leur autorité privée.

2. Mais le Philosophe, dont nous venons de parler, reconnoît, avec raison, (4) qu'il ne convient point à DIEU de mentir, quelque droit absolu qu'il aît sur les Hommes; parce que c'est (5) une marque de foiblesse, d'avoir recours à de tels expédiens.

3. PHI-

blesse d'un tel argument. Je vois avec plaisir, que le savant & judicieux Jurisconsulte Mr. NOODT répond en peu de mots à cette difficulté, dans une addition faite à la seconde Edition de son Traité *De forma emendandi doli mali* &c. „ On objectera, dit-il, „ que DIEU, dont les Hommes doivent imiter les „ Vertus, autant qu'il *leur* est possible, est véritable „ dans ses paroles. Soit: mais qui ne sait, que ce mê„ me DIEU, qui est véritable, est aussi sur toutes „ choses amateur de l'utilité & de la conservation des „ Hommes. Pourquoi est-ce donc que l'Homme, à „ qui l'on propose l'exemple de DIEU ne travail„ leroit pas toûjours à se rendre utile en toutes ma„ niéres aux autres Hommes; s'il le peut, en leur di„ sant la vérité; sinon, en usant d'une feinte ou d'une „ dissimulation nécessaire pour leur bien. " Ajoûtons quelques réflexions, qui serviront à faire mieux comprendre que ceux qui font l'objection dont il s'agit, étendent trop loin ce qu'il y a ici dans les Perfections Divines qui est véritablement l'objet de nôtre imitation. La *Véracité* de DIEU nous engage à aimer la Vérité: mais elle ne nous engage point à aimer toute sorte de Véritez, & moins encore à dire toûjours tout ce qui est vrai. Il n'y a que les Véritez utiles par rapport à nôtre état, que nous devions aimer & rechercher: pour celles qui sont inutiles, il nous est permis de les négliger, & nous y sommes même quelquefois obligez. parce que leur recherche nuiroit à la connoissance des Véritez utiles. Lors que nous avons trouvé de ces Véritez utiles, nous devons les communiquer aux autres, mais nous ne devons pas le faire en tout tems & en tout lieu. Il y a des circonstances, où la découverte de ces sortes de Véritez ne produiroit aucun fruit, ou causeroit même quelquefois plus de mal que de bien: on peut alors les cacher; Nôtre Seigneur JE'SUS-CHRIST nous en a donné lui-même l'exemple, & ses saints Apôtres l'ont imité. Si cela a lieu à l'égard des Véritez les plus utiles à autrui, pourquoi est-ce qu'en matiére de choses, dont la connoissance n'est d'aucune utilité à ceux avec qui l'on parle, ou qui même pourroient leur donner occasion de nuire, ou à nous, ou à d'autres, soit sans y penser, ou à dessein, & de commettre par là ou une imprudence ou un péché; il ne seroit pas permis, de leur cacher non seulement la vérité, mais encore de leur dire positivement quelque chose de faux? Il n'est pas nécessaire de pousser plus loin ces réflexions: ceux qui les méditeront sans préjugé, & qui feront attention à tout ce qui a été dit ci-dessus, & dans le grand Ouvrage de PUFENDORF, se convaincront aisement, qu'il n'y a peut-être point de matiére, sur quoi l'on choque plus visiblement toutes les lumiéres du Sens Commun, que le font les partisans de l'opinion, que je combats. Mais je ne saurois m'empêcher de renvoïer encore à quelques endroits d'un Auteur, que j'ai cité ci-dessus, & que j'indique encore, parce que, dans l'esprit de certaines gens, il y a des autoritez qui ajoûtent beaucoup de force aux raisons, & qui quelquefois même font plus d'impression sur eux, que les meilleures raisons du monde. Cet Auteur, c'est MOÏSE AMYRAUT, dont on peut voir la *Morale Chrétienne*, Tom. III. pag. 249 —— 307. & Tom. IV. pag. 314 —— 322. Quoi qu'il n'ait pas aussi bien développé la matiére, qu'on l'a fait depuis, on trouvera là néanmoins quantité de réfléxions judicieuses, & de réponses solides à diverses objections, tirées ou de la Raison, ou de l'Ecriture Sainte. Depuis cette Note écrite, j'ai occasion d'alleguer une autorité plus moderne, & qui ne frappera pas moins un grand nombre de personnes, c'est celle du celebre Mr. SAURIN, Pasteur de *la Haie.* Dans ses *Discours Historiques, Critiques, Theologiques, & Moraux, sur les évènemens les plus mémorables du Vieux & du Nouveau Testament*, lors qu'il traite de l'*innocent artifice* des Sages-femmes d'*Egypte*, quoi qu'il n'ose décider si ce qu'elles dirent à *Pharaon* etoit vrai, ou si ce fut un mensonge officieux; il déclare néanmoins, que, dans la derniere supposition, *personne n'est en droit de blâmer leur action, & de soûtenir la Thése, qu'elles auroient agi avec plus de sainteté, si elles avoient tenu une conduite opposée.* Il rejette ensuite, (comme je fais ci-dessous, & comme je l'ai deja fait dans ma grande Note sur le Chapitre de PUFENDORF, qui répond à celui-ci) *la distinction que l'on fait de leur intention, d'avec les moiens qu'elles emploiérent pour l'exécuter.* Disc. XLIII. pag. 7. *Edit. in octav.* Mais je sai que cet Auteur s'expliquera encore mieux sur la question du Mensonge, dans la suite de son Ouvrage, où à l'occasion de l'histoire de *Rahab*, rapportée dans le Livre de *Josué*, il donnera une Dissertation en forme sur ce sujet.

(6) CAS-

(a) De Joseph. pag. 550, & seqq. Ed. Paris.

(b) I. Rois, III, 25.

3. Philon louë *Joseph* (a) de ce qu'en qualité de Vice-Roi d'*Egypte*, il (6) accusa ses Fréres, prémiérement d'être des Espions, & ensuite d'être des Voleurs, quoi qu'il ne les crût point tels. C'est là peut-être un exemple d'un Mensonge innocent; aussi bien que ce que fit *Salomon*, lors que (b) voiant deux Femmes qui se disputoient un Enfant, dont chacune prétendoit être la Mére, il feignit de vouloir partager en deux le corps de l'Enfant, quoi qu'il fût bien éloigné de cette pensée, & qu'il eût seulement dessein de découvrir par là la véritable Mére, pour lui donner son Enfant. Quintilien (7) dit, que *l'intérêt public demande quelquefois qu'on soûtienne une mauvaise cause.*

§. XVI. La *cinquiéme* & derniére conséquence, que je tire des principes établis ci-dessus, c'est que le Mensonge n'a rien de mauvais, lors qu'on ne peut (1) autrement sauver la vie d'un Innocent, ou quelque autre chose d'équivalent; ou lors qu'il n'y a pas moien d'empêcher autrement que quelcun n'exécute une méchante action. C'est ainsi qu'*Hypermnestre* sauva son Mari par un *mensonge glorieux, & qui a rendu sa réputation immortelle*, comme (2) Horace le qualifie.

§. XVII.

(6) Cassiodore appelle cela une sage feinte de sévérité: *Quum fratribus dispensatoriâ severitate crimen explorationis inureret* &c. De Amicitia Grotius.

(7) *Non semper autem, etiamsi frequentissimè, tuenda veritas erit: sed aliquando exigit communis utilitas, ut etiam falsa defendantur.* Instit. Orat. Lib. II. Cap. XVII. pag. 131. *Ed. Obrecht.*

§. XVI. (1) St. Augustin parlant des Mensonges qu'on dit en riant, & de ceux qu'on dit pour rendre service au Prochain, ne les excuse pas entiérement, mais il avouë qu'il n'y a pas grand mal, & qu'il y en a même moins dans le dernier, parce qu'il est accompagné de quelque bienveillance: *Duo sunt omnino genera mendaciorum, in quibus non est magna culpa, sed tamen non sunt sine culpa: quum aut jocamur, aut, ut proximis prosimus, mentimur. Illud primum in jocando, ideo non est perniciosissimum, quia non fallit: novit enim ille, cui dicitur, joci caussâ esse dictum. Secundum autem ideo minus est, quia retinet nonnullam benevolentiam.* In Psalm. V. Passage, qui est cité dans le Droit Canonique, *Caus.* XXII. *Quæst.* II. Cap. XIV. Tertullien met au rang des Péchez de foiblesse, auxquels chacun est sujet, (*quotidianæ incursationis, quibus omnes sumus objecti*) les mensonges qu'on dit par nécessité (*necessitate mentiri*) Lib. *de Pudicitia.* (Cap. XIX.) Grotius.

(2) *Una de multis, face nuptiali*
Digna, perjurum fuit in parentem
Splendidè mendax, & in omne virgo
Nobilis ævum.]

Lib. III. Od. XI. (vers. 33, *& suiv.*) Sur quoi le Scholiaste ancien dit, qu'il est beau de mentir pour la Justice: Splendide] *Decenter. Pulcrum est enim, pro justitia mentiri.* St. Chrysostôme parlant du mensonge, que *Rahab* dit en faveur des *Israëlites*, s'écrie: *O le beau mensonge! O l'honnête tromperie! par où cette Femme ne trahit point les intérêts de la Religion, mais fit un acte de véritable Piété!* Ὢ καλοῦ ψεύδους, ὢ καλῆς ἀπάτης, οὐ προδιδόντος τὰ θεῖα, ἀλλὰ φυλάττοντος τὴν ἀλήθειαν, ou comme portent d'autres Editions, τὴν εὐσέβειαν. St. Augustin même appelle ce que dirent les Sages-femmes d'*Egypte*, un mensonge pieux: *O magnum humanitatis ingenium! ô pium pro salute mendacium!* St. Jérôme louë aussi ces Sages-femmes, & croit qu'elles ont eu même des récompenses éternelles, *In Isaiam*, Cap. LXV. (pag. 249. D. Tom. V. *Ed. Froben.*) & *in Ezechiel.* Cap. XXVIII. (pag. 481. C.) St. Ambroise, *ad Syagr.* Lib. VI. & St. Augustin même, *ad Consentium, contra Mendacium*, Cap. XV. variant ici, à son ordinaire; sont dans la même pensée. Tostat soûtient, que les Sages-femmes d'*Egypte* ne commirent aucun péché. St. Augustin témoigne douter sur ce sujet, *Quæst. super Exod.* Lib. II. (Cap. I.) & après lui Thomas d'*Aquin*, Summ. Theol. II. 2. *Quæst.* CX. Art. IV. *Resp.* ad 4. sur quoi on peut consulter le Cardinal Cajetan. Voiez aussi Erasme, dans son *Encomium Moriæ*; & le Savant Masius, sur *Josué*, Chap. II. vers. 5. Grotius.

Il ne falloit pas mettre St. Ambroise au nombre de ceux qui louent la conduite des Sages-femmes d'*Egypte*; car ce Pére parle au contraire là-dessus en doutant si elles firent bien. Voici le passage, que nôtre Auteur a en vuë: *Qui locus, ut superiori utilis ad* Hebræorum *salutem, ita reliquo confragosus ad obstetricum fidem, quæ didicerunt mentiri pro salute, & fallere pro excusatione.* Lib. VIII. Epist. LXIV. pag. 625. A. *Ed. Paris.* 1569. A l'égard du mensonge de *Rahab*, voiez ce que l'on a dit, sur Pufendorf, *Droit de la Nat. & des Gens*, Liv. IV. Chap. I. §. 16. *Note* 2. Le prémier exemple, ou celui des Sages-femmes d'*Egypte*, est très-remarquable, & il fournit un argument, auquel on auroit bien de la peine à répondre quelque chose de plausible. J'en ai parlé dans la grande Note sur le paragraphe 7. du Chapitre qui vient d'être cité; & j'ajouterai ici deux vaines échappatoires dont s'est servi depuis peu, après d'autres, feu Mr. Bernard, de qui je respecte d'ailleurs le savoir & le jugement, qui doivent sans contredit faire honorer sa mémoire. L'un de ces subterfuges est, que Dieu récompense les actions des Hommes, quoi qu'imparfaites; autrement il n'en récompenseroit aucune, puis que nos meilleures œuvres sont accompagnées de mille imperfections. L'autre est, que les récompenses des Sages-femmes furent proportionnées à leurs œuvres, qui n'étant bonnes que matériellement, ne furent aussi récompensées que de quelques bénédictions temporelles. *Discours sur le Mensonge*, à la fin du Traité *De l'excellence de la Religion*, Tom. II. pag. 813. Je dis, sur la prémiére de ces réponses, que l'imperfection de nos actions, qui n'empêche pas que Dieu ne les agrée & ne les récompense, ne regarde pas la nature même des choses qu'on veut faire, ou des moiens dont on se sert, pour réussir; mais les dispositions avec lesquelles on agit. Lors qu'on fait une bonne action, & cela en n'emploiant que des moiens légitimes; quoi qu'on ne s'y porte pas avec toute l'ardeur qu'on devroit, & qu'il y entre même quelque considération humaine;

Dieu

§. XVII. 1. Ce que nous venons d'établir, ne s'étend pas aussi loin, que la maxime commune des Sages, qui posent généralement & sans restriction, qu'il est permis de mentir à un Ennemi. (a) Platon, & (b) Xénophon, parmi les Philosophes; Philon, (1) Juif; & entre les Docteurs Chrétiens, (2) St. Chrysostôme; après avoir donné pour régle, qu'il ne faut point mentir, y ajoûtent cette exception, à moins qu'on n'ait à faire à un Ennemi. On peut rapporter, peut-être ici, avec assez de fondement, le mensonge que les Habitans (c) de *Jabès* dirent au Roi des *Hammonites*, qui les tenoit assiégez; & celui du (d) Prophéte (3) *Elisée* aux Troupes que le Roi de *Syrie* avoit envoiées pour le prendre; comme aussi celui de (4) *Valérius Lévinus*, qui se vantoit d'avoir tué *Pyrrhus*.

(a) *De Republ.* Lib. II. pag. 382. C. Tom. II.
(b) *Memorab. Socrat.* Lib. IV. Cap. II. §. 16. *Ed. Oxon.* & *De Cyri instit.* Lib. I. Cap. VI.
(c) *I. Sam.* XI, 10.
(d) *II. Rois*, VI, 18.

2. Il y a un passage d'un Commentateur d'Aristote, qui se rapporte à la troisiéme, à la quatriéme, & à la cinquiéme, de nos observations précedentes. C'est Eustrate, Evêque de l'Eglise Métropolitaine de *Nicée*, qui parle ainsi: (5) *Pour agir sagement dans ses délibérations & les mesures qu'on prend, il n'est pas toûjours nécessaire de dire la vérité. Car il peut arriver que l'on soit obligé de chercher & d'emploier* de

Dieu ne laisse pas de l'agréer, comme s'il n'y avoit aucune imperfection: cela est digne de sa Bonté, & ne choque aucune autre de ses Vertus. Mais la Sainteté de Dieu ne permet pas qu'il donne la moindre marque d'approbation, par rapport à une action ou mauvaise en elle-même, ou que l'on a executée par des moiens mauvais en eux-mêmes, tel que seroit le Mensonge, dans les principes de ceux contre qui nous disputons. Quelque bonne intention qu'on ait euë, cela n'empêche pas que l'action, à tout prendre, ne soit mauvaise, & par conséquent punissable, plûtôt que digne de récompense. Dieu peut ne pas la punir, & la pardonner, en considération du reste de la conduite de celui qui a agi ainsi: mais prétendre que cet Etre tout-saint autorise & approuve le moins du monde une telle action, à cause de la bonne intention qu'on a euë en la faisant, c'est ouvrir la porte aux plus pernicieuses maximes de la Morale relâchée. Ainsi ceux qui affectent une si grande rigidité sur la question du Mensonge, se jettent, sans y penser, dans un extrême relâchement. L'autre subterfuge, auquel on a recours ici, n'est pas moins frivole. La nature ou le degré de la récompense, empêche-t-il que ce ne soit une récompense, & par conséquent une chose qui suppose nécessairement une approbation? Et où a-t-on trouvé que les bénédictions temporelles, par lesquelles Dieu veut recompenser les Hommes, tombent indifféremment sur ceux qui font mal, & sur ceux qui font bien? S'il *fait lever son Soleil sur les Bons & sur les Méchans*, s'il *laisse tomber sa Pluie sur le champ des Justes & des Injustes*; c'est, à l'éga[illegible] derniers, un effet de sa Bonté, qui attend leur [illegible]ance; & de sa Sagesse, qui ne lui permet pas de suspendre tous les jours, par des miracles sensibles, les Loix qu'elle a établies dans la Nature.

§. XVII. (1) Nôtre Auteur cite en marge le Livre intitulé, *De migratione Abraham.* où je ne trouve rien, qui fasse au sujet. Mais il y a quelque chose là-dessus, dans un passage, que j'ai déja indiqué, sur le §. 14. *Note* 10. Ἡ ἀρετὴ τοὺς πολεμίους τὸ σοφὸν ψεῦδος, ἐπὶ τῇ τοῦ πατρίδος σωτηρίᾳ, δέχεται μὲν ἐκ τοῦ [illegible] ἐπὶ τὰ τῆς ἀσεβείας, ὃ καθάπερ ἔργον ἐδέξατο ἐπαγγελίας. De Cherubim, *pag.* 110. D. *Edit. Paris.*

(2) Ce Pére dit, que, si l'on examine les actions des plus célébres Capitaines qu'il y a eu de tout tems, on trouvera, que la plûpart de leurs victoires sont l'effet de quelque ruse de guerre; & que ceux qui ont remporté quelques avantages de cette maniére, sont plus louez, que ceux qui ont fait des exploits à l'aide d'une force ouverte: Εἰ βούλει γε τῶν στρατηγῶν τοὺς ἐξ αἰῶνος εὐδοκιμήσαντας ἐξετάσαι, τὰ πλεῖστα αὐτῶν τρόπαια τῆς ἀπάτης εὑρήσεις ὄντα κατορθώματα, καὶ μᾶλλον τούτους ἐπαινουμένους, ἢ τοὺς φανερῶς κρατοῦντας. De Sacerdot. *Lib.* I. Grotius.

(3) Le même Prophéte nous fournit un autre exemple, au II. Livre des Rois, *Chap.* VIII. *vers.* 10. selon la correction des *Massorêthes*, suivie par la Vulgate: car *Elisée* parle ainsi à *Hazaël*; *Va lui dire* [au Roi *Benhadad*] *qu'il vivra: quoi que l'Eternel m'ait montré qu'il mourra.* Grotius.

Elisée, comme on l'a remarqué, vouloit parler de la maladie qu'avoit actuellement le Roi de *Syrie*, & dont effectivement il ne mourut point. C'étoit une réponse très-véritable à la demande, que lui faisoit faire ce Prince. Mais en même tems le Prophéte prédit, qu'il mourroit d'une autre maniére, comme l'événement le vérifia.

(4) Nôtre Auteur ne cite ici personne: mais il a sans doute tiré ceci de Frontin, qui ne dit pourtant pas, que *Valérius Lævinus* se vantât d'avoir tué *Pyrrhus*; mais seulement, qu'un Soldat de l'Armée de *Pyrrhus* aiant été tué, *Valérius Lævinus* montrant l'Epée, avec quoi il avoit été tué, toute sanglante, fit croire par là aux deux Armées, que c'étoit le Roi: Valerius Lævinus, *adversus* Pyrrhum Epirotarum *regem, occiso quodam gregali, tenens gladium cruentum, exercitui utrique persuasit*, Pyrrhum *interemtum.* Strategemat. *Lib.* II. *Cap.* IV. *num.* 9. C'est que, comme on le voit dans Plutarque, *Pyrrhus* aiant fait prendre ses habits & ses armes à un de ses gens, nommé *Mégaclès*, un Romain tua celui-ci, croiant tuer le Roi: *Vit. Pyrrh.* pag. 398. E. F. Ainsi il n'y avoit point là de mensonge, comme nôtre Auteur se l'est imaginé, sur la foi de Frontin: *Quamobrem hostes, destitutos se ducis morte credentes, consternati à mendacio, se pavidi in castra receperunt.* On auroit pû alleguer plus à propos l'exemple qui suit, *num.* 10. de *Jugurtha*, qui se vanta faussement d'avoir tué *Marius.* Voiez Salluste, *Bell. Jugurth.* Cap. CI. (CVII. *Ed. Wass.*)

(5) Ὁ γὰρ εὐβουλευόμενος οὐκ ἐξ ἀνάγκης ὁ ἀληθεύων ἐστίν. ἐνίοτε γάρ ποτε τὸ ψεῦδος βουλεύεσθαι, καὶ περὶ αὐτοῦ τοῦ ψεύδους βουλεύσασθαι, ἵν᾽ ἀπατηθεὶς φυλάττηται πρός τινα, ὃ ἐχθρὸν ὄντα, ἵνα σφάλῃ αὐτόν, ἢ φίλον, ἵν᾽ ἀπαλλάξῃ αὐτὸν ἀπὸ κακοῦ. καὶ τούτων τὰ παραδείγματα ἐν ταῖς ἱστορίαις πολλά. In *Ethic. ad Nicom.* Lib. VI. Cap. IX.

de propos délibéré quelque Mensonge, soit pour tromper un Ennemi, ou pour tirer un Ami du danger: de quoi on trouve une infinité d'exemples dans les Histoires. QUINTILIEN dit aussi, (6) qu'un Mensonge, d'ailleurs blâmable dans un Esclave même, sera digne de louange, lors qu'une personne sage s'en servira pour empêcher que quelcun ne soit tué par des Brigands, ou pour sauver la Patrie en trompant un Ennemi.

(e) *Thom.* Summ. Theol. II. 2. Quæst. CX. Art. 1. & 3. *Covarruv.* in Cap. *Quamvis*, de Pactis, *in VI.* Part. I. §. 1. *num.* 15. *Soto*, de Justit. V. Qu. VI. Art. 2. *Tolet.* Lib. IV. Cap. XXI. & Lib. V. Cap. LVIII. *Less.* Lib. II. *De Just.* Cap. XLII. *Dub.* 9.

3. Ces maximes ne sont pourtant pas du goût des Scholastiques des derniers Siécles, (e) qui ont pris à tâche de suivre presque en tout (7) St. AUGUSTIN, seul de tous les anciens Docteurs. Mais cette même Ecôle admet & autorise des restrictions tacites si éloignées de tout usage, que je ne sai s'il ne vaudroit pas mieux permettre le Mensonge envers certaines personnes dans les cas dont j'ai parlé, ou du moins dans quelques-uns, (car je ne veux rien décider ici); que de poser si généralement qu'il n'y a point de Mensonge dans tous les discours où l'on se sauve à la faveur de ces sortes de restrictions: comme, par exemple, quand on dit, *Je ne sai pas cela*, en sousentendant, *pour vous le dire*; ou, *Je n'ai pas cela*, en sousentendant, *pour vous le donner*: & autres semblables reservations mentales, contraires au Sens Commun, & qui étant une fois admises, rien n'empêchera que, quand on affirme une chose, on ne puisse dire qu'on la nie, ou quand on la nie, qu'on l'affirme; il est certain, qu'il n'y a point de mot qui ne soit (8) susceptible de quelque ambiguité. Car ils ont tous, outre leur signification (9) primitive, quelque autre signification (10) dérivée, & qui est différente (f) selon les divers Arts. Ils en ont aussi d'autres par métaphore, ou par quelque semblable figure.

(f) Voiez ci-dessus, §. 10. & *Liv.* II. *Chap.* XVI. §. 9.

4. Je n'approuve pas plus le vain subterfuge de ceux qui aiant, ce semble, en horreur le mot, & non pas la chose, appellent railleries, des discours faux, qu'ils tiennent d'un air & d'un ton tout-à-fait sérieux.

§. XVIII.

(6) Le passage a été déja cité, sur le paragraphe 9. *Note* 14.

(7) L'Abbé RUPERT a écrit contre l'opinion de ce Pére, qui avoit lui même été auparavant d'une autre. GROTIUS.

(8) C'est ce que soûtenoit le Philosophe *Chrysippe*, au rapport d'AULU-GELLE: CHRYSIPPUS ait, *omne verbum ambiguum naturâ esse, quoniam ex eodem duo vel plura accipi possunt.* Noct. Attic. *Lib.* XI. *Cap.* XII. SENEQUE dit, qu'il y a un grand nombre de choses, qui n'ont point de nom propre, de sorte qu'on est obligé de se servir de noms empruntez, pour les exprimer: *Ingens copia est rerum sine nomine, quas non propriis adpellationibus notamus, sed alienis commodatisque.* De Benefic. *Lib.* II. *Cap.* XXXIV. GROTIUS.

(9) *Prima notionis.* C'est ce que CICERON appelle *domicilium proprium*: & les significations dérivées, *secunda notionis*, il les appelle *migrationes in alienum*; selon la remarque du Savant GRONOVIUS: *Unde illud tam ἄκυρον*, valetudini fideliter inserviendo? *Unde in istum locum* fideliter *venit? cui verbo domicilium est proprium in officio, migrationes in alienum multa. Nam & doctrina, & domus, & ars, & ager etiam fidelis dici potest, ut sit, quomodo* THEOPHRASTO *placet, verecunda tralatio.* Lib. XVI. *Ad familiar.* Epist. XVII.

(10) St. AUGUSTIN remarque, qu'il n'y a point de Signe qui, outre les autres choses, dont il est signe, ne reveille l'idée de lui-même: *Nullum nos signum comperisse, quod non, inter cetera quæ significat, se quoque significet.* Lib. *De Magistro* (Cap. VII.) GROTIUS.

§. XVIII. (1) *Agésilas* distinguoit très-bien ces deux choses, & après lui, PLUTARQUE: car ils disent, que violer les Traitez, c'est outrager la Divinité; mais que, hors de là, il est non seulement juste, mais encore glorieux & utile, de tromper un Ennemi. GROTIUS.

L'original de ce passage a été rapporté ci-dessus, §. 6. *Note* 8. Toute la différence qu'il y a, c'est qu'ici nôtre Auteur le cite tel qu'on le trouve dans la Vie même d'*Agésilas*, où les termes sont un peu différens, mais le sens est précisément le même.

§. XIX. (1) Voiez ce que l'on a dit sur *Liv.* II. *Chap.* XIII. §. 14, *& suiv.*

(2) Cela n'est point particulier au Serment: mais on doit s'exprimer de cette maniére, toutes les fois que ceux à qui l'on parle ont droit d'exiger qu'on leur découvre fidélement ce que l'on pense; en un mot toutes les fois que le Mensonge ne pourroit être innocent. Voiez ce que j'ai dit sur la *Note* 2. du §. 10. de ce Chapitre. Ainsi le Serment ne fait alors que rendre le Mensonge plus criminel.

(3) *Δεῖ τοὺς παῖδας τοῖς ἀστραγάλοις ἐξαπατᾶν, τοὺς δ' ἄνδρας τοῖς ὅρκοις.* C'est un mot, que les uns attribuent à *Lysandre*; les autres, à *Philippe de Macédoine*; les autres, à *Denys le Tyran*. Voiez ÉLIEN, *Var. Hist.* Lib. VII. Cap. XII. & là-dessus les Interprêtes.

§. XX. (1) C'est un mot de PYTHAGORE, qu'il y a deux choses, par lesquelles les Hommes ressemblent le plus aux Dieux: l'une est, de dire la vérité; & l'autre, de faire du bien à autrui: *Πυθαγόρας ἔλεγε, δύο ταῦτα ἐκ τῶν Θεῶν τοῖς ἀνθρώποις δεδόσθαι κάλλιστα, τό τε ἀληθεύειν, καὶ τὸ εὐεργετεῖν. καὶ προσετίθει, ὅτι καὶ ἔοικε τοῖς Θεῶν ἔργοις ἑκάτερον.* ÆLIAN. (*Var. Hist.* Lib. XII. Cap. LIX.) Le même Philosophe disoit, au rapport de JAMBLIQUE, que la *Véracité* conduit à tous les biens & divins, & humains: *Ἀλλὰ μὴν καὶ ἀψευ-*

§. XVIII. AU RESTE, il faut savoir, que ce que nous avons dit des Mensonges permis, regarde seulement les choses qu'on affirme, & cela en sorte qu'il n'en puisse revenir du mal qu'à un Ennemi public. Car il ne faut point étendre cette permission (1) jusqu'aux Promesses qu'on fait: toute Promesse, comme nous l'avons dit, donnant à celui envers qui l'on s'engage, un droit nouveau & particulier. Et ce droit a lieu même d'Ennemi à Ennemi, sans que l'état de Guerre où ils sont actuellement fournisse aucune exception valide, ni en matiére de Promesses expresses, ni en matiére de Promesses tacites, comme celle qu'on fait lors qu'on demande une entrevuë; ainsi que nous le montrerons, lors que nous traiterons de la foi qu'on doit garder dans la Guerre.

§. XIX. 1. IL FAUT encore se souvenir ici de ce que nous avons établi, en traitant du Serment, tant affirmatif, qu'obligatoire, c'est que la nature même de cet acte religieux (1) exclut toutes les exceptions qu'on pourroit alléguer, tirées de la personne de celui avec qui l'on a à faire, parce qu'en jurant on promet de dire la vérité, non seulement à la personne à qui l'on jure, mais encore à DIEU, envers qui on demeure obligé, lors même que la personne ne peut aquérir aucun droit par nos paroles.

2. Nous avons remarqué, au même endroit, qu'il n'en est pas du Serment, comme des autres discours, où, pour se disculper de mensonge, on peut alléguer toute signification des termes qui n'est pas entiérement hors d'usage: mais il faut absolument que les paroles de celui qui jure soient (2) vraies dans le sens auquel on croit de bonne foi que celui à qui l'on jure les entend. Ainsi c'est une impiété abominable, que de prétendre, comme ont (3) fait quelques-uns, qu'on peut tromper les Hommes par des Sermens, comme on trompe les Enfans avec des Osselets.

§. XX. 1. NOUS savons bien aussi, que certaines Nations (1) ou certaines gens ont rejetté l'usage de quelques-unes des tromperies, que nous avons dit être naturellement

ἀψευδεῖν δεῖ περὶ πολλοῦ ποιεῖν. Τὸ γὰρ ἀληθεύειν, καὶ περὶ Θεὸν κατὰ τὴν θείαν ἀλήθειαν, καὶ περὶ ἀνθρώπους κατὰ τὴν ἀνθρωπίνην, ἡγεῖται ὁμοῦ πάντων τῶν θείων καὶ ἀνθρωπίνων ἀγαθῶν. Protrept. *Cap.* XX.] ARISTOTE donne pour un des caractéres de la *Magnanimité*, de dire la vérité, & de parler librement: Καὶ μέλειν τῆς ἀληθείας, μᾶλλον ἢ τῆς δόξης, καὶ λέγειν καὶ πράττειν φανερῶς· καταφρονητικοῦ γάρ. διὸ παρρησιαστικός . . . . καὶ ἀληθευτικός. Ethic. Nicom. *Lib* IV. *Cap.* VIII. PLUTARQUE veut qu'on empêche les Enfans de s'accoûtumer à mentir, parce que c'est une chose qui n'est digne que des Esclaves: Πρὸ πάντων δὲ ταῦτα (ὅπερ ἤδη προειρήκαμεν) συνεθιστέον τοὺς παῖδας τἀληθῆ λέγειν. τὸ γὰρ ψεύδεσθαι, δουλοπρεπὲς, καὶ πᾶσιν ἀνθρώποις μισεῖσθαι ἄξιον, καὶ οὐδὲ μετρίοις δούλοις συγγνωστόν. (De Educat. liberor. *pag.* 11. C. Tom. II. *Ed. Wech.*) Voiez PHILON, Juif, Lib. *quòd omnis probus est liber* (pag. 888. B. *Ed. Paris.*) ARRIEN regarde *Ptolomée* comme un des Historiens les plus dignes de foi sur les actions d'*Alexandre le Grand*; par la raison qu'étant Roi, il lui auroit été plus honteux de mentir, qu'à une personne privée: Ὅτι καὶ αὐτῷ βασιλεῖ ὄντι αἰσχρότερον, ἢ τῷ ἄλλῳ ψεύσασθαι ἦν. De Expedit. Alexandr. *Lib.* I. (init.) *Alexandre* lui-même disoit, qu'un Roi doit toûjours dire la vérité à ses Sujets, & que les Sujets doivent toûjours croire qu'il la dit: Οὐ γὰρ χρῆναι οὔτ᾽ ἐν τῷ βασιλεῖ ἄλλο τι ἢ ἀληθεύειν πρὸς τοὺς ὑπηκόους, οὔτε τῶν ἀρχομένων τινὰ ἄλλο τι ἢ ἀληθεύειν δοκεῖν τὸν βασιλέα. Idem, *Lib.* VII. (Cap. V.) Selon un ancien Panégyriste, un Empereur, qui ment, oublie la grandeur de son rang; le Mensonge n'étant digne que d'une ame basse & servile, & venant ou de pauvreté, ou de crainte: *Mira est in Principe nostro* [Juliano] *lingua mentisque concordia. Non modo humilis & parvi animi, sed & servile vitium scit esse mendacium. Et verè, quum mendaces homines aut inopia, aut timor, faciat; magnitudinem fortuna sua Imperator, qui mentitur, ignorat.* MAMERTIN. Panegyr. Julian. (*Cap.* XXVI. *num.* 3. *Edit. Cellar.*) SOPHOCLE représente *Néoptoléme* comme portant au plus haut point cette candeur généreuse, ainsi que le remarque DION *de Pruse*: ὑπερβολὴν ἀπλότητα καὶ εὐγένειαν. Voici en effet ce qu'il répond à *Ulysse*, qui vouloit l'engager à user d'artifice: „ Je ne puis „ écouter sans peine ce que vous me proposez, & j'ai „ encore plus de répugnance à le faire. Ni moi, ni „ mon Pere, à ce que j'ai ouï dire, ne sommes nez „ avec une ame assez basse pour user d'aucun mau- „ vais artifice. Mais si vous voulez que je me saisisse „ par force de *Philoctéte*, je suis tout prêt à le faire:

> Ἐγὼ μὲν οὓς ἂν τῶν λόγων ἀλγῶ κλύων,
> Λαερτίου παῖ, τούσδε καὶ πράσσειν στυγῶ.
> Ἔφυν γὰρ οὐδὲν ἐκ τέχνης πράσσειν κακῆς,
> Οὔτ᾽ αὐτὸς, οὔθ᾽, ὥς φασιν, οὑκφύσας ἐμέ.
> Ἀλλ᾽ εἴμ᾽ ἕτοιμος πρὸς βίαν τὸν ἄνδρ᾽ ἄγειν,
> Καὶ μὴ δόλοισιν ——— ——— ———

Philoctet. (*vers.* 85, *& seqq.*) Ce que *Néoptoléme* dit-là de son Pére *Achille*, est confirmé par HORACE, qui fait regarder comme une chose, dont il n'étoit point capable, de s'enfermer dans le fameux Cheval de *Troie*, pour surprendre en traître les *Troiens*, & la Cour de *Priam*:

> *Ille non inclusus equo*, Minervæ,
> *Sacra mentito, malè feriatos*
> Troas, *& lætam* Priami *choreis*
> *Falleret aulam:*
> *Sed palam captis gravis* ———

Lib. IV. Od. VI. (vers. 13, *& seqq.*) Sur quoi le Scholiaste remarque, que cet éloignement qu'*Achille* avoit pour

ment permises: mais ce n'est pas qu'on y trouvât de l'injustice, c'étoit par une Grandeur d'ame extraordinaire, & quelquefois par la confiance qu'on avoit en ses propres forces. Les *Romains*, presque jusqu'à la fin de la *seconde Guerre Punique*, (2) se faisoient un point d'honneur de n'user d'aucune ruse de Guerre. *Aléxandre le Grand* (3) disoit, qu'il ne vouloit pas dérober la victoire. *Aristide* (4), & *Epaminondas* (5), faisoient scrupule de mentir, même en riant.

(a) *Matth.* X, 16.
(b) *Ibid.* XII, 36.
(c) *I. Pierre*, II, 22.

2. Les (6) *Chrétiens* doivent suivre cette maxime, d'autant plus que la (a) *simplicité* leur est non seulement commandée, mais encore qu'il leur est défendu de (b) *dire des paroles* (7) *vaines*; & qu'ils ont à imiter l'exemple de celui (c) *en la bouche duquel on n'a point remarqué de tromperie*. LACTANCE aiant rapporté un vers de LUCILE, dans lequel ce Poëte fait dire à quelcun, que *ce n'est pas sa coûtume, de mentir à un Ami*; (8) remarque là-dessus, *qu'un Homme véritablement Juste & Sincére*, c'est-à-dire, un Chrétien, *se croit obligé de ne mentir pas même à un Ennemi, ou à un Inconnu; & qu'il ne lui arrive jamais de parler d'une maniére différente de sa pensée.*

(a) C'est la maxime de *Moïse, fils de Maïmon*, in *Ha[illegible]kot tonbal*, Cap. V. Sect. X.

§. XXI. 1. VOICI encore une régle, qui regarde la maniére dont on peut agir contre un Ennemi, c'est qu'il n'est jamais permis (a) de pousser ou de solliciter quelcun à une chose qu'il ne lui est pas permis de faire. (1) Par exemple, il n'est pas permis à un Sujet d'assassiner son Prince, ni de rendre une Place de sa pure autorité & sans quelque délibération publique, ni de piller ses Concitoiens: il n'est pas non plus per-

pour les ruses de guerre, venoit de la confiance qu'il avoit en sa valeur & en ses forces: ACHILLEM *nihil fraude, sed semper palam, virtutis fiduciâ, dimicasse*. Dans EURIPIDE, *Rhésus* dit, que jamais un Homme de cœur ne tuera son Ennemi en embuscade:

> Οὐδεὶς ἀνὴρ εὔψυχος ἀξιοῖ λάθρᾳ
> Κτείνειν τὸν ἐχθρὸν, ἀλλ' ἰὼν κατὰ στόμα.

Rhes. (*vers.* 510, 511.) Les *Achéens* avoient si fort en horreur la tromperie, qu'ils ne vouloient pas même s'en servir pour vaincre un Ennemi. C'est qu'ils croioient, que la Victoire n'étoit ni belle, ni assûrée, que quand on avoit abbatu le courage du Vaincu: *Τοιούτων γὰρ ἀπηλλοτρίωντο τῆς κακομηχανίας πρὸς τοὺς φίλους, χάριν τοῦ τῷ τοιούτῳ συναύξειν τὰς σφετέρας δυναστείας, ὥστ' οὐδὲ τοὺς πολεμίους ἐβούλοντο δι' ἀπάτης νικᾷν, ὑπολαμβάνοντες οὐδὲν οὐδὲ λαμπρὸν, οὐδὲ μὴν βέβαιον εἶναι τῶν κατορθωμάτων, ἐὰν μή τις ἐκ τοῦ προφανοῦς μαχόμενος ἡττήσῃ τὰς ψυχὰς τῶν ἀντιταττομένων.* POLYB. *Lib.* XIII. (*Cap.* I.) C'est ce que le Poëte CLAUDIEN a ainsi exprimé:

> —— *Nulla est victoria major,*
> *Quàm quæ confessos animo quoque subjugat hostes.*

(In VI. Consul. Honor. *vers.* 248, 249.) Les *Tibaréniens*, qui étoient dans les mêmes sentimens, alloient jusqu'à marquer à l'Ennemi, le tems & le lieu de la bataille qu'ils vouloient donner; comme nous l'apprend l'ancien Scholiaste d'APOLLONIUS, *in Argonautic.* Lib. II. [*Οὗτοι δικαιότατοι λέγονται* (Τιβαρηνοὶ) *καὶ οὐδέ ποτε μάχην τινὶ συνέβαλον, εἰ μὴ πρότερον καταγγέλλειν καὶ ἡμέραν καὶ τόπον καὶ ὥραν τῆς μάχης.* In vers. 1012.] Dans HÉRODOTE *Mardonius* dit la même chose des *Grecs* de son tems. GROTIUS.

Le dernier exemple n'est pas bien clair. Voici tout ce que dit *Mardonius*, dans le discours où il veut persuader à *Xerxès*, de faire la Guerre aux *Grecs*: „ Les „ *Grecs*, à ce que j'apprens, font ordinairement la „ guerre fort à l'étourdie, à cause de leur ignorance „ & de leur peu d'habileté: car, après s'être déclarez „ la guerre les uns aux autres, s'ils trouvent une cam- „ pagne belle & bien unie, ils vont s'y battre: *Καί τοι ἐώθασι Ἕλληνες (ὡς πυνθάνομαι) ἀβουλότατα πολέμους ἵστασθαι, ὑπό τε ἀγνωμοσύνης καὶ σκαιότητος. ἐπεὰν γὰρ ἀλλήλοισι πόλεμον προείπωσι, ἐξευρόντες τὸ κάλλιστον χωρίον καὶ λειότατον, ἐς τοῦτο κατιόντες μάχονται.* HÉRODOT. Lib. VII. Cap. IX. Nôtre Auteur auroit pû alléguer plus à propos, un passage de TITE LIVE, que je rapporterai dans la Note suivante, plus au long qu'il ne faisoit.

(2) ÉLIEN dit, que les *Romains* sont instruits à vaincre par leur valeur, & non pas par ruse, par artifice, ou par embûches: *Οἱ ἀρετῇ γὰρ ἴσασι Ῥωμαῖοι ἀγαθοὶ εἶναι· οὐ μὴν διὰ τέχνης, καὶ πανουργίας, καὶ ἐνέδρας.* (Var. Hist. *Lib.* XII. *Cap.* XXXIII.) Aussi voions-nous, que, quand on eût trompé le Roi *Persée* en lui faisant esperer la paix, quelques Sénateurs des plus âgez, & qui se souvenoient de l'ancienne coûtume, pratiquée encore de leur tems, déclarérent qu'ils ne reconnoissoient plus la maniére d'agir des *Romains*: Que leurs Ancêtres ne savoient ce que c'étoit que de dresser des embûches, d'attaquer de nuit l'Ennemi, de faire semblant de fuïr, & de revenir tout d'un coup le surprendre, de se glorifier des avantages remportez par artifice, plûtôt que des exploits faits par une véritable bravoure: Qu'ils déclaroient non seulement la Guerre, avant que de l'entreprendre, mais encore qu'ils faisoient quelquefois savoir à l'Ennemi, dans quel lieu ils vouloient lui donner bataille: Qu'on les avoit vûs dénoncer eux-mêmes au Roi *Pyrrhus* un Médecin, qui vouloit l'empoisonner; & envoier lié & garroté aux *Falisques* un Traître, qui avoit voulu leur livrer les Enfans du Roi: Que c'étoit-là l'esprit des véritables *Romains*, & qu'il faloit laisser les artifices aux *Carthaginois*, ou aux *Grecs*, chez qui il étoit plus glorieux de tromper l'Ennemi, que de le vaincre par la supériorité de ses forces: Qu'à la vérité quelquefois la Ruse sert plus pour l'heure, que la Valeur; mais qu'on ne doit pas se flatter d'avoir soûmis un Ennemi pour toûjours, jusqu'à ce qu'on lui ait fait avouër à lui-même, qu'il a été vaincu, non par hazard, ni par stratagême, mais après avoir éprouvé de près toutes ses forces dans une Guerre jus-

permis de le porter à de semblables choses, tant qu'il demeure Sujet. Car toutes les fois qu'on est cause que quelcun péche, on péche soi-même.

2. En vain objecteroit-on, que, quand on engage une telle personne à tuer, par exemple, son Souverain, cette action, qui est un crime pour elle, est une chose permise pour l'Ennemi qui l'y sollicite. Car l'Ennemi peut bien ôter la vie à son Ennemi, mais non pas de cette maniére. *Il n'y a point de différence entre commettre soi-même un Crime, & vouloir qu'un autre le commette en nôtre faveur*; c'est ce que dit (2) très-bien St. AUGUSTIN.

§. XXII. AUTRE chose est, lors que, pour venir à bout d'une chose permise, on se sert d'un homme qui péche de son pur mouvement, & qui vient s'offrir lui-même. Il n'y a là aucune injustice, comme nous l'avons (a) déja fait voir, par l'exemple de DIEU même. *On reçoit un Transfuge, par droit de Guerre*, (1) dit le Jurisconsulte CELSUS, c'est-à-dire, il n'est pas contre le droit de la Guerre, de recevoir ceux qui quittent le parti de l'Ennemi, pour se ranger du nôtre. Aussi n'est-on pas tenu de les rendre, même après la Guerre; à moins qu'on ne s'y soit engagé par le Traité de Paix, comme les (b) *Romains* le stipulérent du Roi *Philippe*, des *Etoliens*, & d'*Antiochus*.

(a) *Liv.* II. *Chap.* XXVI. §. 5.

(b) *Polyb.* Excerpt. Legat. IX. XXVIII. XXXV. Voiez aussi *Menander Protector*.

CHA-

juste & réglée : *Hac, ut summâ ratione acta, magna pars Senatûs adprobabat: veteres, & moris antiqui memores, negabant, se in ea legatione Romanas adgnoscere artes. Non per insidias & nocturna prœlia, nec simulatam fugam, improvisosque ad incautum hostem reditus, nec ut astu magis, quàm vera virtute gloriarentur, bella majores gessisse. indicere, priùs quàm gerere, solitos bella, denuntiare etiam; ...rdum locum finire, in quo dimicaturi essent. Eadem fide indicatum Pyrrho Regi medicum, vitæ ejus insidiantem: eadem Faliscis vinctum traditum proditorem liberorum Regis. Hac Romana esse, non versutiarum Punicarum, neque calliditatis Graca; apud quos fallere hostem, quàm vi superare, gloriosius fuerit. Interdum in præsens tempus plus profici dolo, quàm virtute: sed ejus demum animum in perpetuum vinci, cui confessio expressa sit, se neque arte, neque casu, sed collatis cominus viribus, justo ac pio bello esse superatum.* (TIT. LIV. Lib. XLII. Cap. XLVII. *num.* 4-8) Long tems après, on rejetta l'offre que faisoit le Chef des *Cattes*, Peuple d'*Allemagne*, d'empoisonner *Arminius*, si on lui envoioit du poison : & il lui fut répondu, Que le Peuple Romain se vengeoit de ses Ennemis à force ouverte, & non pas par des fraudes ou des entreprises secrétes : *Reperio apud Scriptores Senatoresque eorumdem temporum*, Adgandestrii, *principis* Cattorum, *lectas in Senatu literas, quibus mortem* Arminii *promittebat, si patranda neci venenum mitteretur: responsumque esse, non fraude, neque occultis, sed palam & armatum Populum Romanum hostes suos ulcisci. Quâ gloriâ aquabat se* Tiberius *priscis Imperatoribus, qui venenum in* Pyrrhum *Regem vetuerant, prodiderantque.* TACIT. Annal. Lib. II. (Cap. LXXXVIII. *num.* 1.) GROTIUS.

(3) Οὐ κλέπτω τὴν νίκην. PLUTARCH. Vit. Alex. *pag.* 683. D. Tom. I. *Ed. Wechel.* Voiez QUINTE CURCE, Lib. IV. *Cap.* XIII. *num.* 9. & là-dessus les Interprêtes.

(4) PLUTARQUE, qui nous apprend cela, dit, qu'*Aristide* fit paroître dès son enfance cette aversion pour tout ce qui sentoit le mensonge & la tromperie : Τὸν δὲ (φύσει Ἀριστείδην) [illegible] ... [illegible] Vit. Aristid. *Tom.* I. pag. 319. D. *Ed. Wech.*

(5) *Adeo veritatis diligens, ut ne joco quidem mentiretur.* CORNEL. NEPOS, Vit. Epaminond. *Cap.* III. *num.* 1. *Ed. Cellar.*

(6) Le Christianisme bien entendu ne prescrit ici rien de plus que la Loi de Nature. Il n'y a nulle apparence, que Nôtre Seigneur ait voulu, par exemple, rendre la condition des Puissances Chrétiennes plus malheureuse, que celle des Etats Paiens, en leur interdisant tout usage des ruses de guerre, par le moien desquelles on peut quelquefois remporter de grands avantages, & éviter de grands périls.

(7) Le terme de l'Original signifie plus que des paroles oiseuses ou inutiles : ce sont des paroles ou inconsidérées, ou malicieuses, qui produisent quelque mauvais effet. Voiez HAMMOND, & Mr. LE CLERC, sur ce passage.

(8) *Itaque viator ille verus ac justus, non dicit illud Lucilianum:*

Homini amico ac familiari, non est mentiri meum:
Sed etiam inimico atque ignoto existimabit non esse mentiri suum: nec aliquando committet, ut lingua, interpres animi, à sensu & cogitatione discordet. Instit. Divin. Lib. VI. Cap. XVIII. *num.* 6. *Ed. Cellar.*

§. XXI. (1) Voiez, sur ceci PUFENDORF, *Liv.* VIII. *Chap.* VI. §. 16. & ce que l'on dira ci-dessous, *Chap.* IV. de ce Livre, §. 18.

(2) *Nihil interest, utrum ipsè scelus admittas, an alium propter te admittere velis.* Ceci se trouve dans le Traité *De moribus Manichaorum*, où les derniéres paroles sont ainsi conçuës : *An propter te ab alio admitti velis.* Mais nôtre Auteur avoit cité d'après ALBERIC GENTIL, qui rapporte de cette maniére le passage, *De Jure Belli*, Lib. II. Cap. IX.

§. XXII. (1) *Transfugam jure belli recipimus.* DIGEST. Lib. XLI. Tit. I. *De adquir. rerum domin.* Leg. LI. Voiez, sur cette Loi, CUJAS, *Observ.* Lib. IV. Cap. IX. & PIERRE DU FAUR, *Semestr.* Lib. II. Cap. III. pag. m. 18.

CHAPITRE II.

Comment les biens des Sujets répondent des dettes du Souverain, selon le Droit des Gens : Où l'on traite aussi des REPRESAILLES.

I. Que, selon le Droit Naturel, personne n'est tenu du fait d'autrui, si ce n'est l'Héritier des biens de quelcun. II. *Que cependant il a été établi par le Droit des Gens, que l'on s'en prendroit aux biens & aux corps des Sujets, pour les dettes du Souverain.* III. *Exemples de cela dans la saisie des personnes :* IV. *Et dans celle des biens.* V. *Que, pour pouvoir user légitimement de ce droit, il faut que le Souverain de celui, dont on saisit les biens ou la personne, aît refusé de rendre justice. Qu'une Sentence renduë ne donne ici, ni n'ôte, à proprement parler, le droit qu'on avoit.* VI. *Que la vie des Sujets n'est point sujette au droit de* REPRE'SAILLES. VII. *Distinction de ce qu'il y a qui se rapporte au Droit des Gens, & de ce qui se rapporte au Droit Civil, sur cette matiére.*

§. I. 1. APRE'S avoir vû ce que le Droit Naturel permet purement & simplement, par rapport à la Guerre; (1) passons à ce qui est autorisé par le *Droit des Gens.*

2. Il y a ici des régles qui regardent en général toute sorte de Guerres; & d'autres, qui ne regardent que certaines sortes de Guerre en particulier. Commençons par les prémiéres.

3. Si-

CHAP. II. §. I. (1) Voiez le commencement du Chapitre précedent.

(2) Il est décidé, dans les DE'CRE'TALES, que les Héritiers d'un Incendiaire, ou d'un Usurier, doivent dédommager de ses biens, ceux à qui il a fait du tort, ou causé du dommage: *Et heredes ejus moneas, & compellas, ut his, quibus ille, per incendium, vel alio modo, damnum contra justitiam irrogaverat, juxta facultates suas condignè satisfaciant, ut sic à peccato valeat liberari.* Lib. V. Tit. XVII. *De raptoribus, incendiariis* &c. Cap. V. *Quòd filii ad restituendas usuras eâ sunt districtione cogendi, quâ parentes sui, si viverent, cogerentur. Id ipsum etiam contra heredes extraneos credimus exercendum.* Tit. XIX. *De Usuris*, Cap. IX. Voiez ce que nous avons dit ci-dessus, *Liv.* II. *Chap.* XXI. §. 19. GROTIUS.

(3) *Grave est non solum legibus, verum etiam aequitati naturali contrarium, pro alienis debitis alios molestari. Idcirco hujusmodi iniquitates circa omnes vicaneos perpetrari, modis omnibus prohibemus.* COD. Lib. XI. Tit. LVI. *Ut nullus è vicaneis pro alienis vicaneorum debitis teneatur,* Leg. unic.

(4) *Si quid universitati debetur, singulis non debetur, nec, quod debet universitas, singuli debent.* DIGEST. Lib. III. Tit. IV. *Quod cujuscumque universitatis nomine, vel contra eam, agatur*, Leg. VII. §. 1.

(5) *Si quis patriae meae pecuniam credat, non dicam me illius debitorem, nec hoc aes alienum profitebor aut candidatus, aut reus: ad exsolvendum tamen hoc, portionem meam dabo.* De Benefic. Lib. VI. Cap. XX. *Deinde ego quoque illi, non tamquam proprium debebo, sed tamquam commune, unus è populo: non tamquam pro me solvam, sed tamquam pro patria conferam.* Cap. XIX. *Debebunt autem singuli, non tamquam proprium beneficium, sed tamquam publici partem.* Ibid.

(6) La Loi a été citée un peu plus haut, *Note* 3. Voiez là-dessus CUJAS.

(7) *Nullam possessionem alterius, pro alienis debitis, publicis vel privatis, praecipimus conveniri.* COD. Lib. XII. Tit. LXI. *De Executoribus & Exactoribus*, Leg. IV.

(8) *Inhonestas pignorationes, & odibiles super his exactiones, plurimae quidem & aliae leges odio habent, praecipuè autem à nobis posita . . . Non enim habet rationem, alium quidem esse debitorem, alium vero exigi.* NOVELL. LII. *princ.* & *Cap.* I. Ce que l'Empereur appelle ici *Pignorationes*, est la traduction du mot Grec Ἐνεχυρασμοὺς: & dans la basse Latinité on l'a exprimé par le mot de *Repressalia*, qui a passé dans les Langues Vulgaires; comme il paroît par les DE'CRE'TALES: *Et si pignorationes, quas vulgaris elocutio* Repressalias *nominat* &c. In VI. *Lib.* V. Tit. VIII. *De injuriis* &c. Cap. unic. Où il vaut mieux lire, comme on trouve dans quelques MSS. *Reprensalias*; car le mot répond ainsi exactement au Saxon *Withernam*. Mais l'usage l'a emporté pour *Repressalia*. GROTIUS.

Voiez plus bas, §. 4

(9) *Factum est, inter jura publica, privatis odiis licentiam dare . . . . Comperimus nonnullos, neglectâ temporum disciplinâ, ad pignorandi se studia transtulisse . . . His multo acerbiora jungentes, alienis debitis ad solutionem alios trahi, solamque caussam probabilem videri, si aliquâ debitori potuit in civitate conjungi.* Apud CASSIODOR,

3. Selon le Droit de Nature tout seul, personne n'est tenu du fait d'autrui, si ce n'est un Héritier, à qui les charges attachées aux biens (2) passent avec les biens en vertu d'un établissement aussi ancien que la Propriété même. L'Empereur Zénon (3) dit, qu'il est contraire à l'Equité Naturelle, qu'on inquiéte une personne pour les dettes d'une autre. Et c'est là-dessus que sont fondez les Titres du Droit Romain, (a) qui portent qu'on ne doit point poursuivre en Justice le Mari pour la Femme, ni le Fils pour le Pére, ni le Pére ou la Mére pour le Fils.

4. Ce qui est dû par un Corps, n'est pas dû non plus par chacun des Membres dont il est composé, comme le dit (4) formellement le Jurisconsulte Ulpien: bien entendu que le Corps aît des biens, qui lui appartiennent, comme tel; autrement les Particuliers seront tenus de la dette, non comme Particuliers, mais comme faisant partie du Corps. C'est ce que Sénéque (5) a très-bien remarqué: *Si l'Etat* dit-il, *emprunte de l'argent, je ne me regarderai pas comme Débiteur de cette somme, & en faisant le dénombrement de mes biens, je ne mettrai pas cela au rang de mes dettes, quoi que je doive paier ma quotte part* (b) *pour l'aquit de cette dette . . . Je paierai*, avoit-il dit un peu plus haut, *non comme pour moi, mais comme pour ma Patrie . . . . Chacun devra sa part, comme une partie de la Dette du Public, & non comme une Dette propre.* De là vient que, par le Droit Romain, il est défendu (6) de rechercher un Villageois pour les dettes de quelque autre de son Village, auxquelles il n'a aucune part; & ailleurs, (7) de faire saisir les biens d'une personne pour les dettes d'autrui, même pour des dettes publiques. Dans une Novelle de Justinien, l'Empereur défend de (8) *gager* ou saisir les biens de quelcun pour les dettes d'autrui: & il en donne cette raison, qu'il n'est pas juste de s'en prendre, pour cause de Dette, à un autre que le Débiteur: *exécutions odieuses*, comme elles sont appellées au même endroit; ou, comme s'exprime (9) Théodoric, Roi des *Goths*, *licence honteuse*.

§. II. 1. Rien n'est plus vrai, que ce que je viens de dire. Cependant il a pû être établi, & il a été effectivement établi, (1) par le Droit des Gens arbitraire, que tous

(a) *Cod. Lib. IV, Tit. XII. Ne uxor pro marito, vel maritus pro uxore, vel mater pro filio conveniatur*; & Tit. XIII. *Ne filius pro patre, vel pater pro filio emancipato* &c.

(b) Voiez les *Loix Siciliennes*, Lib. I. in fin.

dor. Var. IV, 10.

§. II. (1) Ce n'est point ici un établissement arbitraire, fondé sur un prétendu Droit des Gens, dont on ne sauroit prouver l'existence, & où tout se réduit à un usage, plus ou moins étendu, mais qui par lui-même n'a jamais force de Loi. Le droit, dont il s'agit, est une suite de la constitution des Societez Civiles, & une application des maximes du Droit Naturel à cette constitution. Dans l'indépendance de l'Etat de Nature, & avant qu'il y eût aucune maniére de Gouvernement Civil, personne ne pouvoit s'en prendre qu'à ceux-là même de qui il avoit reçû du tort, ou à leurs complices; parce que personne n'avoit alors avec d'autres une liaison, en vertu de laquelle il pût être censé avoir consenti en quelque maniére à ce qu'ils faisoient même sans sa participation. Mais, depuis qu'on eût formé des Societez Civiles, c'est-à-dire, des Corps dont tous les Membres s'unissoient ensemble pour leur défense commune; il a résulté de là une communauté d'intérêts & de volontez, qui fait que, comme la Société, ou les Puissances qui la gouvernent, s'engagent à défendre chacun contre les insultes de tout autre, soit Citoien ou Etranger; chacun aussi peut être censé s'être engagé à repondre de ce que fait ou doit la Société, ou les Puissances qui la gouvernent. Aucun Etablissement Humain, aucune liaison où l'on entre, ne sauroit dispenser de l'obligation de cette Loi générale & inviolable de la Nature, *Que le Dommage ou le Tort doit être réparé*; à moins que ceux, qui sont par là exposez à en souffrir, n'aient manifestement renoncé au droit d'exiger cette réparation. Et lors que ces sortes d'Etablissemens empêchent à certains égards que ceux qui ont été lézez ne puissent aussi aisément obtenir la satisfaction qui leur est dûë, il faut réparer cette difficulté en fournissant aux intéressez toutes les autres voies possibles de se faire eux-mêmes raison. Or il est certain, que la Societé, ou les Puissances qui la gouvernent, par cela même qu'elles sont armées des forces de tout le Corps, sont encouragées à se moquer, & peuvent aussi souvent se moquer impunément des Etrangers, qui viennent leur demander quelque chose qu'elles leur doivent. Et chaque Sujet contribuë, d'une maniére ou d'autre, à les mettre en état d'en user ainsi; de sorte que par là il peut être censé y consentir. Que s'il n'y consent point actuellement, il n'y a pas, après tout, d'autre maniére de faciliter aux Etrangers lézez la poursuite de leurs droits, devenuë difficile par la réunion des forces de tout le Corps, que de les autoriser à s'en prendre à tous ceux qui en sont partie, soit qu'ils aient consenti ou non. D'ailleurs, le moien que les Etrangers puissent savoir, qui sont ceux qui consentent ou qui ne consentent pas actuellement? S'il falloit qu'ils attendissent d'être bien éclaircis là-dessus, autant vaudroit-il la plûpart du tems qu'ils demeurassent en repos, & qu'ils souffrissent tranquillement le mal qu'on leur a fait. Ainsi, par une suite même de la constitution des Societez Civiles, chaque Sujet, demeurant tel, est responsable, par rapport aux Etrangers, de ce que fait ou doit la Société, ou les Puissances qui la gouvernent; sauf à lui de demander un dédommagement, lors

tous les biens, corporels (2) ou incorporels, des Sujets d'un Etat, seroient comme hypothéquez pour ce que l'Etat, ou le Chef de l'Etat, doivent, ou directement & par eux-mêmes, ou entant que, faute de rendre bonne justice, ils se sont rendus responsables d'une dette d'autrui. Ce qui n'est pas si contraire à la Nature, qu'on n'aît (a) pû le faire passer en loi par un consentement tacite; car une Caution est bien obligée pour autrui par son consentement seul, sans autre raison.

(a) *Thomas*, Summ. Theol. II. 2. *Quæst*. XL. Art. 1. *Molin*. Disp. CXX. & CXXI. *Valent*. Disp. III. Qu. XVI. *num*. 1. *Navarr*. Cap. XXVII. *num*. 136.

2. On a été contraint d'établir cette régle, pour éviter les injures fréquentes auxquelles l'impunité auroit donné occasion; les biens des Souverains ne pouvant pas d'ordinaire tomber si aisément entre les mains de ceux à qui ils doivent quelque chose, que les biens des Particuliers, qui étant plusieurs ont chacun le leur. De sorte que c'est ici un de ces droits, que les Peuples ont établis entr'eux, parce qu'ils l'ont jugé utile & nécessaire aux Hommes; comme le dit l'Empereur (3) JUSTINIEN.

3. On a cru aussi, & on a eu lieu de croire, que les Etrangers, pour qui on a peu d'égard en plusieurs endroits, ne pourroient pas si aisément obtenir ce qui leur est dû, & trouver moien d'être dedommagez, que le peuvent entr'eux les Membres d'une même Société Civile.

4. Enfin, on a considéré, que l'avantage qui revient de l'obligation des biens de tous les Sujets pour les dettes du Souverain, est commun à tous les Peuples, en sorte que, si l'un en est incommodé aujourdhui, il pourra une autre fois y trouver son compte.

5. Or que cela aît passé en coûtume, il paroît non seulement par les Déclarations de Guerre, (4) dans lesquelles on témoigne que l'on tient désormais pour Ennemis & celui à qui on déclare la Guerre, & tous ceux qui dépendent de lui; mais encore par ce qui se pratique, lors qu'on a besoin, pour obtenir ou maintenir son droit, de quelques voies de fait, c'est-à-dire, dans une (5) Guerre imparfaite. Voici ce que disoit *Agésilas* à un Sujet du Roi de *Perse*: (6) *Pendant que nous étions amis de vôtre Roi, nous agissions aussi en amis, par rapport à ce qui étoit à lui. Mais présentement,* ô Pharnabaze, *que nous sommes devenus Ennemis, nous agissons aussi en Ennemis. Puis donc que vous voulez bien être regardé comme lui appartenant, nous sommes en droit de lui faire du mal en vôtre personne.*

§. III.

lors qu'il y a de la faute ou de l'injustice de la part de ses Supérieurs, ou lors qu'aiant été exposé à souffrir injustement pour le Corps, ce qu'il lui en coûte va au delà de la quotte part de ce qu'il est tenu de contribuer pour le Bien Public. Que si quelquefois on est frustré de ce dédommagement, il faut regarder cela comme un de ces inconvéniens que la constitution des affaires humaines rend inévitables dans tout Etablissement Humain Les raisons, que nôtre Auteur allégue, servent à fortifier les principes que je viens d'établir; & si on joint tout cela ensemble, on conviendra, à mon avis, qu'il n'est pas nécessaire de supposer ici un consentement tacite des Peuples.

(2) Voiez sur PUFENDORF, *Droit de la Nat. & de Gens*, Liv. IV. Chap. IX. §. 7. *Note* 3. où l'on explique cette distinction.

(3) *Jus autem Gentium omni humano generi commune est. Nam usu exigente, & humanis necessitatibus, gentes humana quadam sibi constituerunt: bella etenim orta sunt, & captivitates sequuta* &c. INSTITUT. Lib. I. Tit. II. *De Jure Nat. Gent. & Civili*, §. 2.

(4) C'est ainsi que, parmi les *Romains*, le Héraut (*Fecialis*) disoit, en déclarant la Guerre aux *Latins*: OB *eam rem ego Populusque Romanus populis priscorum* Latinorum, *hominibusque priscis* Latinis, *bellum indico, facioque*. TIT. LIV. Lib. I. (Cap. XXXII. *num*. 13.) De même, quand on proposoit d'entreprendre une Guerre, comme, par exemple, celle qu'on fit à *Philippe*, Roi de *Macédoine*: *Isque* (P. Sulpicius) *rogationem promulgavit, Vellent, juberent*, Philippo *Regi*, Macedonibusque, *qui sub regno ejus essent, ob injurias, armaque illata sociis Populi Romani, bellum indici*. Idem, *Lib*. XXXI. (Cap. VI. *num*. 1.) Dans la délibération aussi que l'on prenoit de faire la Guerre à un Peuple, on témoignoit que chacun des Sujets de ce Peuple seroit tenu pour Ennemi. Cela paroît par des paroles d'une Déclaration de Guerre, qu'AULU-GELLE nous a conservée, & qu'il avoit copiée d'un Traité perdu de CINCIUS, *De Re Militari*: QUODQUE POPULUS ROMANUS CUM POPULO HERMUNDULO, HOMINIBUSQUE HERMUNDULIS, BELLUM JUSSIT, OB EAM REM EGO POPULUSQUE ROMANUS &c. Noct. Attic Lib. XVI. Cap. IV. *Cneus Manlius* étant accusé de ce qu'il avoit fait la guerre aux *Gaulois*, quoi qu'elle n'eût été ordonnée par le Sénat que contre *Antiochus*; se défend par cette raison, que les *Gaulois* étoient parmi les Troupes & dans les Places d'*Antiochus*, & qu'ainsi la Guerre devoit être censée déclarée aussi contr'eux: *Atqui cum* Antiocho, *non cum* Gallis *bellum his Senatus decreverat, & Populus jusserat. Sed simul, ut opinor, cum his decreverant, jusserantque, qui intra ejus præsidia fuissent*. TIT. LIV. Lib. XXXVIII. (Cap. XLVIII. *num*. 9.) On trouve ailleurs cette formule, dans le même Historien. GROTIUS.

(5) Le Sage NICOLAS *de Damas* distingua fort bien

§. III. 1. Il y avoit autrefois, dans la République d'*Athénes*, un droit (a) de *pri-* (a) 'Ανδρολη-
se de corps, qui peut être rapporté ici. Voici ce que portoit la Loi: (1) *Si quelcun* ψία.
est décedé de mort violente, il est permis à ses Proches de se saisir de quelques personnes, au nombre de trois, & pas davantage, jusqu'à ce que le Meurtrier ait été puni, ou qu'on l'ait livré. Comme un Etat est tenu de punir ses Sujets, lors qu'ils ont fait du mal à d'autres; on s'en prenoit, pour une telle dette, à un droit incorporel des Sujets de l'Etat, c'est-à-dire, à la liberté d'aller & de demeurer où ils vouloient, de sorte qu'on les tenoit comme en esclavage, jusqu'à ce que l'Etat eût fait ce qu'il devoit, c'est-à-dire, qu'il eût puni le Coupable. Car quoi que les anciens *Egyptiens* (b) aient (b) Diod. Sic.
prétendu, qu'on ne peut engager son corps ou sa liberté pour cause de dettes; il n'y Lib. I. Cap.
a rien là qui choque le Droit de Nature. Aussi l'usage contraire prévalut-il, non seule- LXXIX.
ment chez les *Grecs*, mais encore chez d'autres Nations.

2. Ici il ne sera pas hors de propos d'examiner ce que dit Démosthéne contre une Ordonnance qu'*Aristocrate* avoit proposée de son tems, laquelle portoit, que, si quelcun tuoit *Charidéme*, il seroit permis de le prendre par tout où on le trouveroit; & que, si quelcun vouloit empêcher qu'on ne prît ce Meurtrier, il seroit tenu pour Ennemi. L'Orateur trouve là plusieurs choses à redire. (2) Prémiérement, qu'*Aristocrate* n'ait point distingué entre ceux qui tueroient injustement *Charidéme*, & ceux qui le tueroient justement, comme la chose pouvoit arriver. En second lieu, qu'il n'ait point mis pour clause, qu'au cas que *Charidéme* vienne à être tué, on demandera justice du Meurtrier, avant que d'user de la permission de le saisir. En troisiéme lieu, qu'il ait rendu responsables du meurtre, non ceux chez qui il aura été commis, mais ceux qui donneront retraite au Meurtrier, quoi qu'il puisse arriver que les derniers le retirent, après qu'il s'est sauvé, auquel cas ils peuvent lui accorder leur protection, selon le Droit commun des Hommes. Enfin, qu'*Aristocrate* veuille qu'on en vienne d'abord à une Guerre ouverte & complette, au lieu que la Loi se contente de permettre une prise de corps.

3. La prémiére, la seconde, & la quatriéme de ces remarques, ne sont pas sans fondement. Mais pour ce qui est de la troisiéme, à moins qu'on ne la restreigne au seul cas d'une personne qui auroit tué *Charidéme* par hazard & sans dessein, ou en son corps

bien ces sortes de saisies, d'avec une Guerre pleine & ouverte; lors qu'il soûtint devant l'Empereur, que le Roi *Hérode* n'avoit pas eu sujet à la vérité, de faire la Guerre aux *Arabes*, mais qu'il avoit pû user de représailles, pour avoir ce qu'ils lui devoient par un contract. Ce Prince leur avoit prêté, comme nous l'apprenons de Joseph, cinq cens talens, & ils étoient convenus par le billet d'obligation, que, si l'on ne rendoit pas cet argent après le terme expiré, il seroit permis à *Hérode* de prendre ce qu'il pourroit, par tout le païs des *Arabes*, jusqu'à ce qu'on l'eût satisfait. Ainsi *Nicolas* disoit, que ce qu'*Hérode* avoit fait, n'étoit pas proprement une expédition militaire, mais une juste exécution, par laquelle il s'étoit fait rendre ce qui lui étoit dû: Τὸ δάνειον εἰπὼν τῶν πεντακοσίων ταλάντων, καὶ τὴν συγγραφὴν, ἐν ᾗ καὶ τοῦτο ἦν προσγεγραμμένον, ἐξεῖναι, τῆς προθεσμίας παρελθούσης, ῥύσια λαμβάνειν ἐξ ἁπάσης τῆς χώρας· τὴν μὲν στρατείαν, οὐ στρατείαν ἔλεγεν, ἀλλ' ἐπὶ δικαίων τῶν ἰδίων ἀπαίτησιν χρημάτων. Antiq. Jud. *Lib.* XVI. (*Cap.* XVI. pag. 576. D.) Grotius.

(6) Ἡμεῖς, εἶπεν [ὁ Ἀγησίλαος], ὦ Φαρνάβαζε, καὶ φίλοι ὄντες πρότερον βασιλέως, ἐχρώμεθα τοῖς ἐκείνου πράγμασι φιλικῶς· καὶ νῦν πολέμιοι γεγονότες, πολεμικῶς. Ἐν οὖν καὶ σε τῶν βασιλέως κτημάτων ὁρῶντες εἶναι βουλόμενον, εἰκότως διὰ σοῦ βλάπτομεν ἐκεῖνον. Plutarch. in Vit. Agesil. (*pag.* 602. D. E.) Voiez aussi Xénophon, *Hist. Græc.* Lib. IV. (Cap. I. §. 15.)

Grotius.

§. III. (1) Ἐάν τις βιαίῳ θανάτῳ ἀποθάνῃ, ὑπὲρ τούτου τοῖς προσήκουσιν εἶναι τὰς ἀνδροληψίας, ἕως ἂν ἢ δίκας τοῦ φόνου ὑπόσχωσιν, ἢ τοὺς ἀποκτείναντας ἐκδῶσι. τὴν δὲ ἀνδροληψίαν εἶναι μέχρι τριῶν, πλέον δὲ μή. Demosthen. Orat. adversus Aristocrat. pag. 440. C. Voiez le docte Saumaise, *De modo usurarum*, pag. 212. *& seq.*

(2) Πρῶτον μὲν γὰρ, ἐάν τις ἀποκτείνῃ, γέγραφεν, οὐ προσγέγραφεν, ἀδίκως ἢ δικαίως, ἀλλ' ἁπλῶς εἰπών. εἶτα πρὸ τοῦ δίκας ἀξιῶσαι λαβεῖν, εὐθὺς ἔγραψεν ἀγώγιμον εἶναι. πρὸς δὲ τούτοις, ὁ μὲν νόμος, ἂν μήτε δίκας ὑπόσχωσι, παρ' οἷς ἂν τὸ πάθος γένηται, μήτε τοὺς δεδρακότας ἐκδιδῶσι, κελεύει κατὰ τούτων εἶναι τὸ ἀνδρολήψιον μέχρι τριῶν· ὁ δὲ τούτους μὲν ἀθῴους ἀφῆκε, καὶ οὐδὲ λόγον πεποίηται περὶ αὐτῶν οὐδένα· τοὺς δὲ τὸν ἤδη πεφευγότα, φύσει γὰρ ἔστι, κατὰ τὸν κοινὸν ἁπάντων ἀνθρώπων νόμον, ὃς κεῖται, τὸν φεύγοντα δέχεσθαι, ὑποδεξαμένους, ἐκπόνδους εἶναι γέγραφεν, ἐὰν μὴ τὸν ἱκέτην [c'est ainsi qu'il faut lire, au lieu d'οἰκέτην] ἔκδοτον διδῶσιν. Orat. advers. Aristocrat. (*pag.* 440. C.) Grotius.

La correction, que nôtre Auteur fait ici, se trouve déja dans la derniére Edition de Wolfius, dont je me sers. Mais il y a quelques autres endroits, où il rétablit le texte sans dire mot, d'une maniére qui me paroît bien fondée. Il auroit pû seulement, au lieu de φύσει γὰρ ἔστι, mettre, θέσει γὰρ ἔστι, comme portent de bons MSS. & quelque Edition.

(3) 'Ar-

corps défendant; on ne peut guéres s'empêcher de croire, que DE'MOSTHE'NE raisonne ici en Orateur, ou en homme qui cherche tout ce qui peut servir à favoriser sa cause, plûtôt que selon la Vérité & le Droit. Car la maxime du Droit des Gens, qui veut qu'on retire & qu'on protége les Réfugiez, regarde, comme nous l'avons (c) expliqué ci-dessus, les Malheureux, & non pas les Coupables. Du reste, il n'y a point de différence entre ceux chez qui le Crime a été commis, & ceux qui refusent de punir ou de livrer le Coupable. La Loi même, qu'allégue DE'MOSTHE'NE, fut ainsi interprétée ou par l'usage, ou par quelque clause expresse, ajoutée depuis pour prévenir de semblables chicanes: car il faut reconnoître l'un ou l'autre, si l'on fait attention à la maniére dont (3) JULIUS POLLUX & (4) HARPOCRATION, définissent le *droit de prise* sur les Meurtriers: ils disent tous deux, qu'on avoit ce droit, lors que ceux, chez qui le Meurtrier se trouvoit, ne vouloient pas le livrer.

(c) *Liv.* II. *Chap.* XXI. §. 5.

4. Un autre droit semblable, c'est celui d'arrêter les Sujets d'un autre Etat, pour se faire rendre un des Sujets du nôtre, qui a été arrêté par une injustice manifeste. C'est ainsi qu'autrefois quelques-uns empêchérent qu'on ne fit saisir à *Carthage* un Tyrien, nommé *Ariston*; (5) alléguant pour raison, que, si on prenoit cet homme, les *Tyriens* en feroient de même aux *Carthaginois*, & à *Tyr*, & dans les autres Villes marchandes.

§. IV. ON se saisit aussi des biens qui appartiennent aux Sujets d'un autre Etat, & que l'on prend ainsi (1) *en gage*, comme s'exprimoient les anciens *Grecs*, chez qui cela se pratiquoit. Les Jurisconsultes (a) Modernes l'appellent *Droit de Représailles*;

(a) *Bald.* III. *Cons.* LVIII.

(3) Ἀνδρολήψιον δὲ, ὅταν τις τοὺς ἀνδροφόνους καταφυγόντας ὥς τινας ἀπαιτῶν, μὴ λαμβάνῃ, ἔξεστιν ἐκ τῶν ὑποδεξαμένων ἄχρι τριῶν ἀναγαγεῖν. Lib. VIII. §. 50. Ed. *Amstel.*

(4) Ἀνδροληψία, τὸ ἁρπάζειν ἄνδρας ἐκ τινὸς πόλεως· ἠναγκάζοντο γὰρ τὴν ἔχουσαν πόλιν τὸν ἀνδροφόνον, καὶ μὴ προεσθαι αὐτὸν εἰς τιμωρίαν. Voc. Ἀνδροληψία.

(5) *Orta deinde altercatio est, aliis, pro speculatore comprehendi* [Aristonem] *jam & custodiri, jubentibus; aliis negantibus, tumultuandi caussam esse. mali vero exempli esse, de nihilo hospites corripi. Idem* Carthaginiensibus & Tyri, & *in aliis emporiis, in quæ frequenter commeent, eventurum.* TIT. LIV. Lib. XXXIV. Cap. LXI. *num.* 12, 13.

§. IV. (1) Ἐνεχυρασμός. On dit aussi, Ἐνεχυρασμὸς, & ἐνεχυρίζειν. SAUMAISE met quelque différence entre ces mots, selon que l'*iota* s'y trouve, ou y manque; *De modo usurarum*, pag. 553, & *seqq.* Mais voiez feu Mr. le Baron de SPANHEIM, sur les *Nuées* d'ARISTOPHANE, vers. 35. Nôtre Auteur ajoûte ici, dans une petite Note, qu'on exprime aussi en Grec le droit de Représailles, par le mot de Σύλας: & il cite là-dessus DE'MOSTHE'NE, *Orat. pro Corona*, & ARISTOTE, *Oeconomic.* Lib. II. Le passage de ce dernier sera cité à la fin du paragraphe suivant, *Note* 9. Pour l'autre, le terme, dont il s'agit, ne s'y trouve point, que je sâche. Nôtre Auteur avoit vû, qu'HARPOCRATION, au mot Σύλας, cite cet Orateur, ἐν τῷ περὶ τοῦ στεφάνου τῆς τριηραρχίας: & voici le passage, qui a été indiqué par HENRI DE VALOIS; Καὶ μόνους ὑμεῖς ἀδυνάτους εἶναι κομίσασθαι βαδίσαι, διὰ τὰς ὑπὸ τούτων ἀνδροληψίας καὶ σύλας κατεσκευασμένας. Pag. 717. B. Là-dessus, il a confondu cette petite Harangue avec la longue & fameuse Harangue pour *Ctésiphon*, Περὶ τοῦ στεφάνου, où il s'agit d'une autre sorte de Couronne. Au reste, le Savant Commentateur du Léxicographe Grec, que je viens de citer, allégue plusieurs autres exemples de bons Auteurs Grecs, où Σύλας & Συλᾶν se prennent pour une espéce de droit de Représailles.

(2) De *Wither* ou *Wider*, qui signifie *derechef*; & de *Nam* ou *Namo*, c'est-à-dire, *prise*. Cette étymologie seule fait voir, que ceux-là se trompent, qui, comme fait Mr. BOHMER (*Introd. ad Jus Publicum Universale*, pag. 548.) prétendent, que le droit de Représailles consiste proprement en ce que le Souverain d'un païs refuse de rendre la Justice aux Sujets d'un autre Souverain, qui l'a refusée aux siens. C'est-là seulement une chose, qui a le même fondement, que ce qu'on entend par *Représailles*, ou qui se réduit quelquefois à la même chose, puis que c'est tout un de prendre, par exemple, quelques effets des Marchands Etrangers, ou d'empêcher que ceux qui leur doivent quelque chose dans le païs ne le leur paient.

(3) On fait venir ce mot de l'Allemand *Marck*, c'est-à-dire, *limites*; parce que c'est ordinairement sur les frontiéres qu'on exerce les Représailles. Voiez le Glossaire de DU CANGE, au mot *Marcha*.

§. V. (1) Voiez BARTOLE, *de Repressaliis*, Quæst. V. §. *Ad tertium*: num. 9. INNOCENT. & PANORMIT. in Can. VIII. Decretal. *De Immunit. Eccles.* &c. DOMINIC. SOTO, Lib. III. Quæst. IV. Art. V. JACOB. DE CANIBUS, ANCHAR. DOMINIC. FRANC. in Can. I. *De Injuriis*, in VI. FULGOSIUS & SALICETUS, in Authent. *Omnino*, COD. *De Act. & Obligation.* JACOB. DE BELLO VISU, in Authent. *Ut non fiant pignerationes*: SYLVEST. verb. *Repressalia*: GUIDO PAPA, Quæst. XXXII. GAILIUS, *de Pignor.* Observ. I. *num.* 5. FRANCISC. VICTORIA, *De Jure Belli*, num. 41. COVARRUVIAS, in Cap. *Peccatum*, Part. II. §. 9. *num.* 4. GROTIUS.

(2) Il suivoit en cela l'opinion de JULIEN, autre Jurisconsulte: JULIANUS *verum debitorem, post litem contestatam, manente adhuc judicio, negabat solventem repetere posse: quia nec absolutus, nec condemnatus, repetere posset. licet enim absolutus sit, naturâ tamen debitor permanet.* DIGEST. Lib. XII. Tit. VI. *De condictione indebiti*, Leg. LX. *princ.* Voiez GAILIUS, *De Pace Publica*, Lib. II. Cap. VIII. *num.* 7. & FERNAND.

les; les *Saxons* & les *Anglois*, (2) *Withernam*; & les *François*, chez qui il faut pour cela ordinairement une permission expresse du Roi, (3) *Lettres de Marque*.

§. V. 1. Ce droit (1) a lieu, comme le disent les Jurisconsultes, lors qu'on refuse de rendre justice. Et on est censé le refuser, non seulement lors qu'on ne veut pas prononcer son jugement contre le Criminel, ou contre le Débiteur, dans un espace de tems commode & raisonnable; mais encore lors que, s'agissant d'une cause nullement litigieuse (car dans un doute la présomtion est en faveur des Juges établis par autorité publique) lors, dis-je, que, l'affaire étant de la derniére évidence, on a jugé tout-à-fait contre le Droit & la Justice. En effet, l'autorité d'un Juge n'a pas la même force par rapport aux Etrangers, que par rapport aux Sujets de l'Etat. Bien plus: de Sujet à Sujet, elle n'éteint pas une véritable Dette. *Celui qui doit véritablement quelque chose, quelque renvoié qu'il soit hors de cour & de procès, demeure toûjours débiteur selon le Droit de Nature*; c'est la décision (2) du Jurisconsulte Paul. Et Scævola prétend, (3) que *si, en vertu d'une Sentence injuste, un Créancier a fait saisir, comme lui étant engagée pour la dette, une chose qui appartenoit à un autre, que le Débiteur, il doit la rendre au Débiteur, lors que la Dette est paiée.* Toute la différence qu'il y a entre les Sujets & les Etrangers, par rapport à ces sortes de Sentences injustes, c'est que les Sujets ne peuvent pas légitimement en empêcher l'exécution par des voies de fait, ou maintenir leur droit par la force contre l'effet d'une telle Sentence, à cause de la dépendance où ils sont de l'Autorité d'où elle émane: au lieu que les Etrangers ont droit de contraindre ceux du païs à les satisfaire; droit néanmoins, dont

NAND. VASQU. *Controv. Illustr.* Lib. IV. Cap. X. §. 41. GROTIUS.

Feu Mr. COCCEJUS, dans une Dissertation *De vero Debitore sententiâ absoluto*, Sect. IV. §. 1, *& seqq.* s'est bien donné la torture, pour expliquer la Loi, qui est citée ici, d'une maniére à éluder le sens que nôtre Auteur y trouve, & qui est celui qui se présente naturellement. Le Jurisconsulte ancien y décide assez clairement, que si celui qui est véritablement Debiteur de sa Partie, paie pendant le cours du procès, avant la Sentence renduë, il ne peut point ensuite repeter, comme non-dû, ce qu'il a donné; & il le prouve par cet argument du plus au moins, que, si le Débiteur avoit paié après la Sentence finale, il ne pourroit même alors rien redemander, encore qu'il eût été absous: *quia nec absolutus, nec condemnatus, repetere posset*: car cela ne peut s'entendre, comme si on vouloit dire simplement, que le Débiteur, qui a paié avant la Sentence, ne peut rien redemander après qu'elle est renduë, puis que, dès-lors qu'il a satisfait le Demandeur, le procès est fini. Et il y a, dans le même Titre, une Loi du Jurisconsulte PAUL, le même qui rapporte & approuve ici le sentiment de JULIEN, dans laquelle il dit, que si, après la Sentence renduë, le Débiteur paie *de son bon gré*, (c'est-à-dire, sans contrainte, mais par erreur, comme il faut toûjours le supposer dans cette matiére) encore même qu'il ait été absous, il perd par là le droit de redemander son argent: ce qui est fondé sur le principe établi par JULIEN d'une maniére générale, je veux dire, Qu'un Débiteur demeure tel, selon le Droit de Nature, soit que le Juge le condamne, ou l'absolve: *Judex, si malè absolvit, & absolutus suâ sponte solverit, repetere non potest.* Leg. XXVIII. Cependant nôtre Jurisconsulte Allemand va jusqu'à soûtenir, qu'en vertu de l'autorité que les Loix Civiles donnent à la Sentence du Juge, l'obligation naturelle du Débiteur absous mal-à-propos est entierement éteinte, en sorte qu'il peut se dispenser en conscience de paier, ou redemander ce qu'il a donné sans le savoir. Mais c'est un exemple bien clair des extrémitez où l'on se jette, quand on veut, à quelque prix que ce soit, accorder les décisions des anciens Jurisconsultes, bien ou mal entenduës, avec les principes de l'Equité Naturelle. Le Débiteur, dont il s'agit, ou se croioit tel avant la Sentence, ou ne s'est convaincu de la Dette que depuis qu'il a été injustement absous. Dans le prémier cas, il n'a point dû plaider, & il est aussi coupable de le faire, qu'un Dépositaire, qui nie le dépôt. Dans l'autre, il est bien excusable d'avoir refusé de paier ce qu'il croioit ne pas devoir; mais, du moment qu'il se reconnoit Débiteur, l'obligation de paier commence à déploier toute sa force. La Sentence du Juge n'en diminuë rien, & ne fait que laisser la mauvaise foi impunie, supposé que les Loix étendent si loin son autorité. Le but, que les Législateurs se proposent, n'en demande pas davantage; comme il paroit par les principes que j'ai établis dans mes *Discours sur la Permission & sur le Bénéfice des Loix*. Au reste, si on examine tout ce que dit Mr. COCCEJUS dans la Dissertation dont il s'agit, pour établir son hypothése & la concilier avec les Loix dont on se sert pour prouver qu'un Débiteur injustement absous demeure Débiteur naturellement; on en conclurra, à mon avis, qu'il seroit difficile d'entrer dans la pensée de ce Jurisconsulte moderne, sans reconnoitre que les anciens Jurisconsultes étoient ici, comme sur bien d'autres choses, de différente opinion: aveu qu'on auroit eu autant de peine à arracher de Mr. COCCEJUS, que celui de reconnoitre que leurs principes sont quelquefois mal liez, & peu d'accord avec le Droit de Nature. On n'a qu'à voir l'éloge outré qu'il fait d'eux au commencement de cette Dissertation.

(3) *Et quum, per injuriam Judicis, domino rem, quæ debitoris non fuisset, abstulisset creditor, quasi obligatam sibi, & quæreretur, an, soluto debito, restitui eam oporteret debitori*, SCÆVOLA *noster restituendam probavit.* DIGEST. *De distractione Pignor. & Hypothec.* Leg. XII. §. 1.

 (4) Il

dont ils ne doivent faire usage, que quand il n'y a plus moien d'obtenir ce qui leur est dû, par les voies ordinaires de la Justice.

2. En ce cas-là, on peut se saisir ou des (4) personnes, ou des effets mobiliaires des Sujets du Souverain, qui refuse de rendre justice. Cela n'est pas, à la vérité, autorisé par le Droit de Nature; mais l'usage l'a établi presque par tout. Nous en avons un exemple très-ancien dans l'*Iliade* d'HOMERE, (5) où *Nestor* se vante d'avoir enlevé, par droit de représailles, les Troupeaux des *Eléens*: & il ajoûte un peu plus bas, (6) que le lendemain on envoia des Hérauts publier par tout, que ceux à qui les *Eléens* devoient quelque chose n'avoient qu'à se présenter, afin que chacun eût la part qui pouvoit lui revenir. On voit dans l'Histoire Romaine, qu'*Aristodéme*, Héritier des *Tarquins*, (7) arrêta à *Cumes* quelques Vaisseaux Romains, pour se dédommager de ce qu'on retenoit a *Rome* les biens des *Tarquins*. Il prit, à ce que dit DENYS *d'Halicarnasse*, (8) les Valets, les Bêtes de somme, & l'argent. Il paroît par un passage d'ARISTOTE, que, (9) parmi les *Carthaginois*, certaines géns avoient droit de Représailles.

§. VI. 1. CE droit de Représailles a peut-être été étendu par quelques Peuples jusqu'à la vie même des Sujets innocens; parce qu'on croioit autrefois, que chacun a un droit absolu sur sa propre vie, & qu'ainsi il peut le transférer à l'Etat. Mais cette pensée est sans fondement, & contraire à la bonne Théologie, comme nous (a) l'avons remarqué ailleurs.

(a) *Liv.* II. *Chap.* XV. *num.* 7. & Chap. XXI. §. 11. *num.* 2.

2. Il peut arriver néanmoins qu'on tuë par accident, & non de propos délibéré, ceux

(4) Il y en a un exemple dans AMMIEN MARCELLIN, où l'on voit, que JULIEN arrêta quelques *Francs*, jusqu'à ce que leur Roi lui eût rendu tous les Prisonniers, comme il s'y etoit engagé par le Traité de Paix: *Quatuor comites ejus* [Regis *Hortarii*] *quorum ope & fide maximè nitebatur, non ante absolvit, dum omnes redirre captivi*. Lib. XVII. (Cap. XI. pag. 189. *Ed. Valef. Gron.*) Voiez ce que dit LEON *d'Afrique*, en parlant de la Montagne de *Beni gualid* (Liv. III. pag. 311. de la vieille Trad. Franç.) GROTIUS.

Ce n'étoient pas des *Francs*, que JULIEN arrêta, mais des *Alamanni*. D'ailleurs, ils furent retenus comme pour ôtages; ainsi l'exemple appartient à un autre sujet.

(5) C'est que, quelques années auparavant, *Augée*, Roi d'*Elide*, retint un Char attelé de quatre Chevaux de course, que le Pére de *Nestor* avoit envoiez à quelques Jeux qu'on y celebroit:

Καὶ γὰρ τῷ χρεῖος μέγ' ὀφείλετ' ἐν Ἤλιδι δίῃ,
Τέσσαρες ἀθλοφόροι ἵπποι αὐτοῖσιν ὄχεσφιν
Ἐλθόντες μετ' ἄεθλα· περὶ τρίποδος γὰρ ἔμελλον
Θεύσεσθαι· τοὺς δ' αὖθι ἄναξ ἀνδρῶν Αὐγείας
Κάσχεθε· τὸν δ' ἐλατῆρ' ἀφίει ἀκαχήμενον ἵππων.

Iliad. *Lib.* XI. (vers. 697, & *seqq.*) *Hyperochus* régnoit alors en *Elide*: *Nestor* tua son Fils *Itymonée*, qui vouloit l'empêcher de prendre les Troupeaux de Boeufs:

——— Ὅτ' ἐγὼ κτάνον Ἰτυμονῆα
Ἐσθλὸν Ὑπειροχίδην, ὃς ἐν Ἤλιδι ναιετάασκε,
Ῥύσι' ἐλαυνόμενος· ὁ δ' ἀμύνων ᾗσι βόεσσιν,
Ἔβλητ' ἐν πρώτοισιν ἐμῆς ἀπὸ χειρὸς ἄκοντι &c.

Ibid. (vers. 671, & *seqq.*) Le Commentateur EUSTATHE explique ici le mot de Ῥύσια, par *ce que l'on prend à la place de quelque autre chose qui nous avoit été pris*: Τὰ ἀντί τινων ῥυόμενα, ὅ ἐστιν ἑλκόμενα, καὶ ἀντὶ τῶν προαφαιρεθέντων ἁρπαζόμενα. POLYBE emploie ce mot dans le même sens, en parlant des *Achéens*, qui usérent de représailles contre les *Béotiens*, avec la permission de *Philopémen*: Ἀπέδωκε τοῖς αἰτουμένοις τὰ ῥύσια κατὰ τῶν Βοιωτῶν. Excerpt. Legat. XXXVIII. Voiez aussi *Excerpt.* CXXIII. On trouve aussi Ῥυσιάζειν, pour dire, *user de représailles*, dans DIODORE *de Sicile*, *Excerpt. Peiresc.* Mais Ῥύσια καταγγέλλειν est une expression dont on se sert, en matiére de Guerre, sur un sujet fort approchant; comme nous le verrons dans le Chapitre suivant, §. 7. (*Note* 1.) GROTIUS.

(6) Κήρυκες δ' ἐλίγαινον ἅμ' ἠοῖ φαινομένηφι,
Τοὺς ἴμεν οἷσι χρεῖος ὀφείλετ' ἐν Ἤλιδι δίῃ·
——— Τὰ δ' ἄλλ' ἐς δῆμον ἔδωκε
Δαιτρεύειν, μή τίς οἱ ἀτεμβόμενος κίοι ἴσης.

Ibid. *vers.* 684, 685, 703, 704.

(7) *Frumentum* Cumis *quum coëmtum esset, naves, pro bonis* Tarquiniorum, *ab* Aristodemo *tyranno, qui heres erat, retenta sunt*. TIT. LIV. Lib. II. Cap. XXXIV. *num.* 4.

(8) Cet Historien raconte la chose autrement. Il dit, que les *Romains*, qui avoient suivi *Tarquin*, & dont les biens avoient été confisquez à *Rome*, aiant vû venir à *Cumes* des Ambassadeurs Romains, qui étoient envoiez pour acheter du blé, priérent d'abord *Aristodéme*, Roi de *Cumes*, premiérement, de faire mourir ces Ambassadeurs: & n'aiant pû obtenir cela, ils se retranchérent à demander, qu'il leur fût permis de les arrêter par droit de Représailles, jusqu'à ce que les *Romains* leur eussent rendu leurs biens. *Aristodéme* donna du tems aux Ambassadeurs, pour plaider leur cause devant lui, & les laissa en liberté, moiennant quelque argent qu'ils consignérent pour caution. Comme le procès fut commencé, & que personne ne les gardoit, ils se sauvérent. C'est ce qui est rapporté aux Chap. II. & XII. des *Antiquitez Romaines*. Alors le Prince fit arrêter les Valets qu'ils avoient laissez, leurs Bêtes de somme, & l'argent qu'ils avoient apporté pour acheter des grains: Θεράποντας δὲ αὐτῶν, καὶ τὰ ὑποζύγια, καὶ τὰ ἐπὶ τῇ σιτωνίᾳ κομισθέντα χρήματα ὁ τύραννος κατέσχεν. Cap. XII. pag. 411. *Ed. Oxon.* (427. init. *Ed. Sylb.*)

(9) Voici ce que dit le Philosophe. Les *Carthaginois* avoient

ceux qui veulent (1) empêcher par force qu'on n'use du droit de Represailles. Mais quand on prévoit que l'on sera réduit à en venir là, la Charité veut qu'on néglige (2) plûtôt la poursuite de son droit; puis que, selon les régles de cette Vertu, sur tout telle qu'elle est prescrite aux *Chrétiens*, on doit faire plus de cas de la vie d'un Homme, que de son propre bien; comme (b) nous l'avons fait voir ailleurs.

(b) *Liv.* II. *Chap.* I. §. 12, 13.

§. VII. 1. Au reste, il faut prendre garde ici, comme sur d'autres matiéres, de ne pas confondre ce qui est proprement du Droit des Gens, avec ce qui n'est que de Droit Civil, ou qui est établi par des conventions particuliéres de quelques Peuples.

2. Selon le Droit des Gens, (a) tous les Sujets du Souverain de qui l'on a reçû du tort, qui sont tels à titre durable, soit naturels du païs ou venus d'ailleurs, sont exposez au droit de Représailles, mais non pas ceux qui ne font que passer, ou séjourner peu de tems. Car le droit de Représailles a été établi comme une espéce de charge, qui est imposée pour paier les Dettes du Public: or ceux qui ne sont soûmis aux Loix du païs, que pour un tems, sont exemts de ces sortes de charges. Parmi les Sujets perpétuels, le Droit des Gens met seulement à l'abri des Représailles, les Ambassadeurs (1) & leur bagage, lors qu'ils ne vont point en ambassade auprès d'une Puissance ennemie de celui qui a juste sujet d'user de ce droit.

(a) *Decius*, Cons. CCCLII. *Bald.* in Leg. III. Digest. *De offic. Assessor.*

3. Mais, selon les Loix Civiles des Peuples, on excepte ici souvent les Femmes, & les Enfans; comme aussi les personnes & les effets même des Gens-de-lettres, & de ceux qui vont aux Foires.

4. Le Droit des Gens permet à chacun (2) d'user du droit de Représailles, comme cela

avoient à leur solde quantité d'Etrangers, à qui ils ne pouvoient pas paier ce qu'ils leur devoient. Pour trouver moien de s'aquitter, ils s'avisérent de cet expédient. Ils firent publier, que, ceux des Citoiens ou des Habitans, qui auroient droit de représailles par rapport à quelque Etat, ou à quelque Particulier, & qui voudroient le faire valoir, eussent à le declarer. Un grand nombre de gens se présenterent là-dessus, & l'on se mit à arrêter les Vaisseaux qui alloient dans le *Pont Euxin* sous quelque prétexte apparent; aprés quoi on marqua un tems où l'on jugeroit ce qui seroit de bonne prise. Par ce moien, on ramassa bien de l'argent, & l'on eut de quoi paier les Troupes, que l'on congédia. L'Etat rendit de ses revenus à ceux qui se trouvérent avoir été arrêtez injustement. *Καλχηδόνιοι δὲ, ξένων ἐν τῇ πόλει συχνῶν παρ' αὐτοῖς γενομένων, ὀφείλοντες αὐτοῖς μισθὸν, οὐκ ἐδύναντο διαλῦσαι. ἐκήρυξαν οὖν, εἴ τις τῶν πολιτῶν, ἢ μετοίκων, ἔχει σύλας κατὰ πόλεως, ἢ ἰδιώτου, καὶ βούλεται λαβεῖν, ἀπογράφεσθαι. ἀπογραψαμένων δὲ συχνῶν, τὰ πλοῖα τὰ πλέοντα εἰς τὸν Πόντον ἐσύλων, μετὰ προφάσεως εὐλόγου· ἔταξαν δὲ χρόνον, ἐν ᾧ λόγον ὑφέξειν αὐτῶν ἔφασαν. συλλεγέντων δὲ χρημάτων συχνῶν, τοὺς μὲν στρατιώτας ἀπήλλαξαν, ὑπὲρ δὲ τῶν συλῶν ἐδικάσαντο· τοῖς δὲ μὴ δικαίως συληθεῖσιν, ἡ πόλις ἀπὸ τῶν προσόδων ἀπέδωκε.* Oeconomic. *Lib.* II. pag. 503. C.

§. VI. (1) Voiez-en un exemple, dans le passage d'Homere, qui a été cité sur le paragraphe précédent, *Note* 5.

(2) Mais voiez ce que j'ai dit sur l'endroit cité en marge. Certainement si la pensée de nôtre Auteur avoit lieu, le droit de Représailles seroit fort inutile à un Chrétien, lors que ceux envers qui il voudroit en user le sauroient dans cette disposition: car ils ne manqueroient pas de se defendre jusqu'à le mettre dans la nécessité de les tuer, s'il ne lâchoit prise.

§. VII. (1) Mais, selon nôtre Auteur même, les priviléges des Ambassadeurs ont lieu seulement par rapport aux Puissances, auprès desquelles ils sont envoiez, & non pas par rapport à celles sur les terres de qui ils passent: il veut aussi, que les Ambassadeurs aient été reconnus & reçûs pour tels. Voiez ci-dessus, *Liv.* II. *Chap.* XVIII. §. 5. Pourquoi est ce donc qu'ils seroient à l'abri des Represailles, de la part de celui, à qui ils ne sont point envoiez; sur tout puis que les Représailles supposent certaines dispositions approchantes de l'état d'hostilité?

(2) *Le Droit des Gens accorde ce droit à tous ceux* qui n'ont pû obtenir justice du Souverain d'un païs, sans considerer s'ils sont Membres, ou non, de quelque autre Societé Civile. De sorte que, par exemple, au commencement de la formation des Societez Civiles, lors qu'il y avoit encore bien des Particuliers qui vivoient dans l'indépendance de l'Etat de Nature, ces Particuliers pouvoient sans doute user du droit de Représailles, par rapport à ceux qui étoient Sujets. De plus, ceux qui étant Sujets, usent du droit de Représailles, n'ont pas ce droit, à proprement parler, comme Membres d'une Societé Civile, puis qu'ils l'auroient eu indépendamment de cette rélation, en vertu du Droit des Gens, ou plûtôt du Droit même de Nature, selon ce que nous avons établi ci-dessus. Jusques-là donc, on peut admettre la pensée de nôtre Auteur. Mais il est vrai, d'autre côté, que les Représailles étant une espéce d'acte d'hostilité, & un acheminement à la Guerre; le but de la Societé Civile demande, que les Particuliers ne fassent usage de ce droit qu'avec la permission ou expresse, ou tacite, du Souverain; comme l'ont remarqué les Commentateurs de nôtre Auteur, qui ne s'est pas expliqué ici assez clairement. Aussi dans l'exemple qu'il allegue de cette espéce de Représailles, qui se pratiquoit à *Athenes*, le pouvoir qu'avoient les Parens du Defunt, de saisir jusqu'à trois personnes de l'Etat qui protegeoient le Meurtrier, venoit, comme on voit, d'une Loi formelle.

(b) Ἀνδροληψία.

cela avoit lieu à *Athénes*, dans la (b) *prise de corps* dont nous avons parlé. Mais, selon les Loix Civiles de plusieurs païs, il faut demander permission, en quelques endroits au Souverain même; en d'autres, aux Juges ordinaires.

5. Selon le Droit des Gens, en même tems qu'on se saisit des effets de quelque Sujet du païs où la justice a été refusée, on aquiert (3) par cela seul la propriété des choses prises, jusqu'à la concurrence de la dette, & des dépens; après quoi on doit restituer (4) le surplus. Mais, selon les régles du Droit Civil, on cite prémiérement les intéressez; ensuite on vend, ou l'on ajuge aux Créanciers, par autorité publique, les effets saisis. Sur quoi, aussi bien que sur les autres choses qui se rapportent à cette matiére, on peut consulter les Docteurs du Droit Civil, & sur tout BARTOLE, qui a fait un Traité exprès *des Représailles*.

(c) Voiez *Ægid. Regius*, De act. Supern. *Disp.* XIII. *Dub.* VII. *num.* 117.

6. J'ajoûterai seulement une remarque, qui tend à adoucir l'usage de ce droit, assez dur en lui-même: (c) c'est que ceux qui, en ne païant pas ce qu'ils devoient, ou en ne rendant point justice, ont donné lieu aux Représailles, sont (5) tenus, par le Droit & Naturel & Divin, de dédommager les autres qui en ont souffert.

CHAPITRE III.

De la nature des GUERRES LÉGITIMES ou dans les formes, selon le DROIT DES GENS: Où l'on traite aussi des DÉCLARATIONS DE GUERRE.

I. *Qu'une* GUERRE DANS LES FORMES, *selon le* DROIT DES GENS, *ne se fait qu'entre deux Peuples différens.* II. *Qu'un Peuple, qui commet des injustices envers les autres, ne doit pas pour cela être regardé sur le même pié, qu'une Troupe de Corsaires ou de Brigands.* III. *Que ceux-ci même changent quelquefois d'état, & deviennent un vrai Peuple.* IV. *Qu'il y a deux conditions nécessaires pour constituer une Guerre dans les formes: l'une, qu'elle aît pour auteur le Souverain:* V. *L'autre, qu'elle soit déclarée solennellement.* VI. *Distinction de ce qu'il y a dans les* DÉCLARATIONS DE GUERRE, *qui est de Droit Naturel, & de ce qu'il y a qui*

(3) Entendez ceci de la même maniére, que ce qui vient d'être dit dans la Note précedente. Le refus qu'on a fait de rendre ce qui étoit dû, dispense la personne lézée de garder comme en gage les choses qu'elle a prises par droit de Représailles, & l'autorise à se les approprier. Voiez PUFENDORF, *Droit de la Nat. & des Gens*, Liv. V. Chap. XIII. §. 10. ou dernier. Mais, dans une Société Civile, le bien de l'Ordre, & la crainte des suites, demandent que les Particuliers lézez ne soient pas juges & absolument maîtres du dédommagement, qu'ils pourroient faire monter trop haut; & que même on attende quelque tems, pour voir si les Etrangers ne reviendront pas à eux-mêmes, & ne voudront pas païer la chose même qu'ils devoient, avec les dépens, dommages & intérêts.

(4) Les *Vénitiens* suivirent cette régle d'Equité, à l'égard de quelques Vaisseaux Génois, qu'ils avoient pris à *Galate*, près de *Constantinople*. Ces Vaisseaux étoient chargez de Blé, d'Orge, de Poisson Salé, pris dans les *Palus Copaïdes & Mœotides*, & dans la Riviére de *Tanaïs*: on conserva tout cela avec soin, & on le rendit en son entier, lors que les *Génois* eurent païé ce qu'ils devoient: Ἀλλ' οὐδὲ [illegible] ἐκείνων νηῶν ἁπάντων τὸ πλήρωμα ἐλυμήναντο τὸ παράπαν οὐδὲν (ἦν γὰρ τὸ μὲν πλήρωμα σῖτος, καὶ κριθαί· τὸ δ' ἕτερον ταρίχη, οἷα γεωργοῦσι Λίμναι Κωπαΐδες τε καὶ Μαιώτιδες, καὶ ποταμοὶ Ταναΐδες) ἀλλὰ διετήρησαν εἰς τ' ἀκριβὲς ἀλώβητα, ἕως ἀπολαβόντες τὸ χρέος, ἀπέδοσαν ἅπαντα. NICEPHOR. GREGOR. Lib. IX. GROTIUS.

(5) Du tems de *Cimon*, les Habitans de l'Ile de *Scyros* aiant été condamnez dans le Conseil des *Amphictyons*, à cause des pirateries & des voleries qu'ils faisoient dans leur païs même aux Etrangers; le Peuple ne voulut point païer, mais ordonna que ceux qui avoient fait le butin païeroient: Οὐ βουλομένων τὰ χρήματα τῶν πολλῶν συνεκτίνειν, ἀλλὰ τοὺς ἔχοντας καὶ διηρπακότας ἀποδοῦναι κελευόντων. PLUTARCH. in Vita Cimon. (*pag.* 483. C. Tom. I. *Ed. Wech.*) GROTIUS.

CHAP. III. §. I. (1) C'est ainsi qu'on dit un *juste Combat*, par opposition à quelque légére escarmouche: *Qui intentiore curâ suos, quasi ad justum prælium, parcit*

qui est du Droit des Gens. VII. *On déclare la Guerre ou conditionnellement, ou purement & simplement.* VIII. *De ce qu'il y a dans les Déclarations de Guerre, qui est de Droit Civil, & non pas du Droit des Gens.* IX. *Qu'en déclarant la Guerre à une Puissance, on la déclare en même tems à tous ses Sujets, & aussi à tous ceux de ses Alliez qui prennent son parti;* X. *Mais non pas à tous ses Alliez, considérez comme tels. Eclaircissement de ceci par des exemples.* XI. *Pourquoi la Déclaration de Guerre est nécessaire, par rapport à certains effets.* XII. *Que ces effets ne suivent pas des autres Guerres.* XIII. *Si l'on peut entrer en guerre, du moment qu'on l'a déclarée?* XIV. *Si on doit déclarer la Guerre à une Puissance qui a violé le droit des Ambassadeurs?*

§. I. 1. NOUS avons déja remarqué (a) ci-dessus, que, dans les bons Auteurs, on appelle souvent une *Guerre* (b) *juste* ou *légitime*, non à cause de la justice du sujet pour lequel elle est entreprise, ni même à cause de la grandeur des exploits qu'on y fait, (1) comme l'épithéte de *juste* se prend ici quelquefois; mais à cause de certains effets particuliers de droit qu'ont les Guerres prises au sens qu'on entend ici.

(a) *Liv.* I. *Chap.* III. §. 4.
(b) *Justum bellum.*

2. Pour connoître ce sens, & la nature des Guerres dont il s'agit, on ne sauroit mieux faire que de considérer la définition d'un *Ennemi*, telle que la donnent les Jurisconsultes Romains. *Un* ENNEMI, dit POMPONIUS, (2) *c'est celui qui nous fait la Guerre, ou à qui nous la faisons, en conséquence d'une délibération publique: tous les autres, contre qui l'on prend les armes, sont des Brigands, ou des Voleurs.* De ce principe, ULPIEN (3) & PAUL (4) inférent, qu'une personne qui a été prise par des Brigands ne devient point par là leur Esclave, & par conséquent n'a pas besoin, pour recouvrer sa liberté, du *droit de Postliminie*, comme si elle avoit été prise par des gens de l'Armée des *Parthes*, ou des *Germains*. ULPIEN (5) dit la même chose des Prisonniers faits dans une Guerre Civile, parce que, quelque nuisible que soit souvent à l'Etat cette sorte de Guerre, les deux Partis ne s'y proposent point la ruïne de l'Etat. De tels Prisonniers, ajoûte-t-il, quoi qu'ils aient été vendus, & ensuite affranchis, n'ont pas besoin de Lettres du Prince pour être réhabilitez dans l'état de personnes libres, puis qu'ils étoient demeurez tels, nonobstant leur captivité.

3. Or ce que les Jurisconsultes disent ici du Peuple Romain, doit être appliqué à toute autre Puissance Souveraine. *Un Ennemi*, disoit CICERON, (6) *c'est celui qui*

a

us adhortatus &c. QUINT. CURT. Lib. III. Cap. XIII. num. 8. Voiez PITISCUS, sur ce passage, & ALBERIC GENTIL, *De Jure Belli*, Lib. I. Cap. II. pag. 20, 21.

(2) HOSTES *hi sunt, qui nobis, aut quibus nos publicè bellum decrevimus: ceteri latrones aut prædones sunt.* DIGEST. Lib. L. Tit. XVI. *De verborum significatione*, Leg. CXVIII.

(3) HOSTES *sunt, quibus bellum publicè Populus Romanus decrevit, vel ipsi Populo Romano: ceteri latrunculi vel prædones adpellantur. Et ideo qui à latronibus captus est, servus latronum non est: nec postliminium illi necessarium est. Ab hostibus autem captus: ut puta à* Germanis *&* Parthis, *& servus est hostium, & postliminio statum pristinum recuperat.* DIGEST. Lib. XLIX. Tit. XV. *De Captivis & Postliminio* &c. Leg. XXIV. On voit des exemples de personnes prises par des Voleurs, dans le *Pœnulus* de PLAUTE, & dans l'*Eunuque* de TERENCE. Tel fut aussi le sort d'*Eumée*, comme il le raconte lui-même dans l'*Odyssée* d'HOMERE, Lib. XV. (*vers.* 402, *& seqq.*) GROTIUS.

(4) *A piratis, aut latronibus, capti liberi permanent.* DIGEST. Lib. XLIX. Tit. XV. *De Captivis & Postlim.* &c. Leg. XIX. §. 2. *Pompée* déclara libres quelques personnes, qui avoient été prises par des Corsaires: APPIAN. *Bell. Mithridat.* (pag. 237. *Ed. H. Steph.*) Voiez HERRERA, Tom. II. GROTIUS.

(5) *In civilibus dissensionibus, quamvis sæpe per eas Respublica lædatur, non tamen in exitium Reipublicæ contenditur. qui in alterutras partes discedent, vice hostium non sunt eorum, inter quos jura captivitatum, aut postliminiorum, fuerint: & ideo captos, & venumdatos, posteaque manumissos, placuit supervacuò repetere à Principe ingenuitatem, quam nullâ captivitate amiserant.* Ibid. *Leg.* XXI. §. 1.

(6) Il insinuë cela, en parlant des anciennes Guerres des *Romains*, par opposition à la Guerre Civile de *Marc Antoine*: *Ac majoribus quidem vestris,* QUIRITES, *cum eo hoste res erat, qui haberet Rempublicam, Curiam, Ærarium, consensum & concordiam civium, rationem aliquam, si ita res tulisset, pacis & fœderis: hic vester hostis vestram Rempublicam oppugnat, ipse habet nullam* &c. Orat. Philipp. IV. Cap. VI.

§. II.

a le Gouvernement des affaires publiques, un Conseil public, les Finances, le droit de commander aux Citoiens, en vertu de leur consentement & de leur union, le pouvoir de faire la Paix & la Guerre dans l'occasion.

§. II. 1. Et il faut remarquer, qu'encore qu'un Etat commette des injustices, même par délibération publique, il ne (1) cesse pas pour cela d'être un Etat: comme, d'autre côté, une Troupe de Corsaires ou de Brigands n'est point un Etat, quoi qu'ils observent entr'eux quelques régles d'Equité, (2) sans quoi aucun Corps ne sauroit subsister. Car ceux-ci (3) ne sont associez que pour le crime: au lieu que, dans un Etat, malgré les crimes dont le Public se rend quelquefois coupable, le but de la confédération est, que chacun puisse jouir paisiblement de ses droits. Et l'on y rend justice aux Etrangers, sinon en tout ce que demande le Droit Naturel, dont les principes, comme nous l'avons fait voir (a) ailleurs, sont effacez en partie de l'esprit de plusieurs Peuples; du moins à l'égard des conventions que l'on a faites avec tous les Etrangers, ou selon ce qui est établi par les Coûtumes: de quoi on trouve des exemples, parmi les anciens (4) *Grecs*, & autres (5) Peuples, qui s'enrichissoient par des Pirateries, regardant cela comme une chose permise. Or, en matiére de choses Morales, ce qui fait le principal passe pour la forme ou l'essence. Ailleurs même c'est une régle, que l'on donne à une chose entiére le nom de la plus grande partie, ou de celle qui domine; comme le remarquent (6) Cicéron, & (7) Galien.

(a) *Liv.* II. *Chap.* XV. §. 5. *num.* 2. & *Chap.* XX. §. 41.

2. C'est donc trop crûment que le prémier des Auteurs, que je viens de citer, dit, (8) que, quand le Prince, dans une Monarchie, ou les Principaux de l'Etat, dans une

§. II. (1) Voiez Pufendorf, *Liv.* VIII. *Chap.* VI. §. 5. du *Droit de la Nature & des Gens.*

(2) Consultez ce que nôtre Auteur a dit, dans son *Discours préliminaire*, §. 24.

(3) C'est ainsi que les décrit Procope: Ὅμιλος ἀθροισθέντων, οὐ νόμῳ ξυνιόντων, ἀλλ' ἐκ τοῦ ἀδίκου ξυνειλεγμένων. „ Une multitude de gens, rassemblez & unis „ non selon les Loix, mais par l'Injustice. *Vandalic.* Lib. II. (Cap. XV.) Grotius.

Ces paroles se trouvent dans la Harangue de *Bélisaire*, au sujet des Soldats Romains, qui se revoltérent en *Afrique*.

(4) Le Scholiaste de Thucydide remarque, que, dans le tems qu'on regardoit les Pirateries comme permises, on ne tuoit point ceux qu'on pilloit, & on n'alloit pas piller pendant la nuit; on ne prenoit pas non plus les Boeufs du labourage: Καλῶς τοῦτο δρῶν) Καλῶς, ἀντὶ τοῦ εὐσεβῶς καὶ φιλανθρώπως. οὔτε γὰρ βοῦν ἀροτῆρα ἐλάμβανον, ἢ ἱμάτιον, οὔτε νυκτὸς, οὔτε μετὰ φόνου, ἐποίουν τὴν λῃστείαν. In *Lib.* I. (§. 5. *Ed. Oxon.*) Dans l'*Odyssée* d'Homére, *Eumée* dit, que ceux qui vont pirater hors de leur païs, lors qu'ils ont pris dequoi remplir leurs Vaisseaux, s'en retournent chez eux au plûtôt, craignant la Vengeance Céleste:

Καὶ μὲν δυσμενέες καὶ ἀνάρσιοι, οἵτ' ἐπὶ γαίης
Ἀλλοτρίης βῶσιν, καί σφιν Ζεὺς ληΐδα δώῃ,
Πλησάμενοι δέ τε νῆας ἔβαν οἶκόνδε νέεσθαι,
Καὶ μὲν τοῖς ὄπιδος κρατερὸν δέος ἐν φρεσὶ πίπτει.

Lib. XIV. (*vers.* 85, *& seqq.*) Grotius.

(5) Strabon parle de quelques Peuples, qui vivoient de butin, & qui étant de retour d'une course sur mer, faisoient savoir à ceux qu'ils avoient pillez, qu'il ne tenoit qu'à eux de racheter à un prix raisonnable les choses qui leur appartenoient: *Geograph.* Lib. XI. Le Grammairien Saxon raconte la même chose d'un autre Peuple. Plutarque parlant des Habitans de l'Ile de *Scyros*, dit, qu'anciennement ils se contentoient de pirater; mais qu'enfin ils en vinrent jusqu'à voler les Etrangers qui venoient commercer chez eux: Ἀνεξέλιπον δὲ τὴν θάλατταν ἐκ παλαιοῦ, τελευτῶντες οὐδὲ τοὺς εἰσπλέοντας παρ' αὐτοὺς καὶ χρηματίζοντας ἀπείχοντο ξένους. (Vit. Cimon. *pag.* 483. C. Tom. I. *Ed. Wech.*) Grotius.

Les Peuples dont Strabon parle, sont les *Achéens*, les *Zygiens*, & les *Héniochiens*, tous trois habitans une côte du *Bosphore*, qui fait partie du *Caucase*. Voici le passage: Μετὰ δὲ τὴν Σινδικὴν καὶ τὴν Γοργιππίαν, ἐπὶ τῇ θαλάττῃ ἡ τῶν Ἀχαιῶν, καὶ Ζυγῶν, καὶ Ἡνιόχων παραλία, τὸ πλέον ἀλίμενος καὶ ὀρεινή, τοῦ Καυκάσου μέρος οὖσα. Ζῶσι δὲ ἀπὸ τῶν κατὰ θάλατταν λῃστηρίων . . . . ἃ δ' ἂν λάβωσιν ὑπόλυτρα ποιοῦνται ῥᾳδίως. Pag. 758. A. 759. A. *Edit. Amst.* (495, 496. *Paris.*) Jaques Thomasius, qui a indiqué ce passage, dans sa Dissertation intitulée, *Historia de latrocinio gentis in gentem*, §. 22. critique nôtre Auteur, comme s'il avoit mal à propos entendu de tout le butin que faisoient ces Peuples, ce que le Géographe dit seulement des personnes qu'ils prenoient. Mais il se trompe lui-même, pour avoir suivi aveuglement la Version Latine, qui détermine ainsi sans raison la généralité du sens, apparemment à cause de l'ἀνδραποδισμοῦ χάριν, qui precede. Le même Auteur restreint aussi mal à propos aux *Héniochiens* le passage, dont il s'agit, qui se rapporte également aux deux autres Peuples; comme il paroîtra, si l'on examine avec attention toute la suite du discours. Dans une autre Dissertation, *De moralitate latrocinii gentis in gentem*, §. 9. il cite Aristote, qui met les *Héniochiens* au rang des Anthropophages; & là-dessus il semble révoquer en doute ce qu'en dit Strabon dans le passage cité ici. Mais l'un n'empêche pas l'autre.

(6) *Semper enim ex eo, quod maximas partes continet, latissimeque funditur, tota res adpellatur.* De Finibus bon. & mal. *Lib.* V. *Cap.* XXX.

(7) Il dit, que l'on donne au Composé le nom de ce qui domine dans un mélange: Ἀπὸ τοῦ πλεονεκτοῦντος ἐν τῇ κράσει γίνονται αἱ προσηγορίαι. Il appelle cela ailleurs, une dénomination prise de ce qui l'emporte.

une Aristocratie, ou le Corps du Peuple, dans une Démocratie, se conduisent d'une maniére injuste; ce n'est pas seulement un Etat corrompu, mais il n'y a plus d'Etat. Aussi St. Augustin critique-t-il cette pensée: (9) *Je ne voudrois pas pour cela*, dit-il, *convenir que ce n'est plus un Peuple, ou un Etat, tant qu'il subsiste dans un assemblage d'une multitude de Créatures Raisonnables, unies ensemble pour les choses qu'elles aiment.* En effet, comme un Corps malade ne laisse pas d'être un Corps: un Etat, quelque malade qu'il soit, est toûjours un Etat, tant qu'il y a des Loix, des Tribunaux de Justice, & autres choses nécessaires pour que les Etrangers puissent s'y faire rendre ce qui leur est dû, aussi bien que les Particuliers du païs l'obtiennent les uns par rapport aux autres. Les Loix, sur tout celles qui se rapportent au Droit des Gens, sont, dans un Etat, ce qu'est l'Ame dans le Corps Humain; selon la remarque de (10) Dion *de Pruse*. Il n'y a plus d'Etat, dès (11) qu'il n'y a plus de Loix; mais, tant qu'elles subsistent, l'Etat subsiste aussi: & il peut même y avoir plusieurs bonnes Loix dans un Etat, malgré la tyrannie, comme (12) Aristide, autre Orateur Grec, le fait voir. Aristote dit, (13) qu'encore que, dans une Aristocratie, ou dans une Démocratie, les Principaux ou le Peuple gouvernent mal, cela ne détruit pas d'abord le Gouvernement Civil, mais le rend seulement vicieux. Eclaircissons tout ceci par des exemples.

3. Le Jurisconsulte Ulpien, comme nous l'avons vû (14) ci-dessus, après avoir dit, que ceux qui sont pris par des Brigands ne deviennent point par là leurs Esclaves, ajoûte, que l'on perd sa liberté, quand on a été pris par les *Germains*. Or, dans l'ancien-

pone: 'Ονομαζόμενα κατ' [illegible]. Grotius.

(8) C'est dans un fragment de son III. Livre *de la République*, que St. Augustin nous a conservé, *De Civit. Dei*, Lib. II. Cap. XXI. Je vais le rapporter tout entier; car il est beau: *Respublica res est Populi, quum bene ac justè geritur, sive ab uno Rege, sive à paucis Optimatibus, sive ab universo Populo. Quum vero injustus est Rex, quem Tyrannum voco; aut injusti Optimates, quorum consensus Factio est; aut injustus ipse Populus, cui nomen usitatum nullum reperio, nisi ut etiam ipsum Tyrannum adpellem: non jam vitiosa, sed omnino nulla Respublica est, quoniam non est res Populi, quum Tyrannus eam Factiove capessat: nec ipse Populus jam populus est, si sit injustus, quoniam non est multitudo juris consensu, & utilitatis communione, sociata.* „ L'Etat est „ véritablement un Etat, c'est-à-dire, le Gouvernement des affaires du Peuple, lors qu'elles sont bien „ administrées, & selon les régles de la Justice, soit „ par un Roi, soit par les Principaux de l'Etat, soit „ par tout le Corps du Peuple. Mais quand le Roi est „ injuste, ce que j'appelle un Tyran; ou que les Principaux de l'Etat sont injustes, & qu'en s'accordant „ ils forment une Faction; ou que le Peuple même „ en corps est injuste, abus auquel on n'a point donné de nom, que je sache, à moins qu'on ne veuille „ traiter de Tyran le Peuple qui se conduit ainsi: ce „ n'est pas alors seulement un mauvais Gouvernement, „ mais il n'y a plus de Gouvernement, puis que c'est „ un Tyran ou une Faction qui régne, & qui fait ses „ affaires, & non pas celles du Peuple. Le Peuple „ même n'est plus un Corps de Peuple, du moment „ qu'il est injuste, puis que ce n'est point alors une Multitude de gens unis ensemble par une communauté „ de droits & d'intérêts. Il paroît par là que Ciceron parle d'un abus de l'Autorité Souveraine, porté si loin par ceux qui ont en main cette Autorité, qu'il y ait un renversement entier du Gouvernement légitime; auquel cas il a bien pû dire, que l'Etat, ou le Gouvernement, est détruit; quoi que du reste, par rapport aux Etrangers, il demeure toûjours un Corps d'Etat, mais mal gouverné.

(9) *Nec ideo tamen vel ipsum non esse Populum, vel ejus rem dixerim non esse Rempublicam, quamdiu manet qualiscumque multitudinis rationalis cœtus, rerum, quas diligit, concordi communione sociatus.* De Civit. Dei, *Lib.* XIX. *Cap.* XXIV.

(10) *Orat. Borysthenitic. & de Lege.*

(11) C'est ce que Ciceron dit de l'état où étoient de son tems les affaires publiques: *Nec leges ullæ sunt, nec judicia, nec omnino simulacrum aliquod ac vestigium civitatis.* Lib. X. *Ad Famil.* Epist. I. Grotius.

(12) Cet Orateur ne parle point d'un Souverain qui régne tyranniquement, mais d'un homme qui s'est emparé du Gouvernement d'un Etat libre; car les *Grecs* donnoient le nom de *Tyran* à de tels Usurpateurs, avec quelque modération & quelque équité qu'ils gouvernassent les affaires publiques. Aristide, pour porter ceux de *Rhodes* à l'union & à la concorde, fait voir qu'il vaut mieux pour une République de perdre ainsi sa liberté, que d'être déchirée par des Séditions ou des Guerres Civiles; & il en allégue entr'autres cette raison, que quelques Législateurs même ont crû qu'il étoit à propos de faire des Loix, sous un Tyran, ou un Usurpateur; au lieu qu'il n'est jamais venu dans l'esprit à personne, que le Gouvernement pût se former ou subsister pendant une Sédition: Καὶ μὴν ὑπό γε τυράννων, καὶ νόμους θεῖναι, τῶν νομοθετῶν αὐτῶν ἔστι τινὰς εἰπεῖν συμβῆναι· στάσει δ᾽ ἢ συστῆναι τὸ σπουδαῖον, ἢ συμβῆναι πολιτείαν, οὐδενὶ πώποτ᾽ ἔδοξεν ἐγχωρεῖν. Orat. *de concordia, ad Rhodios*, Tom. II. pag. 385. A. B. *Ed. Paul. Steph.*

(13) Καὶ γὰρ ὀλιγαρχίαν καὶ δημοκρατίαν ἔστιν ὥστ᾽ ἔχειν ἱκανῶς, καίπερ ἐξεστηκυίας τῆς βελτίστης τάξεως· ἐὰν δέ τις ἐπιτείνῃ μᾶλλον ἑκατέραν αὐτῶν, πρῶτον μὲν χείρω ποιήσει τὴν πολιτείαν, τέλος δ᾽ οὐδὲ πολιτείαν. Politic. *Lib.* V. *Cap.* IX. pag. 401. B. C. Tom. II. *Edit. Paris.*

(14) Voiez le paragraphe prémier de ce Chapitre, *Note* 3.

cienne *Germanie*, les Brigandages ne passoient point pour une chose deshonnête, pourvû qu'on les exerçât hors des terres de l'Etat; c'est ce que (15) JULES CÉSAR témoigne formellement. Les *Venédiens*, au rapport de TACITE, (16) faisoient pour cet effet des courses sur toutes les Forêts & les Montagnes qu'il y a entre les *Peuciniens* & les *Fenniens*. Les *Cattes*, autre Peuple célèbre de *Germanie*, (17) exerçoient le même mêtier. Les *Garamantes* (18) étoient une Nation abondante en Voleurs: mais ils ne laissoient pas pour cela d'être une Nation. *Pompée* ne (19) triompha point des Pirates: mais l'honneur du (20) Triomphe fut décerné pour la défaite des *Illyriens*, qui néanmoins piratoient par tout sans distinction. Tant il est vrai, qu'il y a grande différence entre un Peuple, quelque méchant qu'il soit, & ceux qui ne faisant point de Corps de Peuple, ne sont associez que pour commettre des crimes.

§. III. IL PEUT néanmoins arriver du changement, non seulement dans la condition de quelques-uns de ceux qui font cet infame mêtier, comme, par exemple, (1) *Jephté*, *Arsace* (2), *Viriatus* (3), de Chefs de Brigands devinrent Chefs de Troupes réglées; mais encore dans la condition d'un Corps entier de Brigands, qui aiant embrassé un autre genre de vie plus honnête, (4) formeront un Corps d'Etat. St. AUGUSTIN parlant des Brigandages, dit, (5) que, *si le nombre des Scélérats qui sont associez pour piller s'accroît tellement, qu'ils se rendent maîtres de certains lieux, qu'ils s'y établissent, qu'ils prennent des Villes, qu'ils subjuguent des Peuples; ils se font appeller alors un Roiaume.*

§. IV. AU RESTE, pour savoir quels sont les Auteurs d'une Guerre dans les formes, selon le Droit des Gens, il faut se souvenir de ce que nous avons (a) dit ailleurs sur la nature & les caractéres de la Souveraineté. D'où l'on peut conclurre, que ceux qui ne sont Souverains qu'en partie, peuvent faire une Guerre dans les formes, par rap-

(a) *Liv.* I. *Chap.* III.

(15) *Latrocinia* [apud *Germanos*] *nullam habent infamiam, quæ extra fines cujusque civitatis fiunt.* De Bello Gall. *Lib.* VI. *Cap.* XXIII.

(16) *Nam quidquid inter* Peucinos Fennosque *Silvarum ac montium erigitur, latrociniis pererrant* (Venedi.) German. *Cap.* XLVI. *num.* 2.

(17) *Iisdem temporibus in superiore* Germania *trepidatum, adventu* Cattorum *latrocinia agitantium.* Annal. Lib. XII. Cap. XXVII. *num.* 3.

(18) *Nam populus* Oëensis, *multitudine inferior*, Garamantas *exciverat, gentem indomitam, & inter accolas latrociniis fœcundam.* Ib. Hist. Lib. IV. *Cap.* L. *num.* 6.

(19) Il en triompha, mais conjointement avec le Roi *Mithridate*. Voiez APPIEN *d'Aléxandrie*, *De Bell. Mithridat.* pag. 416, 417. *Ed. Amstel.* (252. *Ed. H. Steph.*) PLINE nous a conservé l'inscription de ce Triomphe, à la tête de laquelle on lit ces mots: *Quum oram maritimam à prædonibus liberasset* &c. Hist. Natur. *Lib.* VII. *Cap.* XXVI. *Pompée* n'est pas même le seul, qui ait eu l'honneur du Triomphe, pour avoir vaincu des Corsaires. Voiez la Note du Savant GRONOVIUS.

(20) Il fut décerné à *César Auguste*, comme nous l'apprenons d'APPIEN *d'Aléxandrie*, Bell. *Illyr.* pag. 1208. *Ed. Amst.* (766. *Edit. H. Steph.*) & non pas à *Cnéus Fulvius Centumalus*, ainsi que le dit ici GRONOVIUS, qui confond les tems & les personnages. Car l'expédition de ce Consul fut suivie d'une Paix.

§. III. (1) Il est dit au Livre des JUGES, *Chap.* XI. vers. 3. que *Jephté* étant allé s'établir dans le païs de *Tob*, *il se joignit à lui des Faineants, avec lesquels il sortoit*, ou il alloit à la petite guerre. C'étoit contre des Ennemis du Peuple d'*Israël* qui l'inquiétoient & le pilloient souvent. Voiez là-dessus le Commentaire de Mr. LE CLERC. Ainsi il ne faisoit que leur rendre la pareille.

(2) C'est celui qui devint un fameux Roi des *Parthes*, de Capitaine de Brigands qu'il étoit: *Erat eo tempore* Arsaces, *vir, sicut incertæ originis, ita virtutis expertæ. Hic solitus latrociniis & rapto vivere* . . . . . *cum prædonum manu* Parthos *ingressus* &c. JUSTIN. Lib. XLI. Cap. IV. *num.* 6, 7.

(3) *Cæterum* Lusitanos VIRIATUS *erexit, vir calliditatis acerrimæ, qui ex venatore latro, ex latrone subito dux atque imperator, & , si fortuna cessisset*, Hispaniæ *Romulus* &c. FLORUS, Lib. II. Cap. XVII. *num.* 15.

(4) Les anciens *Mamertins* en fournissent un exemple. Voiez DIODORE *de Sicile*, in fragment. (Lib. XXI. XXII.) GROTIUS.

(5) *Hoc malum si in tantum, perditorum hominum accessibus crescit, ut & loca teneat, sedes constituat, civitates occupet, populos subjuget; regni nomen adsumit.* De Civit. Dei, *Lib.* IV. *Cap.* IV.

§. IV. (1) Comme celle que fit le Duc de *Lorraine*, au rapport d'ALBERT CRANTZIUS, *Saxonic.* XII, 13. La Ville de *Stralsund* déclara la Guerre aux Ducs de *Poméranie*, ses Princes; comme nous l'apprend le même Historien, *Vandalic.* XIV, 35. GROTIUS.

§. V. (1) De là vient qu'ENNIUS appelle la Guerre, les Combats publiez, *promulgata prælia.* JOSEPH, l'Historien Juif, dit, que c'est une injustice, de faire la Guerre à quelcun, sans la lui avoir déclarée: *Πόλεμον ἀκήρυκτον ἐπάγειν, ἀνόσια.* Antiq. Jud. *Lib.* XV. Voiez des exemples de Déclarations de Guerre, dans CRANTZIUS, *Saxonic.* Lib. XI. & dans la Vie de *Basilide*, Grand Duc de *Moscovie*, par ODERBORN, Lib. III. NICÉTAS, Lib. III. (*Hist. Manuel. Comnen.* Cap. VI.) blâme le Sultan *Chliziastlan*; & ailleurs, *Lib.* V. (Cap. IV.) un Prince des *Serviens*, nommé *Néeman*, d'avoir agi d'une autre maniére. GROTIUS.

La

rapport à la partie de la Souveraineté dont ils sont revêtus. (b) A plus forte raison doit-on regarder comme des Guerres réglées, celles que font ceux qui ne sont point Sujets, (1) mais Alliez à conditions inégales. Aussi voions-nous, que tout ce que demande une Guerre dans les formes s'observa dans celles que les *Romains* eurent avec les *Volsques*, les *Latins*, les *Espagnols*, les *Carthaginois*, & autres Alliez inférieurs par les Traitez; comme les Histoires en font foi.

(b) *Cajetan.* II. 2. Quæst. XL. Art. 1.

§. V. MAIS, afin que la Guerre soit légitime & réglée, dans le sens dont il s'agit, il ne suffit pas qu'elle se fasse entre deux Puissances Souveraines; il faut encore, comme nous avons vû que les Jurisconsultes Romains le supposent, qu'elle aît été entreprise par délibération publique, & cela en sorte (1) que l'une des Parties l'aît déclarée à l'autre. *Il n'y a point de Guerre légitime*, (2) disoit CICE'RON, *si on ne la fait après avoir redemandé ce qui étoit dû, ou après une Déclaration dans les formes.* TITE LIVE l'appelle (3) une *Guerre faite ouvertement & par délibération publique.* Le même Auteur, après avoir raconté comment les *Acarnaniens* ravagérent le païs d'*Athénes*, (4) dit, que *ce fut là un commencement de querelles, mais qu'on en vint ensuite à une Guerre dans les formes, décernée & déclarée par l'Etat.*

§. VI. 1. POUR bien entendre ces passages, & autres semblables, où il est parlé des DE'CLARATIONS DE GUERRE, il faut distinguer ici soigneusement ce que le Droit Naturel prescrit; ce qui est honnête & louable, quoi qu'on n'y soit point obligé naturellement; ce qui est necessaire selon le Droit des Gens, pour certains effets qui lui sont propres; & enfin ce que demandent outre cela les Coûtumes particulieres de quelques Peuples.

2. Selon le *Droit Naturel*, lors qu'il s'agit seulement de se défendre, ou de punir celui-là même qui s'est rendu coupable; il ne faut point de Déclaration de Guerre. C'est

Le *promulgata prœlia* n'est point d'ENNIUS, mais de CICE'RON, qui se sert de cette expression de son chef, en citant quelques mots du vieux Poëte: *Etenim, ut ait ingeniosus Poëta & Auctor valdè bonus, prœliis promulgatis* PELLITUR E MEDIO *non solum ista vestra verbosa simulatio prudentiæ, sed etiam ipsa illa domina rerum* SAPIENTIA: VI GERITUR RES. Orat. pro Murena, *Cap.* XIV. Voiez AULU-GELLE, Lib. XX. Cap. IX. où il rapporte les vers d'où celui-ci est tiré. Nôtre Auteur est tombé dans cette petite méprise, pour avoir suivi ALBERIC GENTIL, *De Jure Belli*, Lib. II. Cap. I. pag. 217. Dans le passage de JOSEPH, c'est *Hérode* qui parle, & qui donne à entendre qu'*Athénion*, en l'attaquant par surprise, & sans lui avoir déclaré la Guerre, avoit commis une seconde injustice: Νεωτέριον δ' ἐμὲ Ἀθηνίων ἐπέθετο, ἀπόλεμον ἀσθενοῦντι ἐπάγων. ἀφύλακτον ... ἡ δευτέρα παρανομία, καὶ τὸ ... Cap. VIII. pag. 522. D.

(2) *Ac belli quidem æquitas sanctissimè Fetiali Populi Romani Jure perscripta est. Ex quo intelligi potest, nullum bellum esse justum, nisi quod aut rebus repetitis geratur, aut denuntiatum ante sit & indictum.* De Offic. *Lib.* I. (*Cap.* XI.) Un ancien Auteur cité par ISIDORE, donne une définition moins complette des *Guerres Légitimes*; ce sont celles, dit-il, qui se font ensuite d'une Déclaration, pour obtenir ce qui nous est dû, ou pour se défendre: JUSTUM BELLUM *est, quod ex edicto geritur, rebus repetitis, aut propulsandorum hominum caussâ.* (Origin. *Lib.* XVIII. *Cap.* I.) GROTIUS.

Je ne vois pas qu'ISIDORE donne cette définition comme étant d'un ancien Auteur: GROTIUS cite ici le passage, tel qu'il se trouve rapporté dans le DROIT CANONIQUE, *Caus.* XXIII. *Quæst.* II. Can. I. Mais l'Edition de DENYS GODEFROI, dont je me sers, porte ainsi: *Justum bellum est, quod* EX PRÆDICTO *geritur, de rebus repetitis, aut propulsandorum hostium caussâ.* Le Correcteur de l'Edition de *Rome* soûtient aussi que cette maniére de lire est la meilleure, comme étant confirmée par tous les MSS. aussi bien que par les Editions. Le sens revient à la même chose, selon nôtre Auteur, qui entend par *edictum* la même chose qu'emporteroient les mots *ex prædicto*; comme il paroît par ce qu'il dit plus bas, §. 7. *num.* 4. Ainsi la définition est, selon lui, défectueuse en ce qu'elle n'exprime pas l'autre condition, ou la Délibération Publique, que la Déclaration néanmoins suppose. ALBERIC GENTIL, au reste, (*De Jure Belli*, Lib. II. Cap. I. pag. 216, 217.) prétend qu'il faut lire, *ex edicto*, fondé uniquement sur le passage de TITE LIVE, qui va être rapporté dans la Note suivante.

(3) *Bellum palam & ex edicto gerere*, dit nôtre Auteur. Il n'indique point l'endroit, où se trouvent ces paroles: quoi qu'il eût pû le faire aisément, après ALBERIC GENTIL (*ubi supra*) de qui il les a prises. C'est dans le I. Livre, où l'Historien parlant de la Guerre des *Fidénates* & des *Veïens* contre *Rome*, dit, que *Mettius Fuffetius*, Dictateur d'*Albe*, les y avoit animez secrétement, sous promesse de les aider en trahissant les *Romains*: QUIA *sua civitati animorum plus, quàm virium, cernebat esse, ad bellum* PALAM ATQUE EX EDICTO *gerendum, alios concitat populos: suis per speciem Societatis proditionem reservat.* Cap. XXVII. *num.* 2.

(4) *Hic exercitus* [Acarnanum] *primo terram Atticam ferro ignique depopulatus, cum omnis generis præda in* Acarnaniam *rediit: & irritatio animorum ea prima fuit. postea justum bellum decretis civitatis ultro indicendo factum.* Lib. XXXI. Cap. XIV. *num.* 10.

C'est ainsi que, dans THUCYDIDE, l'Ephore *Sthenelaidas* dit au sujet des *Athéniens*: (1) *Nous n'avons que faire de vuider nôtre different par des paroles & des raisons, aiant été offensez d'eux autrement qu'en paroles.* Le Roi *Latinus*, au rapport de DENYS *d'Halicarnasse*, (2) pose en fait que *quiconque est attaqué se défend d'abord contre l'Aggresseur.* ELIEN (3) soûtient, après (4) PLATON, que, quand on prend les armes pour sa défense, c'est la Nature qui déclare la Guerre; il ne faut point d'autre Héraut. Aussi *la plûpart des Guerres se font-elles sans avoir été déclarées*, (5) comme le remarque DION *de Pruse*. C'est pour cela que TITE LIVE (6) blâme *Ménippe*, Lieutenant d'*Antiochus*, d'avoir tué quelques *Romains*, sans que la Guerre eût été déclarée, & sans qu'on eût oüi dire que l'épée eût été tirée, ou qu'il y eût eu du sang répandu en aucun endroit. Par où cet Historien donne à entendre, que l'une ou l'autre de ces choses auroit suffi pour justifier l'action de *Ménippe*.

3. La Déclaration de Guerre n'est pas non plus nécessaire, par le Droit Naturel, lors qu'on ne veut que prendre (7) une chose qui nous appartient.

4. Mais toutes les fois qu'on veut se saisir d'une chose en la place d'une autre, ou s'emparer des biens du Débiteur pour le paiement de la Dette; & à beaucoup plus forte raison, lors qu'on s'en prend aux biens de ses Sujets: il faut, avant que d'en venir là, le sommer de nous satisfaire, afin qu'il paroisse qu'on n'a pû autrement avoir ce qui nous appartient, ou ce qui nous est dû. Car alors on n'a pas droit d'agir principalement & directement, mais subsidiairement & au défaut de la chose même qui nous est

§. VI. (1) *Οὐδὲ δίκαις καὶ λόγοις διακριτέα, μὴ λόγῳ καὶ αὐτοὺς βλαπτομένους.* Lib. I. (Cap. LXXXVI. *Ed. Oxon.*) Le même fait dire aux Deputez de *Platée*, que c'est une Loi reçuë par tout, qu'il est permis de se défendre, quand on est attaqué: *Κατὰ τὸν πᾶσι νόμον καθεστῶτα, τὸν ἐπιόντα πολέμιον ὅσιον εἶναι ἀμύνεσθαι.* Lib. III. (*Cap.* LVI.) C'est pour cela que FLAMINIUS, au rapport de DIODORE *de Sicile*, prenoit à témoin les Dieux & les Hommes, qu'il n'étoit point l'Aggresseur, mais le Roi *Philippe*: *Ἐπεμαρτύρατο πάντας ἀνθρώπους τε καὶ θεοὺς, ὅτι τῷ προκατῆρχθαι τοῦ πολέμου τὸν βασιλέα.* Excerpt. Peiresc. (*pag.* 297.) Voiez MARIANA, XIX, 13. & DEXIPPE, *in* Excerpt. Legat. GROTIUS.

Les passages rapportez ici parlent seulement de la justice de la Défense contre un injuste Aggresseur: il n'y a rien qui regarde la Déclaration de Guerre.

(2) C'est en se plaignant de ce qu'*Enée*, avec ses *Troiens*, étoit venu piller son païs, sans qu'on lui en eût donné aucun sujet, & sans avoir déclaré la Guerre: *Πρῶτος δὲ ὁ Λατῖνος ἔγκλημα ποιούμενος τὸν αἰφνίδιόν τε καὶ ἀκατάγγελτον πόλεμον, ἥκειν τὸν Αἰνείαν λέγων, ὅστις ἂν καὶ τι βουλόμενος ἄγει καὶ φέρει τὰ χωρία, πεπονθώς γε οὐδὲν δεινὸν πρότερον, καὶ ὡς ἀγνοῶν ὅτι τὸν ἄρχοντα πολέμου πᾶς ὁ πεπονθὼς ἀμύνεται.* Antiq. Roman. *Lib.* I. *Cap.* LVIII. pag. 46. *Ed. Oxon.* (47. *Edit. Sylb.*)

(3) C'est dans les *Tactiques*, ou le Traité de la maniére de ranger en bataille une Armée; Ouvrage que l'on, croit être d'un Auteur plus ancien, que celui dont tout le monde connoît les *Histoires diverses*, & *l'Histoire des Animaux*. OBRECHT indique ici l'endroit de cet Ouvrage, où se trouve le passage dont il s'agit, & celui de PLATON, qui y est cité. Mais il auroit dû ajoûter, que ni l'un ni l'autre ne font au sujet. ELIEN, pour montrer l'utilité de l'Art Militaire, dit, que tous les Hommes doivent se préparer à la Guerre, par la raison contenuë dans le passage de PLATON, qui, comme nous l'allons voir dans la Note suivante, signifie autre chose que ce que nôtre Auteur y trouve. Voici les paroles de celui qui cite l'ancien Philosophe: *Ὅτι μὲν γὰρ τὸ μάθημα τοῦτο πάντων ἐστὶ χρειωδέστατον, μάθοι τις ἂν ἐξ ὧν ὁ Πλάτων ἐν τοῖς Νόμοις φησί· τὸν γὰρ Κρητῶν νομοθέτην τοὺς νόμους τεθεῖσθαι ὥσπερ εἰς πόλεμον αἰεὶ τῶν ἀνθρώπων παρεσκευασμένων. εἶναι γὰρ φύσει πάσαις ταῖς πόλεσι πρὸς ἁπάσας πόλεμον ἀκήρυκτον.* Cap. I. pag. 12. *Edit.* Arcer. 1618.

(4) L'Interlocuteur *Crétois* dit, que, même en tems de Paix, il faut penser à la Guerre; parce qu'à parler proprement, il n'y a point de véritable Paix, tous les Etats aient naturellement les uns avec les autres une Guerre qui n'est point déclarée par des Hérauts, c'est-à-dire, ou une inimitié secrète, ou une disposition à se faire des Guerres implacables, selon la signification fréquente & connuë de l'épithéte d'*ἀκήρυκτος*, joint au mot de Guerre: *Ἣν γὰρ καλοῦσιν οἱ πλεῖστοι τῶν ἀνθρώπων εἰρήνην, τοῦτ' εἶναι μόνον ὄνομα, τῷ δ' ἔργῳ πάσαις πρὸς πάσας τὰς πόλεις ἀεὶ πόλεμον ἀκήρυκτον κατὰ φύσιν εἶναι.* De Legib. *Lib.* I. pag. 626. A. Tom. II. *Ed. H. Steph.* Ainsi on voit qu'il n'y a rien là, qui tende à établir, que, quand on ne fait que se défendre, on n'a pas besoin de déclarer la Guerre.

(5) *Πόλεμοι δὲ ἐπὶ τὸ πλεῖστον ἀκήρυκτοι γίγνονται.* Orat. *ad Nicomed.*

(6) *Et nondum aut indicto bello, aut ita commisso, ut strictos gladios, aut sanguinem usquam factum audissent, quum per magnum otium milites, alii ad spectaculum templi lucique versi, alii in litore inermes vagarentur, magna pars per agros lignatum pabulatumque dilapsa esset; repente* Menippus *palatos passim adgressus, eos cecidit* &c. Lib. XXXV. Cap. LI. *num.* 2, 3.

(7) Pourvû qu'on soit bien assûré, que celui qui détient nôtre bien, ne veut pas nous le rendre. Mr. CARMICHAEL, Professeur à *Glasgow*, ajoûte une autre exception; c'est qu'on ne puisse reprendre son bien sans faire du mal à d'autres, qui gardent la chose enlevée ou retenuë injustement; auquel cas il veut qu'on fasse préceder une Déclaration conditionnelle: *Not. in* PUFENDORF. *De Offic. Hom. & Civ.* Lib. II. Cap. XVI. §. 7. Mais si ces gens-là savent, ou peuvent aisément savoir, que celui qui leur a donné la chose en garde la possède injustement; ils sont compli-

est refusée; comme nous l'avons (a) expliqué ailleurs.

5. De même, avant que d'attaquer un Souverain pour les dettes ou les crimes de quelcun de ses Sujets, il faut aussi une sommation, qui le mette dans le tort, en sorte qu'il puisse être censé causer lui-même du dommage aux Etrangers, ou se rendre coupable envers eux, selon ce que nous (b) avons dit ailleurs.

6. Lors même que le Droit de Nature nous dispense d'une telle sommation, il est (c) toûjours beau & louable (8) de la faire préceder, afin que l'Offenseur puisse, s'il veut, cesser de nous offenser, ou expier son crime par un repentir sincére & une satisfaction raisonnable, selon ce que nous avons dit ci-dessus (d) en traitant des moiens d'éviter la Guerre. Il y a un ancien vers, qui porte, (9) que *jamais personne n'en vint d'abord aux derniéres extrémitez*. Dieu (10) commanda pour cette raison aux anciens *Israëlites*, d'offrir la paix à une Ville, avant que de l'attaquer: & c'est mal à propos que quelques-uns confondent avec le (11) Droit commun des Nations ce précepte donné à un Peuple en particulier. Car il ne s'agissoit point là d'une paix pure & simple, mais faite à condition que ceux à qui on l'offroit se soûmissent & devinssent tributaires. *Cyrus* étant arrivé en *Arménie*, avant que de faire aucun mal à personne, envoia des gens au Roi, pour lui demander le tribut & les Troupes qu'il devoit à *Cyaxare* par un Traité; (12) *trouvant plus d'humanité*, dit Xénophon, *à en user ainsi, qu'à aller plus loin sans en avertir*.

§. VII. 1. Par le *Droit des Gens*, il faut (1) toûjours, pour que les effets qui lui

(a) *Liv.* II. *Chap.* VII. §. 2. *Liv.* III. *Chap.* I. §. 2. *num.* 3. & *Chap.* II. §. 2.

(b) *Liv.* II. *Chap.* XXI. §. 2, & *suiv.*

(c) Voiez *Mariana*, Hist. Hisp. XXVII, 13.

(d) *Liv.* II. *Chap.* XXIII. §. 7.

plices de l'injustice, & ainsi ils ne méritent pas plus de ménagemens que le principal Détenteur. Que s'ils sont là-dessus dans l'ignorance de bonne foi, il en est ici de même que quand, après avoir déclaré la Guerre dans les formes, on exerce des actes d'hostilité que l'on prévoit devoir nuire aux Sujets innocens de l'Ennemi, aussi bien qu'aux coupables. C'est un malheur pour eux, auquel ils sont exposez par une suite inévitable de la constitution des Sociétez Civiles: on n'est pas pour cela obligé d'abandonner ou de suspendre la poursuite de son bien, ou de ses droits; sur tout s'il se presente une occasion favorable, que l'on craigne de manquer.

(8) Ce n'est pas seulement une chose belle & louable; on y est même obligé par le Droit Naturel, toutes les fois qu'on le peut, sans se causer à soi-même du préjudice. Il est vrai qu'on ne fait aucun tort, proprement ainsi nommé, à celui qui nous a donné, entant qu'en lui est, un juste sujet de prendre les armes. Mais l'amour de la Paix, l'Humanité, la compassion pour un grand nombre d'Innocens, qui sont toûjours enveloppez dans les malheurs de la Guerre, demandent sans contredit qu'on tente toutes les voies possibles de l'éviter, & qu'on ne perde que le plus tard qu'on peut toute espérance de faire revenir à lui-même l'Offenseur.

(9) *Extrema primo nemo tentavit loco.*
Ce vers est de Sénéque, *Agamemn.* vers. 153.

(10) Deutéronome, *Chap.* XX. vers. 10. L'Historien Juif parlant de la Guerre des autres Tribus contre la Tribu de *Benjamin*, dit, qu'aussi tôt qu'elles furent assemblées à *Silo*, après avoir sû ce qui avoit été fait à la Concubine du Lévite, elles vouloient prendre les armes contre les Habitans de *Gaba*; mais que le Conseil des Principaux de la Nation les retint, leur représentant qu'il ne falloit pas si tôt en venir à la Guerre avec ses Compatriotes, & avant que d'avoir proposé ses griefs dans un pourparler à l'amiable; & qu'on étoit d'autant plus obligé d'user de ce délai, que la Loi ne permettoit pas de marcher avec une Armée contre des Etrangers même, quelque tort qu'on crût en avoir reçû, sans leur avoir envoié des Ambassadeurs, pour tâcher d'obtenir d'eux une satisfaction raisonnable: Ἐπέσχε δ' αὐτοὺς ἡ γερουσία, πείσασα μὴ δεῖν ὀξέως οὕτως πρὸς τοὺς ὁμοφύλους ἐκφέρειν πόλεμον, πρὶν ἢ λόγοις διαλεχθῆναι περὶ τῶν ἐγκλημάτων· τοῦ νόμου μηδ' ἐπὶ τοὺς ἀλλοτρίους ἐῶντος, δίχα πρεσβείας καὶ τοιαύτης πρὸς τὸ μετανοῆσαι πείρας, τοὺς δόξαντας ἀδικεῖν στρατιὰν ἀγαγεῖν. Antiq. Jud. *Lib.* V. *Cap.* II. Grotius.

La Loi du Deutéronome ne regardoit pas tous les Peuples, auxquels les *Israëlites* feroient la Guerre. Voiez là-dessus le Commentaire de Mr. Le Clerc.

(11) Il y a dans l'Original, *cum Jure Gentium*. Mais nôtre Auteur a voulu dire sans doute *Jure Naturæ*, ou bien *Jure gentium communi*; prenant ainsi le *Droit des Gens* dans le même sens que les Jurisconsultes Romains, & non pas pour son Droit des Gens arbitraire, dont il ne s'agit point encore.

(12) Τὸν μὲν δὴ ἄγγελον ἐπιστείλας ταῦτα, ἔπεμψε, νομίζων φιλικώτερον εἶναι οὕτως, ἢ μὴ προειπόντα πορεύεσθαι. Cyrop. *Lib.* II. *Cap.* IV. §. 19. *Edit. Oxon.* in fin. Lib.

§. VII. (1) Mais si l'un des Ennemis a attaqué l'autre sans lui déclarer la Guerre, & l'a réduit par là à la nécessité de se défendre, sans lui donner le tems de faire une Déclaration dans les formes; est-ce que cette Guerre n'aura pas les mêmes effets, que si elle avoit été déclarée d'un côté? Et pourquoi faut-il que l'Attaqué, qui n'a pû déclarer la Guerre, souffre de ce que l'Attaquant, qui pouvoit la déclarer, ne l'a point fait? D'ailleurs, nous ferons voir sur les Chapitres suivans, que les effets, dont nôtre Auteur veut parler, qui sont l'impunité, & le droit de s'approprier ce que l'on prend à l'Ennemi; que ces effets, dis-je, ne viennent point de la Déclaration de Guerre, ni d'un prétendu Droit des Gens arbitraire, & qu'ils ne sont point particuliers aux Guerres déclarées dans les formes. Pour ce qui regarde la division que fait nôtre Auteur des *Déclarations de Guerre* en *Conditionnelles*, & *Pures ou simples*; quelques Ecrivains prétendent qu'el-

lui sont particuliers s'ensuivent, une Déclaration de Guerre, non pas à la vérité de part & d'autre, mais du moins d'un côté.

2. Cette Déclaration est ou *conditionnelle*, ou *pure & simple*. La *Déclaration de Guerre conditionnelle*, c'est celle qui est jointe avec la demande solennelle des choses duës, qui se faisoit clairement & à haute voix; d'où vient le (2) mot Latin dont on se servoit pour l'exprimer. Et sous le nom des choses duës (3) que l'on redemande, le Droit (a) des Hérauts d'armes, parmi les anciens *Romains*, renfermoit non seulement les biens que l'on réclamoit, mais encore ce que l'on prétendoit être dû pour cause civile ou criminelle, comme l'explique avec raison le Grammairien (4) SERVIUS. C'est pourquoi la formule de cette sommation (5) portoit, *Qu'on eût à rendre, à satisfaire, à livrer. A livrer*, c'est-à-dire, à moins qu'on n'aimât mieux punir le Coupable, comme nous l'avons (b) expliqué ailleurs.

(a) *Jus Feciale.*

(b) *Liv.* II. *Chap.* XXI. §. 4.

3. On trouve un exemple de ces Déclarations de Guerre conditionnelles, dans TITE LIVE, (6) où les *Samnites* disent aux *Romains*, que, *s'ils ne réparent l'affront & l'injure qu'ils leur ont faite, ils en tireront raison eux-mêmes de toute sorte de maniéres.* Ainsi *Germanicus*, au rapport de TACITE, (7) écrivit à *Cécina*, que, *si on ne pu-*

qu'elle n'a pas un fondement solide, & que toute Déclaration de Guerre, de quelque maniére qu'elle se fasse, est conditionnelle, ou expressément, ou tacitement. Car, disent-ils, on doit toûjours être disposé à recevoir une satisfaction raisonnable; & du moment que l'Ennemi l'offre, on ne peut continuer à lui faire la Guerre sans une grande injustice, encore même que la Déclaration précedente ait été pure & simple. Mais, outre que nôtre Auteur traite ici du Droit des Gens, qui, selon lui, n'emporte souvent que l'impunité; la maniére dont il explique sa division suppose que celui, à qui l'on déclare la Guerre purement & simplement, a déja assez témoigné qu'il n'avoit nul dessein de nous épargner la nécessité d'en venir aux armes contre lui. Jusques-là donc la *Déclaration* peut bien être pure & simple, sans préjudice des dispositions où l'on doit toûjours être pour l'avenir, si l'Ennemi revient à lui-même; ce qui regarde la fin de la Guerre, plûtôt que le commencement, auquel se rapporte la distinction des *Déclarations Pures*, & *Conditionnelles*.

(2) *Clarigatio.* C'est l'étymologie que PLINE donne de ce mot: *Et legati, quum ad hostes clarigatumque mitterentur, id est, res raptas clarè repetitum, unus utique* Verbenarius *vocabatur. Hist. Nat.* Lib. XXII. Cap. II. Voiez aussi SERVIUS, *in Æn.* IX. (*vers.* 53.) & X. (*vers.* 14.) Le Naturaliste, dans le passage qui vient d'être cité, dit, qu'un des Hérauts, qui alloient faire la sommation, s'appelloit *Verbenarius*, parce qu'il portoit aux Ennemis de la Verveine; comme il est dit ailleurs: *Nostri* Verbenacam *vocant: hac est, quam legatos ferre ad hostes indicavimus.* Lib. XXV. Cap. IX. GROTIUS.

(3) Voiez PARUTA, *De Bello Cyprio*, Lib. I. PETR. BIZAR. Lib. XXIII. où il parle des *Turcs*: REINKING. *Lib.* II. *Class.* III. Cap. IV. GROTIUS.

(4) RES RAPUISSE LICEBIT] *Clarigationem exercere, hoc est, per Fetiales bella indicere. Nam veteres lædere res, rapere dicebant, etiamsi rapina nullum crimen existeret: similiter* satisfacere, res reddere *dicebant.* In ÆNEID. X. vers. 14.

(5) Elle sera rapportée ci-dessous, *Note* 9.

(6) *Eam se contumeliam, injuriamque, ni sibi ab iis, qui fecerint, dematur, ipsos omni vi depulsuros esse.* Lib. VIII. Cap. XXIII. *num.* 7.

(7) *Præmittit* [Germanicus] *literas ad* Cæcinam, *venire se validâ manu, ac, ni supplicium in malos præsumant, usurum promiscuâ cæde.* Annal. Lib. I. Cap. XLVIII. *num.* 1. Il s'agit là de la révolte des Légions: ainsi c'étoit une menace de châtiment, & non pas une Déclaration de Guerre.

(8) Ἐλθὼν δ' ὑπέρ τ' Ἀσωπὸν, Ἰσμηνοῦ θ' ὕδωρ,
Σεμνῷ τυράννῳ φράζε Καδμείων τάδε·
Θησεύς σ' ἀπαιτεῖ πρὸς χάριν θάψαι νεκρούς,
Συγγείτον' οἰκῶν γαῖαν, ἀξιῶν τυχεῖν,
Φίλον τε θέσθαι πάντ' Ἐρεχθειδῶν λεών.
Κἂν μὲν θέλωσιν αἰνέσαι, παλίσσυτος
Στεῖχ'· ἢν δ' ἀπιστῶσ', οἵδε δεύτεροι λόγοι,
Κῶμον δέχεσθαι τὸν ἐμὸν ἀσπιδηφόρον.

(Supplic. *vers.* 383, *& seqq.*) STACE fait ainsi parler le même *Thésée*, sur le même sujet:

— *Verte hunc adeo, fidissime* Phegeu,
Cornipedem, & Tyrias invectus protinus arces,
Aut Danais *edice rogos, aut prælia* Thebis.

(Theb. *Lib.* XII. vers. 596, *& seqq.*) On trouve une semblable Déclaration de Guerre dans le *Combat des Rats & des Grenouilles*, attribué à HOM'ERE (*Batrachomyomach.* vers. 135, *& seqq.*) Dans l'*Amphitryon* de PLAUTE, on voit que ce Général envoie d'abord les Principaux de son Armée aux *Teléboens*, pour leur dire, que, s'ils vouloient de bon gré, & sans en venir aux mains, rendre ce qu'ils avoient pris aux *Thébains*, & livrer les auteurs de ces violences, il s'en retourneroit avec ses Troupes, & il les laisseroit en repos: sinon, il alloit mettre le siége devant leur Ville, & le pousser vigoureusement;

Principio ut illò advenimus, ubi primum terram tetigimus,
Continuo Amphitruo *delegit viros primorum principes:*
Eos legat; Telebois *jubet sententiam ut dicant suam:*
Si sine vi & sine bello velint rapta & raptores tradere,
Si, quæ asportassent, redderent; se exercitum extemplo domum
Reducturum, abituros agro Argivos, *pacem atque otium*
Dare illis. sin aliter sient animati, neque dent quæ petat,
Sese igitur summâ vi virisque eorum oppidum expugnassere.

(Act. I. Scen. I. vers. 48, *& seqq.*) Voiez aussi CROMER. *De reb. Polon.* Lib. XXI. C'est ce que POLYBE appelle, Ῥύσια καταγγέλλειν, & les anciens Romains, *Condicere*. GROTIUS.

Dans le passage de POLYBE, que le Savant GRONOVIUS indique ici, je ne sai s'il s'agit d'autre chose, que de droit de Représailles, sur quoi nôtre Auteur a cité cet Historien même, dans le Chapitre précedent, §. 5. *Note* 5. Les *Eleutheméens* soupçonnant que *Timoque*, un de leurs Citoiens, avoit été assassiné par

punissoit les Coupables, il feroit main basse sur tout le monde. Mais il y a un exemple fort ancien dans les *Suppliantes* d'Euripide, où *Thésée*, Roi d'*Athénes*, envoiant un Héraut à *Créon*, Roi de *Thébes*, lui donne ainsi ses ordres: (8) *Va-t'en lui dire, que* Thésée, *son Voisin, le prie de rendre les Corps morts, pour être ensévelis, & qu'il fera plaisir par là à tout le Peuple* d'Athénes: *Si l'on accorde cette demande, reviens incessamment sur tes pas: mais si on la refuse, dis alors, qu'on se prépare à voir venir ma Jeunesse en armes fondre sur eux.*

4. La Déclaration pure & simple, c'est celle qui s'appelle particuliérement (c) *Déclaration de Guerre*, & qui se fait, lors que celui à qui l'on déclare la Guerre (d) a déja pris les armes contre nous, ou a commis lui-même des choses (e) qui méritent punition.

(c) *Indictio*, ou *Edictum*.

(d) Voiez le passage d'*Isidore*, cité au §. 5. *Not.* 2.

(e) Voiez en un exemple dans *Bembus*, Lib. VII.

5. Une Déclaration conditionnelle est quelquefois suivie d'une Déclaration pure & simple, mais par surabondance de droit; car cela n'est point nécessaire. Ainsi, parmi les *Romains*, celui qu'on envoioit pour déclarer la Guerre, *prenoit à témoin les Dieux*, (9) *que le Peuple, à qui il la déclaroit, étoit injuste, & ne vouloit point faire ce que le Droit & la Justice demandoient*. Ensuite, lors que ce Héraut étoit de retour à

par ordre de *Polemoclès*, Amiral de *Rhodes*, permirent d'abord d'user de représailles sur les *Rhodiens*, & ensuite leur déclarérent la Guerre: Καὶ ἐχόντων ὑποψίαν τ' Ἐλευθερναίων, ὅτι τ πολίτην αὐτῶν Τίμαρχον οἱ περὶ τ Πολεμοκλῆ, χαρισάμενοι τοῖς Κνωσσίοις, ἀνῃρήκασι· τὸ μὲν πρῶτον ῥύσια κατήγγειλαν τοῖς Ῥοδίοις, μετὰ δὲ ταῦτα πόλεμον ἐξήνεγκαν. Lib. IV. Cap. LIII. Il me semble que, bien loin de s'éloigner ici de la signification ordinaire du mot de ῥύσια, il est tout naturel de l'y appliquer. Pour ce qui est de *Condicere*, voiez la formule des Déclarations de Guerre, rapportée dans la Note suivante.

(9) *Si non deduntur, quos exposcit* (Legatus) *diebus tribus & triginta* (*tot enim solennes sunt*) *peractis, bellum ita indicit:* Audi, *Jupiter*, & tu *Juno*, *Quirine*, Diique omnes cœlestes, vosque terrestres, vosque inferni, audite. Ego vos testor, populum illum (*quicumque est, nominat*) injustum esse, neque jus persolvere. Sed de istis rebus in patria majores natu consulemus, quo pacto jus nostrum adipiscamur. *Cum his nuntius* Romam *ad consulendum redit. Confestim Rex, his ferme verbis Patres consulebat:* Quarum rerum, litium, caussarum, condixit pater patratus Populi Romani *Quiritium* patri patrato priscorum *Latinorum*, hominibusque priscis Latinis, quas res dari, fieri, solvi, oportuit, quas res nec dederunt, nec fecerunt, nec solverunt, dic, *inquit ei, quem primum sententiam rogabat*, quid censes. *Tum ille:* Puro pioque duello quærendas censeo; itaque consentio, consciscoque. *Inde ordine alii rogabantur: quandóque pars major eorum, qui aderant, in eamdem sententiam ibat, bellum erat consensu fieri solitum; ut Fecialis hastam ferratam, aut sanguineam præustam, ad fines eorum ferret, &, non minus tribus, puberibus præsentibus, diceret:* Quod populi priscorum *Latinorum*, hominesque prisci Latini, adversus populum Romanum *Quiritium* fecerunt, deliquerunt, quod populus Romanus *Quiritium* bellum cum priscis *Latinis* jussit esse, Senatusque Populi Romani *Quiritium* censuit, consensit, conscivit, ut bellum cum priscis *Latinis* fieret; ob eam rem ego populusque Romanus populis priscorum *Latinorum*, hominibusque priscis Latinis, bellum indico, facioque. *Id ubi dixisset, hastam in fines eorum emittebat.* Tit. Liv. Lib. I. Cap XXXII. num. 9-[illegible] Mr. Jaques Gronovius, dans une longue Note sur ce passage, a prétendu que nôtre Auteur se trompoit de croire, après Turnebe, que le mot de *Condixit*, emploié ici dans la délibération sur la Guerre, signifie la sommation précédente, ou la Déclaration de Guerre conditionnelle. Mais j'avouë que les raisons de ce Savant ne m'ont pas paru assez fortes, pour me faire souscrire à sa critique. Il dit, qu'on ne trouve nulle part, ni dans Tite Live, ni ailleurs, que le Chef des Hérauts d'armes (*Pater patratus*) fût emploié pour faire cette sommation, ou cette demande; qu'on l'attribuë toûjours aux Hérauts, sans parler de leur Chef; & que *Tite Live*, au Chap. XXIV. de ce même Livre, dit très-expressément, que le *Pater patratus* ne faisoit autre chose que prêter le serment & reciter les conditions dans les Traitez d'Alliance. Mais il suffit que ce Chef n'allât pas seul, & qu'il fût accompagné de quelques autres Hérauts, pour qu'il soit compris sous le nom général de *Feciales*: or c'est ce que dit formellement Servius, sur le vers 14. du X. Livre de l'*Enéïde*; quoi qu'ailleurs il parle des *Feciales* en général, sans faire mention du *Pater patratus*. A moins donc qu'on ne montre clairement, que, dans ce passage de Tite Live il ne s'agit point de la sommation (*clarigatio*) son témoignage sert à expliquer ce que les autres Auteurs, & lui-même, ont dit d'une maniére générale, dans des endroits où il n'étoit pas question de mieux circonstancier une chose qu'ils supposoient assez connuë. Le Grammairien Servius, dans un seul & même endroit, (dont je citerai tout-à-l'heure une partie, & l'autre dans la *Note* 12.) après avoir dit, que le Chef des Hérauts étoit celui qui déclaroit la Guerre, attribuë cette Déclaration un peu plus bas aux *Feciales* en général. Pour ce qui est du Chap. XXIV. de Tite Live, j'y vois bien que le *Pater patratus* est emploié pour traiter alliance, mais je n'y trouve rien, qui insinuë que ce fut là son unique emploi. Et au contraire, dans les passages de Servius, qu'on cite aussi, il est dit des Hérauts, & de leur Chef sans distinction, qu'ils faisoient les Alliances, & qu'ils déclaroient la Guerre: *Atqui Feciales & Pater patratus, per quos bella vel fœdera confirmabantur, numquam utebantur vestibus lineis .... Qua* [verbena] *coronabantur Feciales & Pater patratus, fœdera facturi, vel bella indicturi.* In Æn. XII, 120. Voilà l'ordre des choses changé, afin qu'on ne croie pas que l'une regarde les *Feciales*, & l'autre le *Pater patratus*. Mais voici un passage formel de ce même Grammairien: *Quum enim volebant bellum indicere*, Pater patratus, *hoc est, princeps Fecialium, proficiscebatur ad hostium fines, & præfatus quadam solennia, clarâ voce dicebat, se* hi-

à *Rome*, le prémier qui opinoit dans le Sénat disoit, *qu'il étoit d'avis de poursuivre, par une juste Guerre, les* (f) *choses que les* Latins, *par exemple, n'avoient pas voulu livrer, faire, ou païer, quoi qu'ils en eussent été sommez, eux & le Chef de leurs Hérauts d'armes, par le Chef des Hérauts d'armes du Peuple Romain.* Enfin, après que la Guerre avoit été résoluë, le Héraut, qui alloit jetter une pique sur les terres de l'Ennemi, disoit: *Le Sénat & le Peuple Romain aiant résolu la Guerre contre les* Latins, *pour ce que les* Latins *ont fait & commis contre lui; je déclare & je fais pour ce sujet la Guerre au Peuple Latin.* Et que, dans ce cas-là, on ne crût point la Déclaration de Guerre absolument nécessaire, cela paroît aussi de ce qu'on pouvoit la faire dans la prémiére Place de celui à qui l'on déclaroit la Guerre, comme le décidérent les Hérauts (10) au sujet de *Philippe* Roi de *Macédoine*, & depuis encore, quand il (11) s'agissoit d'*Antiochus*: au lieu que la prémiére fois il falloit déclarer la Guerre à celui-là même contre qui on vouloit prendre les armes. Bien plus: la Déclaration de Guerre contre *Pyrrhus* se fit à un seul Soldat de ce Prince, & cela dans le *Cirque Flaminien*, où on lui ordonna d'acheter pour la forme une place, qui fut alors cen-sée

(f) Voiez Denys d'Halicarnasse, Except. legat. II.

bellum indicere propter certas caussas: Aut quia socios læserant, aut quia nec abrepta animalia, nec obnoxios reddebant. Et hæc Clarigatio *dicebatur, à claritate vocis.* In ÆNEID. IX. 52. On veut encore, que le mot de *Condicere* ne se dise que des choses à l'égard desquelles les deux Parties s'accordent. Mais FESTUS nous apprend, qu'il signifioit en général, déclarer, faire savoir: CONDICERE, *est dicendo denuntiare.* Enfin, toute la suite du discours, & les termes mêmes de la délibération sur la Guerre, répugnent à ce qu'on entende ici par *condixit*, un Traité fait depuis peu entre les *Latins* & les *Romains*; comme le croioit celui qui a critiqué ici mon Auteur. L'Historien décrit en général la maniére dont on demandoit satisfaction, & dont on déclaroit ensuite la Guerre. D'où vient que, dans la protestation faite après le refus de rendre ce qui étoit dû, il est parlé d'un Peuple, quel qu'il soit: *Populum illum (quicumque est nominat.)* il est vrai qu'ensuite on nomme les *Latins*: mais c'est que les termes des Formules demandoient d'être déterminez à quelque Peuple en particulier. Et dans la formule, dont il s'agit, les prémiers mots, *Quarum rerum, litium, caussarum*, marquent visiblement toute sorte de sujet de plainte en général, toutes les affaires qu'on pouvoit avoir à démêler ensemble; de sorte qu'ils ne me paroissent point compatibles avec la détermination du sens de *condixit* à la cérémonie de la conclusion d'un Traité. Mais il y a plus: l'Historien dit clairement, que la raison pourquoi on envoia demander satisfaction aux *Latins*, c'étoit parce qu'ils avoient fait des courses sur les Terres des *Romains*: *Et quum incursionem in agrum Romanum fecissent, repetentibus res Romanis, superbè responsum reddunt.* Num. 3. Il ne s'agissoit donc point de la violation des articles d'un Traité; de quoi il y a apparence que l'Historien n'auroit pas manqué de dire un mot. Je donne cette Note, telle que je l'avois composée à *Lausane*, il y a plusieurs années. J'ai vû depuis avec plaisir, que Mr. JENS, dans une bonne Dissertation *De Fetialibus Populi Romani*, (qui fait partie de son *Ferculum literarium*, publié en M. DCC. XVII.) est précisément de même opinion, que moi, & réfute tacitement feu Mr. GRONOVIUS, à peu près par les mêmes raisons. On verra par ce qu'il y a de plus ou de moins dans l'un & dans l'autre, & par la différente maniére dont nos raisons sont tournées; que, comme ce Savant n'a pû rien prendre de moi, je ne l'ai pas non plus pillé. Tout le reste de sa Dissertation mérite fort d'être lû.

(10) *Consultique Feciales ab Consule* Sulpicio, *bellum, quod indiceretur Regi* Philippo, *utrum ipsi utique nuntiari juberent; an satis esset in finibus regni quod proximum præsidium esset, eo nuntiari: Feciales decreverunt, utrum eorum fecisset, rectè facturum.* TIT. LIV. Lib. XXXI. Cap. VIII. num. 3.

(11) *Consul deinde* Manius Acilius, *ex Senatusconsulto, ad collegium Fecialium retulit: Ipsine utique Regi* Antiocho *indiceretur bellum, an satis esset ad præsidium ejus aliquod nuntiari? . . . . . Feciales responderunt, Jam ante sese, quum de* Philippo *consulerentur, decresse; nihil referre, ipsi coram, an ad præsidium nuntiaretur.* Idem, *Lib.* XXXVI. *Cap.* III. *num.* 9, 11.

(12) *Denique, quum* Pyrrhi *temporibus, adversum transmarinum hostem, bellum* Romani *gesturi essent, nec invenirent locum, ubi hanc solennitatem per Feciales indicendi belli celebrarent, dederunt operam, ut unus de* Pyrrhi *militibus caperetur, quem fecerunt in* Circo Flaminio *locum emere, ut, quasi in hostili loco, jus belli indicendi implerent.* In ÆNEID. IX, 52.

(13) Voiez THUCYDIDE, *Lib.* I. *Cap.* XXIX. *Ed. Oxon.*

§. VIII. (1) C'étoit un Bâton, ou une espéce de Sceptre, enveloppé d'une figure de Serpens entortillez les uns dans les autres. PLINE dit, que l'usage de cette figure vient de ce qu'on trouve des espéces d'Oeufs formez par un tas de Serpens, qui s'entortillent & se collent, en quelque façon les uns aux autres: de sorte qu'on voulut donner par là un emblême de la paix entre deux Ennemis qui s'envoient l'un à l'autre des Hérauts portans le Caducée: *Angues innumeri, æstate convoluti, salivis faucium corporumque spumis, artifici complexu glomerantur: Anguinum adpellatur . . . . . . Hic tamen complexus anguium, & efferatorum concordia, caussa videtur esse, quare exteræ gentes Caduceum, in pacis argumentum, circumdatâ effigie anguium fecerint.* Hist. Natur. *Lib.* XXIX. *Cap.* III. Voiez aussi SERVIUS sur l'*Enéide* de VIRGILE, Lib. IV. (vers. 242.) & Lib. VIII. (vers. 138.) GROTIUS.

Il paroit par le passage de PLINE, que l'Auteur ne faisoit qu'indiquer, & encore mieux par ceux de SERVIUS, auxquels il renvoie; que le *Caducée* étoit un signe de Paix, plûtôt que de Guerre; & qu'ainsi le but propre de son institution n'étoit pas de déclarer la Guerre. Le Commentateur de VIRGILE dit formellement, que ceux qui portoient le Caducée étoient des Ambassadeurs de paix, comme c'étoit par le moien des *Feciales*, qu'on déclaroit la Guerre: *Unde, secun-dum*

ſée du païs ennemi; comme nous l'apprenons du (12) Grammairien SERVIUS. Une autre choſe qui montre, que la Déclaration pure & ſimple étoit ſuperfluë après la conditionnelle, c'eſt que ſouvent il ſe faiſoit alors une Déclaration de Guerre de part & d'autre, comme, dans la Guerre du *Péloponnéſe*, (13) de la part de ceux de *Corfou*, & de la part des *Corinthiens*; au lieu qu'il ſuffit que la Guerre ſoit déclarée d'un côté.

§. VIII. VOILA' pour ce qui regarde le Droit des Gens. Il ne faut pas confondre avec les Régles qui ſont proprement de cette ſorte de Droit, l'uſage du *Caducée* (1) établi parmi *les Grecs*; celui de (2) la Verveine, & de la Pique (3) de cornouiller ſauvage, parmi les *Romains*, qui l'avoient pris des *Equicoles*; la rénonciation (4) ſolennelle à toute liaiſon d'amitié & d'alliance qu'on pouvoit d'avoir euë avec celui à qui l'on déclaroit la Guerre, rénonciation qui ſe faiſoit après le terme des trente jours qu'on lui donnoit pour rendre ce qu'on lui avoit demandé; la cérémonie (5) de jetter encore une fois une Pique dans les terres de l'Ennemi; & autres choſes ſemblables, qui viennent uniquement des Coûtumes particuliéres de quelques Peuples. Auſſi ARNOBE témoigne-t-il (6) que, de ſon tems, une grande partie de ces formalitez n'étoient

dum LIVIUM, *legati pacis* Caduceatores *dicuntur. Sicut enim per* Feciales, *à fœdere* [il faut ſuppléer ici, *dicti*] *bella indicebantur; ita pax per* Caduceatores *fiebat*. In ÆN. IV, 242. Voiez auſſi ISIDORE, *Orig.* Lib. VIII. Cap. XI. col. 1027. *Edit. Gothofr.* SUIDAS appelle le *Caducée*, σύνθημα φιλίας, un ſymbole d'amitié (*voce* Κηρύκειον) ce qu'il a pris de POLYBE, Hiſt. *Lib.* III. *Cap.* LII. Et AULU-GELLE nous apprend, ſur la foi de quelques anciennes Hiſtoires, que le Général *Quintus Fabius* voulant donner aux *Carthaginois* le choix de la Guerre ou de la Paix, leur envoia, de la part du Peuple Romain, une Pique & un Caducée, comme deux ſignes, le prémier de la Guerre, & l'autre de la Paix: *Quod* Q. Fabius, *Imperator Romanus, dedit ad* Carthaginienſes *epiſtolam, ubi ſcriptum fuit, Populum Romanum miſiſſe ad eos haſtam & caduceum, ſigna duo belli aut pacis &c.* Noct. Attic. *Lib.* X. *Cap.* XXVII. Mais je trouve dans THUCYDIDE, deux paſſages qui prouvent clairement, que l'uſage du Caducée ſuppoſoit la Guerre deja déclarée. Le prémier, c'eſt dans l'endroit où il raconte le Combat naval entre les *Corinthiens*, & ceux de *Corfou*. Les derniers aiant été vainqueurs, les autres penſerent à ſe retirer: mais comme ils craignoient que les *Athéniens*, qui étoient venus au ſecours de ceux de *Corfou* avec un renfort conſidérable, ne regardaſſent le combat donné comme une rupture de l'alliance, & eux par conſéquent comme Ennemis; ils leur envoiérent quelques hommes dans un eſquif, ſans Caducée, pour ſonder leurs ſentimens, dit l'Hiſtorien; ce qui donne à entendre manifeſtement, qu'ils vouloient témoigner de leur côté ne ſe défier point d'eux, & ne les pas tenir pour des Ennemis déclarez: Ἔδοξεν οὖν αὐτοῖς, ἄνδρας ἐς κελήτιον ἐμβιβάσαντας, ἄνευ κηρυκείου προσπέμψαι τοῖς Ἀθηναίοις, καὶ πεῖραν ποιήσασθαι. Lib. I. Cap. LIII. *Ed. Oxon.* L'autre paſſage eſt à la fin du même Livre, où l'Hiſtorien dit, que malgré toutes les querelles, qu'il vient de raconter, ceux du *Péloponnéſe* n'avoient pas rompu commerce entr'eux, & alloient librement les uns chez les autres *ſans caducée*, quoi qu'avec quelque défiance: Ἐπεμίγνυντο δὲ ὅμως ἐν αὐταῖς, καὶ παρ' ἀλλήλους ἐφοίτων, ἀκηρύκτως μὲν, ἀνυπόπτως δ' οὔ. Cap. CXLV. L'Hiſtorien dit auſſi, au commencement du Livre ſuivant, que, quand la Guerre du *Péloponnéſe* fut commencée, ils n'avoient plus aucune communication *ſans Caducée*: Ἐν ᾧ [πολέμῳ] οὔτε ἐπεμίγνυντο ἔτι ἀκηρυκτεὶ παρ' ἀλλήλους &c. Voiez le Scholiaſte Grec, ſur ces deux derniers paſſages.

(2) Voiez les paſſages de PLINE, qui ont été citez ci-deſſus, §. 7. *Note* 2. & FESTUS, au mot *Sagmina*. TITE LIVE pourtant ne parle de l'uſage de cette herbe que dans la cerémonie des Traitez d'Alliance, pour leſquels on envoioit le Chef des Hérauts d'armes, *Lib.* I. *Cap.* XXIV. *num.* 4, 5. & *Lib.* XXX. *Cap.* XLIII. *num.* 9. Il n'y a pas un mot là-deſſus dans l'endroit où il raconte la maniere de demander ce qui étoit dû, & de déclarer la Guerre; quoi que tout y ſemble bien circonſtancié. N'auroit-on pas confondu les circonſtances de ces deux cérémonies? Ce qui pourroit le faire croire, c'eſt un paſſage de VARRON, où ce Savant Romain dit, que la Verveine étoit, parmi les *Romains*, ce que le *Caducée* chez les *Grecs*, ſavoir, un ſigne de paix: CADUCEUS, *pacis ſignum;* VARRO *pronuntiat*, De vita Populi Rom. *Lib.* II. Verbenatus ferebat verbenam: id erat caduceus, pacis ſignum. nam *Mercurii* virgam poſſumus æſtimare. *Apud* NON. MARCELL. pag. 528. *Edit. Pariſ.* 1614.

(3) Cette Pique étoit brûlée par le bout, comme le dit TITE LIVE, qui met auſſi l'alternative d'une Pique garnie de fer. Voiez le paſſage cité dans la *Note* 9. ſur le paragraphe précedent.

(4) C'eſt ſur quoi TITE LIVE nous apprend, qu'on conſulta le Collége des Hérauts d'armes, dans la Guerre contre *Antiochus* & les *Etoliens*: *Et num prius ſocietas eis* [Ætolis] *& amicitia renuntianda eſſet, quàm bellum indicendum.* Lib. XXXVI. Cap. III. *num.* 10.

(5) Voiez SERVIUS, ſur le IX. Livre de l'*Enéide*, (verſ. 53.) & AMMIEN MARCELLIN, Lib. XIX. (Cap. II. pag. 229. *Ed. Gron. Valeſ.*) avec la Note du Savant LINDENBROG ſur ce paſſage. GROTIUS.

Nôtre Auteur ſuppoſe ici, que les Hérauts d'armes jettoient à deux diverſes fois une Pique ſur les terres de l'Ennemi: *Haſta miſſio iterum.* Mais il a été trompé, pour avoir mal entendu la ſuite du diſcours dans le paſſage de SERVIUS, qu'il cite; comme il me ſeroit aiſé de le faire voir.

(6) C'eſt dans l'endroit où, pour repouſſer le reproche de nouveauté qu'on faiſoit aux *Chrétiens*, il fait voir, que les *Romains* eux-mêmes avoient abandonné, en pluſieurs choſes, les coûtumes de leurs Ancêtres. Il en donne entr'autres pour exemple, en matiére de Guerre, qu'ils ne conſultoient plus le Collége des *Feciales*, ou Herauts d'armes, qu'ils ne les envoioient plus faire une ſommation ou une demande dans

toient plus en usage. Il y en avoit même quelques-unes, dont on se dispensoit dès le tems de (7) VARRON. La *troisiéme Guerre Punique* (8) fut en même tems déclarée & commencée. Et *Mécénas*, dans un Discours que DION CASSIUS lui prête, (9) soûtient que quelques-unes des formalitez, dont nous venons de parler, ne conviennent proprement qu'à un Etat Populaire.

§. IX. AU RESTE, du moment que la Guerre a été déclarée à un Souverain, elle est censée déclarée en même tems, non seulement à tous ses Sujets, (1) mais encore aux autres qui pourront se joindre à lui, & qui ne doivent être regardez, par rapport à lui, que comme un accessoire. C'est ainsi que les *Romains* aiant déclaré la Guerre à *Antiochus*, ne voulurent point la déclarer séparément aux *Etoliens*, qui avoient pris ouvertement son parti: (2) & les Hérauts d'armes dirent là-dessus, *que les* Etoliens *s'étoient déclaré eux-mêmes la Guerre.*

§. X. MAIS si, après la fin de la Guerre, on veut tirer raison par les armes de ce qu'un Peuple ou un Roi ont donné du secours à nôtre Ennemi; il faut alors une nouvelle Déclaration de Guerre, pour que cette nouvelle Guerre soit suivie des effets qu'elle peut avoir selon le Droit des Gens. Car, en ce cas-là, le Peuple ou le Roi est regardé comme l'Ennemi principal, & non plus comme un accessoire. C'est pourquoi on a remarqué avec raison, que la (1) Guerre de *Manlius* contre les *Galates*, & celle

dans les formes, avant que de déclarer la Guerre; qu'ils ne marquoient plus le tems de commencer la Guerre, par un Drapeau déploié sur le *Capitole*: *Quum paratis bella, signum monstratis ex Arce? aut Fecialia jura tractatis? Per clarigationem repetitis res raptas?* Adversus Gentes, *Lib.* II. pag. 91. *Edit. Lugd. Bat.* 1651.

(7) Voici le passage, où il donne à entendre que, de son tems les *Feciales* servoient encore à faire les Traitez Publics, mais non pas à déclarer la Guerre: FECIALES, *quòd fidei publicæ inter Populos præerant: nam per hos fiebat, ut justum conciperetur bellum (& inde desitum) & ut fœdere fides pacis constitueretur. Ex his mittebant, antequàm conciperetur, qui res repeterent: & per hos etiam nunc fit fœdus* &c. De Ling. Lat. *Lib.* IV. pag. 23. *Ed. H. Steph.* Dans ces mots, *& inde desitum*, il me semble que l'Auteur avoit écrit, *sed inde desitum*. Le changement de *sed* en *&*, a pû se faire aisément. Mr. JENS, dans la Dissertation citée ci-dessus, *pag.* 64. soupçonne qu'il y a ici un autre mot corrompu: *conciperetur*, pour *conscisceretur*.

(8) C'est d'APPIEN d'*Alexandrie*, que nôtre Auteur a tiré cette circonstance: Καρχηδονίοις δ᾽ ἐφοίτησε μὲν ἔτι ἀγνοοῦσι τοῦ πολέμου, καὶ τὸ ἔργον, ἅμα δὲ ἰδὼν ἄγγελος. De Bell. Punic. *pag.* 69. *Ed. Amst.* (43. *H. Steph.*)

(9) Nôtre Auteur a eu apparemment dans l'esprit le long Discours que *Mécénas* fait à *Auguste*, lors que celui-ci demandoit conseil sur le dessein qu'il témoignoit avoir de se demettre du Gouvernement de la République. Mais je ne trouve rien, ni dans tout ce Discours, ni dans celui d'*Agrippa*, qui se rapporte aux formalitez des Déclarations de Guerre. Voici l'origine de la fausse citation. ALBERIC GENTIL, *De Jure Belli*, Lib. II. Cap. I. in fin. *pag.* 218. remarque, que *Mécénas*, (*apud* DION. Lib. LII.) *semble dire*, que ce n'est que dans un Etat Démocratique qu'on observe les Déclarations de Guerre, avec les formalitez dont elles sont accompagnées. Ce qui a donné lieu au Jurisconsulte Italien de former cette conjecture, c'est l'endroit où *Mécénas* dit, qu'en conseillant à *Auguste* de conserver le Gouvernement de l'Etat, il ne prétend pas lui persuader d'agir en Tyran: mais seulement de régler, de concert avec les Principaux de *Rome*, toutes les affaires de l'Etat, d'une maniére juste & conforme au Bien Public. Il represente en même tems, que l'Etat seroit ainsi mieux gouverné, & par conséquent plus heureux, que si l'Autorité Souveraine étoit remise entre les mains du Peuple. *Quand il s'agira* (dit-il entr'autres choses) *d'entreprendre quelque Guerre, vous le ferez d'une maniére secrete, & en profitant des occasions favorables.* Pag. 548. E. *Ed. H. Steph.* Il ne s'agit point là d'une Guerre faite brusquement, & sans être declarée: mais le Courtisan d'*Auguste*, comme il paroit par la suite du discours, oppose les Guerres entreprises sagement aux Guerres dangereuses, dans lesquelles les *Romains* avoient été engagez par les deliberations tumultueuses du Peuple; le secret n'y étant point gardé, & les Grands ambitieux trouvant le moien de gagner la Populace, pour la faire consentir à prendre les armes, & à les porter sous eux. C'est le vrai sens du passage: nôtre Auteur a suivi sans hesiter celui que GENTIL proposoit avec quelque doute.

§. IX. (1) C'est la maxime des Jurisconsultes Modernes: *Diffidato Principe, diffidari ejus adhærentes.* Voiez BALDE, ad Leg. II. Cod. *De Servis*, num. 70. Car, dans leur stile barbare, on entend par *Diffidare*, declarer la Guerre. GROTIUS.

(2) *Feciales responderunt* . . . Ætolos *ultro sibi bellum indixisse, quum* Demetriadem, *sociorum urbem, per vim occupassent*; Chalcidem *terrâ marique oppugnatum issent*; *Regem* Antiochum *in* Europam, *ad bellum Populo Romano inferendum, traduxissent.* TIT. LIV. Lib. XXXVI. Cap. III. *num.* 13.

§. X. (1) Voiez ce que l'on a dit ci-dessus, *Liv.* I. *Chap.* III. §. 5. num. 4.

(2) Mr. BUDDEUS, dans sa Dissertation intitulée, *Jurisprudentiæ Historicæ Specimen*, §. 110. souscrit ici à l'opinion de nôtre Auteur, qui est aussi le sentiment commun, même de ses Commentateurs, à la reserve d'OBRECHT, Celui-ci parlant du cas dont il est question, sur le passage cité dans la Note précedente, où il s'agit néanmoins d'autre chose, se contente de renvoier au Chapitre XXXV. du I. Livre des *Mémoires de la Guerre des Gaules*, composez par CESAR lui-même. C'est que *César* alléguant là les raisons pourquoi il entreprenoit la Guerre contre *Arioviste*, dit, entr'autres choses, que, sous le Consulat de

le de *Jules César* (2) contre *Arioviste*, n'étoient (3) point légitimes selon le Droit des Gens, parce que les *Galates* & *Arioviste* ne furent point attaquez comme adhérans à un autre Ennemi, mais comme étant eux-mêmes l'Ennemi principal: or il falloit pour cela, par le Droit des Gens, une nouvelle Déclaration de Guerre; & par les Loix Romaines, un nouvel ordre du Peuple. Si, dans la proposition de (4) faire la Guerre à *Antiochus*, & dans la délibération prise de la faire (5) au Roi *Persée*, on y comprit leurs adhérens; cela doit, ce semble, être entendu de tout le tems qu'on seroit en guerre avec *Antiochus* ou avec *Persée*, & de ceux qui se mêleroient effectivement dans cette Guerre.

§. XI. Voions maintenant la raison pourquoi les Peuples ont trouvé à propos que la Guerre, pour être légitime ou dans les formes selon le Droit des Gens, fût précédée d'une Déclaration. Ce n'a point été, comme le prétendent (a) quelques-uns, pour montrer qu'on ne vouloit rien faire en cachette ou par tromperie; car ce motif ne tendroit pas tant à établir quelque droit, qu'à se distinguer par une valeur & une générosité extraordinaires; à cause de quoi on lit que quelques Nations marquoient (1) à leurs Ennemis le jour & le lieu des Batailles qu'elles avoient dessein de donner. Mais la vérité est, qu'on a voulu que les Guerres fussent déclarées, afin qu'on pût être (2) assûré qu'elles étoient entreprises, non par une autorité privée, mais par ordre de

(a) *Alberic. Gentil.* Lib. II. Cap. II.

de *Messala* & de *Pison*, le Sénat avoit ordonné, que quiconque seroit Proconsul de la *Gaule*, defendroit les *Eduens* & les autres Amis du Peuple Romain, autant qu'il le pourroit sans préjudice du bien de la République: *Quoniam*, M. Messala, M. Pisone, *Coss. Senatus censuisset, uti, quicumque* Galliam *provinciam obtineret, quod commodo Reip. facere posset, Æduos, ceterosque amicos Populi Romani defenderet, se Æduorum injurias non neglecturum.* Boecler, dans sa Dissertation *De acu Civitatis*, Tom. I. pag. 887. approuve cette raison, & la confirme par l'exemple de *Ciceron*, qui étant Proconsul de *Cilicie*, se crut autorisé à faire quelque chose d'approchant, en vertu d'un semblable Arrêt du Sénat; comme il paroit par ce qu'il dit lui-même, *Lib.* XV. *Epist. ad Famil.* II. Aussi Florus parle-t-il de l'expédition de *César* contre *Arioviste*, comme d'une Guerre très-juste: *Sed prima contra* Germanos *illius pugna, justissimis quidem ex caussis: Hædui enim de incursionibus eorum querebantur. Quæ* Ariovisti *superbia!* &c. Lib. III. Cap. X. *num.* 10. Et Dion Cassius fait dire à *César*, que le Commandement extraordinaire qu'il avoit par ordre du Senat & du Peuple Romain, emportoit une permission d'entreprendre la Guerre contre qui il jugeroit à propos: Οὐκοῦν ἐν τούτῳ καὶ οὗτος ὁ πόλεμος, καὶ πᾶς ὅστις ἄλλος, καὶ ἐπιτέτραπται ἡμῖν, καὶ ἐγκεχείρισται. Lib. XXXVIII. pag. 96 B. *Ed. H. Steph.* Ainsi la question se réduit à savoir, si *César* avoit eu de bonnes raisons de se prévaloir de cette permission. On ne nie pas, que ce Conquérant n'ait pû être poussé par son ambition, qui lui faisoit chercher & embrasser avidement toutes les occasions de prendre les armes. Mais comme il s'agit ici de la chose en elle-même, & non des motifs secrets; il suffit qu'*Arioviste* lui eût donné un juste sujet de l'attaquer. Or c'est ce que feu Mr. Cellarius prouve très-bien, dans une bonne Dissertation, *De C.* Julii Cæsaris *adversus* Ariovistum *Regem, aliosque Germanos Bello*; qui est la VI. du Recueil publié en M. DCC. XII. *Arioviste*, dit-il, n'avoit nul droit de vouloir s'approprier une partie de la *Gaule*. En vain ce Prince prétendoit-il s'en être rendu maître par droit de Conquête. Supposé qu'il eût eu raison de passer le *Rhein*, & de se joindre aux *Sequanois* contre les *Eduens*; pourquoi est-ce qu'après la fin de cette Guerre, il ne s'en étoit pas retourné chez lui? Pourquoi opprima-t-il en même tems les Vaincus ses Ennemis, & les Vainqueurs ses Amis; en accablant d'impôts les premiers, & dépouillant les autres de la meilleure partie de leurs terres? Il étoit d'ailleurs de l'interêt des *Romains*, non seulement de proteger les *Eduens* leurs Alliez, mais encore d'empêcher qu'*Arioviste* ne demeurât trop longtems dans la *Gaule*. L'exemple des *Cimbres* & des *Teutons*, leur devoit faire apprehender qu'il ne lui prit envie d'entrer dans leur Province, & de s'y planter.

(3) Il faut mettre au même rang la Guerre, qu'Ulysse & ses Compagnons firent aux *Ciconiens*, qui, pendant le Siége de *Troie*, avoient envoié du secours à *Priam*, sous le commandement de *Mentès*. Voiez Homére, *Odyss.* Lib. VIII. & là-dessus les Scholies de Didyme (vers. 40.) Grotius.

(4) *Patres rogationem ad Populum ferri jusserunt; Vellent juberentne cum* Antiocho *Rege, quique sectam ejus sequuti essent, bellum iniri* &c. Tit. Liv. Lib. XXXVI. Cap. I. *num.* 5.

(5) *Senatusconsultum inde factum est* . . . . . Cui *Macedonia* obvenisset, ut is Regem *Persea*, quique ejus sectam sequuti essent, nisi Populo Romano satisfecissent, bello persequeretur. *Idem*, Lib. XLII. Cap. XXXI. *num.* 1.

§. XI. (1) Les *Romains* en usérent à l'égard de *Porsenna*, comme nous l'apprend Plutarque, *in Vit. Publicol.* (pag. 103. C. Tom. I. *Ed. Wech.*) Les *Turcs* allument des feux en divers endroits, deux jours avant celui où ils ont résolu de donner bataille: Chalcocondyl. Lib. VII. Grotius.

Voiez ce que l'on a dit au Chap. I. de ce Livre, §. 20.

(2) Mais est-on plus assûré de cela, lors qu'un Heraut vient déclarer la Guerre avec certaines cérémonies, qu'on ne le seroit, lors qu'on verroit sur les frontiéres une Armée, commandée par quelcun des Principaux de l'Etat, & prête à entrer dans nôtre païs? Ne pourroit-il pas, au contraire, arriver plus aisément, qu'une personne, ou quelque peu de personnes, s'érigeassent de leur chef en Hérauts, que non pas qu'un homme levât de son autorité une Armée, & la menât sur la frontiére, à l'insû du Souverain? Moins encore conçoit-on, que la chose pût se rencontrer ainsi des deux côtez. La vérité est, que le but prin-

de l'un & de l'autre Peuple Ennemi, ou de leurs Chefs. Car de là sont provenus certains effets particuliers, qui n'ont point lieu dans une Guerre contre des Brigands, ni dans celle d'un Roi avec ses Sujets. C'est pourquoi SENE'QUE (3) distingue *les Guerres déclarées aux Voisins*, d'avec les *Guerres Civiles*.

(a) *Ayala*, Lib. I. Cap. V.

§. XII. 1. QUELQUES-UNS (a) disent, & le prouvent par des exemples, que dans les Guerres mêmes contre des Brigands, ou entre Concitoiens, les choses prises appartiennent à ceux qui s'en sont saisis. Cela est vrai, (1) mais par rapport seulement à une des deux Parties, qui s'approprie aussi ces sortes de choses en vertu du Droit des Gens arbitraire; ce Droit se rapportant uniquement à l'intérêt des Peuples, & non pas à l'avantage de ceux qui ne forment point de Corps de Peuple, ou qui sont seulement partie d'un Peuple.

(b) *Alberic. Gentil.* Lib. II. Cap. II.

2. Ceux-là se trompent aussi, qui croient, (b) que quand on prend les armes pour la défense de sa personne ou de ses biens, cette sorte de Guerre n'a besoin d'aucune Déclaration. (2) Il en faut une certainement, non pas à considerer la chose en elle-même, mais pour les effets dont nous avons parlé, & que nous expliquerons tout à l'heure.

(a) §. 6. num. 4. & §. 8. à la fin.

§. XIII. 1. IL n'est pas vrai non plus, qu'on ne puisse pas, après avoir déclaré la Guerre, commencer incessamment les actes d'hostilité, comme fit *Cyrus* contre les *Arméniens*, & comme les *Romains* en userent contre les *Carthaginois*, ainsi que nous l'avons dit (a) un peu plus haut. Car, selon le Droit des Gens, il n'est point nécessaire (1) qu'on laisse passer quelque tems après la Déclaration de Guerre.

2. Il peut arriver néanmoins, que le Droit Naturel demande ici quelque délai, selon la qualité des affaires dont il s'agit, lors, par exemple, qu'après avoir demandé qu'on nous rendit ce qui nous est dû, ou qu'on punît un Coupable, on ne nous l'a point refusé. Car, en ce cas-là, il faut donner le tems de faire commodément ce que l'on a demandé.

§. XIV. QUE si l'autre Partie a non seulement refusé une satisfaction raisonnable, mais encore violé le Droit des Ambassadeurs, qu'on lui avoit envoiez; cela ne dispense pourtant pas de lui déclarer la Guerre, par rapport aux effets dont je parle présentement: mais il suffit alors de faire cette Déclaration comme on le peut sans avoir rien à appréhender, c'est-à-dire, par lettres: de la même maniére qu'on fait les citations & les significations par voie de Justice, dans les lieux où l'on ne croit pas être en sûreté.

CHA-

principal des Déclarations de Guerre, ou du moins ce qui en fit établir l'usage, c'étoit, comme l'ont remarqué quelques Commentateurs de nôtre Auteur, de faire connoître à tout le monde que l'on avoit un juste sujet d'en venir aux armes, & de témoigner à l'Ennemi même qu'il n'avoit tenu & qu'il ne tenoit encore qu'à lui de l'éviter. Je trouve dans NONIUS MARCELLUS, un passage de VARRON, dont nôtre Auteur lui-même a cité ailleurs une partie, (*Discours Préliminaire* §. 27.) d'où il paroit clairement, que c'étoit-là la pensée des anciens *Romains*. Ils n'entreprenoient, dit-il, la Guerre, que lentement, & pour de justes causes; d'où vient qu'ils la déclaroient auparavant, & qu'ils établirent pour cet effet des Hérauts d'armes, qu'on envoioit, au nombre de quatre, demander satisfaction à ceux de qui l'on croioit avoir droit de l'exiger. C'est là visiblement le sens des paroles suivantes, quoi que peu correctes en quelques endroits; *Itaque bella & tardè, & magnâ licentiâ* (c'est ainsi que portent tous les MSS. à ce que dit MERCIER, au lieu de *nullâ licentiâ*, qui étoit dans les autres Editions. Ne pourroit-on pas lire, *magnâ decentiâ*, mot dont ce Grammairien cite un exemple, *pag.* 203. tiré de CICE'RON: car l'explication que MERCIER donne ici *valde licitè*, paroit trop subtile) *suscipiebant: quòd bellum nullum, nisi pium, putabant geri oportere, prius indicerent* (il faut lire apparemment *indicebant*, mot qui aiant été changé par les Copistes en *indicerent*, a été cause qu'on avoit fourré *quàm* après *priùs*, dans les Editions précedentes) *bellum iis, à quibus injurias factas sciebant: Fetiales legatos res repetitum mittebant quatuor, quos Oratores vocabant*. In voce *Fetiales*, pag. 529. *Edit. Mercer.* DENYS *d'Halicarnasse* rapporte aussi au soin extrême que les *Romains* avoient d'observer la Justice dans leurs Guerres, l'établissement du Collége des *Fetiales*, & en particu-

CHAPITRE IV.

Du droit de TUER les ENNEMIS dans une Guerre en forme, & des autres hostilitez exercées contre la personne même de l'Ennemi.

I. *Quels sont en général les effets d'une Guerre déclarée dans les formes.* II. *Que, quand on dit d'une chose qu'elle est* permise, *cela signifie ou qu'elle demeure impunie, quoi qu'elle ne soit pas innocente; ou qu'elle est entiérement innocente, quoi qu'elle soit de telle nature, que quelque Vertu demande qu'on s'en abstienne. Exemples de tout cela.* III. *Que les effets d'une Guerre dans les formes, considérez en général, se rapportent à la permission d'impunité.* IV. *Pourquoi on a voulu que ces effets s'ensuivissent d'une telle Guerre.* V. *Preuves qu'ils en résultent effectivement, par des témoignages d'anciens Auteurs.* VI. *Que c'est en vertu de cela, qu'on tuë & qu'on maltraite de quelque autre maniére, tous ceux qui se trouvent sur les terres de l'Ennemi.* VII. *Si l'on peut en user de même à l'égard des Etrangers, qui y sont venus avant la Guerre?* VIII. *Que l'on peut traiter ainsi les Sujets de l'Ennemi, par tout où on les trouve; à moins que ce ne soit sur les terres d'un Etat neutre.* IX. *Que ce droit s'étend jusqu'aux Enfans, & aux Femmes:* X. *Comme aussi aux Prisonniers de Guerre, contre qui on peut toûjours en user;* XI. *Soit qu'aiant voulu se rendre, on n'ait pas voulu les recevoir à composition;* XII. *Soit qu'ils se soient rendus à discrétion.* XIII. *Que ce n'est point par droit de Talion, ni à cause de l'opiniâtreté des Ennemis à se défendre, ni pour quelque autre raison semblable, qu'on est autorisé à les traiter de cette maniére.* XIV. *Qu'il n'y a point ici d'exception, en faveur des Otages même.* XV. *Que, par le droit des Gens, il est défendu d'empoisonner aucun Ennemi:* XVI. *Et d'empoisonner aussi les Armes dont on se sert contre lui, ou les Eaux qu'il peut boire.* XVII. *Mais il est permis d'user de quelque autre moien pour lui rendre ces Eaux inutiles ou nuisibles.* XVIII. *S'il est contre le Droit des Gens, de faire assassiner un Ennemi?* XIX. *Ou de violer les Femmes & les Filles du Païs Ennemi?*

§. I.

ticulier la fonction de déclarer la Guerre, dont ceux-ci étoient chargez: [illegible] Antiq. Rom. *Lib.* II. *Cap.* LXXII. Le Grammairien SERVIUS est de même sentiment, dans un passage, que nôtre Auteur a cité plusieurs fois: il dit, qu'*Ancus Marcius* voiant que le Peuple Romain aimoit trop la Guerre, & l'entreprenoit souvent sans aucune juste cause, emprunta des *Equicoles* le Droit des *Féciaux*: SED Ancus Marcius, *quum videret Populum Romanum ardentem amore bellorum, & plerumque inferre gentibus bella, nullâ justâ exstante ratione, & exinde pericula precari; misit ad gentem* Æquiculanam, *& accepit Jura Fecialia, per quæ bella indicebantur* &c. In ÆNEID. X, 14. Il ne paroît point, qu'en tout cela on pensât aux effets, dont nôtre Auteur parle.

(3) *Ad arma protinus ignesque discursum est, & indicta finitimis bella, aut gesta cum civibus.* De Ira, *Lib.* III. *Cap.* II.

§. XII. (1) Voiez ce que je dirai sur le Chapitre VI. de ce Livre.

(2) Mais voiez ce que j'ai déja dit dans la *Note* 1. sur le paragraphe 7. de ce Chapitre.

§. XIII. (1) Cela est necessaire, par le Droit même de Nature, tant qu'on le peut sans se causer à soi-même du préjudice, encore même qu'il n'y ait pas beaucoup d'espérance que celui à qui l'on declare la Guerre se dispose à l'éviter en nous faisant satisfaction. Car on ne doit rien négliger, pour faire voir à tout le monde, & à l'Ennemi même, que ce n'est qu'à la derniére extrémité qu'on prend les armes pour obtenir ou maintenir ses justes droits, après avoir tenté toute autre sorte de voies, & donné tout le tems à l'Ennemi de revenir à lui même.

§. I. IL Y A un passage de VIRGILE, où ce Poëte fait dire à *Jupiter*, (1) qu'il s'élevera un jour un Ennemi puissant du côté de l'*Italie*, & qu'alors *il lui sera permis de haïr & de piller*. Là-dessus le Commentateur SERVIUS explique l'origine du *Droit* (a) *des Hérauts d'armes*, dont il rapporte l'établissement au Roi *Ancus Marcius*, qui l'avoit lui-même emprunté des *Equicoles*: puis il rapporte de quelle maniére on déclaroit la Guerre. *Lors*, dit-il, (2) *que quelque Nation voisine avoit enlevé des Personnes ou des Bêtes appartenantes au Peuple Romain; les Prêtres, nommez* Feciales, *ou Hérauts d'armes, qui sont ceux aussi qui président aux Traitez d'Alliance, alloient dans ce païs-là avec leur* (b) *Chef, qui se tenant sur les frontiéres, exposoit à haute voix le sujet de la Guerre: & si l'on refusoit de rendre ce qui avoit été pris, ou de livrer les auteurs de l'injure, il jettoit une Pique, ce qui étoit le commencement des actes d'hostilité. Alors*, ajoûte nôtre Grammairien, *il étoit permis de piller, comme on fait à la Guerre*. Il avoit dit, au commencement de sa Note, que, *par* (3) piller, *les Anciens entendoient, endommager ce qui appartient à l'Ennemi, encore qu'on ne lui prenne rien: comme au contraire, quand on parloit de* rendre ce qui étoit redemandé, *cela signifioit toute sorte de satisfaction pour le tort qu'on avoit fait*. D'où il paroît, qu'une Guerre déclarée entre deux Peuples, ou leurs Chefs, a, selon cet Auteur, (4) certains effets propres & particuliers, qui ne suivent point de la nature même de la Guerre. Ce qui s'accorde très-bien avec les passages des Jurisconsultes Romains, que nous avons citez dans le (c) Chapitre précedent.

(a) *Jus Feciale.*

(b) *Pater patratus.*

(c) §. 1.

§. II. 1. MAIS voions, en quel sens on doit prendre ce que dit le Poëte, qu'*il est*

CHAP. IV. §. I. (1) *Adveniet justum pugnæ (ne arcessite) tempus,*
Quum fera Carthago *Romanis arcibus olim*
Exitium magnum, atque Alpes *immittet apertas.*
Tum certare odiis, tum res rapuisse licebit.
Æn. *Lib.* X. vers. 11, *& seqq.*

(2) *Nam si quando homines, aut animalia, ab aliqua gente rapta essent Populo Romano, cum Fecialibus, id est, Sacerdotibus, qui faciendis præsunt fœderibus, proficiscebatur etiam Pater patratus, & ante fines stans, clarâ voce dicebat belli caussam: & nolentibus res raptas restituere, vel auctores injuriæ tradere, jaciebat hastam, quæ res erat pugnæ principium, & jam licebat, more belli, res rapere.* In Æn. X, 14.

(3) Ces paroles ont été déja citées, sur le paragraphe 7. du Chap. précedent, *Note* 4.

(4) Je ne vois pas, comment nôtre Auteur peut tirer cette conséquence du passage de SERVIUS. Il est clair, ce me semble, que tout ce que veut dire le Grammairien, c'est qu'avant la Guerre déclarée de la maniére qu'il nous apprend qu'on le pratiquoit, il n'étoit point permis de piller; parce qu'avant cela, le Peuple, dont on avoit lieu de se plaindre, n'étoit point encore regardé comme Ennemi; en un mot, on n'étoit point encore en guerre.

§. II. (1) Il parle des choses indifférentes en elles-mêmes, comme est l'usage de toutes sortes de Viandes sans distinction, dont on doit néanmoins s'abstenir, lors que cela *n'est point avantageux*, c'est-à-dire, lors qu'il peut en résulter quelque mauvais effet, ou par rapport à autrui, ou par rapport à nous-mêmes. Mais alors ces choses deviennent *obligatoires*; & par conséquent le passage ne fait rien au sujet. Voiez ce que nôtre Auteur lui-même dit, dans ses Notes sur le Nouveau Testament.

(2) TERTULLIEN raisonne sur ce principe, lors qu'il soûtient, que ce ne seroit pas matiére à louange, de s'abstenir du Mariage, s'il n'étoit pas permis de se marier: *Quia si nuptiæ non erunt, sanctitas nulla est. Vacat enim abstinentiæ testimonium, si licentia eripitur.* Advers. Marcion. *Lib.* I. (Cap. XXIX.) Voiez ce que dit le même Pére sur ce sujet, & sur la liberté de fuir la Persecution, *Ad Uxorem*, Lib. I. (Cap. III.) Selon St. JE'RÔME, il y a plus de mérite pour une Fille à demeurer Vierge, en ce qu'elle méprise une chose, qu'elle pourroit faire sans pécher: *Unde & Virgo majoris est meriti, dum id contemnit, quod si fecerit, non delinquit.* Adversus Helvid. (circa fin. *pag.* 14. Tom. II. *Ed. Froben.*) Il remarque ailleurs, que c'est pour cela que Nôtre Seigneur aime davantage les Vierges, qui font ce qui ne leur étoit point commandé: *Et ideo plus amat Virgines* CHRISTUS, *quia sponte tribuunt, quod sibi non fuerat imperatum.* Advers. Jovinian. (*Lib.* I. pag. 25. B.) Les actions difficiles & héroïques sont toûjours laissées, dit-il encore ailleurs, en la liberté de ceux qui auront le courage de les entreprendre; afin que, par cela même qu'elles sont libres, elles soient dignes de récompense: *Semper grandia in audentium ponuntur arbitrio..... Non tibi imponitur necessitas, ut voluntas præmium consequatur.* Epist. *ad Pammach.* super obitu Paulinæ uxor. (*Tom.* I. pag. 164. D.) St. CHRYSOSTÔME prouve par l'autorité de l'Apôtre St. PAUL, que l'état du Célibat est plus honnete, que celui du Mariage: Βελτίονα δείκνυσι τὴν ἐγκράτειαν. In I. *ad* CORINTH. *Cap.* VII. Il distingue ailleurs la Virginité & le renoncement volontaire aux biens de ce monde, des choses commandées sous peine de damnation: Κἂν μὴ φυλάξωμεν, καὶ γέεννα ἀπειλεῖται, δεικνὺς ὅτι οὐ τῆς φιλοτιμίας τῶν ἀγωνιζομένων τὰ ζητούμενα, ὥσπερ ἡ παρθενία καὶ ἀκτημοσύνη, ἀλλὰ πάντως αὐτὰ ἀνύσαι δεῖ. In ROMAN. VII, 6. Il fait regarder ailleurs l'une & l'autre de ces choses, comme un effet de Grandeur d'ame: Ἀφῆκεν ἐξὸν τὸ γαμεῖν, ἀφῆκεν ἀνωτέρω τὸ ἀγώνισμα τὴν παρθενίαν· ἵνα καὶ οἱ κατορθοῦντες τὴν οἰκείαν μεγαλοψυχίαν ἐπιδείξωνται, καὶ οἱ μὴ κατορθοῦντες τῆς συγγνώμης ἀπολαύσωσι τοῦ δεσπότου. Orat. II. *De Jejunio.* Voiez ce qui suit; & les passages de St. AUGUSTIN, & d'au-

est permis de piller. On appelle quelquefois *permis*, ce qui est bon & juste à tous égards, quoi qu'on puisse faire quelque chose de plus louable. C'est en ce sens que l'Apôtre St. Paul disoit: (a) *Tout m'est permis* (c'est-à-dire, toutes les choses de même nature, que celles dont il avoit commencé de parler, (1) & dont il alloit parler encore) *tout m'est permis, mais tout ne m'est pas avantageux.* Ainsi il est permis de se marier; (2) mais il est plus louable de vivre dans le célibat par un motif pieux; comme St. Augustin (b) le soûtient, en suivant les maximes du même Apôtre. Il est permis de se remarier: mais il est plus louable de se contenter d'avoir été marié une fois; comme (3) Clément *d'Aléxandrie* décide fort bien sur cette question. St. Augustin a cru, (c) qu'il étoit permis à un Mari Chrétien de répudier sa Femme Paienne (ce n'est pas ici le lieu d'examiner en quels cas cela est vrai) mais ce Mari peut aussi garder sa Femme, selon le même Pére, qui ajoûte, que (4) *l'un & l'autre est également permis selon les régles de Justice que Nôtre Seigneur nous donne, puis qu'il ne défend ni l'un, ni l'autre; mais que l'un & l'autre n'est pas toûjours également avantageux, à cause de la foiblesse des Hommes.* Le Jurisconsulte Ulpien parlant d'un Vendeur, à qui il étoit permis, par le Droit Romain, de répandre le vin, si l'Acheteur ne venoit le retirer au tems convenu, dit, (5) que *ce Vendeur est néanmoins louable, s'il ne répand point le vin, comme il le pouvoit.*

(a) *I. Corinth.* VI, 12.

(b) *Ad Pollent.* Lib. I. Cap. XVIII.

(c) *Ibid.* Cap. XIII. & XVIII.

2. Quelquefois aussi on dit qu'une chose est *permise*, non qu'elle puisse être faite innocemment & sans préjudice des régles du Devoir, (6) mais parce qu'elle est impunie parmi les Hommes. C'est ainsi que la *Fornication* est permise dans plusieurs Etats; & que le *Larcin* l'a été (7) autrefois à *Lacedémone*, & en *Egypte*. Quintilien dit, (8) qu'*il y*

d'autres Péres, que l'on trouve citez dans le Droit Canonique, *Caus.* XIV. *Quæst.* I. Grotius.

Cette distinction entre les *Conseils*, & les *Préceptes*, & l'application aux exemples que nôtre Auteur en donne ici, ont été suffisamment refutées, sur *Liv.* I. *Chap.* II. §. 9. *Note* 19.

(3) Il dit, entr'autres choses, que celui qui se marie en secondes nôces ne peche point à la verité contre l'Alliance Divine; n'y aiant point de Loi, qui defende cela: mais qu'il demeure par là au dessous de ce degré excellent de perfection, que l'Evangile recommande: *Οὗτος οὐχ ἁμαρτάνει μὲν κατὰ διαθήκην· οὐ γὰρ κεκώλυται πρὸς τοῦ νόμου· οὐ πληροῖ δὲ τὴν κατὰ τὸ εὐαγγέλιον πολιτείας τὴν κατ' ἐπίτασιν τελειότητα.* Stromat. (*Lib.* III. *Cap* XII. pag. 548.) Grotius.

Ce Pere parle bien ici des *Secondes Nôces*: mais, dans les paroles qui précédent immediatement, il semble parler de la *Polygamie* en général, comme contraire simplement à la Perfection Evangelique, soit qu'on ait plusieurs Femmes les unes après les autres, ou en même tems. Il dit, que Dieu permettoit non seulement, mais encore *demandoit*, sous la Loi, que l'on se mariât ainsi, pour la multiplication du Genre Humain: *Ἀλλ' ὁ αὐτὸς ἀνὴρ καὶ Κύριος, παλαιὰ καινίζων, οὐ πολυγαμίαν ἔτι συγχωρεῖ· τότε γὰρ ἀπῄτει ὁ Θεὸς, ὅτε αὐξάνεσθαι καὶ πληθύνεσθαι ἐχρῆν. μονογαμίαν δὲ εἰσάγει, διὰ παιδοποιΐαν καὶ τὴν τοῦ οἴκου κηδεμονίαν, εἰς ἣν βοηθὸς ἐδόθη ἡ γυνή· καὶ εἴ τινι ὁ Ἀπόστολος, δι' ἀκρασίαν καὶ πύρωσιν, κατὰ συγγνώμην δευτέρου μεταδίδωσι γάμου· ἐπεὶ καὶ οὗτος οὐχ* &c.

(4) *Heic autem, ubi de dimittendo vel non dimittendo Infidelis conjugio quæritur; utrumque quidem pariter licitum est per justitiam, quæ coram Domino est; & ideo nihil horum Dominus prohibet: sed non utrumque expedit, propter infirmitatem hominum.* Ad Pollent. *De adulter. conjug.* Lib. I. Cap. XIX. Voiez le Droit Canonique, *Caus.* XXVIII. *Quæst.* I. (Cap. VIII. IX.) où l'on a copié bien des choses du Chapitre précedent, & du XIV. Grotius.

(5) *Si tamen, quum posset effundere, non effundit, laudandus est potius.* Digest. Lib. XVIII. Tit. VI. *De periculo & commodo rei venditæ*, Leg. I. §. 3. Cet exemple est mal appliqué. Voiez ce que j'ai dit, sur Pufendorf, *Droit de la Nat. & des Gens*, Liv. V. Chap. V. §. 3. *Note* 8. de la seconde Edition.

(6) Tertullien dit, que la Permission expose souvent à la tentation de violer les régles de l'Evangile: *Licentia plerumque tentatio est disciplinæ.* Exhortat. ad castitat. (*Cap.* VIII.) Il remarque, au même endroit, que tout est permis, mais qu'on ne peut pas faire tout ce qui est permis, sans préjudice du Salut: *Omnia licent, sed non omnia pro salute.* Ibid. Columella donne pour maxime, qu'il ne faut pas toûjours se prevaloir de la permission qu'on a de faire certaines choses; & il ajoûte que les Anciens disoient, que le Droit poussé à la rigueur est un grand tourment: *Nec sane est vindicandum nobis quidquid licet: nam summum jus antiqui summam putabant crucem.* De Re Rust. *Lib.* I. *Cap.* VII. Au lieu de *grand tourment*, St. Jérôme dit, une grande chicane: *Et ô verè jus summum, summa malitia.* Epist. ad Innocent. (Tom. I. pag. 335. B) Grotius.

(7) Voiez Pufendorf, *Liv.* VII. *Chap.* I. §. 3. du *Droit de la Nature & des Gens.*

(8) *Sunt enim quædam non laudabilia naturâ, sed Jure concessa: ut in XII. Tabulis, debitoris corpus inter creditores dividi licuit.* Instit. Orat. *Lib.* III. *Cap.* VI. pag. 173. *Edit. Obrecht.* Mais Mr. de Bynkershoek a fait voir, dans ses *Observat. Jur. Civ.* Lib. I. Cap. I. que cet Orateur, & quelques autres anciens Auteurs, ont mal entendu la Loi des XII. Tables, qui signifie seulement, que les Créanciers pouvoient vendre à l'encan leur Debiteur, pour partager entr'eux le prix de sa liberté. Ce n'est pas la prémiére fois que des Auteurs Modernes ont mieux entendu, que les Anciens, certains endroits de l'Antiquité.

(9) C'est

y a des choses permises par les Loix, quoi que deshonnêtes de leur nature; & il en donne pour exemple une Loi des DOUZE TABLES, *qui permettoit aux Créanciers de mettre en piéces & de partager entr'eux le corps de leur Débiteur.*

3. A la vérité cette derniére signification est impropre; car, à parler juste, il n'est jamais permis de mal faire, comme le remarque (9) très-bien CICE'RON. Mais elle est pourtant fort commune; & cet Orateur s'en sert lui-même, lors qu'il dit aux Juges, dans une de ses Harangues: (10) *Vous devez considerer ce que demande de vous l'Honnêteté, & non pas ce qu'il vous est permis de faire; car sur ce pié-là, vous pouvez retrancher de l'Etat qui il vous plait.* C'est ainsi qu'on dit, que (11) *tout est permis aux Rois*, parce qu'ils ne sont point sujets à être punis des Hommes, comme nous l'avons (d) fait voir ailleurs; quoi qu'ils doivent se régler dans leur conduite, non sur cette permission, mais sur ce qui leur est séant & honnête, selon la maxime du Poëte (12) CLAUDIEN, & du Philosophe (13) MUSONIUS. Les anciens Auteurs (14) opposent souvent en ce sens, *ce qui est permis*, & *ce que l'on doit faire.*

(d) *Liv.* I. *Chap.* III. & IV.

§. III. C'EST aussi en ce sens, qu'il est permis de faire du mal à un Ennemi, & en sa personne, & en ses biens, non seulement lors qu'on a un juste sujet de faire la Guerre, & qu'on ne porte point les actes d'hostilité au delà des bornes que nous avons (a) dit être prescrites par la Nature; mais encore des deux côtez indifféremment:

(a) *Chap.* I. de ce Livre, §. 2, & *suiv.*

(9) C'est en parlant de *Cinna*, qui avoit fait mourir injustement quelques Illustres *Romains*: *Beatusne igitur, qui hos interfecit? Mihi contra non solum eo videtur miser, quòd ea fecit, sed etiam quòd ita se gessit, ut ea facere ei liceret. Etsi peccare nemini licet. Sed sermonis errore labimur: id enim licere dicimus, quod cuique conceditur.* Tusculan. Quæst. *Lib.* V. *Cap.* XIX.

(10) *Heic jam, Judices, vestri consilii res est, vestræ sapientiæ. Quid* DECEAT *vos, non quantum* LICEAT *vobis, spectare debetis. Si enim, quid liceat, quæritis, potestis tollere è civitate, quem vultis.* Orat. *pro C. Rabir. Posthum.* Cap. V.

(11) C'est ce que dit St. CHRYSOSTÔME, en parlant de *Jean Baptiste*, qui, nonobstant cela, osa bien parler ainsi au Roi *Philippe Hérode*, & cela avec autorité; *Il ne vous est pas permis d'avoir cette Femme*: Ὁ ἀκρίδας ἐκ βοτανῶν ἐσθίων, καὶ μέλι ἄγριον, τῷ τὴν λαμπρὰν περιτιθεμένῳ καὶ βασιλικὴν τράπεζαν, ἐξ αὐθεντίας προσέλεγε, Οὐκ ἔξεστί σοι. Καί τοι ἐδόκει βασιλεῖ πάντα ἐξεῖναι. De Pœnitent. VIII. GROTIUS.

(12) *Nec tibi quid* LICEAT, *sed quid fecisse* DECEBIT,

Occurrat, mentemque domet respectus HONESTI.

De IV. Consul. Honor. *vers.* 267.

(13) Il censure les Rois, qui disent, *Cela m'est permis*; & non pas, *Je dois faire ceci ou cela*: Μὴ τό, Καθήκει μοι, λέγειν μεμελετηκότες, ἀλλὰ τό, Ἔξεστί μοι. GROTIUS.

C'est STOBE'E, qui nous a conservé ce mot. Le Philosophe disoit, que ceux qui tiennent ce langage à leurs Sujets, ne conservent pas long tems leur dignité: Οὐ πολὺν διάγουσι χρόνον οἱ πρὸς τοὺς ὑπηκόους, ὅτε ἂν προστάττωσι, μὴ τό, Καθήκει μοι &c. Florileg. Tit. XLVI. (ou XLVIII.) *Admonit. De Regno*, pag. 328. *Edit. Gesner.* 1549.

(14) Par exemple, CICE'RON, que l'on a déja cité: *Est enim aliquid, quod non oporteat, etiamsi licet.* Orat. *pro L. Cornel. Balb.* (Cap. III.) Paroles qu'AMMIEN MARCELLIN semble *avoir copiées*: *Dissimulans scire, quòd sunt aliqua, quæ fieri non* OPORTET, *etiamsi* LICET. Lib. XXX. (Cap. VIII. pag. 657. *Ed. Vales. Gron.*) L'Orateur Romain rapporte ailleurs au Droit Naturel, ce qui est juste ou innocent; & aux Loix, ce qui est permis: *Ut eum* (Clodium) *nihil delectaret, quod aut per naturam* FAS *esset, aut per leges* LICERET. Orat. *pro Milon.* Cap. XVI. SENE'QUE le Rhéteur donne pour exemple, la permission d'aller dans des lieux de debauche: *Potest, inquit. Hæc enim lex, quid* OPORTEAT, *quærit; alia, quid* LICEAT. *Licet ire in lupanar.* Lib. IV. *Controv.* XXV. (pag. 308.) PLINE *le Jeune* dit, qu'il faut éviter les choses deshonnêtes, non comme illicites, mais comme mauvaises & honteuses en elles-mêmes: *Oportet quidem, quæ sunt inhonesta, non quasi illicita, sed quasi pudenda, vitare.* Lib. V. (*Epist.* XIV. *num* 9. *Edit. Cellar.*) QUINTILIEN le Pére dit, qu'autre chose est d'avoir égard aux Loix; & autre chose, de considerer ce que la Justice demande: *Ego porro ut hanc interpretationem istius verbi video, ut Jura spectanda sint, sed illud aliquando, uti justitia spectetur.* Declam. CCLI. [Voiez aussi la Déclamation CCCLXVI. à la fin.] GROTIUS.

On peut voir, sur cette matiére, mes deux Discours, *De la Permission* & *Du Benefice des Loix*, qui sont joints à la quatrieme Edition des *Devoirs de l'Hom. & du Citoien*, de PUFENDORF.

§. III. (1) L. Sulla, *cui omnia in victoria, lege belli licuerunt, tametsi supplicio hostium partes suas muniri intellegebat; tamen, paucis interfectis, ceteros beneficio, quam metu, retinere maluit.* (Orat. II. ad Cæsar. *De Republ. ordinanda*, Cap. XLVIII. pag. 126. *Ed. Wass.*) SENE'QUE fait dire la même chose à *Pyrrhus*, dans une de ses Tragédies:

Quodcumque libuit facere Victori, licet.

Troad. (*vers.* 335.) GROTIUS.

§. IV. (1) Il n'est point nécessaire de supposer ici un consentement tacite des Peuples, ou un Droit des Gens arbitraire, dont on ne sauroit prouver la réalité. Nous pouvons alléguer ici de très-bonnes raisons, fondées sur le Droit même de Nature, & qui ont lieu par rapport à d'autres Guerres, que les Guerres Publiques & déclarées dans les formes, auxquelles nôtre Auteur restreint mal-à-propos l'impunité dont il parle. Posons que, dans l'indépendance de l'Etat de Nature, trente Chefs de Famille habitant une même Contrée, mais n'aiant d'autre liaison ensemble, que le voisinage, ou l'amitié, que le voisinage peut produire; se fussent liguez pour attaquer ou repousser une troupe d'autres Chefs de Famille: je dis, que, ni pendant cette Guerre, ni après qu'elle étoit finie ceux de

ment: en sorte qu'aucune personne des deux Partis, étant surprise sur les terres d'autrui, ne peut être punie, comme Meurtrier ou comme Voleur, & qu'aucun autre Etat ne peut faire la Guerre pour ce sujet à l'un des deux Ennemis. En un mot, *tout est permis*, sur ce pié-là, *au Vainqueur, par les Loix de la Guerre*, comme le dit (1) SALLUSTE, en parlant de *Sylla*.

§. IV. 1. CELA a été ainsi (1) établi entre les Peuples, pour deux raisons. L'une est, qu'il auroit été dangereux pour les autres Etats, de vouloir prononcer sur la justice de la cause de ceux qui ont pris les armes l'un contre l'autre; car ils se seroient engagez par là dans une Guerre d'autrui. C'est ainsi que, dans la Guerre de *César* & de *Pompée*, (2) ceux de *Marseille* s'excusérent sur ce qu'il ne leur appartenoit point, & que leurs forces ne leur permettoient pas de décider, lequel des deux avoit le meilleur droit.

2. L'autre raison est, que, même dans une Guerre juste, on ne peut guéres connoître par des indices extérieurs & des preuves suffisantes, jusqu'où la nécessité de se défendre, ou de recouvrer son bien, ou de punir les Coupables, demande qu'on porte les actes d'hostilité. Ainsi il vaut mieux certainement laisser tout cela à la conscience de ceux qui sont en Guerre, que d'en faire juges les autres. Sur ce principe, les *Achéens* se plaignoient (3) autrefois, qu'on voulût examiner ce qui s'étoit fait par droit de Guerre.

3. Ou-

de la même Contrée, ou d'ailleurs, qui n'étoient point entrez dans la ligue, de part ni d'autre, ne devoient & ne pouvoient point punir, comme Meurtriers, ou comme Voleurs, aucun des deux Partis, qui vint à tomber entre leurs mains. Ils ne le pouvoient pendant la Guerre: car ç'auroit été épouser la querelle de l'un des deux Partis, & par cela même qu'ils étoient d'abord demeurez neutres, ils avoient clairement, quoi que tacitement, renoncé au droit de se mêler de ce qui se passeroit dans cette Guerre. Moins encore le pouvoient-ils après la Guerre finie, puis que, la Guerre ne pouvant finir sans quelque espéce d'accommodement ou de Traité de Paix, les intéressez eux-mêmes s'étoient réciproquement tenus quittes de tous les maux qu'ils s'étoient faits les uns aux autres. C'est ce que demandoit aussi l'intérêt de la Société Humaine. Car si ceux qui étoient demeurez neutres avoient été néanmoins autorisez à connoître des actes d'hostilité exercez dans une Guerre d'autrui, & à punir ceux qu'ils croioient en avoir commis d'injustes, ou à prendre les armes pour ce sujet; au lieu d'une Guerre, il s'en seroit élevé deux, ou davantage, & ç'auroit été une source de querelles & de troubles. Plus les Guerres devenoient fréquentes parmi le Genre Humain, & plus il étoit nécessaire, pour sa tranquillité, & qu'on n'épousât pas légérement la querelle d'autrui, & que, quand on n'avoit pas jugé à propos de prendre parti dans une Guerre, on regardât comme autorisé par le droit des Armes tout ce qui s'étoit passé dans cette Guerre. L'établissement des Sociétez Civiles ne fit que rendre plus nécessaire cette impunité; parce que les Guerres devinrent alors, sinon plus fréquentes, du moins plus étenduës, & accompagnées d'un plus grand nombre de maux. Il n'y a donc rien ici, ni qui demande un consentement général des Peuples, ni qui soit particulier aux Guerres faites entre deux Souverains, & déclarées dans les formes. L'effet, dont il s'agit, est fondé sur une des Loix les plus claires & les plus générales du Droit Naturel; & l'usage, qui s'y est trouvé conforme parmi la plûpart des Nations, en rend seulement la pratique plus indispensable, puis que, comme je l'ai remarqué plusieurs fois, on est & l'on peut être censé se conformer à une Coûtume connuë, lors qu'on ne témoigne pas, dans l'occasion, qu'on veut se dispenser de la suivre. Nôtre Auteur excepte les Guerres contre des Brigands, ou des Corsaires: mais il ne fait l'exception apparemment que du côté des Brigands ou des Corsaires, comme il l'a faite ci-dessus, par rapport au droit de s'approprier les choses prises à la Guerre, §. 12. du Chap. précedent. Or si ces Voleurs n'ont pas le privilége de l'impunité, c'est parce qu'ils sont des Voleurs, (Voiez DEMOSTHÈNE, Orat. de Halones. *princ.*) & par conséquent des gens, dont tous les actes d'hostilité sont manifestement injustes, des Ennemis déclarez du Genre Humain: au lieu que, dans les autres sortes de Guerres, il est souvent assez difficile de juger de quel côté est le bon droit; de sorte que la chose demeure, & doit demeurer indécise, par rapport à ceux qui n'ont pris aucun parti. Pour ce qui est des Guerres Civiles, que nôtre Auteur excepte aussi, les raisons que j'ai alléguées, sont encore plus fortes par rapport à ces sortes de Guerres, que par rapport à celles qui se font entre deux Rois ou deux Peuples; parce que la constitution des Sociétez Civiles, & la paix du Genre Humain, demandent encore plus que les Etrangers ne se mêlent pas facilement de ce qui se passe dans un Etat. Et autre chose est de savoir, si l'impunité, & le droit de s'approprier ce qui a été pris à la Guerre, ont ou n'ont pas lieu entre les Membres d'une même Société Civile, soit dans les Guerres d'une partie d'un Etat Républicain contre l'autre partie, ou dans celles d'un Roi contre ses Sujets: la décision de cette question dépend d'autres principes. Je ne vois pas, enfin, que la Déclaration de Guerre contribuë quoi que ce soit aux effets, dont il s'agit. Ce n'est souvent qu'une pure cérémonie. Mais que la Guerre soit déclarée, ou non, les raisons que j'ai établies subsistent toûjours dans toute leur force. Voiez encore ce que j'ai dit sur le Chapitre précedent, §. 7. *Note* 1. & §. 11. *Note* 2.

(2) *Atque ex auctoritate* [legati *Massiliensium*] *haec* Caesari *renuntiant: Intelligere se, divisum esse Populum Romanum in partes duas: neque sui judicii, neque suarum esse virium, decernere, utra pars justiorem habeat caussam* &c. CÆSAR, De Bello Civili, *Lib.* I. Cap. XXXV.

(3) *Quonam modo ea, quae belli jure acta sunt, in disceptationem veniunt?* TIT. LIV. Lib. XXXIX. Cap. XXXVI. *num.* 11.

§. V.

3. Outre cette permission ou cette impunité, il y a un autre effet de la Guerre dans les formes, juste ou non, c'est le droit de s'approprier ce que l'on y a pris. Mais nous (a) *Chap.* VI. en parlerons (a) plus bas.

§. V. 1. LA licence de faire du mal à un Ennemi, (de quoi nous avons commencé de traiter) regarde prémiérement les *Personnes.* Il y a là-dessus quantité de témoignages de bons Auteurs. *Le sang d'un Ennemi ne souille point celui qui le tuë*; c'est un mot d'EURIPIDE (1), qui avoit passé en proverbe parmi les *Grecs.* Ainsi, chez eux, il étoit permis de se baigner, de manger & de boire de faire des actes de culte religieux, avec ceux qui avoient tué quelcun à la Guerre: toutes choses défenduës, par une ancienne coûtume, (2) avec ceux qui avoient tué quelcun hors de là. Il est dit en une infinité d'endroits, de ceux qui tuent les Ennemis, qu'ils le font (3) *par droit de Guerre.*

2. Il paroît cependant par d'autres passages, que quand ces Ecrivains parlent ici du *droit de la Guerre*, ils n'entendent pas une permission qui rende l'action de tuer les Ennemis entiérement innocente; mais une impunité, telle que je l'ai décrite. TACITE dit, (4) qu'*en tems de Paix on traite chacun selon qu'il le mérite*; *mais qu'à la Guerre l'Innocent périt avec le Coupable.* Il remarque ailleurs, en parlant d'un Soldat, qui demandoit récompense, pour avoir tué son propre Frére dans un Combat, (5) *que le Droit commun des Hommes ne permettoit pas de récompenser un tel meurtre, mais que les Loix de la Guerre ne permettoient pas non plus de le punir.* C'est en ce sens qu'il faut entendre ce que dit TITE LIVE, (6 que les *Grecs*, après la prise de *Troie*, n'usérent pas de tout *le droit de la Guerre* contre *Enée* & *Anténor*, parce qu'ils avoient toûjours conseillé de faire la paix. SENÉQUE se plaint, de ce (7) que *des choses, qu'on puniroit de mort, si elles avoient été faites en cachette & d'autorité privée, sont louées, parce que ce sont des Généraux d'armée, qui les font.* L'HOMICIDE, disoit aussi St. CYPRIEN, (8) *est un crime, lors que des Particuliers le commet-*

§. V. (1) Καθαρὸς ἅπας τοι, πολεμίους ὃς ἂν κτάνῃ. Ion. *vers.* 1334. Voiez aussi les vers 1046, 1047. PLATON dit, que selon une ancienne Loi, fondée sur un Oracle de *Delphes*, ceux qui avoient tué quelcun à la Guerre, ne devoient pas être regardez comme souillez, non plus que s'ils avoient tué un Ami, sans le vouloir, dans quelque Exercice public: de quoi le Philosophe fait lui-même une Loi de sa République imaginaire, où il emprunte souvent celles qui étoient déja établies parmi les *Grecs*: Ἐὰν τις ἐν ἀγῶνι καὶ ἄθλοις δημοσίοις ἄκων, εἴτε παραχρῆμα, εἴτε καὶ ἐν ὑστέροις χρόνοις, ἐκ τῶν πληγῶν ἀποκτείνῃ τινὰ φίλον, ἢ κατὰ πόλεμον ὡσαύτως, ἢ κατὰ μελέτην τὴν πρὸς πόλεμον, ποιουμένων ἄσκησιν τῶν ἀρχόντων, ψιλοῖς σώμασιν, ἢ μετά τινων ὅπλων ἀπομιμουμένων τὴν πολεμικὴν πρᾶξιν, καθαρθεὶς, κατὰ τὸν ἐκ Δελφῶν κομισθέντα περὶ τούτων νόμον, ἔστω καθαρός. De Legib. *Lib.* IX. pag. 865. A. B. Tom. II. *Ed. H. Steph.*

(2) Voiez ci-dessus, *Liv.* I. *Chap.* II. §. 5. avec les *Notes* 5. & 7. Je trouve sur ce sujet un passage remarquable dans ANTIPHON, Orat. XIV. XV. L'Orateur Grec dit, que la raison pourquoi tous les Tribunaux, qui connoissent des causes de Meurtre, jugent & prononcent dans un lieu à découvert, c'est uniquement afin que les Juges n'aillent pas dans le même endroit où seroit un Criminel, qui a les mains impures; & que l'Accusateur aussi ne soit pas sous un même toit, avec le Meurtrier: Ἔπειτα δὲ (ὃ πάντας οἶμαι ὑμᾶς ἐπίστασθαι) ἅπαντα τὰ δικαστήρια ἐν ὑπαίθρῳ δικάζει τὰς δίκας τοῦ φόνου· οὐδενὸς ἄλλου ἕνεκα, ἢ ἵνα, τοῦτο μὲν, οἱ δικασταὶ μὴ ἴωσιν εἰς τὸ αὐτὸ τοῖς μὴ καθαροῖς τὰς χεῖρας· τοῦτο δὲ, ὁ διώκων τὴν δίκην τοῦ φόνου, ἵνα μὴ ὁμορόφιος γίγνηται τῷ αὐθέντῃ. Pag. 93. *Ed. Wechel.* Voiez aussi *Orat.* XVI. pag. 139.

(3) Par exemple, CÉSAR représente aux *Eduens*, qu'ils lui ont obligation de ce qu'il ne les a pas fait passer au fil de l'épée, comme il le pouvoit par droit de Guerre: CÆSAR, *nuntiis ad civitatem Æduorum missis, qui suo beneficio conservatos, docerent, quos* JURE BELLI *interficere potuisset.* Comment. de Bell. Gall. *Lib.* VII. (*Cap.* XLI.) CICÉRON dit la même chose, au sujet du Roi *Déjotarus*: *Tibi porro inimicus cur esset, à quo quum vel interfici* BELLI LEGE *potuisset, Regem & se, & filium suum, constitutos esse meminisset?* Orat. pro Dejotar. (*Cap.* IX.) Et en parlant de ceux qui avoient été du parti contraire à celui de *César*: *Nam quum, ipsius* VICTORIÆ *conditione*, JURE *omnes victi occidissemus, clementia tua judicio conservati sumus.* Orat. pro Marcell. (*Cap.* IV.) Dans TITE LIVE, *Marcellus* accusé par les *Siciliens*, justifie sa conduite par le droit que la Guerre lui donnoit: *Quæ autem singulis victor aut ademi, aut dedi, quum* BELLI JURE, *tum ex cujusque merito, satis scio me fecisse.* Lib. XXVI. (Cap. XXXI. *num.* 9.) [Voiez, sur ce passage, ce que l'on dira ci-dessous, *Chap.* X. §. 2. *Note* 1.] Un Espagnol, nommé *Alorque*, représente à ceux de *Sagonte*, qu'il valloit mieux pour eux se soûmettre au Vainqueur, que de s'exposer à être passez au fil de l'épée, & à voir trainer devant eux leurs Femmes & leurs Enfans, selon le droit de la Guerre: *Sed hæc patienda censeo potius, quàm trucidari corpora vestra, rapi trahique ante ora vestra conjuges ac liberos,* BELLI JURE, *sinatis.* Idem, *Lib.* XXI. (*Cap.* XIII. *num.* 9.) Selon le même Auteur, ce fut par

mettent : mais on lui donne le nom de vertu, lors qu'il est commis par autorité publique. Les Crimes aquiérent le droit d'impunité, non parce qu'ils sont peu nuisibles, mais parce que la cruauté y est portée à un grand excès . . . . Les Loix sont d'accord avec les Péchez ; & on en est venu à regarder comme permis, tout ce qui est autorisé par l'Etat. LACTANCE, parlant des cérémonies que les *Romains* observoient, lors qu'ils entreprenoient la Guerre, les accuse de (9) *commettre par là des injustices légitimes*, c'est-à-dire, permises par les Loix. Et LUCAIN dit, que, dans la Guerre Civile entre *César & Pompée*, (10) *le Crime fut autorisé*.

§. VI. CETTE licence s'étend bien loin. Car prémiérement, elle ne regarde pas seulement ceux qui portent actuellement les armes, ou qui sont Sujets de l'Auteur de la Guerre, mais encore tous ceux qui se trouvent sur les terres de l'Ennemi ; comme cela est exprimé dans la formule même des Délibérations que les *Romains* (a) prenoient de faire la Guerre. En effet, comme on a à craindre quelque chose de la part même des Etrangers qui se trouvent alors dans le païs de l'Ennemi ; cela suffit pour que le droit, dont il s'agit, aît lieu aussi contr'eux, dans une Guerre générale & non interrompuë. En quoi il y a de la différence entre la Guerre, & le droit de Représailles, qui, comme nous l'avons (b) vû, est une espéce d'impôt, que les Sujets doivent paier pour les Dettes de l'Etat. Ainsi il ne faut pas s'étonner, s'il est permis de pousser les choses beaucoup plus loin, quand on est en guerre pleine & ouverte, que quand on use simplement de représailles ; comme (c) le Jurisconsulte BALDE l'a remarqué.

(a) *Tit. Liv.* Lib. XXXVIII. Cap. XLVIII. Voiez ci-dessus, *Chap.* II. de ce Livre, §. 2. *num.* 5.

(b) *Chap.* II. de ce Livre, §. 7. *num.* 2.

(c) *Ad Leg.* V. Dig. *De Justitia.*

§. VII. CE que je viens de dire, ne souffre point de difficulté à l'égard des Etrangers, qui, lors que la Guerre est commencée, vont, le sachant, dans le païs de nôtre Ennemi. Mais pour ceux qui y étoient déja venus avant la Guerre, il semble que, selon le Droit des Gens, ils ne doivent être réputez du parti de l'Ennemi, que lors qu'aiant eu un peu de tems (1) pour se retirer, ils ne l'ont pas (2) fait,

par droit de Guerre que l'on fit main basse sur ceux d'*Astape*, Ville d'*Espagne* : *Atque hac tamen hostium iratorum, ac tum maxime dimicantium*, JURE BELLI, *in armatos repugnantesque edebantur.* Lib. XXVIII. (*Cap.* XXIII. *num.* 1.) JOSEPH, l'Historien Juif, disoit à ses Compatriotes, qu'il est beau de mourir à la Guerre, pourvû que ce soit selon les Loix de la Guerre, c'est-à-dire, par les mains du Vainqueur : Καλὸν ἐν πολέμῳ θνήσκειν, ἀλλὰ πολέμου νόμῳ, τοῦτ' ἐςὶν ὑπὸ τοῦ κρατοῦντος. De Bell. Jud. (*Lib.* III. *Cap.* XXIV. pag. 852. B.) Le Poëte STACE fait dire à des personnes qui demandoient la permission d'enterrer leurs Morts : „ Nous ne nous plaignons pas de ce „ qu'ils ont été tuez ; c'est le droit de la Guerre, & „ le sort des Armes :

Nec querimur caesos ? hac bellica jura, vicesque
Armorum —— —— —— ——

(Thebaid. *Lib.* XII. *vers.* 552, 553.) Le Grammairien SERVIUS remarque, que *Priam* se plaint, non de ce que *Pyrrhus* avoit tué son Fils *Polyte*, puis qu'il pouvoit le faire par droit de Guerre, mais de ce qu'il avoit rendu le Pére spectateur de la mort du Fils : ME CERNERE] *De spectaculo queritur, non de morte. Quia* JURE BELLI Polyten Pyrrhus *occiderat : sed cur ante oculos patris ?* In ÆN. II. (*vers.* 538.) SPARTIEN parlant des personnes que l'Empereur *Sévére* avoit fait mourir, distingue ceux qui avoient été tuez par le droit des armes : *Multos praeterea obscuri loci homines interemit, praeter eos, quos jus praelii absumsit.* In Vit. Sever. (*Cap.* XIV.) GROTIUS.

(4) *Nam in pace caussas & merita spectari : ubi bellum ingruat, innocentes ac noxios juxta cadere.* Annal. *Lib.* I. *Cap.* XLVIII. *num.* 3.

(5) *Celeberrimos auctores habeo, tantam victoribus adversus fas nefasque irreverentiam fuisse, ut gregarius eques, occisum à se proximâ acie fratrem professus, praemium à ducibus petierit. Nec illis aut honorare eam caedem, jus hominum ; aut ulcisci, ratio belli permittebat.* Hist. *Lib.* III. *Cap.* LI. *num.* 1, 2.

(6) *Jam primum omnium satis constat*, Trojâ *captâ, in ceteros saevitum esse* Trojanos, *duobus*, Ænea, Antenoreque, *& vetusti jure hospitii, & quia pacis, reddendaeque* Helenae, *semper auctores fuerant, omne* JUS BELLI Achivos *abstinuisse.* Lib. I. Cap. I. *num.* 1.

(7) *Quae clam commissa capite luerent, eadem, quia paludati fecerunt, laudamus.* Epist. XCV. (pag. 464. *Edit. Gron. Var.*) Voiez ce que l'on a dit ci-dessus, *Liv.* II. *Chap.* I. §. 1. *num.* 3. GROTIUS.

(8) *Madet orbis mutuo sanguine, & Homicidium quum admittunt singuli, crimen est : virtus vocatur, quum publicè geritur. Impunitatem sceleribus adquirit, non innocentiae ratio, sed saevitiae magnitudo . . . . . Consensêre jura peccatis, & coepit licitum esse quod publicum est.* Epist. II. *Edit. Pamel.* ou Lib. *ad Donatum, de gratia Dei*, pag. 5. & 7. *Edit. Fell. Brem.*

(9) *Quantum autem à justitiâ recedat utilitas, Populus ipse Romanus docet, qui per Feciales bella indicendo, &* LEGITIMÈ *injurias faciendo, semperque aliena cupiendo atque rapiendo, possessionem sibi totius Orbis comparavit.* Instit. Divin. *Lib.* V. Cap. IX. *num.* 4. *Ed. Cellar.*

(10) *Jusque datum sceleri canimus* ——
Pharsal. *Lib.* I. *vers.* 2.

§. VII. (1) Voiez BEMBE, *Hist.* Lib. I. CICERON

(2) fait. C'est ainsi qu'autrefois la République de *Corfou* voulant assiéger *Epidamne*, déclara aux (3) Etrangers, qui s'y trouvoient, qu'ils n'avoient qu'à sortir; faute de quoi on les tiendroit pour Ennemis.

§. VIII. 1. Pour ceux qui sont véritablement Sujets de l'Ennemi, c'est-à-dire, qui le sont (1) à titre durable; le Droit des Gens, dont nous parlons, permet de leur faire du mal par tout où on les trouve, à ne considerer que leur personne. Car, quand on déclare la Guerre à un Peuple, on la déclare en même tems, comme nous (a) l'avons montré ci-dessus, à tous ceux de ce Peuple: &, selon le Droit des Gens, il est permis d'exercer des actes d'hostilité contre un Ennemi par tout où on le trouve, comme le disent le Poëte (2) Euripide, & le Jurisconsulte (3) Marcien. On peut donc tuer impunément les Sujets de l'Ennemi & sur nos propres terres, & sur les siennes, & sur une terre qui n'appartient à personne, & sur mer.

2. Il n'en est pas de même en païs neutre. Mais si là on n'a point permission de tuer ou de maltraiter en quelque autre maniére les Sujets d'un Ennemi, ce n'est pas un privilége attaché à leur personne, c'est par respect pour le droit de Souveraineté (4) qu'a le Maître du païs. Les Societez Civiles ont pû établir, qu'il ne seroit permis d'user d'aucune violence contre ceux qui sont sur les terres d'un Etat, qu'en prenant les voies de la Justice; comme Euripide le suppose dans un passage que nous avons cité (b) ci-dessus. (5) Or dans les Tribunaux de Justice, on juge d'une action selon ce que mérite la personne même qui l'a commise; on n'a aucun égard à la permission que tous les Ennemis indifféremment ont, comme tels, de se maltraiter les uns les autres, sans régle ni mesure. Dans le tems de la *SecondeGuerre Punique*, (6) sept (c) Galéres des *Carthaginois* étant dans un port de la domination de *Syphax*, Prince neutre alors

(a) *Chap.* III. de ce Livre, §. 9.

(b) *Liv.* II. *Chap.* XXI. §. 6. *num.* 1.

(c) *Trirémes*, à trois rangs.

ron justifie *Ligarius*, par cette raison, que s'étant trouvé en *Afrique* avant la Guerre Civile, il n'avoit pû en sortir, lors qu'elle s'étoit élevée tout d'un coup: [*Tertium est tempus, quo post adventum* Vari *in* Africa *restitit* [Ligarius]. *quod si est criminosum, necessitatis crimen est, non voluntatis. An ille, si potuisset illinc ullo modo evadere*, Uticæ *potiùs, quàm* Romæ; *cum* P. Attio, *quàm cum concordissimis fratribus; cum alienis esse, quàm cum suis, maluisset?* Orat. pro Ligar. *Cap.* II.] Les Consuls Romains, qui alloient assiéger *Capoue*, eurent ordre de déclarer auparavant aux *Campanois* qui étoient dedans, qu'il ne tenoit qu'à eux d'en sortir, avec ce qui leur appartenoit: *Consulibus litera à* P. Cornelio *Pratore missa*, Ut priùs quàm clauderent *Capuam* operibus, potestatem *Campanis* facerent, ut qui eorum vellent, exirent ab *Capuâ*, suasque res secum auferrent &c. Tit. Liv. Lib. XXV. (Cap. XXII. *num.* 12.) Grotius.

(2) Feu Mr. Cocceïus, dans une Dissertation que j'ai déja citée, *De jure Belli in Amicos*, §. 23. rejette cette distinction, & il veut que les Etrangers même, à qui l'on n'a pas donné un peu de tems pour se retirer, soient regardez comme étant du parti de l'Ennemi, & par là exposez à de justes actes d'hostilité. Il distingue ensuite lui-même, pour suppléer à ce prétendu defaut, entre les Etrangers qui demeurent dans le païs, & ceux qui ne font que passer, ou qui, s'ils y séjournent quelque tems, y sont contraints par une maladie, ou par la nécessité de leurs affaires. Mais cela même fait voir, que Mr. Cocceïus, ici, comme en une infinité d'autres endroits, a critiqué nôtre Auteur sans l'entendre. Dans le Paragraphe suivant, Grotius distingue manifestement des Etrangers dont il vient de parler, ceux qui sont *Sujets* de l'Ennemi *à titre durable*, par où il entend sans doute, comme l'explique le Savant Gronovius, ceux qui sont domiciliez dans le païs. Nôtre Auteur s'explique lui-même ci-dessus, *Chap.* II. de ce Livre, §. 7. *num.* 2. en parlant des Représailles, qu'il accorde même contre ces sortes d'Etrangers; au lieu qu'il ne les permet pas contre *ceux qui ne font que passer, ou qui ne sont dans le païs que pour un peu de tems*. Ainsi voilà précisément la même distinction, que le Censeur donne pour nouvelle.

(3) Ils donnérent cette permission à ceux même de la Ville, aussi bien qu'aux Etrangers: Προσκαθεζόμενοι δὲ τὴν πόλιν, προεῖπον [οἱ Κερκυραῖοι], Ἐπιδαμνίων τε τὸν βουλόμενον, καὶ τοὺς ξένους, ἀπαθεῖς ἀπιέναι· εἰ δὲ μὴ, ὡς πολεμίοις χρήσεσθαι. Lib. I. Cap. XXVI. Voiez un autre exemple, dans le même Historien, *Lib.* IV. Cap. XV. où l'on donne un terme de cinq jours.

§. VIII. (1) Voiez ci-dessus, *Chap.* II. de ce Livre, §. 7. *num.* 2. & la *Note* 2. sur le paragraphe précedent de ce IV. Chapitre.

(2) C'est un Fragment d'une Tragédie de ce Poëte, qui n'est point nommée par celui qui l'a conservé:

Νόμος τὸν ἐχθρὸν δρᾶν, ὅπου λάβῃς, κακῶς.

On le trouve à la page 429. des *Excerpta* de nôtre Auteur, & il est au vers 363. du Recueil de Mr. Barnes, qui ne marquent, ni l'un, ni l'autre, l'Auteur d'où il est tiré.

(3) *Transfugas licet, ubicumque inventi fuerint, quasi hostes, interficere.* Digest. Lib. XLVIII. Tit. VIII. *Ad Leg. Cornel. de Sicariis* &c. Leg. III. §. 6.

(4) Voiez ce que nous dirons ci-dessous, *Chap.* VI. §. 26. & Alberic. Gentil. *Hispanic. Advocation.* Lib. I. Cap. VI. comme aussi Paul Matthias Wechner, *Consil. Franconic.* XCII. Grotius.

(5) Ajoûtez, que, par cela seul que le Souverain du païs est demeuré neutre, il s'est engagé tacitement à ne permettre sur ses terres aucun acte d'hostilité de part ni d'autre.

(6) *Ipse* [Scipio] *cum* C. Lælio, *duabus quinqueremibus*

alors par rapport aux *Carthaginois* & aux *Romains*; *Scipion* tira vers ce même port avec deux Galéres (d) seulement, que les *Carthaginois* auroient pû aisément défaire, avant qu'elles entrassent dans le port; & ils s'y disposoient effectivement. Mais un coup de vent les aiant jettées dans le Port, sans donner le tems aux *Carthaginois* de lever l'ancre de leurs Galéres, ils n'osérent plus remuer, parce qu'ils étoient les uns & les autres dans un Port appartenant au Roi.

(d) A cinq rangs, & non pas à trois, comme l'Auteur le dit ici.

§. IX. 1. Une preuve, au reste, que la licence de la Guerre s'étend fort loin, c'est que le Droit des Gens n'en met point à couvert les Enfans même & les Femmes, que l'on peut aussi tuer impunément. Je n'alléguerai point ici l'exemple des *Israëlites*, qui exercérent un tel acte d'hostilité (a) contre les *Hesbonites*; & qui eurent ordre (b) de traiter de même les *Cananéens*, aussi bien que les autres Nations (1) qui étoient dans le même (2) cas: ce sont-là des exécutions de la volonté de Dieu, qui a plus de pouvoir sur la vie des Hommes, que les Hommes n'en ont sur celle des Bêtes; comme nous (c) l'avons remarqué ailleurs. Il y a un passage du Vieux Testament, qui est plus propre à témoigner la coûtume générale des anciens Peuples; c'est ce qui est dit dans un (d) Pseaume, qu'heureux seront ceux qui écraseront contre une pierre les Enfans des *Babyloniens*. Homére (3) fait mention de cet acte d'hostilité, en décrivant les malheurs de la Guerre. Thucydide (e) nous apprend, que les *Thraces* aiant pris la Ville de *Mycalesse*, passérent au fil de l'épée jusqu'aux Femmes & aux Enfans. Arrien (f) témoigne la même chose des *Macédoniens*, après la prise de *Thébes*; & Appien d'*Aléxandrie*, (g) des *Romains*, lors qu'ils eurent pris *Ilurge*, Ville d'*Espagne*. *Germanicus César*, au rapport de (4) Tacite, lors qu'il mit à feu & à sang les Bourgs des *Marses*, Nation de l'ancienne *Germanie*, n'eût pitié ni d'âge, ni de Séxe. *Titus* (5) fit

(a) *Deuter.* II, 34.
(b) *Ibid.* XX, 16.
(c) *Liv.* II. *Chap.* XXI. §. 14.
(d) *Pseaum.* CXXXVII, 9.
(e) Lib. VII. Cap. XXIX.
(f) *De Exped. Alex.* Lib. I. Cap. VIII. *in fin.*
(g) *Bell. Hispan.* pag. 457. *Ed. Amst.* (272. *H. Steph.*)

bus ab Carthagine *profectus tranquillo mari, plurimum remis, interdum & leni adjuvante vento, in* Africam *trajecit. Forte ita incidit, ut eo ipso tempore* Asdrubal, *pulsus* Hispaniâ, *septem triremibus portum invectus, ancharis positis, terra adplicaret naves; quum conspecta duæ quinqueremes, haud cuiquam dubio quin hostium essent, opprimique à pluribus, prius quàm portum intrarent, possent, nihil aliud quàm tumultum ac trepidationem simul militum ac nautarum, nequidquam armaque & naves expedientium, fecerunt. percussa enim ex alto vela paullo acriori vento, priùs in portum intulerunt quinqueremes, quàm* Pœni *anchoras molirentur, nec ultra tumultum ciere quisquam, in regio portu audebat.* Tit. Liv. Lib. XXVIII. (Cap. XVII. *num.* 12. & *seqq.*) On trouve, dans l'Histoire, d'autres exemples semblables. Les *Vénitiens* empêcherent que les *Grecs* ne fissent aucun mal aux *Turcs*, dans un port de l'obéïssance de *Venise*: Chalcocondyl. *Lib.* IX. Voiez ce que l'on fit à *Tunis*, par rapport aux *Vénitiens* & aux *Turcs*, dans Bembe, *Hist.* Lib. IV. Et en *Sicile*, par rapport aux *Pisans* & aux *Génois*; dans Bizaro, *De Bell. Pisan.* Voiez aussi Paulin. *Goth.* au sujet de *Rostoch* & de *Gripswald*. Grotius.

§. IX. (1) *Quorum connexa cum* Cananæis *erat caussa*, dit nôtre Auteur: c'est-à-dire, que la Vengeance Divine avoit condamnées à être exterminées, aussi bien que les Sept Nations des *Cananéens*. Tels étoient les *Madianites*, Nombres, XXI, 2. les *Hamalékites*, Exode, XVII, 14.

(2) Joseph parlant des *Hamalékites*, dit, que le Roi *Saül* les fit tous passer au fil de l'épée, sans épargner ni les Femmes, ni les Enfans: [Voiez I. Samuel, XV, 3.] croiant, ajoûte-t-il, ne commettre rien en cela de trop cruel, prémiérement, parce que c'étoient des Ennemis qu'il traitoit ainsi; & ensuite, à cause de l'ordre de Dieu, auquel il ne pouvoit désobéïr sans danger: Καὶ λαβὼν κατὰ κράτος [τοὺς Ἀμαλεκίτας] ἐπὶ σφαγὴν γυναικῶν καὶ νηπίων ἐχώρησεν· οὐδὲν ὠμὸν, οὐδ' ἀνθρωπίνης σκληρότερον διαπράσσεσθαι φύσεως ἡγούμενος, πρῶτον μὲν πολεμίους ταῦτα δρῶν, ἔπειτα προστάγματι Θεοῦ, ᾧ τὸ μὴ πείθεσθαι, κίνδυνον ἔφερε. Antiq. Jud. *Lib.* VI. *Cap.* VIII. Grotius.

(3) ——— Κακὰ πολλ' ἐπιδόντα,
Υἷάς τ' ὀλλυμένους, ἑλκυσθείσας τε θύγατρας,
Καὶ θαλάμους κεραϊζομένους, καὶ νήπια τέκνα
Βαλλόμενα προτὶ γαίῃ, ἐν αἰνῇ δηϊοτῆτι.

(Iliad. *Lib.* XXII. *vers.* 61.) L'Empereur *Sévére* ordonnant à ses Soldats, de passer tout au fil de l'epée dans la *Grande Bretagne*, se servit de quelques autres vers d'Homére, où *Agamemnon* dit, qu'il ne faut épargner personne des *Troiens*, pas même les Enfans qui sont encore dans le sein de leurs Meres:

——— Τῶν [Τρώων] μήτις ὑπεκφύγοι αἰπὺν ὄλεθρον,
Χεῖράς θ' ἡμετέρας· μηδ' ὅντινα γαστέρι μήτηρ
Κοῦρον ἐόντα φέροι, μηδ' ὃς φύγοι ———

[Iliad. Lib. VI. vers. 57, & *seqq.* Voiez Xiphilin, *Vit. Sever.* pag. 342. *Ed. H. Steph.*] Grotius.

(4) *Non Sexus, non ætas, miserationem attulit.* Annal. *Lib.* I. Cap. LI. *num.* 2. *Scipion* fit la même chose, après avoir pris *Numance*. Les Soldats de l'Empereur *Julien* tuerent les Femmes de la Ville de *Dacires*, que les Hommes y avoient laissées; comme nous l'apprend Zosime, Lib. III. (Cap. XV. *Ed. Cellar.*) Le même Empereur aiant pris la Ville de *Majozamalcha*, dans le païs de *Babylone*, on n'epargna ni séxe, ni âge: *Et sine sexûs discrimine, vel ætatis, quidquid impetus reperit, potestas iratorum absumsit.* Amm. Marcellin, Lib. XXIV. (*Cap.* IV. pag. 436. *Ed. Vales. Gron.*) Grotius.

Nôtre Auteur ne donne aucun garant de ce qu'il dit au sujet de *Scipion*: aussi n'en a-t-il eu d'autre, selon toutes les apparences, qu'une mémoire infidéle. On ne trouve rien de semblable dans les Historiens qui ont écrit la Guerre & la prise de *Numance*. Bien loin que *Scipion* ait fait passer au fil de l'épée jusqu'aux

(5) fit battre avec des Bêtes, dans les Jeux qu'il donna au Peuple, les Enfans même & les Femmes des *Juifs*. Ces deux Princes néanmoins, je veux dire *Germanicus* & *Titus*, passent pour avoir été d'un naturel fort éloigné de la cruauté: d'où il paroit combien cette inhumanité étoit tournée en coûtume.

2. Il ne faut pas s'étonner après cela, si on n'épargnoit pas non plus les Vieillards; comme on voit dans VIRGILE (h) que PYRRHUS tuë *Priam*.

(h) *Æn.* II, 510, *& seqq.*

§. X. 1. LES Prisonniers même (1) ne sont point ici à couvert du droit de la Guerre dont nous traitons. SENEQUE fait dire à *Pyrrhus*, dans une Tragédie, selon l'usage de ce tems-là: (2) *Il n'y a point de Loi qui ordonne d'épargner un Prisonnier, ou qui défende de le punir*. Il s'agissoit-là d'une Femme, ou de *Polyxéne*, que l'on vouloit faire mourir. Dans le *Ciris* de (3) VIRGILE, on appelle aussi cette licence, *la loi de la Guerre*, & cela encore par rapport aux Femmes même faites prisonniéres; car c'est *Scylla* qui parle-là. HORACE donne pour précepte, (4) *de ne pas tuer un Prisonnier de Guerre, que l'on peut vendre*. Il suppose donc, qu'il est permis de le tuer. Le Grammairien DONAT cherchant l'étymologie du mot dont on se sert en Latin (a) pour dire un Esclave, le fait venir d'un verbe qui signifie *conserver*, (5) *parce*, dit-il, *que c'est une personne à qui l'on a donné la vie, qu'on devoit lui ôter par droit de Guerre. On devoit*, c'est une expression impropre, pour dire, *il étoit permis*. C'est ainsi que ceux de *Corfou*, au rapport de (b) THUCYDIDE, tuérent les Prisonniers qu'ils avoient faits sur ceux d'*Epidamne*. *Hannibal* (c) passa au fil de l'épée cinq mille Prisonniers: & (6) *Marc Brutus* en fit aussi mourir plusieurs. Dans les Mémoires de la Guerre d'*Afrique*, composez par HIRTIUS, (7) un Centurion de l'Armée de *César* remercie *Scipion*, de ce qu'il lui promettoit la vie, à lui Prisonnier de Guerre.

(a) *Servus.*

(b) Lib. I. Cap. XXX.

(c) *Appian.* Hannibal. Bell. Pag. 556.

2. Et on est toûjours à tems de tuer ces sortes d'Esclaves, ou de Prisonniers de Guerre, à en juger par le Droit des Gens. Que si ce pouvoir est limité, plus ou moins, en

Femmes & aux Enfans, APPIEN d'*Aléxandrie* dit formellement, que des *Numantins* qui restérent après la reddition de la Ville, il n'en garda que cinquante pour son Triomphe; tout le reste fut vendu: Ἐπιλεξάμενος δ' αὐτῶν πεντήκοντα ὁ Σκιπίων ἐς θρίαμβον, τοὺς λοιποὺς ἀπέδοτο &c. De Bell. Hispan. *pag.* 332. *Ed. Amst.* (311. *H. Steph.*)

(5) Je ne trouve rien dans JOSEPH, d'où l'on puisse inferer seulement, que *Titus* ait fait battre avec des Bêtes les Femmes & les Enfans des *Juifs*. Bien loin de là, cet Historien dit, qu'après la prise de *Jérusalem*, *Titus* fit vendre tous ceux qui étoient au dessous de dix-sept ans: Οἱ δ' ἐντὸς ἑπτακαίδεκα ἐτῶν ἐπράθησαν. De Bell. Jud. Lib. VII. Cap. XVI. *in Lat.* (XLV. *in Græc.*) pag. 968. C. Nôtre Auteur a copié ici ALBERIC GENTIL, *De Jure Belli*, Lib. II. Cap. XXI. *pag.* 425. Mais celui-ci n'allégue d'autre autorité, que celle de CARDAN, Auteur peu exact, qui déclame là-dessus contre *Titus*, dans son *Encomium Neronis*. Voici les paroles du dernier: *Pergamus ergo ad illas humani generis delicias* Titum, Neronique *comparemus, qui uno spectaculo aliquot millia* Judæorum, *in quibus pueri & mulieres, feris dilaniandos exposuit. Auctor illius amicus* JOSEPHUS: *ne quicquam ex fide decedere credas*. Tom. I. pag. 205. Opp. *Ed. Lugd.* 1663.

§. X. (1) JOSEPH parlant des gens du Roi de *Syrie*, qui étoient venus pour prendre *Elisée*, & qui aiant été frappez d'un éblouïssement miraculeux, s'étoient trouvez à *Samarie*; dit, que, le Roi *Joram* aiant demandé au Prophéte, s'il devoit les faire mourir, ce saint homme répondit que non, parce qu'il n'étoit permis de tuer que les Prisonniers de Guerre: Τοὺς γὰρ νόμῳ πολέμου ληφθέντας, ἀποκτείνειν ἔλεγε δίκαιον· τούτους δὲ μηδὲν κακὸν ἐργασαμένους τὴν ἐκείνου χώραν. (Antiq. Jud. *Lib.* IX. *Cap* II. pag. 303. D.) VIRGILE introduit un tel Prisonnier, qui demande la vie en grace à *Enée*:

Per patrios maneis, per spes surgentis Iuli,
Te precor, hanc animam serves natæque patrique.

(*Æn. Lib.* X. vers. 524, 525.) L'Empereur *Othon* fit mourir soixante & dix mille *Esclavons*, qu'il avoit pris prisonniers, au rapport de WITHIKIND, *Annal.* Lib. II. GROTIUS.

(2) *Lex nulla capto parcit, aut pœnam impedit.* Troad. *vers.* 333.

(3) *At belli saltem captivam lege necasses.* Vers. 446.

(4) *Vendere quum possis captivum, occidere noli.* Lib. I. *Epist.* XVI, 69.

(5) SERVI [dicuntur], *qui servati sunt, quum eos occidi oporteret jure belli.* In TERENT. Adelph. Act. II. Scen. I. vers. 28.

(6) *Et à M. Bruto non pauci.* Ces mots, qui se trouvent dans la prémiére Edition, ont disparu, je ne sai comment, dans toutes les autres; quoi que la citation de DION CASSIUS, *Lib.* XLVII. où l'on trouve ce fait, *pag.* 405. D. soit demeurée à la marge. Le retranchement ne peut avoir été fait de propos déliberé par nôtre Auteur, qui n'avoit aucune raison d'ôter un fait bien appliqué. Ainsi j'ai eu tout lieu de suppléer à cette omission, dans mon Edition Latine, que je suis ici.

(7) *Pro tuo*, inquit, *summo beneficio*, Scipio, *tibi gratias ago .... quòd mihi vitam incolumitatemque, belli jure capto, pollicêris.* De Bell. Afric. *Cap.* XLV.

§. XI. (1) Voiez l'*Iliade*, Lib. XX. vers. 463, *& seqq.* Lib.

en quelques endroits, cela vient des Loix particulieres de chaque Etat.

§. XI. 1. On trouve même quantité d'exemples de Vainqueurs qui ont tué sans miséricorde ceux qui leur demandoient humblement quartier. *Achille* en use ainsi, dans (1) Homére: *Magon*, & *Turnus*, dans (2) Virgile. Et l'on ne se contente pas de raconter de tels exploits; on les justifie aussi, comme fondez sur le droit de la Guerre, dont nous parlons. St. Augustin même, louant les *Goths* de ce qu'ils avoient donné la vie à des gens qui leur demandoient quartier; & qui s'étoient réfugiez dans les *Temples*, (3) dit, qu'*ils crurent ne pouvoir faire innocemment ce qui leur étoit permis par droit de Guerre*.

2. Et on ne reçoit pas toûjours ceux qui veulent se rendre. C'est (4) ainsi qu'*Aléxandre* rejetta la soûmission des *Grecs*, qui étoient à la solde des *Perses*, dans la Bataille du *Granique*. *Cotys*, & les *Romains* ses Alliez, en usérent de même à l'égard des *Uspiens*: *les Vainqueurs*, dit (5) Tacite, *aimérent mieux qu'ils périssent par droit de Guerre*. Voilà encore le *droit de la Guerre* établi par cet Auteur.

§. XII. Bien plus: on voit dans les Histoires, que les Vainqueurs n'ont pas laissé de faire mourir (a) ceux qui s'étoient rendus à discrétion, & qui avoient été reçus sur ce pié-là. C'est ainsi que les *Romains* en usérent à l'égard des Principaux de (1) la Ville de *Pométie*; *Sylla*, envers (2) les *Samnites*; *César*, envers (b) les *Numides*, & (c) envers *Vercingentorix*. C'étoit même, parmi les *Romains*, un usage (3) presque perpétuel, de faire mourir, le jour du Triomphe, les Chefs des Ennemis, soit qu'on les eût pris, ou qu'ils se (4) fussent rendus.

§. XIII. 1. Les Historiens parlant de ceux que l'on a ainsi fait mourir, sur tout de ceux qui avoient été pris, ou qui avoient demandé quartier, (a) disent quelquefois que c'étoit par droit de Talion, ou bien pour punir leur opiniâtreté à résister. Mais ce sont-là des motifs, plûtôt que des raisons justificatives, selon la distinction que nous avons

(a) Voiez *De Thou*, Lib. LXX. à la fin; dans les affaires d'*Irlande*, sur l'année 1580.

(b) *Dion Cassius*, Lib. XLIII. pag. 245. E. *Ed. H. Steph.*

(c) *Idem*, Lib. XL. pag. 136.

(a) Comme, par exemple, *Chalcocondylas*, Lib. VIII.

Lib. XXI. vers. 73, *& seqq.*

(2) L'endroit, qui regarde *Magon*, a été cité dans la *Note* 1. sur le paragraphe précedent. Voiez, au sujet de *Turnus*, Æn. XII, 930, *& seqq.*

(3) *Quod alibi jure belli licuisset, tota feriendi refrenabatur immanitas, & captivandi cupiditas frangebatur.* De Civit. Dei, *Lib.* I. Cap. I.

(4) Nôtre Auteur ne cite ici personne, & il auroit été, je crois, bien en peine de trouver quelque garant de ce fait, que sa mémoire lui a fourni. Les Historiens d'*Aléxandre le Grand* ne disent rien de semblable. Ce Conquérant envoia en *Macédoine*, pour travailler comme des Forçats, les *Grecs* qui furent pris à la Bataille du *Granique*. Voiez Arrien, *De Exped. Alexandr.* Lib. I. Cap. XVII. & à la fin de ce Livre.

(5) *Postero* [die] *missi legati* [Uspenses], *veniam liberis corporibus orantes; servitii decem millia offerebant. quod adspernati sunt victores, quia trucidare deditos saevum, tantam multitudinem custodiâ cingere arduum: ut belli potius jure caderent.* Annal. Lib. XII. Cap. XVII. *num.* 1, 2.

§. XII. (1) Ou plûtôt, des Principaux des *Auruntiens*, dans le parti desquels cette Colonie Latine avoit passé. Tite Live, qui rapporte cette action, la blâme en même tems: *Ceterum nihilo minus foedè, deditâ urbe, quàm si capta foret*, Aurunci *passim principes securi percussi; sub coronâ venierunt coloni alii* &c. Lib. II. Cap. XVII. *num.* 6.

(2) Je ne trouve rien de tel, au sujet des *Samnites*, ni dans Plutarque, ni dans Appien *d'Aléxandrie*. Nôtre Auteur a suivi ici sans examen Alberic Gentil, *De Jure Belli*, Lib. II. Cap. XVII. pag. 364. Cela paroît de ce qu'il cite, comme lui, en marge, *Dio Lib.* XLV. au lieu de *Lib. XLIII.* citation qui se rapporte à l'exemple des *Numides*, & non pas, ainsi que nôtre Auteur l'a cru, à celui des *Samnites*, dont le Jurisconsulte, qu'il a copié, ne donne aucun garant. Celui-ci a eu apparemment dans l'esprit ce que *Sylla* fit à ceux d'*Antemna*, Ville des *Sabins*, mais en quoi il y avoit une perfidie insigne, puis qu'il leur avoit promis la vie, [illegible]: Plutarch. *in Vit. Syll.* pag. 471. D. Tom. I. *Ed. Wech.* Ainsi l'exemple est mal appliqué.

(3) Voiez Cicéron, Lib. V. *in Verr.* (Cap. XXX.) Tite Live, Lib. XXVI. (Cap. XIII. *num.* 14.) & ailleurs: Tacite, *Annal.* Lib. XII. (Cap. XIX. *num.* 3.) & plusieurs autres Auteurs. On trouve un exemple semblable, dans la Chronique de Réginon, sur l'année 905. Grotius.

(4) *Galba* entrant à *Rome*, fit décimer ceux qui s'étoient rendus à lui: *Horror animum subit, quotiens recordor feralem introitum, & hanc solam* Galbae *victoriam, cum in oculis Urbis decimari deditos juberet, quos deprecantes in fidem acceperat.* Tacit. *Histor.* Lib. I. (Cap. XXXVII. *num.* 3.) La Ville d'*Avenches* en *Suisse* s'étant renduë à *Cécina*, Lieutenant de *Vitellius*, il fit mourir, avant que de quitter ce païs, un des Principaux, nommé *Julius Alpinus*, qui avoit été cause de la Guerre, & laissa les autres à la discrétion de *Vitellius*: *Quumque, direptis omnibus*, Aventicum, *gentis caput, justo agmine peteretur, missi, qui dederent civitatem, & deditio accepta. In* Julium Alpinum, *è principibus, ut concitorem belli*, Caecina *animadvertit: ceteros venia vel saevitia* Vitellii *reliquit.* Ibid. (Cap. LXVIII. *num.* 5, 6.) Grotius.

§. XIII.

avons faite ailleurs. En effet, la peine du Talion, pour être juste & proprement ainsi nommée, doit être infligée au Coupable même; comme on peut le comprendre par ce que nous avons dit (b) ci-dessus en parlant de la maniére dont la Peine passe d'une personne à l'autre. Dans la Guerre, au contraire, ce que l'on appelle Talion, & qui consiste (1) à faire souffrir le même mal qu'on a souffert, tombe le plus souvent sur ceux qui n'ont aucune part aux choses dont on se plaint.

(b) *Liv.* II. *Chap.* XXI.

2. Pour ce qui est de l'attachement opiniâtre à suivre le parti où l'on est engagé, personne ne trouve-là rien de punissable, comme le soûtenoient autrefois les (2) *Napolitains*, dans leur réponse à *Bélisaire:* ce qui a lieu sur tout, lors qu'on a été mis dans le parti qu'on suit par la Nature même, ou qu'on s'y est jetté soi-même par un choix honnête. Bien loin qu'il y ait là du crime, c'en est un au contraire de quitter son poste, selon l'opinion commune des Peuples, & sur tout par les Loix de l'ancienne Discipline (3) Militaire des *Romains*, qui ne recevoient ici presque jamais l'excuse de la crainte ou du péril. Ce n'est donc ni par droit de Talion, ni en punition de la résistance, qu'on use envers les Ennemis vaincus de la rigueur extrême, dont j'ai parlé; mais on le fait pour son propre intérêt, quand on le juge à propos: & le Droit des Gens, dont il s'agit, justifie cette rigueur devant les Hommes.

§. XIV. 1. Il paroît que c'étoit la coûtume de traiter de même les Otages, quand on vouloit; & non seulement ceux qui s'étoient remis eux-mêmes entre les mains de l'Ennemi par une espéce de convention, mais encore ceux qui avoient été donnez par d'autres. Les *Thessaliens* firent (a) mourir deux cens cinquante Otages des *Phocéens*; & les *Romains* (b) trois cens des *Volsques Auranciens*.

2. Et il est à remarquer, qu'on avoit accoûtumé de donner pour Otages des Enfans même & des Femmes. Les (1) *Parthes*, & (c) *Simon*, un des *Maccabées*, nous fournissent un exemple du prémier. L'autre se voit pratiqué par (d) les *Romains*, du tems de *Porsenna*, & par les (2) anciens *Germains*.

(a) *Plutarch.* De virtut. mulier. *pag.* 244. B. Tom. II.
(b) *Dion. Halicarn.* Antiq. Rom. *Lib.* VI. *Cap.* XXX.
(c) *I. Maccab.* XIII, 16.
(d) Dans l'histoire célébre de *Clélie*. Voiez *Tit. Liv.* Lib. II. Cap. XIII.

§. XV.

§. XIII. (1) DIODORE *de Sicile* dit, en parlant de cette coûtume, que les armes étant journaliéres, ceux qui sont en guerre doivent s'attendre, en cas qu'ils viennent à avoir du dessous, au même traitement qu'ils auront fait à leur Ennemi, lors qu'ils avoient le dessus: Οὐ γὰρ ἠγνόουν, ὡς αὐτοὶ διὰ τῶν ἔργων μαθόντες, ὅτι τοῖς διαπολεμοῦσι κοινὴ τῆς τύχης ὑπαρχούσης, ἀμφοτέροις κατὰ τὰς ἥττας τοιαῦτα ἀνάγκη ϖάσχειν, οἷα δὲ αὐτοὶ ϖράξωσιν εἰς τοὺς ἀτυχήσαντας. [Lib. XIV. Cap. XLVII. pag. 431. *Edit. H. Steph.*] Il raconte ailleurs, que *Philoméle*, Général des *Phocéens*, obligea ses Ennemis à ne plus faire souffrir à ses gens des supplices insolens & cruels, en traitant de la même maniére ceux des leurs qui tomboient entre ses mains: Διὰ δὲ ταύτης τῆς ἴσης κολάσεως τοὺς ἐναντίους ἠνάγκασε μεταθέσθαι τῆς ὑπερηφάνου καὶ δεινῆς τιμωρίας. [Lib. XVI. Cap. XXXI. pag. 526.] Voiez encore ce que le même Historien dit, dans les *Excerpta* de Mr. DE PEIRESC, au sujet de *Spendius*, & d'*Hamilcar Barca* (pag. 377.) GROTIUS.

(2) Ce ne sont pas les *Napolitains* qui répondent cela à *Bélisaire*, mais deux Avocats, *Pastor* & *Asclépiodote*, parlent ainsi aux *Napolitains* & aux *Goths*, *Lib.* I. Gothic. Cap. VIII. Nôtre Auteur s'est encore ici fié à ALBERIC GENTIL, qui s'exprime de cette maniére précisément, *Lib.* II. *De Jure Belli*, Cap. XVI. pag. 245, 246.

(3) *Præsidio decedere, apud* Romanos, *capital esse* TIT. LIV. Lib. XXIV. (Cap. XXXVII. *num.* 9.) Voiez aussi POLYBE, Lib. I. (Cap. XVII.) & Lib. VI. (Cap. XXXV.) GROTIUS.

§. XIV. (1) TACITE, que nôtre Auteur cite ici en marge, parle seulement des Enfans des Rois en général, sans dire s'ils sont en bas âge, ou non: *Ibi Regum obsides liberos dari* [à *Parthis*] &c. Annal. *Lib.* XII. Cap. X. *num.* 5. Ailleurs il dit, *partem prolis:* Lib. II. Cap. I. *num.* 2. Dans le passage des MACCABE'ES, il y a aussi seulement υἱὸς. Cependant comme le terme est général, rien n'empêche qu'il ne renferme les Enfans en bas âge, que leur foiblesse même & leur innocence devoient rendre plus chers à leurs Parens, & par là plus propres à servir de sûreté à ceux qui les demandoient ou les recevoient pour ôtages. On peut l'inferer presque certainement d'un passage de STRABON, que JUSTE LIPSE cite: car on y voit, que *Phrahate*, Roi des *Parthes*, donna pour ôtages à *Titius*, Gouverneur de *Syrie* pour les *Romains*, quatre de ses Fils légitimes, avec deux Femmes de ceux-ci, & quatre de leurs Fils: *Geograph.* Lib. XVI. pag. 1085, 1086. *Ed. Amst.* (748. *Ed. Casaub. Par.*) Or il ne pouvoit qu'y avoir là quelque Enfant en bas âge. Mais voici des autoritez expresses. SUE'TONE nous apprend, que, dans un des divertissemens ridicules que *Caligula* se donnoit, il se mit sur un Char, en habit de Cocher, prenant devant lui un Enfant, nommé *Darius*, qui étoit Otage des *Parthes*: *Postridie, quadrigario habitu, curriculoque bijugi famosorum equorum, præ se ferens* Darium PUERUM, *ex* Parthorum *obsidibus* &c. Vit. Caligul. *Cap.* XIX. Le même Historien parle ailleurs de certains Otages, donnez apparemment par quelque Peuple de *Germanie*, lesquels *Caligula* fit sortir de l'Ecôle: *Rursus obsides quosdam abductos è literario ludo* &c. Cap. XLV. Mais on sait aussi, que la fameuse *Clélie*, aiant le choix entre tous les Ota-

§. XV. 1. Comme le Droit des Gens permet ici, dans le sens que nous l'avons expliqué, plusieurs choses, que le Droit de Nature défend; il en défend aussi d'autres, que le Droit de Nature permet. Par exemple, lors qu'il est permis de tuer quelcun, il n'importe, à considérer le Droit de Nature, qu'on se serve pour cela de l'Epée, ou du Poison. Je dis, *par le Droit de Nature:* car il est à la vérité plus généreux de laisser à celui qu'on veut tuer le moien de se défendre, mais on n'est dans aucune obligation d'user de cette générosité envers une personne qui a mérité la mort. Cependant le Droit des Gens, reçû depuis long tems, sinon de tous les Peuples, du moins des plus civilisez, défend d'emploier le Poison pour ôter la vie à un Ennemi.

2. On a établi cela, d'un commun (1) consentement, pour l'utilité commune, qui demandoit que les périls ne s'augmentassent pas trop, depuis que les Guerres sont devenuës si fréquentes. Et il y a grande apparence que ce sont les Rois qui ont pensé à faire introduire un tel usage. Car si leur vie est plus en sûreté, que celle des autres, lors qu'on ne l'attaque que par les Armes; ils ont, au contraire, plus à craindre le Poison, & ils auroient été tous les jours exposez à périr de cette maniére, si le respect pour quelque sorte de Droit, & la (2) crainte de l'Infamie, ne les mettoient à couvert de ce côté-là.

3. Aussi voions-nous que les anciens Auteurs font regarder comme une chose illicite, l'usage du Poison contre un Ennemi. Tite Live (3) appelle cela une *sourde & criminelle pratique*, en parlant de *Persée*, Roi de *Macedoine*, qui la tramoit contre les Généraux Romains. C'est *une action abominable*, selon Claudien, (4) qui la qualifie ainsi, à l'occasion du Médecin qui vint offrir à *Fabricius* d'empoisonner *Pyrrhus* son Maître: c'est un *crime*, selon (5) Ciceron, qui s'exprime ainsi, en traitant de la même histoire. Il est de l'intérêt commun des Nations, qu'on ne donne point de tels exemples, (6) disent les Consuls Romains, dans une Lettre à *Pyrrhus*, qu'Aulu-Gelle nous a conservée. Et le Sénat étoit dans cette pensée, qu'à la Guerre on doit

Otages, donnez avec elle par les *Romains*, procura la liberté à ceux qui n'étoient pas encore en âge de puberté: *Productis omnibus, elegisse* IMPUBERES *dicitur* &c. Tit. Liv. Lib. II. Cap. XIII. *num.* 10.

(2) Nôtre Auteur cite ici à la marge, le IV. Livre de l'*Histoire* de Tacite, où il n'y a rien là-dessus, que je sâche. Le passage est dans la Description de l'ancienne *Germanie*, où l'Historien dit, que ces Peuples se croient plus fortement obligez, quand ils donnent pour ôtages des Filles d'une naissance distinguée: *Adeo ut efficaciùs obligentur animi civitatum, quibus, inter obsides, puellæ quoque nobiles imperantur.* Cap. VIII. *num.* 1. Il ajoûte, que les *Germains* s'imaginoient que la plûpart des Femmes avoient un esprit de prophétie: & comme il parle aussi de cela au IV. Livre de son *Histoire*, Cap. LXI. *num.* 4. c'est apparemment ce qui a fait que nôtre Auteur a confondu dans sa mémoire les deux passages.

§. XV. (1) Sans ce consentement général, qu'il est plus facile de supposer, que de prouver, il suffit de dire, que, l'usage etant, parmi les Nations avec qui l'on a quelque chose à démêler, de ne pas se servir du Poison contre un Ennemi; on est censé s'y soûmettre, lors qu'en commençant la Guerre, on ne déclare point qu'on veut avoir la liberté d'en user autrement, & la laisser en même tems à son Ennemi. Cette convention tacite & particuliére est d'autant plus réelle, que l'Humanité & l'intérêt des deux Parties la demandent également, depuis que les Guerres sont si fréquentes, & souvent entreprises pour de si legers sujets: sur tout après que l'Esprit Humain, ingénieux à inventer les moiens de nuire, a si fort multiplié ceux qui sont autorisez par l'usage, & regardez comme honnêtes. Voiez ce que dit sur ce sujet Mr. Gribner, Professeur à *Wittenberg*, dans ses *Principia Jurisprudentiæ Naturalis*, Lib. III. Cap. IX. §. 8.

(2) Les Sénateurs (ou plûtôt les Consuls *C. Fabricius* & *Q. Æmilius* dans la Lettre où ils avertissoient le Roi *Pyrrhus* qu'un de ses gens leur avoit offert de l'empoisonner) disent, que ce n'est pas pour l'amour de lui qu'ils lui donnent cet avis, mais pour ne pas se couvrir eux-mêmes d'infamie, en le faisant périr de cette maniére: Οὐδὲ γὰρ ταῦτα σῇ χάριτι μηνύομεν, ἀλλ' ὅπως μὴ τὸ σὸν πάθος ἡμῖν διαβολὴν ἐνέγκῃ &c. (Plutarch. in Vit. Pyrrh. *pag.* 396. C. Tom. I. *Ed. Wech.*) Grotius.

(3) *Hæc ad ea, quæ ab* Eumene *delata erant, accessêre, quo maturiùs hostis* Perseus *judicaretur. quippe quem non justum modo adparare bellum regio animo, sed per omnia* CLANDESTINA grassari SCELERA *latrociniorum ac* VENEFICIORUM *cernebant.* Lib. XLII. Cap. XVIII. *num.* 1.

(4) ——— *Bellumque negavit* (Fabricius)
Per famuli patrare NEFAS ———
De Bell. Gildonic. *vers.* 273, 274.

(5) *Sed magnum dedecus & flagitium, quicum laudis certamen fuisset, eum non virtute, sed* SCELERE *superatum.* De Offic. Lib. III. Cap. XXII.

(6) *Sed communis exempli & fidei ergo visum est, uti te salvum velimus; ut esset, quem armis vincere possemus.* Ex Claud. Quadrigar. *Noct. Attic.* Lib. III. Cap. VIII.

doit se servir des Armes, mais non pas du Poison; comme le (7) remarque VALERE MAXIME. Le Chef des *Cattes*, Peuple de l'ancienne Germanie, offrant d'empoisonner *Arminius*, la proposition fut réjettée de *Tibére*, qui voulut, à ce que dit TACITE, (8) *imiter par cette action glorieuse la conduite des anciens Généraux d'armée.*

4. Ceux donc qui soûtiennent, qu'il est permis d'emploier le Poison, pour ôter la vie à un Ennemi, comme fait (a) BALDE, après (9) VEGECE; raisonnent selon les régles du Droit Naturel tout seul, & ne pensent point au Droit arbitraire, établi par la volonté des Peuples.

(a) II. *Consf.* 188. Voiez, touchant les *Vénitiens*, *Bemb.* Hist. Lib. II. *in fin.*

§. XVI. 1. IL Y A quelque différence entre empoisonner un Ennemi de la maniére dont je viens de parler, c'est-à-dire, en lui faisant manger ou boire quelque chose où il y aît du Poison; & empoisonner les Armes dont on se sert contre lui, comme le pratiquoient autrefois les (1) *Gétes*, les (2) *Scythes*, les (3) *Parthes*, quelques (4) *Africains*, & les (5) *Ethiopiens*. Mais, quoi que cet usage approche des voies de la Force ouverte, il est contre (6) le Droit, non pas de toutes les Nations, mais de celles de l'*Europe*, & des autres à peu près autant civilisées; comme JEAN *de Sarisbery* (7) l'a remarqué. Le Poëte SILIUS ITALICUS appelle cela, (8) *rendre les armes infames par le poison.*

2. Il en est de même de l'empoisonnement des Sources & des Fontaines. Quoi que cela ne puisse guéres être caché, ou du moins pas fort long tems, FLORUS va jusqu'à dire, que c'est une chose contraire non seulement à la coûtume des anciens *Romains*, mais encore (9) au Droit Divin: car les Anciens attribuoient souvent à la Divinité les régles du Droit des Gens, comme nous l'avons (b) remarqué ailleurs.

(b) *Liv.* II. *Chap.* XIX. §. 1.

3. Et il ne faut pas s'étonner, si l'on suppose de telles conventions tacites, faites entre ceux qui sont en guerre, pour diminuer le nombre des périls auxquels ils sont exposez. On voit qu'autrefois les *Chalcidiens* (10) & les *Erétriens* convinrent entr'eux, pendant la Guerre même qu'ils se faisoient, de ne se servir les [uns] contre les autres d'aucune sorte de Traits.

§. XVII.

(7) *Et* [memor Senatus] *armis bella, non venenis, geri debere.* Lib. VI. Cap. V. *num.* 1.

(8) Le passage a été rapporté ci-dessus, sur le *Chap.* I. §. 20. *Note* [illegible] à la fin.

(9) Ce Jurisconsulte auroit été, je crois, bien embarrassé à marquer l'endroit de VEGECE, où il prétend avoir trouvé cela. ALBERIC GENTIL l'a déja remarqué, *De Jure Belli*, Lib. II. Cap. VI. pag. 256.

§. XVI. (1) Ils se servoient de fiel de Vipére. OVIDE, qui nous l'apprend, appelle cela, donner la mort en deux maniéres d'un seul coup:

Qui [Getæ] *mortis sævo geminent ut vulnere caussas,*
Omnia vipereo spicula felle linunt.

De Ponto, *Lib.* I. *Eleg.* II. vers. 17, 18.

(2) Ils frottoient leurs armes de sang humain, & de sang corrompu de Vipére: SCYTHÆ *sagittas tingunt viperinâ sanie, & humano sanguine. irremediabile id scelus, mortem illico adfert levi tactu.* PLIN. Hist. Natur. *Lib.* XI. *Cap.* LIII. Voiez le Supplément d'HELMOLD, où il dit quelque chose de semblable des *Serviens.* GROTIUS.

(3) *Spicula nec solo spargunt* [Parthi] *fidentia ferro,*
Stridula sed multo saturantur tela veneno.

LUCAN. Pharsal. *Lib.* VIII. vers. 303, 304.

(4) Les *Nubiens*:

Tempora multiplici mos est [Nubis] *defendere lino,*
Et lino munire latus, scelerataque succis
Spicula dirigere, & ferrum infamare veneno.

SILIUS ITALIC. Lib. III. vers. 271, & seqq. NICOLAS HEINSIUS lit ici *inflammare veneno.*

(5) *Sed didicit non* Æthiopum *geminata venenis*
Vulnera &c. ——— ——— ———

In I. Cons. Stilic. *Lib.* I. *vers.* 350.

(6) C'est pourquoi *Ulysse* étant allé en *Ephyre* chercher du poison, pour en frotter ses dards; *Ilus*, Fils de *Mermére*, ne lui en voulut point donner, parce, dit HOMERE, qu'il craignoit les Dieux:

Ἐξ Ἐφύρης ἀνιόντα παρ' Ἴλου Μερμερίδαο·
ᾤχετο γὰρ καὶ κεῖσε θοῆς ἐπὶ νηὸς Ὀδυσσεὺς,
φάρμακον ἀνδροφόνον διζήμενος, ὄφρα οἱ εἴη
ἰοὺς χρίεσθαι χαλκήρεας· ἀλλ' ὁ μὲν οὔ οἱ
δῶκεν, ἐπεί ῥα θεοὺς νεμεσίζετο αἰὲν ἐόντας.

Odyss. *Lib.* I. (vers. 259, & seqq.) GROTIUS.

(7) Il dit, qu'il n'y a que les Infidéles, qui empoisonnent leurs armes; & qu'aucune sorte de Droit ne le permet: *Nec veneni, licet videam ab Infidelibus aliquando usurpatam, ullo umquam jure indultam lego licentiam.* Polycratic. *Lib.* VIII. *Cap.* XX. pag 653.

(8) Dans les vers, que nous avons déja citez, *Note* 4. sur ce paragraphe.

(9) C'est en parlant d'un Général Romain, qui avoit empoisonné les Sources, pour obliger quelques Villes à se rendre: AQUILIUS *Asiatici belli reliquias confecit, mixtis (nefas!) veneno fontibus, ad deditionem quarumdam urbium. Quæ res, ut maturam, ita infamem fecit victoriam: quippe quum* CONTRA FAS DEUM, MORESQUE MAJORUM, *medicaminibus impuris, in id tempus sacrosancta* Romanorum *arma violasset.* Lib. II. Cap. XX. *num.* 7. seu ult.

(10) C'est

§. XVII. Ce que nous venons de dire n'empêche pas qu'il ne soit permis d'emploier quelque autre chose que le Poison, pour infecter les Eaux, de maniére que l'Ennemi n'en puisse boire, comme en y jettant des Corps (1) morts, ou (2) de la Chaux; *Solon*, & les *Amphictyons* (3) trouvérent juste, cet acte d'hostilité contre les Barbares: & (a) Oppien en parle, comme d'un usage commun de son tems. C'est en effet la même chose, que si on (b) détournoit le cours d'une Riviére, ou que l'on (c) coupât les veines d'une Source; ce qui est permis & par le Droit de Nature, & par le consentement des Hommes.

(a) *De Piscat.* Lib. IV.
(b) Voiez *Frontin. Strat. Lib.* III. *Cap.* VII.
(c) Voiez *Priscus*, in *Excerpt. legat.*

§. XVIII. 1. On demande encore, si le Droit des Gens permet de faire assassiner un Ennemi? Ici il faut certainement distinguer deux sortes d'Assassins: les uns, qui trahissent par là leurs engagemens, exprès ou tacites, comme sont des Sujets par rapport à leur Souverain; des Vassaux, par rapport à leur Seigneur; des Soldats, par rapport à celui pour qui ils portent les armes; ceux qui ont été reçûs ou comme Supplians, ou comme Réfugiez, ou comme Etrangers, ou comme Transfuges, par rapport à celui qui les a reçûs: les autres, qui ne sont dans aucun engagement avec celui qu'ils assassinent, (a) comme, par exemple, *Pépin*, pére de *Charlemagne*, (1) lequel, à ce qu'on dit, aiant passé le *Rhein* avec un seul Garde, alla tuer son Ennemi dans sa Chambre.

(a) Voiez Paul *Warnefrid*. Lib. VI.

2. Les derniers ne péchent point contre le Droit des Gens. Ce Droit, aussi bien que celui de la Nature, permet de tuer un Ennemi par tout où l'on peut le trouver, comme nous l'avons (b) dit ci-dessus: & il n'importe que ceux qui tuent, ou ceux qui sont tuez, soient en grand ou en petit nombre. Six cens *Lacedémoniens* étant entrez, avec *Léonidas*, dans le Camp de l'Ennemi, (c) allérent droit à la Tente du Roi de *Perse*: ils auroient pû sans doute le faire, s'ils (2) eussent été en plus petit nombre. Le Consul *Marcellus* (d) fut tué par quelque peu de gens, qui le surprirent: & *Pétilius Cérialis* (e) faillit à être assassiné dans son lit par un aussi petit nombre d'Ennemis. L'entreprise fameuse de *Mutius Scévola* est louée non seulement par (f) les Historiens, qui la racontent, mais encore (3) par Cicéron, & par (4) Valére Maxi-

(b) §. 8.
(c) *Justin*, Lib. II. Cap. XI. §. 15.
(d) *Tit. Liv.* Lib. XXVII. Cap. XXVII.
(e) *Tacit. Hist.* Lib. V. Cap. XXII.
(f) Voiez *Tite Live*, Lib. II. Cap. XII.

(10) C'est ce que le Géographe prouve par une Colomne, où l'on voioit encore de son tems les articles des conventions que ces Peuples avoient fait ensemble, touchant la maniére d'exercer des actes d'hostilité: Δηλοῖ δὲ καὶ τοῦτο ἐν τῷ 'Αμφικτυόνων [illegible], Μὴ [illegible]. Lib. X. *pag.* 688. B. (448. *Ed. Paris.*)

§. XVII. (1) Comme fit *Bélisaire*, pendant le Siége d'*Auxime*; au rapport de Procope, *Gotthic.* Lib. II. (Cap. XXVII.) Grotius.

(2) Ainsi que firent les *Turcs* à *Diadibra*, selon ce que nous apprend Nicétas, dans l'histoire d'*Aléxis*, Frére d'*Isaac*, Lib. I. (*Cap.* IX.) Voiez d'autres exemples dans Othon *de Frisingue*; & dans le Poëte Gonthier, *in Ligurin.* Grotius.

(3) Pendant le Siége de *Cirrha*, ou *Crissa*, Ville de *Phocide*, *Solon* conseilla aux *Amphictyons*, de détourner la Riviére de *Pliste*, qui passoit dans la Ville; après quoi il y fit jetter des racines d'Ellébore, & dit qu'on remit alors les eaux dans leur ancien lit. Les Habitans de *Cirrha* en aiant bû, furent attaquez aussi tôt d'une diarrhée, qui les obligea à laisser leurs murailles sans défense; de sorte qu'on prit la Place. C'est ce que raconte Pausanias, cité en marge par nôtre Auteur, Lib. X. seu *Phocic.* Cap. XXXVII. pag. 816. *Ed. Græc. Wechel.* Voiez aussi Polyen, *Strategem.* Lib. VI. Cap. XIII. Nôtre Auteur cite encore à la marge, outre Frontin, *Strateg.* Lib. III. Cap. VII. n. 6. l'Orateur Eschine, *Orat. de male obita legat.* Voici apparemment l'endroit, qu'il a eu dans l'esprit. C'est l'article du Serment des *Grecs*, par lequel ils avoient promis de ne détruire aucune Ville de ceux qui étoient du Conseil des *Amphictyons*, & de ne les point priver de l'usage d'aucune Eau courante, ni en tems de Paix, ni en tems de Guerre; ce qui suppose qu'autrement on peut faire cela contre un Ennemi: Ἐν οἷς ἐνῆν ὅρκος τοῖς ἀρχαίοις, μηδεμίαν πόλιν τῶν Ἀμφικτυονίδων ἀνάστατον ποιήσειν, μηδ' ὑδάτων ναματιαίων εἴρξειν, μήτ' ἐν πολέμῳ, μήτ' ἐν εἰρήνῃ. Pag. 262. A. *Ed. Basil.* 1572.

§. XVIII. (1) Ceci est rapporté après Alberic Gentil, *De Jure Belli*, Lib. II. Cap. VIII. pag. 374. qui cite en marge Bonfinius, *Rerum Hungaric.* l. 8.

(2) L'Empereur *Valens* promit une récompense à quiconque lui apporteroit la tête de quelque *Scythe*; & de cette maniére il vint à bout d'avoir la paix: comme nous l'apprend Zosime, Lib. IV. (Cap. XXII. *Edit. Cellar.*) Grotius.

Ceci n'est pas rapporté fort exactement. Voiez l'endroit cité.

(3) *Mortem . . . . . ego vir consularis, tantis rebus gestis, timerem? præsertim quum ejus essem civitatis, ex qua* Q. Mutius *solus in castra* Porsennæ *venisset, eumque interficere, propositâ sibi morte, conatus esset?* Orat. *pro* P. *Sextio*, Cap. XXI.

(4) Il l'appelle une entreprise également honnête & courageuse: *Ceterum inter molitionem pii pariter ac fortis propositi oppressus* &c. Lib. III. Cap. III. *num.* 1. Plutarque donne à ce *Scévola* l'éloge d'homme dis-

tin-

MAXIME. *Porsenna* même, celui à qui il avoit voulu ôter la vie, (5) ne trouva rien que de beau dans ce dessein. POLYBE (6) appelle un acte de bravoure, l'entreprise de *Théodote*, Etolien, qui avoit essaié de tuer le Roi *Ptolomée* dans sa Chambre. St. AMBROISE (7) louë fort *Eléazar*, Frére de *Judas Maccabée*, de ce qu'il tira contre un Eléphant de plus haute taille que les autres, croiant que c'étoit celui qui portoit le Roi *Antiochus*.

(g) *Idem*, ibid.

3. Ceux qui ont poussé quelcun à faire une pareille action, sont réputez innocens par le Droit des Gens, aussi bien que celui qui l'a faite lui-même. Ce furent les (g) Sénateurs de l'ancienne *Rome*, ces personnages si graves, si religieux observateurs des Loix de la Guerre, qui encouragérent *Mutius Scévola* à exécuter l'entreprise hardie de tuer le Roi *Porsenna*.

4. En vain objecteroit-on, que, quand on attrape ces sortes d'Assassins, on les punit ordinairement de supplices très-rigoureux. Cette difficulté ne doit pas faire de la peine. Car la rigueur dont on use alors ne vient point de ce qu'on croit que ceux contre qui on l'exerce aient violé le Droit des Gens: mais c'est que, par le même Droit des Gens, tout est permis contre un Ennemi, de sorte que chacun fait plus ou moins de mal à son Ennemi, selon qu'il le juge à propos pour son propre intérêt. Il est sans doute permis par le Droit des Gens d'envoier des Espions: *Moïse* en envoia, & *Josué* lui-même le fut. Cependant, lors qu'un Espion est découvert, on les traite (8) ordinai-

tingué par toute sorte de Vertus, & sur tout par son habileté dans l'Art Militaire: Ἦν ἀνὴρ (Μούκιος) εἰς πᾶσαν ἀρετὴν ἀγαθὸς, ἐν δὲ τοῖς πολεμικοῖς ἄριστος. (Vit. Poplicol. *pag.* 106. B. Tom. I. *Ed. Wech.*) GROTIUS.

(5) Il souhaitta d'avoir d'aussi braves gens de son côté: *Juberem macte virtute esse, si pro meâ patriâ ista virtus staret*. TIT. LIV. Lib. II. Cap. XII. *num.* 14.

(6) Κατὰ δὲ τὸν καιρὸν τοῦτον, Θεόδοτος, Αἰτωλὸς ὤν, ... ἐπεβάλετο τόλμῃ καὶ πράξει &c. Lib. V. Cap. LXXXI.

(7) *Offic.* Lib. I. Cap. XL. Voiez aussi JOSEPH, *Antiq. Jud.* Lib. XII. Cap. XIV. [& *Bell. Jud.* Lib. I. Cap. I. comme aussi le I. Livre des MACCABE'ES, Chap. VI. vers. 43, *& suiv.*] On trouve, dans l'Histoire, d'autres actions semblables: par exemple, de *Théodose*, contre *Eugéne*; Apud ZOSIM. Lib. IV. (Cap. LVIII.) Des *Gaulois*, contre le Roi des *Perses*; apud AGATH. De dix *Perses*, contre l'Empereur *Julien*; apud AMM. MARCELLIN. Lib. XXIV. (Cap. IV.) & ZOSIM. Lib. III. (Cap. XX.) D'*Alexis Comnéne*, contre *Toros*; apud NICET. CHONIAT. Lib. IV. *de Manuele*: Des *Bulgariens*, contre l'Empereur *Nicéphore*; apud ZONAR. (Tom. III. *in Nicephor.*) GROTIUS.

Ce n'est pas d'*Aléxis Comnéne*, mais d'*Andronique*, qu'il s'agit, dans NICE'TAS CHONIATE. Le fait se trouve au *Chap.* IV. du Livre indiqué.

(8) C'étoit la coûtume, de les faire mourir, à ce que nous apprend APPIEN d'*Aléxandrie*: Ὥσπερ ἔθος τοὺς κατασκόπους κτείνειν. Bell. Punic. (pag. 33. Ed. *Amst.* 21. *H. Steph.*) GROTIUS.

(9) C'est un vers de *Plaute*:

Mores leges perduxerunt jam in potestatem suam.

Trinumm. Act. IV. Scen. III. vers. 30.

(10) Sur un autre sujet: car il s'agit de ceux qui trompent, par de vaines espérances, une personne avide, qui vouloit attraper leur succession: *Alii contra hoc ipsum laudibus ferunt, quòd sit frustratus improbas spes hominum; quos sic decipere, pro moribus temporum, prudentia est.* VIII. Epist. *num.* 3.

(11) ZIEGLER accuse ici nôtre Auteur, de n'être pas d'accod avec lui-même, ou avec ce qu'il a établi ci-dessus, à la fin du Chapitre prémier de ce Livre, §. 21, 22. Et il faut avouer, que, de la maniére dont nôtre Auteur s'exprime ici, il semble donner lieu de croire, ou qu'il est toûjours illicite, par le Droit Naturel de se servir d'un Traître, pour remporter quelque avantage ou exercer quelque acte d'hostilité contre l'Ennemi; ce qui est contraire à la distinction qu'il fait dans l'endroit indiqué: ou que la Loi du Droit des Gens dont il parle, comme défendant l'Assassinat d'un Ennemi par le bras d'un Traître, regarde uniquement ceux qui l'ont sollicité à la trahison, & non pas ceux qui ont profité de la disposition du Traître, qui est venu s'offrir de lui-même; ce qui seroit insoûtenable; car les Peuples, qui ont tenu le premier pour illicite, ont aussi condamné l'autre. Cependant je ne pense pas, ni que nôtre Auteur ait changé de sentiment, à l'égard de sa distinction, sur laquelle il raisonne encore ailleurs; ni qu'il ait voulu restreindre la régle de son Droit des Gens arbitraire. Mais c'est ici une inexactitude d'expressions, qui lui est échappée, & dont il ne s'est point apperçû, je ne sai comment, dans les revisions même de son Ouvrage. Lors donc qu'il dit ici, que l'*on péche contre* DIEU, & qu'on *viole le Droit Naturel*, lors qu'*on se sert, contre un Ennemi, du ministére des Méchans*, & qu'on *emploie le bras d'un Traître, pour se défaire d'un Ennemi*; cela doit s'entendre, selon la distinction dont j'ai parlé, de ceux-là seulement qui cherchent eux-mêmes cette voie, & qui sollicitent à la trahison des gens, à qui peut-être ce dessein ne seroit jamais venu dans l'esprit, sans l'appas des récompenses qu'on leur promet, ou qu'on leur donne même d'avance. Pour ce qui est de la chose en elle-même, voici, à mon avis, ce que l'on peut dire. I. Il faut distinguer ici deux questions différentes: l'une, si l'on fait du tort à l'Ennemi même, contre qui l'on se sert de Traîtres; l'autre, si, quoi qu'on ne lui fasse point de tort, on commet néanmoins quelque chose de mauvais. Il me semble, qu'en supposant la Guerre juste, on ne fait aucun tort à l'Ennemi, soit qu'on profite de l'occasion d'un Traî-

nai-ement avec beaucoup de rigueur; & cela justement, si on fait la Guerre pour un sujet manifestement légitime; toûjours impunément, & par droit de Guerre.

5. Que s'il y a eû des gens, qui trouvant moien de faire assassiner leur Ennemi, n'ont pas (h) voulu en profiter, & ont rejetté même les offres qu'on leur faisoit; c'étoit par grandeur d'ame, ou par la confiance qu'ils avoient en la supériorité de leurs forces, & non pas qu'ils crussent injuste d'emploier de telles voies.

(h) Voiez *Cromer*, Rer. Polon. *Lib.* V. *pag.* 111. *Edit. Basil.*

6. Mais il n'en est pas de même des Assassins, qui commettent par là un acte de perfidie. Ceux-là péchent contre le Droit des Gens, & en même tems ceux qui les emploient. A la vérité, en matiére d'autres choses, quand on se sert du ministére des Méchans contre un Ennemi, quelque coupable qu'on soit reputé devant Dieu, on est regardé comme innocent devant les Hommes, c'est-à-dire, comme ne péchant point contre le Droit des Gens: *l'Usage l'aiant emporté ici sur les Loix*, pour me servir de l'expression (9) d'un Poëte Latin; & *la Tromperie passant pour Prudence*, ainsi que s'exprime (10) Pline *le Jeune*. Mais le privilége de cette coûtume n'a point été étendu jusqu'à permettre d'emploier, pour ôter la vie à un Ennemi, le bras d'une personne qui le trahit. Ainsi ceux qui prennent une telle voie, sont censez (11) violer & le Droit de Nature, & le Droit des Gens.

7. Il ne manque pas là-dessus d'autoritez. *Aléxandre le Grand* (12) disoit, dans une Lettre à *Darius*, que *les* Perses *entreprenoient des Guerres impies, & qu'aiant les ar-*

tre qui vient s'offrir, soit qu'on la cherche & qu'on l'amene soi-même. L'état de Guerre, où l'Ennemi s'est mis, & où il ne tenoit qu'à lui de ne pas se mettre, donne par lui-même toute permission contre lui, en sorte qu'il n'a aucun lieu de se plaindre, quoi qu'on fasse. D'ailleurs, on n'est pas plus obligé de respecter le droit qu'il a sur ses Sujets, & la fidelité qu'ils lui doivent en cette qualité, que leurs biens & leur vie, dont on peut les dépouiller par droit de Guerre. II. Cependant je crois qu'un Souverain, qui aura la conscience tant soit peu délicate, & qui sera bien convaincu de la justice de sa cause, n'ira point chercher des voies de trahison, pour vaincre son Ennemi, & n'embrassera pas avidement celles qui se présenteront d'elles-mêmes. La juste confiance, qu'il aura en la protection du Ciel; l'horreur pour la perfidie d'autrui; la crainte de s'en rendre complice, & de donner un mauvais exemple, qui puisse retomber sur lui, & sur les autres, qui ne l'ont pas mérité; lui feront ou mépriser, ou n'accepter qu'à regret, tout avantage qu'il pourroit se promettre d'un tel moien. III. Ce moien ne sauroit même être regardé comme une chose dont l'usage soit toûjours innocent, par rapport à celui qui l'emploie. L'état d'hostilité, qui dispense du commerce de bons offices, & qui autorise à nuire, ne rompt pas pour cela tout lien d'Humanité, & n'empêche point qu'on ne doive, autant qu'on le peut, éviter de donner lieu à quelque mauvaise action de l'Ennemi, ou des siens, sur tout de ceux qui par eux-mêmes n'ont eû aucune part à ce qui fait le sujet de la Guerre. Or tout Traitre commet sans contredit une action également honteuse & criminelle. Car c'est une pensée absurde, que celle qu'a hazardée feu Mr. Titius (*Observ. in Pufendorf.* DCCI.) avec un *peut-être*; de dire, qu'en supposant la Guerre juste de l'autre côté, celui qui trahit son Prince, ne commet point un acte de véritable perfidie, puis que celui en faveur de qui il l'assassine, par exemple, avoit droit de le tuer. Cela, dis-je, est insoûtenable: car un Sujet à la verité doit se dispenser de servir son Prince dans une Guerre manifestement injuste, mais il n'est pas pour cela autorisé à prendre le parti de l'Ennemi: & l'injustice du Prince envers les Etrangers ne dégage pas les Sujets de la fidélité qu'ils lui doivent. Ainsi je crois, avec nôtre Auteur, qu'on ne peut jamais en conscience séduire ou solliciter à la trahison les Sujets de l'Ennemi; puis que c'est les porter positivement & directement à commettre un crime abominable, auquel sans cela ils ne se seroient peut-être point portez d'eux-mêmes. IV. Autre chose est, quand on ne fait que profiter de l'occasion, & des dispositions qu'on voit dans une personne, qui n'a pas eû besoin d'être sollicitée à la trahison. Ici la tâche de la perfidie ne rejaillit point sur celui qui la trouve toute formée dans le cœur du Traitre. Ce Traitre, du moment qu'il a conçû de lui-même la volonté de trahir, peut être regardé comme aussi coupable, que quand il l'a effectuée actuellement:

Nam scelus intra se tacitum qui cogitat ullum
Facti crimen habet ——— ———. ———

La maxime ne seroit pas bien appliquée ailleurs, je l'avouë: mais c'est que, hors ces cas d'Ennemi à Ennemi, il n'y en a, je pense, aucun, où la chose, à l'égard de laquelle on met à profit les mauvaises dispositions d'autrui, soit de telle nature, qu'on pût la faire soi-même innocemment & légitimement. Tout ce qu'il y a, c'est que, par les raisons déja alléguées, on ne doit se prévaloir d'une trahison qui s'offre, que pour remporter quelque avantage considerable, ou pour éviter quelque grand péril; en un mot, par une espéce de necessité. V. Voilà pour ce qui regarde le Droit de Nature. A l'égard du Droit des Gens, dont parle nôtre Auteur, & qui n'est au fond qu'un usage de plusieurs Nations; quoi que cet usage n'ait rien d'obligatoire par lui-même, cependant dès-là que les Peuples avec qui l'on a quelque chose à démêler regardent comme illicite l'acceptation même des offres d'une certaine sorte de perfidie, comme celle d'assassiner son Prince, ou son Général; on s'y soûmet tacitement de la maniére & par les raisons que j'ai dites ci-dessus, §. 15. *Note* 1.

(12) *Impia enim bella suscipitis, &, quum habeatis arma, licitamini hostium capita.* Quint. Curt. Lib. IV. Cap. I. *num.* 12.

 (13) *Vi-*

armes à la main, ils mettoient la tête de leurs Ennemis à prix. Il appelle cela (13) un peu plus bas, *violer les Loix de la Guerre.* A cause dequoi il dit ailleurs, (14) *qu'il est résolu de poursuivre* Darius *à outrance, non plus comme un Ennemi de bonne guerre, mais comme un Empoisonneur & un Assassin.* TITE LIVE (15) raconte, que le Peuple Romain se détermina d'autant plus promtement à déclarer *Persée* son Ennemi, qu'il apprit que ce Prince *ne se contentant pas de faire des préparatifs de Guerre en Roi, mettoit en usage toute sorte de voies secrétes & criminelles, d'Empoisonnemens & de Brigandages.* Et le Consul Q. *Marcius Philippe*, parlant de ces mêmes actions de *Persée*, (16) disoit, que *ce Prince sentiroit à la fin combien les Dieux avoient en horreur de telles choses.* VALE'RE MAXIME remarque, (17) que *Viriatus* périt par une double perfidie: l'une, de ses Amis, qui le tuérent eux-mêmes; l'autre, du Consul *Servilius Cépion*, qui les porta à ce crime par l'espérance de l'impunité, & qui acheta ainsi la victoire, au lieu de la gagner par la force de son bras.

8. Au reste, la raison pourquoi les Peuples ont jugé à propos de ne pas permettre ici ce qu'ils permettent en matiére d'autres choses, est la même que nous avons alléguée en traitant de l'usage du Poison, je veux dire, qu'on a voulu empêcher par-là que ceux qui sont en guerre, sur tout les personnes les plus (18) distinguées, ne courussent trop de risques. *Eumenes* disoit, qu'*il ne croioit pas* (19) *qu'aucun Général d'armée voulût remporter la victoire en donnant un mauvais exemple, qui pourroit retomber sur lui-même.* L'assassinat d'un Roi est la cause commune des Rois, qui doivent tous le venger pour leur propre intérêt; comme le reconnut *Aléxandre* (20) *le Grand*, à l'occasion de *Bessus*, qui avoit tué *Darius*, & comme le témoignérent les Consuls Romains dans leur Lettre (21) à *Pyrrhus*, que nous avons déja citée. SOPHOCLE (22), & SENE'QUE (23), font dire quelque chose de semblable à *Oedipe*.

9. Il n'est donc pas permis dans une Guerre en forme, ou entre ceux à qui il appartient de la déclarer, de faire assassiner un Ennemi par quelque personne qui le trahit: mais hors d'une telle Guerre, cela est regardé comme permis par le Droit des Gens, dont nous traitons. *Gannascus*, qui s'étoit revolté contre les *Romains*, périt par de sem-

(13) *Utpote qui ne belli quidem in me jura servaveris.* Ibid. *num.* 13.

(14) *Verum enimvero, quum modo milites meos literis ad proditionem, modo amicos ad perniciem meam solicitet: ad internecionem mihi persequendus est, non ut justus hostis, sed ut percussor, & veneficus.* Lib. IV. Cap. XI. *num.* 18.

(15) Le passage a été déja rapporté ci-dessus, §. 15. *Note* 8.

(16) *Ea omnia quàm Diis quoque invisa essent, sensurum in exitu rerum suarum.* TIT. LIV. Lib. XLIV. Cap. I. *num.* 11.

(17) VIRIATI *etiam cædes duplicem perfidiæ accusationem recepit: in amicis, quòd eorum manibus interemtus est: in* Q. Servilio Cæpione *Consule, quia is sceleris ejus auctor, impunitate promissâ, fuit; victoriamque non meruit, sed emit.* Lib. IX. Cap. VI. *num.* 4. L'Auteur *De Viris Illustribus* [que l'on croit être AURE'LIUS VICTOR] dit, que le Sénat n'approuva point cette victoire, parce qu'elle avoit été achetée: *Quæ victoria, quia emta erat, à Senatu non probata.* Cap. LXXI. *in fin.* Selon EUTROPE, les Meurtriers de *Viriatus* aiant demandé au Consul une récompense, celui-ci leur répondit, que les *Romains* n'avoient jamais approuvé l'action des Soldats, qui tuent leur Général: *Quum interfectores ejus præmium à* Cæpione *Consule peterent, responsum est, numquam* Romanis *placuisse, Imperatorem à suis militibus interfici.* (Lib. IV. Cap. VIII. *Edit. Cellar.*) Peut-être qu'il faut suppléer ici un mot: à Cæpione *Consule* PROMISSUM; en sorte que l'Historien ait parlé de la promesse d'une récompense faite par le Consul. AMMIEN MARCELLIN désapprouve aussi l'assassinat de *Sertorius*, commis dans un Festin par *Perperna*, son Lieutenant. Lib. XXX. (Cap. I. *in fin.*) GROTIUS.

Il ne paroit point par d'autres Auteurs, que le Consul *Cépion* eût promis une récompense à ceux qui tueroient *Viriatus*. Ainsi il ne manque rien au texte d'EUTROPE.

(18) Effectivement ce n'est guéres que pour assassiner des personnes d'un rang considérable, comme les Princes, ou les Généraux d'armée, qu'un Traitre offre son bras, ou qu'on le sollicite.

(19) *Nec* Antigonum, *nec quemquam ducum, sic velle vincere, ut ipse in se exemplum pessimum statuat.* JUSTIN. Lib. XIV. Cap. I. *num.* 12.

(20) Nôtre Auteur cite ici encore JUSTIN, Lib. XII. *Apud eumdem*, dit-il, dans le Texte; quoi qu'il n'en eût fait mention auparavant, qu'à la marge. Dans la prémiére Edition, il avoit dit; *Apud* CURTIUM. C'est qu'il trouva depuis dans JUSTIN les paroles suivantes: *Reputans* [Alexander] *non tam hostem suum fuisse* Darium, *quàm amicum ejus, à quo esset occisus.* Cap. V. *num.* 11. Mais il avoit eu raison de citer QUINTE CURCE, où l'on trouve quelque chose de plus exprès sur ce sujet: *Quem quidem* [Bessum] *cruci adfixum videre festino, omnibus Regibus Gentibusque fidei, quam violavit, meritas pœnas solventem.* Lib. VI. Cap. III. *num.* 14.

(21) Le

semblables embûches; & Tacite soûtient (24) qu'il n'y avoit là rien de deshonnête. Quinte-Curce dit, que la (25) perfidie de *Spitaméne* envers *Bessus* pouvoit paroître moins odieuse, en ce que l'on croioit tout permis contre le Meurtrier de son propre Roi. En un mot, quoi que la perfidie, envers des Brigands & des Pirates même, ne soit pas innocente, elle demeure impunie, parmi les Peuples, en haine de ceux contre qui elle est commise.

§. XIX. 1. Mais que dirons-nous de la licence de violer les Femmes ou les Filles des Ennemis? On voit cela permis chez les uns, & défendu chez les autres. Ceux qui l'ont permis, se fondoient sur cette raison, que, tout ce qui appartient à l'Ennemi étant sujet, par le droit des Armes, à souffrir des actes d'hostilité, on pouvoit ne pas épargner l'honneur du Séxe. Ceux qui l'ont défendu, ont crû, avec plus de fondement, qu'il ne faut pas seulement considerer ici l'outrage fait au corps des Femmes, mais encore l'acte de brutalité qu'on commet par là, & qui n'étant ni nécessaire pour la sûreté de ceux qui le commettent, ni propre à punir ceux contre qui on le commet, ne doit pas plus être impuni dans la Guerre, que dans la Paix.

2. L'usage des derniers est ce qui fait le Droit, sinon de toutes les Nations, du moins des plus civilisées. *Marcellus*, avant que de prendre *Syracuse*, (1) mit ordre à ce qu'on respectât la pudeur même des Femmes de l'Ennemi. Scipion disoit, (2) qu'il étoit & de son intérêt, & de celui du Peuple Romain, qu'on ne violât, dans son Armée, rien de ce qui étoit sacré par tout ailleurs. *Par tout ailleurs*, c'est-à-dire, chez les plus civilisez. Diodore *de Sicile* décrivant la licence effrénée des Soldats d'*Agathoclès*, (3) dit, qu'ils n'épargnérent pas l'honneur des Femmes. Elien, après avoir rapporté comment les *Sicyoniens* avoient laissé en proie au Soldat, dans une victoire qu'ils remporterent, la pudeur des Femmes & des Filles de *Pelléne*, s'écrie: (4) *Quelle brutalité! O Dieux de la* Gréce? *Les* Barbares *même, autant que je puis m'en souvenir, n'approuvent point de tels excès.*

3. Les *Chrétiens* certainement (5) doivent regarder non seulement comme une régle de la Discipline Militaire, mais encore comme une maxime du Droit des Gens, que

(21) Le passage a été déja sur le §. 15. de ce Chapitre, *Note* 6.

(22) Κείνῳ προσαρκῶν ἂν ἐμαυτὸν ὠφελῶ.
Oedip. *vers.* 139.

(23) *Regi tuenda maximè Regum est salus.*
Oedip. *vers.* 242.

(24) *Nec irrita, aut degeneres, insidiæ fuere, adversus transfugam & violatorem fidei.* Annal. Lib. XI. Cap. XIX. *num.* 2. Ammien Marcellin parlant de *Florentius* & *Barchalba*, qui avoient saisi & emmené à l'Empereur *Valens* le Rebelle *Procope*, & qui furent tuez en même tems; remarque là dessus, que, s'ils eussent trahi un Prince légitime, la Justice elle-même auroit prononcé contr'eux l'Arrêt de mort: mais qu'aiant trahi un Rebelle, un Perturbateur du repos public, tel qu'étoit *Procope*, selon l'opinion commune, on auroit dû recompenser largement une action si mémorable: *Parique indignationis impetu* Florentius & Barchalba, *qui eum* [Procopium] *duxerant, confestim, non pensatâ ratione, sunt interfecti. Nam si Principem legitimum prodidissent, vel ipsa Justitia jure cæsos pronuntiaret: si rebellem, & oppugnatorem internæ quietis, ut ferebatur, amplas eis memorabilis facti oportuisset deferri mercedes.* (Lib. XXVI. Cap. IX. *in fin.* pag. 513. *Ed. Vales. Gron.*) L'Historien Procope, par la même raison, louë *Artaban*, d'avoir tué *Gontharide*, Vandalic. *Lib.* II. *in fin.* (Cap. XXVIII.) Voiez aussi Cromer, *Rer. Polon.* Lib. XXVIII touchant le meurtre de *Suchodolius* (pag. 604. *Edit. Basil.*) Grotius.

(25) *Quæ* [perfidia] *tamen jam minus in eo invisa esse poterat, quia nihil ulli nefastum in* Bessum, *interfectorem Regis sui videbatur.* Lib. VII. Cap. V. *num.* 20.

§. XIX. (1) *Gessit curam pudicitiæ, etiam in hoste, servandæ.* Augustin. De Civit. Dei, *Lib.* I. *Cap.* VI. [Voiez Tite Live, Lib. XXV. Cap. XXV. *num.* 7.] On raconte la même chose de *Lucullus*, dans Dion Cassius (Lib. XXXV. pag. 2. A. *Ed. H. Steph.*) Voiez l'ordre que fit publier *Gabaon*, Roi des *Maures*, dans Procope, *Vandalic.* Lib. I. (Cap. VIII.) Grotius.

(2) *Mea, Populique Romani, disciplinæ caussâ, facerem*, inquit (Scipio), *ne quid, quod sanctum usquam esset, apud nos violaretur.* Tit. Liv. Lib. XXVI. Cap. XLIX. *num.* 14.

(3) Οἱ δὲ περὶ τὸν Ἀγαθοκλέα, διαμερισάμενοι ἐν ταῖς τῶν πολιτῶν φόνοις, οὔτε τῆς εἰς γυναῖκας ὕβρεως καὶ παρανομίας ἀπείχοντο. (Lib. XIX. Cap. VIII. pag. 674. *Ed. H. Steph.* Appien *d'Alexandrie*, traite cela de *barbarie*, en parlant de ceux de *Chios*, qui y furent exposez par les gens de *Mithridate*: Ἐτρέφθη δ' αὐτῶν τὰ γύναια, καὶ τὰ παιδία, βαρβαρικῶς ὑπὸ τῶν ἀγόντων ὑβριζόμενα. (Bell. Mithridat. *pag.* 340. *Ed. Amst.* 201. *H. Steph.*) Grotius.

(4) Ἀγριώτατα ταῦτα, ὦ Θεοὶ Ἑλλήνιοι, καὶ οὐδὲ ἐν βαρβάροις καλά, κατά γε τὴν ἐμὴν μνήμην. Var. Hist. Lib. VI. Cap. I.

(5) *Bélisaire* observe toûjours cette maxime; & *Totilas* la suivit, après la prise de *Cumes*, & celle de Re-

que quiconque viole une Femme ou une Fille, même à la Guerre, mérite d'être puni par tout païs. La Loi des anciens *Hébreux* n'auroit pas laissé un tel attentat impuni; (a) *Deuter.* XXI, 10, *& suiv.* comme on peut le conclurre de ce qu'elle (a) ordonne au sujet des (6) Prisonniéres de Guerre que le Maître devoit épouser, s'il en devenoit amoureux, & cela sans pouvoir après cela les vendre jamais. (b) *Bechai.* Sur quoi un (b) Rabbin fait cette remarque, que DIEU *voulut que le Camp des* Israëlites *fût saint, & qu'on n'y commît point de Fornications, ni d'autres abominations, comme dans les Camps des Gentils.*

4. Parmi les *Paiens* même, *Alexandre le Grand* étant devenu amoureux de *Roxane*, ne voulut pas satisfaire sa passion avec elle, comme avec sa Prisonniére, mais daigna bien l'épouser. ARRIEN, qui rapporte cette action, (7) la louë en même tems: & PLUTARQUE (8) la trouve digne d'un Philosophe. Ce dernier Auteur (c) *Parallel. Græc. & Rom.* pag. 308, 309. (c) nous apprend, qu'un certain *Torquatus* aiant violé une Fille du Parti des Ennemis, fut relegué dans l'Ile de *Corse* par arrêt du Sénat & du Peuple Romain. *Chosroez*, Roi (d) *Procop. Persic.* Lib. II. Cap. XI. de *Perse* fit (d) crucifier celui qui avoit violé une Fille à *Apamée*.

CHAPITRE V.

Du droit de RAVAGER & de PILLER ce qui appartient à l'Ennemi.

I. *Que l'on peut* GATER *&* PILLER *ce qui appartient à l'Ennemi*; II. *Sans en excepter les Choses Sacrées*; III. *Et les Sépulcres.* IV. *Comment la tromperie est ici permise.*

§. I.

Rome; comme nous l'apprenons de PROCOPE, *Gotthic.* Lib. III. GROTIUS.

Ce que nôtre Auteur dit ici de la conduite ordinaire du Général Romain, se trouve au Chapitre I. du Livre indiqué: & on voit dans le Chap. XX. le soin qu'eut le Roi des *Goths* d'empêcher, lors qu'il fut maître de *Rome*, qu'on ne fit aucune violence aux Femmes, ni aux Filles, ni aux Veuves. Pour ce qui regarde la prise de *Cumes*, je ne trouve rien là-dessus: & il y a apparence que nôtre Auteur citant de mémoire met *Cumes*, pour *Naples*: car c'est après la prise de cette derniére Ville, que *Totilas* condamna à la mort un Garde, qui avoit violé la Fille d'un Romain, natif de *Calabre*; sur quoi ce Prince fait même un beau discours à ceux qui venoient demander la grace du Coupable, *Chap.* VIII.

(6) PHILON louë beaucoup cette Loi, *Lib. de Humanitate*, (pag. 706, *& seqq.* Ed. Paris.) JOSEPH dit, que la Loi de *Moïse* a eu soin de mettre en sûreté l'honneur des Prisonniers de Guerre, sur tout des Femmes: Καὶ τῶν αἰχμαλώτων προυνόησεν [ὁ νόμος], ὅπως αὐτῶν ὕβρεις ἀπῇ, μάλιστα δὲ γυναικῶν. Contra Apion. *Lib.* II. (pag. 1075. D.) GROTIUS.

(7) Il la louë, dit-il, plûtôt qu'il ne la blâme: Ἐρασθέντα δὲ, οὐκ ἐθελῆσαι ὑβρίσαι [λέγουσι] καθάπερ αἰχμάλωτον, ἀλλὰ γῆμαι γὰρ οὐκ ἀπαξιῶσαι. Καὶ τοῦτο ἐγὼ Ἀλεξάνδρου τὸ ἔργον ἐπαινῶ μᾶλλόν τι, ἢ μέμφομαι. De Expedit. Alexandr. *Lib.* IV. *Cap.* XIX. *Ed. Gron.*

(8) Ῥωξάνης ἐρασθεὶς, τῆς Ὀξυάρθου θυγατρὸς, ἐν ταῖς αἰχμαλώτισι χορευούσης, οὐχ ὕβρισεν, ἀλλ' ἔγημε, φιλοσόφως. De fortuna vel virt. Alexandr. *Orat.* II. pag. 332. E. Tom. II. *Ed. Wech.*

CHAP. V. §. I. (1) *Neque est contra naturam, spoliare eum, si possis, quem honestum est necare.* De Offic. Lib. III. (*Cap.* VI.) SUETONE raconte, que *Néron* aiant appris quelques mouvemens qu'il y avoit dans les *Gaules*, donna lieu de croire qu'il en étoit bien aise, pour avoir occasion de piller, par droit de Guerre, ces riches Provinces: *Adeoque lentè ac securè tulit, gaudentis etiam suspicionem praberet, tamquam occasione natâ spoliandarum* JURE BELLI *opulentissimarum Provinciarum.* Vit. Neron. *Cap.* XL. St. CYPRIEN dit, que, quand une Ville est prise par l'Ennemi, tous ceux qui s'y trouvent sont sujets au pillage: *Sic, quum irruptione hostili civitas aliqua possessa est, omnes simul captivitas vastat.* De Mortalitate, (*pag.* 159. *Edit. Fell. Brem.* GROTIUS.

(2) Il dit qu'en prenant ou détruisant ces sortes de choses, on affoiblit l'Ennemi, & on avance ses propres affaires: Τὸ μὲν γὰρ παραιρεῖσθαι τῶν πολεμίων, καὶ καταφθείρειν φρούρια, λιμένας, πόλεις, ἄνδρας, ναῦς, καρποὺς, τἄλλα τὰ τούτοις παραπλήσια, δι' ὧν τοὺς μὲν ὑπεναντίους ἀσθενεστέρους ἄν τις ποιήσαι, τὰ δὲ σφέτερα πράγματα, καὶ τὰς ἐπιβολὰς δυναμικωτέρας· ταῦτα μὲν ἀναγκάζουσιν οἱ τοῦ πολέμου νόμοι, καὶ τὰ τούτου δίκαια, δρᾶν &c. Lib. V. Cap. XI. pag. 501, 502. *Ed. Amstel.*

(3) Ce sont les Députez d'*Athénes*, qui parlent ainsi, dans l'Assemblée des *Etoliens*, & qui disent, que ce n'est point de cela qu'ils se plaignent: *Neque id se queri, quòd hostilia ab hoste passi forent: esse enim quadam belli jura, qua, ut facere, ita pati, sit fas: sata exuri, dirui tecta, pradas hominum pecorumque agi; misera magis, quàm indigna, patienti esse.* Lib. XXXI. Cap. XXX. *num.* 2.

(4) *Sed*

§. I. Il *n'est pas contre la Nature, de dépouiller de son bien une personne à qui l'on peut honnêtement ôter la vie*, comme le dit (1) Ciceron. Ainsi il ne faut pas s'étonner, que le Droit des Gens permettant de tuer les Ennemis, permette aussi de gater & de piller tout ce qui leur appartient. Polybe (2) renferme cela dans le droit de la Guerre, & il donne pour exemple des choses sur quoi on l'exerce, les Fortifications, les Ports, les Villes, les Personnes, les Vaisseaux, les Fruits de la Terre. Tite Live dit, (3) qu'*il y a certains droits de la Guerre, dont on peut user contre l'Ennemi, & auxquels aussi on est exposé de sa part légitimement, comme, de mettre le feu aux Bleds, d'abbattre les Maisons, d'enlever les personnes & le Bêtail.* On voit même dans les Historiens, presque à chaque page, des Villes entiéres ruinées ou rasées, des Territoires ravagez, le feu mis par tout. Et il est à remarquer, qu'en tout cela on n'épargne pas même les biens de ceux qui se sont rendus; comme Tacite (4) nous apprend qu'en usa *Corbulon*, Général Romain, à l'égard d'*Artaxate*, Ville d'*Arménie*, dont les Habitans lui avoient ouvert les portes, & qui ne gagnérent par là que d'avoir la vie sauve.

§. II. 1 Le Droit des Gens, véritablement (1) tel, & mis à part les autres régles de nos Devoirs, dont nous (a) parlerons plus bas, n'excepte pas même ici les *Choses Sacrées*, c'est-à-dire, les choses consacrées ou au vrai Dieu, ou aux fausses Divinitez dont les Hommes abusez ont fait l'objet de leur culte religieux. *Du moment qu'une Place est prise sur l'Ennemi, il n'y a plus rien de sacré dans son enceinte*, dit le (2) Jurisconsulte Pomponius. La victoire met ces sortes de choses au rang des choses profanes, comme le remarque Cicéron, (3) en parlant de la prise de *Syracuse.* (a) *Chap.* XII.

2. La raison en est, que les Choses, qu'on appelle *Sacrées*, ne sont pas au fond de telle nature, que, du moment qu'on les a consacrées à la Religion, les Hommes ne (4) puissent

(4) *Sed oppidani, portis sponte patefactis, se suaque Romanis permisêre. quod salutem ipsis tulit; Artaxatis ignis immissus, deletaque & solo aequata sunt.* Annal. Lib. XIII. Cap. XLI. *num.* 3.

§. II. (1) *Jus Gentium merum*, dit nôtre Auteur, c'est-à-dire, celui qui donne non seulement l'impunité, mais encore qui autorise par lui-même à agir, de maniére qu'on ne fait rien en conscience que de juste & d'innocent, tant qu'il n'y a pas quelque autre considération, tirée du Devoir, qui nous engage à relâcher de nôtre droit.

(2) *Quum loca capta sunt ab hostibus, omnia desinunt religiosa, vel sacra, esse* &c. Digest. Lib. XI. Tit. VII. *De religiosis & sumtibus funerum* &c. Leg. XXXVI. C'est là-dessus que Tertullien fonde les reproches qu'il fait aux *Paiens*, de respecter peu leurs propres Divinitez : „ Les Guerres, (dit-il) & les „ Victoires, produisent ordinairement la prise & la „ ruine des Villes; ce qui ne peut se faire sans offen„ ser les Dieux : car le Vainqueur n'épargne pas plus „ les Temples, que les Murs des Villes; les Prêtres „ sont exposez au carnage, tout de même que les „ Citoiens; on pille indifféremment les biens profa„ nes, & les biens sacrez. Ainsi les *Romains* commet„ tent autant de sacriléges, qu'ils font de conquêtes; „ autant de fois qu'ils triomphent des Hommes, ils „ triomphent des Dieux en même tems; & les Simula„ cres des Divinitez captives font partie de toutes les Dé„ pouilles de leurs Ennemis vaincus, qui se sont conser„ vées jusqu'à présent : *Porro bella & victoria, captis & eversis plurimum urbibus constant: id negotium sine Deorum injuria non est. Eadem strages moenium & templorum, pares caedes civium & sacerdotum, nec dissimiles rapinae sacrarum divitiarum & profanarum. Tot igitur sacrilegia* Romanorum, *quot tropaea: tot de Diis, quot de Gentibus, triumphi: tot manubiae, quot manent adhuc simulacra captivorum Deorum.* Apologet. (*Cap.* XXV.) Il dit plus bas la même chose de la ruine des Temples : *Et bene, quòd si quid adversi accidit urbibus, eadem clades templorum, quae & moenium fuerunt.* (Cap. XL.) Grotius.

(3) Il dit, que *Marcellus* ne toucha point à ces sortes de choses, par un principe de Religion : *Has tabulas* [quibus interiores Templi *Minervae* parietes vestiebantur] M. Marcellus *quum omnia illa victoriâ suâ profana fecisset, tamen religione impeditus non adtigit.* In Verr. Lib. IV. Cap. LV.

(4) *Re verâ non eripiuntur humanis usibus.* Ce sont les termes de nôtre Auteur, que je rapporte, pour le défendre contre une fausse critique, qui quoi qu'elle n'ait d'autre fondement, que le peu d'attention & l'envie de censurer, est proposée néanmoins avec une pleine confiance. Feu Mr. Cocceïus, dans sa Dissertation *De evocatione Sacrorum*, Sect. II. §. 24. blâme nôtre Auteur, comme s'il prétendoit que les Choses Sacrées, pendant qu'elles demeurent telles, ne sont pas entiérement soustraites aux usages profanes. Mais toute la suite du discours fait voir qu'il veut dire seulement, que ces sortes de choses n'aquiérent pas la qualité de Saintes & Sacrées, comme un caractére indélébile, dont personne ne puisse les dépouiller: mais que le Souverain, qui les a renduës telles, en les destinant à des usages de Religion, peut les faire rentrer dans le commerce, & redevenir ainsi profanes.

sent plus en disposer & les faire servir aux usages de la Vie, mais elles (5) appartiennent au Public, & on les nomme *Sacrées*, à cause de l'usage religieux auquel on les a destinées. Preuve de cela, c'est que, quand un Peuple se met sous la domination d'un autre Peuple, ou d'un Roi, il lui donne en même tems *toutes les Choses Divines & Humaines*, comme porte une ancienne formule, que nous avons alléguée (a) ailleurs, tirée de TITE LIVE, & de PLAUTE. Aussi le Jurisconsulte ULPIEN rapporte-t-il (6) au *Droit Public* les *Choses Sacrées*. PAUSANIAS (7) témoigne, que, selon la coûtume ancienne & des *Grecs*, & des *Barbares*, quand une Ville étoit prise, les Choses Sacrées étoient à la disposition du Vainqueur. Il en donne quantité d'exemples, comme celui de la Statuë de *Jupiter Hercéen*, qui échût à *Sthénélus*, dans le partage du butin, après la prise de *Troie*.

(a) *Liv.* II. *Chap.* V. §. 31.

2. Une autre preuve, que les Choses qu'on appelle *Sacrées* appartiennent au Public, c'est que le Peuple même peut, en changeant de volonté, les faire devenir profanes. Les Jurisconsultes (8) PAUL & VE'NULE'IUS (9) le donnent à entendre assez clairement. Et nous voions que ceux-là même qui avoient consacré ces sortes de choses à des

GRONOVIUS, & Mr. VAN DER MUELEN, ont fort bien expliqué cela dans leurs Notes: & si celui qui a fait l'Extrait qu'on trouve dans la BIBLIOTHE'QUE GERMANIQUE, (Tom. I. pag. 55.) eût pris la peine de lire cet endroit, dans l'Original, il auroit eu occasion de relever l'inadvertence & la précipitation inexcusable du Jurisconsulte Allemand, qui avoit pris à tâche de critiquer presque par tout mon Auteur: il n'auroit pas au moins donné lieu de croire, qu'il approuve une censure si mal fondée.

(5) Selon les coûtumes des anciens *Grecs*, les Temples appartenoient à ceux qui étoient maîtres du païs, grand ou petit: Τὸν δὲ νόμον τοῖς Ἕλλησιν εἶναι, ὧν ἂν ᾖ τὸ κράτος τῆς γῆς ἑκάστης, ἤν τε πλέονος, ἤν τε βραχυτέρας, τούτων καὶ τὰ ἱερὰ αἰεὶ γίγνεσθαι &c. THUCYDID. Lib. IV. (Cap. XCVIII. *Ed. Oxon.*) Du tems de *Tibére*, il fut reconnu, au rapport de TACITE, que toutes les Cérémonies de la Religion, tous les Temples, toutes les Statuës des Dieux, qu'il y avoit dans les Villes d'*Italie*, étoient de la Jurisdiction de *Rome*: *Cunctasque cærimonias Italicis in oppidis, templaque, & numinum effigies, juris atque imperii Romani esse.* Annal. Lib. III. (Cap. LXXI. *num.* 2.) Cette coûtume paroît aussi par un passage de POLYBE, que nous citerons plus bas, *Chap.* XII. §. 7. Voiez encore MARSILE *de Padouë*, dans son *Defensor pacis* &c. Cap. V. §. 2. NICOL. BOERIUS, *Decis.* LXIX. *num.* 1. ÆGID. BOSSIUS, *Practic. Criminal.* De foro competente, *num.* 101. COTHMANN. *Consil.* C. *num.* 30. GROTIUS.

(6) *Publicum Jus in Sacris, in Sacerdotibus, in Magistratibus, consistit.* DIGEST. Lib. I. Tit. I. *De Justitia & Jure*, Leg. I. §. 2. Voiez le Commentaire de Mr. NOODT sur ce Titre, *pag.* 5. & sur le Titre VIII. *De divis. rerum* &c. *pag.* 57.

(7) C'est dans un endroit, où il veut faire voir qu'*Auguste* ne fut pas le prémier, qui s'empara, par droit de Guerre, des choses consacrées aux Dieux: Φαίνεται δὲ οὐκ ἄρξας ὁ Αὔγουστος ἀναθήματα καὶ ἕδη θεῶν ἀπάγεσθαι παρὰ τῶν κρατηθέντων, καθεστηκότι δὲ ἐκ παλαιοῦ χρησάμενος. Ἰλίου τε γὰρ ἁλούσης, καὶ νεμομένων τὰ λάφυρα Ἑλλήνων, Σθενέλῳ τῷ Καπανέως τὸ ξόανον τοῦ Διὸς ἐδόθη τοῦ Ἑρκείου . . . . . . Βασιλεὺς μὲν δὴ Αὔγουστος καθεστηκότα ἐκ παλαιοῦ, καὶ ὑπό τε Ἑλλήνων νομιζόμενα καὶ βαρβάρων εἰργάσατο. In Arcadic. seu *Lib.* VIII. pag. 275. *Ed. Græc. Wech.* Cap. XLVI. *Ed. Kuhn.*

(8) *Quamvis sacra profana fieri* [possunt]. DIGEST. Lib. XLV. Tit. I. *De verborum obligationibus*, Leg. LXXXIII. §. 5.

(9) C'est en parlant de la nullité des Stipulations conditionelles, dans lesquelles on suppose la vente d'une Chose Sacrée, ou de telle autre qui n'entre point en commerce; condition qui est regardée comme impossible, quoi que l'impossibilité puisse cesser dans la suite, c'est-à-dire, comme on voit, que ce qui est sacré, par exemple, puisse devenir profane: *Quum quis sub hac conditione stipulatus sit*, Si rem sacram, aut religiosam, *Titius* vendiderit, vel Forum, aut Basilicam, *& hujusmodi res, quæ publicis usibus in perpetuum relictæ sunt, ubi omnino conditio jure impleri non potest, vel id facere ei non liceat: nullius momenti fore Stipulationem, proinde ac si ea conditio, quæ naturâ impossibilis est, inserta esset. Nec ad rem pertinet, quòd jus mutari potest, & id, quod nunc impossibile est, postea possibile fieri: non enim secundum futuri temporis jus, sed secundum præsentis, æstimari debet Stipulatio.* Ibid. *Leg.* CXXXVII. §. 6.

(10) C'est ce que firent les *Syracusains*, du tems de *Timoléon*, comme nous l'apprend PLUTARQUE, dans la Vie de ce grand Capitaine (*pag.* 247. E. Tom. I. *Ed. Wech.*) Ceux de l'Ile de *Chios* n'aiant pas dequoi païer une amende, à laquelle *Mithridate* les avoit condamnez, vendirent les ornemens de leurs Temples: APPIAN. *Bell. Mithrid.* (pag. 339. *Edit. Amstel.* 201. *H. Steph.*) *Sylla* manquant d'argent, dans la Guerre contre le même *Mithridate*, prit ce qu'il y avoit de plus précieux parmi les choses consacrées aux Dieux, dans les Temples d'*Olympie*, d'*Epidaure*, de *Delphes*: PLUTARCH. in ejus Vit. (pag. 459. Tom. I.) APPIAN. *Bell. Mithrid.* (pag. 346, 347. *Ed. Amst.* 206. *H. Steph.*) il en rendit ensuite la valeur, s'il en faut croire DIODORE *de Sicile*, in *Excerpt. Peiresc.* (pag. 406.) *Auguste*, dans un pareil besoin, emprunta de l'argent des trésors que l'on gardoit dans les Temples: APPIAN. *Bell. Civil.* Lib. V. (pag. 1082. *Ed. Amst.* 678. *H. Steph.*) On se servoit aussi des Choses Sacrées, pour d'autres usages que ceux de la Guerre. Nous voions dans CASSIODORE, qu'*Agapet*, Evêque de *Rome*, avoit mis en gage les Vases Sacrez; *Var.* XII, 20. L'Empereur *Héraclius*, dans une grande nécessité, fit de la monnoie des Vaisseaux de l'Eglise; mais il en rendit depuis la valeur; comme THE'OPHANE nous l'apprend. Voiez aussi ANNE COMNE'NE, Lib. V. (Cap. I.) & Lib. VI. (Cap. II.) CROMER. *Rerum Polon.* Lib. XXIII. (*pag.* 516. *Ed. Basil.* 1655.) le Discours de *Laurentien*, dans BEMBE, Lib. VI. & ce que nous dirons ci-dessous, *Chap.* XXI. §. 23.

des usages de Religion, les ont quelquefois emploiées, dans un grand besoin, aux (10) usages de la Guerre; comme fit (11) *Périclès*, à *Athénes*; & *Magon*, (12) en *Espagne*. On voit la même chose pratiquée chez les *Romains* (13) pendant leur Guerre avec *Mithridate*; & depuis, par *Sylla* (b), par (14) *Pompée*, par (15) *Jules César*, & autres. *Tibérius Gracchus*, au rapport de (16) Plutarque, disoit, *qu'il n'y a rien de si saint ni de si sacré, que les choses consacrées en l'honneur des Dieux; & que cépendant personne n'empêche le Peuple de s'en servir, de les changer, de les transporter, comme bon lui semble.* On *dépouille les Temples, pour le bien de l'Etat, & on fond les Vases consacrez aux Dieux, pour paier les Troupes*, comme le remarque (17) Senéque le Pére, dans une ses Déclamations. Trébatius, Jurisconsulte, qui vivoit du tems de *César*, définit le *Profane*, (18) *une chose qui, de religieuse & sacrée qu'elle étoit, a été renduë propre à servir aux Hommes, & à entrer en propriété.*

(b) Voiez la Note 10. sur ce paragraphe.

3. C'est donc par le Droit des Gens, dont nous traitons, que *Germanicus* fit raser tous les Edifices & Profanes, & Sacrez, des *Marses*, sans en excepter le Temple de *Tanfane*, si célébre parmi ces Peuples; comme nous l'apprenons de (19) Tacite. Les

§. 23. dans le Texte, & dans les Notes. Grotius.

Le prémier des exemples, que nôtre Auteur allégue ici, est un peu bien douteux. Plutarque dit seulement, que les *Syracusains* avoient si peu d'argent, & pour faire la Guerre, & pour leurs autres besoins, qu'ils vendoient même leurs Statuës: *Οὕτω δ' ἀπορούμενοι [τοῦ δήμου τῶν Συρακουσίων] καὶ πρὸς τἆλλα, καὶ πρὸς τὸν πόλεμον, ὥστε καὶ τοὺς ἀνδριάντας ἀποδόσθαι.* Et preuve qu'il ne s'agit point-là des Statuës de leurs Dieux, c'est qu'un peu après il est dit, que les *Syracusains* conservérent la Statuë de *Gélon*, leur ancien Prince, en reconnoissance de la victoire qu'il avoit remportée à *Himére*, sur les *Carthaginois*. Au reste j'ai supprimé, dans cette Note, où les choses n'étoient pas d'ailleurs assez bien distinguées, un passage de Pline, qui n'est pas fort à propos. C'est celui où il dit, que *Caton* permet de couper les Arbres ou les Bois Sacrez, en faisant auparavant un certain sacrifice: *Idem* [Cato] *arbores religiosas, lucosque, succidi permisit, sacrificio priùs facto: cujus rei rationem quoque eodem volumine tradidit.* Hist. Natur. *Lib.* XVII. *Cap.* XXVIII. sive ult. *in fin.* Il ne s'agit point là de couper entiérement de tels Arbres, ni de leur ôter leur sainteté, mais seulement de les élaguer, pour les rendre plus beaux, & plus respectables. *Lucum conlucare, Romano more, sic oportet* &c. Voiez tout ce qui suit, dans l'endroit du Livre, De Re Rustica, *Cap.* CXXXIX. que le Naturaliste avoit en vuë.

(11) C'est ce qu'il fit, ajoûtoit nôtre Auteur, avec promesse de rendre. Il a tiré ceci sans doute de Thucydide, Lib. II. Cap. XIII. & de Diodore *de Sicile*, *Lib.* XII. Cap. XL. qui disent l'un & l'autre, que *Périclès* voulant faire voir aux *Athéniens*, qu'ils avoient dequoi entreprendre la Guerre, leur représenta, qu'outre l'argent & les Vases des Temples, ils pouvoient prendre l'or de la Statuë de *Minerve*, à qui ils en rendroient autant, après s'en être servis pour le bien public.

(12) Il dépouilla les temples de la Ville de *Cadis*, alors Alliée de *Carthage*. *Non ærario modo eorum* [Gaditanorum] *sed etiam Templis spoliatis* &c. Tit. Liv. Lib. XXVIII. Cap. XXXVI. *num.* 3.

(13) Nôtre Auteur a eu sans doute dans l'esprit ce qu'Appien *d'Aléxandrie* nous apprend, que le Sénat manquant d'argent, pour fournir aux frais de la Guerre contre *Mithridate*, ordonna de vendre les choses que *Numa Pompilius* avoit consacrées pour les Sacrifices: *Χρήματα δ' οὐκ ἔχοντες αὐτοῖς εἰσενεγκεῖν, ἐψηφίσαντο πραθῆναι ὅσα Νουμᾶς Πομπίλιος βασιλεὺς ἐς θυσίας θεῶν διετέτακτο.* De Bell. Mithrid. *pag.* 317. *Ed. Amst.* (185. *H. Steph.*)

(14) Je ne trouve rien là-dessus, dans les Auteurs qui ont écrit la vie & les actions de *Pompée*, si ce n'est ce que dit Dion Cassius, vers le commencement du Liv. XLI. de son Histoire, que *Pompée* fit ordonner par le Sénat, qu'on emporteroit avec lui dans la *Campanie* l'argent du Trésor Public, & tous les présens faits aux Dieux, qu'il y avoit dans *Rome*. Mais, comme le même Historien ajoûte un peu plus bas, (*pag.* 174. Ed. H. Steph.) on ne toucha rien de tout cela, par la crainte qu'on eut de *César*, après le retour & le rapport des Députez qu'on lui avoit envoiez.

(15) Nôtre Auteur se souvenoit apparemment de ce qu'il avoit lû dans Suétone, que *César* étant dans la *Gaule*, pilla les Temples, qui étoient pleins des présens qu'on y avoit fait aux Dieux: *In* Gallia *fana templaque Deûm, donis referta, expilavit.* Cap. LIV. Voiez aussi Dion Cassius, Lib. XLII. & XLIII. Cependant César lui-même, pour justifier la Guerre Civile où il s'engagea, se plaint, entr'autres choses, qu'on prenoit l'argent qui étoit dans les Temples: *Pecunia à municipiis exiguntur, & è fanis tolluntur: omnia divina & humana jura permiscentur.* De Bello Civil. *Lib.* I. *Cap.* VI.

(16) *Ἱερὸν δὲ καὶ ἄσυλον οὐδὲν οὕτως ἐστίν, ὡς τὰ τῶν θεῶν ἀναθήματα· χρῆσθαι δὲ τούτοις καὶ κινεῖν, καὶ μεταφέρειν, ὡς βούλεται, τὸν δῆμον, οὐδεὶς κεκώλυκε.* Vit. Tiber. & C. Gracch. *pag.* 832. A. Tom. I. *Ed. Wech.*

(17) *Pro republica plerumque templa nudantur, & in usum stipendii dona conflamus.* Lib. IV. Excerpt. Controv. IV.

(18) *Eo accedit, quòd* Trebatius profanum *id propriè dici ait, quod ex religioso, vel sacro, in hominum usum proprietatemque conversum est.* Apud Macrob. Saturnal. *Lib.* III. (*Cap.* III.) Le Grammairien Servius, parlant d'un Temple de *Cérès* qu'il y avoit au sortir de *Troie*, dit, qu'*Enée*, qui y donne rendez-vous à ses gens, savoit bien que ce lieu avoit déja été rendu profane: *Nam Æneas scit ante esse profanatum.* In Æn. II. (*vers.* 713.) Il remarque la même chose sur le III. & le IX. & le XII. Livres. Et il dit, sur la VII. *Eclogue*, que les présens offerts aux Dieux sont sacrez, tant qu'ils n'ont point été rendus profanes: *Dona autem oblata numinibus, tamdiu sacra sunt, & dona possunt dici, quamdiu non fuerint profanata.* (In *vers.* 31.) Grotius.

(19) *Profana simul & sacra, & celeberrimum illis gen-*

Les Vainqueurs, à ce que remarque (20) PAUSANIAS, avoient accoûtumé de se saisir des présens faits aux Dieux, qu'ils trouvoient dans les Temples: & CICÉRON appelle cela, (21) *la Loi de la Guerre.* *Marcellus* fit transporter à *Rome* les ornemens des Temples de *Syracuse*, qu'il avoit *aquis*, dit (22) TITE LIVE, *par droit de Guerre.* CÉSAR, dans une Harangue, que (23) SALLUSTE lui prête, met au rang des malheurs auxquels les Vaincus sont exposez ordinairement, celui de voir piller leurs Temples.

4. Il est vrai néanmoins, que, si le Vaincu & le Vainqueur sont d'accord à croire qu'il y a quelque Divinité dans une Statuë; le Vainqueur ne peut en conscience la gâter ou la profaner le moins du monde. Et c'est pourquoi on accuse quelquefois d'impiété, ou même de violation du Droit des Gens, ceux qui ont commis de telles choses, en supposant qu'ils étoient dans cette opinion.

5. Autre chose est, quand on est d'un autre sentiment, que l'Ennemi. Ainsi il étoit non seulement permis, mais encore ordonné (c) aux *Juifs*, de détruire les Simulacres des *Gentils.* Et la raison pourquoi la Loi leur défendoit de garder & de s'approprier ces Simulacres, c'étoit afin qu'ils regardassent avec plus d'horreur les superstitions du Paganisme, par la considération de l'impureté qu'ils auroient contractée en les touchant seulement, comme la défense même le supposoit; & non pas de les engager à respecter ce qui servoit au Culte religieux des autres Peuples, ainsi que (24) JOSEPH l'explique. Cet Historien Juif a sans doute voulu faire par là sa cour aux *Romains*, comme il fait en expliquant une autre Loi, qui défend de nommer les Dieux des Gentils:

(c) *Deuter.* VII, 5.

gentibus templum, quod Tanfanæ *vocabant, solo aquantur*, Annal. *Lib.* I. *Cap.* LI. *num.* 2.

(20) Dans le passage, qui a été déja cité sur le paragraphe 2. de ce Chapitre, *Note* 7.

(21) En parlant de *Publius Servilius*, qui prit la Ville d'*Olympe* en *Cilicie*, & fit porter à *Rome* les Statuës & les autres ornemens des Temples, dont il s'étoit emparé par droit de Guerre: P. Servilius, *quæ signa atque ornamenta ex urbe hostium, vi & virtute capta*, BELLI LEGE, *atque imperatorio jure, sustulit, ea Populo Romano adportavit* &c. In Verr. *Lib.* I. (Cap. XXI.) VIRGILE fait mention d'un Bouclier, que les *Grecs* avoient pris dans le Temple de *Neptune*, où il étoit consacré:

Et clipeum efferri jussit, Didymaonis *artes*,
Neptuni *sacro* Danais *de poste refixum.*

ÆN. *Lib.* V. (vers. 359, 360.) *Fabius Maximus*, au rapport de PLUTARQUE, après avoir pris *Tarente*, en fit transporter à *Rome* une Statuë d'*Herculo* d'une grandeur extraordinaire, laissant aux *Tarentins*, pour leurs péchez, leurs autres Dieux irritez contr'eux: *Vit. Fab. Max.* (pag. 187. C. *Tom.* I.) On peut rapporter ici le passage de TERTULLIEN, que nous avons cité, §. 2. *Note* 2. & un autre du même Pére, où il dit la même chose: *Tot deinde de Deis, quot de gentibus triumphi: manent & simulacra captiva: & utique sentiunt, quos non amant.* Ad Nationes, *Lib.* II. (Cap. XVII.) GROTIUS.

(22) *Ornamenta urbis, signa tabulasque, quibus abundabant* Syracusæ, Romam *devexit. Hostium quidem illa spolia, & parta belli jure* &c. Lib. XXV. Cap. XL. *num.* 2. Le Consul *Cajus Flaminius* parlant pour la défense de *Marc Fulvius*, qui étoit accusé d'avoir emporté ces sortes de choses de la Ville d'*Ambracie*, dit, que c'est ainsi qu'en usent ordinairement les Vainqueurs, après avoir pris une Ville: Ambraciam *oppugnatam & captam, & signa inde ornamentaque ablata, & cetera facta, quæ, captis urbibus, soleant, negaturum aut me pro* M. Fulvio, *aut ipsum* M. Fulvium, *censetis* &c. Idem, *Lib.* XXXVIII. (Cap. XLIII. *num.* 10.) *Fulvius* lui-même, dans le Discours qu'il fit pour se justifier, étant de retour à *Rome*, demande si cette Ville seule étoit exemte du droit de la Guerre: *Nisi* Syracusarum, *ceterarumque captarum civitatum ornamentis, urbem exornari fas fuerit, in* Ambraciam *unam captam non valuerit belli jus.* (Lib. XXXIX. Cap. IV. *num.* 12) Voiez POLYBE, *Excerpt. Legat.* XXVI. GROTIUS.

(23) *Quæ belli sævitia esset, quæ victis acciderent, enumeravére: rapi virgines, pueros; divelli liberos à parentum complexu; matres familiarum pati, quæ victoribus collibuissent; fana, atque domos, exspoliari; cædem, incendia, fieri* &c. (Bell. Catilin. *Cap.* L. pag. 156. *Ed. Wass.*) *Chosroës* pilla une Eglise d'*Antioche*, au rapport de PROCOPE, *Persic.* Lib. II. [*Cap.* IX. mais il conserva le bâtiment, pour une certaine somme qu'on lui donna.] Voiez CROMER, *Rerum Polon.* Lib. XVII. (pag. 402.) GROTIUS.

(24) Les deux Loix mal expliquées, se trouvent dans le même endroit. Les voici. „ Que personne ne „ dise du mal des Dieux, que les autres Etats regar„ dent comme tels. Qu'on ne pille point les Tem„ ples des Etrangers, & qu'on ne prenne aucune cho„ se consacrée à quelque Dieu. Βλασφημείτω δὲ μηδεὶς Θεοὺς, οὓς πόλεις ἄλλαι νομίζουσι. Μὴ συλᾶν ἱερὰ ξενικὰ, μηδ' ἂν ἐπωνομασμένον ᾖ τινι Θεῷ κειμήλιον λαμβάνειν. Antiq. Jud. *Lib.* IV. *Cap.* VIII. pag. 121. F.

(25) Voiez la Note précedente. Il dit ailleurs, que leur Loi leur défend de se moquer, ou de dire du mal de ceux que les Etrangers tiennent pour Dieux, à cause du nom de Dieu qu'ils portent: Καὶ πρόσω γε τοῦ μὴ χλευάζειν, μήτε βλασφημεῖν τοὺς νομιζομένους Θεοὺς παρ' ἑτέροις, ἄντικρυς ἡμῖν ὁ νομοθέτης ἀπείρηκεν, αὐτῆς ἕνεκα προσηγορίας τοῦ Θεοῦ. Contra Apion. *Lib.* II. pag. 1077. D. D'autres croient, & avec plus de fondement, que cet Historien Juif a prétendu par-là expliquer une autre Loi, savoir, celle de l'EXODE, XXII, 28. où il y a mot-à-mot, dans l'Original: *Tu ne diras point de mal des Dieux.* Par les *Dieux*, le Législateur entend visi-

tils: (25) car il prétend qu'elle signifie, qu'on ne devoit point parler mal de ces fausses Divinitez; au lieu que le vrai sens est, qu'il ne falloit pas prononcer leur nom d'une maniére honorable, ou sans témoigner qu'on les détestoit. En effet, les *Israëlites*, instruits par le vrai DIEU, savoient certainement, qu'il n'y avoit dans ces Simulacres, ni l'Esprit de DIEU, ni aucun bon Ange, qui y habitât, ni une vertu des Astres, comme les autres Nations abusées le croioient; mais des Démons, méchans, & ennemis du Genre Humain: de sorte que TACITE a eu raison de dire, (26) que les *Juifs* tenoient pour profane tout ce que les *Romains* regardoient comme sacré. Il ne faut donc pas s'étonner, que les *Maccabées* (d) aient plus d'une fois mis le feu aux Temples des Paiens. *Xerxès* ne fit non plus rien de contraire au Droit des Gens, en détruisant les Simulacres des *Grecs*; quoi que les Ecrivains de cette Nation (27) se déchainent là-dessus en invectives, pour rendre leur Ennemi odieux. Car les *Perses* ne croioient point (28) qu'il y eût aucune Divinité dans les Simulacres: mais ils s'imaginoient que (29) le Soleil étoit le seul vrai Dieu, & le Feu, une de ses parties. Selon la Loi de *Moïse*, il n'y avoit que les Sacrificateurs, qui pûssent entrer dans le Temple, comme (30) TACITE aussi le remarque fort bien: cependant le (31) même Historien, & après lui, St. AUGUSTIN (32), disent, que *Pompée* y entra *par droit de Victoire*. Il fit bien d'épargner ce Temple, & les choses qui y appartenoient; quoi que ce fût, (33) selon CICÉRON, par honte & par crainte de la médisance, plûtôt que par un motif de religion: mais il fit mal d'entrer dans le Temple, au mépris des défenses du vrai DIEU. Les anciens Prophétes reprochoient la même chose aux

(d) *I. Macab.* V, 44, 68. X, 84.

visiblement les Magistrats, comme il paroît par les paroles suivantes, qui sont le commentaire de celles-ci: *Et tu ne maudiras point les Conducteurs de ton Peuple.* Mais JOSEPH a pris le mot de *Dieux* au pié de la lettre: & si c'est de bonne foi, le motif, dont nôtre Auteur parle, a sans doute contribué à le jetter dans l'erreur.

(26) *Profana illic omnia, quæ apud nos sacra.* Histor. *Lib.* V. *Cap.* IV. *num.* 1.

(27) TROGUE POMPÉE, imitant sans doute le langage des Auteurs Grecs, sur lesquels il composoit son Histoire, dit, dans l'Abrégé de JUSTIN, qui nous reste, que *Xerxès* sembloit avoir eu dessein de faire la Guerre aux Dieux, aussi bien qu'aux Hommes: *Ante navalis prælii congressionem miserat* Xerxes *quatuor millia armatorum* Delphos, *ad templum* Apollinis *diripiendum: prorsus quasi non cum* Græcis *tantum, sed & cum Diis immortalibus bellum gereret.* Lib. II. Cap. XII. *num.* 8, 9. Voiez le passage de CICÉRON, qui va être cité dans la Note suivante.

(28) C'est la raison qu'en donne ASCONIUS PEDIANUS, cité en marge par nôtre Auteur. CICÉRON, pour exaggerer le crime de *Verrès*, qui avoit pillé entr'autres un Temple de *Délos*, consacré à *Apollon*, dit, que les *Perses* même, qui, en portant la Guerre dans la *Gréce*, l'avoient déclarée & aux Hommes, & aux Dieux (voilà l'Orateur Romain parlant le langage des Auteurs Grecs) ces *Perses* même étant abordez à *Délos*, avec une Flotte de mille Voiles, ne touchérent point au Temple, dont il s'agit: *Tantaque ejus auctoritas religionis & est, & semper fuit, ut ne* Persæ *quidem, quum bellum toti* Græciæ, *Diis Hominibusque indixissent, & mille numero navium classem ad* Delum *adpulissent, quidquam conarentur aut violare, aut attingere.* In Verr. *Lib.* I. Cap. XVIII. Là-dessus le Commentateur ancien remarque, que les *Perses* détruisoient sans scrupule les Temples & les Statuës, parce que, selon les idées de leur Nation, ils croioient qu'on ne devoit point bâtir de Temples aux Dieux, d'autant plus que le Monde entier suffiroit à peine pour servir de Temple au Soleil seul, que ces Peuples adoroient: DIIS HOMINIBUSQUE] *Quia non solum hostes erant, utpote Barbari, verum etiam, more gentis suæ, nulla Diis, in terris, templa condenda esse credebant; præsertim quum uni Soli, quem venerarentur, vix mundus ipse sufficeret.* Nôtre Auteur cite encore, dans une petite Note, ce que dit DIOGÉNE LAERCE, que les *Mages* condamnoient l'usage des Statuës: Τὰ δὲ ξόανα καταγινώσκειν [τοὺς Μάγους, φησὶν ὁ Σωτίων]. Lib. I. §. 6. *Edit. Amstel.* Voiez là-dessus MÉNAGE; & l'Indice Philologique de Mr. LE CLERC sur l'*Histoire de la Philosophie Orientale*, par STANLEY, au mot *Statua*.

(29) On peut voir, sur ceci, l'Histoire de la Religion des anciens *Perses*, composée en Latin par feu Mr. HYDE, Savant Anglois, qui a tâché de prouver, que ces Peuples n'adoroient autrefois ni le Feu, ni le Soleil, mais le seul vrai DIEU; ce qui est encore aujourdhui, comme il le croit, la Religion de quelques-uns de leurs Descendans.

(30) *Ad fores* [Templi Hierosolymitani] *tantum Judæo aditus: limine, præter Sacerdotes, arcebantur.* Hist. *Lib.* V. *Cap.* VIII. *num.* 2.

(31) Romanorum *primus*, Cn. Pompejus, Judæos *domuit: Templumque* JURE VICTORIÆ *ingressus est.* Histor. *Lib.* V. *Cap.* IX. *num.* 1.

(32) Pompejus *ergo, Populi Romani præclarissimus princeps,* Judæam *cum exercitu ingressus, civitatem capit, templum reserat, non devotione supplicis, sed* JURE VICTORIS. De Civit. Dei, *Lib.* XVIII. *Cap.* XLV.

(33) *At* Cn. Pompejus, *captis* Hierosolymis, *victor ex illo fano nihil attigit. In primis hoc, ut multa alia, sapienter, quòd in tam suspiciosâ ac maledicâ civitate, locum sermoni obtrectatorum non reliquit. non enim, credo, religionem &* Judæorum, *& hostium, impedimento præstantissimo Imperatori, sed pudorem, fuisse.* Orat. pro L. Flacco, *Cap.* XXVIII.

(e) *Daniel*, V, 23.

aux (e) *Chaldéens*; & quelques-uns ont cru, que ce fut en punition de cela que *Pompée*, par un effet particulier de la Providence, périt de mort violente, au Cap de *Casie*, à la vuë, pour ainsi dire, de la *Judée*. Cependant, à (34) considérer l'opinion des *Romains*, il n'y avoit là aucune violation du Droit des Gens. *Titus*, qui détruisit ensuite ce même Temple, le fit, selon JOSEPH, l'Historien Juif, *par droit de Guerre* (35).

(a) §. 2. num. 2.

§. III. 1. CE que nous avons dit des Choses Sacrées, se doit entendre aussi des *Sépulcres*, que les Latins appellent des *Choses* (1) *Religieuses*. Ils appartiennent aux Vivans, & non pas aux Morts, c'est-à-dire, ou au Peuple, ou à chaque Famille. Aussi le Jurisconsulte POMPONIUS dit-il la même chose des Sépulcres, que des Choses Sacrées, dans la Loi que (a) nous avons déja rapportée. Et PAUL, autre Jurisconsulte, (2) décide, sur ce principe, qu'*on peut prendre des pierres dans les Sépulcres des Ennemis, & s'en servir à tout ce qu'on veut*.

2. Il faut pourtant ajoûter ici cette restriction, qu'on ne doit point maltraiter les Corps qui sont dans les Sépulcres même de l'Ennemi; parce que cela est contraire aux droits de la Sépulture, (3) que nous avons fait voir ailleurs être établis par le Droit des Gens.

§. IV. JE repéterai encore, en un mot, ce que j'ai dit ci-dessus, que le Droit des Gens ne permet pas seulement de piller l'Ennemi à force ouverte, mais encore par des ruses & des tromperies, qui ne soient point accompagnées d'un manque de bonne foi, ou d'une violation de ce que l'on a promis; & même en (1) sollicitant les autres à trahir nôtre Ennemi. Car, en matiére de ces sortes d'actions moins vicieuses & fort communes, le Droit des Gens est venu à user d'une espéce de connivence; comme les Loix Civiles, au sujet des Prostitutions, & des Usures mordantes.

CHAPITRE VI.

Du droit de S'APPROPRIER ce qui a été PRIS sur l'Ennemi.

I. *Comment on aquiert, par le Droit Naturel, la* PROPRIE'TE' DES CHOSES PRISES *sur l'Ennemi.* II. *Quelle est ici la régle du Droit des Gens.* III. *Quand c'est que les Choses Mobiliaires sont censées prises, selon ce Droit des Gens :* IV. *Et les Terres.* V. *Que l'on n'aquiert point, par droit de Guerre, ce qui appartient à d'autres, que l'Ennemi.* VI. *Des choses trouvées dans les Vaisseaux des Ennemis.* VII. *Que,*

(34) Il y a aussi une autre raison, qui pouvoit justifier les Paiens du reproche de sacrilége, lors même qu'ils pilloient les Temples des Dieux, qu'ils reconnoissoient pour tels. C'est qu'ils s'imaginoient, que, quand une Ville venoit à être prise, les Dieux, qu'on y adoroit, abandonnoient en même tems leurs Temples & leurs Autels; sur tout après qu'ils les avoient évoquez, eux & toutes les Choses Sacrées, avec certaines cérémonies. Voiez la Note du docte GRONOVIUS, sur le §. 2. de ce Chapitre; & la Dissertation de Mr. COCCEIUS, *De evocatione Sacrorum*.

(35) Βιᾳ περὶ τοῦ ναοῦ περιγυνῆθη· τοῖς μὲν ἂν ἔδοξε χρῆσθαι τῷ τῶν πολέμων νόμῳ &c. De Bell. Jud. *Lib.* VII. *Cap.* XXIV. pag. 956. G. Ailleurs *Titus* dit, qu'il a voulu sauver le Temple, & oublier ainsi les Loix de la Guerre: *Τοῦ ἱεροῦ πρόνοιαν γενόμενος, ἐάσαι ἐκὰν ἐξε*λαθόμενον τοῦ τῶν πολέμων νόμων, φείσασθαι τοῦ παρακαλεῖν τὸ ἴδιον ὑμῶν ἅγιον, καὶ σῶσαι τὸν ναὸν ἑαυτοῖς &c. Cap. XXXIV. *pag.* 963. F.

§. III. (1) Les *Sépulcres* étoient consacrez aux Dieux des Enfers: au lieu que les *Choses Sacrées* étoient pour les autres Dieux. Voiez Mr. NOODT, sur le DIGESTE, Lib. I. Tit. VIII. pag. 58.

(2) *Sepulcra hostium religiosa nobis non sunt. ideoque lapides inde sublatos, in quemlibet usum convertere possumus: nec sepulcri violati actio competit.* DIGEST. Lib. XLVII. Tit. XII. *De Sepulcro violato*, Leg. IV.

(3) Il suffit de dire, que cela ne sert de rien ni pour nôtre défense, ni pour le maintien de nos droits, ni en un mot pour aucune fin légitime de la Guerre.

§. IV. (1) Voiez ce que l'on a dit sur le Chapitre précedent, §. 18. *Note* 10.

CHAP.

Que, par le Droit des Gens, on peut s'approprier ce que l'Ennemi avoit pris lui-même sur d'autres, à la Guerre. VIII. *Réfutation de la pensée de ceux qui prétendent, que les Particuliers, en prenant quelque chose sur l'Ennemi, se l'approprient par cela seul.* IX. *Que, selon le Droit de Nature, on peut aquérir par le moien d'autrui, & la Possession, & la Propriété des biens.* X. *Distinction des exploits militaires, en publics, & particuliers.* XI. *Que les Terres, dont on s'empare, sont aquises au Peuple, ou à celui qui fait la Guerre.* XII. *Que les Choses Mobiliaires, tant animées, qu'inanimées, sont aux Particuliers, qui les prennent de leur autorité privée :* XIII. *A moins que les Loix Civiles du païs n'en disposent autrement.* XIV. *Mais ces sortes de choses, lors que les Particuliers, qui les ont prises, agissent par autorité publique, appartiennent au Peuple, ou à celui qui fait la Guerre.* XV. *On donne ordinairement quelque pouvoir d'en disposer, aux Généraux d'armée :* XVI. *Qui ou les font entrer dans le Trésor Public ;* XVII. *Ou les distribuent aux Soldats ;* XVIII. *Ou les laissent au pillage ;* XIX. *Ou les donnent à d'autres personnes ;* XX. *Ou en font plusieurs portions, dont ils disposent en différentes maniéres.* XXI. *Qu'on peut se rendre coupable de Péculat, à l'égard du butin.* XXII. *Que l'on change quelque chose à ces régles générales, ou par les Loix particuliéres de chaque Etat, ou par quelque autre disposition d'une volonté libre :* XXIII. *Comme, par exemple, en donnant le butin à ses Alliez ;* XXIV. *Ou même à ses Sujets. Divers exemples de ceci, & par rapport aux prises faites sur terre, & par rapport aux maritimes.* XXV. *Usage des principes établis ci-dessus.* XXVI. *Si l'on aquiert par droit de Guerre, ce que l'on a pris hors des terres des deux Etats Ennemis ?* XXVII. *En quel sens les effets de droit, dont on vient de traiter, sont propres & particuliers aux Guerres faites dans les formes.*

§. I. 1. OUTRE l'impunité que certains actes d'hostilité ont devant les Hommes, comme nous venons de le montrer dans les Chapitres précedens ; il y a un autre effet particulier, que le Droit des Gens (1) donne aux Guerres faites dans les formes, c'est celui qui regarde l'AQUISITION DES CHOSES PRISES sur l'Ennemi.

2. Selon le *Droit de Nature*, on aquiert, par une Guerre juste, autant de choses prises qu'il en faut (a) pour égaler la valeur de ce qui nous est dû, & que nous ne pouvons avoir autrement, ou pour châtier l'Ennemi, en lui causant un dommage proportionné à la peine qu'il mérite, selon ce que (b) nous avons dit ailleurs. C'est ainsi (2) qu'*Abraham* (c) donna à DIEU la dîme du butin qu'il avoit fait sur les cinq Rois ; comme l'Auteur divin de l'*Epître aux* HE'BREUX (d) explique cette histoire: Coûtume que l'on voit (3) aussi établie chez les *Grecs*, chez les *Carthaginois*,

(a) Voiez ci-dessus, *Liv.* II. *Chap.* VII. §. 2.

(b) *Ibid.* Chap. XX.

(c) *Génése*, Chap. XIV. vers. 20, *& suiv.*

(d) *Hébr.* VII, 4.

CHAP. VI. §. I. (1) Voiez ce que je dirai sur le paragraphe dernier de ce Chapitre.

(2) „ Il falloit ajoûter (dit Mr. LE CLERC, dans son Commentaire sur ce passage) „ que les biens même d'autrui deviennent nôtres, lors qu'aiant levé une „ Armée à nos propres dépens, nous enlevons ces „ biens à ceux qui les avoient pris, pendant que ceux, „ à qui ils avoient appartenu, demeurent en repos. „ Car ce ne fut pas seulement des dépouilles des Rois „ venus de delà l'*Euphrate*, qu'*Abraham* offrit la dîme, mais encore des biens recouvrez, de ceux de „ *Sodome*, & autres Voisins ; dont ce Patriarche rendit aux anciens Propriétaires ce qui resta, après la „ dîme offerte. Voilà ce que dit le savant & judicieux Commentateur. Et cela se rapporte à ce que nôtre Auteur établira lui-même plus bas, §. 7. où il a néanmoins oublié cet exemple. Il paroit aussi par le dernier verset du Chapitre de la GE'NE'SE, d'où est tirée cette Histoire, que le Patriarche garda du butin recouvré, outre les vivres consumez par ses gens, la portion qui revenoit à ses Alliez, *Haner*, *Eschol*, & *Mamré* ; comme le remarque nôtre Auteur dans une petite Note, où il renvoie à ce que dit JOSEPH, dans cette histoire, *Antiq. Jud.* (Lib. I. Cap. XI.) & à ce qu'il dira lui-même plus bas, *Chap.* XVI. §. 3. Il faut, au reste, supposer ici, que ceux qui ne se mettent point en devoir de tenter le recouvrement de leur bien, en aient l'occasion & les moiens. Voiez ce que je dirai ci-dessous, sur le Chap. XVI. §. 3. *Note* 2.

(3) Voiez la Dissertation de SELDEN, sur les *Dimes*, Sect. III. traduite en Latin par Mr. LE CLERC, & mise à la fin de son Commentaire sur le *Pentateuque*.

(4) Nô-

nois, & chez les *Romains*, qui faisoient la même offrande à leurs Dieux, à un *Apollon*, à un *Hercule*, à (4) un *Jupiter Férétrien*. Le Patriarche *Jacob* voulant avantager *Joseph* par dessus ses autres Enfans, lui dit: (e) *Je te donne une portion de plus qu'à tes Fréres, celle que j'ai prise sur les* Amorrhéens, *avec mon épée & mon arc. J'ai pris*, (5) c'est-à-dire, en stile prophétique, *je prendrai certainement*: & cela est attribué à *Jacob*, parce que ses Descendans, portans son nom, devoient le faire; le Pére & les Enfans n'étant regardez que comme une seule & même personne. Il vaut mieux expliquer ainsi ces paroles, que de les entendre, comme font les Rabbins, du pillage de la Ville de *Sichem*, que les Fils de *Jacob* avoient déja fait alors: car *Jacob*, juste & religieux qu'il étoit, désapprouva toûjours (f) cette action de ses Enfans, comme accompagnée de perfidie.

(e) *Génése*, XLVIII, 22.

(f) Voiez *Génése*, XXXIV, 30. & XLIX, 5, 6.

3. Il paroît par d'autres endroits de l'Ecriture, que DIEU approuvoit l'appropriation du butin fait sur l'Ennemi, lors qu'on ne passoit point les bornes dont nous venons de parler, prescrites par le Droit Naturel. Voici ce qu'il dit lui-même dans sa Loi, au sujet d'une Ville qui aura été prise, après avoir refusé la paix qu'on lui offroit: (g) *Tu pilleras pour toi toutes ses dépouilles, & tu jouïras du butin que* DIEU *t'aura donné, fait sur tes Ennemis.* Ceux des Tribus de *Ruben*, de *Gad*, & de la demi Tribu de *Manassé*, aiant vaincu les *Ituréens* & leurs Voisins, en remportérent un grand butin, (h) parce, ajoûte l'Historien Sacré, qu'ils avoient invoqué DIEU dans cette Guerre, & que DIEU, favorable à leurs vœux, les avoit exaucez. Il est dit aussi, qu'*Asa*, (i) Roi pieux, aiant invoqué DIEU, remporta & la victoire, & un butin considérable, sur les (6) *Ethiopiens*, qui l'avoient injustement attaqué. Ces exemples sont d'autant plus remarquables, qu'il s'agit de Guerres entreprises, non par un ordre particulier du Ciel, mais en vertu du droit commun de tous les Hommes. Et le prémier avoit été autorisé d'avance par *Josué*, qui faisant des vœux pour ces mêmes Israëlites des Tribus de *Ruben*, de *Gad*, & de la demi-Tribu de *Manassé*, dit: (k) *Puissiez-vous partager avec vos Fréres le butin fait sur vos Ennemis.* Le Roi *David* envoiant aux Conseillers de la Nation Judaïque les dépouilles qu'il avoit remportées sur les

(g) *Deuter.* XX, 14.

(h) *I. Chroniq.* V, 20, 21, 22.

(i) *II. Chroniq.* XIV, 11, 12, 13.

(k) *Josué*, XXII, 8.

(4) Nôtre Auteur, comme le remarque GRONOVIUS, confond ici la Dime avec ce que l'on appelloit *Spolia opima*, & que l'on consacroit à *Jupiter Férétrien*.

(5) Le Paraphraste Chaldéen explique cela, comme si DIEU, en considération des priéres de *Jacob*, avoit conservé *Sichem* à lui & à ses Descendans. GROTIUS.

(6) Ou plûtôt sur les *Madianites*; car ce sont eux qu'il faut entendre par les *Chusites*. Voiez le *Phaleg* de BOCHART, Lib. IV. Cap. II.

(7) *Et, quod est militaribus viris speciosissimum, divitem illum spoliis etiam hostilibus faciat.* De Benefic. *Lib.* III. *Cap.* XXXIII.

(8) Τὸν γὰρ σπόρον, φησὶν, ἀτελῆ μὲν ὄντα δηώσουσι, τελεσθέντα δ' ἀμήσουσιν, ἐξαίφνης ἐπελθόντες πολέμιοι, διττὴν ἐργασάμενοι συμφορὰν, λιμὸν μὲν φίλοις, ἐχθροῖς δὲ περιουσίαν. Lib. de Diris & Execrat. *init.* pag. 930. A. *Ed. Paris.*

§. II. (1) Voiez ce que j'ai dit sur le Chapitre IV. de ce Livre, §. 4. *Note* 1. Il est bon de rapporter ici ce que dit Mr. CARMICHAEL, Professeur de *Glasgow*, dans ses notes sur l'Abrégé de PUFENDORF, *De Officio Hom. & Civ.* Lib. II. Cap. XVI. pag. 303, *& seqq.* Il distingue entre les *Choses Mobiliaires*, & les *Immeubles*. L'aquisition des prémiéres doit être regardée comme valide & legitime; parce que, si les anciens Propriétaires pouvoient les reclamer chez les Peuples Neutres, où elles se trouvent par une suite du commerce, chaque Etat se verroit par là exposé à entrer malgré lui dans la Guerre, puis qu'il seroit obligé d'examiner si les choses qu'on réclame sont de bonne prise, & par conséquent de quel côté est la bonne cause. Mais pour ce qui est des *Immeubles*, je ne vois pas (ajoûte cet Auteur) qu'il soit établi par un commun consentement des Nations, que l'ancien Maître doive avoir moins de droit contre le tiers qui les tient de son Ennemi, à quel titre que ce soit, que contre l'Ennemi même; à moins que cet ancien Maître n'ait témoigné, d'une maniére ou d'autre, qu'il abandonnoit son bien. Tout ce qu'il y a, c'est que, si ceux qui sont neutres doivent quelque Servitude réelle aux Terres qu'un Ennemi a prises sur son Ennemi, ils peuvent s'aquitter envers le nouveau Possesseur, sans que l'ancien Propriétaire ait lieu de s'en plaindre. J'approuve, pour le fond, cette distinction. Mais comme je ne reconnois point ce commun consentement des Peuples sur lequel on fonde le Droit des Gens, après nôtre Auteur; il me suffit de dire, que les choses Mobiliaires passant aisément par le commerce entre les mains des Sujets d'un Etat Neutre, sans que ceux qui les aquiérent sâchent souvent que ce sont des choses prises à la Guerre; la tranquillité des Peuples, & l'état de Neutralité demandoient qu'elles fussent toûjours reputées de bonne prise. Mais il n'en est pas de même des Immeubles. Ils sont immobiles de leur nature: & ceux, à qui un Etat, qui les a pris sur son Ennemi, veut les ceder, ne peuvent guéres ignorer la maniére dont il les posséde.

(2) Il parle & des biens, & des personnes: *Νόμο‑*

γὰρ

les *Hamalékites*, fait valoir son présent en ces termes: (l) *Voici ce que je vous donne, du butin fait sur les Ennemis du Seigneur.* C'est que, comme le dit SENE'QUE, (7) les Gens de guerre ne trouvent rien de plus beau, que d'enrichir quelcun des dépouilles de l'Ennemi. Il y a même des (m) Loix expresses, dans lesquelles DIEU régle la maniére dont on doit partager le butin. Et PHILON, Juif, (8) remarque, qu'entre les malédictions de la Loi, il y en a une qui porte, que l'Ennemi moissonnera les campagnes des *Israëlites*, *ce qui réduira les Amis à la famine, & procurera en même tems l'abondance aux Ennemis.*

(l) *I. Samuel*, XXX, 26.

(m) *Nombres*, XXXI, 27, & *suiv.*

§. II. 1. VOILA' pour le Droit de Nature. Le *Droit des Gens* va ici plus loin. Car, selon les régles de ce dernier Droit, non seulement ceux qui ont pris les armes pour un juste sujet, mais encore tous ceux qui font la Guerre dans les formes, aquiérent la propriété de ce qu'ils ont pris à l'Ennemi, & cela sans régle ni mesure; en sorte que (1) toutes les autres Nations doivent les maintenir en possession de ces sortes de choses, eux & ceux qui les tiennent d'eux, à quel titre que ce soit. On peut appeller cela un droit de Propriété, eu égard aux effets extérieurs dont il est accompagné: & voici des autoritez, qui en feront voir l'établissement.

2. *Cyrus* dit, dans XE'NOPHON, (2) que *c'est une Loi perpétuelle, reçuë de tous les Hommes, que, quand une Ville a été prise par l'Ennemi, les biens des Vaincus appartiennent au Vainqueur.* PLATON, qui (3) pose la même maxime, met ailleurs (4) au rang des maniéres naturelles d'aquérir, (a) celle qui se fait par droit de Guerre, qu'il appelle aussi (b) *Pillerie*, & (c) *Aquisition par la loi du plus fort.* En quoi il est de même sentiment que *Socrate*, qui, au rapport de XE'NOPHON, (5) fit avouer à *Euthydéme*, à force de questions, qu'il n'est pas toûjours injuste de piller, puis qu'on peut le faire à l'égard d'un Ennemi. ARISTOTE dit aussi, (6) que, *selon la Loi, qui est une espéce de convention générale, les choses prises à la Guerre, sont à ceux qui les ont prises.* C'est à quoi se rapporte ce mot d'ANTIPHANE: (7) *Il faut souhaitter*, disoit-il, *aux Ennemis, beaucoup de biens, & peu de cœur; car en ce cas-là, les biens sont, non à ceux qui les ont, mais à ceux qui voudront les prendre.* Dans PLUTARQUE, (8) quelcun

(a) Πολεμικὴ, Ἀγωνιστικὴ.

(b) Ληστικὴ.

(c) Χειρωτικὴ.

γὰρ ἐν πᾶσιν ἀνθρώποις ἀΐδιός ἐστιν, ὅταν πολεμούντων πόλις ἁλῷ, τῶν ἑλόντων εἶναι καὶ τὰ σώματα, καὶ τὰ χρήματα. De instit. Cyri, *Lib.* VII. *Cap.* V. §. 26. *Ed. Oxon.*

(3) Πάντα γὰρ τὰ τῶν νικωμένων ἀγαθὰ, τῶν νικώντων γίγνεσθαι. De Legib. *Lib.* I. pag. 626. B. Tom. II. *Ed. H. Steph.*

(4) Κτητικῆς δὲ ἆρ' οὐ δύο εἴδη, τὸ μὲν ἑκόντων πρὸς ἑκόντας μεταβλητικὸν ὂν . . . . τὸ δὲ λοιπὸν, ἢ κατ' ἔργα, ἢ κατὰ λόγους χειρούμενον ξύμπαν, χειρωτικὸν ἂν εἴη . . . . Τὸ μὲν ἀναφανδὸν, ὅλον ἀγωνιστικὸν θέντες &c. Sophist. *pag.* 219. D. E. Tom. I. Τὴν μὲν ληστικὴν, καὶ ἀνδραποδιστικὴν, καὶ τυραννικὴν, καὶ ξύμπασαν τὴν πολεμικὴν, ἓν πάντα βίαιον θήραν ὁρισάμενοι. Ibid. *pag.* 222. C.

(5) Ἐὰν δὲ [στρατηγὸς] κλέπτῃ τε καὶ ἁρπάζῃ τὰ τούτων, οὐ δίκαια ποιήσει; Καὶ μάλα, ἔφη [ὁ Εὐθύδημος]. Memorab. Socrat. *Lib.* IV. *Cap.* II. §. 15.

(6) Ὁ γὰρ νόμος, ὁμολογία τίς ἐστιν· ἐν ᾧ τὰ κατὰ πόλεμον κρατούμενα τῶν κρατούντων εἶναι φασί. De Republ. *Lib.* I. *Cap.* VI. pag. 301. D.

(7) Ἀντισθένης ἔλεγεν, ὅτι τοῖς πολεμίοις εὔχεσθαι δεῖ τἀγαθὰ παρεῖναι χωρὶς ἀνδρείας· γίνεται γὰρ ταῦτα, οὐ τῶν ἐχόντων, ἀλλὰ τῶν κρατούντων. Ceci n'est point d'*Antiphane*, mais d'ANTISTHE'NE, Philosophe Cynique; & je trouve le passage ainsi conçu dans STOBE'E, *Florileg.* Tit. LIV. *De Imperat.* sous le nom du dernier. J'ai remarqué une faute semblable de nôtre Auteur, ou de ses Copistes, dans son Commentaire sur le *second Commandement* du DECALOGUE, où on voit tout de même *Antiphane* cité pour *Antisthéne*, au sujet de l'invisibilité de DIEU; passage, qui est rapporté ci-dessus, *Liv.* II. *Chap.* XX. §. 45. *num.* 2. dans une Note, & attribué à son véritable Auteur. Au reste, STOBE'E avoit tiré ce mot de PLUTARQUE, qui le donne aussi à *Antisthene*, De Fortun. Alexandr. *Orat.* II. pag. 336. A. Tom. II. *Ed. Wechel.* d'où il paroît, qu'on n'a pas eû lieu de soupçonner qu'il y eût faute dans STOBE'E, où les noms des Auteurs citez sont quelquefois confondus. Qu'il me soit permis de remarquer encore, qu'on a oublié cet apophthegme de l'ancien Philosophe dans l'Histoire Philosophique de STANLEY, même dans la Traduction Latine de feu Mr. OLE'ARIUS, qui avoit pris à tâche de suppléer ce qui manquoit dans l'Original.

(8) C'est un des Courtisans d'*Aléxandre*, qui fait cette réflexion, sur ce que ce Conquérant, aiant pris la Tente de *Darius* dans une Bataille, voulut aussi s'aller baigner dans le Bain du Roi vaincu, pour se décrasser de la poussiére du Combat: SIRE, dit là-dessus le Courtisan, *parlez du Bain d'*Alexandre, *& non pas du Bain de* Darius: *car ce qui appartenoit aux Vaincus &c.* Εὐθὺς δὲ ἀπολυσάμενος τὰ ὅπλα, πρὸς τὸ λουτρὸν ἐβάδιζεν, εἰπὼν, Ἴωμεν ἀπολουσόμενοι τὸν ἀπὸ τῆς μάχης ἱδρῶτα τῷ Δαρείου λουτρῷ. Καί τις τῶν ἑταίρων, Μὰ τὸν Δία, εἶπεν, ἀλλὰ τῷ Ἀλεξάνδρου, τὰ γὰρ τῶν ἡττωμένων εἶναί τε δεῖ καὶ προσαγορεύεσθαι τοῦ κρατοῦντος. Vit. Alex-

cun soûtient, que *ce qui appartenoit aux Vaincus, est & doit être appellé le bien du Vainqueur.* Le Roi *Philippe de Macédoine*, dans une Lettre aux *Athéniens*, disoit, (9) que *les Villes, dont on est maître, on les tient ou de ses Ancêtres, ou par droit de Conquête.* L'Orateur ESCHINE (10) accordoit à ce même Prince, que, s'il eût pris aux *Athéniens* la Ville d'*Amphipolis*, *étant en guerre avec eux, elle lui appartiendroit sans contredit par droit de Guerre.* Dans TITE LIVE, le Général (11) *Marcellus* dit, que ce qu'il avoit pris aux *Syracusains*, il l'avoit pris *par droit de Guerre.* Le Roi *Masinissa* étant en contestation avec les *Carthaginois* au sujet de quelques terres, fondoit ses prétensions (12) sur ce que son Pére avoit conquis ces terres sur les *Carthaginois*, & qu'ainsi elles lui appartenoient *selon le droit des Gens.* Les Ambassadeurs de *Rome* disoient à *Philippe*, Roi de *Macédoine*, (13) que, s'il eût conquis quelques Villes de *Thrace*, & d'autres païs, dont on se plaignoit qu'il s'étoit emparé injustement, elles seroient à lui, comme un prix de sa victoire. JUSTIN fait dire (14) à *Mithridate*, qu'aiant conquis la *Cappadoce*, il en étoit maître *par le droit des Gens.*

3. CICÉRON, qui fonde sur le même titre (15) le droit des *Romains* sur l'Ile de *Mitylène*, met ailleurs (16) les Conquêtes au rang des différentes maniéres dont on aquiert la Propriété des choses. Un Pére même de l'Eglise, CLÉMENT *d'Aléxandrie*, reconnoit, (17) qu'on pille & qu'on s'approprie, par droit de Guerre, ce qui appartenoit aux Ennemis. C'est une régle des Jurisconsultes Romains, (18) que *les choses prises sur l'Ennemi appartiennent dès-lors à ceux qui s'en sont saisis.* Le Paraphraste Grec des INSTITUTES appelle cela, (19) une *aquisition naturelle*; suivant en cela le langage & les idées (20) d'ARISTOTE. C'est qu'ici le droit, qu'on aquiert, vient du fait seul, ou de la prise de possession, sans autre titre: en quoi le Jurisconsul-

Alexandr. (*pag.* 676. A. Tom. I. *Ed. Wech.*) *Alexandre* dit lui-même, en une autre occasion, qu'il avoit oublié que les biens du Vaincu sont au Vainqueur: Ἀλλ' ἐπιλελήσθε ταραττόμενοι, ὅτι νικῶντες μὲν προσκτήσονται καὶ τὰ τῶν πολεμίων &c. (Pag. 684. A.) PLUTARQUE dit ailleurs, que, dans une Bataille, les biens du Vaincu sont le prix proposé au Vainqueur: Τὰ τῶν ἡττωμένων ἐν ταῖς μάχαις ἀγαθὰ, τοῖς νικῶσιν ἆθλα πρόκειται. Paroles tirées de XÉNOPHON, *Cyrop.* Lib. II. (Cap. III. §. 2. *Ed. Oxon.*) On trouve la même pensée dans DION CASSIUS: Τὰ τῶν ἡττηθέντων τοῖς κρατοῦσι προσγίγνεται. GROTIUS.

Ce dernier passage, de DION CASSIUS, se trouve au Livre XLI. vers la fin: mais pour ce qui est des paroles de PLUTARQUE, que nôtre Auteur donne comme tirées de XÉNOPHON, je ne les trouve nulle part.

(9) Καὶ τοι πάντες διακατέχομεν τὰς πόλεις, ἢ τῶν προγόνων παραδόντων, ἢ κατὰ πόλεμον κύριοι καταστάντες. Epist. ad Atheniens. *apud* DEMOSTHEN. pag. 64. B. *Edit. Basil.* 1572.

(10) Εἰ μὲν πρὸς ἡμᾶς πολεμήσας, δορυάλωτον [τὴν Ἀμφίπολιν] τὴν πόλιν εἷλεν, κυρίως ἔχειν, τῷ τοῦ πολέμου νόμῳ κτησάμενος. Orat. de male obita legat. (*pag.* 251. B.) On trouve dans DIODORE *de Sicile*, qu'il ne faut point relâcher ce qui a été aquis par droit de Guerre: Τὰ διὰ τῶν ὅπλων κτηθέντα, τῷ τοῦ πολέμου νόμῳ, μὴ προΐεσθαι. Excerpt. Peiresc. (*pag.* 406.) Voiez un passage d'AGATHIAS, qui sera cité plus bas, Chap. VIII. §. 1. *Note* 10.) GROTIUS.

(11) Le passage a été déja cité, sur le Chap. IV. de ce Livre, §. 5. *Note* 3.

(12) *Ceperat eum* [agrum] *ab* Carthaginiensibus, *pater* Masinissæ, Gala . . . . Masinissa *paterni regni agrum se & recepisse, & habere jure gentium, ajebat.* TIT. LIV. Lib. XL. Cap. XVII. *num.* 3, 4.

(13) *Si* Philippus *bello cepisset eas* [civitates], *præmium victoriâ, jure belli, habiturum.* Idem, *Lib.* XXXIX. Cap. XXIX. *num.* 2.

(14) *Non* Cappadociâ *filium eductum, quam jure gentium victor occupaverat.* Lib. XXXVIII. Cap. V. *num.* 6.

(15) *Quid* Mytilenæ? *quæ certè vestra*, QUIRITES, *belli lege ac victoriæ jure, factæ sunt.* Orat. II. *De Lege Agrar. contra Rull.* Cap. XVI.

(16) *Sunt autem privata nulla naturâ, sed aut veteri occupatione, ut qui quondam in vacua venerunt; aut victoriâ, ut qui bello potiti sunt* &c. De Offic. *Lib.* I. *Cap.* VII.

(17) C'est à l'occasion de ce que les *Israëlites*, en sortant d'*Egypte*, emportérent les Vaisseaux d'or & d'argent des *Egyptiens.* Le Pere dit, qu'ils le firent ou en compensation de ce que les *Egyptiens* leur devoient pour salaire du rude travail qu'on avoit exigé d'eux; ou par droit de Guerre contre un Peuple qui les avoit réduits malgré eux à un dur Esclavage: Εἴτ' οὖν, ὡς ἐν πολέμῳ φαίη τις τοῦτο γεγονέναι, τὰ τῶν ἐχθρῶν φέρειν ἠξίουν νόμῳ τῶν κεκρατηκότων, ὡς κρείττονες ἡττόνων. καὶ τοῦ πολέμου ἡ αἰτία δικαία &c. Stromat. *Lib.* I. Cap. XXIII. pag. 416. *Ed. Oxon.* En quoi CLÉMENT ne fait que copier PHILON, Juif, comme il paroît par le passage que Mr. l'Evêque d'*Oxford* cite dans ses Notes, & que nôtre Auteur rapportera plus bas tout entier, sur le Chap. VII. de ce Livre, §. 6. *num.* 8.

(18) *Item quæ ex hostibus capiuntur, jure gentium statim capientium fiunt.* DIGEST. Lib. XLI. Tit. I. *De adquirendo rerum dominio*, Leg. V. §. 7. Voiez aussi les INSTITUTES, Lib. II. Tit. I. *De divisione rerum*, §. 17.

(19) Φυσικὴ κτῆσίς ἐστι καὶ τὰ διὰ τῶν πολεμίων· ὁ γὰρ ἐθνικὸς νόμος, ἡμέτερα παραχρῆμα βούλεται γίνεσθαι ἅπερ εἰλή-

sulte NERVA (21) trouve une trace ou un reste de la maniére dont la Propriété des biens s'est introduite, aiant commencé, selon lui, par la simple possession.

4. Il faut remarquer ici, que ce qu'on prend aux Sujets de l'Ennemi est censé pris à l'Ennemi même. C'est sur ce principe que XÉNOPHON fait raisonner *Dercyllide*, Général des *Lacedémoniens*: (22) La Veuve *Manie* dépend de *Pharnabaze*: *Pharnabaze* est Ennemi de *Lacedémone*: Donc nous pouvons prendre les biens de *Manie* par droit de Guerre.

§. III. 1. OR, selon la convention tacite des Peuples, on est censé avoir pris une chose par droit de Guerre, lors qu'on s'en est rendu maître de telle maniére, que l'Ennemi, à qui on l'a enlevée, doive vraisemblablement avoir perdu espérance de la recouvrer, ou, pour me servir de l'expression du Jurisconsulte POMPONIUS (1) sur un sujet approchant, que cette chose soit à couvert de la poursuite de l'Ennemi.

2. Cela a lieu, en matiére de Choses Mobiliaires, lors qu'on les a emportées chez soi, c'est-à-dire, dans les endroits dont on est maître. Car on recouvre une chose par droit de *Postliminie*, de la même maniére qu'on l'a perduë: (2) or, selon les Jurisconsultes Romains, elle retourne à son ancien Propriétaire, du moment qu'elle est rentrée dans les terres du Souverain de qui il dépend; ce qui est expliqué ailleurs (3) par *les lieux dont il est maître*. PAUL même dit expressément, (4) en parlant d'une personne, qu'elle est censée perduë, aussi tôt qu'elle est sortie de nos terres. Et POMPONIUS (5) définissant les *Prisonniers de Guerre*, entend par là ceux de nos gens que l'Ennemi a pris, & mené dans les lieux dont il est maître: car avant cela, ajoûte-t-il, ils demeurent nos Sujets. Or, selon le Droit des Gens, dont il s'agit, il en est de même ici des Choses, que des Personnes. D'où il est aisé de voir, que ce que les Jurisconsultes disent ailleurs de l'aquisition (6) faite du moment qu'on a pris une chose à

ἐλάβομεν ἀπὸ τῶν πολεμίων. THEOPHIL. Lib. II. Tit. I. §. 17.

(20) Διὸ καὶ ἡ Πολεμικὴ φύσει κτητική πως ἔσται. Politic. *Lib.* I. *Cap.* VIII. pag. 304. D. Tom. II. *Edit. Paris.*

(21) *Dominiumque rerum ex naturali possessione capisse*, NERVA *filius ait: ejusque rei vestigium remanere de his, quæ terrâ, mari, cœloque capiuntur: nam hæc protinus eorum fiunt, qui primi possessionem eorum adprehenderint. Item bello capta .... ejus fiunt, qui primus eorum possessionem nanctus est.* DIGEST. Lib. XLI. Tit. II. *De adquir. vel amittenda possess.* Leg. I. §. 1.

(22) Ἐπειδὴ δ' ἀπελογήσαντο τὰ πατρῷα· Εἰπέ μοι, ἔφη [ὁ Δερκυλλίδας] Μανία δὲ τίνος ἦν; Οἱ δὲ πάντες εἶπον, Ὅτι Φαρναβάζου. Οὐκοῦν καὶ τὰ ἐκείνης, ἔφη, Φαρναβάζου; Μάλιστα, ἔφασαν. Ἡμέτερ' ἂν εἴη, ἐπεὶ κεκρατήκαμεν· πολέμιος γὰρ ἡμῖν Φαρνάβαζος. ἀλλ' ἡγείσθω τις, ἔφη, ὅπου κεῖται τὰ Μανίας, καὶ τὰ Φαρναβάζου. Hist. Græc. *Lib.* III. *Cap.* I. §. 23.

§. III. (1) C'est en parlant des choses prises par quelque Bête; car il veut qu'elles soient censées perduës pour celui à qui la Bête les a prises, lors qu'elle est à couvert de sa poursuite: *Ita ex bonis quoque nostris capta à bestiis marinis & terrestribus, desinant nostra esse, quum effugerunt bestiæ nostram persecutionem.* DIGEST. Lib. XLI. Tit. I. *De adquir. rerum domin.* Leg. XLIV. Voiez ci-dessus, *Liv.* II. *Chap.* IV. §. 5. *num.* 2. Mais il y a, entre ce cas, & celui auquel nôtre Auteur le compare, une différence, qui fait qu'on ne peut pas en juger tout-à-fait de même. C'est que, selon le Jurisconsulte, on presume, que le Propriétaire a abandonné son bien, lors qu'il ne peut plus poursuivre la Bête, qui le lui a pris: au lieu qu'entre deux Ennemis une telle présomtion n'a point de lieu. Tout Ennemi, comme tel, & tant qu'il demeure tel, conserve la volonté de recouvrer ce que l'autre lui a pris. L'impuissance où il se trouve pour l'heure, ne fait que le réduire à la nécessité d'attendre un tems plus favorable, qu'il cherche & qu'il souhaite toûjours. Ainsi, par rapport à lui, la chose ne doit pas plus être censée prise, lors qu'elle est en lieu de sûreté, que quand il est encore en état de la poursuivre: tout ce qu'il y a, c'est que, dans le dernier cas, la possession de l'Ennemi n'est pas aussi assûrée, que dans le prémier. La vérité est, que cette distinction a été inventée pour établir les régles du droit de *Postliminie*, ou la maniére dont les Sujets de l'Etat, à qui l'on a pris quelque chose, rentrent dans leurs droits, plûtôt que pour déterminer le tems de l'aquisition des choses prises, d'Ennemi à Ennemi. Voiez TITII *Observ. in Compend. Lauterbach.* Obs. 1446. & ce que nous dirons plus bas, sur le *Chap.* IX. §. 16.

(2) *Postliminio rediisse videtur, quum in fines nostros intraverit: sicuti amittitur, ubi fines nostros excessit.* DIGEST. Lib. XLIX. Tit. XV. *De Captivis & Postliminio* &c. Leg. XIX. §. 3. *Si id, quod nostrum hostes ceperunt, ejus generis est, ut postliminio redire possit: simul atque, ad nos redeundi caussâ, profugit ab hostibus, & intra fines imperii nostri esse cœpit, postliminio rediisse existimandum est.* Ibid. *Leg.* XXX.

(3) *In Bello* [Postliminii jus competit] *quum hi, qui nobis hostes sunt, aliquem ex nostris ceperunt, & intra præsidia sua perduxerunt ... Antequam in præsidia perducatur hostium, manet civis.* Ibid. *Leg.* V. §. 1.

(4) C'est dans la prémiére des deux Loix, que l'on vient de citer, sur ce paragraphe, *Note* 2. Voiez ci-dessous, *Chap.* IX. §. 5. & 16.

(5) Dans la Loi citée ci-dessus, *Note* 3.

(6) Voiez la Loi citée dans la *Note* 18. sur le paragraphe précedent. ZIEGLER veut qu'on prenne ici au

à l'Ennemi, doit s'entendre en supposant que l'on garde ce qu'on a pris jusqu'à ce qu'on soit arrivé chez soi.

3. De ce que nous venons d'établir, on peut tirer cette conséquence, que les Vaisseaux, & autres choses dont on s'empare sur mer, ne sont censées prises, que quand on les a menées dans quelque Port ou quelque Havre de nôtre dépendance, ou bien dans l'endroit de la Mer où se tient une Flotte entiére que l'on y a envoiée: car ce n'est qu'alors que l'Ennemi commence à desespérer de les recouvrer. Mais, par le nouveau Droit des Gens (a) établi entre les Peuples d'*Europe*, il suffit que ces sortes de choses aient été pendant (7) vint-quatre heures au pouvoir de celui qui les a prises sur l'Ennemi.

(a) Voiez le Livre Italien du *Consulat de la Mer*, Cap. 283. & 287. & les *Ordonnances de France*, Lib. XX. Tit. XIII. Art. 24.

§. IV. 1. Mais pour ce qui est des Terres, (a) elles ne sont pas censées prises, du moment qu'on les occupe. Car quoi qu'il soit bien vrai, que cette partie du païs, où une Armée est entrée avec de grandes forces, est possédée par l'Ennemi, pendant qu'elle y demeure, comme le remarque le Jurisconsulte (1) Celsus, toute possession ne suffit point pour produire l'effet dont il s'agit, mais il faut que ce soit une possession durable. Aussi voions-nous, que, quand *Hannibal* étoit aux portes de *Rome*, bien loin qu'on regardât comme perdu le terrain qu'il occupoit, le Champ même, où il campoit, fut (2) vendu alors aussi cher qu'auparavant.

(a) *Cornel. à Lapide*, in Genes. *Cap.* XIV. *Molina*, Disp. CXVIII.

2. Afin

au pié de la lettre, le *statim* des Jurisconsultes Romains. Mais Obrecht défend l'explication de nôtre Auteur: & il la fonde sur cet exemple, choisi parmi plusieurs autres, qu'il auroit, dit-il, pû alléguer. On appelle un *Voleur pris sur le fait* (*Fur manifestus*, ou ἐπ' αὐτοφώρῳ *deprehensus*) non seulement celui que l'on attrape, au moment qu'il se saisit de la chose dérobée, mais encore celui qu'on trouve emportant la chose, avant qu'il soit arrivé chez lui, ou bien dans l'endroit où il vouloit la mettre. Voiez Institut. Lib. IV. Tit. I. §. 3. Voici un exemple plus formel. Quand il est ordonné que quelcun paiera *incessamment* une certaine somme, cela s'entend, disent les Jurisconsultes, avec quelque modification; car on ne veut pas dire, qu'il faille dans le moment s'en aller, l'argent à la main, chez celui à qui on doit le compter: *Quod dicimus . . . . debere* statim *solvere, cum aliquo scilicet temperamento temporis intelligendum est: nec enim cum sacco adire debet.* Digest. Lib. XLVI. Tit. III. *De solution. & liberat.* &c. Leg. CV.

(7) Cela s'observe aussi sur terre, comme il paroit par l'Histoire de Mr. De Thou, sur l'année 1595. Lib. CXIII. [où l'on voit que la Ville de *Lierre*, en *Brabant*, aiant été prise & reprise dans le même jour, le butin fait sur les Habitans leur fut rendu, parce qu'il n'avoit pas été pendant vint-quatre heures entre les mains de l'Ennemi.] La coûtume vient des anciennes Loix d'*Allemagne*, & elle a été établie à l'imitation de l'espace de vint-quatre heures, qu'elles limitoient, non sans raison, par rapport à la permission de prendre une Bête blessée par quelque autre. Voiez *Lex Langobard.* Lib. I. Tit. XXII. §. 6. La même chose se pratique en *Angleterre*, & dans le Roiaume de *Castille*, comme le témoigne Alberic Gentil, *Hispanic. Advoc.* I, 3. Grotius.

On a remarqué, que cette régle des vingt-quatre heures fut changée en partie, par rapport aux *Provinces Unies*, depuis la publication du Traité de nôtre Auteur: & on cite un Placart, (du 11. Mars 1632.) qui abrogeant les anciennes Ordonnances, adjuge à ceux qui ont repris un Vaisseau, dont les Ennemis s'étoient emparez, les deux tiers du Vaisseau & des effets qui s'y trouvent, sans avoir aucun égard au tems que le Vaisseau a demeuré entre les mains des Ennemis, pourvû qu'il n'eût pas été mené dans quelque Place, dont ils soient maîtres. Voiez Simon de Groenewegen, *De Legibus abrogatis & inusitatis in Hollandia vicinisque regionibus*, sur la Loi II. du Titre du Digeste *De Captivis & Postliminio*, pag. 301. *Ed. Noviomag.* 1664.

§. IV. (1) *Rursum, si cum magnâ vi ingressus est exercitus, eam tantummodo partem, quam intraverit, obtinet.* Digest. Lib. XLI. Tit. II. *De adquir. vel amittenda possessione*, Leg. XVIII.

(2) Il apprit cela d'un Prisonnier, & il trouva là une confiance si superbe, que, pour braver les *Romains* à son tour, il fit vendre à l'encan les Boutiques des Changeurs qui étoient aux environs de la Place publique de *Rome*: *Parva autem* [res minuit spem Annibalis] *quòd, per eos dies, eum forte agrum, in quo ipse castra haberet, venisse, nihil ob id deminuto pretio, cognitum ex quodam captivo est. Id vero adeo superbum atque indignum visum, ejus soli, quod ipse bello captum possideret haberetque, inventum* Romæ *emtorem, ut extemplo, vocato præcone, tabernas argentarias, quæ circa Forum Romanum tunc essent, jusserit venire.* Tit. Liv. Lib. XXVI. Cap. XI. *num.* 6. Il faut appliquer ici la remarque, que j'ai faite sur le paragraphe précedent, *Note* 4.

(3) *A terrendis hostibus*, dit nôtre Auteur. Le sens de celui qu'il cite est, que les Peuples, qui alloient chercher quelque autre païs pour s'y établir, appellérent *Territoire*, l'étendue des terres dont ils s'étoient emparez pour leur usage, après avoir épouvanté & chassé de là les Citoiens qui les habitoient: *Pramensumque quod universis suffecturum videbatur solum, territis fugatisque inde civibus*, Territoria *dixerunt.* Pag. 3. *Edit. Goës.*

(4) Varron fait venir le mot de *Territoire*, de *terere*, fouler aux pieds. [*Ab eo coloneis locus communis, qui prope oppidum relinquitur*, Territorium, *quòd maxime* teritur. Lib. IV. pag. 9. *Edit. H. Steph.*] Frontin le tire du mot de *Terre*: & le Jurisconsulte Pomponius, du même mot, que Siculus Flaccus, mais par une autre raison, c'est, dit-il, que les Magistrats ont droit d'*épouvanter*, dans l'enceinte du Territoire: [Territorium *est universitas agrorum intra fines cujusque civitatis: quod ab eo dictum quidam*

2. Afin donc que les Terres, dont on s'est emparé, puissent être regardées comme prises, il faut qu'elles soient environnées de fortifications durables, en sorte que l'Ennemi ne puisse y rentrer ouvertement, qu'en forçant ces rêtranchemens. C'est pourquoi SICULUS FLACCUS fait venir le mot de *Territoire*, qui a passé dans quelques-unes de nos Langues vulgaires, d'un verbe Latin, qui signifie *épouvanter*, (3) parce, dit-il, que celui qui en est maître épouvante les Ennemis: étymologie, qui paroît aussi bien fondée, que celle que d'autres (4) donnent. XENOPHON dit, qu'en tems de Guerre, on peut conserver la possession de ses terres, (5) en y faisant des (b) fortifications, & des retranchemens. (b) Τείχη, Ἐρύματα.

§. V. IL EST clair encore, que, pour pouvoir s'approprier une chose par droit de Guerre, il faut qu'elle appartînt à l'Ennemi. Car celles qui appartiennent à des gens qui ne sont ni ses Sujets, ni animez du même esprit (1) que lui contre nous, ne sauroient être aquises par droit de Guerre, encore même qu'elles se trouvent sur les terres de l'Ennemi, comme dans l'enceinte de ses Villes ou des autres lieux dont il est maître. Sur ce principe, l'Orateur ESCHINE, dans un endroit que nous avons déja cité, (2) soûtient que, la Ville d'*Amphipolis* appartenant aux *Athéniens*, le Roi *Philippe* n'avoit pû se l'approprier en vertu de sa Guerre qu'il faisoit à ceux d'*Amphipolis*. En effet, il n'y a aucune raison qui (3) autorise à prendre les biens de ceux, qui ne sont pas du parti de nôtre En-

dam ajunt, quòd Magistratus ejus loci intra eos fines terrendi, id est, submovendi, jus habent. DIGEST. Lib. L. Tit. XVI. *De verborum significat.* Leg. CCXXXIX. §. 8.] GROTIUS.

FRONTIN ne tire point l'étymologie du mot de *Territoire*, de celui de *Terre*, mais de *terrere*, comme SICULUS FLACCUS: & il le fait même d'une maniere plus conforme au sens & au but de nôtre Auteur: TERRITORIUM, dit-il, *est quidquid hostis terrendi caussâ constitutum est*; ou, comme le conjecture Mr. VAN DER GOES, *quo quid hostis* &c. De limitibus agrorum, *pag.* 42. Mais c'est un Jurisconsulte Moderne, le grand CUJAS, qui dit dans une Note sur le CODE, Lib. X. Tit. XXXI. *De Decurionib.* &c. Leg. LIII. Territorium à terra *malo deducere, quàm* à terrendo. Il en allégue pour raison, que *Territorium* se prend quelquefois pour une Possession particuliére; & aux Loix qu'il cite, on peut ajoûter un passage de *Siculus Flaccus* même, *pag.* 42. que Mr. *Van der Goes* note dans son *Index*. Cette étymologie, comme la plus simple, me paroît la meilleure; quoi que le Savant GRONOVIUS approuve celle de POMPONIUS, dans une Note sur cet endroit de nôtre Auteur, que l'on peut lire, si on veut. Du reste, la chose est très-peu importante; & les argumens tirez des étymologies sont souvent fort minces. Mais il n'est pas inutile d'avertir mon Lecteur, que je trouve ici encore un exemple de ce que j'ai remarqué en plusieurs autres endroits, que nôtre Auteur citoit quelquefois sur la foi d'autrui: car s'il a attribué à un ancien Auteur la conjecture d'un Jurisconsulte Moderne, cela vient certainement de ce qu'aiant lû, dans la Note de DENYS GODEFROI sur la Loi du DIGESTE, qu'on a citée, les paroles suivantes: *A terrendis hostibus* [etymon deducit] *Frontinus in libro* de agrorum qualitat. *à terra, Cujac. ad l.* 53. *C. de Decurion.* il a cru, par mégarde, que les mots *à terra* se rapportoient à l'Auteur dont il est parlé auparavant, & non pas à celui qui vient après. Nous avons vû ci-dessus, sur *Liv.* II. *Chap.* XVIII. §. 1. *Note* 2. une semblable bevuë où il est tombé à l'occasion d'une Note du même DENYS GODEFROI.

(5) Il parle de deux Places fortifiées, que les *Athéniens* avoient près de leurs Mines d'argent, par le moien desquelles, en y joignant un troisiéme Fort qu'ils pouvoient faire sur une hauteur, il ne leur seroit pas difficile de conserver leurs Mines en tems de Guerre: *Lib de Reditibus*, Cap. IV. §. 43, 44. *Ed. Oxon.*

§. V. (1) C'est-à-dire, que si des Etrangers neutres fournissent à nôtre Ennemi quelque chose, & cela à dessein de le mettre en etat de nous nuire, ils peuvent alors être regardez comme du parti de nos Ennemis, & par consequent leurs effets sont sujets à être pris par droit de Guerre. Or cela ne pouvant guéres avoir lieu que par rapport aux Choses Mobiliaires, comme le remarque feu Mr. COCCEJUS, dans sa Dissertation *De Jure Belli in Amicos*, §. 36. ce Jurisconsulte pouvoit s'épargner la peine de critiquer nôtre Auteur, comme s'il n'avoit point distingué ici entre les Immeubles & les Choses Mobiliaires. La distinction suit de la nature même de la chose, que nôtre Auteur établit.

(2) Εἰ δ' Ἀμφιπολίτας ἀφείλε τὴν Ἀθηναίων πόλιν, ἢ τὰ ἐκείνων ἔχειν, ἀλλὰ τὴν Ἀθηναίων χώραν. Orat. de male obita legat. *pag.* 251. B.

(3) Un Commentateur de nôtre Auteur lui oppose ici un argument *ad hominem*. S'il est permis, selon vous, dit-il, de tuer les Etrangers, qui se trouvent sur les terres de l'Ennemi; à plus forte raison doit-il être permis de prendre leur bien. Et comme il a bien prévû, qu'on pourroit répondre, suivant ce qui a été dit ci-dessus, (*Chap.* IV. de ce Livre, §. 6.) qu'il y a quelque chose à craindre de la part des personnes, mais qu'on n'a rien à craindre des choses appartenantes à des Etrangers, qui ne sont pas sur les terres de l'Ennemi; il replique, que les biens des Etrangers servent à encourager les Ennemis, & à les fortifier dans leurs desseins. Mais d'autres ont répondu, que le choses n'étant qu'un accessoire des personnes, ne peuvent être prises par droit de Guerre, que quand ceux à qui elles appartiennent sont ou peuvent être regardez comme nos Ennemis. Ainsi l'usage que les Ennemis peuvent faire contre nous des biens d'autrui qui se trouvent chez eux, ne nous autorise à les regarder comme de bonne prise, que quand ils lui ont été envoiez à dessein de le secourir, ou que les Propriétaires aiant été avertis à tems, ont negligé de les retirer. Voiez HENNIGES, & OBRECHT.

Ennemi, sous prétexte qu'ils se trouvent dans son païs: & le changement de maître qui se fait par les voies de la force, est trop odieux, pour souffrir quelque extension.

§. VI. 1. LORS donc qu'on dit, que les choses trouvées dans les Vaisseaux de l'Ennemi sont censées lui appartenir; cela ne doit pas être regardé comme une Loi constante & invariable du Droit des Gens; mais comme une maxime, dont le sens se réduit à ceci, qu'on présume ordinairement, en ce cas-là, que tout est à un même maître: présomtion néanmoins, qui peut être détruite par de fortes preuves du contraire. C'est ainsi que je trouve qu'il fut jugé dans ma Patrie, dès l'an M. CCC. XXXVIII. par la Cour Souveraine, assemblée alors en grand nombre; & la chose a passé en loi depuis, en conséquence de cet Arrêt.

2. Les Vaisseaux appartenans à des Amis ne sont pas non plus de bonne prise, à cause des effets de l'Ennemi qui s'y trouvent; (1) à moins qu'ils n'y aient été mis avec le consentement des Maîtres du Vaisseau.

§. VII. 1. MAIS il est hors de doute, à considerer le Droit des Gens, que, quand on a pris sur l'Ennemi des choses dont il avoit lui-même dépouillé quelque autre par droit de Guerre; l'ancien Possesseur, qui les a ainsi perduës, ne peut point les reclamer entre nos mains. (1) Car le Droit des Gens en avoit donné la (a) propriété, c'est-à-dire, celle qui n'a qu'un effet exterieur, prémiérement à nôtre Ennemi, & puis à nous. *Jephté* allégua (b) entr'autres cette raison contre les *Hammonites*, à qui il représenta, que les Terres, qu'ils prétendoient leur appartenir, avoient passé, par droit de Guerre, d'eux aux *Amorrhéens*, & des *Amorrhéens* aux *Israëlites*, à qui aussi une autre partie de ces Terres étoient parvenuës de la même maniére, par la défaite des *Amorrhéens*, qui en avoient dépouillé les *Moabites*. (2) C'est ainsi que le Roi (c) *David*

(a) *Dominium externum*, par opposition à celle que l'on retient en conscience.

(b) *Juges*, XI, 23, 24, 27.

(c) *I. Samuel*, XXX, 18, & *suiv.*

§. VI. (1) C'est ainsi que, selon le Droit Romain, un Vaisseau est confisqué, lors que le Maître du Vaisseau, ou les passagers, y ont mis quelque marchandise de contrebande: mais si le Maître du Vaisseau étoit absent, on se contente de confisquer les marchandises, & de punir de mort le Patron, ou le Pilote, ou les Nautonniers, qui ont fait entrer dans le Vaisseau les effets défendus: *Dominus navis, si illicitè aliquid in nave, vel ipse, vel vectores imposuerint, navis quoque fisco vindicatur. Quod si, absente domino, id à magistro vel gubernatore, aut proreta, nautave aliquo, factum sit: ipsi quidem capite puniuntur, commissis mercibus; navis autem domino restituitur.* DIGEST. Lib. XXXIX. Tit. IV. *De Publicanis & Vectigalibus* &c. Leg. XI. §. 2. Voiez RODERIC. SUAREZ. Lib. *de usu Maris*, Consil. II. *num.* 6. Il faut, à mon avis, expliquer de même les Loix de *France*, qui portent, que les Vaisseaux sont de bonne prise à cause des effets de l'Ennemi, qu'on y trouve; & les effets aussi des gens de païs neutre, à cause qu'ils se trouvent dans un Vaisseau des Ennemis. Voiez l'Ordonnance de *François I.* de l'année M. D. XLIII. Chap. XLII. & celle de *Henri III.* donnée au mois de *Mars* de l'annee M. D. LXXXIV. comme aussi les Loix de *Portugal*, Lib. I. Tit. XVIII. Car, s'il ne paroit point d'accord entre ceux du parti Ennemi, & ceux du païs neutre, il n'y a que ce qui est aux Ennemis, qui soit regardé comme un butin à faire légitimement. Voiez MEURSIUS, *Danic.* Lib. II. C'est ainsi que, dans la Guerre entre les *Vénitiens* & les *Génois*, on fouilla les Vaisseaux des *Grecs*, & on prit ceux du parti Ennemi qu'on y trouva: NICEPH. GREGORAS, Lib. IX. Voiez aussi ALBERT CRANTZIUS, *Saxonic.* Lib. II. & ALBERIC GENTIL, *Advocat. Hispan.* I, 20. GROTIUS.

§. VII. (1) Voiez la *Note* 2. sur le paragraphe 1. de ce Chapitre.

(2) C'est ainsi encore que *Rézin*, Roi de *Syrie*, donna la Ville d'*Eloth* aux *Syriens*, & ne la rendit point aux *Iduméens*, à qui elle avoit appartenu comme l'Histoire Sainte nous l'apprend, II. ROIS, XVI, 6. à suivre la maniére de lire des *Massoréthes*. GROTIUS.

Mais cette leçon est vicieuse. Voiez là-dessus le Commentaire de Mr. LE CLERC.

(3) Τάδε λέγομεν, ὅτι Ῥωμαῖοι καλλίστας ὑπολαμβάνομεν κτήσεις εἶναι καὶ δικαιοτάτας, ἃς κατάσχωμεν πολέμῳ λαβόντες καὶ νόμῳ, καὶ οὐκ ἂν ὑπομείναιμεν μωρίᾳ τὴν ἀρετὴν ἀφανίσαι, παραδόντες αὐτὰ τοῖς ἀπολωλεκόσι· κοινωνητέον τε πᾶσι, καὶ τοῖς ἐκ τούτων γενομένοις καταλιπεῖν ἀγωνιούμεθα. νῦν δὲ ὑπαρχόντων ἤδη στερησόμεθα, καὶ ἑαυτοὺς ὅσα πολεμίους βλάψομεν; Lib. VI. (Cap. XXXVI. pag. 355. *Ed. Oxon.* 369. *Sylburg.*) Les *Samnites* disent aussi, dans leur réponse à un Ambassadeur Romain, qu'ils avoient depuis long tems conquis *Frégelles*, & aquis par là sur cette Ville le titre le plus légitime: Ἐκχωρεῖν Φρεγέλλης, ἣν πρὸ πολλοῦ πολέμῳ κρατησάντων ἡμῶν (ὅπερ ἐστὶ νόμος κτήσεως δικαιότατος) ὑμεῖς οὐδενὶ δικαίῳ σφετερισάμενοι, δεύτερον ἔτος ἤδη κατέχετε. Excerpt. Legat. (*Cap.* II. *pag.* 705.) PLUTARQUE racontant de quelle maniére les *Véiens* avoient les prémiers fait la guerre aux *Romains*, sous prétexte que ceux-ci refusoient de leur rendre la Ville de *Fidénes*, qu'ils pretendoient leur appartenir; remarque là-dessus, que cela étoit & injuste, & ridicule, puis que les *Véiens* n'avoient point secouru *Fidénes*, & l'avoient laissée conquérir par les *Romains*: Πρῶτοι δὲ Τυῤῥηνῶν Οὐήιοι . . . . ἀρχὴν ἐποιήσαντο πολέμου, Φιδήνας ἀπαιτοῦντες, ὡς προσηκούσας αὐτοῖς. τὸ δ᾽ οὐκ ἄδικον ἦν μόνον, ἀλλὰ καὶ γελοῖον, ὅτε κινδυνεύουσι τότε καὶ πολεμουμένοις οὐ προσαμύναντες, ἀλλ᾽ ἐάσαντες ἀπολέσθαι τοὺς ἄνδρας, οἰκίας καὶ γῆν ἀπαιτοῖεν, ἄλλων ἐχόντων. Vit. Romul. (*pag.* 33. B. Tom. I. *Ed. Wech.*) GROTIUS.

De tous ces exemples, il n'y en a aucun qui convienne au cas, dont il s'agit. Les *Volsques* redemandoient

vid s'appropria & partagea ce qu'il avoit pris aux *Hamalékites*, & que les *Hamalékites* avoient eux-mêmes pris aux *Philistins.*

2. Dans Denys *d'Halicarnasse*, *Titus Lartius* opine ainsi, sur ce que les *Volsques* demandoient qu'on leur rendit des Terres, qu'ils avoient possedées autrefois: (3) *Nous autres* Romains, *nous croions qu'il n'y a point de possession plus honnête & plus légitime, que celle que nous avons aquise par droit de Guerre: & nous ne saurions nous résoudre à détruire, par une sotte facilité, les monumens de nôtre valeur, en rendant les Terres, dont il s'agit, à ceux qui les ont perduës. Nous devons en faire part non seulement à nos Concitoiens, qui vivent aujourdhui, mais encore les laisser à nos Descendans, bien loin de nous priver de ce que nous avons, & de nous traiter nous-mêmes en ennemis.* Les *Romains* répondirent, à peu près, la même chose, en d'autres occasions, aux (4) *Aurunciens*, & aux (5) *Volsques:* & dans la derniére de ces réponses, ils appellent le droit de Conquête, *une Loi établie par les Dieux, plûtôt que par les Hommes, & reçuë de tous les Peuples, Grecs & Barbares.* Tite Live (6) parlant de quelques Terres, que les *Romains* avoient distribuées, près de la Ville de *Luna*, dit qu'*elles avoient été prises sur les* Liguriens, *& qu'avant ceux-ci, elles avoient appartenu aux* Etruriens. Appien *d'Aléxandrie* remarque, (7) que les *Romains* gardérent la *Syrie*, & ne la rendirent point à *Antiochus le Pieux*, sur qui *Tigrane* l'avoit conquise, parce qu'ils l'avoient eux-mêmes, prise à *Tigrane* leur Ennemi. Et Justin, après Trogus, dit que *Pompée* répondit là-dessus à *Antiochus*, que, (8) *comme il ne l'avoit point dépouillé de ses Etats, pendant qu'il en étoit en possession, il ne vouloit pas non plus, après qu'il avoit cedé son droit à* Tigrane, *lui rendre un Roiaume, qu'il ne savoit point garder.* Les *Romains* s'appropriérent aussi les (9) endroits de la *Gaule*, que

doient aux *Romains* des terres, que les *Romains* leur avoient prises à eux-mêmes: Περιεγένοντο δὲ ἐπὶ τὸ συνέδριον καὶ παρὰ Οὐολούσκων πρέσβεις, ἀξιοῦντες ἀπολαβεῖν ἣν ἀφῃρέθησαν ὑπ' αὐτῶν χώραν, πρὶν ἄρξασθαι πολέμου. Dion. Halicarn. Lib. VI. Cap. XXXIV. *Frégelles* étoit une Ville des *Volsques*, qui avoit été prise & rasée par les *Samnites*. Les *Romains* la rebâtirent, & y envoiérent une Colonie. Voiez Tite Live, Lib. VIII. Cap. XXIII. *num.* 6. Voilà dequoi les *Samnites* se plaignent. L'affaire de *Fidénes* est aussi manifestement hors du sujet. On ne voit point en tout ceci une chose conquise sur des Ennemis, qui l'eussent eux-mêmes prise à d'autres par droit de Guerre.

(4) Ἀγγέλλετε, ὦ πρέσβεις, Ἀρούγκοις, ὅτι ἡμεῖς οἱ Ῥωμαῖοι δικαιοῦμεν ὅσα κτᾶταί τις ἀρετῇ πολεμίους ἀφελόμενος, ταῦτα τοῖς ἐγγόνοις ὡς οἰκεῖα παραδιδόναι. Dion. Halicarn. *Antiq. Rom.* Lib VI. Cap. XXXII. (pag. 352. *Ed. Oxon.* 366. *Sylb.*) Cet exemple n'est pas non plus à propos. Les *Romains* aiant vaincu les *Volsques Ecétraniens*, leur avoient pris leurs terres; & les *Volsques Auronciens* vouloient qu'on les leur rendît.

(5) Ἡμεῖς δὲ κρατίστας ἡγούμεθα κτήσεις, ἃς ἂν πολέμῳ κρατήσαντες λάβωμεν· οὔτε πρῶτοι καταστησάμενοι νόμον τόνδε, οὔτε αὐτὸν ἀνθρώπινον ἡγούμενοι μᾶλλον εἶναι, ἢ οὐχὶ θεῖον· ἅπαντάς τε καὶ Ἕλληνας καὶ Βαρβάρους εἰδότες αὐτῷ χρωμένους, οὐκ ἂν ἐνδοίημεν ὑμῖν μαλακὸν οὐδέν, οὐδ' ἂν ἀποσταίημεν ἔτι τῶν δορυκτήτων. πολλὴ γὰρ ἂν εἴη κακότης, εἴ τις ἃ μετ' ἀρετῆς καὶ ἀνδρείας ἐκτήσατο, ταῦτα ὑπὸ δειλίας τε καὶ μωρίας ἀφαιρεθείη. Idem, *Lib.* VIII. *Cap.* X. pag. 470. *Ed. Oxon.* (482. *Sylb.*) Les *Volsques* ne faisoient ici que demander aux *Romains* les terres & les Villes, que les *Romains* eux mêmes leur avoient prises. Ainsi c'est encore un exemple *extra oleas.*

(6) *Et* Lunam *coloniam eodem anno duo millia civium Romanorum sunt deducta* .... *De* Ligure *captus is ager erat.* Etruscorum *ante, quàm* Ligurum *fuerat.* Tit. Liv. Lib. XLI. Cap. XVII. *num.* 4, 5, 6.

(7) Ἡγούμενος δέ, τὸν κρατήσαντα τοῦ Ἀντιόχου [τοῦ Εὐσεβοῦς] τῆς γῆς ἀπελάσαι, Ῥωμαίοις αὐτὴν κατὰ τόδε προσήκειν. Appian. Bell. Mithridat. (*pag.* 404. *Ed. Amst.* 244. *H. Steph.*) Ailleurs cet Historien dit, que ce fut le prétexte, dont *Pompée* se servit pour dépouiller de ses Etats un Prince, dont le Peuple Romain n'avoit aucun sujet de se plaindre: Ἀντίοχον δὲ ἐξέβαλε τῆς Σύρων ἀρχῆς, οὐδὲν ἐς Ῥωμαίους ἁμαρτόντα· ἔργῳ μέν, ὅτι ἦν εὔκολον αὐτῷ στρατιὰν ἔχοντι πολλὴν ἀρχὴν ἄνοπλον ἀφελέσθαι· λόγῳ δέ, ὅτι τοὺς Σελευκίδας ὑπὸ Τιγράνου ἐκπεσόντας οὐκ εἰκὸς ἦν ἔτι Συρίας ἄρχειν μᾶλλον, ἢ Ῥωμαίους Τιγράνην νενικηκότας. Idem, *Bell. Syriac.* (*pag.* 190, 191. *Ed. Amst.* 119. *H. Steph.*) *Antiochus* reconnoit lui-même, dans Polybe, qu'il n'y a rien de mieux aquis, que les Conquêtes: Διόπερ ὁ μὲν Ἀντίοχος ἡγούμενος, τὴν κατὰ πόλεμον ἰσχυροτάτην καὶ καλλίστην εἶναι κτῆσιν, ὡς ὑπὲρ ἰδίων ἐποιεῖτο τὴν σπουδήν. Excerpt. Legat. *Cap.* LXXII. Grotius.

Nôtre Auteur confond ici deux *Antiochus:* car celui, dont il parle à la fin de cette Note, n'est pas *Antiochus le Pieux*, mais *Antiochus* surnommé *le Grand.*

(8) *Igitur ut habenti regnum non ademerit, ita, quo cesserit* Tigrani, *non daturum, quod tueri nesciat.* Lib. XL. Cap. II. *num.* 4.

(9) Ce fut après la défaite des *Cimbres* par *Marius*, qu'*Apuléïus*, Tribun du Peuple, proposa de distribuer ces terres conquises: Ὁ μὲν Ἀπουλήϊος νόμον ἐσέφερε, διαδάσασθαι γῆν ὅσην ἐν τῇ νῦν ὑπὸ Ῥωμαίων καλουμένῃ Γαλατίᾳ Κίμβροι, γένος Κελτῶν, κατειλήφεσαν, καὶ αὐτοὺς ὁ Μάριος ἔναγχος ἐξελάσας, τὴν γῆν, ὡς οὐκέτι Γαλατῶν, ἐς Ῥωμαίους περιεσπάκει. Appian. *Bell. Civil.* pag. 625. *Ed. Amst.* (367. *H. Steph.*)

(10) Voiez

(c) *Procop.* Gotth. Lib. IV. seu *Hist. Miscell.* Cap. 24.

que les *Cimbres* avoient pris aux *Gaulois.* (10) Et les anciens *François* ne (c) rendirent point aux *Romains* les terres, que les *Goths* leur avoient cedées.

§. VIII. 1. C'est une question plus difficile, de savoir, au profit de qui sont aquises les choses prises sur l'Ennemi dans une Guerre Publique & en forme? si c'est au Peuple même, ou aux Particuliers, soit Membres naturels du Peuple, ou qui se trouvent (1) alors compris dans le Corps du Peuple.

(a) *Bartol.* ad Leg. XXVIII. Dig. De Captiv. & postlim. *Alexand.* & *Jason*, ad Leg. I. *Dig.* de adquirenda poss. *Angel.* ad Inst. *de rerum divis.* §. 17. *Panormit.* ad Decret. *de Jurejur.* C. 29. *Thom. Grammatic.* Decis. Neapolit. LXXI. *num.* 17. *Martin. Laud.* De Bello, Quæst. IV.

2. Les opinions des Jurisconsultes Modernes varient beaucoup sur ce sujet. (a) Comme le Droit Romain pose pour maxime, (2) que les choses prises sont à ceux qui les prennent; & le Droit (3) Canonique, que c'est au Public à partager le butin: la plûpart des Interprêtes se copiant les uns les autres, à leur ordinaire, ont prétendu, que les choses prises sur l'Ennemi appartiennent prémiérement & de droit à chacun de ceux qui les ont eux-mêmes prises; mais que cependant il faut laisser au Général le pouvoir de les partager entre les Soldats. Cette opinion est aussi fausse, que commune: il faut donc s'attacher avec soin à la refuter, pour montrer, par cet échantillon, combien peu il est sûr de se fier, en matiére de ces sortes de questions, à l'autorité de tels Docteurs.

3. Il n'y a point de doute, que le consentement des Peuples n'ait pû établir indifféremment l'une ou l'autre de ces deux régles, ou que les choses prises sur l'Ennemi appartiendroient au Peuple qui fait la Guerre, ou qu'elles demeureroient à quiconque les auroit prises lui-même. (4) Mais il s'agit de savoir ce que les Peuples ont voulu effectivement établir: & pour moi, je dis que leur volonté a été, qu'on regardât les biens d'un Ennemi par rapport à l'autre, comme les choses (5) qui n'appartiennent à personne; ainsi que nous l'avons prouvé ci-dessus par (6) des paroles du Jurisconsulte Nerva, le Fils.

§. IX. 1. Or les choses qui n'appartiennent à personne, sont, à la vérité, à ceux qui les prennent, mais à ceux qui les prennent par autrui, aussi bien qu'à ceux qui les prennent eux-mêmes. Ainsi lors que les Esclaves & les Fils de famille, & même des per-

(10) Voiez encore ce que le Roi de *Suéde* disoit, au sujet de la dispute qu'il eut avec les *Polonois* pour la *Livonie*, dans l'Histoire de Mr. De Thou, Lib. LXXVI. sur l'année 1582. Grotius.

§. VIII. (1) Comme les Etrangers, qui servent dans le païs.

(2) On a cité la Loi ci-dessus, §. 2. *Note* 18.

(3) Les Canons, sur lesquels on se fonde, consistent en deux passages, l'un d'Isidore, que nous citerons plus bas, après nôtre Auteur, §. 17. *Note* 13. l'autre de St. Ambroise, qui sera aussi cité, §. 23. *num.* 2. *Note* 8.

(4) Nôtre Auteur confond ici des choses différentes. La question dont il s'agit ne se rapporte point au *Droit des Gens*, proprement ainsi nommé: car de quelque maniére qu'on entende ce Droit, & sur quoi qu'on le fonde, il doit regarder les affaires que les Peuples ont à démêler ensemble. Or, que le butin appartienne au Souverain, qui fait la Guerre, ou aux Géneraux d'armée, ou aux Soldats, ou à toute autre personne qui a pris quelque chose sur l'Ennemi; cela ne fait rien, ni à l'Ennemi, ni aux autres Peuples. Ce qui est pris est pris; & s'il est de bonne prise, il importe fort peu à ceux qui l'ont perdu, entre les mains de qui il demeure. Pour ce qui est des Peuples neutres, il suffit que ceux d'entr'eux qui ont acheté, ou aquis de quelque autre maniere, une chose mobiliaire prise à la Guerre, ne puissent point être inquiétez ou recherchez là-dessus. Voiez ci-dessus. §. 1. *Note* 1. La vérité est, que les réglemens & les usages qu'il y a sur ce sujet, sont de *Droit Public*, & leur conformité dans plusieurs païs n'emporte autre chose qu'un Droit Civil commun à plusieurs Peuples séparément, lequel nôtre Auteur distingue ailleurs de son Droit des Gens. Voiez *Liv.* II. *Chap.* III. §. 5. *num.* 2. & *Chap.* VIII. §. 26.

(5) Sans supposer ici aucun consentement général des Peuples, il suffit de dire, que l'état d'hostilité met en droit de prendre les choses qui appartiennent à un Ennemi, tout de même que si elles n'appartenoient à personne, & qu'elles fussent au premier occupant; parce que la Loi qui défend de prendre le bien d'autrui cesse entre deux Ennemis, par celà même qu'ils sont tels.

(6) Dans le paragraphe 2. de ce Chapitre, *num.* 3. *Note* 21.

§. IX. (1) *Quod naturaliter adquiritur, sicuti est possessio, per quemlibet, volentibus nobis possidere, adquiritur.* Digest. Lib. XLI. Tit. I. *De adquir. rerum domin.* Leg. LIII.

(2) *Possessionem adquirimus animo, & corpore: animo utique nostro; corpore vel nostro, vel alieno.* Recept. Sentent. *Lib.* V. Tit. II. *De Usucap.* §. 1.

(3) *Per Procuratorem, Tutorem, Curatoremve, possessio nobis adquiritur. Quum autem suo nomine nacti fuerint possessionem, non quum eâ mente, ut operam dumtaxat suam adcommodarent; nobis non possunt adquirere.* Digest. Lib. XLI. Tit. II. *De adquir. vel amitt. possess.* Leg. I. §. 20.

(4) Voiez l'*Agonisticon* de Pierre du Faur, Lib. I. Cap. III. pag. 14, 15. & Cap. XXVI. pag. 170. *Edit. Lugd.* 1595. L'exemple, que le Savant Gronovius allégue ici, ne semble pas bien appliqué. Il y a apparence qu'*Aléxandre*, Fils d'*Amyntas*, Roi de *Macédoine*, se mit lui-même sur les rangs dans

personnes libres qui se sont louées à autrui pour la Pêche du Poisson, ou pour celle des Perles, pour la Chasse, grande ou petite, viennent à prendre quelque chose, ils l'aquiérent à ceux pour qui ils travaillent. *Ce qui s'aquiert naturellement, comme la Possession, on peut l'aquérir par toute autre personne que l'on veut qui posséde en nôtre nom*; dit très-bien (7) le Jurisconsulte Modestin. *Pour aquérir la Possession*, dit (8) Paul, autre Jurisconsulte, *il faut l'Esprit, & le Corps. L'Esprit*, ou l'intention d'aquérir, *est toûjours nécessaire de la part de celui qui aquiert: mais il peut aquérir ou par son propre Corps, ou par celui d'autrui.* Il remarque ailleurs, (9) qu'*on aquiert la Possession d'une chose par le moien d'un Procureur, d'un Tuteur, ou d'un Curateur*; c'est-à-dire, ajoûte-t-il, s'ils prennent possession à dessein de le faire pour nous & en nôtre nom. La raison en est, que naturellement chacun est l'instrument de toute autre personne, à qui il veut en servir, & qui y consent; comme nous (a) l'avons déja dit ailleurs. Parmi les *Grecs*, ceux qui entroient en lice aux *Jeux Olympiques*, (10) aquéroient les prix à ceux de la part de qui ils avoient été envoiez, pour se mettre sur les rangs en leur nom.

(a) *Liv.* I. *Chap.* V. §. 3.

2. Ainsi la différence qu'on met, par rapport aux Aquisitions faites pour autrui, entre (11) les Personnes Libres, & les (b) Esclaves, n'est que de Droit Civil & regarde proprement les Aquisitions Civiles; comme il paroît par le passage de (12) Modestin, que j'ai cité. L'Empereur Sévére régla même depuis la nature de ces sortes d'Aquisitions (13) d'une maniére qui approchoit davantage des Aquisitions naturelles; & cela non seulement, comme il le déclare lui-même, pour l'utilité publique, mais encore pour suivre les régles du Droit & de l'Equité. En un mot, la maxime, Que l'on peut faire par autrui ce que l'on peut faire par soi-même; (14) & que c'est tout un, de faire par soi-même, ou par autrui; cette maxime, dis-je, a lieu indépendamment du Droit Civil.

(b) *Digest.* Lib. XLIV. Tit. VII. *De oblig. & act.* Leg. LVI. & Lib. XLV. Tit. I. *De verbor. oblig.* Leg. XXXVIII. §. 17.

§. X. Il faut donc distinguer ici entre les Exploits militaires véritablement publics, & les Exploits faits d'autorité privée à l'occasion d'une Guerre Publique. (1) Dans les

dans les Combats des Jeux Olympiques, puis que Justin, qu'on cite, donne cela pour une preuve, que la nature avoit orné ce Prince de toute sorte de qualitez avantageuses: *Cui* [Alexandro] *tanta omnium virtutum naturâ ornamenta extitère, ut etiam Olympio certamine, vario ludicrorum genere contenderit.* Lib. VII. Cap. II. *num.* 14. Mais le même Commentateur joint ici à propos un autre exemple tiré des *Romains*, parmi lesquels on pouvoit remporter le prix dans les Jeux du Cirque, ou par soi-même, ou par des Esclaves qu'on envoioit: *Namque ad certamina in Circum per ludos & ipsi descendebant, & servos suos quique mittebant* &c. Plin. Hist. Natur. *Lib.* XXI. *Cap.* II.

(11) C'est que, selon le Droit Romain, on n'aquéroit par autrui, que par le moien d'une personne que l'on avoit sous sa puissance, comme un Esclave, vrai ou putatif, & un Fils non émancipé: *Ex his itaque adparet, per liberos homines, quos neque nostro juri subjectos habemus, neque bonâ fide possidemus; item per alienos servos, in quibus neque usumfructum habemus, neque possessionem justam; nullâ ex caussâ nobis adquiri posse. Et hoc est, quod dicitur, per extraneam personam nihil adquiri posse* &c. Institut. Lib. II. Cap. IX. *Per quas personas nobis adquiritur*, §. 5.

(12) Voiez la *Note* 8. ci-dessus. Les paroles, qu'on y a rapportées, sont précedées de celles-ci: *Ea, quæ civiliter adquiruntur, per eos, qui in potestate nostra sunt, adquirimus; veluti stipulationem: quod naturaliter* &c.

(13) Il ordonna, qu'on pourroit aquérir la possession d'une chose par le moien de quelque personne libre, encore même qu'on ne sût point qu'elle avoit pris possession en nôtre nom; en sorte que, du moment qu'on venoit à en avoir connoissance, le tems de la prescription couroit: *Per liberam personam ignoranti quoque adquiri possessionem: &, postquam scientia intervenerit, usucapionis conditionem inchoari posse, tam ratione utilitatis, quàm juris prudentiâ receptum est.* Cod. Lib. VII. Tit. XXXII. *De adquir. & retin. possess.* Leg. I. Voiez Cujas, sur cette Loi, *Tom.* IX. *Opp.* pag. 1049, 1050. & les *Recepta Sententiæ* de Julius Paulus, Lib. V. Tit. II. §. 2. avec la Note de Mr. Schulting, *Jurispr. Ante-Just.* pag. 434. Cela étoit déja établi avant *Sévére*, par les decisions des Jurisconsultes. Voiez Janus à Costa, sur les Institutes, Lib. II. Tit. IX. §. 6. Nôtre Auteur citoit ici un Titre du *Code*, pour un autre.

(14) Ce sont deux Regles du Droit Canonique, cottées en marge par nôtre Auteur: *Potest quis per alium, quod potest facere per se ipsum.* Decretal. in VI. De Reg. Juris, *Reg.* LXVIII. *Qui facit per alium, est perinde, ac si faciat per se ipsum.* Reg. LXXII.

§. X. (1) On a eu raison, à mon avis, de critiquer cette décision. Toute Guerre Publique se faisant par autorité du Peuple, ou du Chef du Peuple, c'est de lui aussi que vient originairement tout le droit que les Particuliers peuvent avoir sur les choses prises à l'Ennemi: il faut toûjours ici un consentement, exprès ou tacite, du Souverain. Voiez Ziegler, sur cet endroit; & Pufendorf, *Droit de la Nat. & des Gens*, Liv. VIII. Chap. VI. §. 18.

(2) Sy-

les derniers, les choses prises sur l'Ennemi sont aquises prémiérement & directement aux Particuliers: dans les autres, au Peuple. TITE LIVE fait raisonner *Scipion* sur ce principe du Droit des Gens, lors qu'il l'introduit parlant ainsi à *Masinissa*: (2) *C'est sous les auspices & par les armes du Peuple Romain que* Syphax *a été vaincu & pris: ainsi lui, sa Femme, son Roiaume, ses Terres, ses Villes, leurs Habitans, en un mot, tout ce qui appartenoit à* Syphax, *est la conquête du Peuple Romain.* Sur le même fon-
(a) Lib. V. Cap. LXVII. dement, *Antiochus le Grand* disoit, au rapport de POLYBE, (a) que la *Célésyrie* étoit passée sous la domination de *Séleucus*, & non pas sous celle de *Ptolomée*, parce que *Ptolomée* n'avoit fait que servir *Séleucus*, qui étoit le véritable Chef de la Guerre.

§. XI. 1. LES *Immeubles* ne se prennent ordinairement que par une expédition publique, en y faisant entrer une Armée, & y mettant des Garnisons. C'est pourquoi (1) *les Terres prises sur l'Ennemi sont du Domaine public*, selon la décision du Jurisconsulte POMPONIUS, c'est-à-dire, comme il l'explique là-même, *ne sont point partie du butin*; restreignant le mot de *butin* (2) à une signification particuliére. *Salomon*, Préfet du Prétoire, dit, dans PROCOPE, (3) qu'*il est raisonnable que les Prisonniers & tous les autres biens, demeurent aux Soldats, pour leur butin* (c'est-à-dire, supposé que cela se fasse avec le consentement de l'Etat, comme nous l'expliquerons plus bas) *mais que pour les Terres, elles appartiennent à l'Empereur & à l'Empire Romain.*

2. Aussi voions-nous que les Peuples, ou leurs Chefs, disposent de ces sortes de choses, comme ils le jugent à propos. Parmi les anciens (4) *Hébreux*, & chez les (5) *Lacedémoniens*, on partageoit, & l'on assignoit ensuite par le sort, les Terres prises sur l'Ennemi. Les *Romains* ou les gardoient, pour les bailler à ferme au nom du Public, après en avoir laissé quelquefois par honnêteté une partie à l'ancien Maître; ou les vendoient; ou les donnoient à des Colonies; ou enfin se contentoient d'y mettre quelques impôts. Les Loix, les Histoires, & les Traitez de la mesure des Champs, sont pleins de témoignages sur ce sujet. APPIEN *d'Aléxandrie* dit, que les (6) *Romains*, après avoir conquis peu-à-peu toute l'*Italie*, dépouillérent les Peuples vaincus d'une partie de leurs Terres, & y établirent des Colonies. CICÉRON nous apprend, (7) que

(2) Syphax *Populi Romani auspiciis victus captusque est. Itaque ipse, conjunx, regnum, ager, oppida, homines qui incolunt, quidquid denique* Syphacis *fuit, præda Populi Romani est.* Lib. XXX. Cap. XIV. *num.* 9. Ni cet exemple, ni le suivant, n'ont rien qui tende à établir la distinction de nôtre Auteur.

§ XI. (1) *Verum est, expulsis hostibus ex agris, quos ceperint, dominia eorum ad priores dominos redire, nec aut publicari, aut prædæ loco cedere: publicatur enim ille ager, qui ex hostibus captus sit.* DIGEST. Lib. XLIX. Tit. XV. *De Captivis & Postlimin.* &c. Leg. XX.

(2) C'est-à-dire, pour une chose qui appartient à celui qui l'a prise.

(3) Ὡς τὰ μὲν ἀνδράποδα, καὶ τὰ ἄλλα πάντα χρήματα, τοῖς στρατιώταις εἰς λάφυρα ἰέναι, οὐκ ἀπεικὸς εἶναι· γῆν μέντοι αὐτὴν Βασιλεῖ τε καὶ τῇ Ῥωμαίων ἀρχῇ προσήκειν. Vandalic. Lib. II. (Cap. XIV.) Voiez ce qui suit. L'Empereur *Sévére* donna aux Officiers & aux Soldats établis pour garder les frontiéres de l'Empire Romain, les terres qu'il avoit prises sur ses Ennemis; au rapport de LAMPRIDIUS, Vit. Sever. (*Cap.* LVIII.) Dans le Traité de confédération entre les *Cantons Suisses*, il est porté, que les Villes & les Forteresses, qui auront été prises, seront à tout le Corps; ainsi que SIMLER le témoigne en divers endroits de son Livre *De Republica Helvetiorum.* GROTIUS.

(4) On infére cela de la maniére dont se fit le partage de la Terre de *Canaan* entre les *Israëlites*, selon l'ordre que DIEU même en avoit donné, au Livre des NOMBRES, XXVI, 55. XXXIII, 54. XXXVI, 2. Nôtre Auteur remarquoit ici, dans une Note, que, parmi les mêmes *Hébreux*, le Roi avoit pour sa part des Terres prises par droit de Guerre, autant que chacune des Tribus; & il renvoie là-dessus au Titre du TALMUD, où il est traité *du Roi.* Voiez SELDEN, *De Jure Nat. & Gent. secund. Hebr.* Lib. VI. Cap. XVI. pag. 785.

(5) Je suis fort trompé, si nôtre Auteur se fiant à sa mémoire, n'a confondu ici les *Lacedémoniens*, avec les *Atheniens*. Le Scholiaste d'ARISTOPHANE dit, que c'étoit la coûtume, parmi les *Athéniens*, lors qu'on avoit pris une Ville Ennemie, & qu'on en avoit chassé les anciens Habitans, d'en distribuer les Terres, par le sort au Peuple Vainqueur: Ἐπειδὰν οἱ Ἀθηναῖοι λαμβάνοντες πόλιν πολεμίαν, καὶ τοὺς ἐνοικοῦντας ἐκβάλλοντες, κλήρῳ τὴν γῆν αὐτοῖς διένεμον. In Nub. *vers.* 203. Voiez là-dessus la Note de feu Mr. le Baron DE SPANHEIM. Long tems avant lui, THOMAS GATAKER avoit allégué ce passage, & d'autres en plus grand nombre, dans son *Traité Historique & Théologique de la nature & de l'usage du Sort*, écrit en Anglois, *Chap.* IV. pag. 76. Mais ni l'un, ni l'autre, ne dit rien des *Lacedémoniens*; quoi que le dernier, qui étoit d'une très-grande lecture, ait pris à tâche de ramasser tout ce qu'il a pû trouver là-dessus dans les Coû-

(7) que les Génétaux d'armée consacroient quelquefois, mais par ordre du Peuple, les Terres prises sur l'Ennemi.

§. XII. 1. Pour ce qui est des *Choses Mobiliaires*, soit animées, ou inanimées, ceux qui les prennent ou sont au service du Public, où ne le sont pas. S'ils ne le sont pas, ce qui est pris (1) est à chacun qui l'a pris. Et c'est à quoi il faut rapporter les paroles suivantes du Jurisconsulte Celsus: (2) *Les biens de l'Ennemi*, dit-il, *qui se trouvent chez nous*, *ne sont pas au Public*, *mais au prémier occupant*. *Qui se trouvent chez nous*, c'est-à-dire, qui y sont au commencement de la Guerre. Car, comme alors les personnes étoient mises à cet égard au rang des biens pris sur l'Ennemi; on pratiquoit la même chose par rapport aux Personnes, que par rapport aux Choses. Il y a là-dessus un beau passage de Tryphonin: (3) *Ceux*, dit-il, *qui étant allez dans un autre païs en tems de paix*, *y sont malheureusement surpris par la Guerre qui s'est allumée tout d'un coup entre ce Peuple & le leur*, *deviennent Esclaves de ceux qui sont devenus leurs Ennemis*.

2. De là vient encore, que, quand les Soldats prennent quelque chose dans le tems qu'ils ne sont point en faction ou en expédition, & sans être commandez, mais en agissant comme toute autre personne pourroit faire, ou par simple permission; ils aquiérent dès-lors pour eux ce qu'ils ont pris, parce qu'ils ne l'ont pas pris en qualité de Ministres du Public. Telles sont les dépouilles remportées sur l'Ennemi dans un Combat singulier. Il faut mettre au même rang, les prises que les Soldats font, lors qu'ils vont en course de leur chef & sans ordre, loin de l'Armée (il falloit, chez les *Romains*, une distance de dix-mille pas, comme nous le (a) verrons ci-dessous). Les *Italiens* appellent cela (b) d'un nom particulier, & ils le distinguent du (c) *Butin*. (a) §. 21. num. 3.

§. XIII. Mais la régle que nous venons d'établir, n'est du (1) Droit des Gens, qu'en supposant qu'il n'y ait point là-dessus de Loi Civile. Car il est libre à chaque Peuple de régler autrement chez soi l'aquisition des choses prises même sans autorité publique, & d'empêcher que les Particuliers ne se les approprient, comme nous avons vû qu'on l'a fait en bien des païs à l'égard de la Chasse des Bêtes sauvages, & de celle des Oiseaux. Il peut de même y avoir des Loix, en vertu desquelles tous les effets

(b) *Correria.*
(c) *Bottino.*

Coûtumes des *Grecs*, des *Romains*, & d'autres Nations.

(6) Ῥωμαῖοι τὴν Ἰταλίαν πολέμῳ κατὰ μέρη χειρούμενοι, γῆς μέρος ἐλάμβανον, καὶ πόλεις ἐνῴκιζον &c. De Bell. Civ. *Lib.* I. *pag.* 604. *Edit. Amstel.* (353. *H. Steph.*) Τῶν δὲ πολεμίων ἔτι κρατήσαντων, οὐδὲ ταύτην ἅπασαν τὴν γῆν ἀφῃροῦντο, ἀλλ' ἐμερίζοντο. Lib. II. *pag.* 840. (516. *Ed. H. Steph.*)

(7) *Consecrabantur agri, non ita ut nostra prædia, si quis vellet, sed ut Imperator agros de hostibus captos consecraret: statuebantur aræ, quæ religionem adferrent, ipso si loco essent consecrata: hæc, nisi plebs jussisset, fieri vetuit* &c. Orat. de domo sua ad Pontifices, *Cap.* XLIX.

§. XII. (1) Supposé que le Souverain y consente, ou expressément, ou tacitement.

(2) *Et quæ res hostiles apud nos sunt, non publicæ, sed occupantium fiunt.* Digest. Lib. XLI. Tit. I. *De adquir. rerum domin.* Leg. LI.

(3) *Verum in pace qui pervenerunt ad alteros, si bellum subito exarsisset, eorum servi efficiuntur, apud quos jam hostes suo fato* [c'est ainsi qu'il faut lire, & non pas *facto*, ou *pacto*, comme portent les Editions] *deprehenduntur.* Digest. Lib. XLIX. Tit. XV. *De Captivis & Postlimin.* &c. Leg. XII. *princ.* Selon la correction, que nous faisons ici, le Jurisconsulte attribuë à la *destinée* l'esclavage des personnes, dont il s'agit, parce qu'elles ne l'ont pas mérité: car rien n'est plus commun, que de regarder ce qui arrive ainsi, comme l'effet du destin. C'est ainsi que le Poëte Nævius disoit, qu'à *Rome* les *Metellus* parvenoient au Consulat par le *destin*, c'est-à-dire, sans l'avoir mérité: Fato *fiunt* Romæ Metelli *Consules.* Et le Grammairien Servius oppose le *destin* au *mérite*, lors qu'il dit, que *Virgile* a soin, en racontant les aventures des *Troiens*, d'attribuer tout aux Destinées, & rien à la faute de ces Exilez: Acti fatis] *Si fatis, nulla* Junonis *invidia est: si odio* Junonis, *quomodo* acti fatis? *Sed hoc ipsum* Junonis *odium fatale est. laborat enim* Virgilius *nil* Trojanorum *meritis, sed omnia fatis adscribere.* In Æn. I. (vers. 32.) Grotius.

Le passage de Nævius, que nôtre Auteur allégue ici pour exemple, est cité, comme l'indique Gronovius, par le Grammairien Terentianus Maurus, pag. 2439. *Edit. Putsch.* Pour ce qui est de la correction du mot *fato*, c'est précisément ainsi que portent les anciennes Editions du Corps de Droit, & quelques Modernes. Mr. de Bynckershoek, qui le remarque, préfére néanmoins *facto*, à cause de l'autorité du Manuscrit de *Florence*, & il explique un peu autrement le passage, en changeant la ponctuation: *Observ. Jur. Rom.* Lib. IV. Cap. XIV. Il avouë néanmoins que *fato* fait un fort-bon sens: &, au fond, la chose est peu importante.

§. XIII. (1) Voiez ci-dessus, §. 8. *Note* 4.

effets & les biens de l'Ennemi, qui se trouveront dans le païs, soient au Public.

§. XIV. 1. C'est aussi au Public qu'appartiennent, independamment des Loix Civiles, les choses prises dans une Expédition Militaire. Car là chacun représente l'Etat, & agit pour lui; de sorte qu'à moins que les Loix Civiles n'en disposent autrement, le Peuple aquiert par le fait de chacun & la possession, & la propriété, des choses prises, qu'il peut transferer ensuite à qui bon lui semble. Comme ce que je dis ici est diamétralement opposé à l'opinion commune, je me vois obligé de m'y étendre plus que je ne fais d'ordinaire, & de le prouver par quantité d'exemples, tirez de l'histoire des Nations célèbres.

2. Pour commencer par les *Grecs*, Homère nous marque, en plus d'un endroit, quel étoit leur usage là-dessus. Dans l'*Iliade*, le Roi *Agamemnon* dit à *Achille*, que (1) *le butin de toutes les Villes, que les* Grecs, *liguez contre* Troie, *avoient prises, étoit déja distribué. Achille* parlant des Villes, qu'il avoit prises lui-même, dit à *Ulysse*: (2) *Dans toutes ces Villes j'ai fait un très-riche butin; je l'ai toûjours porté aux pieds d'*Agamemnon; *& ce grand Roi, se tenant à l'écart dans son bord, recevoit ce butin, en distribuoit une petite partie aux Soldats, retenoit pour lui la meilleure, & donnoit le reste aux Rois & aux Principaux de l'Armée*. C'est qu'*Agamemnon* doit être ici considéré, en partie comme Chef alors de toute la *Gréce*, & représentant ainsi le Corps de la Nation, à cause dequoi il avoit droit de faire la distribution du butin, conjointement avec le Conseil; en partie comme Commandant général de l'Armée, & en cette qualité pouvant exiger une portion plus considérable, que celle des autres, du butin fait en commun, comme *Achille* le donne à entendre ailleurs, en disant à ce même Prince: (3) *Quand nous avons saccagé quelque Ville des* Troiens, *jamais ma recompense n'a été égale à la vôtre*. Dans l'endroit même, que je viens de citer, *Agamemnon* avoit fait offrir à *Achille*, avec l'approbation du Conseil, (4) de lui laisser remplir ses Vaisseaux d'or & d'argent, & de lui donner vint Femmes Troiennes, pour son préciput du butin. Après la prise de *Troie*, *Phénix & Ulysse*, comme Virgile nous le représente dans son *Enéide*, (5) furent choisis pour garder le butin, qu'on faisoit. Ainsi on voit, dans les siécles postérieurs, (a) un *Aristide*, qui garde fidélement le butin fait à la Bataille de *Marathon*. Après celle de *Platées*, il fut défendu, sous des peines rigoureuses, que personne ne prît rien pour lui: (b) & l'on

(a) *Plutarch.* in ejus Vit. pag. 321. D. Tom. I. *Ed. Wech.*

(b) *Herodot.* Lib. IX. Cap. LXXIX.

§. XIV. (1) Ἀλλὰ τὰ μὲν πολίων ἐξεπράθομεν, τὰ δέδασται.
Iliad. *Lib.* I. *vers.* 125.

(2) Τάων ἐκ πασέων κειμήλια πολλὰ καὶ ἐσθλὰ
Ἐξελόμην, καὶ πάντα φέρων Ἀγαμέμνονι δόσκον
Ἀτρεΐδῃ· ὁ δ' ὄπισθε μένων παρὰ νηυσὶ θοῇσι
Δεξάμενος, διὰ παῦρα δασάσκετο, πολλὰ δ' ἔχεσκεν·
Ἄλλα δ' ἀριστήεσσι δίδου γέρα καὶ βασιλεῦσι.

Lib. IX. vers. 330, *& seqq.* Je ne saurois m'empêcher de remarquer ici, que Madame Dacier a changé visiblement le sens des derniéres paroles, en traduisant ainsi: *Retenoit le reste pour lui, & en faisoit, comme il lui plaisoit, des présens aux Généraux & aux Princes*. Là-dessus elle suppose, sans autre preuve, dans sa Note, que le Roi distribuoit à ceux qu'il vouloit distinguer, tout le butin qu'il s'étoit reservé. Mais le Poëte distingue manifestement la portion qu'*Agamemnon* gardoit pour lui, d'avec une autre portion qu'il prenoit pour en faire des présens aux Généraux & aux Principaux de l'Armée; ce qui rend encore plus petite celle qu'il laissoit aux Soldats.

(3) Οὐ μὲν σοί ποτε ἶσον ἔχω γέρας, ὁππότ' Ἀχαιοὶ
Τρώων ἐκπέρσωσ' εὖ ναιόμενον πτολίεθρον.

Lib. I. vers. 163, 164.

(4) Νῆα ἅλις χρυσοῦ καὶ χαλκοῦ νηησάσθω
Εἰσελθών, ὅτε κεν δατεώμεθα ληΐδ' Ἀχαιοί·
Τρωϊάδας δὲ γυναῖκας ἐείκοσιν αὐτὸς ἑλέσθω &c.

Lib. IX. vers. 279, *& seqq.*

(5) *Et jam porticibus vacuis* Junonis *asylo*
Custodes lecti Phœnix, *& dirus* Ulixes,
Prædam adservabant. huc undique Troïa gaza,
Incensis erepta adytis, mensæque Deorum,
Crateresque auro solidi, captivaque vestis,
Congeritur — — —

Æn. Lib. II. vers. 761, *& seqq.*

(6) Λαφυροπῶλαι. Voiez Xénophon, dans son Traité du Gouvernement de *Lacedémone*, Cap. XIII. *num.* 11. *Edit. Oxon.* Nôtre Auteur remarquoit ici, que, pendant qu'*Agésilas* étoit en *Asie*, *Spithridate*, qui avoit passé dans son parti, aiant pris le Camp de *Pharnabaze*, en détourna le butin: mais *Erispide*, Lacedémonien, aiant fait là-dessus de grandes recherches, obligea *Spithridate* à s'enfuir. Cela est rapporté par Plutarque, *in Vit. Agesil.* pag. 601. E.

(7) *Si vero capere* Italiam, *sceptrisque potiri*
Contigerit victori, & prædæ ducere sortem &c.

Æneid. *Lib.* IX. vers. 267, 268.

(8) Voiez là-dessus Gregoire *de Tours*, Lib. II. Cap. XXVII. Aimoin, Lib. I. Cap. XII. & l'A-

l'on partagea ensuite le butin entre les Peuples de la *Gréce*, selon que chacun, l'avoit mérité. Lors que les *Lacedémoniens* prirent *Athénes*, (c) *Lysandre*, leur Général, rapporta tout le butin dans le Domaine de l'Etat. Il y avoit aussi à *Lacedémone* une Charge publique, dont le nom (6) même donnoit à entendre que ceux qui l'exerçoient étoient commis à la vente du butin.

(c) *Plutarch.* in ejus Vit. pag. 442. A.

3. Si de la *Gréce* nous passons en *Asie*, Virgile nous fait voir d'abord, parmi les *Troiens*, (7) la coûtume de tirer au sort pour la distribution du butin, comme on a accoûtumé de faire dans le partage des choses qui sont en commun. D'autres fois on laissoit au Général de l'Armée le pouvoir de distribuer le butin: & c'est ainsi qu'*Hector*, dans Homére, (d) promet les Chevaux d'*Achille* à *Dolon*, qui stipuloit expressément cette récompense; d'où il paroît que l'aquisition de la propriété ne se faisoit point par la capture seule. *Cyrus*, (e) Vainqueur de l'*Asie*, &, après lui, (f) *Aléxandre le Grand*, disposérent du butin, que l'on porta à leurs pieds.

4. On trouve le même usage en *Afrique*. Ce qui avoit été pris sur les *Romains* à (g) *Agrigente*, & ensuite à la Bataille de (h) *Cannes*, fut envoié à *Carthage*.

5. Parmi les anciens (8) *Francs*, le butin se partageoit en tirant au sort: & le Roi même n'avoit que la portion qui lui échéoit.

§. XV. 1. Mais autant que les *Romains* ont surpassé les autres Peuples dans l'Art Militaire, autant méritent-ils que nous nous arrêtions davantage à considerer les exemples qu'ils nous fournissent, sur le sujet dont nous traitons. Voici d'abord ce que nous apprend Denys *d'Halicarnasse*, qui avoit recherché avec beaucoup de soin les Coûtumes des *Romains*: (1) *Parmi eux*, dit-il, *la Loi veut que tout le butin fait sur l'Ennemi par des coups de bravoure appartienne au Public, en sorte que non seulement aucun Particulier ne peut se les approprier, mais que même le Général de l'Armée n'a rien à y prétendre. Le Trésorier fait vendre tout, & en rapporte le provenu au Trésor Public.*

2. Ces paroles sont mises dans la bouche des Accusateurs de *Coriolan*, qui, pour le rendre odieux, ne s'expriment pas tout-à-fait exactement. Car il est bien vrai, que le Butin (a) appartient au Peuple: (2) mais il n'est pas moins vrai, que, dans les tems de la République, on laissoit (3) le butin, à la disposition des Généraux, en sorte néanmoins qu'ils étoient tenus de rendre compte au Peuple de la maniére dont ils en avoient

(d) *Iliad.* X. vers. 321, *& seqq.* Voiez *Euripide*, Rhes. vers. 182, *& seqq.*

(e) *Plin.* Lib. XXXIII. Cap. III. pag. 483. *Edit. Hack.*

(f) *Plutarch.* Vit. Alex. pag. 685. C. 686. C. *Diod. Sic.* Lib. XVII. Cap. LXVI. & LXXI. *Q. Curt.* Lib. IV. Cap. I. *num.* 26. Lib. VIII. Cap. IV. *num.* 20. &c. *Strab.* Lib. XV. pag. 1061, *& seqq.* Ed. Amst.

(g) *Diod. Sic.* Lib. XIII. Cap. XC.

(h) *Tit. Liv.* Lib. XXIII. Cap. XII. *num.* 1.

(a) Voiez *Simler*, de Rep. Helvetior.

l'Abrégé publié par Freher, Cap. IX. C'étoit une ancienne coûtume, parmi d'autres Nations, de tirer au sort pour le partage des Prisonniers & du Butin, comme le temoigne le Grammairien Servius: Quæ [Cassandra] sortitus non pertulit ullos] *Quia captivi & præda inter victores sorte dividebantur: ut est;* Et prædæ ducere sortem. In Æn. Lib. III. (*vers.* 323.) Chez les *Suédois* & les *Goths*, on mettoit en commun le butin, & on faisoit purger par serment ceux qui étoient soupçonnez d'avoir détourné quelque chose; comme nous le voions dans l'Histoire de Jean Magnus, Lib. XI. Cap. XI. Grotius.

Dans l'endroit de l'Histoire de Jean Magnus, que nôtre Auteur indique, il n'y a pas un mot de ce pourquoi il le cite. Je ne trouve rien non plus là-dessus, ni dans aucun autre endroit de cette Histoire; ni dans celle d'Olaus Magnus, Frére & Successeur de l'Historien dans l'Archevêché d'*Upsal*, laquelle a pour titre, *Historia Septentrionalium Gentium Breviarium*; ni dans l'*Historia Suecorum Gothorumque* d'un autre Historien de même nom, Ericus Olaus. Je crains fort que nôtre Auteur n'ait ici mis un nom pour un autre.

§. XV. (1) Ἴστε δήπου πάντες, ὅτι τὰ ἐκ τῶν πολεμίων λάφυρα, ὅσα ἂν ἡμῖν ὑπάρξῃ τυχεῖν δι' ἀρετήν, δημόσια εἶναι κελεύει ὁ νόμος, καὶ τούτων οὐχ ὅπως τις ἰδιώτης γίνεται κύριος, ἀλλ' οὐδὲ αὐτὸς ὁ τῆς δυνάμεως ἡγεμών· ὁ δὲ ταμίας αὐτὰ παραλαβὼν, ἀπεμπολεῖ, καὶ εἰς τὸ δημόσιον ἀναφέρει τὰ χρήματα. Antiq. Rom. *Lib.* VII. *Cap.* LXIII. pag. 450. *Ed. Oxon.* (467, 468. *Sylburg.*)

(2) Le Savant Rhabod Herman Schelius dans son Traité *de Præda*, qui est un de ceux qui suivent son Commentaire sur Hygin & Polybe, *De Castris Romanorum* (pag. 253, *& seqq.* Ed. Amst. 1660.) réfute ici Denys *d'Halicarnasse*, sans faire mention de nôtre Auteur, qui, long tems avant lui, avoit fait cette critique, & traité historiquement le point d'antiquité dont il s'agit, mieux que personne n'a fait même depuis.

(3) Polybe loué beaucoup le désintéressement de *Lucius Emilius Paulus*, qui étant devenu maître de tout le Roiame de *Macédoine*, par la défaite du Roi *Persée*, & aiant plein pouvoir d'y disposer de tout à son gré, ne convoita pas la moindre chose: Τὸ κύριον γενόμενον αὐτὸν ἁπάσης τῆς βασιλείας, καὶ λαβόντα τὴν ἐξουσίαν εἰς βέλτιστα χρήσασθαι, μηδενὸς ἐπιθυμῆσαι, ἀξίως θαυμαστόν ἐστιν; Excerpt. Peiresc. *De Virtut. & Vit.* (pag. 1454. *Edit. Amstel.*) Grotius.

avoient disposé. *Lucius Emilius*, au rapport de TITE LIVE, (4) disoit, que *c'étoit la coûtume de piller les Villes, lors qu'on les avoit prises, & non pas quand elles étoient renduës; & qu'alors néanmoins cela dépendoit du Général, & non pas des Soldats.* Mais les Généraux, pour éloigner d'eux tout soupçon désavantageux, renvoioient quelquefois au Sénat ce pouvoir que la coûtume leur donnoit, comme fit (5) *Camille*: & ceux qui le retenoient, en faisoient un usage différent, selon qu'ils croioient que le demandoit ou le respect pour la Religion, ou leur réputation, ou leur ambition.

§. XVI. 1. CEUX qui étoient les plus intégres, ou qui vouloient passer pour tels, ne touchoient (1) point du tout au butin: mais ils remettoient l'argent qu'on avoit pris au Trésorier du Peuple Romain; & pour les autres choses, ils les faisoient vendre à l'encan par le même Trésorier, qui en mettoit le (2) provenu dans le Trésor public, après néanmoins que cet argent avoit été porté publiquement en montre, si l'expédition étoit de nature à mériter les honneurs du Triomphe. C'est ainsi, par exemple, qu'en usérent le Consul (3) *Cajus Valérius*, *Pompée* (4) *le Grand*, *Cicéron* (5). C'étoit la pratique la plus ordinaire dans les tems les plus anciens & les meilleurs de la République, tant à l'égard des Prisonniers de Guerre, que par rapport aux autres choses prises sur l'Ennemi. Quelques passages de (6) PLAUTE y font allusion.

2. D'autres Généraux d'armée vendoient eux-mêmes le butin, & envoioient ensuite l'argent au Trésor Public; comme on peut le déduire de ce qui suit (7) dans le passage de DENYS *d'Halicarnasse*, que nous avons cité un peu plus haut. *Tarquin l'Ancien* aiant vaincu les *Sabins*, (a) envoia à *Rome* le butin & les Prisonniers. Les Consuls *Romilius* & *Véturius* vendirent le butin, à cause, dit (b) TITE LIVE, que le Trésor Public étoit pauvre; ce qui fit murmurer l'Armée. Mais rien n'est plus commun, que de trouver dans les Histoires un état des richesses que tel ou tel Général avoit fait entrer dans le Trésor Public, ou par lui-même, ou par le moien des Trésoriers du Peuple, après avoir triomphé des Peuples d'*Italie*, d'*Afrique*, d'*Asie*, des *Gaules*, d'*Espagne* &c. ainsi il seroit superflu d'entasser ici beaucoup d'exemples.

(a) *Tit. Liv.* Lib. I. Cap. XXXVII. *num.* 5.
(b) Lib. I. Cap. XXXI. *num.* 4.

3. Il vaut mieux remarquer, que l'on donnoit quelquefois le butin, ou du moins une partie, ou aux Dieux, ou aux Soldats, ou à d'autres.

4. On

(4) Æmilius *primo resistere & revocare, dicendo, captas, non deditas, diripi urbes: & in his tamen arbitrium esse Imperatoris, non militum.* Lib. XXXVII. Cap. XXXII. *num.* 12.

(5) *Nec duci* [Camillo], *qui ad Senatum, malignitatis auctores quærendo, rem arbitrii sui rejecisset* &c. TIT. LIV. Lib. V. Cap. XXII. *num.* 1.

§. XVI. (1) C'est ainsi que *Lucius Mummius* remplit toute l'*Italie* des Statuës & des Tableaux, dont il avoit dépouillé la Ville de *Corinthe*: mais rien de tout cela n'entra dans sa maison; comme nous l'apprend l'Auteur Latin Anonyme des Vies des Hommes Illustres, [que l'on croit être AURELIUS VICTOR]: Mummius Corinthum *signis tabulisque spoliavit: quibus quum totam replesset* Italiam, *in domum suam nihil contulit.* (Cap. LX. *num.* 3.) PLUTARQUE, dans la Vie du même *Lucius Emilius Paulus*, dont nous venons de parler (dans la *Note* 3. sur le paragraphe précedent) dit, qu'on loua beaucoup sa générosité & sa grandeur d'ame, en ce qu'il ne voulut pas voir seulement l'or & l'argent qu'on avoit pris en grande quantité au Roi *Persée*, mais qu'il le remit aux Trésoriers du Public: Οὐδενὸς δ' ἧττον αὐτοῦ τὴν ἐλευθεριότητα καὶ τὴν μεγαλοψυχίαν ἐπῄνουν οἱ ἄνθρωποι, πολὺ μὲν ἀργύριον, πολὺ δὲ χρυσίον ἐκ τῶν βασιλικῶν ἠθροισμένον οὐδ' ἰδεῖν ἐθελήσαντος, ἀλλὰ τοῖς ταμίαις εἰς τὸ δημόσιον παραδόντος. (Pag. 270. D. Tom. I. Edit. Wech.) GROTIUS.

(2) C'est ce qu'on appelloit *Manubiæ*, comme AULU-GELLE le dit, après *Favorin*: *Nam* PRÆDA *dicitur corpora ipsa rerum, quæ capta sunt*: MANUBIÆ *vero adpellatæ sunt pecunia à Quæstore ex venditione prædæ redacta.* Noct. Attic. *Lib.* XIII. *Cap.* XXIV. GROTIUS.

(3) *Præda ex assiduis populationibus, quòd omnia in locum tutum congesta erant, fuit aliquantum. venditum sub hasta Consul* [C. Valerius Potitus] *in ærarium redigere Quæstores jussit.* TIT. LIV. Lib. IV. Cap. LIII. *num.* 10.

(4) *Quæ omnis* [pecunia Tigranis] *sicuti* Pompejo *moris erat, redacta in Quæstoris potestatem, ac publicis descripta literis.* VELLEJUS PATERCUL. Lib. II. (Cap. XXXVII.) *Pompée* en usoit ainsi ordinairement, mais non pas toûjours. Voiez le passage de LUCAIN, qui sera cité dans le paragraphe suivant (*num.* 7.) GROTIUS.

(5) *De præda mea, præter Quæstores urbanos, id est, Populum Romanum, teruncium nec adtigit, nec tacturus est quisquam.* Lib. II. *Epist. ad Famil.* XVII. pag. 118. *Ed. Græv. maj.*

(6) *Nunc hanc prædam omnem jam ad Quæstorem deferam.*
Bacchid. *Act.* IV. *Scen.* IX. vers. 152.
——— ——— *Istos captivos duos,*
Here quos emi de præda, de Quæstoribus.
Capt. *Act.* I. *Scen.* II. vers. 1, 2.

(7) Car *Décius* y dit, en accusant *Coriolan*, qu'il n'avoit ni remis au Trésorier Public, ni vendu lui-mê-

m

4. On consacroit aux Dieux ou les choses mêmes prises sur l'Ennemi, comme (c) fit *Romulus* des dépouilles du Roi des *Céniniens*, qu'il avoit vouées à *Jupiter Férétrien*; ou bien l'argent provenu de la vente du butin: & c'est d'un tel argent que *Tarquin le Superbe* (d) bâtit le Temple de *Jupiter* sur le *Mont Tarpéien*, après la prise de *Suessa Pométia*.

(c) *Tit. Liv.* Lib. I. Cap. X. *Dion. Halicarn.* Ant. Rom. Lib. II. Cap. XXXIV.

(d) *Tit. Liv.* Lib. I. Cap. LIII. LV.

§. XVII. 1. POUR ce qui est des Soldats, les anciens *Romains* trouvoient que leur faire présent du butin, c'étoit briguer leur faveur, & donner lieu aux soupçons de quelque dessein ambitieux. C'est ainsi que *Sextus*, Fils de *Tarquin le Superbe*, mais refugié à *Gabies*, donna le butin aux Soldats, pour se rendre puissant par ce moien, à ce que dit (1) TITE LIVE. *Appius Claudius* (2) condamna, en plein Sénat, une telle libéralité, comme nouvelle, prodigue, inégale, inconsiderée.

2. Lors qu'on donne le butin aux Soldats, ou on le leur distribuë, ou on le laisse au pillage. On peut le distribuer, ou comme une solde, ou (3) à proportion du mérite de chacun. *Appius Claudius* (4) vouloit qu'on le donnât comme une solde, s'il n'y avoit pas moien de le vendre & d'en faire entrer l'argent dans le Trésor Public.

3. POLYBE (a) explique exactement la maniére dont on distribuoit le butin, parmi les *Romains*. On commandoit pendant (5) chaque jour, ou pendant chaque nuit, une partie de l'Armée, la moitié tout au plus, pour aller au pillage. Chacun devoit porter au camp ce qu'il avoit trouvé, pour être partagé également par les Tribuns, ou Officiers supérieurs de chaque Légion. On donnoit leur portion à ceux qui gardoient le Camp; ce que nous voions aussi (b) avoir passé en loi chez les *Israëlites*, depuis (6) que le Roi *David* en eût montré l'exemple. On n'oublioit pas non plus ceux qui étoient absens pour cause de maladie, ou pour avoir été commandez ailleurs.

(a) *Hist.* Lib. X. Cap. XVI.

(b) *I. Samuel*, XXX, 24, 25.

4. Quelquefois on donnoit aux Soldats, non pas les choses mêmes prises, (c) mais l'argent qu'on en avoit fait: & cela se pratiquoit souvent dans les Triomphes. La proportion qu'on gardoit dans la distribution, telle que je la trouve marquée dans les Anciens Auteurs, étoit celle-ci: (7) on donnoit à un Centurion, ou Capitaine, le double de ce qu'avoit un simple Fantassin; & à un Cavalier, le triple. Quelquefois on ne don-

(c) *Tit. Liv.* Lib. XLV. Cap. XXXIV. *num.* 6.

me le Butin, pour en mettre l'argent dans le Trésor: Οὔτε τῷ ταμιείῳ ταῦτα ἀπέδωκεν, ὥστε αὐτὸ ἀποδόμενον εἰς τὸ δημόσιον ἀνενέγκαι τὸ ἀργύριον &c. Antiq. Roman. *Lib.* VII. *Cap.* LXIII.

§. XVII. (1) *Apud milites vero, obeundo pericula ac labores, pariter prædam munificè largiendo, tantâ caritate esse, ut non pater* Tarquinius *potentior* Romæ, *quàm filius* Gabiis *esset*. Lib. I. Cap. LIV. *num.* 4.

(2) *Altera* [sententia] Appii Claudii, *qui largitionem novam, prodigam, inæqualem, inconsultam arguens* &c. Idem, *Lib.* V. *Cap.* XX. *num.* 5.

(3) Cela se pratiquoit parmi les anciens *Hébreux*, comme nous l'apprenons de JOSEPH, *Antiq. Jud.* Lib. III. GROTIUS.

Nôtre Auteur inféro cela apparemment de ce que l'Historien Juif dit, qu'après la défaite des *Hamalékites*, *Moïse* donna des récompenses à ceux qui s'étoient distinguez par leur bravoure: Ἀριστεῦσι τὰ τίμια ἐδίδου. Cap. II. pag. 76. A. *Edit. Lips.* Il venoit de parler du grand butin, que les *Israëlites* firent dans cette victoire. Mais toutes ces circonstances ne se trouvent point dans l'endroit de l'Histoire Sainte, où est racontée la défaite des *Hamalékites*, EXOD. Chap. XVII.

(4) Dans les paroles de TITE LIVE, qui suivent celles qui viennent d'être citées, *Note* 2. sur ce paragraphe: *Si semel nefas ducerent, captam ex hostibus in ærario exhausto bellis pecuniam esse, auctor erat stipendii ex ea pecunia militi numerandi, ut eo minus tributi plebes conferret*. Lib. V. Cap. XX. *num.* 5.

(5) *In dies aut vigilias*, dit nôtre Auteur. Cela n'est pas bien conforme à son Original. Il n'y a pas d'apparence, qu'après s'être rendus maîtres d'une Ville, on envoiât les Soldats piller pendant toute la nuit. POLYBE dit seulement, que chaque jour on choisissoit, quelquefois un certain nombre de Soldats de toute l'Armée, à proportion de la grandeur de la Ville, & quelquefois on commandoit tant ou tant d'Etendars ou de Compagnies: Ποτὲ μὲν γὰρ ἑκάστης ἡμέρας πρὸς τὴν πρᾶξιν ἀπομερίζοντες τὰ τῶν ἀνδρῶν, κατὰ τὸ μέγεθος τῆς πόλεως· ποτὲ δὲ κατὰ σημαίας μερίζουσιν αὐτούς. Lib. X. Cap. XVI. pag. 821. *Edit. Amstel.* Il nous apprend un peu plus haut, que, quand *Scipion* eût pris la nouvelle *Carthage* en *Espagne*, la nuit étant venuë, il fit cesser le pillage, & porter tout le butin déja fait au milieu de la Place Publique, où l'on mit bonne garde pendant la nuit: Τὴν δὲ λοιπὴν ἀπὸ τῶν χιλιάρχων ἐν τῷ οἰκείῳ ἐπαγρυπνούμενος, ἐπέταξε συναθροίσαντας εἰς τὴν ἀγορὰν τὰ διηρπασμένα κατὰ σημαίας, ἐπὶ τούτων κοιτάζεσθαι. Voilà qui est fort opposé à la maniére dont nôtre Auteur s'exprime ici.

(6) Voiez SELDEN, *De Jure Nat. & Gent. secund. Hebr.* Lib. VI. Cap. XVI. pag. 784, 785.

(7) *Peditl in singulos dati centeni, duplex centurioni, triplex equiti*, TIT. LIV. Lib. XLV. Cap. XL. *num.* 5.

(8) Tan-

donnoit à un Cavalier (8) que le double de la portion d'un homme d'Infanterie. Quelquefois un Centurion avoit le double de la portion d'un Fantassin; & le Tribun, comme (9) aussi un Cavalier, le quadruple. Souvent aussi on avoit égard au mérite; & c'est ainsi que *Posthumius* donna à *Marcius*, du butin de la Ville de *Corioles*, (10) une récompense pour les actions de bravoure qu'il avoit faites.

(d) Voiez Leunclav. Hist. Turc.

5. De quelque maniére qu'on s'y prît pour la distribution du Butin, le (d) Général de l'Armée pouvoit, avant toutes choses, choisir (11) pour lui ce qu'il vouloit, & prendre autant qu'il lui plaisoit, c'est-à-dire, autant qu'il jugeoit devoir lui revenir raisonnablement. Le Roi *Servius Tullius* (12) prit de cette maniére une Femme de la Ville de *Corniculum*, nommée *Ocrisia*. Dans DENYS *d'Halicarnasse*, *Fabricius* dit au Roi *Pyrrhus*: (13) *J'aurois pû garder pour moi ce que j'aurois voulu, de ce qui avoit été pris sur les Ennemis que j'ai vaincus.* TITE LIVE (14) remarque, que *Tarquin le Superbe* vouloit s'enrichir, & en même tems gagner les esprits des *Romains*, par le butin qu'il faisoit. *Servilius*, dans son Discours en faveur de *Lucius Paulus*, dit, que ce Général auroit pû (15) s'enrichir dans le partage du butin. Et ce n'étoit pas seulement chez les *Romains*, que les Généraux d'armée avoient cette prérogative: on trouve le même usage parmi les *Grecs*. Après la Bataille de *Platées*, *Pausanias*, au rapport d'HERODOTE, (16) eut, par dessus les autres, des Femmes, des Chevaux, des Chameaux. EURIPIDE nous représente les (17) Dames Troiennes les plus considérables, comme aiant été le partage des Principaux de l'Armée Gréque. Et c'est ainsi que *Pyrrhus* eut *Andromaque*, (18) selon le même Poëte. On accordoit encore ce privilége à (19) d'autres, que des Généraux, lors qu'ils s'étoient distinguez par des actions de bravoure.

6. Mais ceux-là étoient plus dignes de louange, qui relâchant de leur droit, ne pre-

(8) *Tantaque præda fuit, ut in equitem quadringeni denarii, peditibus duceni dividerentur.* Idem, *ibid.* Cap. XXXIV. *num.* 5.

(9) APPIEN d'*Aléxandrie* dit, un Tribun, & un Colonel de Cavalerie: Στρατιώτῃ μὲν ἀνὰ πεντακισχιλίας δραχμὰς Ἀττικάς, λοχαγῷ δὲ αὐτοῦ τὸ διπλάσιον, καὶ χιλιάρχῳ καὶ ἱππάρχῳ τὸ ἔτι διπλάσιον &c. Bell. Civil. *Lib.* II. (pag. 803. *Ed. Amst.* (491. *Ed. H. Steph.*) GROTIUS.

C'est là la véritable répartition. Je ne sai d'où nôtre Auteur avoit tiré celle dont il parle dans le Texte. Il y a grande apparence qu'elle n'est duë qu'à une méprise. Il avoit eu en vuë ce passage même, dont sa mémoire altéra le sens; & il ne se souvint plus depuis, que c'eût été le fondement de ce qu'il avoit avancé. Au reste, il cite encore ici à la marge un passage de SUETONE, *in Cæsar.* Cap. XXXVIII. *init.* où, selon les meilleures Editions, la proportion qu'on gardoit dans la distribution du butin n'est point marquée: & en recevant la glose, qui avoit demeuré long tems dans le Texte, il y auroit une proportion différente de toutes celles dont nôtre Auteur parle. Voiez là-dessus les derniers Commentateurs.

(10) Voiez TITE LIVE (Lib. II. Cap. XXXIII. & PLUTARQUE, dans la Vie de CORIOLAN (pag. 218. A. B. Tom. II. *Ed. Wech.*) GROTIUS.

Il n'y a rien là-dessus dans TITE LIVE. Mais on peut voir DENYS *d'Halicarnasse*, Antiq. Rom. *Lib.* VI. *Cap.* XCIV.

(11) Il y a des Auteurs, qui prétendent que cette portion du Général est ce qu'on appelloit plus communément *Manubiæ*. Le Grammairien ASCONIUS PEDIANUS est de ce nombre: MANUBIÆ *autem sunt præda Imperatoris, pro portione de hostibus capta.* (In CICER. *Verr.* Lib. I. Cap. LIX.) GROTIUS.

Voiez la Note de GRONOVIUS, sur cette question de Grammaire.

(12) Ce n'est pas *Servius Tullius*, mais *Tarquin l'Ancien*; car cette *Ocrisia* étoit la Mére de *Servius Tullius*; comme GRONOVIUS le remarque ici. Il pouvoit ajoûter, que ce qui a trompé nôtre Auteur, c'est que le Mari d'*Ocrisia* s'appelloit *Tullius*. Voiez DENYS *d'Halicarnasse*, *Antiq. Rom.* Lib. IV. Cap. I.

(13) Ἔπειτ' ἐξὸν τῶν δοριαλώτων ἐξ ὧν μοι λαβεῖν ὁπόσα ἐβουλόμην &c. (Excerpt. pag. 714. *Ed. Oxon.*) C'est à quoi fait allusion ISIDORE, lors que, traitant du Droit Militaire, il y rapporte la distribution du Butin selon la qualité & les services des personnes; à quoi il joint la portion du Général de l'Armée: *Item* [Jus Militare est; *prædæ decisio, & pro personarum qualitatibus & laboribus justa divisio, ac Principis portio.* (Origin, *Lib.* V. *Cap.* VII.) GROTIUS.

(14) *Eaque ipsa caussa belli fuit, quòd Rex Romanus, tum ipse ditari, exhaustus magnificentiâ publicorum operum, tum prædâ delinire popularium animos studebat.* Lib. I. Cap. LVII. *num.* 1.

(15) Ce n'est pas du Général, que *Servilius* parle, mais de *Servius Galba*, qui se plaignoit, entr'autres choses, de ce que *Lucius Emilius Paullus* n'avoit pas recompensé son Armée, en lui distribuant le butin: *Quum te prædâ partiendâ locupletem facere posset, pecuniam regiam translaturus in triumpho est, & in ærarium laturus.* Idem, *Lib.* XLV. *Cap.* XXXVII. *num.* 10.

(16) Il eut la dixme de tout: Παυσανίῃ δὲ πάντα δέκα ἐξαιρέθη τε καὶ ἐδόθη, γυναῖκες, ἵπποι, τάλαντα, κάμηλοι, ὣς δὲ αὔτως καὶ τἆλλα χρήματα. Lib. IX. Cap. LXXX. Le Roi *Agamemnon* eut *Cassandre* par cette espèce de droit de préciput, à ce que dit EURIPIDE:

Ἐξαίρετόν νιν ἔλαβεν Ἀγαμέμνων ἄναξ.

(Troad. *vers.* 249.) Voiez THUCYDIDE au sujet d'une portion du butin, que l'on donna en particulier à *Démosthène*, Général des *Athéniens*: Lib. III. (*Cap.* CIX. *Ed. Oxon.*) GROTIUS.

(17)

prenoient rien pour eux du butin, comme cet illustre *Fabricius*, dont nous venons de parler, qui, *pour* (20) *l'amour de la gloire, méprisoit les richesses même justement aquises*; & cela, comme il le disoit lui-même, à l'exemple de *Valérius Publicola*, & d'un petit nombre d'autres. *Caton* les imita, dans la victoire qu'il remporta en *Espagne*: (21) car il déclara, que, de tout le butin qu'on avoit fait alors, rien ne parviendroit à lui que ce qu'il avoit consumé pour le manger & le boire; ajoûtant néanmoins, qu'il ne blâmoit point les Généraux qui se prévaloient d'un profit légitime, mais que pour lui il aimoit mieux disputer de vertu avec les plus honnêtes gens, que de richesses avec les plus opulens.

7. Les plus louables, après ceux dont je viens de parler, ce sont ceux, qui se contentoient d'une portion modique du butin, comme fit *Pompée*, qui *rapporta dans le Trésor Public plus qu'il ne garda pour lui*, selon l'éloge que *Caton* d'*Utique* lui donne, dans la *Pharsale* (22) de Lucain.

8. Quelquefois on avoit égard, dans le partage du butin, aux absens même; comme *Fabius Ambustus* (e) l'ordonna, après la prise de la Ville d'*Anxur*. Quelquefois, au contraire, une partie de ceux qui s'étoient trouvez à l'expédition n'avoient aucune part au butin, dont ils étoient exclus pour certaines raisons, comme le fut l'Armée de (23) *Minutius*, sous la Dictature de *Quintius Cincinnatus*.

(e) *Tit. Liv.* Lib. IV. Cap. LIX. *num.* 8, 9.

9. Au reste, le droit qu'avoient ici les anciens Généraux d'armée, nommez *Empereurs*, du tems de la République, passa, depuis qu'elle eut été envahie par ceux qui gouvernoient monarchiquement sous ce même nom, aux (f) Lieutenans, qui commandoient par leur ordre les Armées. Cela paroît par le Code de Justinien, où il y a une (24) Loi qui porte, que les Commandans d'Armée ne seront point tenus de mettre dans l'état des affaires militaires, dont ils devoient rendre compte, les donations des

(f) *Magistri militum.*

(17) Ὅσαι δ' ἄκληροι Τρῳάδων, ὑπὸ στέγαις
Ταῖσδ' εἰσὶ, τοῖς πρώτοισιν ἐξῃρημέναι
Στρατοῦ — — — —
Troad. *vers.* 32, & *seqq.*

(18) Καὶ τὴν δ' Ἀχιλλεὺς ἔλαβε παῖς ἐξαίρετον.
Ibid. (*vers.* 274.) Virgile fait dire à Ascanius, qu'il ne laissera pas tirer au sort, pour un Bouclier & un Casque, qu'il se reservoit.

— *Ipsum illum clypeum, cristasque rubentes*
Excipiam sorti — — —

(Æneid. IX. vers. 270, 271.) Grotius.

(19) C'est ainsi que les *Grecs* donnérent à *Nestor* une Femme prisonniére de Guerre:

Θυγατέρ' Ἀρσινόου μεγαλήτορος, ἥν οἱ Ἀχαιοὶ
Ἔξελον, οὕνεκα βουλῇ ἀριστεύεσκεν ἁπάντων.

Iliad. *Lib.* XI. (*vers.* 625, 626.) Et *Ulysse* en eut de la même maniére une autre, qui s'appelloit *Menéicie*:

Τῶν ἐξαιρεύμην Μενεεικία, πολλὰ δ' ὀπίσσω
Λάγχανον — — — —

Odyss. *Lib.* XIV. (*vers.* 232, & *seqq.*) Grotius.

Je ne sai en vertu dequoi nôtre Auteur change, sans dire mot, le texte du dernier passage, & y trouve un nom propre de Femme, au lieu d'un adjectif tres-commun dans Homére, Μενεεικία, pour *μενοεικέα*. Ce seroit plûtôt un nom d'Homme; & il n'y a pas la moindre nécessité de faire ici aucun changement. *Ulysse* vient de dire, qu'avant la Guerre de *Troie*, il a commandé en chef dans neuf expéditions de mer dont il prenoit pour lui, comme par droit de préciput, *ce qui lui plaisoit*; après quoi le sort lui donnoit encore une grosse portion:

Πρὶν μὲν γὰρ Τροίης ἐπιβήμεναι υἷας Ἀχαιῶν,
Εἰνάκις ἀνδράσιν ἦρξα, καὶ ὠκυπόροισι νέεσσιν,
Ἄνδρας ἐς ἀλλοδαποὺς, καί μοι μάλα τύγχανε πολλά·
Τῶν ἐξαιρεύμην μενοεικέα, πολλὰ δ' ὀπίσσω
Λάγχανον — — — —

(20) Οὐ λαβὼν, ἀλλὰ καὶ τὸν ἐκ τοῦ δικαίου πλοῦτον ὑπεριδὼν, ἕνεκα δόξης, ὡς Οὐαλέριος Ποπλικόλας ἐποίησε, καὶ ἄλλοι πλεῖστοι &c. C'est la suite du passage de Denys d'*Halicarnasse*, qui a été rapporté ci-dessus, *Note* 13. de ce paragraphe. L'Empereur *Julien*, comme nôtre Auteur le remarque dans une petite Note, se proposoit, & proposoit à ses Soldats, l'exemple de *Fabricius*, comme il paroît par un Discours qu'Ammien Marcellin lui prête, Lib. XXIV. Cap. III. pag. 429. *Edit. Vales. Gron.*

(21) Εἰς δ' αὐτὸν ἐκ τῆς αἰχμαλωσίας οὐδὲν ἐλθεῖν λέγει, πλὴν ὅσα πέπωκεν ἢ βέβρωκε. Καὶ οὐκ αἰτιῶμαι (φησὶ) τοὺς ὠφελεῖσθαι ζητοῦντας ἐκ τούτων, ἀλλὰ βούλομαι μᾶλλον περὶ ἀρετῆς τοῖς ἀρίστοις, ἢ περὶ χρημάτων τοῖς πλουσιωτάτοις ἁμιλλᾶσθαι, καὶ τοῖς φιλαργυρωτάτοις περὶ φιλαργυρίας. Plutarch. in Vit. M. Caton. *pag.* 342. A. Tom. I. *Ed. Wech.*

(22) *Immodicas possedit opes: sed plura retentis*
Intulit — — — —

Pharsal. *Lib.* IX. *vers.* 197, 198. Voiez ci-dessus, §. 16. *Note* 4.

(23) C'est qu'elle avoit été sur le point d'être défaite, par la mauvaise conduite du Consul, qui la commandoit, & qui, à cause de cela, devint Lieutenant, de Général qu'il étoit: *Carebis*, inquit [Dictator L. Quintius Cincinnatus] *prædæ parte, miles, ex eo hoste, cui prope prædæ fuisti & tu, L. Minuci, donec consularem animum incipias habere, legatus his legionibus præeris.* Tit. Liv. Lib. III. Cap. XXIX. *num.* 2.

(24) *Simili etiam modo à gestorum absolvimus ordinatione donationes rerum mobilium, vel sese moventium, quas Viri gloriosissimi, Magistri militum, fortissimis præstant militibus, tam ex sua substantia, quàm ex spoliis hostium, sive in ipsa bellorum occupatione, sive in quibuscumque locis degere noscuntur.* Lib. VIII. Tit. LIV. *De Donation.* Leg. XXXVI. §. 1.

(25) Ce

des Choses Mobiliaires, tant animées qu'inanimées, qu'ils auront faites à leurs Soldats des dépouilles de l'Ennemi, soit dans le tems & le lieu même du pillage, ou par tout ailleurs.

10. Mais ce partage, dès les siécles les plus anciens, donnoit lieu à former legérement des soupçons injurieux aux Généraux d'Armée, comme s'ils eussent voulu par là se faire des créatures, & enrichir du bien public leurs Amis & leurs Cliens. C'est dequoi on accusa (g) *Servilius*, *Coriolan* (h), & *Camille* (25). Mais ils disoient pour leur justification, qu'ils avoient agi en cela conformément au bien public, *afin que les Soldats qui s'étoient trouvez à l'action, fussent animez, par cette recompense de leurs travaux, à aller plus courageusement aux coups dans d'autres occasions*, comme le remarque expressément (26) DENYS *d'Halicarnasse*.

(g) *Dion. Halicarn.* Lib. VI. Cap. XXX.
(h) *Idem*, Lib. VII. Cap. LXIII.

§. XVIII. 1. VOILA pour la distribution du Butin. Lors qu'on le laissoit au pillage, on permettoit aux Soldats de piller ou dans le tems qu'on alloit ravager un païs, ou après un Combat, ou après la prise d'une Ville, en sorte qu'ils devoient alors attendre le signal qu'on leur donnoit pour commencer. Cette maniére de donner le butin aux Soldats étoit rare dans les tems anciens, mais on en a des exemples. *Tarquin le Superbe* abandonna (a) au pillage de ses Soldats la Ville de *Suessa Pometia*. Le Dictateur *Quintus Servilius* (b) en fit de même du Camp des *Eques*; *Camille*, (1) de la Ville de *Veïes*; & le Consul *Servilius*, (2) du Camp des *Volsques*. *Lucius Valerius* permit aussi (3) le pillage, après avoir vaincu les *Eques*; *Quintus Fabius*, (c) après la défaite des *Volsques*, & la prise d'*Ecétra*. Dans la suite, on a souvent accordé cette permission. Après la victoire remportée sur le Roi *Persée*, (d) le Consul *Paul* donna à l'Infanterie

(a) *Dion. Halic.* Lib. IV. Cap. L.
(b) *Tit. Liv.* Lib. IV. Cap. XLVII. *num.* 4.
(c) *Dion. Halic.* Lib. X. Cap. XXI.
(d) *Tit. Liv.* Lib. XLIV. Cap. XLV. *num.* 3.

(25) Cet exemple n'est pas bien appliqué. L'accusation de *Camille* avoit un autre fondement. Voiez TITE LIVE, que nôtre Auteur cite à la marge, *Lib.* V. Cap. XX. XXII. XXIII. XXXII. & PLUTARQUE, *in Camill.* pag. 132, 133.

(26) Ἵνα οἱ ἀεὶ συναγωνιζόμενοι τῷ ἔργῳ, ἃ τῶν πόνων καρπὸν κομισάμενοι, προθυμότεροι ὦσι τοῖς ἄλλοις στρατιώταις ἀνταγωνίζεσθαι &c. Lib. VII. Cap. LXIV. *Ed. Oxon.* J'ai mis ici στρατιώταις, au lieu de στρατηγοῖς, selon la conjecture de SYLBURGE, renduë indubitable par l'autorité d'un bon MS. du *Vatican*, que Mr. HUDSON auroit bien pû suivre.

§. XVIII. (1) Ce fut en conséquence d'une déliberation du Sénat; car *Camille* n'avoit pas voulu donner de lui-même cette permission comme nous le voions dans TITE LIVE, Lib. V. Cap. XX.

(2) Ce Consul ne permit pas le pillage de la maniére, dont il s'agit, c'est-à-dire, en sorte que chacun gardât ce qu'il auroit pris: car DENYS *d'Halicarnasse* dit expressément, qu'il fit partager le butin: Ταῦτα ποιεῖ ὁ Σερουΐλιος, ὡς ἕκαστος ἀφέλοιτο, μηδὲν δ' εἰς τὸ δημόσιον ἀναφέροντας, διανείμασθαι κελεύσας &c. Antiq. Rom. *Lib.* VI. *Cap.* XXIX.

(3) Cet exemple est douteux. Il ne paroît pas bien que le pillage ait été permis de la maniére dont nôtre Auteur l'entend. Voiez DENYS *d'Halicarnasse*, Lib. IX. Cap. LV.

(4) Nôtre Auteur a oublié, qu'il a lui-même cité ci-dessus cet exemple, en parlant de la distribution du butin faite selon une certaine proportion, §. 17. *Note* 8. Car c'est dans le même Chapitre de TITE LIVE qu'est contenu le fait, qu'il rapporte ici: *Senatum prædam* Epiri *civitatium, quæ ad* Persea *defecissent exercitui dedisse* Lib. XLV. Cap. XXXIV. *num.* 1. L'exemple, qu'il ajoûtoit ici dans une petite Note, est plus à propos; c'est celui du pillage de la Ville d'*Athénes*, que *Sylla* donna à ses Soldats, comme le témoigne APPIEN *d'Aléxandrie*, De Bell. Mithridat. *pag.* 331. *Ed. Amst.* (195. *H. Steph.*)

(5) Voiez APPIEN *d'Aléxandrie*, De Bell. Mithridat. (*pag.* 383, 384. *Edit. Amst.* 230. *H. Steph.*) PLUTARQUE dit, que *Lucullus* laissa la Ville de *Tigranocerte* au pillage de ses Soldats; & qu'outre cela il leur donna à chacun du butin huit cens drachmes: (*Vit. Lucull.* pag. 511. B. Tom. I. *Ed. Wech.*) L'Empereur *Sévére* donna à ses Soldats le butin de la Ville de *Ctésiphon*. Le même, comme nous l'apprend aussi SPARTIEN, dans sa Vie, voulut, que les Colonels, & les Capitaines, & les Soldats, gardassent ce qu'ils avoient pillé dans les ruës d'une Ville prise. *Mahomet II.* promit à ses Soldats le pillage de la Ville de *Constantinople*, & les Esclaves même qu'on y prendroit. GROTIUS.

Nôtre Auteur confond ici deux Empereurs Romains, à cause de la ressemblance du nom. La prémiere chose qu'il dit de *Sévére*, c'est-à dire, de *Septimius Sévére*, lui convient véritablement, & est rapportée par l'Historien qu'il cite; quoi qu'il ne paroisse pas bien clairement si cet Empereur laissa à chacun ce qu'il avoit pris, ou s'il partagea le butin selon la coûtume: *Harum adpellationum caussâ donativum militibus largissimum dedit, concessâ omni prædâ oppidi Parthici; quod milites quærebant.* SPARTIAN. in Septim. Sever. *Cap.* XVI. Mais l'autre chose est dite d'*Aléxandre Sévére*, par LAMPRIDIUS, qui parle du butin fait sur les *Perses*: *Et de præda, quam Persis diripuit, suum ditavit exercitum; quum & Tribunos ea quæ per vicos diripuerant, & duces, & ipsos milites, habere jussisset.* Cap. LV.

(6) Il donne l'omission de cette maniére d'aquérir pour exemple d'une énumération imparfaite, que feroit un Orateur, en disant à quelcun: „ Puis que vous „ possedez ce Cheval, il faut ou que vous l'ayiez acheté, ou qu'il vous soit parvenu en héritage, ou qu'on „ vous en ait fait présent, ou qu'il soit né dans vô-

„ tre

terie les dépouilles de l'Armée de ce Prince; & à la Cavalerie, le butin des terres d'alentour. Le même Général, en conséquence d'un Arrêt du Sénat, livra (4) au pillage de ses Soldats quelques Villes d'*Epire*. *Lucullus* aiant défait *Tigrane*, empêcha pendant long tems ses Soldats de butiner: (5) mais enfin, lors qu'il crut la victoire assûrée, il leur permit de prendre les dépouilles de l'Ennemi. CICERON (6) met au rang des maniéres (7) d'aquérir la propriété d'une chose, la prise des effets de l'Ennemi, qui n'ont point été vendus en encan public.

2. Il y a des gens, qui désapprouvent cet usage, & ils se fondent sur ce que les plus âpres à la proie enlévent aux braves Guerriers le prix de leur valeur; l'experience faisant voir, que pour l'ordinaire les moins ardens au combat (e) sont les prémiers à piller, pendant que les plus courageux ne pensent qu'à avoir la meilleure part des travaux & des dangers, comme le disoit *Appius Claudius*, au rapport de (8) TITE LIVE, & avant lui CYRUS, (9) dans XE'NOPHON. Mais on allégue, d'autre côté, cette raison, qu'un Soldat (10) aime mieux remporter chez soi un butin qu'il a pris lui-même, qu'une portion beaucoup plus considérable, qu'il tiendroit de la liberalité d'autrui.

(e) Voiez un passage de *Procope*, qui sera cité plus bas, sur le §. 24. *Note* 11.

3. Quelquefois aussi on a permis le pillage, parce qu'on ne pouvoit l'empêcher: comme cela arriva, au rapport de TITE LIVE, (11) dans la prise de *Cortuose*, Ville d'*Etrurie*; & dans la défaite des (12) *Galates* par *Caius Helvius*.

§. XIX. J'AI dit encore, que le butin, ou l'argent qu'on en avoit fait, étoit quelquefois donné à d'autres que les Soldats. Cela se pratiquoit d'ordinaire envers ceux qui avoient contribué aux frais de la Guerre, (1) & que l'on remboursoit par ce moien. Nous

„ tre maison, ou que vous l'ayiez volé: Or vous ne „ l'avez ni acheté, ni eu par héritage, ni reçu en „ present &c. Donc vous l'avez volé. Il falloit ajoûter, dit CICE'RON, que ce Cheval peut avoir été pris sur les Ennemis, & laissé hors du nombre des choses qui devoient être venduës, pour le profit du Public; *Præteritur quiddam in ejusmodi enumerationibus: Quoniam habes istum equum, aut emeris oportet, aut hereditate possideas, aut munere acceperis, aut domi tibi natus sit, aut, si horum nihil est, surripueris necesse est. Sed neque emisti, neque hereditate venit, neque domi natus est, neque donatus est: necesse est ergo surripueris. Hoc commodè reprehenditur, si dici possit ex hostibus equus esse captus, cujus prædæ sectio non venierit.* De Invent. *Lib.* I. *Cap.* XLV.

(7) VARRON faisant une énumération des différentes maniéres dont on aquiert un Esclave, selon les Loix, en met six. 1. Lors qu'on s'est porté pour Héritier de celui à qui l'Esclave appartenoit. 2. Lors que l'Esclave a été aliéné en nôtre faveur par une vente imaginaire faite avec la Balance. 3. Lors qu'il nous a été cédé en justice avec les conditions & les formalitez requises. 4. Lors qu'on a atteint le tems de la Prescription. 5. Lors qu'on a acheté l'Esclave dans la vente du Butin: 6. Ou enfin dans un Encan public des biens de quelcun. *In emtionibus dominum legitimum sex fere res perficiunt: si hereditatem justam adiit: si, ut debuit, mancipio ab eo accepit, à quo, jure civili, potuit: aut si in jure cessit, cui potuit cedere, & id ubi oportuit: aut si usucepit: aut si è præda sub corona emit: tumve quum in bonis sectioneve cujus publicè venit.* (De Re Rustica, Lib. II. Cap. X.) GROTIUS.

Voiez, sur ce passage, WILHELMI GOESII *Vindiciæ pro recepta de mutui alienatione sententia*, pag. 66. & seqq. & les Notes de Mr. SCHULTING sur les *Institutions* de CAJUS, Lib. I. Tit. VI. §. 3. *pag.* 33. col. a. de la *Jurisprud. Ante-Justinianea*.

(8) *Non avidas in direptiones manus otiosorum urbanorum prærepturas fortium bellatorum præmia esse: quum ita ferme eveniat, ut qui segnior sit, prædetur, at fortissimus quisque laboris periculique præcipuam petere partem soleat.* Lib. 5. Cap. XX. *num.* 6. Je rapporte le passage de la maniere que fait nôtre Auteur, qui corrige sans dire mot, & comme il l'entend, les Editions publiées de son tems: au lieu, que, dans les plus anciennes Editions, & dans les meilleurs MSS. que J. FRIDERIC GRONOVIUS suit, il y a: *Ut segnior sit prædator, ut quisque laboris* &c. Le sens neanmoins revient à la même chose: car ces paroles, ainsi luës, signifient, que ceux qui cherchent le plus à avoir la meilleure part des travaux & des dangers, sont les plus lents à courir au pillage; ce qui donne assez à entendre, que les moins braves sont au contraire les plus âpres au butin. Voiez la Note de ce grand Critique.

(9) Ἐν τε τῇ ἁρπαγῇ εὖ οἶδ᾽ ὅτι οἱ πονηρότατοι πλεονεκτοῖεν ἄν. De Inst. Cyr. *Lib.* VII. *Cap.* II. §. 4. *Ed. Oxon.*

(10) *Gratius id fore lætiusque, quod quisque sua manu ex hoste captum domum retulerit, quàm si multiplex alterius arbitrio accipiat.* TIT. LIV. Lib. V. Cap. XX. *num.* 8.

(11) *Publicari prædam Tribunis placebat: sed imperium, quam consilium, segnius fuit. dum cunctantur jam militum præda erat; nec nisi per invidiam adimi poterat.* Lib. VI. Cap. IV. *num.* 11.

(12) *Nec continere suos à direptione castrorum* (Gallogræcorum) *valuit* [C. Helvius]: *prædaque eorum, iniquissimâ sorte, qui pugnæ non interfuerant, facta est.* Idem, *Lib.* XXXVIII. *Cap.* XXIII. *num.* 4.

§ XIX. (1) C'est ainsi que les Consuls *Menenius Agrippa*, & *Postumius Tubertus*, aiant vaincu les *Sabins*, vendirent les Prisonniers, & de l'argent qu'ils en retirerent, rendirent à chacun ce qu'il avoit fourni pour équip-

Nous lisons aussi, qu'on a quelquefois pris de l'argent du butin, pour donner des Jeux Publics.

§. XX. 1. Et ce n'est pas seulement en différentes Guerres qu'on a diversement disposé du butin: mais dans une seule & même Guerre le même butin a été souvent emploié à des usages différens, soit selon les portions qu'on en faisoit purement & simplement, soit en distinguant les différentes sortes de choses. Ainsi (a) *Camille*, à l'exemple des *Grecs*, (1) qui avoient eux-mêmes imité en cela les *Hébreux*, consacra à *Apollon Pythien* un dixiéme du butin. Et les Pontifes décidérent alors, que le vœu d'un dixiéme du butin renfermoit non seulement les Choses Mobiliaires, tant animées, qu'inanimées, mais encore la Ville & le Territoire. Dans une autre victoire que le même *Camille* remporta alors, (b) on ne donna aux Soldats qu'une petite partie du butin; le reste fut remis au Trésorier du Peuple. *Cneus Manlius*, après la défaite des *Galates*, brûla leurs armes, par une superstition Romaine; & il ordonna que chacun apportât ce qu'il avoit pris, dont *il vendit une partie, c'est-à-dire, ce qui en devoit revenir au Public; & il distribua le reste aux Soldats, aiant soin de faire le partage aussi égal qu'il se pouvoit*; ce sont les (2) paroles de Tite Live. *Fabricius* aiant vaincu les *Lucains*, les *Brutiens*, & les *Samnites*, (3) enrichit le Soldat du butin, en rendit aux Citoiens la valeur de ce qu'ils avoient contribué pour les frais de la Guerre, & en mit outre cela quatre cens talens dans le Trésor Public. *Quintus Fabius* & *Appius Claudius*, (c) aiant pris le Camp de *Hannon*, vendirent le butin, & le distribuérent, donnant des récompenses particuliéres à ceux qui avoient rendu des services signalez. *Scipion*, (d) après la prise de *Carthage*, abandonna au pillage des Soldats ce qui étoit dans la Ville, excepté l'Or, l'Argent, & les choses consacrées aux Dieux. *Acilius*, aiant pris la Ville de *Lamie*, (e) distribua une partie du butin, & vendit l'autre.

2. Les differentes sortes de Butin, qu'on peut distinguer, sont les Prisonniers de guerre, & les Troupeaux de gros & de menu bétail, (qui est ce que les *Grecs* appellent proprement (f) *Proie* ou *Butin*) l'Argent, & les autres Choses Mobiliaires, tant précieuses, que de peu de prix. *Quintus Fabius*, après la défaite des *Volsques*, (4) fit vendre par le Trésorier du Peuple Romain les Personnes & les Bêtes, avec toutes les dépouilles, mais il mit lui-même l'Argent dans le Trésor Public. Le même, après avoir vaincu les *Volsques* & les *Equicoles*, (g) donna aux Soldats les Prisonniers, à la reserve de ceux de *Tusculum*; & il laissa au pillage, dans les Terres d'*Ecétra*, les Personnes & le Bêtail. *Lucius Cornélius*, après la prise d'*Antium*, (h) rapporta dans le Trésor Public l'Or, l'Argent, & le Cuivre, qu'on avoit pillé: il fit vendre par le Trésorier les Prisonniers & le butin; & il laissa aux Soldats les Vivres & les Habits. *Quintius Cincinnatus*

(a) *Tit. Liv.* Lib. V. Cap. XXIII. *num.* 8. *Appian. Alex.* in Excerpt. Peiresc.

(b) *T. Liv.* Lib. I. Cap. XIX. *num.* 7.

(c) *Tit. Liv.* Lib. XXV. Cap. XIV. *num.* 12, 13.

(d) *Appian. Alex.* De Bell. Pun. pag. 336. *Ed. Amst.* (83. *Ed. Steph.*)

(e) *T. Liv.* Lib. XXXVII. Cap. V. *num.* 3.

(f) Λεία.

(g) *Dion. Halic.* Lib. X. Cap. XXI.

(h) *Idem*, ibid.

équipper les Soldats: Τούτων δὲ πραθέντων δημοσίᾳ, τὰς κατ' ἄνδρα γενομένας εἰσφορὰς, αἷς ἔστειλαν τοὺς στρατιώτας, ἅπαντες ἐκομίσαντο. Dion Halicarn. *Antiq. Rom.* Lib. V. Cap. XLVII. pag. 300. *Ed. Oxon.* (313. *Sylb.*) C'est le passage, que nôtre Auteur avoit en vuë dans la citation marginale, où il cottoit seulement le Livre.

§ XX. (1) Voiez ci-dessus, §. 1. *Note* 3.

(2) *Consul* [Cnæus Manlius] *armis hostium in uno concrematis cumulo, ceteram prædam conferre omnes jussit & aut vendidit quod ejus in publicum redigendum erat, aut cum cura ut quam æquissima esset, per milites divisit.* Lib. XXXVIII. Cap. XXIII. *num.* 10.

(3) C'est-ce que Denys d'Halicarnasse fait dire à *Fabricius* lui-même: Ἐξ ὧν τὴν στρατιὰν ἅπασαν ἐπλούτισα καὶ τὰς εἰσφορὰς τοῖς ἰδιώταις, ἃς εἰς τὸν πόλεμον προσενηνόχασιν, ἀπέδωκα, καὶ υ' τάλαντα μετὰ τὸν θρίαμβον εἰς τὸ ταμιεῖον εἰσήνεγκα. Excerpt. pag. 714. *Ed. Oxon.* Nôtre Auteur ajoûtoit ici, dans une Note, que *Fabius Maximus*, après avoir pris *Tarente*, distribua tout le butin à ses Soldats, & rapporta seulement dans le Trésor Public l'argent provenu de la vente des prisonniers. Mais Tite Live, Lib. XXVII. Cap. XVI. *num.* 7. & Plutarque, *Vit. Fab.* pag. 187. C. racontent autrement la chose. Je soupçonne que nôtre Auteur a confondu ce que le prémier de ces Historiens dit de *Fabius*, avec ce qu'il rapporte un peu plus bas, au sujet de *Scipion*, Vainqueur d'*Asdrubal*: Scipio *castris hostium potitus, quum, præter libera capita, omnem prædam militibus concessisset* &c. Cap. XIX. *num.* 2.

(4) Ὁ δὲ ὕπατος [Φάβιος] τήν τε λείαν, ἐὰν ἐπέτυχε, καὶ τὰ λάφυρα, καὶ τοὺς αἰχμαλώτους ἀποδόσθαι κελεύσας τοῖς ταμίαις, εἰς τὴν πόλιν ἀπήνεγκε τὸ ἀργύριον. Dion Halicarnass. *Antiq. Rom.* Lib. VIII. Cap. LXXXII. pag. 526. *Ed. Oxon.* (549. *Ed. Sylb.*) Ici le mot de λεία ne comprend que les Bêtes; puis que les *Prisonniers* en sont distinguez.

cinnatus (i) aiant pris *Corbion*, Ville des *Equicoles*, envoia à *Rome* ce que l'on avoit pris de plus précieux, & distribua le reste aux Soldats par compagnies. *Camille*, après la prise de *Véies*, ne (k) garda pour le Public que l'argent provenu de la vente des Prisonniers. Et lors qu'il eût défait les *Etruriens* (l) il rendit aux Dames Romaines, de la vente des Prisonniers, l'or qu'elles avoient fourni pour les frais de la Guerre : il en fit aussi trois Coupes d'or, qu'il mit dans le Capitole. Sous la Dictature de *Cornélius Cossus*, (m) on laissa aux Soldats tout le butin fait sur les Volsques, à la reserve des Personnes libres.

(i) *Idem*, ib. Cap. XXV.

(k) T. *Liv.* Lib. V. Cap. XXII. *num.* 1.

(l) *Idem*, Lib. VI. Cap. IV. *num.* 2.

(m) *Idem*, ibid. Cap. XIII. *n.* 1. 6.

§. XXI. 1. Tout ce que nous venons de dire fait voir suffisamment, que, chez les *Romains*, aussi bien que chez les autres Nations, le Butin appartenoit au Peuple; mais que les Généraux d'armée avoient quelque pouvoir d'en disposer, en sorte pourtant qu'ils devoient rendre compte au Peuple de la maniére dont ils avoient usé de ce pouvoir, comme nous l'avons remarqué ci-dessus. Cette restriction paroit par quelques exemples que nous avons déja alléguez, & par celui de (1) Lucius Scipion, qui fut condamné, comme coupable de (a) Péculat, pour avoir gardé six mille livres d'or, & quatre cens huitante livres d'argent, lors qu'il mit dans le Trésor Public ce qu'il avoit pris.

(a) Voiez *Valére Maxime*, Lib. V. Cap. III. *num.* 2.

2. *Marc Caton*, dans une Harangue qu'il fit sur la distribution du Butin, se plaignit en termes forts & nobles, à ce que dit Aulu-Gelle, de l'impunité & de la licence du Peculat. En voici un fragment, que cet Auteur nous a conservé : (2) *Ceux qui ont volé quelque Particulier, sont condamnez à passer leur vie dans les fers; mais les Voleurs du bien public, vivent dans la magnificence, on ne voit chez eux qu'or & que pourpre.* Je *m'étonne*, disoit-il, dans un autre fragment, qui se trouve rapporté par Priscien, (3) *qu'on ne fasse pas scrupule d'étaler chez soi, comme autant de meubles de la maison, des Statuës prises à la Guerre, qui représentent le visage respectable des Dieux.* Dans l'accusation de Péculat, que Ciceron intenta contre *Verrès*, il exaggéra l'atrocité du crime par cette considération, (4) que *Verres* avoit volé une Statuë, & une Statuë qui étoit du butin fait sur l'Ennemi.

2. Et ce n'étoient pas seulement les Généraux, qui se rendoient coupables de Péculat, en ne rapportant pas le butin dans le Trésor Public : les Soldats même étoient accusez sur ce pié-là; car on les faisoit tous jurer, comme le dit Polybe, (5) *de ne rien détourner du butin, mais d'en rendre compte fidélement.* C'est à quoi se rapporte peut-être la formule d'un Serment, qu'Aulu-Gelle nous a conservée, dans laquelle on faisoit jurer les Soldats, (6) qu'ils ne prendroient rien ni dans l'Armée, ni à dix mille pas à la ronde, qui valût plus de deux sols & demi; & que, s'ils avoient pris quelque chose

§. XXI. (1) Scipio, & A. Hostilius *legatus*, & C. Furius *damnati : Quo commodior pax* Antiocho *daretur*, Scipionem *sex millia pondo auri, quadringenta octoginta argenti, plus accepisse, quàm in ærarium retulerit.* Tit. Liv. Lib. XXXVIII. Cap. LV. *num.* 6.

(2) *Sed enim* M. Cato, *in oratione, quam de prædâ militibus dividundâ scripsit, vehementibus & illustribus verbis de impunitate peculatûs atque licentia conqueritur. ea verba, quoniam nobis impensè placuerunt, adscripsimus:* Fures, *inquit*, privatorum furtorum in nervo atque in compedibus ætatem agunt; fures publici, in auro atque in purpura. *Noct. Attic.* Lib. XI. Cap. XVIII.

(3) Cato Censorius, *in Oratione, quam scripsit, uti præda in publicum referatur :* Miror audere, atque religionem non tenere, statuas Deorum, exempla earum facierum, signa domi pro supellectile statuere. Lib. VII. in fin. *pag.* 275. *Ed. Basil.* 1568.

(4) C'étoit une Statuë de *Mercure*, que *Scipion l'Africain* avoit trouvée autrefois parmi le butin de la prise de *Carthage*, & dont il avoit fait présent à la Ville de *Tyndare : Est peculatus* [crimen], *quòd publicè Populi Romani signum, de prædâ hostium captum, Imperatoris nostri nomine, non dubitavit auferre.* In Verr. *Lib.* IV. *Cap.* XLI.

(5) Περὶ δὲ τοῦ μηδένα νοσφίζεσθαι μηδὲν τῶν ἐκ τῆς διαρπαγῆς, ἀλλὰ τηρεῖν τὴν πίστιν κατὰ τὸν ὅρκον, ὀμνύουσι πάντες, ὅταν ἀθροισθῶσι πρῶτον εἰς τὴν παρεμβολήν, ἐξιέναι μέλλοντες εἰς τὴν πολεμίαν. Lib. X. Cap. XVI. pag. 822. *Edit. Amstel.*

(6) *Item in libro ejusdem* Cincii de Re Militari *quinto, ita scriptum est :* Quum dilectus antiquitus fieret, & milites scriberentur, jusjurandum eos Tribunus militaris adigebat in verba hæc: In Magistratu C. Lælii, C. Filii, Consulis, in exercitu, decemque milia passuum prope, furtum non facies dolo malo, solus neque cum pluribus, pluris nummi argentei in dies singulos,

chose au delà, ils le porteroient au Consul, ou ils lui en feroient leur déclaration, sans attendre plus de trois jours.

4. Ce que nous venons de remarquer, sert à entendre une Loi du Droit Romain, où le Jurisconsulte MODESTIN pose pour maxime, que (7) *celui qui a volé quelque chose du butin fait sur l'Ennemi, est coupable de Peculat.* Et cela devoit suffire, pour empêcher que les Interprêtes Modernes ne se missent dans l'esprit, que les choses prises sur l'Ennemi sont aquises à chaque Particulier qui s'en est saisi le prémier: car il est constant, que le crime de Peculat ne se commet qu'en matiére de *Choses Publiques*, ou de *Choses Sacrées*, ou de celles qui concernent les Sépulcres, que les Jurisconsultes Romains appellent des *Choses Religieuses*, dans un sens particulier.

§. XXII. 1. TOUT ce que nous avons dit, tend à faire voir, que les choses prises sur l'Ennemi, dans quelque expédition militaire, appartiennent prémiérement & directement au Peuple ou au Roi, qui fait la Guerre, indépendamment des Loix Civiles; comme nous nous étions proposez de l'établir. Je dis, *indépendamment des Loix Civiles:* car, à l'égard des choses qui ne sont pas encore actuellement aquises, les Loix peuvent régler l'aquisition de la maniére qu'elles jugent à propos pour le bien public, soit que le Peuple fasse ces Loix, comme parmi les *Romains*, ou que ce soit le Roi, comme parmi les anciens *Hébreux*, & ailleurs. Bien entendu que sous le nom de Loi, nous comprenons aussi la Coutume duëment établie.

2. J'ai dit encore, que le Butin appartient *prémiérement & directement* au Peuple, ou au Chef du Peuple, pour insinuer, que le Peuple, ou son Chef, peut donner à certaines personnes le butin, comme toutes les autres choses, non seulement après l'aquisition, mais encore auparavant; en sorte que la capture s'ensuivant, le don & la prise de possession (1) s'unissent ensemble par main bréve, comme parlent les Jurisconsultes.

3. Cette concession peut se faire non seulement à telles ou telles personnes désignées distinctement & par leur nom, mais encore à un certain ordre de personnes en général; comme, du tems des *Maccabées*, (a) on donna une partie du butin aux Veuves, aux Vieillards, & aux Pupilles qui en avoient besoin. On peut aussi donner le butin, sans déterminer ni en particulier, ni en général, les personnes à qui on le donne, de la même maniére que les Consuls Romains jettoient certaines (2) choses, pour être au prémier qui s'en saisiroit.

(a) *II. Maccab.* VIII, 28, 30.

4. Ce

LOS. EXTRAQUE HASTAM, HASTILE, LIGNA, NAPUM, PABULUM, UTREM, FOLLEM, FACULAM, SI QUID IBI INVENERIS, SUSTULERISVE QUOD TUUM NON ERIT, QUOD PLURIS NUMMI ARGENTEI ERIT, UTI TU AD C. LÆLIUM, C. FILIUM, CONSULEM, L. VE CORNELIUM, P. FILIUM, CONSULEM, SIVE QUEM AD UTRUM EORUM JUS ERIT, PROFERRES, AUT PROFITEBERE, IN TRIDUO PROXIMO, QUIDQUID INVENERIS SUSTULERISVE SINE DOLO MALO, AUT DOMINO SUO CUJUM ID CENSEBIS ESSE, REDDES, UTI QUOD RECTUM FACTUM ESSE VOLES. Noct. Attic. *Lib.* XVI. Cap. IV. Voiez là-dessus la Dissertation de SCHELIUS, *De Sacramentis militum*, jointe à son Commentaire *De Castris Romanorum*, pag. 184. & *seqq.*

(7) *Is, qui prædam ab hostibus captam subripuit, peculatus tenetur, & in quadruplum damnatur.* DIGEST. Lib XLVIII. Tit. XIII. *Ad Leg. Jul. peculatus* &c. Leg. XIII.

§ XXII (1) *Conjungantur actiones brevi manu*, dit nôtre Auteur. Voiez sur PUFENDORF, *Droit de la Nat. & des Gens*, Liv. IV. Chap. IX. §. 9. *Note* 1.

(2) *Missilia.* Voiez PUFENDORF, au même endroit que je viens de citer, *Note* 9.

§ XXIII. (1) La Reine *Amalasonthe* se sert de cette raison, dans sa Lettre à l'Empereur JUSTINIEN, (rapportee par PROCOPE) *Gothic.* Lib. I. (Cap. III.) GROTIUS.

(2) Il parle aussi de ceux qui enseignent les Sciences: *Itaque his* [Medico, & bonarum artium præceptori] *non rei pretium, sed operæ solvitur, quòd deserviunt, quòd à rebus suis avocati nobis vacant. Mercedem non meriti, sed occupationis suæ ferunt.* De Benefic. *Lib.* VI. *Cap.* XV.

(3) *Neque enim video, qua justior adquirendi ratio, quàm ex honestissimo labore, & ab iis, de quibus optimè meruerint, quique, si nihil invicem præstent, indigni fuerint defensione. Quod quidem non justum modo, sed necessarium etiam est: quum hæc ipsa opera, tempusque omne alienis negotiis datum, facultatem aliter adquirendi recidant.* Instit. Orator. (*Lib.* XII. *Cap.* VII. pag. 735. *Ed. Obrecht.*) C'est ce que TACITE appelle, abandonner le soin de ses affaires domestiques, pour prendre soin des affaires d'autrui: *Omitti curas familiares, ut quis se alienis negotiis intendat.* Annal. (*Lib.* XI. *Cap.* VII.) GROTIUS.

(4) Voiez PLUTARQUE, dans la Vie de *Marcellus.* GROTIUS.

4. Ce transport de droit, qui se fait ou par les Loix, ou par quelque concession particuliére; n'est pas toûjours une simple donation; c'est quelquefois un contract, & quelquefois un paiement de ce qu'on devoit, ou un dedommagement de ce que quelcun a contribué pour les frais de la Guerre, ou une récompense de son service, comme quand des Alliez, ou des Sujets, portent les armes sans tirer aucune Solde, ou la reçoivent si petite, qu'elle ne répond pas au prix du service. Nous voions que, pour ces raisons, on donne souvent ou tout le butin, ou une partie.

§. XXIII. 1. LES Jurisconsultes Modernes (a) remarquent, qu'en vertu d'un usage établi presque par tout, les Alliez, & les (b) Sujets, qui servent à leurs dépens & à leurs risques & périls, s'approprient légitimement ce qu'ils prennent à la Guerre. La (1) raison en est claire, à l'égard des Alliez. Car naturellement chacun est tenu envers tout autre, avec qui il est entré dans quelque Société, de le dédommager de ce qu'il souffre à cause des affaires communes, ou publiques. D'ailleurs, on ne donne guéres sa peine pour rien, comme SENEQUE (2) le remarque à l'égard des Médecins, & (3) QUINTILIEN, au sujet des Avocats, qui, selon ces deux Auteurs, peuvent raisonnablement exiger qu'on leur paie aussi le tems qu'ils donnent aux affaires d'autrui, & qu'ils auroient pû emploier aux leurs propres. Ainsi il y a tout lieu de présumer, que des Alliez, qui servent à la Guerre sans solde, l'ont fait dans l'esperance (4) de se dédommager & de se paier eux-mêmes par les prises qu'ils pourroient faire sur l'Ennemi; à moins qu'il n'y aît quelque chose qui montre le contraire, comme s'il paroît qu'ils ont agi par un pur principe de liberalité, ou s'ils ont renoncé par un contract antérieur à ce dédommagement.

(a) *Calderin.* Consil. 85. *Joan. Lupus*, De Bello, §. *Si bene decretas: Jason*, in L. *Quod apud hostes*, De Legat. I. *Francisc. à Ripa*, in L. I. De adquir possess. *num.* 5. *Covarruv.* ad Cap. *Peccatum*, Part. II. §. 11. *num.* 8. *Bonfin.* Rer. Hungar. *Lib.* IV. *Decad.* V.
(b) Voiez *Cromer.* Polonic. Lib. XIX. pag 430.

2. On trouve un exemple de cette Coûtume, dans un Traité d'Alliance entre les *Romains*, & les *Latins*, (5) par lequel ceux-ci devoient avoir une égale (6) portion du butin, dans les Guerres qui se feroient sous les auspices du Peuple Romain. De même, dans la Guerre que les *Etoliens* faisoient avec le secours des *Romains*, (7) les *Etoliens* avoient en partage les Villes & les Terres conquises; & les *Romains*, les Prisonniers, avec les Choses Mobiliaires. *Démétrius*, après avoir vaincu le Roi *Ptolomée*, (c) donna aux *Athéniens* une partie du butin. ST. AMBROISE, traitant de l'Histoire d'*Abraham*, fait voir l'équité de cet usage: (8) *Le Patriarche*, dit-il, *reconnoît que ceux qui avoient été avec lui à l'expédition contre les Rois, & qui s'étoient*

(c) *Plutarch.* in Demetr. pag. 896. A.

Je ne trouve rien dans cette Vie de *Marcellus*, qui puisse se rapporter ici, que ce qui est dit du Général Romain, qu'après la défaite des *Gaulois*, le Peuple Romain fut si content de cette victoire, qu'il envoia un beau présent à l'*Apollon* du Temple de *Delphes*, & qu'il donna de plus une partie du butin aux Villes Alliees, comme aussi à *Hieron*, Roi de *Syracuse*, Ami & Allié des *Romains*. Pag. 302. Tom. I. *Edit. Wech.*

(5) Nôtre Auteur n'exprime pas assez bien la clause du Traité. Elle avoit lieu, tant par rapport aux Guerres faites sous les auspices des Peuples Latins, qu'à l'égard de celles qui se feroient sous les auspices du Peuple Romain: car ils s'engageoient reciproquement à se secourir les uns les autres, quand ils viendroient à être attaquez: Βοηθείτωσάν τε τοῖς πολεμουμένοις ἁπάσῃ δυνάμει, λαφύρων τε καὶ λείας τῆς ἐκ τῶν πολέμων κοινῶν [c'est ainsi qu'il faut lire, suivant le Mſ. du *Vatican*, au lieu de τῶν πολέμων αὐτῶν] τὸ ἴσον λαγχανέτωσαν μέρος ἀμφότεροι. DION. HALICARN. Lib. VI. Cap. XCV. pag. 400. *Ed. Oxon.* (415. *Sylburg.*) TITE LIVE, qui etoit cité en marge, mais fautivement dans toutes les Editions, avant la mienne; dit bien, que les *Romains* firent un Traité d'Alliance avec les *Latins*, *Lib.* II. *Cap.* XXXIII. *num.* 4. mais il ne fait mention d'aucun article de ce Traité.

(6) Le Peuple Romain donnoit aux anciens *Latins* le tiers du butin, à ce que dit PLINE: *Quibus* (priscis Latinis) *ex fœdere tertias prædæ Romanus Populus præstabat.* Hist. Nat. *Lib.* XXXIV. *Cap.* V. Les *Cantons Suisses*, au rapport de SIMLER, partagent le butin, à proportion des troupes que chacun fournit. Le *Pape*, l'*Empereur*, les *Venitiens*, Alliez contre le *Turc*, firent le partage à proportion de ce que chacun avoit contribué aux frais de la Guerre; comme le remarque PARUTA, Lib. VIII. *Pompée le Grand* donna la *petite Arménie* au Roi *Déjotare*, à cause qu'il l'avoit aidé dans la Guerre contre *Mithridate*. GROTIUS.

Nôtre Auteur a tiré d'EUTROPE ce dernier fait, dont il ne donne aucun garant: *Armeniam minorem* Dejotaro, Galatiæ *Regi*, *donavit*, *quia socius belli Mithridatici fuerat.* Lib. VI. Cap. XI. *num.* 5. *Edit. Cellar.* Voiez aussi STRABON, *Geogr.* Lib. XII. pag. 823. A. *Ed. Amst.* (547. *Edit. Paris.*)

(7) *Et ita in fœdere primo cautum esse, ut belli præda, rerumque quæ ferri agique possent*, Romanos; *ager, urbesque captæ*, Ætolos *sequerentur.* TIT. LIV. Lib XXXIII. Cap. XIII. *num.* 10. Voiez aussi POLYBE, Lib. XI. Cap. V.

(8) *Sanè iis, qui secum fuissent, in adjumentum fortasse*

toient peut-être alliez avec lui, pour le secourir, doivent avoir une partie du profit, comme une recompense de leur peine.

§. XXIV. 1. La maxime, dont je viens de parler, n'est pas aussi incontestable, à l'égard des Sujets, parce que tout Sujet doit servir l'Etat. Mais on peut dire, d'autre coté, que dans les païs où il n'y a qu'une partie des Sujets, qui aillent à la Guerre, le Corps de l'Etat est tenu de les recompenser à proportion de ce qu'ils prennent plus de peine & qu'ils font plus de dépenses pour le bien public, que les autres Citoiens; & à plus forte raison, les dédommager des maux & des pertes auxquelles ils ont été exposez. A la place d'une recompense & d'un dédommagement fixe, on accorde aisément, & non sans raison, aux Sujets qui servent ainsi, l'esperance de tout le butin, ou d'une partie, dont la valeur est toûjours indéterminée. La proie est alors pour ceux qui l'ont gagnée par leurs travaux, pour parler avec (1) un Poëte.

2. Le Peuple d'*Israël* nous en fournit un exemple: car ceux qui (a) avoient été en expédition, avoient (2) la moitié du butin. Les Soldats d'*Aléxandre le Grand* pouvoient garder, comme leur appartenant, ce qu'ils prenoient à des Particuliers, excepté certaines choses de grand prix, qu'ils portoient ordinairement au Roi: & de là vient que, quand *Aléxandre le Grand* campoit à *Arbeles*, on vint accuser ses (b) Soldats d'avoir complotté de s'approprier tout le butin, sans en rien remettre au Trésor Roial. Mais les biens publics des Ennemis ou de leur Roi, n'étoient point aux Soldats, qui les prenoient; comme il paroît par ce qui est rapporté du pillage que firent les *Macédoniens*, lors qu'ils forcérent le Camp de *Darius*, près de la Riviére de *Pyrame:* ils prirent une grande quantité d'or & d'argent massif, & ne laissérent à piller que la Tente du Roi, *parce*, dit Quinte Curce, (3) *que selon une ancienne coûtume, le Roi vainqueur devoit être reçû dans la Tente du Vaincu.* C'est ainsi que, parmi les anciens *Hébreux*, (c) on mettoit sur la Tête du Roi Vainqueur la Couronne du Roi vaincu, & on gardoit pour lui tout le Bagage Roial qu'on avoit pris; ainsi que nous le voions dans le (d) Talmud. Nous lisons aussi dans l'Histoire de *Charlemagne*, que, quand il eut défait les *Hongrois*, le butin fait sur les Particuliers fut pour le Soldat, & les Biens Roiaux pour le Trésor de l'Empereur. Les *Grecs* distinguoient entre ce que l'on prend à l'Ennemi pendant l'action du combat; (4) & ce que l'on prend après le combat. Le premier butin étoit aux Particuliers; & l'autre, au Public: distinction que d'autres Peuples (e) ont aussi faite.

3. Pour ce qui est des *Romains*, il paroît par ce que nous avons dit ci-dessus, qu'on ne laissoit pas aux Soldats une si grande portion du butin, dans les tems anciens de la Ré-

(a) *Nombres*, XXXI. 27, 47. *I. Samuel*, XXX. 22, *& suiv.* *II. Macab.* VIII, 28, 30.

(b) *Plutarch.* in. Apophtheg. *pag.* 180. C. Tom. II. *Edit. Wechel.*

(c) *II. Sam.* XII. 30.

(d) Tit. *de Rege.*

(e) *Fr. Arias*, De Bello, *num.* 162. *Bellium*, Part. II. Tit. XVIII. *num.* 3. *Donell* Comm. Lib. IV. C. XXI. *Sylvest* verb. *Bellum*, I. princ. ex Rosell. *Wesembec.* ad §. 17. Instit. *de rerum divis.*

tasse sociasi, partem emolumenti tribuendam adserit tamquam mercedem laboris. Lib. I. *De Abraham.* Cap. III. Ce passage se trouve cité dans le Droit Canonique, *Caus.* XXIII. *Quæst.* V. Can. XXV.

§ XXIV. (1) *Præda sit hæc illis, quorum meruêre labores.* Propert. Lib. III. Eleg. III. *vers.* 21.

(2) Les *Pisidiens*, au rapport de Chalcondyle *Lib.* V. donnoient une partie du butin à ceux qui avoient gardé les maisons. Grotius.

(3) *Namque id solum* [tabernaculum] *intactum omiserant milites, ita tradito more, ut victorem victi Regis tabernaculo exciperent.* Lib. III. Cap. XI. *num.* 23. Voiez aussi Diodore *de Sicile*, Lib. XVII. (Cap. XXXV.) & Plutarque, *in Vit. Alexandr.* (pag. 676. A. *Ed. Wech.*) On trouve quelque chose de semblable dans Xenophon, *Cyropæd.* Lib. IV. (Cap. VI. §. 6. *Ed. Oxon.*) & *De Expedit. Cyri*, Lib. IV. (Cap. IV. § 13.) Grotius.

(4) Ils appelloient le prémier butin, Λάφυρα, & & l'autre Σκῦλα, Grotius.

Les Grammairiens entendent par Σκῦλα, les dépouilles des Morts; & par Λάφυρα, le butin pris sur les Vivans. Voiez Suidas, sur le premier mot.

(5) L'Historien, que nôtre Auteur cite en marge, dit seulement, que *Sylla* pilla cette Ville: Καὶ τήνδε μὲν [Αἰσερνίαν] ὁ Σύλλας διήρπαζεν &c. Appian. Alexandr. De Bell. Civ. Lib. I. pag. 643. *Ed. Amst.* (380. *H. Steph.*)

(6) —— *Non magno hortamine miles*
In prædam ducendus erat. Victoria nobis
Plena, Viri, dixit: superest pro sanguine merces,
Quam monstrare meum est: nec enim donare vocabo,
Quod sibi quisque dabit —— ——
Pharsal. *Lib.* VII. *vers.* 736, *& seqq.*

(7) *Expugnata urbis prædam ad milites; dedita ad duces pertinere.* Hist. Lib. III. Cap. XIX. *num.* 4.

(8) C'est la raison, dont Polybe se sert, pour montrer combien les *Romains* faisoient sagement, de partager également le butin entre les Soldats, après une expédition: Τῆς γὰρ ἐλπίδος τῆς περὶ τῶν ὠφελειῶν εἰς ἀνισουμένης ἀλλήλοις, ἀλλ' ἰσαζούσης ἐπί τε τοῖς μένουσι τῆς ἐφεδρείας καὶ τοῖς διαρπάζουσιν, οὐδεὶς ἀπολείπει τὰς τάξεις . . . . καὶ πολλοὶ δή τινες κατορθώσαντες τὰς ἐπιβολὰς, καὶ ποτὲ μὲν ἐπιτεθέντες ταῖς τῶν πολεμίων παρεμ-

République. On commença à leur en donner un peu plus pendant les Guerres Civiles. L'Armée de *Sylla* (5) pilla la Ville d'*Equulane*. *César*, après la Bataille de *Pharsale*, donna à ses Soldats le pillage du Camp de *Pompée*; & LUCAIN l'introduit disant là-dessus, (6) *qu'il ne fait que leur montrer la récompense de leur ardeur à exposer leur vie pour lui*, *& qu'il n'a garde d'appeller un don ce que chacun se donnera à lui-même*. Les Soldats d'*Octavius César* & de *Marc Antoine* (f) pillérent le Camp de *Brutus* & de *Cassius*. Dans une autre Guerre Civile, les Soldats de *Vespasien*, que l'on mena à *Crémone*, se hâtérent de prendre d'assaut cette riche Colonie, quoi que la nuit approchât, dans la crainte que les Commandans & les Lieutenans Généraux ne profitassent des richesses qu'il y avoit; car *ils savoient bien*, dit (7) TACITE, *que le butin d'une Ville prise est aux Soldats*, *au lieu que celui d'une Ville renduë appartient aux Généraux*. Lors que la Discipline Militaire alloit se relâchant, on accorda d'autant plus facilement aux Soldats le droit de s'approprier ce qu'ils pourroient prendre, que l'on craignit qu'avant le péril passé, ils ne laissassent l'Ennemi, pour courir au pillage; ce qui (8) a souvent fait perdre la victoire. Lors que *Corbulon* eut pris le Fort de *Volande* en *Arménie*, on vendit à l'encan la populace qui ne portoit point les armes; le reste fut la proie des Vainqueurs, comme nous l'apprend (9) TACITE. Le même Auteur dit, (10) que, dans un Combat contre les *Anglois*, *Suétone* exhorta ses gens à continuer le carnage, sans penser au butin, ajoûtant qu'après la victoire tout seroit à eux. (11) On trouve ailleurs de semblables exemples.

(f) *Appian. Alex.* De Bell. Civ. *Lib.* IV. pag. 1068. *Ed. Amst.* (668. *H. Steph.*)

4. Il y a des choses de si peu d'importance, qu'elles ne valent pas la peine d'être reservées pour le Public: aussi les laisse-t-on par tout à ceux qui les prennent. Telles étoient, sous l'ancienne République Romaine, les Piques, les Dards, le Bois, le Fourrage, les Outres, les Sacs de cuir, les Torches; en un mot, tout ce qui valoit moins de deux sols & demi; car c'est ce qui est excepté dans le serment des Gens de guerre, qu'AULU-GELLE (12) nous a conservé. On laisse encore aujourdhui à peu près la même valeur aux Matelots même qui servent pour la paie: c'est ce qu'on appelle en François *Dépouille*, ou *Pillage*: par où l'on entend (g) les Habits, & l'Or ou l'Argent, s'il n'y a pas plus de dix Ecus.

(g) *Ordonnances de France*, Liv. XX. Tit. XIII. Art. X. & XVI

5. Ailleurs on donne aux Soldats une certaine portion du Butin. Par exemple, en *Espagne*, (h) le Roi a tantôt un (13) cinquiéme, tantôt un tiers, tantôt la moitié du butin; & le Général de l'Armée, un septiéme, quelquefois un dixiéme: le reste demeure à ceux qui l'ont pris, excepté les (14) Vaisseaux de Guerre, qui sont tout entiers au Roi.

(h) *Leg. Hisp.* Lib. IV. Tit. XXVI. Part. II.

6. Il

ξυμβαλεῖν, ποτὲ δὲ καταλαβόμενοι πόλεις, οὐ μόνον ἐξῆν σφίσιν, ἀλλὰ καὶ τοῖς ὅλοις ἐσβάλλειν πρὸς οὐδὲν ἐς τὸν ... αἰτίαν. Hist. *Lib.* X. *Cap.* XVI. XVII.

(9) *Et imbelle vulgus sub coronâ venundatum: reliqua præda victoribus cessit.* Annal. *Lib.* XIII. *Cap.* XXXIX. *num.* 7.

(10) *Conferti tantum, & pilis emissis, post umbonibus & gladiis stragem cædemque continuarent; prædæ immemores: partâ victoriâ, cuncta ipsis cessura.* Idem, *Ann.* Lib. XIV. Cap. XXXVI. *num.* 4.

(11) Voiez le passage de PROCOPE, que j'ai rapporté ci-dessus (§ 11. *num.* 1.) Cet Historien remarque encore, que les Soldats du même *Salomon*, dans une expedition contre les *Levathes* (sorte de *Maures*) murmuroient contre lui, de ce qu'il retenoit le butin; mais qu'il leur représenta, que c'étoit pour le partager, après la fin de la Guerre, selon le mérite de chacun: *Vandalic* Lib. II. (Cap. XXI.) Tout le butin fait à *Ticine*, fut porté à *Belisaire*, qui le partagea de cette maniére; ajoûtant pour raison, qu'il n'étoit pas juste, pendant que les uns prenoient beaucoup de peine pour tuer les Bourdons, que les autres, qui n'avoient aucune part au travail, mangeassent le miel tout à leur aise: Οὐ γὰρ δίκαιον, ὡς ἔλεγεν, περὶ τὸν κηφῆνας πόνῳ μεγάλῳ ἀπαλλαγῆς, ἄλλους δὲ τοῦ μέλιτος ἐδώδιμα ταλαιπωρίας εὑρήσειν. Gothic. *Lib.* II. (*Cap.* VII.) GROTIUS.

(12) Voiez-le rapporté ci-dessus, § 21. *Note* 6.

(13) Les *Turcs* pratiquent la même chose, au rapport de LEUNCLAVIUS, *Lib.* III. & *Lib.* V. GROTIUS.

(14) Parmi les *Goths*, on exceptoit les Machines de Guerre, comme nous l'apprenons de JEAN MAGNUS, *Hist. Sued.* Lib. XI. Cap. XI. GROTIUS.

Je dis la même chose de cette citation, que j'ai déja dit ci-dessus, sur le § 14. *Note* 8. On ne trouve rien de tel, ni dans l'endroit marqué, ni dans aucun autre de JEAN MAGNUS. Nôtre Auteur aiant apparemment ajoûté en même tems sur son exemplaire, ces deux particularitez des mœurs des anciens *Goths*, qu'il tiroit du même endroit, a confondu, dans l'un & l'autre paragraphe, auxquels il les rapportoit, le nom d'un Historien avec celui d'un autre.

§. XXV.

6. Il y a des endroits, où, en faisant le partage du butin, on a égard aux services de chacun, aux périls qu'il a courus, & aux dépenses qu'il a faites. Ainsi en *Italie*, (i) le tiers d'un Vaisseau pris est pour le Propriétaire du Vaisseau victorieux ; l'autre tiers, pour ceux qui avoient des marchandises dans le Vaisseau ; & l'autre, pour ceux qui se sont battus contre l'Ennemi.

(i) Lib. *de Consulatu Maris*, Cap. 285.

7. Quelquefois le butin ne demeure pas tout entier à ceux-là même qui font des expéditions militaires à leurs frais & périls, mais ils doivent en donner une partie au Public, ou à ceux qui ont droit au butin par concession du Public. En (k) *Espagne*, lors que des Particuliers équippent un Vaisseau de Guerre à leurs propres dépens, une portion du butin revient au Roi, & un autre à l'Amiral Genéral. Selon les coûtumes de (l) *France*, l'Amiral a un dixiéme. Il en est de même en (m) *Hollande* : mais ici l'Etat tire avant toutes choses un cinquiéme du butin.

(k) *Leg. Hisp.* Lib. XIX. Tit. XXVI. Part. II. Leg. 14.

(l) *Ordonnances*, Lib. XX. Tit. XIV. Art. 2.

(m) *Instruct. rei maritimæ*, Cap. XXII.

8. Pour ce qui est du butin fait sur terre, l'usage est maintenant presque par tout, que chacun s'approprie ce qu'il a pris dans les Batailles, ou dans le pillage des Villes : & que, dans les Courses, ce que l'on prend appartient en commun à ceux de la troupe, qui doivent ensuite le partager, à proportion de la qualité & du merite de chacun.

§. XXV. Au reste ce que nous avons dit jusqu'ici, sert à faire voir, que, quand il s'éléve quelque contestation, dans un païs neutre, au sujet des prises qu'on y a menées ou apportées, il faut les ajuger à celui qui peut alleguer en sa faveur les Loix ou les Coûtumes de l'Etat, du parti de qui il est, & par autorité duquel il a fait le butin : que si on n'avance aucune preuve de cette nature, la prise doit être ajugée, selon le Droit des Gens commun, au Peuple même de qui dépendent les deux Parties, bien entendu qu'elle aît été faite dans une expedition militaire. Quintilien à la vérité soûtient, en plaidant la cause des *Thébains*, (1) que les Loix de la Guerre n'ont aucune force en matiére des choses qui peuvent être portées en Justice, & que ce qui a été pris par les armes ne peut être conservé que par les armes. Mais il paroît par ce que nous avons dit ci-dessus, que la maxime n'est pas vraie absolument & sans restriction.

§. XXVI. 1. Pour ce qui est des choses qui n'appartiennent point aux Ennemis, quoi qu'elles se trouvent chez eux, ceux qui les ont prises n'en aquiérent point la propriété :

§ XXV. (1) *Dicamus in primis, in eo quod in judicium deduci potest, nihil valere jus belli : nec armis erepta, nisi armis posse retineri.* Instit. Orat. *Lib.* V. *Cap.* X. pag. 413. *Ed. Burm.*

§ XXVI. (1) *Si autem* Antiochi *non fuisset* [ager], *ea ne populi quidem Romani factum adparere.* Tit. Liv. Lib. XLV. (Cap. XLIV. *num.* 15.) C'est ainsi qu'après la défaite de *Jugurtha*, le Roi *Bocchus*, son Gendre, n'aquit point des Terres, qu'il prétendoit avoir, parce qu'elles n'avoient point apparteuu à *Jugurtha*, mais aux Enfans de *Masinissa*, comme on le voit dans Appien d'*Alexandrie*, Excerpt. Legat. XXVIII. On trouve quelque chose de semblable dans Albert Crantzius, *Saxonic.* Lib. XII. (Cap. VII.) Grotius.

Nôtre Auteur disoit ici par mégarde, les *Enfans de* Bocchus, pour les Enfans de *Masinissa*.

(2) Voiez sur Pufendorf, *Droit de la Nat. & des Gens*, Liv. V. Chap. XI. § 6. *Note* 3.

(3) *Planè qui alienum fundum ingreditur, venandi aucupandive gratiâ, potest à domino, si is providerit, jure prohiberi, ne ingrederetur.* Digest. Lib. XLI. Tit. 1. *De acquir. rerum domin.* Leg. III. Voiez aussi *Lib.* VIII. Tit. III. *De Servit. prædior. rustic* Leg. XVI.

§ XXVII. (1) Mais voiez ce que j'ai dit sur le *Chap.* IV. §. 4. *Note* 1.

(2) Dans la plûpart des Guerres Civiles, on ne reconnoît point de Juge commun. Si l'Etat est Monarchique, la dispute roule ou sur la Succession au Roiaume, ou sur ce qu'une partie considérable de l'Etat prétend que le Roi a abusé de son pouvoir d'une maniére qui autorise les Sujets à prendre les armes contre lui. Dans le prémier cas, la nature même du sujet, pour lequel on en est venu à la Guerre, fait que les deux parties de l'Etat forment alors comme deux Corps distincts, jusques à ce qu'ils viennent à convenir d'un Chef, par quelque Traité fait ou de bonne grace, ou en conséquence de la superiorité de l'un des Partis. Ainsi c'est d'un tel Traité que depend le droit qu'on peut avoir, ou non, sur ce qui a été pris de part & d'autre : & rien n'empêche que la chose ne soit laissée de la même maniére qu'elle a lieu dans les Guerres Publiques entre deux Etats toûjours distincts. Les autres Peuples, qui n'avoient point été mêlez dans la Guerre, ne sont pas plus autorisez ici à examiner la validité des aquisitions ; & les deux Partis, en se réunissant, peuvent tout aussi bien se tenir quittes l'un l'autre des dommages qu'ils se sont causez reciproquement. L'autre cas, je veux dire, le soûlévement d'une partie considérable de l'Etat contre le Prince régnant, ne peut guéres arriver, que quand ce Roi y a donné lieu par sa tyrannie, ou par la violation des Loix fondamentales : ainsi le Gouvernement est alors dissous, & l'Etat divisé aussi en deux Corps distincts

priété: cela n'est ni conforme au Droit Naturel, ni établi par le Droit des Gens, comme nous l'avons remarqué (a) ci-dessus. C'est pourquoi le Senat Romain répondit autrefois à *Prusias*, Roi de *Bithynie*, qui lui demandoit certaines Terres, (1) que, *si elles n'avoient point appartenu à* Antiochus, *le Peuple Romain n'avoit pû se les approprier à lui-même par droit de conquête.*

(a) §. 5. Voiez Chap. IV. §. 7.

2. Tout ce qu'il y a, c'est que, si l'Ennemi a eu sur les choses appartenantes à un tiers neutre quelque droit accompagné de la possession, comme un droit de Gage, ou de (2) Rétention, ou de Servitude; rien n'empêche qu'en prenant ces choses-là dans le païs ou entre les mains de l'Ennemi, on n'aquiére aussi le droit par rapport au Propriétaire.

3. On demande encore, si ce qui a été pris sur l'Ennemi hors des terres des deux Partis, qui sont en guerre, peut être regardé comme de bonne prise? Et on fait cette question, tant à l'égard des Personnes, qu'à l'égard des Choses. Je répons, qu'à considerer le Droit des Gens tout seul, le lieu par lui-même ne forme ici aucun obstacle, non plus qu'à l'égard de la vie de l'Ennemi, qu'on peut lui ôter par tout où on le trouve; comme nous l'avons dit ci-dessus. Mais le Souverain du païs peut défendre, par ses Loix, qu'aucun des deux Partis ne prenne rien à ceux de l'autre sur ses terres; & lors qu'on a contrevenu à ses défenses, en demander satisfaction, comme d'un attentat fait à son autorité: de même que, selon les Jurisconsultes Romains, (3) le Maître d'une Terre peut empêcher qu'on n'y vienne chasser, quoi que, quand on l'a fait, les Bêtes prises appartiennent au Chasseur. (b)

(b) *Sylvest.* verb. *Bellum*, Part. I. §. 3. & §. 1[illegible]. vers. *Octavo.*

§. XXVII. Le droit extérieur, dont nous avons traité jusqu'ici, en vertu duquel on aquiert les choses prises sur l'Ennemi, est tellement propre & particulier, selon le Droit des Gens, aux Guerres publiques faites dans les formes, (1) qu'il n'a aucun lieu dans les autres. Car, dans les autres Guerres d'Etranger à Etranger, on n'aquiert point par le droit des Armes les choses prises, mais en compensation d'une Dette, dont on n'a pû être paié autrement. Et pour ce qui est des Guerres Civiles, soit grandes ou petites, il ne se fait aucun changement de maître, (2) qu'en vertu de la sentence d'un Juge.

CHAP.

distinctes & indépendans; de sorte qu'il faut en juger de même que du prémier cas. A plus forte raison cela a-t-il lieu dans les Guerres Civiles d'un Etat Républicain, où la Guerre détruit d'abord par elle-même la Souveraineté, qui ne subsiste que par l'union du Corps. Au reste, si le Droit Romain vouloit, que les Prisonniers faits dans une Guerre Civile ne pussent point être réduits à l'Esclavage, c'est, comme le dit le Jurisconsulte Ulpien, selon l'explication que donne le celébre Mr. Noodt, (*Comment in Digest.* Lib. I. Tit. V. pag. [illegible] 31.) parce que l'on regardoit la Guerre Civile, comme n'étant pas proprement une Guerre, mais une dissension civile. Car, ajoûte-t-on, une véritable Guerre se fait entre ceux qui sont Ennemis, & animez d'un esprit d'Ennemi, qui les porte à chercher la ruine de l'Etat l'un de l'autre. Au lieu que, dans une Guerre Civile, quelque nuisible qu'elle soit souvent à l'Etat, chacun des Partis est censé vouloir la conservation de l'Etat; l'un veut seulement le sauver d'une maniére, & l'autre de l'autre. Ainsi ils ne sont point Ennemis; chacun des deux Partis demeure toûjours Citoien de l'Etat ainsi divisé. Voici les paroles de l'ancien Jurisconsulte: *In civilibus dissensionibus, quamvis sæpe per eas Respublica lædatur, non tamen in exitium Reipublicæ contenditur; qui in alterutras partes discedent, vice hostium non sunt eorum, inter quos jura captivitatium, aut postliminiorum fuerunt* &c. Digest. Lib. XLIX. Tit. XV. *De Captivis & Postlim.* Leg. XXI. §. 1. Mr. Noodt ajoûte à cela deux passages de Ciceron, Orat. *pro Ligar.* Cap. VI. & *in Catilin.* Orat. III. Cap. X. Mais c'est-là une supposition, ou une fiction de Droit, qui n'empêche pas que tout ce que je viens de dire ne soit vrai, & n'ait lieu le plus souvent. L'Etat, dont on veut la conservation, n'est pas, dans les cas, dont j'ai parlé, un Corps de Citoiens unis sous un même Gouvernement; c'est un assemblage de gens qui aiant été soûmis à un même Gouvernement, dans une certaine etenduë de païs, veulent bien désormais demeurer dans une dépendance commune, mais ne conviennent pas entr'eux sur la personne, ou le Corps, entre les mains de qui doit être l'Autorité Souveraine. Et comme après leur réunion le Souverain reconnu de tous laisse ordinairement subsister les anciennes Loix, par un consentement ou exprès, ou tacite, qui a lieu toutes les fois qu'il ne paroit point de volonté expresse, par laquelle il abroge ces Loix, ou en tout, ou en partie: c'est pour cela que, parmi les anciens *Romains*, on ne pouvoit point s'approprier, comme véritablement Esclaves, les prisonniers qu'on avoit faits dans une Guerre Civile; & non pas à cause du défaut des conditions ou des formalitez, que demande, selon nôtre Auteur, une Guerre Publique & Solennelle selon le Droit des Gens.

CHAPITRE VII.

Du droit qu'on a sur les PRISONNIERS de Guerre.

Que, selon le Droit des Gens, tous ceux qui ont été pris dans une Guerre Publique & en forme, deviennent Esclaves du Vainqueur; II. *Eux, & leur posterité.* III. *Que le Maître d'un tel Esclave peut impunément les traiter comme il lui plaît.* IV. *Que les biens d'un Prisonnier de Guerre, sans en excepter ceux qu'on appelle incorporels, passent avec lui au Maître, dont il est devenu Esclave.* V. *Raison de cet établissement.* VI. *S'il est permis à un tel Prisonnier de s'enfuir?* VII. *Ou de résister à son Maître?* VIII. *Que le droit, dont il s'agit, n'a pas été toûjours établi parmi tous les Peuples.* IX. *Qu'il n'est plus en usage parmi les Chrétiens, qui y ont substitué une autre sorte de droit.*

§. I. 1. NATURELLEMENT, c'est-à-dire, indépendamment de tout fait humain, ou dans l'état primitif de la Nature Humaine, aucun Homme n'est Esclave, comme nous l'avons (a) dit ailleurs. Et c'est en ce sens qu'on peut fort bien admettre ce que disent les Jurisconsultes Romains, (1) que l'Esclavage est contraire à la Nature. Il ne répugne pourtant pas à la Justice Naturelle, que des Hommes deviennent Esclaves par un fait humain, c'est-à-dire, en vertu de quelque Convention, ou par une suite de quelque Délit; ainsi que (b) nous l'avons aussi remarqué ailleurs.

(a) *Liv.* II. *Chap.* XXII. §. 11.

(b) *Liv.* II. *Chap.* V. §. 27.

2. Par le Droit des Gens, dont il s'agit, l'établissement de l'Esclavage s'étend un peu plus loin, & par rapport aux personnes, & par rapport aux effets. Car, à l'égard des *personnes*, ce ne sont pas seulement ceux qui se rendent, ou qui se soûmettent eux-mê-

§. I. (1) *Servitus est constitutio Juris Gentium, quâ quis dominio alieno contra naturam subjicitur.* DIGEST. Lib. I. Tit. IV. *De Statu hominum*, Leg. 4. §. 1.

(2) C'est à-dire, lors que l'usage est de s'approprier, comme Esclaves, tous ceux qui sont pris à la Guerre; car nôtre Auteur dira plus bas, que cela n'a plus lieu aujourdhui, parmi les *Chrétiens*, & que même autrefois la coûtume n'étoit pas reçuë de tous les Peuples. Mais ici, comme en matiére des autres choses que nôtre Auteur rapporte à son Droit des Gens arbitraire, le pouvoir d'un Maitre sur les Esclaves faits de cette maniére, ne vient pas uniquement de la coûtume. Si un Prisonnier de Guerre trouvoit la condition d'Esclave trop rude, il ne tenoit qu'à lui de l'éviter, en témoignant qu'il ne vouloit point reconnoître pour son Maitre celui qui l'avoit pris. Par là il ne péchoit point, il ne violoit aucune Loi, à laquelle il fût tenu de se soûmettre: tout ce qu'il y a, c'est qu'il s'exposoit à éprouver les effets de la fureur de l'Ennemi, & à perdre la vie, dans la crainte de perdre la liberté. Mais si le Prisonnier ne faisoit aucune déclaration de sa volonté contraire à la coûtume reçuë entre les Peuples Ennemis, il étoit & pouvoit être par là censé s'y soûmettre tacitement, dès-là que le Vainqueur témoignoit de son côté vouloir lui donner la vie à condition qu'il le reconnût pour son Maitre, ce qu'il faisoit en ne tenant point le Prisonnier lié ou gardé étroitement; car il n'étoit pas non plus tenu à la rigueur, en vertu de la coûtume, de donner la vie au Prisonnier, encore même que celui-ci voulût, à ce prix, subir l'Esclavage: il falloit seulement qu'il donnât à connoître suffisamment la volonté qu'il avoit de ne pas accepter les offres du Prisonnier. Ainsi la force de la Coûtume reçuë n'étoit fondée que sur le consentement reciproque, exprès ou tacite, du Vainqueur & du Prisonnier; d'où il resultoit un engagement, que l'on présumoit & l'on pouvoit aisément présumer, à cause des bonnes raisons pour lesquelles l'usage s'étoit introduit, & dont nôtre Auteur parlera plus bas.

(3) Voiez la Loi citée dans le Chapitre précedent, §. 3. Note 3.

(4) C'est aussi dans le Chapitre précedent, §. 11. num. 1.

(5) Τὸ δ' ἐν πολέμῳ ὄντας [Μαντινέας] [illegible] τυχεῖν [illegible] [illegible] 'Αλλὰ τοῦτό γ' [illegible] τοῖς μηδὲν ἀσεβὲς [illegible], κατὰ τοὺς τοῦ πολέμου νόμους, ὑπομένειν παθεῖν. Histor. Lib. II. (Cap. LVIII. pag. 200. Ed. Amst.) Le Grammairien SERVIUS dit, qu'*Hésione*, fille de *Laomedon*, Roi de *Troie*, fut emmenée par droit de Guerre: *A cujus portu* (Trojæ) *quum eum* (Herculem) Laomedon *arceret, occisus est, & ejus filia* Hesione, BELLI JURE *sublata, comiti* Telamoni *tradita est, qui primus adscenderat murum; unde* Teucer *natus est*. In ÆNEID. Lib. I. (vers. 619.) Il remarque ailleurs, en racontant la même histoire, que les *Grecs* ne voulurent point rendre *Hésione* aux *Troiens*, disant, qu'elle étoit à eux par droit de Guerre: HESIONEM Græci Trojanis

mêmes à l'Esclavage par une promesse, qui sont reputez Esclaves, mais (2) tous ceux généralement qui se trouvent pris, dans une Guerre Publique & en forme, c'est-à-dire, du moment qu'on les a menez dans quelque lieu, dont l'Ennemi est maître, comme le dit le Jurisconsulte (3) POMPONIUS.

3. Et il n'est pas nécessaire, que ceux qui deviennent ainsi Esclaves l'aient mérité par quelque faute : quiconque est pris, a le même sort, sans en excepter ceux qui se sont malheureusement trouvez sur les terres de l'Ennemi dans le tems que la Guerre s'est élevée tout d'un coup, comme nous (4) l'avons dit ci-dessus.

4. C'est ce que témoignent les anciens Auteurs. POLYBE (5) parlant d'une perfidie horrible, dont les *Mantinéens* s'étoient rendus coupables envers les *Achéens* dit, que les prémiers *ne seroient pas assez punis, si on les vendoit, avec leurs Femmes & leurs enfans, comme Prisonniers de Guerre, puis que, selon les Loix de la Guerre, les plus innocens sont exposez à tomber ainsi dans l'Esclavage.* D'où il arrive, comme le remarque (6) PHILON, Juif, *que plusieurs personnes d'une très-grande probité, perdent leur liberté naturelle par divers accidens.* DION *de Pruse* (7) met au rang des différens titres de Propriété, la capture qu'on fait d'un prisonnier de Guerre, qui devient par là Esclave. OPPIEN dit, (c) qu'emmener des Enfans pris à l'Ennemi, c'est *la Loi de la Guerre.*

(c) *Halieut.* Lib. II.

§. II. BIEN PLUS: & ceux que l'on prend Prisonniers de Guerre, & leurs Descendans à perpétuité, sont réduits à la même condition, c'est-à-dire, ceux qui naissent d'une Mére Esclave, depuis son esclavage. Car ils appartiennent à son Maître, selon le Droit des Gens, comme le dit le (1) Jurisconsulte MARCIEN. Le ventre d'une telle Femme est esclave, comme (2) s'exprime TACITE, en parlant de la Femme d'un Prince des anciens *Germains*, qui avoit été faite prisonniére.

§. III. 1. POUR ce qui est des effets d'un tel Esclavage, ils sont sans bornes. Tout est permis au Maître, par rapport à son Esclave, comme le dit (1) SENEQUE le Pére. Il n'y a rien qu'on ne puisse impunément (2) faire souffrir à de tels Esclaves: il n'est point d'action qu'on ne puisse leur commander, ou à laquelle on ne puisse les contraindre, de quelque maniére que ce soit: & les plus grandes cruautez que les Maîtres

---

sanis reddere noluerunt, dicentes, se eam habere JURE BELLORUM. In *Lib.* X. JOSEPH parle de quelques *Juifs*, que *Cassius* avoit pris prisonniers, mais non pas selon les Loix de la Guerre; à cause dequoi *Hircan* les aiant demandez, au nom de la Nation, *Marc Antoine* les fit rendre : Καὶ [illegible] τοὺς αἰχμαλωτισθέντας ὑπὸ Κασσίου Ἰουδαίους, οὐ [illegible] ... [illegible] &c. Antiq. Jud. *Lib.* XIV. (Cap. XXII. pag. 492. A.) Il fait mention ailleurs de la Loi, au sujet des Prisonniers de Guerre, [illegible] : que MENANDRE *le Protecteur* exprime ainsi, [illegible]. On trouvera sur ceci bien des choses dans le Chapitre précédent; car les Auteurs joignent ensemble ou mettent au même rang les Prisonniers de Guerre, & les Choses qu'on a prises par les armes. GROTIUS.

(6) [illegible] Lib. Omnem virum bonum esse liberum, *pag.* 866. D. E. *Ed. Paris.*

(7) Τρίτος δὲ κτήσεως τρόπος, ὅταν ἐν πολέμῳ λαβών αἰχμάλωτον τοῦτον τὸν τρόπον ἔχῃ καταδουλωσάμενος. Orat. XV.

§. II. (1) *Jure gentium servi nostri sunt qui ab hostibus capiuntur aut qui ex ancillis nostris nascuntur.* DIGEST. Lib. I. Tit. V. *De Statu Hominum*, Leg. V. §. 1. Voiez ci-dessus Liv. II. Chap. V. §. 29.

(2) Il s'agit de la Femme d'*Arminius*, qui fut prise par les *Romains*, étant enceinte: Arminium, *super insitam violentiam, rapta uxor, subjectus servitio uxoris uterus, vecordem agebant.* Annal. Lib. I. Cap. LIX. num. 2.

§. III. (1) Nôtre Auteur cite ici en marge, dans la premiére Edition, *X. Controv.* 5. Les autres portent, *I. Controv.* 5. Il n'y a rien dans l'un ni dans l'autre de ces endroits. Mais le passage se trouve au *Liv.* V. *Controv.* XXXIV. où le Rhéteur appelle ce pouvoir absolu des Maîtres sur leurs Esclaves, un droit connu de tout le monde: *Qui* (Pistor) *hæc tantum vulgaria jura noverit, in servum nihil non domino licere.* Pag. 391. *Edit. Gron. var.* La faute est venuë, de ce que dans cette *Controverse*, & dans la *Déclamation* V. du X. Livre des *Excerpta Controv.* il s'agit du même sujet: or cette derniére est tirée, *Ex Controv.* 5. *Lib.* X. Cela soit dit en passant, pour donner un exemple de l'origine de ces sortes de méprises, où nôtre Auteur tombe assez souvent. Au reste, je trouve dans le Philosophe SENEQUE un passage tout semblable à celui-ci: *Quum in servum omnia liceant, est aliquid, quod in hominem licere commune jus animantium vetet.* De Clement. *Lib.* I. Cap. XVIII.

(2) Il faut bien remarquer cette restriction: car si le Maître maltraite excessivement l'Esclave aquis par droit de Guerre, quelque impunité qu'il puisse se promettre, & de la part des Loix Civiles de son païs, & de la part des Peuples Neutres; le Prisonnier, qui ne s'étoit

tres exercent contr'eux, demeurent impunies; à moins que les Loix Civiles n'y aient mis des bornes, en menaçant de quelque peine ceux qui maltraiteront leurs Esclaves au delà d'un certain point. Le Jurisconsulte (3) CAJUS remarque, que, *parmi toutes les Nations, les Maîtres ont droit de vie & de mort sur leurs Esclaves.* Il ajoûte, que les Loix Romaines ont restreint ce pouvoir, c'est-à-dire, dans les Païs qui sont sous la domination des *Romains.*

2. Non seulement cela : tous les biens de l'Esclave, qui ont été pris, sont aquis, avec sa personne, au Maître, sous la puissance de qui il passe. Un tel Esclave ne peut rien avoir en propre, selon la maxime de l'Empereur (4) JUSTINIEN.

§. IV. 1. D'OU il s'ensuit, qu'il faut rejetter ou du moins ne recevoir qu'avec quelque restriction, la pensée de ceux qui soûtiennent, que les (1) Choses Incorporelles ne s'aquiérent point par droit de Guerre. Car on ne les aquiert pas à la vérité prémiérement & directement, mais on les aquiert par le moien de la personne, à qui elles appartenoient.

2. Il faut pourtant excepter ici les droits fondez sur une rélation particuliére des personnes, qui les rend inaliénables, tel qu'est le Pouvoir Paternel. Car ces sortes de droits ou demeurent toûjours à la personne, supposé qu'ils puissent encore subsister; (2) ou, si cela ne se peut, s'éteignent entiérement.

§. V. 1. LA raison pourquoi tout ce, dont nous venons de parler, a été établi par le Droit des Gens, c'est afin que l'espérance de tant d'avantages qu'on retireroit de la possession d'un Esclave engageât ceux qui étoient en guerre à s'abstenir volontiers de faire mourir leurs Prisonniers, ou sur le champ, ou quelque tems après, comme ils pouvoient le faire en vertu du droit souverainement rigoureux que leur donnoient les Loix
(a) *Chap.* IV. de la Guerre, dont nous avons (a) parlé ci-dessus. Le Jurisconsulte POMPONIUS (1) tire de là l'étymologie du mot dont on se sert en Latin pour dire un Esclave : *On les appelle* SERFS, *dit-il, parce que les Généraux d'armée les vendoient, & par là leur* conservoient *la vie.*

2. J'ai dit, que le but de cet établissement étoit, qu'*on s'abstînt volontiers* de faire mou-

s'étoit soûmis à l'Esclavage que sous la condition tacite que le Vainqueur en useroit avec lui d'une maniere à ne pas lui faire trouver son sort plus insupportable, que la mort même, est dès-lors déchargé de ses engagemens, & rentre dans l'etat de Guerre avec le Maître, qui a violé les siens.

(3) *Igitur in potestate sunt servi dominorum. Quæ quidem potestas juris gentium est : nam apud omnes peræque gentes animadvertere possumus, dominis in servos vitæ necisque potestatem fuisse ... Sed hoc tempore nullis hominibus, qui in Imperio Romano sunt, licet supra modum, & sine caussa legibus cognitâ, in servos suos sævire.* DIGEST. Lib. I. Tit. VI. *De his qui sui vel alieni juris sunt,* Leg. I §. 1. Voiez aussi les INSTITUTES, au même Titre, I, 8. Le Grammairien DONAT dit, que tout ce qu'un Maître fait par rapport à son Esclave, est juste : JUSTA & CLEMENS] *Ita dixit* justa, *ut alibi.* Non necesse habeo omnia pro meo jure agere. *Quid enim non justum domino in servum?* In Andr. *Terent.* Act. I. Sc. I. (vers 9.) GROTIUS.

(4) *Ipse enim servus, qui in potestate alterius est, nihil est, nihil suum habere potest.* INSTITUT. Lib. II. Tit. IX. §. 3. VALERE MAXIME parlant d'un Consul, qui avoit été pris par les *Carthaginois*, dit, qu'il avoit tout perdu par droit de Guerre, mais qu'il recouvra tout, & qu'il fut même fait de nouveau Consul : *Quo* [Cn. Cornelius Scipio Asina] *Consul à Pœnis apud* Liparas *captus, quum belli jure omnia perdidisset, lætiori subinde vultu ejus* [Fortunæ] *adjutus, cuncta recuperavit : Consulque etiam iterum creatus est.* Lib. VI. Cap. IX. *num.* 11. PHILON, Juif, dit, qu'un Esclave n'est maître de rien, pas même de sa Personne : *Τὸ γὰρ ἀδέσποτον, ὃ πάντων ἄριστον εἶναί τινα, καὶ ἑαυτοῦ.* Lib. Omnem virum bonum esse liberum, (pag. 871. C.) GROTIUS.

§. IV. (1) Voiez, sur cette question, ce que dit PUFENDORF, *Liv.* VIII. *Chap.* VI. §. 19. du *Droit de la Nat. & des Gens.*

(2) Ainsi, selon les Loix Romaines, un Pére qui avoit été fait Prisonnier, s'il revenoit dans le païs, conservoit toûjours les droits de la Puissance Paternelle : mais s'il mouroit en captivité, ses Enfans étoient censez libres dès le moment qu'il avoit été pris; de sorte qu'alors ces droits avoient été d'abord éteints : *Si ab hostibus captus fuerit parens, quamvis hostium fiat, tamen pendet jus liberorum, propter jus postliminii : quia hi, qui ab hostibus capti sunt, si reversi fuerint, omnia pristina jura recipiunt. Idcirco reversus, etiam liberos habebit in potestate, qui postliminium fingit eum, qui captus est, semper in civitate fuisse. Si verò ibi decesserit, exinde ex quo captus est pater, filius sui juris fuisse videtur.* INSTITUT. Lib. I. Tit. XII. *Quibus modis jus patriæ potestatis solvitur,* §. 5. De même ceux qui s'étoient rendus à l'Ennemi n'aiant point de part au droit de *Postliminie*; si un Pére étoit tombé de cette maniére entre les mains de l'Ennemi, dès-là ses Enfans étoient hors de sa puissance, soit qu'il revint ou qu'il ne revint point dans le païs : *Postliminio carent, qui armis victi hostibus se*

mourir les Prisonniers de Guerre; car il n'y a point ici une espéce de convention, en vertu de laquelle on fût contraint de s'en abstenir, à ne considerer que le Droit des Gens dont il s'agit; c'étoit seulement un motif d'utilité proposé à ceux qui avoient fait des Prisonniers, mais en sorte qu'il leur étoit libre de s'y laisser toucher, ou non. D'où vient aussi que le pouvoir illimité qu'on avoit aquis sur de tels Esclaves pouvoit passer à autrui, tout de même que la Propriété des biens.

3. Pour ce qui est des Enfans nez d'une Mére Esclave, on trouva à propos qu'ils fussent aussi Esclaves, parce que, si celui qui avoit fait la Mére prisonniére avoit voulu user à la rigueur de son droit, les Enfans ne seroient point venus au monde. D'où il s'ensuit, que ceux qui étoient nez avant que la Mére eût le malheur de tomber entre les mains de l'Ennemi, ne devenoient point Esclaves, à moins qu'ils ne fussent pris eux-mêmes.

4. Et la raison pourquoi il fut établi entre les Nations, que les Enfans d'une Mére Esclave seroient en naissant assujettis à la même condition, sans avoir égard à celle de leur Pére; c'est parce que la cohabitation des Esclaves n'étoit ni réglée par les Loix, ni entretenuë de telle maniére, que la Mére fût bien sous les yeux & sous la garde du Pére, de sorte qu'il n'y avoit pas d'assez fortes présomtions pour le connoître. C'est ainsi qu'il faut entendre ce que dit le Jurisconsulte Ulpien, que, *selon la Loi de Nature, les Enfans nez hors d'un Mariage légitime suivent la Mére.* (2) *Selon la Loi de Nature*, c'est-à-dire, selon la coûtume générale, fondée sur quelque raison naturelle; car c'est ainsi que le mot de *Droit Naturel* se prend quelquefois dans un sens impropre, comme nous l'avons fait (a) voir ailleurs. (a) *Liv.* II. *Chap.* XIII. §. 26.

5. Une chose qui montre bien que ce ne fut pas sans raison que l'usage des Peuples donna aux Maîtres sur leurs Esclaves, devenus tels par une suite de la Guerre, tous les droits dont nous venons de parler, c'est la maniére dont on voit que les Prisonniers étoient traitez dans les Guerres Civiles. Car, comme on ne pouvoit pas en faire les Esclaves, on les tuoit le plus souvent; ainsi que (3) Plutarque & Tacite (4) le remarquent.

6. Au

se dederunt. Digest. Lib. XLIX. Tit. XV. *De Captivis &c.* Leg. XVII. Voiez ci-dessous, *Chap.* IX. §. 8.

§. V. (1) Servorum *adpellatio ex eo fluxit, quod Imperatores captivos vendere, ac per hoc servare, nec occidere solent.* Digest. Lib. L. Tit. XVI. *De verborum significatione* Leg. CCXXXIX. §. 1. Voiez aussi le Grammairien Servius, dans un endroit où il donne l'etymologie du mot *Saltem*, in Æn. L. IV. (*vers.* 327.) Grotius.

(2) *Lex naturæ hæc est, ut qui nascitur sine legitimo matrimonio, matrem sequatur, nisi lex specialis aliud inducit.* Digest. Lib. I. Tit. V. *De statu hominum*, Leg. XXIV. Mais il y a tout lieu de croire, que le Jurisconsulte entend ici par la *Loi de Nature*, le Droit Naturel proprement ainsi nommé; & c'est à quoi fait allusion un passage de Ciceron, que Mr. Schulting cite dans ses Notes sur les Fragmens d'Ulpien, Tit. V. §. 8. *Ut enim, Jure Civili, qui matre est liberâ, liber est: item, Jure Naturæ, qui Deâ matre est, Deus sit necesse est.* „ Comme selon le Droit Civil, un Enfant né de Mere libre, est aussi libre. De même, „ par le Droit de Nature, celui qui a pour Mere une „ Déesse, doit necessairement être Dieu. *De Natur. Deor.* Lib. III. Cap. XVIII. C'est que les anciens Jurisconsultes pretendoient que, selon le Droit Naturel, fondé sur la Raison, les Enfans nez hors du mariage suivent la condition de leur Mere, à cause de l'incertitude où l'on est touchant le Pére. Et cela a bien lieu par les principes même de ce Droit, à l'egard des Enfans nez d'une Mere qui s'abandonne à tous venans: mais pour ceux, dont le Pére est suffisamment connu, comme peut l'être le Pére des Enfans d'une Femme Esclave, la Loi Naturelle toute seule ne veut nullement qu'ils aient toûjours le même sort, que la Mére. Voiez ci-dessus, *Liv.* II. *Chap.* V. §. 29. *num.* 3. On n'a pas, au fond, plus de certitude touchant la naissance de Enfans, dont la Mére est légitimement mariée: c'est seulement une présomtion, autorisée, par les Loix, qui la laissent sans force, du moment qu'elle est détruite par des raisons suffisantes. Ainsi, selon le Droit Romain, un Mari n'est point tenu de reconnoître pour sien un Enfant né de sa Femme, & dans sa Maison, au vû & au sû de tous les Voisins, s'il paroit par de bonnes preuves, que, pendant quelque tems il n'a point couché avec sa Femme, à cause d'une maladie, ou de quelque autre empêchement, ou s'il etoit impuissant: *Sed mihi videtur, quod & Scævola probat, si constat Maritum aliquamdiu cum Uxore non concubuisse, infirmitate interveniente, vel aliâ caussâ, vel si eâ valetudine Paterfamilias fuit, ut generare non possit: hunc, qui in domo natus est, licet vicinis scientibus, filium non esse.* Digest. Lib. I. Tit. VI. *De his qui sui vel alieni juris sunt*, Leg. VI.

(3) Θνήσκειν μὲν γὰρ παρὰ τοῖς ἐμφυλίοις πολέμοις, ὅταν τροπὴ γένηται πλείονας εἰκός ἐστι, τῷ μηδένα ζωγρεῖν. Χρῆσθαι γὰρ οὐκ ἔστι τοῖς ἁλισκομένοις. Vit Othon pag. 1073. Tom. I. *Ed. Wech.*

(4) *Obstructa strage corporum via, quo plus cædis fuit. neque enim civilibus bellis capti in prædam vertuntur.* Histor. *Lib.* II. (*Cap.* XLIV. *num.* 1.) Le même Historien.

6. Au reste, pour savoir, si les Esclaves réduits à cette condition par droit de Guerre appartiennent au Peuple, ou aux Particuliers qui les ont pris prisonniers, il faut en juger par ce que nous avons dit du Butin, dans le Chapitre précedent, car les Personnes sont mises, à cet égard, au même rang que les Biens, selon le Droit des Gens. *Les choses prises à l'Ennemi*, (5) dit le Jurisconsulte CAJUS, *appartiennent à ceux qui les ont prises, dès le moment qu'elles sont en leur puissance, jusques-là que les Personnes Libres deviennent par là Esclaves.*

(a) *Lessius*, Lib. I Cap. V. *Dub.* 5.

§. VI. 1. Je n'entre pourtant pas dans la pensée de (a) quelques Théologiens, qui croient qu'il n'est pas permis aux personnes prises dans une Guerre injuste, ou aux Enfans qui leur sont nez depuis, de s'enfuïr autre part que dans leur propre païs. Ces Docteurs, à mon avis, se trompent certainement. Toute la différence qu'il y a ici, c'est que si les Prisonniers, dont il s'agit, s'enfuïent (1) dans les terres de l'Etat d'où ils étoient, pendant le cours de la Guerre, ils recouvrent leur liberté par droit de *Postliminie:* au lieu que, s'ils se retirent ailleurs, ou que même ils retournent chez eux après la paix faite, on doit les rendre au Maître, qui les réclame. Mais il ne s'ensuit point de là (2) qu'ils fassent mal en conscience. Car il y a plusieurs Droits, qui n'ont qu'un effet extérieur, & qui n'imposent aucune obligation intérieure, tels que sont les droits de la Guerre, que nous expliquons.

2. En vain objecteroit-on, que la nature même du droit de Propriété, qu'on aquiert sur un Esclave, impose une véritable obligation, qui lie la Conscience. Car y aiant plusieurs sortes de Propriété, il peut y en avoir une qui ne soit telle (3) que selon le jugement des Hommes, & cela selon un jugement qui se réduit à maintenir ou à remettre en possession par les voies de la force ceux qui sont Propriétaires à un tel titre.

3. Cela a lieu en quelques autres sortes de Droits, comme dans celui de Prescription, qu'un Possesseur de mauvaise foi aquiert par les Loix Civiles, & qui approche fort de celui dont nous traitons. Les Tribunaux de Justice maintiennent un tel Possesseur, (4) comme s'il étoit véritable Propriétaire; tout de même que le Droit des Gens maintient les Possesseurs des Prisonniers faits dans une Guerre même injuste.

4. On

rien remarque ailleurs, en parlant de ceux de *Crémone*, qu'il ne servoit de rien aux Soldats de les faire Prisonniers, puis que toute l'*Italie* s'accordoit à ne point acheter de tels Esclaves: *Irritamque prædam militibus fecerat consensus Italiæ, emtionem talium mancipiorum adspernantis.* Lib. III. (Cap. XXXIV. num. 3.) GROTIUS.

(5) *Item quæ ex hostibus capiuntur, jure gentium statim capientium fiunt .... Adeo quidem ut & liberi homines in servitutem deducantur.* DIGEST. Lib. XLI. Tit. I. *De acquirendo rerum dominio*, Leg. V. & VII *princ.*

§. VI (1) Voiez ci-dessous, *Chap.* IX. de ce Livre, §. 5. PLINE dit, que *Marc Servius* fut pris deux fois par *Hannibal*, & deux fois se sauva de sa prison: *Bis ab Annibale captus ....bis vinculorum ejus profugus* &c. Hist. Natur *Lib.* VII. *Cap.* XXVIII. GROTIUS.

(2) Mais il y a ici un consentement ou exprès, ou tacite, du Prisonnier, en vertu duquel le Vainqueur a aquis sur lui, un droit, qui impose à l'Esclave une véritable obligation, & par conséquent ne lui permet pas en conscience de s'enfuïr, ou de se soustraire, de quelque autre maniére, à la sujettion, dans laquelle il est entré. Voiez ci-dessus, § 1. de ce Chapitre, *Note* 2. §. 3. *Note* 2. & PUFENDORF, *Droit de la Nat. & des Gens*, *Liv.* VI. *Chap.* III. §. 6. comme aussi le Discours de Mr. NOODT, *du Pouvoir des Souverains*, pag. 247, *& seqq.* de la 2. Edition de la Traduction Françoise. La Justice ou l'injustice de la Guerre ne fait rien ici. Quelque injustement qu'un Ennemi ait pris les armes, les Conventions qu'on fait avec lui pendant qu'il est encore Ennemi, n'en sont pas moins valides, de l'aveu de nôtre Auteur, qui établira plus bas ce principe. D'ailleurs, chacun pour l'ordinaire croit avoir de son côté la bonne cause: & si les Vainqueurs craignoient, que, sous prétexte de l'injustice de la Guerre, leurs Prisonniers ne se crussent en droit de secouer le joug, dès qu'ils en trouveroient l'occasion; ils ne donneroient la vie à personne. Ainsi l'interêt du Genre Humain, & le bien même des Vaincus, demandoient que l'engagement des Prisonniers de Guerre, soit exprès, ou tacite, fût valide, & qu'ils renonçassent au droit de se prévaloir des raisons tirées de l'injustice de la Guerre, ou de la necessite à laquelle ils avoient été réduits, pour sauver leur vie. D'où il paroit, combien il y a de différence entre ce cas, & celui qu'on objecte d'une personne, qui étant tombée entre les mains des Brigands, ou des Pirates, se seroit engagée à être leur Esclave. Voiez une Dissertation de feu Mr. HERTIUS, *De Lytro*, qui se trouve dans le I. Tome de ses *Comment.* & *Opuscul.* &c. Sect. II. §. 24. pag. 277. 278. On peut consulter encore ici le Commentaire de M. VAN DER MUELEN, qui refute aussi nôtre Auteur.

(3) *Dominium, quod tantum in judicio humano, & quidem coactivo, valeat*, dit nôtre Auteur.

(4) C'est-à-dire, dans la Prescription de trente ou qua-

4. On peut rapporter ici en quelque maniére le droit de faire casser un Testament, à cause du défaut de quelque formalité prescrite par les Loix Civiles. (b) Car l'opinion la plus vraisemblable est, qu'on peut (5) en conscience retenir ce qui a été laissé par un tel Testament, du moins tant que personne ne s'y oppose.

(b) *Soto*, De Justit. & Jur. *Lib.* IV. *Quæst.* IV. Art. 3. *Lessius*, Lib. II. Cap. XIV. Dub. 3.

5. La distinction, que nous venons de faire, sert à résoudre une difficulté proposée par ARISTOTE. (6) *N'est-il pas vrai*, dit-il, *qu'il est juste que chacun ait ce qui lui appartient? Cependant lors qu'un Juge a jugé comme il l'entend, quelque injuste que soit sa Sentence, elle est valide, selon les Loix. Donc une même chose est juste & injuste.*

6. Pour revenir à nôtre question, on ne peut imaginer aucune raison, pourquoi les Peuples, en établissant le droit dont il s'agit, auroient voulu en étendre la force jusqu'a obliger en conscience. Car, pour engager ceux qui faisoient la Guerre à ne pas tuer leurs Prisonniers, il suffisoit qu'ils pûssent reclamer ces sortes d'Esclaves, les contraindre à revenir, les lier même, & s'approprier leurs biens. Que s'il y avoit des Vainqueurs assez brutaux, pour mépriser tous ces avantages, ils ne se seroient pas non plus laissé toucher par la pensée de l'obligation imposée à la conscience de leurs Prisonniers. Et supposé qu'ils eussent crû cette sûreté absolument nécessaire, ils (c) pouvoient la prendre, en exigeant de ceux à qui ils donnoient la vie, une promesse (7) expresse, ou un serment solennel, par lequel ils s'engageassent à demeurer leurs Esclaves.

(c) Voiez *Bembi* Hist. Lib. X.

7. De plus, en matiére d'une Loi comme celle-ci, qui n'est point fondée sur l'Equité Naturelle, mais établie uniquement pour éviter un plus grand mal, il ne faut pas légerement admettre une interprétation, qui rende criminel un acte d'ailleurs licite. Le Jurisconsulte FLORENTIN pose pour maxime, (8) qu'*il n'importe de quelle maniére un Prisonnier est revenu, s'il a été relâché, ou s'il a trouvé moien de se sauver des mains de l'Ennemi par force ou par artifice.* (9) C'est que le Droit qu'on a sur un Prisonnier de Guerre est tel, qu'en un autre sens il renferme le plus souvent une véritable injustice, comme le Jurisconsulte (10) PAUL le qualifie formellement. Il peut être appellé *droit*, à cause de certains effets dont il est accompagné; & *injustice*, eû égard à la nature de la chose en elle-même.

8. De

quarante années: car la bonne foi étoit requise dans l'*Usucapion*, ou la Prescription ordinaire. Voiez PUFENDORF, *Droit de la Nat. & des Gens*, Liv. IV. Chap. XII. §. 1.

(5) Voiez PUFENDORF *Droit de la Nat. & des Gens*, Liv. IV. Chap. X. §. 7.

(6) Ἆρα δίκαιον ἐστι, τὰ αὑτοῦ ἔχειν ἕκαστον; ἀλλ᾽ ἃ ἄν τις κρίνῃ κατὰ δόξαν τὴν ἑαυτοῦ, κἂν ᾖ ψευδῆ, κύριά ἐστιν ἐκ τοῦ νόμου· τὸ αὐτὸ ἄρα δίκαιον, καὶ οὐ δίκαιον. De Sophist. elench. *Lib.* II. Cap. V. (XXV.) pag. 308. D. Tom. I. *Edit. Paris.*

(7) Nôtre Auteur reconnoît donc, qu'une Promesse expresse seroit ici valide. Or il y avoit souvent de telles promesses. Et pourquoi est-ce qu'un engagement tacite n'auroit pas autant de force?

(8) *Nihil interest, quomodo captivus reversus est; utrum dimissus, an vi, vel fallaciâ, potestatem hostium evaserit* &c. DIGEST. Lib. XLIX. Tit. XV. *De Captivis & Postlimin.* &c. Leg. XXVI.

(9) Cela ne prouve point, qu'on regardât l'obligation des Prisonniers de Guerre, comme nulle: autrement on auroit du aussi les recevoir & leur accorder le droit de *Postliminie* après la paix faite. Mais c'est que pendant le cours de la Guerre, les Prisonniers étoient censez ne s'être point encore bien engagez à l'Esclavage. On ne savoit pas encore quel sort le Vainqueur leur destinoit. On esperoit toûjours de les recouvrer, & on ne s'embarrassoit pas beaucoup, s'ils avoient contracté à cet égard quelque engagement particulier, dont l'Etat n'étoit point garant. Alors en faisant la Paix, on renonçoit par cela même au droit de recevoir les Prisonniers, & de les faire rentrer dans tous les droits de leur ancienne Liberté, si on ne le stipuloit point par le Traité.

(10) *Idque naturali æquitate introductum est, ut qui* PER INJURIAM *ab extraneis detinebatur, is, ubi in fines suos redisset, pristinum jus suum reciperet.* DIGEST. Lib. XLV. Tit. XV. *De Captivis & Postlim.* &c. Leg. XIX. *princ.* Je ne sai si ce Jurisconsulte a voulu ici taxer d'*injustice*, dans le sens & l'esprit de notre Auteur, la détention d'un Prisonnier de Guerre moins encore son assujettissement à l'Esclavage. Sur ce pié-là, il faudroit supposer, que toutes les Guerres des *Romains* étoient justes de leur côte, puis que le Droit de *Postliminie*, dont il s'agit, avoit lieu dans toutes. Il y a apparence, que PAUL veut dire seulement, qu'il n'y avoit pas de la faute du Prisonnier, & que le mot d'*injuria* emporte ici seulement un acte d'hostilité, juste, ou non, de la part de celui qui l'exerce. C'est en ce sens qu'un autre Jurisconsulte parlant des voies de fait, dont usent les Particuliers, dit, que, si, sans avoir ramassé des gens, ou battu personne, on a enlevé *per injuriam*, c'est-à-dire, de vive force, quelque chose du bien d'autrui; on se rend par là sujet à la peine de la Loi *Julia De Vi privatâ*: *Sed si nullis convocatis, nullisque pulsatis sine*; PER INJURIAM tamen

8. De là il paroît encore, que ceux qui ont été faits Prisonniers dans une Guerre injuste, ne se rendent point coupables en conscience d'un veritable larcin, lors qu'ils emportent (11) ou qu'ils mettent à couvert les effets qu'on leur avoit pris, ou qu'ils (12) prennent des biens même de leur Maître dequoi se paier raisonnablement de leur peine, autant qu'elle peut valoir, déduction préalablement faite de la nourriture; pourvû que d'ailleurs ils ne doivent rien, ni en leur nom propre, ni au nom de l'Etat, au Maître qu'ils servoient, ou à toute autre personne de qui le Maître tenoit son droit.

9. Je n'ignore pas, que les Esclaves qui s'enfuïent ou qui se dédommagent de cette maniére, sont punis ordinairement avec beaucoup de rigueur. Mais il y a bien d'autres choses que ceux qui ont la force en main font pour leur avantage, & non parce qu'elles sont justes.

10. Je sai encore, qu'il y a des Canons, qui (13) défendent de solliciter un Esclave à quitter le service de son Maître. Mais ou ces Canons parlent des Esclaves qui ont été justement condamnez à l'Esclavage, ou qui s'y sont engagez par un accord volontaire, & dans cette supposition c'est véritablement une régle de Justice: ou bien il s'agit des Prisonniers faits dans une Guerre injuste, ou de leurs Enfans nez depuis; & en ce cas-là tout ce qu'on peut inferer des Canons, c'est que des *Chrétiens* doivent conseiller à ceux qui font, comme eux, profession du Christianisme, de souffrir, plûtôt que de faire une chose, qui quoi que permise en elle-même, pourroit scandaliser les Ennemis du Christianisme, ou même des Esprits foibles. On peut entendre de la même maniére les exhortations que les Apôtres adressent aux Esclaves, avec cette différence, qu'elles semblent tendre plûtôt à exiger des Esclaves une obéïssance fidéle à leurs Maîtres, pendant qu'ils sont chez eux, comme l'Equité Naturelle le demande; car le Maître nourrissant l'Esclave, il est juste que celui-ci le serve; ces deux choses se répondent l'une à l'autre.

§. VII. Au reste, les mêmes Théologiens dont j'ai parlé ci-dessus, ont raison, à

mon

men ex bonis alienis quid ablatum sit: hac Lege teneri eum, qui id fecerit. DIGEST. Lib. XLVIII. Tit. VII. *Ad Leg. Jul. de Vi privat.* Leg. III. §. 2. *Per injuriam* est ici la même chose, que *vim facere*, au commencement de la Loi.

(11) Ceci étant une suite du principe de nôtre Auteur, que nous avons refuté dans la Note 2. sur ce paragraphe, il faut par conséquent décider d'une maniere toute opposée.

(12) A cela se rapportent les passages de ST. IRENÉE, & de TERTULLIEN, que nous avons alléguez ci-dessus, *Liv.* II. *Chap.* VII. §. 2. *Note* 3. Il y a un passage de PHILON, Juif, où il s'agit de la même chose, savoir de ce que firent les *Israëlites* en sortant d'*Egypte*. „ Comme les *Egyptiens*, (dit-il) „ domtez enfin par tant de fleaux du Ciel, pressoient „ les *Israëlites* de s'en aller, & les chassoient en quel- „ que maniére; ceux-ci rappellant dans leur esprit la „ noblesse de leur origine, entreprirent une chose „ digne d'hommes libres, & qui n'avoient pas ou- „ blié les mauvais traitemens qu'on leur avoit fait „ souffrir injustement. Car ils emportérent un grand „ butin, dont ils chargérent une partie sur leurs é- „ paules, & ils mirent l'autre sur le dos de leurs Bê- „ tes de somme. Non qu'ils fussent avides de ri- „ chesses, ou qu'ils convoitassent le bien d'autrui, „ comme des calomniateurs pourroient les en accuser: „ car d'où leur seroient venus de tels sentimens? Mais „ ils voulurent prémiérement se procurer par là le salaire „ qui leur étoit dû pour un si long tems qu'ils avoient „ servi; ensuite, se venger, mais non pas autant que „ les *Egyptiens* le méritoient, de l'Esclavage, où ceux- „ ci les avoient réduits. Car il n'y a point de compa- „ raison entre perdre son argent, & perdre sa liberté; „ pour la conservation de laquelle les personnes sages „ sacrifient & leurs biens, & leur vie même. Ainsi, „ soit que l'on considére les *Israëlites* comme étant en „ paix ou comme étant en guerre avec les *Egyptiens*, „ il est aisé de justifier leur conduite. Car, dans le „ prémier cas, ils ne firent que se nantir du salaire „ dont on les avoit frustrez depuis si long tems, & dans „ l'autre, ils dépouillérent leurs Ennemis par droit „ de victoire, puis qu'on leur avoit fourni un juste „ sujet de prendre les armes, en les traitant comme „ des Prisonniers de Guerre, tout étrangers & sup- „ plians qu'ils étoient. Οἱ δ' ἐλαυνόμενοι καὶ διωκόμενοι. τῆς αὐτῶν εὐγενείας εἰς ἔννοιαν ἐλθόντες, τόλμημα τολμῶσιν, ὁποῖον εἰκὸς ἦν τοὺς ἐλευθέρους, καὶ μὴ ἀμνήμονας, ὧν ἐπεβουλεύθησαν ἀδίκως· πολλὴν γὰρ λείαν ἐκφορήσαντες, τὴν μὲν αὐτοὶ διεκόμιζον ἐπηχθισμένοι τὴν δὲ τοῖς ὑποζυγίοις ἐπέθεσαν· οὐ διὰ φιλοχρηματίαν, ἤ, ὡς ἄν τις κατηγορῶν εἴποι, τὴν τῶν ἀλλοτρίων ἐπιθυμίαν· πόθεν; ἀλλὰ πρῶτον μὲν, ὃν παρὰ πάντα τὸν χρόνον ὑπηρέτησαν, ἀναγκαῖον μισθὸν κομιζόμενοι· εἶτα δὲ ὑπὲρ ὧν κατεδουλώθησαν, ἐν ἐλάττοσι καὶ οὐχὶ τοῖς ἴσοις, ἀντιλυποῦντες. ποῦ γὰρ ἴσθ' ὅμοιον ζημία χρημάτων, καὶ στέρησις ἐλευθερίας; ὑπὲρ ἧς οὐ μόνον προΐεσθαι τὰς οὐσίας οἱ νοῦν ἔχοντες, ἀλλὰ καὶ ἀποθνήσκειν, τολμῶσιν. ἐν ἑκατέρῳ δὲ κατώρθουν, εἴθ' ὡς ἐν εἰρήνῃ μισθὸν λαμβάνοντες, ὃν παρ' ἀκόντων πολὺν χρόνον οὐκ ἀποδιδόντων ἀπεστεροῦντο· εἴθ' ὡς ἐν πολέμῳ τὰ τῶν ἐχθρῶν φέρειν ἀξιοῦντες, νόμῳ τῶν κεκρατηκότων. οἱ μὲν γὰρ χειρῶν ἦρξαν

ἀδι-

mon avis, de dire, (1) qu'un Esclave ne peut sans injustice résister à son Maître, lors qu'il fait usage de son droit, quoi que ce ne soit qu'un droit extérieur, & qui par lui-même n'impose aucune obligation à la Conscience. Il y a une différence manifeste entre cette thése, & l'autre que nous venons de soûtenir contre ces Docteurs. Le Droit extérieur, dont il s'agit, qui ne consiste pas dans une simple impunité, mais qui est outre cela maintenu par l'autorité des Tribunaux, seroit vain & inutile, si l'Esclave conservoit, de son côté, le droit de la résistance. Car s'il peut résister à son Maître, il (2) pourra aussi résister de même au Magistrat, lors que celui-ci voudra maintenir le Maître dans la conservation & dans l'usage de son droit, comme il y est autorisé par le Droit des Gens. Il faut donc dire, qu'il en est ici comme des Sujets, qui, dans chaque Etat, ne peuvent jamais en conscience résister à leur Souverain, selon ce que nous (3) avons établi ailleurs. Aussi (4) ST. AUGUSTIN exige-t-il à cet égard la même patience des Esclaves & des Sujets.

§. VIII. Mais il faut savoir, que cette Loi du Droit des Gens au sujet des Prisonniers de Guerre n'a été reçuë ni toûjours, ni parmi tous (1) les Peuples; quoi que les Jurisconsultes Romains en parlent comme d'une chose généralement établie, donnant ainsi le nom du Tout à la Partie la plus considérable & la plus connuë. Parmi les *Hébreux*, qui avoient des Loix toutes particuliéres, par lesquelles ils étoient séparez du commerce des autres Nations, les Esclaves trouvoient (a) un Azyle, c'est-à-dire, comme les Interprétes l'ont très-bien remarqué, ceux (2) qui avoient été réduits à l'Esclavage par un pur malheur, & sans qu'il y eût de leur faute. Il semble que de là soit venu le privilége (b) qu'ont en *France* les Esclaves, de se remettre en possession de leur liberté, du moment qu'ils sont entrez dans les Terres de ce Roiaume: privilége qu'on y accorde même aujourdhui & aux Esclaves faits par droit de Guerre, & à tous autres de quelque maniére qu'ils eussent été réduits à l'Esclavage.

(a) *Deut.* XXIII, 15. Voiez *Moïse de Kotzi*, Præcept. vet. 109.

(b) *Bodin.* de Republ. Lib. I. Cap. V.

§. IX. 1. TOUS les (1) *Chrétiens* généralement ont (a) trouvé à propos d'abolir en-

(a) *Bartol.* in Leg. XXIV. Dig. de Captiv. &c. *Ce-*

ἀδίκων, ξένας καὶ ἱκέτας, ὡς ἔοικεν, ἀφορέτερον, καταδεδουλωμένων, τούτων αἰχμαλώτων. De Vita Mosis, (*pag.* 624. *Ed. Paris.*); On trouve, dans les Lettres de St. JE'ROME, une semblable histoire, touchant un saint personnage, nommé *Malchus*. Voiez aussi celle du Lombard *Leupzis*, que nous donne son Arriére-petit-fils, PAUL WARNAFREDE, Lib. IV. & la Confession publiée sous le nom de *Lanicius Patricius*. GROTIUS.

Le cas des *Israëlites* est bien différent de celui, dont il s'agit; & le passage de PHILON, que j'ai cité plus au long que ne faisoit nôtre Auteur, n'y a pas plus de rapport, comme chacun s'en convaincra aisément. Il faut dire la même chose de l'histoire de *Malchus*: car il avoit été pris par des Voleurs d'*Arabie*, de l'Esclavage desquels il se sauva, prenant deux Boucs à son Maître. Voiez ST. JE'ROME, *de Vita Malchi*, Tom. I. pag. 256, *& seqq.* Edit. Froben.

(13). Celui du *Concile de* GANGRES: *Si quis servum alienum, occasione Religionis, doceat dominum suum contemnere, & ejus ministerium destituere, ac non potius doceret eum suo domino bonâ fide, & cum omni honorificentia, deservire; anathema sit*, Caus. XVII. Quæst. IV. Can. XXXVII. Voiez aussi le Canon suivant; & ce qui a été dit ci-dessus, *Liv.* II. *Chap.* V. §. 29. à la fin. GROTIUS.

§. VII. (1) Les principes de nôtre Auteur, ne sont pas ici bien liez. Car enfin, si l'Esclave, dont il s'agit, peut s'enfuïr, je ne vois pas pourquoi il ne pourroit pas résister à son Maître, & le tuer même, lors qu'il en trouve le moien, pour se délivrer de l'esclavage; puis que, s'il n'y a point d'engagement de sa part, l'état de Guerre subsiste toûjours entre le Maître & lui. Voiez la Note suivante.

(2) Il le pourroit certainement, s'il n'étoit lié par aucun engagement envers son Maître. Mais le Magistrat suppose ou doit supposer une véritable convention qui lie l'Esclave; & c'est la raison pourquoi il peut être tenu de le livrer au Maître, qui le reclame, sans se mettre en peine d'examiner, si la Guerre, dans laquelle l'Esclave a été pris, étoit juste ou non.

(3) *Liv.* I. *Chap.* IV. Mais là aussi nous avons fait voir, que nôtre Auteur étend trop loin l'obligation de ne pas résister aux Souverains.

(4) Le passage a été déja cité au même endroit, §. 7. *num.* 8. *Note* 31. J'ai vû depuis, que nôtre Auteur, en le rapportant dans son Traité *de Imperio Summarum Potestatum circa Sacra*, Cap. III. §. 6. le donne comme étant de St. PROSPER, *Sentent.* 34. *ex* AUGUSTIN. *in Psalmum* CXXIV. mais, ajoûte-t-il, *non ad verbum*; c'est-à-dire, que le sens se trouve dans ce Pére, mais non pas les propres termes du passage.

§. VIII. (1) Parmi les *Indiens*, il n'y avoit point d'Esclaves: Δούλοις δ' οὔτε μήν φησι μηδένα Ἰνδῶν χρῆσθαι. STRABON, Geograph. Lib. XV. pag. 1036. *Ed. Amst.* (710. *Paris.*) GRONOVIUS cite cet exemple.

(2) C'est une pure supposition. La Loi est générale pour tous les Esclaves, c'est-à-dire, les Esclaves des autres Peuples. Voiez là-dessus le Commentaire de Mr. LE CLERC. Ainsi on peut regarder cette Loi, comme une de celles où DIEU usoit du droit Souverain qu'il a sur les biens des Hommes; à cause dequoi les *Israëlites* étoient dispensez de rendre les Esclaves étrangers à ceux à qui ils appartenoient.

§. IX. (1) Et avant eux les *Esseniens*, desquels les prémiers Chrétiens ont tiré leur origine. C'est

entr'eux l'usage de rendre Esclaves les Prisonniers de Guerre, en sorte qu'ils pûssent être vendus, contraints à travailler, & exposez à souffrir les autres mauvais traitemens qu'on fait aux Esclaves. Les Sectateurs d'une Religion comme celle de JESUS-CHRIST, étoient ou devoient être trop bien instruits par un Maître qui recommande si fort tout acte de Charité, pour ne pouvoir être détournez de tuer des malheureux Hommes, que par la permission d'user envers eux d'une moindre cruauté. Cette louable coûtume s'est perpétuée, depuis long tems parmi eux, de pere en fils, à l'égard de tous ceux qui étoient de la même Religion, comme nous l'apprenons de (2) NICE'PHORE GRE'GORAS: elle n'étoit point particuliére à ceux qui vivoient sous l'Empire Romain, mais elle leur étoit commune avec les *Thessaliens*, les *Illyriens*, les *Triballiens*, & les *Bulgariens*. C'est peu de chose, je l'avouë: mais enfin c'est un effet du respect pour la Religion Chrétienne, qui est ainsi venuë à bout de ce que *Socrate* (3) avoit autrefois conseillé en vain aux *Grecs* les uns par rapport aux autres. Les *Turcs* (4) néanmoins observent entr'eux, à cet égard, la même chose, que les *Chrétiens*.

varruvias, in Cap. *Peccatum*, Part. II. §. 11. *num.* 6. *Victoria*, de Jure Belli *num.* 43. *Boërius*, Decis. 178. *Sylvester*, verb. *Bellum*, Part. I. *num.* 1.

2. Les *Chrétiens* ont seulement (b) conservé l'usage de garder les Prisonniers de guerre, jusqu'à ce qu'on aît paié leur (5) rançon, dont l'estimation dépend du Vainqueur, à moins qu'il n'y aît quelque convention, qui la fixe. Et chacun pour l'ordinaire a la permission de garder ainsi lui-même ceux qu'il a pris, à moins que ce ne soient des personnes d'un rang considérable, sur lesquelles il n'y a que l'Etat, ou son Chef, qui aient droit, selon la coûtume de la plûpart des Nations.

(b) *Bartol.* in Leg. XII. Dig. de negot. gest. *Boërius*, Decis. 178. *Constit. Regn. Hisp.* Lib. VIII. Tit. XXVI. Part. II.

CHA-

ce que JOSEPH témoigne. GROTIUS.

L'Historien Juif parle d'une sorte d'*Esséniens*, qui croioient, dit-il, qu'il y avoit quelque injustice à avoir des Esclaves: Οὔτε δούλων ἐπιτηδεύουσι κτῆσιν, τὸ μὲν εἰς ἀδικίαν φέρειν ὑπειληφότες &c. Antiq. Jud. *Lib.* XVIII. *Cap.* II. pag. 618. B. C'est d'ailleurs une pure conjecture, que ce que nôtre Auteur pose en fait sur l'origine des prémiers Chrétiens.

(2) Νόμος γάρ ἐστιν οὗτος ἄνωθεν ἐκ διαδοχῆς ἀεὶ καθήκων εἰς τοὺς ἀπογόνους ἀκίνητος, οὐ μόνον Ῥωμαίοις καὶ Θετταλοῖς, ἀλλὰ καὶ Ἰλλυριοῖς, καὶ Τριβαλλοῖς, καὶ Βουλγάροις, διὰ τὴν τῆς πίστεως ταυτότητα, τὰ μὲν πράγματα μόνα συλλεύειν, τὰ δὲ σώματα μὴ ἀνδραποδίζεσθαι, μηδὲ φονεύειν ἔξω τῆς πολεμικῆς παρατάξεως μηδένα. Lib. IV. (*Pag.* 55. *Ed. Colon.* 1616.) BOERIUS fait mention de cette coûtume, *Decis.* CLXXVIII. Et il ajoûte, qu'en *France*, en *Angleterre*, & en *Espagne*, lors qu'un Duc, un Comte, ou un Baron, sont faits prisonniers, ils ne sont pas pour les Soldats, qui les ont pris, mais pour le Prince qui fait la Guerre. GROTIUS.

(3) Nôtre Auteur cite ici à la marge un Dialogue de PLATON, où ce Philosophe, qu'il suppose suivre en cela la doctrine de son Maître, établit pour une des Loix de sa République, qu'aucun *Grec* ne fasse des Esclaves de sa Nation, & ne conseille aux autres *Grecs* d'en faire: Ὅλῳ καὶ παντὶ (ἕτοιμον) διαφέρειν τὸ φείδεσθαι, μηδὲ Ἕλληνα ἄρα δοῦλον ἐκτῆσθαι μήτε αὐτοὺς, τοῖς τε ἄλλοις Ἕλλησιν οὕτω συμβουλεύειν. De Legib. *Lib.* V. pag. 469. C. Tom. II. *Edit. H. Steph.*

(4) Voiez CHALCONDYLE, *Rerum Turcic.* Lib. III. LEUNCLAVIUS, Libb. III. & XVII. BUSBEQU. *Epist. exotic.* III. (pag. 162. *Ed. Elzevir.* 1662.) GROTIUS.

(5) Voiez, sur cette matiére, une Dissertation de feu Mr. HERTIUS, *De Lytro*, qui est dans le I. Tome de ses *Comment. & Opuscul.* &c. pag. 253. & *seqq.*

CH. VIII. §. I. (1) Pourvû qu'il y aît, de la part des Vaincus, un consentement ou exprès, ou tacite. Et en ce cas-là, l'Aquisition est censée légitime, soit que la Guerre fût juste, ou non; de la maniere que je l'expliquerai ci-dessous, sur le Chap. XIX. §. 11. *Note* 1. Conferez ici PUFENDORF, *Liv.* VII. *Chap.* VII. §. 5. & ce que dit Mr. CARMICHAEL, Professeur à *Glasgow*, dans ses Notes sur l'Abrégé *De Officio Hom. & Civis*, Lib. II. Cap. X. §. 2. & Cap. XVI. §. 14. Feu Mr. COCCE'JUS a neanmoins soûtenu, que, dans une Guerre juste, le Vainqueur aquiert sur les Vaincus un plein droit de Souveraineté, par le droit seul de la Victoire, indépendamment de toute convention; & cela encore même que le Vainqueur aît d'ailleurs obtenu toute la satisfaction & tout le dédommagement, qu'il pouvoit exiger. La principale raison, dont ce Docteur se sert, pour prouver son sentiment, c'est que, sans cela, le Vainqueur ne pourroit pas être assûré de posseder paisiblement ce qu'il a pris, ou forcé de lui donner, pour ses justes prétensions; puis que les Vaincus pourroient le

CHAPITRE VIII.

Du droit de SOUVERAINETE', qu'on aquiert sur les VAINCUS.

I. *Que la* SOUVERAINETE' S'AQUIERT *par droit de Guerre, & entant que le Roi en étoit revêtu, & entant qu'elle résidoit dans le Peuple. Effet de cette aquisition.* II. *Que l'on peut aussi aquérir un Empire Despotique sur un Peuple, qui alors cesse d'être un Etat.* III. *Il y a quelquefois un mélange de ces deux sortes de Pouvoir.* IV. *On aquiert aussi par les armes, les Choses incorporelles, qui appartenoient au Peuple vaincu. Examen de la question sur une dette des anciens* Thessaliens, *qu'*Alexandre le Grand *leur remit, après la défaite des* Thébains, *leurs Créanciers.*

§. I. 1. SI l'on peut réduire à un Esclavage personnel chaque Particulier du parti de l'Ennemi, qui est tombé entre nos mains, comme nous venons de le faire voir dans le Chapitre précedent; il n'y a pas lieu de s'étonner, que l'on puisse (1) aussi imposer à tout le Corps des Ennemis, soit qu'il fasse un Etat entier, ou seulement partie de l'Etat, une Sujettion ou purement civile, ou purement despotique, ou qui tienne de l'une & de l'autre. C'est le raisonnement que SENE'QUE le Pére mit dans la bouche d'un Rhéteur, plaidant pour le Maître d'un Esclave *Olynthien* : (2) *Il avoit été pris par droit de Guerre*, dit-il, *je l'ai acheté. Il est de vôtre interêt*, ô Atheniens, *de me maintenir dans mes droits : autrement il faudroit que vous vous réduisissiez aux anciennes limites de vôtre Etat, en rendant tout ce que vous avez conquis.*

2. Les anciens Auteurs parlent à tout moment de ce droit de Conquête. TERTULLIEN dit, (3) que *tout Roiaume, tout Empire, s'aquiert par la Guerre, & s'étend*

le lui reprendre par le même droit de Guerre. Voiez la Dissertation *De jure Victoria diverso à jure Belli*, §. 13. Mais un autre Auteur de la même Nation, Mr. TREUER, Professeur en Politique & en Morale à *Helmstadt*, a refuté cette pensée, dans ses Notes sur PUFENDORF, *De Offic. Hom. & Civ.* Lib. II. Cap. XVI. §. 13. La raison alleguée prouve seulement, que le Vainqueur, qui s'est emparé du païs de l'Ennemi, peut y commander, pendant qu'il le tient, & ne s'en dessaisir que quand il a de bonnes sûretez, qu'il obtiendra ou qu'il possédera sans crainte ce qui est nécessaire pour la satisfaction & les dédommagemens qu'il a eu droit d'exiger par les voies de la Force. Mais le but d'une Guerre juste ne demande pas toûjours par lui-même, qu'on aquiére sur les Vaincus un droit de Souveraineté absolue & perpétuelle. C'est seulement une occasion favorable de l'aquérir ; & il faut toûjours pour cela un consentement ou exprès, ou tacite, des Vaincus : autrement l'état de Guerre subsistant encore, comme on l'avouë, la Souveraineté du Vainqueur n'a d'autre titre que la Force, & ne dure qu'aussi long tems que les Peuples conquis sont dans l'impuissance de secouer le joug. Tout ce qu'il y a, c'est que les Puissances Neutres, par cela même qu'elles le sont, peuvent & doivent regarder le Conquerant comme légitime Possesseur de la Souveraineté, quand même ils croiroient la Guerre injuste de sa part, & sans qu'il soit besoin de supposer ici, comme fait nôtre Auteur, un Droit des Gens arbitraire.

(2) *Servus, inquit, est meus, quem ego emi belli jure; vobis*, Athenienses, *expedit : alioquin imperium vestrum in antiquos fines redigitur, quidquid est bello partum. Et est contra. At ille* &c. Controvers. Lib. V. Contr. XXXIV. pag. 390. *Edit. Gron. major.* Quoi qu'on voie assez le sens de ce passage, les paroles en sont néanmoins corrompuës, comme le remarque un docte Commentateur, JEAN SCHULTING, qui conjecture assez vraisemblablement, qu'on doit lire ainsi : *Servus, inquit, est meus, quem ego emi belli jure. Id tueri vobis*, Athenienses, *expedit : alioquin* ——— *redigitur : quidquid est bello partum perdetis. Contra ait : Ille* &c. Il me semble seulement qu'après *belli jure*, il devoit y avoir *captum*, ou quelque autre chose de semblable, comme je l'ai exprimé dans ma traduction ; car ce n'est point par droit de Guerre, que le Peintre avoit acheté l'Esclave ; mais la validité de l'Achat etoit fondé sur ce que l'Esclave appartenoit au Vendeur par droit de Guerre. Au reste, le raisonnement contenu dans ces paroles revient à celui de nôtre Auteur, par la raison des contraires. Car le Peintre veut dire, que, si les Prisonniers de Guerre ne sont pas légitimement aquis à ceux qui les ont faits, le Vainqueur ne pourra pas non plus devenir maître d'un Peuple par droit de Conquête.

(3) *Ni faller enim, omne Regnum, vel imperium, bellis quaritur, & victoriis propagatur.* Apologetic. Cap. XXV.

tend par des Victoires. Selon QUINTILIEN (4) *c'est le Droit de la Guerre qui régle l'étenduë des Roiaumes, & des Peuples, & qui détermine les limites des Villes & des Nations. Aléxandre le Grand* dit, dans QUINTE-CURCE, (5) que *c'est au Vainqueur à donner la Loi, & aux Vaincus, à la recevoir.* Un Favori d'*Antiochus*, pour justifier le droit de conquête, en vertu duquel ce Prince s'approprioit quelques Villes d'*Ionie*, ou d'*Eolide*, représente aux *Romains*, dans TITE LIVE, (6) qu'ils n'ont pas d'autre titre, pour être autorisez à envoier tous les ans un Gouverneur à *Syracuse*, & en d'autres Villes Gréques de *Sicile*. *Arioviste* répond à JULES CE'SAR: (7) que *tel est le droit de la Guerre, que le Vainqueur commande aux Vaincus, comme bon lui semble; & que c'étoit ainsi que le Peuple Romain en usoit lui-même, ne se réglant jamais, à cet égard, sur la volonté d'autrui.* Avant *Ninus*, Roi d'*Assyrie*, ceux qui faisoient la Guerre ne cherchoient qu'à aquérir de la gloire par leurs victoires, & se contentant d'avoir vaincu leurs Ennemis, ils ne les réduisoient pas sous leur obéïssance, à ce que dit JUSTIN, après *Trogue Pompée*: (8) mais ce Prince pensa le premier à étendre les bornes de son Empire, en subjuguant les autres Nations, ce qui passa depuis en coûtume. *Bocchus*, Roi de *Mauritanie*, dit à *Lucius Sylla*, au rapport de SALLUSTE, (9) qu'*il avoit pris les armes pour la défense de son Roiaume, & non pas à dessein de se déclarer Ennemi des Romains; puis que cette partie de la* Numidie, *dont il avoit chassé* Jugurtha, *étant devenuë sienne par droit de Guerre, il n'avoit pû la laisser ravager par* Marius.

3. Or on peut aquérir la Souveraineté par droit de Conquête, en deux maniéres: ou entant que la Victoire en dépouille (10) le Roi vaincu, ou quelque autre Souverain; & en ce cas-là, tout le pouvoir qu'il avoit, passe au Vainqueur, mais rien au delà: ou bien entant que la Souveraineté résidoit dans (11) le Peuple même, & alors le Vain-

(4) *Sed hinc aspera & vehemens quæstio exoritur de jure belli, dicentibus* Thessalis, *hoc regna, populos, fines gentium atque urbium, contineri.* Instit. Orat. Lib. V. Cap. X. pag. 431. *Edit. Burm.*

(5) *Leges autem à victoribus dici, accipi à victis.* Lib. IV. Cap. V. *num.* 7.

(6) *Cur* Syracusas, *atque in alias* Siciliæ *Græcas urbes, Prætorem quotannis, cum imperio, & virgis, & securibus, mittitis, nihil aliud profecto dicatis, quàm armis superatis vos iis has leges imposuisse. Eamdem de* Smyrna, *&* Lampsaco, *civitatibusque, quæ* Ioniæ *aut* Æolidis *sunt, caussam ab* Antiocho *accipite.* Lib. XXXV. Cap. XVI. *num.* 3.

(7) *Ad hæc* Ariovistus *respondit: Jus esse belli, ut qui vicissent, iis, quos vicissent, quemadmodum vellent, imperarent: item Populum Romanum victis, non ad alterius præscriptum, sed ad suum arbitrium, imperare consuesse.* De Bell. Gall. Lib. I. Cap. XXXVI.

(8) *Fines imperii tueri magis, quàm proferre, mos erat: intra suam cuique patriam regna finiebantur. Primus omnium* Ninus, *Rex* Assyriorum, *veterem, & quasi avitum gentium morem, novâ imperii cupiditate, mutavit. Hic primus intulit bella finitimis, & rudes adhuc ad resistendum populos, terminos usque* Libyæ, *perdomuit.* Lib. I. Cap. I. *num.* 3, *& seqq.*

(9) *Se, non hostili animo, sed ob regnum tutandum, arma cepisse: nam* Numidiæ *partem, unde vi* Jugurtham *expulerit, jure belli suam factam, eam vastari à* Mario, *pati nequivisse,* De Bell. Jugurth. *Cap.* CX. pag. 506. *Ed. Wass.*

(10) *Aléxandre le Grand*, après la Bataille de *Gaugaméle* (autrement dite, la Bataille d'*Arbéles*) fut salué Roi d'*Asie*: [Βασιλεὺς δὲ τῆς Ἀσίας Ἀλέξανδρος ἀναγορευθεὶς, ἔθυε τοῖς θεοῖς &c. PLUTARCH. [*in Vit. Alex.* pag. 685. B. Tom. II. *Ed. Wech.*] Les *Romains* s'appropriérent par droit de Guerre (πολέμου νόμῳ) les païs qui avoient appartenu au Roi *Syphax*: APPIAN. ALEXANDR. Excerpt. Legat. X. *num.* 28. Les Ambassadeurs des *Goths*, au rapport d'AGATHIAS, disoient de *Theodoric*, un de leurs Rois, que ce Prince aiant vaincu *Odoacre*, Etranger, de Scyres, étoit devenu maître de tous ses Etats, par droit de Guerre: Ἀλλ' Ὀδόακρον καθελὼν, τὸν ἐπηλύτην τε Σκύρρον (c'est ainsi qu'il faut lire, au lieu de Τύραννον) ξύμπαντα ἅπαντα κατέσχε τῷ τοῦ πολέμου θεσμῷ. Hist. *Lib.* I. (Cap. IV. pag. 11. *Ed. Vulcan.*) Mais ME'NANDRE *le Protecteur* nous apprend, que, quand les *Huns* prétendoient avoir conquis les *Gépides*, à cause qu'ils avoient pris leur Roi; les *Romains* s'y opposerent, par la raison que le Chef des *Gépides* étoit un Prince, plûtôt qu'un véritable Roi, & qu'ainsi les *Gépides* ne lui appartenoient point, comme un bien patrimonial. GROTIUS.

Dans le passage d'AGATHIAS, la Version ancienne de CHRISTOPHLE PERSONA, Romain, imprimée à *Augsbourg*, en 1519. porte, *& peregrino strenuè debellato tyranno*: d'où il paroit, que le Traducteur a lû dans son Original, τύραννον, au lieu de Τύρρον. Nôtre Auteur citant ce passage ci-dessus, de mémoire apparemment, (*Chap.* VI. de ce Livre, §. 2. *Note* 10.) mettoit πολέμου νόμῳ, pour θεσμῷ.

(11) Les *Perses*, au rapport du même ME'NANDRE, que nous venons de citer dans la Note précedente, soûtenoient, que le Territoire de la Ville de *Daras* leur appartenoit, parce qu'ils avoient conquis cette Ville: Ἐπεὶ ἡ πόλις (Δάρας) αὐτοῖς τῷ θεσμῷ τοῦ πολέμου ὑπεκλίθη, ὡς δεῖ τοίνυν καὶ τὰ ὅσα γε ὑπὸ τὴν πόλιν, ἁρμόζειν αὐτοῖς. *Bélisaire* après avoir défait les *Vandales*, vouloit que la Ville même de *Lilybée* en *Sicile* devînt par ce moien dépendante de l'Empire Romain, parce que les *Goths* l'avoient donnée aux *Vandales*: mais les *Goths* nioient qu'ils la leur eussent donnée; comme nous le voions dans PROCOPE,

le Vainqueur la possède de telle maniére, qu'il a droit de l'aliener, comme le Peuple auroit pû le faire : d'où sont nez les *Roiaumes Patrimoniaux*, dont nous avons (a) parlé ailleurs.

(a) *Liv. I. Chap.* III. §. 11.

§. II. La chose peut s'étendre encore plus loin. Car il arrive quelquefois que le Peuple vaincu cesse d'être un Corps d'Etat, soit parce qu'on l'incorpore dans un autre, comme l'étoient les Provinces Romaines; ou bien sans aucune semblable incorporation, lors qu'un Roi faisant la Guerre (1) à ses dépens, a conquis un Peuple, en sorte qu'il prétend le gouverner non pour l'avantage du Peuple même, mais principalement pour le sien propre, ce qui, selon (2) Aristote, est le caractére distinctif du Pouvoir Despotique par opposition au Gouvernement Civil. De sorte qu'un Peuple soûmis à une telle domination, n'est plus un Etat, mais une grande troupe d'Esclaves dépendans d'un même Maître; n'y ayant point d'Etat Civil, proprement ainsi nommé, qui soit composé d'Esclaves, selon la pensée d'un (3) ancien Poëte Grec.

§. III. De là il paroît, quelle idée on doit se faire de la Souveraineté mixte, dont j'ai parlé, qui tient du Civil & du Despotique; c'est lors que les Vaincus conservent quelque Liberté personnelle, au milieu de l'Esclavage où ils entrent. C'est ainsi que nous lisons que des Conquérans ont ôté les armes aux Peuples conquis, & ne leur ont permis (1) de se servir du Fer, que pour les usages de l'Agriculture; ou les ont contraints (2) à changer de langage & de maniére de vivre.

§. IV. 1. Comme les biens de chaque Particulier sont aquis par droit de Guerre à celui qui l'a pris, & par là est devenu son Maître: de même, les biens, qui appartenoient à tout le Corps, passent à celui qui l'a subjugué, en sorte qu'il peut se les approprier,

cope, *Vandalic.* Lib II. (Cap. V.) *Henri*, Fils de l'Empereur *Frideric Barberousse*, après avoir pris la *Sicile*, s'approprioit les Villes d'*Epidamne*, de *Thessalonique*, & autres, que les *Siciliens* possedoient: Nicetas, Lib. I. *De Alexio Isaaci fratre*, (Cap. IX.) *Bajan*, Chagan (ou Prince) des *Avariens*, disoit à l'Empereur, au sujet de *Sirmium*, que cette Ville lui appartenoit, parce qu'elle avoit été aux *Gépides*, que les *Avariens* avoient vaincus: Προσήκειν αὐτῷ, Γηπαίδων πρότερον κτῆμα γενομένην, αὐτῶν δὲ ὑπὸ Ἀβάρων πολεμηθέντων. Menander *Protector*, (Cap. III. *Legat. Justin. Justinian. & Tiber.*) *Pierre*, Ambassadeur de *Justinien*, dit à *Chosroez*, Roi des *Perses*, que celui qui est maître du principal, doit l'être aussi de l'accessoire; & qu'ainsi la *Suanie* a été conquise avec les *Laziens*, puis les *Suaniens* & les *Laziens* conviennent, que ceux-ci étoient dès les tems anciens sous la domination des premiers: Ὁ γὰρ δεσπόσας τοῦ ἡγεμονικοῦ, πῶς οὐχ ἕξει τὸ ὑποβεβηκός; Οὔτε γὰρ Λαζοί, οὔτε μὴν αὐτοὶ Σουανοί, πρὸς ἀμφισβήτησιν εἴποιεν, ὡς οὐχ ὑπήκοον ἡ Σουανία Λαζῶν ἀνέκαθεν ἦν. Apud eumdem, (*Cap.* III.) Voiez ci-dessus, §. 4. Grotius.

§. II. (1) Voiez ci-dessus, *Liv.* I. *Chap.* III. §. 12. *num.* 2.

(2) Ἔστι δὲ ἀρχή, καθάπερ ἐν τοῖς πρώτοις εἴρηται λόγοις, ἡ μὲν τοῦ ἄρχοντος χάριν, ἡ δὲ, τοῦ ἀρχομένου. τούτων δὲ τὴν μὲν δεσποτικὴν εἶναί φαμεν, τὴν δὲ τῶν ἐλευθέρων. Politic. *Lib.* VII. *Cap.* XIV. pag. 442. D.

(3) Οὐκ ἔστι δούλων, ὦ 'γαθέ, οὐδαμοῦ πόλις. Anaxandrid. (in Anchis. *Excerpt. Vett. Comic. & Trag.* pag. 639.) Tacite oppose aussi le Gouvernement Civil, à la Domination despotique: *Addiditque praecepta* [Claudius Caesar] ... *ut non dominationem & servos, sed rectorem & cives cogitaret.* Annal. *Lib.* XII. (Cap. XI. *num.* 2.) Xénophon louë *Agésilas*, de ce qu'après avoir conquis quelque Ville, il dispensoit les Vaincus de tout ministére servile, & n'exigeoit d'eux que ce que des Personnes Libres doivent à leurs Magistrats: Ὁπότε δὲ πόλεις προσαγάγοιτο, ἀφαιρῶν αὐτῶν ὅσα δοῦλοι δεσπόταις ὑπηρετοῦσι, προσέταττεν ὅσα ἐλεύθεροι ἄρχουσι πείθονται. De Agesil. (*Cap.* I. §. 22. *Edit. Oxon.*) Grotius.

§. III. (1) C'est ainsi que, dans le Traité de Paix, que *Porsenna*, Roi d'*Etrurie*, accorda aux *Romains*, après qu'ils eurent chassé leurs Rois, il y avoit une clause expresse, portant que les *Romains* n'auroient des instrumens de fer, que pour les usages de l'Agriculture: *In foedere, quod, expulsis Regibus, Populo Romano dedit* Porsenna, *nominatim comprehensum invenimus, ne ferro, nisi in agricultura uterentur.* Plin. Hist. Natur. Lib. XXXIV. Cap. XIV. Nôtre Auteur rapporte lui-même cet exemple, dans une Note sur le *I. Livre de* Samuel, Chap. XIII. vers. 19. où il croit qu'il s'agit d'un semblable moien, dont les *Philistins* se servirent pour desarmer les *Israëlites*. Mais il y a apparence, que ce fut d'une autre maniere; on peut voir là-dessus le Commentaire de Mr. Le Clerc. Les Historiens Romains ont, au reste, passé sous silence cette circonstance du Traité entre *Porsenna*, & les *Romains*, comme honteuse à un Peuple, qui fut depuis le Maître du Monde; ainsi que nôtre Auteur le remarque au même endroit. On peut y joindre une Note de Freinshemius, sur Florus, Lib. I. Cap. X. *num.* 2.

(2) Le docte Gronovius indique ici à propos l'exemple des *Lydiens*, à qui *Cyrus*, après les avoir domtez, ôta leurs Armes & leurs Chevaux, les obligeant en même tems à frequenter les Cabarets, à vivre dans les divertissemens & dans la debauche: *Quibus* [Lydis] *iterum victis, arma & equi ademti, jussique cauponias & ludicras artes, & lenocinia exercere.* Justin. Lib. I. Cap. VII. *num.* 12. Voiez là-dessus la Note de Bernegger, qui apporte d'autres exemples.

proprier, s'il veut. TITE LIVE dit, (1) que *quand on s'est rendu, avec tout ce qu'on avoit, à un Ennemi superieur en forces, il dépend de lui de nous ôter, ou de nous laisser, de nos biens, ce que bon lui semble.* La maxime a lieu aussi à l'égard de ceux qui ont été actuellement vaincus, dans une Guerre Publique & en forme. Car la soûmission de ceux qui se rendent, ne fait que donner volontairement ce que l'on seroit contraint de laisser prendre. Dans la dispute de deux Peuples, qui prirent les *Romains* pour arbitres, un certain *Scaptius* fit remarquer, au rapport de (2) TITE LIVE, que les Terres, dont il s'agissoit, avoient été du territoire de *Corioles*, & qu'ainsi elles appartenoient, par droit de Guerre, au Peuple Romain, qui avoit pris cette Ville. *Hannibal*, dans un discours à ses Soldats, les (3) encourage par cette espérance, que *tout ce que les* Romains *avoient aquis & amassé par tant de victoires, seroit à eux, aussi bien que les Maîtres. Pompée le Grand* (4) aquit au Peuple Romain, par la défaite de *Mithridate*, les Païs que ce Prince avoit conquis.

2. Les *Choses Incorporelles* ou les droits, noms & actions, du Corps de l'Etat, passent donc aussi au Vainqueur, autant qu'il veut se les approprier. C'est ainsi que les *Romains*, après avoir conquis la Ville d'*Albe*, (a) s'approprièrent tous les droits des *Albains*.

(a) *Dion. Halicarn.* Lib. III. Cap. XXXI.

3. De là on peut conclurre, comment il falloit décider la dispute qu'il y eut autrefois entre les *Thébains*, (5) au sujet d'une somme de cent talens, que les prémiers devoient aux derniers. *Alexandre le Grand* aiant pris la Ville de *Thébes*, fit présent de cette somme aux *Thessaliens*, comme Vainqueur des *Thébains*. Les *Thessaliens*, à mon avis, furent dès-lors quittes de la dette. QUINTILIEN dit, (6) en faveur des *Thébains*; que le Vainqueur n'est maître que de ce qu'il tient: or, ajoûte-t-il, un Droit étant une chose incorporelle, on ne sauroit s'en saisir. Il remarque encore, qu'il y a de la différence entre un Héritier, & un Vainqueur: que le prémier hérite des Droits, aussi bien que des Choses; mais qu'il n'y a que les Choses, qui passent au dernier. Toutes ces raisons sont fausses. Car quiconque est maître d'une personne, est maître aussi & des choses, & de tous les droits qui lui appartenoient. Celui qui est possédé en propre par un autre, (7) ne possède rien pour lui-même; & quand on est sous puissance d'autrui (8) on n'a rien en sa propre puissance; comme le disent très-bien les Jurisconsultes Romains. Lors même que le Vainqueur laisse aux Vaincus la forme d'un Corps d'Etat, il peut s'emparer de quelques-uns des droits que cet Etat avoit; car il dépend de lui de donner telles bornes qu'il lui plaît à sa liberalité.

§. IV. (1) *Ubi enim omnia ei, qui armis plus posset, dedita essent, quae ex iis habere victos, quibus mulctari eos velit, ipsius jus atque arbitrium esse.* (Lib. XXXIV. Cap. LVII. *num.* 7.) Voiez ce que j'ai dit ci-dessus. *Liv.* I. *Chap.* III. §. 8. *Liv.* II. *Chap.* V. §. 31. *Liv.* III. *Chap.* V. §. 2. *Chap.* VII. §. 4. & ce que je dirai ci-dessous, *Chap.* XX. §. 49. Ajoûtez un passage de POLYBE, où il est dit, que ceux qui se rendent à la discretion du Peuple Romain, lui donnent, prémiérement tout le païs qu'ils possedoient, avec les Villes qu'il y a; ensuite les Personnes, Hommes & Femmes, qui s'y trouvent: de plus, toutes les Riviéres, tous les Ports, toutes les Choses Sacrées, tous les Sépulcres; en un mot tout ce qui leur appartenoit, en sorte qu'il ne leur reste plus rien: Οἱ γὰρ διδόντες αὑτοὺς εἰς τὴν Ῥωμαίων ἐπιτροπὴν, διδόασι πρῶτον μὲν χώραν τὴν ὑπάρχουσαν αὐτοῖς καὶ πόλεις τὰς ἐν ταύτῃ· σὺν δὲ τούτοις ἄνδρας καὶ γυναῖκας, τὰς ὑπαρχούσας ἐν τῇ χώρᾳ καὶ ταῖς πόλεσιν ἁπάσας. ὁμοίως ποταμοὺς, λιμένας, ἱερὰ, τάφους, συλλήβδην· ὥστε πάντων εἶναι κυρίους Ῥωμαίους, αὐτοὺς δὲ τοὺς διδόντας ἁπλῶς, μηδὲν μηδενός. Excerpt. Legat. CXLII. Voiez un passage de JUSTIN, au sujet des *Juifs*, qui a été cité ci-dessus, *Liv.* I. *Chap.* IV. §. 7. (*num.* 5. à la marge.) GROTIUS.

(2) *Agrum, de quo ambigitur, finium Coriolanorum fuisse, captisque* Coriolis, *jure belli publicum Populi Romani factum.* Lib. III. Cap. LXXI. *num.* 7.

(3) *Quidquid Romani tot triumphis partum congestumque possident, id omne vestrum, cum ipsis dominis, futurum est.* Idem, *Lib.* XXI *Cap.* XLIII. *num.* 6.

(4) Voiez STRABON, *Geograph.* Lib. XII. (pag. 815. *Ed. Amst.* 541. *Paris.*) Le Roi *Antiochus* prétendoit, que *Seleucus* aiant conquis tous les Etats de *Lysimaque*, ces païs lui appartenoient, à lui *Antiochus*, comme Vainqueur de *Seleucus*: *Quo* (Lysimacho) *victo, quum omnia, quae illius fuissent, jure belli* Seleuci *facta sint, existimare sua ditionis esse.* TIT. LIV. Lib. XXXIII. Cap. XL. *num.* 4.

(5) Voiez PUFENDORF *Droit de la Nat. & des Gens*, Liv. VIII. Chap. VI. §. 20. & ce que nôtre Au-

teur

liberalité. L'action d'*Alexandre* fut imitée par *Jules César*, qui remit à ceux de *Dyrrachium* (b) une dette qu'ils avoient contractée envers je ne sai qui du parti contraire. Il est vrai, qu'on pouvoit objecter ici, que la Guerre de *César* étant une Guerre Civile, n'étoit pas du (9) nombre de celles, auxquelles se rapporte la Loi du Droit des Gens, dont il est question.

(b) *Cicer. Epist. ad Brut.* VI.

CHAPITRE IX.

Du droit de POSTLIMINIE.

I. *Etymologie du mot de* Postliminium. II. *Définition du droit de* POSTLIMINIE; *& en quels li[...] on l'aquiert.* III. *Qu'il y a des choses qui retournent, & d'autres qu'on recouvre par droit de Postliminie.* IV. *Que ce droit a lieu & en tems de Paix, & en tems de Guerre.* V. *Comment une Personne Libre retourne, pendant la Guerre.* VI. *Quels droits elle recouvre, & quels elle ne recouvre pas.* VII. *Que ceux qui avoient quelques droits par rapport à elle, les recouvrent aussi.* VIII. *Raison, pourquoi ceux qui s'étoient rendus n'ont point de part à ce droit.* IX. *Quand c'est que les Peuples l'aquierent.* X. *De ce qui est particulier au Droit Civil, en matiére des Personnes qui jouissent du droit de Postliminie.* XI. *Comment on recouvre les Esclaves, même les Transfuges; & ceux qui ont été rachetez.* XII. *Si l'on peut recouvrer des Sujets, par droit de Postliminie?* XIII. *Comment on recouvre les Terres.* XIV. *Différence qu'on observoit autrefois à l'égard du recouvrement des Choses Mobiliaires.* XV. *Quel est aujourd'hui l'usage sur ce sujet.* XVI. *Quelles choses on recouvre, sans avoir besoin du droit de Postliminie.* XVII. *Changemens que les Loix Civiles font à cet égard, par rapport à ceux qui y sont soûmis.* XVIII. *Comment le droit de Postliminie a eu lieu autrefois entre les Peuples qui n'étoient point Ennemis.* XIX. *Comment il peut avoir lieu encore aujourdhui.*

§. I. 1. LES Jurisconsultes des derniers siecles n'ont pas mieux réussi sur la matiére du droit de *Postliminie*, que sur celle des choses prises à l'Ennemi: ils ne disent presque rien de raisonnable sur l'une & sur l'autre. Les anciens Jurisconsultes Romains

teur dira dans le Chapitre suivant, §. 9. *num.* 2. Mr. CARMICHAEL, Professeur à *Glasgow* en *Ecosse*, dit, dans ses notes sur l'Abrégé *De Officio Hom. & Civis*, Lib. II. Cap. XVI. §. 14. qu'on ne peut guéres étendre le bénefice de la décharge, dans le cas dont il s'agit, aux Contracts bienfaisans, ou qui tournent uniquement à l'avantage du Débiteur. Ainsi il ne suffit pas, selon cet Auteur, que le Vainqueur tienne quitte de la Dette celui qui devoit quelque chose au Vaincu. Mais si la neutralité, qui dispense le Debiteur d'examiner la justice de la Guerre & de la Victoire, le met dans l'obligation de paier au Vainqueur, & le rend par là quitte envers le Créancier, aux devoirs duquel celui-ci est censé succeder; je ne vois pas pourquoi la même chose n'auroit pas lieu par rapport à une Donation ou une Acceptilation. Autre chose est de dire, ce que demande ici la Générosité, ou l'Humanité: mais pour ce qui est du droit, proprement ainsi nommé, il est le même dans l'un & dans l'autre cas.

(6) *Tum secundo gradu* [dicamus], *non potuisse donari à victore jus, quia id demum sit ejus, quod ipse teneat: jus, quod sit incorporale, adprehendi manu non posse ...... Ut alia sit conditio heredis, alia victoris: quia ad illum jus, ad hunc res transeat.* Instit. Orat. *Lib.* V. *Cap.* X. pag. 432. *Edit. Burm.*

(7) *Qui in servitute est, usucapere non potest, nam, quum possideatur, possidere non videtur.* DIGEST. Lib. L. Tit. XVII. *De diversis Reg. Juris*, Leg. CXVIII.

(8) *In sua enim potestate non videtur habere, qui non est suæ potestatis.* Lib. XLVIII. Tit. V. *Ad Leg. Jul. de Adulteriis coërcendis*, Leg. XXI.

(9) *Marc Antoine* fit rendre aux *Tyriens*, ce qu'ils avoient pris aux *Juifs*, qui ne leur avoit point été accordé par le Senat Romain, & qu'ils ne possédoient pas avant la Guerre de *Cassius*; comme nous l'apprenons de JOSEPH (*Antiq. Jud. Lib.* XIV. *Cap.* XXI. *pag.* 492. G.) Voiez aussi PIERRE BIZARRO, *Hist. Genuens.* Lib. X. GROTIUS.

Romains avoient traité ce sujet plus exactement, mais souvent avec beaucoup de confusion, en sorte que le Lecteur ne peut guéres distinguer ce qu'ils rapportent au Droit des Gens, & ce qu'ils établissent comme étant de Droit Civil.

2. La véritable étymologie du mot Latin *Postliminium*, est celle du Jurisconsulte (1) SCE'VOLA qui disoit que ce terme est composé de la particule *post*, au sens de *derriére*, (2) *en arriére*, ce qui donne une idée de retour; & du nom *limen* ou *limes*, qui signifie *frontieres*.

§. II. 1. LE droit de POSTLIMINIE est donc celui *que l'on* (1) *aquiert par un retour dans les frontiéres*, (2) c'est-à-dire, dans le païs, dans les terres de l'Etat; comme l'explique le Jurisconsulte (3) PAUL. POMPONIUS, autre Jurisconsulte, (4) dit, que l'on a ce droit de retour, du moment qu'on est entré dans quelque endroit dont l'Etat est maître.

2. Mais le consentement des Peuples a étendu la chose plus loin, à cause de certaines circonstances où la même raison a lieu. Il est établi, par le Droit des Gens, que, si une personne, ou une chose, du nombre de celles que l'on n'a pas voulu excepter en matiére de Postliminie, est *parvenuë à nos Amis*, comme parle POMPONIUS (5) dans le passage qui vient d'être indiqué, ou, comme PAUL (6) l'explique par un exemple, *à quelque Roi de nos Alliez ou de nos Amis*; elles retourne ou est recouvrée dès-lors, comme si elle étoit parvenuë jusques chez nous. Et par (7) *Amis* ou *Alliez* on entend ici, non pas ceux avec qui l'on est simplement en paix, mais ceux qui sont de même parti que nous dans la Guerre présente. Car si un de nos gens, après avoir été fait Prisonnier de Guerre, retourne chez ceux qui, quoi que nos Amis, ne se

CH. IX. §. I. (1) SERVIUS SULPICIUS, autre Jurisconsulte, croioit mal-à-propos, que la derniere partie du mot, savoir *liminium*, n'etoit qu'une extention, qui ne signifioit rien; comme nous l'apprend CICE'RON, qui rapporte les deux etymologies: *Sed quum ipsius* Postliminii *vis quaritur, & verbum ipsum notatur: in quo* SERVIUS *noster, ut opinor, nihil putat esse notandum, nisi* post; *&* liminium *illud, productionem esse verbi vult, ut in* finitimo, legitimo, æditimo, *non plus inesse* timum, *quàm in* Meditullio tullium. SCÆVOLA *autem*, P. F. *junctum putat esse verbum, ut sit in eo &* post, *&* limen: *ut qua à nobis alienata sunt, quum ad hostem pervenerint, & ex suo tanquam limine exierint, dein quum redierint post ad idem limen, postliminio videantur rediisse.* Topic. (*Cap.* VIII.) C'est pourquoi TERTULLIEN s'est servi, dans un sens métaphorique, du mot de *Postliminium*, pour marquer le retour ou le retablissement par lequel un Pécheur est reçû à la paix de l'Eglise: *Incesto fornicatori postliminium largitur pacis Ecclesiastica* &c. De Pudicitia, *Cap.* XV. En effet, les mots de *Limen* & *Limes* ne different que par la terminaison & la declinaison: du reste, ils ont la même origine, & la même signification primitive. Ils viennent tous deux de l'ancien mot *Limus*, qui signifie *ce qui est de travers*. FESTUS le témoigne, à l'égard de *Limen*: LIMUS, *obliquus, id est, transversus: unde &* LIMINA. Voiez aussi SERVIUS, sur le XII. Livre de l'*Enéïde* (vers. 120.) & DONAT, sur l'*Eunuque* de *Terence*, (Act. III. Scen. V. *vers.* 53) ISIDORE dit la même chose de l'un & de l'autre de ces mots: LIMITES adpellati, antiquo *verbo, transversi. Nam transversa omnia antiqui* lima *dicebant: à quo & limina ostiorum, per qua foris & intus itur; &* limites, *quòd per eos foras in agros eatur.* Orig. Ling. Lat. *Lib.* XV. *Cap.* XIV. Et dans le Vieux Glossaire, (publié par HENRI ETIENNE) *Limes* est expliqué par Πλαγία ὁδὸς. Les mots de *Limen* & *Limus*, signifioient aussi originairement la même chose, comme *Materia* & *Materies*; *Pavus*, & *Pavo*: *Contagio*, & *Contages*; *Cucumis*, & *Cucumer*; *Compago*, & *Compages*, ou *Compagen*, que l'on disoit anciennement, comme il paroit par le verbe dérivé, *Compagino*, & de même que l'on a fait *Sanguis* de *Sanguen*. Mais dans la suite, l'usage voulut que *Limen* fût particuliérement affecté, à l'entrée de la demeure des Particuliers; & *Limes*, à celle des Terres de l'Etat. Ainsi les Anciens ont dit, *Eliminare*, pour chasser des frontiéres, ou du païs. Ils appelloient le bannissement, *Eliminium* & *Colliminium*, mot qui se trouve dans SOLIN, (Cap. XV. ou XXV. selon d'autres Editions) au lieu de *Collimitium*, dont on se sert ordinairement. GROTIUS.

Le passage de SERVIUS, auquel nôtre Auteur renvoioit, dans cette Note tirée en partie du Texte, mais sans marquer le vers, où il se trouve; ce passage, dis-je, tend à prouver, que *Limus* signifie *oblique, qui va de travers*. Et le Grammairien en parle à l'occasion d'un mot du Poëte, que quelques Anciens croioient être corrompu, *Lino*, au lieu de quoi ils vouloient qu'on lût *Limo*, ablatif de *Limus*, pris pour substantif. Et par *Limus*, on entend ici une espéce de vêtement bordé de pourpre à ondes, qui va depuis le nombril jusques par dessus les pieds. Voilà, pour le dire en passant, un mot qui manque dans les Dictionnaires; quoi qu'il se trouve & dans le Grammairien Commentateur de VIRGILE, & dans ISIDORE, qui nous apprend de plus, que ce vêtement etoit propre aux Esclaves Publics. Voiez encore HYGINUS, *De Limitib. constituendis*, pag. 151. & là-dessus, les Notes de feu Mr. GOES, pag. 162, 163. comme aussi LAURENT PIGNORIUS, *De Servis*, pag. 29, 30. *Edit. Patav.* 1656. Pour ce qui est du mot de *Limen*, que nôtre Auteur croit avoir signifié autrefois la même chose, que *Limes*, suivant la remarque contenuë dans un passage des INSTITUTES, qui va être cité, sur le paragraphe suivant, *Note* 2. le docte SAUMAISE a pris à tâche de refuter cela, dans ses *Observationes ad Jus Atticum & Romanum*: & ME'NAGE se range à l'opinion du dernier, dans ses *Amœnitates Juris Civilis*, Cap. XXXIX. pag. 131. *Edit. Lips.* Mais, comme le remarque Mr. SCHUL-

se sont pas déclarez pour nous contre l'Ennemi; il ne change point d'état, à moins qu'il n'y aît là-dessus quelque convention particuliére, comme, par exemple, dans le second Traité entre les *Romains* & les *Carthaginois*, il étoit (8) porté, que si les Prisonniers faits par les *Carthaginois*, sur quelque Peuple ami des *Romains*, venoient dans les Ports dont les *Romains* étoient maîtres, ils pourroient être reclamez, & ils redeviendroient libres; & que les Amis des *Carthaginois* auroient le même droit. De là vient que, dans la Seconde Guerre Punique, ceux d'entre les *Romains*, qui aiant été faits Prisonniers, & vendus comme Esclaves, étoient parvenus de maître en maître, jusques dans la *Gréce*, (9) n'y joüirent point du droit de *Postliminie*, parce que les *Grecs* avoient été neutres dans cette Guerre: ainsi il fallut les racheter. On voit même en plusieurs endroits d'HOMÉRE, des Prisonniers de Guerre vendus dans des Païs neutres, comme (a) *Lycaon*, & *Eurymeduse* (b). (a) *Iliad.* Lib. XXI. vers. 35. & *seqq.* (b) *Odyss.* Lib. VII. vers. 8. & *seqq.*

§. III. SELON le langage ancien des *Romains*, on disoit, que les Personnes même libres étoient *recouvrées* par droit de Postliminie, tout comme les Esclaves, les Chevaux, les Mulets, les Vaisseaux &c. ainsi qu'il paroît par (1) un passage de GALLUS ÆLIUS, que FESTUS, le Grammairien, nous a conservé. Mais les Jurisconsultes des tems postérieurs s'étant fait des idées & des expressions plus précises, ont distingué (2) deux sortes de *Postliminie:* l'un, par lequel les Personnes elles-mêmes *retournent*; l'autre, en vertu duquel on *recouvre* quelque chose.

§. IV. 1. TRYPHONIN dit, (1) que le droit de Postliminie a lieu & en tems de Paix, & en tems de Guerre. On peut retenir cette maxime, dans le sens auquel il la don-

SCHULTING, sur les *Institutions* de CAJUS, Lib. I. Tit. VI. §. 2. pag. 49. les passages mêmes que MENAGE allégue, font voir, que le mot de *Limen* a été emploie pour marquer les limites d'un Etat, par d'autres Auteurs Anciens, que ceux qu'a suivi TRIBONIEN.

(2) D'où vient le nom d'une Déesse, qu'on appelloit *Postverta*. GROTIUS.

C'étoit une des Déesses, qui présidoient aux accouchemens. Voiez AULU-GELLE, *Noct. Attic.* Lib. XVI. Cap. XVII.

§. II. (1) C'est-à-dire, un droit en vertu duquel les Choses, & les Personnes, qui avoient été prises par l'Ennemi, rentrent dans leur prémier état: les Personnes recouvrant leurs droits; & les Choses retournant à leurs anciens Maîtres.

(2) *Dictum est autem* Postliminium à limine & post. *Unde eum, qui ab hostibus captus, in fines nostros postea pervenit, postliminio reversum recte dicimus. Nam limina sicut in domibus finem quemdam faciunt. Sic & imperii finem limen esse veteres voluerunt. Hinc &* limes *dictus est, quasi finis quidam & terminus: ab eo* Postliminium *dictum, quia eodem limine revertebatur, quo amissus fuerat.* INSTITUT. Lib. I. Tit. XII. *Quibus me[...] jus patria potestatis solvitur*, §. 5.

(3) *Postliminio rediisse videtur, quum ... fines nostros intraverit: sicuti amittitur, ubi fines nostros excessit.* DIGEST. Lib. XLIX. Tit. XV. *De Captivis & Postliminio* &c. Leg. XIX. §. 3.

(4) *Tunc autem reversus intelligitur, si aut ad amicos nostros perveniat, aut intra præsidia nostra esse cœpit.* Ibid. Leg. V. §. 1.

(5) Voiez la Note précedente.

(6) *Sed & si in civitatem sociam amicamve, aut ad regem socium vel amicum, venerit, statim postliminio rediisse videtur: quia ibi primum nomine publico tutus esse incipiat.* Ibid. Leg. XIX. §. 3.

(7) Le Roi de *Maroc* & de Fez l'entendoit ainsi, au rapport de Mr. DE THOU, *Hist.* Lib. CXXX. sur l'année 1603. GROTIUS.

(8) Ἐὰν δέ τινες Καρχηδονίων λάβωσί τινας· πρὸς οὓς εἰρήνη μέν ἐστιν ἔγγραπτος Ῥωμαίοις, μὴ ὑποτάττονται δέ τι αὐτοῖς, μὴ καταγαγέτωσαν εἰς τοὺς Ῥωμαίων λιμένας· ἐὰν δὲ καταχθέντος ἐπιλάβηται ὁ Ῥωμαῖος, ἀφιέσθω· ὡσαύτως δὲ μηδ' οἱ Ῥωμαῖοι ποιείτωσαν &c. POLYB. Lib. III. Cap. XXIV. *pag.* 248. *Ed. Amstel.*

(9) Voiez DIODORE *de Sicile*, Excerpt. Legat. *num.* 5. PLUTARQUE, *Vit. Flamin.* (pag. 376, 377. *Ed. Wech.*) VALERE MAXIME, Lib. V. Cap. XI. *num.* 6. C'est ainsi qu'au rapport de POLYBE, les *Rhodiens*, par une faveur & une libéralité dont on leur tint compte, rendirent aux *Athéniens* les Vaisseaux & les Prisonniers d'*Athénes*, qu'ils avoient achétez dans la vente du butin fait sur les *Athéniens* par le Roi *Philippe:* Excerpt. Legat. III. GROTIUS.

§. III. (1) POSTLIMINIO (c'est ainsi qu'il faut lire, au lieu de *Postliminium*) *receptum*, GALLUS ÆLIUS *in libro primo* Significationum, quæ ad Jus pertinent, ait esse eum, *qui liber, ex qua civitate in aliam civitatem abierat, in eamdem civitatem redit, eo jure, quod constitutum est de postliminiis. Item qui servus à nobis in hostium potestatem pervenit, postea ad nos redit, in ejus potestatem, cujus antea fuit, jure postliminii. Equi, & muli, & navis, eadem ratio est in postliminii receptu*, (c'est ainsi qu'il faut encore lire, au lieu de *postliminium receptum iis*; de sorte qu'avec ce petit changement, on peut retenir ces paroles, que le Savant & incomparable Jurisconsulte CUJAS a voulu effacer, comme étant, selon lui, une glose fourrée dans le Texte, *Observat.* Lib. XI. Cap. XXIII.) *quæ servi, quæ genera rerum ab hostibus ad nos postliminio redeunt, eadem genera rerum à nobis ad hostes redire possunt.* GROTIUS.

(2) *Quum duæ species postliminii sint, ut aut nos revertamur, aut aliquid recipiamus* &c. DIGEST. Lib. XLIX. Tit. XV. *De Capt. & Postlim.* &c. Leg XIV. *princ.*

§. IV. (1) *In bello postliminium est: in pace autem his, qui bello capti erant, de quibus nihil in pactis erat comprehensum. quod ideo placuisse* SERVIUS *scribit,*

donne, un peu différent de celui (2) auquel Pomponius, autre Jurisconsulte, a dit la même chose. C'est qu'après la Paix faite, ceux qui n'ont pas été pris les armes à la main, (a) mais qui étoient tombez entre les mains de l'Ennemi par un effet de leur malheur, s'étant trouvez, par exemple, sur ses terres, au commencement de la Guerre, à laquelle ils ne s'attendoient point; ceux-là, dis-je, jouïssent, après la Paix du droit de Postliminie, à moins qu'on n'en soit autrement convenu. Au lieu que les autres Prisonniers ne peuvent point alors prétendre à ce droit, à moins (3) qu'il n'ait été ainsi stipulé par le Traité de Paix, comme Zonare nous en fournit (4) plusieurs exemples. C'est pourquoi Pomponius dit, (5) que, *si un Prisonnier, qui, en vertu d'un article de la Paix, avoit permission de revenir, est demeuré volontairement chez les Ennemis; il n'a plus après cela le Droit de Postliminie.* Et le Jurisconsulte Paul décide, (6) que, *si un Prisonnier de Guerre s'est sauvé chez lui, depuis la Paix faite, & que la Guerre venant à se renouveller, il soit repris, il retourne, par droit de Postliminie, à celui qui l'avoit pris dans la prémiére Guerre; à moins que dans le dernier Traité de Paix, on ne soit convenu de rendre les Prisonniers.*

(a) Voiez en un exemple dans *Paruta*, De Bell. Cyprio, *Lib.* I.

2. La raison pourquoi on trouva à propos d'exclurre du droit de Postliminie ceux qui avoient été pris les armes à la main, c'est, selon la pensée du Jurisconsulte Servius, approuvée par *Tryphonin*, (7) *parce que les* Romains *vouloient que leurs Citoiens fondassent l'espérance d'un retour sur leur propre valeur, plûtôt que sur les avantages de la Paix.* En effet, dès les tems les plus anciens, *Rome* n'eut aucune compassion de ceux qui étoient tombez entre les mains de l'Ennemi; comme le (8) remarque Tite Live. Mais cette vuë de Politique, particuliére aux *Romains*, n'avoit pas assez de force pour faire une régle commune du Droit des Gens; quoi qu'elle ait pû être un des motifs qui obligérent les *Romains* à adopter cet usage, introduit par d'autres Peuples.

3. Voici,

quia spem revertendi civibus in virtute bellica magis, quàm in pace, Romani *esse voluerunt.* Ibid. Leg. XII. *princ.*

(2) Voiez ci-dessous, §. 18. de ce Chapitre, *Note* 4. où la Loi est citée.

(3) Car, dans la Loi, dont il s'agit, (rapportée, ci-dessus, *Note* 1.) au lieu de ces mots, *de quibus* NIHIL IN *pactis erat comprehensum*) il faut lire ID IN *pactis* &c. selon la correction judicieuse de Pierre du Faur, *Semestr.* Lib. I. Cap. VII. *init.* qui n'a pas été desapprouvée par Cujas, (*Obs.* XIX. 7. XXIV. 31. & *in L.* 5. Dig. *De Pactis.*) & dont la solidité paroît, tant par la raison qui suit immédiatement après, que par l'opposition à ce qui précéde. Joseph nous fournit un exemple d'un semblable Traité de Paix, qui portoit qu'on rendroit les Prisonniers de part & d'autre: Ὅπως ἀποδῶσιν ἀλλήλοις ὃς εἰλήφασιν αἰχμαλώτους ἑκάτεροι. Antiq. Jud. *Lib.* IV. *Cap.* II. C'étoit aussi un article du Traité de Paix des *Romains* avec *Philippe* Roi de *Macédoine*; d'un autre, avec les *Etoliens*, où il y avoit néanmoins quelque exception; & de celui qu'ils firent avec *Antiochus*: Polyb. *Excerpt. Legat.* IX. XXVIII. XXXV. On trouve ces mêmes exemples dans Tite Live, qui y ajoûte celui du Traité de Paix fait avec *Nabis*. Zosime en fournit plusieurs autres; comme celui de la Paix concluë entre l'Empereur *Probus*, d'un côté, & les *Vandales* & les *Bourguignons*, de l'autre, à condition que ceux-ci rendroient tout le butin & les Prisonniers, qu'ils avoient faits: Ἐφ' ᾧ τε καὶ τὴν λείαν, αἰχμαλώτους, ὃς ἔτυχον ἔχοντες, ἀποδῶσαι &c. Lib. I. (Cap. LXVIII. *Edit. Cellar.*) Il parle ailleurs d'un semblable article du Traité de Paix de *Julien* avec les *Germains* en général: *Lib.* III. (Cap. IV.) & de celui qu'il fit ensuite avec les *Quades*, Peuple de *Germanie* (Cap. VII. où il n'y a rien de tel). Ammien Marcellin raconte, que *Suomarius*, Roi des *Allemands*, aiant demandé la paix à genoux, l'obtint, avec le pardon du passé, à condition de rendre tous les Prisonniers Romains &c. *Pacem genibus curvatis orabat: eam, cum concessione præteritorum, sub hac meruit lege, ut captivos redderet nostros* &c. Lib. XVII. (Cap. X. pag. 188. *Edit. Vales. Gron.*) Voiez ce qu'il dit un peu plus bas des *Sarmates*, (Cap. XII. pag. 193, 194.) Nicetas nous apprend, que (dans la Paix concluë entre l'Empereur *Manuël Comnéne*, & *Roger*, Roi de *Sicile*) on relâcha tous les Prisonniers, à la reserve des *Corinthiens* & des *Thébains*, que l'on retint, hommes & femmes: *Lib.* II. (Cap. VIII.) Quelquefois on convenoit de rendre seulement les Prisonniers affectez à l'Etat, comme on en voit un exemple dans Thucydide, Lib. V. (Cap. XVIII. *Ed. Oxon.*) Grotius.

Il n'est pas nécessaire d'en venir à la correction, que nôtre Auteur adopte au commencement de cette Note, tirée du Texte. L'illustre Mr. de Bynkershoek a fait voir, d'une maniere fort apparente, que quand le Jurisconsulte dit, *in pace postliminium est his, qui bello capti erant, de quibus nihil in pactis erat comprehensum*; il entend cela de ceux dont il parle ensuite, qui n'ont été faits Prisonniers de Guerre, que parce qu'ils s'étoient malheureusement trouvez sur les terres de l'Ennemi, au commencement d'une Guerre imprévuë. Voiez les *Observations* de ce grand Jurisconsulte, *Lib.* I. *Cap.* XX. & la Loi rapportée ci-dessus, *Cap.* VI. de ce Livre, §. 12. *num.* 1.

(4) Comme, dans l'histoire de l'Empereur *Michel*, fils de *Théophile*, où il dit en parlant du Prince des *Bulga-*

3. Voici, à mon avis, une raison mieux fondée. C'est que chacun des Rois, ou des Peuples, qui entrent en guerre, veut qu'on croie qu'il ne l'a entreprise que pour de justes causes; & par conséquent, que ceux qui portent les armes contre lui, lui font du tort. Or comme de part & d'autre on prétend ici la même chose, & qu'il n'est pas sûr pour les autres non interessez, (9) qui veulent vivre en repos, de se mêler de cette dispute; les Peuples Neutres ne pouvoient mieux faire, que de (10) prendre l'événement pour juge de la justice de la Guerre, & de tenir ainsi pour légitimement faits Prisonniers, ceux qui ont été pris les armes à la main.

4. Mais il n'y avoit pas moien de faire la même supposition à l'égard de ceux qui se sont trouvez malheureusement sur les terres du Parti contraire, au commencement d'une Guerre allumée tout d'un coup; puis-qu'on ne peut les soupçonner seulement d'aucun dessein de faire du tort. De sorte que, quoi qu'on ne trouvât aucune injustice à les retenir dans le païs, pendant la Guerre, pour diminuer par là les forces de l'Ennemi; on ne voioit aucun prétexte qui dispensât de les relâcher après la fin de la Guerre. (11) Il fut donc établi par un consentement tacite des Nations, que ceux qui auroient été pris de cette maniére, recouvreroient toûjours leur (12) liberté après la Paix, comme étant innocens, de l'aveu des deux Partis: mais que, pour les autres Prisonniers, chacun useroit du droit qu'il vouloit être reconnu avoir sur eux; à moins que les engagemens, où il étoit entré par le Traité de Paix, ne lui imposassent là-dessus quelque régle. Et c'est pourquoi aussi, après la Paix, on ne rend (13) ni les Esclaves, ni les choses prises pendant la Guerre; à moins que cela n'ait été stipulé par le Traité: parce que le Vainqueur prétend qu'on regarde tout cela comme légitimement aquis, & que, s'il étoit permis de contester, il naitroit de là Guerre sur Guerre.

5. D'où il paroît, que, lors que QUINTILIEN dit, en plaidant la cause des *Thébains*,

Bulgariens, qu'il avoit promis de relâcher les Prisonniers: Τὰς αἰχμαλώτας ἐλευθερῶσαι ὑπέστη. Tom. III. GROTIUS.

(5) *Si captivus, de quo in pace cautum fuerat, ut rediret, suâ voluntate apud hostes mansit, non est ei postea postliminium.* DIGEST. Lib. XLIX. Tit. XV. *De Capt. & Postl.* &c. Leg. XX. *princ.*

(6) PAULUS: *Immo si in bello captus, pace factâ domum refugit, deinde renovato bello capitur; postliminio redit ad eum, a quo, priore bello, captus erat: si modo non convenerit in pace, ut captivi redderentur.* Ibid. Leg. XXVIII. Voiez sur cette Loi, les *Observations* de Mr. de BYNKERSHOEK, Lib. III. Cap. VI. & la *Jurisprudentia Papinianea* d'ANTOINE FAURE, Tit. XI Princip. VIII. Illat. 25. *pag.* 635.

(7) Voiez la Loi citée dans la *Note* 1. sur ce paragraphe.

(8) Le passage sera cité ci dessous *Chap.* XXI. §. 24.

(9) Non seulement cela: ils ont renoncé au droit d'examiner la justice de la cause, & se sont tacitement engagez, par cela même qu'ils sont demeurez neutres, a supposer justes également, de part & d'autre, les actes d'hostilité, & les aquisitions faites par leur moien. Voiez ce que j'ai dit sur le Chap. IV. de ce Livre, § 4. *Note* 1. Il n'est pas besoin de supposer autre chose.

(10) Voiez PRISCUS, *Excerpt. Legat.* XXVIII. & BIZAR. *de Bello Genuensium in Venetos*, Lib. II. GROTIUS.

(11) Mais nôtre Auteur a dit ci dessus, *Chap.* VII. §. 3. que ceux mêmes qui sont ainsi tombez entre les mains de l'Ennemi par un pur effet de malheur, ne laissent pas d'être faits Esclaves par droit de Guerre: parce qu'on n'est point tenu de s'embarrasser s'ils sont coupables, & qu'il suffit qu'ils soient du parti de l'Ennemi. D'ailleurs, on ne peut pas non plus supposer aucune faute dans les Enfans en bas âge, qui néanmoins, selon nôtre Auteur, peuvent être faits Prisonniers & reduits en Esclavage, tout de même que s'ils etoient en âge de discrétion. Ainsi la raison qu'il allégue d'un pretendu consentement des Peuples, n'est rien moins que solide. D'autant plus qu'il ne paroit point, qu'après la Paix faite, on crut avoir moins de droit ni sur les Enfans en bas âge qu'on avoit pris, ni sur les Prisonniers malheureux, dont il s'agit, & qui n'etoient point compris, dans le Traité, que sur ceux qui avoient été pris les armes à la main. Ce n'est donc ici qu'une Loi Civile du Peuple Romain, par laquelle, en considération du triste sort de ceux qui etoient devenus Esclaves de l'Ennemi, sans avoir exercé ni pû exercer contre lui aucun acte d'hostilité, on leur accordoit le droit de Postliminie, même après la Paix; au lieu qu'on le refusoit aux autres. Et si les Maitres de ces Esclaves, après la Paix faite, ne pouvoient point reclamer ces sortes de Prisonniers, chez l'ancien Ennemi de l'Etat (car on ne prouve pas, qu'il en fût de même chez les Peuples Neutres) c'est que l'Etat sachant ou pouvant savoir l'usage des *Romains*, étoit censé renoncer à son droit pour lui & les siens, dès-là qu'il n'avoit point stipulé par le Traité, qu'on lui rendroit desormais de tels Esclaves, aussi bien que les autres, qui lui demeuroient. A l'egard de ceux-ci, voiez ce que j'ai dit ci dessus, *Chap.* VII. de ce Livre, §. 6. *Note* 9.)

(12 C'est-à-dire, s'ils venoient à se sauver, & à retourner chez eux ou les leurs.

(13) Le Diacre *Pélage* aiant été envoié par les *Romains* à *Totilas*, Roi des *Goths*, ce Prince lui defendit d'abord de lui parler, entr'autres choses, de rendre les Esclaves des *Siciliens*; disant qu'il ne seroit pas juste que les *Goths* livrassent leurs compagnons de guerre à leurs anciens Maitres; comme nous l'apprenons de PROCOPE, *Gothic.* Lib. III. (Cap. XVI.) GROTIUS.

Notre Auteur, dans les dernieres paroles, [illegible]

les

bains, que, si les Prisonniers de Guerre recouvrent leur liberté en rentrant dans leur païs, (14) c'est parce que les choses aquises par les armes ne se conservent que par la même force qui les a fait tomber entre nos mains; ce Rhéteur débite là une pensée ingénieuse à la verité, mais fausse.

§. V. 1. Voila pour ce qui regarde l'aquisition du droit de Postliminie en tems de Paix. Il a lieu en tems de Guerre, soit par rapport aux Personnes qui étoient de condition libre avant (1) leur captivité, & qui sont dites *retourner*; soit par rapport aux Esclaves, & à quelques autres choses, que l'on *recouvre*.

2. Une *Personne Libre auparavant* est censée *retourner* par droit de Postliminie, lors qu'elle revient parmi les siens, à dessein de suivre leur parti, comme le (2) dit *Tryphonin*. Car un Esclave, pour devenir libre, se doit aquerir, pour ainsi dire, lui-même; ce qu'il ne peut faire, sans le vouloir.

3. Du reste, il n'importe que le Prisonnier aît été enlevé aux Ennemis, ou qu'il se soit sauvé par artifice, comme le remarque (3) Florentin. Il en est de même, (4) si les Ennemis l'ont relâché volontairement.

4. Mais que dirons-nous d'un Prisonnier, qui aiant été vendu par les Ennemis, est (5) parvenu chez les siens, en passant, comme cela arrive souvent, de maître en maître? Cette question est traitée dans Séneque le Pére, à l'occasion d'un *Olynthien*, que *Parrhasius*, Peintre d'*Athénes*, avoit acheté. Les *Athéniens* firent depuis une Ordonnance, qui portoit, (6) que les *Olynthiens* seroient libres. On demande, si cela signifioit qu'ils deviendroient libres, ou qu'ils seroient déclarez tels. Le dernier sens est (7) le mieux fondé.

§. VI. Quand une Personne Libre auparavant est retournée parmi les siens, elle ne redevient pas seulement maîtresse d'elle-même; elle aquiert encore tous les biens qu'elle avoit dans les terres des Peuples Neutres, soit qu'ils consistent en choses corporelles, ou en choses incorporelles. Car comme les Peuples Neutres avoient reputé le fait pour un véritable droit, à l'égard de la prise du Prisonnier, ils doivent en user de

les *Romains*, pour les *Goths*. Et il s'agit d'Esclaves transfuges, à qui les *Goths* avoient promis avec serment de ne pas les livrer à leurs anciens Maîtres.

(14) *Dicamus inprimis, in eo quod in judicium deduci potest, nihil valere jus belli: nec armis erepta, nisi armis posse retineri . . . . Ideo captivos, si in patriam suam redierint, liberos esse, quia bello parta, nonnisi eadem vi, possideantur.* Instit. Orat. Lib. V. Cap. X. pag. 432. *Ed. Burmann.*

§. V. (1) L'Empereur Julien, dans sa Harangue contre les Sectateurs de la Philosophie Cynique malentenduë, soûtient, qu'à parler philosophiquement, on ne peut pas dire qu'un Homme soit véritablement Esclave d'un autre, par cela seul que cet autre a donné de l'argent au Vendeur, afin qu'il s'en defit. Car, ajoûte-t-il, sur ce pié-là, il faudroit dire aussi, que les Prisonniers de Guerre, qu'on rachéte, sont Esclaves de celui qui les rachéte; au lieu que les Loix leur donnent la liberté, du moment qu'ils sont retournez dans le païs; & on les rachéte, non afin qu'ils soient Esclaves, mais afin qu'ils jouïssent de la Liberté: *Ἐρεῖς δήπουθεν τοῦτον εἶναι ἀληθῶς δοῦλον; ἆρα δι' αὐτὸ τοῦτο, ὅτι τὸ ἀργύριον, ὑπὲρ αὐτοῦ τῷ πωλοῦντι καταβεβλήκαμεν; οὕτω μὲν τἂν εἶεν οἰκέται, καὶ ὁπόσους τῶν αἰχμαλώτων λυτρούμεθα· καίτοι καὶ οἱ νόμοι τούτοις ἀποδεδώκασι τὴν ἐλευθερίαν σωθεῖσι καὶ οἴκαδε· καὶ ἡμεῖς αὐτοὺς ἀπολυτρούμεθα, οὐχ ἵνα δουλεύωσιν, ἀλλ' ἵνα ὦσιν ἐλεύθεροι.* (Orat. VI. *pag.* 195, 196. *Edit. Spanhem.*) Grotius.

Voiez ci-dessous, §. 10. *num.* 3. où l'on parle des Loix, auxquelles l'Empereur fait ici allusion.

(2) *Non enim postliminio revertebatur, nisi qui hoc animo ad suos venisset, ut eorum res sequeretur, illosque relinqueret, à quibus abiisset.* Digest. Lib. XLIX. Tit. XV. *De Capt. & Postlim.* &c. Leg. XII. §. 9. Voiez aussi Leg. V. §. 3.

(3) Voiez la Loi citée ci-dessus, *Chap.* VII. de ce Livre, §. 6. *num.* 7. *Note* 8. Nôtre Auteur allégue ici, dans une petite Note, l'exemple des *Huns*, qui enlevérent & remirent en liberté quelques Prisonniers, que les *Esclavons* avoient faits; comme le rapporte Procope, *Gotthic.* Lib III. (Cap. XIII.) On a mis les *Huns*, pour les *Héruliens*; car c'est de ceux-ci qu'il s'agissoit, lesquels aiant pris les armes pour les *Romains*, rencontrerent sur leur marche une troupe d'*Esclavons*, qui avoient fait plusieurs Prisonniers sur les *Romains*, le long du *Danube*.

(4) *Quum non redemtum ab hostibus filium tuum, sed sine* [ullo] *contractu traditum à Barbaris Præfecto legionis, dicas, postliminii jus locum habuit* &c. Cod. Lib. VIII. Tit. LI. *De Postliminio reversis* &c. Leg. V.

(5) C'est ainsi que, dans Procope, un jeune homme, nommé *Childube*, dit, que, puis qu'il est revenu dans son païs, il doit être libre, selon les Loix: *Τὰ νῦν δὲ, ἐπεὶ ἀφίκετο εἰς πάτρια ἤθη, ἐλεύθερος τὸ λοιπὸν, κατά γε τὸν νόμον, καὶ αὐτὸς ἔσται.* Gotthic. *Lib.* III. (*Cap.* XIV. Les *Turcs* néanmoins, comme le remarque Leunclavius, n'accordoient autrefois le droit de Postliminie à aucun Prisonnier. Grotius.

de même à l'égard de sa délivrance ; autrement ils n'agiroient pas d'une maniére égale envers les deux Partis. Ainsi le droit de Propriété qu'avoit sur les biens du Prisonnier celui qui le possédoit par droit de Guerre, n'étoit pas un droit absolu, mais un droit conditionel : il pouvoit cesser, malgré le Propriétaire, du moment que le Prisonnier seroit revenu parmi les siens. De sorte qu'alors le Maître du Prisonnier perd les biens de celui-ci, de la même maniére & en même tems, que la personne, dont ils étoient une dépendance & un accessoire.

2. Mais que dirons-nous, si ce Maître a aliéné les biens du Prisonnier ? L'Aquéreur sera-t-il maintenu en possession par le Droit des Gens, à cause que celui de qui il tient son titre étoit véritablement Propriétaire par droit de Guerre, au tems de l'aliénation ? ou le Prisonnier recouvrera-t-il ses biens, nonobstant cela ? Je parle toûjours des biens qui se trouvoient en païs neutre. Ici il faut, à mon avis, distinguer entre les biens qui sont de nature à être recouvrez par droit de Postliminie, & ceux qui ne sont pas de telle nature : distinction que nous expliquerons un peu plus bas. (1) Les derniers ont été aliénez purement & simplement : mais les prémiers sont censez ne l'avoir été qu'autant qu'ils pouvoient l'être, c'est-à-dire, sous condition, & aux risques & périls de l'Aquéreur. J'entens ici, au reste, l'aliénation, dans un sens qui renferme la Donation même, & (2) l'Acceptilation.

§. VII. Comme celui qui est de retour par droit de Postliminie, recouvre les droits qu'il avoit ; ceux aussi que l'on avoit par rapport à lui, sont en même tems rétablis, (1) & censez avoir subsisté toûjours, comme si jamais il n'étoit tombé entre les mains de l'Ennemi.

§. VIII. 1. Il y a pourtant une exception à la régle générale, que nous venons de poser au sujet des Personnes Libres revenuës de captivité ; c'est que *ceux qui s'étoient rendus, ne peuvent point prétendre au droit de Postliminie*, comme l'établit (1) le Jurisconsulte Paul. La raison en est, que les Conventions faites avec un Ennemi sont valides par le Droit des Gens, ainsi que nous le montrerons ailleurs, & qu'ainsi

(6) *Ut scias, inquit, servos fuisse, decretum postea factum est* Atheniensium, *quo juberentur & liberi, & cives esse, quare hoc illis jus, si jam habebant, dabatur ? Deinde, an decreto hoc non continetur, liberi ut fiant, sed ut liberi esse judicentur.* Lib. V. Controv. XXXIV. pag. 390.

(7) C'est que les *Olynthiens* étoient alliez des *Athéniens*, comme il est dit un peu plus haut : *Quid enim si* Atheniensem *à* Philippo *emisset ? Atqui sciebas,* Olynthios *nobis conjunctos esse fœdere.* Nôtre Auteur insinuë donc, que c'est tant pis pour ceux, ou du païs même, ou des Etats Alliez, s'ils ont acheté quelque Esclave qui se trouve libre par droit de Postliminie ; parce qu'en l'achetant ils ont dû supposer qu'il pouvoit arriver que l'Esclave fût tel, & qu'ainsi ils ne l'ont aquis que sous cette condition tacite, ainsi qu'il est dit, dans le paragraphe suivant, au sujet des biens d'un Prisonnier revenu, qui avoient été aliénez.

§. VI. (1) La distinction des choses qui se recouvrent ou ne se recouvrent pas par droit de Postliminie, est purement de Droit Civil ; & n'a lieu que par rapport aux Sujets de l'Etat même, qui voudroient reclamer ce qui a été repris sur l'Ennemi. Voiez ci-dessous, §. 14. *Note* 3, 4. Ainsi la différence que nôtre Auteur met ici, par rapport aux choses aliénées en païs neutre, n'a aucun fondement. Le Prisonnier de Guerre, revenu chez lui, doit les recouvrer toutes également.

(2) C'est lors que l'on tient quitte quelcun d'une Dette, en déclarant avoir reçû ce qui n'a point été païé effectivement. Voiez les Institutes, Lib. III. Tit. XXX. §. 1.

§. VII. (1) *Cetera, quæ in jure sunt, posteaquam postliminio rediit, pro eo habentur, ac si nunquam iste hostium potitus fuisset.* Digest. Lib. XLIX. Tit. XV. *De Capt. & Postlim.* Leg. XII. §. 6. Voiez aussi le §. 15. & *Leg.* VI. C'est ainsi que, lors qu'un Fils étoit revenu de captivité, les droits de la Puissance Paternelle, suspendus à son egard, reprenoient toute leur force : *Ipse quoque Filius, Neposve, si ab hostibus captus fuerit ; similiter dicimus, propter jus postliminii, jus quoque potestatis Parentis in suspenso esse.* Instit. Lib I. Tit. XII. *Quibus modis jus Potestatis Patriæ solvitur*, §. 5.

§. VIII. (1) *Postliminio carent, qui armis victi, hostibus se dederunt.* Digest. Lib. XLIX. Tit. XV. *De Capt. & Postlim.* &c. Leg. XVII. Ceci ne peut être regardé que comme une Loi particuliere du Peuple Romain, établie pour animer les Citoiens à combattre jusqu'à la derniere extrémité. Car, comme l'Etat n'avoit aucune part à leur engagement, il n'en étoit pas non plus garant, & il pouvoit, s'il eût voulu, leur accorder, pendant le cours de la Guerre, le droit de Postliminie, tout de même qu'à ceux qui aiant été faits prisonniers par une force majeure & sans reddition étoient, néanmoins devenus Esclaves de l'Ennemi, par une convention ou expresse, ou tacite. Voiez ce que j'ai dit ci-dessus, *chap.* VII. de ce Livre, §. 6. *Note* 9.

qu'ainsi le droit de Postlimine n'a aucune force contr'elles. C'est pourquoi quelques *Romains*, qui avoient été pris par les *Carthaginois*, disoient, au rapport (2) d'Aulu-Gelle, qu'*il n'y avoit point pour eux de Postliminie, parce qu'ils étoient liez par leur serment.* D'où vient que, pendant la Trêve, le droit de Postliminie n'a aucun lieu, comme le remarque très-bien le (3) Jurisconsulte Paul.

2. Il est vrai que Modestin, autre Jurisconsulte, (4) dit, que ceux qui ont été livrez à l'Ennemi, peuvent revenir & recouvrer leur état par droit de Postliminie. Mais il entend parler de ceux qui ont été livrez sans aucun (5) accord; & sur ce pié-là, il a raison.

§. IX. Ce que nous venons d'établir au sujet de chaque Personne en particulier, a lieu aussi, selon moi, à l'égard d'un Peuple entier: je veux dire, que si ce Corps étoit libre auparavant, il recouvre sa liberté, (1) lors que ses Alliez, supérieurs en force, le délivrent du joug de l'Ennemi.

2. Il n'en est pas de même, lors que la Multitude, dont l'Etat étoit composé, a été désunie. (2) En ce cas-là, il est plus raisonnable de dire, qu'elle n'est plus censée le même Peuple, & qu'elle ne recouvre point, par le Droit des Gens, ce qui lui appartenoit; parce qu'un

(2) *Tum octo ex iis, postliminium justum non esse sibi, responderunt, quoniam dejurio vincti forent.* Noct. Attic. *Lib.* VII. *Cap.* XVIII.

(3) *Induciæ sunt, quum in breve & in præsens tempus convenit, ne invicem se lacessant: quo tempore non est postliminium.* Digest. ubi supra, *Leg.* XIX. §. 1. Voiez ci-dessous, *Chap.* XXI. §. 6. On voit bien, que cette decision est une suite de la nature même de la Trêve, dont il sera traité plus bas en son lieu.

(4) *Eos qui ab hostibus capiuntur, vel hostibus deduntur, jure postliminii reverti, antiquitus placuit.* Digest. Lib. IV. Nôtre Auteur, dans sa *Florum sparsio ad Jus Justinianeum*, pag. 221. *Ed. Amst.* dit, qu'il faut lire, ici, ab *hostibus deduntur*; & il explique aussi les mots précedens, *ab hostibus capiuntur*, comme s'il y avoit, *de hostibus* &c. Sur ce pie-là, le sens de la Loi seroit, que les Prisonniers qu'on reprend sur l'Ennemi, & ceux que l'on recouvre par la reddition de l'Ennemi, qui nous les livre lui-même, jouïssent du Droit de Postliminie. Ainsi il n'y auroit rien là, qui fit au sujet. Nôtre Auteur supplée sans doute la particule *ab*, sur ce que portoient les Editions ordinaires: *ab hostibus deduntur.* Mais l'autorité de celle de *Florence*, jointe à l'exemple qui suit immediatement, donne lieu de croire que la premiere pensée de nôtre Auteur étoit la meilleure. Voiez ci-dessus, *Liv.* II. *Chap.* XXI. §. 4. *num.* 8. où il explique lui-même le cas de cette Loi. Cependant il faudra alors reconnoitre, qu'au commencement de la Loi il s'agit de gens livrez d'une certaine maniére: autrement le cas proposé n'auroit eu aucune difficulté, si c'eût été une maxime générale, & reçuë dès les tems anciens (*antiquitus placuit*) que toute personne livrée à l'Ennemi retourne par droit de Postliminie. Voiez la Note suivante.

(5) C'est-à-dire, & sans qu'ils se soient eux-mêmes engagez à se remettre en la puissance de l'Ennemi, & sans que l'Etat, qui les livre, se soit dépouillé, par un vrai accord, du droit qu'il avoit de les recouvrer ou les recevoir; en un mot, lors qu'on les a livrez purement & simplement de soi-même, ou y étant contraint par la superiorité des forces de l'Ennemi. Voilà apparemment ce que nôtre Auteur veut dire. Car, si, selon lui, l'engagement d'un Prisonnier de Guerre, contracté sans la participation de l'Etat, a assez de force pour que l'Etat doive lui refuser le droit de Postliminie; à plus forte raison, le Prisonnier doit-il en être exclu, lors que l'Etat est lui-même lié par sa promesse. Que s'il n'y a point de tel engagement, l'action de *livrer* n'emporte par elle-même ni aucune obligation envers l'Ennemi, ni aucune volonté de priver du droit de Postliminie la personne livrée. C'est à l'Ennemi à garder celui qu'on a remis entre ses mains, ou à le lier par quelque promesse. Voiez ce que nôtre Auteur a dit ci-dessus, *Liv.* II. *Chap.* XXI. §. 4. *num.* 6. Le Jurisconsulte Modestin, dont je viens de rapporter les paroles dans la Note précédente, parle-là, à mon avis, de ceux que l'on a ainsi livrez purement & simplement, y étant contraint par le malheur des armes; & cela peut s'inferer de ce qu'il les joint aux Prisonniers de Guerre, faits dans quelque Bataille, ou quelque Expédition Militaire. Car c'est sans nécessité que François Baudouin (*Jurispr. Mucian.* pag. 48.) & après lui, Mr. Thomasius, (Diss. *de Sponsione Roman. Numantina*, §. 75.) conjecturent, qu'au lieu de vel *hostibus deduntur*, il faut lire dans un sens tout contraire, nec *hostibus deduntur.* L'embarras est venu de ce que dans la fin de cette Loi, il s'agit d'une autre maniere de livrer, qui, selon l'usage particulier des *Romains*, excluoit du droit de Postliminie ceux qui avoient été livrez, en sorte qu'il falloit une rehabilitation, pour les faire redevenir Citoiens, quoi que l'Ennemi n'eût pas voulu les recevoir. J'ai parlé de cela ci-dessus, *Liv.* II. *Chap.* XXI. §. 4. *Not.* 13, 14, 16. & voici de quoi confirmer pleinement la chose. Je dis donc, que, dans cette partie de la Loi que nous avons en main, aussi bien que dans la derniére Loi du Titre *De Legationib.* il s'agit uniquement des personnes qu'on livroit, pour décharger l'Etat de quelque crime, ou de quelque engagement honteux, lesquels, quoi que commis ou contractez sans son ordre ou sa participation, sembloient réjaillir sur lui, principalement à cause que les Auteurs en étoient des gens d'ailleurs revêtus de son autorité. Les *Romains*, ou en horreur du crime, ou par une grande sensibilité pour le deshonneur, dont ils étoient frappez pour le moins aussi vivement; jugerent à propos, en même tems qu'ils livroient de telles gens, de ne plus les regarder comme Citoiens, soit que celui, à qui on les livroit, les reçût ou non. Aussi cela s'exécutoit-il avec grande cérémonie, par le moien du Chef des Hérauts d'armes, (*Fetiales*) qui faisoit dépouiller nud & garrotter celui qu'on livroit; comme il paroit par l'histoire même d'*Hostilius Mancinus*, dont il s'agit. Voiez Vellejus Paterculus,

qu'un Peuple, de même qu'un Vaisseau, est entierement détruit par la dissolution de ses parties; toute sa nature consistant dans leur union perpétuelle. Ainsi la Ville de *Sagonte* n'étoit plus le même Corps, lors que la place en fut renduë à ses anciens Habitans, huit ans après qu'ils en avoient été chassez: ni la Ville de *Thébes*, après qu'*Aléxandre* eût fait vendre les *Thébains*, comme Esclaves. D'où il paroît, que les *Thébains* ne recouvrérent point, par droit de Postliminie, la dette ancienne des *Thessaliens*, dont nous avons parlé (a) ci-dessus; & cela pour deux raisons: l'une, que les *Thébains*, qui redemandoient cette dette, étoient un nouveau Peuple : l'autre, qu'*Alexandre*, dans le tems qu'il étoit leur maître, avoit pû aliéner ce droit, & l'avoit aliéné effectivement; outre que les Dettes (4) ne sont pas du nombre des choses qui se recouvrent par droit de Postliminie.

(a) *Chap.* VIII. de ce Livre, §. 4. *num.* 3.

3. Il n'y a pas grande différence entre ce que je viens de dire des Corps d'Etat, & une régle de l'ancien Droit Romain, selon lequel, comme le Mariage n'étoit point alors indissoluble, le lien n'en étoit pas non plus censé rétabli par Droit de Postliminie, (5) mais il falloit un nouvel engagement du Mari & de la Femme.

§. X.

RULUS, *Lib.* II. *Cap.* I. DENYS *d'Halicarnasse*, Antiquit. Rom. *Lib.* II. La formule, dont se servoit le Héraut, donne à entendre l'aversion que les *Romains* témoignoient pour les personnes ainsi livrées, & pour le sujet qui obligeoit à les livrer: *Quandoquidem hice homines, injussu Populi Romani Quiritium, fœdus ictum iri spoponderunt, atque ob eam rem noxam nocuerunt; ob eam rem, quo Populus Romanus scelere impio sit solutus, hosce homines vobis dedo.* TIT. LIV. Lib. IX. Cap. X. *num.* 9. Ils craignoient que, sans cela, les Guerres les plus justes dans leur commencement ne devinssent injustes; ainsi que le même Historien Romain le fait dire à un autre General d'armée, *Spurius Postumius*, dans une occasion toute semblable à celle de *Mancinus*: *Dedamur per Fetiales, nudi vinctique, exsolvamus religione Populum, si quâ obligavimus; ne quid divini humanive obstet, quominus justum piumve de integro ineatur bellum.* Cap. VIII. *num.* 6. *Mancinus*, pour se faire recevoir dans le Camp des *Romains*, après le refus des *Numantins*, à qui il avoit été livré, eut besoin d'emprunter le secours de la Religion; les Augures consultez lui furent favorables; sans cela on ne vouloit point de lui: *Deditus, nec receptus, augurio in castra deductus.* AUREL. VICTOR, *De Viris Illustr.* Cap. LIX. Il ne faut donc pas s'étonner si le refus même, que l'Ennemi ou l'Etat allié faisoit de s'emparer de ceux qu'on lui livroit de cette maniére, n'empêchoit pas qu'ils ne fussent regardez comme dépouillez de tous les droits de Citoien, du moment que le Héraut d'armes avoit prononcé l'Arrêt de leur abandon. HENNIGES, qui a embrassé cette pensée dans ses Notes sur nôtre Auteur (*Lib.* II. *Cap.* XV. §. 16. pag. 751.) allégue ici à propos ce que dit *Postumius*, au moment que la cérémonie fut faite, qu'il étoit devenu Citoien des *Samnites*, lesquels néanmoins ne l'avoient pas encore accepté, & ne voulurent pas même le recevoir: *Hæc dicenti Fetiali*, Postumius *genu femur, quantâ maximâ poterat vi, perculit, & clarâ voce ait, se Samnitem civem esse* &c. TIT. LIV. *ubi supra*, Cap. X. *num.* 10. Ainsi *Mucius* avoit raison de comparer ces malheureux à ceux qu'on bannissoit de l'Etat, en ordonnant que personne ne leur fournît ni feu, ni eau; & de leur refuser par consequent le droit de Postliminie, comme fit le Tribun du Peuple, qui, au rapport de CICERON, empêcha *Mancinus* d'entrer dans le Sénat: *Quia memoriâ sic esset proditum, quem .... Pater patratus dedisset, ei nullum esse postliminium* De Orat. *Lib.* I. *Cap.* XL. Si cet Orateur semble ailleurs decider en faveur de *Brutus*, (Topic. *Cap.* VIII. & *Orat. pro Cæcin.* Cap. XXXIV.) cela prouve seulement, ou qu'il a varié, comme il lui arrive quelquefois, pour favoriser sa cause; ou qu'il a cru que, malgré la décision de *Mucius*, suivie par le Senat, on auroit dû juger autrement. Il dit, en un de ces endroits, qu'on *pourroit* defendre l'opinion favorable à *Mancinus*, & non pas qu'elle soit bien démontrée. Le passage a été rapporté ci-dessus, *Liv.* II. *Chap.* XXI. §. 4. *Note* 13. Ainsi il n'est pas nécessaire d'avoir recours aux conciliations que donnent FRANÇOIS BAUDOUIN, *Jurispr. Muc.* pag. 46. Mr. THOMASIUS *Diss. de Sponს. Numant.* §. 67. & Mr. JENS *de Fetialib. Pop. Rom.* Cap. VI. pag. 71, 72. En un mot, *Mancinus*, & tout autre qui aiant été livré en pareil cas, avoit été refusé, n'étoit pas à la vérité Esclave de celui à qui on vouloit le livrer, mais il ne demeuroit pas pour cela Citoien Romain; il étoit libre, mais etranger, comme le dit fort bien ANTOINE FAURE, *Jurispr. Papin.* Tit. XI. *Princ.* VIII. *Illat.* I. Tout ce que je viens d'établir est fondé sur le génie & les idées du Peuple Romain. Ainsi il ne sert de rien de prouver, comme fait Mr. THOMASIUS, (*ubi supra*, §. 34. *& seqq.*) que le Traité conclu avec les *Numantins*, sans la participation du Peuple Romain, n'étoit pas véritablement honteux, & que la faute même n'en devoit pas être attribuée à *Mancinus*, mais à *Tiberius Gracchus*. Il suffit que le Peuple Romain crût le contraire, & qu'il suivît les principes de son ambition, plûtôt que ceux de l'Equité Naturelle, selon lesquels j'avouë qu'il auroit dû établir d'autres maximes. On peut aussi facilement dissiper, par les raisons alléguées, les efforts que fait feu Mr. COCCEJUS (*Dissert. De Postliminio in Pace*) pour accorder ici, comme presque tout ailleurs, les régles du Droit Romain avec celles du Droit de la Nature & des Gens, les unes & les autres mal entenduës.

§. IX. (1) Voiez PUFENDORF, *Liv.* VIII. *Chap.* VI. §. 23. du *Droit de la Nat. & des Gens.*

(2) Voiez ci-dessus, *Liv.* II. *Chap.* IX. §. 6.

(3) On peut bien les regarder comme étant toûjours de la même Nation, mais ils n'ont plus ensemble cette liaison qui formoit un Corps de Peuple ou d'Etat. Ainsi les objections, qu'on fait ici contre nôtre Auteur, tombent d'elles-mêmes.

(4) C'est-à-dire, les Dettes paiées à celui, dont on étoit prisonnier, & celles dont il avoit tenu quitte le Créancier: car il n'en est pas de même des autres.

(5) *Non ut pater filium, ita uxorem maritus, jure postliminii, recipit, sed consensu redintegratur matrimonium.*

§. X. 1. NOUS avons suffisamment expliqué le droit de Postliminie par rapport aux Personnes auparavant Libres, tel qu'il est réglé par le Droit des Gens. Mais les Loix Civiles peuvent, pour ce qui regarde les effets qui en résultent au dedans de l'Etat, le restreindre par certaines exceptions ou conditions, ou l'étendre, au contraire, en y ajoûtant d'autres avantages.

2. C'est ainsi que, par le Droit Romain, les Transfuges (1) sont exclus du droit de Postliminie; sans en excepter même les Fils de famille, sur lesquels le Pére perdoit par là sa Puissance Paternelle; qu'il sembloit d'ailleurs devoir conserver, comme un privilege particulier des Citoiens de *Rome*. Mais on trouva à propos de faire ce réglement, parce que, comme le remarque le Jurisconsulte PAUL, (2) les *Romains* sacrifioient leur tendresse paternelle à l'observation de la Discipline Militaire. Cela paroît par l'exemple de *Titus Manlius Torquatus*, au sujet de qui CICERON (3) dit à peu près la même chose, ajoûtant, que ce Pére avoit bien compris que son propre intérêt demandoit qu'il pensât au salut de l'Etat, & qu'il fit céder les sentimens de la Nature au maintien de l'autorité du Commandant général.

3. Une autre chose en quoi le droit de Postliminie fut restreint, c'est ce que nous voions établi, prémiérement par les Loix (4) d'*Athénes*, & ensuite par celles de (5) *Rome*, au sujet des Prisonniers rachetez, qui devoient être Esclaves de celui qui avoit paié leur rançon, jusqu'à ce qu'ils l'eussent remboursé. Mais cet usage même fut introduit pour faciliter le recouvrement de la liberté des Prisonniers de Guerre, dont plusieurs seroient demeurez entre les mains de l'Ennemi, si l'on n'eût eu espérance d'être dédommagé de ce que l'on donnoit pour leur rachat. Le sort de ceux qui demeuroient ainsi Esclaves à tems, étoit d'ailleurs adouci par les Loix Romaines en plusieurs maniéres: la derniére (6) Loi de JUSTINIEN le fixe à servir cinq ans. Si le Prisonnier racheté venoit à mourir, (7) le droit de repeter l'argent donné pour sa

DIGEST. Lib. XLIX. Tit. XV. *De Captiv. & Postlim.* Leg. XIV. §. 1. Voiez aussi *Leg.* VIII. Mais il n'en est pas de même parmi les *Chrétiens*. Le Pape LEON veut, que si celui des Mariez, qui est resté dans le païs, s'est remarié pendant la captivité de l'autre, & que celui-ci revienne; on casse le mariage contracté en son absence: *Ut, sicut in mancipiis vel agris, aut etiam in domibus, ac possessionibus, in captivitatem ductis, postliminium reversis de captivitate servatur; ita etiam & conjugia, si aliis juncti fuerint, reformentur.* Epist. ad Nicet. Aquilejens. Episcop. Voiez HINCMAR, *Opusc. de divortio Lotharii & Tetbberga*, ad Interrog. XIII. & la réponse du Pape ETIENNE, Cap. XIX. au II. Tome des Conciles de *France*. GROTIUS.

Voiez CUJAS, sur la NOVELLE XXII. & in JULIANI *Digest.* Lib. LXII. pag. 445. Tom. III.

§. X. (1) *Transfuga nullum postliminium est: nam qui malo consilio, & proditoris animo patriam reliquit, hostium numero habendus est.* DIGEST. Lib. XLIX. Tit. XV. *De Captiv. & Postlim.* &c. Leg. XIX. §. 4. On veut ici, que nôtre Auteur ait mal-à propos fait regarder cette exception comme particuliere aux Loix Romaines, & on dit que la même chose avoit lieu chez tous les autres Peuples. Cela peut être: mais on n'en allégue aucun exemple, ni aucune preuve. Car le passage de TITE LIVE, *Lib.* XXVII. *Cap.* XVII. *num.* 10. que GRONOVIUS cite, n'est pas bien concluant. Il prouve seulement l'horreur & la défiance qu'on avoit pour les Transfuges.

(2) *Filius quoque familias transfuga non potest postliminio reverti, neque vivo patre: quia pater sic illum amisit, quemadmodum patria, & quia disciplina castrorum antiquior fuit parentibus Romanis, quàm caritas liberorum.* DIGEST. Ibid. §. 7.

(3) Ce Consul, comme on sait, fit mourir lui-même son Fils, pour avoir donné bataille contre ses ordres, quoi qu'il eût remporté la victoire: & l'Orateur dit, qu'il confirma les Loix de la Discipline Militaire par une sentence qu'il ne pouvoit prononcer sans se plonger soi-même dans une grande affliction: *Quid vero securi filium percusserit, privavisse se etiam videtur multis voluptatibus, quum ipsi naturæ patrioque amori prætulerit jus majestatis atque imperii . . . . . Sin ut dolore suo sanciret militaris imperii disciplinam, exercitumque in gravissimo bello animadversionis metu contineret; saluti prospexit civium, quâ intelligebat contineri suam.* De Finib. bon. & mal. *Lib.* I. *Cap.* VII. & X.

(4) Οἶσθα δ᾽, ἔφη, ὅτι καὶ οἱ νόμοι κελεύουσι, τοῦ λυσαμένου ἐκ τῶν πολεμίων εἶναι τὸν λυθέντα, ἐὰν μὴ ἀποδιδῷ τὰ λύτρα. DEMOSTH. Orat. *in Nicostrat.* (pag. 724. B. *Ed. Basil.* 1572.) La même chose est ordonnée dans l'Edit de CHARLES *le Chauve*, donné à *Pistes*, Cap. XXXIV. GROTIUS.

(5) Ces sortes de Prisonniers, rachetez par un Citoien de l'Etat, demeuroient, comme en gage, au service de celui qui avoit paié leur rançon, jusqu'à ce qu'ils l'eussent remboursé, ou qu'il les eût tenus quittes: *Ab hostibus redemti, quoad exsolvatur pretium, magis in caussam pignoris constituti, quàm in servilem conditionem detrusi esse videntur: & ideo si nummi eo nomine expensi donatio intercedat, pristinæ conditioni eos reddi, manifestum est.* COD. Lib. VIII. Tit. LI. *De Postliminio reversis* &c. Leg. II. Voiez le Titre du DIGESTE, *Leg.* XV. *Leg.* XX. §. 2. & CUJAS, *Recit. in Cod.* Tom. IX. Opp. pag. 1372, 1373. ANTOINE FAURE, *Jurispr. Papin.* Tit. III. Princ. IV. Illat. III. pag. 118. JAQUES GODEFROI, *in* COD. THEODOS. Lib. V. Tit. V.

(6) C'est dans une Ordonnance d'HONORIUS & de

sa rançon, s'éteignoit avec lui. Si celui qui avoit racheté une Fille ou Femme Esclave, venoit à l'épouser, dès-là il étoit (8) censé la tenir quitte de la rançon. Si on prostituoit une Femme, (9) que l'on avoit rachetée, on ne pouvoit plus exiger d'elle aucun remboursement. Il y a divers autres réglemens du Droit Romain, faits en faveur de ceux qui rachetoient des Prisonniers de Guerre, & en punition des Parens qui négligeoient de les racheter.

4. Le droit de Postliminie fut au contraire étendu par les Loix Civiles, en ce que non seulement les choses qui sont de nature à être recouvrées par le Droit des Gens, mais encore tous les biens (10) & tous les droits généralement étoient conservez à un Prisonnier de retour, comme si jamais il n'eût été établi par les Loix d'*Athénes*, comme il paroît par une (a) Harangue de DION *de Pruse*. On y voit un homme, qui se disoit Fils d'un certain *Callias*, & qui, après avoir été pris dans la Bataille d'*Achante*, & avoir servi chez les *Thraces*, en qualité d'Esclave, étoit revenu à *Athénes*. Il demande en Justice l'hérédiré de *Callias* à ceux qui en étoient en possession: & on ne l'oblige à autre chose, qu'à prouver qu'il est véritablement Fils du Défunt. Le même Orateur raconte, que les *Messéniens*, après avoir été long-tems (11) Esclaves, recouvrérent & leur liberté, & leur païs.

(a) *Orat.* XV.

5. Bien plus: selon le Droit Romain, lors qu'un Prisonnier de Guerre étoit revenu, (12) ce qui avoit été distrait de ses biens ou par prescription, ou par un (13) dégagement de quelque obligation d'autrui en vertu de laquelle il auroit pû exiger auparavant quelque chose, lui étoit restitué par une action rescissoire; aussi bien que les droits qui étoient d'ailleurs censez éteints par (14) le non-usage. Car l'Edit du Préteur touchant la restitution en entier des Personnes majeures, renfermoit (15) celles qui avoient été detenuës par l'Ennemi.

6. Ce que je viens de rapporter, avoit été déja établi par l'ancien Droit Romain. La *Loi Cornélienne* pourvut depuis aux intérêts des Héritiers même de ceux qui étoient morts

de THE'ODOSE, qu'il adopte: *Ne quando enim damni consideratio in tali necessitate positis negari faciat emtionem, decet redemtos aut datum pro se pretium emtoribus restituere, aut laboris obsequio, vel opere quinquennii vicem referre beneficii, habituros incolumem, si in ea nati sunt, libertatem.* COD. Lib. VIII. Tit. LI. *De Postliminio reversis, & redemtis ab hostibus*, Leg. XX. seu ult.

(7) *Si, patre redemto, & ante luitionem defuncto, filius post mortem ejus, redemtionis quantitatem offerat: dicendum est, suum ei posse existere: nisi forte quis subtilius dicat, hunc, dum moritur, quasi jure pignoris finito, nanctum postliminium, & sine obligatione debiti obiisse, ut poterit suum habere: quod non sine ratione dicetur.* DIGEST. Lib. XLIX. Tit. XV. *De Capt. & Postlim.* &c. Leg. XV. On voit là, qu'ULPIEN, de qui sont ces paroles, ne décide point absolument, mais avec un *peut-être*; & cela après avoir dit, que le Fils peut, en paiant la rançon que son Pére devoit, être regardé comme son Héritier propre. Le Jurisconsulte trouve même de la subtilité dans cette derniére pensée, eu égard sans doute aux principes du Droit Romain sur diverses matiéres qui ont du rapport au cas présent. C'est de quoi traite au long le subtil ANTOINE FAURE, dans l'endroit de sa *Jurispr. Papin.* qui vient d'être cité, *pag.* 119, *& seqq.*

(8) *Si is, qui te ab hostibus ingenuam captam commercio redemit, sibi matrimonio conjunxit: dignitate nuptiarum, & voto futuræ justæ sobolis, vinculo pignoris tibi remisso, reddi natales pristinos, rationis est.* COD. Lib. VIII. Tit. LI. *De postliminio reversis* &c. Leg. XIII. Voiez la *Jurisprudentia Papinianea* d'ANTOINE FAURE, Tit. XI. Princ. VIII. Illat. XXII. *pag.* m. 634.

(9) *Fœdissima mulieris nequitiâ permovemur. Quum igitur filiam tuam, ab hostibus captam, ac prostitutam ab eâ, quæ eam redemerat, ob retinendæ pudicitiæ cultum, ac servandam natalium honestatem, ad te confugisse proponas: Præses Provinciæ, si filiæ tuæ supra dictam injuriam ab ea quæ sciebat ingenuam esse, inflictam cognoverit; quum hujusmodi persona indigna sit pretium recipere, propter odium detestabilis quæstûs; etiam si pretium compensatum non est, ex necessitate miserabili custoditâ ingenuitate natæ tuæ, adversus flagitiosæ mulieris turpitudinem tutam eam defensamque præstabit.* Ibid. *Leg.* VII.

(10) Voiez la Loi citée ci-dessus, §. 7. *Note* 1.

(11) Cet exemple ne se rapporte pas ici, mais au cas dont nôtre Auteur a traité dans le paragraphe 9.

(12) *Quæ vero per usucapionem, vel liberationem, ex bonis subtracta, vel non utendo finita esse videntur, intra annum utilem experientibus, actione rescissoriâ restituuntur.* COD. *ubi supra*, Leg. XVIII.

(13) C'est ce que le Droit Romain appelle en un mot *Liberatio*. On peut voir là-dessus les Interprêtes sur le DIGESTE, *Lib.* XLVI. Tit. II. *& seqq.* mais sur tout le Traité du Président BARNABE' BRISSON, *De Solutionibus & Liberationibus*.

(14) Comme un droit d'Usufruit, qui se perd par le non-usage d'un certain tems.

(15) *Si cujus quid de bonis, quum is .... in vinculis, servitute, hostiumque potestate esset* &c DIGEST. Lib. IV. Tit. VI. *Ex quibus caussis majores viginti quinque annis in integrum restituantur*, Leg. I. §. 1. Après *bonis*, il faut suppléer, *deminutum erit*. Voiez Mr. NOODT, sur ce Titre, *pag.* 189. 191, 192.

morts en captivité, (16) conservant la Propriété des biens du Prisonnier, pendant son esclavage, comme s'il eût été mort dans le tems qu'il fut pris par l'Ennemi. Car sans une Loi Civile, comme celle-là, aussi-tôt que quelcun étoit fait Prisonnier de Guerre, ses biens auroient dû sans contrédit être (b) au prémier (17) occupant, puis que toute personne qui étoit tombée entre les mains des Ennemis, étoit (18) regardée dès-lors comme n'étant plus une personne. Et lors que le Prisonnier étoit revenu chez lui, il n'auroit recouvré (19) que les choses qui retournoient, selon le Droit des Gens, à leurs anciens Maîtres, par voie de Postliminie. C'est aussi en vertu d'une Loi particuliére du Droit Romain, (20) que les biens des Prisonniers de Guerre passoient au Fisc, lors qu'il n'y avoit point d'Héritier.

(b) Voiez *Les Wisigoth.* Lib. V. Tit. IV. Cap. XV.

§. XI. 1. Jusques ici nous avons traité de la maniére dont les Personnes revenuës de captivité rentrent dans leur ancien état par voie de Postliminie. Voions maintenant, comment les *Choses* se recouvrent.

2. Il faut mettre ici au prémier rang les Esclaves de l'un & de l'autre sexe, qui retournent à leurs anciens Maîtres, encore qu'ils aient été souvent (1) aliénez, & affranchis (2) même par l'Ennemi: car l'affranchissement de l'Ennemi ne peut pas se faire au préjudice du droit de Propriété qu'a le prémier Maître, Citoien de nôtre Etat; comme le dit très-bien (3) Tryphonin.

3. Cependant, afin que l'ancien Maître recouvre son Esclave, il faut ou qu'il le possède actuellement, ou qu'il puisse aisément le posséder. Ainsi, au lieu qu'en matiere des autres sortes de biens il suffit qu'ils aient été apportez dans le païs; quand

(16) *In omnibus partibus juris, is qui reversus non est ab hostibus, quasi tunc decessisse videtur, quum captus est.* Digest. Lib. XLIX. Tit. XV. *De Capt. & Postlim.* &c. Leg. XVIII. *Bona eorum, qui in hostium potestatem pervenerint, atque ibi decesserint, sive testamenti factionem habuerint, sive non habuerint, ad eos pertinent, ad quos pertinerent, si in potestatem hostium non pervenissent: idemque jus in eadem caussa omnium rerum jubetur esse, Lege Corneliâ, quæ futura esset, si hi, de quorum hereditatibus & tutelis constituebatur, in hostium potestatem non pervenissent.* Ibid. *Leg.* XXII. *princ.* Voiez la *Jurisprudentia Papinianea* d'Antoine Faure, Tit. XI. Princip. IX.

(17) Voiez ci-dessus, *Liv.* II. *Chap.* IX. §. 1. *num.* 3.

(18) Selon cette régle du Droit Civil: *Quod adtinet ad Jus Civile, Servi pro nullis habentur.* Digest. Lib. L. Tit. XVII. *De diversis Reg. Juris.* Leg. XXXII. Et cela etoit conforme à l'usage reçû, selon lequel tout Prisonnier de Guerre étoit censé fait Esclave de l'Ennemi, qui l'avoit pris. D'où vient aussi que ceux, dont on n'avoit point parlé dans le Traité de Paix, & qui demeuroient ainsi Esclaves sans ressource, étoient regardez comme n'aiant plus aucun droit, & ne pouvant en transmettre aucun, sur les choses qui leur avoient appartenu dans le païs. C'est pour éluder ce principe, qu'on inventa la fiction du Droit de *Postliminie*, & de la *Loi Cornelienne*, par rapport aux Prisonniers, qui retournoient pendant le cours de la Guerre. En quoi si l'on donnoit atteinte au droit que l'usage donnoit sur les Prisonniers de Guerre, l'Ennemi pourtant n'avoit aucun sujet de se plaindre, puis qu'on avoit assez temoigné qu'on ne vouloit pas se soûmettre à cet usage, & qu'on n'empêchoit point que l'Ennemi ne se dispensât aussi de le suivre, en faisant de son côté les mêmes suppositions. A cause dequoi les Prisonniers, n'étoient point censez s'être veritablement engagez à être Esclaves, pendant le cours de la Guerre, eu égard au droit qu'avoit l'Etat de les recevoir, & de les regarder comme des personnes libres.

(19) Nôtre Auteur confond ici les effets du droit de Postliminie par rapport aux Etrangers, avec ceux qu'il peut avoir par rapport aux Citoiens du même Etat. Car c'est au Souverain à disposer des derniers, comme il le juge à propos, & il n'a pas besoin de recourir pour cela à aucune fiction. Ainsi il peut les étendre plus loin, que ne fait le Droit des Gens, ou la Coûtume des Peuples, qui n'ont ici aucun intérêt.

(20) *Quod si nemo ex Lege Cornelia heres exstiterit, bona publica fient.* Digest. Lib. XLIX. Tit. XV. *De Capt. & Postlim.* &c. Leg. XXII. §. 1. Voiez aussi le Titre XIV. *De Jure Fisci*, Leg. XXXI.

§. XI. (1) Selon les *Loix des* Wisigoths, un Esclave recouvré par les armes, étoit rendu à son Maître, qui devoit donner à celui qui l'avoit repris, le tiers de ce que l'Esclave pouvoit valoir. Que si l'Esclave recouvré avoit été déja vendu par les Ennemis, l'ancien Maître ne pouvoit le redemander qu'en remboursant le prix à l'Acheteur, avec ce qu'il pouvoit lui en avoir coûté d'ailleurs pour rendre l'Esclave plus en état de servir: *Lib.* V. Tit. IV. 21. Mais par l'*Edit* de Theodoric, Roi des *Goths*, on n'étoit point tenu de rendre à l'ancien Maître un tel Esclave, que l'on avoit acheté: *Servi, aut coloni, ab hostibus capti, & reversi, domino restituantur, si non sunt ante ab altero, vendentibus hostibus, commercio comparati.* (Cap. CXLVIII.) Voiez aussi Cassiodore, *Var.* III, 43. Grotius.

Voiez ce que je dirai ci-dessous, sur le §. 14. *Note* 2.

(2) C'est ainsi que les Esclaves, qui avoient été affranchis par *Mithridate*, furent remis par *Sylla* sous la puissance de leurs Maîtres: Καὶ τοὺς θεράποντας, οἷς ἐλευθερίαν ἐδεδώκει Μιθριδάτης, ἐκέλευσεν [ὁ Σύλλας] αὐτίκα ἐς τοὺς δεσπότας ἐπανιέναι. Appian. Alexandr. *Bell. Mithrid.* (pag. 355. *Ed. Amst.* 212. *H. Steph.*) Grotius.

(3) *Quia hostium jure manumissio obesse civi nostro, servi domino, non potuit.* Digest. Lib. XLIX. Tit. XV. *De Capt. & Postlim.* &c. Leg. XII. §. 9. C'est que, pendant

quand il s'agit d'un Esclave, il faut, outre cela, que l'ancien Maître sâche qu'il est revenu dans le païs: celui qui seroit dans la Ville de *Rome*, mais caché, ne seroit point censé (4) recouvré, selon le Jurisconsulte Paul.

4. Outre cette différence entre le recouvrement des Esclaves, & celui des Choses Inanimées, il y en a une autre entre les Esclaves & les Personnes Libres sorties de captivité, c'est que, pour recouvrer un Esclave par droit de Postliminie, il n'est point nécessaire qu'il soit venu dans le païs à dessein de suivre le parti de l'Etat. Cette condition n'est requise qu'à l'égard d'une personne qui doit redevenir maîtresse d'elle-même: mais pour ceux qui doivent être recouvrez par un autre, de qui ils dépendoient avant leur captivité, il n'y a rien qui exige leur consentement. Et, selon la maxime du Jurisconsulte Sabin, (5) *chacun peut bien choisir l'Etat dont il veut être membre, mais non pas disposer du droit de Propriété qu'on a sur lui.*

5. Les Loix Romaines n'exceptent pas même ici les Esclaves, qui s'étoient sauvez, pour passer du côté de l'Ennemi. L'ancien Maître ne laisse pas pour cela de recouvrer son bien, comme le dit le Jurisconsulte Paul, (6) parce qu'en ce cas-là la privation du droit de Postliminie ne seroit pas tant une flétrissûre pour l'Esclave, qui demeure toûjours Esclave, qu'une perte pour le Maître. Les Empereurs Dioclétien & Maximien (7) disent généralement & sans restriction des Esclaves repris dans quelque expédition militaire, ce que quelques-uns étendent mal-à-propos à toutes les choses reprises sur l'Ennemi, qu'*ils doivent être censez recouvrez, & non pas pris; & que le Soldat doit être leur Libérateur, & non pas leur Maître.*

6. Pour

dant le cours de la Guerre, l'aquisition des biens pris sur l'Ennemi n'étoit pas censée pleine & entière, non plus que l'Esclavage des Prisonniers; à cause de l'espérance qu'on avoit, & du droit qu'on se reservoit de recouvrer ce que l'on avoit perdu. Voiez ce que j'ai dit ci-dessus, *Chap.* VII. de ce Livre, §. 6. *Note* 9.

(4) A moins qu'il ne serve quelque autre Citoien: Paulus: *Immo quum servus civis nostri, ab hostibus captus, inde aufugit, & vel in urbe* Roma *ita est, ut neque in domini sui potestate sit, neque ulli serviat: nondum postliminio rediisse, existimandum est.* Digest. ibid. Leg. XXX. *sive ult.* A considerer la chose en elle-même, je ne vois pas sur quoi est fondée cette différence; d'autant plus, que, selon la Loi suivante, la volonté de l'Esclave n'est point ici nécessaire. Antoine Faure, dans sa *Jurisprudentia Papin.* Tit. XI. Princ. VIII. Illat. XXVII. y trouve un exemple de l'esprit de contradiction avec lequel le Jurisconsulte Paul écrivit ses Notes sur les *Regles probables* de Labeon. Et voici comment il explique la pensée du prémier. L'Esclave, dit-il, dans le cas dont il s'agit, quoi qu'il soit revenu dans les Terres de l'Etat, ne peut ni jouïr par lui-même du droit de Postliminie, puis qu'il n'a jamais été Citoien, ni avoir ce droit à la faveur de la personne de son ancien Maître, tant qu'il se dérobe à lui, & qu'il ne se remet pas en sa puissance. Si ce n'est ici qu'une exception à la régle générale, comme Mr. de Bynkershoek (*Obs.* III. 6. & 12.) veut qu'on regarde toutes ces Notes de Paul, que d'autres appellent des *critiques*, & qu'ils traitent même quelquefois de chicanes; c'est du moins une pure subtilité du Droit Romain. Il n'est pas question ici de la personne de l'Esclave, mais de celle du Maître: c'est au Maître qu'appartient le droit de Postliminie; l'Esclave n'en est que la matiére ou le sujet passif. Ce n'est pas l'Esclave qui se recouvre lui-même, ainsi que cela a lieu à l'egard des Personnes auparavant libres: c'est le Maître qui recouvre l'Esclave. En un mot, l'Esclave ne doit être ici consideré que comme un bien recouvré par droit de Postliminie: & cela étant, pourquoi ne suffit-il pas que l'Esclave soit dans le païs, encore même que le Maître n'en sâche rien, comme on veut que les choses inanimées soient censées recouvrées par les anciens Proprietaires, du moment qu'elles se retrouvent dans le païs, soit que le Maître de ces choses en soit informé, ou non? D'ailleurs, selon les principes du Droit Romain, un Maître retient la possession de son Esclave fugitif, tant que celui-ci n'est point au service de quelque autre, qui le posséde comme sien: (Digest. Lib. XLI. Tit. II. *De adquir. vel amitt. Poss.* Leg. XIII. *princ.* Leg. XV. Leg. I. §. 14.) pourquoi est-ce donc qu'il ne pourroit pas recouvrer cette possession par droit de Postliminie, encore même que l'Esclave revenu se derobe à lui? D'autant plus que, pendant la Guerre, la captivité de l'Esclave ne fait que suspendre en quelque façon les droits du Maître.

(5) *Certè apud hostes manumissus liberatur: & tamen si eum nanllus dominus ipsius verus intra præsidia nostra fuisset quamvis non sequutum res nostras; sed dum eo consilio venisset, ut ad illos reverteretur: servum retineret jure postliminii, quod in liberis aliter erat . . . . quia, ut* Sabinus *scribit, de suâ quâ civitate cuique constituendi facultas libera est, non de dominii jure.* Digest. ibid. *Leg.* XII. §. 9. Voiez la *Jurisprudentia Papiniana* d'Antoine Faure, Tit. XI. Princ. VIII. Illat. 19. *pag.* 631, *& seq.*

(6) *Si vero servus transfugerit ad hostes: quoniam, & quum casu captus est, dominus in eo postliminium habet: rectissime dicitur, etiam ei postliminium esse: scilicet ut dominus in eo pristinum jus recipiat: ne contrarium jus non tam ipsi injuriosum sit, qui servus semper permanet, quàm domino damnosum constituatur.* Digest. ibid. *Leg* XIX. §. 5. Voiez le même Antoine Faure, que je viens de citer, *ibid.* Illat. 3. pag. 613.

(7) *Ab hostibus capti, & non commercio redemti, sed virtute militum nostrorum liberati, illico statum, quem captivitatis casu amiserant, recipiant: servi autem dominis suis restituentur. Receptos enim eos, non captos, judicare debemus: & militem nostrum defensorem eorum decet esse,*

 ser-

6. Pour ce qui est des Esclaves rachetez, ils (8) appartiennent dès-lors, selon le Droit Romain, à celui qui a païé leur rançon; mais l'ancien Maître peut le rembourser, & l'Esclave est alors censé recouvré par voie de Postliminie.

7. C'est aux Interprêtes du Droit Civil à expliquer tout cela plus en détail. Les derniéres Loix y ont même fait quelques changemens. Et pour encourager les Esclaves pris à revenir, on promit la liberté à ceux qui avoient été estropiez, dès le moment qu'ils seroient de retour dans le païs; & aux autres, après l'espace de cinq ans, comme il paroît par ce que dit (9) Rufus, dans son Recueil des Loix Militaires.

§. XII. 1. Il y a une question, qui est plus de nôtre sujet, c'est de savoir, si les Peuples conquis, qui avoient auparavant un Maître, retournent dans leur ancien état? On peut traiter cette question, en supposant que ce ne soit pas leur ancien Souverain, mais quelque Allié, qui les aît délivrez de la domination du Vainqueur.

2. Surquoi il faut, à mon avis, décider de la même maniére, (1) qu'au sujet des Esclaves; à moins qu'on n'en soit autrement convenu par le Traité d'Alliance.

§. XIII. 1. Pour passer maintenant au recouvrement de Choses *Inanimées*, il est certain que, quand on a chassé l'Ennemi d'un païs, dont il s'étoit emparé, les *Terres* retournent à leurs anciens Propriétaires, comme le dit (1) Pomponius. Et les Ennemis sont censez chassez d'un lieu, lors qu'ils ne peuvent plus y venir ouvertement, selon que nous (a) l'avons expliqué ailleurs. C'est ainsi qu'autrefois les *Lacédemoniens*, après avoir repris sur les *Athéniens* l'Ile d'*Egine*, en rendirent les terres (2) aux anciens Maîtres. *Justinien*, (3) & d'autres Empereurs, rendirent aux Héritiers des anciens Propriétaires, les terres qu'on avoit reprises aux *Goths* & aux *Vandales*; sans (4) recevoir, contre ces successeurs légitimes, le droit de Prescription établi par les Loix Romaines.

(a) *Chap.* VI. de ce Livre, §. 4.

2. Ce

non dominum. Cod. Lib. VIII. Tit. LI. *De Postlim. reversis* &c. Leg. XII.

(8) Encore même que celui qui les rachéte sâche à qui ils appartenoient: *Si quis servum captum ab hostibus redemerit, protinus est redimentis, quamvis scientis alienum fuisse: sed, oblato ei pretio, quod dedit, postliminio rediisse, aut receptus esse, servus creditur.* Digest. Lib. XLIX. Tit. XV. *De Capt. & Postlim.* &c. Leg. XII. §. 7. Consultez encore ici Antoine Faure, *Jurisp. Papin.* Tit. XI. Princip. VIII. Illat. 11. *pag.* 622, & *seqq.*

(9) C'est au *num.* 64. de ces Loix, dont la version Latine, faite par Jean Leunclavius, se trouve jointe au Végéce de l'Edition de *Plantin*, avec les Notes de Stewechius, en 1607. Le Savant Gronovius indique ici l'Edition de Simon Schardius, publiée à *Bâle* en 1561. & qui est apparemment la prémiére.

§. XII. (1) C'est-à-dire, que ce Peuple délivré de la domination de l'Ennemi, doit retourner à son légitime Souverain, à condition que celui-ci dédommage le Libérateur des frais qu'il a faits pour cette expédition.

§. XIII. (1) *Verum est, expulsis hostibus ex agris, quos ceperint, dominia eorum ad priores dominos redire, nec aut publicari, aut prædæ loco cedere.* Digest. Lib. XLIX. Tit. XV. *De Capt. & Postlim.* &c. Leg. XX. §. 1.

(2) Ἀφελόμενοι δὲ Λακεδαιμόνιοι τοὺς Ἀθηναίους τὴν νῆσον, ἀπέδοσαν τοῖς ἀρχαίοις οἰκήτορσι. Strab. *Geogr.* Lib. VIII. (pag. 577. *Edit. Amstel.* 376. *Paris.*) C'est qu'ils avoient été du parti des *Lacédémoniens*. Du reste, voiez ce que nous avons dit ci-dessus, *Chap.* VI. de ce Livre, §. 7. Grotius.

(3) Voiez la *Novelle* XXXVI. de Justinien.

(4) Et cela en conséquence d'une Loi d'Honorius qui, quoi qu'il laissât l'*Espagne* aux *Vandales*, ne voulut pourtant pas que, pendant que les *Vandales* la possedoient, la prescription de trente ans courût, au préjudice des Propriétaires de chaque Terre; comme Procope nous l'apprend, *Vandalic.* Lib. I. (Cap. III.) La même exception se trouve dans une Novelle de Valentinien, au sujet des Terres d'*Afrique* possedées par les *Vandales*: *Tricennali temporum definitione concludi ea præcipimus, quæ perpetuis aut infinitis sæculis servabantur; exceptis Afrorum negotiis, qui se probaverint necessitatem Vandalicam pertulisse: ut de eorum caussis illa tempora præfixo tricennio subtrahantur, quæ claruerit sub hostilitate consumta.* Nov. *de Episcopali judicio* (Tit. XII. ad calcem Cod. Theodos. in Edit. Jac. Gothofred.) Le *II. Concile de* Seville décide, qu'une Eglise doit recouvrer les Parroisses qu'elle avoit avant la Guerre: sans qu'on puisse la débouter par droit de Prescription; de même que, selon les Loix Romaines, un Prisonnier de Guerre recouvre ses possessions, lors qu'il est revenu de captivité: *Pro qua re placuit, ut omnis parochia, quam antiquâ ditione, ante militarem hostilitatem, retinuisse Ecclesiam suam quisque comprobaret, ejus privilegio restituatur. Sicut enim, per Legem Mundialem, iis, quos barbarica feritas captivâ necessitate transvexit, postliminio revertentibus redditur antiqua possessio; non aliter & Ecclesia* &c. *Non enim erit objicienda præscriptio temporis, ubi necessitas interest hostilitatis.* Ce Canon se trouve rapporté par Gratien, *Caus.* XVI. *Quæst.* III. *Can.* XIII. Voiez aussi les Décretales, Lib. II. Cap. XXVI. *in* X. & Cujas, sur le Titre du Code, *de Præscriptione triginta annorum*; comme aussi dans ses *Observations*, Lib. X. Cap. XII. Grotius.

2. Ce que je viens de dire des Terres, a lieu aussi, à mon avis, à l'égard de tous les droits attachez aux Fonds mêmes. Les lieux qui étoient sacrez, ou destinez à enterrer les morts, redevenoient tels qu'auparavant, par une espéce de Postliminie, lorsqu'on les reprenoit sur l'Ennemi, comme le décide (5) le Jurisconsulte POMPONIUS. C'est ainsi que CICE'RON dit, en parlant de la *Diane* de *Ségeste*, (6) que, *par un effet de la valeur de* Scipion l'Africain, *elle recouvra ses honneurs religieux, en même tems que le lieu, où étoit sa Statue, fut recouvré.* Et le Jurisconsulte MARCIEN (7) compare avec le droit de Postliminie, celui en vertu duquel un endroit du Rivage où quelcun avoit bâti, fait de nouveau partie du Rivage, lors que le Bâtiment est venu à tomber.

3. Sur ce principe, il (8) faudra dire, que l'ancien Usufruitier rentre dans son droit d'Usufruit sur un Fonds recouvré, de même que POMPONIUS décide au sujet des Terres inondées, (9) dont l'eau est venuë à se retirer. Ainsi en *Espagne*, il y a une Loi (b) qui porte, que les Comtez, & autres Jurisdictions héréditaires, retournent, par droit de Postliminie, aux anciens Seigneurs: les grandes, purement & simplement; les petites, à condition qu'on les reclamera dans l'espace de quatre ans depuis leur recouvrement. Le Roi a droit seulement de garder pour lui les Places fortes, qui avoient été perduës par la Guerre, de quelque maniére qu'on les recouvre.

(b) *Rec. Constit.* Lib. X. Tit. XXIX. Part. 2.

§. XIV. 1. VOILA' pour les Immeubles. A l'égard des *Choses Mobiliaires*, c'est au contraire une régle générale, qu'elles ne retournent point à leurs anciens Maîtres par droit de Postliminie, mais qu'elles font partie du Butin; car le Jurisconsulte LABE'ON (1) oppose ces deux idées. Ainsi lors même que ces sortes de choses ont passé de l'Ennemi à d'autres par le commerce, en quelque endroit qu'elles se trouvent, elles demeurent à l'Acheteur: (2) & l'Ancien Propriétaire ne peut point les reclamer, quoi qu'il les trouve en païs (3) neutre, ou même dans son propre païs.

2. On

(5) *Quod si ab hac calamitate fuerint liberata* [loca sacra vel religiosa], *quasi postliminio reversa, pristino statui restituuntur.* DIGEST. Lib. XI. Tit. VII. *De Religiosis* &c. Leg. XXXVI.

(6) *Quæ* [Diana Segestana] Karthaginensium *victoriâ loco mutata, religionem tamen non amisit: P. Africani virtute, religionem simul cum loco recuperavit.* In Verr. Lib. IV. Cap. XXXV.

(7) *In tantum, ut & soli domini constituantur, qui ibi* [in litore] *ædificant; sed quamdiu ædificium manet: alioquin, ædificio dilapso, quasi jure postliminii, revertitur locus in pristinam caussam* &c. DIGEST. Lib. I. Tit. VIII. *De divisione rerum, & qualitate*, Leg. VI. *princ.*

(8) Cela est aussi décidé formellement par le Jurisconsulte PAUL, dans la Loi, que nôtre Auteur cite en marge, où il dit la même chose d'un Esclave, dont on avoit l'usufruit: *Si ager ab hostibus occupatus, servusque captus, liberatus fuerit; jure postliminii restituetur ususfructus.* DIGEST. Lib. VII. Tit. IV. *Quibus modis ususfructus, vel usus, amittitur*, Leg. XXVI.

(9) *Sed quemadmodum, si eodem impetu discesserit aqua, quo venit, restituitur proprietas: ita & ususfructum restituendum, dicendum est.* Ibid. Leg. XXIII. Voiez le beau Traité de Mr. NOODT, *de Usufructu*, Lib. II. Cap. XI.

§. XIV. (1) Il dit, que ce qui fait partie du butin, ne se recouvre point par droit de Postliminie: *Si, quod bello captum est, in præda est, non postliminio redit.* DIGEST. Lib. XLIX. Tit. XV. *De Captivis & Postlim.* &c. Leg. XXVIII. J'ai suivi la maniére dont Mr. de BYNKERSHOEK corrige cette Loi, avec un très-petit changement, qui paroit nécessaire: *Si*, QUOD &c. pour *Si quid* &c. OBSERVAT. *Jur. Civ.* Lib. III. Cap. VI. Au reste, cette régle générale touchant les Choses Mobiliaires, est purement de Droit Civil. Les mêmes raisons qui autorisent le Droit de Postliminie à l'égard des Immeubles, ont lieu ici, & avec autant de force. Mr. COCCEJUS l'avouë, dans sa Dissertation *De Postliminio in Pace*, Sect. II. §. 5. & il dit, que, si les Loix Romaines en ont disposé autrement, c'étoit pour animer les Soldats au Butin. Il pouvoit y entrer une autre raison, dont je parlerai dans la Note suivante.

(2) Les Esclaves étant mis au nombre des biens, & des biens mobiliaires, il ne paroit pas d'abord pourquoi on les excepta de cette régle générale, comme nôtre Auteur l'a montré ci-dessus, §. 11. ZIEGLER dit, que c'est parce que les Esclaves peuvent se dérober à leurs Maîtres, & prétendre ensuite avoir été pris. Il y a plus d'apparence, que ce fut parce qu'il étoit facile de savoir à qui avoit appartenu un Esclave; au lieu que, s'il avoit fallu rendre les Choses Mobiliaires inanimées à leurs anciens Maîtres, ç'auroit été une source de contestations & d'embarras. D'ailleurs, ces choses ne pouvant pas revenir d'elles-mêmes, du moment qu'elles avoient été prises par l'Ennemi, le Propriétaire devoit les regarder comme perduës; d'autant plus qu'on ne savoit guéres entre les mains de qui elles étoient tombées. Au lieu qu'un Esclave pouvoit avoir la volonté & trouver les moiens de revenir.

(3) La raison pourquoi l'ancien Propriétaire ne peut point reclamer ces Choses Mobiliaires en païs neutre, n'est pas fondée sur la nature même de ces sortes de choses. Il en seroit de même des Immeubles s'il étoit possible qu'il s'en trouvât dans les terres d'un Peuple Neutre, qui eussent été pris par droit de

Guerre,

2. On a néanmoins excepté autrefois les choses qui servent pour les usages de la Guerre; & cela afin que l'espérance de les recouvrer par droit de Postliminie fît qu'on s'en pourvût plus volontiers. Comme en ce tems-là les vuës & les Loix de la plupart des Etats étoient tournées du côté de la Guerre, cette exception fut aisément approuvée par un consentement des Nations.

3. Or voici quelles étoient les choses que l'on regardoit comme étant d'usage à la Guerre. Les Vaisseaux de Guerre, & les Vaisseaux marchands, mais non pas les Gondoles ou Galiotes, qui ne servoient que pour le plaisir. Les Mulets, mais seulement ceux de bât. Les Chevaux & les Cavales, propres à monter. C'est l'énumération que fait CICÉRON (4), &, après lui, le Jurisconsulte (5) MODESTIN, plus exacte & plus détaillée, que celle d'ÆLIUS GALLUS, (6) rapportée ci-dessus. Et le Droit Romain veut qu'on légue validement ces sortes de (7) choses prises, & qu'elles entrent (8) dans le partage d'une Hoirie.

4. Les Habits, quoi qu'ils soient sans contredit d'usage à la Guerre, (9) & les Armes même, ne se recouvroient point par droit de Postliminie, parce que c'étoit une chose odieuse, & qui même, comme il paroît par un grand nombre d'exemples que les Histoires fournissent, passoit pour criminelle, de se laisser prendre ses Armes ou ses Habits. Et l'on (10) remarque là-dessus, qu'il y a cette différence entre les Armes & un Cheval, que le Cheval a pû s'échapper, sans qu'il y eût de la faute du Cavalier.

5. Il semble qu'en *Occident* on ait observé cette différence dans le recouvrement des Choses Mobiliaires, même sous les *Goths*, jusqu'au tems de BOECE. Car cet Auteur en parle, dans son explication des *Topiques* de CICÉRON, comme d'une chose encore en usage.

§. XV.

Guerre, & puis aliénez en faveur de quelcun du païs même. C'est une suite de l'Etat de Neutralité, qui obligeant à regarder comme légitimement aquis ce qu'un des deux Ennemis a pris sur l'autre, engage aussi à maintenir le titre de ceux qui tiennent de lui quelque chose de cette nature: à moins qu'elles n'appartinssent auparavant à un Prisonnier de Guerre, qui en revenant chez lui, & se recouvrant, pour ainsi dire lui-même, a recouvré tous ses droits à l'égard même des Peuples Neutres. Voiez ci-dessous, §. 6.

(4) *Postliminio redeunt haec: homo, navis, mulus clitellarius, equus, equa, quae frena recipere solet.* Topic. *Cap.* VIII. Cette distinction n'est qu'en faveur des Sujets de l'Etat, qui avoient perdu ces sortes de choses, reprises par des gens du même parti. Mais ils ne peuvent pas plus les reclamer en païs neutre, que les autres non-exceptées.

(5) C'est MARCELLUS, & non pas MODESTIN: *Navibus longis, atque onerariis, propter belli usum, postliminium est: non piscatoriis, aut si quas actuarias voluptatis caussâ paraverunt. Equus item, aut equa, freni patiens, recipitur postliminio: nam sine culpa equitis proripere se potuerunt.* DIGEST. Lib. XLIX. Tit. XV. *De Capt. & Postlim.* &c. Leg. II. Nôtre Auteur, en rapportant le précis de cette Loi, joint aux *Naves actuaria* celles qu'on appelloit *Lusoria*. Et comme il y en avoit de celles-ci, qui servoient à garder les frontiéres de l'Empire, sur le *Danube*, sur le *Rhein*, & autres Fleuves; un Allemand, nommé JEAN JAQUES WISSENBACH, Professeur en son vivant à *Franeker*, critique ici nôtre Auteur, comme s'il refusoit le droit de Postliminie à tous ces petits Bâtimens qui étoient compris sous le nom général de *Lusoria naves*. Mais le Censeur n'a pas pris garde, que GROTIUS a assez clairement distingué ces deux sortes, en caractérisant ainsi celle dont il veut parler: *voluptatis caussâ parata*: ce qui tombe aussi sur les *Naves actuaria*, dont quelques-unes étoient aussi d'usage à la Guerre. Voiez ici la Note du Savant GRONOVIUS; & JAQUES GODEFROI sur le CODE THÉODOSIEN, Lib. VII. Tit. XVII. *De Lusoriis Danubii*, Tom. II. *pag.* 401, *& seqq.* Le même WISSENBACH, au même endroit (c'est à-dire, *Exercit. in Pandectas*, Disp. XXXIX. *num.* 23.) soupçonne aussi nôtre Auteur d'avoir omis les Vaisseaux ou Barques de Pêcheurs, pour favoriser les Hollandois, qui en ont un très-grand nombre. Mais ce soupçon est ridicule, puis qu'il ne s'agit pas encore de l'usage moderne. Je croirois plûtôt, que l'omission vient des Copistes, ou de l'imprimeur.

(6) Voiez le §. 3. *Note* 1.

(7) *Id, quod apud hostes est, legari posse*, OCTAVENUS *scripsit: & postliminii jure consistere*. DIGEST. Lib. XXX. *De Legatis & Fideicommissis* 1. Leg. IX. Voiez là-dessus CUJAS, *Recit. in Dig.* 103. T. VII.

(8) On voit bien, que c'est en supposant qu'elles viennent à être recouvrées. PAPINIANUS, *de re, qua apud hostes est*, MARCELLUM *reprehendit, quod non putat prastationes ejus rei venire in familia erciscunda judicium, qua apud hostes est. Quid enim impedimentum est, rei prastationem venire; quum & ipsa veniat, propter spem postliminii? scilicet cum cautione: quia possunt non reverti, nisi si tantum astimatus sit dubius eventus.* DIGEST. Lib. X. Tit. II. *Familia erciscunda*. Leg. XXII. §. 5. & Leg. XXIII. Voiez encore ici le grand CUJAS, *Recit. in Paul.* pag. 363. Tom V. Opp.

(9) *Non idem in armis juris est: quippe nec sine flagitio amittuntur: arma enim postliminio reverti negatur, quòd turpiter amittantur. Item vestis.* DIGEST. Lib. XLIX. Tit.

§. XV. MAIS dans les derniers Siécles, & peut-être auparavant, elle a été abolie. (1) Car (a) ceux qui ont recherché les Coûtumes de ces tems-là, posent par tout pour régle générale, que les Choses Mobiliaires ne se recouvrent point par droit de Postliminie. Et il a été ainsi décidé (b) en plusieurs endroits, au sujet des Vaisseaux.

§. XVI. 1. POUR les choses qui n'avoient pas encore été emmenées ou emportées dans les lieux dont l'Ennemi est maître, quoi qu'elles eussent été prises; on n'a pas besoin, pour les recouvrer, du droit de Postliminie, (1) puis qu'elles n'avoient point changé de maître, selon le Droit des Gens.

2. Il en est de même, comme le disent les Jurisconsultes (2) ULPIEN & JAVOLEN (3), de celles qui ont été prises par des Brigands ou des Corsaires: parce que le Droit des Gens ne les a point autorisez à se les approprier, au préjudice de l'ancien Maître. Sur ce fondement, les *Athéniens* autrefois prétendirent, que (4) l'Ile d'*Halonése*, qui leur avoit été prise par des Pirates, & dont ceux-ci avoient été chassez par *Philippe de Macédoine*, leur fût renduë, comme leur appartenant, & non pas comme un présent de ce Prince. Ainsi les choses, que de telles gens ont prises, peuvent être reclamées par tout où on les trouve. Tout ce qu'il y a, c'est que, si quelque autre personne a aquis la possession d'une chose comme celle-là, ensorte qu'il lui en aît coûté; le véritable Propriétaire doit, selon le Droit de Nature, lui rendre autant qu'il auroit volontiers dépensé lui-même pour recouvrer son bien, selon ce que nous (a) l'avons établi ailleurs.

§. XVII. 1. LES Loix Civiles peuvent néanmoins en ordonner autrement. Ainsi en (a) *Espagne*, & chez les (b) *Venitiens*, les Vaisseaux pris par des Pirates demeurent à ceux qui les ont repris. Et au fond, il n'y a point d'injustice à priver ainsi les Particuliers de leur bien, en (1) considération de l'utilité publique; sur tout vû la grande difficulté qu'il y a à recouvrer une chose perduë de cette maniére. 2. Mais

(a) *Bartol*, in Dig. *De Capt. & Postlim.* Leg. XXVIII. *Angel.* & *Salicet.* in Cod. *De Postlim. reversis*, Leg. II. *Ordonnances de France*, Liv. XX. Tit. XIII. Art. 24. *Consulat. Maris*, C. 287.
(b) Voiez *Decis. Genuens.* CI.

(a) *Liv.* II. *Chap.* X. §. 9.

(a) *Reg. Constit.* Lib. XXXI. Tit. XXIX. Part. 2. Voiez *Covarruvias*, ad Cap. *Peccatum*, Part. II. §. 11. *num.* 1.
(b) Voiez les Lettres de *La Canaye*, *du Fresne*, Tom. I.

Tit. XV. *De Capt. & Postlim.* &c. Leg. II. §. 2. & Leg. III.

(10) Dans la Loi citée ci-dessus, *Note* 5.

§. XV. (1) Feu Mr. COCCEJUS, dans la Dissertation deja citée *De Postliminio in Pace, & Amnestia*, Sect. II. §. 6. *& seqq.* prétend que l'usage moderne est, au contraire, que toutes les Choses Mobiliaires, de quelque nature qu'elles soient, se recouvrent par droit de Postliminie. Mais il n'allégue que quelques exemples de ce qui se pratique en *Allemagne*. Et ainsi l'argument qu'il tire de ce que nôtre Auteur dit touchant les Vaisseaux, comme si c'étoit une exception à la régle générale; n'a aucune force, tant qu'on n'a point prouvé l'universalité de l'usage. Voiez, au reste, les divers réglemens faits dans ces Provinces, au sujet du recouvrement des Vaisseaux, dans le Commentaire de feu Mr. VOET, sur le DIGESTE, Tit. *De Captivis & Postliminio* &c. §. 4.

§. XVI. (1) Voiez ce que j'ai dit ci-dessus, *Chap.* VI. de ce Livre, § 3. *Note* 1. D'où il paroit que cette régle est de Droit Civil, & nullement du Droit des Gens, comme le veut nôtre Auteur, que feu Mr. TITIUS, (*Observ. in Lauterbach.* 1446. *num.* 3.) tâche en vain de justifier, comme s'il parloit seulement de ce qui a lieu par rapport aux Sujets du même Etat, entre lesquels il ne peut guéres y avoir de dispute là-dessus, tant que les choses reprises sur l'Ennemi ne sont pas encore en lieu de sureté. Consultez ici encore le Commentaire de Mr. VOET sur le DIGESTE Tit. *De Captiv. & Postlim.* &c. §. 3.

(2) Voiez la Loi citée ci-dessus, *Chap.* III. de ce Livre, §. 1. *Note* 3. *A piratis, aut latronibus, capti, liberi permanent*, dit PAUL, autre Jurisconsulte, dans le même Titre, *Leg.* XIX. §. 2.

(3) Celui-ci parle d'un Esclave, qui, après avoir été enlevé par des Voleurs, auroit passé de main en main par le commerce aux *Germains*, c'est-à-dire, aux Ennemis du Peuple Romain, & auroit été ensuite pris sur eux dans une defaite, puis vendu. Malgré tout cela, la prescription ne couroit point pour l'Acheteur, selon ce Jurisconsulte, qui suit ici l'opinion de trois autres: *Latrones tibi servum eripuerant: postea is servus ad* Germanos *pervenerat, inde in bello victis* Germanis, *servus venierat. Negant posse usucapi eum ab emtore*, LABEO, OFILIUS, TREBATIUS: *quia verum esset, eum subreptum esse, nec quòd hostium fuisset, aut postliminio rediisset, ei rei impedimento esse.* DIGEST. Lib. XLIX. Tit. XV. *De Capt. & Postlim.* &c. Leg. XXVII. DENYS GODEFROI oppose ici la Loi VI. du même Titre, où il n'y a néanmoins rien de contraire. Voiez la *Jurispr. Papinian.* d'ANTOINE FAURE, Tit. XI. Princ. VIII. Illat. VI. *pag. m.* 615, 616.

(4) Φίλιππος γὰρ, ἄρχεται μὲν περὶ Ἁλοννήσου λέγων, ὡς ὑμῖν δίδωσιν, ἑαυτοῦ οὖσαν. ὑμᾶς δ' οὔ φησι δικαίως αὐτὴν ἀπαιτεῖν. οὐ γὰρ ὑμετέραν οὖσαν οὔτε λαβεῖν, οὔτε νῦν ἔχειν. ἔλεγε δὲ πρὸς ἡμᾶς τοιούτους λόγους, ὅτε πρὸς αὐτὸν ἐπρεσβεύσαμεν, ὡς λῃστὰς ἀφελόμενος ταύτην τὴν νῆσον κτήσαιτο, καὶ προσήκειν αὐτὴν ἑαυτοῦ εἶναι. τοῦτον δὲ τὸν λόγον, ὡς οὐκ ἔστι δίκαιος, οὐ χαλεπόν ἐστιν αὐτοῦ ἀφελέσθαι. ἅπαντες γὰρ οἱ λῃσταὶ, τοὺς ἀλλοτρίους τόπους καταλαμβάνοντες, καὶ τούτους ὀχυροὺς ποιούμενοι, ἐντεῦθεν τοὺς ἄλλους κακῶς ποιοῦσιν. ὁ δὲ τοὺς λῃστὰς τιμωρησάμενος καὶ κρατήσας, οὐκ ἂν δήπου εἰκότα λέγοι, εἰ φαίη, ἃ ἐκεῖνοι ἀδίκως καὶ ἀλλότρια εἶχον, ταῦτα ἑαυτοῦ γίγνεσθαι. DEMOSTHEN. (aut alius sub ejus nomine) Orat. *de Halonneso*, pag. 30. Voiez la Lettre de *Philippe* même, pag. 63. A. B.

§. XVII. (1) Le but d'une telle Loi est, d'animer les Soldats & les Armateurs à poursuivre les Brigands ou

2. Mais une Loi, comme celle dont nous venons de parler, ne peut point préjudicier aux Etrangers, & elle n'empêche pas qu'on ne doive leur rendre leur bien, quand ils le réclament.

§. XVIII. 1. IL est plus surprenant, que, selon les Loix Romaines, le Droit de Postliminie eût lieu non seulement d'Ennemi à Ennemi, mais encore entre les *Romains*, & tous les Peuples Etrangers, quoi qu'ils ne fussent point en guerre avec eux. Mais c'est là, comme (a) nous l'avons remarqué ailleurs, un reste de la barbarie du Siécle des *Nomades* où les sentimens de la Société naturelle qu'il y a entre tous les Hommes étoient étouffez par de mauvaises coûtumes. D'où vient que, parmi les Peuples même qui n'étoient point en guerre publique, il y avoit une espéce de Guerre entre les Particuliers, autorisée & comme déclarée par l'usage. Et c'est pour empêcher qu'une telle licence ne produisît bien des meurtres, qu'on jugea à propos d'établir des Loix au sujet de ceux qui seroient ainsi pris par des Particuliers. Après quoi, il fallut aussi établir le droit de Postliminie. De sorte qu'en tout cela on régla les choses autrement qu'à l'égard des prises faites par des Brigands ou des Corsaires, parce que ces hostilitez particuliéres aboutissoient à des conventions accompagnées d'une espéce d'équité, dont les Brigands & les Corsaires ne veulent point entendre parler ordinairement.

(a) Liv. II. Chap. XV. §. 5.

2. Il y a ici une question, proposée par CICÉRON, sur laquelle il semble que les sentimens aïent été autrefois partagez, c'est de savoir (1) si ceux qui ont été pris & faits Esclaves chez un Peuple Allié, rentrent dans leur prémier état par droit de Postliminie, lors qu'ils trouvent moien de retourner chez eux. GALLUS ÆLIUS (2) soûtenoit l'affirmative; & le Jurisconsulte PROCULUS, (3) la négative. Pour moi, je crois qu'il faut décider diversement, selon la nature des Traitez d'Alliance. Ceux qui se faisoient simplement pour terminer ou pour prévenir une Guerre Publique, n'empêchoient point que les Sujets des deux Etats ne pûssent se prendre prisonniers les uns les autres, & par conséquent que le droit de Postliminie n'eût lieu à leur égard. Mais quand le Traité portoit, que les Sujets de part & d'autre pourroient aller & venir en sûreté dans les deux Etats, la permission de faire des Prisonniers cessant entre ces deux Peuples, le droit de Postliminie cessoit aussi. Et c'est, à mon avis, ce que donne à entendre POMPONIUS, lors qu'il dit, (4) que *les Peuples avec qui on n'a ni des liaisons d'Amitié, ni droit d'Hospitalité, ni* une

ou les Pirates, dans l'espérance de s'approprier les choses prises même aux Sujets de l'Etat. GROENEWEGEN, dans son Traite *De Legibus abrogatis & inusitatis*, &c. (in *L.* 24. & 27. D. *De Captiv. & Postlim.*) dit, que cela se pratique aussi en *Hollande*, & dans les Païs voisins.

§. XVIII. (1) *Similique in genere, inferiore ordine, si quis apud nos servisset ex populo fœderato, seseque liberasset, ac postea domum revenisset; quæsitum est apud majores nostros, num is ad suos postliminio rediisset, & amisisset hanc civitatem.* De Oratore, *Lib.* I. *Cap.* XL.

(2) *Cum populis liberis, & cum fœderatis, & cum Regibus, postliminium nobis est ita, uti cum hostibus* &c. Apud FESTUM, voce *Postliminium.*

(3) *Non dubito, quin fœderati & liberi nobis externi sint: non inter nos atque eos postliminium esse.* DIGEST. Lib. XLIX. *De Capt. & Postlim.* &c. Leg. VII. *princ.* C'est ainsi que porte le MS. de *Florence*. Les Editions ordinaires mettoient ici une négative: *nobis externi* NON *sint.* Et ANTOINE FAURE défend cette maniére de lire, dans sa *Jurispr. Papin.* (Tit. XI. *Princ.* VIII. Illat. 7. *pag.* 616, 617) mais en donnant au mot d'Etrangers (*Externi*) une signification impropre, qu'il ne justifie par aucun exemple. Le docte SAUMAISE, au contraire, dont le sentiment est approuvé ici par GRONOVIUS, a voulu concilier les opinions, en ôtant toutes les deux negatives, & lisant: *quum fœderati & liberi nobis externi sint, inter nos atque eos* &c. Mais cela est insoûtenable, & directement contraire aux paroles suivantes, où le Jurisconsulte fait voir, qu'il n'est pas besoin du droit de Postliminie entre les *Romains*, & ces Peuples Alliez ou Libres, parce qu'en vertu de la rélation qu'il y avoit ainsi entr'eux, les Citoiens de part & d'autre conservoient hors de chez eux & leur liberté, & la propriété de leurs biens: *Etenim quid inter nos atque eos postliminii opus est, quum & illi apud nos & libertatem suam, & dominium rerum suarum, æquè atque apud se, retineant, & eadem nobis apud eos contingant?* Quoi que le Jurisconsulte eût pû s'exprimer plus nettement, on voit assez ce qu'il veut dire. Le droit de Postliminie avoit lieu originairement & ordinairement d'Etranger à Etranger: les *Peuples Alliez & Libres* ne laissoient pas pour cela d'être Etrangers; voilà l'exception que POMPONIUS fait remarquer, comme l'explique très-bien CUJAS, *Observat.* Lib XI Cap. XXIII. Cela paroîtra encore mieux, si l'on rappelle dans son esprit ce que nous avons dit, sur le *Livre* I. *Chap.* III. §. 21. *Note* 25. de la

une Alliance contractée pour cause d'amitié, ne sont pas à la vérité nos Ennemis; cependant ils peuvent s'approprier les biens des nôtres, qui tombent entre leur. mains, & faire Esclaves ceux de nos gens qu'ils prennent, comme nous le pouvons de nôtre côté par rapport aux biens & aux personnes de leur païs, qui tombent entre nos mains: & qu'ainsi en ce cas-là, le droit de Postliminie a aussi lieu de part & d'autre. Ce Jurisconsulte en distinguant-là les Alliances contractées pour cause d'amitié, insinuë clairement qu'il y en peut avoir d'autres qui n'emporteront ni droit d'Hospitalité, ni liaison d'Amitié. PROCULUS aussi fait assez entendre, qu'il entend parler d'Alliez qui se soient engagez réciproquement à vivre en bonne amitié, où à laisser venir & séjourner en toute sûreté les Citoiens de part & d'autre, lors qu'il ajoûte: *Qu'est-il besoin entr'eux & nous, du droit de Postliminie, puis que quand quelcun d'entr'eux est chez nous, il y conserve sa liberté, & la propriété de ses biens, tout de même que s'il étoit chez lui; & que nous avons, de nôtre côté, chez eux le même privilége?* Ainsi dans les paroles qui suivent, du passage de *Gallus Ælius* déja cité, où il dit, selon la correction judicieuse de CUJAS, (6) que *le droit de Postliminie n'a pas lieu à l'égard des Peuples de nôtre dépendance*; il faut ajoûter, ni par rapport à ceux avec qui nous avons fait quelque Traité d'Alliance pour cause d'amitié.

§. XIX. 1. MAIS aujourdhuï, (a) & parmi tous les *Chrétiens*, & parmi la plûpart des *Mahométans*, les droits de la parenté naturelle qu'il y a entre tous les Hommes aiant été rétablis, celui de faire des Prisonniers, hormis entre les Nations qui sont en guerre, a été aboli, & en même tems le droit de Postliminie.

(a) *Bodin.* De Republ. Lib. I. Cap. VII.

2. L'ancienne régle du Droit des Gens peut néanmoins avoir encore lieu, si l'on a à faire avec un Peuple si barbare, qu'il croie permis & légitime d'exercer des actes d'hostilité contre la personne ou sur les biens de tous les Etrangers, sans aucune déclaration de Guerre ou aucun sujet. C'est sur ce principe qu'il vient d'être jugé, au moment que j'écris ceci, en la grande Chambre du Parlement de *Paris*, séant Messire *Nicolas de Verdun*, prémier Président; (1) que des biens appartenans à des Sujets de *France*, qui avoient été pris par les *Algeriens*, Peuple accoûtumé à pirater sur tous les autres, avoient changé de maître par droit de Guerre; & qu'ainsi aiant été repris par d'autres, que les anciens Propriétaires, ils devoient

la condition des Peuples dont il s'agit, par rapport aux *Romains*.

(4) *In pace quoque Postliminium datum est: nam si cum gente aliqua neque amicitiam, neque hospitium, neque fœdus amicitiæ caussâ factum, habemus; hi hostes quidem non sunt, quod autem ex nostro ad eos pervenit, illorum fit: & liber homo noster, ab eis captus, servus fit, & eorum. Idemque est, si ab illis ad nos aliquid perveniat. Hoc quoque igitur casu, postliminium datum est.* DIGEST. ibid. Leg. V. §. 2. L'illustre Mr. BYNKKESHOEK, dans sa Dissertation *De dominio maris*, (Cap. I. pag. 5.) prétend, que ce qui est dit ici d'une personne libre, qui devient Esclave, pour avoir été prise par des gens de quelcune des Nations Etrangeres, dont il s'agit; ne doit s'entendre que de ceux qui ont été faits Prisonniers pour quelque cause légitime. Mais les paroles du Jurisconsulte ancien paroissent trop claires, pour souffrir cette restriction. Feu Mr. COCCEJUS (Diss. *De Postlim. in Pace*, Sect. II. §. 29.) donne à la Loi entiere une autre explication, la plus forcée du monde: il veut qu'il s'agisse seulement des peuples avec qui l'on a été en Guerre, sans qu'on ait inséré dans le Traité de Paix une clause d'Amnistie générale. Mais il falloit cela pour accorder le Droit Romain avec le Systême que cet Auteur a imaginé d'un droit de Guerre subsistant après la Paix entre les anciens Ennemis; de quoi nous pourrons parler ailleurs, sur le Chap. XX. §. 15. de ce dernier Livre.

(5) Voiez la *Note* 3.

(6) *Quæ nationes in ditione nostra sunt, cum his postliminium non est.* Au lieu que les Editions de FESTUS portent: *Quæ nationes in opinione nostra sunt, cum his,* . . . . Voiez le Chapitre des *Observations* de ce grand Jurisconsulte, qui vient d'être cité dans la *Note* 3. FULVIUS URSINUS avoit deja corrige de la même maniére le mot *opinione*.

§. XIX. (1) Feu Mr. COCCEJUS, dans la Dissertation que je viens de citer, (*Sect.* II. §. 8.) trouve cette décision impertinente & injuste: par la raison, qu'il n'y a point de droit de Guerre par rapport aux Pirates. Mais nôtre Auteur suppose qu'on ne les regarde point comme Pirates. Et si tel est l'usage, il peut être justifié par la raison alléguee ci-dessus, §. 17. *Note* 1.

devoient demeurer à ceux qui les avoient repris. Dans le même procès, il a été décidé, conformément à ce que nous disions tout-à-l'heure, que les Vaisseaux ne sont pas aujourdhui du nombre des choses qui peuvent être recouvrées par droit de Postliminie.

CHAPITRE X.

Avis sur ce qui se fait dans une GUERRE INJUSTE.

I. *En quel sens on dit, que l'Honneur & la Conscience défendent ce qui est permis par les Loix.* II. *Application de cette maxime aux choses que nous avons dit être permises par le Droit des Gens.* III. *Que tous les actes d'hostilité commis par celui qui fait une Guerre injuste, sont aussi injustes en eux-mêmes, & devant le Tribunal de la Conscience.* IV. *Quelles personnes sont tenuës à restitution, dans une Guerre injuste; & comment elles y sont tenuës.* V. *Si l'on doit rendre ce que l'on a pris dans une telle Guerre?* VI. *Si celui, entre les mains de qui est tombée une chose qu'un autre avoit prise dans une Guerre injuste, est tenu de la restituer à son ancien Maître?*

§. I. 1. IL FAUT maintenant retourner sur nos pas, & ôter à ceux qui font la Guerre presque tout ce qu'il peut sembler que nous leur aiyons accordé, mais que nous n'avons point accordé effectivement. Car en commençant à traiter ces matiéres du Droit des Gens, nous avons déclaré, que plusieurs choses sont dites être *de droit*, ou *permises*, soit parce qu'on les fait impunément, soit à cause que les Tribunaux de Justice prêtent leur autorité à ceux qui les font; quoi qu'elles soient contraires aux

§. I. (1) PYRRH. *Lex nulla capto parcit, aut pœnam impedit.*

AGAM. *Quod non vetat lex, hoc vetat fidei pudor.* Troad. *vers.* 333, 334.

(2) *Sciendum itaque est, omnia Fideicommissa primis temporibus infirma fuisse, quia nemo invitus cogebatur præstare id, de quo rogatus erat. Quibus enim non poterant hereditatem, vel legata, relinquere, si relinquebant, fidei committebant eorum, qui capere ex testamento poterant. Et ideo* Fidei-commissa *adpellata sunt, quia nullo vinculo juris, sed tantum* PUDORE *eorum, qui rogabantur, continebantur.* INSTIT. Lib. II. Tit. XXIII. *De Fideicommissariis hereditat.* §. 1.

(3) *Non enim aliter, salvo* PUDORE, *ad sponsorem venit creditor, quàm si recipere à debitore non possit.* Declamat. CCLXXIII.

(4) HE'SIODE faisant la description du *Siécle de Fer*, dit, qu'il n'y a ni *Justice*, ni *Honneur*; que les Gens-de-bien y sont exposez aux insultes des Méchans &c.

——— ΔΙ'ΚΗ δ' ἐν χερσὶ καὶ 'ΑΙΔΩ'Σ
Οὐκ ἔσται. βλάψει δ' ὁ κακὸς τὸν ἀρείονα φῶτα &c.

(Oper. & Dier. *vers.* 192, 193.) PLATON fait cette fiction, que DIEU craignant que le Genre Humain ne périt, envoia aux Hommes *Mercure*, qui leur emmena la *Justice* & l'*Honneur*, pour l'ornement des Etats, & les liens de l'Amitié: *Ζεὺς οὖν δείσας περὶ τῷ γένει ἡμῶν, μὴ ἀπόλοιτο πᾶν, Ἑρμῆν πέμπει ἄγοντα εἰς ἀνθρώπους* 'ΑΙΔΩ' τε καὶ ΔΙ'ΚΗΝ, *ἵν' εἶεν πόλεων κόσμοι τε, καὶ δεσμοὶ φιλίας συναγωγοί*. In Protagor. (pag. 322. C. Tom. I. *Ed. H. Steph.*) Le même Philosophe approuve ailleurs la pensée de ceux, qui appellent l'*Honneur*, la Compagne de la *Justice*: Παρθένος [il faut lire *πάρεδρος*] γὰρ 'ΑΙΔΟΥ͂Σ ΔΙ'ΚΗ *λέγεταί τε, καὶ ὄντως εἴρηται*. De Legib. *Lib.* XII. (pag. 943. E. Tom. II.) PLUTARQUE joint aussi ensemble la *Justice* & l'*Honneur*, dans la Vie de *Thesée* (pag 3. C.) & ailleurs il dit, que la *Justice* & l'*Honneur* habitent ensemble: *Ἡ δέ γε παρθένος* [Δίκη] ἐστὶ, *καθ' Ἡσίοδον, ἀδιάφθορος*, 'ΑΙΔΟΥ͂Σ, *καὶ σωφροσύνης, καὶ ὠφελείας σύνοικος*. Ad Princip. inerudit. (*pag.* 781. Tom. II. *Ed. Wech.*) DENYS d'*Halicarnasse* remarque, que l'*Honneur*, la *Modestie*, & la *Justice* sont les liens de la Société Civile: 'ΑΙΔΩ'Σ γε, *καὶ κόσμος*, καὶ ΔΙ'ΚΗ, *ὑφ' ὧν ἡ πᾶσα κοινωνία πολιτικὴ σώζεται* &c. Antiq. Roman. *Lib.* VI. (Cap. XXXVI. pag. 354. *Edit. Oxon.* 369. *Sylb.*) JOSEPH, l'Historien Juif, joint ensemble l'*Equité* & l'*Honneur*, 'Επιείκεια, & Αἰδοῖ, Antiq. Jud. *Lib.* XIII. Cap. XIX. (pag. 456. A.) Un Poëte Latin parlant du régne de *Saturne*, dit, que les crimes des Hommes n'avoient pas encore chassé la *Justice* de la Terre, & que les Peuples se conduisant alors par l'*Honneur*, n'avoient pas besoin d'être retenus dans leur devoir par la Force & par la crainte des Peines:

Nondum Justitiam *facinus mortale fugarat:*
(Ultima de Superis illa reliquit humum)
Proque metu populum sine vi Pudor *ipse regebat.*
Nullus erat justis reddere jura labor.

[OVID. *Fast.* Lib. I. *vers.* 249, *& seqq.*] GROTIUS.

(5) C'est en parlant des Mariages, où il s'agit de la

aux Régles ou de la Justice proprement ainsi nommée, ou des autres Vertus, ou que du moins ceux qui s'abstiennent de ces sortes de choses, agissent d'une maniére plus honnête & plus louable dans l'esprit des Gens-de-bien.

2. Dans une Tragédie de SENE'QUE, *Pyrrhus* dit, (1) qu'*il n'y a aucune Loi qui ordonne d'épargner les Prisonniers de Guerre, ou qui défende de les punir*; mais *Agamemnon* lui répond, *Que ce que les Loix ne défendent pas, l'Honneur le défend.* Par l'*Honneur* il faut entendre ici, non pas tant la considération des autres Hommes, & le soin de sa propre réputation; que le respect pour l'Equité & la Justice, ou du moins l'attachement à faire ce qui est le plus juste & le plus honnête. C'est en ce sens que l'Empereur JUSTINIEN (2) dit, que les *Fidéicommis* ont été ainsi appellez, parce que la restitution des biens, dont une personne avoit disposé en mourant de cette maniére, étoit laissée à l'*honneur* du Fidéicommissaire, qui ne pouvoit point y être contraint par les Loix. QUINTILIEN, le Pére, soûtient, dans le même sens, (3) qu'*un Créancier ne peut, avec* HONNEUR, *s'en prendre à la Caution de son Débiteur, que quand il ne trouve pas moien de se faire paier de celui-ci.* Plusieurs anciens Auteurs joignent (4) l'*Honneur* avec la *Justice*: & un Jurisconsulte (5) l'associe au *Droit Naturel.* CICE'RON (6) distingue les actes de la *Justice*, & ceux de la *Pudeur* ou de l'*Honneur*, en ce que la prémiére consiste à ne point faire de tort aux Hommes; & l'autre, à ne pa[s] les choquer.

3. Il y a une sentence de SENEQUE, qui s'accorde bien avec le vers que nous avons cité d'une de ses Tragédies: (7) *Que c'est peu de chose*, dit-il, *de n'être homme de bien, qu'autant que les Loix l'exigent! Combien plus loin s'étend la régle de nos Devoirs, que celle du Droit! Combien de choses l'Affection naturelle, l'Humanité, la Libéralité, la Justice, la Bonne Foi, ne demandent-elles pas, sur quoi il n'y a rien dans les Loix Civiles!* On voit là le *Droit* distingué de la *Justice*, parce que le Philosophe entend par le *Droit*, ce sur quoi on a action devant les Juges. Il explique ailleurs merveilleusement bien sa pensée, par l'exemple du droit d'un Maître sur ses Esclaves: (8) *Pour la maniére*, dit-il, *d'agir envers un Esclave, il faut voir, non ce qu'on peut impunément lui faire souffrir, mais ce que permettent l'Equité, qui veulent même qu'on épargne les Prisonniers de Guerre, & ceux qu'on a achetez . . . . .*

A la

la *Pudeur* proprement ainsi nommée. Le Jurisconsulte dit, qu'il est co[illegible] les Régles de cette Pudeur naturelle, & par co[illegible]ent du Droit Naturel, d'épouser une Fille: *In con[illegible]ndis matrimoniis*, Naturale Jus & Pudor *inspiciendus est: contra pudorem est autem, filiam uxorem ducere.* DIGEST. Lib. XXIII. Tit. II. *De ritu Nuptiarum*, Leg. XIV. §. 2.

(6) Il ne s'agit pas non plus ici de l'*Honneur* en général, selon l'idée que nôtre Auteur attache, après les Anciens, au mot de *Pudor*, je veux dire, de l'attachement aux régles de l'Honnête & de la Vertu. Mais CICE'RON parle de cette Vertu particuliére, qui consiste à observer les régles de la *Bienséance*: JUSTITIÆ *partes non violare homines*, VERECUNDIÆ, *non offendere.* De Offic. Lib. I. Cap. XXVIII.

(7) *Ut hoc ita sit, quàm angusta innocentia est, ad legem bonum esse? quanto latius Officiorum patet, quam Juris, regula? quàm multa Pietas, Humanitas, Liberalitas, Justitia, Fides, exigunt, quæ omnia extra publicas tabulas sunt?* De Ira, Lib. II. Cap. XXVII. Ce Philosophe remarque ailleurs, qu'il y a bien des choses, sur quoi on ne trouve point de Loi, & pour lesquelles on n'a point action en Justice, qui neanmoins peuvent être exigées par les régles du commerce de la Société Humaine, supérieures à toutes les Loix écrites: *Multa legem non habent, nec actionem, ad quæ consuetudo vitæ humanæ, lege omni valentior, dat aditum.* De Benefic. *Lib.* V. *Cap.* XXI. CICE'RON soûtient, qu'autre est la maniére dont les Loix redressent les injustices; & autre celle dont les Philosophes les corrigent. Les Loix se bornent à ce qu'il y a de plus grossier, & de palpable, pour ainsi dire: les Philosophes épluchent tout, aussi loin que s'étendent les lumiéres d'une Raison attentive & pénétrante: *Sed aliter Leges, aliter Philosophi, tollunt astutias: Leges, quatenus manu tenere possunt; Philosophi, quatenus ratione & intelligentiâ.* De Offic. *Lib.* III. (*Cap.* XVII.) Voiez un passage de QUINTILIEN, *Instit. Orat.* Lib. III. Cap. VI. (qui a été cité ci-dessus, *Chap.* IV. de ce Livre, §. 2. num. 2. GROTIUS.

On peut voir, sur cette matiére, mes deux *Discours*, de la *Permission*, & du *Bénéfice des Loix.*

(8) *Et in mancipio cogitandum est, non quantum illud impunè pati possit, sed quantum tibi permittat æqui bonique natura; quæ parcere etiam captivis, & pretio paratis, jubet . . . . Quum in servum omnia liceant, est aliquid, quod in hominem licere, commune jus animantium vetet: quia ejusdem naturæ est, cujus tu.* Lib. I. *De Clementia*, Cap. XVIII. On pourroit croire, sur ce que le Philosophe dit, à la fin de ce passage, *commune jus animantium*, que selon les *Stoïciens*, il y avoit un Droit véritablement & proprement commun aux Hommes, & aux Bêtes. Mais voiez ce que j'ai dit sur PUFENDORF, *Droit de la Nat. & des Gens*, Liv. II. Chap. III. §. 2. *Note* 2. & §. 3. *Note* 10. de la seconde Edition.

A la vérité, (ajoûte-t-il un peu plus bas) *tout est permis à un Maître par rapport à son Esclave consideré comme tel: mais il y a des choses qui ne sont point permises par rapport à ce même Esclave, envisagé comme un Homme, selon le Droit commun des Animaux.* Remarquez ici le mot de *permis* emploié en deux sens, l'un pour ce qui est véritablement permis en soi-même, l'autre pour ce qui n'est permis qu'extérieurement.

§. II. 1. LE Consul *Marcellus* fit la même distinction, en plaidant sa cause dans le Sénat Romain: (1) *Il ne s'agit point ici*, disoit-il, *de ce que j'ai fait, puis que, quoi que j'aie fait, je puis me justifier par le droit de la Guerre, qui m'y autorisoit; mais de ce que les* Siciliens *ont dû souffrir*, c'est-à-dire, de ce que l'Equité & l'Honnêteté permettoient à leur égard. ARISTOTE insinuë aussi cette différence, dans un endroit où il examine, si l'Esclavage, qui vient de la Guerre, peut être appellé juste: (2) *Quelques-uns*, dit-il, *aiant en vuë une espéce de Droit, c'est-à-dire, la Loi qui est certainement* (3) *quelque chose de juste, disent qu'à cet égard l'Esclavage produit par la Guerre est juste: mais ils ne prétendent pas pour cela, qu'il soit juste absolument; car il peut arriver que la cause de la Guerre ne soit pas juste.* THUCYDIDE fait dire aux *Thébains*: (4) *Pour ceux que vous avez tuez dans le Combat, nous ne nous plaignons pas tant; car ils ont eu ce sort par une espéce de droit.*

2. Les Jurisconsultes Romains eux-mêmes, qui parlent souvent du *droit de Captivité*, (5) l'appellent quelquefois une *injure*; & l'opposent à l'Equité Naturelle. SENEQUE (6) dit, que l'*injure* a produit le nom d'*Esclave*; aiant égard à ce qui arrive souvent. TITE LIVE parlant des (7) *Italiens*, qui vouloient garder ce qu'ils avoient pris aux *Syracusains* pendant la Guerre, les traite de gens qui *s'opiniâtrent à conserver le fruit de leur injustice.* L'Orateur DION *de Pruse* remarque, que les Prisonniers de Guerre, lors qu'ils retournent chez eux, recouvrent leur liberté, (8) *comme aiant été*, ajoûte-t-il, *injustement réduits en esclavage.*

3. LACTANCE accuse les Philosophes Païens, qui traitoient des Devoirs concernans la Guerre, (9) *de ne pas raisonner selon les principes de la Justice & de la veritable*

§. II. (1) *Sed non, quid ego fecerim, in disquisitionem venit, quem, quidquid in hostibus feci, jus belli defendit, sed quid isti pati debuerint.* TIT. LIV. Lib. XXVI. Cap. XXXI. *num.* 2. C'est ainsi que nôtre Auteur cite ce passage. Mais les paroles, *quem, quidquid in hostibus feci, jus belli defendit*, qu'il citoit aussi ci-dessus, *Chap.* IV. de ce Livre, §. 5. *Note* 3. ne se trouvent point dans les MSS. & GRONOVIUS a eu raison de les omettre dans son Edition, qui porte seulement, *in disquisitionem venit, quàm quid isti.* Voiez la Note de ce Savant Critique. Il auroit pû remarquer, que cette glose est venuë apparemment des paroles suivantes, qui se trouvent un peu plus bas, & que j'ai substituées, dans la *Note* que je viens d'indiquer: *Quæ autem singulis victor aut ademi, aut dedi, quum belli jure, tum ex cujusque merito, scio me fecisse.*

(2) Ὅλως δ' ἀντεχόμενοί τινες, ὡς οἴονται, δικαίου τινός (ὁ γὰρ νόμος δίκαιόν τι) τὴν κατὰ πόλεμον δουλείαν τιθέασι δικαίαν. ἅμα δ' οὔ φασι. τήν γὰρ ἀρχὴν ἐνδέχεται μὴ δικαίαν εἶναι τῶν πολέμων &c. Politic. *Lib.* I. Cap. VI. pag. 302. A. Tom. II. *Ed. Paris.* Voiez là-dessus le Commentaire de GIPHANIUS.

(3) SENEQUE dit, que quelques-uns aquiérent par les armes un *Droit* sur des Païs appartenans à autrui: *Alii armis sibi jus in aliena terra fecerunt.* Consolat. ad Helviam, *Cap.* VI. Il semble que le *droit* & l'aquisition d'un *bien d'autrui*, demeurant tel, soient incompatibles. Mais cela se concilie par nos principes, établis ici dans le Texte. Joignez y ce que nous avons dit au *Chap.* IV. de ce Livre, §. 2. GROTIUS.

(4) Οὓς μὲν ἐν χερσὶν ἀπεκτείνατε οὐχ ὁμοίως ἀλγοῦμεν· κατὰ νόμον γὰρ δή τινα ἔπασχον &c. Lib. III. Cap. LXVI. *Ed. Oxon.*

(5) Voiez la Loi, citée ci-dessus, *Chap.* VII. de ce Livre, §. 6. *Note* 10. avec la réflexion que j'y ai faite.

(6) Il dit, que, comme le titre de *Chevalier* est venu de l'Ambition, les noms d'*Affranchi* & d'*Esclave* doivent leur origine à l'*Injure* ou l'*Injustice*: *Quid est Eques Romanus, aut Libertinus, aut Servus? Nomina ex ambitione, aut ex injuria nata.* Epist. XXXI.

(7) C'étoient au contraire des *Grecs*, qui vouloient garder ce qu'ils avoient pris, pendant la Guerre, à des gens originaires d'*Italie*: Græci *res à quibusdam* Italici *generis, eâdem vi, quâ per bellum ceperant retinentibus, concessas sibi ab Senatu, repetebant. Omnium primum ratus* [Scipio] *tueri publicam fidem, partim edicto, partim judiciis etiam in pertinaces ad obtinendam injuriam redditis, suas res* Syracusanis *restituit.* Lib. XXIX. Cap. I. *num.* 16, 17.

(8) Ὡς ἀδίκως δουλεύοντας. Orat. XV.

(9) *Itaque quum de officiis ad rem militarem pertinentibus disputant* [Philosophi]; *neque ad justitiam, neque ad veram virtutem, adcommodatur illa omnis oratio, sed ad hanc vitam moremque civilem.* Instit. Divin. *Lib.* VI. Cap. VI. *num.* 24. ST. AUGUSTIN dit, que, si l'on suit bien les préceptes de l'Evangile, on fera même la Guerre de telle maniére, qu'on ne dépouillera pas tout sentiment de bienveillance envers l'Ennemi: *Ac per*

table Vertu, mais de conformer leurs préceptes à la pratique commune & aux usages de la Vie Civile. Il dit un peu plus bas, que (10) les *Romains* faisoient des *injustices selon les Loix.*

§. III. 1. Pour appliquer donc la distinction, dont je viens de parler, à tout ce qui a été établi dans les Chapitres précedens; je dis, que, si le sujet d'une Guerre est injuste, quelque soin qu'on aît de la faire dans les formes, tous les actes d'hostilité qu'on y commet sont injustes eux-mêmes; de sorte que ceux qui les commettent ou qui y concourent le sachant & le voiant, doivent être regardez comme des gens qui ne sauroient (a) être reçûs dans le Roiaume Céleste, à moins qu'ils ne s'en repentent sérieusement.

(a) *I. Corinth.* VI, 10.

2. Or une vraie Repentance demande absolument, que, si l'on en a le tems & les moiens, on repare le dommage qu'on a causé, (1) ou en tuant les Ennemis, ou en ravageant leur païs, ou en les pillant. C'est pourquoi Dieu déclare (2) qu'il n'agrée point le Jeûne de ceux qui retiennent des Prisonniers injustement pris: & le Roi de *Ninive* (b) en même tems qu'il ordonna un deuil public, exhorta chacun à vuider ses mains des biens ravis à autrui; comprenant bien, par les seules lumieres de la Raison Naturelle, que, sans cette restitution, la repentance seroit feinte & inutile. C'est aussi l'opinion, non seulement des (3) Docteurs Juifs, & des *Chrétiens*, mais encore des (c) *Mahometans.*

(b) *Jonas*, III, 8.

(c) Voiez *Leunclavius*, Turcic. Lib. V. & XVII.

§. IV. 1. La restitution doit se faire, selon les principes généraux que nous avons (a) établis ailleurs, prémierement, par ceux qui ont été les Auteurs de la Guerre, soit par leur autorité, ou par leurs conseils. (b) Et cette restitution regarde non seulement tous les dommages qui suivent ordinairement de la Guerre: elle s'étend encore à ceux qui arrivent par un cas extraordinaire, si l'on a commandé ou conseillé ce qui les produit, ou que pouvant l'empêcher, on ne l'aît pas fait.

(a) *Liv.* II. *Chap.* XVII.

(b) *Sylvest.* verb. *Bellum*, Part. I. num. 10, 11, 12. *Covarruv.* ad Cap. *Peccatum*, Part. II. §. 11. num. 8.

2. Les Généraux & Officiers sont ensuite responsables de ce qui a été fait sous leur commandement. Les Soldats (c) qui ont concouru à un acte d'hostilité commis en commun, comme à l'incendie d'une Ville, sont tenus (1) solidairement du dom-

(c) *Lessius*, Lib. II. Cap. XIII. *Dub.* 4.

per hoc si terrena ista Respublica præcepta Christiana custodiat, & ipsa bella sine benevolentia non gerentur. Epist. IV. *Ad Marcellin.* Il remarque ailleurs, que la Guerre même est paisible, chez les Adorateurs du vrai Dieu. *Apud veros* Dei *cultores, etiam ipsa bella pacata sunt.* De diversis Ecclesiæ Observationibus. Grotius.

Le dernier passage se trouve cité dans le Droit Canonique, *Caus.* XXIII. Qu 1. C. 6.

(10) Ces paroles ont été déja citées ci-dessus, *Chap.* IV. de ce Livre, §. 5. à la fin.

§. III. (1) Voiez Nombres, V. 6, 7. St. Jérome dit, que, si l'on ne rend tout ce qu'on a pris injustement, on ne sauroit éviter la sentence de condamnation: *Nec differtur ultionis sententia, si non reddantur universa.* Ad Rusticum. St. Augustin soûtient, que c'est une fausse repentance, lors que pouvant restituer le bien d'autrui, à l'occasion duquel on a péché, on ne le fait point: *Si enim res aliena, propter quam peccatum est, quum reddi possit, non redditur non agitur pænitentia, sed fingitur.* Ad Macedon. *Epist.* LIV. Ce dernier passage se trouve cité dans le Droit Canonique, *Caus.* XIV. *Quæst.* VI. Can. 1. Grotius.

Je ne trouve point les paroles de St. Jérome, dans l'endroit marqué.

(2) C'est dans ce beau passage d'Esaïe, *Chap.* LVIII. *vers.* 5, 6, 7. que Justin, *Martyr*, rapporte en Grec, dans son Dialogue avec *Tryphon* (pag. 47. *Ed. Oxon.*) Grotius.

(3) Micotzi, *Lib. Præceptorum Legis*, Præcept. jub. XVI. Voiez aussi les *Canons Pénitentiaux* de Moïse, *fils de Maimon*, Cap. II. §. 2. Grotius.

§. IV. (1) C'est ainsi qu'il est décidé, dans une Loi, que nôtre Auteur cite en marge, que, si deux ou plusieurs hommes ont dérobé une poutre, qu'un seul n'auroit pû emporter, chacun d'eux est responsable du vol solidairement: *Si duo pluresve unum tignum furati sunt, quod singuli tollere non potuerint: dicendum est, omnes eos furti in solidum teneri; quamvis id contrectare, nec tollere, solus posset, & ita utimur, neque enim potest dicere, pro parte furtum fecisse singulos, sed totius rei universos.* Digest. Lib. XLVII. Tit. II. *De Furtis*, Leg. XXI. §. 9. Au reste, il faut remarquer ici, qu'il est ordinairement impossible à un Soldat, de reparer jamais le dommage auquel il a concouru en commun, & dont il est ainsi responsable solidairement. L'exemple de l'incendie d'une Ville suffit pour le faire comprendre. Et à l'égard de ce qu'un Soldat a fait, où l'on peut distinguer la portion du dommage qu'il a causée, comme quand il a été du pillage d'une Ville; il ne sauroit pour l'ordinaire savoir à qui étoit ce qu'il a pris, ni par consequent à qui le rendre. Dans le premier cas, l'impossibilité absoluë fait que ceux qui ont souffert le dommage doivent l'en tenir quitte. Dans l'autre, l'obligation de restituer est suspenduë, jusqu'à ce que le Soldat ait découvert le véritable Maitre du butin qu'il a fait. Mais, dans l'un & dans l'autre cas, une personne qui aura la conscience un

du dommage. Mais si le dommage a été causé par le fait distinct de plusieurs, chacun sera tenu du mal dont il aura été la cause unique ou partiale.

(a) *Sylvest.* ubi supra, *num.* 10. §

§. V. 1. Et on ne doit pas, à mon avis, admettre l'exception que font ici (a) quelques-uns, au sujet de ceux qui servent sous d'autres, c'est qu'ils ne sont responsables du dommage, que quand il y a de leur part (1) quelque faute accompagnée de mauvaise foi. Car une simple faute, sans mauvaise intention, suffit pour obliger à restitution.

(b) *Vasqu.* Controv. Illustr. Cap. IX. *num.* 17. *Molina*, Disp. CXVIII. §. *Vt vero.*

2. D'autres (b) semblent croire qu'on n'est point tenu de restituer les choses qu'on a prises dans une Guerre même, où l'on s'est engagé sans juste sujet, par la raison que ceux qui entrent en guerre sont censez se donner réciproquement ce que chacun pourra prendre. Mais on ne doit pas legérement présumer de qui que ce soit, qu'il jette son bien: & la Guerre en elle-même est fort éloignée de tenir de la nature des Contracts. D'ailleurs, afin que les Peuples Neutres sussent à quoi s'en tenir, & ne fussent pas enveloppez dans la Guerre malgré eux, il suffisoit d'établir ce droit de Propriété exterieure, dont nous avons parlé, qui n'est point incompatible avec l'obligation où l'on est en conscience de restituer ce qu'on a pris injustement. Et les Auteurs même, que nous réfutons, semblent entrer dans cette pensée à l'égard du droit qu'on a sur les Prisonniers de Guerre. C'est pourquoi les *Samnites* disoient autrefois, au rapport de Tite Live: (2) *Nous avons relâché le butin que nous avions fait sur l'Ennemi, & qui sembloit nous appartenir par droit de Guerre. Qui sembloit*, disent-ils, *nous appartenir.* C'est que la Guerre étoit injuste de la part des *Samnites*, comme ils venoient (c) de le reconnoître eux-mêmes.

(c) *Lib.* VIII. *Cap.* XXXIX.

3. On peut éclaircir ceci par un exemple assez semblable, des Contracts où il se trouve quelque inégalité, quoi qu'il n'y aît point eu de mauvaise foi de la part des Contractans. (3) Car, selon le Droit des Gens, celui qui a stipulé plus qu'il n'en falloit, peut contraindre l'autre à tenir sa parole; & cependant il n'en est pas moins tenu, par les régles de la Probité, de remettre les choses sur un pié qui rende l'avantage égal des deux côtez.

(a) Voiez ci-dessus, *Liv.* II. *Chap.* X.

§. VI. 1. Bien plus: encore même qu'on n'aît pas causé soi-même le dommage, ou que, si on l'a causé, il n'y aît absolument aucune faute de nôtre part; (a) il suffit que l'on soit en (1) possession d'une chose prise à autrui dans une Guerre injuste, pour être obligé de la rendre; puis qu'en ce cas-là on ne voit aucune raison, fondée sur le Droit Naturel, pourquoi celui à qui la chose appartient, pourroit en être justement privé. Il n'y a ni un consentement de sa part, ni un sujet de punition, ni une compensation à faire.

2. Valére Maxime raconte une chose, qui peut se rapporter ici. (2) *Publius Claudius* aiant vaincu les *Cameriniens*, avoit vendu à l'encan les Prisonniers. Le Peuple Romain

---

un peu délicate, sera extrémement mortifiée de l'impossibilité ou absoluë, ou présente, dans laquelle elle se trouve; puis que, quand on a le moien de reparer le mal qu'on a fait, c'est un grand soulagement, & un aquit qui efface en quelque maniére le péché. Après tout, comme les Puissances, qui entreprennent une Guerre injuste, sont toûjours plus coupables que ceux qui les servent dans une telle Guerre, elles peuvent aussi ordinairement reparer ou en tout, ou en partie, les maux dont elles sont la prémiére cause; & en s'aquittant ainsi de leur devoir, dispenser les Soldats de l'obligation de restituer, dans laquelle ils ne se croient guéres le plus souvent.

§. V. (1) Il y a ici, dans toutes les Editions: *Si modo in ipsis aliquid hæreat culpa.* Mais ce que nôtre Auteur répond là-dessus, fait voir qu'il doit y avoir faute. J'ai donc traduit, comme si l'Auteur avoit écrit: *aliquid hæreat* dolosæ *culpa.* Le sens demande nécessairement quelque chose de semblable; & je me convaincrois peut-être que j'ai déviné le mot, si j'avois en main l'Auteur cité en marge, qui est celui qu'on réfute.

(2) *Res hostium in præda captas, quæ belli jure nostræ videbantur, remisimus.* Lib. IX. Cap. I. *num.* 5.

(3) Voiez ci-dessus, *Liv.* II. *Chap.* XII. §. 26. ou dernier.

§. VI. (1) Il faut expliquer ceci, selon les principes que j'ai indiquez dans mes Notes sur le Chapitre cité en marge.

(2) *Idem* [Populus Romanus] *quum* P. Claudius Camarinos, *ductu atque auspiciis suis captos, sub hasta vendidisset; etsi ærarium pecuniâ, fines agris auctos animadvertebat,*

Romain ne fut pas bien persuadé de la justice de cette expédition : ainsi, quoi qu'elle eût apporté de l'argent dans son Trésor, & augmenté les terres de son obéïssance par la confiscation de celles des Vaincus ; il fit chercher par tout, avec beaucoup de soin, & racheter incessamment les Prisonniers, qui avoient été vendus, il leur assigna une demeure sur le *Mont Aventin*, & rendit à chacun ses possessions. Les *Phocéens* aussi recouvrérent, par Arrêt du Peuple Romain, (3) leur liberté, & celle même de leur Etat, aussi bien que les Terres qu'on leur avoit prises. Les *Liguriens* depuis, qui avoient été vendus par *Marc Popillius*, furent remis en liberté ; on rembourssa les Acheteurs, & l'on fit rendre aux Rachetez tous leurs biens. Le Sénat Romain ordonna (4) la même chose, au sujet des *Abdérites*, ajoûtant pour raison, qu'on leur avoit fait la guerre injustement.

3. Cependant si celui qui est en possession d'une chose prise à autrui dans une Guerre injuste, a fait quelques dépenses ou pris quelque peine pour avoir cette chose ; il peut, selon les principes établis ci-dessus, déduire la valeur de ce que le Propriétaire auroit volontiers donné pour recouvrer un bien, qu'il désespéroit de ratrapper. Mais si le Possesseur, sans qu'il y aît de sa faute, a consumé ou aliéné la chose, il ne sera tenu de rendre que ce en quoi il peut être censé avoir fait quelque profit.

CHAPITRE XI.

De la MODÉRATION dont on doit user dans une GUERRE même JUSTE. Et prémiérement, à l'égard du droit de TUER les Ennemis.

I. *Que, dans une Guerre même juste, il y a des actes d'hostilité qui sont injustes en eux-mêmes.* II. *Qui sont ceux, que l'on peut* TUER *en bonne conscience.* III. *Qu'il n'est pas permis de tuer des gens engagez par un pur effet de malheur dans le parti de l'Ennemi, comme ceux qui y sont contraints :* IV. *Ni ceux de la part desquels il y a une faute, qui tient le milieu entre le* malheur *&* la malice. *Explication de la nature de cette faute.* V. *Qu'il faut distinguer entre les* Auteurs *de la Guerre, &* leurs Adhérens. VI. *Il faut voir aussi, si les Auteurs de la Guerre s'y sont engagez pour des sujets apparens, ou non.* VII. *Que souvent on fait bien de pardonner à ceux mêmes d'entre les Ennemis, qui ont mérité la mort.* VIII. *Qu'il faut prendre garde, autant qu'on le peut, que des Innocens ne soient exposez à être tuez, même* contre

vertebat, tamen quia parum liquidâ fide id gestum ab Imperatore videbatur, maximâ curâ conquisitos redemit, iisque habitandi gratiâ locum in Aventino *adsignavit, & præda eis restituit.* Lib. VI. Cap. V. *num.* 1. *Marc Antoine* fit rendre aux *Juifs* ce que les *Tyriens* avoient, qui leur appartenoit. Il ordonna, que les Prisonniers, qu'ils avoient vendus, fussent relâchez, & les biens qu'on avoit pris aux *Juifs*, restituez à leurs véritables Maîtres. JOSEPH. Antiq. Jud. *Lib.* XIV. (*Cap.* XXII. pag. 492. G.) *Macrin* rendit aux *Parthes* les Prisonniers & le butin, parce que les *Romains* avoient rompu la paix avec eux sans sujet. HERODIAN. Lib. IV. *in fin.* Le Sultan *Mahomet* fit relâcher ceux qu'on avoit pris de la Ville de *Sainte Marie* en *Achaïe* : CHALCOCONDYL. Lib. IX. GROTIUS.

(3) Phocæensibus *& ager, quem ante bellum habuerant, redditus ; &, ut legibus antiquis uterentur, permissum.* TIT. LIV. Lib. XXXVIII. Cap. XXXIX. *num.* 12.

(4) *Quas ob res, placere Senatui,* M. Popillium *Consulem* Ligures, *pretio emtoribus reddito, ipsos restituere in libertatem : bonaque ut iis, quidquid ejus recuperari possit, reddantur, curare.* Idem, Lib. XLII. Cap. VIII. *num.* 7. Voiez aussi DIODORE *de Sicile*, Excerpt. Peiresc. (*pag.* 298.) GROTIUS.

(5) *Iisdem mandatum, ut &* Hostilio *Consuli, &* Hortensio *Pratori nuntiarent, Senatum,* Abderitis *injustum bellum illatum, conquirique omnes qui in servitute sint, & restitui in libertatem, æquum censere.* TIT. LIV. Lib. XLIII. Cap. VI. *num.* 21.

contre nôtre intention. IX. *Qu'on doit toûjours épargner les Enfans, les Femmes, à moins qu'elles ne se soient renduës coupables de quelque grand crime; & les Vieillards.* X. *Qu'il faut aussi épargner les Ministres Publics de la Religion, & les Gens de Lettres, qui ne se mêlent d'autre chose;* XI. *Les Laboureurs;* XII. *Les Marchands, & autres semblables personnes;* XIII. *Enfin, les Prisonniers.* XIV. *Que l'on doit recevoir à composition ceux qui veulent se rendre à des conditions raisonnables.* XV. *Qu'il faut laisser la vie à ceux mêmes qui se sont rendus à discrétion.* XVI. *Exception qu'il y a ici à faire au sujet de ceux qui ont commis quelque crime atroce: & comment on doit entendre cela.* XVII. *Que le grand nombre des Coupables est un juste sujet de pardonner.* XVIII. *Qu'on ne doit pas faire mourir les Otages, à moins qu'ils ne soient eux-mêmes coupables.* XIX. *Qu'il faut éviter toute escarmouche inutile.*

§. I. 1. NOUS venons de voir, que tout ce qui se fait dans une Guerre injuste, est injuste. Mais, d'autre côté, il ne faut point admettre, en matiére même d'une Guerre juste, la maxime d'un Poëte, qui dit, (1) que, *dès-là qu'on refuse de rendre ce qu'on doit à un Ennemi, qui a les armes à la main, on lui donne permission de tout faire contre nous.*

2. Ce n'étoit point là l'opinion des anciens Sages. CICE'RON dit, (2) qu'*il y a certains Devoirs, auxquels on est tenu envers ceux même de qui l'on a reçû du tort: car*, ajoûte-t-il, *la Vengeance & la Punition ne doivent pas être poussées à toute outrance.* Il louë ailleurs les tems anciens, dans lesquels (3) les *Romains* terminoient leurs Guerres ou par la douceur, ou en n'usant de rigueur que par nécessité. SENE'QUE (4) traite de *cruauté* la conduite de ceux, *qui aiant sujet de punir, ne gardent point de mesure dans la punition.* L'Orateur ARISTIDE appelle cela, (5) *offenser & se rendre coupable à son tour*; comme OVIDE (6) le dit aussi d'un certain Roi, qui punissoit trop rigoureusément les Coupables. Ceux de *Platée* se plaignent, dans une Harangue d'ISOCRATE, (7) de ce que, pour de legéres fautes, on les traite si rigoureusement, & ils soûtiennent que cela n'est pas juste. PROPERCE (8), & OVIDE (9), louent *Minos*, ancien Roi de *Créte*, de ce qu'il étoit religieux observateur de la Justice

§. I. (1) C'est LUCAIN:

> ——— ——— *Arma tenenti*
> *Omnia dat, qui justa negat* ———
> Pharsal. *Lib.* I. *vers.* 349, 350.

(2) *Sunt autem quædam officia etiam adversus eos servanda, à quibus injuriam acceperis. Est enim ulciscendi & puniendi modus.* De Offic. *Lib.* I. *Cap.* XI. Voiez ce que nous avons dit ci-dessus, *Liv.* II. *Chap.* XX. §. 2. & 22. & les passages de ST. AUGUSTIN, qui viennent d'être citez dans le Chapitre précedent, (§. 2. *num.* 3. Not. 9.) au sujet de la bienveillance que les *Chrétiens* doivent conserver les uns pour les autres, au milieu même de la Guerre. ARISTOTE parlant d'une punition trop rigoureuse que l'on exerça autrefois à *Thébes* & à *Héraclée*, l'attribuë à un esprit de sédition: Ἐκ δὲ δικαστηρίου κρίσεως, ὡς ἐν Ἡρακλείᾳ στάσις ἐγένετο· καὶ ἐν Θήβαις, ἐπ' αἰτίᾳ μοιχείας· δικαίως μὲν στασιωτικῶς δὲ ποιησαμένων τὴν κόλασιν. Politic. *Lib.* V. *Cap.* VI. THUCYDIDE met au rang des desordres de la *Gréce*, dont il fait une vive description, que l'on y vengeoit les injures reçuës, au delà des bornes de la Justice & du Bien Public: Τὰς τιμωρίας ἐπὶ μεῖζον, οὐ μέχρι τοῦ δικαίου καὶ τῇ πόλει ξυμφόρου προτιθέντες &c. Lib. I. (Cap. LXXXII.) TACITE dit, au sujet de POMPE'E, qu'en faisant des Loix trop rigoureuses pour corriger les Vices, il apportoit des remédes pires que le mal: *Tum Cn. Pompejus, tertium Consul, corrigendis moribus delectus, & gravior remediis, quàm delicta erant* &c. Annal. *Lib.* III. (*Cap.* XXVIII. *num.* 1.) Le même Historien blâme un peu plus haut *Auguste*, de ce qu'en punissant l'Adultére il avoit oublié la clémence des anciens *Romains*, & ses propres Loix: *Nam culpam inter viros ac fœminas vulgatam, gravi nomine læsarum religionum, ac violatæ majestatis adpellando, clementiam majorum, suasque ipse leges egrediebatur.* (Ibid. *Cap.* XXIV. *num.* 3.) JUVENAL remarque, que le chagrin qu'a un Mari de l'infidélité de sa Femme le porte quelquefois à des extrémitez plus terribles, que tout ce que les Loix ont jamais permis en faveur du ressentiment:

> ——— ——— *Exigit autem*
> *Interdum ille dolor plus, quam Lex ulla dolori*
> *Concessit* ——— ——— ——— ———

(Sat. X. *vers.* 314. 315.) QUINTILIEN pose en fait, qu'il n'y a que les Parricides les plus atroces, pour lesquels on punisse un Homme, lors même qu'il n'est plus, c'est-à-dire, en privant son corps de la sépulture: *Ideoque non nisi ab ultimo parricidio exigitur pœna trans hominem.* (Declam. VI. Cap. X. pag. 137. *Edit. Burm.*) L'Empereur *Marc Antonin* écrivit au Sénat, de moderer la proscription & la punition des complices de la revolte d'*Avidius Cassius*, en sorte qu'il n'y eût rien de trop rigoureux, ni de trop cruel: *Et ad Senatum scribam, ne aut proscriptio gravior sit, aut pœna crude-*

tice & de l'Equité, même à l'égard de ses Ennemis, & des Prisonniers de Guerre.

§. II. 1. Pour commencer par le droit de tuer les Ennemis, il est aisé de voir par ce que nous avons dit au Chapitre premier de ce *Livre*, quand c'est que les régles de la Justice permettent, ou ne permettent pas en conscience, d'exercer un tel acte d'hostilité, dans les Guerres les plus justes.

2. On *tuë* quelcun, ou *de propos délibéré*, ou *sans un dessein direct*. On ne peut tuer personne de propos délibéré, que pour punir celui qui a mérité de perdre la vie, ou pour conserver nôtre propre vie ou nos biens, lors qu'il n'y a pas moien de les garantir autrement. Et même, quand il ne s'agit que des biens, qui sont des choses fragiles & périssables, quoi qu'il n'y ait rien de contraire aux régles de la Justice proprement ainsi nommée, les (1) Loix de la Charité défendent de tuer quelcun pour un tel sujet.

3. Pour ce qui est de la Punition, il faut que celui, à qui on ôte la vie, se soit rendu lui même coupable, & cela à un point qui mérite la mort, selon le jugement d'un Juge équitable. C'est sur quoi nous ne nous étendrons point ici, parce que nous avons suffisamment expliqué, dans le Chapitre des *Peines*, tout ce qu'il faut savoir sur cette matiére.

§. III. 1. En traitant ci-dessus des Supplians, nous avons distingué (a) les *malheureux* d'avec les *coupables*. Il faut appliquer ici cette distinction: car à la Guerre, aussi bien que dans la Paix, on peut avoir à faire avec des personnes qui se mettent dans une telle posture, & qui implorent la clémence du Vainqueur.

(a) *Liv.* II. *Chap.* XXI. §. 5.

2. *Gylippe*, Lacedémonien, demande dans un passage de Diodore *de Sicile*, que nous avons commencé de citer au même endroit, (1) si l'on doit mettre les *Athéniens* au rang des coupables: & il soûtient le dernier, parce qu'ils avoient déclaré la Guerre aux *Syracusains*, sans en avoir été offensez en aucune maniére; d'où il conclut, que les Athéniens s'étant engagez volontairement dans la Guerre, c'est tant pis pour eux s'ils en ressentent les calamitez.

3. Mais ceux-là sont véritablement malheureux, qui se trouvent dans le parti d'un des Ennemis, sans avoir des sentimens d'Ennemi envers l'autre Parti: tels que furent depuis les *Athéniens*, du tems de *Mithridate*. Sur quoi voici ce que dit Vellejus Pa-

crudelior. Vulcat. Gallican. *Vit. Avid Cass.* (Cap. XI.) Ausone donne à entendre, que la Punition & la Vengeance peuvent aller au delà de ce que le Crime mérite:

—— *Vindictaque major*
Crimine visa suo ——

(Cupid. crucifix. *vers.* 93, 94.] Ammien condamne une telle conduite par rapport à un Ennemi vaincu: *Sævitum est in multos acrius, quàm errata flagitaverant vel delicta.* Lib. XXVI. (Cap. X. pag. 514. *Ed. Vales.* Gron.) On trouve une semblable reflexion dans Agathias, *Lib.* III. [ou plûtôt *Lib.* IV. *Cap.* VI.] Grotius.

(3) *Verumtamen quamdiu imperium Populi Romani beneficiis tenebatur, non injuriis, bella aut pro sociis, aut de imperio gerebantur, exitus erant bellorum aut mites, aut necessarii.* De Offic. *Lib.* II. *Cap.* VIII.

(4) *Illos ergo crudeles vocabo, qui puniendi caussam habent, modum non habent.* De Clement. *Lib.* II. Cap. IV.

(5) Ἔστι γὰρ, ἔστι καὶ ἀμυνομένους ἁμάρτειν ἀδικεῖν. κἂν τις, οἷς τὰς τιμωρίας ἀναπράττει, ὥστε τἀδικήματα τούτοις ὑπερβῇ, δεύτερος ἄρχει πάλιν. Orat. Leuctric. I. (*pag.* 94. A. Tom. II. *Ed. Paul. Steph.*) Le même Orateur dit en un autre endroit, qu'il ne faut pas seulement considerer, si l'on a un juste sujet de punir, mais encore ce que méritent ceux que l'on veut punir, ce qui est digne de nous-mêmes; & les justes bornes de la Vengeance: Μὴ τοίνυν ἀνδρ' ὅταν αὐτοὺς τιμωρῆσθε, σκοπεῖτε, ἀλλ' ὑστέρας ὄντας, καὶ τίνες ὄντες αὐτοὶ, καὶ τὸ μέτρον τῆς τιμωρίας. Orat. II. *Pro Pace* (*pag.* 77. A.) Grotius.

(6) *Nec prius abscessit* [Caspius Ægypsos] *meritâ quam cæde nocentum*
Se nimis ulciscens, exstitit ipse nocens.

De Ponto, *Lib.* I. *Epist.* VIII. vers. 19, 20.

(7) Ὑμεῖς δ' ἐνθυμεῖσθε, πρῶτον μὲν, εἰ δίκαιόν ἐστιν, ὑπὲρ τηλικούτων ἐγκλημάτων οὕτως ἀνόμως καὶ δεινὰς ποιεῖσθαι τὰς τιμωρίας &c. Orat. Platæic. *pag.* 298. B. *Ed. H. Steph.*

(8) *Non tamen immerito* Minos *sedet arbiter Orci:*
Victor erat quamvis, æquus in hoste fuit.

Lib. III. Eleg. XVII. vers. 27, 28.

(9) —— *Et ut leges captis justissimus auctor*
Hostibus imposuit —— ——

(Metam. *Lib.* VIII. *vers.* 101, 102.) Le même Poëte dit ailleurs, que la Compassion est louable, même envers un Ennemi:

Est etiam miseris pietas, & in hoste probatur.

Trist. *Lib.* I. *Eleg.* VIII. (vers. 35.) Grotius.

§. II. (1) Mais voiez ce que j'ai remarqué ci-dessus, *Liv.* II. *Chap.* I. §. 13. *Note* 1.

§. III. (1) Ἐν ποτέρᾳ ἢ τάξει θῶμεν τοὺς αἰχμαλώτους;

PATERCULUS: (2) *Si quelcun accuse de rebellion les* Athéniens, *à cause du siége de leur Ville, que* Sylla *fut obligé d'entreprendre, il ignore la vérité du fait & l'Histoire Ancienne: car les* Athéniens *ont eu de tout tems une fidelité si inviolable pour les* Romains, *qu'elle a passé en proverbe parmi ceux-ci. Mais accablez alors par les armes victorieuses de* Mithridate, *ils furent reduits à un très-misérable état, se voiant entre les mains de leurs Ennemis & attaquez en même tems par leurs Amis. Leur cœur étoit hors de leurs remparts, mais leurs corps étoient retenus dedans par une fatale nécessité.* En effet, comme le dit CICE'RON, (3) *quiconque voit sa vie entre les mains d'autrui, pense plus à ce que peut celui sous la puissance & à la discrétion de qui il se trouve, qu'à ce qui est de son devoir.*

4. Aussi voions-nous que plusieurs ont parlé de cette nécessité, comme d'une excuse légitime. HE'RODOTE (4), & après lui, (5) ISOCRATE, l'alléguent en faveur des *Platéens*, qui avoient suivi le parti des *Médes*: & DIODORE *de Sicile* (6) la prête à *Nicolas*, Vieillard de *Syracuse*, plaidant pour les Prisonniers faits sur les *Athéniens*, parmi lesquels il s'en trouvoit du nombre de leurs Alliez, qui avoient été contraints de servir dans cette Guerre. TITE LIVE raconte, que (7) les *Syracusains* se justifioient auprès des *Romains*, par cette raison, que, si la paix avoit été troublée, c'étoit *à cause de l'oppression où ils se trouvoient par un effet, en partie de la crainte,* en

ταῖς ἐν τῇ τῶν ἀτυχημάτων; Καὶ τίς αὐτὸς τύχῃ μὴ συναδικηθεὶς ἐβιάσθη πολεμεῖν Συρακοσίοις, καὶ τὴν παρὰ πᾶσιν ὁμολογουμένην εἰρήνην ἀφέντας, ἐπὶ κατασκαφῇ σταλεῖσαν τῆς ἡμετέρας πόλεως; ἀλλ' ὅμως ἰδίας ἐκδήμους πόλεμον ἄδικον, εὐψύχως ὑπομεμενήκασι τὰ πάντων δεινά, καὶ μὴ &c. Lib. XIII. Cap. XXIX. pag. 345. *Ed. H. Steph.*

(2) *Si quis hoc rebellandi tempus, quo* Athenæ *oppugnatæ à* Sulla *sunt, imputat* Atheniensibus, *nimium veri vetustatisque ignarus est. Adeo enim certa* Atheniensium *in* Romanos *fides fuit, ut semper & in omni re quidquid sincerâ fide gereretur, id* Romani, *Atticâ fieri prædicarent. Ceterum tum oppressi* Mithridatis *armis, homines miserrimæ conditionis, quum ab inimicis tenerentur, oppugnabantur ab amicis; & animos extra mœnia, corpora, necessitati servientes, intra muros habebant.* Lib. II. (Cap. XXIII.) Les derniéres paroles semblent avoir été imitées de ce que TITE LIVE fait dire à *Indibilis*, Général Espagnol, Que les *Carthaginois* n'avoient eu jusques là que son corps, mais que son cœur, & celui de son compagnon *Mandonius*, étoient depuis long tems pour les *Romains*, chez qui ils croioient que l'on observoit les régles de la Justice & de l'Equité: *Itaque corpus duntaxat suum ad id tempus apud eos* (Carthaginienses) *fuisse; animum jampridem ibi esse, ubi jus ac fas crederent coli.* Lib. XXVII. (Cap. XVII. *num.* 13.) ISOCRATE dit aussi, que plusieurs autres Peuples de la *Gréce*, dans le tems qu'ils étoient contraints de suivre le parti des *Lacedémoniens*, étoient du fond de leur cœur dans celui des *Athéniens*: Ἡγοῦμαι δ' ὑμᾶς οὐδὲ τοῦτο ἀγνοεῖν, ὅτι πολλοὶ καὶ τῶν ἄλλων Ἑλλήνων, τοῖς μὲν σώμασι, μετ' ἐκείνων ἀκολουθεῖν ἠναγκάζοντο, ταῖς δ' εὐνοίαις μεθ' ὑμῶν ἦσαν. (Orat. Plat. pag. 299. C.) GROTIUS.

(3) *Propterea quòd omnes, quorum in alterius manu vita posita est, sæpius illud cogitant, quid possit is, cujus in ditione ac potestate sunt, quàm quid debeat facere.* Orat. *pro P. Quint.* (Cap. II.) Le même Orateur plaidant pour *Ligarius*, dit, que s'il est coupable d'être resté en *Afrique* après l'arrivée de *Varus*, c'est un crime commis par nécessité, & non volontairement: *Tertium est tempus, quo, post adventum* Vari *in* Africa *restitit: quod si est criminosum, necessitatis crimen est, non voluntatis.* Orat. *pro Q. Ligar.* (Cap. II.) GROTIUS.

(4) Μῆνις δὲ Φωκέας οὐ συνεισβαλόντας ἐμήδιζον, γὰρ δὴ οὐδὲν καὶ ὅτοι οὐχ ἑκόντες, ἀλλ' ὑπ' ἀναγκαίης. Lib. IX. Cap. XVII.

(5) Οὐ γὰρ ἑκόντες, ἀλλ' ἀναγκασθέντες αὐτοῖς ἠκολουθήσαμεν. Orat. Plat. *pag.* 299. A. *Ed. H. Steph.*

(6) Οἱ μὲν γὰρ σύμμαχοι τῷ τῶν κρατούντων ὑπεροχῇ βιασθέντες, ἠναγκάσθησαν συστρατεύειν. δίκαιον εἰ τοὺς ἐξ ἐπιβουλῆς ἀδικήσαντας δικαίως ἐστὶ τιμωρεῖσθαι· τοὺς ἀκουσίως ἁμαρτάνοντας προσῆκον ἂν εἰς συγγνώμης ἀξιῶν. Lib. XIII. Cap. XXVII. *pag.* 344. *Ed. H. Steph.*

(7) *Nec postea pacem Tyranni cæde compositam* Syracusanus *quisquam, sed satellites Regii* Hippocrates *atque* Epicydes, *oppressis nobis, hinc metu, hinc fraude, turbaverunt.* Lib. XXV. Cap. XXIX. *num.* 3.

(8) *Veniamque his, qui superfuerant, dedit: præfatus,* bellum se cum *Cleomene*, non cum *Spartanis* habuisse. &c. Lib. XXVIII. Cap. IV. *num.* 13.

(9) Ξυνεῖναι δὲ ἀνάγκῃ τῆς αἰτίας, ὅτι πρὸς βίαν ἔχειν συστρατεῦσαι τοῖς Βαρβάροις. ARRIAN. *De Exp. Alex.* Lib. I. Cap. XVIII *Ed. Gronov.*

(10) *Residui omnes abierunt innoxii, quos in certaminum rabiem necessitas egerat, non voluntas.* Lib. XXI. (Cap. XII. *pag.* 307.) L'Historien ajoûte immédiatement après, que cet Empereur, doux & clément qu'il étoit de son naturel, en usa ainsi pour suivre les régles de l'Equité: *Id enim, æquitate pensatâ, statuerat placabilis Imperator & clemens.* THUCYDIDE fait dire à *Cléon* Athénien, qu'il pardonne volontiers à ceux qui se sont revoltez, contraints par les armes victorieuses de l'Ennemi: Ἐγὼ γὰρ, οἵτινες μὲν .... ὑπὸ τῶν πολεμίων ἀναγκασθέντες ἀπέστησαν, ξυγγνώμην ἔχω. Lib. III. (Cap. XXXIX.) C'est ce que le Jurisconsulte PAUL appelle (en traitant d'un autre sujet) *contemplatio extremæ necessitatis*: Recept. Sentent. *Lib.* V. *Tit.* I. §. 1. Et certainement, rien n'est plus fort que la Nécessité, comme le disoit SYNE'SIUS: Ἰσχυρὸν ἀνάγκη πρᾶγμα, καὶ βίαιον. JUVE'NAL parlant des *Calaguritains*, Peuple d'*Espagne*, qui furent contraints, dans un Siége, de manger de la chair humaine; soûtient, que les Hommes & les Dieux doivent pardonner cela, à cause de l'extrémité où cette Ville fut reduite:

——*Quisnam Hominum veniam dare, quisve Deorum*
Viribus abnuerit dira atque immania passis?

(Sat. XV. 102, 103. Voiez, au sujet de ce à quoi la Famine peut porter, CASSIODORE, *Var.* Lib. IX. Cap.

en partie de l'artifice. C'est pour une semblable raison, qu'*Antigone*, Régent du Roiaume de *Macédoine*, disoit, au rapport de Justin, (8) *qu'il avoit fait la Guerre à* Cléoméne, *& non pas aux* Lacedémoniens.

5. *Aléxandre le Grand* pardonna (9) aux *Zélites*, parce qu'ils avoient été contraints de servir dans le parti des Barbares. Et l'Empereur *Julien*, après avoir fait mourir quelque peu de gens, qui étoient les Auteurs de la revolte d'*Aquilée*, épargna tous les autres, *qui*, comme le dit Ammien Marcellin, (10) *s'étoient engagez dans la fureur des Combats, non volontairement, mais par nécessité.* Thucydide raconte, que l'on vendit les Prisonniers faits sur les *Corcyréens* : sur quoi le Scholiaste ancien remarque, (11) que *c'étoit un acte de clémence, digne des* Grecs: *car*, ajoûte-t-il, *il y a une grande dureté à faire mourir les Prisonniers après la Bataille, sur tout les Esclaves, qui ne prennent point les armes d'eux-mêmes, mais par ordre de leurs Maîtres.*

§. IV. 1. Il faut remarquer encore, qu'il y a souvent ici quelque chose qui tient le milieu entre l'*offense pleine & entiére*; & le *pur malheur*, en sorte que l'action ne peut être dite ni purement accompagnée de connoissance & de volonté, ni purement faite par ignorance ou par contrainte.

2. C'est ce qu'Aristote apelle d'un (a) nom *Grec*, que l'on peut traduire une *simple Faute.* Voici ce qu'il dit là-dessus: (1) *Les choses qu'on fait volontairement, on* (a) Ἁμάρτημα.

les

Cap. XIII. L'Empereur *Pertinax*, pour excuser *Lætus*, Préfet du Prétoire, & quelques autres, qui avoient été les ministres des crimes de *Commode*, son Prédécesseur, disoit, qu'ils avoient été contraints de lui obéïr; mais que, dès qu'ils eurent la liberté de parler & d'agir, ils montrérent bien dans quels sentimens ils avoient toûjours été : *Nec parendi suis necessitatem. Paruerunt inviti* Commodo: *sed, ubi habuerunt facultatem, quid semper voluerint, ostenderunt.* [Capitolin. in Pertin. *Cap.* V.] Voici de quelle maniére *Cassius Clément* se justifioit auprès de *Sévére* : „ Je ne connoissois, (lui dit-il) ni vous, ni „ *Pescennius Niger* : mais me trouvant parmi ceux qui „ avoient pris son parti, j'ai fait ce à quoi m'enga„ geoit la nécessité : j'ai obéï à celui qui étoit actuel„ lement en possession de l'empire, non à dessein de „ vous faire la Guerre, mais pour chasser *Julien*. Ἐγὼ οὔτε σε, οὔτε Νίγρον ἠπιστάμην· καταληφθεὶς δὲ ἐν τῇ ἐκείνου μερίδι, τὸ παρὸν ἀναγκαίως ἐθεράπευσα, οὐχ ὡς σοὶ πολεμήσων, ἀλλ' ὡς Ἰουλιανὸν καταλύσων. Xiphilin. *in Sever.* L'Empereur *Aurélien* étant entré dans *Antioche*, où plusieurs avoient suivi le parti de *Zénobie*, publia un Edit, par lequel il donnoit une amnistie générale à tous ceux qui s'étoient sauvez, regardant tout ce qui s'étoit passé comme un effet de la nécessité, plûtôt que d'un esprit de revolte : Παραγγέλματα πανταχοῦ πέμψας τοὺς πεφευγότας ἐκάλει, τῇ ἀνάγκῃ καὶ ἀναγκαστῇ μᾶλλον ἢ προαιρέσει τὰ συμβάντα ἀνατιθείς. [Zosim. Lib. I. Cap. LI.] Le Général *Bélisaire* excusoit les *Africains*, par la raison qu'ils n'étoient tombez que malgré eux sous la puissance des *Vandales* : Λίβυες γὰρ ἄκοντες γεγόνασιν ὑπὸ Βανδίλοις οὐκ ἐθελούσιοι. Procop. Vandal. *Lib.* I. (*Cap.* XX.) *Totilas*, au rapport du même Historien, tenoit compte à ceux de *Naples*, de ce qu'ils n'avoient obéï que malgré eux aux *Romains*. Gotthic. *Lib.* III. (*Cap.* VII.) Nicétas, ou son Continuateur, parlant de l'Empereur *Henri*, Frére de *Baudouïn*, nous apprend, qu'il fit passer au fil de l'épée les Habitans d'une certaine Ville, comme si c'eût été un Troupeau de Bêtes & non pas une multitude de *Chrétiens* : d'autant plus cruel en cela, ajoûte-t-il, que ce Peuple s'étoit soûmis aux *Blaques* par force, & non par persuasion : Τὸ ἐκεῖσε λαῶδες εἰς σφαγὴν, ὡς εἰ πρόβατα ἦν καὶ βοσκήματα, ἀλλ' οὐ Χριστώνυμον τὸ κτεινόμενον, καὶ βίᾳ μᾶλλον, ἢ πειθοῖ, τοῖς Βλάχοις ὑποκύψαν, μηδὲ προσχωρῆσαν ἑκουσιότατα. Grotius.

(11) Ἀπέδοντο] Διὰ τὰ ἐν τῷ πολέμῳ ἀναλώματα, καὶ οὐκ ἀπέκτειναν. διὸ δὴ τοῦτο καὶ τὸ ἥμερον τοῦ Ἑλληνικοῦ τρόπου δηλοῖ, καὶ ὡς ἀνοσίως μετὰ μάχην τοὺς ληφθέντας θανατοῦν, ἄλλως τε καὶ δούλους, τοὺς μὴ κατὰ γνώμην οἰκείαν πολεμοῦντας. Ad *Lib.* I. *Cap.* LV.

§. IV. (1) Τῶν δὲ ἑκουσίων, τὰ μὲν προελόμενοι πράττομεν, τὰ δ' οὐ προελόμενοι. προελόμενοι μὲν, ὅσα προβουλευσάμενοι· ἀπροαίρετα δὲ, ὅσα ἀπροβούλευτα. Τριῶν δὴ οὐσῶν βλαβῶν τῶν ἐν ταῖς κοινωνίαις, τὰ μὲν μετ' ἀγνοίας, Ἁμαρτήματά ἐστιν, ὅταν μήτε ὃν, μήτε ὅ, μήτε ᾧ, μήτε οὗ ἕνεκα ὑπέλαβε, ταῦτα πράξῃ. ἢ γὰρ, οὐ βάλλειν, ἢ οὐ τούτῳ, ἢ οὐ τοῦτον, ἢ οὐ τούτου ἕνεκα ᾠήθη· ἀλλὰ συνέβη οὐχ οὗ ἕνεκα ᾠήθη· οἷον οὐχ ἵνα τρώσῃ, ἀλλ' ἵνα κεντήσῃ, ἢ οὐχ ὅν, ἢ οὐχ ᾧ. ὅταν μὲν οὖν παραλόγως ἡ βλάβη γίνηται, ἀτύχημα· ὅταν δὲ μὴ παραλόγως, ἄνευ δὲ κακίας, ἁμάρτημα. ἁμαρτάνει μὲν γὰρ, ὅταν ἐν ἑαυτῷ ἡ ἀρχὴ ᾖ τῆς αἰτίας· ἀτυχεῖ δὲ, ὅταν ἔξωθεν. ὅταν δὲ, εἰδὼς μὲν, μὴ προβουλεύσας δὲ, ἀδίκημα· οἷον, ὅσα τε διὰ θυμὸν, καὶ ἄλλα πάθη, ὅσα ἀναγκαῖα ἢ φυσικὰ, συμβαίνει τοῖς ἀνθρώποις· ταῦτα γὰρ βλάπτοντες καὶ ἁμαρτάνοντες, ἀδικοῦσι μὲν, καὶ ἀδικήματά ἐστιν· οὐ μέντοι πω ἄδικοι διὰ ταῦτα, οὐδὲ πονηροί· οὐ γὰρ διὰ μοχθηρίαν ἡ βλάβη· ὅταν δ' ἐκ προαιρέσεως, ἄδικος καὶ μοχθηρός. διὸ καλῶς τὰ ἐκ θυμοῦ οὐκ ἐκ προνοίας κρίνεται· οὐ γὰρ ἄρχει ὁ θυμῷ ποιῶν, ἀλλ' ὁ ὀργίσας. ἔτι δὲ οὐδὲ περὶ τοῦ γενέσθαι, ἢ μὴ ἀμφισβητεῖται· ἀλλὰ περὶ τοῦ δικαίου. ἐπὶ φαινομένῃ γὰρ ἀδικίᾳ ἡ ὀργή ἐστιν. οὐ γὰρ, ὥσπερ ἐν τοῖς συναλλάγμασι, περὶ τοῦ γενέσθαι ἀμφισβητοῦσιν, ὧν ἀνάγκη τὸν ἕτερον εἶναι μοχθηρὸν, ἂν μὴ διὰ λήθην αὐτὸ δρῶσιν· ἀλλ' ὁμολογοῦντες περὶ τοῦ πράγματος, περὶ τοῦ ποτέρως δίκαιον, ἀμφισβητοῦσιν. ὁ δ' ἐπιβουλεύσας, οὐκ ἀγνοεῖ. ὥστε, ὁ μὲν οἴεται ἀδικεῖσθαι, ὁ δ' οὔ. ἂν δ' ἐκ προαιρέσεως βλάψῃ, ἀδικεῖ. καὶ κατὰ ταῦτα ἤδη τὰ ἀδικήματα ὁ ἀδικῶν, ἄδικος, ὅταν παρὰ τὸ ἀνάλογον ᾖ, ἢ παρὰ τὸ ἴσον. ὁμοίως δὲ καὶ ὁ δίκαιος, ὅταν προελόμενος δικαιοπραγῇ. δικαιοπραγεῖ δὲ, ἂν μόνον ἑκὼν πράττῃ. Τῶν δ' ἀκουσίων, τὰ μέν ἐστι συγγνωμονικὰ, τὰ δ' οὐ συγγνωμονικά· ὅσα μὲν γὰρ μὴ μόνον ἀγνοοῦντες, ἀλλὰ καὶ δι' ἄγνοιαν ἁμαρτάνουσι, συγγνωμονικά· ὅσα δὲ μὴ δι' ἄγνοιαν, ἀλλ' ἀγνοοῦντες μὲν, διὰ πάθος δὲ, μήτε φυσικὸν, μήτ' ἀνθρώπινον, οὐ συγγνωμονικά. Ethic.

Nicom.

les fait ou avec délibération, ou sans délibération, c'est-à-dire, en consultant ou ne consultant pas en soi-même là-dessus. Or comme on peut causer du dommage en trois maniere sdans le commerce de la vie; celui que l'on cause par ignorance, s'appelle une simple Faute; *ce qui arrive, lors qu'on a fait quelque chose de tel, contre quelque autre qu'on ne croioit, ou sans penser le faire, ou d'une autre maniere qu'on ne vouloit, ou dans un autre vuë. Par exemple, ou l'on ne vouloit pas frapper, ou l'on ne pensoit pas frapper avec un tel instrument, ou l'on ne croioit pas frapper celui qu'on a frappé, ou l'on ne le frappoit pas dans ce dessein: il est arrivé autre chose, que ce qu'on se proposoit; on a blessé, au lieu qu'on vouloit seulement pincer; on a blessé celui qu'on ne vouloit point blesser, ou d'une autre maniére qu'on ne pensoit. Lors qu'on a ainsi causé du dommage contre toute attente, c'est un* Malheur. *Si l'on a pu s'y attendre & le prévoir en quelque maniére, mais en sorte qu'on a pourtant agi sans dessein, c'est une* simple Faute. *Car il y a quelque faute de la part de l'Agent, lors que le principe de l'action est en lui: au lieu que, quand le principe de l'action est hors de lui, il n'est que malheureux en cela. Mais lors qu'on fait du mal à quelcun le sâchant & le voiant, quoi que sans délibération; c'est alors certainement une* Injure. *Et telles sont toutes les choses qu'on fait dans la Colére, ou par un mouvement de quelque autre Passion inévitable ou naturelle: car ceux qui causent ainsi du dommage, & cela par leur faute, font certainement une injure; mais ils ne sont pas pour cela injustes ou méchans, parce que ce n'est point par malice qu'ils agissent; au lieu que, quand on fait de pareilles choses avec délibération, on peut être appellé Injuste & Méchant. On a donc raison de regarder ce qui se fait dans la Colére, comme fait sans une délibération précédente: car ce n'est pas celui qui est en colére, qui commence, mais celui qui l'a mis en colere. Et de là vient que, quand ces sortes de cas sont portez en Justice, la question roule souvent, non sur le fait, mais sur le droit; parce que la Colére vient de ce qu'on croit avoir été offensé. De sorte qu'il n'en est pas ici comme des Contracts, en matiere desquels il s'agit de savoir, si ce dont on se plaint a été fait, ou non; l'une ou l'autre des Parties étant nécessairement méchante & infidéle, à moins qu'il n'y ait quelque oubli de leur part. Celui qui s'est emporté, & celui contre qui il s'est emporté, conviennent du fait: ils disputent seulement, si l'action faite dans la colére étoit juste. Or celui qui a le prémier dressé des embûches, n'a point agi par ignorance: ainsi l'un croit avoir reçû une injure, & l'autre ne le croit point: & celui qui cause du dommage de propos délibéré, fait certainement une injure. Mais ceux-là même qui font des injures sans délibération, par l'effet de quelque mouvement de passion, doivent être regardez comme injustes, lors qu'en rendant mal pour mal, ils passent les bornès de la proportion ou de l'égalité. On est donc Juste, lors qu'on fait*

Nicom. *Lib.* V. *Cap.* X. Le même Philosophe fait ailleurs une semblable distinction. L'Equité veut, dit-il, qu'on ne juge pas également punissables, une *simple Faute*, & une *Injure*; comme aussi qu'on ne mette pas au même rang une *simple Faute*, & une chose arrivée par *malheur*. J'appelle *Malheur*, ajoûte-t-il, tout ce qui se fait sans malice, & sans qu'on ait pû le prévoir. J'entens par *simple Faute*, ce qui se fait sans malice, mais que l'on a pû prévoir. Je donne enfin le nom d'*Injure*, à tout ce qui se fait & de propos déliberé, & par malice. Καὶ τὸ τὰ Ἁμαρτήματα, καὶ τὰ Ἀδικήματα, μὴ τοῦ ἴσου ἀξιοῦν (Ἐπιεικές ἐστι), μηδὲ τὰ Ἁμαρτήματα, καὶ τὰ Ἀτυχήματα. Ἔστι δὲ Ἀτυχήματα μὲν ὅσα παράλογα, καὶ μὴ ἀπὸ μοχθηρίας· Ἁμαρτήματα δὲ, ὅσα μὴ παράλογα, καὶ μὴ ἀπὸ πονηρίας· Ἀδικήματα δὲ ὅσα μήτε παράλογα, ἀπὸ πονηρίας δέ ἐστι. Rhetor. *Lib.* I. (*Cap.* XIII.) Les Anciens ont remarqué qu'HOMERE a eu l'idée de ces différentes sortes d'Action: & ils alléguent là-dessus ce que le Poëte dit d'*Achille*, au dernier Livre de l'*Iliade*; Qu'il n'étoit ni insensé, ni imprudent, ni méchant:

Οὔτε γὰρ ἔστ' ἄφρων, οὔτ' ἄσκοπος, οὔτ' ἀλιτήμων.

(Vers. 157. 186.) DENYS d'*Halicarnasse* pose pour maxime, que tout ce qui est involontaire mérite grace: Ἅπαν δὲ συγγνώμης ἄξιον, τὸ ἀκούσιον. Antiq. Rom. *Lib.* I. (*Cap.* LVIII.) PROCOPE dit, que, quand on a offensé quelcun ou par ignorance, ou par oubli, celui-là même qui a souffert par là doit le pardonner: Ὅσοι μὲν ἀδικοῦσι τοὺς πέλας, ἢ [illegible] ἀγνοίας, ἢ λήθης ἐπιγινομένης τινὸς, τούτους ἀξιοῦν τοὺς τὰ δεινὰ πεπονθότας ξυγγνώμονας εἶναι. Gothic. *Lib.* III. (Cap. IX.) GROTIUS.

(2) *Delinquitur autem aut proposito, aut impetu, aut casu. Proposito delinquunt latrones, qui factionem habent. Impetu autem, quum per ebrietatem ad manus, aut ad ferrum venitur. Casu vero, quum in venando telum in feram missum, hominem interfecit.* DIGEST. Lib. XLVIII. Tit. XIX. *De Poenis*, Leg. XI. §. 2.

(1) *Sed in omni injustitia permultum interest, utrum par-*

fait quelque chose de juste avec délibération : car on peut agir justement, sans agir avec délibération, mais par un mouvement purement volontaire. Au reste, des choses qu'on fait malgré soi, les unes sont pardonnables, & les autres non. Celles qu'on fait non seulement sans le savoir, mais encore par un pur effet de l'ignorance, sont dignes de pardon. Mais celles qui, quoi que faites sans le savoir, ne procédent pas uniquement de l'ignorance, mais de quelque passion, qui n'est point naturelle, & qui va au delà des bornes ordinaires de la Nature Humaine ; celles-là, dis-je, ne sont point pardonnables.

3. J'ai traduit tout du long ce beau passage, parce qu'il est d'un très-grand usage & que d'ailleurs, comme on le traduit mal ordinairement, il est aussi mal entendu. Michel *d'Ephése*, l'expliquant, donne pour exemple de ce qui se fait contre toute attente, le cas d'un Fils, qui en ouvrant tout d'un coup une Porte, a blessé son propre Pére, qui s'est trouvé malheureusement derriére ; ou celui d'un homme, qui s'exerçant à tirer de l'Arc dans un lieu écarté, a percé quelcun qui passoit par hazard dans ce moment. Et pour exemple, au contraire, de ce qu'on a pû prévoir, mais en sorte qu'on a agi sans malice, il allégue le cas d'une personne qui en blesse une autre, en tirant dans un grand chemin. Le même Commentateur donne pour exemple de ce qui se fait par nécessité, ce à quoi la Faim ou la Soif portent : & pour exemple de Passions Naturelles, l'Amour, la Douleur, la Crainte. Il dit qu'on agit par ignorance, lors qu'on ignore un certain fait, comme, qu'une Femme soit mariée. Et on agit selon lui, sans le savoir, mais non pas par un pur effet d'ignorance, lors qu'on ignore le droit : ignorance, qu'il dit être quelquefois excusable, & quelquefois inexcusable ; ce qui s'accorde fort bien avec (b) la pensée des anciens Jurisconsultes. Marcien, l'un d'entr'eux, fait une division semblable à celle du Philosophe, que nous avons rapporté. (2) *On péche*, dit-il, *ou de propos délibéré, ou par l'effet d'un mouvement impétueux, auquel on se laisse emporter, ou par un cas fortuit. Les Brigands, qui forment une Bande, péchent de propos délibéré. Ceux qui étant yvres en viennent aux mains, péchent par l'effet d'un mouvement impétueux, que le Vin cause en eux. Lors qu'étant à la chasse, on tuë un homme en voulant tirer contre une Bête, c'est un cas fortuit.* Cicéron distingue aussi (3) entre les injures qu'on fait par un mouvement subit de Passion, qui est d'ordinaire court & passager, & celles qu'on fait de dessein prémédité : les prémieres sont, selon lui, plus legéres. Philon, Juif, (4) appelle un *demi-crime*, celui qui n'a pas été précedé d'une longue délibération. Et Aristote dit d'une personne qui péche ainsi, (5) qu'elle est *à demi méchante.*

(b) Voiez le Titre *de Juris & Facti ignorantia*, dans le *Digeste*, & dans le *Code.*

3. Ici

perturbatione aliqua animi, quæ plerumque brevis est & ad tempus, an consulto & cogitato fiat injuria. Leviora enim sunt, quæ repentino aliquo motu accidunt, quàm ea, quæ meditata & præparata inferuntur. De Offic. *Lib.* I. (*Cap.* VIII.) Senéque dit, qu'un Juge équitable prend souvent le parti d'absoudre une personne, quoi qu'atteinte & convaincuë d'avoir mal fait, si touchée de repentir elle donne lieu de concevoir d'elle de bonnes espérances ; & s'il voit, que sa faute ne vient point d'un fonds de mechanceté. Il punira même quelquefois (ajoûte-t-il) de grands crimes, moins rigoureusement que d'autres moindres, si les premiers ont été commis non par cruauté, mais par foiblesse ; pendant que les derniers sont l'effet d'une malice cachée & invéterée. Il ne punira pas également la même faute, si, de deux personnes qui s'en sont renduës coupables, l'une y est tombée par négligence, & l'autre de propos déliberé : *Dimittit sæpe eum, cujus peccatum deprehendit, si pœnitentia facti spem bonam pollicetur ; si intelligit, non ex alto venire nequitiam, sed summo, quod ajunt, animo inhærere . . . Nonnumquam magna scelera leviùs, quàm minora, compescet : si illa lapsu, non crudelitate, commissa sunt ; his inest latens & operta, & inveterata calliditas. Idem delictum in duobus non eodem malo adficiet, si alter per negligentiam admisit, alter curavit ut noceret esset.* De Ira, *Lib.* I. *Cap.* XVI. Grotius.

(4) Ὡς ἡμίεργον τὴν πρᾶξιν εἶναι, τῆς διανοίας μὴ προκατεσχημένης ἐν μακρῷ τοῖς βουλεύμασι. De Legg. special. *Lib.* II. pag. 791. B. *Ed. Paris.*

(5) Ὥσθ' ἡμιπόνηρος, καὶ οὐκ ἄδικος· οὐ γὰρ ἐπίβουλος. (Ethic. Nicom. Lib. V. Cap. XI.) Au contraire, *Cléon*, pour rendre odieuse la cause des *Mityléniens*, disoit, qu'ils avoient, de propos délibéré, dressé des embûches aux *Athéniens*, & par conséquent qu'ils ne méritoient point un pardon, qui n'est dû qu'à ce que l'on a fait malgré soi : Ἄκοντες μὲν γὰρ οὐκ ἔβλαψαν. ξύγγνωμον δ' ἐστὶ τὸ ἀκούσιον. Lib. IV. (Cap. XL.) Philon, Juif, louë sa Nation, de ce que, quand il s'a-

4. Ici se rapportent sur tout les choses (6) auxquelles on est réduit par la Nécessité, qui fournit toûjours, sinon dequoi se justifier entiérement, du moins dequoi s'excuser. *Elle ôte*, comme le dit (7) DE'MOSTHE'NE, *la liberté de bien examiner ce qu'il faut faire ou ne pas faire; de sorte qu'un Juge équitable ne doit pas éplucher trop rigoureusement les actions auxquelles on est poussé par un tel principe.* THUCYDIDE fait dire aux *Athéniens*, (8) qu'*il y a toutes les apparences du monde que la Divinité même pardonne ce que l'on fait, y étant contraint par la Guerre, ou par quelque autre semblable nécessité.* *Car*, ajoûtent-ils, *les Autels servent d'azyle aux fautes involontaires: & l'on donne le nom de crime aux actions illicites, qui sont commises de gaieté de cœur, mais non pas à celles qu'une fâcheuse extrémité donne le courage de commettre.* Ceux qui pillent les autres, pour leur propre conservation, *peuvent*, au jugement d'ISOCRATE (9), *couvrir leur injustice du pretexte de la nécessité.* Les *Cérites*, dans TITE LIVE, (10) prient les *Romains* de ne pas traiter d'*actes d'hostilité préméditez*, ceux qu'ils avoient commis contr'eux, *y étant contraints par la nécessité.* JUSTIN (11) dans l'endroit où il parle des *Phocéens*, qui se voiant dépouillez de leurs terres & privez de leurs Femmes & de leurs Enfans, allerent piller le Temple de *Delphes*, remarque, qu'*encore que tout le monde eût en horreur cette action, à cause du sacrilége, les* Thébains *néanmoins, qui les avoient réduits à une telle nécessité, furent regardez avec plus d'indignation.* L'Orateur ARISTIDE dit, (12) que *ceux qui abandonnent leurs Alliez dans des tems fâcheux, trouvent quelque excuse dans cette espéce de nécessité.* PHILOSTRATE parlant d'une accusation intentée contre les *Messéniens*, sur ce qu'ils n'avoient pas voulu recevoir les exilez (13) d'*Athénes*, remarque, qu'*ils pouvoient s'ex-*

s'agissoit de venger les injures qu'on lui avoit faites, elle savoit mettre de la différence entre ceux qui font métier d'insulter les autres, & ceux qui tiennent une toute autre conduite. Car, ajoûte-t-il, il y a de la férocité & de la barbarie, à tuer sans miséricorde tout ce qui se présente, sans distinguer ceux qui n'ont que peu ou point commis de faute: *Διαφέρει δὲ [τὸ τῶν Ἰουδαίων ἔθνος] ὅτι περὶ ἄμυναν ἐσὶ, τοὺς ἐπιβουλεύοντας, καὶ τοὺς ἡσυχάζοντας. τὸ γὰρ κατὰ πάντων, καὶ τῶν ἐλάχιστα ἢ μηδὲν ἁμαρτανόντων φονᾶν, ἀνήμερον καὶ ἀνιέρου ψυχῆς* &c. De constit. Princip. (pag. 734. B.) GROTIUS.

(6) Voiez ce que nous avons dit ci-dessus, *Liv.* II. *Chap.* XX. §. 29. & dans le Chapitre même, où nous sommes, §. 3. *Alcide*, Général Lacedémonien, aiant fait mourir plusieurs Prisonniers de Guerre; les Ambassadeurs de *Samos* lui représentérent, Qu'il avoit mauvaise grace de se dire le Libérateur de la *Gréce*, pendant qu'il ôtoit la vie à des gens, qui n'avoient point pris les armes contre lui, & qui n'étoient point d'ailleurs ses Ennemis, puis que, s'ils avoient pris le parti des *Athéniens*, ce n'étoit que parce que la nécessité les y avoit réduits: *Τοὺς αἰχμαλώτους, οὓς κατὰ πλοῦν εἰλήφει, ἀπέσφαξε τοὺς πολλούς. καὶ ἐς τὴν Ἔφεσον καθορμισαμένου αὐτοῦ, Σαμίων, τῶν ἐξ Ἀναίων, ἀφικόμενοι πρέσβεις ἔλεγον, οὐ καλῶς τὴν Ἑλλάδα ἐλευθεροῦν αὐτὸν, εἰ ἄνδρας διέφθειρεν, οὔτε χεῖρας ἀνταιρομένους, οὔτε πολεμίους, Ἀθηναίων δὲ ἐξ ἀνάγκης ξυμμάχους.* THUCYDID. Lib. III. (Cap. XXXII.) St. CHRYSOSTÔME dit, que les Ennemis même savent pardonner à leurs Ennemis, lors qu'ils en reçoivent du mal, quelque grand qu'il soit, si c'est involontairement que ceux-ci le font: Καὶ *ἐχθροὶ μὲν καὶ πολέμιοι, τοῖς αὐτῶν πολεμίοις ἴσασι συγγινώσκειν, ὅταν ἄκοντες καὶ μὴ βουλόμενοι, περιπέσωσί τι τῶν χαλεπωτάτων αὐτοῖς.* De Provident. V. Les *Misimiens*, au rapport d'AGATHIAS, croioient n'être pas tout-à-fait indignes du pardon & de la clémence des *Romains*, par la raison, qu'ils ne s'étoient portez aux crimes, pour lesquels on avoit pris les armes contr'eux que par une brutalité aveugle, & après avoir été injustement maltraitez en plusieurs maniéres: Καὶ *ἱκέτευον μὴ σφᾶς πανωλεθρίᾳ διαφθεῖραι, μηδὲ ἀνάρπαστον ἄρδην ποιήσασθαι γένος ἐκ παλαιοῦ κατήκοον καὶ ὁμόδοξον τὰ εἰς τὸ Θεῖον καὶ πλεῖστα ὅσα προηδικημένον, ὅπως τε ἐληλυθὸς εἰς τὸ ἀντιδρᾶσαι, βαρβάρῳ καὶ αὐτὸ ἀνοίᾳ, οὐ μὴν παντάπασί γε φειδοῦς καὶ συγγνώμης ἀνάξιοι ἔφασκον εἶναι.* Lib. IV. (Cap. VI.) GROTIUS.

(7) *Ὅτι, ὦ ἄνδρες Ἀθηναῖοι, αἱ ἀναγκαῖαι χρεῖαι τὰς τοῦ τί πρακτέον, ἢ μὴ, λογισμοὺς ἀναιροῦσιν ἅπαντας· ὥστ' οὐ πάνυ ταῦτα ἀκριβολογεῖσθαι δεῖ τὸν δικαίως ἐξετάζοντα.* Orat. *in Aristocrat.* (pag. 449. B.) La même pensée se trouve ailleurs plus étenduë, *Orat. de fals. testim. advers. Steph.* [pag. 524. On a déja rapporté le passage ci-dessus, *Liv.* II. *Chap.* XX. §. 29. num. 2.] GROTIUS.

(8) *Πᾶν δ' εἰκὸς εἶναι, τῷ πολέμῳ καὶ δεινῷ τινι κατειργόμενον, ξύγγνωμόν τι γίγνεσθαι καὶ πρὸς τοῦ Θεοῦ. καὶ γὰρ τῶν ἀκουσίων ἁμαρτημάτων καταφυγὴν εἶναι τοὺς βωμοὺς, παρανομίαν τε ἐπὶ τοῖς μὴ ἀνάγκῃ κακοῖς ὀνομασθῆναι, καὶ οὐκ ἐπὶ τοῖς ἀπὸ τῶν ξυμφορῶν τι τολμήσασι.* Lib. IV. (Cap. XCVIII.) Voiez ce qui est dit, dans le DEUTERONOME, *Chap.* XXII. *vers.* 26. au sujet d'une Fille, qui a été violée à la campagne: & le Rabbin MOÏSE, *fils de Maimon*, Duct. Dubit. III. 41. GROTIUS.

(9) *Ἔχει πρόσχημα τῆς ἀδικίας τὴν ἀνάγκην.* Nôtre Auteur rapporte ces mots seuls du passage, sans dire en quel Ouvrage de l'Orateur Grec il les a pris. Je pourrois presque assûrer qu'il n'y a rien de tel dans ISOCRATE; & je crois qu'on a mis ici un nom pour un autre. Ma conjecture devient certaine, depuis que je me suis apperçû, après l'avoir jettée sur le papier, que la pensée & les paroles mêmes se trouvent dans un passage de PORPHYRE, que nôtre Auteur a indiqué ci-dessus, & que j'ai rapporté tout du long, sur *Liv.* II. *Chap.* XX. §. 29. *Note* 4.

(10)

*s'excuser en disant qu'ils avoient fait cela à cause d'*Aléxandre, *& par la crainte de ce Prince, que tout le reste des* Grecs *avoient ressentie, aussi bien qu'eux.*

5. Pour venir à nôtre sujet, voici comment Themistius y applique la distinction que nous avons faite, de deux extrêmes, & un milieu, en matiére des principes d'une action nuisible à autrui. *Vous avez mis de la différence*, (14) dit-il à l'Empereur Valens, *entre l'*Injure, *la* Faute, *& le* Malheur. *Sans avoir étudié, ni* Platon, *ni* Aristote, (15) *vous pratiquez leurs préceptes. Vous n'avez pas cru qu'on dût punir également les Auteurs de la Guerre, & ceux qui s'y sont laissez ensuite entraîner, ou qui ont enfin succombé sous le joug de celui qui sembloit maître de l'Empire: mais vous avez condamné les premiers au supplice qu'ils méritoient, vous avez censuré les seconds, & vous avez eu pitié des derniers.* C'est ainsi que Titus, au rapport de Joseph, (16) punit le Chef d'une entreprise criminelle *réellement*, & tous les autres *par de simples réprimendes.*

6. En un mot, toute Action, qui est l'effet d'un pur Malheur, ne mérite aucune peine, & n'oblige à aucune reparation de dommage. L'Injure rend son auteur sujet à l'un & à l'autre. La simple Faute, qui tient le milieu entre le Malheur & l'Injure, oblige bien toûjours à réparer le dommage, mais souvent elle ne mérite pas d'être punie, sur tout d'être punie de mort.

§. V. Il faut donc, selon ce que nous avons dit après Themistius, traiter différemment (a) les Auteurs de la Guerre, & ceux qui les ont suivis. On en trouve un grand nombre d'exemples dans les Histoires. Hérodote nous apprend, (b) que les *Grecs* punirent ceux qui avoient engagé les *Thébains* à quitter leur parti, pour se ranger du côté des *Perses*. C'est ainsi que les *Romains* firent trancher la tête aux (1) Chefs d'un soûlevement arrivé dans la Ville d'*Ardée*, comme nous l'apprend Tite

(a) Voiez *Gailius, De Pace Publ.* Lib. II. Cap. IX. num. 18.

(b) *Lib.* IX. *Cap.* 85.

(10) *Ne adpellarent consilium, quæ vis ac necessitas adpellanda esset.* Lib. VII. Cap. XX. *num.* 5.

(11) *Factum* Phocensium, *tametsi omnes exsecrarentur propter sacrilegium, plus tamen invidia* Thebanis, *à quibus ad hanc necessitatem compulsi fuerant, quàm ipsis, intulit.* Lib. VIII. Cap. I. *num.* 10.

(12) Οὕτω καὶ δεῖ τὰς τοιαύτας αἱ μὲν δυσκολίαι τῶν καιρῶν ἀπολογίαν ἐκδιδόασι τοῖς ἀφεστηκόσι. Orat. Leuctric. II. *pag.* 145. C. Tom. II.

(13) Οὐ γὰρ ξυνίασιν οἱ ταῦτα διαβάλλοντες, ὡς ἡ τῶν Μεσσηνίων ἀπολογία ἐν ξυγγνώμῃ ἔσται, τοῦ Ἀλεξάνδρου περισχομένων, καὶ τὸν ἐκείνου φόβον, ὃν μηδὲ ἡ ἄλλη Ἑλλὰς ἀπείρως εἶχε. De Vit. Sophist. *Lib.* II. *Cap.* XV. §. 2. *pag.* 596. *Edit. Olear.*

(14) Καὶ διῄρηκας τὸ ἀδίκημα, καὶ ἁμάρτημα, καὶ ἀτύχημα. καὶ γὰρ εἰ μὴ τὰ Πλάτωνος ἀπεστοματίζες, μηδὲ τὰ Ἀριστοτέλους μετεχειρίζου, ἀλλὰ τά γε ἐκείνοις ἐοικότα τοῖς ἔργοις βεβαιοῖς. οὐ γὰρ τῆς ἴσης τιμωρίας ἀξίους ᾠήθης τούς τε ἐξ ἀρχῆς βουλεύσαντας τὴν ἐπανάστασιν, καὶ τοὺς ὑπὸ τῶν ὅπλων παρασυρέντας, καὶ τοὺς ἤδη τῷ δοκοῦντι κρατεῖν ὑποκύψαντας· ἀλλὰ τῶν μὲν κατέγνως, τοὺς δὲ ἐμέμψω, τοῖς δὲ συνήλγησας. Orat. *de laud. Valent. Imp.* Le même Orateur dit ailleurs, qu'un jeune Empereur doit apprendre à faire cette différence: Τὸ διενήνοχεν ἀτύχημα, καὶ ἁμάρτημα, καὶ ἀδίκημα· καὶ ὅτι προσήκει τῷ Βασιλεῖ, τὸ μὲν οἰκτείρειν, τὸ δὲ ἐπανορθοῦν, μόνον δὲ τὸ ἔσχατον τιμωρεῖσθαι. Sénéque remarque, en parlant des Foudres de *Jupiter*, que, si les Anciens croioient que ce Dieu en lance quelquefois de legeres, c'etoit pour apprendre à ceux qui sont chargez du soin de punir & de foudroier, pour ainsi dire, les péchez des Hommes, qu'on ne doit pas toûjours fraper de la même maniere: qu'il y a des cas, où il faut tout rompre; d'autres où il suffit d'effleurer: d'autres enfin où c'est assez de montrer la foudre: *Illos vero altissimos viros error iste non tenuit, ut existimarent,* Jovem *modo levioribus fulminibus & lusoriis uti; sed voluerunt admonere eos, quibus adversus peccata hominum fulminandum est: non eodem modo omnia esse percutienda: quædam frangi debere, quædam elidi & distringi, quædam admoveri.* Natur. Quæst. *Lib.* II. *Cap.* XLIV. Grotius.

(15) Tel fut *Trajan*, un des meilleurs Empereurs Romains: Παιδείας μὲν γὰρ ἀκριβοῦς, ὅση ἐν λόγοις, οὐ μετέσχε· τό γε μὴν ἔργον αὐτῆς καὶ ἠπίστατο καὶ ἐποίει. C'est l'éloge, que lui donne Xiphilin, dans sa Vie (pag. 250. *Ed. Rob. Steph.*) Hérodien dit aussi, à la louange de *Marc Antonin*, que lui seul des Empereurs s'étoit attaché à la Philosophie, dont il faisoit voir qu'il étoit imbu, non par ses discours ou par une vaine ostentation de science, mais par la régularité de ses mœurs & par la régularité de sa vie: Μόνος τε βασιλέων φιλοσοφίαν οὐ λόγοις, οὐδὲ δογμάτων γνώσεσι, σεμνῷ δὲ ἤθει καὶ βίῳ σώφρονι ἐπιστώσατο. (Lib. I. Cap. II. *num.* 6. *Ed. Boecler.*) *Macrin*, autre Empereur Romain, observoit les Loix plus exactement, qu'il ne les savoit: Τά τε νόμιμα οὐχ οὕτως ἀκριβῶς ἠπίστατο, ὡς πιστῶς μετεχειρίζετο. Xiphilin. *in ejus Vit.* (pag. 342.) Dieu nous donne aujourdhui d'aussi bons Princes! Grotius.

(15) Πείθεται Καῖσαρ ἅμα ταῖς τε ἱκετείαις, καὶ τῷ συμφέροντι. τὴν μὲν γὰρ καθ' ἑνὸς τιμωρίαν ᾤετο χρῆναι μέχρις ἔργου προελθεῖν. τὴν δὲ ἐπὶ πλῆθος, μέχρι λόγου. De Bell. Jud. *Lib.* V. *Cap.* XIII. (VI. 5. *Latin.*) pag. 912. B. L'Empereur donne là pour maxime générale, que, quand il s'agit d'une seule personne qui a fait du mal, il faut la punir réellement: mais que, par rapport à une Multitude coupable, il suffit de menacer. Ainsi on voit, que nôtre Auteur ne rapporte pas exactement ce qu'a dit l'Historien Juif.

§. V. (1) Dans toutes les Editions avant la mienne, il y a ici: *Principes Ardeæ*, c'est-à-dire, les Principaux de la Ville, au lieu des Chefs du soûlevement. Mais j'ai cru que les Imprimeurs ou les Copistes a-voient

TITE LIVE. Le Consul *Valérius Lævinus*, après la prise d'*Agrigente*, (2) condamna aussi à mort les Principaux, & vendit les autres, avec le butin. On en usa de même à l'égard des Principaux (3) d'*Atella* & de *Calatia*, après la reddition de ces Villes. Les Auteurs de la révolte de *Privernes* aiant été punis, comme ils le méritoient, (4) on demanda au Sénat Romain, *ce qu'il vouloit qu'on fît de la Multitude innocente.* Le Sénat, après quelque contestation, pardonna enfin à ce Peuple, & lui donna même droit de Bourgeoisie. C'est que, comme s'exprime ailleurs le même Historien Latin, qui rapporte ceci, on ne vouloit pas (5) *que la Punition s'étendît plus loin, que les Coupables.* Dans une Tragédie d'EURIPIDE, (6) on louë *Etéocle* d'*Argos*, de ce qu'*il haïssoit les Coupables, & non pas l'Etat, sur qui l'on rejette mal-à-propos les fautes de ceux qui le gouvernent.* Les *Athéniens* aiant résolu de passer au fil de l'épée tous les *Mityléniens*, se repentirent, à ce que raconte THUCYDIDE, (7) d'*avoir fait une Ordonnance si cruelle, au lieu de se contenter de punir les Auteurs de la revolte.* DIODORE *de Sicile* (c) dit, que *Démétrius Poliorcéte*, après avoir pris *Thébes*, ne fit mourir que dix personnes, qui avoient été cause de la rebellion.

(c) *Fragm. è lib.* XXI. Ecl. 10.

§. VI. 1. A L'ÉGARD même des Auteurs de la Guerre, il faut distinguer les raisons pour lesquelles ils s'y sont portez. (a) Car il y en a, qui, quoi qu'elles ne soient point justes en elles-mêmes, peuvent néanmoins éblouïr des gens dont le cœur n'est point mauvais. L'Auteur d'une *Rhétorique* adressée à HERENNIUS, (1) traitant des raisons qu'on peut alléguer pour demander pardon de quelque faute, met celle-ci pour une des plus raisonnables, *Que l'on n'a point agi par un esprit de haine ou de cruauté, mais à bonne intention, & en croiant s'aquitter de son devoir.* SENÉQUE dit, que le Sage (2) des *Stoïciens relâchera des Prisonniers de Guerre ses Ennemis, sans leur faire aucun mal, & quelquefois même en les louant, s'il voit qu'ils se soient engagez à prendre les armes par un principe honnête, comme, pour ne pas manquer de fidélité,* pour

(a) Voiez Fr. Victor. De Jure Bell. num. 59.

voient sauté le mot de *seditionis*, à cause de la ressemblance de *securi*, qui suit ; quoi que nôtre Auteur ne s'en soit jamais apperçû, comme il lui est arrivé d'autres fois. Quoi qu'il en soit, voici l'original : *Romanus Consul* [M. Geganius] Ardeæ *turbatas seditione res, principibus ejus motus securi percussis, bonisque eorum in publicum* Ardeatium *redactis, composuit.* Lib. IV. Cap. X. num. 6.

(2) *Oppido recepto* Lævinus, *qui capita rerum* Agrigenti *erant, virgis cæsos securi percussit : ceteros prædamque vendidit.* Idem TIT. LIV. Lib. XXVI. Cap. XL. *num.* 13.

(3) Atellaque & Calatia *in deditionem accepta : ibi quoque in eos, qui capita rerum erant, animadversum.* Ibid. *Cap.* XVI. num. 5.

(4) *Quoniam auctores defectionis*, inquit, *meritas pœnas & ab Diis immortalibus, & à vobis, habent, Patres conscripti, quid placet de innoxia multitudine fieri ? . . . . . Itaque & in Senatu caussam obtinuére, & ex auctoritate Patrum latum ad Populum est, ut* Privernatibus *civitas daretur.* Idem, *Lib.* VIII. Cap. XX. *num.* 11. & Cap. XXI. *num.* 10.

(5) *Vicit sententia lenior, ut unde orta culpa esset, ibi pœna consisteret. ad multitudinem castigationem satis esse.* Idem, *Lib.* XXVIII. *Cap.* XXVI. num. 3.

(6) Τούς τ' ἐξαμαρτάνοντας, οὐχὶ τὴν πόλιν
'Εχθαιρ'. Ἐπεὶ τοι οὐδὲν αἰτία πόλις.
Supplic. *vers.* 878, 879.

(7) Καὶ τῇ ὑστεραίᾳ μετάνοιά τις εὐθὺς ἦν αὐτοῖς, καὶ ἀναλογισμὸς, ὠμὸν τὸ βούλευμα καὶ μέγα ἐγνῶσθαι, πόλιν ὅλην διαφθεῖραι μᾶλλον, ἢ οὐ τοὺς αἰτίους. Lib. III. Cap. XXXVI. Le sens des derniéres paroles est clair : mais il y a quelque difficulté pour l'expression ; sur quoi on peut consulter, si l'on veut, une Note de feu Mr. PERIZONIUS, *in Ælian. Var. Hist.* III. 43. *Not.* 4. pag. 288.

§. VI. (1) *Heic ignoscendi ratio quæritur . . . . si ea, quæ peccavit, non odio, neque crudelitate, sed officio & recto studio commotus fuit.* Lib. II. Cap. XVII.

(2) *Hostes dimittet salvos, aliquando etiam laudatos, si honestis caussis, pro fide, pro fœdere, pro libertate, in bellum accincti sunt.* De Clement. *Lib.* II. *Cap.* VII.

(3) *Pœnitebatque* [Cærites] *populationis, &* Tarquinienses *exsecrabantur defectionis auctores. nec arma aut bellum quisquam adparare, sed pro se quisque legatos mitti jubebat ad petendam erroris veniam.* Lib. VII. Cap. XX. *num.* 2. Voilà ce que dit l'Historien ; & il paroît par la suite, que les *Cérites* s'excusoient sur ce qu'aiant seulement donné passage aux *Tarquiniens*, quelques Païsans, de leur pure autorité, s'étoient joints à eux, pour aller piller sur les terres des *Romains.* Ces *Parens*, dont nôtre Auteur parle, c'étoient donc les *Tarquiniens.* Mais une mauvaise ponctuation, qui se trouvoit dans toutes les Editions, sans en excepter la prémiére, avoit tellement défiguré ce passage, qu'elle mettoit de la parenté entre les *Phocéens*, Peuple de *Gréce*, & les *Cérites*, Peuple d'*Etrurie.* Dans cette supposition, le savant GRONOVIUS critique ici nôtre Auteur : & il se tourmente lui-même beaucoup, pour decouvrir l'origine d'une autre faute qu'il trouve dans la periode suivante. Voici un des endroits, où la prémiére Edition m'a le plus servi, & qui seul peut faire sentir, combien il étoit nécessaire de confronter le Texte avec cette Edition, & les autres de vieille date.

pour remplir les engagemens d'une Alliance, pour défendre leur liberté. Les *Cérites*, au rapport de TITE LIVE, (3) demandérent pardon de la (4) faute qu'ils avoient commise, en donnant du secours à leurs parens contre les *Romains.* Les mêmes *Romains* (5) pardonnérent aux *Phocéens*, aux *Chalcidiens*, & à quelques autres Peuples, qui avoient secouru *Antiochus* en vertu du Traité d'Alliance qu'il y avoit entre lui & eux. ARISTIDE parlant des *Thébains*, qui s'étoient laissez entrainer par les *Lacedémoniens*, à entrer en guerre avec les *Athéniens*, dit, (6) qu'*à la vérité ils s'étoient par là rendus complices d'une entreprise injuste, mais qu'ils pouvoient couvrir leur conduite d'un juste prétexte, savoir, qu'ils avoient été fidéles aux* Lacedémoniens.

2. CICE'RON (7) dit qu'un Vainqueur doit donner la vie à ceux qui n'ont pas fait la guerre d'une maniere cruelle. Il veut encore, que l'on ne pousse pas si loin les actes d'hostilité, dans les Guerres où l'on se propose d'aquérir de la gloire par des Conquêtes. Le Roi *Ptolemée* fit dire à *Démétrius*, (8) *qu'ils ne devoient pas avoir guerre ensemble pour toute sorte de sujets, mais seulement pour la gloire & pour l'empire.* L'Empereur *Sévére* parle ainsi à ses Soldats, dans une Harangue que lui prête HE'RODIEN: (9) *Lors que nous avons pris les armes contre* Niger, *la nécessité nous y a engagé, plûtôt qu'un sujet apparent de Guerre. Nous ne pouvions pas nous plaindre qu'il nous eût enlevé l'Empire: on ne savoit encore à qui il appartenoit, chacun pouvoit y prétendre, & chacun de nous vouloit également l'attirer à soi.*

3. Il est souvent difficile de savoir si la cause de la Guerre est juste, ou non, de sorte qu'on peut dire alors, comme faisoit CICE'RON au sujet de la Guerre entre *César* & *Pompée*: (10) *De quel côté se tourner? Il y a de l'obscurité de part & d'autre. Les plus célébres Généraux ne sont pas d'accord: plusieurs doutent, quel parti est le meilleur.* En ce cas-là, s'il y a quelque faute, ce n'est point un crime, comme le représente ailleurs le même Orateur, en parlant de tels coupables, (11) c'est un effet de l'ignorance &

datte. Il y avoit ici à la marge: *Appian. Syr.* Cette citation omise, je ne sai comment, dans toutes les Editions que j'ai vuës, postérieures à la prémiére, a empêché GRONOVIUS de consulter l'Historien, d'où nôtre Auteur avoit tiré le fait, & dont le passage trouvé montre d'abord la ponctuation vicieuse, qui doit être mise sur le compte des Imprimeurs ou des Copistes. Voiez la Note 6. de ce paragraphe. Ainsi toute la faute de nôtre Auteur consiste en ce qu'il ne s'est point apperçû, qu'on avoit mis, contre son intention: *quòd fuerint auxilio consanguineis* Phocensibus. Chalcidensibus, *& aliis, qui* &c. au lieu de mettre: *quòd fuerint auxilio consanguineis.* Phocensibus, Chalcidensibus, *& aliis* &c. comme j'ai fait imprimer dans mon Edition Latine.

(4) ISOCRATE dit, qu'il faut quelquefois pardonner à un Prince vaincu, qui n'a point connu la justice de la cause du Vainqueur. Le passage a été traduit par AMMIEN MARCELLIN: *Ut* ISOCRATIS *memorat pulchritudo; cujus vox est perpetua docentis, Ignosci debere interdum armis superato Rectori, quàm justum quid sit ignoranti.* Lib. XXX. (Cap. VIII.) GROTIUS.

Je ne sai si le passage de l'Orateur Grec se trouve dans ce qui nous reste de ses Ouvrages. Au moins, les paroles, que le Savant DE VALOIS cite, tirées de l'*Oraison Panathénaïque*, sont tout-à-fait hors d'œuvre.

(5) C'est du Général *Manius Acilius Glabrion* qu'APPIEN d'*Aléxandrie* dit cela: Μάνιος δὲ Φωκέας μὲν, καὶ Χαλκιδέας, καὶ ὅσοι ἄλλοι τῷ Ἀντιόχῳ συνεπεπράχεσαν, δεομένους, ἀπέλυσε τοῦ δέους. De Bell. Syr. *pag.* 160. (98. *Ed. H. Steph.*) Voiez la Note 4. ci-dessus.

(6) Τοὺς δ' ἀκολουθήσαντας [Θηβαίους τοῖς Λακεδαιμονίοις] καὶ μετέχοντας, κοινωνεῖν μὲν οὐ δικαίου πράγματος, δικαίῳ δ' ἐπιεικῶς προστάλλειν τὴν μέμψιν, τῷ πιστοὺς εἶναι τοῖς συμμάχοις. Orat. Leuctr. II. *pag.* 135. B. C. Tom. II. *Ed. Paul. Steph.*

(7) *Partâ autem victoriâ, conservandi ii, qui non crudeles in bello, non immanes fuerunt.* De Offic. *Lib.* I. *Cap.* XI.

(8) C'est PLUTARQUE, qui rapporte ce mot, dit à l'occasion du bagage & des Prisonniers que *Ptolemée* renvoloit à *Démétrius*, après la défaite de celui-ci dans une Bataille donnée aux environs de *Gaza*: Ἀλλὰ ταῦτα μὲν αὐτῷ Πτολεμαῖος ἀπέπεμψε μετὰ φίλων, εὐγνώμονα καὶ φιλάνθρωπον ἀπειπὼν λόγον, ὡς οὐ περὶ πάντων ἅμα, περὶ δόξης δὲ καὶ ἀρχῆς πολεμητέον ἐστὶν αὐτοῖς. In Vit. Demetr. *pag.* 891. A. Tom. I. *Ed. Wech.*

(9) Καὶ Νίγρῳ μὲν πολεμήσαντες, οὐχ οὕτως εὔλογον εἴχομεν αἰτίαν ἔχθρας, ὡς ἀναγκαίαν. οὐ γὰρ ὡς παρ' ἡμῶν προϋπάρχουσαν ἀρχὴν ὑφαρπάζων ἐμέμφετο, ἐν μέσῳ δὲ ἐρριμμένην καὶ ἀμφήριστον οὖσαν, ἑκάτερος ἡμῶν ἐξ ἰσοτίμου φιλοτιμίας εἰς αὑτὸν ἀνθεῖλκε. Lib. III. Cap. VI. *num.* 9. *Edit. Boecler.*

(10) *Erat obscuritas quædam; erat certamen inter clarissimos duces: multi dubitabant, quid optimum esset* &c. Orat. *pro Marcell.* Cap. X.

(11) *Etsi aliquâ culpâ tenemur erroris humani, à scelere certè liberati sumus.* (Ibid. *Cap.* V.) C'est ainsi que THUCYDIDE pose pour maxime: Qu'on doit pardonner ce qui se fait par erreur, & non par malice: Καὶ ξυγγνώμη, εἰ μὴ μετὰ κακίας, δόξῃ δὲ μᾶλλον ἁμαρτίᾳ, τῷ προτέρον ἀπραγμοσύνῃ ἐναντία τολμῶμεν. Lib. I. Cap. XXXII.) GROTIUS.

& de la fragilité humaine, c'est une (12) erreur commune. On se suit les uns les autres, sans examen : chacun croit son compagnon plus sage que lui, pour parler avec (13) SALLUSTE.

4. En un mot, ce que *Brutus* disoit des Guerres Civiles, on peut, à mon avis, l'appliquer à la plûpart des autres sortes de Guerre, (14) c'est qu'*il faut être plus sévére, quand il s'agit de les empêcher, que promt à décharger sa colére sur les Vaincus.*

§. VII. 1. LORS même que les Loix de la Justice, proprement ainsi nommée, permettent de ne pas épargner la vie des Vaincus; la Bonté, la Modération, la Grandeur d'ame, (1) demandent souvent qu'on relâche à cet égard de son droit. SALLUSTE (2) a remarqué, que *la grandeur du Peuple Romain s'accrut par la facilité avec laquelle il pardonnoit.* L'Empereur *Claude* répondit à un Prince d'*Orient*, qui avoit intercedé auprès de lui en faveur de *Mithridate*, (3) que *c'étoit la maxime des anciens* Romains, *d'être aussi portez à user de clémence envers les Supplians, qu'implacables contre les Ennemis.* Selon le Philosophe SENEQUE, (4) *il n'appartient qu'à des Bêtes farouches, & même à celles qui n'ont aucune ombre de générosité, de s'acharner à mordre ceux qu'elles ont terrassez. Les Eléphans & les Lions, après avoir mis par terre ce qui leur résistoit, le laissent là, & s'en vont.* Souvent aussi la situation des choses est telle, qu'on peut dire, comme fait, dans VIRGILE, un homme qui demandoit quartier à *Enée*: (5) *La victoire des* Troiens *ne dépend point de ma mort*; *& la vie d'un seul homme n'est pas de grande importance.*

2. Il y a, sur ce sujet, un passage remarquable dans la Rhétorique adressée à HERENNIUS: (6) *C'étoit*, dit l'Auteur inconnu, *une bonne maxime de nos Ancêtres, de ne faire mourir aucun Roi vaincu & pris. Pourquoi cela ? Parce qu'il paroit injuste d'abuser des avantages que la Fortune nous donne, ôtant la vie à des personnes, que la même Fortune avoit placez peu auparavant dans un poste très-relevé. Mais, dira-t-on, ce Roi est venu contre nous à la tête d'une Armée. Je ne m'en souviens plus. Pourquoi? Parce qu'il est d'un Homme brave & généreux, de tenir à la vérité pour ses Ennemis ceux qui* lui

(12) *Neque enim ille* [Dejotarus] *odio tui progressus, sed errore communi lapsus est.* Orat. pro Reg. Dejot. *Cap.* III.

(13) *Cetera multitudo vulgi, more magis quàm judicio, post alius alium, quasi prudentiorem, sequuti.* Orat. I. ad *Cæsar.* De Rep. ordinand. *Cap.* XXXIV. Lib. VI. Fragm. *Ed. Wass.*

(14) *Scribis enim*, acrius prohibenda bella civilia esse, quàm in superatos iracundiam exercendam. CICER. *Epist.* II. *ad Brut.* Voiez BEMB. *Hist.* Lib. IX. GROTIUS.

§. VII. (1) THEODORIC, Roi des *Goths*, disoit, que les Guerres les plus heureuses qu'il eût faites, c'étoient celles où il avoit usé de modération dans la Victoire. Cette modération, ajoûtoit-il, est une Victoire perpétuelle, à qui sait bien la ménager. *Illa mihi feliciter bella provenerunt, quæ moderato fine peracta sunt. Is enim vincit adsiduè, qui novit omnia temperare.* CASSIODOR. Var. II. 41. GROTIUS.

(2) *Et ignoscendo Populi Romani magnitudinem auxisse* &c. Orat. L. Philipp. *Fragm.* I. 13.

(3) *Verum ita majoribus placitum, quantâ pervicaciâ in hostem, tantâ beneficentiâ adversus supplices utendum.* TACIT. *Annal.* Lib. XII. Cap. XX. *num.* 4.

(4) *Muliebre est, furere in ira: ferarum vero, nec generosarum quidem, præmordere & urgere projectos. Elephanti Leonesque transeunt, quæ impulerunt.* De Clement. Lib. I. Cap. V.

(5) ——— *Non hoc victoria Teucrûm*
Vertitur; aut anima una dabit discrimina tanta.
Æn. Lib. X. vers. 528, 529.

(6) *Item: Bene majores nostri hoc comparaverunt, ut neminem Regem, quem armis cepissent, vitâ privarent. Quid ita? quia, quam nobis facultatem fortuna dedisset, iniquum erat in eorum supplicio consumere, quos eadem fortuna paullo ante in amplissimo statu collocarat. Quid quòd exercitum contra duxit? Desino meminisse. Quid ita? Quia viri fortis est, qui de victoria contendant, eos hostes putare; qui victi sunt, eos homines judicare, ut possit bellum fortitudo minuere, pacem humanitas augere. At ille, si vicisset, num idem fecisset? non profecto tam sapiens fuisset. Quid igitur ei parcis? quia talem stultitiam contemnere, non imitari, consuevi.* Lib. IV. Cap. XVI.

(7) *Cautior licet sit, qui devinctos habet per veniam perduelles; fortior tamen est, qui calcat iratos. Renovasti, Imperator, veterem illam Romani imperii fiduciam, quæ de captis hostium ducibus vindictam morte sumebat. Tunc enim captivi Reges, quum à portis usque ad Forum triumphantium currus honestassent, simul atque in Capitolium currum flectere cœperat Imperator, abrepti in carcerem, necabantur. Unus* Perses, *ipso* Paullo, *qui dedentem se acceperat, deprecante* [c'est ainsi qu'il faut lire, au lieu de: *Unus pro se ipso* Paullo, *qui sedentem se acceperat* &c.] *legem illius severitatis evasit. Ceteri omnes in vinculis luce privati, aliis Regibus dedere documentum, ut mallent amicitiam colere* Romanorum, *quàm exasperare justitiam.* (Panegyr. Vet. VI. Cap. X. *Ed. Cellar.*) Je n'ai garde de vouloir, qu'on introduise de nouveau la coûtume, dont parle cet Orateur. Nous voions cependant que *Josué* fit mourir les Rois, qu'il avoit fait prisonniers. JOSEPH. *Antiq. Jud.* Lib. V. Cap. I. *Cajus Sossius* aiant défait *Antigone*, Roi des *Juifs*, le fit fouetter, attaché à une Croix: 'Αντίγονον ἐμαστίγωσε, σταυρῷ προσδήσας, [& puis égorger ; Καὶ μετὰ τοῦτο καὶ ἀπέσφαξε.] DION

lui disputent la victoire, mais de regarder aussi comme des Hommes ceux qu'il a vaincus; en sorte que la Valeur lui serve à amener la fin des maux de la Guerre, & l'Humanité à augmenter les avantages de la Paix. Mais, dira-t-on encore, si le Vaincu eût été Vainqueur, en auroit-il usé de même? Hé bien: soit: il n'auroit pas été si sage. Pourquoi donc lui pardonnez-vous? C'est parce que je me suis fait une loi de mépriser une telle folie, & non pas de l'imiter.

3. Il n'est pas sûr, qu'il s'agisse là des *Romains:* car cet Auteur emploie souvent des raisons tirées d'exemples étrangers, ou même feints. Mais supposé qu'il aît voulu parler de la coûtume des *Romains*, ce qu'il dit est directement contraire aux paroles suivantes d'un ancien *Panégyrique*, fait en l'honneur de *Constantin*, Fils de l'Empereur *Constance:* (7) *Il y a*, dit le Panegyriste, *plus de prudence à gagner le cœur des Ennemis en leur pardonnant : mais il y a plus de bravoure à les fouler aux pieds, après les avoir abbattus. Vous avez, Seigneur, renouvellé la coûtume noble & courageuse des anciens* Romains, *qui punissoient de mort les Chefs de l'Armée Ennemie, faits prisonniers. Alors les Rois captifs, après avoir servi à honorer le triomphe du Vainqueur, en suivant son Char depuis les Portes de la Ville jusqu'à la Place Publique; aussi tôt que le Général triomphant commençoit à marcher vers le Capitole, étoient menez en prison, où on les faisoit mourir. Le seul* Persée, *à l'intercession de* Paul Emile, *c'est-à-dire, du Général même, à qui il s'étoit rendu,* (a) *évita ce sort rigoureux. Tous les autres, privez de vie dans une Prison, servoient de leçon aux Rois étrangers, pour leur apprendre à aimer mieux rechercher l'amitié des* Romains, *que d'irriter leur justice.* Cet Auteur, de son côté, s'exprime ici trop généralement. A la vérité JOSEPH attribuë aux *Romains* une telle sévérité, en faisant l'histoire de *Simon*, fils de *Jora*, qui l'éprouva: mais il parle des Généraux d'armée tels qu'étoit *Pontius*, Samnite, & non pas de ceux qui avoient le titre de Roi. Voici ce qu'il dit: (8) *Le triomphe finit, lors qu'on fut arrivé au Temple du* Capitole; *car, selon l'ancienne coûtume, le Général doit attendre là, jusqu'à ce qu'il aît appris la mort du Chef des Ennemis. C'étoit* Simon, *Fils de* Jora,

(a) Voiez *Plutarque, Vit. Æm. Paulli* pag. 274.

DION CASSIUS, qui rapporte cela, (*Lib.* XLIX. pag. 463. D. *Edit. H. Steph.*) ajoûte sagement, qu'aucun Roi vaincu n'avoit été ainsi traité des *Romains:* Ὃ μηδεὶς ἄλλος βασιλεὺς ὑπὸ τῶν Ῥωμαίων ἐπεπόνθει. On trouve la même histoire dans JOSEPH, *Antiq. Jud.* Lib. XV. (Cap. I.) EUTROPE raconte, que *Maximien Herculius* [ou plûtôt *Constantin*] aiant fait prisonniers les Rois des *Francs* & des *Allemands*, les exposa à combattre avec des Bêtes féroces, dans des Jeux magnifiques qu'il vouloit donner: *Qui* (Constantinus) *in* Galliis, *& militum & Principalium ingenti jam favore regnabat, cæsis* Francis *atque* Alemannis, *captisque eorum Regibus; quos etiam bestiis, quum magnificum spectaculum muneris parasset objecit.* Lib. X. (Cap. II. num. 9.) Voiez ce que dit AMMIEN MARCELLIN, d'un Roi des anciens *Allemands*, que l'on fit pendre, *Lib.* XXVII. (Cap. II.) *Theodoric*, Roi des *Wisigoths*, fit mourir *Athiulphe*, Roi des *Suéviens* établis en *Espagne*; comme nous l'apprenons de JORNAND, dans son Histoire des *Goths*, (Cap. XLIV.) Ce sont-là des exemples, qui doivent apprendre aux Rois à être modestes & retenus dans la prospérité, & à faire reflexion, qu'ils sont, quand il plaît à DIEU, sujets, comme les autres Hommes, aux vicissitudes des accidens humains les plus tristes: en un mot, que, selon la pensée de *Solon*, dont *Crésus* rappella le souvenir dans un semblable péril, personne ne peut être regardé comme heureux avant sa mort. GROTIUS.

Ce dernier fait est rapporté par HÉRODOTE, *Lib.* I. *Cap.* LXXXVI. Pour ce qui est d'*Antigone*, Roi des *Juifs*, il eut la tête tranchée, par ordre de *Marc Antoine*, dont *Sossius* étoit Lieutenant en *Syrie*, & qui, en faveur d'*Hérode*, ne garda point ce malheureux Prince pour le jour de son Triomphe: & c'est dans ce genre de mort, dont on n'avoit point encore puni aucun Roi vaincu, que STRABON, dont JOSEPH nous a conservé les paroles, fait consister la nouveauté de l'exemple; comme il paroît aussi par PLUTARQUE, *Vit. Anton.* pag. 932. C. A l'égard des paroles de l'ancien Panégyriste, où nôtre Auteur corrige des mots manifestement corrompus, la correction avoit été faite avant lui par le Jésuite JULES CÉSAR BOULANGER, dans son Livre *De Spoliis bellicis, trophæis, arcubus triumphalibus, & pompa triumphi*, Cap. XXVIII. pag. 76. *Ed. Paris.* 1610. & elle est suivie par les dernières Editions. Le Savant Jurisconsulte, PIERRE DU FAUR, dans ses *Semestria*, Lib. II. Cap. III. pag. 35. en propose une autre, qui n'est pas si naturelle. GRONOVIUS veut aussi qu'on lise, au commencement du passage, *calcat* STRATOS, au lieu de, *calcat* IRATOS.

(8) Ἦν δὲ τῆς πομπῆς τὸ τέλος, ἐπὶ τὸν νεὼν τοῦ Καπετωλίου Διός, ἐφ' ὃν ἐλθόντες ἔστησαν. ἦν γδ' τὸ παλαιὸν πάτριον περιμένειν, μέχρις ἂν τὸν τοῦ στρατηγοῦ τῶν πολεμίων θάνατον ἀπαγγείλῃ τις. Σίμων οὗτος ἦν ὁ Γιώρα, τότε πεπομπευκὼς ἐν τοῖς αἰχμαλώτοις· βρόχῳ δὲ περιβληθεὶς, εἰς τὸν ἐπὶ τῆς ἀγορᾶς ἐσύρετο τόπον, αἰκιζομένων αὐτὸν ἅμα τῶν ἀγόντων. νόμος δ' ἐστὶ Ῥωμαίοις ἐκεῖ κτείνειν τοὺς ἐπὶ κακουργίαις θάνατον κατεγνωσμένους. ἐπεὶ δ' ἀπηγγέλθη τέλος ἔχων, καὶ πάντες εὐφήμησαν, ἤρχοντο τῶν θυσιῶν &c. De Bell. Jud. *Lib.* VII. pag. 979. E, F.

Jora, *qui étoit mené en triomphe parmi les Prisonniers. On lui mit alors la corde au coû, on le traina, en le battant même, à la Place Publique, où les* Romains *ont accoûtumé de faire exécuter les Criminels condamnez à mort. Lors qu'on fut venu annoncer, qu'il étoit mort, il se fit d'abord des vœux, & ensuite des sacrifices.* CICERON dit, à peu près, la même chose, dans une de ses Harangues contre (9) *Verrès.* On trouve par tout des exemples de Généraux vaincus, qui ont été traitez de cette maniére. Il y en a quelques-uns (b) de Rois, comme (10) d'*Aristonique*, de (11) *Jugurtha*, d'*Artabasde* (12): mais on voit aussi, outre *Persée*, dont il a été parlé ci-dessus, un (13) *Syphax*, un (14) *Gentius*, un (15) *Juba*, & du tems des Empereurs, un (16) *Caractacus*, & d'autres, qui ne furent point punis de mort. D'où il paroît, que les *Romains*, qui, de l'aveu de (17) CICÉRON, & d'autres anciens Auteurs, étoient d'ailleurs un peu cruels dans leurs victoires, avoient égard ici & aux motifs par lesquels l'Ennemi avoit été poussé à la Guerre, & à la maniére dont il l'avoit faite. C'est pourquoi *Æmilius Paulus*, au rapport de DIODORE *de Sicile*, représentoit aux Sénateurs Romains, dans l'affaire de *Persée*, (18) *que s'ils ne craignoient rien de la part des Hommes, ils appréhendassent du moins la Vengeance Divine, toute prête à fondre sur ceux qui usent insolemment de la victoire.* PLUTARQUE nous apprend aussi, (19) que, parmi les *Grecs*, les Rois de *Lacedémone* étoient respectez de leurs Ennemis même, qui, lors qu'ils les rencontroient dans la mêlée, se gardoient d'en venir aux mains avec eux, par considération pour leur dignité.

(b) Voiez *Appien*, *Bell. Mithrid.* in fin. *pag.* 253. *Ed. H. Steph.*

4. Tout Ennemi donc, qui aura à cœur de faire, non ce que les Loix permettent, mais ce qui est de son devoir, ce que demandent les régles de la Vertu ; épargnera le sang de ses Ennemis mêmes, & n'en fera mourir aucun, que pour se garantir de la mort, ou de quelque chose d'approchant, ou pour punir des crimes personnels ; dignes

(9) *Tamen quum de Foro in Capitolium currum flectere incipiunt, illos* [hostium Duces] *duci in carcerem jubent: idemque dies & victoribus imperii, & victis vitæ finem facit.* In Verr. Lib. V. Cap. XXX.

(10) C'étoit un Bâtard d'*Euméne*, Roi de *Pergame*: &, malgré le Testament de son Frére *Attale*, fils légitime, qui avoit institué le Peuple Romain pour son héritier, il s'étoit emparé de la Couronne. Mais il régna de telle maniére, qu'il fut reconnu ensuite pour Roi légitime, ainsi que JUSTIN l'insinuë: *Quum multa secunda prælia adversus civitates, quæ metu* Romanorum *tradere se ei nolebant, fecisset; justusque Rex jam videretur* &c. Lib. XXXVI. Cap. IV. num. 7. Ainsi la remarque que GRONOVIUS fait ici, pour justifier les anciens *Romains*, n'est pas tout-à-fait juste. Voiez, au reste, sur la mort de ce Prince, VELLEJUS PATERCULUS, Lib. II. Cap. IV. & EUTROPE, Lib. X. Cap. I.

(11) Voiez, touchant la mort de ce Roi de *Numidie*, TIT. LIV. *Epitom.* Libr. LXVII. & EUTROPE, *Breviar.* Lib. IV. Cap. XI. in fin.

(12) Ou plûtôt *Artavasde*: car c'est ainsi qu'on trouve écrit, dans les Auteurs Latins, le nom de cet ancien Roi d'*Arménie*. Ici le docte GRONOVIUS remarque avec raison, que *Marc Antoine* fit mourir *Artavasde* de sa pure autorité, & sans l'approbation du Sénat, après avoir pris par trahison, & mené en triomphe ce Prince, non à *Rome*, mais à *Alexandrie*. Aussi TACITE blâme-t-il hautement cette perfidie: *Infida* [Armenia] *ob scelus* Antonii, *qui* Artavasden *Regem* Armeniorum, *specie amicitiæ inlectum, dein catenis oneratum, postremo interfecerat.* Annal. *Lib.* II. *Cap.* III. num. 2. Voiez VELLEJUS PATERCULUS, Lib. II. Cap. LXXXII.

(13) Les Historiens ne sont pas d'accord sur la maniére dont ce Prince, Roi d'une partie des *Numides*, perdit la vie. Plusieurs le font mourir près de *Rome*, avant le jour du Triomphe [c'est-à-dire, à *Tibur*, ou *Tivoli*. Voiez TITE LIVE, à la fin du XXX. Livre, *Cap. ult.* num. 4.] POLYBE au contraire dit, qu'il fut mené en triomphe. APPIEN d'*Aléxandrie* raconte, qu'il mourut de maladie, pendant qu'on déliberoit sur ce que l'on feroit de lui: [*De Bell. Pun.* pag. 15. *Edit. Steph.*] GROTIUS.

POLYBE dit, que ce Prince vaincu mourut dans la prison, quelques jours après avoir été méné en triomphe: Καὶ γὰρ ὁ Σύφαξ, ὁ τῶν Μασαισυλίων βασιλεὺς, ἤχθη τότε διὰ τῆς πόλεως ἐν τῷ θριάμβῳ μετὰ τῶν αἰχμαλώτων, ὃς καὶ μετά τινα χρόνον ἐν τῇ φυλακῇ τὸν βίον μετήλλαξε. Lib. XVI. Cap. XII. SILIUS ITALICUS semble insinuer, que l'on porta seulement en triomphe l'effigie de *Syphax*, Punic. *Lib.* XVII. *vers.* 630. où l'on peut voir la Note de CELLARIUS, & celle de Mr. DRAKENBORG, le dernier Editeur.

(14) C'étoit un Roi d'Illyrie. Voiez TITE LIVE, *Lib.* XLV. *Cap.* XLIII.

(15) C'est *Juba*, Fils du Roi de *Numidie* & d'une partie de la Mauritanie. *Jules César*, au défaut du Pére, qui étoit mort dans un combat singulier, mena en triomphe ce jeune Prince encore enfant. Voiez PLUTARQUE, *in Cæsar.* pag. 733. & APPIEN d'*Aléxandrie*, De Bell. Civ. *Lib.* II. *pag.* 491. *Ed. H. Steph.* Mais non seulement on lui laissa la vie: on le fit encore si bien élever, qu'il se rendit célébre par sa qualité d'Auteur, encore plus que par sa naissance, & par une ombre de Roiauté, qu'*Auguste* lui conféra. On peut voir là-dessus le Traité de VOSSIUS, *De Historic. Græcis*, Lib. II. Cap. IV.

(16) Roitelet des anciens Peuples de la *Grande Bretagne*

dignes du dernier supplice. Il fera même grace ou entiérement, ou de la peine de mort, à ceux qui l'ont méritée, soit par un principe d'Humanité, ou pour quelque autre bonne raison. Sur quoi il y a un beau passage de DIODORE de *Sicile:* (20) *La prise des Villes*, dit-il, *les Batailles gagnées, & les autres avantages remportez à la Guerre sont souvent des effets d'un honteux hazard, plûtôt que de la valeur des Guerriers. Mais d'exercer sa compassion envers les Vaincus, c'est uniquement l'ouvrage de la Sagesse.* C'est ainsi qu'*Aléxandre le Grand*, au rapport de QUINTE CURCE, (21) *quoi qu'il eût pû avec justice punir ceux d'une Ville qui avoient conseillé de lui tenir tête, pardonna à tous sans exception.*

§. VIII. POUR ce qui est des personnes que l'on tuë par accident, & non pas de propos délibéré, il faut se souvenir de ce que nous avons (a) déja dit ci-dessus, qu'il est, (a) *Chap.* I. de ce Livre, §. 4. *num.* 5.
sinon de la Justice, du moins de la Charité & de la Compassion, de ne rien entreprendre qui puisse faire périr des Innocens, à moins que ce ne soit pour des raisons de grande importance, & qui tendent à sauver un grand nombre de gens. C'étoit aussi l'opinion de POLYBE, (1) dont voici la maxime: *Un Homme de bien* (dit-il) *ne doit pas faire la Guerre à des Méchans, en vuë de les perdre & de les exterminer, mais pour les faire revenir à eux-mêmes, & pour les contraindre à réparer les fautes qu'ils ont commises. Il ne faut pas non plus envelopper l'Innocent dans la punition des Coupables, mais au contraire pardonner aux Coupables même, en considération des Innocens.*

§. IX. 1. CES principes généraux ainsi posez, il ne sera pas difficile d'en tirer des régles plus particuliéres.

2. *Les Enfans sont excusables à cause de leur âge, & les Femmes à cause de leur séxe*, comme le dit (1) SENEQUE, dans un de ses Traitez, où il se déchaîne terrible-

tagne, Voiez TACITE, *Annal.* Lib. XII. Cap. XXXVII.

(17) C'est en parlant de la destruction de *Corinthe*, *De Offic.* Lib. I. Cap. XI. & Lib. III. Cap. X.

(18) Παρῄνεσε τῇ Συγκλήτῳ σχετλιάζων, εἰ μὴ τὸ ἀνθρώπινον φθόνον εὐλαβοῦνται, τήν γε τοὺς ὑπερηφάνως ταῖς ἐξουσίαις χρωμένους μετερχομένην Νέμεσιν αἰδεῖσθαι. Excerpt. è *Lib.* XXXI.

(19) Βασιλεῖ γὰρ (ὡς ἔοικε) Λακεδαιμονίων, οὐδὲ οἱ πολέμιοι ῥᾳδίως ἐν ταῖς μάχαις ἀπαντῶντες, προσέφερον τὰς χεῖρας, ἀλλ᾽ ἀπετρέποντο, δεδιότες καὶ σεβόμενοι τὸ ἀξίωμα. Vit. Agid. *pag.* 804. E.

(20) Αἱ μὲν γὰρ τῶν πόλεων πολιορκίαι καὶ παρατάξεις, καὶ τὰ ἄλλα τὰ κατὰ τὸν πόλεμον προτερήματα, τὰ πλεῖστα διὰ τύχην, ἢ δι᾽ ἀρετὴν ἐπιτυγχάνεται· ὁ δ᾽ ἐν ταῖς ἐξουσίαις εἰς τοὺς ἐπταικότας ἔλεος μεριζόμενος, διὰ μόνης τῆς φρονήσεως γίνεται. Lib. XVII. Cap. XXXVIII. *pag.* 582. *Ed. H. Steph.*

(21) Alexander, *quamquam belli auctoribus jure poterat irasci, tamen omnibus veniâ datâ* &c. Lib. IX. Cap. I. *num.* 22.

§. VIII. (1) Οὐ γὰρ ἐπ᾽ ἀπωλείᾳ δεῖ καὶ ἀφανισμῷ τοῖς ἀγνώμοσι πολεμεῖν τοὺς ἀγαθοὺς ἄνδρας, ἀλλ᾽ ἐπὶ διορθώσει καὶ μεταθέσει τῶν ἡμαρτημάτων· οὐδὲ συναναιρεῖν τὰ μηδὲν ἀδικοῦντα τοῖς ἠδικηκόσι, ἀλλὰ συσσῴζειν καὶ συνεξαιρεῖσθαι τοῖς ἀναιτίοις (c'est ainsi qu'il faut lire, au lieu de ἐναντίοις, comme portent les Editions) τοὺς δοκοῦντας ἀδικεῖν. (Lib. V. Cap. XI.) GROTIUS.

§. IX. (1) *Puerum ætas excuset, Fœminam sexus.* De Ira, *Lib.* III. *Cap.* XXIV. Les Lions, lors qu'ils sont le plus en fureur, se jettent sur les Hommes, plûtôt que sur les Femmes; & ils ne font du mal aux Enfans, que quand une grande faim les presse. C'est la remarque d'un ancien Naturaliste: *Et ubi sævit* [Leo] *in viros priùs, quàm in fœminas, fremit: in infantes, nonnisi magnâ fame.* PLIN. Lib. VIII. Cap. XVI. HORACE représentant *Achille*, comme un Guerrier impitoiable, qui n'épargnoit pas même les Enfans, sans en excepter ceux qui étoient encore dans le sein de leur Mére; témoigne, par une vive exclamation, qu'il regarde cela comme un horrible excès de fureur:

Sed palam captis gravis, heu nefas heu!
Nescios fari pueros Achivis
Ureret flammis, etiam latentes
Matris in alvo.

Lib. IV. *Od.* VI. (verf. 17, *& seqq.*) Et un ancien Scholiaste fait remarquer là-dessus, combien le Poëte témoigne désapprouver cette barbarie: HEU NEFAS] *Dolenter exclamat in sævitiam* Achillis, *qui, si, per* Apollinem *vivere licuisset, adeo sævus erat, ut nec infantibus, nec in utero gestantibus pepercisset.* PHILON, Juif, dit, que c'est une des régles de la Guerre, parmi ceux de sa Nation, de relâcher les Filles & les Femmes prisonniéres, sans leur faire aucun mal; & il en rend cette raison, qu'il y auroit une grande inhumanité à faire perir, avec les Hommes, ce séxe, que sa foiblesse naturelle rend incapable du mêtier des Armes: Παρθένοι δὲ καὶ γυναῖκες μεθίενται, μηδὲν τῶν, ὅσα νεωτερίζει πόλεμος, ἐξ αὐτῶν πείσεσθαι προσδοκῶντες, ἕνεκα φυσικῆς ἀσθενείας τετιμημένων ἀτελείας . . . . καὶ [ἀνημέρου καὶ ἀτιθάσσου ψυχῆς] τὸ προσθήκην ἀνδρῶν πόλεμον κατασκευασάντων ποιεῖσθαι γυναῖκας, ὧν ὁ βίος εἰρηνικὸς φύσει καὶ κατοικίδιος. De Princip. constitut. (*pag.* 734. A. B. *Ed. Paris.*) Il remarque ailleurs, qu'entre personnes qui sont en âge de discretion, on peut trouver mille raisons specieuses, pour justifier les querelles & les inimitiez: mais qu'à l'égard des Enfans, qui ne font que de naître, la Calomnie même ne sauroit inventer rien qui rende coupables, avec la moindre apparence, ces Créatures innocentes: Πρὸς μὲν γὰρ τοὺς τελείους μυρίας προφάσεις εὔλογοι προσσκευμάτειν.

blement contre la Colére. Aussi voions-nous que DIEU, en réglant la maniére dont les anciens *Hébreux* doivent faire la Guerre, (a) veut que, même après qu'ils auront offert la paix, & qu'on l'aura refusée, ils épargnent les Femmes & les Enfans; hormis quand ils auront à faire avec ce peu de Nations particuliérement exceptées, contre lesquelles la Guerre n'étoit point une Guerre Humaine, mais une *Guerre de Dieu*, ainsi qu'on l'appelloit communément. Et lors qu'il ordonna de faire mourir les Femmes *Madianites* pour un crime personnel, (b) il en excepta les Filles encore vierges. Bien plus: quand il eut menacé les *Ninivites* d'une maniére terrible, de les exterminer à cause de leur extrême dépravation, il se laissa fléchir par la compassion de plusieurs milliers d'Enfans, (c) qui étoient hors d'état de discerner le bien & le mal: raison dont SENEQUE (2) aussi se sert, pour montrer qu'on ne doit pas se courroucer contre ceux d'un tel âge. Si DIEU, qui, comme Auteur & Maître de nôtre vie, peut sans injustice l'ôter, quand il lui plait, & sans autre raison, aux personnes de tout séxe & de tout âge, a néanmoins ordonné & agi lui-même envers les Femmes & les Enfans de la maniére que nous venons de voir; que ne doivent pas faire des Hommes, à qui il n'a donné sur leurs semblables aucun droit qui ne tende à la conservation des Hommes, & au maintien de la Société Humaine?

(a) Deuter. XX, 14.

(b) Nombr. XXXI, 18.

(c) Jonas, IV, 2.

3. Nous pouvons (d) alléguer encore ici, prémiérement au sujet des Enfans, le jugement des Peuples qui ont eu le plus à cœur, la Justice & l'Equité; & cela dans les tems où ils l'observoient le plus religieusement. *Nous avons les armes à la main*, dit *Camille*, dans TITE LIVE (3) *non contre cet âge tendre, que l'on épargne dans la prise même des Villes, mais contre des gens armez.* Il ajoute, que c'est une des Loix de la Guerre, c'est-à-dire, une des régles du Droit Naturel, qui ont lieu ici. PLUTARQUE parlant de la même chose, (4) pose en fait, que *la Guerre même à ses Loix*

(d) Voiez Fr. Victoria, De Jure Bell. num. 36.

μέσον τι καὶ διαφορᾶς· τοὺς δὲ κομιδῇ νηπίους ἄρτι προσεληλυθότας εἰς φῶς καὶ τὸν ἀνθρώπινον βίον, οὐδ' ἐπιψεύσασθαι κατηγορίαν δυνατόν ἐστιν, ἐνδέχεται. De Special. Legg. *Lib.* II. (*pag.* 795. D.) JOSEPH parlant de *Manahem*, qui, après avoir pris la Ville de *Thapse*, n'épargne pas même les Enfans, appelle cela le dernier excès de cruauté & de barbarie. Cet usurpateur, ajoûte-t-il, traita ainsi ceux de sa Nation, d'une maniére qui ne seroit point excusable, quand même il auroit eu à faire à des Etrangers vaincus: Πάντας αὐτοὺς [Θαψιάτας] διεχρήσατο, μηδὲ νηπίων φεισάμενος, ὠμότητος ὑπερβολὴν οὐ καταλείπων, οὐδ' ἀγριότητος. ἃ γὰρ οὐδὲ τῶν ἀλλοφύλων τινὰς συγγνωστὸν ἦν δρᾶσαι, γενομένους ὑποχειρίους, ταῦτα τοὺς ὁμοφύλους ὅπως εἰργάσατο. Antiq. Jud. *Lib.* II. (*Cap.* XI. pag. 820. D.) Le même Historien Juif nous apprend, que *Judas Maccabée*, aiant pris les Villes de *Bosra* & d'*Ephron*, passa au fil de l'épée tous les Mâles, & tous ceux qui étoient en état de porter les armes: Καὶ λαβὼν αὐτὴν [Βοσόρραν] καταβαλὼν πᾶν τὸ ἄρρεν καὶ μάχεσθαι δυνάμενον διέφθειρε &c. [Ibid. *Lib.* XII. *Cap.* XII. pag. 417. B. G.] Ailleurs il appelle une vengeance inhumaine, la fureur qu'*Aléxandre*, surnommé *le Thrace*, exerça contre les *Juifs*, en faisant mourir avec eux, & à leurs yeux, leurs Femmes & leurs Enfans: Τοὺς δὲ παῖδας αὐτῶν καὶ τὰς γυναῖκας, ἔτι ζώντων, παρὰ τὰς ἐκείνων ὄψεις ἀπέσφαττεν, ὑπὲρ μὲν ὧν ἠδίκητο ἀμυνόμενος, ἄλλως δὲ ὑπὲρ ἄνθρωπον ταύτην εἰσπραττόμενος τὴν δίκην. (Lib. XIII. Cap. XXII. *pag.* 461. C.) AGATHIAS fait cette réflexion, en parlant des *Romains*, que, quelque juste sujet qu'ils pûssent avoir de punir les *Missipiens*, on ne sauroit les excuser, d'avoir massacré impitoiablement jusqu'aux Enfans encore à la mammelle: & qui par conséquent ne pouvoient avoir aucune part aux crimes de leurs Péres: aussi une telle cruauté ne demeura-t-elle pas impunie: Ἐπειδὰ δὴ ὅμως οὐκ ὅσιον καὶ εἰς αὐτὰ δὴ τὰ νεογνὰ βρέφη, καὶ τοῖς γονεῦσι τετολμημένων οὐδὲν ὅπῃ δεδεγμένα παρέχειν, οὐκοῦν αὐτοῖς οὐδὲ ἀπαθεῖ τοῦτο ἡμάρτηται. (Lib. IV. Cap. VI.) NICETAS, ou celui qui a continué son Histoire jusqu'au régne de *Henri*, condamne encore plus fortement un semblable excès d'hostilité commis par les *Scythes*, dans la prise de la Ville d'*Atyre*. Ils n'épargnérent pas même, dit-il, les Enfans à la mammelle: ces jeunes Plantes furent moissonnées en herbe, ou dans leur prémiere fleur, par des Vainqueurs impitoiables, qui ne savoient point, que c'est pécher contre la Nature, & violer le droit commun des Hommes, que d'étendre la colére au delà de la Victoire, & de s'acharner contre un Ennemi abbattu: Ἀλλ' οὐδὲ τὰ ὑπομάστια τῶν παίδων τὸ καλῶς ἔχειν ἀνῄρεσαν, ἀλλ' ἀπεθερίσθη καὶ ταῦτα ἐν χλόῃ καὶ ἄνθος ἀναμάρτητον, ὑπὸ τῆς ἐλέου ἀναλγήτων ἐκείνων ἀνδρῶν, καὶ μηδαμῶς εἰδότων ὡς ἀσεβεῖ τὴν φύσιν καὶ θεσμὸν ἀθετεῖ τὸν ἀνθρώπινον, ὁ περαιτέρω τοῦ νικᾶν, καὶ τοῦ κρατεῖν τῶν ἐναντίων, θυμῷ χρώμενος. (In Vit. Balduin. *Cap.* IX. Voiez encore ce que dit BEDE, *Lib.* II. *Cap.* XX. touchant la cruauté de *Carévolle*: & les ordres benins, que la Reine *Elizabeth* donna, au rapport de CAMBDEN, sur l'an 1596. (*pag.* 668.) SIMLER rapporte une bonne Loi, établie parmi les *Suisses* [selon laquelle il est défendu de faire aucun mal au Séxe, à moins qu'une Femme n'ait fourni des armes à l'Ennemi, ou qu'elle n'ait jetté des pierres, ou exercé quelque autre acte d'hostilité. *De Rep. Helvet.* Lib. II. pag. 302. *Edit. Elzevir.*] GROTIUS.

(2) *Nam quis irascitur pueris, quorum ætas nondum novit rerum discrimina:* De Ira, *Lib.* II. *Cap.* IX. LUCAIN demande, par quel crime des Enfans ont-ils pû mériter d'être passez au fil de l'épée:

Crimine

Loix dans l'esprit des Honnêtes Gens. Où il faut remarquer ces paroles, *dans l'esprit des Honnêtes Gens*; par où l'on donne à entendre, (5) que les Loix, dont il s'agit, sont différentes de celles que la Coûtume autorise, & qui n'emportent qu'une simple impunité.

4. Il n'y a point ici d'exception à l'égard des Enfans, qui n'ont pas encore l'usage de la Raison. Mais pour ce qui est des Femmes, la chose a lieu seulement pour l'ordinaire, c'est-à-dire, à moins qu'elles n'aient commis quelque crime qui merite une punition particuliére, ou qu'elles ne se mêlent du mêtier des Hommes. Car, comme le dit un Poëte, (6) *c'est un séxe qui n'entend rien aux armes.* Dans une Tragédie de SENE'QUE, *Néron* aiant appellé *Octavie* son Ennemie, le Préfet répond là-dessus: (7) *Est-ce un nom qui convienne à une Femme? Aléxandre le Grand* déclare dans QUINTE CURCE, (8) qu'*il ne s'attaque ni aux Prisonniers, ni aux Femmes, & qu'il n'en veut qu'à ceux qui ont les armes à la main. Grypus*, au rapport de JUSTIN, (9) disoit, que, *parmi tant de Guerres & domestiques, & étrangeres, aucun de ses Ancêtres n'avoit maltraité, après la victoire, les Femmes, que leur séxe dispense des dangers de la Guerre, & met à l'abri des hostilitez du Vainqueur.* Un autre dit, dans (10) TACITE, qu'*il fait la Guerre, non contre des Femmes, mais contre des Hommes bien armez.* VALE'RE MAXIME racontant la maniére dont MUNATIUS FLACCUS fit mourir les Femmes & les Enfans d'une Ville d'*Espagne*, appelle cela (11) une *cruauté brutale, & dont le recit seul fait horreur.*

5. Les *Vieillards* aussi sont, comme le dit STACE, (12) *des gens que les Armes doivent respecter.* Les *Carthaginois* ne les épargnérent point, dans la prise de *Sélinunte*, non plus que les Femmes & les Enfans: mais en tout cela *ils foulérent aux pieds l'Humanité*, comme le dit (13) DIODORE *de Sicile.*

§. X. II.

Crimine quo parvi cadem potuére mereri?
(Pharsal. *Lib.* II. verf. 108.) GROTIUS.

(3) *Sunt & belli, sicut pacis jura . . . . Arma habemus, non adversum eam ætatem, cui etiam captis urbibus parcitur, sed adversus armatos* &c. (Lib. V. Cap. XXVII. *num.* 7.) Cet Historien remarque ailleurs, qu'un Ennemi même en fureur épargne cet âge tendre: *Puellis ut saltem parcerent, orare instituit; à quâ ætate etiam hostes iratos abstinere* &c. Lib. XXIV. (Cap. XXVI. *num.* 11.) Et en un autre endroit, il dit qu'on en vint à cet excès de rage & de cruauté, que de tuer tout, jusqu'aux Enfans: [*Trucidant inermes juxta atque armatos, fœminas pariter ac viros: usque ad infantium cædem ira crudelis pervenit.* Lib. XXVIII. Cap. XX. *num.* 6.] GROTIUS.

(4) Εἰσὶ ℨ καὶ πολέμων ὅμως τινὲς νόμοι τοῖς ἀγαθοῖς ἀνδράσι. Vit. Camill. *pag.* 134. B.

(5) C'est ainsi que FLORUS dit, qu'on ne pouvoit agir autrement, *salvâ integritate.* GROTIUS.

Dans le passage de cet Historien, que nôtre Auteur a eu vuë; il y a *integrâ dignitate.* Le voici tout entier: *Eam namque vir sanctus & sapiens veram sciebat victoriam, quæ, salvâ fide, & integrâ dignitate, pareretur.* Lib. I. Cap. XII. *num.* 6. Il s'agit-là aussi de *Camille*, qui ne voulut pas profiter de la trahison d'un Maître d'Ecôle.

(6) *Stat sexus rudis insciusque ferri.*
Lib. I. *Sylv.* VI. verf. 53.

(7) NER. *Quòd parcis hosti.* PRÆ. *Femina hoc nomen capit?*
Octav. (*verf.* 864.) C'est pour cette raison, que *Tucca* & *Varus* vouloient qu'on effaçât du second Livre de l'*Enéïde* de VIRGILE, les vers, où *Enée* délibére s'il tuera *Héléne.* GROTIUS.

Ce morceau commence au vers 567. & finit au 588. *Jamque adeo super unus eram* &c. *Talia jactabam, & furiatâ mente ferebar.* On peut voir là-dessus les Notes du P. CATROU, le dernier Traducteur.

(8) *Bellum cum captivis & feminis gerere non soleo: armatus sit oportet, quem oderim.* Lib. IV. (Cap. XI. *num.* 17.) Le Panégyriste LATINUS PACATUS dit, qu'à la Guerre on épargne les Femmes: *Et in sexum, cui bella parcunt, in pace sævitum.* (Cap. XXIX. *Edit. Cellar.*) GROTIUS.

(9) *Contra* Grypus *orare, Ne tam fœdum facinus facere cogatur: à nullo umquam majorum suorum, inter tot domestica tot externa bella, post victoriam in feminas sævitum, quas sexus ipse & periculis bellorum, & sævitia victorum eximat.* Lib. XXXIX. Cap. III. *num.* 7.

(10) C'est *Arminius*, que l'Historien fait parler: & il s'agit-là de Femmes grosses: *Non enim se proditione, neque adversus feminas gravidas, sed palam adversus armatos bellum tractare.* Annal. *Lib.* I. *Cap.* LIX. *num.* 4.

(11) *Efferatam crudelitatem suam truculentissimo genere vesaniæ exercuit* [Munatius Flaccus] *Omnes enim eius oppidi cives, quos studiosiores* Cæsaris *senserat, jugulatos muris præcipitavit: feminas quoque, citatis nominibus virorum, qui in contrariis castris erant, ut cædes conjugum suarum cernerent; maternis gremiis superpositos liberos trucidat, infantesque alios in conspectu parentum humo infligi, alios superjactatos pilis excipi jussit. Quæ auditu etiam intolerabilia* &c. Lib. IX. Cap. II. *num.* 4.

(12) ——— *Et nullis violabilis armis*
Turba senes ———
Thebaid. *Lib.* V. *verf.* 258, 259.

(13) Οὐ διακρίνοντες οὔτε φύσιν, οὔθ' ἡλικίαν, ἀλλ' ὁμαλῶς παῖδας, νηπίους, γυναῖκας, πρεσβύτας ἐφόνευον, οὐδεμίαν συμπάθειαν λαμβάνοντες &c. Lib. XIII. (Cap. LVII. pag. 160 *Ed. H. Steph.*) Il traite cela ailleurs de cruauté, ὠμότητα, (*Cap.* LIV.) GROTIUS.

(a) Voiez *Victoria, ubi supra.*

§. X. 1. Il faut dire la même chose en général (a) des Mâles qui ne sont ni Enfans, ni dans l'âge caduc, mais dont le genre de vie est fort éloigné du métier des Armes. Tite Live parlant d'un *carnage* (1) où l'on fit *main basse sur des gens armez & qui resistoient*, dit qu'on les traita ainsi *par droit de Guerre*, c'est-à-dire, par un droit conforme à la Loi Naturelle. Joseph, l'Historien Juif, (2) remarque, qu'il est bien juste que ceux qui ont pris les armes, & se sont par là rendus coupables, périssent dans le Combat, mais qu'on ne doit faire aucun mal aux Innocens. *Camille*, après la prise de *Véies*, (3) défendit d'exercer aucun acte d'hostilité contre ceux qui étoient sans armes.

(b) I. *Samuel*, X. 5, 10.

(c) *Ibid.* XIX, 18.

(d) Κατακαῦται.

2. On doit mettre ici au prémier rang, les *Ministres publics de la Religion.* C'a été de tout tems la coûtume générale des Peuples, que ces sortes de personnes fussent exemtes de porter les armes; (4) & par conséquent qu'elles ne fussent pas non plus exposées aux actes d'hostilité. C'est ainsi que les *Philistins* (b) Ennemis des *Juifs*, ne firent (5) aucun mal au Collége des *Prophétes*, qui étoit à *Gaba.* Et *David* (c) se réfugia, avec *Samuel*, dans un autre lieu, où il y avoit un semblable Collége, aussi à l'abri de tout exploit militaire. Plutarque (6) rapporte, que les *Crétois*, malgré leurs Guerres intestines, épargnoient toûjours (7) les Prêtres, & ceux (d) qui avoient soin d'enterrer les Morts. Strabon remarque, (8) qu'autrefois, quoi que toute la *Grèce* fût en feu par les Guerres qui s'y étoient allumées, les *Eléens* ne laissoient pas de joüir d'une profonde paix, eux & les Etrangers à qui ils donnoient retraite dans leur païs, parce que ce Peuple étoit consacré à *Jupiter.*

3. On joint ici aux Prêtres, & avec raison, comme devant avoir le même privilége, ceux qui ont embrassé un genre de vie approchant; comme les *Moines*, & les *Fréres-*

§. X. (1) *Atque hac tamen hostium iratorum, ac tum maximè dimicantium jure belli in armatos repugnantesque, edebantur.* Lib. XXVIII Cap. XXIII. *num.* 1.

(2) C'est une réflexion que l'Historien Juif attribuë à *Vespasien* & à *Tite*, qui, malgré les instances du Peuple d'*Aléxandrie*, & de celui d'*Antioche*, ne voulurent point ôter aux *Juifs* établis dans ces deux Villes, les droits & les privileges, dont ils avoient joui jusqu'alors. Ceux de cette Nation, disoient-ils, qui avoient pris les armes contre nous, en ont été bien punis par le malheureux succès de leur rebellion: pour les autres, qui n'ont fait aucun mal, il ne seroit pas juste de les dépouiller de ce qu'ils possédent: Ἀλλὰ τοὺς ἀντιταχθέντας αὐτοῖς ὅπλα καὶ χωρήσαντας διὰ μάχης [illegible] τιμωρίας [illegible]· τοὺς δ' οὐδὲν ἐξαμαρτάνοντας, οὐ δίκαιον ἀποστερεῖν ὧν ὑπάρχουσιν. Ant. Jud. *Lib.* XII. *Cap.* III. pag. 398. D.

(3) *Et Dictator* [Camillus] *praecones edicere jubet, ut ab inermi abstineatur.* Tit. Liv. Lib. V. Cap. XXI. *num.* 13.

(4) C'est ce qu'il faut bien remarquer. La sûreté de ces sortes de personnes, & de toutes les autres, dont le genre de vie n'a par lui-même aucun rapport avec le métier des Armes, est fondée sur ce qu'on suppose qu'elles ne font rien d'ailleurs, pour nuire à l'Ennemi. Mais si un Ecclésiastique laisse-là son Bréviaire, pour entrer dans les Conseils des Princes; s'il est le prémier moteur d'une Guerre; si même il se met en campagne, & qu'il commande des Troupes ou directement, ou indirectement: il mérite d'autant moins d'être épargné, qu'il agit contre les engagemens de son caractére. Voiez ici la Note de Felden: & ce que l'on a remarqué ci-dessus, au sujet de la défense que les Canons font aux Ecclésiastiques, de porter les armes, *Liv.* I. *Chap.* V. §. 4. *Note* 2. & *Liv.* II. *Chap.* I. §. 13. *Note* 5.

(5) Les Rabbins disent, qu'*Hyrcan*, dans le tems même qu'il assiégeoit *Jérusalem*, envoia des victimes dans le Temple. Procope louë les *Goths*, de ce qu'ils épargnérent les Prêtres d'une Eglise de *St. Paul*, & ceux d'une Eglise de *St. Pierre*, qui étoient à quelques lieuës de *Rome*: *Gotthic.* Lib. II. (Cap. IV.) Voiez le supplément de Charlemagne à la *Loi des Bavarois*; & celle des *Lombards*, Lib. I. Tit. XI. *num.* 14. Grotius.

(6) [illegible] ... [illegible] &c. Quaest. Graec. XXI. pag. 296. C.

(7) De là vient le Proverbe Grec: Οὐδὲ πυρφόρος ἐσώθη. Servius donne à entendre, que l'on avoit ce respect pour les Prêtres ou Prêtresses; en *Italie*, aussi bien que pour les Vieillards: *Quia vatem. Nam eam defendebat à bellis, si non aetas, saltem religio Sacerdotis.* Ad Æn. Lib. VII. (vers. 442.) Grotius.

Il ne s'agit point, dans le passage de Servius, de la sûreté des Prêtres en tems de Guerre, mais il veut dire, que leur caractére les dispense de se mêler des choses qui regardent la Guerre. On n'a qu'à voir la suite du discours, dans les vers du Poëte, pour convenir, que ce doit être-là le sens du Commentateur. A l'égard du Proverbe Grec, que nôtre Auteur allégue, il l'a tiré de Suidas, au mot Πυρφόρος. Selon ce Léxicographe, pour dire, que, dans une Bataille, on n'avoit fait quartier à personne, on disoit, *qu'il n'étoit pas même échappé un seul Prêtre*, c'est-à-dire, un de ceux qui marchoient à la tête des deux Armées. Ils portoient un Flambeau à la main, comme le temoigne le Scholiaste d'Euripide, sur les *Phéniciennes*, vers. 1386. d'où vient qu'on les appelloit Πυρφόροι, *Porte-feu*: & en considération de leur caractere, on n'exerçoit contr'eux aucun acte d'hostilité. Erasme, dans ses *Adages*, sur le Proverbe, *Ne ignifer quidem reliquus est factus*, cite ici Eustathe, *in Iliad.* Lib.

Fréres-lais, (9) ou Pénitens. Aussi les CANONS veulent-ils (10) qu'on les épargne également, selon les régles de l'Equité Naturelle.

4. On peut fort bien mettre au même rang les *Gens de Lettres*, qui s'occupent à des Etudes honnêtes, & d'où il revient de l'utilité au Genre Humain.

§. XI. METTONS ensuite les *Laboureurs*, dont les CANONS (1) ordonnent aussi de respecter la personne & les effets. Cela se pratiquoit parmi les anciens *Indiens*, comme DIODORE *de Sicile* (2) le rapporte avec éloge; ajoûtant, qu'on en usoit ainsi *à cause du bien que les Laboureurs font à tout le monde par leur travail.* L'Histoire nous fournit encore là-dessus l'exemple des anciens Peuples de *Corinthe* (3) & de *Mégare*; celui de (4) *Cyrus*; & celui de (5) *Bélisaire.*

§. XII. LES Canons (1) joignent aux Laboureurs les *Marchands*: & il faut entendre cela non seulement de ceux qui ne séjournent que pour un tems dans le Païs Ennemi, mais encore de ceux qui sont Sujets naturels ou perpetuels de l'Ennemi. Car les uns & les autres exercent également une profession qui n'a aucun rapport avec la Guerre. Sous le nom de *Marchands* on comprend aussi les Ouvriers ou Artisans, dont le mêtier est ami de la Paix, & non de la Guerre.

§. XIII. 1. POUR venir maintenant à ceux qui ont porté les armes, nous avons déja (a) cité ce que *Pyrrhus* dit, dans une Tragédie de SENEQUE, que l'*Honneur*, c'est-à-dire, la vuë de l'Equité, comme le même Philosophe s'exprime (1) ailleurs, ne nous permet point de faire mourir les Prisonniers. *Alexandre le Grand* parloit de ces Prisonniers de Guerre, comme de gens aussi dignes de compassion que les Femmes, dans un discours dont nous avons (b) aussi rapporté ce mot. Joignons-y les paroles suivantes de ST. AUGUSTIN: (2) *Dans le Combat même on ne doit tuer l'Ennemi, que*

(a) Chap. X. §. 1. Note 1.

(b) Dans le §. 9. de ce Chap. Note 8.

Lib. XII. vers. 72. Voiez aussi les Interprétes sur POLLUX, Lib. VIII. §. 116. *Ed. Amst.*

(8) *Geogr.* Lib. VIII. (pag. 358. *Edit. Casaub. Paris.*) Voiez encore là-dessus POLYBE, *Hist.* Lib. IV. (Cap. LXXIII.) & DIODORE *de Sicile*, Excerpt. Peiresc. (pag. 225.) Ceux qui alloient combattre aux *Jeux Olimpiens*, ou *Pythiens*, ou *Néméens*, ou *Isthmiens*, jouïssoient aussi d'une entiére sûreté en tems de Guerre, *ἀσφάλεια καὶ ἄδεια*: THUCYDID. Lib. V. & VIII. *ἀσυλία καὶ ἀσφάλεια*, PLUTARCH. *Vit. Arat.* (pag. 1040. B.) GROTIUS.

(9) *Conversi*, ce que l'on exprime aussi en nôtre Langue par le mot de *Convers*, qui n'est pas aussi commun & aussi intelligible, que celui de *Frére-lai*, qui vient aussi du Latin, *Frater laicus*. Ce sont des gens, qui se retirent dans les Couvens, mais qui n'ont point d'Ordres, & qui ne chantent point dans le Chœur, ni ne font vœu de Pauvreté. Nôtre Auteur les qualifie *Pénitens*, parce qu'originairement c'étoient des gens du monde convertis, qui s'engageoient par pénitence à ce genre de vie. Voiez les Auteurs que GRONOVIUS cite ici.

(10) *Innovamus, ut Presbyteri, Monachi, Conversi, Peregrini, Mercatores, Rustici, euntes vel redeuntes, vel in agricultura existentes, & animalia, quibus arant & semina portant ad agrum, congruâ securitate laetentur.* DECRETAL. Lib. I. Tit. XXXIV. *De Treuga & Pace*, Cap. 2.

§. XI. (1) Voiez le *Canon* cité dans la derniére Note du paragraphe précedent.

(2) Ἀμφότεροι γὰρ οἱ πολεμοῦντες ἀλλήλους μὲν ἀποκτείνουσιν ἐν ταῖς μάχαις, τοὺς δὲ περὶ τὴν γεωργίαν ὄντας ἰσχυρὸν ἀβλαβεῖς, ὡς κοινοὺς ὄντας ἁπάντων εὐεργέτας. Lib. II. Cap. XXXVI. *pag.* 86. *Edit. H. Steph.*

(3) Τοὺς μὲν γὰρ γεωργοῦντας οὐδεὶς ἠδίκει τὸ παλαιόν. PLUTARCH. Quæst. Græc. *pag.* 295. B.

(4) Il offrit au Roi d'*Assyrie* d'épargner ses Laboureurs, pourvû qu'à son tour il ne fit aucun mal aux Laboureurs de ceux qui se rangeroient du parti de *Cyrus*: Καὶ τοῦτο ἐκέλευεν λέγειν τῷ Ἀσσυρίῳ, καὶ αὐτὸς κήρυκα ἔπεμψε πρὸς αὐτὸν, λέγοντα ταῦτα, ὅτι ἕτοιμος εἴη ἐᾶν τοὺς ἐργαζομένους τὴν γῆν, καὶ μὴ ἀδικεῖν, εἰ καὶ ἐκεῖνος βούλοιτο ἐᾶν ἐργάζεσθαι τοὺς τῶν πρὸς αὐτὸν ἀφεστηκότων ἐργάτας. Cyrop. *Lib.* V. *Cap.* IV. §. 12. *Edit. Oxon.*

(5) SUIDAS dit, que ce fameux Général d'armée ne fit jamais aucun mal aux Laboureurs: Ἐς δὲ τοὺς ἀγροίκους, ὅτι δὴ τοσαύτῃ φειδοῖ τε καὶ προνοίᾳ ἐχρῆτο, ὥστε βιασθῆναι μὲν αὐτῶν οὐδένα πώποτε στρατηγοῦντος Βελισαρίου τετύχηκε. Voc. Βελισάριος. GROTIUS.

§. XII. (1) Voiez le *Canon* cité sur le §. 10. *Note* 9.

§. XIII. (1) *Et in mancipio cogitandum est, non quantum illud impunè pati possit, sed quantum tibi permittat aequi bonique natura: quae parcere etiam captivis, & pretio paratis, jubet.* De Clement. *Lib.* I. *Cap.* XVIII.

(2) *Hostem pugnantem necessitas perimat, non voluntas. Sicut bellanti & resistenti violentia redditur: ita victo vel capto misericordia jam debetur, maximè in quo pacis perturbatio non timetur.* Ad Bonifac. *Epist.* CCV. GRATIEN rapportant ce passage, met au commencement, *necessitas deprimat*, & non pas *perimat*. (Caus. XXIII. Quæst. I. Can. 3. ex *Epist.* 207.) LACTANCE remarque, qu'on épargne un Ennemi vaincu, & que la Clémence a lieu au milieu même des Armes: *Quibus* [hostibus] *tamen parcitur victis; & est locus inter arma clementiae.* Inst. Divin. *Lib.* V. (*Cap.* IX. *num.* 3. *Edit. Cellar.*) *Epaminondas* & *Pélopidas*, lors qu'ils avoient remporté quelque victoire, ne firent jamais mourir aucun des Vaincus, & ne dépouillérent aucune Ville de sa liberté: en sorte qu'on dit, que s'ils eussent été présens, les *Thébains* n'auroient pas traité les *Orchoméniens*, comme ils firent. C'est ce que nous apprenons de PLUTARQUE: Ἐπαμινώνδας καὶ Πελοπίδας οὐδένα πώποτε κρατήσαντες ἀνῃρήκεσαν, οὐδὲ πόλεις ἐξηνδραποδίκασι. λέγονται δὲ καὶ Θηβαῖοι μηδὲ Ὀρχομενίους ἂν οὕτω μεταχειρίσασθαι, παρόντων ἐκείνων. Vit. Marcell. (*pag.* 316. D.) *Marcellus* usa de la même douceur, dans la

que par nécessité, & à contre-cœur. Mais comme on peut alors repousser la force par la force; lors qu'une fois l'Ennemi est vaincu ou pris, il faut avoir pitié de lui; sur tout si l'on n'a point à craindre qu'il remuë & qu'il vienne encore à troubler la paix.

2. C'est aussi ce qu'on a vû généreusement pratiqué par quelques Vainqueurs. *Agésilas*, au rapport de (3) XE'NOPHON, exhorta ses Soldats à *ne pas punir, comme des Criminels les Prisonniers qu'ils feroient, mais à les garder, comme étant Hommes aussi bien qu'eux.* Tous les *Grecs* généralement, s'il en faut croire DIODORE *de Sicile*, (4) *combattoient vigoureusement contre ceux qui leur resistoient, mais ils les épargnoient, lors qu'ils les avoient vaincus.* Selon le même Historien, (5) les *Macédoniens* de l'Armée d'*Aléxandre* traitérent les *Thébains* plus rigoureusement, que ne le permettoit le droit de la Guerre. C'est aussi ce que reconnoît SALLUSTE, dans son Histoire de la *Guerre de Jugurtha*, (6) après avoir raconté de quelle maniére on passa au fil de l'épée tous ceux qui étoient en âge de puberté, quoi qu'ils se fussent rendus: *on viola*, dit-il, *à leur égard le droit de la Guerre*, c'est-à-dire, les Loix de l'Equité, & la coûtume des Peuples un peu humains. Cette conduite barbare est aussi condamnée par le (c) Prophéte *Elisée*, dans ces paroles qu'il adressoit autrefois au Roi de *Samarie*: *Feriez-vous mourir avec vôtre Epée ou vôtre Arc, les Prisonniers que vous avez emmenez?* Nous voions au contraire, dans l'Histoire, (7) des éloges de ceux, qui aiant un si grand nombre de Prisonniers, qu'ils leur étoient à charge, ou qu'ils ne pouvoient les garder sans risque, avoient mieux aimé les relâcher tous, que de les faire mourir.

(c) II. *Rois*, VI, 22.

§. XIV.

la prise de *Syracuse*, comme le témoigne le même Historien: *Ibid.* (pag. 308. D.) Voiez aussi ce qu'il dit dans la Vie de *Caton d'Utique* (pag. 787. C. D.) TACITE louë *Primus Antonius* & *Varus Arrius*, Généraux de *Vespasien*, de ce qu'ils n'avoient ôté la vie à aucun Ennemi, hors du Combat: *Quos* [Primum Antonium, Varumque Arrium] *recentes, clarosque rerum famâ, ac militum studiis, etiam Populus fovebat, quia in neminem, ultra aciem, saevierant.* Hist. *Lib.* V. (*Cap.* XXXIX. *num.* 4.) *Cabade*, Roi de *Perse*, aiant pris la Ville d'*Amide*, comme on faisoit un grand carnage des Habitans, un Prêtre représenta à ce Prince, qu'il n'étoit pas digne d'un Roi de massacrer des Vaincus. PROCOP. *Persic.* Lib. I. (Cap. VII.) L'Auteur, qui rapporte cela, dit ailleurs, que c'est une mauvaise action, de décharger sa fureur sur des Prisonniers de guerre: Τὸ ἐναφιέναι τοῖς ἁλοῦσιν οὐχ ὅσιον. Lib. II. (*Cap.* IX. dans le Discours de *Cosroes* aux Ambassadeurs des *Romains*.) Voiez aussi, dans le même Historien, le beau Discours de *Bélisaire* à ses Soldats, après la prise de *Naples*: Gotthic. *Lib.* I. (*Cap.* IX.) Quelcun conseilloit à l'Empereur *Aléxis* de faire mourir les Prisonniers *Scythes*, qu'il tenoit. „ Les *Scythes*, „ lui répondit ce Prince, tout *Scythes* qu'ils sont, ne „ laissent pas d'être Hommes: & pour avoir été nos „ Ennemis, ils ne sont pas indignes de compassion: Κἂν Σκύθαι, ἀλλ' ἐλέους ἄξιοι. ANNA COMNEN. (Lib. VIII. Cap. IV.) NICE'PHORE GRE'GORAS dit, que tout ce qui se fait dans la chaleur du Combat est excusable en quelque maniére, parce qu'alors on n'est pas maître de soi-même, & l'on agit par une impétuosité aveugle: mais que, le péril passé, & lors que l'Esprit remis dans son assiéte naturelle, a le tems & la liberté de bien examiner toutes choses, si on ne retient point alors son bras, c'est une marque qu'on ne se met point en peine de ce que demande l'Honnêteté, & qu'on veut bien fouler aux pieds toute considération de Devoir: Τὰ γὰρ ἐν πολέμῳ καὶ μάχῃ γινόμενα, ὁποῖα ποτ' ἂν ᾖ, συγγνώμην ἔχει τῷ πεπραχότι, ἀφεστηκότος τότε τοῦ λογισμοῦ, καὶ τὴν χεῖρα εἰς τὸ μεθυόντος, καὶ λόγον οὐκ ἔχοντος χειραγωγεῖν καὶ προ-

τρέπειν τῆς προσπεσούσης· τῆς δ' ὁρμῆς τῆς δεινῶν ἀπαυσαμένης, καὶ καιρὸν ἤδη τῆς προσηκούσης εὐλαβείας μετὰ σκέψεως τοῖς καὶ κρίσεως, τὰς τῆς προτέρας ὀργῆς παρειλῆφθαι τῇ χειρί, μοχθηρίαν γνώμης κατηγορεῖ τοῦ πράξαντος εἰ τι μὴ μετὰ τὸ πρέπον γίνοιτο. Lib. VI. (pag. 92. *Ed. Colon.* 1616.) Voiez un autre passage du même Historien, que nous avons rapporté dans une Note sur la fin du Chapitre VII. de ce Livre: & ce que dit au sujet d'une coûtume louable des *Polonois* CHALCOCONDYLE, Lib. V. L'Empereur JULIEN, faisant l'éloge de *Constance*, pour donner en sa personne l'idée d'un bon Prince, dit, que, quand il avoit remporté quelque victoire, il faisoit d'abord cesser le carnage, persuadé que c'est une chose infame, de vouloir ôter la vie à des gens qui ne se défendent plus: Κρατῶν δὲ μετὰ τῶν ὅπλων, ἔπαυσε τὸ ξίφος φόνου· μίασμα νομίζων τὸ οὐκ ἀμυνόμενον ἔτι κτείνειν καὶ ἀναιρεῖν. (Orat. I. *pag.* 86. C. *Edit. Spanhem.*) GROTIUS.

(3) Καὶ πολλάκις μὲν προηγόρευε τοῖς στρατιώταις, τοὺς ἁλισκομένους μὴ ὡς ἀδίκους τιμωρεῖσθαι, ἀλλ' ὡς ἀνθρώπους ὄντας φυλάσσειν. De Agesil. *Cap.* 1. §. 21. *Ed. Ox.*

(4) Πάντες δὲ [Ἕλληνες] διατείνονται μὲν πρὸς τοὺς ἀντιτεταγμένους, εἴκουσι δὲ τοῖς ὑποπεπτωκόσι. Lib. XIII. (Cap. XXIV. *pag.* 343. *Ed. H. Steph.* ARISTIDE dit à peu près la même chose des *Lacedémoniens*: Ἀνδρῶν γάρ ἐστι καθ' ὑμᾶς τὴν φύσιν, τοὺς μὲν ἀνθισταμένους καθαιρεῖν τοῖς ὅπλοις, τοὺς δ' ὑποπεσόντας ἠπίως μεταχειρίζεσθαι. Orat. II. *De Pace* (pag. 80. C. Tom. II.) Dans une Tragédie d'EURIPIDE, un Messager demande, si les Loix d'*Athénes* font regarder comme une chose deshonnête, d'ôter la vie à un Ennemi. Sur quoi le Chœur répond qu'oui, lors qu'il s'agit d'un Ennemi, que l'on a pris prisonnier dans une Bataille:

ΑΓΓ. Τὶ δὴ τόδ', ἐχθροὺς τοῖσι δ' οὐ καλὸν κτανεῖν;
ΧΟ. Οὐχ ὅντιν', ἄν γε ζῶνθ' ἕλωσιν ἐν μάχῃ.
Heraclid. (*vers.* 965, 966.) GROTIUS.

(5) Οἱ μὲν γὰρ Μακεδόνες, διὰ τὴν ὑπερηφανίαν τοῦ κηρύγματος, πικρότερον ἢ πολεμικώτερον προσεφέροντο τοῖς Θηβαίοις &c. Lib. XVII. (Cap. XIII. *pag.* 568.) Le même Historien, parlant des *Byzantins* & des *Chalcedoniens*

§. XIV. 1. Par les mêmes raisons d'Equité & d'Humanité, il ne faut point refuser de recevoir à composition ceux qui en se rendant demandent la vie sauve, soit dans un Siége, ou dans un Combat. C'étoit la coûtume des *Grecs*, d'épargner ceux qui s'étoient rendus de cette manière, comme nous l'apprend (1) Thucydide, & après lui (2) Arrien.

2. Les *Romains* en usoient de même, à l'égard des Villes assiégées, lors que les Habitans demandoient à se rendre, avant que le Bêlier, sorte de machine, dont on se servoit alors, eût été dressé contre leurs murailles. Nous le voions par l'exemple de (3) *César*, qui déclara qu'il épargneroit la Ville des *Atuaticiens*, sous cette condition. Cela se pratique encore aujourd'hui dans la reddition faite avant que l'on tire le Canon, s'il s'agit d'une Place foible; ou avant qu'on monte à l'assaut sur les remparts, si la Place est forte. Cicéron (4) néanmoins, aiant égard à ce que demande l'Equité Naturelle, plûtôt qu'à la pratique ordinaire, veut que même après la batterie du Bêlier toute prête, on reçoive les Assiégez, qui ont attendu à se rendre jusques-là. Les *Rabbins* remarquent, (5) que, parmi leurs Ancêtres, quand on assiégeoit une Ville; on ne l'investissoit pas de tous côtez, mais on laissoit un endroit ouvert, afin que ceux qui voudroient se retirer pûssent sortir, & qu'ainsi le siége fût moins sanglant.

§. XV. 1. On doit aussi, selon les mêmes régles d'Equité, épargner la vie de ceux qui se rendent à discrétion, ou qui implorent, en qualité de Supplians, la clémence du Vain-

siens, qui avoient fait mourir un grand nombre de Prisonniers, dit, que c'étoit-là un excès prodigieux de cruauté: Ἐνετέλεσαν πρᾶξιν ὠμότητι διαφέρουσαν. Lib. XII. (Cap. LXXXII. *pag.* 528.) Ailleurs il soûtient, que c'est violer le Droit des Gens, & pécher manifestement, que de ne pas donner la vie aux Prisonniers de Guerre: [Μηδὲ αὐτοὶ πράξωμεν τὰ αὐτὰ τοῖς ὁμολογουμένως ἡμαρτηκόσι, ... παρὰ τὰ κοινὰ νόμιμα τοὺς αἰχμαλώτους παρασπονδήσωμεν &c. Lib. XIII. Cap. XXVI. *pag.* 344.] Capitolin loüe l'Empereur *Marc Antonin*, de ce qu'il observa les Régles de l'Equité, même envers les Prisonniers de Guerre: *Æquitatem etiam circa captos hostes custodivit.* (Cap. XXIV.) Grotius.

(6) *Numidæ puberes interfecti: alii omnes venumdati: præda militibus divisa. Id facinus contra jus belli* &c. Bell. Jugurth. *Cap.* XCVI. *Ed. Wass.*

(7) Nôtre Auteur fait cette reflexion après Alberic Gentil, (*De Jure Belli*, Lib. II. Cap. XVI. *pag.* 344.) Celui-ci allegue là-dessus deux exemples, l'un tiré de Buchanan, & l'autre de Paul Jove. Dans le prémier, on voit, sous le régne de *Robert I.* Roi d'*Ecosse*, un Comte de *Marr*, qui aiant des Prisonniers *Anglois* presque en aussi grand nombre, que ses propres gens, se contenta de les faire jurer qu'ils ne remueroient point, quand on en viendroit aux mains, & qu'ils demeureroient prisonniers, encore même que les *Anglois* fussent assez forts pour les délivrer. *Rerum Scotic.* Lib. IX. pag. 320. *Ed. Amst.* 1643. On trouve là encore plusieurs reflexions de l'Historien, sur la generosité & l'humanite avec laquelle on traitoit ceux qu'on avoit pris. Pour ce qui est de Paul Jove, il parle du Duc d'*Anguien*, qui, après la Bataille de *Cerisoles*, relâcha tous les Prisonniers, pour décharger son camp de bouches inutiles, qui diminuoient ses provisions; & n'exigea d'eux autre chose, si ce n'est que les *Espagnols* s'en retournassent en *Espagne*, & les *Allemands* en *Allemagne*, par les terres de *France*. *Hist.* Lib. XLV. *seu alt.* circa init. *pag.* 267. Tom. III. *Edit. Basil.* 1556.

§. XIV. (1) Καὶ προσήκει ὅτι ἑκόντας τε ἐλάβετε, καὶ χεῖρας προϊσχομένους (ὁ δὲ νόμος τοῖς Ἕλλησι μὴ κτείνειν τούτους) Lib. III. Cap. LVIII. *Ed. Oxon.*

(2) C'est en parlant du carnage que les *Thébains* avoient fait de ceux qui s'étoient rendus aux *Lacedémoniens*: Καὶ τὸ τῶν παραδόντων σφᾶς Λακεδαιμονίοις οὐχ Ἑλληνικῆς γενομένης διὰ Θηβαίους σφαγῆς &c. De Exped. Alexandr. (*Lib.* I. *Cap.* IX.) Diodore *de Sicile* fait dire aux Sénateurs de *Syracuse*, qu'il est & de la Pieté, & de la Grandeur d'ame, du Peuple Syracusain, de donner la vie à ceux qui la demandent: Σώζειν δ' ἅμα τὴν πρὸς τοὺς Θεοὺς εὐσέβειαν καὶ τοὺς ἱκέτας, ἄξιόν ἐστι τῆς τοῦ δήμου μεγαλοψυχίας. (Lib. XI. in fin.) Le Rhéteur Sopater donne pour une coûtume, qui s'observe à la Guerre de ne faire aucun mal aux Supplians: Νόμος ἐστὶ τοὺς ἱκέτας σώζειν ἐν τοῖς πολέμοις. Grotius.

(3) *Ad hæc* Cæsar *respondit, Se magis consuetudine suâ, quam merito eorum, civitatem* [Atuaticorum] *conservaturum, si prius, quàm aries murum attigisset, se dedidissent* &c. De Bell. Gallic. *Lib.* II. Cap. XXXII.

(4) *Et cum iis, quos vi deviceris, consulendum est, tum ii, qui, armis positis, ad Imperatorum fidem confugiunt, quamvis murum aries percusserit, recipiendi.* De Offic. *Lib.* I. (*Cap.* XI.) Les *Romains* autrefois firent dire aux Assiégez, qui étoient dans la Citadelle de *Pétrée*, que, tous déterminez qu'ils paroissoient à mourir, on vouloit bien encore les conserver, par un effet de compassion digne du nom Romain & du nom Chretien: Ὡς ἡμεῖς ὑμᾶς γε καὶ ξυγκεχυμένους οἰκτείρομεν, καὶ θανατῶντας φειδόμεθα, καὶ πρὸς τὸν βίον ἀπειρηκότας τε καὶ βιαζομένους ἱκανῶς δεξιούμεθα. Procop. Goth. *Lib.* IV. (seu *Hist. Miscell.* Cap. XII.) Voiez De Serres, *Invent. de l'Hist. de France*: dans la Vie de *François* I. & dans celle de *Henri* II. Grotius.

(5) Voiez là-dessus les passages, que Selden cite, *De Jure Nat. & Gent. secundum discipl. Hebr.* Lib. VI. Cap. XV. à la fin. Nôtre Auteur remarque ici, dans une Note, que *Scipion Emilien*, dans le tems qu'il se disposoit à détruire *Carthage*, fit publier, que qui voudroit se sauver, il ne tenoit qu'à lui. On cite là-dessus Polybe en général, sans désigner aucun endroit. Mais je ne trouve rien de tel dans cet Historien: & je suis fort

Vainqueur. En user autrement, c'est *cruauté*, au jugement de (1) TACITE: c'est une action *contraire au Droit de la Guerre*, c'est-à-dire, au Droit Naturel, selon SALLUSTE, (2) qui fait cette réflexion en parlant de la maniére dont *Marius* traita *les* Habitans de la Ville de *Campse*, qui s'étoient rendus à lui. TITE LIVE, dont nous avons (a) déja rapporté des paroles, qui insinuent la même chose, s'exprime (3) ailleurs là-dessus fort clairement.

(a) Au commencement du §. 10.

2. Il faut même faire en sorte, autant qu'on peut, que les Ennemis se rendent par la crainte d'être passez au fil de l'épée, s'ils s'opiniâtrent à resister, plûtôt que de les réduire au desespoir en tuant même ceux qui se sont rendus. On a loué *Brutus*, (4) de ce qu'il défendit à ses Soldats de se jetter sur un Corps de Troupes Ennemies, se contentant de l'investir avec sa Cavalerie, & ajoûtant pour raison d'une conduite si douce, *que ces gens-là seroient à lui en peu de tems.*

§. XVI. 1. QUELQUE certaines que soient ces maximes de l'Equité & du Droit Naturel, on y ajoûte ordinairement des exceptions; mais qui ne sont nullement bien fondées. On veut que le droit du Talion, ou la nécessité d'intimider les Ennemis, ou leur resistance opiniâtre, dispensent le Vainqueur d'épargner leur vie. Mais si l'on rappelle dans son esprit ce que nous avons dit ci-dessus des raisons qui autorisent à tuer l'Ennemi, on verra que tous ces motifs ne sont (a) pas assez forts pour rendre juste l'action d'un Vainqueur, qui fait mourir les Prisonniers de Guerre, ou ceux qui se sont rendus à discrétion, ou ceux qui ont voulu se rendre, & qu'il n'a point reçû à composition.

(a) Voiez *Fr. Victor. De Jure Belli* num. 49. & 60.

2. On n'a rien à craindre de la part d'un Ennemi, qui est réduit à cet état-là. Il faut donc, pour être autorisé en conscience à lui ôter la vie, qu'il aît auparavant commis quelque crime, & un crime digne de mort, selon le sentiment d'un Juge équitable. C'est ainsi que nous voions qu'on a quelquefois fait mourir les Prisonniers, ou ceux qui s'étoient rendus, & que l'on a aussi refusé quelquefois de recevoir à composition ceux qui ne demandoient que la vie: parce que c'étoient des gens, qui avoient persisté à faire la Guerre, quoi que convaincus de (1) l'injustice de leur cause; ou qui (2) avoient outragé le Vainqueur par des injures atroces; ou qui (3) s'étoient rendus coupables de perfidie; ou qui avoient violé quelque (4) autre régle du Droit des Gens, maltraité, par exemple, des Ambassadeurs; ou qui enfin étoient des (5) Transfuges.

3. Mais

fort trompé, si nôtre Auteur n'a eu dans l'esprit ce qu'il avoit lû dans FLORUS, au sujet de la sommation faite aux *Carthaginois*, lors que les *Romains* vouloient qu'ils sortissent de leur païs: *Tum evocatis principibus, si salvi esse vellent, ut migrarent finibus, imperatum.* Lib. II. Cap. XV. *num.* 8. Et peut-être que sa mémoire lui a en même tems rappellé une idée confuse des offres que *Scipion* fit faire à *Hasdrubal* par *Gulussa*, au rapport de POLYBE, *Excerpt. Peiresc.* pag. 178, d'où est venu le mélange de ces deux faits, & la confusion des deux Auteurs.

§. XV. (1) *Quod adspernati sunt victores, quia trucidare deditos sævum* &c. Annal. *Lib.* XII. *Cap.* XVII. *num.* 2.

(2) Le passage a été déja rapporté, dans la Note 6. sur le §. 13. de ce Chapitre. En voici un autre du même Historien, que nôtre Auteur citoit aussi: *Alios item non armatos, neque in prælio, belli jure, sed postea supplices, per summum scelus interfectos.* Orat. de Rep. ordin. *Cap.* XXXVI. *Edit. Wass.*

(3) *Qui* [C. Popillius] *deditis, contra jus ac fas bellum intulisset* &c. Lib. XLII. Cap. XXI. *num.* 3.

(4) *Λαβὼν δὲ τὸ Γαΐου ἐν χωρίοις ἰσχυροῖς μακρὰν ἀπεσπασμένον, οὐκ εἴασεν ἐμβαλεῖν, ἀλλὰ περιιππεύων φείδεσθαι κελεύων, ὡς μετὰ μικρὸν ἰδίων ἐσομένων.* Vit. Brut. *pag.* 996. A. Au reste, je ne sai pourquoi nôtre Auteur traduit le mot *περιιππεύων*, par *equitatu circumdedit*. Cela signifie seulement, que *Brutus* courut à cheval de tous côtez, pour dire à ses gens de ne point donner sur l'Ennemi; & non pas qu'il investit l'Ennemi avec sa Cavalerie.

§. XVI. (1) Nôtre Auteur a eu ici devant les yeux ALBERIC GENTIL, *De Jure Bell.* Lib. II. Cap. 18. où ce Jurisconsulte ajoûte quelques autres cas. Mais je n'y vois aucun exemple de celui-ci; à moins qu'on ne veuille y rapporter celui des Sujets, injustement soûlevez contre leur légitime Souverain, sans aucune raison tant soit peu plausible. Voiez ci-dessous, *Chap.* XIX. §. 6. *num.* 1. C'est pour cette raison principalement, que dans la Guerre des Païsans d'*Allemagne*, qui commença en 1525. le Comte de *Truchses* punit de mort exemplaire la plûpart des Rebelles qu'il avoit contraints de se rendre. Voiez l'Histoire de ce Soûlévement, par PIERRE GNODAL, *pag.* 191. &

3. Mais la Loi Naturelle ne permet d'exercer le droit du *Talion*, que contre les Coupables mêmes. Et il ne suffit pas, que par une espéce de fiction, tous ceux du Parti de l'Ennemi soient censez ne faire qu'un seul Corps; comme on peut le comprendre par les principes que nous avons posé (b) ci-dessus, en traitant de la maniére dont les Peines passent d'une personne à l'autre. *Ne seroit-il pas absurde*, disoit autrefois l'Orateur (6) ARISTIDE, *de justifier & d'imiter ce que l'on condamne en autrui, comme une mauvaise action?* PLUTARQUE blâme les *Syracusains*, (7) de ce qu'ils avoient fait mourir les Femmes & les Enfans d'*Hicétas*, pour cette seule raison qu'*Hicétas* lui-même avoit ainsi traité la Femme, la Sœur, & le Fils de *Dion*.

(b) *Liv.* II. *Chap.* XXI. §. 12.

4. L'avantage qui peut revenir de ce qu'on intimide les Ennemis, n'autorise pas non plus à tuer sans miséricorde ceux qui sont tombez entre nos mains, mais hors d'état de nous nuire. Tout ce qu'il y a, c'est que si l'on est d'ailleurs autorisé à leur ôter la vie, cette considération peut engager à ne point relâcher de son droit.

5. Pour ce qui est de l'opiniâtreté à défendre son Parti, si le sujet de la Guerre n'est pas entiérement deshonnête, cela ne mérite aucune punition, comme le représentoient autrefois les *Néapolitains*, au rapport de (c) PROCOPE; ou du moins ce n'est pas un crime digne de mort. Un Juge équitable ne portera jamais la rigueur jusqu'à ce point. *Alexandre le Grand*, après la prise d'une Ville, qui lui avoit résisté vigoureusement, aiant fait passer au fil de l'épée tous ceux qui étoient en âge de puberté; (8) les *Indiens* regardérent comme un brigandage cette maniére de faire la Guerre; & le Conquérant, pour éviter désormais ces jugemens désavantageux, commença à user de la victoire avec plus de modération. Lui-même, dans une autre occasion, avoit ordonné d'épargner quelques *Milésiens*, *à cause de leur bravoure & de leur fidélité*; ce sont les paroles (9) d'ARRIEN. *Phyton* se voiant mener au supplice, par ordre de *Denys le Tyran*, parce qu'il avoit défendu opiniâtrement la Ville de *Rhégium*, dont il étoit Gouverneur, s'écria, qu'on le faisoit mourir injustement, pour n'avoir pas voulu trahir la Ville, & que le Ciel vengeroit bien tôt sa mort. DIODORE *de Sicile* appelle cela (10) une *injuste punition*. Pour moi, j'approuve fort ce vœu qu'on lit (11) dans LUCAIN:

(c) *Goth.* Lib. I. Cap. VIII. Voiez ci-dessus, *Chap.* IV. de ce Liv. §. 13. *Note* 2.

Arbitre souverain des Hommes & des Dieux,
Dont cette Guerre attire & les soins & les yeux,

Contre

& seqq. Edit. Basil. 1570.

(2) Comme firent autrefois les *Thébains*, assiégez par *Alexandre le Grand*, (DIOD. SICUL. Lib. XVII. Cap. IX. & XIII.) & les *Athéniens*, assiégez par *Sylla* (PLUTARCH. *De Garrulitate*, Tom. II. pag. 505.) GRONOVIUS allégue le prémier exemple. L'autre avoit été déja rapporté par ALBERIC GENTIL (*ubi supra*, pag. 377.) où l'on en trouvera encore plusieurs. Voiez aussi la Dissertation XIX. d'OBRECHT, intitulée, *Hostis dedititius*, §. 24.

(3) C'est ainsi que *Jules César* fit mourir *Publius Ligarius*, parjure & perfide: HIRTIUS, *De Bello Africano*, Cap. LXIV. Voiez d'autres exemples dans ALBERIC GENTIL, pag. 379, *& seq.*

(4) Voiez encore ici ALBERIC GENTIL, *pag.* 382.

(5) On en trouvera des exemples dans le même Auteur, *pag.* 383, *& seq.*

(6) Ἀ δ' οὖ περὶ τοὺς Σκιωναίους καὶ Μηλίους ἐξήμαρτον, πῶς οὐκ ἄτοπον κατηγορεῖν μὲν, καὶ λέγειν ὡς ἁμαρτήματα συμβαίη, μιμεῖσθαι δ' ἀξιοῦν, ὡς ὀρθῶς ἔχοντα; Orat. II. *De Pace*, pag. 75. C. Tom. II.

(7) Il appelle cela l'action la plus inhumaine de *Timoléon*, qui auroit pû empêcher, s'il eût voulu, cette punition injuste: Καὶ δοκεῖ τοῦτο τῶν Τιμολέοντος ἔργων ἀχαριστότατον γενέσθαι &c. Vit. Timoleont. *pag.* 252. C. Voiez aussi la Vie de *Dion*, pag. 983. E. & DIODORE *de Sicile*, Bibliot. *Lib.* XIV. Cap. XLVII.

(8) Ἀλέξανδρος Καθαίους, μοῖραν Ἰνδῶν, ἐξ ἀπονοίας, ἀντιστάσαν ἑλὼν ἔκτεινε . . . . τοὺς Ἰνδοὺς φήμη πονηρὰ, ὡς Ἀλεξάνδρου φονικῶς καὶ βαρβαρικῶς πολεμοῦντος. ὁ δὲ μεταβάλλειν τὴν δόξαν βουλόμενος, ἄλλην πόλιν διὰ τῆς Ἰνδίας ἑλὼν, ὁμήρους λαβὼν σπεισάμενος &c. POLYÆN. Strateg. *Lib.* IV. *Cap.* III. *num.* 30.

(9) Ὡς δὲ διακινδυνεύσειν ἐθέλοντας τοὺς ἐν τῇ νήσῳ [Μιλησίους] εἶδεν, οἶκτος λαμβάνει αὐτὸν τῶν ἀνδρῶν, ὅτι γενναῖοί τε καὶ πιστοὶ αὐτῷ ἐφαίνοντο. De Exped. Alex. *Lib.* I. *Cap.* XX.

(10) Καὶ βοῶν [ὁ Φύτων] ὅτι τὴν πόλιν οὐ βουληθεὶς προδοῦναι Διονυσίῳ τυγχάνει τῆς τιμωρίας, ἣν αὐτῷ τὸ δαιμόνιον ἐκείνῳ συντόμως ἐπιστήσει . . . . οὗτος μὲν οὖν ἀναξίως τῆς ἀρετῆς ἀνόμοις περιέπεσε τιμωρίαις &c. Lib. XIV. Cap. CXIII. *pag.* 452. *Edit. H. Steph.*

(11) —— *Vincat, quicumque necesse*
Non putat in victos sævum distringere ferrum,
Quippe suos cives, quod signa adversa tulerunt,
Non credit fecisse nefas —— ——

Pharsal. *Lib.* VII. *vers.* 312, *& seqq.* J'ai suivi la traduction de BREBEUF.

Contre la Cruauté déclare ta vengeance,
Et porte la victoire où tu vois la clémence:
Permets que le Pouvoir ne se conteste plus
A qui peut pardonner au malheur des Vaincus.

Le Poëte ne parle là que des Concitoiens divisez par une Guerre Civile: mais j'étens sa pensée à tous ceux qui sont Membres de ce grand Etat, qui embrasse tout le Genre Humain.

6. A plus forte raison le ressentiment des échecs qu'on a reçûs de la part des Vaincus n'autorise-t-il point à s'en venger par leur mort, comme firent autrefois *Achille*, *Enée*, & *Aléxandre le Grand*, qui, pour célébrer les funerailles de leurs Amis tuez dans le Combat, immolérent à leurs cendres le sang des Prisonniers, ou de ceux qui s'étoient rendus. Aussi HOMÉRE traite-t-il (12) cela de *mauvaise action.*

§. XVII. LORS même que les Ennemis sont véritablement coupables de quelque crime digne de mort, la Compassion & l'Humanité demandent qu'on relâche quelque chose de son droit, à cause du grand nombre de ceux qui méritent punition. Nous avons un grand exemple de clémence en pareil cas, c'est celui de DIEU même, qui, quelque criminels que fussent les *Cananéens*, & les autres Peuples voisins, que sa vengeance avoit condamnez à périr, (a) voulut néanmoins qu'avant que d'en venir contr'eux aux derniers actes d'hostilité, on leur offrît la paix & la vie, à condition d'être désormais tributaires de son Peuple. On peut appliquer ici ces paroles de SENÉQUE: (1) *Les Généraux punissent rigoureusement un Soldat qui commet seul quelque faute; mais lors que toute l'Armée ensemble s'est revoltée, il faut nécessairement qu'ils pardonnent. Qu'est-ce qui désarme alors la colére du Sage? C'est le nombre des Coupables.* De là vient qu'on tire au sort quelquefois, afin qu'il n'y en aît pas trop de punis, comme le remarque (2) CICÉRON: ce qui aussi serviroit à dépeupler l'Etat, plûtôt qu'à corriger les Coupables, selon la pensée de (3) SALLUSTE. Voici ce que dit LUCAIN, (4) en parlant des cruautez de *Sylla:*

(a) Voiez ci-dessus, *Liv.* II. *Chap.* XIII. §. 4.

Certes que tant de morts s'étalent ici-bas,
Souvent c'est la fureur du Démon des Combats,
Ou de l'Air infecté l'impression funeste,
Qui verse dans le cœur le Poison & la Peste:
Quelquefois l'Océan & ses flots revoltez,
Qui franchissent leurs bords & couvrent les Citez,
Ou la Terre creusant un affreux précipice:
Mais jamais tant de morts ne furent un supplice.

§. XVIII.

(12) —— Κακὰ δὲ φρεσὶ μήδετο ἔργα. (Iliad. *Lib.* XXIII. *vers.* 176.) SERVIUS remarque, que cette coûtume de faire mourir les Prisonniers de Guerre sur le Tombeau des braves Guerriers, parut dans la suite avoir quelque chose de cruel: *Sanè mos erat in sepulchris virorum fortium captivos necari: quod postquam crudele visum est, placuit* &c. In Æn. X. (vers. 519.) GROTIUS.

Voiez le *Parrhasiana* de Mr. LE CLERC, Tom. I. pag. 12, 13.

§. XVII. (1) *In singulos severitas Imperatoris distringitur: at necessaria venia est, ubi totus deseruit exercitus. Quid tollit iram Sapientis? Turba peccantium.* De ira, *Lib.* II. *Cap.* X. Le Scholiaste de JUVÉNAL cite un passage de LUCAIN, où il est dit, que tout le mal qui se commet par une grande Multitude, demeure impuni:

—— *Quidquid multis peccatur inultum est.*

(Pharsal. *Lib.* V. vers. 260.) *Livie*, Femme d'*Auguste*, représentoit autrefois, qu'il y a des choses qui sont de telle nature, que, si on vouloit les punir comme elles le méritent, il faudroit faire périr la plus grande partie du Genre Humain: *Ἄν τέ τις πάντα ἁπλῶς τὰ τοιαῦτα κατὰ τὴν ἀξίαν κολάζῃ, λήσει τοὺς πλείους τῶν ἀνθρώπων ἀπολέσας.* Apud XIPHILIN. *ex Dion. Cass.* (pag. 87. *Ed. Rob. Steph.* ST. AUGUSTIN dit, qu'il faut punir rigoureusement les crimes commis par quelque peu de personnes: mais que, quand il s'agit d'une Multitude, on doit instruire, plûtôt que commander, & user de reprimandes, plûtôt que de menaces: *Non ergo asperè, quantum existimo, non duriter, non modo imperioso ista tolluntur: magis docendo, quam jubendo, magis monendo, quàm minando; sic enim agendum est cum multitudine peccantium: severitas autem exercenda est in peccata paucorum.* Epist. LXIV. Voiez GAILIUS, *De Pace Public.* Lib. II. Cap. IX. *num.* 37. GROTIUS.

§. XVIII. 1. A l'égard des *Otages*, les principes que nous (a) avons posé ailleurs suffisent pour faire voir ce qu'on doit établir là-dessus, en suivant le Droit de Nature. Autrefois l'opinion commune étoit, que chacun a sur sa propre Vie le même droit que sur ses Biens, & que ce droit est transferé à l'Etat par un consentement exprès ou tacite de chaque Citoien. Ainsi il ne faut pas s'étonner, que dans cette supposition, on aît crû pouvoir, lors qu'on avoit sujet de punir quelque crime commis par l'Etat, faire mourir les Otages, ou en vertu de leur consentement propre & particulier, ou à cause d'une espéce de consentement de l'Etat, dans lequel le leur étoit renfermé. On trouve des exemples de (1) cela dans les Histoires. (b) Mais aujourdhui que nous avons appris dans une meilleure Ecôle, à regarder nôtre Vie comme une chose dont la disposition est reservée à Dieu, & ne nous appartient jamais à nous-mêmes: il s'ensuit de là, que personne ne peut, par son consentement tout seul, donner à autrui aucun droit sur sa propre Vie, ou sur celle de ses Sujets. C'est pourquoi le Général *Narsès*, homme de bien, trouvoit qu'il y auroit une grande cruauté à punir de mort des Otages innocens, comme le rapporte (c) Agathias. D'autres ont temoigné ailleurs les mêmes sentimens: & ils ont pû s'y confirmer par l'exemple de *Scipion*, qui, long tems avant eux, avoit déclaré hautement (2) qu'il ne vouloit point s'en prendre à des Otages innocens, mais aux Rebelles mêmes & qu'il ne punissoit que les Ennemis armez.

(a) *Liv.* II. *Chap.* XXI. §. 11. *Liv.* III. *Chap.* II. §. 6.

(b) Voiez *Fr. Victor.* De Jure Bell. *num.* 43.

(c) *Lib.* I. *Cap.* 7.

2. Quelques Jurisconsultes (d) Modernes veulent néanmoins que de telles Conventions, par lesquelles on engage sa vie, soient valables, quand l'usage les autorise. J'accorde cela, si on appelle ici *droit* une simple impunité, comme on fait souvent dans cette matiére. Mais si l'on prétend disculper entiérement ceux qui ôtent la vie à quelcun en vertu d'une simple convention, je crains bien qu'on ne se trompe soi-même, & qu'on n'abuse dangereusement les autres. A la vérité, si un Otage est ou a déja été du nombre des Ennemis coupables de quelque grand crime; ou si, depuis qu'il est Otage, il a manqué de parole en quelque chose de grande conséquence: il peut arriver alors que son supplice n'ait rien d'injuste. Mais si une personne qui ne s'est point constituée Otage de son pur mouvement, & (3) qui a été donnée en cette qualité par ordre de l'Etat, vient à se sauver, il faut en porter le même jugement que fit autrefois *Porsenna*, au sujet de la fameuse *Clelie*, lors qu'elle eut passé le *Tibre* à la nâge: ce Prince, dit Tite Live, (4) *non seulement ne lui fit aucun mal, mais encore la loua de sa bravoure.*

(d) *Menochius*, *Arb. Qu.* 7. *num.* 11.

§. XIX. Ajoutons, en finissant ce Chapitre, que tous les Combats, qui ne servent de rien pour obtenir ce que l'on cherche à se faire rendre par les armes, ou pour terminer la Guerre, & qui ne tendent qu'à une vaine (1) ostentation de ses forces, sont également contraires au Devoir d'un bon Chrétien, & à l'Humanité même. Ils doi-

(2) *Ne autem nimium multi pœnam capitis subirent, ideo illa sortitio comparata est.* Orat. pro Cluent. Cap. XLVI. Voiez ce que j'ai dit dans ma *Dissertation sur la nature du Sort*, §. 20.

(3) *Neque quisquam te ad crudeles pœnas, aut acerba judicia, invocat, quibus civitas vastatur magis, quàm corrigitur* &c. Orat. II. Ad Cæsar. *De Republ. ordinand.* Cap. XI. pag. 119. *Edit. Wass.*

(4) *Tot simul infesto juvenes occumbere letho:*
Sæpe fames, pelagique furor, subitæque ruinæ,
Aut cæli terræque lues, aut bellica clades:
Numquam pœna fuit. ——— ———

Pharsal. *Lib.* II. vers. 198, *& seqq.* J'ai suivi encore ici la version de Brebeuf.

§. XVIII. (1) Voiez ci-dessus, *Chap.* IV. de ce Livre, §. 14. & Alberic Gentil, *De Jure Belli*, Lib. II. Cap. XIX. pag. 393.

(2) *Neque se in obsides innoxios, sed in ipsos, si defecerint, sæviturum: nec ab inermi, sed ab armato hoste pœnas expetiturum.* Tit. Liv. Lib. XXVIII. (Cap. XXXIV. num. 10.) L'Empereur *Julien* fit la même déclaration, au rapport d'Eunapius *Excerpt. Legat.* I. (pag. 213. *Edit. Commelin.*) Grotius.

(3) Quelques personnes s'étant cachées, pour ne pas être envoiées en ôtage, en furent punies, à ce que nous apprend Nicetas, Lib. II. (Cap. VII. *in Vit. Isac. Angel.*) Grotius.

(4) *Apud Regem Etruscum, non tuta solum, sed & honorata virtus fuit: laudatamque virginem parte obsidum se donare dixit.* Lib. II. Cap. XIII. *num.* 9. Voiez ce que l'on dira ci-dessous, *Chap.* XX. §. 54.

§. XIX. (1) C'est l'expression d'Arrien: Ὡς ἐπίδειξιν τῆς σφῶν ῥώμης μᾶλλόν τι, ἢ πρὸς πολεμίους μετὰ κινδύνου τὸν ἀγῶνα ποιούμενοι. De Exped. Alex. *Lib.* I. (*Cap.* XXII.) Grotius.

doivent donc être défendus févérement par le Souverain, qui rendra un jour compte du sang répandu inutilement, à celui au nom duquel il porte l'Epée. SALLUSTE, (2) tout Paien qu'il étoit, louë les Généraux, qui remportent des victoires non-sanglantes. Et TACITE, en parlant des anciens *Cattes*, Peuple célébre par sa valeur, dit (3) qu'*ils ne s'amusoient gueres à courir & à escarmoucher avec l'Ennemi.*

CHAPITRE XII.

De la MODE'RATION dont on doit user à l'égard du DE'GAT, & autres choses semblables.

I. *Comment & jusqu'où il est permis en conscience de* RAVAGER *les terres de l'Ennemi.* II. *Qu'il faut s'en abstenir, lors qu'il s'agit d'une chose dont on retire du fruit, & qui n'est point au pouvoir de l'Ennemi:* III. *Ou quand on a grand sujet d'esperer une promte victoire:* IV. *Ou si l'ennemi trouve d'ailleurs dequoi s'entretenir:* V. *Ou à l'égard des choses, qui ne servent de rien pour avancer ou retarder les affaires de la Guerre.* VI. *Cela a lieu sur tout en matiére de Choses Sacrées, ou de leurs dépendances:* VII. *Comme aussi des Lieux destinez à la Sépulture.* VIII. *Avantages qui reviennent d'une telle modération.*

§. I. 1. POUR pouvoir sans injustice ravager ou détruire le bien d'autrui, il faut de trois choses l'une: ou une nécessité telle qu'il y ait lieu de présumer qu'elle forme un cas excepté dans l'établissement primitif de la Propriété des biens; comme, par exemple, si pour éviter le mal, qu'on a à craindre de la part d'un Furieux, on prend une Epée d'autrui, dont il alloit se saisir, & on la jette dans la Riviére; sauf à reparer ensuite le dommage que le tiers souffre par là, dequoi on n'est point alors même dispensé, comme nous l'avons (a) fait voir ailleurs, selon l'opinion la plus raisonnable: Ou bien il faut ici une dette, qui provienne de quelque inégalité, c'est-à-dire, que le dégât du bien d'autrui se fasse en compensation de ce qui nous est dû, comme si alors on recevoit en paiement la chose que l'on gâte ou que l'on ravage, appar-

(a) *Liv. II. Chap. II. §. 8.*

(2) SALLUSTIUS *duces laudat, qui victoriam incruento exercitu deportarent.* EX SERVIO, in XI. ÆN. *Fragm.* pag. 102. *Ed. Wass.*

(3) *Rari excursus, & fortuita pugna.* German. (*Cap.* XXX. num. 5.) PLUTARQUE blâme *Démétrius*, de ce qu'il exposoit ses Soldats, plûtôt pour aquérir de la gloire par les Combats, que pour remporter quelque avantage réel: Καὶ τοῦ Δημητρίου πολλάκις φιλοτιμίας ἕνεκα μᾶλλον, ἢ χρείας, μάχεσθαι καὶ κινδυνεύειν τοὺς στρατιώτας ἀναγκάζοντος &c. Demetr. (*pag.* 908. C.) GROTIUS.

CH. XII. §. I. (1) Nôtre Auteur a déja rapporté; dans le Chapitre précedent, §. 8. le passage de cet Historien, qu'il a ici en vuë.

(2) Τὴν δὲ τῶν πολεμίων φθειρέτω, καὶ καιέτω, καὶ τεμνέτω. ζημία γὰρ χρημάτων καὶ καρπῶν ἔνδεια μειοῖ πόλεμον, ὥσπερ ἡ τροφὴ τρέφει. ONOSANDER, Strategem. *Cap.* VI. (*pag.* 15. *Edit. Rigalt.* 1590.) On trouve une pensée semblable dans PROCLUS: „Il est, „ dit-il, d'un bon Géneral, de réduire l'Ennemi à la „ disette de tout autant de choses qu'il est possible: Στρατηγικὸν τὸ τῶν ἀγωνιστῶν ἀφαιρεῖσθαι τὴν οὐσίαν. PHILON, Juif, insinuë, que c'est la coûtume de ravager les terres de l'Ennemi, afin que le manque des choses nécessaires le force à se rendre: Οἱ πολέμιοι τὰ πλεῖον δῃοῦσιν, ἢ καίουσιν ἢ δενδροτομοῦσι τὴν τῶν ἀντιπάλων χώραν, ἵνα σπάνει τῶν ἀναγκαίων πιεσθέντες ἐνδῶσι. De Vit. contemplativ. (*pag.* 891. D. E.) Le même Auteur parlant ailleurs du dégât fait par une irruption de l'Ennemi, dit que c'est un double malheur pour ceux qui y sont exposez: l'un en ce que leurs Amis en souffrent par la disette; l'autre, en ce que l'Ennemi en profite, par l'abondance de provisions qu'il emporte: Τὸν γὰρ σπόρον, φησὶν, ἀτελῆ μὲν ὄντα δῃώσουσι, τελειωθέντα δὲ ἀμήσουσιν ἐξαίφνης ἐπελθόντες πολέμιοι, διπλῆν ἐργαζόμενοι συμφορὰν, λιμὸν μὲν φίλοις, ἐχθροῖς δὲ εὐπορίαν. De Diris (*init. pag.* 930. A. *Ed. Paris.*) GROTIUS.

On peut voir, sur le passage d'ONOSANDRE, la Note de JEAN DE CHOKIER, pag. 18, 19. de son Edition, publiée en 1610. mais sur tout la prémiére Partie des Dissertations de JANUS GRUTERUS, imprimées, comme une suite de l'Edition de RIGAULT, en 1604. sous ce titre: *Varii Discursus, sive prolixiores Commentarii ad aliquot insigniora loca* TACI-

TI

appartenante au Débiteur; sans quoi on n'y auroit aucun droit: Ou enfin il faut que l'on nous aît fait quelque mal, qui mérite d'être puni d'une telle maniére, ou jusqu'à un tel point: car, comme l'a très-bien remarqué (b) un Théologien judicieux, l'Equité ne permet pas de ravager tout un Roiaume pour quelques Troupeaux enlevez, ou quelques Maisons brûlées. Polybe, tout Païen qu'il étoit, avoit déja eu la même pensée. Ce sage Historien ne veut pas (1) que, dans la Guerre, on pousse la punition à l'infini: mais il soûtient, qu'on doit la proportionner à ce que demande une satisfaction raisonnable.

(b) *Franc. Victoria* De Jure Bell. *num.* 52, & 56.

2. Voilà donc les raisons légitimes & la juste mesure de l'usage du droit, dont il s'agit. Du reste, lors même qu'on y est autorisé par de telles raisons, si l'on n'y trouve pas en même tems son avantage, ce seroit une folie, de faire du mal à autrui, sans qu'il nous en revînt à nous-mêmes aucun bien. Aussi les sages Guerriers se proposent-ils toûjours en cela quelque avantage, dont voici le principal qui a été remarqué par un ancien Auteur Grec: (2) *Quand on est*, dit-il, *sur les terres de l'Ennemi, il faut ravager, brûler, couper, car comme l'abondance d'argent & de provisions entretient la Guerre, la disette de ces sortes de choses tend au contraire à la faire finir.* C'est ainsi que *Darius*, au rapport de Quinte Curce, (3) *croioit pouvoir ruiner* Aléxandre *par la disette, comme n'aiant pour toute subsistance que ce qu'il pilloit*. Cette maxime de l'Art Militaire a été autrefois mise en usage par *Halyatte* (c) contre les *Milesiens*; par les (d) *Thraces*, contre les *Byzantins*; par les *Romains* (e) contre les *Campanois*, les *Capénates*, les *Espagnols*, (f) les *Liguriens*, les *Nerviens*, (g) les *Messapiens*.

(c) *Herodot.* Lib. I. Cap. XVII.

(d) *Polyæn.* Strateg. IV. 45. *Frontin.* III. 4.

(e) *T. Liv.* Lib. V. VII.

(f) *Idem*, Lib. XXXIV. Cap. 17. XXXV. 40. XL. 39.

(g) *Cæsar.* De Bell. Gall. Lib. VI. Cap. 3. & 6.

3. On ne sauroit condamner un tel dégât, qui en peu de tems peut réduire l'Ennemi à la nécessité de demander la Paix. Mais, à bien considérer la chose, l'animosité a souvent plus de part à ces sortes d'expéditions, qu'une délibération sage & éclairée. Car il se trouve d'ordinaire ou que de tels motifs n'ont point de lieu, ou qu'il y en a d'autres plus forts, qui dissuadent le dégât.

§. II. 1. Cela arrive *prémiérement*, lors qu'on s'est si bien rendu maître d'une chose appartenante à l'Ennemi, qu'il n'y a plus moien pour lui de joüir des fruits qui en proviennent. C'est à quoi se rapporte proprement (1) cette Loi (a) Divine, qui ordonne de n'emploier que des Arbres Sauvages, pour faire des Retranchemens, & autres Ouvrages nécessaires à la Guerre; & de garder les Arbres Fruitiers pour la subsistance. Le Législateur donne pour raison de ses défenses, que les Arbres ne peuvent pas venir fondre sur nous en bataille rangée, comme les Hommes. Philon, Juif, étend cela aux Terres

(a) *Deuter.* XX. 19, 20.

ri *atque* Onosandri. Nôtre Auteur pourroit bien s'être servi de cette compilation: car presque tous les passages, qu'il cite dans ce Chapitre, s'y trouvent (pag. 138, *& seqq.*) avec plusieurs autres; & en beaucoup plus grand nombre, que n'en avoit aussi recueilli Alberic Gentil, *De Jure Belli*, Lib. II. Cap. XXIII.

(3) *Quippe credebat* [Darius] *inopiâ debellari posse nihil habentem, nisi quod rapiendo occupasset.* Lib. IV. Cap. IX. *num.* 8.

§. II. (1) Il y a beaucoup d'apparence, que cette Loi regarde seulement le siége des Villes, qui étoient dans le Païs de *Chanaan*, destiné à être la demeure des *Israëlites*; comme l'a remarqué Mr. Le Clerc. Ainsi ce n'est point en considération des Vaincus, que le Législateur prescrit la modération dont il s'agit; puis que le Vainqueur pouvoit non seulement, mais devoit passer tout au fil de l'épée, sans distinction d'âge ni de sexe, dans les Villes des sept Peuples dévouez à périr entiérement; & qu'à l'égard des autres Villes plus éloignées, toute la grace que les Assiégez pouvoient espérer, étoit que les Femmes & les Enfans en fussent quittes pour l'esclavage: encore y a-t-il lieu de douter, si les Enfans mâles n'étoient pas compris dans le terme général de *Mâles*, pour lesquels il n'y avoit point de quartier, *vers.* 13. Quelle apparence donc, que Dieu aît eu en vuë de faire respecter les biens de ces Peuples, sur la vie desquels il donnoit tant de pouvoir aux *Israëlites*? Cela n'empêche pourtant pas qu'on ne puisse, à mon avis, tirer d'ici un bon argument, qui fera au but de nôtre Auteur. Car puis que le Créateur & le Maître Souverain des Hommes a voulu que les *Israëlites* s'abstinssent d'un dégât fait sans nécessité, par rapport aux Terres de ces Peuples même contre lesquels il les avoit armez extraordinairement, & les avoit établis comme Exécuteurs de ses Jugemens terribles: à plus forte raison doit-il ne point approuver qu'on en use autrement dans les Guerres ordinaires, souvent injustes ou du moins entreprises sans beaucoup de nécessité, & dans lesquelles celui qui se vante le plus de la justice de sa cause est quelquefois celui qui a tort.

Terres labourables, à cause que la même raison a lieu ici : & par une fiction pathétique, il introduit la Loi même parlant ainsi à ceux qui doivent l'observer : (2) *Pourquoi vous mettez-vous en colére contre des choses inanimées, qui n'ont rien de sauvage, & qui portent des fruits doux? Les Arbres donnent-ils, comme les Hommes, quelque signe de sentimens d'Ennemi, qu'il faille les arracher, pour le mal qu'ils font, ou dont ils menacent? Bien loin de là, ils sont utiles aux Vainqueurs : ils fournissent abondance des choses nécessaires, & même de celles qui sont pour le plaisir. Ils paient tribut, aussi bien que les Hommes, & un plus riche Tribut, qui revient constamment en certaines saisons, & qui est tel, que sans cela il n'y auroit pas moien de vivre.* JOSEPH (3) parlant de la même Loi, dit, que, si les Arbres pouvoient parler, ils crieroient, qu'on les punit injustement, puis qu'ils ne sont point cause de la Guerre. C'est de là, à mon avis, que les *Pythagoriciens* ont tiré leur maxime, (4) *Qu'on ne doit point détruire, ou endommager de Plante franche, ni d'Arbre fruitier.*

2. Le Philosophe PORPHYRE décrivant les mœurs des *Juifs*, (5) étend la Loi, dont nous venons de parler, aux Animaux qui servent à l'Agriculture : car c'est, selon moi

(2) Τί γὰρ, φησὶ, τοῖς ἀψύχοις μὲν, τὴν δὲ φύσιν ἡμέροις καὶ ἡμέρους καρποὺς ἀπογεννῶσι, μνησικακεῖς; Μὴ γὰρ, ὥσπερ ἀνθρώπων πολεμίων δυσμένειαν ἐπιδείκνυται δένδρον, ὡς ἀνθ' ὧν διατίθησιν, ἢ διατίθεσθαι παρεσκεύασται, ῥίζαις αὐταῖς ἀνασπᾶσθαι. τοὐναντίον δ' ὠφελεῖ, παρέχον τοῖς νενικηκόσιν ἀφθονίαν τῶν ἀναγκαίων, καὶ τῶν πρὸς ἁβροδίαιτον βίον. οὐ γὰρ ἄνθρωποι μόνον δασμὸν φέρουσι τοῖς κυρίοις, ἀλλὰ καὶ φυτὰ τοὺς ὠφελιμωτέρους κατὰ τὰς ἐτησίους ὥρας, ὧν ἄνευ ζῆν οὐκ ἔστι. De creation. Magistrat. (*pag.* 734. C.) Il y a un autre passage de cet Auteur Juif, qui, quoi que long, mérite d'être rapporté ici. „ MOÏSE, dit-il, étend si loin la modération & la douceur, qu'il en fait l'objet, après „ les Animaux Raisonnables, ceux qui sont destituez „ de Raison ; & après les Bêtes, les Plantes même ; „ dont il faut maintenant parler, puis que nous avons „ suffisamment expliqué ce qui regarde les Hommes, „ & tous les Etres Animez. Le Législateur a donc „ défendu expressément de couper aucun Arbre franc ; „ de moissonner avant la saison les Champs semez ; „ en un mot, de gâter aucun fruit de la Terre : & „ cela afin que le Genre Humain ait abondance „ non seulement d'alimens & de choses nécessaires à „ la Vie, mais encore de celles qui sont pour le plaisir. En effet, la provision de Grains est nécessaire „ pour la subsistance des Hommes ; & la variété infinie des Fruits, que les Arbres portent, fait leurs „ délices. Ces Fruits aussi, en certains tems de disette, peuvent tenir lieu des alimens les plus nécessaires. Mais MOÏSE va encore plus loin : il défend même de ravager les Terres de l'Ennemi. Il „ veut que l'on s'abstienne de couper les Arbres qu'on „ y trouve, tenant pour injuste de décharger sur des „ choses innocentes la colére dont on est animé contre les Hommes. D'ailleurs, il a eu dessein de nous „ apprendre, qu'il ne faut pas seulement penser au „ présent, mais porter encore ses vuës sur l'avenir, & „ considerer que, dans la vicissitude à laquelle toutes „ les choses du monde sont sujettes, il peut aisément „ arriver, que ceux qui sont aujourd'hui nos ennemis „ seront demain nos Alliez, par l'effet d'une heureuse „ conférence. Or en ce cas-là on aura eu la dureté de „ dépouiller ses Amis des choses nécessaires, dont ils „ peuvent n'avoir pas fait provision pour l'avenir. En „ effet, les Anciens ont tres-bien dit, qu'il faut vivre avec ses Amis comme si on n'ignoroit pas „ qu'ils peuvent devenir nos ennemis ; & qu'au „ contraire on doit se conduire à l'égard de ceux avec qui on est brouillé, comme si la réconciliation „ étoit à espérer. Par le prémier, on se menage quelque ressource pour se mettre en sûreté, & pour n'avoir pas lieu de se repentir trop tard d'une trop „ grande facilité, en se découvrant plus qu'il n'est à „ propos dans ses actions, ou dans ses discours. Maxime très-importante, que les Etats aussi doivent „ observer avec soin, en songeant, pendant la Paix, „ à ce qui est nécessaire pour la Guerre ; & pendant „ la Guerre, à ce qui regarde la Paix : en sorte que, „ d'un côté, ils ne se fient pas trop à leurs Alliez, „ comme s'il ne pouvoit point arriver de changement „ qui les fit tourner du parti contraire ; & que, de „ l'autre, ils ne se défient pas entiérement d'un Ennemi, comme s'il ne pouvoit jamais redevenir leur „ ami. Mais quand même on ne devroit rien faire „ en faveur des Ennemis, dans l'esperance d'une réconciliation, on ne pourroit pas pour cela s'en prendre aux Plantes & aux Arbres. Rien de tout cela „ ne nous fait la Guerre : tout cela au contraire est „ en paix avec nous, & nous fait du bien. Les Arbres „ fruitiers principalement, & les Plantes franches, „ nous sont fort nécessaires, puis que leur fruit nous sert „ de nourriture, ou nous en tient lieu. Il ne faut „ donc pas faire la Guerre à ce qui ne veut ni ne „ peut nous faire aucun mal. Il ne faut ni couper, „ ni brûler, ni arracher, des choses que la Nature „ même prend soin de former & de faire croître, par „ les eaux dont elle les arrose, & par la température des Saisons, qu'elle améne réguliérement, afin „ que tous les ans elles paient tribut aux Hommes, „ comme à autant de Rois. Cette bonne & sage Mére „ donne une force & une vigueur continuelle, non „ seulement aux Animaux, mais encore aux Plantes, „ sur tout aux franches, qui demandent de plus grands „ soins, & qui n'ont pas une aussi grande fécondité, „ que les sauvages &c. Ἐπιδαψιλευόμενος δὲ τὸ ἐπιεικὲς, πάλιν πλουσίως αὐτῷ καὶ κατακόρως χρῆται, μετιὼν ἀπὸ μὲν τῶν λογικῶν ἐπὶ τὰ ἄλογα, ἀπὸ δὲ τῶν ἀλόγων ἐπὶ τὰ φυτά· περὶ ὧν αὐτίκα λεκτέον, ἐπειδή γε περὶ τῶν προτέρων ἀνθρώπων, καὶ τῶν ὅσα ψυχῆς μεμοίραται, λέλεκται. Ἀπεῖπε τοίνυν ἄντικρυς μήτε δενδροτομεῖν ὅσα τῶν ἡμέρων ὕλης, μήτε κείρειν ἐπὶ λύμῃ σταχυοφοροῦσαν πρὸ καιροῦ πεδιάδα, μήτε συνόλως καρποὺς διαφθείρειν, ἵνα περιουσίᾳ μὲν τροφῶν ἀφθόνων χορηγῆται τὸ τῶν ἀνθρώπων γένος, περιουσιάζῃ δὲ μὴ μόνον τῶν ἀναγκαίων, ἀλλὰ καὶ τῶν πρὸς τὸ ἁβροδίαιτον βίον. ἀναγκαῖον μὲν γὰρ ὁ τοῦ σίτου καρπὸς, εἰς τροφὴν ἀνθρώπων ἀποκριθείς· περὶ

moi, en conséquence d'une interprétation de cette Loi autorisée par l'usage, qu'il attribuë à *Moïse*, d'avoir ordonné qu'on épargnât ces sortes d'Animaux sur les terres même de l'Ennemi. Les Auteurs du THALMUD, & les Interprêtes Juifs, ajoûtent, qu'il (6) faut encore étendre la même Loi à tout ce que l'on détruiroit inutilement, comme si l'on met le feu aux Bâtimens, ou que l'on gâte des provisions de bouche. *Timothée*, ancien Général des *Athéniens*, usoit sagement d'une telle modération : car, comme nous l'apprenons de POLYEN, (7) *il ne permit jamais qu'on brûlât aucune Maison, soit de la Ville, ou de la Campagne, ni que l'on coupât aucun Arbre fruitier.* PLATON aussi (8) a fait de cette défense une des Loix de sa République.

5. Si pendant le cours de la Guerre il faut s'abstenir de tout dégât fait sans nécessité, à plus forte raison cela a-t-il lieu, lors qu'on a remporté une pleine & entiere victoire. CICE'RON désapprouve (9) la destruction de *Corinthe*, quoi que par là on eût voulu tirer raison de ce que les Ambassadeurs des *Romains* avoient été traitez avec beaucoup d'indignité. Il (10) traite ailleurs de Guerre infame, abominable, souverainement passionnée, (11) celle qu'on fait aux Murailles, aux Toits, aux Colonnes, & aux

πρὸς δὲ τὸν ἀβεβαίωτον βίον, αἱ τῶν ἀνθρώπων ἀμύθητοι ποικιλίαι· γίνονται δὲ ἐν ὀλίγαις πολλάκις ὅτι καὶ τροφαὶ δεύτεραι. Καὶ τοσοῦτον ὑπερβάλλει, ὥστε τῶν πολεμίων χώραν τέμνειν ἐᾷ, παραγγέλλει δὲ ἀπέχειν δενδροτομιῶν, ἄδικον ὑπολαμβάνων τὴν πρὸς ἀνθρώπους ὀργὴν ἀποσκήπτειν εἰς τὰ μηδενὸς αἴτια κακοῦ. ἔπειτα δὲ ἀξιοῖ μὴ μόνον τὸ παρὸν προορᾶσθαι, μηδενὸς ἐν ὁμοίῳ μένοντος, ἀλλὰ πάντων τροπαῖς καὶ μεταβολαῖς χρωμένων, ὡς εἰκὸς εἶναι τοὺς τέως δυσμενεῖς ἐπικηρυκευσαμένους καὶ συμβατηρίων ἀρξαμένους, ἐνσπόνδους αὐτίκα γενέσθαι· φίλους δὲ τροφῶν ἀναγκαίων ἀποστερεῖν, χαλεπόν, μηδὲν ταμιευσαμένους τῆς ἐπ' ὠφελείᾳ, διὰ τὴν τοῦ μέλλοντος ἀδηλότητα. Πάνυ γὰρ ἐκεῖνο καλῶς εἴρηται τοῖς παλαιοῖς, ὅτι καὶ φιλίας κοινωνητέον, μὴ ἀπογινώσκοντας ἔχθραν, καὶ προσεκτέον ὡς φιλίας ἐσομένης· ἵνα ἕκαστος ἐν τῇ ἑαυτοῦ φύσει ταμιεύηταί τι τῶν εἰς ἀσφάλειαν, καὶ μὴ ἀπογυμνωθεὶς ἐν ἔργοις καὶ λόγοις, μετανοῇ τῆς ἄγαν εὐχερείας, ὅτ' οὐδὲν ὄφελος, αἰτιώμενος ἑαυτόν. Τὸ λόγιον τοῦτο χρὴ φυλάττειν καὶ τὰς πόλεις, ἐν μὲν εἰρήνῃ προνοουμένας τοῦ κατὰ πόλεμον, ἐν δὲ πολέμῳ, τοῦ κατ' εἰρήνην· καὶ μήτε τοῖς συμμάχοις ἀδεῶς πεπιστευκέναι, ὡς οὐ χρησομένοις μεταβολῇ πρὸς τὸ ἀντίπαλον, μήτε τοῖς πολεμίοις εἰσάπαν ἀπιστεῖν, ὡς οὐ δυνησομένοις ποτὲ μεθαρμόσασθαι πρὸς τὸ ἔνσπονδον. Εἰ μέντοι καὶ μηδὲν ὑπὲρ ἐχθροῦ πρακτέον δι' ἐλπίδα καταλλαγῶν, οὐδὲν ἐχθρὸν φυτόν, ἀλλὰ πάντα ἔνσπονδα καὶ ὠφέλιμα· τὰ δ' ἥμερα καὶ διαφερόντως ἀναγκαῖα, ὧν ὁ καρπὸς ἢ τροφή ἐστιν, ἢ ἰσότιμον τροφῇ κτῆμα. οὐ δεῖ πολεμεῖν πρὸς τὰ μὴ πολέμια, τέμνοντας, ἢ καίοντας, ἢ ῥίζαις αὐταῖς ἀνασπῶντας, ἅπερ αὐτὴ ἡ φύσις ὑδάτων ἐπιρροίαις καὶ θέρους εὐκρασίαις ἐτελεσιούργησε, δασμοὺς ἐτησίους οἴσοντα ἀνθρώποις, οἷα βασιλεῦσιν, ἐμέλησε δ' αὐτῇ, καθάπερ ἀγαθῇ προστάτῃ, ἄληπτον εἶναι, μὴ μόνον ζώοις, ἀλλὰ καὶ φυτοῖς, ἰσχύν τε καὶ ῥώμην, καὶ μάλιστα τοῖς ἡμέροις· ἐπειδὴ καὶ πλείονος ἀξία φροντίδος ἐστί, καὶ οὐχ ὁμοίως τοῖς ἀγρίοις ἔγγονα, γεωργικῆς ἐπιστήμης δεόμενα πρὸς κραταιοτέραν δύναμιν &c. De Humanitate, (*pag.* 712, 713.) GROTIUS.

(5) Il étend si loin les défenses de cette Loi, qu'il semble n'en excepter pas même le cas où l'on ne trouveroit point d'autre bois pour faire les Machines nécessaires : Πολιορκοῦντας δὲ, καὶ ξύλων ἀπορουμένους εἰς ποίησιν μηχανημάτων, μὴ κείρειν τὴν γῆν, ἥμερα δένδρα κόπτοντας· ἀλλὰ φείδεσθαι, λογιζομένους ἐπ' ὠφελείᾳ ταῦτα τῶν ἀνθρώπων γεγονέναι, καὶ φωνῆς ἂν εὐπορήσαντα δικαιολογήσασθαι πρὸς ὑμᾶς, ὡς οὐδὲν αἴτια γεγονότα τοῦ πολέμου, πάσχει κακῶς παρὰ δίκην &c. Antiq. Jud. *Lib.* IV. *Cap.* VIII. pag. 130. B.

(4) Ἥμερον φυτὸν καὶ ἔγκαρπον μήτε βλάπτειν, μήτε φθείρειν. De Vit. Pythag. §. 99. *Edit. Kuster.* Voiez encore DIOGENE LAERCE, *Lib.* VIII. §. 23.

(5) Ce Philosophe parle de la Secte des *Esséniens* en particulier : Φείδεσθαι δὲ κελεύει, κἂν τῇ πολεμίᾳ, τῶν συνεργαζομένων ζώων, καὶ μὴ φονεύειν. De abstin. Animal. *Lib.* IV. pag. 394. *Ed. Lugd.* 1620.

(6) Ils veulent, au contraire, qu'on y ajoûte cette exception ; A moins que des Arbres fruitiers ne se trouvent dans un Fauxbourg, où ils empêchent de tirer contre l'Ennemi. GROTIUS.

Voiez le Traité du docte SELDEN, *De Jure Natur. & Gent. secundùm discipl. Hebraeorum*, Lib. VI. Cap. XV.

(7) Οὐκ ἐπέτρεψε δὲ [ὁ Τιμόθεος] οὔτε οἰκίαν, οὔτε ἔπαυλιν καθαιρεῖν, οὐ μὴν οὐδὲ ἥμερον δένδρον ἐκκόπτειν, ἀλλ' αὐτοὺς τοὺς καρποὺς λαμβάνειν. Strateg. *Lib.* III. *Cap.* X. *num.* 5.

(8) Οὐδ' ἄρα τὴν Ἑλλάδα Ἕλληνες ὄντες κεροῦσιν, οὐδὲ οἰκήσεις ἐμπρήσουσιν. De Repub. *Lib.* V. pag. 471. A. Tom. I. *Ed. H. Steph.*

(9) *Nollem* Corinthum [*funditus sublatam*]. De Offic. *Lib.* I. *Cap.* XI. Voiez aussi *Lib.* III. *Cap.* XI.

(10) *Sed quid ego vestram crudelitatem expromo, quam in ipsum me ac meos adhibuistis? qui parietibus, qui tectis, qui columnis, ac postibus meis, horrificum quoddam & nefarium, omni imbutum odio, bellum intulistis.* Orat. *pro domo sua*, Cap. XXIII.

(11) Il y a sur ce sujet une belle Lettre de *Belisaire* à *Totila*, Roi des *Goths*. La voici, telle que PROCOPE nous la rapporte. „ On a crû jusqu'ici, que c'étoit un effet de la Sagesse & du génie des grands „ [Pol]itiques, d'élever de beaux Edifices ; mais qu'il „ n'appartient qu'à des Insensez de détruire de tels ornemens, & de n'avoir pas honte de laisser à la „ Postérité cette marque de leur folie. Tout le monde „ convient, que *Rome* est la plus grande & la plus „ belle Ville qui soit sous le Ciel. Aussi n'est-elle „ point parvenuë à ce point de grandeur & de beauté, par la conduite d'un seul homme, ou en peu de „ tems : c'est l'ouvrage de plusieurs Rois & d'un grand „ nombre d'Empereurs, d'une infinité de grands personnages de tout ordre, d'une longue suite de siecles, d'un „ amas prodigieux de richesses ; à la faveur dequoi on „ a pû y ramasser ce que tout le reste de la Terre a de „ plus rare, & y attirer sur tout les plus excellens Ouvriers. C'est ainsi que *Rome* s'est formée peu-à- „ peu, telle que vous la voiez, pleine des monumens „ que

aux Portes. Tite Live (12) louë la douceur des *Romains*, de ce qu'après avoir vaincu *Capouë*, ils n'avoient point emploié le fer & le feu contre des Toits & des Murs innocens. Seneque, dans une de ses Tragédies, (13) fait dire à *Agamemnon*, que son dessein étoit d'abbattre & de vaincre les *Troiens*; mais que, bien loin d'avoir pensé à raser leur Ville, il l'auroit même empêché, s'il l'avoit pû.

4. Dieu, à la vérité, condamna autrefois quelques Villes à être entiérement dé-
(b) *Josué*, Chap. VI. truites, comme nous l'apprenons (b) de l'Histoire Sainte: & il fit même une excep-
(c) *II. Rois*, III, 19. tion à la Loi générale, dont nous avons parlé ci-dessus, en (c) ordonnant de couper les Arbres des *Moabites*. Mais ce ne fut pas pour autoriser ceux qui devoient exercer ces actes d'hostilité à les faire par un principe de haine: il voulut seulement témoigner par là une juste indignation contre des crimes ou connus de tout le monde, ou qui, au jugement de cet Etre Souverain, méritoient une telle punition.

§. III. 1. En *second lieu*, la maxime, dont nous traitons, a lieu, lors même qu'on n'est pas en possession assûrée des Terres de l'Ennemi, s'il y a grande espérance d'une prompte victoire, dont ces Terres & leurs fruits doivent être le prix. *Aléxandre le Grand* se servit de cette raison, au rapport de Justin, (1) pour empêcher ses Soldats de ravager l'*Asie*: *Epargnez vôtre propre bien*, leur disoit-il, *& ne détruisez point ce dont vous êtes venus vous rendre maîtres.* C'est le conseil que *Crésus* (2) donnoit à *Cyrus*, par rapport à la *Lydie*, dont le prémier avoit été dépouillé par le dernier. Et le Consul *Quintius*, dans la Guerre des *Romains* contre *Philippe*, Roi de *Macédoine*, (3) fit une semblable exhortation à ses Soldats, pendant que l'Ennemi ravageoit la *Thessalie*.

2 On peut appliquer à ceux qui en usent autrement, ce que *Jocaste* dit à *Polynice* son Fils, dans une Tragédie de (4) Seneque: *Vous voulez vous rendre maître du Roiaume, & vous le perdez. Vous voulez qu'il soit vôtre, & vous travaillez à faire qu'il ne soit plus. Vous trahissez vôtre cause, par cela même que portant vos armes destructives dans le païs, vous y mettez le feu, vous fauchez les bleds déja grands, vous mettez*

„ que chacun de ceux, qui ont contribué à son aggrandissement, a laissé de sa sagesse & de son habileté. Ne pas les respecter, c'est faire une grande injustice aux Hommes de tous les siécles; puis que par là, d'un côté, on prive les Morts des louanges que la Postérité doit à leur mémoire; & que, de l'autre, on ôte aux Vivans, & à ceux qui les suivront, le plaisir d'admirer ces précieux restes de l'Antiquité. Cela étant, considérez, je vous prie, que vous serez ou vaincu, ou vainqueur, dans cette Guerre; il n'y a point de milieu. Si vous êtes vainqueur, en détruisant *Rome*, vous aurez détruit une Ville qui vous appartiendroit: au lieu qu'en la conservant, vous aurez conservé la plus riche & la plus belle de vos conquêtes. Que si vous avez le malheur d'être vaincu, le Vainqueur vous aura grande obligation d'avoir épargné cette Ville, & cela vous le rendra favorable; au lieu que, si vous l'aviez détruite, il n'y auroit point de grace à esperer pour vous de sa part. D'ailleurs, outre que vous ne retirerez aucun avantage de la destruction de *Rome*; vous vous aquerrez une réputation bonne ou mauvaise dans l'esprit de tout le monde, selon que vous aurez agi en cette occasion: car telle qu'est la conduite des Princes, telle est aussi l'opinion qu'on a d'eux. Πόλεων μὲν κάλλη οὐκ ὄντα ἐργάζεσθαι, ἀνθρώπων ἂν φρονίμων εὑρήματα εἴη, καὶ πολιτικῶς βιοτεύειν ἐπισταμένων· ὄντα δὲ ἀφανίζειν, ἥ γε ἀξυνέτων εἰκός, καὶ γνώρισμα τοῦτο τῆς αὐτῶν φύσεως ἐν αἰσχυνομένων χρόνῳ τῷ ὑστέρῳ ἀπολιπεῖν. Ῥώμη μέντοι πόλεων ἁπασῶν, ὅσαι ὑφ' ἡλίῳ τυγχάνουσιν οὖσαι, μεγίστη τε καὶ ἀξιολογωτάτη ὁμολογεῖται εἶναι· οὐδὲ γὰρ ἀνδρὸς ἑνὸς ἀρετῇ εἴργασται, οὐδὲ χρόνου βραχέος δυνάμει, εἰς τόσον μεγέθους τε καὶ κάλλους ἀφῖκται· ἀλλὰ βασιλέων μὲν πλῆθος, ἀνδρῶν δὲ ἀρίστων ξυμμορίαι πολλαί, χρόνου τε μῆκος, καὶ πλούτου ἐξουσίας ὑπερβολή, τά τε ἄλλα πάντα ἐκ πάσης τῆς γῆς, καὶ τεχνίτας ἀνθρώπους ἐνταῦθα ξυναγαγεῖν ἴσχυσαν. οὕτω τε τὴν πόλιν τοιαύτην οἵαν ὁρᾷς, κατὰ βραχὺ τεκτηνάμενοι, μνημεῖα τῆς ἁπάντων ἀρετῆς τοῖς ἐπιγενησομένοις ἀπέλιπον· ὥστε ἡ εἰς ταῦτα ἐπήρεια εἰκότως ἂν ἀδίκημα μέγα εἰς τοὺς ἀνθρώπους τοῦ παντὸς αἰῶνος δόξειεν εἶναι· ἀφαιρεῖται μὲν γὰρ τοὺς προγεγενημένους τὴν τῆς ἀρετῆς μνήμην, τοὺς δὲ ὕστερον ἐπιγενησομένους τῶν ἔργων τὴν θέαν. Τούτων δὲ τοιούτων ὄντων, ἐκεῖνο εὖ ἴσθι, ὡς δυοῖν ἀνάγκη θάτερον εἶναι· ἢ γὰρ ἡσσηθήσῃ τοῦ βασιλέως τῷδε τῷ πολέμῳ, ἢ περιέσῃ, ἂν οὕτω τύχοι. ἢν μὲν οὖν νικήσῃς, Ῥώμην γε καθελών, οὐ τὴν ἑτέρου του, ἀλλὰ τὴν σαυτοῦ ἀπολωλεκὼς ἄν, ὦ βέλτιστε, εἴης· καὶ διαφυλάξας, κτήματι, ὡς τὸ εἰκός, τῶν πάντων καλλίστῳ πλουτήσεις. ἢν δέ γε τὴν χείρω σοι τύχην καλῶς ξυμβαίη, σώσαντι μὲν Ῥώμην χάρις ἂν σώζοιτο παρὰ τῷ νενικηκότι πολλή· διαφθείραντι δέ, φιλανθρωπίας τε οὐδεὶς ἔτι λείψεται λόγος, καὶ προσέσται τὸ μηδὲν τοῦ ἔργου ἀπόνασθαι· καταλείψεται δέ σοι καὶ δόξα τῆς πράξεως ἀξία πρὸς πάντων ἀνθρώπων, ἕτοιμος ἐφ' ἑκατέρᾳ σοι τῆς γνώμης ἑτοίμως ἕστηκεν· ὁποῖα γὰρ ἂν τῶν ἀρχόντων τὰ ἔργα εἴη, τοιοῦτον ἀνάγκη καὶ ὑπὲρ αὐτῶν ὄνομα φέρεσθαι. Gothic. *Lib.* III. (*Cap.* XXII.) Voiez aussi une Loi de l'Empereur *Frederic I.* rapportée par Conrad, Abbé d'*Ursperg*; & ce que Me-

LANCH-

tez tout en fuite par la campagne. Personne ne ravage ainsi son propre bien. Ce que vous brûlez, ce que vous coupez, vous le regardez donc comme appartenant à autrui. On trouve une semblable pensée dans (5) QUINTE-CURCE: & CICE'RON aussi dit (a) quelque chose d'approchant dans deux ou trois Lettres, où il condamne le dessein qu'avoit formé *Pompée* de prendre sa Patrie par la famine. *Aléxandre*, Isien, blâmoit *Philippe* de tenir une conduite comme celle-là, ainsi que nous l'apprend (b) POLYBE; dont TITE LIVE a traduit ainsi les paroles: (6) *Ce Prince, dit-il, ne s'exposoit point à combattre en rase campagne & enseignes déploiées: mais il alloit fuiant, brûlant & pillant les Villes; en sorte que le Vaincu rendoit inutile aux Vainqueurs ce qui devoit être la récompense de la victoire. Ce n'étoit point la maxime des anciens Rois de* Macédoine: *ils donnoient & recevoient bataille dans les formes; ils épargnoient les Villes, autant qu'il leur étoit possible, pour avoir des Etats plus étendus & plus riches. En effet, n'est-ce pas une étrange conduite, de faire la Guerre de telle façon, qu'en même tems qu'on dispute la possession d'une chose, on ne laisse pour soi rien de reste, que la Guerre?*

(a) *Lib.* IX. *Epist. ad* Attic. VII. IX. X.

(b) *Lib.* XVII. *Cap.* 3.

§. IV. 1. EN *troisiéme lieu*, il faut encore user de la modération que nous prescrivons ici, lors que l'Ennemi peut avoir d'ailleurs dequoi vivre; comme si la Mer lui est ouverte, ou l'entrée de quelque autre Païs entiérement libre. Le Roi *Archidamus*, dans une Harangue que THUCYDIDE lui prête, pour détourner les *Lacedémoniens*, ses Sujets, de faire la Guerre aux *Athéniens*, leur demande (1) sur quoi ils fondent le succès d'une telle entreprise: s'ils se flattent, par exemple, qu'aiant une plus forte Armée, ils puissent aisément ravager l'*Attique*? Mais, ajoûte-t-il, les *Athéniens* possédent d'autres païs (il entendoit par là la *Thrace*, & l'*Ionie*) & ils peuvent faire venir par mer tout ce qui leur manque. La réflexion de ce Prince étoit très-sage. Le meilleur est donc, en ce cas-là, de laisser labourer & cultiver les Terres en toute sûreté, dans les frontiéres même de part & d'autre: & nous avons vû pratiquer cela avantageusement, dans la Guerre des *Païs-bas*, moiennant certaines contributions que chacun des Ennemis exigeoit de son côté.

2. Cette

LANCHTHON dit, dans sa *Chronique*, au sujet de *Friderie*, Comte Palatin. GROTIUS.

(12) *Ita ad* Capuam *res compositæ, consilio ab omni parte laudabili . . . . non sævitum incendiis ruinisque in tecta innoxia murosque* &c. Lib. XXVI. Cap. XVI. num. 11, 12.

(13) *Equidem fatebor (pace dixisse hoc tuâ,*
Argiva *tellus, liceat) adfligi* Phrygas
Vincique volui: ruere, & æquari solo,
Etiam arcuissem ——— ———
Troad. *vers.* 276, *& seqq.*

§. III. (1) *Inde hostem petens, milites à populatione* Asiæ *prohibuit*, parcendum suis rebus *præfatus*, nec perdenda ea, quæ possessuri venerant. *Lib.* XI. *Cap.* VI. *num.* 1.

(2) Οὔτε πόλιν τὴν ἐμὴν, οὔτε χρήματα τὰ ἐμὰ διαρπάζεις· οὐδὲν γάρ ἐμοὶ ἔτι τούτων μέτα· ἀλλὰ φέρουσί τε καὶ ἄγουσι τὰ σά. HERODOT. Lib. I. Cap. LXXXVIII.

(3) Καὶ παρεκάλει τοὺς στρατιώτας, ὥσπερ οἰκείας καὶ παρακεχωρημένης ὁδεύοντας, βαδίζειν. Vit. T. Quint. Flamin. (*pag.* 371. D.) C'est ainsi que *Gélimer*, & les *Vandales*, qui, sous son commandement, assiégeoient *Carthage*, se gardérent de piller & de ravager le païs, le conservant comme leur bien, ainsi que nous l'apprend PROCOPE, *Vandalic.* Lib. II. *init.* (Cap. I.). Voici une réflexion semblable, qu'on trouve dans HELMOLD: *Nonne terra, quam devastamus, nostra est, & populus, quem expugnamus, populus noster est? quare ergo invenimur hostes nostrimet, & dissipatores vectigalium nostrorum?* Lib. I. Cap. LXVI. Voiez quelque chose de semblable dans BEMBE, *Hist.* Lib. IX. (fol 149. *vers.* Edit. *Venet.* 1551.) & dans PARUTA, *Lib.* VI. au sujet des *Allemands*. GROTIUS.

(4) *Patriam petendo perdis: ut fiat tua,*
Vis esse nullam? quin tua caussæ nocet
Ipsum hoc, quòd armis uris infestis solum,
Segetesque adultas sternis, & totos fugam
Edis per agros. Nemo sic vastat sua.
Quæ corripi igne, quæ meti gladiò jubes,
Aliena credis? ——— ———
Phoeniss. (sive *Thebaïd.*) vers. 558, *& seqq.* Ed. Gronov.

(5) *Nullum desperationis illorum majus indicium esse, quàm quòd urbes, quòd agros suos urerent: quidquid non corrupissent, hostium esse confessi.* Lib. IV. Cap. XIV. num. 2.

(6) *In bello non congredi* [Philippum] *æquo campo, neque collatis signis dimicare, sed refugientem incendere ac diripere urbes, & vincentium præmia victum corrumpere. At non sic antiquos* Macedonum *Reges, sed acie bellare solitos, urbibus parcere, quantum possent, quo opulentius imperium haberent. Nam, de quorum possessione dimicetur, tollentem, nihil sibi, præter bellum, relinquere, quod consilium esse?* Lib. XXXII. Cap. XXXIII. num. 11, 12.

§. IV. (1) Τάχ᾽ ἄν τινι θαρσοίη, ὅτι τοῖς ὅπλοις αὐτῶν καὶ τῷ πλήθει ὑπερφέρομεν, ὥστε τὴν γῆν δῃοῦν ἐπιφοιτῶντες. τοῖς δὲ ἄλλη γῆ ἐστὶ πολλὴ, ἧς ἄρχουσι, καὶ ἐκ θαλάσσης ὧν δέονται ἐπάξονται. Lib. I. Cap. LXXXI.

2. Cette pratique n'est pas tout-à-fait nouvelle. Parmi les *Indiens*, ainsi que nous l'apprend DIODORE *de Sicile*, (2) *les Laboureurs étoient sacrez : ils travailloient paisiblement & sans avoir à craindre, à la vuë même des Armées*; parce qu'on les regardoit comme *les Bienfaicteurs du Genre Humain.* Là *on ne savoit ce que c'étoit que brûler, ou couper les Arbres, en Campagne.* XENOPHON parle d'un Traité fait entre *Cyrus* & le Roi d'*Assyrie*, par lequel il fut convenu, (3) *que les Laboureurs de part & d'autre vivroient en paix, & qu'on ne feroit la Guerre que contre ceux qui auroient les armes à la main.* Le fameux Capitaine *Timothée* donnoit à ferme les meilleurs endroits du païs, où il étoit entré avec son Armée ; comme POLYEN (4) le raconte. ARISTOTE (5) ajoûte, que ce Général vendoit les fruits aux Ennemis mêmes, pour paier ses Soldats de l'argent qu'il en tiroit: ce que *Viriat* fit aussi en *Espagne*, au rapport (a) d'APPIEN d'*Alexandrie*. Nous avons vû pratiquer la même chose dans la Guerre des *Païs-bas*, avec beaucoup de sagesse & d'utilité, au grand étonnement des Etrangers.

(a) Pag. 291. *Ed. H. Steph.*

3. Les CANONS, qui sont pleins de leçons d'Humanité, proposent à l'imitation des *Chrétiens* cette maniére d'agir, comme conforme à leur profession, qui les engage à être plus humains, que le reste des Hommes. C'est pourquoi il est ordonné dans ces Canons, (6) de ne faire aucun mal en tems de Guerre non seulement aux Laboureurs, mais encore aux Bêtes dont ils se servent pour le Labourage, & de ne pas leur prendre les graines qu'ils portent pour semer. C'est sans doute par la même raison, que les Loix Civiles (7) défendent de prendre en gage ou de saisir les choses qui servent au Labourage ; & qu'il n'étoit pas permis de tuer un Bœuf de charruë, chez les (b) *Phrygiens* & les *Cypriens*, d'où cette coûtume passa ensuite aux (8) *Athéniens* & aux *Romains.*

(b) *Nicol. Damasc.* Excerpt. Peiresc. pag. 517. *Dion Chrysost.* Orat. LXIV.

§. V. ENFIN, il y a des choses qui sont de telle nature, qu'elles ne peuvent être d'aucun usage pour faire la Guerre, ni contribuer quoi que ce soit à la prolonger. Ainsi la

(2) Παρὰ μὲν γὰρ τοῖς ἄλλοις ἀνθρώποις οἱ πολέμιοι καταφθείροντες τὴν χώραν, ἀγεώργητον κατασκευάζουσι· παρὰ δὲ τούτοις, τῶν γεωργῶν ἱερῶν καὶ ἀσύλων ἐωμένων, οἱ πλησίον τῶν παρατάξεων γεωργοῦντες, ἀνεπαίσθητοι τῶν κινδύνων εἰσί .... τήν τε χώραν τῶν ἀντιπολεμούντων οὔτ' ἐμπυρίζουσιν, οὔτε δενδροτομοῦσι. Lib. II. Cap. XXXVI. pag. 86. *Ed. H. Steph.* Καὶ οὐδεὶς ἐν πολέμῳ περιτυχὼν γεωργῷ περὶ τὴν χώραν, ἀδικήσειεν, ἀλλ' ὡς κοινοὺς εὐεργέτας ἡγούμενοι, πάσης ἀδικίας ἀπέχονται. Cap. XL. pag. 88.

(3) Καὶ ἐγένοντο συνθῆκαι, τοῖς μὲν ἐργαζομένοις εἰρήνην εἶναι, τοῖς δ' ὁπλοφοροῦσι πόλεμον. Cyrop. *Lib.* V. *Cap.* IV. §. 13. *Ed. Oxon.*

(4) Ἔγκαρπον ὁρῶν τὴν νῆσον [Σάμον] ἐξελὼν χωρίον ἐς φρουρὰν, τοὺς ἄλλους καρποὺς ἀπεδόμενος, ἀσφάλειαν τοῖς καρπολογοῦσι παρασχὼν &c. Strateg. (*Lib.* III. Cap. X. *num.* 9.) PLUTARQUE dit la même chose des *Mégariens*, Quæst. Græc. (XVII. *pag.* 295. B.) *Totila*, lors qu'il se disposoit à assiéger *Rome*, ne fit point de mal aux Païsans par toute l'*Italie* : au contraire, il leur commanda de labourer la terre, comme auparavant, à la charge de lui paier les droits ordinaires: Τῶν μέν τοι γεωργοὺς οὐδὲν ἄχαρι ἀνὰ πᾶσαν τὴν Ἰταλίαν εἰργάσατο ἀλλὰ τὴν γῆν ἐκέλευεν ἀδεῶς, ᾗπερ εἰώθεσαν, ἐσαεὶ γεωργεῖν, τοὺς φόρους αὐτῷ ἀναφέροντας. PROCOP. Gotthic. *Lib.* III. (Cap. XIII.) CASSIODORE dit, que la plus grande louange pour ceux qui défendent l'Etat par les armes, c'est de faire ensorte que, pendant ce tems-là, les Païsans ne discontinuent point les travaux de la Campagne : *Defensorum maxima laus est, si, quum illi videantur prædictas regiones protegere, isti non desinant patrioticas possessiones excolere.* Var. *Lib.* XII. *Cap.* V. GROTIUS.

(5) Σάμον δὲ πολιορκῶν [ὁ Τιμόθεος] τοὺς καρποὺς καὶ τὰ ἐπὶ τῶν ἀγρῶν ἀπεδίδοτο αὐτοῖς τοῖς Σαμίοις. Oeconomic. *Lib.* II. pag. 507. A. Tom. II. *Ed. Paris.*

(6) Voiez le Canon cité à la fin du §. 10. dans le Chapitre précedent.

(7) Outre l'utilité de l'Agriculture, on avoit ici égard à l'intérêt du Fisc, qui demandoit que les Débiteurs ne fussent point mis par là hors d'état de paier les tributs en leur tems : *Exsequutores, à quocumque Judice dati, ad exigenda debita ea quæ civiliter poscuntur, servos aratores, aut boves aratorios, aut instrumentum aratorium, pignoris caussâ de possessionibus non abstrahant, ex quo tributorum illatio retardatur.* COD. Lib. VIII. Tit. XVII. *Quæ res pignori obligari possunt* &c. Leg. VII. Voiez CUJAS, *Observ.* IV. 20.

(8) Καὶ τοῦτο δὲ ἦν φυλαττόμενον παρ' αὐτοῖς· βοῦν ἀρότην καὶ ὑπὸ ζυγὸν πονήσαντα σὺν ἀρότρῳ, ἢ καὶ σὺν τῇ ἁμάξῃ, μηδὲ τοῦτον θύειν, ὅτι καὶ οὗτος εἴη ἂν γεωργὸς, καὶ τῶν ἐν ἀνθρώποις καμάτων κοινωνός. ÆLIAN. Var. Hist. *Lib.* V. *Cap.* XIV. Voiez aussi COLUMELLA, *de Re Rust.* Lib. VI. *princ.* PORPHYRE, *de non esu Animal.* Lib. II. (pag. 173, *& seqq.*) Cela se pratiquoit aussi dans le *Peloponnése*, comme nous l'apprend VARRON, *de Re Rustic.* Lib. II. (Cap. V.) A l'égard des *Romains*, voiez PLINE, *Hist. Nat.* Lib. VIII. Cap. XLV. VEGETIUS, *de Arte Veterinaria*, Lib. III. GROTIUS.

§. V. (1) *Mittunt* Rhodii *ad* Demetrium *Legatos, cum his verbis :* Quæ, malùm, *inquiunt*, ratio est, ut tu imaginem istam velis, incendio ædium facto, disperdere? nam si nos omnes superaveris, & oppidum hoc torum

la Raison veut, qu'on les épargne, même en tems de Guerre. Telles sont les Peintures & les Tableaux: sur quoi voici ce que les *Rhodiens* disoient autrefois à *Démétrius le Preneur de Villes*, au sujet du Portrait de *Jalyse*, l'un des Fondateurs de leur Nation: (1) *A quoi pensez-vous, de vouloir détruire ce Portrait, en mettant le feu à nos Maisons? Si vous vous rendez maître de toute la Ville, aussi bien que de nos personnes, vous aurez ce Portrait en son entier, comme un fruit de vôtre victoire. Que si vous êtes obligé de lever le siége, considérez combien il vous sera honteux d'avoir fait la Guerre à un* (a) *Peintre mort, pour vous dédommager de ce que vous n'aurez pas pû vaincre les* Rhodiens *vivans.* POLYBE traite (2) de fureur, un acte d'hostilité par lequel on fait périr des choses, dont la destruction n'affoiblit point l'Ennemi, & n'apporte d'ailleurs aucun avantage au Destructeur, comme sont les Temples, les Portiques, les Statuës. CICE'RON louë (3) *Marcellus*, d'avoir *épargné tous les Bâtimens & publics, & particuliers, sacrez & profanes, de la Ville de* Syracuse, *comme s'il fût venu avec son Armée pour les défendre, & non pour s'en rendre maître.* Cet Orateur ajoûte, que les anciens (4) *Romains* laissoient aux Vaincus tout ce qui pouvoit faire plaisir à ceux-ci, & qu'ils regardoient eux-mêmes comme de peu d'importance.

(a) *Protogène.*

§. VI. 1. ON doit observer cette maxime, pour la raison que je viens d'alleguer, en matiére de toutes les choses qui sont faites pour l'ornement d'une Ville ou d'un Païs Ennemi. Mais il y a outre cela une raison particuliére, qui engage à respecter celles qui sont *destinées à des usages sacrez.* Car, quoi que ces sortes de choses soient à leur maniére du domaine de l'Etat, comme nous l'avons (a) remarqué ailleurs; & qu'ainsi l'on puisse impunément, selon le Droit des Gens, les endommager ou les détruire: (b) cependant, si l'on n'a rien à craindre de ce côté-là, il faut conserver les Edifices sacrez, & leurs dépendances, par respect (1) pour la Religion, sur tout si l'Ennemi, à qui elles appartiennent, fait profession d'adorer le même DIEU, & de le servir selon une même Loi, encore même qu'il y aît quelque différence par rapport à certains sentimens ou certains rites particuliers.

(a) *Chap.* V. *de ce Livre*, §. 2.

(b) *Sylvest.* De Bell. P. 3. n. 5.

2. Les

totum ceperis, imagine quoque illâ integrâ & incolumi per victoriam potieris. Sin verò nos vincere obsidendo nequiveris, petimus, consideres, ne turpe tibi sit, quia non potueris bello *Rhodios* vincere, bellum cum *Protogene* mortuo gessisse. AUL. GELL. *Noct. Attic.* Lib. XV. Cap. XXXI. Voiez là-dessus PLINE, *Hist. Nat.* VII. 38. XXXV. 10. & PLUTARQUE *Vit. Demetr.* (pag. 898. E.) La Lettre de *Bélisaire*, que nous avons rapportée ci-dessus, §. 2. *Note* 11. contient la même pensée. GROTIUS.

(2) Le passage sera rapporté ci-dessous, à la fin du §. 7.

(3) *Itaque ædificiis omnibus, publicis, privatis, sacris, profanis, sic pepercit, quasi ad ea defendenda cum exercitu, non expugnanda, venisset.* In Verr. *Lib.* IV. *Cap.* LIV.

(4) *Apud eos autem, quos vectigales aut stipendiarios fecerant, tamen hæc relinquebant* [Majores nostri], *ut illi, quibus ea jucunda sunt, quæ nobis levia videbantur, haberent hæc oblectamenta & solatia servitutis.* Ibid. *Cap.* LX.

§. VI. (1) C'est, selon POLYBE, une marque de souveraine folie, que d'outrager la Divinité, pour satisfaire le ressentiment qu'on a contre les Hommes: *Τὸ γὰρ τοῖς ἀνθρώποις ὀργιζόμενον, εἰς τὸ Θεῖον ἀσεβεῖν, τῆς πάσης ἀλογιστίας ἐστὶ σημεῖον.* *Excerpt. Peiresc.* Cet Auteur a raison: car, comme le disoit l'Empereur *Aléxandre Sévére*, il vaut encore mieux que l'on rende à la Divinité un culte religieux, quel qu'il soit, dans un Temple, que si ce lieu étoit livré à des gens, qui y tiendroient cabaret: *Quum* Christiani *quemdam locum, qui publicus fuerat, occupassent, contra Popinarii dicerent, sibi eum deberi, rescripsit*, Melius esse, ut quomodocumque illic Deus colatur, quàm Popinariis dedatur. LAMPRID. *Alex. Sev.* (Cap. XLIX.) Le célébre *Hannibal* épargna le Temple de *Diane* à *Sagonte*, par respect pour la Religion: *Cui* [Templo *Dianæ Sagunti*] *pepercit, religione inductus*, Hannibal &c. PLIN. *Hist. Nat.* Lib. XVI. Cap. XL. APPIEN d'*Aléxandrie* fait dire à *Brutus*, que c'étoit la coûtume des *Romains*, de laisser même aux Ennemis étrangers les Temples de leurs Dieux: *Ὧν [ἱερῶν] οὐδὲ τοῖς ἀλλοφύλοις πολεμίοις ἀφῃρῆσθαι* &c. De Bell. Civ. *Lib.* III. (*pag.* 516. *Ed. H. Steph.*) PLUTARQUE raconte, que les *Amphictyons* opposoient à la maniére dont *Sylla* les traitoit, la modération d'un *Flaminius*, d'un *Manius Aquilius*, d'un *Æmilius Paulus*, dont le prémier, lors qu'il chassa *Antiochus* de la *Gréce*, & les deux autres, après avoir vaincu les Rois de *Macédoine*, épargnérent non seulement les Temples des *Grecs*, mais encore les ornérent & les enrichirent de magnifiques présens: Εἰς *μνήμην ἐβάλλοντο* [οἱ Ἀμφικτύονες] *τοῦτο μὲν τὸν Φλαμινῖνον*, καὶ Μάνιον Ἀκύλιον, τοῦτο δὲ Αἰμίλιον Παῦλον· ὧν ὁ μὲν, Ἀντίοχον ἐξελάσας τῆς Ἑλλάδος, οἱ δὲ τοὺς Μακεδόνων *βασιλεῖς καταπολεμήσαντες, οὐ μόνον ἀπέσχοντο τῶν* ἱερῶν τῶν Ἑλληνικῶν, *ἀλλὰ καὶ δῶρα καὶ τιμὴν αὐτοῖς καὶ σεμνότητα πολλὴν προσέθεσαν.* Vit. Syll. (*pag.* 459. C.D.) Le même Auteur louë *Agésilas* d'un semblable respect pour les Lieux Sacrez: & avant lui, l'Auteur Latin, qui a écrit la Vie de ce fameux Roi de *Lacédémone*, lui rend ce témoignage, aussi bien que celui de regarder comme un sacrilége le mal qu'on fait aux personnes qui ont cherché un asyle dans les Temples, & imploré ainsi la protection des Dieux: *Tamen antetulit iræ religionem, & eos* [qui ex fuga se in Templum *Minervæ* conjecissent] *vetuit violari. Neque vero hoc solum in* Græcia *fecit, sed etiam apud Barbaros summâ religione*

2. Les Paiens nous montrent ici l'exemple. Thucydide témoigne, que, parmi les *Grecs* de son tems, (2) c'étoit une espéce de Loi générale, de ne point toucher aux Lieux Sacrez, lors qu'on faisoit irruption dans les terres d'un Ennemi. Tite Live nous apprend, (3) que, quand les *Romains* rasérent la Ville d'*Albe*, ils épargnérent les Temples des Dieux. Le Poëte Silius Italicus (4) nous représente les Soldats, dans la prise de *Capouë*, saisis tout à coup d'un respect religieux, qui les empêcha de brûler les Temples. *Marcius Philippus* étant arrivé à *Dius*, (c) fit camper ses Troupes près du Temple même de cette Ville, afin de le mettre à couvert, & ce qu'il renfermoit, de tout acte d'hostilité. Un autre Général (5) Romain fut accusé de *s'être rendu coupable de sacrilége d'une maniére à faire réjaillir la faute sur le Peuple, en ce que, des ruines des Temples de l'Ennemi, il bâtissoit d'autres Temples; comme si ce n'eussent pas été par tout les mêmes Dieux qu'on adoroit, & qu'il eût fallu dépouiller les uns pour enrichir les autres.* Les *Tectosagiens*, qui, avec d'autres Peuples, avoient pillé le Trésor du Temple de *Delphes*, (d) étant de retour chez eux, consacrérent cet argent, avec quelque somme de plus, pour appaiser la Divinité, dont ils craignoient la colére.

(c) *Tit. Liv.* Lib. XLIV. Cap. 7.

(d) *Strabon*, Geog. Lib. IV. pag. 188. *Ed. Paris. Casaub.*

3. Ce seroit donc une grande honte, si les *Chrétiens* témoignoient à cet égard moins de respect pour les choses saintes. Aussi Agathias rapporte-t-il, (e) que les anciens *Francs* épargnoient les Temples des *Grecs*, comme faisant, aussi bien qu'eux, profession de Christianisme.

(e) *Liv.* II. *Chap.* I.

4. On respectoit même autrefois les personnes, à cause de la sainteté des Temples, où elles s'étoient réfugiées. Il y en a un grand nombre d'exemples dans l'Histoire des Nations Paiennes; ce qui me dispense d'en alléguer aucun: & il suffit de remarquer, que c'étoit une coûtume qui avoit passé en loi parmi les *Grecs*, comme (6) les anciens Auteurs

ligione omnia simulacra araque consecravit. Itaque prædicabat, mirari se, non sacrilegorum numero haberi, qui supplicibus Deorum nocuissent; aut non gravioribus pœnis adfici, qui religionem minuerent, quàm qui fana spoliarent. (Cornelius Nepos *Agesil.* Cap IV.) Voiez encore Vitruve, *De Architec.* Lib. II. (Cap. VIII.) Dion Cassius, *Lib.* XLII. Plutarque, *Vit. Cæsar.* (pag. 720.) J. Brodæus, *Miscell.* Lib. V. (*Cap.* XXIX. *Gabaon*, Roi des *Maures*, tout Paien qu'il étoit, desapprouvoit la conduite des *Vandales*, qui profanoient les Eglises des *Chrétiens*, & il faisoit reparer leurs irrévérences. Il esperoit que ces Peuples seroient punis de leurs impiétez par le Dieu des *Chrétiens*, quel qu'il fût; comme nous l'apprenons de Procope, *Vandalic.* Lib. I (Cap. VIII.) *Chosroès*, Roi de *Perse*, quoi qu'il ne fût pas non plus Chrétien, épargna l'Eglise que les *Chrétiens* avoient à *Antioche*. Idem, *Persic.* Lib. II. (Cap. IX.) L'Empereur *Justinien* aiant trouvé parmi le butin qu'il fit sur les *Vandales*, les choses que *Vespasien* avoit autrefois enlevées du Temple de *Jérusalem*, & que *Gizeric* avoit ensuite emportées de *Rome* en *Afrique*, n'osa pas les garder, & les envoia à *Jérusalem*, pour être mises dans l'Eglise des Chrétiens. *Idem*, Vandalic. *Lib.* II. (Cap. IX.) Le Rabbin Benjamin, dans son *Itinéraire*, nous apprend le respect que les *Mahometans* ont conservé pour le lieu où étoient les os d'*Ezéchiel*, & des trois compagnons de *Daniel*. Grotius.

Je ne trouve nulle part dans Polybe, les paroles mêmes que nôtre Auteur cite au commencement de cette Note. Mais il y a un sens semblable en deux endroits des *Excerpta Peiresciana*, pag. 66. & 169.

(2) Νόμον γὰρ [Ἕλληνας] εἶναι καθεστῶτα, ἰόντας ἐπὶ τὴν ἀλλήλων, ἱερῶν τῶν ἐνόντων ἀπέχεσθαι. Lib. IV. Cap. XCVII.

(3) *Templis tamen Deûm (ita enim edictum ab Rege fuerat) temperatum est.* Lib. I. Cap. XXIX. *in fin.*

(4) *Ecce repens tacito percurrit pectora sensu*
Relligio, & sævas componit numine mentes:
Ne flammam tædasque velint, ne templa sub uno
In cinerem traxisse rogo ———— ————
Punic. *Lib.* XIII. *vers.* 316, *& seq.* Edit. Drakenborg.

(5) C'étoit *Quintus Fulvius Flaccus*, Censeur: *Et obstringere religione Populum Romanum, ruinis Templorum Templa ædificantem, tamquam non iidem ubique Dii immortales sint, sed spoliis aliorum alii colendi exornandique.* T. Liv. Lib. XLII. Cap. III. *num.* 9.

(6) Οἱ μὲν ἐν Ὀρχομενῷ τὴν ἱκετείαν βιαίως ἀποσπάσαντες, ἅπαντας ἀνεῖλον, παρὰ τὰ κοινὰ τῶν Ἑλλήνων νόμιμα. Diodor. Sicul. Lib. XIX. Cap. LXXIII pag. 703. *Ed. H. Steph.*

(7) *Testantur hoc Martyrum loca, & Basilica Apostolorum, quæ in illa vastatione urbis ad se confugientes, suos alienosque, receperunt. huc usque cruentus sæviebat inimicus: ibi accipiebat limitem trucidationis furor: illo ducebantur à miserantibus hostibus, quibus* [Il faut nécessairement corriger ici, *qui*: car, St. Augustin distingue ceux qui étoient moderez, d'avec ceux qui étoient plus impitoiables; & Orose, qui rapporte la même histoire, *Lib.* VII. *Cap.* XXVIII. confirme cette maniére de lire] *etiam extra illa loca pepercerant, ne in eos incurrerent, qui similem misericordiam non haberent: qui tamen ipsi alibi truces, atque hostili more sævientes: posteaquam ad loca illa veniebant, ubi fuerat interdictum quod alibi jure belli licuisset, tota sæviendi refrænabatur immanitas, & captivandi cupiditas frangebatur.* De Civit. Dei. *Lib.* I. (*Cap.* I.) Ce passage a été copié par Isidore, *in Chronic. Goth.* sur l'an 447. Au reste, la chose arriva sous *Alaric*, Prince Arrien, dont Cassiodore nous a conservé une autre action mémorable, par laquelle il se signala dans la même occasion. Voici le fait. On lui apporta les Vaisseaux Sacrez, pris de l'Eglise de *St. Pierre*. Il demanda ce que c'étoit; & comme on lui eut dit d'où on les avoit tirez, il les fit rapporter dans l'Eglise par ceux-là même qui les en avoient enlevez: *Nam, quum Rex* Alaricus

Auteurs le disent formellement. Pour ce qui est des *Chrétiens*, ST. AUGUSTIN (7) louë les *Goths*, de ce que, dans la prise de *Rome*, la fureur du Soldat n'avoit point franchi les bornes de l'azyle, que les Vaincus alloient chercher dans (8) les Eglises qui portoient le nom des Apôtres, & dans les lieux consacrez à la memoire des Martyrs; la vuë de ces saints lieux aiant d'abord arrêté, dans les plus déterminez, l'ardeur de tuer, & le désir de faire des Prisonniers.

§. VII. CE que je viens de dire des Choses Sacrées, il faut l'entendre aussi des *Sépulcres*, & même des Monumens vuides érigez en l'honneur des Morts. Car, quoi que le Droit des Gens accorde l'impunité à ceux qui déchargent leur colére contre ces sortes de choses; on ne sauroit y toucher, sans fouler aux pieds les Loix de l'Humanité. Les Jurisconsultes (1) disent, que tout ce qui intéresse le respect religieux pour les Lieux consacrez à la Sépulture, doit être d'une très-grande considération. Voici une sentence pieuse, que l'on trouve dans les *Troiennes* d'EURIPIDE, & qui regarde les Sépulcres, aussi bien que toutes les Choses Sacrées: (2) *C'est être bien insensé que de saccager les Villes, de détruire & les Temples, & les Tombeaux, la demeure sacrée des Morts. Malheur à qui en use de cette maniére: il périra lui-même à la fin.* APOLLONIUS *de Tyane* parlant de la Fable des *Géans*, qui escaladérent le Ciel, l'explique (3) comme s'ils avoient *forcé les Temples ou la demeure des Dieux.* Le Poëte STACE (4) traite de Sacrilége *Hannibal*, parce qu'il mit le feu aux Autels. *Scipion*, après la prise de *Carthage*, fit des présens aux Soldats, *excepté*, dit APPIEN, (5) *ceux qui avoient profané le Temple d'*Apollon. DION CASSIUS (6) rapporte, que *Jules César* n'osa point détruire un Trophée, que *Mithridate* avoit élevé, *parce qu'il étoit consacré aux Dieux de la Guerre. Marcellus*, (7) par respect pour la Religion, *ne toucha point aux choses que la Victoire avoit renduës profanes*; comme le remarque CICE'RON. Cet Orateur ajoûte, (8) qu'*il y a des Ennemis, qui, au milieu de la Guerre, ne laissent pas d'observer religieusement les Loix de la Religion, & ce qui est établi*

ticus, *urbis* Romæ *depradatione satiatus*, *Apostoli* Petri *vasa, suis deferentibus, excepisset, mox, ut rei caussam, habitâ interrogatione, cognovit, sacris liminibus deportari diripientium manibus imperavit: ut cupiditas, qua, depradationis ambitu, admiserat scelus, devotione largissimâ deleret excessum.* Var. Lib. XII. Cap. XX. GROTIUS.

Dans le passage de ST. AUGUSTIN, il n'y a rien à corriger, s'il en faut croire GRONOVIUS, dont on peut voir la Note.

(8) Les *Goths*, qui assiégérent *Rome*, sous le Roi *Vitigès*, épargnérent aussi ces mêmes Eglises, comme nous l'apprenons de PROCOPE, *Gotthic.* Lib. II. (Cap. IV.) Les Barbares même, non Chrétiens, trouvérent un azyle dans ces saints lieux. Voiez ZOSIME, Lib. IV. (*Cap.* XL.) au sujet des *Tomitains*. Il y a là-dessus une bonne Loi des *Suisses*, rapportée par SIMLER, *de Rep. Helvet.* (pag. 302. *Edit. Elzevir.*) Voiez encore NICETAS, dans l'Histoire de l'Empereur *Aléxis Comnéne*, (Cap. IV.) & l'endroit où le même Historien blâme les *Siciliens* de ce qu'ils avoient profané les Eglises d'*Antioche*. In Andronic. (Cap. IX.) GROTIUS.

§. VII. (1) *Nam summam esse rationem, quæ pro religione facit.* DIGEST. Lib. XI. Tit. VII. *De Religiosis, & sumtibus funerum* &c. Leg. XLIII.

(2) Μῶρος δὲ θνητῶν ὅστις ἐκπορθεῖ πόλεις,
Ναούς τε τύμβους θ', ἱερὰ τῶν κεκμηκότων,
Ἐρημίᾳ δοὺς, αὐτὸς ὤλεθ' ὕστερον.
Vers. 95, *& seqq.*

(3) Οὐ μὲν ἐς ἀγῶνα ἐλθεῖν [Γίγαντας] τοῖς Θεοῖς, ἀλλ' ὑβρίσαι μὲν τάχα ἐς τοὺς νεὼς αὐτῶν, καὶ τὰ ἕδη. PHILOSTRAT. De Vit. Apoll. Tyan. (*Lib.* V. Cap. XVI. *Ed. Olear.*) C'est ainsi que DIODORE *de Sicile* explique une autre Fable ancienne, je veux dire celle d'*Epopée*. GROTIUS.

C'est dans les *Excerpta* publiez par HENRI DE VALOIS, que nôtre Auteur a trouvé le passage, dont il veut parler. Mais il n'y a point là de Fable, dont l'Historien donne une explication: il rapporte tout simplement, qu'*Epopée*, Roi de *Sicyone*, détruisoit les Temples & les Autels: & il appelle cela, faire la guerre aux Dieux. Voici le passage: Ὅτι Ἐπωπεὺς, βασιλεὺς Σικυῶνος, τοὺς Θεοὺς εἰς μάχην προκαλούμενος, τὰ τεμένη καὶ τοὺς βωμοὺς αὐτῶν ἐλυμαίνετο. Pag. 221.

(4) *Præcipuè quum sacrilegus* [Hannibal] *face miscuit arces*
Ipsius [Herculis] —— ——
Sylv. *Lib.* IV. *Sylv.* VI. *vers.* 82. Nôtre Auteur, qui ne marque point l'endroit, d'où il a tiré les paroles qu'il cite apparemment de mémoire, change *arces* en *aras*, & fait dire au Poëte: *Deûm face miscuit aras.*

(5) Μετὰ δὲ τοῦτ' ἀριστεῖα πολλὰ δίδου ἄλλοις, χωρὶς τῶν ἐς τὸ Ἀπολλώνιον ἁμαρτόντων. De Bell. Punic. *pag.* 83. *Ed. H. Steph.*

(6) Καθελεῖν δὲ οὐκ ἐτόλμησεν, ὡς τοῖς ἐμπολεμίοις Θεοῖς ἱδρυμένον. Lib. XLII.

(7) Le passage a déja été cité ci-dessus, *Chap.* V. de ce Livre, §. 2. *Note* 2.

(8) C'est un peu plus haut: *Quæ* [ædes *Minervæ*] *ab eo* [Verre] *sic spoliata atque direpta est, non ut ab hoste aliquo, qui tamen in bello, religionis & consuetudinis jura retineret, sed ut à barbaris prædonibus vexata esse videatur.* In Verr. *Lib.* IV. *Cap.* LV.

établi par les Coûtumes des Peuples. Il appelle ailleurs (9) une *Guerre abominable*, les actes d'hostilité que *Brennus* exerça contre le Temple d'*Apollon*. TITE LIVE (10) traite d'*action vilaine*, & *d'attentat insolent contre la majesté des Dieux*, ce que fit *Pyrrhus*, lors qu'il pilla le Trésor de *Proserpine*. Le même Historien appelle une (11) *Guerre exécrable*, une *fureur*, une suite de *crimes*, celle de *Philippe*, qui *l'avoit*, dit-il, *déclarée aux Dieux & du Ciel, & des Enfers.* FLORUS parlant du même Prince, (12) dit, qu'*en violant les Temples, les Autels, & les Sépulcres, il porta les droits de la Victoire au delà des justes bornes.* Et voici la réflexion que fait POLYBE, à l'occasion de cette même expédition : (13) *Détruire des choses, qui ne nous sont d'aucun secours ni d'aucune utilité pour la Guerre, sans que d'ailleurs leur perte diminuë les forces de l'Ennemi, sur tout les Temples, les Statuës, & autres semblables ornemens; n'est-ce pas le comble de l'extravagance & de la fureur?* Cet Historien ajoûte, que, quand même on le feroit par droit de represailles, ce ne feroit pas une excuse suffisante.

§. VIII. 1. NOTRE dessein, dans cet Ouvrage, n'est pas proprement de donner des Régles de Politique, ou d'examiner ce qu'il est avantageux de faire ou de ne pas faire; mais seulement de ramener la licence de la Guerre à ce qui est permis par le Droit Naturel, ou à ce qui est le meilleur entre les choses permises. Cependant le peu de cas qu'on fait aujourd'hui de la Vertu me donne lieu de croire que je puis, sans la choquer, tâcher de la rendre estimable aux yeux des Hommes par les avantages qu'elle procure, puis que, de la maniére qu'ils sont disposez elle n'a pas par elle-même assez d'attraits pour gagner leurs cœurs. Je vais donc marquer ici les fruits qu'on retirera de la conservation des choses dont je viens de parler, qui sont de telle nature, qu'elles ne servent de rien à prolonger la Guerre.

2. Prémiérement, on ôtera par là à l'Ennemi une des plus puissantes armes, je veux dire, le Désespoir. C'est ce qu'avoit bien compris *Archidame*, Roi des *Lacédémoniens*; car voici comment THUCYDIDE le fait parler: (1) *Regardez*, dit-il, *les Terres de l'Ennemi, comme une espece d'ôtage, d'autant plus sûr, qu'elles seront mieux cultivées. Ainsi il faut les épargner, autant qu'il est possible, de peur que le désespoir ne rende les Ennemis plus opiniâtres, & plus difficiles à réduire.* Un autre Roi de *Lacédémone*, le célébre *Agésilas*, suivit le même principe, lors que, contre l'opinion des *Achéens*, (2) il

(9) *Quod contigisse* Brenno *dicitur, ejusque Gallicis copiis, quum fano* Apollinis Delphici *nefarium bellum intulisset.* De Divinat. *Lib.* I. *Cap.* XXXVII.

(10) *Qui* [Pyrrhus] *quum ex* Sicilia *rediens*, Locros *classe praetervéheretur, inter alia fœda . . . facinora . . . thesauros quoque* Proserpinæ, *intactos ad eam diem, spoliavit . . . . Qua tantâ clade edoctus tandem Deos esse superbissimus Rex, pecuniam omnem conquisitam in thesauros* Proserpinæ *referri jussit.* Lib. XXIX. Cap. XVIII. *num.* 4, 6.) DIODORE *de Sicile* traite d'*impiété*, ce que fit *Himilcon*, lors qu'il pilla les Temples de *Cérès* & de *Proserpine*: Καὶ τοὺς νεὼς τῆς τε Δήμητρος καὶ Κόρης ἐσύλησεν· ὧνπερ ἂν ταχὺ τῆς εἰς τὸ θεῖον ἀσεβείας ἀξίαν ὑπέσχε τιμωρίαν. Lib. XIV. (Cap. LXIV. *pag.* 430. *Ed. H. Steph.*) GROTIUS.

(11) *Adeo omnia simul divina humanaque jura polluerit, ut priore populatione cum infernis Diis, secundâ cum Superis, bellum nefarium gesserit.* Lib. XXXI. Cap. XXX. *num.* 4. *In Deos superos inferosque nefanda ejus scelera* &c. Ibid. *Cap.* XXXI. *num.* 8. *Praebuit huic furori materiam* &c. Cap. XXVI. *num.* 11.

(12) *Quum ille* [Philippus] *ultra jus victoriae, in Templa, Aras, & sepulcra ipsa saeviret.* (Lib. II. Cap. VII. *num.* 4.) POLYBE rapporte & condamne en même tems d'une maniere bien forte une semblable action de *Prusias*, Roi de *Bithynie*. Le passage se trouve dans SUIDAS, au mot Προυσίας, & dans les *Excerpta Peiresciana* (pag. 169. *Ed. Paris.* pag. 1468. *Ed. Amst.*) GROTIUS.

(13) Τὰ δὲ μήτε τοῖς ἰδίοις πράγμασιν ἐπικουρίαν μέλλοντα μηδ' ἡντινοῦν παρασκευάζειν, μήτε τοῖς ἐχθροῖς ἐλάττωσιν πρός γε τὸν ἐνεστῶτα πόλεμον, ἐκ περιττοῦ καὶ ναοὺς, ἅμα δὲ τούτοις ἀνδριάντας, καὶ πᾶσαν δὴ τὴν τοιαύτην κατασκευὴν λυμαίνεσθαι· πῶς οὐκ ἂν εἴποι τις εἶναι τρόπου καὶ θυμοῦ λυττῶντος ἔργον. Lib. V. Cap. XI.

§. VIII. (1) Μὴ γὰρ ἄλλο τι νομίσητε τὴν γῆν αὐτῶν ἢ ὅμηρον ἔχειν· καὶ οὐχ ἧσσον, ὅσῳ ἄμεινον ἐξείργασται. ἧς φείδεσθαι χρὴ ὡς ἐπὶ πλεῖστον, καὶ μὴ ἐς ἀπόνοιαν καταστήσαντας αὐτοὺς, ἀληπτοτέρους ἔχειν. (Lib. I. Cap. LXXXII.) C'est justement ce que dit un Poëte Satyrique :

——— *Spoliatis arma supersunt.*

[JUVENAL. VIII. 124.] GROTIUS.

(2) Ὁ δὲ [Ἀγησίλαος] ἀπεκρίνατο, ὅτι τὰ ἐναντία λέγοιεν [οἱ Ἀχαιοὶ] τοῦ συμφέροντος. Ἐγὼ μὲν γὰρ, ἔφη, στρατεύσομαι πάλιν δεῦρο εἰς τὸ ἐπιὸν θέρος· ὅτοι δὲ, ὅσῳ ἂν πλείω σπείρωσι, τοσούτῳ μᾶλλον τῆς εἰρήνης ἐπιθυμήσουσι. XENOPH. Hist. Græc. *Lib.* IV. (*Cap.* VI. §. 13. *Ed. Oxon.*) PLUTARQUE fait aussi mention

(2) il laissa les *Acarnaniens* semer paisiblement leurs Terres, disant, que, plus ils auroient semé, & plus ils souhaitteroient la paix. Tite Live, dans l'endroit où il raconte la prise de *Rome* par les *Gaulois*, (3) nous apprend, que les Principaux de cette Armée étrangére & ennemie ne voulurent pas qu'on brûlât toutes les maisons, *afin que ce qui en resteroit fût comme un gage qui leur fit concevoir quelque espérance de fléchir les esprits des Assiégez.*

3. De plus, en usant de la modération dont il s'agit, on donne lieu de croire que l'on a grande espérance de remporter la victoire: & la Clemence, par elle-même, est propre à domter & à gagner les esprits. C'est dans cette derniére vuë qu'*Hannibal*, au rapport de Tite Live, (4) ne fit aucun dégât dans le territoire de Tarente; & *César Auguste*, dans la *Pannonie*, selon (5) Dion Cassius. Le Général *Timothée*, en faisant ce que nous avons rapporté de lui ci-dessus, se proposoit, entr'autres choses, (6) *de gagner l'affection des Ennemis.* Et *Flaminius*, dont nous avons aussi parlé, éprouva bien tôt cet effet de sa retenuë: car, dès qu'il fut arrivé en *Thessalie*, toutes les Villes se rangérent de son parti: les *Grecs* même, qui étoient en deçà des *Thermopyles*, le souhaittoient ardemment: & les *Achéens* renoncérent à l'amitié de *Philippe* pour entrer dans l'alliance des *Romains*; comme (7) Plutarque l'a remarqué. Dans la Guerre où *Céréalis* commandoit, sous les auspices de *Domitien*, contre le Batave *Civilis*, & ses Alliez, la ville de *Langres* aiant évité le pillage, qu'elle craignoit, se soûmit volontiers à l'obéïssance du Vainqueur, & lui fournit même soixante-dix mille hommes, comme nous l'apprenons de (8) Frontin. Une conduite contraire a aussi un succès tout opposé; & Tite Live nous en fournit un exemple en la personne d'*Hannibal*, (9) qui s'abandonnant à son avarice & à sa cruauté, ravageant & pillant tout ce qu'il ne pouvoit garder, aliéna les esprits non seulement de ceux qui souffroient cet indigne traitement, mais encore de tous les autres, qui craignoient d'être exposez de sa part à une semblable désolation.

4. Quelques (a) Théologiens ont remarqué, qu'il est du devoir des Souverains & des Généraux, qui veulent être regardez comme bons Chrétiens & devant Dieu, & devant les Hommes, d'empêcher le pillage des Villes, & autres actes d'hostilité de cette nature, comme ne pouvant être exécutez sans causer beaucoup de mal à un grand nombre de personnes innocentes, & d'ailleurs étant souvent de peu de conséquence pour

(a) *Ægid. Regins, de actibus Supern.* Disp. XXXI. Dub. 7. *num.* 127.

tion de cela, dans la Vie d'*Agésilas* (pag. 608. B.) Grotius.

(3) *Et non omnia concremari tecta* [placuerat principibus *Gallorum*] *ut quodcumque superesset urbis, id pignus ad flectendos hostium animos haberent* &c. Lib. V. Cap. XLII. *num.* 2. C'est une imitation du passage de Thucydide, rapporté dans la 1. Note de ce paragraphe, à ce que prétend Matthias Bernegger, dans les *Observationes Miscella*, publiées à *Strasbourg* en 1669. Obs. XII. où il dit bien des choses & apporte plusieurs autoritez, tout-à fait les mêmes que celles qu'on trouve ici, sans citer néanmoins nôtre Auteur, qui avoit écrit long tems auparavant.

(4) *In* Tarentino *demum agro pacatum incedere agmen cœpit. nihil ibi violatum, neque usquam viâ excessum est: adparebatque non id modestiâ militum, aut ducis, nisi ad conciliandos* Tarentinorum *animos fieri.* Lib. XXIV. Cap. XX. *num.* 10.

(5) Ἐπὶ δὲ τούτους ὁ Καῖσαρ τότε στρατεύσας, τὸ μὲν πρῶτον οὐδὲν ἥρπαζε, καίπερ καὶ τὰς κώμας αὐτῶν τὰς ἐν τοῖς πεδίοις ἐκλιπόντων (ἤλπιζε γὰρ ἐθελοντὰς αὐτοὺς ὑπάξεσθαι) &c. Lib. XLIX. pag. 472. D. E. *Edit. H. Steph.*

(6) Τὸ δὲ τούτου μεῖζον, πολλὴν τὴν εὔνοιαν παρὰ τῶν πολεμίων ἐθήρευεν. Polyæn. Strateg. *Lib.* III. *Cap.* X. §. 9.

(7) Καὶ μέντοι καὶ παρεῖχεν αὐτοῖς τὰ γινόμενα τῆς εὐταξίας αἴσθησιν. προσεχώρουν μὲν γὰρ αἱ πόλεις ἁψαμένοις Θετταλίας· οἱ δ' ἐντὸς Πυλῶν Ἕλληνες ἐπόθουν καὶ διεπτόηντο ταῖς ὁρμαῖς πρὸς τὸν Τίτον· Ἀχαιοὶ δὲ τὴν Φιλίππου συμμαχίαν ἀπειπάμενοι, πολεμεῖν ἐψηφίσαντο μετὰ Ῥωμαίων πρὸς αὐτόν. Vit. Flamin. *pag.* 371. D.

(8) *Auspiciis Imperatoris* Cæsaris Domitiani Augusti, *Germanico bello, quod* Julius Civilis *in* Gallia *moverat,* Lingonum *opulentissima civitas, quæ ad* Civilem *desciverat, quum adveniente exercitu Cæsaris populationem timeret, quòd contra exspectationem inviolata, nihil ex rebus suis amiserat, ad obsequium redacta, septuaginta millia armatorum ei tradidit.* Strateg. *Lib.* IV. *Cap.* III. *num.* 14.

(9) *Præceps in avaritiam & crudelitatem animus, ad spolianda, quæ tueri nequibat, ut vastata hosti relinquerentur, inclinavit. Id fœdum consilium, quum incepto, tum etiam exitu, fuit. neque enim indigna patientium modo abalienabantur animi, sed ceterorum etiam; quippe ad plures exemplum, quàm calamitas, pertinebat.* Lib. XXVI. Cap. XXXVIII. *num.* 3, 4.

pour les affaires principales de la Guerre. J'entre tout-à-fait dans cette penſée. Ces ſortes de violences ſont preſque toûjours contraires à la Charité Chrétienne, & d'ordinaire même à la Juſtice. La liaiſon qu'il dit y avoir entre les *Chrétiens* eſt ſans contredit plus grande, que l'union des anciens *Grecs:* cependant il étoit défendu, parmi eux, en vertu d'une Ordonnance (10) du Conſeil des *Amphictyons*, de ſaccager aucune Ville Gréque, quelque Guerre qu'il y eût. Et les anciens Auteurs nous diſent, que la choſe dont *Aléxandre le Grand* (11) ſe repentit le plus, ce fut d'avoir détruit la Ville de *Thébes*.

CHAPITRE XIII.

De la MODERATION qu'on doit garder au ſujet des CHOSES PRISES ſur l'Ennemi.

I. *Que l'on peut retenir ce que l'on a pris aux Sujets même de l'Ennemi, juſqu'à la concurrence de la valeur de ce qui nous eſt dû:* II. *Mais non pas en punition du crime d'autrui.* III. *Que la dette, dont il s'agit, comprend le dommage qui naît de la Guerre même. Exemples de cela.* IV. *Que l'Humanité veut néanmoins, qu'on n'uſe pas ici à la rigueur de tout ſon droit.*

§. I. 1. IL NE faut pas non plus s'imaginer, que l'on puiſſe prendre ou garder innocemment tout ce qui appartient à l'Ennemi, quelque juſte que ſoit la Guerre. (a) Car, ſelon les régles (1) de l'Honnêteté & de la Juſtice, cela n'eſt permis, qu'à proportion de ce que l'Ennemi nous doit. (b) On peut bien s'emparer de quelque choſe au delà, ſi nôtre ſûreté le demande; puis que cette raiſon nous autoriſe à prendre même ce qui appartient à des Etats neutres: mais, le péril paſſé, il faut reſtituer ce que l'on a pris, ou la valeur, ſelon les principes établis (c) ci-deſſus. En ce cas-là donc on a droit de prendre, mais ſans pouvoir s'approprier rien légitimement.

2. Il y a deux raiſons, pour leſquelles l'Ennemi peut nous devoir quelque choſe: l'une eſt, une inégalité, d'où il réſulte quelque lézion à nôtre déſavantage; l'autre eſt, une offenſe, (2) qui mérite punition. On a droit de s'approprier le bien de l'Ennemi, pour l'un & l'autre de ces ſujets, mais avec quelque différence. Nous avons remarqué (d) ci-deſſus, qu'en vertu d'une Dette de la prémiére ſorte, non ſeulement les biens

(a) *Franc. Victoria*, De Jure Belli, *num.* 55, 56.
(b) *Cajetan*, in Summ. Peccat. verb. *Belli damnum*. *Covarruv.* ad C. Peccatum, Part. II. §. 11. *Victor.* de Jur. Bell. *num.* 39, & 41. *Molin.* II. Tract. Diſp. 117.
(c) *Liv.* II. *Chap.* II.
(d) *Chap.* II. de ce Livre.

(10) C'eſt ce que nous apprenons de l'Orateur ESCHINE: 'Εν οἷς ἔνορκον ἦν τοῖς ἀρχαίοις, μηδεμίαν πόλιν τῶν 'Αμφικτυονίδων ἀνάστατον ποιήσειν &c. De malè obita legat. *pag.* 262. A. *Ed. Baſil.* 1572.

(11) Voiez PLUTARQUE, dans la Vie de ce fameux Conquérant, *pag.* 671. B.

CH. XIII. §. I. (1) Voiez le jugement du Pape *Innocent*, rapporté par BEMBE, *Hiſt.* Lib. I. GROTIUS.

C'eſt le Pape Innocent VII. dont les Nonces prononcérent à *Trente*, en ſon nom, Que l'Empereur *Sigiſmond* aiant été l'aggreſſeur, dans la Guerre des *Griſons*, & les *Venitiens* aiant fait de grandes dépenſes pour ſoûtenir cette Guerre; ceux-ci étoient en droit de garder deux Forts, qu'ils avoient pris à l'Empereur: mais que cependant le St. Pére prioit le Sénat de *Veniſe*, de vouloir bien rendre de lui-même ces places, pour ne pas donner lieu à une rupture entre l'Empereur & le Saint Siége &c. *Hiſt. Venet.* Lib. I. *fol.* 12. *Ed. Venet.* 1551.

(2) Les Romains condamnérent *Pruſias*, Roi de *Bithynie*, à dédommager non ſeulement *Attale*, Roi de *Pergame*, mais encore à lui paier une amende, pour punition. APPIAN. *Alexandr.* De Bell. Mithridat. (*pag.* 172, 173. Ed. H. Steph) GROTIUS.

(3) Voiez ci-deſſus, *Liv.* II. *Chap.* XI. §. 1. num. 5.

(4) Nous avons fait voir ci-deſſus, *Chap.* II. de ce Livre, §. 2. *Note* 1. que cela eſt fondé ſur des raiſons indépendantes de ce conſentement des Peuples, qui eſt ſuppoſé, mais non pas prouvé.

§. II. (1) Ces raiſons prouveroient ſeulement, que l'on ne doit pas s'en prendre aux Sujets avec tant de rigueur, pour la derniére ſorte de Dette, que pour la prémiére. Car s'il y a quelque Guerre purement pénal

biens du Débiteur sont comme hypothéquez au Créancier, mais encore ce qui appartient à ses Sujets, qui sont comme répondans de la dette, selon le Droit établi parmi les Peuples. Et ce Droit des Gens est, à mon avis, d'une autre nature, que celui qui emporte une simple impunité, ou dont l'usage n'est maintenu & autorisé qu'extérieurement, par l'effet d'une Sentence, juste ou injuste. Car comme ceux avec qui l'on a traité aquiérent sur nôtre bien, en vertu de nôtre consentement propre & privé, un droit non seulement extérieur, mais encore intérieur, c'est-à-dire, dont ils peuvent user en conscience: ils l'aquiérent aussi en vertu du consentement d'un Corps, dont on est Membre; parce que ce consentement du Corps renferme le consentement de chacun des Particuliers qui le composent, dans le même sens & de la même maniére que la Loi est appellée (3) *une Convention générale de l'Etat.* Il y a d'autant plus d'apparence que, dans l'affaire dont il s'agit, (4) les Peuples ont jugé à propos de rendre chaque Particulier responsable du consentement public, que cette Loi du Droit des Gens n'a pas été seulement établie pour éviter un plus grand mal, mais encore pour mettre chacun en état d'obtenir ce qui lui est dû.

§. II. MAIS pour ce qui regarde l'autre sorte de Dette, qui rend le Débiteur sujet à être puni, je ne vois pas que le consentement des Peuples y aît attaché cet effet, de donner droit au Créancier sur les biens même des Sujets du Débiteur. Car c'est une chose odieuse, de vouloir que le bien de quelcun soit engagé pour une Dette d'autrui: & ainsi un tel engagement ne doit point être étendu au delà de l'intention manifeste de ceux qui le font ou qui l'autorisent. (1) D'ailleurs il n'y a pas une raison d'utilité d'aussi grand poids, qui aît pu obliger à établir en matiére de la derniére sorte de Dette, ce que l'on a établi au sujet de la prémiére. Car ce qui nous est dû à cause de quelque lézion, fait partie de nos biens; mais non pas ce qui nous est dû en forme de punition; de sorte qu'on peut, sans recevoir du dommage, ne pas poursuivre cette derniére sorte de Dette.

2. En vain objecteroit-on ce que nous avons (a) dit ci-dessus d'une Loi d'*Athénes*, par laquelle il étoit permis de se saisir d'un certain nombre de personnes, pour cause de meurtre commis dans le païs, quoi qu'elles n'y eussent aucune part. Car ces personnes-là n'étoient pas proprement renduës responsables d'un crime que l'Etat eût commis, & pour lequel il méritoit punition: mais (2) on s'en prenoit à elles seulement pour contraindre l'Etat à faire ce qu'il devoit, c'est-à-dire, à juger le Coupable. Or cette obligation, fondée sur un Devoir, se rapporte à la prémiére sorte de Dette, & non pas à la derniére, dont il s'agit. En effet, autre chose est d'être obligé à punir; & autre chose, de devoir ou de pouvoir être puni. Il est vrai que le dernier suit ordinairement de ce que l'on manque au prémier: mais ce sont toûjours deux choses

(a) *Chap.* II. de ce Livre, §. 3.

nale, qui soit juste, comme nôtre Auteur le reconnoit, & que, dans une telle Guerre, il n'y ait pas moien de tirer satisfaction de l'offense reçuë], ou du crime commis, sans s'en prendre aux biens des Sujets même qui n'y *ont* aucune part, & sans les garder; je ne vois pas pourquoi les Sujets ne répondroient pas alors du fait de l'Etat, aussi bien que quand il s'agit du refus de ce qui est dû, par exemple, en vertu d'un Traité. Les raisons, que j'ai alléguées ailleurs, fondées sur la constitution même des Societez Civiles, (*Chap.* II. de ce *Livre*, §. 2. *Note* 1.) subsistent ici dans toute leur force, sans avoir même besoin d'un consentement tacite des Peuples.

(2) Mais par cela même qu'on se saisissoit de ces personnes, on supposoit du moins que l'Etat pouvoit se rendre coupable par un déni de justice; sans quoi il n'auroit point été nécessaire d'en venir là. D'ailleurs, lors que l'Etat avoit actuellement refusé de punir ou de livrer le Meurtrier, & que par là il s'étoit lui-même rendu digne de punition; on ne relâchoit pas sans doute les personnes dont on s'étoit saisi pour ce sujet: autrement, à quoi bon les auroit-on prises? Pourquoi donc la liberté des Sujets pourroit-elle être ainsi engagée pour un crime de l'Etat, plûtôt que leurs Biens? Ceux-ci leur sont ils plus chers? En vain diroit-on, que ce n'étoit que pour un tems, que les Sujets étoient dépouillez de leur liberté, c'est-à-dire, jusqu'à ce que l'Etat eût fait ce qu'il devoit. Car il pouvoit aisément arriver, que les Prisonniers mourussent avant cela: & on dira aussi, à l'égard des Biens, que l'on s'en saisit jusqu'à ce que l'Etat aît fait de ses propres biens, ou autrement, une satisfaction qui réponde à la peine qu'il mérite.

choses différentes, puis que l'une est la cause, & l'autre l'effet.

3. Concluons donc, qu'on ne peut point s'approprier les biens des Sujets d'un Ennemi, pour tirer par là vengeance de quelque offense qu'on a reçuë de lui; à moins que les Sujets ne se soient rendus eux-mêmes coupables en quelque maniére, comme sont les Magistrats Subalternes, qui ne punissent point les crimes commis contre des Etrangers.

§. III. Au reste, on peut prendre & s'approprier les biens des Sujets de l'Ennemi, non seulement pour l'aquit de la Dette principale, qui est cause de la Guerre, mais encore pour le paiement de la nouvelle Dette, survenuë à l'occasion de la poursuite de l'ancienne; selon ce que nous avons établi au commencement de ce dernier Livre. Et c'est ainsi qu'il faut entendre ce que disent quelques (a) Théologiens, Que les prises faites pendant la Guerre ne se compensent point avec la Dette principale. car cela n'est vrai qu'en supposant que celui, à qui appartenoit le butin, n'ait pas fait d'ailleurs une satisfaction raisonnable pour le dommage causé dans la Guerre même. Sur ce principe, les *Romains* autrefois, quand le Roi *Antiochus* leur fit faire des propositions de paix, prétendirent, au rapport de (1) Tite Live, que ce Prince aiant été cause de la Guerre par sa faute, il en devoit paier tous les frais: condition, que Justin (2) appelle *juste*. Les *Samiens* y sont condamnez, dans (3) Thucydide; & on trouve ailleurs un grand nombre d'exemples semblables. Or si l'on impose justement cette loi aux Vaincus, on peut aussi sans contredit ne point mettre bas les armes, jusqu'à ce qu'ils veuillent s'y soûmettre.

(a) *Sylvan.* verb. *Bellum*, num. 10. *Fr. Viller.* num. 51. *Bartol.* in L. *Si quid bello*, 28. D. *De Captiv. & Postlim.*

§. IV. 1. Il faut pourtant se souvenir encore ici de ce que nous avons dit ailleurs, Que les Régles de la Charité s'étendent plus loin, que celles du Droit. Posons un homme fort riche, qui a un Débiteur pauvre; ce Créancier ne se rendra-t-il pas coupable d'une souveraine inhumanité, s'il dépouille entiérement son Débiteur, pour avoir jusqu'au dernier quadrain de ce qui lui est dû? Sur tout si la Dette n'a été contractée que par un effet de bonté, qui le rend (1) digne de compassion, comme si le Débiteur a répondu pour un Ami, sans avoir en aucune maniére profité de l'argent prêté. Un Créancier si impitoiable ne fait pourtant rien contre le Droit proprement ainsi nommé.

2. Mais comme l'Humanité vouloit qu'il eût égard à l'état de son Débiteur elle demande

§. III. (1) *Ea, quæ Legato magna ad pacem impetrandam videbantur, parva Romanis visa. Nam & impensam, quæ in bellum facta esset, omnem præstare Regem æquum censebant; cujus culpâ bellum excitatum esset.* Lib. XXXVII. (Cap. XXXV. *num.* 8.) Polybe fait mention de cela, *Excerpt. Legat.* XXIII. Les Peuples d'*Asie* furent condamnez à la même chose par *Sylla*; comme le rapporte Appien d'*Aléxandrie*, de Bell. Mithridat. (*pag.* 213. *Ed. Henr. Steph.* Le Roi de *Pologne* allégue en sa faveur cette coûtume, dans l'Histoire de Mr. De Thou, Lib. LXXIII. sur l'an 1591. Le Scholiaste d'Homére expliquant en quoi consistoit le dédommagement que les *Grecs* demandoient aux *Troiens*, pour les frais de la Guerre, les taxe à la moitié des richesses de la Ville: Τιμὴν] Πρόστιμον τοῦ πολέμου. Λέγει δὲ τὸ ἥμισυ τῶν ἐν τῇ πόλει κτημάτων. In Iliad. Lib. III. (*vers.* 286.) Grotius.

(2) *Impensas belli lege justâ suscepturus* [Perseus]. Lib. XXXIII. Cap. I. *num.* 5. C'est ainsi que nôtre Auteur cite ce passage, & je ne sai de quelle Edition il s'est servi: car toutes celles que j'ai vuës, portent, sans qu'il y ait aucune variété de lecture: *lege* victi. C'est-à-dire, selon la condition que le Vainqueur impose ordinairement au Vaincu.

(3) Καὶ χρήματα τὰ ἀναλωθέντα κατὰ χρόνους ταξάμενοι ἀποδοῦναι [οἱ Σάμιοι] &c. Lib. I. Cap. CXVII. *Ed. Oxon.*

§. IV. (1) Tel est le cas d'un Répondant, selon Quintilien: *Etiam quum istud periculum est Sponsoris, miserabile est: bonitate labitur, humanitate conturbat.* [Declam. CCLXXIII.] Le même Auteur ajoûte, que le Créancier ne peut honnêtement s'en prendre au Répondant, que quand il n'y a plus moien de tirer ce qui lui est dû du Débiteur même: *Non enim aliter, salvo pudore, ad Sponsorem venit Creditor, quàm si recipere à Debitore non possit.* Il a raison de dire, que cela ne se peut *honnêtement*: car, comme le remarque Cicéron, il y a quelque espéce de honte & de deshonneur à s'en prendre à un Répondant: *Etsi Sponsores adpellare, videtur habere quamdam δυσωπίαν.* Lib. XVI. *Epist. ad Attic.* XV. Grotius.

Ce que nôtre Auteur remarque ici, est d'autant plus à propos, que, du tems de Cicéron & de Quintilien, le Créancier avoit le choix de s'en prendre d'abord ou au Débiteur principal, ou au Répondant. Mais l'Empereur Justinien abolit cette permission, & ordonna dans sa Novelle IV. *Cap.* I. qu'on ne pourroit attaquer le Répondant, qu'au défaut du Débiteur principal. Voiez le *Julius Paulus* de Mr. Noodt, *Cap.* XI. où il rapporte plusieurs ex-

mande (2) aussi, que ceux qui n'ont rien contribué à la Guerre par leur faute, & qui ne sont engagez que comme autant de Cautions, conservent ou recouvrent les choses dont on peut se passer plus aisément qu'eux; sur tout si l'on voit que l'Etat, dont ils sont Sujets, ne les dédommageroit point de cette perte. On peut rapporter ici ce que *Cyrus* disoit à ses Soldats, après la prise de *Babylone:* (3) *Si vous gardez ce que vous avez pris, vous ne le posséderez point injustement; mais si vous laissez quelque chose à vos Ennemis, ce sera un effet de vôtre bonté.*

3. Il faut remarquer de plus, (a) que le droit de s'en prendre aux biens des Sujets même innocens de l'Ennemi aiant été établi subsidiairement, on doit aussi n'en user qu'au défaut d'autre moien. Ainsi taut qu'il y a lieu d'esperer que l'on poutra aisément tirer raison des Débiteurs originaires, ou de ceux qui en refusant de rendre justice se constituent eux-mêmes Débiteurs; il est contraire à l'Humanité de s'adresser à ceux qui n'ont commis aucune faute à cette occasion, quoi qu'on accorde qu'il n'y a rien là d'ailleurs d'incompatible avec les régles de la Justice rigoureuse.

(a) *Ægid. Reg.* De actibus supern. *Disp.* XXXI. Dub. 7. num. 117.

4. L'Histoire ancienne, sur tout la Romaine, nous fournit un grand nombre d'exemples de la modération, que nous prescrivons ici. Après une Victoire, on rendoit souvent aux Vaincus leurs Terres, à (4) condition qu'elles fussent desormais à l'Etat vaincu: ou bien on laissoit à l'ancien Maître quelque peu (5) de ses Terres par faveur. *Romulus*, au rapport de (b) Tite Live, n'ôta aux *Véiens* (6) qu'une partie de leurs Terres. *Aléxandre le Grand* donna aux *Uxiens* (c) leurs Terres, à condition qu'ils lui paieroient tribut. (d) On lit souvent, que des Villes renduës n'ont point été pillées. Nous avons remarqué (e) ci-dessus la coûtume louable, & conforme aux Canons, d'épargner non seulement les personnes, mais encore les biens des Laboureurs, du moins en se contentant d'exiger d'eux quelques contributions, comme celles qu'on impose aussi pour la liberté de transporter des marchandises.

(b) *Lib.* I. *Cap.* 15.
(c) *Arrian.* Lib. III. Cap. 17.
(d) *Victor.* De Jure Bell. *num.* 40. *Sylvest.* in verb. *Bellum*, Part. I. §. 10. num. 1. vers. 3.
(e) Chap. préced. §. 4. *num.* 3.

CHA-

exemples semblables.

(2) Le Roi *Ptolomée* aiant gagné une bataille contre *Démétrius*, Fils d'*Antigone*, lui renvoia sa Tente, & le reste de ses équipages, comme aussi l'argent qu'il lui avoit pris, disant qu'il s'agissoit entr'eux de la gloire & de l'empire, & non pas d'une dispute pour toute sorte de choses. C'est ce que rapporte Plutarque, dans la Vie de *Démétrius* (pag. 891. A. Les derniéres paroles ont été citées ci-dessus, dans le Chap. XI. de ce Livre, §. 6. *num.* 2.) Voiez aussi ce que fit *Sanche*, Roi de la haute *Navarre*, dans Mariana, *Hist.* Lib. XI. Cap. XVI. Grotius.

(3) Οὔκουν ἀδίκως γε ἕξετε ὅ, τι ἂν ἔχητε, ἀλλὰ φιλανθρωπίᾳ οὐκ ἀφαιρήσεσθε, ἤν τι ἐᾶτε ἔχειν αὐτούς. Xenophon, De Cyri instit. *Lib.* VII. *Cap.* V. §. 26. *Ed. Oxon.*

(4) *Et* Trebatius *ait, agrum, qui hostibus devictis eâ conditione concessus sit, ut in civitatem veniret, habere adluvionem, neque esse limitatum* &c. Digest. Lib. XLI. Tit. I. *De Adquir. rerum domin.* Leg. XVI. Les Terres, dont il est parlé là, n'étoient point renduës purement & simplement, mais à la charge de paier un certain tribut, que l'on exigeoit du Corps de l'Etat vaincu, & non pas de chaque Particulier; à cause dequoi il est dit qu'on donnoit ces Terres à l'Etat. Voiez les Notes de feu Mr. Goes sur les *Auctores Rei Agrariæ*, pag. 198.

(5) *Item si forte ager fuit, qui petitus est, & militibus adsignatus est, modico honoris gratiâ possessori dato* &c. Digest. Lib. VI. Tit. I. *De Rei Vindicat.* Leg. XV. §. 2. Il s'agit-là de quelques Particuliers, à qui l'on donnoit cette marque de distinction, pendant que le reste des Terres étoit distribué aux Soldats. Voici ce que dit là-dessus un ancien Auteur: *Nec tamen omnibus personis victis ablati sunt agri: nam quorumdam dignitas, aut gratia, aut amicitia, victorem ducem movit, ut eis concederet agros suos.* Siculus Flaccus, *De conditionib. agror.* pag. 16. *Edit. Goës.* Voiez Cujas, sur la Loi qu'on vient de citer, *Recit. in Digest.* pag. 278. 279. *Edit. Fabrott.*

(6) Appien *d'Aléxandrie* dit en général, que les anciens *Romains* en usoient ainsi à l'égard de leurs Ennemis vaincus: Τῶν δὲ πολεμίων ὅτε κρατήσειεν, οὐδὲ τούτων ἅπασαν τὴν γῆν ἀφῃροῦντο, ἀλλὰ ἐμερίζοντο &c. De Bell. Civil. *Lib.* II. (*pag.* 516. *Edit. H. Steph.*) Nous voions par l'Histoire, que les *Vandales* tinrent la même maxime en *Afrique*; & les *Goths*, en *Italie*. Grotius.

CHAPITRE XIV.

De la MODERATION dont on doit user à l'égard des PRISONNIERS DE GUERRE.

I. *Jusqu'où l'on peut en conscience faire des* PRISONNIERS DE GUERRE. II. *Quel droit on a, selon les régles de la Justice intérieure, ou en conscience, sur ceux qui sont ainsi devenus Esclaves.* III. *Qu'il n'est pas permis de tuer un Esclave innocent:* IV. *Ni de le punir avec trop de rigueur:* V. *Ni d'exiger de lui des travaux trop rudes.* VI. *En quel sens le* Pécule *appartient à l'Esclave, & en quel sens il est au Maître. Si l'on est quelquefois obligé d'affranchir un Esclave?* VII. *Si un Esclave peut s'enfuir?* VIII. *Si les Enfans des Esclaves sont dans quelque obligation par rapport au Maître de leur Pére ou de leur Mére?* IX. *Comment on doit traiter les Prisonniers de Guerre, dans les païs où l'Esclavage est aboli.*

§. I. 1. VENONS présentement aux Prisonniers de Guerre, & examinons d'abord de quelle maniére on doit en user envers eux dans les païs où l'on a des Esclaves, & où ceux qui sont pris à la Guerre le deviennent, selon l'usage reçû.

2. A suivre les Régles de cette Justice, qui est conforme aux lumieres de la Conscience, le droit, dont il s'agit, doit être reduit aux mêmes bornes, que celui qu'on a sur les biens de l'Ennemi. (a) C'est-à-dire, qu'on ne peut légitimement s'approprier la personne des Prisonniers de Guerre, qu'autant qu'il le faut pour égaler la valeur de la Dette ou principale, ou accessoire; à moins que ceux-là mêmes qu'on a pris ne se soient rendus coupables de quelque crime, qui mérite qu'on les en punisse par la perte de leur liberté. Ce n'est que jusques-là qu'on aquiert sur les Sujets de l'Ennemi, faits prisonniers dans une Guerre juste, un véritable droit, que l'on transfére validement à autrui.

(a) *Fr. Victoria*, De Jure Bell. *num.* 41. *Lessius*, Lib. II. Cap 5. Dub. 5. *Covarruv.* in C. *Peccatum*, Part. 2. §. 11. *Molina*, Disp. 120. & 21. *Valentia*, Disp. 3. Quæst. 16.

3. L'E-

CH. XIV. §. I. (1) Καὶ γὰρ, ὡς ἔοικεν, οὐχ ὁμοίως τῷ παρ' ὑμῖν ῥητόρων ἐνίοις, ὅτι δίκαια εἶναι περὶ ἅπαντας τὰ αὐτὰ ἔτι καλὰ ἡγεῖτο, ἀλλὰ τὴν τῆς ἀξίας προσθήκην συλλογιζόμενος, τὰ τοιαῦτ' ἐπίταξε. Epist. pro Lycurgi liberis (*pag.* 714. B. *Ed. Basil.* 1572.) *Alexandre le Grand*, Fils de ce Prince, aiant pris la Ville de *Thébes*, excepta du nombre des Prisonniers qui devoient être Esclaves, les Prêtres, & ceux qui n'avoient pas donné leur consentement aux Ordonnances Publiques faites contre lui. C'est ce que PLUTARQUE nous apprend, dans sa Vie (*pag.* 670 E.) GROTIUS.

§. II. (1) Il y a ici dans l'Original: *Sed primum notandum est* &c. C'est que dans la prémiere Edition, ceci étoit joint avec le *num.* 2. du paragraphe précedent: & l'Auteur aiant ajoûté depuis tout ce qui suit, ne prit pas garde qu'il laissoit ici une liaison, qui ne convenoit plus à ce qui se trouvoit entre deux. Je l'ai donc changé, & je suis bien aise d'en avertir, pour donner un exemple de ces petites réparations qu'il a fallu faire en divers endroits, mais qu'il auroit été trop ennuieux de marquer.

(2) Voiez le Chapitre precedent, §. 1. & 2.

(3) *Servi pœna*, Expression du Droit Romain, dont voici la raison & le fondement. C'étoit autrefois un privilége de tous les Citoiens Romains, comme tels, qu'on ne pouvoit les dépouiller malgré eux de la Vie, non plus que de la Liberté. L'abus de ce privilége aiant produit une licence & des désordres terribles, on trouva moien de l'éluder par une fiction de droit. Lors qu'un Citoien Romain avoit commis un crime digne de mort ou de quelque autre peine qui emportoit une privation de la Liberté, on ne condamnoit pas le Citoien, mais on déclaroit que celui qui alloit être condamné n'étoit plus Citoien; on le regardoit comme Esclave, & ainsi on le faisoit mourir. Voiez les *Probabilia Juris* de Mr. NOODT, *Lib.* III. *Cap.* XII. & les *Observations* de GRONOVIUS, Lib. I. Cap. VIII. *pag.* 77, *& seq.*

(4) De là vient qu'un *Lacedémonien* disoit autrefois, qu'il étoit Prisonnier de Guerre, & non pas Esclave: Ἀλλ' ὁ [Λάκων] αἰχμάλωτος πιπρασκόμενος, τοῦ κήρυκος ἐπιλέγοντος ἀνδράποδον πωλεῖν, Κατάσχετε, εἶπεν, οὐκ ἐρεῖτε αἰχμάλωτον; [PLUTARCH. Apophthegm. *pag.* 234. C. Tom. II. *Ed. Wechel.*] PHILON, Juif, parlant de ceux qui sont tombez entre les mains des Brigands, ou qui ont été pris par l'Ennemi, dit, que

3. L'Equité & l'Humanité veulent ensuite, que l'on se régle ici sur les mêmes distinctions, que nous (b) avons établies au sujet du droit de tuer les Ennemis. DE'MOSTHE'NE louë *Philippe de Macédoine*, de ce qu'il n'avoit pas fait Esclaves tous ceux qui s'étoient trouvez dans le parti des Ennemis: *car*, ajoûte l'Orateur, (1) *ce Prince croioit, qu'il n'étoit ni beau, ni juste, de les traiter tous de la même manière, mais il considéroit & pesoit en eux, outre la qualité commune d'Ennemis, ce que chacun avoit mérité.*

(b) *Chap.* XI. de ce Liv. §. 4. & *suiv.*

§. II. 1. IL FAUT (1) encore remarquer ici, que le droit qu'on a sur la liberté des Sujets de l'Ennemi, en vertu de cette obligation générale qui (2) les rend chacun Cautions en quelque manière pour l'Etat; que ce droit, dis-je, n'est pas, à beaucoup près, aussi étendu, que celui qu'on aquiert en conséquence d'un Délit personnel, sur ceux qui par là se rendent *Esclaves* (3) *de la peine*, comme on parle. Car, à bien considerer la chose, le pouvoir qu'on aquiert par les armes sur tous les Sujets de l'Ennemi, comme tels, quelque juste que soit la Guerre, n'est pas (4) plus grand que celui qu'a un Maître sur ceux qui lui ont vendu leur liberté, y étant contraints par la misére. Toute la différence qu'il y a, c'est que le sort des prémiers est plus (5) digne de compassion, en ce qu'ils sont devenus Esclaves sans aucun fait propre de leur part, & uniquement par la faute de leur Souverain.

2. Ainsi cette sorte d'Esclavage se réduit à un engagement de servir toûjours le Maître, sous le pouvoir duquel on passe, à condition d'être nourri toûjours à ses frais. En un mot, un tel Esclave n'est autre chose qu'un *Mercenaire perpétuel*, pour appliquer ici la définition que (6) le Philosophe CHRYSIPPE donnoit des Esclaves en général. La Loi de MOÏSE compare expressément à des Mercenaires (a), ceux qui se sont vendus eux-mêmes, pour avoir dequoi vivre: & (b) elle ordonne, que, quand ils se rachéteront, on leur tienne compte du service qu'ils auront fait, (7) de la même manière que les revenus déja tirez d'une Terre venduë (c) entroient en compensation dans le prix du rachat, lorsque l'ancien Propriétaire la recouvroit.

(a) *Deut.* XV. 18. *Levit.* XXV. 40, 53.
(b) *Levit.* XXV. 49, 50.
(c) *Ibid. vers.* 27.

3. Il y a donc une grande différence entre la manière dont on peut impunément traiter un Esclave, selon le Droit des Gens, & ce que le Droit Naturel permet. Nous avons déja cité (d) des paroles de SENE'QUE sur ce sujet. Il dit (8) ailleurs quelque chose d'aussi

(d) *Chap.* X. de ce Liv. §. 1. *num.* 8.

que les Loix de la Nature, supérieures à celles qui sont établies ici bas par les Hommes, déclarent libres de telles gens, quoi qu'un Pére, ou un Fils, soient obligez de les racheter: Ἐπεὶ καὶ πατέρες υἱῶν τιμὰς κατέθεσαν, καὶ υἱοὶ πολλάκις πατέρων, ἢ κατὰ λῃστείας ἁρπαχθέντων, ἢ κατὰ πόλεμον αἰχμαλώτων γενομένων, οὓς οἱ τῆς φύσεως νόμοι, τῶν κάτωθεν ὄντες βεβαιότεροι, γεγονότας ἐλευθέρους. (Lib. *Quòd omnis Probus liber*, pag. 870. E. *Ed. Paris.*) En effet, pour appliquer ici ce que THE'ODECTE, ancien Poëte, faisoit dire à *Hélène*, *osteroit-on appeller Esclave une Femme sortie du sang des Dieux, du côté de son Pére & du côté de sa Mére?*

Θεῶν ἀπ᾽ ἀμφοῖν ἐκγόνων ῥιζωμάτων
Τίς ἂν προσειπεῖν ἀξιώσειεν λάτριν;

GROTIUS.

Ces deux vers nous ont été conservez par ARISTOTE, *Politic.* Lib. I. Cap. VI. Mais il faut lire au commencement: Θείων δ᾽ ἀπ᾽ &c. comme porte l'Edition de *Paris*, & celle de DANIEL HEINSIUS.

(5) Il n'y a rien de plus fâcheux, selon ISOCRATE: Ὡς ὃ δοκεῖ πάντων δεινότατον εἶναι, δορυαλώτους γενέσθαι. Orat. Platæic. *pag.* 300. A. *Ed. H. Steph.* GROTIUS.

(6) *Servus, ut placet* CHRYSIPPO, *perpetuus mercenarius est.* De Benefic. *Lib.* III. *Cap.* XXII.

(7) C'est-à-dire, qu'on n'avoit aucun égard aux années qui s'étoient écoulées depuis que l'Esclave s'étoit vendu, parce que l'Esclave étoit censé avoir gagné par son travail, au profit du Maître, la valeur de ce que le Maître lui avoit donné pour ce tems-là: ainsi on comptoit seulement ce que l'Esclave pourroit gagner dans les années qui restoient jusqu'à l'*Année Sabbathique*, ou au *Jubilé*, qui remettoit les Esclaves en possession de leur liberté, sans qu'ils fussent alors obligez de rien donner. De même, comme les Terres retournoient à leurs anciens Maîtres dans l'année du *Jubilé*, si celui qui avoit vendu son Champ vouloit le racheter avant ce tems-là, comme il le pouvoit, on comptoit seulement la valeur des revenus que l'Acheteur auroit pû tirer dans les années qui restoient jusqu'au *Jubilé*. Voiez les passages, que j'ai citez à la marge, & qui, dans le Texte de nôtre Auteur, se trouvent fautifs, en sorte qu'il a indiqué le DEUTE'RONOME, au lieu du LE'VITIQUE; comme je l'avois remarqué par occasion, il y a long tems, dans mes Notes sur PUFENDORF, *Droit de la Nat. & des Gens*, Liv. VI. Chap. III. §. 4. *Note* 3.

(8) *Servi sunt? immo Homines. Servi sunt? immo contubernales. Servi sunt? immo humiles amici. Servi sunt? immo conservi, si cogitaveris tantundem in utrosque licere fortunæ.* Epist. XLVII. *init.*

d'aussi fort. Le Poëte PHILEMON, long tems avant lui, avoit (9) introduit un Esclave représentant à son Maître, que, pour être réduit à cette triste condition, on ne laisse pas d'être toûjours Homme. On trouve dans MACROBE (10) des pensées tout-à-fait semblables: & tout cela revient à ce beau précepte de ST. PAUL, (e) *Maîtres, rendez à vos Esclaves ce que le Droit & l'Equité veulent, sâchant que vous aussi avez un Maître dans le Ciel*; c'est-à-dire, un Maître *qui ne fait point de distinction de personnes*, ou qui n'a aucun égard à ces sortes de différences de conditions, comme le dit ailleurs (f) le même Apôtre, en exhortant par la même raison les Maîtres à *ne pas agir envers leurs Esclaves d'une maniere qui ne respire que menaces*. Dans les CONSTITUTIONS attribuées à ST. CLEMENT, Romain, il y en a une, qui défend (11) *de commander avec aigreur à un Esclave, de quelque séxe qu'il soit*. CLÉMENT *d'Aléxandrie* (12) veut que nous traitions nos Esclaves comme d'autres nous-mêmes, parce qu'ils sont hommes, aussi bien que nous: & il suit en cela le précepte d'un Sage Juif, (13) qui par la même raison, exhorte à en user avec eux, comme avec un Frére. Mais disons quelque chose de plus particulier.

(e) Coloss. IV. 1.

(f) Ephes. VI. 9.

§. III. LE Droit de Vie & de Mort, qu'on attribuë à un Maître sur son Esclave, donne au premier une espéce de jurisdiction (1) domestique, il est vrai: mais il doit l'exercer avec la même intégrité & la même circonspection, que les Juges établis par autorité publique pour connoître des affaires de tous les Citoiens. C'est ce que SENÉQUE donne a entendre, lors qu'il dit, (2) que, *pour la maniére d'agir envers un Esclave, il faut voir, non ce qu'on peut impunément lui faire souffrir, mais ce que permettent l'Equité & l'Honnêteté, qui veulent même qu'on épargne les Prisonniers de Guerre, & ceux qu'on a achetez*. Ce Philosophe dit ailleurs: (3) *Qu'importe sous la puissance de qui on soit, si c'est une puissance souveraine?* Il fait là une comparaison entre les Sujets, & les Esclaves, & il pose pour maxime, qu'on (4) a le même pouvoir sur les uns, que sur les autres, quoi que sous différens titres: ce qui est très-vrai, par rapport à ce droit de Vie & de Mort, & aux autres choses qui en approchent. Chaque

(9) Κἂν δοῦλος ᾖ τις, οὐδὲν ἧττον, Δέσποτα,
Ἄνθρωπος οὗτός ἐστιν, ἂν ἄνθρωπος ᾖ.
Apud STOBÆUM, Tit. LXII. Des Savans veulent, que, dans le prémier vers, on lise δοῦλος ᾖ: & dans le second, ἐὰν ἄνθρωπος &c.

(10) *Et ut primum de Servis loquamur, jocóne an serio putas, esse hominum genus, quod Dii immortales nec curâ suâ, nec providentiâ, dignentur? an forte Servos in hominum numero esse non pateris?* Saturnal. *Lib.* I. *Cap.* XI. On peut voir le reste du Chapitre, où l'Auteur s'étend fort sur ce sujet.

(11) Οὐκ ἐπιτάξεις δούλῳ σου, ἢ παιδίσκῃ, ἐν πικρίᾳ ψυχῆς. Lib. VII. Cap. XIV. On trouve la même chose dans la Lettre de ST. BARNABÉ, où il est dit, que celui qui traite rudement son Esclave, montre par là qu'il ne craint pas celui qui est le Dieu de l'un & de l'autre: Οὐ μὴ ἐπιτάξῃς παιδίσκῃ ἢ δούλῳ σου ἐν πικρίᾳ, τοῖς ἐπ' αὐτὸν ἐλπίζουσι, μήποτε οὐ φοβηθήσονται τὸν ἐπ' ἀμφοτέροις Θεόν. GROTIUS.

(12) Καὶ οἰκέταις μὲν χρηστέον, ὡς ἑαυτοῖς· ἄνθρωποι γὰρ εἰσιν, ὡς ἡμεῖς. Pædagog. *Lib* III. *Cap.* XII. pag 307. *Edit. Oxon. Potter*.

(13) C'est l'Auteur de l'ECCLESIASTIQUE: Εἰ ἐστί σοι οἰκέτης, ἄγε αὐτὸν, ὡς ἡ ψυχή σου. Cap. XXXIII. vers. 31.

§. III. (1) Ce n'est pas comme Maître qu'il a ce droit de Vie & de Mort, mais comme Pére de Famille. L'engagement réciproque qu'il y a entre le Maître & l'Esclave n'emporte point cela par lui-même soit que l'Esclave ait vendu sa liberté, ou qu'il s'en soit dépouillé par une suite du Droit de la Guerre. Le Service perpetuel, auquel le Prisonnier de Guerre s'engage, est une récompense suffisante de la vie que le Vainqueur lui laisse. Il faut d'ailleurs un consentement de l'Esclave, ou exprès, ou tacite, pour donner au Maître sur lui un droit de Vie & de Mort: & ce consentement tacite se présume avec raison, lors que tel est l'usage, comme cela avoit lieu autrefois, non seulement dans l'indépendance de l'Etat de Nature, où chaque Pére de Famille étoit comme Souverain dans sa maison; mais encore dans les Sociétez Civiles, tant que les Loix laisserent ce droit aux Maîtres sur leurs Esclaves.

(2) Le passage a été déja cité, dans le Chap. X. de ce Livre, §. 1. *Not.* 8.

(3) *Si non dat beneficium Servus Domino; nec Regi quisquam suo, nec Duci suo Miles? Quid enim interest, quali quis teneatur imperio, si summo tenetur?* De Benefic. *Lib.* III. *Cap.* XVIII.

(4) *Nam si Servo, quominus in nomen meriti perveniat, necessitas obest, & patiendi ultima timor: idem istud obstabit, & ei qui Regem habet, & ei qui Ducem; quoniam, sub dispari titulo, paria in illos licent.* Ibid.

(5) *Et Domum pusillam Rempublicam esse judicaverunt* [majores nostri]. Epist. XLVII.

(6) *Nam Servis respublica quedam, & quasi civitas, Domus est.* Lib. VIII. Epist. XVI. *num.* 2.

(7) Τὸς δ' ἄξιον εἰργάσθαι τι θανάτου δόξαντας, ἐδόκει κριθέντας ἐν τοῖς οἰκέταις πᾶσιν ἀποθνήσκειν. Vit. M. Caton. *pag* 349. A.

§. IV. (1) Ces paroles, *Vous ne l'opprimerez point*, sont mal appliquées. Car dans le verset 17, d'où nôtre

que *Maison* est à cet égard *une petite République*, comme le même Philosophe la qualifie (5) ailleurs; & après lui, (6) PLINE *le Jeune*. *Caton, le Censeur*, qui en avoit la même idée, lors qu'un de ses Esclaves étoit venu à commettre un crime qui lui paroissoit digne de mort, ne lui infligeoit pourtant la peine du dernier supplice, qu'après qu'il avoit été condamné, au jugement même des autres Esclaves de la Famille; comme nous l'apprenons de (7) PLUTARQUE. Et l'on peut comparer avec cela des paroles de (a) JOB, où il se glorifie d'avoir agi en Juge équitable avec ses Domestiques. (a) *Chap.* XXXI. *vers.* 13.

§. IV. 1. MAIS lors même qu'il s'agit de moindres peines, comme de battre simplement un Esclave, il faut en user aussi avec équité, & même avec clémence. *Vous* (1) *ne l'opprimerez point, vous n'exercerez pas sur lui un empire rigoureux*, dit la Loi divine de MOÏSE, (a) en parlant des Esclaves Israëlites: & on doit l'étendre à toute sorte d'Esclaves, aujourd'hui que la qualité de *Prochain* n'est plus renfermée dans une seule Nation. Voici le commentaire de PHILON, Juif, sur cette Loi: (2) *Les Esclaves*, dit-il, *quelque inferieurs qu'ils soient à leurs Maîtres par le malheur de leur condition, sont pourtant de même nature qu'eux; & selon la Loi de* DIEU, *la Régle du Juste n'est pas ce qui vient de la Fortune, mais ce qui convient à la Nature. Ainsi les Maîtres ne doivent point abuser du pouvoir qu'ils ont sur leurs Esclaves, pour satisfaire leur orgueil, leur insolence, & leur cruauté. Ce n'est pas le caractére d'un Esprit doux & paisible, mais la marque d'un Esprit emporté & qui aime à gouverner tyranniquement.* EST-IL *juste*, disoit un Philosophe Paien, *de traiter plus rudement des Hommes, qui sont sous nôtre puissance, qu'on ne traite les Bêtes, dont on est maître? Un bon Ecuier n'épouvante pas son Cheval à force de coups: en rend cet Animal ombrageux & rétif, si on ne le flatte. . . . . Quelle folie, d'avoir honte, lors qu'on s'emporte contre une Bête de somme, ou contre un Chien; & de ne garder aucune retenuë envers un Homme, de le maltraiter sans scrupule en toute sorte de maniéres?* Voilà les réflexions judicieuses de (3) SENEQUE. Aussi voions-nous (a) *Levit.* XXV 17, 43, 53.

ne Auteur les a tirées, il y a: *Vous ne vous opprimerez pas l'un l'autre*. Et cela ne regarde point les Esclaves, mais l'alienation perpétuelle des Terres, que le Legislateur défend, sous quelque prétexte que ce soit. L'Auteur citoit encore ici le *Deuteronome*, pour le *Lévitique*: d'où il paroit que tout ceci avoit été écrit un peu à la hâte dès la prémiére Edition, sans que les révisions des autres Editions y aient remédié depuis.

(2) Θεράποντες τύχῃ μὲν ἐλάττονι κέχρηνται, φύσεως δὲ τῆς αὐτῆς μεταποιοῦνται τοῖς δεσπόταις· τῷ δὲ θείῳ νόμῳ κανὼν τὸ δίκαιόν ἐστιν, οὐ τὸ τῆς τύχης, ἀλλὰ τὸ τῆς φύσεως ἡρμοσμένον. διὸ προσήκει τοὺς κυρίους μὴ καταχρῆσθαι ταῖς ἐξουσίαις κατὰ τῶν οἰκετῶν, ἀλαζονείαν καὶ ὑπεροψίαν καὶ δεινὴν ὠμότητα ἐπιδεικνυμένους. ταῦτα γὰρ οὐκ ἔστι δείγματα ψυχῆς εἰρηνικῆς, ἀλλ' ὑπ' ἀκρασίας τὸ ὑπεύθυνον (c'est ainsi qu'il faut lire, au lieu de ἀνεύθυνον) κολαζούσης κατὰ τυραννικὴν δύναμιν. De Legib. Specialib. Lib. II. (*pag.* 788. D. *Ed Paris.*) ST. CYPRIEN s'exprime là dessus bien fortement: il soûtient, que ceux qui exercent ainsi une autorité tyrannique sur leurs Esclaves, ne reconnoissent pas DIEU pour leur Seigneur & Maître: *Tamen nisi tibi pro arbitrio tuo serviatur, nisi ad voluntatis obsequium pareatur, imperiosus & nimius servitutis exactor, flagellas, verberas, fame, siti, nuditate, ferro frequenter & carcere, adfligis, & crucias, & non adgnoscis miser Dominum Deum tuum, quum sic exerceas ipse in hominem dominatum.* Ad Demetrian. (pag. 188. *Ed. Fell. Brem.*) Voiez le Rabbin MOÏSE *de Kotzi*, Præcept. jub. CXLVII. CLXXV. CLXXVIII. & la *Comparaison des Loix Romaines avec la Loi de Moïse*, Tit. III. PRIScus, dans l'endroit des *Excerpta Legationum*, où il donne la préférence aux mœurs des *Romains* de son tems sur celles des *Barbares*, remarque, à l'avantage des premiers, qu'ils traitent beaucoup mieux leurs Esclaves. Ils agissent, dit-il, envers eux, comme s'ils étoient leurs Péres, ou leurs Précepteurs. Ce n'est que pour les empêcher de faire quelque chose de deshonnête selon leurs idées, qu'ils les châtient, & cela comme s'ils étoient leurs propres Enfans; car ils n'ont pas droit de Vie & de Mort sur eux, comme les Maîtres l'ont chez les *Scythes*. D'ailleurs, parmi les *Romains*, les Maîtres peuvent affranchir & affranchissent souvent leurs Esclaves, en diverses manieres, non seulement pendant leur vie, mais encore en mourant; cette derniére volonté étant respectée comme une Loi: Ἄμεινον δὲ αἱ τοῖς οἰκέταις διατελοῦσι Ῥωμαῖοι χρώμενοι. πατέρων γὰρ ἢ διδασκάλων εἰς αὐτοὺς ἔργα ἐπιδεικνύνται, ἐφ' ᾧ τῶν φαύλων ἀπεχομένους, μετιέναι ἅπερ αὐτοῖς καλὰ νενόμισται, σωφρονίζουσι σφᾶς ἐπὶ τοῖς ἁμαρτήμασιν, ὥσπερ τοὺς οἰκείους παῖδας. οὐ δὴ γὰρ οὐδὲ αὐτοῖς θάνατον, ὥσπερ Σκύθαις, ἐπάγειν θέμις. ἐλευθερίας δὲ τρόποι παρ' αὐτοῖς πλείους, ἣν οὐ μόνον περιόντες, ἀλλὰ καὶ τελευτῶντες χαρίζονται, διατάττοντες κατὰ τῆς περιουσίας ὃν βούλονται τρόπον· καὶ νόμος ἐστὶν, ὅπερ ἂν ἕκαστος τελευτῶν περὶ τῶν προσηκόντων βουλεύσοιτο. (Pag. 47. *Ed. Hoeschel.*) Voiez encore les *Loix des* WISIGOTHS, Lib. VI. Tit. I. Cap. XII. GROTIUS.

(3) *Numquidnam aequum est, graviùs homini & duriùs imperari, quàm imperatur animalibus mutis? Atqui equum non crebris verberibus exterret domandi peritus magister: fiet enim formidolosus & contumax, nisi eum tactu blan-*

(b) Exod. XXI. 26, 27. nous que la Loi de MOÏSE obligeoit (b) les Maîtres à (4) affranchir un Esclave, non seulement lors qu'ils lui avoient crevé un œil, mais encore lors qu'ils n'avoient fait que lui casser une dent; cela s'entend, sans avoir eu un juste sujet de le châtier.

2. Les (5) Loix même de plusieurs Peuples avoient ramené aux régles de la vraie Justice, dont nous traitons, qui obligent en conscience, le droit extérieur, ou de simple impunité, que le consentement des Nations donnoit aux Maîtres sur leurs Esclaves. Car, chez les *Grecs*, un Esclave qui étoit traité avec trop de rigueur par son Maître, (6) pouvoit demander d'être vendu à un autre. Et parmi les *Romains*, il (7) étoit permis à un tel Esclave de se réfugier auprès de la Statuë de l'Empereur, ou d'implorer la protection des Gouverneurs de Province, contre un Maître inhumain qui le maltraitoit cruellement, ou le faisoit mourir de faim, ou en usoit envers lui de quelque autre maniére injuste & insuportable.

§. V. 1. L'HUMANITÉ veut aussi, qu'on n'exige d'un Esclave que ce (1) qu'il peut faire raisonnablement, & qu'on aît égard à sa santé. C'étoit une des raisons, pour lesquelles le *Sabbat* fut institué: la Loi de MOÏSE (a) vouloit par là donner aux Esclaves quelque relâche de leurs travaux.

(a) Exod. XX. 10. XXIII. 2. Deuter. XVI. 14.

2. Les Sages Paiens ont pratiqué & recommandé cette modération. Une Femme Philosophe, de la Secte de *Pythagore*, donne pour maxime, (2) *Qu'un Maître, juste &*

blandiente permulseris. . . . . *Quid enim stultius, quàm in jumentis & canibus erubescere iram exercere, pessimâ autem conditione sub homine hominem esse?* De Clement. *Lib.* I. *Cap.* XVI. XVII.

(4) PHILON dit, que ce Maître est ainsi puni doublement, puis qu'il perd & le service de l'Esclave, & l'argent qu'il avoit donné en l'achetant. Une troisiéme punition, ajoûte-t-il, & une punition encore plus fâcheuse que les deux prémiéres, c'est qu'il se voit contraint de faire un des plus grands biens à une personne qu'il haïssoit, & qu'il souhaitoit peut-être de pouvoir maltraiter éternellement. L'Esclave, au contraire, est doublement dédommagé des maux qu'il a soufferts, puis qu'il recouvre non seulement la liberté, mais encore qu'il est délivré du joug d'un Maître si cruel. Κελεύσας, ἐάν εἴ τις ἐκκόψῃ θεράποντος ὀφθαλμὸν, ἀντιδοῦναι ἐλευθερίας μεταδιδόντα. οὕτω γὰρ ὁ μὴ αὐτῷ ἂν ἐδέξατο, διττὴν ὑποστήσεται ζημίαν, ἅμα τιμῆς καὶ τὴν ὑπηρεσίαν ἀφαιρεθείς· καὶ τρίτον ἑκατέρου τῶν λεχθέντων χαλεπώτερον, ἀναγκαζόμενος ἐν τοῖς μεγίστοις εὐεργετεῖν ἐχθρὸν, ὃν ἴσως ηὔχετο κακοῦν ἀεὶ δύνασθαι. ὁ δὲ ἀνθ' ὧν ὑπέμεινε, παρηγορίαν ἕξει διπλῆν, οὐ μόνον ἐλευθερωθεὶς, ἀλλὰ καὶ ἀργαλέον καὶ ὠμὸν δεσπότην ἐκφυγών. De Legg. Spec. *Lib.* II. (*pag.* 808. A. B. GROTIUS.

(5) Tout cet *à linea*, jusqu'à la fin du paragraphe, se trouve dans l'Original vers la fin du paragraphe 6. entre le *numero* 6. & 7. de ma Traduction. Je ne sai comment l'Auteur l'avoit si mal placé, & cela dès la prémiére Edition: car dans cet endroit-là il s'agit du *Pécule* des Esclaves, comme l'indique le sommaire dressé par nôtre Auteur. J'ai donc remis les choses dans leur place naturelle, & il me semble que cette réflexion sur les adoucissemens que l'usage des plus célébres Peuples introduisit, ne convenoit mieux en aucun autre endroit, qu'ici.

(6) C'est ce qu'on appelloit, Πρᾶσιν αἰτεῖν. Voiez POLLUX, Lib. VII. §. 13. & là-dessus les Interprêtes.

(7) *Nam* ANTONINUS *consultus à quibusdam Præsidibus provinciarum, de his Servis, qui ad Ædem sacram, vel ad Statuam principum confugiunt, præcipit, ut si intolerabilis videatur sævitia Dominorum cogantur servos suos bonis conditionibus vendere.* . . . *Sed & Dominorum interest, ne auxilium contra sævitiam, vel famem, vel intolerabilem injuriam, denegetur iis, qui justè deprecantur. Ideoque cognosce de querelis eorum* &c. INSTITUT. Lib. I. Tit. VIII. *De his qui sui vel alieni juris*, §. 2.

§. V. (1) Voiez le Chap. XIV. de la Lettre des Evêques au Roi *Louïs*, qui se trouve insérée dans le *Capitulaire de* CHARLES LE CHAUVE. Les *Athéniens* traitoient doucement leurs Esclaves, comme XÉNOPHON le remarque, à leur honneur, dans sa Description de la République d'*Athénes*. SENÉQUE blâme ceux qui accablent de travail leurs Esclaves, comme si c'étoient des Bêtes de somme, & non pas des Hommes: *Alia interim crudelia & inhumana prætereo, quòd nec tamquam hominibus quidem, sed tamquam jumentis, abutimur* &c. Epist. XLVII. GROTIUS.

(2) Elle dit, en même tems, que c'est le moien de gagner l'amitié des Domestiques, qui ne s'achéte point avec eux: & elle donne pour raison de la douceur avec laquelle on doit les traiter, celle qui a été alléguée ci-dessus plus d'une fois, c'est que les Esclaves sont Hommes aussi bien que leurs Maîtres: Ἔστι δὲ, ὦ φίλη, μέγιστον ἐπὶ δουλείᾳ εὔνοια. αὕτη γὰρ οὐ συναγοράζεται τοῖς σώμασιν ἡ κτῆσις, ἀλλ' ἐξ ὑστέρου γεννῶσιν αὐτὴν οἱ συνετοὶ δεσπόται· δικαία δὲ χρῆσις αἰτία ταύτης, ἵνα μήτε διὰ τὸν κόπον κάμνωσι, μήτε ἀδυνατῶσι διὰ τὴν ἔνδειαν. εἰσὶ γὰρ ἄνθρωποι τῇ φύσει. Fragment. Pythagoreor. in *Opusc. Mythologicis*, *Phys. Ethic.* &c. Amst. 1688. pag. 746, 747.

(8) *Video quàm molliter tuos habeas: quo simpliciùs tibi confitebor, quâ indulgentiâ meos tractem. Est mihi semper in animo & Homericum illud*, Πατὴρ δ' ὣς ἤπιος ἦεν, *& hoc nostrum*, PATERFAMILIAS. Lib. V. Epist. XIX. *init.* [Le vers d'HOMÉRE est dans l'*Odyssée*, Lib. II. 47. & 234] Ce Poëte fait dire à *Ulysse*, qu'il regardera comme Fréres de *Télémaque*, son Fils, les Esclaves, qu'il a trouvez fidéles: *Odyss.* Lib. XXI. (vers. 215, *& seq.*) Et *Eumée* se louë de la bonté paternelle qu'*Ulysse* lui a témoignée, *Odyss.* Lib. XIV. (vers. 138, *& seq.*) DION *de Pruse* faisant la description d'un très-bon Roi, dit, que, bien loin de prendre plaisir à être appellé *Seigneur & Maître* de ses Sujets libres, il ne reçoit pas même volontiers ce titre par rapport à ses Esclaves: Δεσπότης δὲ οὐχ ὅπως τῶν ἐλευθέρων, ἀλλὰ μηδὲ τῶν δούλων χαίρει καλούμενος. GROTIUS.

& raisonnable doit traiter ses Esclaves de telle manière, qu'ils ne soient ni accablez d'un trop grand travail, ni incapables de servir, faute des choses nécessaires à la Vie. Voici ce que dit (3) Pline *le Jeune*, en écrivant à son ami *Paulin : Je vous avouerai ma douceur pour mes gens, d'autant plus franchement que je sai avec quelle bonté vous traitez les vôtres. J'ai toûjours dans l'esprit ce vers d'*Homere:

Il avoit pour ses gens une douceur de Pére.

Et je n'oublie point le nom de Pére de famille, *que, parmi nous on donne aux Maîtres.* Séneque (4) remarque aussi, que c'étoit pour inspirer aux Maîtres de tels sentimens, & pour adoucir ce que le mot d'*Esclave* renferme d'odieux, qu'on avoit appellé le Maître *Pére de famille*; & les Esclaves, les (b) *Gens de la Famille.* Quelques Péres (b) *Familiares.* de l'Eglise, (5) Tertullien, (6) St. Jérome, St. Augustin, ont tiré la même conséquence de ce nom de *Pére de Famille*, dont les Maîtres les moins raisonnables se faisoient honneur.

3. Le Grammairien Servius (8) a fait une semblable remarque, à l'occasion du mot d'*Enfans* (c) dont on se servoit pour appeller ou pour désigner les Esclaves. Les (c) *Pueri.* *Heracléotes* donnoient à leurs Esclaves *Maryandiniens* le nom de (9) *Donataires, pour adoucir ce que le titre d'Esclave a de dèsagréable*, comme le remarquoit Callistrate, ancien Scholiaste Grec du Poëte Aristophane. Les anciens Peuples d'*Allema-*

(4) *Ne illud quidem videtis, quàm omnem invidiam majores nostri Dominis, omnem contumeliam Servis detraxerint? Dominum,* Patremfamiliæ *adpellaverunt: Servos (quod etiam in mimis adhuc durat)* Familiares. *Epist.* XLVII. Ceci a été copié par Macrobe, dans l'endroit qu'on a déja cité, *Saturnal.* Lib. I. Cap. XI. pag. 231. *Ed. Gronov.* Nôtre Auteur remarquoit ici, dans une petite Note, qu'*Epicure* appelloit les Esclaves, les *Amis* du Maître: & il cite là-dessus Séneque, *Epist.* CVII. Mais au contraire, les *Amis* sont opposez-là aux *Esclaves*, dont il s'agit, qui s'étoient sauvez. On peut voir le passage, qui est au commencement de la Lettre, & où cette opposition paroit d'abord; quoi qu'il y ait d'ailleurs quelque chose de corrompu dans le Texte.

(5) *Sed & gratius nomen est pietatis, quàm* potestatis: *etiam* Familiæ *magis* Patres, *quàm* Domini *vocantur.* Apologet. Cap. XXXIII.

(6) *Familiam tuam ita rege & conserve, ut te* Matrem *magis suorum, quàm* Dominam, *videri velis: à quibus benignitate potius, quàm severitate, exige reverentiam.* Epist. Paulin. ad Celantiam, Tom. I. pag. 114. *Edit. Basil.*

(7) *Domestica pax à justis Patribus ita olim administrata est, ut secundum hæc temporalia bona Filiorum sortem à Servorum conditione distinguerent, ad Deum autem colendum omnibus domus suæ membris pari dilectione consulerent: quod naturalis ordo ita præscribit, ut nomen* Patrisfamilias *hinc exortum sit, & tam latè vulgatum, ut iniquè etiam dominantes hoc se gaudeant adpellari. Qui autem veri Patresfamilias sunt, omnibus in familia sua, tamquam Filiis, ad colendum & promerendum Deum, consulunt.* De Civit. Dei, Lib. XIX. Cap. XVI. Ce que St. Augustin dit ici des motifs que la Religion repéte ailleurs, où il remarque, que, comme les Esclaves d'autre côté doivent par la même raison obéir avec plaisir à leurs Maîtres: *Tu Dominis Servos, non tam conditionis necessitate, quàm officii delectatione, doces adhærere. Tu Dominos Servis, summi Dei scilicet, communis Domini, consideratione, placabiles, & ad consulendum, quàm ad coërcendum, propensiores facis.* De moribus Eccles. Catholicæ, Lib. I. Cap. 30. St. Cyprien avoit déja donné pour maxime, que les Maîtres doivent user de plus de douceur envers leurs Esclaves, qui se sont convertis au Christianisme: *Dominos Servis, quum crediderint, mitiores esse debere.* Testimon. *Lib.* III. (§. 82. pag. 85.) Ce qu'il prouve par le passage de l'Epitre de St. Paul aux *Ephésiens*, VI. 9. Lactance parlant de l'égalite de tous les *Chrétiens*, comme tels, à cause dequoi ils s'appellent tous *Fréres*; l'étend jusqu'aux Esclaves, qui, quoi que de différente condition, par rapport au Corps, sont, par rapport à l'Esprit & à la Religion, Fréres de leurs Maîtres même, & Serviteurs d'un Maître commun: *Dicet aliquis: Nonne sunt apud vos alii Pauperes, alii Divites, alii Servi, alii Domini? nonne aliquid inter singulos interest? Nihil. nec alia caussa est, cur nobis invicem Fratrum nomen impertiamus, nisi quia pares esse nos credimus. Nam quum omnia humana, non corpore, sed spiritu metiamur; tametsi corporum sit diversa conditio, nobis tamen servi non sunt, sed eos & habemus, & dicimus spiritu Fratres, religione conservos.* Instit. Divin. *Lib.* V. *Cap.* XV. Voiez encore Isidore *de Péluse*, Lib. I. Epist. 471. Grotius.

Le passage, que nôtre Auteur cite ici comme étant de St. Cyprien, n'est que le sommaire marginal, qui repond à la citation du passage de St. Paul.

(8) Nôtre Auteur donne ceci comme dit à l'occasion du fameux vers de Virgile: *Claudite jam rivos, pueri* &c. Eclog. III. *vers. ult.* Mais il n'y a là rien de tel. C'est sur l'Eclogue VI. que Servius remarque tout simplement, & sans aucune réflexion morale qui fasse au sujet, que l'on appelloit *Enfans* les Domestiques: *Utrum ergo ætate* pueros, *an ministros & familiares solemus communiter* pueros *vocare?* In vers. 14.

(9) C'est Athénée qui rapporte cela: *Λέγει δὲ καὶ Καλλίστρατος ὁ Ἀριστοφάνειος, ὅτι τοὺς Μαριανδυνοὺς ἀνδράποδα* [illegible] *Δωροφόρους, ἀφαιροῦντες τὸ πικρὸν τῆς διὰ τῶν οἰκετῶν προσηγορίας.* Lib. VI. Cap. XVIII. Mais le Savant Gronovius veut, que le mot de *Δωροφόροι* signifie plûtôt *Donateurs* ou *Tributaires*; & que cela soit fondé sur ce que le travail des Esclaves ou pour leurs Maîtres, ou pour d'autres à qui les Maîtres les louent, est une espéce de tribut, qui est régarde comme un présent. L'analogie grammaticale favorise cette explication.

lemagne regardoient leurs Esclaves comme des Fermiers, & TACITE (10) les en louë.

(a) Voiez l'*Ecclésiastique*, XXXIII. 25.

§. VI. 1. SI les Esclaves sont obligez de travailler, les Maîtres doivent les (a) nourrir & les entretenir, en vertu de leurs engagemens réciproques, comme nous l'avons dit plus haut. ARISTOTE (1), CATON (2), CICE'RON (3), SENE'QUE (4), établissent formellement cette obligation. Le Grammairien DONAT (5) nous apprend, qu'on donnoit à un Esclave pour sa nourriture quatre boisseaux de Blé par mois. Le Jurisconsulte MARCIEN dit, qu'il y a des choses qu'un Maître ne sauroit se dispenser de fournir à ses Esclaves, comme (6) les Habits, & autres choses semblables. Les (b) Historiens ont (7) desapprouvé la maniére cruelle dont les *Siciliens* traitérent les Prisonniers de Guerre *Athéniens*, qu'ils laissérent mourir de faim.

(b) *Thucydid.* Lib. VII. Cap. 87. seu ult. *Diod. Sic.* XIII. 19.

2. SENE'QUE (8) va jusqu'à établir, qu'en matiére de certaines choses un Esclave a les mêmes droits que s'il étoit Libre, & qu'il peut même se rendre bienfaicteur de son Maître, en faisant pour lui quelque chose au delà des services qu'il lui doit, pourvû qu'en cela il agisse non par crainte & par contrainte, mais de sa pure volonté & par affection; ce que le Philosophe explique au long.

3. De tout cela il s'ensuit, que, si un Esclave a épargné quelque chose de son petit ordinaire, en se refusant même le nécessaire, comme parle (9) TERENCE; ou s'il a gagné quelque chose en travaillant à ses heures de relâche: c'est un bien, qui lui appartient en quelque maniére. THE'OPHILE, dans sa Paraphrase des *Institutes* de JUSTINIEN, définit assez bien le *Pécule*, (10) un *Patrimoine naturel*. C'est comme

(10) *Frumenti modum Dominus, aut pecoris, aut vestis, ut Colono injungit: & Servus hactenus paret.* German. *Cap.* XXV. *num.* 2.

§. VI. (1) Ἀμίσθωτον γὰρ οὐχ οἷόν τε ἄρχειν· ὥσπερ δὲ μισθὸς, τροφή. Oeconomic. *Lib.* I. Cap. V.

(2) *Familiae malè ne sit, ne algeat, ne esuriat.* De Re Rustic. *Cap.* V.

(3) *Quibus* [Servis] *non malè praecipiunt, qui ita jubent uti, ut mercenariis: operam exigendam, justa praebenda.* De Offic. *Lib.* I. *Cap.* XIII.

(4) *Est aliquid, quod Dominus praestare Servo debeat, ut cibaria, ut vestiarium.* De Benefic. *Lib.* III. (Cap. XXI.) *Familia vestiarium petit victumque.* De Tranquill. anim. (*Cap.* VIII.) Les *Romains*, assiégez par les *Goths*, & pressez de la famine, disoient autrefois à *Bessas*, & à *Conon*, qui commandoient l'Armée des Assiégeans: „ Si vous voulez que nous nous rendions „ à vous, comme Prisonniers de Guerre, donnez-nous „ des vivres, sinon autant qu'il nous en faudroit, du „ moins assez pour ne pas mourir de faim: Χορηγεῖτε τοῖς ὑμετέροις αἰχμαλώτοις τροφὴν ἐν δεούσαις, οὐδὲ κατὰ τὴν χρείαν ἡμῶν ἀποχρῶσαν, ἀλλ' ὅσα γε ἀποζῆν διαρκῶς ἕξουσαν. PROCOP. *Gotthic.* Lib. III. (Cap. XVII.) ST. CHRYSOSTOME regarde comme une espéce de *Servitude*, l'obligation où est un Maître de fournir à ses Esclaves la nourriture & le vêtement; parce que, s'il manque à remplir cet engagement, les Esclaves sont dégagez du leur, & aucune Loi ne sauroit alors les contraindre à servir: Ὅταν ἐκεῖνος μὴ τὴν σωματικὴν διακονίαν παρέχῃ, σὺ δὲ τὸ σῶμα τρέφῃς καὶ θεραπεύῃς, καὶ τροφαῖς καὶ ἐνδύμασι καὶ ὑποδήμασι, καὶ ἕτερος δουλείας ἐστὶ τρόπος· ὅτι ἐὰν μὴ παρέχῃς καὶ σὺ τὴν διακονίαν, οὐδὲ ἐκεῖνος τὴν ἑαυτοῦ, ἀλλ' ἔσται ἐλεύθερος, καὶ οὐδεὶς αὐτὸν ἀναγκάσει νόμος καὶ μὴ τρεφόμενον τοῦτο ποιεῖν. In EPHES. V. 2. GROTIUS.

(5) *Servi quaternos modios accipiebant frumenti in mensem, & id* DEMENSUM *dicebatur.* In TERENT. Phormion. *Act.* I. *Scen.* I. vers. 10.

(6) Ces choses, à cause de cela, n'étoient point censées faire partie du *Pécule* des Esclaves, qui appartenoit au Maître, quoi que l'Esclave le possedât comme un bien à part: *Si verò tunicas, aut aliquid simile, quod ei Dominus necesse habet praestare, non esse peculium.* DIGEST. Lib. XV. Tit. I. *De Peculio*, Leg. XL.

(7) La dureté de l'Empereur *Isâc l'Ange* envers les *Siciliens*, qu'il avoit fait prisonniers de Guerre, est aussi censurée par NICE'TAS, qui rapporte une Lettre, que le Roi de *Sicile* écrivit là-dessus à l'Empereur, *Vit. Isac. Angel.* Lib. I. (Cap. III.) GROTIUS.

(8) *Et eo perducam servum, ut in multa liber sit. . . . Ubi in adfectum amici transit* [quod praestatur], *desinit* vocari ministerium. *Quidquid est, quod servilis officii formulam excedit, quod non ex imperio, sed ex voluntate praestatur, beneficium est: si modo tantum est, ut hoc vocari potuerit, quolibet alio praestante.* De Benefic. Lib. III. *Cap.* XIX. & XXI.

(9) *Quod ille unciatim vix de demenso suo*
Suum defrudans genium, comparsit miser.
Phorm. *Act.* I. *Scen.* I. vers. 9, 10.

(10) Ὅρος Πεκουλίου ἐστὶν· Οὐσία φυσική, &c. INSTIT. Lib. IV. Tit. VII. *Quod cum eo qui in al. pot.* &c. §. 4. HOME'RE fait dire à *Eumée*, que, si *Ulysse* fût retourné chez lui, il lui auroit donné une Maison, un Héritage, une Femme à souhait, en un mot tout ce qu'un bon Maître peut donner à un Domestique fidele & affectionné:

Ὅς κεν ἔμ' ἐνδυκέως ἐφίλει, καὶ κτῆσιν ὄπασσεν
Οἷά τε ᾧ οἰκῆϊ ἄναξ εὔθυμος ἔδωκεν,
Οἶκόν τε, κλῆρόν τε, πολυμνήστην τε γυναῖκα,
Ὅς οἱ πολλὰ κάμῃσι, θεὸς δ' ἐπὶ ἔργον ἀέξει.

Odyss. Lib XIV. (*vers.* 62, *& seqq.*) *Ulysse* lui-même fait une semblable promesse à *Eumée*, & à l'autre Pastre, *Philoetius*, Lib. XXI. (*vers.* 214, 215.) VARRON recommande aux Maîtres d'avoir quelque douceur pour leurs Esclaves, de leur fournir largement la nourriture & les habits, de leur donner du relâche pour le travail, & de leur laisser même paitre dans sa possession quel-

mê si l'on disoit, que la copulation des Esclaves, (11) qui a un (c) nom particulier dans le Droit Romain, est un *Mariage naturel.* Le Jurisconsulte ULPIEN appelle formellement le *Pécule*, un (12) *petit Patrimoine.* Le Maître à la vérité peut diminuer ce Patrimoine, ou l'ôter entiérement à ses Esclaves, comme il le juge à propos: mais s'il le fait sans raison, il fait mal, il péche contre l'Equité. Il peut le faire, non seulement pour punir son Esclave, mais encore pour subvenir à ses propres besoins: car l'intérêt de l'Esclave doit ceder à celui du Maître, plus même que l'intérêt particulier des Sujets ne doit ceder à l'intérêt de l'Etat. Mais il ne s'ensuit point de là, que le *Pécule* ne puisse être regardé comme appartenant à l'Esclave: car, comme le dit très-bien SENÉQUE, (13) *il n'est pas moins Propriétaire, parce qu'il peut cesser de l'être, dès que son Maître le voudra.*

(c) *Contubernium.*

4. De là vient encore, que, si un Maître, après avoir affranchi son Esclave, lui paie quelque chose qu'il lui devoit pendant qu'il étoit encore dans l'Esclavage, il ne peut point le repéter, comme non-dû, parce que, comme le dit (14) le Jurisconsulte TRYPHONIN, quand il s'agit de savoir ce qui est dû, ou non, par rapport au droit de le redemander en Justice, lors qu'on l'a paié mal-à-propos, il faut avoir égard à l'obligation naturelle, & non pas à l'obligation civile: or un Maître peut devoir quelque chose à son Esclave, selon le Droit Naturel. C'est pourquoi, comme les *Clients* (d) contribuoient quelquefois pour les besoins de leurs *Patrons*, & les *Sujets* pour ceux de leurs *Rois:* nous lisons aussi, que les Esclaves ont (15) fourni quelque chose pour les besoins de leurs Maîtres; pour la dot, par exemple, d'une Fille; pour le rachat d'un Fils fait Prisonnier; & pour quelque autre cas semblable.

(d) *Dion Halicarn.* Antiq. Rom. Lib. II. Cap. X.

5. PLINE

quelque Bêtail qui soit de leur pécule; afin de les encourager par là à travailler avec plus d'ardeur: *Studiosiores ad opus fieri liberaliùs tractando, aut cibariis aut vestitu largiore, aut remissione operis, concessioneve ut peculiare aliquid in fundo pascere liceat* &c. (De Re Rust. *Lib.* I. *Cap.* XVII.) GROTIUS.

Le docte Jurisconsulte, FRANÇOIS HOTMAN, remarque que le nom même de *Pécule* vient de ce qu'au commencement, les biens consistant tous en Bêtail, on donnoit aux Esclaves quelque Troupeau à paître en leur particulier. Et il allegue là-dessus, (*Comm. in Tit.* DIG. De Pecul. §. 1.) cet autre passage de VARRON: *Tu, inquit, tibicen non solum adimis Domino pecus, sed etiam Servis Peculium, quibus Domini dant, ut pascant* &c. De Re Rust. *Lib.* I. Cap. II.

(11) Voiez ci-dessus, *Liv.* I. *Chap.* III. §. 4. *num.* 1.

(12) PECULIUM *dictum est, quasi pusilla pecunia, seu patrimonium pusillum.* DIGEST. Lib. XV. Tit. I. *De Pecul.* Leg. V. §. 1. Fort bien: mais ce Patrimoine, selon les principes de la Jurisprudence Romaine, ne laissoit pas d'appartenir entiérement au Maître (INSTIT. Lib. II. Tit. XII. *Quibus non est permissum facere Testament.* princ.) L'Esclave ne le possedoit pas civilement: *Et Peculium, quod Servus civiliter quidem possidere non posset, sed naturaliter tenet, Dominus creditur possidere.* DIGEST. Lib XLI. Tit. II. *De adquir. vel amitt. Possessione*, Leg. XXIV. Et il pouvoit se rendre coupable de Larcin, à l'égard des biens de son Pécule: *Quum autem Servus rem suam peculiarem, fraudandi consilio amovet . . . si alii tradiderit, furtum facit.* Lib. XLVII. Tit. II. *De Furtis*, Leg. LVI. §. 3. Tous les aquêts aussi revenoient au Maître, INSTIT. Lib. II Tit. IX. *Per quas personas nobis adquiritur*, §. 1, 3. Ainsi ce n'est qu'improprement qu'un Esclave est dit quelquefois avoir une espéce de Patrimoine. Voiez le grand CUJAS, dans son Ouvrage *Ad Africanum*, Tractat. II. sur la Loi 107. §. 1. DIG. *De Legat.* I. Nôtre Auteur semble ici avoir eu cet endroit devant les yeux. Voiez aussi LAURENT. PIGNORIUS, *De Servis*, pag. 4. *Ed. Patav.* 1656.

(13) Il venoit de dire, qu'encore que le Pécule, & la personne même de l'Esclave, appartiennent au Maître, l'Esclave néanmoins peut faire un présent à son Maître: *Numquid dubium est, quin Servus cum peculio Domini sit? Dat tamen Domino suo munus. Non enim ideo nihil habet Servus, quia non est habiturus, si Dominus illum habere noluerit: nec ideo non est munus, quum volens dedit, quia potuit eripi, etiamsi noluisset.* De Benefic. *Lib.* VII. *Cap.* IV.

(14) *Si, quod Dominus Servo debuit, manumisso solvit, quamvis existimans ei se aliquâ teneri actione, tamen repetere non poterit: quia naturale adgnovit debitum. Ut enim libertas naturali jure continetur, & dominatio ex Gentium Jure introducta est, ita debiti vel non debiti ratio in condictione naturaliter intelligenda est.* DIGEST. Lib. XII. Tit. VI. *De condictione indebit.* Leg. LXIV.

(15) L'exemple des contributions pour la dot d'une Fille, ou pour le rachat d'un Fils fait Prisonnier, se trouve bien confirmé, à l'égard des *Clients*, par l'autorité de DENYS *d'Halicarnasse*, dans l'endroit cotté en marge: mais par rapport aux Esclaves, je suis fort trompé si nôtre Auteur a eu ici d'autre garant, que ce qu'on lit dans la Scéne d'une Comedie de TERENCE, dont il a cité quelque chose ci-dessus, *Note* 9. On y voit un Esclave, qui, de ses épargnes, fait un présent à la nouvelle Mariée, que le Fils de son Maître venoit d'épouser. Celui qui parle, Esclave lui-même, croit que son Ami sera obligé d'en faire autant, quand sa Maîtresse aura accouché, le jour de naissance de l'Enfant, & celui de son initiation à certains mysteres:

Nam herilem filium ejus duxisse audio
Uxorem: ei, credo, munus hoc corraditur
. . . .
——— *Porro autem* Geta
Ferietur alio munere, ubi hera pepererit:
Porro autem alio, ubi erit puero natalis dies,
Ubi initiabunt &c.

5. PLINE *le Jeune*, comme il nous l'apprend lui-même (16) dans une de ses Lettres, permettoit à ses Esclaves de faire une espéce de Testament; de partager entre leurs camarades ce qu'ils avoient, de donner, de laisser à qui ils vouloient, pourvû que ce fût à quelcun de la maison.

6. L'Histoire nous fournit des exemples d'un droit d'aquérir encore plus étendu, que l'on accordoit aux Esclaves parmi certaines Nations. Et il ne faut pas s'en étonner, puis qu'il y avoit plusieurs degrez de Servitude, comme nous (e) l'avons remarqué ailleurs. (17)

(e) *Liv.* II. *Chap.* V. §. 30.

7. Mais un Maître n'est point obligé à la rigueur d'affranchir son Esclave, après un long service, ou un service par lequel l'Esclave ait fait pour lui quelque chose de très-grande importance. Si alors il lui donne la liberté, c'est une récompense, dont l'Esclave est redevable à sa bonté; c'est un *bienfait*, ainsi que le qualifie (18) ULPIEN; & comme le bon homme *Simon* (19) le représente à son Affranchi, dans une Comédie de TE'RENCE: quoi que ce bienfait puisse être dû quelquefois, par les Loix de l'Humanité & de la Bénéficence. SALVIEN remarque, comme (20) un usage fort commun, que l'on donnoit la liberté aux Esclaves, encore qu'ils ne fussent pas les meilleurs du monde, pourvû qu'ils ne fussent pas de francs frippons: *& alors*, ajoûte-t-il, *on leur permettoit d'emporter de la maison de leur Maître ce qu'ils avoient ramassé pendant qu'ils étoient dans l'Esclavage*. Les Martyrologes nous fournissent plusieurs exemples de cette générosité des Maîtres. Mais la Loi de MOÏSE, d'ailleurs pleine de douceur, en imposoit ici la nécessité d'une maniére très-louable. Car elle vouloit absolument, qu'au bout d'un certain tems (f) un Maître fût tenu d'affranchir son Esclave Israëlite, & cela en lui donnant (21) quelque chose. Il est vrai qu'on vint à négliger cette Loi: mais les Prophétes en font des reproches très-piquans. PLUTARQUE blâme (22) aussi *Caton l'Ancien*, de ce que, quand ses Esclaves étoient cassez de vieillesse, au lieu de les affranchir, il les vendoit, oubliant, dit-il, la conformité de nature qu'il y a entre tous les Hommes.

(f) *Deuter.* XV. 13.

§. VII. ON demande ici, si ceux qui ont été pris dans une Guerre juste peuvent en conscience s'enfuïr? (a) Il ne s'agit pas de ceux qui s'étant rendus coupables d'un crime propre, ont merité d'être punis par la perte de leur liberté, mais de ceux qui sont réduits

(a) Voiez *Sylvest.* verb. *Servitus*, §. 3. *Fortunius*, in L. 4. D. De Just. & Jur. *Ægid. Reg.* De act. supern. Disp. XXXI. Dub. 7. num. 119. *Lessius*, Lib. II. Cap. 5. Dub. 5.

Phormion. *Act.* I. *Sc.* I. vers. 5, 6, 12, *& seqq.* Au reste, je m'étonne que nôtre Auteur ait oublié ici une chose, qui faisoit beaucoup à son sujet: c'est que, parmi les *Romains*, un Esclave pouvoit se racheter par un accord avec son Maître, à qui il donnoit, pour prix de sa liberté, ce qu'il avoit ou amassé de ses épargnes, ou reçu de la libéralité d'autrui, ou eu de quelque autre maniére. Cet usage s'introduisit de bonne heure, puis que non seulement SENE'QUE en parle (*Peculium suum, quod comparavrunt ventre fraudato, pro capite numerant* &c. Epist. LXXX.) mais encore on en voit des preuves dans PLAUTE (*Aulul.* Act. V. vers. 8, 9. *Casin.* Act. II. Sc. V. vers. 6, *& seqq.* *Rudent.* Act. IV. Sc. II. vers. 23, 24.) Les Empereurs *Marc Antonin* & *Vérus* affermirent depuis la validité d'une telle convention, en autorisant l'Esclave à se plaindre en Justice, & obligeant le Maître à l'affranchir, faute de quoi l'Esclave étoit déclaré libre; comme il paroit par le DIGESTE, Lib. V. Tit. I. *De Judiciis*, Leg. LIII. & LXVII. Lib. XL. Tit. I. *De Manumissionibus*, Leg. IV. V. &c. Voiez JAQUES RÆVARD, *in divers. Reg. Juris*, Leg. XVI. (pag. 174, *& seqq.* Ed. Wech. 1622.) JUSTE LIPSE, sur TACITE, *Annal.* Lib. XIV. Cap. XLII. CUJAS, *Recit. in Digest.* Tom. IV. Opp. *Ed. Fabrott.* pag. 164. & le Président BRISSON, *De Formulis*, Lib. VI. pag. 559.

(16) *Alterum, quum permitto Servis quoque quasi testamenta facere, eaque, ut legitima, custodio. Mandant, rogantque, quod visum: pareo ocius. Suis dividunt, donant, relinquunt dumtaxat intra domum.* Lib. VIII. Epist. XVI.

(17) Il y a ici dans l'Original quelque chose qui interrompt la suite du discours. Je l'ai placé ci-dessus, à la fin du paragraphe 4. où l'on verra la raison, pourquoi il a fallu faire cette transposition.

(18) *Sed postquàm Jure Gentium Servitus invasit, sequutum est beneficium manumissionis.* DIGEST. Lib. I, Tit. I. *De Justit. & Jure*, Leg. IV.

(19) ——— *Feci è servo ut esses libertus mihi*
Propterea quòd servibas liberaliter.

(Andr. *Act.* I. *Scen.* I. vers. 10, 11.) J'écris *servibas*; comme portent les Manuscrits, & non pas *serviebas*. VARRON nous apprend, qu'on disoit aux Esclaves, dans le Bocâge sacré de la Déesse *Féronie*: *Que ces Esclaves, qui ont bien servi, s'asséïent, & qu'ils se lévent libres*. En certains endroits c'est la coûtume, d'affranchir les Esclaves, lors qu'ils ont pû ramasser huit fois autant que ce qu'ils avoient coûté à leur Maître. GROTIUS.

Ce que nôtre Auteur remarque ici sur la foi de VARRON, il l'a sans doute tiré de SERVIUS: mais ce Grammairien le dit de son chef, en parlant du Temple de la Déesse *Féronie* à *Tarracine*: car c'étoit la Déesse des Affranchis, & il y avoit là un Siége de pierre,

réduits à ce triste état en conséquence du fait de l'Etat, auquel ils n'ont personnellement aucune part. Cependant, quoi que les derniers soient innocens, il ne leur est pas plus permis de s'enfuïr, qu'aux prémiers, selon le sentiment le plus raisonnable; parce que, comme nous l'avons dit ailleurs, ils doivent se résoudre à servir, comme Membres de l'Etat & en son nom, en vertu de la (1) convention générale qu'il y a entre les Peuples. Cela s'entend néanmoins avec cette restriction, qu'un tel Prisonnier de Guerre ne soit pas réduit à la nécessité de s'enfuïr par de mauvais traitemens insupportables. On peut voir là-dessus (b) une décision de GRÉGOIRE *de Néocésarée*. (b) *Respons.* XVI.

§. VIII. 1. NOUS avons (a) agité ailleurs une autre question, qui ne doit pas être ômise ici, à cause du rapport particulier qu'elle a avec les Prisonniers de Guerre; c'est de savoir, si les Enfans nez de Pére ou Mére Esclaves sont tenus en conscience de se regarder comme soûmis eux-mêmes à la puissance du Maître de ceux à qui ils doivent le jour; & jusqu'où s'étend cette obligation? Ici il faut distinguer entre ceux, dont le Pére ou la Mére ont mérité la mort; & ceux dont les Parens n'ont rien fait qui les en rendît dignes. (a) *Liv.* II. Chap. V. §. 29.

2. Comme les prémiers ne seroient point venus au monde, si leurs Parens avoient subi la peine qu'ils méritoient, ceux-ci ont pû, en recompense de la vie qu'on leur laissoit, assujettir leurs Descendans à l'Esclavage; puis que, comme nous l'avons remarqué au même endroit, il est permis à un Pére & une Mére de vendre leurs Enfans, lors qu'ils n'ont pas le moien de les nourrir. C'est là-dessus qu'est fondé le droit que (b) DIEU donna autrefois aux *Israëlites* sur la postérité des *Cananéens*. (b) *Deuter.* XX, 14.

3. A l'égard des Enfans, dont les Péres & Méres ne sont tombez dans l'Esclavage que parce qu'ils étoient en quelque maniére responsables des dettes de l'Etat; ceux qui étoient déja nez pouvoient bien être eux-mêmes engagez, comme Membres du Corps de l'Etat, aussi bien que leurs Parens: mais pour ceux qui sont nez depuis la captivité de leurs Péres & Méres, cette raison ne semble pas suffisante. Il faut donc en chercher quelque autre, & j'en trouve deux fort plausibles. Car il peut y avoir ici un consentement exprès des Péres & Méres, joint à l'impossibilité où ils sont d'avoir autrement dequoi nourrir les Enfans qui leur naissent, à cause dequoi ils sont même autorisez à les rendre Esclaves pour toûjours. Il peut aussi y avoir une Convention tacite

entr'eux

pierre, où l'on faisoit asseoir les Esclaves, lors qu'on leur donnoit le Bonnet, pour signe de leur affranchissement. Les paroles, dont il s'agit, étoient gravées sur ce Siége. *Hæc etiam* [Feronia] *Libertorum Dea est, in cujus Templo raso capite pileum accipiebant. . . . In hujus Templo* Tarracinæ *sedile lapideum fuit, in quo hic versus incisus erat:* BENE MERITI SERVI SEDEANT: SURGANT LIBERI. In ÆNEID. VIII. vers. 564. La méprise de nôtre Auteur vient de ce qu'immédiatement après le passage cité, le Commentateur rapporte l'étymologie que VARRON donne du nom de la Déesse: *Quam* VARRO *libertatem* [il faut lire *libertatis*] *Deam dicit* Feroniam, *quasi* Fidoniam. On peut voir, au reste, touchant cette Déesse & son Temple, les Notes de TORRENTIUS, sur HORACE, Lib. I. Sat. V. vers. 24. Le savant JAQUES GODEFROI, prouve par le passage de SERVIUS, & par d'autres autoritez, que, parmi les anciens *Grecs* & *Romains*, l'affranchissement des Esclaves se faisoit souvent dans les Temples consacrez aux fausses Divinitez; & que c'est de là que l'Empereur CONSTANTIN prit la maniére d'affranchir dans les Eglises, qu'il autorisa par une Constitution parvenuë jusqu'à nous. Mais ce grand Jurisconsulte cite-là (*in* COD. THEODOS. IV. 7. *De Manum. in Eccl. L. unic.* pag. 355. Tom. I.) PLUTARQUE, dans la Vie de *Publicola*, où je ne trouve rien qui fasse au sujet. Et dans la citation de TITE LIVE on cotte *Lib.* 2. apparemment pour *Lib.* 22. Cap. I. vers la fin. Ce qui soit dit en passant.

(20) *In usu siquidem quotidiano est, ut Servi, etsi non optima, certè non improba servitutis, Romanâ à Dominis libertate donentur: in qua scilicet & proprietatem peculii capiunt, & jus testamentarium consequuntur . . . nec solum hæc, sed & illa, quæ in servitute positi conquisierant, ex Dominorum domo tollere non vetantur.* Ad Eccles. Catholic. *Lib.* III. pag. 413. *Ed. Paris.* 1645.

(21) L'usage interpreta cette Loi, en sorte qu'on ne devoit pas donner moins de trente Sicles. Voiez le Rabbin MOÏSE *de Cotzi*, Præcept. jubent. LXXXIV. GROTIUS.

(22) *Πλὴν τὸ τοῖς οἰκέταις, ὡς ὑποζυγίοις, ἀποχρησάμενον ἐπὶ γήρως ἐλαύνειν καὶ πιπράσκειν, ἀγεννοῦς ἄγαν ἤθους ἐγὼ τίθεμαι, καὶ μηδὲν ἀνθρώπῳ πρὸς ἄνθρωπον οἰομένου κοινώνημα τῆς χρείας πλέον ὑπάρχειν.* In Vit. M. Caton. *pag.* 338, 339. Voiez ce qui suit, où la réflexion est poussée jusqu'aux Bêtes.

§. VII. (1) Ou plûtôt, en vertu de la convention ou expresse, ou tacite, qu'ils ont fait eux-mêmes avec le Vainqueur, pour racheter leur vie. Voiez ce que j'ai dit ci-dessus, *Chap.* VII. de ce Livre, §. 6. *Note* 2.

entr'eux, & leur Maître, fondée sur ce que le Maître nourrit les Enfans qui sont nez: mais en ce cas-là ils n'engagent la liberté de leurs Enfans que jusqu'à ce que ceux-ci aient entiérement dédommagé par leur travail le Maître qui les a nourris & entretenus. Si le Maître a quelque pouvoir au delà sur les Enfans nez de ses Esclaves, il le tient, à mon avis, des Loix Civiles, qui accordent quelquefois aux Maîtres plus que ne le permet l'Equité.

§. IX. 1. VOILA' pour ce qui regarde la modération dont on doit user envers les Prisonniers de Guerre, dans les païs où ils deviennent Esclaves. Mais par tout où cet usage est aboli, le meilleur est, d'échanger les Prisonniers faits de part & d'autre; ou du moins, de les relâcher, moiennant une rançon raisonnable.

2. On ne sauroit déterminer au juste, jusqu'où peut aller cette Rançon. Ce qu'il y a de certain, c'est que l'Humanité ne permet pas d'en exiger une si haute, que le Prisonnier ne puisse la paier, sans manquer des choses nécessaires à la Vie. Les Loix Civiles même ne dépouillent pas de ce nécessaire plusieurs Débiteurs, qui le sont devenus par leur propre fait.

3. En certains endroits on détermine la rançon d'un commun accord par des Cartels, ou bien elle est réglée par l'usage. Chez les *Grecs* autrefois elle étoit fixée à une (1) *Mine*. Aujourd'hui on donne (2) la paie d'un mois. PLUTARQUE (3) rapporte, qu'autrefois les *Corinthiens* & les *Mégariens* faisant la Guerre entr'eux avec modération, & comme il convenoit à des Peuples descendus d'une même tige; chacun traitoit ses Prisonniers comme autant d'Hotes, & les renvoioit chez eux sur la simple parole qu'ils donnoient de paier leur rançon.

4. Il y a quelque chose de plus grand & de plus généreux dans la maniére dont le Roi *Pyrrhus* en usoit: car voici ce qu'il dit à ceux qui venoient racheter leurs gens Prisonniers, comme le rapporte CICE'RON: (4) *Ce n'est pas de l'argent que je cherche, je ne vous demande point de rançon. Ne faisons point un trafic sordide de la Guerre. C'est avec le Fer, & non avec l'Or, qu'il faut vuider nos différens. . . . . . J'ai pris une bonne résolution, de ne point ôter la liberté à ceux dont le sort des Armes a respecté la valeur.* Ce Prince croioit sans doute avoir pris les armes pour un sujet juste & legitime: cependant il se faisoit un devoir de ne point reduire en esclavage des gens qui s'étoient engagez à la Guerre par des motifs accompagnez d'une grande apparence de raison. XE'NOPHON (a) louë une semblable action de *Cyrus*. *Philippe de Macédoine* se montra aussi généreux (b) envers les Prisonniers qu'il avoit faits à la Bataille de *Chéronée*. *Aléxandre*, son Fils; envers (c) les *Scythes*: les Rois (d) *Ptolomée* & *Démétrius*, à l'envi l'un de l'autre, envers les Prisonniers qu'ils tenoient réciproquement. *Dromichéte*, Roi des *Gétes*, (e) aiant pris *Lysimaque*, le traita en Hôte, & lui aiant fait éprouver la courtoisie des *Gétes*, en même tems qu'il le rendit témoin de leur pauvreté, il gagna si fort son cœur, que *Lysimaque* aima mieux desormais avoir de telles gens pour amis, que pour ennemis.

CHA-

(a) *De Cyri instit.* Lib. III. Cap. I. §. 20.
(b) *Polyb.* Lib. V. Cap. 10.
(c) *Q. Curt.* Lib. VII. Cap. IX. *num.* 18.
(d) *Plutarch.* in Demetr. pag. 891.
(e) *Strab.* Geogr. *Lib.* VII. *pag.* 302. Ed. Paris. *Diod. Sic.* Excerpt. Peiresc. *pag.* 257, 259.

§. IX. (1) C'est-à-dire, environ dix Ecus de nôtre monnoie. Nôtre Auteur a apparemment tiré ceci d'ARISTOTE, qui pourtant n'attribuë point la coûtume aux *Grecs*; il la donne seulement pour exemple de choses arbitraires en elles-mêmes, qui sont réglées d'une certaine maniere par les Loix ou les Coutumes, & il ne dit point chez qui celle-ci est établie: Νομικὸν δὲ, ὃ ἐξ ἀρχῆς μὲν οὐθὲν διαφέρει οὕτως ἢ ἄλλως, ὅταν δὲ θῶνται, διαφέρει· οἷον τὸ μνᾶς λυτροῦσθαι &c. Ethic. Nicomach. *Lib.* V. *Cap.* X. Et que la rançon des Prisonniers de Guerre ne fût pas fixée à une *Mine*, selon l'usage des *Grecs*, j'en trouve une preuve bien claire dans DEMOSTHENE. Car en parlant de quelques *Grecs* pris par *Philippe de Macédoine*, il dit, que ces Prisonniers pour se racheter, emprunterent, l'un *trois Mines*, l'autre *cinq*, l'autre plus ou moins, selon que sa rançon avoit été taxée: καὶ ἐδανείζοντο, ὁ μὲν, τρεῖς μνᾶς, ὁ δὲ, πέντε, ὁ δὲ, ὅσας συνέβαινεν ἑκάστῳ τὰ λύτρα. Orat. de male obit. legation. *pag.* 222. A. *Ed. Basil.* 1572.

(2) Dans la Guerre que les *François* firent contre les *Espagnols* en *Italie*, la rançon d'un Cavalier étoit le quart d'une année de ses gages: mais on ne comprenoit point dans cette taxe les Capitaines & autres Officiers Supérieurs, ni ceux qui étoient faits Prisonniers

dans

CHAPITRE XV.

De la MODE'RATION dont on doit user à l'égard de l'EMPIRE qu'on aquiert sur les Vaincus.

I. Jusqu'où il est permis en conscience de s'attribuer la Souveraineté sur les Vaincus. II. Combien il est louable de renoncer à ce droit. III. On peut le faire, ou en mêlant les Vaincus avec les Vainqueurs : IV. Ou en laissant la Souveraineté à ceux qui en étoient revêtus ; V. Et cela quelquefois en mettant garnison dans leur païs ; VI. Quelquefois en leur imposant des tributs, ou autres semblables charges. VII. Avantage qui revient de cette modération. VIII. Exemples de ceux qui en ont usé. De la maniére dont un Vainqueur change quelquefois le Gouvernement du Peuple vaincu. IX. Que s'il faut absolument prendre la Souveraineté, on fait bien d'en laisser une partie aux Vaincus : X. Ou du moins quelque sorte de liberté ; XI. Sur tout par rapport à l'exercice de leur Religion. XII. Que du moins on doit toûjours traiter les Vaincus en sorte qu'ils aient lieu de reconnoître la clémence du Vainqueur.

§. I. 1. S'IL y a des régles d'Equité, dont on ne sauroit se dispenser, & des actes d'Humanité, qu'on exerce louablement envers les Particuliers, quoi qu'on n'y soit point tenu à la rigueur : (a) on est d'autant plus obligé d'observer les premiéres, & d'autant plus louable de pratiquer les derniers envers un Corps de Peuple, ou quelcune de ses parties ; que le tort fait à un grand nombre de gens est plus criant, & le bien au contraire fait à une Multitude, plus considérable, que celui qu'on fait à une seule personne. Voions donc de quelle maniére le Vainqueur doit user ici de ses droits.

(a) *Fr. Victor. De Jure Bell.* num. 18. & 95.

2. Dans une Guerre juste, on peut aquérir, avec les autres choses, le droit du Souverain sur le Peuple Vaincu, & le Droit que le Peuple même avoit par rapport à la Souveraineté : mais l'aquisition n'est légitime, qu'autant qu'elle répond au degré de peine que mérite le crime des Vaincus, ou à la valeur de quelque autre Dette ; & autant que le demande d'ailleurs la nécessité d'éviter un grand peril. Cette derniere raison est le plus souvent mêlée avec les deux autres : cependant il faut y avoir égard principalement, & dans les conditions d'un Traité de Paix, & dans l'usage que l'on fait de sa victoire. Car, en matiére de toutes les autres choses, on peut relâcher de son droit par un principe de Bonté & d'Indulgence : mais lors qu'il s'agit d'un danger public, c'est

dans une Bataille, ou après un Siége. C'est ce que rapporte MARIANA, Lib. XXVII. Cap. XVIII. GROTIUS.

(3) Ὅμως δὲ ἐπιεικῶς ἡμέρως ἐπολέμουν [οἱ Κορίνθιοι καὶ Μεγαρεῖς] καὶ συγγενικῶς· τοὺς μὲν γὰρ . . . . ἁλόντας λύτρον τι τεταγμένον ἔδει καταβαλεῖν, καὶ τοῦτο ἐλάμβανον, ἀφέντες· πρότερον δ' οὐκ εἰσέπραττον, ἀλλ' ὁ λαβὼν αἰχμάλωτον, ἀπῆγεν οἴκαδε, καὶ μεταδοὺς ἁλῶν καὶ τραπέζης, ἀπέπεμπεν οἴκαδε. ὁ μὲν οὖν τὰ λύτρα κομίσας, ἐπῃνεῖτο, καὶ φίλος ἀεὶ διετέλει τοῦ λαβόντος, ἐκ δορυαλώτου δορύξενος προσαγορευόμενος. Quæst. Græc. pag. 295. B. Tom. II. *Ed. Wech.*

(4) *Nec mi aurum posco, nec mi pretium dederitis,*
Nec cauponantes bellum, sed belligerantes,
Ferro, non auro, vitam cernamus utrique.
. . . .
Quorum virtuti belli fortuna pepercit,
Eorumdem me libertati parcere certum est.

(De Offic. *Lib.* I. *Cap.* XI.) *Tibére*, Empereur Chrétien, usa d'une semblable générosité envers les *Perses* ; & MÉNANDRE *le Protecteur* l'en louë (*Cap.* XVII. pag. 141. *Edit. Hoeschel.*) MARIANA louë pour le même sujet *Sisebute* (Lib. VI. Cap. III.) comme aussi *Sanche*, Roi de *Castille* : *De rebus Hisp.* Lib. XI. (Cap. V.) GROTIUS.

c'est une compassion cruelle, que de se fier trop à un Ennemi vaincu. ISOCRATE (1) donnoit pour maxime à *Philippe de Macédoine*, *de domter les Barbares, autant qu'il seroit nécessaire pour mettre ses Etats en sûreté.*

§. II. 1. LES anciens *Romains les plus religieux de tous les Hommes, n'ôtoient aux Vaincus que le pouvoir de nuire*: c'est une réflexion de SALLUSTE (1), digne d'être dans la bouche d'un Chrétien. Le même Auteur en fait ailleurs une autre, qui s'y rapporte: (2) *Les Sages*, dit-il, *prennent les armes en vuë de la Paix, & ils supportent les fatigues de la Guerre dans l'espérance du repos qui doit la suivre.* CICE'RON (3) veut aussi, qu'on ne se propose d'autre fin: & ARISTOTE (4), long tems avant lui, avoit eu une semblable pensée.

(a) Thom. II. 2. Quæst. 40. art. 1. ad 3. Wilh. Math. De Bell. 2. requisit. Qu. 7.

2. C'est justement la maxime des (a) Théologiens de la vraie Religion, qui disent, que le but légitime de la Guerre est d'éloigner ce qui trouble la Paix. *Prenez garde*, disoit (5) ST. AUGUSTIN *que ce ne soit une chose indigne d'un Homme de bien, de chercher à aggrandir son Empire. Il y a*, ajoûte-t'il, *plus de bonheur à avoir un Voisin, avec qui l'on vive en bonne union, qu'à vaincre par les armes un mauvais Voisin.* Le Prophéte AMOS (b) censure vivement, en la personne même des *Hammonites*, le désir de faire des Conquêtes.

(b) Chap. I. vers. 13.

3. Aussi cette mode n'est-elle pas plus ancienne, que le tems de *Ninus*. Avant ce fameux Conquérant, on pensoit plus pour l'ordinaire à conserver ses Etats, qu'à en étendre les (6) limites. Chacun se bornoit à régner dans sa Patrie. Les Rois, en faisant la Guerre, se proposoient uniquement la gloire de leurs Peuples; & contens de la victoire, ils ne vouloient point dominer sur les Vaincus. C'est ce que nous apprenons de TROGUE POMPE'E (7).

§. III. LA sage modération des anciens *Romains* approcha beaucoup de cette innocence exemplaire des prémiers tems. *Quel Empire aurions-nous aujourdhui*, disoit (1) SENEQUE, *si les Vaincus n'eussent été mêlez avec les Vainqueurs, par l'effet d'une politique salutaire? ROMULUS, nôtre Fondateur, fut bien sage, d'en user de telle maniére à l'égard de la plûpart des Peuples vaincus, qu'en un même jour il faisoit des Citoiens de ses Ennemis:* c'est la réflexion que TACITE met (2) dans la bouche de

CH. XV. §. I. (1) Ἀλλὰ τῶν μὲν βαρβάρων, πρὸς οὓς νῦν πολεμεῖς, ὅτι τοσούτων ἐξαρκέσει κρατεῖν, ὅσον ἐν ἀσφαλείᾳ καταστῆσαι τὴν σαυτοῦ χώραν. Epist. II. Ad Philipp. *pag.* 409. *Ed. H. Steph.*

§. II. (1) *Neque victis quidquam, præter injuriæ licentiam, eripiebant* [nostri majores, religiosissimi mortales]. Bell. Catilin. Cap. XII. *Ed. Wass.*

(2) *Postremo sapientes, pacis caussâ, bellum gerunt, laborem spe otii sustentant.* Orat. I. ad Cæsar. *De Rep. ordinand.* Cap. XI.

(3) *Bellum autem ita suscipiatur, ut nihil aliud, nisi pax quæsita videatur.* De Offic. *Lib.* I. *Cap.* XXIII.

(4) Τέλος γὰρ, ὥσπερ εἴρηται πολλάκις, εἰρήνη μὲν πολέμου, σχολὴ δὲ ἀσχολίας. Politic. Lib. VII. Cap. XV. Voiez aussi le Chapitre précedent; & *Ethic. ad Nicomach.* Lib. X. Cap. VII.

(5) *Videant ergo, ne forte non pertineat ad viros bonos, gaudere de regni latitudine . . . . . Sed procul dubio felicitas major est, vicinum bonum habere concordem, quàm vicinum malum subjugare bellantem.* De Civit. Dei, Lib. IV. Cap. XV. Voiez ST. CYRILLE, au V. Livre contre l'Empereur *Julien* (pag. 177. E. *Edit. Spanhem.*) où il louë les anciens Rois des *Hébreux*, de ce qu'ils n'avoient pas l'ambition d'étendre les limites de leurs Etats. GROTIUS.

(6) L'Empereur *Aléxandre* disoit autrefois à *Artaxerxès*, Roi de *Perse*, que chacun doit se contenter de ce qu'il a, & ne pas entreprendre une grande Guerre, pour étendre ses frontiéres: Ἔλεγε δὲ τὰ γράμματα [τοῦ Ἀλεξάνδρου], δεῖν μένειν τε αὐτὸν ἐν τοῖς τῶν ἰδίων ὅροις, καὶ μὴ καινοτομεῖν, μηδὲ ματαίαις ἐλπίσιν αἰωρούμενον, μέγαν ἐγείρειν πόλεμον· ἀγαπητῶς δὲ ἔχειν ἕκαστον τὰ ἑαυτοῦ. GROTIUS.

Ce passage est d'HE'RODIEN, *Hist.* Lib. VI. Cap. II. num. 9. *Edit. Boecler.* Je ne sai pourquoi nôtre Auteur avoit mis, dans les prémiéres paroles, ἐν τοῖς ἰδίοις ὅροις, au lieu de, ἐν τοῖς τῶν ἰδίων ὅροις. La correction n'est nullement nécessaire, supposé que l'Auteur ait crû qu'il y avoit faute.

(7) *Fines imperii tueri, magis quàm proferre, mos erat: intra suam cuique patriam regna finiebantur. Primus omnium* Ninus, *Rex* Assyriorum, *veterem & quasi avitum gentium morem, novâ imperii cupiditate, mutavit.* JUSTIN. Lib. I. Cap. I. *num.* 3, 4.

§. III. (1) *Quod hodie esset imperium, nisi salubris providentia victis permiscuisset victoribus?* De Ira, *Lib.* II. *Cap.* XXXIV.

(2) *At conditor noster* Romulus *tantum sapientiâ valuit, ut plerosque populos eodem die hostes, dein cives, habuerit.* Annal. Lib. XI. Cap. XXIV. *num.* 7.

(3) *Quid aliud exitio* Lacedæmoniis *&* Atheniensibus *fuit, quamquam armis pollerent, nisi quòd victos pro alienigenis arcebant?* Ibid. *num.* 6.

(4) *Vultis, exemplo majorum, augere rem Romanam, victos in civitatem accipiendo?* Lib. VIII. Cap. XIII. *num.* 16.

(5) Gallos Cæsar *in triumphum ducit, idem in Curiam.* C'est une espéce de chanson, qui fut faite par des personnes

de l'Empereur *Claude*. Il venoit de dire, (3) que ce qui avoit causé la ruine de *Lacédémone* & d'*Athenes*, c'étoit d'avoir regardé les Vaincus comme des Etrangers, & de les avoir exclus des droits communs aux Citoiens de leurs Républiques. La *République Romaine* s'aggrandit au contraire par cette maxime qu'elle observoit, de donner le droit de Bourgeoisie à ses Ennemis, après les avoir vaincus, comme le remarque (4) Tite Live. On en trouve des exemples dans l'Histoire des *Sabins*, des *Albains*, des *Latins*, & d'autres Peuples d'*Italie*. *Jules César* nous en fournit encore un, en la personne des *Gaulois*, qu'il (5) *introduisit dans le Sénat, après les avoir menez en triomphe*. Du tems de *Vespasien*, le Général *Cérialis* parloit ainsi à quelques Peuples des *Gaules*, s'il en faut croire Tacite: (6) *Vous commandez souvent nos Légions, vous gouvernez nos Provinces, comme si vous étiez nez dans* Rome. *Nous n'avons rien de particulier, ni de reservé ..... Aimez donc la paix; chérissez & révérez une Ville, où vous avez même droit, que le Vainqueur*. Enfin, & c'est ici le plus merveilleux, tous ceux qui étoient Sujets de l'Empire Romain, de quelque païs qu'ils fussent, devinrent Citoiens Romains, en vertu d'une Constitution de l'Empereur (7) *Antonin*, comme le dit Ulpien. Depuis cela, *Rome* fut la Patrie commune de tous ceux qui étoient sous sa domination, ainsi que la qualifie Modestin, (8) autre Jurisconsulte. Ou, pour parler avec un ancien Poëte Latin, (9) *tant de Nations differentes ne formérent plus qu'un seul Peuple*.

§. IV. 1. Une autre sorte de modération dans la Victoire, consiste à laisser aux Rois ou Peuples Vaincus la Souveraineté, dont ils jouïssoient. C'est ainsi qu'*Hercule*, gagné par les larmes de *Priam*, lui dit, dans une Tragédie de Seneque: *Prenez en main les rênes du Gouvernement, remontez sur le Thrône de vos Ancêtres; mais régnez désormais avec plus de bonne foi*. Le même Héros, après avoir vaincu *Nélée*, (a) laissa le Roiaume à son Fils *Nestor*. Les anciens Rois de *Perse* (b) n'ôtoient pas non plus la Couronne aux Rois, qu'ils avoient défaits. *Cyrus* (c) la laissa au Roi d'*Arménie*: *Aléxandre le Grand*, (d) à *Porus*. Ces Princes ne vouloient *se réserver d'autres dépouilles, que la gloire*, comme s'exprime (2) Seneque en louant une telle générosité. *Antigone* s'étant rendu maître de *Lacedémone* laissa à cette Ville son

(a) *Aelian*. Var. Hist. Lib. IV. Cap. 5.

(b) *Herodot*. Lib. III. Cap. 15.

(c) *Xenoph*. De Cyr. instit. Lib. III. Cap. 1.

(d) *Q. Curt*. Lib. VIII. Cap. 14. *num*. 45.

sonnes mécontentes du Gouvernement, comme nous l'apprend Suétone, dans la Vie de *Jules César*, Cap. LXXX. d'où nôtre Auteur a tiré ce vers.

(6) *Ipsi plerumque Legionibus nostris præsidetis: ipsi has aliasque Provincias regitis. Nihil separatum clausumve*. Hist. *Lib*. IV. *Cap*. LXXIV. *num*. 3.

(7) *In Orbe Romano qui sunt, ex Constitutione Imperatoris* Antonini, *cives Romani effecti sunt*. Digest. Lib. I. Tit. V. *De Statu Hominum*, Leg. XVII. Cet Empereur est *Caracalla*, & non pas *Antonin le Debonnaire*, comme il est dit dans la *Novelle* LXXVIII. de Justinien, Cap. V. ni *Marc Antonin*, à qui Aurelius Victor attribue la Constitution, dont il s'agit, *De Cæsaribus*, Cap. XV. *num*. 13. & sur la foi duquel nôtre Auteur semble se déterminer en faveur de ce dernier Empereur, dans ses Sparsiones Florum ad Jus Justinian. pag. 75. *Ed. Amst*. Ce ne fut pas non plus par un motif de modération, ou de sage Politique, que *Caracalla* fit Citoiens Romains tous les Sujets de l'Empire, qui étoient de condition libre; mais pour grossir ses Finances en multipliant les profits & les aubaines qu'il ne tiroit que des Citoiens Romains, à l'occasion de plusieurs choses auxquelles les Etrangers n'avoient point de part. C'est ce que les Savans ont remarqué il y a long tems, fondez principalement sur un passage bien formel de Dion Cassius, *Excerpt. Peiresc*. pag. 744. Et après eux, feu Mr. le Baron de Spanheim a épuisé la matiére, dans son excellent Ouvrage intitulé *Orbis Romanus*, Dissert. II. Cap. I, *& seqq*.

(8) Roma *communis nostra patria est*. Digest. Lib. L. Tit. I. *Ad Municipalem* &c. Leg. XXXIII.

(9) *Hujus* [Romæ] *pacificis debemus moribus omnes*,

. . . .

Quod cuncti gens una sumus ——

Claudian. In secundum Consulat. Stilichon. *vers*. 154, 159.

§ IV. (1) *Hostis parvi victus lacrimis,*
Suscipe, dixit, rector habenas,
Patrioque sede celsus solio:
Sed Sceptra fide meliore tene.
Troad. *vers*. 725, *& seqq*.

(2) *Si vero regnum quoque suum tuto relinqui apud eum potuit, repositque eò unde deciderat: ingenti incremento surgit laus ejus, qui contentus fuit, ex Rege victo nihil, præter gloriam, sumere*. De Clement. *Lib*. I. *Cap*. XXI. Tout cet endroit mérite fort d'être lû: sur tout ce qui suit immédiatement après, où le Philosophe dit, que c'est triompher même de sa victoire, & montrer hautement qu'on n'a rien trouvé chez les Vaincus, qui fût digne du Vainqueur: *Hoc est etiam ex victoriâ suâ triumphare, testarique, nihil se, quod dignum esset victore, apud victos invenisse*. Le Grand *Pompée* laissa à *Tigrane*, Roi d'*Arménie*, une partie de ses Etats; comme nous l'apprenons d'Eutrope, *Breviar. Hist. Rom*. Lib. VI. (Cap. XI.) Grotius,

son ancienne forme de Gouvernement, aussi bien que sa liberté: & par cet acte de bonté il s'attira de grandes louanges de toute la *Gréce*, au rapport de POLYBE, (3) qui l'exalte beaucoup.

2. Les *Romains*, à cet égard ne cedérent point aux *Grecs*. On les voit permettre aux (e) *Cappadociens* vaincus, de se choisir telle forme de Gouvernement qu'ils voudroient. Plusieurs autres Peuples, qui avoient eu le même sort par la supériorité des armes Romaines, comme les *Carthaginois* (4) après la Seconde Guerre Punique, conservérent leur liberté & leurs Loix. Les *Etoliens* aiant voulu persuader à *Quintus Flaminius*, qu'il ne pouvoit y avoir de paix assûrée, si *Philippe*, Roi de *Macédoine*, n'étoit dépouillé de son Roiaume; le Général (5) leur répondit, qu'ils avoient oublié la coûtume des *Romains*, qui étoit de faire grace aux Vaincus: & il ajoûta, que, *plus on traite avec douceur les Vaincus, plus on fait paroître de Grandeur d'ame.* *Pompée* laissa aussi la liberté à quelques-unes des Nations qu'il avoit domtées, comme nous l'apprenons (6) d'APPIEN *d'Aléxandrie*. L'Empereur *Claude*, au rapport de (7) TACITE, n'ôta rien à *Zorzine* Roi des *Soraciens*. On trouve aussi dans l'Histoire des prémiers Rois de *France*, que *Pépin*, Pére de *Charlemagne*, laissa la Couronne à (8) *Aistulphe*, Roi des *Lombards*.

(e) *Justin.* Lib. XXXVIII. Cap. 2.

§. V. CE n'est pas qu'en même tems que le Vainqueur rend ainsi la Souveraineté aux Vaincus, il ne doive penser à sa propre sûreté. Aussi a-t-on quelquefois pris pour cet effet certaines mesures. C'est ainsi que *Flaminius* ordonna (1) qu'on rendroit *Corinthe* aux *Achéens*, à condition néanmoins (2) que ceux-ci recevroient garnison dans la Citadelle: & qu'on garderoit *Chalcis*, & *Démétriade* jusqu'à ce qu'il n'y eût rien à craindre de la part d'*Antiochus*.

§. VI. 1. SOUVENT aussi en imposant des Tributs, on n'a pas tant pour but de se dédommager des frais de la Guerre, que de pourvoir à la sûreté & du Vainqueur, & des Vaincus même, pour l'avenir. C'est ce que CICÉRON représentoit autrefois aux *Grecs*. (1) *Que l'Asie*, disoit-il, *fasse bien reflexion, qu'elle seroit exposée à tous les malheurs des Guerres étrangéres & des troubles intestins, si elle n'étoit sous nôtre domina-*

(3) Αὐτός τε [Ἀντίγονος] κύριος ὢν βούλοιτο χρῆσθαι καὶ τῇ πόλει [τῇ Σπάρτῃ] καὶ τοῖς ἐμπολιτευομένοις, τοσοῦτον ἀπεῖχε τοῦ κακῶς ποιεῖν τοὺς γεγονότας ὑποχειρίους, ὥστ' ἐκ τοῦ ἐναντίου ἀποδοὺς τὸ πάτριον πολίτευμα καὶ τὴν ἐλευθερίαν &c. Lib. V. Cap. IX.

(4) C'est ce que disoient les Ambassadeurs de *Rhodes*, en parlant au Sénat Romain: *Ne alios populos enumerem*, Carthago *libera cum suis legibus est.* TIT. LIV. Lib. XXXVI. Cap. LIV. *num.* 25. Voiez ce que l'on a remarqué, touchant cette liberté que les *Romains* laissoient aux Rois ou Peuples Vaincus, sur *Liv.* I. *Chap.* III. § 21. *Not.* 21.

(5) *Ad hac* Quinctius *negare*, *Aetolos*, aut moris *Romanorum* {*vetustissimi, victis parcendi*} memores, aut sibi ipsis convenientem sententiam dixisse ..... Adversus victos mitissimum quemque, animum maximum habere. *Lib.* XXXIII. *Cap.* XII. num. 5. & 9.

(6) Τῶν δὲ εἰλημμένων ἐθνῶν τὰ μὲν αὐτόνομα ἀφῆκεν [ὁ Πομπήιος] &c. Bell. Mithridat. (*pag.* 251. *Edit. H. Steph.*) Pour savoir quelle étoit la condition de ces Etats libres, il faut lire ce que dit POLYBE, *Excerpt. Legat.* num. 9. & SUÉTONE, dans la Vie de *Jules César*, (Cap. XXV.) On trouve aussi là-dessus des choses dignes d'être luës, dans FRANÇOIS GUILLIMAN, *De Rebus Helvetiorum* (Lib. I. Cap. VIII.) GROTIUS.

(7) *Sic* Zorsini *victo nihil ereptum.* Annal. *Lib.* XII. *Cap.* XIX. *num.* 3.

(8) *Pépin* ne s'étoit point rendu maître, ni dans la prémiére, ni dans la seconde expédition qu'il entreprit contre *Aistulphe*, de tout ce que les *Lombards* possedoient en *Italie*. Il avoit seulement assiegé *Pavie*, Capitale de leur Roiaume. Il est vrai que, comme il étoit venu en *Italie* à la sollicitation du Pape *Etienne*, il se contenta d'exiger d'*Aistulphe*, par le Traité de paix, la restitution de l'Exarchat de *Ravenne*. Voiez *Eginnard*, *De Vita Caroli Magni*, Cap. VI. avec la Note du dernier Editeur: comme aussi les Auteurs citez par le Pére DANIEL, *Hist. de France*, Tom. I pag. 371, & *suiv. Edit. d'Amsterd.*

§ V. (1) Ou plûtôt les dix Ambassadeurs envoiez de *Rome*, pour faire la paix avec Philippe: *Postremo ita decretum est:* Corinthus *redderetur* Achæis, *ut in* Acrocorintho *tamen præsidium esset:* Chalcidem *ac* Demetriadem *retineri, donec cura de* Antiocho *decessisset.* TIT. LIV. Lib. XXXIII. Cap. XXXI. *num.* 11.

(2) Le même *Flaminius* relâcha depuis cet article; comme nous l'apprenons de POLYBE, *Excerpt. Legat.* num 9. & PLUTARQUE, *Vit Tit. Q. Flamin.* (pag. 374.) GROTIUS.

§. VI. (1) *Simul & illud* Asia *cogitet, nullam à se neque belli externi, neque discordiarum domesticarum calamitatem absfuturam fuisse, si hoc imperio non teneretur. id autem imperium quum retineri sine vectigalibus nullo modo possit, æquo animo, parte aliquâ suorum fructuum, pacem sibi sempiternam redimat, atque otium.* Lib. I. Epist. ad *Quint frair.* I. Cap. XI.

(2) *Nos, quamquam toties lacessiti, jure victoriæ id solum vobis addidimus, quo pacem tueremur. Nam neque quies gentium sine armis, neque arma sine stipendiis, neque*

mination. Or cette domination ne sauroit être conservée sans quelques subsides. Qu'ils ne soient donc point fâchez de racheter une paix éternelle, en donnant quelque partie de leurs revenus. Tacite fait raisonner de la même maniére *Pétilius Céréalis*, parlant de la part des *Romains* à ceux de *Langres*, & autres Peuples des *Gaules*: (2) *Quelque sujet que vous nous aiez donné de vous traiter rigoureusement par vos fréquentes revoltes, nous n'avons exigé de vous par droit de Victoire que ce qu'il falloit pour entretenir la paix. Car on ne sauroit ni maintenir les Peuples en repos sans le secours des Armées, ni avoir des Armées sur pié sans argent, ni trouver de l'argent pour paier les Soldats, que par le moien des impositions.*

2. C'est aussi en vuë de la même sûreté, qu'on impose aux Vainqueurs d'autres conditions, dont nous avons parlé (a) en traitant des Alliances Inégales, comme de livrer les Armes, les Flottes, les Eléphans; de ne point avoir de Place forte, ni d'Armée sur pié &c. (a) Liv. II. Chap. XV. §. 7. num. [illegible]

§. VII. 1. Au reste, ce n'est pas seulement l'Humanité qui veut qu'on laisse aux Vaincus leur Souveraineté: la prudence & l'intérêt du Vainqueur le demandent aussi souvent. Entr'autres Loix de *Numa*, on louë celle-ci, par laquelle (a) il défendit de faire aucune effusion de sang dans les Sacrifices du Dieu *Terme*; pour donner à entendre, qu'il n'y a rien de plus propre à maintenir le repos & une paix assûrée, que de se renfermer dans ses propres bornes. *Il est plus difficile de garder les Provinces, que de les conquérir: les Conquêtes ne demandent que la force; mais il n'y a que la Justice qui les conserve*; c'est ce que dit très-bien (1) Florus. On trouve une pensée semblable dans Tite Live: (2) *Il est plus facile*, dit-il, *de conquérir plusieurs Païs l'un après l'autre, que de les garder tous ensemble.* L'Empereur *Auguste*, au rapport de (3) Plutarque, donnoit pour maxime, qu'*il en coûte moins de conquérir un grand Empire, que de le gouverner, quand on l'a conquis.* Cela a lieu sur tout quand il s'agit de commander à des *Peuples étrangers*, (4) comme les Ambassadeurs de *Darius* le disoient à *Aléxandre le Grand*, se servant aussi de la comparaison de nos *Mains*, qui *ne sauroient tenir tout ce qu'elles peuvent prendre. Calanus*, (5) Philosophe Indien, &

(a) Plutarch. Quæst. Rom. 15. pag. 267. C.

quæ stipendia sine tributis haberi queunt. Hist. Lib. IV. (Cap. LXXIV. *num.* 1, 2.) Voiez ce que dit Agathias, touchant la coûtume des *Perses*, Lib. IV. (Cap. IX.) Grotius.

§ VII. (1) *Sed difficilius est provincias obtinere, quam facere. Viribus parantur, jure retinentur.* Lib. IV. Cap. XII. *num.* 29.

(2) *Parari singula adquirendo facilius potuisse, quam universa teneri posse.* Lib. XXXVII. Cap. XXXV. *num.* 6.

(3) C'est à l'occasion d'*Alexandre le Grand* qui après avoir conquis une grande partie du Monde, à l'âge de trente & deux ans, etoit en peine de ce qu'il feroit désormais: Ἐθαύμαζεν, εἰ μὴ μεῖζον Ἀλέξανδρος ἔργον ἡγεῖτο τοῦ κτήσασθαι μεγάλην ἡγεμονίαν, τὸ διατάξαι τὴν ὑπάρχουσαν. (Apophthegm. *pag.* 207. D.) Aussi Dion Cassius remarque-t-il, qu'on loua *Auguste* de sa moderation en ce qu'il se contentoit des Etats qu'il avoit: Ἐπῃνεῖτο ἐφ' οἷς οὐκ ἠξίου ἕτερόν τι προσκτήσασθαι, ἀλλ' ἀρκεῖσθαι ἀκριβῶς τοῖς ὑπάρχουσιν ἐδικαίου. Grotius.

Le passage de Dion Cassius est au Liv. LIII. à cela près que nôtre Auteur y ajoûte de son chef, le citant sans doute de mémoire, les prémiers mots, qui marquent l'approbation publique donnée à la modération d'*Auguste*. L'Historien raconte ici simplement ce que cet Empereur crut devoir faire, & l'avis qu'il en donna au Sénat: Οὐδ' ἠξίωσεν ἔτι ἐπικτᾶσθαί τι προσθεῖναι ἔτι ἕτερόν τι &c. . . . . καὶ τοῦτο καὶ τῇ Βουλῇ ἐπέστειλεν pag. 602. C. *Ed. H. Steph.* Mais *Tibére*, son successeur, le loua de cela, entr'autres choses, dans son Oraison Funebre, *Lib.* LVI. pag. 684. E. 685. B. Voiez aussi *pag.* 678. A.

(4) Dans le passage que nôtre Auteur cite ici, & qui est de Quinte Curce, il n'y a pas *peregrinum imperium*, mais *prægrave*, c'est-à-dire, un Empire trop pesant. *Periculosum est prægrave imperium: difficile est continere, quod capere non possis . . . . Facilius est, quædam vincere, quam tueri. Quam hercule expeditius manus nostræ rapiunt, quàm continent.* Lib. IV. Cap. XI. *num.* 8, 9. Si l'on veut, au reste, un plus grand nombre d'autoritez, pour confirmer la reflexion dont il s'agit; on en trouvera un ample recueil dans les *Varii Discursus* Jani Gruteri *in aliquot insigniora loca* Onosandri *atque* Taciti, Part. I. pag. 141, *& seqq.*

(5) Par cette comparaison le Philosophe Indien vouloit dire, qu'*Alexandre* ne devoit pas s'eloigner du milieu de ses Etats; car c'etoit en marchant sur les extremitez du Cuir, qu'il lui fit voir ce mouvement, qui cessoit dès qu'il mettoit le pié sur le milieu: Τοῦτον δὲ λέγεται καὶ τὸ παράδειγμα τῆς ἀρχῆς τῷ Ἀλεξάνδρῳ προθέσθαι. καταβαλὼν γὰρ ἐν μέσῳ βύρσαν τινὰ ξηρὰν καὶ κατεσκληκυῖαν, ἐπάτησε τὸ ἄκρον· ἡ δὲ, εἰς ἓν πιεσθεῖσα, τοῖς ἄλλοις ἐπήρθη μέρεσι· καὶ τοῦτο περιϊὼν ἐν κύκλῳ καὶ πιέζων, καθ' ἕκαστον ἐδείκνυε γιγνόμενον, ἄχρις οὗ τὸ μέσον ἐπιστὰς κατέσχε, καὶ πάντα οὕτως ἠρέμησεν. ἐβούλετο δὲ ἡ εἰκὼν ἔνδειξις εἶναι τοῦ τὰ μέσα δεῖν μάλιστα τῆς ἀρχῆς πιέζειν, καὶ μὴ μακρὰν ἀποπλανᾶσθαι τὸν Ἀλέξανδρον. Plutarch. Vit. Alexandr. *pag.* 701. E.

& avant lui (6) *Oebare*, un des Favoris de *Cyrus*, emploioient une autre comparaison, c'est celle d'un *Cuir* sec, qui, quand on l'abbaisse d'un côté en marchant dessus, se reléve aussi tôt de l'autre côté. Ou, pour suivre l'idée que donne TITE LIVE, dans un discours qu'il prête à *Flaminius*, (7) il en est ici comme d'une *Tortuë*, qui n'a rien à craindre, tant qu'elle demeure renfermée dans son écaille, mais qui s'expose à être blessée, sans pouvoir gueres l'éviter, ni resister aux atteintes, dès qu'elle veut laisser paroître dehors quelque partie de son corps. PLATON (8) appliquoit au sujet, dont il s'agit, ce mot d'HE'SIODE, *La moitié vaut mieux, que le Tout.*

2. Aussi y a-t-il eu des Conquérans, qui ont bien compris la vérité de cette maxime. APPIEN *d'Aléxandrie* (9) remarque, que les *Romains* refusérent de recevoir plusieurs Peuples qui vouloient se mettre sous leur domination; & qu'ils donnérent eux-mêmes des Rois à d'autres. Du tems de *Scipion l'Africain* les aquisitions que *Rome* avoit faites, étoient déja si grandes, au jugement de ce fameux Guerrier, qu'elle ne pouvoit en souhaitter davantage sans passer pour avide de dominer; (10) trop heureuse, ajoûtoit-il, si elle ne perd rien de ce qu'elle a maintenant. C'est pourquoi considérant, que, dans le Formulaire des vœux qu'on faisoit tous les cinq ans à l'occasion d'une grande solennité, on prioit les Dieux de faire prosperer & d'aggrandir l'empire des *Romains*; il trouva cet article peu convenable à la situation présente des choses, & il le réforma, en mettant à la place, qu'il plût aux Dieux de conserver & maintenir toûjours les affaires des *Romains* dans l'état où elles étoient.

§. VIII. LES *Lacédémoniens*, &, dans les prémiers tems, les *Athéniens*, ne s'emparoient d'aucun droit de Souveraineté sur les Villes qu'ils avoient prises: ils les obligeoient seulement à suivre déformais une maniére de Gouvernement conforme au leur, c'est-à-dire, Aristocratique, ou Démocratique; comme nous l'apprenons de (a) THUCYDIDE, d'ISOCRATE (b), de (c) DE'MOSTHE'NE, même (d) d'ARISTOTE. Un

(a) *Lib. I. Cap. 19.*
(b) *Panathen. Pag. 243. Ed. H. Steph.*
(c) *Orat. de Cherson.*
(d) *Politic. IV. 11. V. 7.* Voiez aussi *Diodor. Sic.* Lib. XIII. & XV.

(6) Nôtre Auteur ne cite ici personne: mais il a tiré ce fait d'ARISTIDE, qui le rapporte dans son Eloge de *Rome*. Et la comparaison est dite-là avoir été faite dans un autre sens & une autre vuë: car, s'il en faut croire ce Rheteur, *Oebare* s'en servit, pour donner à entendre à *Cyrus*, las de tant voiager dans ses Etats, que cela etoit absolument nécessaire pour y maintenir la tranquilite & le bon ordre, qu'autrement, s'il se contentoit de visiter quelques endroits, laissant aller ailleurs les choses comme elles pourroient, il en seroit de même que d'un Cuir, sur lequel on marche d'un seul côte, qui par là est tenu en raison pendant quoi les autres parties s'élévent: Ἀπείκασεν δ' ἀρχὴν κατὰ τὴν Οἰβάρα σοφίαν, ὃς πρῶτος ἐκείνῳ λέγεται Κύρῳ, δυσχεραίνοντι τὴν πολλὴν πλάνην, δεῖν αὐτὸν καὶ ἀνάγκην εἶναι, πανταχῆ περιφοιτᾶν τῆς ἀρχῆς ἑκόντα τε καὶ ἄκοντα, εἰ μέλλοι βασιλεύειν· ὡς εἰ ὡς ἐπὶ ἀσκοῦ βαίνοι, ταπεινὰ ἐγίγνετο, καὶ τῷ γὰρ ἐφ' ἂν ἀπαλλάττοιτο, οὐδὲν ἀνίστατο, καὶ πάλιν πάντα ἐπανίστατο. Orat. in Romæ laudat. *pag. 353, 354. Tom. I. Edit. Paul. Steph.* Il est vrai que le Panegyriste fait venir cela à l'occasion des anciens Rois de *Perse*, qui n'avoient point sû pousser ni garder leurs conquêtes en *Europe*. Au reste, comme je ne me souvenois point d'avoir lû nulle part ce mot du Favori de *Cyrus*, que les Interprêtes de PLUTARQUE n'ont pas non plus remarqué à l'occasion de ce qu'il dit du Philosophe Indien; je n'aurois point pensé à l'aller chercher dans ARISTIDE, & je ne l'aurois pas peut-être trouvé là de long tems, s'il ne s'etoit présenté par hazard à mes yeux, en parcourant les *Observationes Historico-Politicæ* de MICHEL PICCART, autrefois Professeur à *Altorff*; où il a ramassé (*Decad. IV. Cap. 8.*) quantité d'autoritez, pour montrer qu'un Prince doit se tenir au centre de ses Etats, afin de pouvoir veiller de là sur tout, & mettre ordre par tout.

(7) *Ceterum sicut testudinem, ubi collecta in suum tegumen est, tutam ad omnes ictus video esse; ubi exserit partes aliquas, quodcumque nudavit, obnoxium atque infirmum habere: haud dissimiliter vos* Achæi *clausos undique mari, quæ intra* Peloponnesi *sunt terminos, ea & jungere vobis, & juncta tueri facile.* Lib. XXXVI. (Cap XXXII. *num. 6, 7.*) Voici comment PLUTARQUE exprime cela: Ἀχαιοὺς μὲν γὰρ ... τὴν ... νῆσον ἀποτρέπων, ... ὥσπερ αἱ χελῶναι, περιεργήσειν τὴν κεφαλὴν τῆς Πελοποννήσου προβαλοῦσιν. (Vit. Flamin. pag. 378. D) GROTIUS.

(8) Ἆρ' οὖν ἀγνοήσαντες τὸν Ἡσίοδον ὀρθότατα λέγοντα, ὡς τὸ ἥμισυ τοῦ παντὸς πολλάκις ἐστὶ πλέον; ὁπόταν ᾖ τὸ μὲν ὅλον λαμβάνειν, ζημιῶδες, τὸ δ' ἥμισυ, μέτριον &c. De Legib. *Lib.* III. *pag.* 690. E. Tom. II. *Ed. H. Steph.* Le passage d'HE'SIODE est dans ses *Oeuvres & Jours*, vers. 40.

(9) Il dit avoir été lui-même témoin de ces Ambassades de Peuples qu'on refusoit: Ὧν ἐγὼ τινας εἶδον ἐν Ῥώμῃ πρεσβευομένους τε καὶ διδόντας ἑαυτοὺς ὑπηκόους εἶναι, καὶ οὐ δεξάμενον βασιλέα ἄνδρας οὐδὲν αὐτῷ χρησίμους ἐσομένους. δίδωσί τε ἄλλοις ἀπείροις τὸ πλῆθος αὐτοὺς βασιλέας, οὐδὲ αὐτῶν ἐς τὴν ἀρχὴν δέομαι. Præfat.

(10) *Qui* [Africanus posterior] *quum lustrum conderet, inque solito fieri sacrificio scriba ex publicis tabulis solenne ei precationis carmen præiret, quo Dii immortales, ut Populi Romani res meliores amplioresque facerent, rogabantur:* Satis, *inquit*, bonæ ac magnæ sunt, itaque precor ut eas perpetuo incolumes servent. *Ac protinus in publicis tabulis ad hunc modum carmen emendare jussit*

Un Poëte Comique de ces tems-là y fait allusion, quand il dit, que (1) deux Femmes troublérent tout, l'une nommée *Aristocratie*, & l'autre *Démocratie*: car la prémiére est *Athénes*, & l'autre *Lacédémone*. TACITE (2) rapporte quelque chose de semblable, qu'*Artaban*, Roi des *Parthes*, fit à l'égard de *Seleucie*. *Il y établit l'Aristocratie, pour son propre intérêt, parce que le Gouvernement Populaire approche plus de la Liberté, & que la domination d'un petit nombre de Grands tient quelque chose du Despotisme.* De dire maintenant, si ces sortes de changemens (3) contribuent à la sûreté du Vainqueur, cela n'est point de nôtre sujet.

§. IX. 1. QUE si le Vainqueur ne peut sans danger renoncer entiérement au droit de Conquête, il y a alors un tempérament à prendre, c'est de laisser aux Vaincus ou à leurs Rois, quelque partie de la Souveraineté. *Evagoras*, Roi de *Chypre*, disoit, au rapport de DIODORE *de Sicile*, (1) *Qu'il vouloit bien obéir au Roi de* Perse, *mais en Roi dépendant d'un autre Roi.* *Aléxandre le Grand*, après avoir vaincu *Darius*, lui offrit souvent la paix, à condition (a) qu'il commanderoit aux autres, mais (2) qu'il lui obéïroit, à lui son Vainqueur. C'étoit la coûtume des *Romains*, comme le remarque TACITE, (3) d'*avoir des Rois même pour instrumens de leur domination.* Le même Auteur parlant d'*Antiochus*, (4) l'appelle *le plus riche des Rois Sujets du Peuple Romain.* Ainsi, parmi les *Juifs*, le Sceptre (5) demeura entre les mains du *Sanhédrin*, après même qu'*Archélaüs* eut été dépouillé de son Roiaume. Il se fait par là un partage ou un mélange de Souveraineté; de quoi nous avons traité (b) ailleurs.

(a) *Diod. Sicul.* Lib. XVII. Cap. 54.

(b) *Liv.* I. *Chap.* 3. §. 17. & *Liv.* III. *Chap.* VIII. §. 8.

2. Quelquefois aussi on rendoit aux Rois vaincus une partie de leurs Etats & en même tems on (6) laissoit une partie des Terres aux anciens Maîtres.

§. X. LORS même qu'on dépouille entiérement les Vaincus de la Souveraineté, on peut leur laisser, en ce qui regarde leurs affaires particuliéres & les publiques de peu d'importance, leurs Loix, (1) leurs Coûtumes, & leurs Magistrats. C'est ainsi qu'en *Bithynie*,

jussit . . . . *Prudenter enim sensit, tunc incrementum Romano imperio petendum fuisse, quum intra septimum lapidem triumphi quærebantur: majorem autem totius terrarum orbis partem possidenti, ut avidum esset quidquam ultra adpetere, ita abundè felix, si nihil ex eo, quod obtinebat, amitteret.* VALER. MAXIM. Lib. IV. Cap. I. (num. 10.) Le Consul *Claude Julien* allegue cette histoire, dans sa Lettre à *Pupien* & *Balbin*. (rapportée par CAPITOLIN, *in Maxim. & Balbin.* Cap. XVII., GROTIUS.

§. VIII. (8) Γυναῖκες δ' αὗται δύ' ἐταραττέτην τινέ,
'Αεὶ συνοῦσαι. Δημοκρατία θατέρᾳ
"Ονομ' ἐστί, τῇ δ' Ἀριστοκρατία θατέρᾳ.
Δι' ἃς πεπαρῳνήκασιν ἤδη πολλάκις.
Apud STOBAEUM, Serm. XLIII.

(2) *Id nuper acciderat*, Artabano *regnante, qui plebem primoribus tradidit ex suo usu. nam Populi imperium, juxta libertatem; paucorum dominatio, regiæ libidini propior est.* Annal. *Lib.* VI. *Cap.* XLII. *num.* 3.

(3) Ils peuvent certainement être fort nuisibles, à cause du génie particulier de chaque Peuple, & de l'attachement qu'ont la plûpart pour la forme de Gouvernement à laquelle ils sont accoûtumez.

§. IX. (1) Ce fut à ces conditions qu'il conclut la paix: Καὶ συνέθετο [ὁ Εὐαγόρας] τὴν εἰρήνην, ὥστε βασιλεύειν τῆς Σαλαμῖνος, καὶ τὸν ὡρισμένον διδόναι φόρον κατ' ἐνιαυτόν, καὶ ὑπακούειν ὡς βασιλεὺς βασιλεῖ προστάττοντι. DIODOR. SICUL. Bibl. Histor. *Lib.* XV. *Cap.* VIII. pag. 462. *Ed. H. Steph.* Voiez un peu plus haut, dans le Chap. précédent, & à la même page.

(2) C'est ainsi que le *Grand Roi*, ou le Roi de *Perse*, avoit d'autres Rois sous sa dépendance; comme il paroit par ce vers d'ESCHYLE:

Βασιλῆς βασιλέως ὕποχοι μεγάλου.

In Persis. On voioit aussi anciennement en *Italie* des Rois dépendans d'autres Rois; comme le remarque SERVIUS, sur le X. Livre de l'*Enéide* (vers. 655.) Et il y en a de tels aujourdhui, parmi les *Turcs*, au rapport de LEUNCLAVIUS, Lib. XVIII. GROTIUS.

(3) *Vetere ac jampridem receptâ* Populi Romani *consuetudine, ut haberet instrumenta servitutis & Reges.* Vit. Agricol. *Cap* XIV. *num.* 2.

(4) Antiochus . . . *inservientium Regum ditissimus.* Hist. *Lib.* II. (*Cap.* LXXXI. *num.* 1.) Il est fait mention de ces Rois, Sujets des *Romains*, Βασιλεῖς Ῥωμαίων ὑπήκοοι, dans les *Mémoires* de la Vie du Philosophe *Musonius* (par POLLION VALERIUS) & dans STRABON, *Geogr.* Lib. VI. vers la fin) pag. 288. *Ed. Paris. Casaub.*) C'est aussi ce qui paroit par ce vers de LUCAIN:

Atque omnis Latio *quæ servit purpura ferro.*

Pharsal. (*Lib.* VII. vers. 228) Voiez encore le Panégyrique en l'honneur de *Maximien* (Cap. X.) GROTIUS.

(5) C'est-à-dire, qu'ils jugeoient selon leurs Loix, comme la plûpart des autres Peuples dependans de l'Empire Romain. Du reste, avant même qu'*Archélaüs* fût relegué à *Vienne*, la Souveraineté pleine & entiére n'étoit plus dans la Nation Judaïque. Voiez ici la Note de GRONOVIUS; & ce que l'on a remarqué ci-dessus, *Liv.* I. *Chap.* III. §. 22. *Note* 3.

(6) Voiez le Chap. XIII. de ce Livre, §. 4. *num.* 4. ou dernier.

§. X. (1) L'Empereur *Auguste*, comme le remarque PHILON, Juif, étoit aussi soigneux de conserver & confirmer les Loix de chaque Peuple, que de main-

Bithynie, Province Proconsulaire, la Ville d'*Apamée* (2) avoit le privilege de régler le Gouvernement comme elle le jugeoit à propos; ainsi que nous l'apprenons des Let-
(a) *Epist.* 56. tres de (a) PLINE *le Jeune*. Les *Bithyniens* avoient (b) en d'autres endroits leurs
(b) *Idem*, Ep 83. 111. 113. Magistrats & leur Sénat. La Ville d'*Amise* (c) dans le *Pont* se gouvernoit par ses
(c) *Idem*, Epist. 93. 94. propres Loix, en vertu d'une (3) permission de *Lucullus*. Les *Goths*, après avoir vaincu les *Romains*, n'abolirent pas pour cela le Droit Civil de ceux-ci.

§. XI. 1. IL FAUT sur tout ici ne point ôter aux Vaincus l'exercice libre de (1) leur ancienne Religion, à moins qu'ils ne vinssent à être persuadez de la vérité de celle qui est dominante chez le Vainqueur. Cette complaisance est très-agréable aux Vaincus, & elle ne sauroit nuire au Vainqueur, comme *Agrippa* le fit voir autrefois à *Caligula*,
(a) *Legat. ad Cajum*, pag. 1032. & seqq. *Ed. Parif.* dans un Discours que (a) PHILON nous a conservé. Les *Romains* la portérent si loin à l'égard des *Juifs*, que ceux-ci pouvoient défendre aux Etrangers, sur peine de la vie, l'entrée du Temple de *Jérusalem*, comme (b) *Joseph* & même (2) l'Empe-
(b) *De Bell. Jud.* Lib. VII. Cap. 25 pag. 930. & Lib. VII. Cap. 8. p. 948. reur *Titus* le reprochent aux Habitans rebelles de cette Ville.

2. Si pourtant les Vaincus sont attachez à une fausse Religion, le Vainqueur peut & doit empêcher (3) qu'elle n'opprime la vraie. C'est ce que fit *Constantin*, en abbatant le parti de *Licinius*; & ce qu'ont fait après lui les anciens Rois de *France*, & d'autres Nations.

§. XII. 1. ENFIN, quelque absolu & despotique que soit l'empire qu'on a aquis sur les Vaincus, il faut les traiter avec douceur, & en sorte que leurs intérêts se trouvent mêlez avec ceux du Vainqueur même. C'est un nouveau triomphe, (1) & un triomphe plus beau que le précedent. *Cyrus*, après avoir défait les *Assyriens*, leur dit (a) d'avoir

maintenir les Loix Romaines: Ἐβεβαίωσεν αὐτοῦ [Καίσαρ] [illegible] ... Ῥωμαίων. In Legat. ad Cajum (*pag.* 1014. B. Ed. Parif.) GROTIUS.

Mr. DE BYNCKERSHOEK, dans le Chap. IX. de sa Dissertation sur la IX. Loi du DIGESTE, *De Lege Rhod.* veut (*pag.* 90.) que l'on traduise ici, au lieu des *Loix de chaque Peuple*, comme fait nôtre Auteur, les *anciens établissemens* de chaque Peuple: mais il avouë en même tems, que cela regarde principalement les Loix. On peut voir, au reste, & examiner ce que le même Auteur avance dans ce Chapitre, que les Peuples, auxquels les *Romains* permettoient de se gouverner par leurs propres Loix, n'avoient cette liberté qu'autant que leurs Loix ne renfermoient rien de contraire aux Loix Romaines.

(2) *Habuisse* [Apameam] *privilegium & vetustissimum morem, arbitrio suo rempublicam administrare.* Epist. LVI. La Ville de *Sinope*, quoi que dependante des *Perses*, se gouvernoit democratiquement, comme nous l'apprenons d'APPIEN d'*Alexandrie*, *Bell. Mithrid.* C'est ainsi que les *Grecs*, lors qu'ils furent tombez sous la domination des *Romains*, conserverent une ombre de liberte: *Quibus* [Athenis & Lacedæmoni] *reliquam umbram, & residuum libertatis nomen eripere, durum, ferum, barbarumque est.* PLIN. Lib. VIII. Epist. XXIV. Voiez aussi CICERON, Lib. VI. *ad Attic.* Epist. I. (pag. 184. & II. pag. 603. *Ed. Gravii*) Il paroit par une Lettre de ce dernier, qu'on ne pouvoit pas obliger ceux de *Chypre* à sortir de leur Ile, pour aller comparoître ailleurs en Justice: *Nam evocari ex insula Cyprios non licet.* Lib. V. *ad Attic.* Epist. XXI. GROTIUS.

Ce que nôtre Auteur remarque, au commencement de sa Note, touchant la Ville de *Sinope*; l'Historien, qu'il donne pour garant, le dit d'une autre Ville du *Pont*, ou de celle-là même dont il est parlé dans le Texte, nommée *Amise*. Voici le passage, qui prouve aussi ce que nôtre Auteur dit là de *Lucullus*, à qui il attribuë la concession du privilege: [illegible] Ἀμισὸν ὅτι ... Σινώπην συνῴκιζεν ... Ἀθηναίων ... ὅτι πολὺ τοῖς Περσικοῖς ... αὐτόνομον ἀφῆκε τὴν πόλιν. Καὶ τὴν Σινώπην ... συνῴκισε. APPIAN. ALEX. Bell. Mithrid *pag.* 228. *Edit. H. Steph.* Comme au commencement & à la fin de ce passage, il est parlé de *Sinope*, & des *Sinopiens*, nôtre Auteur lisant à la hâte n'a pas pris garde que tout le reste regarde *Amise*. Et qu'il s'agisse de cette Ville, cela paroit par ce qui est dit, qu'elle avoit été autrefois une Colonie des *Atheniens*: car on trouve la même chose dans STRABON, *Geogr.* Lib. XII. pag. 547. *Ed. Paris.* & dans le *Periple* d'ARRIEN, pag. 16. *Ed. Hudson. Tom. I. Geogr. min.* qui ne disent rien de tel au sujet de *Sinope*.

(3) Voiez le passage que je viens de citer dans la Note précedente.

§. XI. (1) Il vaut mieux qu'ils aient une Religion, quelle que ce soit, que de n'en avoir aucune; comme nous l'avons remarqué ci-dessus, en rapportant des paroles de l'Empereur *Sévère* (Chap. XII. de ce dernier Livre, §. 6. *Note* 1.) Les *Goths* disoient autrefois, qu'ils ne contraignoient personne à embrasser leur Religion: PROCOP. *Gotthic.* Lib. II. (Cap. VI.) GROTIUS.

(2) Οὐχ ἡμεῖς δὲ τοὺς ὑπερβάντας [τὸ γεῖσον τοῦ ἱεροῦ] ὑμῖν ἀναιρεῖν ἐπετρέψαμεν, κἂν Ῥωμαῖός τις ᾖ; De Bell. Jud. Lib. VII. Cap. X. Grac. *pag.* 949. G.

(3) Pourvû que ce soit par des voies légitimes, c'est-à-dire, en n'aiant recours à la violence, que pour réprimer ceux qui s'en servent les prémiers pour établir ou avancer leur Religion. Hors de là, toute autre voie, que celle de la Persuasion, est illicite & par le Droit Naturel, & par le Droit Divin Revelé.

§. XII. (1) C'est ce que disoit *Hermocrate*, Syracusain

(a) d'avoir bon courage; que leur condition seroit la même qu'auparavant, à cela près qu'ils auroient un autre Roi; qu'ils conserveroient leurs Maisons, leurs Terres, leur autorité sur leurs Femmes & leurs Enfans, & que, si quelcun leur faisoit du tort, il le vengeroit lui & les siens. Le *Peuple Romain*, comme le remarque SALLUSTE, (2) *jugea plus à propos de faire des Amis de ses Ennemis, que d'en faire des Esclaves; & il lui parut plus sûr de commander à des gens qui subissent le joug volontairement, qu'à des gens qui n'obéïssent que par force.*

(a) *Xenoph.* De Cyri inst. *Lib.* IV. *Cap.* 4. §. 2. Ed. *Oxon.*

2. C'est aussi ce que l'expérience confirme. Du tems de TACITE, (3) les Peuples de la *Grande Bretagne* supportoient sans murmurer les levées de gens de guerre, les Tailles & les Impôts, & les autres charges de l'Empire, pourvû qu'on n'usât point envers eux de mauvais traitemens; car, ajoûte l'Historien, ils étoient déja accoûtumez à l'obéïssance, mais pas encore à la servitude. Un Ambassadeur de *Privernes* étant en présence du Sénat Romain, comme on lui demandoit, quel fonds on pouvoit faire sur la paix que demandoient ceux de la part de qui il étoit envoïé; répondit hardiment: *Si vous nous l'accordez à des conditions raisonnables, elle sera sûre & éternelle: Sinon, elle ne durera pas long tems.* (4) Car, ajoûta-t-il, *ne vous imaginez pas qu'aucun Peuple, ou aucun Homme, puisse demeurer dans une condition dont il n'est pas content, dès que la nécessité, qui l'y retenoit, viendra à cesser.*

CHA-

sain, au rapport de DIODORE *de Sicile*: Ἐπιχειρεῖ (Ἑρμοκράτης) λέγειν, ὡς κάλλιόν ἐστι νικᾶν, τὸ τὴν νίκην ἐνεγκεῖν ἀνθρωπίνως. (Lib. XIII. Cap. XIX. pag. 141. *Ed. H. Steph.*) *Jules César*, dans une Lettre qu'il écrivit étant Dictateur, appelle cela une nouvelle maniére de vaincre: *Hæc nova sit ratio vincendi, ut misericordia & liberalitate nos muniamus.* (Apud CICER. *Ep. ad Attic.* post Epist. VIII. Lib. IX.) En un mot, pour bien user de la Victoire, il faut toûjours se souvenir de cette sentence de TACITE, Qu'on ne sauroit finir la Guerre d'une maniére plus heureuse & plus glorieuse, qu'en pardonnant aux Vaincus: *Bellorum egregios fines, quoties ignoscendo transigatur.* (Annal. Lib. XII. Cap. XIX. *num.* 3.) GROTIUS.

(2) *Ad hoc Populo Romano, jam à principio, inopi, melius visum, amicos, quàm servos, quærere; tutiusque rati volentibus quàm coactis, imperitare.* (Bell. Jugurth. *Cap.* CIX. *Edit. Wass.*) Les Ambassadeurs de *Lacédémone* disent, dans THUCYDIDE, que le moien d'étouffer la grande inimitié qu'il y a entre deux Ennemis, n'est pas de s'abandonner à son ressentiment, & de se prévaloir de toute la supériorité qu'on a sur le Vaincu, mais de se reconcilier avec lui à des conditions justes & raisonnables: car alors gagné par la générosité du Vainqueur, il se croit engagé d'honneur à lui témoigner sa reconnoissance, bien loin de penser à violer ses engagemens: Νομίζομέν τε τὰς μεγάλας ἔχθρας μάλιστ᾽ ἂν διαλύεσθαι βεβαίως, οὐκ ἢν ἀνταμυνόμενός τις καὶ ἐπικρατήσας τὰ πλείω τοῦ πολέμου, κατ᾽ ἀνάγκην ὅρκοις ἐγκαταλαμβάνων μὴ ἀπὸ τοῦ ἴσου ξυμβῇ, ἀλλ᾽ ἢν παρὸν τὸ αὐτὸ δρᾶσαι πρὸς τὸ ἐπιεικὲς, καὶ ἀρετῇ αὐτὸν νικήσας παρὰ ἃ προσεδέχετο, μετρίως ξυναλλαγῇ. ὀφείλων γὰρ ἤδη ὁ ἐναντίος μὴ ἀνταμύνεσθαι ὡς βιασθεὶς, ἀλλ᾽ ἀνταποδοῦναι ἀρετὴν, ἑτοιμότερός ἐστιν αἰσχύνῃ ἐμμένειν οἷς ξυνέθετο. Lib. IV. (Cap. XIX. *Ed. Oxon.*) Voici de quelle maniére les *Scythes* parlent à *Aléxandre le Grand*, dans QUINTE CURCE: „ Il „ n'y a jamais d'amitié entre le Maître & l'Esclave: „ au milieu de la Paix, le droit de faire la Guerre „ revient toûjours: " *Inter Dominum & Servum nulla amicitia est; etiam in pace, belli tamen jura servantur.* Lib. VII. (Cap. VIII. *num.* 28.) Et *Camille* soûtient, dans TITE LIVE, que la domination la plus assûrée, c'est celle qui est agréable à ceux-là même sur qui on l'exerce: *Certè id firmissimum longè imperium est, quo obedientes gaudent.* Lib. VIII. (Cap. XIII. *num.* 16.) GROTIUS.

On peut voir encore ici la compilation de GRUTER, déja citée, *Part.* II. pag. 56, *& seqq.* où, à l'occasion d'un passage de TACITE, il apporte un grand nombre d'autoritez, qui confirment les réflexions de nôtre Auteur.

(3) *Ipsi* Britanni *delectum, ac tributa, & injuncta imperii munera impigrè obeunt, si injuriæ absint: has ægrè tolerant, jam domiti ut pareant, nondum ut serviant.* Vit. Agricol. *Cap.* XIII. *num.* 1.

(4) Ce n'est pas lui, qui ajoûta cette raison: mais le Sénat même, ou la meilleure partie du Sénat, qui généreusement prit ainsi en bonne part, & regarda comme des sentimens dignes d'un homme de cœur, & d'un homme libre, ce que quelques-uns avoient voulu relever comme trop hardi, & capable de porter à la rebellion les autres Peuples: QUID, si pœnam, *inquit* [*Consul*] *remittimus vobis, qualem nos pacem* vobiscum habituros speremus? SI bonam dederitis, *inquit* [*unus ex* Privernatibus *legatis*] & fidam, & perpetuam: si malam, haud diuturnam. *Tum verò minari, nec id ambiguè,* Privernatem *quidam, & illis vocibus ad rebellandum incitari pacatos Populos. Pars melior Senatus ad meliora responsa trahere, & dicere:* Viri, & liberi, vocem auditam. An credi posse ullum Populum, aut Hominem denique, in eâ conditione, cujus eum pœniteat, diutiùs quàm necesse sit, mansurum? *Lib.* VIII. *Cap.* XXI. *num.* 4, *& seqq.* Ajoûtons ce qui suit, & qui confirme bien la thése de nôtre Auteur: *Ibi pacem esse fidam, ubi voluntarii pacati sint: neque eo loco, ubi servitutem esse velint, fidem sperandam esse.*

CHAPITRE XVI.

De la MODERATION dont on doit user, à l'égard des choses, qui, selon le Droit des Gens, ne se recouvrent point à titre de POSTLIMINIE.

I. *Que l'on est tenu en conscience de restituer ce que l'Ennemi, sur qui on l'a pris, avoit lui-même pris à un tiers, dans une Guerre Injuste.* II. *Exemples de cela.* III. *Si l'on doit rendre de telles choses purement & simplement, sans rien demander à leur véritable Maître?* IV. *Que cette restitution comprend aussi les Peuples conquis, ou en tout ou en partie, si l'Ennemi les avoit conquis injustement.* V. *En quel tems s'éteint l'obligation de restituer.* VI. *Comment il faut agir ici, dans un cas douteux.*

(a) *Chap.* XIII. de ce dernier Livre.

(b) *Chap.* X. §. 3. & *suiv.*

§. I. 1. NOUS avons fait voir (a) ci-dessus, jusqu'où l'on s'approprie légitimement les choses prises dans une Guerre Juste; sous lesquelles il ne faut pas comprendre celles qu'on recouvre par droit de *Postliminie*, puis que celles-ci sont regardées comme non prises. Pour ce que l'on a aquis dans une Guerre Injuste, on ne peut en conscience en rien retenir: & non seulement ceux qui ont fait eux-mêmes la capture doivent rendre le butin, mais encore tous ceux entre les mains de qui il en est parvenu quelque chose, de quelque maniére que ce soit; comme nous (b) l'avons aussi remarqué. En effet, on ne sauroit transférer à autrui plus de droit, qu'on n'en a soi-même, selon la maxime des (1) Jurisconsultes Romains: ou pour s'exprimer avec la briéveté de SENEQUE, (2) *personne ne peut donner ce qu'il n'a pas.* Si celui qui a le prémier pris une chose n'en est pas devenu légitime Propriétaire selon les régles de la véritable Justice; tout autre qui tient de lui cette chose ne sauroit le devenir. Le second Possesseur, ou le troisiéme, & ainsi de suite, aquiérent à la vérité un *droit extérieur de Propriété*, comme je l'appelle pour exprimer ma pensée; c'est-à-dire, l'avantage de posseder tranquillement, en sorte qu'ils soient maintenus par tout dans leur possession par l'autorité & les forces des Tribunaux de Justice, comme s'ils

CHAP. XVI. §. I. (1) *Traditio nihil amplius transferre debet, vel potest, ad eum, qui accipit, quàm est apud eum, qui tradit.* DIGEST. Lib XLI. Tit. I. *De adquir. rer. domin.* Leg. XX. *princip.* Voiez aussi *Lib.* IX. Tit. IV. *De Noxalibus Actionib.* Leg. XXVII. §. 1.

(2) *Quoniam nemo potest, quod non habet, dare.* De Benefic. *Lib.* V. *Cap.* XII.

(3) La Loi a été deja citée ci-dessus, *Chap.* IX. de ce Livre, §. 16. *Note* 3.

(4) Il est suivi en cela par PETR. ANT. DE PETRA, *De Potestate Principis*, Cap. III. Quæst. IV. & BRUNINGIUS, *De Homagiis*, Conclus. CCXLI. GROTIUS.

§. II. (1) *Et auget gloriam* [Lucretius] *adveniens, expositâ omni in* Campo Martio *prædâ, ut suum quisque, per triduum, cognitum abduceret.* Lib. III. Cap. X. *num.* 1.

(2) *Prædæ pars, sua cognoscentibus* Latinis *atque* Hernicis, *reddita: partem sub hastâ Dictator vendidit.* Idem (*Lib.* IV. *Cap.* XXIX. *num.* 4.) Ailleurs il dit, qu'on donna deux jours aux Propriétaires, pour reconnoître ce qui leur appartenoit: *Biduum ad recognoscendas res datum dominis.* [Lib. V. Cap. XVI. *num.* 7. où il s'agit de la defaite des *Tarquiniens.*] POLYBE nous apprend, que le Consul *Lucius Emile*, après une victoire remportée sur les *Gaulois*, rendit le butin aux anciens Maîtres de choses prises: [illegible] Lib. II. (Cap. XXXI.) GROTIUS.

(3) *Et, quod lætissimum victoribus fuit, captivorum recepta septem millia & quadringenti; præda ingens sociorum: acciti que edicto domini ad res suas noscendas recipiendasque.* TIT. LIV. Lib. X. Cap. XX. *num.* 15.

(4) *Altero exercitu* Samnites Interamnam, *coloniam Romanam, quæ viâ Latinâ est, occupare conati, urbem non tenuerunt: agros depopulati, quum prædam aliam inde mistam hominum atque pecudum, colonosque captos agerent, in victorem incidunt Consulem, ab* Luceria *redeuntem; nec prædam solum amittunt, sed ipsi longo atque impedito agmine incompositi cæduntur. Consul* Interamnum, *edicto dominis, ad res suas noscendas recipiendasque, revocatis, & exercitu ibi relicto, comitiorum caussâ* Romam *est profectus.* Idem

s'ils étoient véritables Maîtres. Mais cela n'empêche pas que, s'ils se prévalent d'un tel droit, au préjudice de celui à qui la chose a été prise injustement, ils ne fassent mal.

2. Quelques Jurisconsultes des plus célèbres (3) étant consultez autrefois sur le cas d'un Esclave, qui, après avoir été pris par des Brigands, étoit ensuite tombé entre les mains des Ennemis; decidérent, qu'il devoit être regardé comme une chose volée, quoi qu'il eût été Esclave des Ennemis, & qu'il fût retourné par droit de Postliminie. Il faut dire la même chose, selon les principes du Droit Naturel, de ceux qui aiant été pris dans une Guerre Injuste, sont depuis tombez entre les mains d'autrui, ou par l'effet d'une Guerre Juste, ou de quelque autre maniére: car, eû égard à la vraie Justice, il n'y a au fond nulle différence entre une Guerre Injuste, & un Brigandage. (c) Sur ce fondement, GRE'GOIRE de *Néocésarée* (d) fut d'avis, (4) que quelques gens du *Pont*, qui avoient repris sur l'Ennemi des choses appartenantes aux Sujets de l'Etat, les restituassent à ceux-ci, comme leur appartenant encore.

(c) *Aegid. Regius*, De act. supern. *Distinct.* 31. Dub. 7. num. 122.
(d) *Canon* X.

§. II. AUSSI voions-nous qu'on a souvent pratiqué cela en pareil cas. Lors que *L. Lucréce Tricipitin* eut vaincu les *Volsques* & les *Equiens*, on exposa pendant trois jours tout le butin dans le *Champ de Mars*, afin que chacun pût reconnoître ce qui étoit à lui, & le reprendre; comme le rapporte (1) TITE LIVE. On trouve dans le même Auteur d'autres exemples semblables. C'est ainsi qu'après la défaite des *Volsques* par le Dictateur *Posthumius*, (2) on rendit aux *Latins* & aux *Herniciens* ce qu'ils pûrent reconnoître de leurs effets parmi le butin. Les (3) *Samnites* en usérent de même à l'égard de leurs Alliez, après la victoire qu'ils remportérent sur les *Campanois*: *Marc Atilius*, à l'égard (4) des Habitans d'*Interamne* Colonie Romaine, qui avoit été exposée au pillage des *Samnites*: *Gracchus*, (5) après la Bataille de *Bénevent*, & *Scipion l'Africain*, (6) après celle d'*Ilipe* (a). L'autre *Scipion*, surnommé *l'Africain*, aiant trouvé à *Carthage*, lors qu'il la prit, plusieurs choses consacrées aux Dieux, que les *Carthaginois* avoient transportées de *Sicile* & d'ailleurs, les rendit aux Villes, à qui elles appartenoient comme nous l'apprenons de (b) PLUTARQUE & (c) d'APPIEN. CICE'RON en parle assez au long, & avec éloge, (7) dans ses Harangues contre *Verrès*. Les (d) *Rhodiens* rendirent aux *Athéniens* quatre Vaisseaux, que les *Macédoniens* leur avoient pris. *Phanéas*, Etolien, demandoit, comme une chose juste & équitable, la restitution de tout ce que ceux de sa Nation possedoient avant la Guerre: (8) & *Flaminius* ne disconvenoit pas du principe: mais il soûtenoit que les Villes, dont

(a) Ancienne Ville de *Portugal*.
(b) *Apophtheg.* pag. 200. B.
(c) *Bell. Pun.* pag. 83. *Ed. H. Steph.*
(d) *Tit Liv.* Lib. XXXI. Cap. 15.

Idem, *ibid.* Cap. XXXVI. *num.* 16, & seqq.

(5) *Praeda omnis, praeterquam hominum captorum, militi concessa est: & pecus exceptum est, quod intra dies triginta domini cognovissent.* Idem, *Lib.* XXIV. *Cap.* XVI. *num.* 5.

(6) *Pugnatum haud procul* Ilipâ *urbe est. Eò victorem opulentum praeda exercitum* P. Cornelius *reduxit. ea omnis ante urbem exposita est: potestasque dominis facta res cognoscendi facta.* Idem, *Lib.* XXXV. *Cap.* I. *num.* 11.

(7) Voici ce qu'il dit, au sujet de la Ville d'*Himére*: ETENIM *ut simul* P. Africani *quoque humanitatem cognoscatis, oppidum* Himeram Karthaginienses *quondam ceperant, quod fuerat in primis* Siciliae *clarum & ornatum.* Scipio, *qui hoc dignum Populo Romano arbitraretur, bello confecto socios sua per nostram victoriam recuperare*, Siculis *omnibus*, Karthagine *captâ, quae potuit, restituenda curavit.* In Verr. *Lib.* II. (*Cap.* XXXV.) Voiez celle des Harangues, ou il est traité *de Signis*; & DIODORE *de Sicile*, Excerpt. Peiresc. (*pag.* 345.) comme aussi VALE'RE MAXIME, Lib. I. Cap. I. *num.* 6, où il est parlé de la même chose. GROTIUS.

(8) Phaneas, *& pro societate belli, quae ante bellum habuissent, restitui* Aetolis, *aequum censebat* . . . VOS, *inquit*, ipsi, *Quinctius*, Societatis istius leges rupistis, quo tempore, relictis nobis, cum *Philippo* pacem fecistis: quae si maneret, captarum tamen urbium illa lex foret. *Thessaliae* civitates suâ voluntate in ditionem nostram venerant. TIT. LIV. Lib. XXXIII. (Cap. XIII. *num.* 9, & seqq.) *Pompée* rendit la *Paphlagonie* à *Attale*, & à *Pylemene*. EUTROP. *Breviar.* Lib. VI. (Cap. XI.) Dans le Traite d'Alliance entre le *Pape*, l'Empereur *Charles-Quint*, & la Republique de *Venise*, contre *Soliman*, on etoit convenu, que chacun recouvreroit ce dont il auroit ete depossédé; comme nous le voions dans l'Histoire de PARUTA, *Lib.* VIII. & en vertu de cette clause, l'Ile de *Cephalénie*, qui avoit été prise par les *Espagnols*, fut renduë aux *Venitiens*. Il y a, sur le sujet, dont il s'agit, un passage d'ANNE COMNE'NE, dans l'endroit de son Histoire, où elle traite de *Godefroi* (Lib. XI. Cap. VI.) GROTIUS.

dont il s'agissoit, n'avoient pas été prises par droit de Guerre, & que d'ailleurs les *Etoliens* avoient violé les conditions de l'Alliance. Les *Romains* (9) remirent même dans leur prémier état des biens autrefois consacrez à *Ephése*, & que les Rois, sous la domination desquels cette Ville avoit été depuis, s'étoient appropriez.

§. III. 1. Mais comme ce qui a été pris dans une Guerre Injuste peut aussi tomber entre les mains de quelcun par une autre voie que celle des armes, je veux dire, par une suite du commerce qu'on fait de ces sortes de choses: on demande, si en ce cas-là le Possesseur peut se faire rembourser ou retenir l'argent qu'il a donné? Selon
(a) *Liv. II. Cap. X. §. 9.* les principes établis (a) ailleurs, il le peut, mais seulement (1) autant que se monte ce qu'il en auroit coûté au Propriétaire, & ce que le Propriétaire auroit volontiers donné pour recouvrer la possession de son bien, dont il desesperoit. Que si le Possesseur est en droit de demander la valeur de cela, pourquoi ne pourroit-il pas aussi mettre en (2) ligne de compte la peine qu'il a prise, & les dangers qu'il a courus pour avoir un tel bien? tout de même qu'un homme, qui, en plongeant dans la Mer, en a retiré une chose appartenante à quelcun, qui l'a perduë?

2. Il y a dans l'Histoire du Patriarche *Abraham* une circonstance, qui vient fort à propos sur la question dont il s'agit. Ce saint homme revenant à *Sodome*, après la
(a) *Genes. XIV. 16.* victoire qu'il remporta sur les cinq Rois, *ramena*, dit (a) Moïse, *toutes ces choses*, c'est-à-dire, celles dont il venoit de parler, qu'*Abraham* avoit enlevées aux Rois. On
(b) *Ibid. vers. 20. 22, 21, 23, 24.* voit aussi, que le Roi de *Sodome* prie *Abraham*, (b) de lui rendre seulement les Prisonniers, & consent qu'il garde pour lui tout le reste, en considération de la peine qu'il avoit prise, & du danger auquel il s'étoit exposé. Ce Patriarche néanmoins, qui avoit autant de Grandeur d'ame (3) que de Piété ne voulut se rien reserver pour lui: mais du reste, il offrit à Dieu la dixme du butin repris sur les Rois (car c'est de celui-là qu'il (4) s'agit, comme nous venons de le dire) il déduisit les dépenses qu'il avoit fallu faire pour cette expédition, & il exigea qu'on donnât à ses Alliez quelque portion du butin; le tout en sorte qu'il témoigne avoir plein droit d'en user ainsi.

§. IV. Par

(9) Ἀι [ἀσυλίαι] [illegible] Ῥωμαῖοι δ' ἀπέδοσαν. Strabo, Geogr. Lib. XIV. pag. 642. *Ed. Paris.*

§. III. (1) Mais voiez ce que j'ai dit, dans l'endroit cité en marge, *Note* 3. La vérité est, qu'il faut distinguer ici, si l'on a achete de bonne foi, ou non, une chose qui avoit été prise dans une Guerre Injuste? c'est-à-dire, si l'on savoit, ou non, que cette chose etoit parvenuë a tel titre entre les mains du vendeur ou ceux de qui celui-ci la tenoit. Si on le savoit, on est Possesseur de mauvaise foi; & par consequent on doit restituer purement & simplement. Si on ne le savoit point, & qu'on n'ait eu aucun lieu de le soupçonner, on a tous les droits d'un Possesseur de bonne foi; & par consequent on n'est tenu de rendre, qu'en recevant tout ce qu'on a donné du sien pour avoir la chose que l'on croioit & qu'on avoit lieu de croire légitimement aquise, selon les principes que j'ai etablis dans le Chapitre, auquel on renvoie ici, & dans celui de Pufendorf, où la même matiére est traitée. Ainsi tout depend de savoir, si, au cas qu'on n'ignorât point que ce qu'on achetoit avoit eté pris, à la Guerre, on croioit ou l'on avoit lieu de soupçonner, que la Guerre fût injuste.

(2) Nôtre Auteur passe ici imperceptiblement à appliquer la question, qu'il traite, aux choses, que l'Ennemi, sur qui on les a prises, avoit lui-même aquis par les armes dans une Guerre Injuste. Et ici il est bien certain, qu'encore même qu'en prenant de telles choses sur l'Ennemi on sache qu'elles appartiennent a autrui, on n'est pas pour cela moins en droit de demander à l'ancien Maître un remboursement de ce qu'il en a coûte pour avoir la possession de son bien, c'est à-dire, non seulement des dépenses faites pour cette expedition, mais encore de la peine qu'on a prise, & des dangers qu'on a courus, & à quoi on n'etoit point tenu de s'exposer pour le recouvrement de ce bien d'autrui. Il y a plus: & si celui, à qui le bien appartenoit, aiant l'occasion & le moien de faire des efforts pour le recouvrer, demeure en repos; il est censé l'abandonner & par conséquent l'autre, qui l'a pris sur l'injuste Possesseur, l'aquiert alors pleinement. Voiez ce que j'ai dit ci-dessus, *Chap.* VI. de ce Livre, §. 1. *Note* 2.

(3) C'est ce qu'a très-bien remarqué le Rabbin Jacchiade's, dans son Commentaire sur Daniel, Chap. V. vers. 17. Sulpice Sévére dit, que le Patriarche, après avoir donné la dixme du butin à *Melchisedek*, rendit le reste à ceux sur qui il avoit ete pris: *Eidemque* [Melchisedec] *decimas prædæ dedit. Reliqua his, quibus erepta erant, reddidit.* (Hist. Sacr. *Lib.* I *Cap.* VI. *num* 6.) St. Ambroise parlant de la même chose, dit, qu'*Abraham* fut recompensé de Dieu, parce qu'il n'avoit point voulu de recompense de la part des Hommes: *Ideoque quoniam sibi mercedem ab homine non quæsivit, à Deo accepit.* De Abrah. Patriarch. *Lib.* I. (*Cap.* III.) On peut comparer avec cette action d'*Abraham*, quelque chose de semblable que fit le Sage *Pittacus*. Il refusa la moitié de quelques Terres qu'on lui offroit, que ceux de *Mitylène* avoient recouvrées sous sa conduite. Il crut, comme le dit Valére Maxime, tenir

la

§. IV. Par la même raison, qu'on doit rendre aux Propriétaires ce qui leur appartient, il faut aussi restituer (1) les Etats, ou leurs parties, à ceux qui en avoient la Souveraineté; ou rendre même aux Peuples leur liberté, s'ils en ont été dépouillez par une conquête injuste. C'est ainsi que les *Lacédémoniens* remirent ceux d'*Egine*, & ceux de *Mélos*, (2) en possession de leurs Villes. Du tems de *Camille*, (a) les *Romains* aiant repris la Ville de *Sutrium*, la rendirent à leurs Alliez. *Flaminius* (b) remit en liberté les Villes de *Gréce*, dont les *Macédoniens* s'étoient emparez. Ce même Général, dans la conférence qu'il eut avec les Ambassadeurs d'*Antiochus*, (3) déclara, qu'il étoit juste que les Villes d'*Asie*, dont le nom étoit Grec, & qui avoient été prises par *Seleucus*, Bisaieul d'*Antiochus*, puis perduës, & recouvrées ensuite par *Antiochus* luimême, fussent remises en possession de leur liberté: *car*, ajoûtoit *Flaminius*, *si l'on a envoié des Colonies dans* l'Eolide *&* *dans* l'Ionie, *ce n'est pas afin qu'elles fussent sous la domination des Rois* d'Asie, *mais pour conserver une Nation aussi ancienne, que la* Grecque, *& pour la répandre par toute la Terre.*

(a) *Tit. Liv.* Lib. VI. Cap. 3.
(b) *Idem*, Lib. XXXIII. Cap. 32.

§. V. 1. On demande encore ici, en quel tems l'obligation où l'on est en conscience de rendre ce qui avoit été pris dans une Guerre injuste, vient à s'éteindre. Cette question peut avoir lieu ou entre les (1) *Sujets d'un même Etat*, ou entre ceux qui sont *Etrangers* les uns par rapport aux autres. Pour les prémiers, il faut la décider par les Loix de l'Etat dont ils dépendent. Bien entendu que ces Loix donnent un véritable droit, qui mette la Conscience en repos, & non pas un simple droit extérieur: dequoi il faut juger par un examen attentif des termes de la Loi, & de l'intention du Législateur.

2. A l'égard de ceux qui sont Etrangers les uns par rapport aux autres, il faut se régler sur de justes présomtions d'un abandonnement tacite; dont nous avons (a) traité ailleurs autant qu'il est nécessaire pour nôtre sujet.

(a) *Liv.* II. *Chap.* 4.

§. VI. Que si la justice de la Guerre, dans laquelle les choses dont il s'agit ont été prises, est fort douteuse; le meilleur est alors de suivre le conseil que donna autrefois

la gloire de ses exploits par la grandeur du butin dont il profiteroit: *Atque etiam quum recuperati agri dimidia pars consensu omnium offerretur, avertit animum ab eo munere; deforme judicans, virtutis gloriam magnitudine prædæ minuere.* Lib. VI. Cap. I. num. 1. *extern.* Plutarque parlant de *Timoléon* (qui accepta une Maison magnifique, & un beau bien) remarque, qu'il n'est pas deshonnête à la vérité de recevoir en pareil cas, mais qu'il est plus beau de refuser, & que c'est le plus haut degré d'une Vertu éminente, qui témoigne hautement qu'on peut se passer des choses qu'il est permis de rechercher: Οὐ γὰρ τὸ λαβεῖν ἐκ τοιούτων αἰσχρόν, ἀλλὰ τὸ μὴ λαβεῖν κάλλιον· καὶ περιουσία τῆς ἀρετῆς, ἐν οἷς ἔξεστιν ἐπιδεικνυμένης τὸ μὴ δέεσθαι. In Vit. Timoleont. (*in fin.* pag. 277. B. Tom. I. *Ed. Wechel.*) Voiez ce que l'on a dit ci dessus, *Liv.* II. *Chap.* XIV. §. 6. & *Chap.* IV. de ce Livre, §. 2. Grotius.

L'Auteur s'exprime ici, dans l'Original de cette Note, comme si *Timoléon* avoit refusé, aussi bien que *Pittacus*, ce qu'on lui offroit: *Facta* Pittaci & *Timoleontis* &c. au lieu que c'est tout le contraire, comme je l'ai fait sentir par ce qui est entre deux crochets; à cause dequoi aussi j'ai changé le tour de l'expression, qui donnoit une fausse idée.

(4) Ce n'est pas que tout le butin consistât en cela: il y avoit aussi sans doute des choses appartenantes aux cinq Rois.

§ IV. (1) Les Exilez de *Sagonte* furent rétablis par les *Romains*, après un exil de six ans. [Voiez Tite Live, Lib. XXVIII. Cap. XXXIX.] L'Empereur *Marc Antonin* rendit la liberté à ceux qui avoient été réduits en Esclavage dans la Guerre contre *Avidius Cassius*; & fit aussi restituer les biens à leurs anciens Maîtres. [Capitolin. in Marc. Anton. *Cap.* XXV.] Le Roi de *Castille*, & autres Princes, rendirent *Calatrava* aux Chevaliers de cet Ordre, qui en avoient été dépouillez par les *Maures*; comme le rapporte Mariana, dans son Histoire d'*Espagne*, Lib. XI. (Cap. XXV.) Voiez ce qui a été dit ci-dessus, *Chap.* X. de ce dernier Livre, §. 6. Grotius.

(2) Ce fut *Lysandre*, qui commandoit alors leur armée: Λύσανδρος δ' ἀφικόμενος εἰς Αἴγιναν, ἀπέδωκε τὴν πόλιν Αἰγινήταις, ὅσους ἐδύνατο πλείστους ἀθροίσας αὐτῶν· ὡς δ' αὔτως καὶ Μηλίοις, καὶ τοῖς ἄλλοις, ὅσοι τῆς αὑτῶν ἐστέροντο. Hist. Græc. *Lib.* II. *Cap.* II. *num.* 5. *Edit. Oxon.*

(3) *Si sibi* Antiochus *pulchrum esse censet, quas urbes proavus belli jure habuerit, avus paterque numquam usurpaverint pro suis, eas repetere in servitutem; & Populus Romanus susceptum patrocinium libertatis* Græcorum *non deserere, fidei constantiæque suæ ducit esse. Sicut à* Philippo Græciam *liberavit, ita & ab* Antiocho Asiæ *urbes, quæ Graji nominis sint, liberare in animo habet: neque enim in* Æolidem Ioniamque *coloniæ in servitutem regiam missæ sunt; sed stirpis augendæ causâ, gentisque vetustissimæ per orbem terrarum propagandæ.* Tit. Liv. Lib. XXXIV. Cap. LVIII. *num.* 10, *& seqq.*

§. V. (1) C'est-à dire, lors qu'une chose prise à un Sujet de l'Etat, dans une Guerre injuste de la part de l'Ennemi qui fait le butin; est tombée entre les mains d'un autre Sujet du même Etat.

trefois (1) *Aratus de Sicyone*; c'est ou (2) de faire entendre aux nouveaux Possesseurs, qu'il vaut mieux pour eux de rendre le bien à son ancien Maître, en recevant de lui la valeur ou de persuader aux anciens Maîtres, qu'il leur est plus avantageux de recevoir la valeur de leur bien, que d'en recouvrer la possession.

CHAPITRE XVII.

Des Peuples Neutres.

I. *Il ne faut rien prendre des* Peuples Neutres, *que dans une grande nécessité, & en rendant la valeur de ce qu'on prend.* II. *Exemples & maximes touchant cette abstinence.* III. *Devoirs des Peuples Neutres, par rapport à ceux qui sont en guerre.*

§. I. Il paroîtra d'abord superflu de traiter ici des Peuples Neutres, puisque, par cela même qu'ils sont Neutres, il n'y a point de Guerre contr'eux. Cependant comme, à l'occasion de la Guerre, on fait bien des choses contr'eux, sous prétexte de nécessité, sur tout s'ils sont voisins; il est bon de repeter en peu de mots ce que nous avons (a) établi ailleurs, Que la Nécessité, pour donner quelque droit sur le bien d'autrui, doit être extrême: Qu'il faut, de plus, que le Propriétaire ne se trouve pas lui-même dans une pareille necessité: Et enfin, que lors même qu'on est dans

(a) Liv. II. Chap. II. §. 10.

§. VI. (1) *Cum quibus caussas cognovit* (Aratus Sicyonius) *& eorum qui aliena tenebant, & eorum qui sua amiserant: perfecitque aestimandis possessionibus, ut persuaderet aliis, ut pecuniam accipere mallent, possessionibus cederent: aliis, ut commodius putarent numerari sibi, quod tanti esset, quàm suum recuperare.* Cicer. De Offic. *Lib.* II. (*Cap.* XXIII.) Le Roi *Ferdinand* fit la même chose en *Espagne*, au rapport de *Mariana*, Lib. XXIX. Cap. XIV. Grotius.

(2) C'est bien là le parti que doit prendre un Arbitre, plûtôt qu'un Juge, qui, en ce cas-là est tenu indispensablement de laisser les choses dans l'état où elles sont, supposé qu'il n'y ait point de Loi Civile, sur laquelle il puisse fonder son jugement. Mais comme les Loix mêmes ne réglent pas toûjours les choses d'une maniére qui soit capable de mettre raisonnablement en repos la conscience de ceux qui les suivent; il s'agit ici principalement de savoir, ce que chacun doit faire alors de son pur mouvement, & sans avoir egard à d'autres régles, qu'à celles de l'Equité Naturelle. Or dès-là qu'on suppose, comme fait nôtre Auteur, que la justice de la Guerre est fort douteuse, n'y aiant pas plus de raison de regarder les actes d'hostilité comme justes ou injustes d'une part que de l'autre, la Raison veut qu'ils soient regardez indifféremment comme justes des deux côtez, par rapport aux effets de l'aquisition des choses prises. Le Possesseur est alors, comme en tout autre cas douteux, celui qui a le meilleur droit; & par conséquent ceux qui tiennent de lui la chose à titre d'ailleurs légitime, peuvent se regarder comme l'aiant légitimement aquise.

Chap. XVII. §. II. (1) *Ὑμᾶς δ' αὖ ἡμῖν δεήσει ὀμόσαι ἦ μὴν πορεύσεσθαι, ὡς διὰ φιλίας, ἀσινῶς· σῖτα καὶ ποτὰ λαμβάνοντας, ὁπότε μὴ παρέχοιμεν ἀγοράν· ἐὰν δὲ παρέχωμεν ἀγοράν, ὠνουμένους ἕξειν τὰ ἐπιτήδεια.* De Exped. Cyr. *Lib.* II. *Cap.* III. §. 13. *Edit. Oxon.*

(2) *Cujus* (Pompeii) *legiones sic in Asiam pervenerunt, ut non modo manus tanti exercitus, sed ne vestigium quidem cuiquam pacato nocuisse dicatur.* Orat. *pro Leg. Manil.* (Cap. XIII.) Le même *Pompée* aiant appris, que ses Soldats faisoient du desordre en *Sicile* pendant leur marche, fit mettre un cachet à leurs Epées, & punis ceux dont le cachet se trouvoit rompu: Ἀκούων δὲ τοὺς στρατιώτας ἐν ταῖς ὁδοιπορίαις ἀτακτεῖν, σφραγῖδα ταῖς μαχαίραις αὐτῶν ἐπέβαλεν, ἣν ὁ μὴ φυλάξας ἐκολάζετο. Plutarch. Vit. Pomp. (*pag.* 624. A.) Grotius.

(3) Ὥστε παρήγαγε τὸ στράτευμα [ὁ Δερκυλλίδας] διὰ τῆς φιλίας χώρας μέχρι τῆς Φαρναβάζου Αἰολίδος, μηδὲν βλάψας τοὺς συμμάχους. Xenophon, Hist. Græc. *Lib.* III. *Cap.* I. §. 8.

(4) Θαυμαστὸν τῷ Ἄγιδι παρεῖχεν ἑαυτὸν καὶ θέαμα ταῖς πόλεσιν ἦγεν, ἀβλαβῶς καὶ πρᾴως καὶ μονονοὺ ἀψοφητὶ διαπορευόμενος τὴν Πελοπόννησον. Plutarch. Vit. Agid. *pag.* 801. D. Le même Auteur rend un semblable témoignage à *Flaminius*, dans la Vie de ce fameux Capitaine Romain. Grotius.

(5) *Triduum, non plus,* Delphis *moratus* (Perseus) *per* Phthiotidem, Achaiam, Thessaliamque, *sine damno injuriaque agrorum, per quos iter fecit, in regnum rediit.* Tit. Liv. Lib. XLI. Cap. XXVII. *num.* 6.

(6) *Putares* Sullam *venisse in* Italiam, *non belli vindicem, sed pacis auctorem: tanta cum quiete exercitum per* Calabriam Apuliamque, *cum singulari curâ frugum, hominum, urbium, perduxit in* Campaniam. Velleius Patercul. Lib. II. Cap. XXV. *num.* 1.

(7) *Quum in finibus* Ubiorum *castella poneret, pro fructibus eorum locorum, quæ vallo comprehendebat, pretium solvi jussit; atque eâ justitiæ famâ omnium fidem sibi adstrinxit.* Frontin. Strategem. *Lib.* II. *Cap.* XI. *num.* 7.

(8) *Quam* (Parthicam expeditionem) *tantâ disciplinâ,* tantâ

dans une véritable nécessité, qui autorise à prendre de soi-même le bien d'autrui, on doit ne s'emparer de rien au delà de ce qu'elle demande: c'est-à-dire, se contenter de la garde du bien appartenant à autrui, si cela suffit, & en laisser l'usage au Propriétaire; ou, s'il est nécessaire de se servir du bien d'autrui, le maintenir en son entier; ou enfin, si l'on a besoin de le consumer, en païer la valeur à qui il appartient.

§. II. 1. C'EST ainsi que *Moïse* aiant à passer nécessairement, avec le Peuple qu'il conduisoit, par le païs des *Iduméens*, (a) déclara d'abord, qu'il suivroit le grand chemin, sans s'écarter pour entrer dans les Champs cultivez ou dans les Vignes; & qu'il paieroit jusqu'à l'eau dont les *Israëlites* auroient besoin. (a) *Nombr.* XX. 17.

2. Les Généraux d'Armée, dont la probité est la plus renommée, en ont usé de même, parmi les anciens *Grecs* & *Romains*. Les *Grecs*, qui étoient avec *Cléarque*, promirent aux *Perses*, (1) comme le raconte *Xenophon*, de passer sur leurs terres sans causer aucun dommage; & que, si on vouloit leur vendre des vivres, ils ne prendroient à personne rien de ce dont ils auroient besoin pour boire ou manger. Les Troupes de *Pompée le Grand* traversérent toute l'*Asie*, *sans laisser aucune plainte de leur insolence, non pas même la trace de leur passage*; dequoi CICE'RON (2) le louë beaucoup. L'Histoire nous fournit des exemples semblables, de (3) *Dercyllide*; d'*Agis*, (4) Roi de *Lacédémone*; de (5) *Persée*, Roi de *Macédoine*, de (6) *Sylla*; de (7) *Domitien*; de l'Empereur (8) *Alexandre Sévére*, dans son expedition contre les *Parthes*; des (9) *Goths*, des *Huns*, & des *Alains*, qui servoient dans l'Armée de *Théodose*, enfin de (10) *Stilicon*, & de (11) *Bélisaire*.

3. Ces fameux Guerriers sont venus à bout d'une chose comme celle-là, qui paroît fort difficile, en aiant un (12) grand soin de pourvoir à la subsistance de leur Armée; en

tantâ reverentiâ sibi egit, ut non milites, sed Senatores, transire dicerentur. Quacumque iter legiones faciebant, Tribuni accincti, Centuriones verecundi, Milites amabiles erant: ipsum vero, ob hac tot & tanta bona, Provinciales, ut Deum, suspiciebant. LAMPRID. Vit. Alex. Sever. *Cap.* L.

(9) *Nullus tumultus, nulla confusio, nulla direptio, ut à barbaro, erat. quin, si quando difficilior frumentaria res fuisset, inopiam patienter ferebat, & quam numero arctarat, annonam, comparcendo laxabat* &c. LATIN. PACAT. Panegyr. (*Cap.* XXXII. *Paneg. ult. è XII.*) On trouve plusieurs choses sur la modération des *Goths*, en matiére du sujet dont il s'agit, dans CASSIODORE, par exemple, *Var.* V. 10. 11. 13. Voici des paroles, où *Théoderic* leur Roi, la leur prescrit: *Illud tamen necessario commonentes, ut venientium nullus prevenire possit excessus, nec possessorum segetes aut prata vastetis: sed sub omni continentia properantes, de custoditâ disciplinâ grata nobis esse vestra accursio possit. Quia ideo exercituales gratanter subimus expensas, ut ab armatis custodiatur intacta civilitas.* Lib. V. Ep. XXVI. *Athalaric*, autre Roi des *Goths*, louë de cela un Sénateur, qu'il recommande: *Arma ejus nulla possessorum damna senserunt.* Lib. IX. Ep. XXV. GROTIUS.

(10) *Tanta quies, jurisque metus servator honesti,*
Te moderante, fuit, nullis ut vinea furtis,
Vel seges exsecta fraudarit messe colonum.
CLAUDIAN. In prim. Consulat. Stilich. *Lib.* I. *vers.* 162, & seqq.

(11) Voiez SUIDAS, au mot *Bélisaire*. PROCOPE, compagnon de ce fameux Capitaine, & témoin de ses actions, le louë souvent de cette retenuë. On n'a qu'à lire le beau Discours qu'il lui fait tenir là-dessus à ses Soldats, près de *Sicile*, lors qu'il alloit en *Afrique*, *Vandalic.* Lib. I. (*Cap.* XII.) & la maniére dont il rapporte que *Bélisaire* se conduisit dans sa marche par ce païs-là, *Ibid.* (Cap. XVII.) Mais il faut mettre ici tout entier un autre passage, où l'Historien fait un éloge magnifique de son Héros à cet égard-là. " *Bélisaire*, dit-il, avoit tant de soin des „ Païsans, qu'ils ne souffroient jamais de violence de „ la part des Armées qu'il commandoit. Au contrai„ re leur passage les enrichissoit tous, contre toute „ apparence, parce qu'ils vendoient leurs denrées & „ leurs marchandises au Soldat, aussi cher qu'ils vou„ loient. Quand les Bleds étoient mûrs, il empê„ choit que la Cavalerie ne les gâtât: & pour ce qui „ est des fruits, il ne permettoit pas seulement de „ cueillir une pomme sur un Arbre. Ἐπεὶ δὲ τῶν γεωργῶν φειδοῖ ἐς ἄγαν ἐχρῆτο, ὥστε βιασθῆναι μὲν αὐτῶν οὐδένα πώποτε, στρατηγοῦντος Βελισαρίου, τετύχηκε· πλουτεῖν δὲ παρὰ δόξαν ξυνέβη πᾶσιν, οἷς ἂν αὐτὸς ἐνδημοίη. στρατιᾶς ὅλης ἀπεδίδοντο γὰρ αὐτοῖς κατὰ γνώμην τὰ ὤνια. καὶ ἡνίκα μὲν ἀκμάζοι τὰ λήια, ἐς τὸ ἀκριβὲς διεφύλαττε, μή τινα παριὸν ἱππικὸν λυμήνηται, ἢ ἡ ὀπώρα ἐν τοῖς δένδρεσιν ὅταν, ἅψασθαι αὐτῶν οὐδενὶ τὸ παράπαν ἐξουσία ἐγεγόνει. Gothic. *Lib.* III. (*Cap.* I.) NICE'TAS louë les *Allemands* d'avoir usé de même dans leur Expédition au Saint Sépulchre, *Vit. Manuel Comnen.* (Lib. I. Cap. IV.) NICEPHORE GREGORAS raconte aussi, qu'on admira à cet égard la bonne discipline des *Vénitiens*, & leur grandeur d'ame, accompagnée de justice & d'équité. Personne, dit-il, de toute l'Armée, ne vouloit rien prendre qu'en paiant. Ἦσάν γε μὴν οὐδένες, οἳ μὴ μάλα ἐξέπληττεν ἡ τῶν Βενετικῶν εὐταξία, καὶ ἡ μετὰ δικαιοσύνης μεγαλοπρέπεια. οὐδὲ γὰρ ἐξῆν τῶν πάντων οὐδένα οὐδὲν ἐξελθεῖν ἀφελέσθαι τι τῶν ὠνίων, ἄνευ τιμῆς ἀργυρίου. Lib. IX. (*pag.* 188. *Edit. Colon.* 1616.) GROTIUS.

(12) Les Généraux Romains, comme le remarque PLINE, pensoient avant toutes choses à empêcher que le commerce ne fût interrompu pendant la Guerre: *Curve Romani Duces primam semper in bellis commerciorum habuere curam?* Hist. Natur. *Lib.* XXVI. *Cap.* IV. Il faut faire en sorte que le Soldat trouve dequoi ache-

en paiant bien leurs Troupes, & en faisant observer exactement une bonne Discipline. Je dis, *une bonne Discipline*: car, selon AMMIEN MARCELLIN (13) c'est une des Loix de la Discipline Militaire, *de ne point mettre le pié sur les terres des Peuples Neutres.* Ou, comme il est dit dans VOPISQUE, (14) *Qu'aucun Soldat ne prenne ni Poulet, ni Brebis, ni Raisins, qu'on ne gâte point les Bleds: que personne n'exige ni huile, ni sel, ni bois.* Et dans CASSIODORE; (15) *Que les Soldats vivent avec les gens de Province, selon les régles du Droit Civil. Qu'ils ne soient point insolens, à cause qu'ils se voient les armes à la main: & qu'ils considérent, au contraire, qu'elles leur ont été confiées pour le repos & la sûreté de ceux qui n'en portent point.* En un mot, comme le dit XENOPHON, (16) *aucun Etat Ami ne doit être contraint à rien donner malgré lui.*

4. Ces passages sont fort propres à expliquer l'exhortation que faisoit autrefois aux Soldats un grand Prophéte, ou plûtôt un homme plus grand qu'un Prophéte: (b) *n'usez point d'extorsion, ni (17) de fraude, envers personne; & contentez-vous de (18) votre paie.* L'Empereur *Aurélien* disoit quelque chose de semblable, comme le rapporte VOPISQUE, dans l'endroit qui vient d'être cité: (19) *Que le Soldat se contente de son pain de munition, ou de son étape; qu'il gagne quelque chose, en faisant du butin sur l'Ennemi, & non pas en pillant les Provinciaux.*

(b) Luc, III. 14.

5. Quelcun pourra s'imaginer, que cela est beau à dire, mais que la chose au fond est impraticable. Si le saint Prophéte, & les sages Législateurs, dont nous venons de parler, l'eussent crue telle, ils n'auroient jamais fait des exhortations, ni des ordonnances

acheter, afin qu'il ne soit pas contraint de penser à piller; c'est ce que dit très-bien CASSIODORE: *Habeat, quod emat, ne cogatur cogitare, quod auferat.* Var. IV. 13. Voiez le même Auteur, V. 10. & 13. GROTIUS.

(13) Il attribuë cette maxime à l'Empereur *Julien*, qui en allégue pour raison, le danger qu'il y a que le Soldat ne fasse du ravage, & n'oblige par là le Peuple, qui le souffre, à rompre la paix: *Adserens* [Cæsar] *pacatorum terras non debere calcari, ne, ut sæpe contigit, per incivilitatem militis occurrentia vastantis, abrupte fœdera frangerentur.* Lib. XVIII. Cap. II. *pag.* 205. *Ed Vales. Gron.* L'Auteur renvoie ici, dans une petite Note, à un autre endroit d'AMMIEN MARCELLIN, Lib. XXI. Il a eu apparemment dans l'esprit l'exhortation que le même Empereur fait à ses Soldats, dans une Harangue où il les anime à marcher contre *Constanse.* Il leur represente, pour les engager à ne point piller ni maltraiter les Provinciaux, que cette modération avoit plus contribué à leur gloire par le passé, que les victoires qu'ils avoient remportées sur l'Ennemi: *Illud sanè obtestor & rogo, observate ne impetus gliscentis ardoris in privatorum damna quisquam vestrûm exsiliat: id cogitans* [Je ne sai si les Copistes n'auroient pas mis ici *cogitans* pour *cogitantes*: il est plus naturel de penser, que l'Empereur a voulu rapporter cela aux Soldats, & leur faire faire la réflexion à eux-mêmes: la faute d'ailleurs a pû se glisser fort aisement.] *quòd haud ita nos illustrarunt hostium innumeræ strages, ut indemnitas Provinciarum & salus, exemplis virtutum pervulgata.* Cap. V. pag. 293, 294. *Ed. Vales. Gron.*

(14) C'est dans une Lettre d'*Aurélien*, écrite, avant qu'il fût Empereur, à son Lieutenant d'armée: *Nemo pullum alienum rapiat, ovem nemo contingat. Uvam nullus auferat, segetem nemo deterat: oleum, sal, lignum, nemo exigat* &c. Vit. Aurelian. Cap. VII.

(15) *Ita tamen ut milites tibi commissi vivant cum Provincialibus Jure Civili, nec, insolescat animus, qui se sentit armatum: quia clypeus ille exercitus nostri quietem debet præstare paganis.* Var. VII. 4. C'est ainsi que nôtre Auteur avoit écrit les dernieres paroles: mais trois Editions, que j'ai, portent *Romanis*; & je ne vois aucune varieté de lecture, qui soit indiquée par les Editeurs ou les Commentateurs. L'opposition à la vérité est plus juste en suivant la correction, que notre Auteur semble avoir voulu faire ici. Mais le stile dur, & peu exact, de CASSIODORE, empêche qu'on n'ait lieu de la croire nécessaire.

(16) Ἀμφοῖν γὰρ ταῦτα ἔδοξε, μὴ ἀναγκάζειν πόλιν Ἑλληνίδα καὶ φιλίαν, ὅ, τι μὴ αὐτοὶ ἐθέλοντες διδοῖεν. De Exped. Cyr. Lib. VI. Cap. II. §. 4. *Ed. Oxon.*

(17) Le terme de l'Original (συκοφαντεῖν) peut être rendu par celui de *piller, prendre par force*; comme il se prend dans la Version Gréque, JOB, XXXV. 9. PSEAUM. CXIX. 122. PROVERB. XIV. 31. XXII. 16. XXVIII. 3. ECCLESIAST. IV. 1. & LEVITIQ. XIX. 11. La Vulgate tourne ce même mot par celui de *defraudare*, LUC, XIX. 8. GROTIUS.

(18) ST. AMBROISE, sur ce passage, dit, que c'est pour empêcher les pilleries qu'on a établi l'usage de donner une paie aux Gens de guerre: *Docent, idcirco stipendia constituta militiæ, ne, dum sumtus quæritur, prædo grassetur.* Comment. in LUC. *Lib.* II. *Cap.* III. (pag. 1647. *Ed. Paris.* 1569.) Pensée, que ST. AUGUSTIN a copiée, *Serm. XIX. De verbis Domin. secund. Matth.* Il y a là-dessus de belles Ordonnances, dans GRÉGOIRE *de Tours*, Lib. II. Cap. XXXVII. dans les *Capitulaires* de CHARLES & de ses Successeurs, *Lib.* V. Tit. CLXXXIX. dans les Conciles de *France*, Tom. II. dans les *Capitulaires de* LOUÏS *le Débonnaire*, II. 14. Voiez aussi *Lex* BAJOARIORUM, Tit. II. 5. FREDERIC I. Empereur d'*Allemagne*, ordonna, par une Loi de Discipline Militaire, que, si un Soldat mettoit le feu à quelque Métairie ou quelque Maison de gens qui vivoient en paix, il seroit marqué au front, & chassé de l'Armée, après avoir été bien battu. GONTHIER exprime ainsi ce réglement, dans son LIGURINUS:

Si

ces comme celles dont nous venons de parler. Après tout, (20) il faut convenir de toute nécessité qu'une chose est possible, lors qu'on voit qu'elle est actuellement exécutée. Et c'est pour cela que nous avons allégué des exemples de celle dont il s'agit. Ajoûtons-en un autre, fort remarquable. C'est celui de *Scaurus*, dont les Soldats, au rapport de FRONTIN, (21) épargnérent un Pommier, qui se trouvoit au pié du Camp, en sorte qu'il n'y manqua pas une seule Pomme, après que l'Armée eut décampé de là le lendemain. (22)

6. Ici je ne saurois m'empêcher de rapporter l'opinion de (c) quelques Théologiens, qui me paroît très-véritable; c'est qu'un Roi, qui ne paie pas ses Troupes, est non seulement responsable envers les Soldats du dommage qu'ils en souffrent, mais encore, envers ses Sujets & ses Voisins, des (23) ravages & des mauvais traitemens que leur font les Soldats, réduits par la faim à la dure nécessité de chercher à quelque prix que ce soit dequoi subsister.

(c) *Aegid. Regius*, De actib. supern. *Disp.* XXXI. *Dub.* 7. num. 95.

§. III. 1. VOILA' de quelle maniére ceux qui sont en guerre doivent en user, par rapport aux Peuples Neutres. Les (1) Peuples Neutres, de leur côté, sont tenus de ne rien faire, qui puisse rendre plus fort celui dont la cause est mauvaise, ou empêcher les mouvemens de celui dont la cause est bonne; selon ce que nous avons (a) établi ailleurs. Que si la justice de la Guerre est douteuse, ils doivent tenir une (b) conduite égale envers les deux Ennemis, soit qu'il s'agisse de donner passage à leurs Troupes, ou de leur fournir des vivres, ou de refuser aux Assiégez les choses dont on pourroit les aider.

(a) *Chap.* I. de ce dern. Liv. §. 5.
(b) Voiez-en un exemple remarquable, dans *Paruta*, Lib. VIII.

2. Sur

Si quis pacifica plebis villasve domosve
Usserit, abrasis signabitur ora capillis,
Et pulsus castris post verbera multa recedet.
(Lib. VII. pag. 385. Edit. *Reuber.*) GROTIUS.

(19) *Annonâ suâ contentus sit. De præda hostis, non de lacrymis Provincialium, habeat.* Vit. Aurel. *Cap.* VII.

(20) GUICCIARDIN raisonne de cette maniére, *Hist.* Lib. XVI. GROTIUS.

(21) *Universi quoque exercitus sæpe notabilis fuit continentia, sicuti ejus, qui sub M. Scauro meruit. Namque memoriæ tradidit* SCAURUS, *pomiferam arborem, quam in pede castrorum fuerat complexa metatio, postero die, abeunte exercitu, intactis fructibus relictam.* Strateg. *Lib.* IV. *Cap.* III. *num.* 13. Voiez, au sujet de *Scaurus*, qui est lui-même le Capitaine, & l'Ecrivain, dont il est parlé ici, GERARD. JOANN. VOSSIUS, *De Historicis Latin.* Lib. I. Cap. IX. L'Auteur renvoioit ici à ce que raconte SPARTIEN, de la maniére rigoureuse dont *Pescennius Niger* punit le vol d'un Coq, *Cap.* X.

(22) TITE LIVE, après avoir raconté l'insolence des Soldats Romains campez près de *Suction*, entr'autres que quelques-uns s'en allérent de nuit piller le païs ami, au milieu duquel ils campoient; ajoûte, que tout alloit en désordre, & qu'il n'y avoit plus de discipline: *Omnia libidine ac licentiâ militum, nihil instituto ac disciplinâ militiæ, aut imperio eorum qui præerant, gerebatur.* Lib. XXVIII. (Cap. XXIV. *num.* 9.) Il y a un autre beau passage du même Historien, dans l'endroit où il décrit le passage de *Philippe*, Roi de *Macédoine*, par les terres des *Denthélétiens*. Quoi qu'alliez, dit-il, de ces Peuples, les *Macédoniens*, pressez par la disette, ravagérent leur païs, comme si c'eût été un Païs Ennemi. Ils pillerent de tous côtez, prémiérement les Maisons de Campagne, & puis quelques Bourgs; à la honte du Roi, qui entendoit les cris de ses Alliez, implorans en vain son nom, & la vengeance des Dieux: *Socii erant: sed propter inopiam, haud secus quàm hostium fines, Macedones populati sunt. rapiendo enim passim, villas primum, dein quosdam vicos etiam evastarunt; non sine magno pudore Regis, quum sociorum voces, nequicquam Deos sociales nomenque suum implorantes, audiret.* Lib. XL. (Cap. XXII. *num.* 10, 11.) TACITE dit, que *Julius Pelignus*, Gouverneur de *Cappadoce*, se mit en fort mauvaise reputation parce qu'il pilloit les Alliez. plus que les Ennemis: *Dum socios magis, quam hostes, prædatur . . . . Quod ubi turpi famâ divulgatum* &c. Annal *Lib.* XII. (*Cap.* XLIX. *num.* 2.) Le même Historien blâme les Soldats de *Vitellius*, de ce qu'ils demeuroient oisifs dans les Villes d'*Italie*, sans faire autre chose que tourmenter leurs Hôtes: *Per omnia Italiæ municipia desides, tantum hospitibus metuendos* &c. Hist. *Lib.* III. (*Cap.* II. *num.* 2.) Un des chefs d'accusation, que CICERON intenta contre *Verrès*, ce fut qu'il fit piller & maltraiter les Villes des Alliez, qui etoient en paix: *Tu in iisdem locis Legatus Quæstorius, oppida pacata sociorum atque amicorum diripienda ac vexanda curasti.* In Verr. Lib. I. (Cap. XXI.) GROTIUS.

Toute cette Note est tirée du Texte. Les passages qu'elle contient, & qui ne sont point dans la prémiere Edition, interrompent la suite du discours, & ne s'accordent gueres avec ce qui suit & ce qui précéde; puis qu'ils fournissent des exemples d'une pratique toute contraire à celle dont l'Auteur veut faire voir en même tems la justice & la possibilité. Je m'étonne, au reste, qu'il n'ait point rapporté dans ce Chapitre un passage d'ONOSANDER, qui donnant des Préceptes aux Généraux d'Armée, n'oublie pas celui-ci, Qu'ils defendent aux Soldats de rien toucher ou gâter en païs ami: Δεδιέναι δὲ συμμαχίδα γῆν παραγγελλέτω τοῖς στρατευομένοις ἀπέχεσθαι τῆς χώρας, καὶ μὴ θίγειν τινὸς, μηδὲ φθείρειν. Strategic. *Cap.* VI. pag. 14. *Ed. Rigalt.*

(23) Voiez ci-dessus, *Liv.* II. *Chap.* XXI. §. 2.

§. III. (1) Voiez ce que l'on a dit sur PUFENDORF, *Droit de la Nat. & des Gens*, Liv. VIII. Chap. VI. §. 7. *Note* 2.

2. Sur ce fondement, les *Corcyréens* disoient autrefois, au rapport de THUCYDIDE, (2) qu'il étoit du devoir des *Athéniens*, s'ils vouloient demeurer neutres, ou d'empêcher que les *Corinthiens* ne levassent des troupes dans le païs de l'*Attique*, ou de le leur permettre aussi à eux. Les *Romains* reprochoient (3) à *Philippe*, Roi de *Macédoine*, qu'il avoit doublement violé l'Alliance, & en ce qu'il avoit fait du tort aux Alliez du Peuple Romain, & en ce qu'il avoit favorisé ses Ennemis, leur fournissant des Troupes & de l'argent. *Flaminius* insistoit aussi sur ces deux articles, (4) dans son entrevuë avec *Nabis*. Ceux d'*Epire* étant accusez d'avoir envoié à *Antiochus*, non pas à la vérité des Troupes, mais de l'argent, (5) *Manius Acilius* leur dit, qu'il ne savoit s'il devoit les regarder comme Neutres, ou comme ses Ennemis. Le Préteur *Lucius Emilius* se plaignoit de ceux de *Téos*, (6) parce qu'ils avoient fourni des vivres à la Flotte des Ennemis, & leur avoient promis du vin: en conséquence de quoi il ajoûta, que s'ils n'en donnoient autant à la Flotte des *Romains*, il les tiendroit eux-mêmes pour Ennemis. En effet, c'est être Ennemi, que de faire ce que veut l'Ennemi, ainsi que le dit AGATHIAS (c) ou, comme s'exprime (d) PROCOPE, de (7) fournir à l'Armée Ennemie ce qui est proprement d'usage pour la Guerre. DÉMOSTHÉNE avoit dit long tems auparavant: (8) *Quiconque fait & prépare des choses, avec lesquelles on peut me prendre, je le regarde comme mon Ennemi, quoi qu'il ne lance encore aucun trait, & qu'il ne décoche aucune flèche.* C'est un mot de l'Empereur *Auguste*, (9) *Qu'une Ville, qui donne retraite à l'Ennemi, ne peut plus prétendre aux droits de ceux qui sont en paix.*

(c) *Lib.* IV. *Cap.* I.

(d) *Gotth.* Lib. I.

3. Les Peuples Neutres feront bien aussi, pour leur propre intérêt, de s'allier avec les deux Ennemis, de maniére qu'en vertu des Traitez ils puissent ne point se mêler (10) dans la Guerre, du consentement de ceux qui y sont engagez l'un contre l'autre, & ils aient la liberté de rendre à tous deux les offices communs de l'Humanité.

CHA-

(2) 'Αλλ' ἢ κἀκείνους κωλύειν [δίκαιον] τοὺς ἐκ τῆς ὑμετέρας μισθοφορεῖν, ἢ καὶ ἡμῖν πέμπειν, καθ' ὅ, τι ἂν πεισθῆτε, ὠφελεῖσθαι. Lib. I. Cap. XXXV.

(3) *Dupliciter ab eo* [Philippo] *fœdus violatum: & quod sociis* Populi Romani *injurias fecerit, bello armisque lacessierit; & quod hostes auxiliis & pecunia juverit.* TIT. LIV. Lib. XXX. Cap. XLII. *num.* 8.

(4) *Vos tamen, inquis, vestramque amicitiam ac societatem propriè non violavi. Quoties vis te id arguam fecisse? Sed nolo pluribus: summam rem complectar. Quibus igitur amicitia violatur? Nempe his duabus rebus maximè: si socios meos pro hostibus habeas: si cum hostibus te conjungas.* Idem, Lib. XXXIV. Cap. XXXII. *num.* 14, 15.

(5) *Militem tamen nullum* Antiocho *dederant* [Epirotæ] *pecuniâ juvisse eum insimulabantur .... Iis petentibus, ut in amicitia pristinâ esse liceret, respondit Consul* [Manius Acilius] Se, utrum hostium, an pacatorum eos numero haberet, nondum scire. Senatum ejus rei judicem fore. *Idem*, Lib. XXXVI. Cap. XXXV. *num.* 8, 9.

(6) *Et juvisse eos* [Tejos] *commeatu classem hostium arguit* [L. Aemilius] *& quantum vini* Polyxenidæ *promisissent. Quæ si eadem classi Romanæ darent, revocaturum se à populatione militem: sin minus, pro hostibus eos habiturum.* Idem, Lib. XXXVII. Cap. XXVIII. *num.* 2.

(7) Au contraire, comme le même Historien le fait dire à la Reine *Amalasonthe*, dans une Lettre à *Justinien*, c'est être Ami & Allié, non seulement de joindre ouvertement ses armes avec celles d'un Prince, mais encore de lui fournir ouvertement les choses nécessaires à la Guerre. *Gotth.* Lib. I. (Cap. III.) GRONOVIUS.

CHAPITRE XVIII.

Des choses que les SUJETS de l'Etat FONT COMME PARTICULIERS, dans une Guerre Publique.

I. *S'il est permis à un Particulier, comme tel, de faire du mal à l'Ennemi? Examen de cette question, par rapport au Droit Naturel, au Droit des Gens, & au Droit Civil.* II. *Jusqu'où ceux qui servent ou qui équippent des Vaisseaux à leurs dépens, peuvent en conscience agir contre l'Ennemi, à considerer l'Ennemi même.* III. *De la justice de ces actes d'hostilité, eu égard à l'Etat, dont on est Membre.* IV. *De ce que la Charité Chrétienne demande ici.* V. *Comment il peut se faire un mélange de Guerre Particuliére & de Guerre Publique.* VI. *A quoi est tenu celui qui a agi contre l'Ennemi sans ordre.*

§. I. 1. LA plûpart des choses, dont nous avons traité jusqu'ici, regardent ou ceux qui commandent avec une autorité absoluë dans la Guerre, ou ceux qui agissent en vertu des ordres qu'ils ont reçûs ou médiatement, ou immédiatement, du Souverain. Il faut voir maintenant ce que les Particuliers peuvent faire ici comme tels, & jusqu'où s'étend cette permission, soit par le Droit de Nature, ou par le Droit des Gens, ou selon le Droit Divin.

2. CICERON raconte, (1) que la Légion, dans laquelle le Fils de *Caton le Censeur* servoit, sous le commandement de *Popilius*, aiant été congédiée, & ce Jeune Homme néanmoins étant demeuré dans l'Armée, qu'il ne pouvoit se résoudre à quitter par l'ardeur qu'il avoit pour le mêtier des Armes; le Pére écrivit au Général, que, si son Fils vouloit encore servir sous lui, il lui fit prêter un nouveau serment; ajoûtant pour raison, que l'engagement du prémier Serment étant éteint, le Jeune Homme ne pouvoit plus agir légitimement contre l'Ennemi. *Caton* écrivit lui-même là-dessus à son Fils & il lui défendit par la même raison de se trouver à aucune expédition militaire, puis qu'il n'étoit plus Soldat. L'Histoire nous (a) apprend aussi, qu'on loua *Chrysanthe*, un des Soldats de *Cyrus*, de ce que, dans le moment qu'il avoit l'épée à la main pour frapper sur l'Ennemi, aiant entendu sonner la retraite, il remit aussi tôt son Epée dans

(a) *Xenoph.* De Cyr. inst. Lib. IV. Cap I. §. 2. *Plutarch.* Quæst. Rom. 39 & in Vit. Marcell. pag. 317. D.

(8) Ὁ γὰρ, εἴ τι ἂν ἐγὼ καθέλοιμι, ταῦτα συλλέγων καὶ κατασκευαζόμενος, οὗτος ἐμοὶ πολεμεῖ, κἂν μήπω βάλλῃ μηδὲ τοξεύῃ. Philipp. III. pag. 46.

(9) Φάσκων, ἐκποιεῖν αὐτῶν τὴν πόλιν ἐκλαφῆσαι, πολέμιον ἔχουσαν παρ' αὐτῇ. In Brut. *pag.* 1011. D.

(10) TITE LIVE dit, qu'il convient à des Amis Neutres, de souhaitter la paix, & de ne point se mêler dans la Guerre: *Pacem utrique parti, quod medios deceat amicos, optent; bello se non interponant.* Lib. XXXV. (Cap. XLVIII. *num.* 9.) Les *Eléens* autrefois paroissant pancher du côté des *Arcadiens*; *Archidame*, Roi de *Lacédémone*, leur écrivit une Lettre conçuë en deux mots seulement: Καλὸν ἡσυχία. C'est-à-dire: *Il est bon de se tenir en repos.* [Apud PLUTARCHUM, Apophtheg. pag. 219. A.] GROTIUS.

CHAP. XVIII. §. I. 1. POPILIUS *Imperator tenebat provinciam: in cujus exercitu* Catonis *filius tyro militabat. Quum autem* Popilio *videretur unam dimittere legionem*, Catonis *quoque filium, qui in eadem legione militabat, dimisit. Sed, quum amore pugnandi in exercitu remansisset*, Cato *ad* Popillium *scripsit, ut, si eum pateretur in exercitu remanere, secundo eum obligaret militiæ sacramento: quia, priore amisso, jure cum hostibus pugnare non poterat. Adeo summa erat observatio in bello movendo.* MARCI *quidem* CATONIS *senis epistola est ad* Marcum *filium, in quâ scripsit, se audisse, eum missum factum esse à Consule, quum in* Macedonia *Persico bello miles esset. Monet igitur, ut caveat, ne prælium ineat. negat enim, jus esse, qui miles non sit, pugnare cum hoste.* De Offic. *Lib.* I. *Cap.* XI.

dans le fourreau. Et SENEQUE (2) traite de *mauvais Soldat*, celui *qui n'obéit point à l'ordre donné par un tel signal.*

3. Il y a des gens, qui prétendent, que cette obligation de ne point agir contre l'Ennemi sans autorité publique vient du *Droit des Gens*, que nous avons nommé *extérieur.* Mais ils se trompent. Car, à considérer uniquement cette sorte de Droit, comme il est permis à chacun de s'emparer des biens de l'ennemi, ainsi que nous l'avons (b) fait voir ci-dessus, chacun peut aussi tuer l'Ennemi de son chef; les Ennemis étant (3) regardez, selon le Droit des Gens, comme s'ils n'étoient pas de véritables personnes. La régle de *Caton*, dont nous venons de parler, est donc fondée sur la Discipline Militaire des *Romains*, selon laquelle, comme le remarque MODESTIN, ancien Jurisconsulte, (4) c'étoit un crime capital de désobéïr, quand même ce que l'on faisoit contre les ordres auroit eu un bon succès: or on étoit censé désobéïr, (5) lors que l'on en venoit aux mains avec l'Ennemi sans ordre du Général, comme il paroît par l'exemple de (c) *Manlius.* C'est que si une telle chose étoit permise ordinairement, le Soldat abandonneroit son poste de sa pure autorité, ou même la licence pourroit avec le tems aller si loin, que l'Armée entiére, ou une partie, s'engageroit à l'étourdie (6) dans des Combats périlleux; ce qu'il falloit prévenir par toute sorte de voies imaginables.

(b) *Chap.* III. de ce Livre, §. 10, 12.

(c) *Tit. Liv.* Lib. VIII. Cap. VII.

4. Mais, à considerer le Droit de Nature & la véritable Justice, il semble que, dans une Guerre Juste, chacun (7) peut légitimement faire tout ce qu'il croit devoir être avantageux au Parti innocent, aussi loin que s'étendent les justes actes d'hostilité. Chacun n'a pourtant pas droit de s'approprier en ce cas-là ce qu'il prend sur les personnes de l'autre Parti, dont nous supposons la cause mauvaise: mais c'est parce que la raison qui autorise à prendre le bien de l'Ennemi, n'a lieu que par rapport à ceux-là mêmes qui ont entrepris la Guerre pour se faire rendre ce qui leur étoit dû. On ne doit rien aux autres; à moins qu'on n'aît commis quelque crime qui soit tel, que tous les Hommes aient droit de le punir, comme intéressant tout le Genre Humain. Et alors même les Loix de l'Evangile veulent qu'on n'use de ce droit de punir, qu'avec certaines restrictions, dont nous avons (d) traité ailleurs.

(d) *Liv.* II *Chap.* XX. §. 14.

5. C'est donc en vertu du Droit Civil, ou des Loix de la Discipline Militaire, qu'il

(2) *Tam inutilis animi minister est, quàm miles, qui signum receptui negligit.* De Ira, *Lib.* I. *Cap.* IX.

(3) *Pro nullis habentur*, dit nôtre Auteur, appliquant ici ce que les Jurisconsultes Romains disent des Esclaves, par rapport aux Droits Civils: *Quod attinet ad jus civile, Servi pro nullis habentur.* DIGEST. Lib. L. Tit. XVII. *De diversis Reg. Jur.* Leg. XXXII. Mais cette fiction, qui ôte en quelque maniére les Esclaves du nombre des Hommes, pour les mettre au rang des biens que l'on possede, n'est fondée que sur des decisions arbitraires d'un Legislateur particulier, qui ne sauroient avoir lieu dans le cas dont il s'agit. Il vaut mieux donner pour raison, que les Peuples Neutres, par cela même qu'ils demeurent tels, devant regarder les actes d'hostilite de part & d'autre comme egalement justes; il suffit, par rapport à eux, que ce soit quelcun des deux Partis qui ait tué ou pillé son Ennemi: ils n'ont que faire de s'embarrasser si celui qui a exercé cet acte d'hostilité, a agi ou non par autorité publique. Quand même on supposeroit qu'il y a un Droit des Gens purement arbitraire, tel que nôtre Auteur se le figure, comme ce Droit devroit rouler sur des choses dont l'interêt commun des Peuples demandât l'observation; il n'y auroit rien ici qui pût s'y rapporter, puis qu'il n'importe point aux Nations que les Particuliers agissent ou non de leur chef contre l'Ennemi, & que le but de la Guerre demande au contraire que tous ceux d'un Parti puissent embrasser toutes les occasions de faire du mal au Parti contraire. Ainsi la question, dont il s'agit, ne peut regarder que le Droit Public de chaque Etat. Voiez ce que nôtre Auteur remarque, à la fin de ce Chapitre.

(4) *In bello, qui rem à Duce prohibitam fecit, aut mandata non servavit, capite punitur, etiamsi res bene cesserit.* DIGEST. Lib. XLIX. Tit. XVI. *De Re Milit.* Leg. III. §. 15.

(5) C'est pourquoi SALLUSTE, dans l'endroit où il décrit la Discipline des *Romains*, remarque, qu'on a vû plus souvent parmi eux punir à la Guerre des gens qui s'etoient engagez au Combat contre les ordres du Général, ou qui en etoient sortis trop tard aprés le signal de la retraite, que des gens qui avoient abandonné leur poste, ou s'étoient retirez sans ordre: *Quod in bello sæpius vindicatum est in eos, qui contra imperium in hostem pugnaverant, quique tardiùs, revocati, prælio excesserant, quàm qui signa relinquere, aut pulsi, loco cedere ausi erant.* (Bell Catilin. *Cap.* IX. *Ed. Wass.*) Un Lacédémonien aiant ouï sonner la retraite, s'arrêta tout court, & épargna l'Ennemi, qu'il alloit frapper. On lui en demanda la raison, & il dit, qu'il valloit mieux obeïr à ses Superieurs, que de tuer un Ennemi: Ἀλλ᾽ ἐπὶ παραδόξαι τῷ πολεμίῳ τὸ ξίφος κα-

τα-

qu'il est défendu à toute personne d'agir contre l'Ennemi, sans un ordre du Souverain, ou de ses Ministres. Or cet *ordre* peut être ou *général* ou *particulier*.

6. L'ordre est *général*, lors que l'on dit, par exemple, (8) comme faisoit autrefois le Consul Romain dans une grande émeute causée par un danger prochain: *Quiconque a à cœur le salut de l'Etat, qu'il me suive.* On permet (9) aussi quelquefois à tous les Sujets, lors qu'on le juge à propos pour le bien public, de (c) tuer tout Ennemi qu'ils rencontreront, encore même qu'ils ne soient pas dans la nécessité de défendre leur propre vie.

(c) Voiez *Cod. Lib. III. Tit.* 27. *Quando liceat unicuique sine judice* &c. *Leg.* 1. & 2.

§. II. 1. ON a un *ordre particulier*, non seulement lors qu'on tire une paie pour servir à la Guerre, mais encore quand on sert à ses propres dépens, ou, ce qui est encore plus, lors qu'on fournit à une partie des frais de la Guerre, en équippant, par exemple, & entretenant des Vaisseaux.

2. Ceux qui servent ou qui agissent ainsi contre l'Ennemi à leurs propres dépens, ont d'ordinaire pour récompense la permission de garder & de s'approprier les choses qu'ils prennent, comme nous avons (a) remarqué ailleurs. On demande (& ce n'est pas sans fondement) jusqu'où ils peuvent user de ce droit, sans violer les Régles & de la véritable Justice, & de la Charité? Voici, à mon avis, comment il faut décider la question.

(a) *Chap.* VI. de ce Livre, §. 23, 24.

3. Ce qui est *juste* ici, l'est ou par rapport à l'*Ennemi*, ou par rapport à l'*Etat*, avec lequel on traite. Dans une Guerre juste, on peut pour sa propre sûreté ôter à l'Ennemi, comme nous l'avons (b) établi ci-dessus, la possession de toutes les choses qui sont capables de contribuer à entretenir la Guerre, mais à la charge de restituer le surplus de la valeur de ce qui est dû à l'Etat ou dès le commencement de la Guerre, ou par une suite de la Guerre même; soit que les choses prises appartiennent à l'Etat Ennemi, ou aux Particuliers, quoi qu'innocens, de cet Etat; car ce n'est que jusqu'à la concurrence de la dette, qu'on aquiert la propriété de ce que l'on prend sur les Ennemis, coupables ou non. Pour ce qui est des Coupables, on peut aussi, pour les punir, & autant que leur crime le mérite, leur ôter leurs biens & se les approprier. Si le droit de l'Etat est borné là, par rapport à la juste aquisition des choses prises sur l'Ennemi, le droit des Particuliers, qui fournissent à une partie des frais de la Guerre, ne

(b) *Chap.* XIII. de ce dern. *Liv.*

πατάξειν μέλλων, ἐπεὶ τὸ ἀνακλητικὸν ἐσήμαινεν, ὡς εἶχε κατέσχεν. πυθομένου δέ τινος διὰ τί τὸν πολέμιον ἔχων ὑποχείριον, οὐκ ἀνεῖλεν, Ὅτι, ἔφη, βέλτιόν ἐστι τοῦ φονεύειν πείθεσθαι τῷ ἄρχοντι. [PLUTARCH. Lacon. Apopht. *pag.* 236. E.] PLUTARQUE traitant la question, pourquoi ceux qui ont été congédiez ne peuvent point tuer l'Ennemi, en rend cette raison, qu'ils ne sont plus soûmis aux Loix de la Discipline Militaire par lesquelles on doit être autorisé à en venir aux mains avec l'Ennemi: [Ὁ μὲν γὰρ ἀφειμένος στρατιώτης, ἀπήλλακται τῶν στρατιωτικῶν νόμων &c. Quæst. Rom. XXXIX. *pag.* 274. A.] EPICTETE, dans ses Discours recueillis par ARRIEN, parlant de l'action de *Chrysante*, que nous avons rapportée un peu plus haut dans le Texte dit, que ce brave Soldat trouvoit plus à propos de suivre la volonté de son Général, que la sienne propre: Οὕτω προηγουμενώτερον ἡγεῖτο αὐτῷ, τὸ τοῦ στρατηγοῦ πρόσταγμα, ἢ τὸ ἴδιον, ποιεῖν. Lib. II. Cap. VI. GROTIUS.

(6) *Avidius Cassius* punit de mort quelques Officiers de son Armée, qui étoient allez sans son ordre, avec une petite poignée de gens, surprendre un Corps de trois mille hommes; les avoient passez au fil de l'épée, & étoient revenus chargez de butin. Il rendit pour raison de cette sentence rigoureuse, qu'il pouvoit se faire qu'il y eût une embuscade: *Dicens, evenire potuisse, ut essent insidiæ* &c. VULCATIUS GALLICAN. (Cap. IV.) GROTIUS.

(7) Cela prouve bien, qu'on ne fait aucun tort à l'Ennemi, contre qui on exerce de son chef quelque acte d'hostilité: mais il ne s'ensuit point de là, que, dans une Société Civile, un Particulier puisse agir contre l'Ennemi sans un ordre ou exprès, ou tacite, de ceux qui ont en main l'Autorité Publique. Ainsi la question, comme nous l'avons dit, regarde le Droit Public: & bien loin que, sur ce pié-là, le Droit de Nature laisse à chacun la liberté d'exercer de son chef des actes d'hostilité, il veut au contraire que, dans une chose de si grande importance, & qui se rapporte à une des principales parties de la Souveraineté, on ne fasse rien qu'avec la permission ou particuliere, ou générale, du Souverain, ou de ses Ministres; puis que c'est une suite des engagemens d'un Sujet, consideré comme tel.

(8) *Aut certè si esset tumultus, bellum Gallicum vel Italicum in quibus ex periculi vicinitate erat timor multus: quia singulos interrogare non vacabat, qui fuerat ducturus exercitum, ibat ad* Capitolium . . . . *& dicebat:* Qui Rempublicam salvam esse vult, me sequatur. SERVIUS, *in Æn.* VIII. 1

(9) Les Déclarations de Guerre permettent non seulement, mais ordonnent quelquefois de *courir sus sur tous les Sujets de l'Ennemi.*

ne sauroit s'étendre plus loin; & c'est au jugement équitable d'un Arbitre qu'il faut s'en rapporter, pour savoir s'ils n'ont point passé ces limites, dans lesquelles ils doivent se renfermer, eû égard à l'Ennemi.

§. III. POUR ce qui est de l'*Etat* même, avec la permission duquel ils ont fait des captures sur l'Ennemi, l'aquisition sera juste en conscience, s'il y a de l'égalité dans le contract; c'est-à-dire, si les dépenses ausquelles ils ont été engagez, & les dangers qu'ils ont courus, égalent la valeur de l'espérance incertaine du butin. (1) Car si cette espérance, toute incertaine qu'elle est, vaut beaucoup davantage, il faut rendre à l'Etat le surplus: tout de même qu'on y est obligé lors qu'on a acheté à trop bas prix un coup de filet, dont le succès, quoi qu'incertain, promettoit beaucoup, selon toutes les apparences.

§. IV. MAIS il ne suffit pas de ne rien faire contre les régles de la Justice rigoureuse, proprement ainsi nommée: il faut aussi prendre garde de ne point pécher contre la Charité, sur tout contre la Charité Chrétienne. Or c'est ce qui peut arriver quelquefois; lors, par exemple, qu'on voit qu'en faisant du butin de la manière dont il s'agit, on nuira principalement non au Corps entier des Ennemis, ou à leur Roi, ou à ceux qui sont coupables par eux-mêmes, mais à des personnes innocentes; & cela en sorte que par là on leur causera de très-grands malheurs, dans lesquels on ne pourroit sans inhumanité plonger un Débiteur même particulier, dont on est Créancier en son propre nom.
(a) *Sylvest.* in verb. *Bellum*: num. 8. vers. 5. (a) Que si outre cela le pillage ne peut pas contribuer considérablement à finir la Guerre, ou à diminuer les forces de l'Etat Ennemi, il est indigne, je ne dirai pas d'un Chrétien, mais d'un Honnête-Homme, de chercher à s'enrichir uniquement en (1) profitant du malheur des tems.

§. V. 1. QUELQUEFOIS, à l'occasion d'une Guerre Publique, il naît une *Guerre Particuliére*; quand quelcun, par exemple, est rencontré par les Ennemis, en sorte qu'il court risque de perdre sa vie, ou ses biens. En ce cas-là, on doit suivre les régles que nous avons données (a) ailleurs sur la juste Défense de soi-même.
(a) *Liv.* II. *Chap.* I.

2. Les Particuliers sont aussi souvent autorisez par l'Etat à agir pour leur propre intérêt; comme lors qu'aiant beaucoup souffert de la part des Ennemis on obtient permission de s'en dedommager sur leurs biens. Et ici il faut se régler sur ce que nous avons dit ci-dessus du droit de (b) Représailles.
(b) *Chap.* II. de ce dern. *Liv.*

§. VI. MAIS si un Soldat, ou quelque autre que ce soit, brûle les Maisons des Ennemis, ou ravage leurs Terres, ou exerce contr'eux d'autres actes semblables d'hostilité, sans en avoir ordre de l'Etat, & sans qu'il y ait ni nécessité, ni juste cause, il est tenu de reparer les dommages qu'il a ainsi causez quelque juste que soit la Guerre; comme l'ont très-bien (a) décidé les Théologiens. J'ai seulement ajoûté cette exception qu'ils ont omise, *à moins qu'il n'y ait une juste cause*: car s'il y a une telle cause, le Particulier pourra bien être tenu envers l'Etat, dont il a passé les ordres: mais non pas envers l'Ennemi, à qui il n'a fait aucun tort. On peut rapporter ici la (1) réponse que fit autrefois un Carthaginois aux *Romains*, qui demandoient qu'on leur livrât *Hannibal*, à cause qu'il avoit attaqué *Sagonte*.
(a) *Sylvest.* in verb. *Bellum*: I art. 2.

CHA-

§. III. (1) On a eu raison de dire, qu'il est bien difficile de faire ici une exacte estimation: mais je ne la crois nullement nécessaire. Il y a tout lieu de présumer, que le Souverain, par cela même qu'il a autorisé les Volontaires, les Partisans, ceux qui équippent des Vaisseaux, à faire des courses sur l'Ennemi, & à s'approprier le butin, a voulu aussi qu'il leur demeurât tout, quelque grand qu'il fût, à moins qu'il ne s'en soit d'avance reservé une certaine partie. Ces sortes de captures ne sont pas d'ordinaire assez considérables par rapport à l'Etat, quoi que grandes à l'égard des Particuliers qui les font, pour qu'on ne puisse les leur laisser entiéres, sans préjudice du bien public.

§. IV. (1) C'est dequoi *Crassus* est blâmé par PLUTARQUE: [illegible]

Vie

CHAPITRE XIX.

De la Foi que l'on doit garder ENTRE ENNEMIS.

I. *Que l'on doit* GARDER LA FOI AUX ENNEMIS, *quels qu'ils soient.* II. *Réfutation de ceux qui croient, qu'on n'est point obligé de tenir ce que l'on a promis à un Pirate, ou à un Tyran.* III. *Réponse à l'argument tiré de ce que ces sortes de personnes méritent d'être punies.* IV. *Que la crainte, par laquelle on extorque une Promesse, n'empêche pas que la Promesse ne soit valide, si celui qui a promis n'est pas celui-là même qu'on a menacé & violenté:* V. *Ou si le Promettant, quoi que forcé, a promis avec serment. Serment néanmoins auquel on peut impunément manquer, à ne considérer que les Hommes.* VI. *Application de ces principes aux Guerres d'un Souverain contre ses Sujets.* VII. *Solution de la difficulté tirée du Domaine éminent, en vertu duquel il semble que le Souverain puisse se dispenser de tenir les Promesses faites à ses Sujets.* VIII. *Que le Serment sert à maintenir ces Promesses dans toute leur force:* IX. *Aussi bien que l'entremise d'un tiers, à qui l'on promet.* X. *Comment il se fait ici quelquefois un changement de la condition des Peuples.* XI. *Que l'exception d'une crainte injuste, par laquelle on a été porté à traiter, ne peut point être alléguée en matière des Promesses faites à l'occasion d'une Guerre solennel & dans les formes selon le Droit des Gens:* XII. *Pourvû que la crainte soit telle, que ce même Droit l'autorise.* XIII. *Qu'il faut garder la foi aux Perfides même:* XIV. *A moins que la condition, sous laquelle on a promis, ne vienne à manquer; ce qui a lieu, lors que le Contractant infidèle n'accomplit point une partie de ses engagemens.* XV. *Qu'on peut aussi être dispensé de tenir sa parole à de telles gens, lors qu'on a à opposer une juste compensation de ce que l'on devoit faire avec ce qui nous est dû:* XVI. *Quoi que la dette vienne d'un autre Contract,* XVII. *Ou d'un dommage reçu;* XVIII. *Ou même d'un crime, qui mérite punition.* XIX. *Comment tout ceci a lieu dans la Guerre.*

§. I. 1. EN commençant à traiter de ce qui est permis dans la Guerre, (a) nous avons remarqué qu'il y a des choses *licites en elles-mêmes*, & d'autres qui ne le sont qu'*en conséquence d'une Promesse*. Tout ce que nous avions à dire sur les premières, est achevé: passons présentement aux dernières.

(a) *Chap.* I. de ce *Liv.* §. 1.

2. *Le plus excellent Guerrier, c'est celui qui n'a rien tant à cœur, que de garder religieusement la foi donnée à l'Ennemi*; c'est une belle sentence de (1) SILIUS ITALICUS, Poëte Latin, qui avoit été Consul Romain. XENOPHON, dans son Discours sur

Vit. Crass. (pag. 548. D.) GROTIUS.

§. VI. (1) Nôtre Auteur rapporte ici le passage tout du long. Mais comme il l'a déja cité ci-dessus, *Liv.* I. *Chap.* III. §. 5. *num.* 4. j'ai crû qu'il suffisoit d'y renvoier le Lecteur.

CH. XIX. §. I. (1) *Fas hostem servare mihi. Multo optimus ille Militiæ, cui postremum est primumque tueri Inter bella fidem* — — Punic. *Lib.* XIV. (vers. 169. & seqq.)

Le Philosophe *Archélaüs*, au rapport d'APPIEN d'*Alexandrie*, disoit, que les Traitez faits solennellement & avec serment doivent être sacrez & inviolables, même entre Ennemis: Καὶ σπονδὰς ἐπὶ τοῖσδε ... [illegible] ... &c. Bell. Civil. *Lib.* IV. (pag. 618. Ed. H. Steph.) GROTIUS.

sur *Agésilas*, (2) dit, *qu'il n'y a rien de plus grand & de plus beau, sur tout dans un Général d'Armée, que d'être religieux observateur de la parole donnée, & de passer pour tel dans le monde.* Selon ARISTIDE, (3) *c'est dans les Traitez de Paix, & les autres Conventions Publiques, qu'on connoît principalement si ceux qui les font aiment la Justice.* En effet, comme l'a très-bien remarqué CICÉRON, (4) *il n'y a personne qui n'estime & ne chérisse cette disposition d'esprit, qui porte non seulement à ne point chercher son propre intérêt, mais encore à garder la foi, lors même qu'on trouveroit son compte à y manquer.* C'est la Foi Publique, qui, comme le dit QUINTILIEN le Pére, (5) procure à deux Ennemis, pendant qu'ils ont encore les armes à la main, le doux repos d'une Trêve; c'est elle qui assûre aux Villes renduës les droits qu'elles se sont reservées. C'est, selon le même Auteur, le lien (6) le plus ferme & le plus sacré qu'il y aît parmi les Hommes.

3. Il ne faut donc pas s'étonner, si (7) ST. AMBROISE & (8) ST. AUGUSTIN donnent pour maxime, qu'on doit garder la foi à un Ennemi, au milieu même de la Guerre. Au fond, un Ennemi n'en est pas moins Homme. Or tout Homme, qui est parvenu à l'âge de discrétion, est capable d'aquérir quelque droit par la Promesse d'un autre. Il y a entre les Ennemis même (9) *une Société établie par la Nature*, comme le reconnut autrefois *Camille*, à l'occasion des *Falisques*, envers qui il agit sur ce pié-là. C'est de cette Société, fondée sur la Raison & la Faculté de parler, qui sont communes à tous les Hommes, Amis ou non, que vient l'obligation de tenir les Promesses, dont il s'agit.

4. Et il ne faut pas s'imaginer, que, parce qu'il est permis de dire quelque chose de faux à un Ennemi, ou que même, selon l'opinion de plusieurs, il n'y a point de mal à cela, comme nous l'avons (b) remarqué ailleurs; on puisse étendre une telle permission aux paroles mêmes dont on se sert, quand on traite avec l'Ennemi. Car l'obligation de dire la vérité vient d'une cause antérieure à la Guerre, & ainsi rien n'empêche peut-être qu'elle ne soit en quelque façon anéantie par le droit des Armes: au lieu que la Promesse par elle-même donne un droit nouveau à celui envers qui on promet.

(b) *Chap. I. de ce dern. Liv. §. 17.*

ARIS-

(2) [illegible] (Cap. III. §. 5. *Edit. Oxon.*) PAUSANIAS parlant de *Philippe de Macédoine*, lui refuse le titre de bon Général d'Armée, à cause du peu de scrupule qu'il faisoit de manquer à sa parole, & de violer les sermens les plus solennels: [illegible] In Arcadic. (*Cap.* VII. *pag.* 241. *Ed. Wech.*) VALÉRE MAXIME dit d'*Hannibal*, pour la même raison, qu'au lieu que sans cela il auroit aquis une belle réputation & une gloire immortelle, on ne sait si on doit le regarder comme un Grand Homme, ou comme un insigne Scélérat: *Nonne bellum adversus Populum Romanum & Italiam professus, adversus ipsam fidem acrius gessit, mendaciis & fallaciâ, quasi praeclaris artibus gaudens? Quo evenit, ut alioqui insignem nominis sui memoriam relicturus, in dubio, majorne an pejor vir haberi deberet, poneret* (Lib. IX. Cap. VI. num 2. *extern.*) Dans HOMÉRE, les *Troiens* touchez d'un remors de conscience, se reprochent de soûtenir une Guerre injuste qu'ils s'étoient attirez en violant la foi de leurs sermens:

—— —— [illegible]

[illegible]

Iliad. VII. (*vers.* 351, 352.) GROTIUS.

Le passage d'HOMÉRE cité dans cette Note tirée du Texte, n'est point rapporté exactement. L'Auteur, trompé sans doute par sa mémoire, a écrit [illegible], & fini là le sens; au lieu qu'il y a dans l'original:

C'est-à-dire: *Je crois que nos affaires n'iront pas bien, si nous ne faisons cela*, ou si nous ne rendons *Héléne* aux *Grecs*, avec toutes ses richesses. Le sens en est plus beau, & ouvre une autre réflexion importante, pour détourner de la perfidie.

(3) [illegible] Orat. Leuctr. IV. *pag.* 184. C. *Tom.* II.

(4) *Nemo est igitur, qui non hanc adfectionem animi probet, atque laudet, quâ non modo utilitas nulla quaeritur, sed contra utilitatem etiam conservatur fides.* De finib. bon. & mal. *Lib.* V. *cap.* XXII.

(5) *Ego publicam adpello fidem, quae inter Piratas sacra est: quae inter armatos hostes inducias facit: quae deditarum civitatum jura conservat.* Declam. CCLXVII. in fin. *pag.* 505. *Edit. Burmann.*

(6) *Fides supremum rerum humanarum vinculum est: sacra laus fidei inter hostes.* Declam. CCCXLIII. pag. 721.

(7) *Liquet igitur, etiam in bello fidem & justitiam servari oportere.* De Offic. *Lib.* II. *Cap.* XXIX.

(8) *Fides enim quando promittitur, etiam hosti servanda est, contra quem bellum geritur.* Epist. CCV. *Ad Bonifac.* Ce Pére traite au long le même sujet dans la

Lettre

ARISTOTE a très-bien reconnu cette différence, puis qu'en traitant de la *Véracité*, il dit: (10) *Nous ne parlons pas de ceux qui disent la vérité dans les Conventions qu'ils font, ni de tout ce qui se rapporte à la Justice ou l'Injustice; car c'est l'office d'une tout autre Vertu.*

§. II. 1. NOUS avons déja rejetté ci-dessus ces maximes de CICÉRON, (1) *Qu'il n'y a point de société avec un* (2) *Tyran, mais plûtôt une grande division: Qu'un Corsaire n'étant pas du nombre de ceux avec qui l'on fait une Guerre dans les formes, il n'y a ni foi, ni serment, qui soit valable par rapport à un tel homme.* Principe faux, d'où est née l'erreur de MICHEL *d'Ephése*, (a) qui soûtient, dans son Commentaire sur la Morale d'ARISTOTE, que ce n'est (3) point un Adultére, quand on débauche la Femme d'un Tyran. Quelques Rabbins aussi (b) ont dit la même chose à l'égard des Femmes mariées avec quelcun de toute autre Nation que la leur, parce qu'ils regardent ces Mariages comme nuls.

(a) *Ad Lib.* V. Cap. 10.

(b) *R. Levi Ben Gerson*, & *R. Salomo*, ad Levit. XX. 10.

2. Mais, pour revenir à nôtre sujet, nous voions dans l'Histoire, que le Grand *Pompée* aiant été obligé de faire la Guerre aux Corsaires, (4) en termina une grande partie par des Traitez: il leur promit la vie, & outre cela une demeure, où ils pûssent vivre sans pirater. Les Tyrans ont quelquefois rendu la liberté aux Peuples dont ils avoient usurpé la domination, à condition qu'on ne les puniroit point. Les Généraux Romains, au rapport de CÉSAR, (c) entrérent en négociations de paix avec les Brigands & les Fuiards, qui s'étoient retranchez dans les *Pyrénées*. Dira-t-on, que de telles Conventions n'ont aucune force, & n'imposent aucune obligation? (5) J'avouë que ces sortes de gens n'ont pas avec les autres cette communauté particuliére que le Droit des Gens a établie entre des Ennemis qui se font la Guerre dans les formes: mais ils ne laissent pas de jouïr, entant qu'Hommes, des benefices communs du Droit Naturel, comme le montre fort bien le Philosophe (6) PORPHYRE; or c'est une des Loix les plus inviolables de la Nature, Qu'il faut tenir ce qu'on a promis. *Lucullo* (d) l'observa à l'égard d'*Apollonius*, Chef des Fugitifs. Et *Auguste* (e) aiant mis à prix la tête du Brigand *Corocotte*, pour ne pas manquer de

(c) *De Bell. Civ.* Lib. III. Cap. 19.

(d) *Diod. Sic.* à Lib. XXXVI. Ecl. 1.

(e) *Dio Cass.* Lib. LVI pag. 686. *Edit. H. Steph.*

Lettre CCXXV. GROTIUS.

Dans le passage, qui est rapporté ici, ST. AUGUSTIN ajoûte, que l'on doit, à plus forte raison, tenir la parole donnée à un Ami: *Quanto magis amico, pro quo pugnatur?* On diroit qu'il a eu dans la mémoire, les paroles suivantes de JOSÈPHE, l'Historien Juif: [illegible] &c. Antiq. Jud. *Lib.* XV. *Cap.* VIII. pag. 521. G.

(9) *Nobis cum Faliscis, quæ pacto fit humano, societas non est: quam ingeneravit natura, utrisque est, eritque.* TIT. LIV. Lib. V. Cap. XXVII. num. 6. Voiez ce que j'ai dit, sur PUFENDORF, *Droit de la Nat. & des Gens*, Liv. VIII. Chap. VII. §. 2.

(10) [illegible] Ethic. Nicom. *Lib.* IV. *Cap.* XIII. Voiez ce que j'ai dit sur le *Discours Préliminaire*, §. 44. *Note* 4.

§. II. (1) Nous avons rapporté les passages de CICÉRON, dans l'endroit cité en marge. Voiez sur cette matiére, PUFENDORF, *Droit de la Nat. & des Gens*, Liv. III. Chap. VI. §. 9. & 11. & Liv. IV. Chap. II. §. 8.

(2) Le Philosophe SENÉQUE parlant d'un Tyran dit qu'aiant violé les Loix de la Société Humaine, il n'y a plus de lien par lequel on lui soit attaché: *Quidquid erat, quo mihi cohæreret, intercisa juris humani Societas abscidit.* De Benefic. *Lib.* VII. (*Cap.* XIX.) GROTIUS.

(3) SENÉQUE le Pére dit aussi, que ce n'est pas plus un Adultére, de corrompre la Femme d'un Tyran, qu'un véritable Homicide, de le tuer: *Non putavi adulterium, uxorem Tyranni polluere, sicut nec homicidium, Tyrannum occidere.* Excerpt. Controvers. *Lib.* IV. *Cap.* VII. Le Jurisconsulte JULIUS CLARUS a cru, que l'on peut impunément commettre adultére avec une Femme bannie. *In* §. Homicidium. *num.* 16. GROTIUS.

(4) Voiez sa Vie, dans PLUTARQUE, pag. 632, 633. Tom. I. *Ed. Wechel.*

(5) On a blâmé la perfidie honteuse de *Didius*, envers les *Celtiberiens*, ancien Peuple d'*Espagne*, qui vivoient de butin. GROTIUS.

Nôtre Auteur a eu dans l'esprit ce que fit *Titus Didius*, Général Romain, à l'égard des *Celtiberiens* établis près de la Ville de *Colenda*; comme le rapporte APPIEN D'ALEXANDRIE, *De Bell. Hispan.* pag. 312. *Ed. H. Steph.* Au reste, pour le dire en passant, je ne trouve point ailleurs, même dans les anciens Géographes, cette Ville de *Colenda*. Et le docte CELLARIUS dans son Ancienne Geographie, n'en fait aucune mention.

(6) [illegible] &c. De abstin. Animal. *Lib.* III. pag. 332. *Ed. Lugd.* 1620.

de parole, lui paia à lui-même, qui vint se présenter, ce qu'il avoit promis à quiconque le remettroit entre ses mains.

§. III. 1. VOIONS néanmoins si l'on ne pourroit pas alléguer, en faveur du sentiment de CICÉRON, quelque chose de plus spécieux, que ce qu'il a dit lui-même.

(a) *Liv.* II. *Chap.* 20. §. 3.

2. A considerer le Droit de Nature, chacun est en droit de punir les insignes Scélérats, qui ne font partie d'aucune Société Civile; selon que nous (a) l'avons expliqué ailleurs. Or si l'on peut ôter la vie à quelcun en forme de punition, on peut à plus forte raison le dépouiller de ses biens & de ses droits, selon la maxime même de (1) CICÉRON. Donc on peut lui ôter, en punition de ses crimes, le droit qu'il avoit aquis par une Promesse. Voilà une objection qui se présente d'abord.

(b) *Liv.* II. *Chap.* XVI. §. 6.

3. Je répons, que la raison seroit bonne, si l'on avoit traité avec le Scélérat, comme avec un Honnête Homme. Mais puis qu'on a promis au Scélérat connu tel, & comme tel, on doit être censé l'avoir tenu quitte à cet égard, de la peine; parce que, comme nous l'avons (b) remarqué ailleurs, il faut expliquer le sens d'une Convention, en sorte qu'elle ne se reduise point à rien.

4. Ainsi ce n'est pas sans fondement que *Nabis*, au rapport de TITE LIVE, répondit à *Flaminius*, sur ce que celui-ci lui reprochoit son usurpation, qui le faisoit regarder comme un Tyran: (2) *Quel que je sois, & quelque nom qu'on me donne, je suis le même que j'étois, lors que vous*, Flaminius, *avez fait alliance avec moi . . . J'avois déja fait alors tout ce que vous me reprochez . . . . . Si j'avois changé depuis le titre de ma domination, je devrois rendre compte de mon inconstance: puis que vous le changez, c'est à vous à rendre compte de la vôtre.*

(a) *Liv.* II. *Chap.* XI. §. 7.

§. IV. 1. ON peut objecter encore ici, ce que nous avons établi (a) ailleurs, que celui qui a extorqué une Promesse par crainte est obligé de tenir quitte le Promettant, parce qu'il a ainsi causé du dommage par une injustice, c'est-à-dire, par un acte contraire non seulement à la nature de la Liberté Humaine, mais encore à la nature de l'acte extorqué, qui devoit être libre.

2. J'avoue que la maxime, dont il s'agit, a lieu quelquefois: mais elle ne regarde pas toute sorte de Promesses faites à un Voleur. En effet, pour qu'on soit dans l'obligation de tenir quitte le Promettant, il faut qu'il ait promis y étant contraint par une crainte injuste dont on a usé envers lui-même. Si donc quelcun, pour délivrer son Ami des mains des Voleurs qui l'ont pris, leur promet une certaine somme d'argent, il doit effectuer sa promesse; (1) puis qu'il a traité avec eux de son pur mouvement, & qu'ils ne lui ont fait aucune violence.

§. V.

§ III. (1) Le passage a été déja rapporté ci-dessus, chap. V. de ce Livre, §. I. *Note* 1.

(2) *De nomine hoc* [Tyranni] *respondere possum: me, qualiscumque sum, eumdem esse, qui fui, quum tu ipse mecum*, T. Quincti, *societatem pepigisti . . . . . Jam feceram hæc, qualiacumque sunt, quum societatem mecum pepigistis . . . . . Itaque si ego nomen imperii mutassem, mihi meæ inconstantiæ; quum vos mutetis, vobis vestra reddenda ratio est.* TIT. LIV. Lib. XXXIV. (Cap. XXXI. *num.* 12, 13, 15.) Dans TERENCE, un Marchand d'Esclaves dit: " Je suis, je l'avoue, la " ruine commune des Jeunes Gens, un Parjure, une " peste publique; mais je ne vous ai fait aucun " tort.

Leno sum, fateor, pernicies communis adolescentium, Perjurus, pestis: tamen tibi à me nulla est orta injuria. Adelph. (*Act.* II. *Scen.* I. *vers.* 34.) Voiez l'Auteur qui a écrit touchant le Traité de Paix entre les Princes & Etats de l'Empire d'*Allemagne*. GROTIUS.

§. IV. (1) Mais voiez ce que j'ai dit sur PUFENDORF, *Droit de la Nat. & des Gens*, Liv. III. Chap. VI. §. 11. *Note* 11. de la seconde Edition.

§. V. (1) Mais nous avons rejetté ce principe, après PUFENDORF, dans l'endroit cité en marge.

(2) Voiez ce que j'ai dit après PUFENDORF, *Droit de la Nat. & des Gens*, Liv. IV. Chap. II. §. 17.

§. VI. (1) Comparez encore ici ce que dit PUFENDORF, *Liv.* VIII. *Chap.* VIII. §. 2.

(2) Nous avons fait voir aussi, dans les Notes sur l'endroit cité en marge, jusqu'où s'étend cette obligation de la non-résistance, à en juger par des principes qui n'aient rien d'outré ni d'un ni d'autre côté.

(3) Cette obligation est d'autant plus inviolable, que les Souverains sont fort sujets à traiter de rebellion une désobéïssance ou une résistance par laquelle on ne fait que maintenir ses justes droits, & s'opposer à une violation énorme des engagemens où sont les

§. V. 1. DE PLUS, celui-là même qui a promis, y étant forcé par une crainte injuste, pourra être obligé de tenir sa parole, s'il l'a donnée avec serment: car cet acte religieux emporte une obligation (1) non seulement envers la personne à qui l'on jure, mais encore envers DIEU, que l'on prend à témoin, & par rapport auquel l'exception de Crainte ne sauroit être alléguée; selon les principes (a) que nous avons établis ailleurs. (a) *Liv. II. Chap. XIII. §. 14. & suiv.*

2. Il est vrai que ce lien tout seul n'est pas assez fort pour mettre dans quelque obligation les Héritiers de celui qui a ainsi promis avec serment. (2) Car il n'y a que les choses qui entrent dans le commerce de la Vie en conséquence de l'établissement originaire du droit de Propriété, qui soient de nature à passer aux Héritiers: or le droit aquis à DIEU par un Serment, n'est point par lui-même de ce nombre.

3. Il est vrai encore, que, quand on manque de parole à un Voleur, soit qu'on lui ait promis avec serment ou sans serment, on ne peut point être puni pour un tel sujet par les autres Nations, parce qu'il a passé en loi commune parmi elles en haine de ces sortes de Scélérats, qu'on ne prendroit point connoissance de ce qui se feroit contr'eux, encore même qu'il y eût quelque chose de mauvais.

§. VI. 1. QUE dirons-nous maintenant des Promesses & des Conventions faites (1) dans une Guerre d'un Roi, ou de quelque autre Puissance Souveraine, avec ses propres Sujets? Nous avons prouvé ailleurs, (a) que les Sujets n'ont nul (2) droit d'user d'aucune voie de fait contre leur Souverain, quoi que le sujet, pour lequel ils s'y portent, ne soit point injuste, à le considérer en lui-même. Mais le sujet peut être si fort injuste, ou la résistance si criminelle, qu'elle mérite une rigoureuse punition. Cependant si l'on a traité avec eux, comme avec des Déserteurs ou des Rebelles, (3) on ne peut point se dispenser de tenir sa parole, sous prétexte de la peine qu'on est en droit de leur infliger; selo ce que nous venons de dire. Il faudroit garder la foi même à des Esclaves: & l'Antiquité Païenne a eu une Morale assez pure, pour reconnoitre (4) la vérité de cette maxime. (a) *Liv. I. Chap. IV.*

2. A l'égard de l'exception d'une Crainte injuste, on peut la rendre inutile par l'interposition du Serment. C'est ainsi que *Marc Pomponius*, (5) Tribun du Peuple, quoi qu'il eût été contraint de promettre à *Lucius Manlius*, lui tint néanmoins parole, parcequ'il avoit juré.

§. VII. 1. MAIS il y a ici, outre les objections que nous avons réfutées un peu plus haut, une difficulté particuliére, tirée du droit de faire des Loix, & du droit éminent sur les biens des Sujets, dont l'Etat est revêtu, & que le Souverain exerce en son nom. Ce pouvoir s'étend à tous les biens des Sujets: pourquoi donc n'auroit-il pas lieu en ma-

les Souverains, ou comme tels, ou en vertu des Loix Fondamentales de l'Etat. L'Histoire n'en fournit que trop d'exemples.

(4) Sur ce principe, on regarda comme une juste punition du Ciel, un terrible tremblement de terre, qui arriva à *Lacédémone*, & qui renversa tout, à la réserve de cinq Maisons. Les *Lacédémoniens* venoient de faire mourir, contre la parole donnée, quelques Esclaves de *Ténare*; comme le rapporte ELIEN, *Var. Hist.* Lib. VI. Cap. VII. DIODORE *de Sicile* remarque, que jamais Maître ne viola la foi qu'il avoit donnée à quelcun de ses Esclaves, dans l'azyle du Temple des Dieux *Paliciens* (près de la Ville de *Palicae*, où se réfugioient les Esclaves maltraitez par leurs Maîtres.) [illegible]. Lib. XI. (Cap. LXXXVIII. pag. 288. *Ed. H. Steph.*) GROTIUS.

Il y a grande apparence, que, dans le passage d'ELIEN, au lieu des mots, que notre Auteur traduit *Esclaves de Ténare*, [illegible], on doit lire, selon que portent même quelques MSS. [illegible], c'est-à-dire *Supplians*, comme l'a remarqué feu Mr. PERIZONIUS, dont on peut voir la Note sur cet endroit.

(5) Il avoit juré au Fils de ce *Manlius*, & non pas à lui même, de se desister de l'accusation qu'il avoit intentée contre le pére; & il déclara, dans l'Assemblée du Peuple, que la raison pourquoi il le faisoit, c'étoit parce que *Titus Manlius* l'avoit fait jurer, en le menaçant de le tuer. SENEQUE rapportant ce fait, remarque, que ce Jeune Homme fut le seul qui trouva moien de mettre impunément à la raison un Tribun du Peuple: *Juravit Tribunus, nec fefellit; & causam actionis remissa concioni reddidit. Nulli alii licuit impune Tribunum in ordinem redigere* De Benefic. Lib. III. Cap. XXXVII. GROTIUS.

Voiez encore, sur ce fait, les *Offices* de CICERON, Lib. III. Cap. XXXI.

matiére du droit aquis par une Promesse faite aux Sujets à l'occasion de la Guerre? Or cela posé, il semble que toutes les Conventions entre un Souverain & ses Sujets rebelles n'auront de force qu'autant qu'il plairra au Souverain; & qu'ainsi la Guerre ne pourra jamais être terminée que par une victoire complette.

2. L'objection seroit forte, si le *droit éminent*, dont il s'agit, avoit lieu en tout & par tout. Mais le Souverain n'en est revêtu qu'autant que le demande le bien public dans un Gouvernement Civil, qui, quoi que Monarchique & Absolu, n'est point Despotique, & ne donne pas au Souverain sur ses Sujets le même pouvoir qu'à un Maître sur ses Esclaves. Or cet intérêt général demande pour l'ordinaire que le Souverain tienne les Conventions faites même avec des Sujets rebelles; à quoi se rapporte ce que (a) nous avons dit ailleurs de l'obligation où l'on est de maintenir l'état présent du Gouvernement. Ajoûtez à cela, que, lors même que les circonstances demandent l'usage de ce droit éminent, il faut néanmoins dédommager de quelque autre maniére les Sujets envers qui on en use, comme nous l'expliquerons (b) plus bas.

(a) *Liv.* II. Chap. IV. §. 8. *num.* 3.

(b) Chap. suivant, §. 7.

§. VIII. 1. On peut aussi, pour donner de la force aux Conventions faites avec des Sujets Rebelles, y ajoûter un Serment (1) fait non seulement par le Roi, ou par le Sénat Souverain, mais encore par tout le Corps de l'Etat: comme nous voions que *Lycurgue* & *Solon* firent jurer, l'un les *Lacedémoniens*, l'autre les *Athéniens*, de garder leurs Loix, (2) & exigérent de plus que le serment fût renouvellé tous les ans, afin qu'il ne perdît point sa force par le changement des personnes qui avoient part au Gouvernement. En ce cas-là, le Souverain ne sauroit se dispenser de tenir la parole donnée, quand même le Bien Public le demanderoit. Car l'Etat a pû se dépouiller de son

§. VIII. (1) Voiez ce que j'ai remarqué sur PUFENDORF, *Droit de la Nat. & des Gens*, Liv. IV. Chap. II. §. 17. *Note* 2. de la seconde Edition.

(2) On peut voir là-dessus PLUTARQUE, dans les Vies de ces deux celebres Legislateurs, *pag.* 57. D. E. & *pag.* 92. Mais il n'y a rien là, ni ailleurs, que je sache, d'un renouvellement de serment qui se dût faire toutes les années. Il y a apparence au contraire, qu'on ne croioit point ce renouvellement nécessaire pour conserver au Serment toute sa force, malgré le changement des personnes. Je vois au moins, que DENYS d'*Halicarnasse*, Auteur Grec, donne à entendre assez clairement, que le Serment une fois prêté par tout le Peuple suffisoit pour rendre une Loi irrévocable, par rapport même à la postérité de ceux qui en avoient juré l'observation. C'est à l'occasion des *Loix Sacrées*, dont il sera parlé dans la Note suivante: [illegible] Antiq. Rom. *Lib.* VI. *Cap.* LXXXIX. C'est ainsi donc qu'il faut entendre un passage de VALERE MAXIME, que nôtre Auteur citoit un peu plus bas, & où l'Historien apostrophe ainsi la Ville d'*Athénes*: LEGE *itaque legem, quæ te jurejurando obstrictam tenet.* " Lis la Loi, dont tu as juré l'observation. *Lib.* V. Cap. III. num. 3. *extern.*

(3) Il y a dans TITE LIVE un passage assez obscur, où l'Auteur dit en suivant l'opinion de plusieurs anciens Jurisconsultes, Que les *Tribuns du Peuple* sont des personnes sacrées, mais non pas les *Ediles*, les *Juges*, les *Decemvirs*; & que néanmoins, si on faisoit quelque mal à ceux-ci, on péchoit contre les Loix. *Et quum religione inviolatos eos* [Tribunos], *tum lege etiam, fecerunt; sanciendo*, Ut qui Tribunis plebis, Aedilibus, Judicibus, Decemviris nocuissent, ejus caput *Jovi* sacrum esset . . . . . *Hac lege Juris interpretes negant quemquam sacrosanctum esse: Sed eum, qui eorum cuiquam nocuerit, sacrum sanciri. Itaque Aedilem prehendi, ducique à majoribus. Magistratibus: quod etsi non jure fiat (noceri enim ei, cui hac lege non liceat) tamen argumentum esse, non haberi pro sacrosancto Aedilem: Tribunos vetere jurejurando plebis, quum primum eam potestatem creavit, sacrosanctos esse.* Lib. III. (Cap LV. *num.* 7. & *seqq.*) La raison de cette différence est, que les *Ediles*, & les autres dont on vient de parler, n'avoient d'autre protection que celle de la Loi, c'est-à-dire, d'une Ordonnance du Peuple, à laquelle on ne pouvoit légitimement contrevenir, tant qu'elle subsistoit, mais qui pouvoit être révoquée par une autre postérieure. Au lieu que l'inviolabilité des *Tribuns* étoit fondée sur la religion publique, aiant été établie par un serment, qui ne pouvoit être révoqué par ceux-là même qui l'avoient fait. Cela paroît par les paroles suivantes de DENYS d'*Halicarnasse*: [illegible] &c. Antiq Rom. *Lib.* VI. (*Cap.* LXXXIX.) De là vient que cette Loi fut appellée *Lex Sacrata*. Et c'est pourquoi tous les honnêtes gens désapprouvérent ce que fit *Tibérius Gracchus*, & qui est rapporté au long dans sa Vie par PLUTARQUE; lors qu'il cassa *Octavius*, Tribun du Peuple, disant que le Tribunat tiroit bien du Peuple son inviolabilité, mais que ce privilége ne pouvoit valoir par rapport au Peuple même. GROTIUS.

Le Savant GRONOVIUS ne trouve pas bien fondée la raison que nôtre Auteur donne de la différence qu'il y avoit, sur le sujet dont il s'agit, entre les *Tribuns du Peuple*, & les *Ediles* &c. La vérité est, dit-il, que personne ne pouvoit être regardé comme une personne sacrée (*sacrosanctus*), selon l'usage des *Romains*, à moins qu'il n'eût été formellement déclaré tel par une Loi, comme l'avoient été les Tribuns, au rapport de TITE LIVE, *Lib.* II. *Cap.* XXXIII. Au reste,

son droit; & les termes du Traité peuvent être si clairs, qu'ils ne souffrent aucune exception.

2. Les *Romains* appelloient (a) *sacrées*, ces sortes de Loix, à l'observation desquelles le Peuple Romain s'étoit lui-même astreint par la religion du Serment (3); comme l'explique (4) CICE'RON.

(a) *Leges Sacratæ.* Voiez *Paul Manuce*, dans son Traité, *De Legibus.*

§. IX. 1. UN troisiéme moien d'empêcher que les Conventions faites dans une Guerre contre des Sujets Rebelles ne puissent être annullées sous aucun prétexte, c'est que le Souverain (1) s'engage envers un tiers, qui n'a rien fait pour extorquer la Promesse: car alors il n'y a point de doute, que la Promesse ne soit valide. Et nous ne distinguons point ici, s'il importe ou non au tiers que le Souverain s'engage envers lui en faveur des Sujets Rebelles. Cette distinction est une pure (2) subtilité du Droit Romain, & n'est nullement fondée sur le Droit de Nature, selon lequel tout Homme doit s'intéresser à l'avantage des autres, comme y trouvant le sien propre.

2. L'Histoire Romaine nous fournit ici un exemple. Nous lisons, que, dans la Paix concluë avec *Philippe*, (3) on stipula que ce Prince ne pourroit maltraiter les *Macédoniens*, qui s'étoient revoltez de son obéïssance pendant le cours de la Guerre.

§. X. PAR les Conventions, dont il s'agit, les Sujets peuvent non seulement obtenir des conditions avantageuses, sans cesser d'être Sujets comme auparavant; mais encore il peut naître de là un changement dans le Gouvernement même de l'Etat; en sorte que ceux qui étoient Sujets deviennent Souverains, ou que du moins ils aquiérent une partie de la Souveraineté, avec le droit de la défendre par les armes; ce qui produit

reste, toute cette Note est tirée du Texte, où elle fait une digression, dont j'ai cru devoir le debarrasser.

(4) GRONOVIUS critique encore ici nôtre Auteur. Ce n'est point-là, dit-il, la pensée de CICE'RON. L'Orateur s'attache seulement à prouver, que rien n'est sacré que ce qui a été déclaré tel par le Peuple: *Sacrosanctum enim nihil potest esse, nisi quod per Populum Plebemve sancitum est.* Orat. *pro Balbo*, Cap. XV. Ainsi il falloit à la vérité que l'autorité du Peuple intervînt, pour faire une *Loi sacrée:* mais toute Loi, dans l'établissement de laquelle le Peuple étoit intervenu, n'étoit pas pour cela *Sacrée*; à moins qu'elle ne portât, que quiconque la violeroit, sa tête seroit dévouée aux Dieux, en sorte qu'il pourroit être impunément tué par toute autre personne; car c'est ce qu'on entendoit par *caput sacrum sancire*, ou *consecrare.* Mais cela ne fait rien contre nôtre Auteur. Il n'a jamais prétendu, que la raison pourquoi une Loi étoit appellée *Sacrata*, fût uniquement parce qu'elle avoit été établie par l'autorité du Peuple. La pensée est trop absurde pour qu'elle pût tomber dans l'esprit de GROTIUS, ou qu'il pût l'attribuer à CICERON. Il dit lui-même formellement le contraire, dans sa *Florum sparsio ad Jus Justinian.* (pag. 25, 26. *Ed. Amst.*) *Erant autem Leges omnes sanctæ, quæ sanctionem haberent, at non omnes sacratæ.* Après quoi il cite la définition de ces *Loix Sacrées*, que CICE'RON lui-même donne, au Chap. XIV. de la même Harangue: & il y joint FESTUS, (au mot, *Sacratæ leges sunt* &c.) comme aussi le Scholiaste d'HORACE, sur ces paroles, *Sanctarum inscitia Legum*, (Lib. II. Sat. I. vers. 81.) Nôtre Auteur n'a donc voulu dire autre chose, si ce n'est que le Peuple, dans l'établissement de ces sortes de Loix, s'engageoit lui-même à les observer par la sainteté du Serment, *religione obligabatur:* paroles, auxquelles le Savant Critique auroit du faire attention, & qui sont tirées de l'Orateur même, sur le témoignage duquel il se fonde: *Qui, injussu suo, nullo pacto potest* RELIGIONE OBLIGARI. .... *Quod* PUBLICA RELIGIONE *sanciri potuit, id abest.* Il dit un peu plus haut: *Quod quum magis fide illius Populi justitiâ vestrâ, vetustate denique ipsâ, quam aliquo* PUBLICO VINCULO RELIGIONIS *teneretur* &c. Ibid. *Cap.* XV. Ainsi ce n'est pas sans fondement que nôtre Auteur fait dire à CICE'RON, que le Serment du Peuple intervenoit, dans ces sortes de Loix: & on voit dans DENYS *d'Halicarnasse*, (*ubi supra*, VI. 89.) que la plus célebre en fut accompagnée; outre l'imprécation contre la tête de tous ceux qui viendroient à les violer. Voiez aussi FESTUS, au mot *Sacrosanctum.* Autre chose est de dire, si c'est pour l'une ou l'autre de ces raisons qu'elles étoient appellées *Sacratæ*; & il ne paroit pas clairement, que nôtre Auteur ait voulu donner ici l'étymologie de ce mot. Au moins CICE'RON, qu'il cite, se sert d'un autre terme, *Sacrosanctum.* Il paroit aussi par ce que dit FESTUS, au mot *Sacratæ Leges*, que les Anciens même n'étoient pas d'accord entr'eux sur cette étymologie. On peut voir, sur cette question de Critique, qui ne fait pas grand' chose au sujet, les *Animadversiones* de feu Mr. PERIZONIUS, pag. 418, 419. & les Remarques du même Savant sur la *Minerve* de SANCTIUS, pag. 761, 762. de la derniére Edition.

§. IX. (1) Voiez ci-dessus, *Liv.* II. *Chap.* XXV. §. 8. *num.* 3. & une Dissertation d'OBRECHT, *De Sponsore Pacis*, §. 3. Diss. VII. pag. 151, 152.

(2) Voiez ce que l'Auteur a dit ci-dessus, *Liv.* II. *Chap.* XI. §. 18. *num.* 1.

(3) Ce fut la plus dure condition que *Persée* trouva dans le Traité: *Una eum res, quum victo leges imponerentur, maximè angebat, quòd qui* Macedonum *ab se defecerant in bello, in eos jus sævien di ademtum ei a Senatu erat.* TIT. LIV. Lib. XXXIX. Cap. XXIII. *num.* 6.

(a) *Liv.* I. *Chap.* III.

duit alors un de ces Gouvernemens Mixtes, dont nous avons prouvé (a) ailleurs l'existence.

§. XI. 1. Pour ce qui est des *Guerres Solennelles*, c'est-à-dire, Publiques de part & d'autre, & déclarées dans les formes, elles ont entr'autres effets particuliers de *Droit Extérieur*, celui de rendre tellement valides toutes les Promesses faites ou pendant le cours d'une telle Guerre, ou pour la terminer, qu'elles (1) ne peuvent point être annullées sous prétexte d'une crainte injuste, sans le consentement de celui-là même à qui l'on a promis. Le Droit des Gens tient pour juste de part & d'autre la crainte (a) qui porte à traiter dans ces sortes de Guerres: de même qu'il fait regarder comme justes plusieurs autres choses qui ne sont pas entiérement innocentes. Et la raison pourquoi on a trouvé à propos de faire passer en loi cette supposition, c'est qu'autrement il n'y auroit pas eu moien de mettre ni bornes ni fin à ces sortes de Guerres, qui arrivent, & qui sont telles, qu'il importe beaucoup au Genre Humain de chercher toutes les voies imaginables de les moderer & les terminer. Voilà apparemment ce que CICÉRON (2) entend par le *Droit de la Guerre*, qu'il veut qu'on observe entre Ennemis. Il dit ailleurs, (3) que l'ennemi conserve certains droits malgré la Guerre, c'est-à-dire, non seulement des droits naturels, mais encore d'autres droits fondez sur le consentement tacite des Peuples.

(a) Voiez le Traité *De compositione Pacis inter Principes & Ordines Imperii.*

2. Il ne s'ensuit pourtant pas de là, que, quand un Peuple ou un Prince, par la supériorité de ses armes dans une Guerre Injuste, a réduit l'Ennemi à la nécessité de faire un Traité désavantageux, il puisse en bonne conscience retenir ce qu'il a reçû en vertu d'un tel Traité, ou contraindre l'autre Partie à tenir ses engagemens, soit qu'elle ait juré ou non. Car ce qui est injuste en lui-même & de sa nature, demeure toûjours injuste; & il n'y a qu'un nouveau consentement, donné avec une entiére liberté, qui puisse effacer la tâche de l'injustice.

§. XII. AU RESTE, quand je dis que la crainte est réputée pour juste de part & d'autre dans une Guerre en forme, cela ne doit s'entendre que (1) d'une crainte tolérée par le Droit des Gens. Car si l'on a extorqué quelque chose en menaçant, par exem-

§. XI. (1) Il faut distinguer ici, à mon avis, si celui qui a contraint l'autre à traiter par la superiorité de ses armes, avoit entrepris la Guerre sans sujet, ou s'il pouvoit alleguer quelque raison spécieuse. Si c'est sans aucun sujet, comme quand un *Aléxandre* va chercher à conquérir des Peuples éloignez, qui n'avoient jamais entendu parler de lui, & qui par consequent ne pouvoient avoir rien fait contre lui, ni lui rien devoir; ou même si le sujet, qu'on allégue, est un prétexte visiblement frivole, au jugement de toute personne tant soit peu raisonnable: je ne vois pas pourquoi le Vaincu seroit plus obligé de tenir le Traité de Paix, qu'un homme, qui étoit tombé entre les mains des Voleurs, n'est tenu de leur aller porter exactement, ou de paier à leur requisition, l'argent qu'il leur avoit promis pour racheter sa vie ou sa liberté; ce que nôtre Auteur lui-même ne pretend pas, quoi que se fondant sur de faux principes, que nous avons rejettez plus d'une fois, il veuille qu'une telle promesse soit valide en elle-même. Mais si le Vainqueur avoit entrepris la Guerre pour quelque sujet apparent, quoi qu'au fond injuste, quand on l'examine sans prevention: alors l'interêt commun du Genre Humain demande sans contredit, qu'on mette ici quelque difference entre les Promesses extorquées par crainte, de Particulier à Particulier, & celles auxquelles un Prince ou un Peuple Souverain est contraint par le mauvais succès de ses armes, quoi que justes. Ici la raison, que nôtre Auteur allégue est très-bonne; & cela sans supposer un consentement tacite des Peuples qui ne fait que rendre plus fort l'engagement des Vaincus. Car le Droit même de Nature, qui veut que les Societez, aussi bien que chaque Particulier, travaillent à leur conservation, fait par cela seul regarder non pas proprement les actes d'hostilité comme justes de la part du Vainqueur injuste; mais l'engagement du Traité de Paix comme valide neanmoins, en sorte que le Vaincu ne peut se dispenser de le tenir, sous pretexte de la crainte injuste, qui en est la cause, comme il le pourroit d'ailleurs sans la consideration de l'avantage qui en revient au Genre Humain. Cet interêt de la tranquillité publique demande aussi, que lors même qu'un Traité de Paix a été fait en consequence d'une Guerre entreprise sans sujet, ou pour un sujet manifestement frivole, le Vainqueur injuste, qui n'avoit aucun titre légitime, l'aquiere ensuite, dans un espace de tems raisonnable, lors que le Vaincu subit patiemment le joug, sans y être forcé par la même crainte qui l'a porté à traiter. Voiez ci-dessus, *Liv.* II. *Chap.* IV. §. 12, *& suiv.* On peut joindre à ce que je viens de dire, la raison qu'allégue PUFENDORF, *Droit de la Nat. & des Gens*, Liv. VIII. Chap. VIII. §. 1.

(2) *Est autem jus etiam bellicum, fidesque jurisjurandi sæpe cum hoste servanda.* De Offic. *Lib.* III. *Cap.* XXIX.

(3) Le passage a été deja cité ci-dessus, *Chap.* XII. de ce dernier Livre, §. 7. *Note.* 8.

§. XII. (1) C'est ainsi qu'une Promesse extorquée à un

exemple, de violer une Femme, ou en faisant apprehender quelque autre mal contre la parole donnée; le cas alors doit être décidé par les régles du Droit Naturel tout seul; le Droit des Gens ne s'étendant point jusqu'à autoriser une telle crainte.

§. XIII. 1. Il faut garder la foi à ceux même qui ne font pas scrupule d'en manquer. Nous l'avons déja dit, en traitant (a) de l'obligation des Promesses en général; & c'est la doctrine de (1) St. Ambroise. On ne doit pas sans doute excepter de cette régle les Ennemis infidéles, tels qu'étoient autrefois les *Carthaginois*, à qui, malgré leurs fréquentes perfidies, le *Sénat Romain* tint religieusement ce qu'il leur avoit promis; *regardant à soi-même*, (2) dit là-dessus Valére Maxime, *& non pas à ceux envers qui il s'aquittoit de ses engagemens.* Appien *d'Aléxandrie* parlant de *Servilius Galba*, qui passa au fil de l'épée les (b) *Lusitaniens* infracteurs de l'Alliance, après les avoir trompez à son tour par un nouveau Traité; appelle cela (3) une action indigne du nom Romain & une honteuse imitation de la conduite des Barbares. Aussi *Libon*, Tribun du Peuple, intenta-t-il depuis une accusation dans les formes contre le même *Galba*, pour cette insigne perfidie: & si l'Accusé fut absous, ce n'est pas qu'on le trouvât innocent, mais on se laissa fléchir par les larmes de ses Enfans en bas âge, comme nous l'apprenons de (4) Valere Maxime, & d'un fragment de (5) Caton.

(a) *Liv.* II. *Chap.* XIII. §. 16.

(b) Les *Portugais* d'aujourdhui.

§. XIV. 1. Il y a pourtant deux cas, dans lesquels on peut sans perfidie se dispenser de tenir ce qu'on a promis. Le prémier arrive, lors qu'une certaine *condition* vient à manquer: & l'autre, lors que la *compensation* a lieu.

2. Le *défaut d'une condition* supposée ne dégage pas, à proprement parler, le Contractant: mais alors l'événement fait voir qu'il n'y a jamais eu de véritable engagement, puis qu'on n'avoit voulu s'engager que sous condition. Cela a lieu aussi, lors (1) que l'un des Contractans n'a pas exécuté quelque chose qu'il devoit faire le prémier; (2) car tous les articles d'un seul & même Traité sont renfermez l'un dans l'autre, en forme de condition, comme si l'on avoit dit formellement; *Je ferai telle ou telle chose, pourvû que de vôtre côté vous fassiez ceci ou cela.* Et c'est pourquoi, lors qu'on veut empêcher

à un Ambassadeur fait prisonnier n'est point valide, selon le Droit des Gens. Voiez *Mariana*, *De rebus Hispan.* Lib. XXX. Grotius.

L'Historien Espagnol parle d'*Antoine Acunia*, Evêque de *Zamora*, que *Jean d'Albret*, dernier Roi de *Navarre*, avoit fait arrêter prisonnier, & relâché ensuite, sous promesse de revenir, aussi tôt qu'il en seroit requis. Mais ce Prélat n'avoit point été reçû Ambassadeur: & on avoit de bonnes raisons de ne pas le recevoir pour tel, comme un homme qui s'étoit trouvé à la bataille de *Ravenne*, donnée entre les *Espagnols* & les *François*, Alliez du Roi de *Navarre*. Voiez les Chapp. XII. & XIX. du Livre indiqué dans cette Note. Ainsi la maxime, vraie en elle-même, est mal appliquée ici. Voiez ce que nôtre Auteur a dit ci-dessus, *Liv* II. Chap. XVIII. §. 5, & 6.

§. XIII. (1) *Quanta autem Justitia sit, ex hoc intelligi potest, quid nec locis, nec personis, nec temporibus excipitur: quæ etiam hostibus reservatur; ut si constitutus sit cum hoste aut locus aut dies prælio, adversus Justitiam putetur aut loco prævenire, aut tempore.* Offic. I 29.

(2) *Se tunc Senatus, non eos, quibus hoc præstabatur, adspexit.* Lib. VI. Cap. VI. *num.* 3. C'est aussi ce que remarque Salluste: *Item Bellis Punicis omnibus, quum sæpe* Carthaginienses, *& in pace, & per inducias, multa nefaria facinora fecissent; numquam ipsi per occasionem talia fecêre.* (Bell. Catilin. *in Orat. Cæsar.* Cap. L. *Edit. Wass.*) Grotius.

(3) Ἀπιστίᾳ ἐς δὴ ἄρα ἀπιστίαν μετιὼν, οὐκ ἀξίως δ' Ῥωμαίων μιμούμενος βαρβάρους. De Bell. Hispan. *pag.* 288. *Edit. H. Steph.*

(4) *Misericordia ergo illam quæstionem, non æquitas, rexit: quoniam quæ innocentiæ tribui nequierat absolutio, respectui puerorum data est.* Lib. VIII. Cap. I. *num.* 2.

(5) *Quod item apud* Catonem *scriptum esse* [in Originibus] *video, nisi pueris & lacrymis usus esset, pœnas eum daturum fuisse.* De Orat. *Lib.* I. *Cap.* LIII. Voiez aussi *in Brut.* Cap. XX.

§. XIV. (1) Conférez ici Pufendorf, *Droit de la Nat. & des Gens*, Liv. V. Chap. XI. §. 9. & ce que nôtre Auteur a deja dit, *Liv.* II. *Chap.* XV. §. 15.

(2) Sur ce principe le Roi *Tullus Hostilius*, répondant aux Ambassadeurs d'*Albe*, prenoit les Dieux à témoin, quel des deux Peuples avoit le prémier refusé de rendre ce qu'il devoit: *Nunciate*, inquit, *Regi vestro, Regem Romanum Deos facere testes, uter priùs Populus res repetentes Legatos adspernatus dimiserit, ut in eum omnes expetant hujusce clades belli.* (Tit. Liv. Lib. I. Cap. XXII. *num.* 7.) Le Jurisconsulte Ulpien décide, qu'un Associé est decharge des engagemens du Contract, s'il a renoncé a la Société, parce qu'on ne tenoit point une condition sous laquelle il s'etoit engagé: *Nec tenebitur pro socio, qui ideo renunciavit, quia conditio quædam, quâ societas erat coïta, ei non præstatur.* Digest. Lib. XVII. Tit. II. *Pro Socio*, Leg. XIV. Grotius.

pêcher que l'engagement ne demeure par là sans effet, on ajoûte cette clause expresse, qu'encore qu'on vienne à enfraindre quelcun des articles du Traité, les autres ne laisseront pas de subsister dans toute leur force.

(a) Liv. II. Chap. VII. §. 2.

§. XV. POUR ce qui est de la *Compensation*, nous en avons (a) montré ailleurs l'origine & le fondement. (1) Elle consiste en ce que, quand il n'y a pas moien d'obtenir autrement ce qui nous appartient ou qui nous est dû, on peut, pour se dédommager, en prendre l'équivalent sur toute chose appartenante à celui qui a nôtre bien, ou qui refuse de s'aquiter de ce qu'il nous doit. D'où il s'ensuit, que l'on peut, à plus forte raison, retenir ce que l'on a entre les mains, qui appartient au Débiteur, soit que la chose dont on est en possession soit corporelle ou incorporelle. Ainsi on est quitte de sa parole, si la chose promise ne vaut pas plus que celle qui est à nous, & que l'autre Partie nous retient sans aucun droit. Je dis, *si la chose promise ne vaut pas davantage*: car quand elle est de plus grande valeur, il en est alors comme d'un Créancier, qui se trouvant devoir d'ailleurs à son Débiteur une plus grosse somme que celle qu'il lui demande, est condamné à paier le surplus, *& devient par là, de Créancier, Débiteur*; pour me servir des paroles de (2) SENEQUE.

§. XVI. 1. EN EFFET, cette Compensation a lieu non seulement lors que celui à qui l'on a promis nous doit quelque chose en conséquence du Traité même par lequel on s'est engagé envers lui, mais encore s'il nous doit en vertu d'un autre Contract quelque chose d'équivalent, ou même de plus grand prix, & qu'on ne puisse pas s'en faire paier autrement. A la vérité, dans le Barreau, on n'accorde point en même tems certaines Actions respectives des Parties, comme le remarque le (1) Philosophe que je viens de citer: mais c'est un pur effet de la disposition des Loix Civiles, auxquelles on est tenu de se conformer. Chaque Loi a ses droits à part, qu'on a trouvé bon de ne point mêler avec ceux des autres Loix; ainsi que (2) le dit le même Auteur. Mais toutes ces distinctions sont inconnuës au Droit des Gens; & ainsi il permet de compenser des Dettes même fondées sur des Contracts différens: bien entendu toûjours qu'on ne voie pas moien d'avoir autrement ce qui nous est dû.

§. XVII. ENCORE même que celui à qui l'on a promis ne nous doive rien en conséquence d'aucun accord, si d'ailleurs il nous a causé quelque dommage, l'estimation de ce dommage entre en compensation avec la chose promise. *Un Fermier*, par exemple, (j'emprunte encore ici les paroles de (1) SENEQUE) *un Fermier*, dis-je, *quoi que le Maître du Fonds ait en main l'Acte de Bail le plus authentique, ne lui doit rien néanmoins, si le Maître a lui-même gâté les Bleds ou coupé les Arbres du Fonds loué. Ce n'est pas que le Maître ait reçû la rente dont ils étoient convenus: mais il est cause de ce qu'il n'a pû la recevoir.* Le Philosophe allégue plus bas l'exemple d'une personne qui a (2) *enlevé adroitement le Bêtail, ou tué un Esclave de son Débiteur. Il m'est permis*, (3) ajoûte-t-il, *de comparer moi-même le bien & le mal qu'on m'a fait,* &

§. XV. (1) Voiez, sur cette matiére, PUFENDORF, *Droit de la Nat. & des Gens*, Liv. V. Chap. XI. §. 5, *& suiv.* Nôtre Auteur cite ici, dans une Note, ce passage de TERTULLIEN, où il est dit, que personne ne doit trouver mauvais qu'on fasse une juste compensation de bien ou de mal de part & d'autre: *Nulli compensatio invidiosa est, in qua aut gratia, aut injuria, communis est ratio.* Scorpiac. adv. Gnosticos, *Cap.* VI.

(2) *Sic Debitori suo Creditor sæpe damnatur, ubi plus ex alia caussa abstulit, quàm ex crediti petit. Non tantum inter Creditorem & Debitorem Judex sedet, qui dicat, Pecuniam credidisti. Quid ergo? Pecus abegisti; Servum ejus occidisti, argentum, quod non emeras, possides: æstimatione factâ, Debitor discede, qui Creditor veneras.* De Benefic. *Lib.* VI. *Cap.* IV.

§. XVI. (1) Si quelcun, dit-il, m'a confié un Dépôt, & qu'ensuite il m'ait volé, je dois le poursuivre pour le Larcin, sauf à lui de me redemander le Dépôt par une autre action: *Separantur actiones, & de eo quod agimus, de eodem nobiscum agitur. Non confunditur formula: Si qui apud me pecuniam deposuerit, idem mihi postea furtum fecerit, & ego cum illo furti agam, & ille mecum depositi.* Ibid. Cap. V. Voiez les *Recepta Sententia* du Jurisconsulte JULIUS PAULLUS, Lib. II. Tit. XII. §. 12. & là-dessus la Note de CUJAS, & celle de Mr. SCHULTING.

(2) *Quæ proposuisti, mi* Liberalis, *exempla, certis legibus continentur, quas necesse est sequi. Lex legi non miscetur: utraque suâ viâ it. Depositum habet actionem propriam, tam mehercule, quàm Furtum.* Ubi supr. *Cap.* VI.

& de voir après cela si l'on me doit ou si je dois quelque chose.

§. XVIII. Enfin, on peut aussi compenser ce qui nous est dû en conséquence d'un crime que l'on a droit de punir, avec la chose promise à celui qui l'a commis. C'est ce que Senéque explique (1) au long, dans le même endroit. En voici quelques pensées. *Un Bienfait*, dit-il, *mérite, il est vrai, la reconnoissance de celui qui le reçoit: mais une Injure aussi mérite d'être punie. Je ne vous dois aucune reconnoissance, de mon côté: vous n'êtes, de vôtre côté, dans aucune obligation de souffrir la punition que j'aurois pû exiger de vous: nous voilà donc quittes . . . Je comparerai le Bienfait avec l'Injure; & je verrai si on ne me doit pas encore de reste.*

§. XIX. 1. Mais comme, entre Plaideurs, s'ils ont fait quelque accord pendant le cours du Procès, aucun d'eux ne peut prétendre compenser ce qu'il a promis, ni avec la valeur de la chose même sur quoi ils plaident, ni avec les dépens, dommages & intérêts: de même à la Guerre, & pendant qu'elle dure, celui qui a traité avec son Ennemi ne sauroit se dispenser de tenir sa parole par une compensation avec les prétensions qui font le sujet de la Guerre, ou avec les dommages causez par toute sorte d'actes d'hostilité que le Droit des Gens autorise. Car la nature même de l'engagement, qui sans cela se réduiroit à rien, montre qu'on a laissé à quartier tous les démêlez de la Guerre: autrement il n'y auroit aucune Convention qu'on ne pût éluder sous un tel prétexte. Et rien n'empêche peut-être que nous n'appliquions ici des paroles du Philosophe Stoicien, que nous avons cité si souvent dans ce Chapitre, quoi qu'il s'agisse-là d'un autre sujet: (1) *Nos Ancêtres*, dit-il, *pour apprendre aux Hommes à être observateurs religieux de leur parole, n'ont voulu recevoir aucune excuse. Car, au fond, il valloit mieux qu'un petit nombre de gens courût risque de n'être point admis à alleguer une excuse légitime, que si tout le monde pouvoit chercher quelque prétexte spécieux pour se disculper.*

2. Qu'est-ce donc qui peut être compensé avec ce que l'on a promis à un Ennemi? C'est ce que l'Ennemi nous doit en conséquence de quelque autre Convention faite pendant le cours de la Guerre: ou à cause du dommage qu'il nous a causé par des actes d'hostilité exercez avant la fin d'une Trêve: ou en punition d'un outrage fait à nos Ambassadeurs, ou de quelque autre action condamnée par le Droit des Gens.

3. Cette compensation doit se faire entre les mêmes personnes, & sans préjudice des droits d'un tiers: en sorte néanmoins que les biens des Sujets doivent être regardez comme engagez, selon le Droit des Gens, pour les dettes de l'Etat, comme nous l'avons (a) établi ailleurs. (a) *Chap.* III. de ce Liv. §. 2.

4. Ajoûtons encore, qu'il est digne d'une Ame généreuse de garder la foi des Traitez, même après avoir reçû quelque injure qui autorise à les rompre. Un sage Indien (2) louoit un Roi de son païs d'avoir pratiqué cette maxime.

5. Au reste, les questions que l'on agite ordinairement au sujet de la foi donnée à un

§. XVII. (1) *Colonum suum non tenet, quamvis tabellis manentibus, qui segetem ejus proculcavit, qui succidit arbusta: non quia recepit, quod pepigerat, sed quia, ne reciperet, effecit.* De Benefic. Lib. VI. Cap. IV.

(2) Ces paroles se trouvent dans le passage, que j'ai cité tout du long ci-dessus, §. 15. *Note* 4.

(3) *Beneficium nulli legi subjectum est: me arbitro utitur. licet me comparare inter se, quantum profuerit mihi quisque, aut quantum nocuerit; tum pronuntiare utrum plus debeatur mihi, an debeam.* Ubi supr. *Cap.* VI.

§. XVIII. (1) *Dedisti beneficium: injuriam postea fecisti: & beneficio gratia debetur, & injuria ultio. Nec ego illi gratiam debeo, nec ille mihi pœnam: alter ab altero absolvimur . . . . . Potius comparatione factâ inter se beneficii & injuriæ, videbo an etiam ultro mihi debeatur.* Ubi supr. *Cap.* V. & VI.

§. XIX. (1) *Nullam excusationem receperunt* [majores nostri] *ut homines scirent, fidem utique præstandam. Satius enim erat à paucis etiam justam excusationem non accipi, quàm ab omnibus aliquam tentari.* De Benefic. *Lib.* VII. *Cap.* XVI.

(2) C'est *Iarchas*; & le Roi s'appelloit *Ganges*; dont l'Allié, dit on, poussa l'infidelité jusqu'à lui enlever la Reine son Epouse: Συμμαχίας ἢ αὐτῷ γενομένης πρὸς τὸν ἄρχοντα τῆς χώρας, ὃς νῦν Φραότης ἄρχει, ἀδικεῖν παρανομώτατά τε καὶ ἀσελγέστατα γυναῖκα ἀφελόμενον αὐτὸν, ὁ παρίησι τοὺς ὅρκους, ὥστε βεβαίως ὁμωμοκέναι φήσας, ὡς μηδὲ ὁπότε ἠδικεῖτο λύσειν αὐτήν. Philostrat. Vit. Apollon. Tyan. *Lib.* III. *Cap.* XX. *Edit. Olear.*

(b) *Liv.* II. Chapp. 11. 13. 15. 16.

un Ennemi, peuvent être presque toutes décidées par les Régles que nous avons (b) établies ci-dessus, en traitant de l'effet de toute sorte de Promesses en général, & en particulier du Serment qui les accompagne, des Alliances & des Traitez Publics; comme aussi du droit & de l'obligation des Rois, & de l'interprétation des clauses obscures ou ambiguës. Cependant, pour faire mieux sentir l'usage des principes que nous avons posez, & pour fournir en même tems dequoi résoudre les autres difficultez qu'il peut y avoir par rapport à ces matiéres; nous allons examiner les questions particuliéres les plus remarquables, & qui se présentent le plus souvent.

CHAPITRE XX.

Des CONVENTIONS PUBLIQUES, par lesquelles on met fin à la Guerre: Entr'autres, des TRAITEZ DE PAIX; de la décision du SORT; des COMBATS ARRETEZ de part & d'autre, des ARBITRAGES; de la maniére d'agir avec CEUX QUI SE SONT RENDUS; des OTAGES; & des GAGES donnez.

I. *Division générale des* CONVENTIONS *qui se font* ENTRE ENNEMIS. II. *Que, dans un Etat Monarchique, c'est au Roi qu'il appartient de faire la Paix.* III. *Du cas auquel le Roi se trouve en bas âge, ou en démence, ou prisonnier, ou en exil.* IV. *A qui appartient le* POUVOIR DE FAIRE LA PAIX, *dans un Etat Aristocratique, ou Démocratique?* V. *Comment on peut aliéner, par un Traité de Paix, la Souveraineté entiére, ou quelcune de ses parties, ou le Domaine de la Couronne.* VI. *Jusqu'où le Peuple, ou les Successeurs, sont tenus des Traitez de Paix qu'un Roi a faits.* VII. *Que l'on peut, par un Traité de Paix, ceder les biens des Sujets, si l'utilité publique le demande; à la charge néanmoins de dédommager les intéressez.* VIII. *Si l'on doit aussi dédommager les Sujets des biens qu'ils ont perdus par la Guerre?* IX. *Et s'il faut distinguer ici entre les biens aquis par le Droit des Gens, & ceux qu'ils ont aquis en vertu des Loix Civiles?* X. *Que les Etrangers peuvent toûjours compter sûrement que c'est pour l'utilité publique qu'on leur a cedé les biens des Particuliers.* XI. *Régle générale pour l'*INTERPRÉTATION DES TRAITEZ DE PAIX. XII. *Que dans un doute, on est censé être convenu que les choses demeureroient dans l'état où elles sont: & comment il faut entendre cela.* XIII. *Du sens de la clause, par laquelle il est stipulé,* que l'on remettra toutes choses au même état où elles étoient avant la Guerre. XIV. *Que l'on n'est point tenu, en vertu d'une telle clause, de rendre ceux qui, étant maîtres d'eux-mêmes, s'étoient soûmis volontairement à la domination de l'Ennemi.* XV. *Que, dans un doute, on est censé se tenir quittes réciproquement des dommages qu'on a causez par la Guerre:* XVI. *Mais non pas ce qui étoit dû aux Particuliers avant la Guerre.* XVII. *Que, dans un doute, il y a aussi juste lieu de présumer qu'on se relâche du droit de punition qu'on avoit pour quelque crime commis par l'Etat avec qui on étoit en Guerre.* XVIII. *Si cela a lieu en matiére des Crimes commis de Particulier à Particulier?* XIX. *Des prétensions litigieuses qu'on avoit avant la Guerre.* XX. *Qu'il faut rendre tout ce qui a été pris depuis la Paix faite.* XXI. *Quelques Régles touchant la clause par laquelle on est convenu* de rendre les choses prises pendant la Guerre. XXII.

§. I. 1. Les *Conventions* qui se font entre Ennemis, sont ou *expresses*, ou *tacites.*

2. Les *Conventions expresses*, sont ou *Publiques*, ou *Particuliéres.*

3. Les *Publiques* se font ou par le *Souverain* même, ou par ses *Ministres.*

4. Celles qui se font par le *Souverain* même, ou mettent fin à la Guerre, ou la laissent subsister.

5. Les Conventions qui *mettent fin à la Guerre*, sont ou *principales*, ou *accessoires.*

6. Les *Conventions Principales* sont celles qui terminent la Guerre, ou par elles-mêmes, comme un Traité de Paix, ou par une suite de ce donton est convenu en

matiére de quelque autre chose à laquelle on s'en est rapporté, comme quand on a remis la fin de la Guerre à la décision du *Sort*, ou au succès d'un *Combat*, ou au jugement d'un *Arbitre*; trois voies dont la prémiére est purement casuelle, au lieu que dans les deux autres le hazard est temperé par l'usage des forces de l'Esprit ou du Corps des Combattans, & par l'exercice du pouvoir donné au Juge.

(a) Voiez *Liv.* II. Chap. 15. §. 3.

§. II. 1. CEUX qui font la Guerre, sont aussi ceux à qui il appartient de traiter pour la finir; car chacun est maître de ses propres intérêts, & il n'y a que lui qui en puisse disposer. (a) D'où il s'ensuit, que, dans une Guerre Publique de part & d'autre, c'est aux Souverains de part & d'autre à entrer dans des négotiations de Paix, & à la conclurre.

(b) Voiez *Mariana*, Hist. Hisp. XXI. 1.

2. Si donc l'Etat est véritablement (1) Monarchique, de tels Traitez se font par (b) le Roi; à moins qu'il n'y aît quelque chose qui l'empêche d'exercer son droit.

(a) Voiez ci-dessus, *Liv.* I. *Chap.* 3. §. 24.

§. III. 1. JE dis, *à moins qu'il n'y aît quelque empêchement*; & le cas peut arriver en plusieurs maniéres. (a) Car un Roi, par exemple, qui est encore dans un âge où il n'a pas le jugement meûr (dequoi il faut juger ou par le terme que les Loix du Roiaume ont fixé, ou, si elles n'ont rien déterminé là-dessus, par des indices probables) un tel Roi, dis-je, aussi bien que celui qui est en démence, ne peut point faire la Paix.

2. Il faut dire la même chose d'un Roi (1) Prisonnier, mais seulement (2) dans les Roiaumes originairement établis par le consentement du Peuple: car il n'y a nulle apparence que le Peuple aît voulu conferer la Souveraineté à quelcun, avec pouvoir même de l'exercer dans le tems qu'il ne seroit pas maître de sa propre personne. En ce cas-là donc le Peuple aura non pas la Souveraineté pleine & entiére, mais l'exercice pour un tems & la Régence, pour ainsi dire, du Roiaume; ou bien celui à qui le Peuple en aura confié l'administration. Les Conventions néanmoins que le Roi Prisonnier aura faites touchant ce qui lui appartient en particulier, seront valides, selon les principes que nous (b) établirons plus bas en parlant de ce que les Particuliers, comme tels, promettent à l'Ennemi.

(b) *Chap.* XXIII.

3. Mais que dirons-nous d'un Roi qui est chassé de ses Etats? Pourra-t-il faire la Paix? (3) Sans doute, (4) pourvû qu'on soit assûré qu'il n'est dans aucune dépendance de personne: autrement sa condition n'est guéres différente de celle d'un Prisonnier; car il y a de larges Prisons. *Régulus* ne voulut point opiner dans le Sénat (5) & il en

CH. XX. §. II. (1) *In statu verò regio*, dit l'Auteur. C'est-à dire, si le Roi est absolu, & qu'il ne soit point obligé, *en* vertu des Loix Fondamentales du Roiaume, de consulter le Peuple, ou les Grands de l'Etat, quand il veut faire la Paix ou la Guerre.

§. III. (1) Voiez GUICCIARDIN, *Hist.* Lib. XVI. & *Lib.* XVIII. où il traite plusieurs fois de ce cas. GROTIUS.

(2) Donc, selon nôtre Auteur, lors que le Roiaume est Patrimonial, le Roi, quoi que Prisonnier, peut faire la Paix; de même qu'il peut traiter validement au sujet des biens qui lui appartiennent en particulier, quoi qu'il ne tienne le Roiaume qu'à titre d'usufruit. Nôtre Auteur suppose sans doute, que le Roi Prisonnier ne soit point devenu Esclave par droit de Guerre; ou que celui qui l'a pris ait renoncé ou expressement, ou tacitement, à son droit. Autrement la question est inutile, puis que les biens s'aquiérent avec la personne, selon ce qui a été dit-ci dessus, *Chap.* VII. de ce Livre, §. 4. & *Chap.* VIII. §. 1. *num.* 3.

(3) On peut appliquer ici ce que dit LUCAIN, que, pendant que le Dictateur *Camille* étoit à *Véies*, là étoit aussi *Rome*, quoi que les *Gaulois* fussent maîtres de la Ville:

——— Tarpeia *sede perustâ*
Gallorum *facibus*, Veïosque *habitante* Camillo,
Illic Roma *fuit* ——— ——— ———

Pharsal. (*Lib.* V. vers. 27. *& seqq.*) Voiez CHASSAGNE, *De Gloria Mundi*, Part. V. Consider. 9. GROTIUS.

(4) Nôtre Auteur suppose sans doute encore ici, que le Roi ait été injustement chassé de ses Etats. Autrement comme il seroit déchû de la Souveraineté, il ne pourroit pas non plus faire la Paix, qui en est une des parties les plus essentielles.

(5) *Sententiam ne diceret recusavit* [Regulus]: *quamdiu jurejurando hostium teneretur, non esse se Senatorem.* CICER. *De Offic.* Lib. III. Cap. XXVII.

§. IV. (1) C'est ce que dit TITE LIVE (ou qu'il fait dire à *Aristenus*, Préteur des *Achéens*) *Ubi semel decretum erit, omnibus id, etiam quibus ante displicuerit, pro bono atque utili fœdere defendendum.* Lib. XXXII. (Cap. XX. *num.* 6.) On trouve la même pensée dans DENYS *d'Halicarnasse*: [illegible]

en donna pour raison, qu'il n'étoit point Sénateur, tant qu'il demeuroit lié par le serment fait à l'Ennemi.

§. IV. DANS un Gouvernement Aristocratique, ou Démocratique, le pouvoir de traiter pour la Paix appartient à la plus grande partie ou du Conseil Souverain des Principaux de l'Etat, ou de l'Assemblée de tous les Citoiens qui ont droit de suffrage selon la coûtume du Païs; de la maniére que nous (a) l'avons expliqué ailleurs. Ainsi ceux-là même qui ont été d'avis contraire (1) sont obligez de tenir ce qui a été convenu en conséquence d'une délibération prise à la pluralité des voix. En récompense ils peuvent, s'il leur plaît, profiter des avantages de la Paix concluë contre leur sentiment.

(a) *Liv.* II. *Chap.* V. §. 17.

§. V. 1. VOIONS maintenant sur quelles choses on peut traiter en faisant la Paix.

2. Les Rois qui ne possédent pas la Souveraineté comme un patrimoine, mais à titre d'usufruit, tels que sont la plûpart de ceux qui régnent aujourdhui, ne (a) peuvent aliéner par aucun Traité, ni la Souveraineté entiére, ni aucune de ses parties. Que si, avant que le Roi montât sur le Thrône, c'est-à-dire, pendant que le Peuple étoit encore au dessus de lui, une telle aliénation (1) a été annullée d'avance par une Loi Fondamentale de l'Etat; l'engagement sera alors entiérement nul, selon le Droit des Gens, en sorte que le Roi ne sera pas même tenu des dommages & intérêts. Car il y a apparence que les Peuples ont trouvé bon d'établir (2) qu'en ce cas-là l'autre Partie n'auroit point d'action contre le Roi pour ce dédommagement, puis que, si cela avoit lieu, les biens des Sujets pourroient être pris, comme répondans de la dette du Roi; & ainsi la précaution qu'on auroit prise pour empêcher l'aliénation de la Souveraineté, deviendroit entiérement inutile.

(a) Voiez *Vasquez.* Controv. Illust. *Lib.* I. *Cap.* 4. & 5. & ci-dessus, *Liv.* II. Chap. VI. §. 3, *& suiv.*

3. La Souveraineté entiére ne sauroit donc être validement aliénée sans un consentement de tout le Peuple, ou des Députez de chaque Province, qui le representent, & qui forment ce qu'on appelle les *Etats du Roiaume.*

4. Mais, quand il s'agit de l'aliénation de quelque Partie du Roiaume, il faut un double consentement, savoir, celui de tout le Corps du Peuple, & celui de la Province ou de la Ville, que l'on veut aliéner, laquelle ne peut être détachée malgré soi du Corps avec lequel elle étoit unie. Ce dernier consentement peut néanmoins suffire, lors qu'une Partie de l'Etat est contrainte par une nécessité extrême & inévitable, de se soûmettre à une domination étrangere: (3) car il y a tout lieu de croire, que,

[illegible] πλείοσιν ἀρέσαν. Antiq. Rom. Lib. XI. (*Cap.* LVI.) Dans APPIEN *d'Alexandrie:* δεῖ πάντας τὸ [illegible] [illegible]. Dans PLINE, *le Jeune: Singulos enim, integrâ re, dissentire fas esse: peractâ, quod pluribus placuisset, cunctis tenendum.* Lib. VI. Epist. XIII. GROTIUS.

§. V. (1) Mais encore même que l'acte d'aliénation n'ait pas été ainsi déclaré d'avance entierement nul, il n'en est pas moins tel. La nullité suit de cela seul que le pouvoir du Roi est borné à cet égard par la nature même de son Roiaume; & à plus forte raison, si, en lui déférant la Souveraineté, on a expressément stipulé qu'il n'en aliéneroit aucune partie. C'est une autre question de savoir, si, l'aliénation demeurant sans effet, le Roi en son particulier n'est pas tenu envers l'autre Partie contractante, à quelque dédommagement, posé qu'il puisse s'en aquitter d'une maniére qui ne retombe pas sur ses Sujets, ou sur l'Etat. Voiez la Note suivante.

(2) Il suffit de dire, que l'autre Partie a pû savoir & a sû ordinairement qu'il n'étoit pas au pouvoir du Roi de traiter: ainsi elle ne doit s'en prendre qu'à elle-même. La raison que nôtre Auteur allégue, peut bien ensuite entrer en ligne de compte, mais sans qu'il soit besoin de la fonder sur une pure supposition d'un consentement tacite des Peuples. Au reste, si l'on suppose que celui, avec qui le Roi a traité, n'ait pû savoir que l'aliénation n'étoit pas en son pouvoir; je ne vois pas pourquoi il n'auroit pas droit alors de s'en prendre aux biens patrimoniaux du Roi, pour les dommages & intérêts: de même que ceux qui ont traité avec un Ministre Public, qui n'en avoit pas ordre, peuvent exiger de lui ce dédommagement, selon les principes que nôtre Auteur lui-même a établis ailleurs, *Liv.* II. *Chap.* XV. §. 16. *num* 6. Bien plus: dans un doute, ou lors que le Roi a aliéné quelque partie de son Roiaume pour des raisons de nécessité ou d'utilité fort apparentes; on peut présumer que le Peuple y a consenti, suivant ce qui a été aussi établi ci-dessus, *Liv.* II. *Chap.* VI. §. 8, 11. & *Chap.* XIV. §. 12.

(3) Voiez ce qui a été dit ci-dessus, *Liv.* II. *Chap.* VI. §. 6, 7. avec les Notes.

que, dans l'établissement des Sociétez Civiles, chaque Partie de l'Etat s'est reservée tacitement le pouvoir de s'en détacher dans un tel cas.

5. Voilà pour les Roiaumes, dont le Roi ne peut disposer que comme un Usufruitier. Mais dans les Roiaumes Patrimoniaux, à les considerer en eux mêmes, rien n'empêche que le Roi n'aliéne la Couronne, comme il le juge à propos.

6. Il peut arriver pourtant, qu'un tel Roi n'aît pas le pouvoir d'aliéner quelque partie de ses Etats, si on ne lui a conféré la propriété du Roiaume (4) qu'à condition de ne point le démembrer.

7. A l'égard des biens de l'Etat, que l'on appelle le *Domaine de la Couronne*, le Roi peut les avoir en patrimoine ou séparément, ou conjointement avec le Roiaume. S'il en jouït séparément, il lui est libre de les aliéner en conservant néanmoins le Roiaume. Que s'il les a reçûs conjointement avec le Roiaume, il ne sauroit les aliéner sans se défaire en même tems de la Couronne.

8. Mais les Rois, qui ne possédent pas leur Roiaume comme un patrimoine, ne peuvent guéres avoir une juste présomtion d'un pouvoir d'aliéner le Domaine de la Couronne, qui leur aît été donné par le Peuple de qui ils la tiennent, (b) à moins que cette concession ne paroisse manifestement ou par la Loi Fondamentale de l'Etat, ou par une Coûtume à laquelle on ne se soit jamais opposé.

(b) Voiez ci-dessus, *Liv* II. Chap. VI. §. 11, *& suiv.*

§. VI. 1. Nous avons (a) fait voir ailleurs, jusqu'où le Peuple, ou les Successeurs d'un Roi, sont tenus des Promesses que le Roi a faites, c'est-à-dire, (1) aussi loin que s'étend le pouvoir d'obliger que renferme la nature de la Souveraineté, & qui est tel, qu'on ne doit ni le pousser à l'infini, ni le trop resserrer, mais regarder comme valide à cet égard tout ce à quoi le Souverain s'est engagé pour des raisons apparentes.

(a) *Liv.* II. Chap. XIX. §. 10, *& suiv.*

2. Autre chose est, si un Roi est non seulement Souverain, mais encore (b) Maître de ses Sujets, sur qui il a aquis un Pouvoir Despotique, plûtôt qu'un Pouvoir Civil: (2) comme quand un Vainqueur réduit en esclavage les Vaincus: ou lors qu'un Roi, sans être maître de la personne même de ses Sujets, est propriétaire de leurs biens, ainsi que le devint autrefois *Pharaon*, lors qu'il eût acheté toutes les terres d'*Egypte*; & tels que sont ceux qui ont reçû à cette (3) condition des Etrangers dans leurs terres propres & particuliéres. Ici le droit qu'a le Roi, distinct de celui de la Souveraineté, & beaucoup plus étendu, peut rendre valide un engagement, qui seroit nul d'ailleurs à considerer le droit seul de la Roiauté.

(b) *Vasquez*, ubi supr. Cap. V. *num.* 9. Voiez ci-dessus, *Liv.* III. *Chap.* VIII. §. 2.

§. VII. 1. On demande encore, si les Rois, véritablement Rois, mais qui n'ont droit sur les biens de leurs Sujets, que comme Souverains, peuvent disposer en quelque

(4) En ce cas-là donc il peut bien aliéner le Roiaume tout entier, mais non pas une partie.

§ VI (1) Voiez Reinking, *Lib.* I. Class. III. Cap V. *num.* 30. & conferez ce qui a été dit ci dessus, *Liv.* II. *Chap.* XIV. §. 9. & 12. Grotius.

(2) Mais voiez ce que j'ai dit sur *Liv.* I. *Chap.* III. §. 12. *num.* 1.

(3) J'ai ajoûté ces mots, qui doivent être nécessairement sousentendus, selon la pensée de l'Auteur, qui s'exprime clairement dans un autre endroit, où il a traite du même cas : *ut paterfamilias latifundia possidens,* nemini alia lege *suas terras habitantem recipere velit* &c Liv. I Chap. III. § 8. *num.* 2. Cela me donne occasion de le défendre contre une critique très-aigre & très-mal fondée de feu Mr. Cocceïus, dans un Ouvrage publié peu de tems après sa mort, lequel a pour titre : *Autonomia Juris Gentium* &c. Il dit là (*Cap* XII. §. 5.) que nôtre Auteur suppose un Pére de famille, qui possédant une vaste étenduë de Fonds de terre, entretient un grand nombre de Valets ou d'Ouvriers, pour les cultiver. Ce n'est point là, ajoûte-t il, un Etat, mais une grande Famille ; cet homme n'est pas un Roi, mais un riche Particulier : & Grotius confond ainsi un simple Pére de famille, avec un Roi absolu ; ce qui est *très-absurde*. Mais n'est-il pas plus absurde de faire dire à une personne aussi judicieuse, que Grotius, une chose si contraire au sens clair de ses termes, qui emportent non un simple *contrat de louage*, comme on le suppose gratuitement, mais une Convention, par laquelle le Pére de famille, dont il s'agit, donne des terres à condition que ceux qui y habiteront le reconnoîtront desormais pour leur Souverain absolu? On soûtient ensuite, que, posé même une telle Convention, le nouveau Roi ne pourroit point aliener son Roiaume ; & on se fonde sur ce qu'il n'y a ni ne peut y avoir, à ce qu'on prétend, aucun Roiaume Patrimonial. Ce n'est pas ici le lieu d'examiner les raisons qu'on allegue, & d'en faire voir

que maniére de ces biens (a) dans un Traité de Paix, où cela est nécessaire.

2. Nous avons (b) dit ailleurs, que l'Etat a un droit éminent de Propriété sur les biens des Sujets, ensorte que l'Etat, ou ceux qui le représentent, peuvent se servir de ces biens, les détruire même & les aliéner, non seulement dans le cas d'une extrême nécessité, qui donne même aux Particuliers quelque droit sur le bien d'autrui, mais encore pour l'utilité publique, à laquelle l'utilité particuliére doit ceder, selon l'intention, raisonnablement présumée, de ceux qui ont formé les Societez Civiles.

3. Mais il faut ajoûter ici, que, quand le cas arrive, l'Etat est (c) obligé de dédommager des deniers publics les Particuliers, qui perdent par là leur bien: en sorte que celui-là même qui a souffert du dommage, contribuë, s'il le faut, selon sa quote part, à l'aquit de cette Dette Publique. Que si l'Etat est dans l'impuissance de s'aquitter pour l'heure, il ne sera pas pour cela déchargé entiérement: mais l'obligation suspenduë reprendra toute sa force, du moment qu'il aura le moien de satisfaire.

(a) Voiez *Gail*. Obs. II. 57.

(b) Voiez, p. e. *Liv.* I. *Chap.* 6 *Liv.* II. *Chap.* XIV. §. 7, 8.

(c) *Vasquez*, Contr. III. Lib. I. C. 5. *Rom.* Cons. 310. *Sylvest.* in verb. *Bell.* P. 1. §. 43.

§. VIII. 1. FERDINAND VASQUEZ veut (a) que l'Etat ne soit pas tenu de dédommager les Sujets de ce qu'ils ont souffert par les actes d'hostilité exercez pendant la Guerre, parce, dit-il, que le Droit de la Guerre permet de causer de tels dommages. Mais je ne saurois approuver cette pensée, prise dans toute son étenduë. Car le Droit de la Guerre, dont on parle, en vertu duquel les actes d'hostilité sont censez justes à l'égard de ceux qui les souffrent, regarde en partie les autres Peuples, de la maniére que (b) nous l'avons expliqué ailleurs; en partie les (c) Ennemis même, considérez l'un par rapport à l'autre: mais il ne s'étend point jusqu'aux Membres d'un même Etat, dont l'association demande qu'ils supportent en commun (1) les dommages (d) qui arrivent aux uns ou aux autres en conséquence de la communauté où ils sont entrez.

2. Les Loix Civiles peuvent néanmoins, pour (2) rendre chacun plus ardent à défendre ce qui lui appartient, ordonner que personne n'aura action contre l'Etat pour cause d'un tel dédommagement de ce qu'il a perdu par la Guerre.

(a) *Contr. Illustr.* Lib. I. Cap. 4. in fin.

(b) *Chap.* VI. de ce Liv. §. 2.

(c) *Chap.* X. §. 5.

(d) Voiez DIGEST. Lib. XVII. Tit. 2. *Pro Socio*, Leg. 52. §. 4.

§. IX. IL Y A des Auteurs, qui mettent ici une grande différence entre ce qui appartient aux Citoiens par le Droit des Gens (1) & ce qu'ils n'ont qu'en vertu du Droit Civil. Ils donnent aux Rois un pouvoir plus étendu de disposer de la derniére sorte de biens, en sorte qu'ils les autorisent même à en dépouiller les Propriétaires sans sujet, & sans aucune obligation de dédommagement; permission qu'ils leur refusent en matiére de l'autre sorte de biens. Mais cette distinction est très-mal-fondée. Car le droit de Propriété, quel qu'en soit le titre, a toûjours, selon la Loi même de Nature, ses effets propres & essentiels, ensorte que personne ne peut être légitimement dépouillé de ce droit, sans quelque cause qui ou soit (2) renfermée par elle-même dans la Proprié-

voit la foiblesse. D'ailleurs, j'ai déja dit, sur *Liv.* I. *Chap.* III. §. 11. *Note* 4. ce qu'il faut penser là-dessus, pour éviter les extrémitez vicieuses.

§. VIII. (1) Il y a des gens, qui disent, que la Guerre étant censée entreprise du consentement de tous les Citoiens, chacun aussi est censé s'être exposé volontairement à supporter toutes les pertes qu'il peut faire par une suite des actes d'hostilité, sur tout dans une Guerre purement défensive; & qu'ainsi l'Etat n'est tenu de dédommager personne; à moins qu'il n'ait profité de ce que les Particuliers ont perdu, ou que les Particuliers n'aient reçû du dommage en conséquence des dangers qu'ils ont couru par ordre du Souverain. Du reste, tant pis pour celui qui a souffert, encore même qu'il ait plus souffert que les autres. Mais la conséquence n'est pas juste. Ce consentement tacite des Citoiens à l'entreprise de la Guerre, emporte bien une volonté de souffrir la perte, quand ils ne peuvent faire autrement, mais non pas s'il y a moien de les dédommager ou entiérement, ou à proportion de ce qu'ils ont plus souffert que leurs Concitoiens, qui y étoient également obligez. L'un n'empêche pas l'autre.

(2) Il peut y avoir ici une autre raison considérable, c'est la difficulté d'évaluer & de comparer ensemble les pertes de chacun. D'ailleurs, si les Particuliers sont riches, & le Public pauvre, comme il arrive quelquefois, cela dispense suffisamment l'Etat de tout dédommagement.

§. IX. (1) Conferez ce qui a été dit ci-dessus, *Liv.* II. *Chap.* X. §. 1. *num.* 5. & *Chap.* XIV. §. 8.

(2) Nôtre Auteur entend par là le *Domaine éminent* de l'Etat, dont l'usage légitime est fondé sur l'utilité publique, & forme par conséquent une exception ren-fer-

priété, ou vienne du fait des Propriétaires.

§. X. CEPENDANT lors qu'il s'agit de savoir si l'utilité publique demandoit qu'on laissât ou qu'on cédât par un Traité les biens des Sujets, ce qu'un Roi ne doit faire que pour une telle raison; c'est une affaire à vuider entre le Roi & les Sujets: comme la question du dédommagement, que nous avons dit être juste en ce cas-là, regarde uniquement l'Etat, & les Particuliers. Car pour ce qui est des Etrangers, qui ont traité avec le Roi, il leur suffit que le Roi se soit engagé envers eux: non seulement à cause de la dignité de sa personne, qui fait raisonnablement présumer qu'il n'a rien fait que dans une bonne vuë; mais encore en vertu du Droit des Gens, qui (a) veut que les biens des Sujets puissent être engagez pour le fait du Roi.

(a) Voiez ci dessus, *Chap.* II. de ce dern. Livre.

§. XI. 1. LES Articles d'un TRAITE' DE PAIX ont quelquefois besoin d'INTERPRETATION: & là-dessus il y a d'abord à observer une regle que nous avons (a) établie ailleurs, c'est, Que, plus une chose est favorable, & plus on doit étendre la signification des termes; comme, au contraire, moins la chose est favorable, & plus il faut resserrer le sens.

(a) *Liv.* II. *Chap.* XVI. §. 11, 12.

2. A considerer uniquement le Droit Naturel, il n'y a rien de plus favorable que ce qui tend à faire que chacun (b) aît le sien, ou ce qui lui est dû. Ainsi les clauses ambiguës doivent être expliquées de telle maniére, que celui, dont la cause étoit juste, ne perde rien ni de ce qui l'a obligé à prendre les armes, ni de ce à quoi se montent les dépens, dommages & intérêts: mais non pas en sorte qu'il gagne quelque chose par droit de Punition; car cela est odieux.

(b) Ἕκαστον ἔχειν τὰ ἑαυτοῦ, comme parlent les *Grecs*.

3. Mais comme il n'arrive guéres, qu'en traitant de la Paix l'un ou l'autre des Ennemis avouë qu'il avoit tort; il faut suivre, dans l'interprétation de ces sortes de Traitez, le sens (1) qui rend égale, autant qu'il est possible, la condition des Parties, eû égard à la justice de la Guerre. Cela se fait principalement en deux maniéres: car ou l'on veut & entend que (c) les choses, dont la possession a été troublée pendant la Guerre, soient remises sur (d) l'ancien pié; ou bien on prétend, que les choses (2) demeurent dans l'état où elles sont.

(c) Voiez *Paruta*, Lib. V.
(d) *Ex formulâ juris antiqui.* Voiez le passage de *Tite Live* cité ci dessus, Liv. II. Chap. XV. §. 4.

§. XII. 1. DE ces deux sens, le dernier est celui qu'on présume le plus aisément dans un doute, parce que ce qu'il renferme est plus aisé à faire, & qu'il n'apporte aucun changement. C'est sur ce fondement que le Jurisconsulte TRYPHONIN décide, qu'après la Paix il n'y a que les Prisonniers, dont il est fait mention expresse dans le Traité, qui aient le droit de *Postliminie*, comme nous l'avons prouvé ailleurs (1) par des

fermée dans la Propriété, comme dans tout autre droit des Particuliers.

§. XI. (1) Cela suit de la nature même de la chose, ou de l'intention des Contractans raisonnablement présumée. Car, par cela même que chacun croit avoir raison, chacun veut sans doute faire sa condition aussi bonne qu'il peut, & du moins autant avantageuse, que celle de l'autre Partie. Ainsi la distinction du *Favorable* & de l'*Odieux*, dont nous avons établi ailleurs l'inutilité & le peu de fondement, n'est pas non plus nécessaire ici.

(2) C'est ce que les *Grecs* expriment ainsi: Ἔχοντας ἃ ἔχουσι. GROTIUS.

Voiez, par exemple, THUCYDIDE, IV. 65. que j'ai déja cité ci-dessus, sur *Liv.* II. *Chap.* IV. §. 8. *num.* 3.

§. XII. (1) C'est dans le Chapitre IX. de ce dernier Livre, §. 4. *num.* 1. où la Loi a été citée. On peut voir ce que j'ai remarqué là-dessus, *Note* 3.

(2) Voiez la Loi du DIGESTE, qui a été citée ci-dessus, *Chap.* I. de ce Livre, à la fin. On convient aussi quelquefois dans un Traité de Paix, que ceux qui voudroient passer d'un parti dans l'autre, n'y seront point reçûs. Voiez les Articles de la Paix concluë entre l'Empereur *Justinien*, & *Chosroez* Roi de *Perse*, dans l'Histoire de MENANDRE *le Protecteur* (Cap. II.) GROTIUS.

(3) Ὁ δὲ (Φίλιππος) τοῦτο ἐν ταῖς τοῦ χρόνου μάλιστα ἐπραγματεύετο νομίζων, ὅπερ ἦν ἀληθές, ὅσα τῆς πόλεως προλάβοι, πρὸ τοῦ τὸν ὅρκον ἀποδοῦναι, πάντα ταῦτα βεβαίως ἕξειν. Orat. *pro Ctesiph.* De Corona, *pag.* 316. B.

(4) Consultez ici PUFENDORF, *Droit de la Nat. & des Gens*, Liv. VIII. Chap. VI. §. 19.

(5) C'est ce que veut dire l'Auteur, dont l'expression concise a été très-mal entenduë par le Savant GRONOVIUS. Posé, par exemple, que quelcun ait l'Usufruit ou le Fief d'une Terre, si l'Ennemi s'est emparé de cette Terre, encore même qu'il n'ait pas fait Prisonnier le Seigneur de Fief, ou l'Usufruitier; comme ni l'un ni l'autre ne peut exercer son droit que dans un païs conquis, il ne leur sert de rien d'être en liber-

des raisons invincibles, en suivant la correction de Mr. Du Faur. Par le même principe, on ne sera point obligé de rendre les Déserteurs, à moins que cela n'ait été stipulé: car (2) on reçoit les Transfuges par droit de Guerre, c'est-à-dire que le Droit de la Guerre permet à chacun des Ennemis de recevoir & de mettre au nombre de ses Sujets ceux qui passent de l'autre parti dans le sien. Il en est de même des choses: elles demeurent à qui les tient.

2. Quand je dis, *à qui les tient*, cela doit s'entendre d'une détention naturelle, & non pas d'une détention civile: (a) car à la Guerre une Possession de fait suffit, on n'en demande point d'autre.

(a) *Decius*, T. III. Cons. 74.

3. En particulier pour ce qui regarde les Terres, on les *tient*, lors qu'on les a environnées de quelque Place de défense, comme nous l'avons (b) remarqué ci-dessus: car si on ne s'en est emparé que pour quelque tems, pour y prendre quartier, par exemple, cette possession passagére n'est comptée pour rien. Démosthène (3) dit, que *Philippe de Macédoine* s'étoit hâté de prendre tout autant de lieux qu'il avoit pû, sachant bien, comme il étoit vrai, qu'après la Paix il garderoit ce qu'il tiendroit.

(b) *Chap.* VI. de ce Liv. §. 4.

4. Mais les (4) *Choses Incorporelles*, comme, par exemple, les *Servitudes* d'un Fonds, ne sont en nôtre puissance (c) que par le moien des Corporelles, auxquelles elles sont attachées, ou des personnes à qui elles appartiennent. Il n'est pourtant pas nécessaire d'être maître de la Personne, (5) pour posséder ces sortes de choses, lors qu'il s'agit d'un droit qu'elle ne peut exercer que dans le Païs qui étoit autrefois à l'Ennemi.

(c) Voiez ci-dessus, *Chap.* VII. §. 4.

§. XIII. A l'égard de l'autre maniére de traiter, qui rend égale la condition des Parties, & qui consiste en ce que l'on s'engage de part & d'autre à rétablir la possession troublée par les armes; il faut remarquer, qu'on entend ici la *possession* telle qu'elle étoit immédiatement avant la Guerre. Cela n'empêche pas néanmoins que les Particuliers, qui alors avoient été injustement dépossedez, (1) ne puissent avoir recours à la Justice, ou pour obtenir un Arrêt (d) provisionnel par lequel ils soient remis en possession, ou pour réclamer leur bien.

(d) *Interdictum.*

§. XIV. Mais si un Peuple Libre s'est (1) volontairement soûmis à la domination de l'un ou de l'autre de ceux qui étoient en guerre; l'obligation de restituer, en vertu de la clause dont il s'agit, ne s'étendra point jusqu'à imposer la nécessité de remettre ce Peuple en possession de sa liberté. Car la restitution a ici uniquement pour objet les choses dont on avoit aquis la possession par un effet de la violence ou de la crain-

liberté; le droit passe alors à l'Ennemi, sans la personne à qui il étoit attaché, & devient réel, de personnel qu'il étoit. Ainsi, après le Traité de Paix, ces sortes de biens demeurent, comme les autres, à celui qui conserve les Terres, auxquels ils sont attachez.

§. XIII. (1) La possession, dont il s'agit, est plûtôt la possession d'un Païs en général, que la Possession des Particuliers. Ainsi, à l'égard des Particuliers, les choses doivent aller tout de même, que si la possession n'avoit point été troublée par la Guerre. Et cela auroit lieu, quand même on supposeroit, que le Particulier, dont il s'agit, a été injustement dépossedé, de quelque maniére que ce soit, par un Sujet de l'autre Etat, avec qui l'on a fait la Paix. Car comme on suppose que cette injustice est arrivée avant la Guerre, celui qui l'a soufferte peut en demander réparation tout de même qu'il auroit pû le faire alors.

§. XIV. (1) Mais, dit Ziegler, posé même que ce Peuple ne se soit soûmis à la domination de l'un ou de l'autre, que par force ou par crainte; je ne vois pas comment il pourroit prétendre être remis dans son prémier Etat, en vertu de l'Interprétation de cette clause générale, sur tout s'il n'importe point à l'autre Partie, que ce Peuple soit remis en possession de sa liberté. Je répons pour nôtre Auteur, qu'il suppose ici, comme il paroit par les exemples qui suivent, un Peuple qui ait été Allié du parti contraire à celui à qui il s'est donné, ou qui ait été mêlé dans la Guerre de quelque autre maniére: autrement la question seroit tout-à-fait impertinente. Or sur ce pié-là, un tel Peuple peut bien être compris dans la clause générale, par laquelle toutes choses doivent être remises dans le même état, si celui, sous la puissance duquel il est passé, n'a d'autre titre qu'un acte d'hostilité, mais non pas s'il s'est soûmis à lui volontairement: car la clause, dont il s'agit, ne regarde que l'effet des actes d'hostilité; & celui qui s'est soûmis volontairement, a par cela même renoncé à tout bénéfice d'un futur Traité de Paix.

crainte, ou même d'une ruse qui ne soit permise que par rapport à un Ennemi. C'est ainsi qu'autrefois, dans la Paix qui se fit entre les Peuples de *Gréce*, les *Thébains* gardérent la Ville de *Platée*, (2) disant, *qu'ils ne l'avoient prise ni par force, ni par trahison, mais qu'elle leur avoit été volontairement remise par ceux à qui elle appartenoit.* La Ville de (3) *Nisée* demeura aux *Athéniens* par le même droit. *Flaminius* aiant à faire aux *Etoliens*, distingua aussi entre les *Villes prises*, (4) & celles qui s'étoient données aux *Romains*, telles qu'étoient les Villes de *Thessalie*.

§. XV. DANS tout Traité de Paix il faut présumer, s'il n'y a point de clause par laquelle on en soit autrement convenu, que l'on n'a point voulu donner action de part ni d'autre, pour cause des dommages soufferts par une suite de la Guerre. Car, dans un doute, ceux qui traitent de la Paix, sont censez avec raison le faire sur un tel pié, qu'il n'y aît rien qui suppose que l'un ou l'autre est coupable d'injustice. Et cela doit s'entendre aussi des dommages causez (1) de Particulier à Particulier, puis qu'ils ne sont pas moins des effets de la Guerre, que les actes publics d'hostilité.

§. XVI. 1. IL NE s'ensuit pas de là néanmoins, que les Dettes de Particulier à Particulier, déja contractées (1) avant la Guerre, soient éteintes, comme si le Créancier devoit être censé en tenir quitte le Débiteur, de même que des dommages qu'il a reçûs par quelque acte d'hostilité. Car on n'aquiert point de telles Dettes par droit de Guerre: la Guerre ne fait qu'empêcher qu'on ne puisse en exiger le paiement: ainsi, du moment que l'obstacle est levé, les droits du Créancier reprennent toute leur force.

2. Ce que je viens de dire ne regarde pas généralement tous les droits qu'on pouvoit avoir avant la Guerre. Car quoi qu'on ne doive pas légérement présumer que personne soit dépouillé de ses droits, puis que, comme l'a très-bien dit CICERON, la (2) raison principale pourquoi les Hommes ont formé des Societez Civiles, c'est afin que chacun conservât ce qui lui appartenoit: cela doit pourtant s'entendre des droits qui naissent d'un Contract, où il y auroit autrement de la lézion.

(a) Voiez *Gail. de Arrest. Cap.* XIV. *num.* 7.

§. XVII. 1. MAIS il n'en est pas de même (a) du droit que l'on a en vertu d'un Crime d'autrui qui mérite punition. Car entre Rois ou Peuples chacun doit être censé s'être dépouillé lui-même de ce droit de punir, parce qu'autrement ce seroit laisser une

(2) Ἀνταπαιτούντων γὰρ Πλάταιαν, οἱ Θηβαῖοι ἔφασαν, οὐ βίᾳ, ἀλλ' ὁμολογίᾳ αὐτῶν προσχωρησάντων, καὶ οὐ προδόντων, ἔχειν τὸ χωρίον. THUCYD. Lib. V. (Cap. XVII. *Ed. Oxon.*) L'Historien avoit déja dit ailleurs la même chose, au sujet de la même Ville: *Μὴ ἀνάδοτος εἴη ἡ Πλάταια, ὡς αὐτῶν ἑκόντων προσχωρησάντων.* Lib. III. (Cap. LII.) GROTIUS.

(3) *Καὶ οἱ Ἀθηναῖοι τῷ αὐτῷ τρόπῳ τὴν Νίσαιαν.* THUCYD. ubi supra, V. 17.

(4) *Quæ si maneret, captarum tamen urbium ea lex est. Thessaliæ civitates suâ voluntate in ditionem nostram venerunt.* TIT. LIV. Lib. XXXIII. Cap. XIII. *num.* 12.

§. XV. (1) C'est-à-dire, comme on voit, des dommages causez aux Particuliers de l'autre Etat Ennemi par des actes légitimes d'hostilité; & non pas de ceux que les Particuliers peuvent avoir causez de leur chef, ou sous prétexte de Guerre, aux Sujets de l'Ennemi, ou à ceux du même Etat. Feu Mr. COCCEJUS, dans une Dissertation *De Postliminio in Pace*, Sect. I. a prétendu, contre l'opinion de nôtre Auteur, & de plusieurs autres, qu'il cite; qu'en faisant simplement la Paix, on ne se tient pas reciproquement quittes des dommages causez de part & d'autre, & qu'il faut pour cela une clause expresse d'Amnistie générale. Voici sur quoi il se fonde. 1. Un Traité de Paix, dit-il, n'est autre chose par lui-même qu'une transaction sur ce qui a donné lieu à la Guerre, & par consequent sur un interêt public, à l'égard duquel si l'on relâche quelque chose, cela ne tire point à consequence pour l'interêt des Particuliers, qui ont souffert du dommage de la part de l'Ennemi pendant la Guerre. 2. Ce dommage, ajoûte-t-on, ne doit tomber naturellement que sur ceux qui n'avoient pas juste sujet de faire la Guerre. Or dans un Traité de Paix on ne décide rien sur la justice des Armes; chacun demeure toûjours dans son opinion là-dessus. 3. De là vient que le droit de Postliminie subsiste même après une telle Paix, selon la *Loi* XII. *princ.* DIGEST. *De Captiv. & Postlim.* Et 4. c'est pour éviter cet inconvénient que dans les Traitez de Paix, on s'étend si fort sur les clauses par lesquelles on stipule une Amnistie generale de part & d'autre. Mais cette Amnistie generale a une liaison necessaire avec le but de la Paix, puis que le contraire pourroit donner lieu à une nouvelle Guerre. Et cela même qu'on ne décide rien sur la justice de la cause, prouve que les dommages causez par une suite des actes d'hostilité, doivent de part & d'autre être regardez comme justement soufferts. La Loi citée n'est qu'une Loi Civile du Peuple Romain, sur un cas particulier. Voiez ci-dessus, *Chap.* IX. de ce Liv. §. 4 *Note* 3, & 11. Ainsi la derniére raison ne prouve rien, puis qu'on exprime

une ancienne cause de Guerre, qui feroit (1) que la Paix ne pourroit pas bien être regardée comme une véritable Paix.

2. C'est pourquoi aussi les choses même que l'on ignore avoir été commises, quoi qu'elles l'aient été avant la Guerre, seront censées comprises sous les termes géneraux par lesquels on tient quitte l'Ennemi de tout le mal qu'il nous a fait. Tel étoit le cas de ces Marchands (2) Romains, que l'on ne savoit point avoir été noiez par les *Carthaginois*, comme le rapporte (b) Appien *d'Alexandrie*. (b) *De Bell. Pun.* pag. 4. Ed. H. Steph.

§. XVIII. De Particulier à Particulier, il n'y a pas de si fortes raisons de présumer qu'on se soit relâché du droit de punir; parce qu'on peut le faire valoir par les voies ordinaires de la Justice, sans en venir à la Guerre. Cependant comme ce que l'on peut exiger en vertu d'un tel droit ne nous appartient pas de la même maniére que les choses qu'on peut prétendre à cause de quelque lézion provenante d'un Contract; & d'ailleurs les Peines aiant toûjours quelque chose d'odieux: les moindres conjectures qui se peuvent tirer des termes du Traité de Paix suffisent pour fonder une juste présomtion, que les Particuliers mêmes se tiennent réciproquement quittes des injures reçuës avant la Guerre, dont ils auroient pû poursuivre la punition.

§. XIX. 1. A l'égard des autres sortes de droits, il faut tenir pour régle constante, de Particulier à Particulier, ce que nous avons dit ci-dessus, qu'on ne doit pas legérement présumer une extinction de ceux qu'on avoit avant la Guerre.

2. Mais pour ce qui est des prétensions respectives entre Rois ou Peuples, on peut présumer plus facilement qu'ils se tiennent quittes les uns les autres, lors que les termes du Traité, ou les conjectures qui s'en tirent, ménent vraisemblablement à cette interprétation; sur tout s'il s'agit de quelque droit litigieux. Car il est de l'humanité de croire, que ceux qui font la Paix veulent de bonne foi étouffer toute semence de Guerre: à quoi ils d[illegible]ent être disposez, comme le remarque (1) Denys *d'Halicarnasse*, dans un passage [illegible]t les derniéres paroles sont presque mot-à-mot copiées (a) d'Isocrate. (a) *Orat. de Pace*, pag. 164 C. Ed. H. Steph.

§. XX. Il faut rendre tout ce qui a été pris depuis la Paix concluë: cela ne souffre point de difficulté. Car dès lors le Droit de la Guerre ne subsiste plus.

§. XXI.

prime souvent des choses qui ne laisseroient pas d'être sousentenduës. C'est alors pour plus grande précaution.

§. XVI. (1) Par exemple, si, avant la Guerre, on avoit vendu & livré une chose à quelque Marchand du païs Ennemi, & que ce Marchand n'eût point paié la marchandise. Les exemples, que Gronovius allegue ici sont tout à-fait mal appliquez; puis qu'ils supposent que le Créancier & le Débiteur sont tous deux du même Etat.

(2) *Hanc enim ob caussam maximè, ut sua tenerent, Respublica Civitatesque constituta sunt.* De Offic. *Lib.* II. *Cap.* XXI.

§. XVII. (1) Isocrate dit, à l'occasion des *Thébains*, que quand on a une fois fait la Paix, il n'est pas beau & honnête d'aller rappeller le souvenir des vieilles injures: [illegible] Orat. Plataïc. (*pag.* 299. B. *Edit. Henr. Steph.*) Les meilleures réconciliations sont, selon Denys *d'Halicarnasse*, celles qui ne laissent aucune rancune, aucun ressentiment des anciennes injures: [illegible] (Antiq. Rom. *Lib.* III. Cap. VIII. pag. 138. Ed. O[illegible]on.) Grotius

(2) L'exemple n'est pas bien appliqué, dit ici Gronovius. Car ces Marchands n'avoient point été jettez dans la Mer avant la Paix concluë, mais quelque tems après la fin de la premiére Guerre Punique. Aussi, dès que la chose vint à la connoissance des *Romains*, ils voulurent en tirer raison, comme d'une infraction du Traité, & déclarérent la Guerre aux *Carthaginois*, qui, pour l'éviter, cederent aux *Romains* la *Sardaigne*. Mais nôtre Savant Critique suppose lui-même mal à propos, qu'il s'agit ici de choses commises pendant la Guerre, mais ignorées dans le tems qu'on traite de la Paix. Il n'y a point de difficulté à l'egard de ces sortes de choses. Car qui peut savoir tous les actes d'hostilité qui ont été exercez pendant le cours d'une Guerre? Ainsi par cela seul qu'on se tient quittes réciproquement de tout le mal qu'on s'est fait les uns aux autres pendant la Guerre, on entend toûjours celui que l'on ignore, aussi bien que celui qu'on sait. La fausse application de l'exemple ne consiste donc, qu'en ce que le crime des *Carthaginois* n'avoit point été commis avant la Guerre, mais après la Paix faite & concluë.

§. XIX. (1) [illegible] Antiq. Roman. *Lib.* III. *Cap.* IX.

§. XXI. 1. On convient quelquefois de rendre les choses prises pendant la Guerre; (a) & voici de quelle maniére on doit expliquer une telle clause.

(a) *Alt.* V. Resp. 17.

2. Les termes du Traité reçoivent une interprétation plus étenduë, lors que la restitution a été stipulée de part & d'autre, (1) que quand une des Parties seulement y est engagée.

3. Les Articles par lesquels on a promis de rendre les *Personnes* (2) sont plus favorables, que ceux par lesquels on s'est engagé à rendre les *Choses* prises.

4. En matiére de *Choses* prises, la restitution des *Terres* (3) est une cause plus favorable, que la restitution des *Biens Mobiliaires*: celle des Choses *possedées par l'Etat* (4) plus que celle des Choses dont les *Particuliers* sont en possession: & à l'égard des derniéres, les Conventions qui engagent les Particuliers à rendre ce qu'ils possédoient à titre lucratif, (5) sont plus favorables, que celles qui les engagent à rendre ce qu'ils possédoient à titre onéreux, comme par droit de Vente, ou pour la Dot d'une Femme.

§. XXII. Lors qu'on *céde* une chose par le Traité de Paix, on céde en même tems les *revenus*, (1) à compter depuis la cession faite, & non pas plus haut. C'est ce qu'*Auguste* (a) soûtint avec raison contre *Sextus Pompée*, qui prétendoit, lors qu'on lui eût donné le *Péloponnése*, exiger les impôts des années précedentes.

(a) *Appian.* De Bell. Civ. Lib. V. pag. 716. *Ed. H. Steph.*

§. XXIII. Les *noms des Païs*, dont il est fait mention dans un Traité, (1) doivent être entendus selon l'usage du tems présent, c'est-à-dire, selon l'usage des personnes intelligentes, plûtôt que selon celui du Vulgaire; car ces sortes de negotiations se font ordinairement par des gens habiles.

§. XXIV. 1. Voici encore deux Régles, qui sont fréquemment d'usage dans l'interprétation des Traitez de Paix. L'une est, que toutes les fois qu'on se rapporte, sur certains articles, à quelque article précedent, ou à quelque ancien Traité, auquel on renvoie; toutes les qualitez ou les conditions exprimées dans l'article précedent, ou dans l'ancien Traité, sont censées repetées, comme devant avoir lieu dans celui dont il s'agit.

2. L'autre Regle est, que celui qui a voulu faire ce à quoi il s'étoit engagé, (a) doit être

(a) Voiez *Quintilien*, Declam. 341.

§. XXI. (1) C'est qu'alors la condition des Contractans étant inégale, il y a tout lieu de croire que celui, au désavantage de qui est l'inégalité, a prétendu s'engager le moins qu'il étoit possible: & c'étoit à l'autre, qui en doit profiter, à faire expliquer la chose bien clairement.

(2) Chacun doit sans doute s'intéresser & s'intéresse davantage ordinairement à la restitution des Personnes qui lui appartiennent, qu'à la restitution de ses Biens. Ainsi, dans un doute, on est censé avoir entendu que les Prisonniers fussent rendus, par exemple, avant toutes les autres choses, animées ou inanimées, mobiliaires ou immeubles.

(3) Les Terres sont ordinairement de beaucoup plus grande valeur, que les choses Mobiliaires: & c'est le plus souvent pour les Terres qu'on fait la Guerre. Ainsi on est censé avec raison avoir pensé à celles-là, plus qu'à celles-ci.

(4) Ce que l'Etat a pris, est aussi pour l'ordinaire de beaucoup plus grand prix, que ce qu'il a laissé aux Particuliers. D'ailleurs on peut le reconnoître plus aisément.

(5) Il est clair qu'on accorde plus facilement la restitution de ces sortes de choses, puis qu'en les rendant on ne perd rien de ce qu'on auroit pû avoir sans cela.

§. XXII. (1) Ziegler a raison de dire, que, si celui, à qui la chose est cedée par le Traité de Paix, s'en étoit déja emparé pendant la Guerre, il doit avoir aussi les revenus de tout le tems qu'il l'a possedée par le droit des Armes; quoi que la cession lui donne un nouveau droit. Mais la chose est claire d'elle-même; & nôtre Auteur n'a voulu parler que du cas, où il pouvoit y avoir quelque difficulté. Quand on céde à quelcun une chose qu'on avoit en son pouvoir, comme on semble reconnoître par là que celui à qui on la céde y avoit droit, il semble aussi d'abord qu'on devroit rendre les revenus qu'on en a tirez depuis le commencement de la Guerre, jusqu'au Traité de Paix conclu. Mais *lors* qu'on ne fait que *laisser* la chose à celui qui l'avoit prise, la question est manifestement superfluë; puis que la possession, soûtenuë du droit de la Guerre, assûre les revenus au Possesseur. Cependant, dans le prémier cas, la cession par elle-même, si l'on y pense bien, n'a pas un effet rétroactif à l'égard des revenus. Car jusqu'au Traité de Paix, par lequel on fait cette cession, le droit sur la chose cedée étoit litigieux; ainsi celui qui la céde ne reconnoit aucun droit en l'autre que pour l'avenir, & en vertu de la cession seule qu'il lui fait, par une espéce de transaction. Au reste, que nôtre Auteur ait voulu parler uniquement de ce cas, cela paroit par l'exemple qu'il allégue. Car *Sextus Pompée* n'étoit point en possession du *Péloponnése*. Appien d'*Aléxandrie* cité en marge, parlant plus haut des conditions du Traité fait entre *Octave* & *Marc Antoine*, d'un côté, & *Sextus Pompée* de l'autre, distingue clairement la *Sardaigne*, la *Sicile*, l'Ile de *Corse*, & quelques autres, que *Pompée* tenoit alors (*καὶ ὅσας ἄλλας εἶχεν ἐς τότε νήσους*) d'avec le *Péloponnese*, qu'il devoit

être reputé l'avoir fait, lors que l'autre, qui le quérelle là-dessus, (1) a lui-même empêché qu'il ne le fît.

§. XXV. 1. Quelques-uns prétendent qu'on est reçû ici à s'excuser, lors que le retardement de l'exécution n'a pas été long. Mais cela (a) n'est vrai (1) que quand on a été empêché d'effectuer ses engagemens par quelque cas imprévû de nécessité.

(a) Voiez *Albert. Argentin.* Chronic.

2. Il y a, je l'avouë, des Canons, qui (2) favorisent cette excuse. Mais il ne faut pas s'en étonner, puis que le caractére propre & le but des Réglemens Ecclesiastiques est de porter les *Chrétiens* à ce que demande la Charité qu'ils doivent avoir les uns pour les autres. Or c'est dequoi il ne s'agit point ici. Nous cherchons, en traitant de la maniére d'expliquer les Traitez & les Conventions, non ce qui est le plus louable, ni même ce à quoi la Religion & la Piété nous engagent tous; mais ce que chacun doit faire, en sorte qu'il peut y être contraint; en un mot ce qui est simplement de *Droit extérieur*, comme nous l'appellons par opposition au devoir de la Conscience.

§. XXVI. Lors qu'il y a quelque chose de douteux & d'ambigu dans une clause, l'interprétation doit se faire plûtôt au préjudice qu'à l'avantage de celui qui a (1) lui-même prescrit les conditions du Traité, (2) c'est-à-dire, pour l'ordinaire du plus puissant: de même que les articles d'un Contract de Vente s'expliquent au préjudice du (3) Vendeur. En effet il pouvoit s'expliquer plus clairement; s'il ne l'a pas fait, tant pis pour lui: l'autre étoit en droit d'interpreter à son avantage des termes & des expressions susceptibles de plusieurs sens. On peut rapporter ici ce que dit Aristote, (4) *Qu'en matiére d'Amitiez contractées par un principe d'intérêt, l'utilité de celui qui reçoit est la mesure de ce qui est dû.*

§. XXVII. 1. Une autre question qui se présente ici tous les jours, c'est de savoir quand c'est que la *Paix* (a) peut être regardée comme *rompuë*. Car autre chose est, *fournir un nouveau sujet de Guerre*; & autre chose, *rompre la Paix*. Il y a une grande différence entre ces deux maniéres de donner atteinte à un Traité de Paix (1) tant à

(a) C'est ce que les *Grecs* appellent Παρασπόνδημα.

devoit avoir par dessus: Ἐπιλαβεῖν δὲ καὶ Πελοπόννησον ἐπὶ ταύταις. Pag. 713.

§. XXIII. (1) Voiez François Guicciardin, au Livre V. de son Histoire. Grotius.

Il est bon de rapporter en un mot le fait, dont parle cet Historien. *Louïs XII.* Roi de *France*, & *Ferdinand V.* Roi d'*Espagne*, avoient partagé ensemble le Roiaume de *Naples*, après en avoir chassé *Alfonse*, Roi d'*Aragon*. Dans ce partage, la *Terre de Labour* & l'*Abruzze* furent ajugées au Roi de *France*; & la *Pouille*, avec la *Calabre*, au Roi d'*Espagne*. Il survint là-dessus une dispute au sujet de la *Capitanate*, petit païs du Roiaume de *Naples*. Les *François* prétendoient que ce païs faisoit partie de l'*Abruzze*; & les *Espagnols* vouloient, qu'il appartînt à la *Pouille*. Les prémiers se fondoient sur l'ancienne dénomination; & les autres avoient égard à l'usage du tems present, établi depuis la nouvelle division, qu'*Alfonse* avoit faite des Provinces. Cela donna occasion à une grande Guerre entre la *France* & l'*Espagne*.

§. XXIV. (1) Conférez ici Pufendorf, *Droit de la Nat. & des Gens*, Liv V. Chap. XII. §. 9.

§. XXV. (1) Pufendorf en donne de bonnes raisons, *Droit de la Nat. & des Gens*, Liv. VIII. Chap. VIII. §. 4.

(2) Nôtre Auteur a en vuë ce que les Decretales établissent au sujet d'un *Emphytéote*, à qui elles accordent un petit delai, en matiére des Biens d'Eglise, après les deux ans expirez, sans qu'il ait paié la rente. Voiez *Lib.* III. *Tit.* XVIII. *De Locat. & conducto*, *Cap.* ult.

§ XXVI. (1) Ici le plus fort parle ordinairement le premier: mais, quand il s'agit de demander des conditions, c'est alors le plus foible qui commence à parler. C'est ce que *Sylla* disoit au Roi *Mithridate*: Σιωπῶντος δὲ τοῦ βασιλέως, ὁ Σύλλας, Ἀλλὰ μὴν (ἔφη) τοὺς δεομένους ἐστὶ τὸ προτέρους λέγειν, τοῖς δὲ νικῶσιν ἐξαρκεῖ τὸ σιωπᾶν. Plutarch. *in Vit. Sull.* (pag. 467. C.) Grotius.

(2) C'est la maxime que posoit autrefois *Hannibal*: Est *quidem ejus, qui dat, non qui petit, conditiones dicere pacis* &c. [Tit. Liv. Lib. XXX. Cap. XXX. *num.* 24.] Grotius.

(3) Cela est décidé par le Droit Romain: *Veteribus placet, pactionem obscuram, vel ambiguam, Venditori, & qui locavit, nocere: in quorum fuit potestate, legem apertiùs conscribere.* Digest Lib. II. Tit. XIV. *De Pactis*, Leg. XXXIX. En effet, c'est au Vendeur à dire le prix de sa marchandise:

Sa. *Indica, fac pretium.* Do. *Tua merx est, tua indicatio est.*

Plaut. in Pers. (*Act.* IV. *Scen.* IV. vers. 37.) Grotius.

(4) Ἀρ' οὖν, διὰ μὲν τὸ χρήσιμον φιλίας οὔσης, ἡ τοῦ παθόντος ὠφέλεια μέτρον ἐστί. Ethic. Nicom. *Lib.* VIII. *Cap.* XV.

§. XXVII. (1) Car quand on ne contrevient point aux Articles du Traité, quoi qu'on donne un nouveau sujet de Guerre, on n'encourt pas pour cela la peine, à laquelle on s'étoit soûmis, si l'on venoit à violer quelcun

à l'égard de la peine qu'encourt l'Infracteur, que par rapport à la liberté où peut être l'Offensé de dégager sa parole en matiére des autres Articles du Traité.

2. La Paix se *rompt* en trois maniéres: ou en violant les conditions essentielles de tout Traité de Paix; ou en manquant à quelcun des articles clairs & exprès du Traité; ou en agissant contre ce que demande la nature particuliére de la Paix concluë.

§. XXVIII. 1. On viole les *conditions essentielles de tout Traité de Paix*, lors que l'on exerce des actes d'hostilité contre l'ancien Ennemi, sans aucun nouveau sujet. Je dis, *sans aucun nouveau sujet*; car si l'Aggresseur peut alleguer quelque raison plausible pourquoi il aît repris les armes, il vaut mieux alors présumer dans son fait de l'injustice sans perfidie, que de le regarder comme coupable en même tems de mauvaise foi & d'injustice.

2. Pour ceux qui ne font que repousser la force par la force, il n'est presque pas nécessaire de remarquer, qu'ils ne rompent en aucune maniére la Paix, comme l'a (1) dit Thucydide.

3. Cela posé, voions de la part de qui & contre qui une nouvelle prise d'armes a cet effet, de rompre la Paix.

§. XXIX. Je vois des Auteurs, qui croient que la Paix est rompuë, si quelcun des Alliez de celui avec qui le Traité a été conclu, vient à faire quelque chose de semblable. Et j'avouë qu'on peut convenir, si l'on veut, que la Paix sera rompuë en ce cas-là: non que l'un des Alliez soit pour cela proprement sujet à être puni du fait de l'autre, mais en sorte que la durée de la Paix soit censée alors dépendre d'une condition en partie arbitraire, (1) & en partie casuelle. Il ne faut pourtant pas présumer qu'une Paix aît été faite sur ce pié-là, sans des raisons évidentes tirées du Traité même: une telle maniére de se réconcilier imparfaitement étant & contre les régles, & contre les désirs communs de ceux qui entrent en négociation de Paix. Ainsi ceux des Alliez qui auront commis quelque acte d'hostilité, sans l'aide des autres, seront seuls coupables de la rupture, & on aura droit de leur faire la Guerre sans que l'on puisse la déclarer aux autres en même

quelcun des Articles: & l'Offensé n'est pas non plus quitte de ses engagemens. Cependant, comme le remarque Mr. Buddeus, dans une Dissertation *De Contraventionibus Fœderum*, (Cap. III. §. 4.) lors que l'on donne ainsi un nouveau sujet de Guerre, le Traite de Paix se rompt par là indirectement, & par rapport à l'effet, si l'on refuse de faire satisfaction de l'offense. Car alors l'Offensé pouvant prendre les armes pour en tirer raison, & traiter l'Offenseur en Ennemi, contre qui tout est permis; il peut aussi sans contredit se dispenser de tenir les conditions de la Paix, quoi que le Traite n'aît point été rompu formellement, par rapport à sa teneur. Le même Auteur remarque aussi très-bien, que cette distinction ne peut guéres être d'usage aujourdhui, parce que les Traitez de Paix sont conçus de telle maniére, qu'ils emportent un engagement de vivre désormais en bonne amitié à tous egards; de sorte que le moindre sujet de Guerre qu'on vient à donner, quelque nouveau qu'il soit, peut être regardé comme une infraction de l'article du Traité le plus important.

§. XXVIII. (1) *Λύουσι γὰρ [τὰς σπονδὰς] οὐχ οἱ ἀμυνόμενοι, ἀλλ᾽ οἱ πρότεροι ἐπιόντες.* (Lib. I. Cap. CXXIII.) Un Député des *Arméniens*, dans sa Harangue à *Cosroez*, Roi de *Perse*, disoit entr'autres choses, au rapport de Procope, que ceux qui rompent la Paix ne sont pas ceux qui prennent les premiers les armes, mais ceux qui dressent des piéges à leurs Alliez, dans le tems même de l'Alliance: *Λύουσι μὲν γὰρ τὴν εἰρήνην, οὐχ οἳ ἂν ἐν ὅπλοις γίνοιντο πρῶτοι, ἀλλ᾽ οἳ ἂν ἐπιβουλεύοντες ἐν σπονδαῖς τοὺς πέλας ἁλοῖεν.* Persic. *Lib.* II. (*Cap.* III.) Voici comment le même Historien fait parler ailleurs les *Maures*: " Ceux qui rompent le Traité de Paix, ce „ ne sont pas ceux qui aiant reçû des injures mani„ festes, & s'en étant plaints ouvertement, se sepa„ rent d'avec l'Offenseur: mais ce sont ceux qui fai„ sant profession de vouloir garder l'Alliance, ne lais„ sent pas de commettre des violences contre leurs „ Alliez, & se rendent par là Dieu ennemi. Ce „ ne sont pas ceux qui en rompant avec un Allié, ne „ font qu'emporter leur bien: mais ceux qui prenant „ le bien d'autrui, réduisent les légitimes Proprietai„ res à la nécessité de s'exposer aux dangers de la „ Guerre ". *Λύουσι γὰρ τὰς σπονδάς, οὐχ ὅσοι ἀδικούμενοι ἐκ τοῦ ἐμφανοῦς τοὺς πέλας κατηγοροῦντες ἀφίστανται ἀλλ᾽ ὅσοι ὑποσπόνδους ἔχειν ἀξιοῦντές τινας, εἶτα βιάζονται, καὶ τὸν Θεὸν πολέμιόν σφισι ποιοῦνται· οὐχ οἳ ἂν τὰ σφέτερα αὐτῶν κομιζόμενοι ἐφ᾽ ἑτέρους χωροῖεν, ἀλλ᾽ ὅσοι τῶν ἀλλοτρίων ἐπιβατεύοντες ἐς κίνδυνον πολέμου καθίστανται.* Vandalic. *Lib.* II. (*Cap.* XI.) Ammien Marcellin rapporte, que, du tems de *Valentinien*, les *Romains* reculoient tout exprès devant les *Perses*, pour n'être pas obligez d'exercer les prémiers quelque acte d'hostilité, & de donner par là lieu de croire qu'ils avoient rompu l'Alliance; de sorte qu'ils n'en vinrent aux mains qu'à la derniére extrémité: *Operâque consultâ retrocedentes, ne ferro violarent adversorum quemquam primi, & judicarentur discissi fœderis rei, ultimâ trudente necessitate congressi sunt.* Lib. XXIX. *init.* Grotius.

§. XXIX. (1) La condition est en partie arbitraire (par

me tems; quoi que les *Thébains* aient autrefois prétendu le contraire, à l'égard des Alliez (2) de *Lacédémone*.

§. XXX. 1. IL ARRIVE quelquefois que les *Sujets* de l'Etat commettent de leur chef quelque violence: & alors il faut voir s'il y a lieu de croire que l'Etat approuve le fait de ces Particuliers.

2. Trois choses sont nécessaires, pour supposer raisonnablement cette approbation, savoir la connoissance du fait, le pouvoir de punir, & la négligence à le faire, selon les principes que nous avons établis (a) ailleurs. (a) *Liv.* II. *Chap.* XXI. §. 2, *& suiv.*

3. La connoissance se prouve par la notoriété du fait, ou par les plaintes qu'on en a portées. Le pouvoir de punir se présume, tant qu'il ne paroît pas que les Sujets se soient rebellez. La négligence à punir s'infére de ce qu'on a laissé écouler un laps de tems considérable, tel que celui qui est déterminé par les Loix de l'Etat, pour prendre connoissance des Crimes qu'on veut punir. Une telle négligence vaut autant qu'une Ordonnance Publique: & c'est ainsi qu'il faut entendre ce que disoit *Agrippa*, au rapport de JOSEPH, (1) Que le Roi des *Parthes* tiendroit la Paix pour rompuë, si quelques-uns de ses Sujets prenoient les armes contre les *Romains*.

§. XXXI. MAIS la Paix est-elle aussi rompuë, lors que les Sujets, sans prendre les armes d'eux-mêmes, servent, avec l'approbation de l'Etat, telle que nous venons de l'expliquer, dans le parti des autres, qui ont entrepris la Guerre? Cette question a souvent lieu: & les *Cérites*, au rapport de TITE LIVE, (a) décidoient tacitement pour l'affirmative, puis qu'ils disoient, pour se justifier, que, si leurs gens avoient porté les armes pour les Ennemis de *Rome*, ce n'étoit point par autorité publique. Les (b) *Rhodiens* eurent recours à une semblable justification. Et au fond l'opinion la mieux fondée est, qu'une pareille chose ne doit point être censée permise; à moins qu'il n'y aît des raisons apparentes de croire qu'on a eû intention de la permettre, comme nous voions aujourdhui que cela se pratique quelquefois, à l'exemple des anciens *Etoliens*, (1) qui en avoient fait passer la coûtume en loi.

(a) *Lib.* VII. *Cap.* 20.

(b) *Aul. Gell.* Noct. Attic. Lib. VII. Cap. 3.

§. XXXII.

(*potestativa*) entant que celui avec qui l'on fait la Paix directement & immédiatement peut contribuer quelque chose d'une maniere ou d'autre à empêcher ses Alliez & offenser son ancien Ennemi. Mais elle est casuelle, entant qu'il ne peut pas absolument les en empêcher, s'ils veulent ne tenir aucun compte de ce qu'il dit ou qu'il fait pour cela, & qu'ils soient d'ailleurs en état de s'en moquer. Cependant comme, par cela même qu'il a consenti à la rupture de la Paix, au cas que ses Alliez vinssent à commettre quelque acte d'hostilité, il semble s'être fait fort de les en empêcher; il n'a aucun sujet de se plaindre, lors que le cas arrive, quand même il n'auroit rien négligé de ce qui dépendoit de lui. Voiez, au reste, sur la division des *Conditions* en *Arbitraires*, *Casuelles*, & *Mixtes*, ce qui a été dit dans le Traité de PUFENDORF, Du *Droit de la Nat. & des Gens*, Liv. III. Chap. VIII. §. 4.

(2) C'est-à-dire, des *Platéens*. Car, quand les *Lacédémoniens* eurent rompu la Paix, en s'emparant par trahison de la Citadelle de *Cadmée*; les *Thébains* crurent pouvoir s'emparer de la Ville de *Platée*, sous prétexte qu'aiant été Alliée des *Lacédémoniens*, le fait de ceux-ci entraînoit aussi une rupture de la Paix avec elle. Voiez PAUSANIAS, Lib. IX. *seu Bœotic.* Cap. I.

§. XXX. (1) C'est dans le Discours que ce Prince fit aux *Juifs*, pour les exhorter à se soûmettre aux *Romains*: car en leur représentant, qu'ils n'avoient aucune ressource, il leur dit, que quand même ceux de leur Nation, qui demeuroient dans l'*Adiabéne*, au delà de l'*Euphrate*, voudroient venir à leur secours, le Roi des *Parthes*, sous la domination duquel ils étoient, ne le permettroit pas: Οὔτε . . . ὁ Πάρθος ἐπιτρέψει. πρόνοια γὰρ αὐτῷ τῆς πρὸς Ῥωμαίους ἐκεχειρίας, καὶ παραβαίνειν οἴεται τὰς σπονδὰς, κἂν τις τῶν ὑπ' αὐτὸν ἐπὶ Ῥωμαίους ἴῃ. De Bell. Jud. *Lib.* II. *Cap.* XXVIII. (XVI. in Latin.) pag. 808. B.

§. XXXI. (1) Cette Loi permettoit de *faire butin du butin*, Ἄγειν λάφυρον ἀπὸ λαφύρου: ce que l'on pourroit exprimer en Latin par ces mots de PLAUTE: *De prada pradam capio*. In *Trucul.* (Act. II. Scen. VII. *vers.* 15, 16.) *Philippe*, Roi de *Macédoine*, l'explique ainsi, au rapport de POLYBE: Qu'en vertu de cette Loi, il étoit permis aux *Etoliens* de porter les armes, sans permission de l'Etat pour l'un & l'autre parti même de leurs Amis & Alliez, qui étoient en guerre: Τοῦ δὲ Τίτου [Φλαμινίου] θαυμάσαντος τί τοῦτο ἐστιν, ὁ βασιλεὺς [Φίλιππος] ἐπειρᾶτο διασαφεῖν αὐτῷ, λέγων· ὅτι τοῖς Αἰτωλοῖς ἔθος ὑπάρχει, μὴ μόνον πρὸς οὓς ἂν αὐτοὶ πολεμῶσι, τούτους αὐτοὺς ἄγειν καὶ τὴν τούτων χώραν· ἀλλὰ κἂν ἕτεροί τινες πολεμῶσι πρὸς ἀλλήλους, ὄντες Αἰτωλῶν φίλοι καὶ σύμμαχοι, μηδὲν ἧττον ἐξεῖναι τοῖς Αἰτωλοῖς, ἄνευ κοινοῦ δόγματος, καὶ παρ' ἀμφοτέροις πολεμοῦσι, τὴν χώραν ἄγειν τὴν ἀμφοτέρων. Lib. XVII. (Cap. V.) TITE LIVE témoigne la même chose, & remarque qu'en conséquence de cela on voioit souvent des Troupes Auxiliaires d'*Etolie* dans les deux Armées Ennemies. (Voiez le passage rapporté ci-dessus, *Liv.* II. *Chap.* XXV. §. 9. *Note* 2.) Les *Huns Sabiriens* combattoient aussi, tantôt pour un parti, tantôt pour l'autre, comme le remarque AGA-

THIAS,

§. XXXII. 1. La Paix doit encore être regardée comme rompuë, lors que, sans un nouveau sujet, on exerce quelque acte d'hostilité à main armée, non seulement contre tout le Corps de l'Etat, mais encore contre des Sujets de l'Etat. Car le but d'un Traité de Paix est toûjours que tous les Sujets de l'Etat vivent désormais en sûreté; le Traité étant un acte de l'Etat pour tous les Membres en général, & pour chacun en particulier.

2. Encore même que la Paix subsiste, chacun peut se défendre soi & ses biens, contre ceux qui l'attaquent, & qui par-là donnent, entant qu'en eux est, un nouveau sujet de Guerre. Car le droit de repousser la force par la force étant un droit naturel, comme le (a) disent les Jurisconsultes; on ne doit pas aisément présumer que ceux qui ont traité d'égal à égal s'en soient dépouillez. Mais, en ce cas-là, il ne sera pas permis d'user de violence pour tirer raison d'une injure, ou pour recouvrer ce qui nous a été pris, jusques à ce qu'on aît refusé de nous donner satisfaction par les voies ordinaires de la Justice. Car ici la chose souffre quelque retardement; au lieu que, dans l'autre cas, il n'y a point de tems à perdre.

(a) Digest. Lib. XLIII. Tit. 16. *De vi & vi armata*, Leg. 1. §. 27.

3. Cependant si les Sujets, de qui l'on a reçû quelque injure, sont des gens tellement accoûtumez à mal faire, & à fouler aux pieds le Droit Naturel, qu'on (1) aît tout lieu de croire que ce qu'ils font, ils le font contre la volonté de leur Souverain, & que d'ailleurs il n'y aît pas moien de les poursuivre en Justice; comme quand il s'agit, par exemple, de Pirates: on peut, sans autre forme de procès, courir après eux, pour leur enlever son bien, & pour les punir même, comme s'ils avoient été livrez entre nos mains par leur Souverain: bien entendu que pour cet effet on n'expose pas en même tems des personnes innocentes aux actes d'hostilité qu'on veut exercer contr'eux; car ce seroit alors violer la Paix.

§. XXXIII. 1. On rompt aussi la Paix, en prenant les armes contre (1) les Alliez de l'autre Partie, mais (2) seulement quand il s'agit de ceux qui étoient compris dans le Traité, comme nous l'avons fait voir (a) en examinant la dispute entre les *Romains* & les *Carthaginois* au sujet de l'affaire de *Sagonte*. Les *Corinthiens* pressoient autrefois ce sujet de rupture, dans une Harangue que leur prête Xénophon: (3) *Nous avons tous juré*, disoient-ils, *les uns aux autres*.

(a) *Liv.* II. *Chap.* XVI. §. 13.

2. Que si les Alliez n'ont pas eux-mêmes traité, mais d'autres pour eux, cela n'empêche pas que la même chose n'ait lieu, du moment qu'on a des preuves suffisantes que ces Alliez ont ratifié la Paix: car tant qu'il est incertain s'ils veulent la ratifier, ils demeurent Ennemis de celui qui a fait sa paix avec l'autre.

3. Autre chose est, quand il (b) s'agit des Alliez qui n'ont été ni engagez dans la Guerre, ni compris dans le Traité de Paix; comme aussi de ceux avec qui l'on a quelque liaison de Parenté ou d'Affinité, & qui ne sont pas sous (4) nôtre dépendance. Les violences exercées contr'eux par l'autre Partie ne peuvent point être regardées comme une rupture de la Paix. Ce n'est pas qu'on ne soit en droit (c) de prendre les armes pour

(b) *Cep.* Cons. 690. *Dec.* Cons. 131.

(c) Voiez *Liv.* II. *Chap.* XXV. §. 4.

THIAS, Lib. IV. (Cap. III.) Nous apprenons encore de Tite Live, que les anciens *Etrusques*, quoi qu'ils eussent refusé du secours à ceux de *Veïes*, n'empêchoient point leur Jeunesse d'aller servir chez eux, si elle vouloit: *Sanguini tamen nominique & præsentibus periculis consanguineorum id dari, ut si qui Juventutis suæ voluntate ad id bellum eant, non impediant.* Lib. V. (Cap. XVII.) Grotius.

§. XXXII. (1) C'est ainsi qu'*Auguste* prononça autrefois en faveur d'*Herode*, contre *Syllée*. Voiez Joseph, *Antiq. Jud.* Lib. XVI. Cap. XVI. Grotius.

§. XXXIII. (1) Voiez Mr. De Thou, *Hist.* Lib. LXV. sur l'année 1578. Il y a aussi quelque chose sur ce sujet, dans Franc. Haraeus, *Hist. Brabant.* Tom. II. sur l'année 1556. Grotius.

(2) Mais voiez ce que j'ai dit, sur l'endroit cité en marge.

(3) Ὤμνυμεν πᾶσιν ὑμῖν πάντες ἡμεῖς ὀμόσαμεν &c. Hist. Græc. *Lib.* VI. *Cap.* V. §. 37. *Ed. Oxon.*

(4) Nôtre Auteur a raison de supposer, que ceux, avec qui l'on a ces sortes de liaisons, ne soient pas sous nôtre dépendance: car si l'injure est faite, par exemple, à la Reine, ou à un Prince, Fils du Roi, & qui ne régne point lui-même ailleurs; c'est comme si on avoit offensé le Roi même. Voiez Bodin *De Repu*:

pour repousser ces actes d'hostilité; nous l'avons permis ci-dessus: mais alors ce sera une Guerre toute nouvelle, & pour un nouveau sujet.

§. XXXIV. Voila' pour ce qui regarde la violation des conditions essentielles à tout Traité de Paix. La seconde maniére générale de rompre la Paix consiste, comme nous l'avons dit, à contrevenir aux *articles clairs & exprès du Traité:* de quoi on se rend coupable ou par quelque acte positif, ou en ne faisant pas ce qu'il faut & dans le tems qu'il faut.

§. XXXV. 1. Je ne saurois approuver ici la difference qu'on met entre les *Articles de la Paix* qui sont *de grande importance*, & ceux qui sont *de peu d'importance.* Car tout ce qui a été compris dans un tel Traité doit être regardé comme assez important, pour qu'on soit obligé de l'observer ponctuellement.

2. Autre chose est de savoir ce que demande ici la Bonté, & sur tout la Bonté Chrétienne. Car il est bien vrai que celui qui agira par un principe de cette Vertu pardonnera plus aisément les fautes legéres, sur tout lors qu'elles sont suivies de repentir, selon cette ancienne sentence, qui porte *Que* (1) *quand on se repent du mal qu'on a fait, on est presque innocent.*

3. Cependant, eû égard même au droit rigoureux, il est à propos, pour mieux affermir le Traité de Paix, d'ajoûter (2) cette clause (a) aux Articles de moindre conséquence, que la violation de quelcun de ces Articles ne suffira pas pour rompre la Paix; ou bien que l'on sera obligé, avant que de prendre les armes, de tenter la voie d'Arbitres, comme cela étoit stipulé dans le Traité de Paix entre les Peuples du *Péloponnése*, au rapport de (3) Thucydide.

(a) Voiez ci-dessus, *Liv.* II. *Chap.* XV. §. 15.

§. XXXVI. 1. Je suis tout-à-fait persuadé, que c'est aussi sur ce pié-là qu'il faut expliquer l'intention des deux Parties, lors qu'on a expressément ajoûté une (1) peine particuliére à la violation de certains Articles. Je n'ignore pas, que l'on peut avoir dessein, en stipulant une peine, de laisser le choix à celui, qui aura été offensé, ou d'exiger la punition, ou de rompre l'accommodement. Mais la nature de l'affaire, dont il s'agit, demande plûtôt l'autre interprétation, dont je viens de parler.

2. Il est constant aussi, comme nous (a) l'avons déja remarqué ci-dessus, & prouvé par des exemples de l'Histoire, qu'en matiére même d'Articles où l'on a traité purement & simplement, celui qui n'effectuë point ce qu'il a promis, lors que l'autre qui devoit le prémier executer ses engagemens y a manqué, ne rompt point par là la Paix; puis qu'il n'étoit obligé que sous condition.

(a) *Chap. précéd.* §. 14.

§. XXXVII. Que si l'une des Parties est réduite, par l'effet de quelque nécessité invincible, à l'impossibilité d'effectuer ses engagemens, comme, par exemple, si la chose promise a péri, ou a été enlevée, ou si par quelque accident survenu on est absolument hors d'état de faire ce à quoi on s'étoit engagé: en ce cas-là, on ne doit point à la vérité tenir la Paix pour rompuë; car, comme nous l'avons dit, la durée de la Paix ne depend point ordinairement d'une condition casuelle; mais il doit être au choix

Republic. Lib. V. Cap. VI. *pag.* 951. *Edit. Francof.* 1622: Le Droit Romain fait regarder une injure reçuë par la Femme ou les Enfans de quelcun, comme reçuë par le Mari ou le Pére, & donne action à celui-ci en son propre nom. Voiez les *Recepta Sententiæ* du Jurisconsulte Paul Lib. V. Tit. IV. §. 3. & là-dessus Cujas & Mr. Schulting; comme aussi la Jurisprudentia Papiniana d'Antoine Faure, Tit. IX. Princip. II. Illat. 22.

§. XXXV. (1) *Quem pœnitet peccasse, pæne est innocens.* Senec. in Agamemn. *vers.* 243.

(2) Voiez-en un bel exemple dans le Traité de Paix entre l'Empereur *Justinien*, & *Cosroez*, Roi de *Perse*; tel que le rapporte Menandre *le Protecteur* (Cap. II.) Grotius.

(3) Αἰ δέ τινι τᾶν πολίων ᾖ ἀμφίλογα, ἢ τᾶν ἐντὸς ἢ τᾶν ἐκτὸς Πελοποννάσω, αἴτε περὶ ὅρων, αἴτε περὶ ἄλλου τινὸς, διακριθῆμεν. αἰ δέ τις τῶν ξυμμάχων πόλις πόλει ἐρίζοι, ἐς πόλιν ἐλθεῖν, ἅντινα ἴσαν ἀμφοῖν ταῖς πολίεσσι δοκοίη. Lib. V. Cap. LXXIX.

§. XXXVI. (1) Comme dans le Traité de Paix des *Goths* avec les anciens *Francs*. Voiez Procope *Gothic.* Lib. I. (Cap. XII.) Grotius.

choix de l'autre Partie, ou d'attendre quelque tems l'effet de ce qu'on lui avoit promis, s'il y a encore quelque espérance que la chose devienne possible, ou d'exiger la valeur de ce qui avoit été stipulé, ou bien de se liberer des engagemens réciproques ou équivalens à l'Article de la Paix, dont l'exécution est impossible pour l'heure.

(a) Voiez le Chap. préced. §. 15.

§. XXXVIII. LORS même qu'il y a de la perfidie d'un côté, il est libre certainement à la Partie innocente de laisser subsister la Paix, (a) comme fit autrefois *Scipion*, après plusieurs infidélitez des *Carthaginois*. Car on ne sauroit se dégager d'une obligation, en agissant contre ce à quoi l'on est obligé. Et il n'importe qu'il y aît dans le Traité une clause expresse, par laquelle on déclare que la Paix sera rompuë, si l'on contrevient à tels ou à tels Articles: car cette clause doit être censée ajoûtée uniquement en faveur de l'Innocent, afin qu'il en profite, s'il veut.

§. XXXIX. LA Paix enfin se rompt, comme nous l'avons dit, en faisant quelque chose de contraire à ce que demande la *nature particuliére du Traité* conclu.

§. XL. 1. AINSI tout ce qui est contre l'Amitié, rompt un Traité de Paix fait sous condition de vivre désormais en bons amis. Car ici on peut exiger à la rigueur, en vertu de l'accord, des Devoirs auxquels les autres Amis ne sont tenus que par les Loix de l'Amitié, qui n'emportent aucune contrainte. Et c'est à (1) cette sorte de Paix qu'il faut rapporter, à mon avis, bien des choses que les Docteurs établissent au sujet des outrages & des injures faites sans le secours des Armes; sur tout ce que disoit autrefois CICÉRON, (2) *Que quand on a fait quelque chose contre ceux avec qui on s'étoit reconcilié, cela passe pour une offense, & non pas pour une négligence; ce n'est plus imprudence, c'est perfidie.*

2. Ici néanmoins on doit adoucir, autant qu'il est possible, ce que l'action paroît avoir d'odieux. Ainsi, quoi que la personne à qui l'on a fait quelque injure, soit parente ou Sujette de celui avec qui l'on a conclu un Traité de Paix; l'injure ne sera point censée faite à lui-même, à moins qu'on n'aît eu un dessein manifeste de l'insulter ou de l'outrager par là indirectement. Les Loix Romaines suivent cette maxime de l'Equité Naturelle, à l'égard des Esclaves d'autrui (3) que quelcun a extrémement maltraitez.

(a) *Alex.* Cons. II, 133.

3. De même un Adultére (a) ou un simple Viol sera regardé comme l'effet d'une passion violente plûtôt que comme un crime commis à dessein de deshonorer l'ancien Enne-

§. XL. (1) Non pas à toute sorte de Paix: car il y a des Traitez, qui ne se font point à dessein de lier amitié ensemble, comme nous l'enseigne le Jurisconsulte POMPONIUS: *Nam si cum gente aliquâ, neque amicitiam, neque hospitium, neque fœdus amicitiæ caussâ factum habemus* &c. DIGEST. Lib. XLIX. Tit. XV. *De Captivis & Postlim.* Leg. V. §. 2. GROTIUS.

Voiez ce qui a été dit ci-dessus, *Liv.* II. *Chap.* XV. §. 5.

(2) *Post reditum in gratiam, si quid est commissum, id non neglectum, sed violatum putatur, nec imprudentiæ, sed perfidiæ, adsignari solet.* Fragm. Orat. pro *Aul. Gabin.* apud HIERONYM. *Apolog. adv. Ruffin.*

(3) *Si quis sic fecit injuriam servo, ut domino faceret, video dominum agere posse suo nomine: si vero non ad suggillationem domini id fecit, ipsi servo facta injuria, inulta à Prætore relinqui non debuit* &c. DIGEST. Lib. XLVII. Tit. X. *De Injuriis & famosis Libellis* &c. Leg. XV. §. 35. Voiez le même Titre des INSTITUTES, §. 3.

§. XLI. (1) Le fameux Législateur *Solon* ordonna, qu'on ne recevroit au nombre des Citoiens d'*Athenes*, d'autres Etrangers, que ceux qui auroient été bannis à perpétuité de leur patrie, ou qui viendroient s'établir à *Athénes* avec toute leur Famille, pour y exercer quelque Mêtier: Ὅτι γενέσθαι πολίτας οὐ δίδωσι, πλὴν τοῖς φεύγουσιν ἀειφυγίᾳ τὴν ἑαυτῶν, ἢ πανεστίοις Ἀθήναζε μετοικιζομένοις ἐπὶ τέχνῃ. PLUTARCH. in Vit. Solon. (*pag.* 91. E.) Le Roi *Persée*, au rapport d'APPIEN d'*Alexandrie* disoit, pour se justifier de la retraite qu'il avoit donnée à des Exilez, que c'étoit le droit commun de tous les Hommes: Κοινὸν γε πάντων ἀνθρώπων νόμον, καθὰ καὶ ὑμεῖς τὸν ἱκέτην φεύγοντα ὑποδέχεσθε. Excerpt. Legat. *num.* 25. (Pag. 167. *Ex. Ursin.*) Ce droit commun est souvent confirmé ou rendu plus fort par des Traitez. Voiez la Paix faite avec *Antiochus*, dans POLYBE, *Excerpt. Legat.* XXXV. & celle qui fut faite entre les *Romains* & les *Perses*, telle que la rapporte MÉNANDRE *le Protecteur* (Legat. Justin. Justinian. & Tiber. *Cap.* II.) comme aussi ce que SIMLER dit des Articles de la Confédération des *Suisses*. Les ARADIENS, pendant que les *Rois de Syrie* se faisoient la guerre, obtinrent cette condition par un Traité, qu'il leur seroit permis de donner retraite à ceux du Roiaume de *Syrie* qui viendroient se réfugier chez eux, mais qu'ils ne pourroient pas les chasser & les livrer malgré eux: Πείσαντας συμβῆναι, ἐφ' ἐξεῖναι δέχεσθαι τοὺς καταφεύγοντας ἐκ τῆς βασιλείας παρ' αὐτοὺς, καὶ μὴ ἐκδιδόναι ἄκοντας. STRAB. Geogr. *Lib.* XVI. (*pag.* 754. *Edit. Paris. Casaub.*) GROTIUS.

Ennemi, en attentant à l'honneur des Femmes qui lui appartiennent. Et si l'on s'empare du bien d'autrui, on sera censé s'y être porté par un nouveau désir de s'accommoder & de s'enrichir, plûtôt que s'être rendu par là coupable de perfidie.

4. Mais de grandes menaces, faites sans un nouveau sujet, sont sans contredit incompatibles avec l'Amitié. Je dis la même chose de l'entreprise de bâtir des Places fortes sur les frontiéres, & des levées extraordinaires de Troupes, lors qu'il paroît par des indices suffisans, que tous ces préparatifs ne se font que contre celui avec qui l'on devoit vivre en bonne amitié selon le Traité de Paix.

§. XLI. 1. Pour ce qui est de recevoir dans son païs les Sujets de l'autre Etat qui veulent venir s'y établir, (1) il n'y a rien là de contraire à l'Amitié. Car cette liberté de changer de demeure est non seulement conforme au Droit Naturel, mais encore elle a quelque chose de favorable, selon ce que nous (a) avons dit ci-dessus.

(a) *Liv.* II. *Chap.* V. §. 24.

2. Je mets au même rang la retraite que l'on donne aux Exilez: car, comme nous l'avons (b) remarqué ailleurs, après Euripide, l'Etat, d'où ils sont sortis, n'a plus aucun droit sur eux. Et en effet, *à quoi bon ordonner un bannissement, si le Banni ne trouve point d'endroit où on veuille le recevoir?* C'est ce que le Roi *Persée* disoit très-bien autrefois, au rapport de (2) Tite Live. L'Orateur Aristide (3) appelle *un droit commun à tous les Hommes*, celui de *donner retraite aux Exilez*.

(b) *Ibid.* §. 24.

3. Mais certainement il n'est point permis de recevoir dans ses terres les Habitans d'une Ville entiére, ou de grandes Troupes de gens, qui font une partie considerable du Corps de l'Etat, d'où ils sortent, comme (4) nous l'avons aussi (c) remarqué ailleurs. On ne doit pas non plus donner retraite à ceux qui sont engagez par serment, ou de quelque autre maniére, à demeurer au service ou sous l'esclavage de celui qu'ils ont quitté.

(c) *Ubi supr.* §. 24. Voiez *Bizo* Lib. XII.

4. Le Droit des Gens a établi chez quelques Peuples, qu'il seroit permis de donner retraite aux Esclaves devenus tels par le malheur de la Guerre, selon ce que nous avons dit (d) ci-dessus.

(d) *Chap.* VII. de ce Liv. §. 8.

5. Nous avons aussi traité (e) ailleurs de ceux qui, sans être bannis, se sont sauvez pour éviter la peine qu'ils méritoient.

(e) *Liv.* II. Chap. XXI. §. 3, *& suiv.*

§. XLII. 1. Il n'est pas toûjours permis de remettre à la décision du Sort l'issuë d'une Guerre: on n'a plein pouvoir de (1) prendre cette voie, comme on le juge à pro-

(2) *Et hercule quid attinet cuiquam exsilium patere, si nusquam exsuli futurus locus est?* Lib. XLII. Cap. XLI. num. 7.

(3) Ἡ καὶ δίκαιόν τοῖς ἱκετεύουσι· ὃ κοινὸν ἐστὶν ἅπασιν ἀνθρώποις &c. Orat. Leuctr. I. *pag.* 103. C. Tom. II. *Ed. P. Steph.*

(4) Voiez ce que j'ai dit sur cet endroit.

§. XLII. (1) Ziegler, & d'autres après lui, critiquent ici nôtre Auteur mal-à-propos, pour avoir mal pris sa pensée. Ils lui font dire, que l'on ne peut user de la voie du Sort, pour terminer une Guerre, que quand il s'agit de quelque chose sur quoi on a un plein droit de Propriété. Mais s'ils avoient bien pris garde à la suite du discours, ils auroient vû que Grotius n'a jamais pensé à dire cela. Car il permet purement & simplement d'avoir recours au Sort lors qu'on se sent trop foible pour resister; & il ne distingue point là les choses dont le Souverain a toûjours plein pouvoir de disposer, comme lui appartenant en propre, d'avec celles qui appartiennent aux Sujets, & pour la défense desquelles il a entrepris la Guerre. Ce qui a trompé les Interprètes, c'est l'expression de l'Original, qui est un peu louche: *Sortis alea subjici belli exitus licitè non semper potest, sed tum demum quoties de re agitur, in quam plenum habemus dominium.* Il semble d'abord, que ces mots, *Sed tum demum quoties* &c. marquent le cas excepté, dans lequel on peut user de la voie du Sort: mais il faut sousentendre ici le *semper potest*; car le sens est, que ce n'est qu'en matiere de ces sortes de choses que l'on peut toûjours, si l'on veut, remettre la fin de la Guerre à la decision du Sort, encore même qu'on le fasse dans des circonstances, où il y a de l'imprudence à agir ainsi; parce que chacun peut disposer de son bien comme il le juge à propos. Au lieu que, quand il s'agit de l'intérêt des Sujets, dont on n'est pas maître absolu, on doit tenter toute autre voie apparente, avant que d'en venir à celle-ci, qui est de sa nature entiérement incertaine. Voilà la pensée de nôtre Auteur, que j'ai exprimée, ce me semble, dans ma Traduction, d'une maniére à ne laisser aucune ambiguité. Cependant il est bon de remarquer à cette occasion, combien il importe à un Auteur, sur tout quand il écrit d'un stile concis, de s'énoncer avec toute la netteté possible: autrement on donne lieu à ceux qui n'examinent pas les choses d'assez près, c'est-à-dire, à la plûpart des Lecteurs, de prendre souvent le sens des paroles tout de travers, & d'attribuer à l'Ecrivain des choses qu'il n'a jamais euës dans l'esprit.

propos, que quand il s'agit de quelque chose sur quoi on a un plein droit de Proprié-té. Car l'obligation où est l'Etat de défendre la vie, ou l'honneur des Citoiens, & autres choses semblables; comme aussi l'obligation où est le Roi de maintenir le bien de l'Etat; ces obligations, dis-je, sont trop fortes, pour que l'Etat ou le Roi puisse renoncer à l'usage des moiens les plus naturels pour sa propre conservation, & pour celle des autres.

2. Cependant si, tout bien compté, celui qui a été injustement attaqué se trouve si foible, qu'il ne voie aucune espérance de pouvoir résister à l'Ennemi; rien n'empêche, ce semble, qu'il n'offre de vuider le différent par la voie du Sort, pour éviter ainsi un péril certain en s'exposant à un danger incertain; car c'est alors le moindre de deux maux inévitables.

§. XLIII. 1. Voici une question fort agitée, qui se présente ensuite sur la matiére dont nous traitons, c'est de savoir, si l'on peut, pour mettre fin à la Guerre, s'en rapporter au succès d'un Combat entre un certain nombre de gens dont on est convenu, par exemple, un contre un de part & d'autre, ou deux contre deux, ou trois contre trois, ou trois cens contre trois cens. L'Histoire nous fournit un exemple du prémier dans le Combat (1) d'*Enée* & de *Turnus*, de *Ménélas* (2) & de *Paris*; du second, dans le Combat entre les (a) *Etoliens* & les *Eléens*; du troisiéme entre les *Horaces* (b) Romains d'un côté, & les *Curiaces* Albains de l'autre; du quatrieme, dans le Combat entre (3) les *Lacédémoniens* & ceux d'*Argos*.

(a) *Pausan.* Lib. V. Cap. 4.
(b) *Tit. Liv.* Lib. I. Cap. 24, & *seqq.*

2. A ne considerer ici que le Droit des Gens externe, il n'y a point de doute que ces sortes de Combats ne soient permis: puis que ce Droit permet (4) de tuer les Ennemis de quelque maniére que ce soit. Et s'il faloit approuver comme véritable, l'opinion où étoient les *Grecs*, les *Romains*, & autres Peuples, que chacun est maître absolu de sa propre vie; les Combats, dont il s'agit, seroient aussi autorisez par les régles de cette Justice intérieure, qui met la conscience en repos.

3. Mais nous avons remarqué plusieurs (c) fois, que ce sentiment est contraire & à la droite Raison, & aux Loix Divines. (5) Nous avons (d) aussi prouvé ci-dessus, & par la Raison, & par l'Ecriture Sainte, que c'est pécher contre la Charité, de tuer un Homme, pour ne pas perdre des choses dont on peut se passer. D'ailleurs, pour ajoûter ici une autre reflexion, c'est pécher & contre soi-même, & contre Dieu, que de prodiguer à si bon marché la vie que l'on a reçuë comme un grand

(c) *Liv.* II. Ch. XIX. §. 5. & Chap. XXI. §. 11.
(d) *Liv.* II. Chap. I. §. 12. & *suiv.*

§. XLIII. (1) Voiez le XII. Livre de l'*Enéïde* de Virgile, où la chose est racontée au long par le Poëte, qui l'a peut-être inventée: car je ne sâche point d'autre garant du fait. On n'en trouve rien dans le petit Traité *De Origine Gentis Romanæ*, attribué à Aurelius Victor: il dit seulement qu'*Enée* tua *Turnus*.

(2) Ceci est raconté dans le III. Livre de l'Iliade d'Homére.

(3) Le fait se trouve dans un fragment de Thésée, ancien Auteur, cité par Stobée, *Serm.* VII. Voiez les *Miscellanea Laconica* de Meursius, Lib. IV. Cap. XIII.

(4) Voiez ci-dessus, Chap IV. de ce dernier Livre.

(5) Toutes ces raisons, (dit Mr. Buddéus, *Jurispr. Historic. Specim.* §. 23.) ou ne prouvent rien, ou prouvent en même tems, qu'il n'est jamais permis d'exposer sa vie dans un Combat, quel qu'il soit. Et c'est ce qu'avoit déja avoué Graswinckel, dans sa Défense de nôtre Auteur contre Felden, pag. 230. Voiez ce que je dirai tout-à-l'heure, dans la *Note* 7.

(6) C'étoit l'usage superstitieux des anciens *Allemands*, qui appelloient ces sortes de Combats *Judicia Dei*, ou *Ordalia*. Voiez François Hotoman, *Obs.* III. comme aussi la Dissertation de Mr. Buddéus, que je viens de citer, §. 21. celle de Mr. Hertius, *De Consultat. Legg. & Judiciis in Specialib. Rom. Germ. Imp. Rebuspubl.* §. 21. Tom. II. Opusc. pag. 459, 460. & une de Mr Slicher, intitulée, *De debita ac legitimâ Vindicatione Existimationis* &c. imprimée à *Amsterdam* en 1717. pag. 37. & *seqq.*

(7) Cette exception fait voir, que la chose en elle-même n'est point mauvaise, & que tout le mal consiste en ce qu'on expose sans necessité sa vie, ou celle des autres, au hazard d'un Combat singulier; ce qui feroit illicite, quand même on le feroit sans aucun accord. Le desir de finir la Guerre, qui a toûjours de si fâcheuses suites, même pour le parti victorieux, est si louable, qu'il peut même excuser, sinon justifier entiérement, ceux qui s'engageroient ou qui engageroient imprudemment les autres dans un Combat de cette nature. Il me semble du moins, qu'en ce cas-là ceux qui combattent, non de leur pur mouvement, mais par ordre de l'Etat, sont tout-à-fait innocens; car ils ne sont pas plus obligez d'examiner, si l'Etat agit prudemment ou non, que quand on les envoie à un Assaut, ou à une Bataille rangée.

(8) Mais il y a une grande différence entre ces exem-

grand présent de la Libéralité Divine. Si l'on fait la Guerre pour un sujet qui le mérite, comme s'il s'agit de la conservation d'un grand nombre d'Innocens, il faut agir de toutes ses forces. (e) Prendre le parti de s'en raporter à un Combat arrêté, comme si le succès devoit être une preuve de la bonne cause, (6) ou une punition de la Justice Divine, c'est une folie & une superstition.

(e) *Thom. Aqui.* II. 2. Qu. 95. art. 8. & ibi *Cajetan.*

4. Il n'y a qu'un seul cas, où ces sortes de Combats décisifs peuvent être innocens & légitimes d'une part seulement, (7) c'est lors que sans cela il y a toutes les apparences du monde que celui, dont la cause est injuste, sera victorieux, & fera ainsi perir un grand nombre de personnes innocentes: car alors on ne sauroit blâmer raisonnablement celui qui choisit la maniére de combattre où il peut esperer le plus vraisemblablement un bon succès.

5. Il est vrai aussi, qu'il y a des choses, qui, quoi que mauvaises en elles-mêmes & par rapport à celui qui les fait, peuvent être innocemment permises par d'autres, pour éviter de plus grands maux, qui sans cela sont inévitables; en sorte que la permission n'emporte point alors une approbation, toûjours vicieuse. (8) C'est ainsi qu'on tolére en plusieurs endroits les Usuriers, & les Courtisanes.

6. Ce que nous avons donc dit (f) ci-dessus, en traitant des moiens de prévenir la Guerre, que, si deux Princes, qui prétendent l'un & l'autre à la Couronne, sont disposez à vuider leur différent par un Combat singulier, le Peuple peut le (9) permettre, pour éviter un plus grand malheur dont il est menacé; cela, dis-je, peut être appliqué ici, où il s'agit des moiens de terminer une Guerre. C'est ainsi que (g) *Hyllus* fit un appel à *Eurysthée*; & *Cyrus* (h) au Roi d'*Assyrie*. DENYS *d'Halicarnasse* fait dire à *Métius*, (10) qu'il ne seroit pas injuste que les Princes eux-mêmes vuidassent (11) leurs démêlez par les armes, s'il s'agissoit de leur puissance ou de leur dignité, & non pas de celle de leurs Peuples. Nous lisons aussi, (i) que l'Empereur *Héraclius* se battit en combat singulier avec le fils de *Cosroez* Roi de *Perse*.

(f) *Liv.* II. *Chap.* 23 §. 10.

(g) *Euripid. Heracl.* vers. 804. *& seqq.*

(h) *De Cyr. instit.* Lib. V. Cap. 3. §. 4.

(i) Voiez *Aimoin.* Lib. IV. C. 21. & *Fredegar.* Cap. 64.

§. XLIV. AU RESTE, ceux qui remettent ainsi la décision de leur différent au succès d'un Combat, peuvent bien, s'ils ont quelque droit, s'en dépouiller eux-mêmes, mais ils ne sauroient, lors qu'il s'agit d'un Roiaume qui n'est point Patrimonial, donner par là aucun droit à un autre, que nous supposons n'en avoir point. Il faut donc, afin que l'accord soit valable, un consentement (1) & du Peuple, & des personnes déja

exemples, & le cas dont il s'agit. Lors qu'on tolére les Usuriers, ou les Courtisanes, cette tolérance par elle-même n'emporte aucune approbation: c'est une simple impunité, que les Loix & le Magistrat peuvent & doivent souvent accorder, à l'égard de plusieurs choses vicieuses. Mais les Combats arrêtez de part & d'autre, sont tels de leur nature, qu'ils ne sauroient avoir aucun effet, sans être autorisez positivement par l'Etat. De sorte que, si les raisons de nôtre Auteur étoient bonnes, l'Etat ne pourroit jamais, je ne dirai pas ordonner de son pur mouvement de tels Combats, mais encore les permettre aux Champions, qui s'offriroient d'eux-mêmes; puis que cette permission emporte toûjours une approbation, & vaut autant qu'un ordre exprès.

(9) Voiez la Note précedente.

(10) *Λέγων, ὅτι τοῖς μὲν ἡγεμόσιν τῶν πολεμούντων, ὅταν ἰδίαν καταπραγματεύωνται δυναστείαν, καλὸς καὶ ἀναγκαῖος ἐστιν ὁ περὶ τῆς ἀρχῆς πρὸς ἀλλήλους ἀγών· ταῖς δὲ πόλεσιν αὐταῖς, ἐπειδὰν περὶ τῆς ἡγεμονίας διαφέρωνται πρὸς ἀλλήλας, οὐ μόνον σφαλερὸς, ἀλλὰ καὶ αἴσχιστος ὁ διὰ μονομαχίας κίνδυνος* &c. Antiq. Rom. Lib. III. Cap. XII. Il paroît par ce qui suit, que la question n'y est nullement décidée par les principes & les raisons de nôtre Auteur. Car le Chef des *Albains* refuse le Combat d'un à un, & veut qu'on fasse battre trois contre trois, parce, dit-il, que le nombre de *trois* renferme un *commencement*, un *milieu*, & une *fin*: *Ἀρχήν τε, καὶ μέσον, καὶ τελευτὴν ἔχοντα* [*τὸν ἀριθμὸν*] *ἐν ἑαυτῷ*. Voilà une belle moralité!

(11) C'est ce que les Habitans de la Ville d'*Andrinople* répondoient à *Mahomet*, en parlant de lui & de *Musa Zeleb*; au rapport de LEUNCLAVIUS, Lib. XI. *Cunibert*, Roi des *Lombards*, appella ainsi en duel le Roi *Alachis*: PAUL. WARNAFRED. *Lib.* V. *Pharnaeus* vouloit se battre avec le Chef des *Sauromates*, pour voir qui auroit le Château de *Cherson*; afin que leur dispute n'exposât pas aux dangers de la Guerre un grand nombre de gens. CONSTANTIN. *Porphyrogennet.* Cap. *De Castro Chersonis.* Voiez un exemple de Combat singulier, au sujet du Roiaume, dans l'Histoire du *Dannemarc*, de PONTANUS [Lib. V. pag. 151. *Edit. Amst.* 1631. où les Champions étoient *Edmond* & *Canut.*] & ce que les Historiens disent des défis que se firent l'Empereur *Charles-Quint*, & *François I.* Roi de *France*. GROTIUS.

§. XLIV. (1) Quelques Commentateurs veulent que ce consentement ne soit point nécessaire, parce, disent

déja nées qui ont quelque droit à la Succession. En matiére même de (2) *Fiefs*, qui ne sont pas francs, le consentement du Seigneur est absolument nécessaire.

§. XLV. 1. Dans ces sortes de Combats, il y arrive souvent des cas, qui fournissent occasion de disputer, lequel des Champions (1) doit être tenu pour Vainqueur. Sur quoi je dis, que, quand il y a plusieurs Combattans de part & d'autre, il faut que ceux d'un côté soient tous tuez ou mis en fuite, pour pouvoir être regardez comme vaincus. Et je parle de la fuite, aussi bien que de la mort: car c'est ainsi que Tite Live (2) donne pour preuve que l'on se reconnoît vaincu, le parti qu'on prend de (a) se retirer dans son Païs ou dans ses Villes.

2. Trois celébres Historiens, Herodote, Thucydide, Polybe, nous fournissent chacun un exemple de disputes survenuës touchant la victoire. Le cas rapporté par le prémier, regarde seul les Combats arrêtez de part & d'autre: mais, si l'on y fait bien attention, on trouvera que, dans ce cas, aussi bien que dans les deux autres, les Combattans sont sortis du Combat sans qu'il y aît eû de part ni d'autre une véritable victoire. Car ceux d'*Argos*, dont il s'agit dans Herodote, (b) ne furent point mis en fuite par *Othryade*, mais ils se retirérent à l'entrée de la nuit, se croiant vainqueurs, & à dessein d'en aller porter la nouvelle à leurs gens. Ceux de *Corfou*, dont parle (c) Thucydide, ne mitent pas non plus en déroute les *Corinthiens*, après s'être battus avec avantage, aiant apperçû la Flotte des *Athéniens*, qui paroissoit forte, se retirérent sans vouloir éprouver leurs forces contr'elle. Enfin, *Philippe*, Roi de *Macédoine*, avoit bien pris un Vaisseau d'*Attale*, & un Vaisseau abandonné par ceux de la Flotte: mais il ne fit rien moins que de mettre en fuite la Flotte entiere. Aussi, comme le remarque Polybe, (d) il faisoit plus le Vainqueur, qu'il ne croioit l'être.

3. Pour ce qui est d'être demeuré maître des dépouilles de l'Ennemi, ou de (3) lui avoir permis d'enterrer ses morts, ou de lui avoir présenté de nouveau le combat; quoi que ces circonstances soient alleguées dans les Auteurs, que je viens de citer, & quelquefois aussi dans Tite Live, elles ne prouvent rien par elles-mêmes, & elles ne méritent d'entrer en considération, qu'autant qu'elles servent conjointement avec d'autres indices, à montrer la fuite des Ennemis. Et certainement, dans un doute, la plus forte présomtion est, que celui qui se retire s'enfuit. Mais s'il n'y a point d'ailleurs de preuves certaines de la victoire, les choses demeurent dans l'état où elles étoient avant

(a) Voiez aussi Guicciardin, Liv. II.

(b) *Lib.* I. *Cap.* 82.

(c) *Lib.* I. *Cap.* 31. & 54.

(d) *Lib.* XVI. *Cap.* 1.

sent ils, que le Roi d'un Roiaume non-Patrimonial aiant droit de faire la Guerre & la Paix, a aussi, par une suite nécessaire, celui de terminer la Guerre comme il le juge à propos pour le Bien Public. Mais la conséquence n'est pas juste. Car par cela même que les Loix Fondamentales, ou plûtôt la nature d'un Roiaume non-Patrimonial ôtent au Roi le pouvoir d'aliener validement la Couronne par son consentement seul; par cela même, dis-je, le droit de faire la Paix renferme l'exception du cas où il s'agiroit d'aliéner le Roiaume.

(2) *In Feudis non liberis.* Nôtre Auteur emploie ici cette distinction de *Fiefs francs*, & *non-francs*, dans un sens impropre, comme il a déja fait ailleurs. Voiez ce que j'ai dit sur *Liv.* I. *Chap.* III. §. 23. *num.* 2.

§. XLV. (1) Il y a un vers d'Ennius, qui porte, que, pour être bien Vainqueur, lors même qu'on a le dessus, il faut que le Vaincu se reconnoisse tel:

Qui vicit, non est victor, nisi victus fatetur.

Voiez Scaliger, sur Festus, au mot *Herbam do.* Grotius.

Le passage d'Ennius se trouve dans le Recueil de Hiérome Columna, pag. 133. *Ed. Amst.* où l'on peut voir la Note de ce Commentateur.

(2) *Pulsique quum in fines suos se recepissent* [Aequi] &c. Lib. III. Cap. I. *num.* 12. *In oppida sua se recepire, uti sua populorique passi* &c. Ibid. *Cap.* II. *num.* 10.

(3) Plutarque dit, que cette permission demandée par les *Thébains* après une Bataille, assûra la Victoire à *Agésilas*: [illegible] &c. In Vit. Agesil. (*pag.* 606. B.) Le même Historien remarque ailleurs, que ceux qui avoient obtenu la permission d'enterrer leurs Morts, étoient censez, selon l'usage reçû, avoir renoncé à la Victoire, & qu'ils ne pouvoient point en ériger de Trophée: [illegible] In Vit. Niciæ, (*pag.* 527. A. B.) Grotius.

§. XLVI. (1) *Arbitrorum enim genera sunt duo: unum ejusmodi, ut, sive aequum sit, sive iniquum, parere debeamus; quod observatur, quum ex compromisso ad arbitrum itum est: alterum ejusmodi, ut ad boni viri arbitrium redigi debeat* &c. Digest. Lib. XVII. Tit. II. *Pro Socio*, Leg LXXVI.

(2) Ceux-ci, selon les idées du Droit Romain, sont choisis d'ordinaire par les Parties, pour juger & dé-

avant le Combat ; & il faut ou en revenir à la Guerre, ou faire de nouvelles conventions pour la terminer.

§. XLVI. 1 On prend quelquefois pour cela la voie des Arbitres, qui sont de deux sortes, comme nous l'apprend le Jurisconsulte Proculus. (1) Car il y en a, au jugement desquels on doit se soûmettre, soit que la Sentence se trouve juste ou injuste ; & cela a lieu, ajoûte le Jurisconsulte, lors que l'Arbitrage est fondé sur un Compromis. Il y a aussi des Arbitres (2) dont le jugement n'a de force qu'autant qu'il est conforme à ce qu'un homme de bien & équitable doit prononcer : aussi est-il sujet à être redressé sur ce pié-là. Voici un exemple de la derniére sorte d'Arbitrage, dans la décision suivante du Jurisconsulte Celse : (3) *Si un Affranchi*, dit-il, *a promis avec serment autant de travail & de service que son Patron le condamneroit à en faire ; la condamnation du Patron n'aura son effet, qu'autant qu'elle sera équitable & raisonnable.* Cette interprétation d'un tel serment ne s'accorde point avec la simplicité des termes considérez en eux-mêmes : mais les Loix Romaines ont pû l'autoriser.

2. Quoi qu'il en soit, il est certain qu'on peut prendre des Arbitres sur l'un ou l'autre pié, ou comme simples Médiateurs, tels que le furent autrefois (4) les *Athéniens* entre ceux de *Rhodes* & *Démétrius* ; ou comme Juges, à la Sentence desquels on doit absolument se soûmettre. C'est des derniers que nous avons à traiter ici, comme c'est d'eux que nous avons (a) parlé ci-dessus, en expliquant les divers moiens de prévenir une Guerre. (a) *Liv.* II. *Chap.* 23. §. 8.

3. Les Loix Civiles peuvent permettre, & elles ont permis en certains endroits, d'appeller de la Sentence même de ces sortes d'Arbitres ; & de se plaindre du tort qu'on reçoit par là : mais (5) entre Rois & Peuples cela ne sauroit avoir lieu, parce qu'il n'y a point ici de Puissance Supérieure, qui ait le pouvoir d'empêcher l'engagement d'une Promesse, ou de le rompre. Il faut donc en passer par ce qui a été jugé, (6) juste ou non : car autre chose est de dire comment un Arbitre doit se comporter dans son jugement ; & autre chose, de dire à quoi sont obligez l'un envers l'autre ceux qui ont passé un Compromis entre ses mains.

§. XLVII. 1. Pour savoir en quoi consiste le *Devoir* d'un *Arbitre*, il faut considerer s'il a été choisi & établi en qualité de Juge, proprement ainsi nommé, ou si on lui a donné un pouvoir plus étendu, qui, selon Seneque, est en quelque façon essentiel à tout Arbitrage. *Une bonne Cause*, dit ce Philosophe, (1) *semble être en meilleures*

terminer quelque chose qui a du rapport aux engagemens d'un Contract : au lieu que les prémiers sont pris pour terminer un différent.

(3) *Si Libertus ita juraverit*, Dare se, quot operas Patronus arbitratus sit, *non aliter ratum fore arbitrium Patroni, quàm si aequum arbitratus sit.* Digest. Lib. XXXVIII. Tit. I. *De operis Libertorum*, Leg. XXX. Voiez Cujas, sur la Loi 48. du Titre du Digeste, *De Verborum obligationibus*, Tom. I. Opp. *Ed. Fabrott.* pag. 1224, *& seq.*

(4) Voiez Plutarque, dans la Vie de *Démetrius*, pag. 899. A.

(5) Voiez Mariana, *Hist. Hisp.* Lib. XXIX. 15. Bembus, *Lib.* IV. [Fol. 62. où il s'agit d'un Arbitrage entre les *Florentins* & les *Vénitiens*, dans lequel ceux-ci avoient nommé *Hercule*, Duc de *Ferrare.*] Il y a plusieurs exemples de Traitez de Paix faits par le moien d'Arbitres, dans Cromer, *Hist. Polon.* Libb. X. XVI. XVIII. XXI. XXIV. XXVII. XXVIII. On en trouve aussi dans l'Histoire de *Dannemarc*, de Pontanus, Lib. II. Voiez encore ceux que nous avons alleguez ci-dessus, *Liv.* II. *Chap.* XXIII. §. 8. Grotius.

(6) On peut appliquer ici ce que dit Pline, que, quand on a pris quelcun pour Juge, on lui donne pouvoir de juger absolument & sans appel : *Adeo summum quisque caussa suae judicem facit, quemcumque elegit* &c. Hist. Nat. *Praefat.* Grotius.

Nôtre Auteur suppose sans doute, qu'il n'y ait point de fraude ou de collusion de la part d'un Arbitre. Voiez Pufendorf, *Droit de la Nat. & des Gens*, Liv. V. Chap. XIII. §. 4. qu'il faut conferer sur toute cette matiére.

§. XLVII. (1) *Ideo melior videtur conditio caussae bonae, si ad Judicem, quàm si ad Arbitrum mittitur : quia illum formula includit, & certos, quos non excedat, terminos ponit ; hujus libera, & nullis adstricta vinculis, religio, & detrahere aliquid potest, & adjicere, & sententiam suam non prout lex aut justitia suadet, sed prout humanitas & misericordia impulit, regere.* De Benefic. *Lib.* III. Cap. VII. Mais l'équivoque du mot Latin, *Arbiter*, a ici trompé nôtre Auteur. Il ne s'agit point d'Arbitres, proprement ainsi nommez, mais de véritables Juges, qui, dans les affaires *de bonne foi*, comme parle le Droit Romain, devoient prononcer selon les maximes de l'Equité, & non pas selon la rigueur du Droit ; ainsi que je l'ai remarqué ailleurs. Voiez le Traité de Mr. Noodt, *De Jurisd. & Imp.* Lib. I. Cap. XIII.

leures mains, lors qu'on la renvoie à un Juge, que quand elle est remise à la décision d'un Arbitre. Car le Juge est lié par les formules, qui lui prescrivent certaines bornes, au delà desquelles il ne sauroit aller: au lieu que l'Arbitre aiant pleine liberté de juger selon sa conscience, peut ajoûter ou retrancher quelque chose, & prononcer non selon les Loix ou les régles rigoureuses de la Justice, mais suivant ce que lui dicte l'Humanité ou la Compassion. Aristote remarque aussi, (2) qu'il est d'un homme équitable & raisonnable, d'aimer mieux prendre des Arbitres, que de plaider: *Car*, ajoûte-t-il, *un Arbitre a égard à l'Equité, au lieu qu'un Juge se régle uniquement sur la Loi. Et c'est aussi pour donner lieu à l'Equité, qu'on a inventé l'usage des Arbitres.* Par l'*Equité* le Philosophe n'entend pas proprement ici, comme il fait ailleurs, cette partie de la Justice, qui restreint la généralité des termes d'une Loi, en suivant l'esprit & l'intention du Législateur: (car un Juge même a pouvoir d'expliquer ainsi les Loix) mais, dans le sens dont il s'agit, on appelle *équitable* tout ce qu'il est mieux de faire, que de ne pas faire, encore même qu'on n'y soit point obligé par les régles de la Justice proprement ainsi nommée.

2. Les Particuliers & les Concitoiens prennent souvent des Arbitres sur ce pié-là; & l'Apôtre St. Paul (a) en recommande particuliérement l'usage aux *Chrétiens*. Mais, dans un doute, on ne doit pas présumer que les Parties aient accordé à l'Arbitre un si grand pouvoir. Car quand il y a quelque obscurité, on prend (3) toûjours le parti qui donne le moins d'étenduë aux choses dont il s'agit. Cela a lieu sur tout entre Souverains, qui ne reconnoissant point de Juge commun, sont censez avoir astreint l'Arbitre à suivre les mêmes régles que les Juges suivent ordinairement.

(a) *I. Corinth. Chap. 6.*

§. XLVIII. Il faut remarquer pourtant, que les Arbitres nommez par des Peuples ou par des Puissances Souveraines, doivent (1) prononcer sur l'affaire principale, & non pas sur le possessoire. (2) Car les Jugemens sur le Possessoire ne sont que de Droit Civil: & le droit de posseder suit la Propriété, par le Droit des Gens. C'est pourquoi, pendant que la cause est par devant les Arbitres, les choses doivent demeurer dans l'état où elles étoient, tant pour ne former aucun préjugé en faveur de l'une ou de l'autre des Parties, que parce qu'il est difficile de recouvrer ce dont on a été une fois dépossedé. Tite Live nous fournit un exemple de l'observation de cette

(2) Καὶ τὸ εἰς δίαιταν μᾶλλον, ἢ εἰς δίκην βούλεσθαι ἰέναι. ὁ γὰρ διαιτητὴς τὸ ἐπιεικὲς ὁρᾷ· ὁ δὲ δικαστὴς, τὸν νόμον· καὶ τούτου ἕνεκα διαιτητὴς εὑρέθη, ὅπως τὸ ἐπιεικὲς ἰσχύῃ. Rhetoric. *Lib.* I. *Cap.* XIII. *in fin.*

(3) *Semper in obscuris, quod minimum est, sequimur.* Digest. Lib. L. Tit. XVII. *De diverf. Reg. Jur.* Leg. IX.

§. XLVIII. (1) C'est ce que disoit le Duc de *Savoie*, dans la dispute qu'il eut au sujet du Marquisat de *Saluce*. Voiez de Serres (ou plûtôt son Continuateur) dans le Régne d'*Henri IV.* Grotius.

(2) Mais voiez ce qui a été dit, dans le Chapitre de Pufendorf, que j'ai cité, §. 6.

(3) *Eodem anno inter Populum* Carthaginiensem & *Regem* Masinissam *in re præsenti disceptatores Romani de agro fuerunt . . . . . Legati possessionis jus non mutarunt, caussam integram* Romam *ad Senatum rejecerunt.* Lib. XL. Cap. XVII *num.* 1. 6.

§. XLIX. (1) Les *Grecs* appellent cela: Ἐπιτρέπειν τὰ καθ' αὑτόν. Et les *Latins*, *Permittere de se arbitrium*: comme il paroit par la demande que l'on fit aux *Etoliens*, dans le Sénat Romain, au rapport de Tite Live: *Interrogati ab uno Senatore, permitterentne arbitrium de se Populo Romano* &c. Lib. XXXVII. (Cap. XLIX. *num.* 4.) Grotius.

(2) „ Que les *Carthaginois* (dit-il) se remettent à „ nôtre discrétion, comme vaincus, & de même que „ plusieurs l'ont fait jusqu'ici: nous verrons après cela „ ce que nous aurons à faire; & tout ce que nous leur „ aurons accordé, ils nous en sauront gré, puis qu'ils „ ne pourront pas le regarder comme l'effet d'un „ *Traité* conclu avec eux. Or cela fait une grande „ différence. Car tant que nous traiterons avec eux, „ ils manqueront de parole, comme ils ont fait par „ le passé, parce qu'ils trouveront toûjours quelque „ prétexte d'une lézion qu'ils prétendront souffrir contre le Traité même; les termes étant toûjours susceptibles de quelque ambiguité, qui donne lieu à contestation. Au lieu que, s'ils se rendent, & que nous „ les désarmions & nous rendions maîtres de leurs „ personnes; ils verront alors qu'ils n'ont rien à eux. „ Ils s'humilieront, & recevront avec plaisir tout ce „ que nous leur laisserons, comme donné du bien „ d'autrui. " Ἀλλ' ἐπιτρεψάτωσαν ἡμῖν αὑτοὺς νόμῳ νενικημένων, ὡς πολλοὶ σφᾶς ἐπέτρεψαν· σκεψόμεθα δ' ἡμεῖς, καὶ, ὅ, τι ἂν δῶμεν, εἴσονται χάριν, οὐχὶ συνθήκην νομίσουσιν εἶναι. διαφέρει δὲ τούτοιν ἑκάτερον ὧδε· μέχρι μὲν συντίθενται, παραβήσονται, καθάπερ καὶ πάλαι, πρόφασιν ἀεὶ τινὰ τῶν συνθηκῶν φέροντες, ὡς ἐν αὐταῖς ἐλαττούμενοι· τὰ δ' ἀμφίλογα, εὐπεριφόρητα· ὅταν δὲ παραδῶσιν αὑτοὺς, καὶ τὰ σώματα ἐφ' ἡμῖν γίνηται, καὶ πεισθῶσιν ὅτι μηδὲν αὐτοῖς ἐστὶν ἴδιον, τὰ μὲν φρονήματα

cette maxime, dans l'arbitrage entre les *Carthaginois* & *Massinissa*: (3) *Les Députez*, dit-il, *n'innoverent rien, à l'égard du droit de la Possession.*

§. XLIX. 1. Il y a une autre maniére de se soûmettre au jugement de quelcun, pour finir la Guerre, c'est de donner à l'Ennemi plein pouvoir de disposer de nous: par où (1) on se rend à discrétion, & l'on devient sujet de celui à qui on se rend; comme cela est bien expliqué dans un Discours de *P. Cornelius Lentulus*, rapporté par Appien *d'Alexandrie*, (2) & où il s'agit des *Carthaginois*, qui demandoient à traiter avec les *Romains*, vers la fin de la *Seconde Guerre Punique*.

2. Mais ici encore il faut distinguer entre ce que le Vaincu doit se résoudre à souffrir, & ce que le Vainqueur peut faire ou à la rigueur, ou sans manquer à quelcun de ses devoirs, ou sans rien exiger qui soit indigne de lui.

3. Le Vaincu, du moment qu'il s'est rendu à discrétion, doit tout souffrir, puis que dès-là il est devenu Sujet, & qu'à considerer (3) le Droit externe de la Guerre, il est réduit à une telle condition, qu'on peut le dépouiller de tout, de la Liberté personnelle, & même de la Vie, à plus forte raison des biens, non seulement publics, mais encore de ceux qui sont aux Particuliers; comme il paroit par un passage de Tite Live, que nous avons (a) déja cité, & auquel on peut en ajoûter (4) d'autres du même Auteur. Il est même permis quelquefois de faire mourir ceux qui se sont rendus, comme nous l'avons (b) établi ailleurs.

(a) *Chap.* VIII. de ce Liv. §. 4.

(b) *Chap.* XI. de ce Liv. §. 16.

§. L. 1. Cependant, pour ne commettre aucune injustice, le Vainqueur doit prendre garde, prémiérement, de ne faire mourir personne, à moins qu'il ne l'aît mérité par quelque crime: comme aussi de n'ôter rien à qui que ce soit, qu'en conséquence d'une juste punition. En se tenant même dans ces bornes, (1) il est toûjours honnête de pancher, autant que nôtre propre sûreté le permet, du côté de la clemence & de la libéralité; quelquefois même les circonstances peuvent être telles, qu'on y soit obligé indispensablement par les régles de la Vertu.

2. Nous avons rapporté ailleurs (a) ce mot de Tacite, Que *c'est toûjours une belle maniére de mettre fin à la Guerre, quand on pardonne aux Vaincus.* Diodore *de Sicile* fait parler ainsi *Nicolas* de *Syracuse*, au sujet des *Athéniens*: (2) *Ils se sont rendus à nous avec leurs armes, comptans sur la clémence du Vainqueur: ce seroit donc* une

(a) *Chap.* XV. de ce Liv. à la fin.

σώματα αὐτῶν καταθήσονται, ἀγαπῶντες δ' ὅ, τι ἂν παρ' ὑμῶν λάβωσιν ὡς ἀλλότριον. De Punic. Bell. (*pag.* 34. *Edit. H. Steph.*) Grotius.

(3) En effet, ce n'est pas simplement comme devenu Sujet du Vainqueur, que le Vaincu peut être ainsi traité. Nôtre Auteur est bien éloigné de croire, que ceux qui, dans une extrême necessité, par exemple, se rendent eux-mêmes Sujets de quelcun, qui n'étoit point leur Ennemi, & lui donnent le Pouvoir le plus absolu, (ce qu'on exprime en Latin par *dedere se*: Voiez ci-dessus, *Liv.* II. Chap. V. §. 31.) que ceux-là, dis-je, consentent qu'il dispose à sa fantaisie de leurs biens & de leur Liberté personnelle, moins encore de leur vie. Je remarque cela, parce que quelques Ecrivains ont cru mal-à-propos, que nôtre Auteur confondoit ces deux maniéres très-differentes de se donner à quelcun.

(4) C'est ainsi qu'il dit, que les *Etoliens* craignoient qu'on ne les maltraitât en leurs propres personnes: *Et permisisse libero arbitrio, ne in corpora sua saeviretur, metuebant.* Tit. Liv. Lib. XXXVII. (Cap. VII. *num.* 1.) On peut rapporter ici ce que le même Historien remarque ailleurs, que c'étoit la coûtume des *Romains*, quand ils ne vouloient faire aucun Traité ni de Paix ni d'Amitié avec quelque Peuple, de le poursuivre par les armes, jusqu'à ce qu'il se fût rendu avec tous ses droits, divins & humains, qu'il eût donné des Otages, rendu les armes, & reçû garnison dans ses Villes: *Mos vetustus erat* Romanis, *cum quo nec foedere nec aequis legibus jungerentur amicitiâ, non prius imperio in eum, tamquam pacatum, uti, quàm omnia divina humanaque dedidisset, obsides accepti, arma ademta, praesidia urbibus imposita forent.* (Lib. XXVIII. Cap. XXXIV. *num.* 7.) Grotius.

Nôtre Auteur citoit le dernier passage, comme étant du Livre VII. de l'Historien Romain. C'est qu'en le rapportant, il l'avoit pris des *Semestria* de Pierre du Faur, Lib. I. Cap. VII. *pag. m.* 43. où cette fausse citation se trouve, avec une autre d'un autre Livre de Tite Live.

§. L. (1) Voiez-en un exemple remarquable, de *Ferdinand*, Roi de *Léon*, dans Mariana, Lib. XI. Cap. XV. Et rappellez ici ce que nous avons dit dans le Chap. XI. de ce dernier Livre, §. 14, 15. Grotius.

(2) Παρέδωκαν γὰρ ἑαυτοὺς μετὰ τῶν ὅπλων, πιστεύσαντες τῇ τοῦ κρατοῦντος εὐγνωμοσύνῃ· διόπερ οὐκ ἄξιον αὐτοὺς τῆς ἡμετέρας ψευσθῆναι φιλανθρωπίας . . . . . Τίς γὰρ Ἑλλήνων τοὺς παραδόντας ἑαυτοὺς, καὶ τῇ τοῦ κρατοῦντος εὐγνωμοσύνῃ πιστεύσαντας, ἀπαραιτήτου τιμωρίας ἠξίωσε; Lib. XIII. Cap. XXI. & XXIII. *pag.* 342. 343. *Ed. H. Steph.*

une chose indigne, qu'ils fussent trompez par la confiance qu'ils ont euë en nôtre bonté .... Y eut-il jamais Grec, qui aît cru qu'on doit punir sans miséricorde ceux qui se sont remis à la discrétion du Vainqueur? Quand *Lucius Antonius* se vint rendre à *César Octavius*, celui-ci lui tint ce langage, au rapport d'APPIEN *d'Aléxandrie:* (3) *Si vous étiez venu pour traiter avec moi, je vous aurois fait voir que j'étois Vainqueur & offensé: mais puis que vous vous remettez à ma discretion, vous & vos Amis, avec vôtre Armée, vous désarmez ma colére, vous m'ôtez même le pouvoir, que vous auriez été contraint de me donner, si nous eussions fait ensemble un accord. Car en même tems que je pense à ce que vous méritez, j'ai à considerer ce qu'il me convient de faire; & je suis résolu de prendre le dernier parti.*

(b) *Tradere se in fidem.*
(c) *Tradere se in fidem & clementiam.*
(d) *Excerpt. Legat.* 11.
(e) *Lib.* XXXVI. Cap. 28.

3. On trouve souvent (4) dans l'Histoire Romaine cette maniére de parler, (b) *Se remettre absolument à la bonne foi de quelcun*, ou (c) *Se remettre à sa bonne foi & à sa clemence.* Par où l'on entend, se rendre purement & simplement; le nom de *bonne foi* n'emportant ici autre chose (5) que la probité du Vainqueur, à laquelle le Vaincu s'abandonne. Sur quoi il y a un fameux malentendu, que (d) POLYBE & TITE LIVE (e) rapportent. *Phanéas*, Ambassadeur des *Etoliens*, dans sa Harangue au Consul *Manius* en étoit venu jusqu'à lui dire: (6) *Les* Etoliens *se remettent absolument à la bonne foi du Peuple Romain.* Le Consul lui demanda, si c'étoit bien là le dessein des *Etoliens*: & l'Ambassadeur aiant répondu qu'oui, *Manius* demanda qu'on lui livrât sur le champ quelques personnes qui avoient allumé la Guerre. *Phanéas* répliqua: (7) *Nous nous sommes remis à vôtre bonne foi, & non pas soûmis à vous, comme des Esclaves*; & il ajoûta, que ce n'étoit pas la coûtume des *Grecs* d'exiger une chose comme celle qu'on ordonnoit aux *Etoliens.* Le Consul dit là-dessus, qu'il ne se mettoit point en peine de la coûtume des *Grecs:* & que, selon l'usage des *Romains*, il avoit un pouvoir absolu sur ceux qui s'étoient rendus par délibération publique. Après quoi il fit incessamment mettre aux fers ces Ambassadeurs. Il y a dans POLYBE: (8) *Vous*

(3) *Σπονδὰς γὰρ μὲν τιθέμενος, ἔτυχες ἂν ἠδικημένου καὶ νενικηκότος· ἀφιέντος δὲ σαυτόν τε καὶ τοὺς φίλους ἐπιτρέψαντος ἡμῖν, καὶ τὸν στρατὸν, ἀφαιρεῖ μὲν πᾶσαν ὀργὴν, ἀφαιρεῖ δὲ καὶ τὴν ἐξουσίαν, ἣν σπενδόμενος ἂν ἔδωκας* (c'est ainsi que nôtre Auteur corrige avec raison, au lieu de *ἔδωκα*, qui est dans les Editions) *ὑπ' ἀνάγκης· συμπέπλεκται γὰρ οἷς ἄξιον ὑμᾶς παθεῖν, τὸ πρέπον ὅσον ἐμοὶ δυνατόν ἐστι ποιεῖν· ὃ δὴ προτιμήσω* &c. De Bell. Civ. *Lib.* V. *pag.* 697. *Ed. H. Steph.*

(4) Par exemple, dans TITE LIVE: *Legationes finitimas ab* Elæunte, *&* Dardano, *&* Rhœteo, TRADENTES IN FIDEM *civitates suas, benignè audivit.* Lib. XXXVII. (Cap. IX. *num.* 7.) Paullo, *ut se suaque omnia* IN FIDEM ET CLEMENTIAM *Populi Romani* PERMITTERET, *contendente.* Lib. XLV. (Cap. IV. in fin.) GROTIUS.

On peut ajoûter ce passage d'un autre Historien *Romain*, d'où il paroit, que c'étoit sans condition qu'on se rendoit ainsi: *Mittuntur ad Imperatorem legati, qui* Jugurtham *imperata facturum, ac* SINE ULLA PACTIONE *sese regnumque suum* IN ILLIUS FIDEM *tradere.* SALLUST. De Bell. Jug. Cap. LXVI. *Ed. Wass.*

(5) C'est la même chose, selon POLYBE, que se rendre à discrétion au Vainqueur: *Παρὰ δὲ Ῥωμαίοις ἰσοδυναμεῖ τό, τε* ΕἸΣ ΤῊΝ ΠΊΣΤΙΝ ἈΥΤΟ͂Ν ἘΓΧΕΙΡΊΣΑΙ, *καὶ τὸ* ΤῊΝ ἘΠΙΤΡΟΠῊΝ ΔΟΥ͂ΝΑΙ ΠΕΡῚ ἈΥΤΟΥ͂ ΤΩ͂Ι ΚΡΑΤΟΥ͂ΝΤΙ. Excerpt. Legat. XIII. Les *Grecs* expriment cela ainsi: *Εἰς δίκην σφᾶς αὐτοὺς παραδιδόναι*, comme dans THUCYDIDE, Lib. III. (*Cap.* LXVII.) DIODORE *de Sicile* dit: *Καθ' αὑτῶν ἐπιτρέψαντες ἐξουσίαν·* Lib. XIV. GROTIUS.

Il y a dans le dernier passage, *τὴν πᾶσαν καθ' αὑτῶν ἐπιτρέψαντες ἐξουσίαν.* Bibliot. Histor. *Lib.* XIV. *Cap.* CXII. *pag.* 453. *Edit. H. Steph.*

(6) *Διότι κέκρικται τοῖς Αἰτωλοῖς, σφᾶς αὐτοὺς ἐγχειρίζειν εἰς τὴν Ῥωμαίων πίστιν.* Ubi supra, (*pag.* 1116. *Ed. Amst.*) TITE LIVE l'exprime ainsi: *Ita ad extremum finivit, ut diceret,* Aetolos *se suaque omnia fidei Populi Romani permittere.* Lib. XXXVI. (Cap. XXVIII. *num.* 1.) GROTIUS.

(7) Non in servitutem, *inquit* [Phæneas] sed in fidem tuam nos tradidimus & certum habeo te imprudentiâ labi: qui nobis imperes, quæ moris *Græcorum* non sunt. *Ad hæc Consul:* Nec hercle, *inquit*, magnopere nunc curo, quid *Aetoli* satis ex more *Græcorum* factum esse censeant: dum ego more Romano imperium inhibeam in deditos modo decreto suo, ante armis victos. Itaque, ni properè fit, quod impero, vinciri vos jam jubeo: *adferrique catenas, & circumsistere lictores* jussit. TITE LIVE *ubi supr.* num. 4, 5, 6.

(8) *Ἔτι γὰρ ὑμεῖς ἑλληνοκοπεῖτε, καὶ περὶ τοῦ δέοντος καὶ καθήκοντος ποιεῖσθε λόγον, δεδωκότες ἑαυτοὺς εἰς τὴν πίστιν;* Ubi supra.

(9) C'est ainsi que le Peuple Romain se modéra envers les *Falisques*, lors qu'il eut appris qu'en se rendant ils s'étoient soûmis, non au *pouvoir*, mais à la *bonne foi* ou à la discrétion des *Romains: Adversus quam* [civitatem] *sævire cupiens Populus Romanus, postquam à* Papyrio, *cujus manu, jubente Consule, verba deditionis scripta erant, doctus est,* Faliscos *non* potestati, *sed* fidei *se* Romanorum *commisisse, omnem iram placidâ mente deposuit* &c. VALER. MAXIM. Lib. VI. Cap. V. *num.* 1. Il est dit des *Campanois*, qu'ils s'étoient rendus

(8) *Vous parlez de devoir & d'honnêteté; mais ce n'est pas dequoi il s'agit, puis que vous vous êtes remis absolument à nôtre bonne foi.* D'où il paroît, combien loin s'étend ce que l'on peut faire impunément, & sans violer le Droit des Gens, contre un Peuple qui s'est rendu de cette maniére & en ces termes. Le Consul Romain n'usa (9) pas néanmoins de son pouvoir: car il relâcha non seulement les Ambassadeurs, mais encore il permit aux *Etoliens* de prendre une nouvelle délibération dans leur Assemblée.

4. On peut rapporter au devoir de celui, à qui quelcun s'est rendu sur le pié dont il s'agit, les paroles suivantes de SENEQUE: (10) *La Clémence*, dit-il, *a une liberté illimitée de juger. Elle n'est point astreinte aux formules du Droit, mais elle prononce selon l'Equité: elle peut & absoudre, & condamner comme elle l'entend.*

5. Au reste, il n'importe, à mon avis, que celui qui se rend dise qu'il *se remet absolument* à la *sagesse*, ou à la *modération*, ou à la *compassion* du Vainqueur. Ce ne sont-là que des adoucissemens d'expression: le fond de la chose subsiste toûjours, c'est que le Vainqueur devient maître absolu de faire ce qu'il lui plaît.

§. LI. IL Y A néanmoins diverses maniéres de *se rendre sous condition*, qui se pratiquent ou en faveur de tout le *Corps* d'un Peuple, ou en faveur des *Particuliers*, comme quand ceux-ci stipulent (1) la vie sauve, ou la liberté personnelle, ou même la conservation (2) de quelques-uns de leurs biens. Lors qu'un Peuple se rend sur ce pié-là, il peut en resulter un mélange de Souveraineté; de quoi nous (a) avons traité ailleurs. (a) *Liv.* I. *Chap.* I. §. 17.

§. LII. 1. ON joint quelquefois aux Traitez Publics, des *Otages*, & des *Gages*, qui en sont une espéce d'accessoire.

2. Les OTAGES, comme nous l'avons (a) déja remarqué, se donnent (1) ou de leur pure volonté, ou par ordre du Souverain. Car les droits de la Souveraineté s'étendent sur les (2) actions des Sujets, & non pas seulement sur leurs biens. Cela n'em- (a) *Chap.* IV. de ce Liv. §. 14. & *Chap.* XI. §. 18.

dus purement & simplement, & non pas par accord: CAMPANORUM *aliam conditionem esse, qui non foedere, sed per deditionem, in fidem venissent.* TIT. LIV. Lib. VIII. (Cap. II. *num.* 13.) GROTIUS.

Le dernier exemple regarde une autre maniére de parler, dont nôtre Auteur a lui-même traité ci-dessus, *Liv.* I. *Chap.* III. §. 21. *num.* 3.

10. *Clementia liberum arbitrium habet: non sub formula, sed ex aequo & bono, judicat. & absolvere illi licet, & quanti vult, taxare litem.* De Clement. *Lib.* II. *Cap.* VII. Ceci encore fait allusion à la différence qu'il y avoit, selon le Droit Romain, entre *Judex*, & *Arbiter*; de quoi j'ai parlé dans la *Note* 1. sur le §. 47.

§. LI. (1) C'est ainsi que les Habitans de la Ville de *Phocée*, en se rendant à *L. Aemilius Régillus*, stipulérent qu'on ne leur feroit aucun mal: *Tum portas aperuerunt, pacti, ne quid hostile paterentur* TIT. LIV. Lib. XXXVII. Cap. XXXII. *num.* 10.

(2) Le Préteur Romain, dont je viens de parler dans la Note précédente, rendit aux *Phocéens* leur Ville, leurs Terres, la liberté de vivre selon leurs Loix: *Urbem, agrosque, & suas leges iis restituit.* TIT. LIV. *ibid.* num. 14. Il est vrai que l'Historien ne dit point, que ce fut par composition: mais rien n'empêche qu'en se rendant on ne stipule cela. Mr. THOMASIUS, dans sa Dissertation *de Sponsione Romanorum Numantina*, §. 12. soûtient néanmoins qu'on ne sauroit alléguer aucun exemple d'une composition par laquelle le Vainqueur ait laissé à ceux qui se rendoient, quelque partie de leur Liberté Civile. Il fait là quelques autres remarques contre nôtre Auteur, que je n'examine point; quoi qu'il semble n'avoir pas assez bien compris ses principes, Voiez ci-dessus, §. 49. *Note* 3.

§. LII. (1) Il y a aussi des Otages, qui ne sont donnez ni par le Souverain, ni par eux-mêmes, mais pris par l'Ennemi. C'est ainsi que *Joas* emmena pour Otages les Enfans d'*Amasia*, II. ROIS, *Chap.* XIV. vers. 14. *Alexandre le Grand* en prit trente mille, comme le rapporte QUINTE-CURSE, Lib. VIII. Cap. V. *num.* 1. & *Hannibal*, quatre mille, comme nous le voions dans TITE LIVE, Lib. XXI. Cap. XXI. à la fin. On en trouve plusieurs autres exemples dans l'Histoire Ancienne: & rien n'est plus commun aujourdhui, que de prendre des Otages par force, pour la sûreté des Contributions. Il y a bien de la différence, par rapport aux effets de droit, entre ces Otages, & ceux qui sont donnez par l'Etat. Car les prémiers, à moins qu'ils n'aient donné parole de demeurer entre les mains de l'Ennemi, peuvent non seulement s'enfuïr (ce que nôtre Auteur permet aussi aux autres, quoi que sans une raison suffisante, comme nous le verrons plus bas) mais encore l'Etat peut les recevoir, de même que tout autre Prisonnier, qui s'est sauvé. C'est ce qu'a très-bien remarqué feu Mr. BATTIER, Professeur en Droit & Syndic à *Bâle*, dans une petite Dissertation *De Obsidibus, & eorum jure*, §. 12. Voiez ci-dessous, §. 53. *Note* 1.

(2) Et par conséquent l'Etat peut engager la liberté corporelle des Sujets; qui est tout ce que renferme par lui-même l'engagement des Otages. Voiez PUFENDORF, *Droit de la Nat. & des Gens*, Liv. VIII. Chap. II. §. 6.

n'empêche pourtant pas, que quand l'Etat, ou celui qui en est le Chef, usent de ce pouvoir, ils ne soient tenus de dédommager l'Otage, ou ses proches de ce qu'il souffre par là.

3. Que s'il est indifférent à l'Etat, laquelle de plusieurs personnes aille en Otage, il semble qu'alors on doit les faire tirer au sort.

4. Mais un Seigneur de Fief n'a pas droit de donner son Vassal pour ôtage à moins que le Vassal (3) ne soit en même tems son Sujet. Car l'hommage & l'obéissance que le Vassal lui doit, ne s'étendent pas jusques-là.

§. LIII. 1. Nous avons dit, qu'on peut faire mourir un Otage selon le Droit des Gens extérieur, mais non pas selon les régles de la véritable Justice, qui obligent en conscience; à moins que l'Otage ne se soit rendu coupable de quelque faute, qui mérite une telle punition.

2. Les Otages ne deviennent pas non plus Esclaves (1) par cela seul. Ils peuvent même, selon le Droit des Gens, avoir des biens, & les laisser à leurs Héritiers: quoi que, par le Droit Romain, (2) leurs biens soient confisquez.

§. LIV. On demande, s'il est permis à un Otage de se sauver? Il ne le peut certainement, s'il a donné sa parole ou dès le commencement, ou dans la suite, pour avoir plus de liberté. Autrement il semble que l'intention de l'Etat, en donnant quelcun pour ôtage, ne soit pas (1) de lui imposer l'obligation de ne pas s'enfuïr, mais seulement de le remettre entre les mains de l'Ennemi. avec pouvoir de le garder comme il l'entendra. Et c'est par cette raison qu'on peut justifier l'action de (a) *Clélie*. Cependant, quoi que cette illustre Fille n'eût point fait de mal en se sauvant, l'Etat qui l'avoit donnée pour ôtage, (2) ne pouvoit pas la recevoir & la retenir. Aussi voions-nous que *Porsenna* (3) la redemanda, & que les *Romains* (4) la rendirent, comme une chose sans quoi le Traité auroit été rompu.

(a) *Tit. Liv.* Lib. II. Cap. 13.

§. LV. 1. L'obligation des Otages a quelque chose d'odieux, & parce qu'elle est contraire à la Liberté, & à cause qu'elle vient du fait d'autrui. Ainsi il faut ici expliquer le sens des termes d'une maniére qui resserre, autant qu'il se peut, un tel engagement.

2. C'est pourquoi des Otages donnez pour un certain sujet, ne peuvent point être re-

(3) Ou que cela n'ait été expressément stipulé dans l'acte d'investiture. Voiez Cujas, *in Feud.* Lib. II. Cap. VII. & Alberic Gentil, *De Jure Bell.* Lib. II. Cap. XIX. pag. 397.

§. LIII. (1) On demande & l'on donne des Otages, pour sûreté de l'execution de quelque engagement: or il suffit pour cela, que l'on puisse garder les Otages, comme on le juge à propos, jusqu'à l'accomplissement des choses convenuës; il n'est nullement nécessaire, que les Otages deviennent Esclaves. Mais il n'en est pas de même de ceux qu'on prend, après s'être rendu maître par force d'une Ville: car ils doivent être regardez comme des Prisonniers, qui, selon l'usage reçû autrefois, devenoient Esclaves. Les Otages aussi, qui ont été donnez volontairement, si l'on vient à rompre les conventions, & à recommencer la Guerre, tombent dans la même condition, parce que dès-lors ils redeviennent Ennemis. C'est ce que remarque Mr. Battier, dans la Dissertation que j'ai déja citée, (§. 19.)

(2) Divus Commodus *rescripsit, Obsidum bona, sicut captivorum, omnimodo in fiscum esse cogenda.* Digest. Lib. XLIX. Tit. XIV. *De Jure Fisci*, Leg. XXXI. Mais les Otages pouvoient tester, si le Peuple Romain ou l'Empereur le leur permettoit; ou s'ils avoient aquis le *jus togæ*, c'est-à-dire, le droit de Bourgeoisie Romaine. Voiez la Loi suivante du Titre qui vient d'être cité; & Cujas sur la Loi XI. du Titre *Qui Testamenta facere possunt*, pag. 1068. col. 2. Tom. I. Opp. *Ed. Fabrott.* comme aussi le Traité de feu Mr. le Baron de Spanheim, intitulé *Orbis Romanus* II. 7. p. 239, 240.

§. LIV. (1) Mais, dit Mr. Buddeus, (dans sa Dissertation intitulée *Jurispr. Historica Specimen*, §. 56.) il faudroit pour cela, ou que l'intention de l'Etat ne fût point, que l'Otage demeurât entre les mains de celui à qui il le donne, ou que l'Etat n'eût pas le pouvoir d'obliger l'Otage à demeurer. Le prémier est manifestement faux: car autrement l'Otage ne serviroit point de sûreté, & la convention seroit illusoire. L'autre n'est pas plus vrai: car si l'Etat, en vertu de son *Domaine éminent*, peut exposer la Vie même des Citoiens, pourquoi ne pourroit-il pas engager leur liberté? Mr. Battier, dans la Dissertation, que j'ai citée plus d'une fois, (§. 18.) se déclare aussi, & avec raison, contre le sentiment de nôtre Auteur: qui ne s'accorde pas même avec ce qu'il avouë, que l'Etat doit rendre les Otages fugitifs, comme le remarque ici Mr. Van der Muelen.

(2) Voiez ce que Plutarque dit là-dessus, dans la Vie de *Publicola*. Virgile parlant de l'action de *Clélie*, dit, qu'elle se sauva à la nâge, aiant rompu ses liens:

Et

retenus pour une autre cause : bien entendu qu'il s'agisse de quelque autre promesse faite sans qu'on se soit en même tems engagé à donner aucun Otage. Que si on a manqué de parole dans quelque autre chose, ou si l'on a contracté une dette pour quelque autre sujet ; les Otages donnez peuvent alors être retenus, non comme Otages, mais en conséquence de cette régle du Droit des Gens, (a) qui autorise à arrêter les Sujets pour le fait de leur Souverain. Mais on peut aussi prévenir cet inconvénient, en stipulant, par une clause expresse, que les Otages seront (1) rendus, aussi tôt que ce pourquoi ils ont été donnez aura été effectué.

(a) Voiez ci-dessus, *Chap.* II. de ce Livre.

§. LVI. LORS que quelcun a été donné en Otage pour racheter un Prisonnier, ou un autre Otage, il est quitte de son obligation, du moment que cet autre vient à mourir. Car le droit de cette espéce de gage est éteint par la mort de la personne engagée, comme le décide ULPIEN (1) au sujet d'un Prisonnier racheté. Comme, dans le cas dont ce Jurisconsulte traite, la rançon, qui avoit été substituée en la place de la personne, cesse d'être duë par sa mort : de même ici la personne, qui avoit pris la place de celui qui est venu depuis à mourir, n'est plus dès-lors dans aucune obligation. Ainsi *Démétrius* demandoit avec raison au Sénat Romain d'être relâché, après la mort d'*Antiochus* son Frere, pour qui il avoit été donné en ôtage, comme nous l'apprenons d'APPIEN (2) *d'Aléxandrie*, & de (3) JUSTIN.

§. LVII. MAIS un Otage est-il libéré, après la mort du Roi, qui avoit conclu le Traité, pour cause duquel il a été remis entre les mains de l'autre Partie ? La décision de cette question dépend de savoir, si le Traité est personnel, ou réel : dequoi nous (a) avons parlé ailleurs. Car les Accessoires n'ont pas la vertu d'autoriser à s'éloigner de la régle dans l'interprétation de l'acte principal : & ils doivent suivre la nature de cet acte.

(a) *Liv.* II. *Chap.* XVI. §. 16.

§. LVIII. 1. AJOÛTONS néanmoins ici en passant, que quelquefois les Otages sont au fond la Partie (1) principale, & non pas un simple accessoire de l'engagement. Cela a lieu, par exemple, lors que quelcun aiant promis par un accord le fait d'autrui, & étant tenu des dommages & intérêts au cas que ce qu'il promet ne s'exécute point, on donne des Otages en sa place : à quoi il semble que se réduisoit le Traité conclu près des *Fourches Caudines*, sans l'approbation du Peuple Romain, comme nous (a) l'avons remarqué ailleurs.

(a) *Liv.* II. *Chap.* XV. §. 10.

2. Mais

Et fluvium vinclis innaret Clœlia *ruptis*.
(Aen. VIII. 651.) ce que le Commentateur SERVIUS explique de l'engagement du Traité : *Sed vincla pro custodiis accipimus, aut certè pro fœderibus &c.* GROTIUS.

(3) *Quemadmodum, si non dedatur obses, pro rupto se fœdus habiturum* &c. TIT. LIV. Lib. II. Cap. XIII. num. 8.

(4) *Et* Romani *pignus pacis ex fœdere restituerunt* &c. Ibid. *num.* 9.

§. LV. (1) C'est à-dire, encore même qu'il y ait quelque autre sujet, pour lequel on pourroit sans cela les retenir. Voilà quelle est manifestement la pensée de nôtre Auteur. Ainsi c'est mal-à-propos que ZIEGLER, & d'autres après lui, supposent le contraire ; puis qu'ils lui objectent, qu'une convention expresse n'auroit pas plus de force, que la convention tacite, par laquelle celui qui reçoit un Otage, s'engage toûjours à le rendre, aussi tôt que l'on aura effectué ce pour quoi on l'a donné.

§. LVI. (1) Voiez la Loi citée ci-dessus, *Chap.* IX. de ce Livre, §. 10. *Note* 7.

(2) Ἐξῄτει [ὁ Δημήτριος] τὴν ἑαυτοῦ ὁμηρείαν μόνον ἀπολῦσαι, ὡς Ἀντιόχου μὲν ἀντιδοθείς, Ἀντιόχου δ᾽ ἀποθανόντος. De Bell. Syr. *pag.* 117. *Ed. H. Steph.*

(3) *Patruus ejus* Demetrius, *qui obses* Romæ *erat, cognitâ morte* Antiochi *fratris, Senatum adiit*, Obsidemque se, vivo fratre, venisse ; quo mortuo, cujus obses sit, se ignorare. *Lib.* XXXIV. Cap III. *num.* 6. Nôtre Auteur remarquoit ici, en passant, qu'il vaudroit mieux lire, afin que le discours soit lié : *Obsidem inquiens se* &c. Mais BERNEGGER rejette cette correction, dans sa Note sur cet endroit, sans dire qui en est l'inventeur. SCHEFFER néanmoins l'approuve. Il vaut mieux, à mon avis, lire, *Obsidem se*, en ôtant le *que*, qui manque dans quelques MSS. comme le dernier de ces Commentateurs reconnoit que le passage peut être lû sans inconvénient, par une ellipse familiére à l'ancien Abbréviateur dont il s'agit.

§. LVIII. (1) C'est-à-dire, qu'ils doivent eux-mêmes exécuter, au defaut de celui pour qui ils sont donnez en Otage, ce à quoi celui-ci s'est engagé, en sorte que l'obligation des prémiers ne finit point par la mort de celui-ci. De sorte qu'*au fond* c'est la même chose que s'ils s'étoient engagez eux-mêmes & en leur propre nom. Car du reste nôtre Auteur ne prétend nullement, que leur obligation ne soit pas en elle-même subsidiaire ; comme le suppose ZIEGLER, & d'autres après lui, qui critiquent souvent ce grand Homme mal à propos, faute d'entendre sa pensée.

2. Mais c'est une opinion également dure & contraire à la Justice, que de soûtenir, comme font (b) quelques Auteurs, (2) que les Otages peuvent être tenus du fait l'un de l'autre, même sans leur propre consentement.

(b) *Alberic. Gentil.* De Jure Bell. *Lib.* II. *Cap.* 19.

§. LIX. 1. On donne aussi des Gages pour la sûreté d'un Traité de Paix. Et ici il y a quelque chose de commun avec l'engagement des Otages & quelque chose de particulier.

2. Ce qu'il y a de commun, c'est qu'on retient les Gages, aussi bien que les Otages, même pour quelque autre (1) Dette que celle pour quoi ils ont été donnez, à moins qu'on ne se soit engagé à ne pas le faire.

3. Ce qu'il y a de particulier, c'est que les conventions faites au sujet d'un Gage donné s'expliquent avec plus d'étenduë, que celles qu'on a fait au sujet des Otages. Car cet acte n'est pas en lui-même si odieux, (2) les Choses, qu'on engage, étant destinées par leur nature à être gardées, au lieu qu'il n'en est pas de même des Personnes.

§. LX. Une autre chose qu'il y a ici à remarquer, c'est ce que nous avons déja (a) dit ailleurs, qu'aucun laps de tems ne sauroit empêcher qu'on ne doive être reçû à retirer le Gage, pourvû que l'on fasse ce pour quoi il avoit été donné. Car tout acte qui a une cause ancienne & manifeste, n'est point censé avoir pour principe une nouvelle cause. Ainsi, quoi que le Débiteur aît laissé le Gage pendant un très-long tems entre les mains du Créancier, on présume qu'il l'a fait en supposant que l'ancien Contract subsistoit toûjours, & non pas parce qu'il renonçoit à son droit: (1) à moins qu'il n'y aît des conjectures manifestes qui demandent nécessairement une autre interprétation; comme si, lors qu'on a voulu retirer le Gage, on a trouvé quelque empêchement, & l'on a ensuite gardé le silence pendant un espace de tems assez long pour faire présumer un abandonnement volontaire.

(a) *Liv.* II. *Chap.* IV. §. 15. où dern.

CHAPITRE XXI.

Des Conventions qui se font entre Ennemis pendant le cours de la Guerre: Où l'on traite de la Treve, des Passeports, & du rachat des Prisonniers.

I. *Ce que c'est qu'une* Treve; *&* *si l'intervalle limité, pendant lequel elle dure, doit être appellé un tems de Paix, ou un tems de Guerre?* II. *Etymologie du mot Latin.* III. *Qu'il n'est pas besoin d'une nouvelle Déclaration de Guerre, après la Trêve expirée*

(2) Alberic Gentil, que nôtre Auteur cite en marge, ne dit point cela. Il suppose, au contraire, (*pag.* 396. *Ed. Hanov.* 1612.) qu'il y a eu un consentement des Otages même. Ziegler avoit déja remarqué cette inexactitude.

§. LIX. (1) Avec cette différence néanmoins, qu'on retient alors le Gage, comme Gage: mais on retient l'Otâge, non comme Otâge, mais comme Sujet, responsable en cette qualité du fait de son Souverain, ainsi que nôtre Auteur l'a expliqué ci-dessus, §. 55. *num.* 2.

(2) On se résout plus aisément à laisser les Choses entre les mains d'autrui, que les Personnes. Cela suffit pour fonder la restriction.

§. LX. (1) Voiez ce que j'ai dit, sur l'endroit cité à la marge.

Ch. XXI. §. I. (1) —— Belli commercia Turnus
Sustulit ista prior —— ——
(Aen. X, 532.) Homere appelle cela Συνημοσύνας (Iliad. Lib. XXII. vers. 261.) Grotius.

(2) *Neque enim capere, aut venumdare, aliudve quod* belli commercium, *sed cades, patibula &c.* *Annal. Lib.* XIV. *Cap.* XXXIII. *num.* 5. Voiez aussi *Histor.* Lib. III. Cap. LXXXI. *num.* 4.

(3) *Etenim quum inter Bellum & Pacem medium nihil sit* &c Philipp. VIII. *Cap* I.

(4) C'est ce qu'établit Aristote, & après lui

pirée. IV. *Comment il faut compter le tems que la Trêve doit durer.* V. *Quand c'est que commence l'obligation où l'on est de garder la Trêve.* VI. *Quelles choses il est permis ou non de faire pendant la Trêve.* VII. *Si l'on peut se retirer plus loin, ou reparer les brêches faites aux Fortifications, & autres choses semblables.* VIII. *De quels lieux il est permis, ou non, de s'emparer.* IX. *Si l'on doit laisser la liberté de s'en retourner, à ceux qui, sur la fin de la Trêve, se trouvent retenus par quelque accident imprévû & inévitable, qui les a empêchez de sortir du païs?* X. *Des Conventions particuliéres que l'on ajoûte à une Trêve; & des questions qui en naissent.* XI. *Que, quand les Conventions de la Trêve ont été violées d'une part, l'autre Ennemi peut dès-lors recommencer les actes d'hostilité.* XII. *Du cas, auquel on a ajoûté quelque peine à l'infraction des articles de la Trêve.* XIII. *Si le fait des Particuliers suffit pour rompre la Trêve,* XIV. *Comment il faut expliquer la permission d'aller & venir, accordée hors un tems de Trêve.* XV. *Ce que l'on doit entendre ici par* Gens-de-guerre? XVI. *Et par* aller & venir, *ou* s'en aller. XVII. *Si la permission donnée à une personne peut être étenduë à d'autres?* XVIII. *Quels effets on doit laisser passer en vertu d'un Passeport.* XIX. *Ce que l'on entend par la suite de quelcun. Du nom de la Nation exprimé.* XX. *Si le* PASSEPORT *est éteint par la mort de celui à qui il avoit été donné?* XXI. *Des Passeports accordez pour aussi long tems qu'il plaira à celui qui les donne.* XXII. *Si la sûreté promise doit être laissée même hors des terres de celui qui a donné p[a]sseport?* XXIII. *Combien est favorable le* RACHAT DES PRISONNIERS. XXIV. *Si ce rachat peut être défendu par quelque Loi?* XXV. *Que l'on peut ceder à autrui le droit qu'on a sur un Prisonnier.* XXVI. *Qu'un seul & même Prisonnier de Guerre peut devoir sa rançon à plusieurs.* XXVII. *Si l'accord fait pour la Rançon peut être annullé sous prétexte qu'on ignoroit les richesses du Prisonnier?* XXVIII. *Quels biens du Prisonnier passent à celui qui l'a pris.* XXIX. *Si l'Héritier d'un Prisonnier de Guerre doit paier sa rançon?* XXX. *Si celui qui avoit été relâché, pour en faire délivrer un autre, doit se remettre Prisonnier, lors que cet autre est venu à mourir?*

§. I. 1. IL Y A certains *commerces de Guerre*, pour parler avec (1) VIRGILE & (2) TACITE, que les Puissances Souveraines accordent de part & d'autre, sans que l'état d'Hostilité cesse. Telles sont les Conventions faites pour une *Trêve*; pour des *Saufconduits* ou des *Passeports*; & pour *le rachat des Prisonniers.*

2. La TREVE est une Convention, en vertu de laquelle on s'engage à suspendre pour un tems les actes d'hostilité, sans que la Guerre finisse.

3. Je dis, *sans que la Guerre finisse:* car, comme le dit CICE'RON, (3) entre la *Paix* & la *Guerre* il n'y a point de milieu. Et la *Guerre* est un certain état, qui, comme (4) les Habitudes, peut subsister, lors même qu'on n'exerce point les opérations qui lui

ses Commentateurs. On peut, dit-il, être Vertueux, quoi qu'on dorme, ou qu'on méne une vie pleine d'inaction: *δοκεῖ γὰρ ἐνδέχεσθαι καὶ καθεύδειν ἔχοντα τὴν ἀρετὴν, ἢ ἀπρακτεῖν διὰ βίου* &c. (Ethic. Nicom. *Lib.* I. Cap. III.) ANDRONIC *de Rhodes* parle ainsi des Habitudes en général: *Τὴν μὲν γὰρ ἕξιν ἐνδέχεται ὑπάρχουσαν μηδὲν ἀποτελεῖν, οἷον τῷ καθεύδοντι* &c. (Paraphr. *Lib.* I. *Cap.* XIV. pag. 47. *Ed. Heins.*) EUSTRATE allégue l'exemple de ceux qui savent l'art de mesurer les Terres: *Ἡ ἕξις πρὸς τὴν ἁπλῶς δύναμιν ἐντελέχεια λέγεται· πρὸς δὲ τὴν ἐνέργειαν καὶ προαίρεσιν δύναμις, ὡς ἐν τῷ κοιμωμένῳ γεωμέτρῃ γεωμετρία.* Ad VI. *Ethic. Nicom.* (Cap. I.) Sur le même fondement, HORACE dit, qu'*Hermogéne* ne laisse pas d'être un excellent Musicien, quoi qu'il ne chante point; & qu'*Alféne* étoit Cordonnier, quoi qu'il eût renoncé au métier, & fermé sa boutique:

Ut, quamvis tacet Hermogenes, *cantor tamen, atque*
Optimus est modulator: ut Alfenus *vafer, omni*
Abjecto instrumento artis, clausâque taberna,
Sutor erat — — — —

Lib. I. Sat. III. (*vers.* 129, *& seq.*) SENEQUE soûtient, qu'un homme éloquent est tel, lors même qu'il se tait: & qu'un Artisan est Artisan, encore qu'il n'ait pas les instrumens nécessaires pour exercer son métier: *Artifex est etiam, cui ad exercendam artem instrumenta non suppetunt .... Quomodo est disertus, etiam qui tacet* &c. De Benefic. *Lib.* IV. *Cap.* XXI. ARISTOTE remarque

lui conviennent. *La Trêve* donc *n'est point une Paix, puis que la Guerre subsiste*; ainsi (5) que le dit AULU-GELLE: on ne fait alors que *cesser de se battre*, ou *suspendre les effets de la Guerre*, comme parle (6) un ancien Panégyriste.

4. Je fais cette remarque, parce qu'elle sert à montrer, que, si l'on est convenu *que telle ou telle chose aura lieu pendant la Guerre*, (7) elle doit aussi avoir lieu pendant une Trêve; à moins qu'il ne paroisse d'ailleurs manifestement, qu'en réglant cet article on n'a point eu en vuë l'état de la Guerre, mais l'exercice (8) même des Armes. Au contraire, si l'on a parlé de quelque chose comme devant avoir lieu *en tems de Paix*, l'intervalle de la Trêve ne sera point compris là-dedans.

5. Il est vrai, que VIRGILE appelle la Trêve, une (9) *Paix provisionnelle*; & SERVIUS (10) sur cet endroit, une *Paix à tems*, comme fait aussi le *Scholiaste* (11) de THUCYDIDE, qui ajoûte, qu'elle *enfante la Guerre*. Et VARRON (12) la définit, *une Paix de Camp, faite pour peu de jours*. Mais ce ne sont pas là des Définitions régulières; ce sont de simples Descriptions, & même des Descriptions figurées: comme celle du même VARRON, qui appelle la Trêve, (13) *les Féries de la Guerre*. Il auroit pû tout aussi bien dire, que c'est *le sommeil de la Guerre*. C'est ainsi que STACE donne (14) le nom de *Paix* aux Vacances du Barreau. Et ARISTOTE (15) appelle le *Sommeil*, un repos *qui tient les Sens liez*: à l'imitation de quoi on pourroit appeller la Trêve, une inaction qui tient la Guerre comme enchainée.

6. Pour ce qui est de la definition de VARRON, suivie par le Grammairien (16) DONAT; l'Auteur, qui la rapporte, y trouve à redire, & avec raison, (17) qu'elle borne la Trêve en général à *un petit nombre de jours*: car, dit-il, on fait aussi Trêve pour quelques mois, & pour quelques heures. Ajoûtons, & pour un an, pour vingt, pour trente, pour quarante, pour cent même. On en trouve des exemples dans (18) TITE LIVE: & cela sert encore à montrer le peu d'exactitude de la définition (19) du Juri-

aussi, que l'éloignement ne rompt point l'Amitié absolument, mais interrompt seulement l'exercice des devoirs de l'Amitié: *Οἱ γὰρ τόποι οὐ διαλύουσι τὴν φιλίαν, ἀλλὰ τὴν ἐνέργειαν*. Ethic. Nicom. *Lib.* VIII. (*Cap.* VI.) GROTIUS.

(5) *Nam neque pax est Induciæ: bellum enim manet, pugna cessat* &c. Noct. Attic. *Lib.* I. *Cap.* XXV.

(6) *Quum induciæ bella suspenderant* &c. LATIN. PACAT. in Panegyr. Cap. IX *num.* 5. *Ed Cellar.*

(7) Par exemple, que l'on paiera tant pour la rançon des Prisonniers, pendant la Guerre &c. Que le commerce sera libre, pendant la Guerre, entre les Marchands &c.

(8) Si l'on est convenu, par exemple, de certaines Contributions pendant la Guerre, comme on n'accorde ces Contributions, que pour se racheter des actes d'hostilité; elles doivent cesser pendant la Trêve, puis qu'alors les actes d'hostilité ne sont plus permis.

(9) —— —— *Et pace sequestrâ*
Per Silvas Teucri, *mistique impune* Latini,
Erravêre jugis —— —— ——

AEN. Lib. XI. *vers.* 134, *& seqq.*

(10) PACEM *ergo* SEQUESTRAM *inducias dicit: id est, pacem temporalem, & mediam inter bellum præteritum & futurum.*

(11) Ἀνακωχὴ ἐστὶν εἰρήνη ἀναβεβλημένη, πόλεμον ὠδίνουσα. In *Lib.* I. *Cap.* XL. pag. 25. Not. 3. *Ed. Oxon.* C'est un terme de Marine, appliqué ici. Voiez la Dissertation d'un savant Jurisconsulte Allemand, nommé JEAN STRAUCHIUS, *de Induciis*, (§. 2.) qui est la V. & derniére du Recueil imprimé à *Brunswig*, en 1662.

(12) INDUCIAE, inquit, *sunt pax castrensis, paucorum dierum.* Apud GELL. ubi supra, I. 25.

(13) *Item alio in loco:* INDUCIAE, *inquit*, sunt belli feriæ. *Idem*, ibid.

(14) *Et* PACEM *piger annus habet, messesque reversa*
Dimisêre forum —— ——

Silvar. *Lib.* IV. *Silv.* IV *vers.* 40.

(15) Τὴν ἣ ἀκινησίαν τρόπον τινὰ τῶν αἰσθητηρίων, καὶ οἷον δεσμόν, τὸν ὕπνον εἶναί φαμεν. Lib. *De Somn. & Vigil. Cap.* I. in fin.

(16) INDUCIAE *sunt pax in paucos dies, vel quòd in diem dentur, vel quòd in dies otium præbeant.* In Eunuch. TERENT. Act. I. Scen. I. vers. 15.

(17) *Neque paucorum tantum dierum induciæ sunt. Quid enim dicemus, si, induciis mensium aliquot factis, in oppida castris concedatur? nonne tum quoque induciæ sunt? Aut rursus quid esse dicemus, quod in* primo Annali QUADRIGARII *scriptum est*, C. Pontium *Samnitem à Dictatore Romano sex horarum inducias postulasse* &c. AUL. GELL. Noct. Attic. I, 25.

(18) Voiez *Lib.* I. *Cap.* XV. & *Lib.* VII. *Cap.* XX. & conferez ici PUFENDORF, *Droit de la Nat. & des Gens*, Liv. VIII. Chap. VII. §. 3, 4.

(19) INDUCIAE *sunt, quum in breve & in præsens tempus convenit, ne invicem se lacessant: quo tempore non est postliminium.* DIGEST. Lib. XLIX. Tit. XV. *De Captiv. & Postlim.* &c. Leg. XIX. §. 1.

(20) Par exemple, si l'on est convenu, que, pendant la Paix, les Sujets de part & d'autre pourront trafiquer de certaines marchandises, qui ne sont d'aucun usage à la Guerre.

§. II. (1) *Induciæ* ne vient pas, ce me semble, de *inde uti jam*, comme le veut AULU-GELLE (ubi supra, I, 25. par la raison, dit-il, que *du moment* qu'elles

Jurisconsulte PAUL, qui dit, que la *Trêve se fait, lors que l'on convient de suspendre de part & d'autre les actes d'hostilité pour peu de tems, & pour le tems présent.*

7. Cependant, s'il paroît que la raison unique & celle qui a par elle-même déterminé entiérement les deux Parties contractantes, étoit une cessation d'armes en général: (10) ce qui a été dit d'un *tems de Paix*, pourra avoir lieu aussi pendant la Trêve; non en vertu de la signification des termes, mais par une conjecture certaine de l'intention des Contractans, de quoi nous (a) avons traité ailleurs.

(a) *Liv.* II. Chap. XVI. §. 20.

§. II. LA Trêve n'est donc, à proprement parler, qu'un repos pendant la Guerre, comme le donne à entendre l'étymologie (1) du mot Latin. Ainsi les (a) Historiens, chez qui on trouve souvent, qu'en telle ou telle occasion on *refusa la Paix*, (2) & on accorda seulement une *Trêve*; s'expriment avec la derniére exactitude.

(a) *Tit. Liv. Plutarch. Justin.* &c.

§. III. 1. C'EST pourquoi aussi il (a) n'est pas besoin d'une nouvelle Déclaration de Guerre, après le tems de la Trêve expiré. (1) Car du moment que l'obstacle, qui n'étoit qu'à tems, vient à être levé, l'état de Guerre, qui étoit seulement suspendu, & non pas éteint, revient de lui-même; comme l'usage du droit de Propriété, & l'exercice de la Puissance Paternelle, à l'égard d'une personne qui retourne dans son bon-sens.

(a) *Angel.* in L. *Si unus*, 27. §. 2. *D. De Pact.* &c. *Mart. Laud.* De Bell. Quæst. 28.

2. Nous lisons pourtant dans TITE LIVE, que, selon l'avis d'un Collége de (b) Prêtres établi à *Rome* pour examiner ce qui se rapportoit à la Guerre, on a autrefois déclaré la Guerre après la fin d'une Trêve. Mais les anciens *Romains* ont voulu montrer, en usant ainsi de précautions non-nécessaires, combien ils étoient amateurs de la Paix, & soigneux de n'en venir à prendre les armes que pour de justes raisons. L'Historien, qui rapporte cette circonstance, le donne lui-même à entendre: (2) *Il y avoit eû*, dit-il, *depuis peu, une Bataille contre ceux de* Véies; *après quoi on avoit fait, non pas*

(b) *Fetiales.*

les sont finies, on peut agir *comme auparavant*) ni du mot *endoitus*, qui signifie *entrée*, selon l'étymologie qu'en donnoit AURELIUS OPILIUS (*apud eund.* GELL.) à cause, disoit-il, qu'on peut alors entrer librement dans les terres l'un de l'autre. Mais ce mot vient de *inde* & *otium*; parce que *depuis* le tems marqué on est *en repos*; à quoi se rapporte aussi le mot Grec Ἐκεχειρία. En effet, il paroit par AULU-GELLE même, & par l'ancien Auteur Latin, dont nous venons de rapporter, après lui, l'étymologie; que l'on écrivoit autrefois *Inducia* par un *e*, & non pas *Induciæ*; & ce nom, dont on ne se sert plus qu'au Pluriel, avoit aussi alors sans doute un Singulier. Voiez *Noct. Attic.* Lib XIX. Cap. VIII. L'ancienne maniére d'écrire étoit *Indoitia*: car alors, au lieu d'*otium* on disoit *oitium*, du verbe *oiti*, que nous écrivons & prononçons aujourdhui *uti*: de même que de *Poina*, (voiez SERVIUS, *in* AEN. X. 24) que nous écrivons *Pœna*, on a fait *Punio*; & de *Poinus*, que nous écrivons *Pœnus*, on a fait *Punicus*. Or comme d'*Ostia*, *ostiorum*, est venu, *Ostia*, *ostia*, & d'*Ostrea*, *ostreorum*, *Ostrea*, *ostrea*; de même d'*Indoitia*, *indoitiorum*, on a fait *Indoitia*, *indoitia*, & ensuite *Indutia*, dont le Pluriel, comme je l'ai deja remarqué, est seul en usage, quoi qu'autrefois on le dit aussi au singulier, comme nous l'apprenons d'AULU-GELLE *ubi supr.* L'étymologie, que je viens d'etablir, approche assez de celle de DONAT: *Quod in dies otium præbeant.* (Voiez ci-dessus, *Note* 16. du §. précedent) GROTIUS.

Cette Note est tirée du Texte, & elle peut servir, autant qu'aucune autre, à justifier la liberté que j'ai prise en plusieurs endroits de transporter dans les Notes des choses peu nécessaires, & qui souvent interrompent la suite du discours, d'une maniére à faire perdre de vuë le sujet principal. Quel ragoût pour un Lecteur, qui cherche ici les Droits de la Nature & des Gens, de lire toutes ces minuties Grammaticales! Quelque bien fondées & utiles qu'elles puissent être d'ailleurs, un Auteur devroit résister à la tentation de placer si mal les découvertes qu'il croit avoir fait en ce genre: & rien ne prouve mieux la nécessité de permettre aux Ecrivains l'usage des Notes sur leurs propres Ouvrages; puis que par là ils peuvent se satisfaire, & rendre même quelquefois service au *Public*, sans rebutter les Lecteurs, & nuire à l'intelligence de la matiére, qu'ils traitent. Au reste, comme les goûts sont fort différens, sur tout en matiere d'Etymologies, d'autres veulent qu'*Inducia* vienne, non pas d'*inde*, mais de l'ancien *endo* ou *indu*, pour *in*. Voiez les Institutions Oratoires de VOSSIUS, Lib. IV. Cap. XIII. §. 11. & son *Etymologicon*.

(2) Voici, par exemple, ce que dit TITE LIVE, de *Papirius*, à l'égard des *Falisques*: *Et Faliscis* PACEM *petentibus, annuas* INDUCIAS *dedit.* Lib. X. Cap. XLVI. *num.* 12. Voiez le passage, qui va être cité, dans la *Note* 2. sur le paragraphe suivant.

§. III. (1) Voiez PUFENDORF, *Droit de la Nat. & des Gens*, Liv. VIII. Chap. VII. §. 6.

(2) *Cum* Veientibus *nuper acie dimicatum ad* Nomentum *&* Fidenas *fuerat. induciaque inde, non pax, facta: quarum & dies exierat, & ante diem rebellaverant. Missi tamen Feciales: nec eorum, quum more patrum jurati repeterent res, verba sunt audita.* Lib. IV. Cap. XXX. *num.* 14.

pas la Paix, mais une Trêve, dont le tems étoit expiré. Ils n'en avoient point attendu la fin, pour recommencer les actes d'hostilité: cependant on leur envoia des Hérauts d'armes, pour leur demander satisfaction, selon l'ancienne coûtume: mais ils ne voulurent point les écouter.

§. IV. 1. QUAND on détermine la durée de la Trêve, on marque quelquefois un espace de tems, dont les parties se succédent tout de suite, comme *de cent jours*: quelquefois on désigne un certain terme, par exemple, *jusqu'au prémier jour de Mars*.

2. Dans le prémier cas, il faut compter le tems selon sa juste mesure, (1) c'est-à-dire, conformément à sa mesure naturelle: car la maniére de compter par Jours Civils, est fondée uniquement sur les Loix ou l'usage des Nations.

3. Dans l'autre cas, on demande, si, lors qu'il a été dit que la Trêve dureroit *jusqu'à* un certain Jour, ou un certain Mois, ou une certaine Année, ce Jour, ce Mois, ou cette Année, doivent être exclus ou compris dans l'espace de la suspension d'armes? Il est certain, que, comme dans les Choses Naturelles il y a deux *termes*, l'un qui est renfermé dans la chose même, comme la *Peau*, par exemple, de nôtre *Corps*; l'autre, qui est hors de la chose, comme une *Riviére* par rapport à la Terre qu'elle borne: on peut aussi concevoir deux extrémitez semblables en matiére de termes établis par la volonté humaine. Il semble néanmoins plus naturel de (2) prendre le terme pour une partie de la chose même, comme le définit (3) ARISTOTE. Et l'usage n'y est pas contraire: car, selon la régle des anciens Jurisconsultes, (4) *quand quelcun a dit, qu'on feroit ceci ou cela entre-ci & le jour de sa mort, ce jour de sa mort est compris dans l'espace qu'il a prescrit.* Les Historiens racontent, que (5) *Spurinna* avoit prédit à *Jules César* le danger dont il étoit menacé *jusqu'aux Ides de Mars*, mais pas plus loin. Quand ce jour des *Ides* fut venu, comme *César* lui demandoit en se moquant, où étoit l'effet de sa prédiction, il répondit, Que les *Ides* étoient *venuës*, mais qu'elles n'étoient point encore *passées*. A plus forte raison faut-il entendre ainsi le terme fixé, lors que la prolongation du tems a quelque chose de favorable, comme cela a lieu dans une Trêve, qui épargne le sang humain.

4. Mais quand on a marqué un Jour, *depuis* lequel un certain espace de tems commenceroit, ce Jour n'est point compris dans l'espace déterminé: (6) parce que la pré-

po-

§. IV. (1) C'est-à-dire, depuis le moment auquel la Trêve est concluë, jusqu'au même moment du dernier jour; & non pas ensorte qu'on ait égard au commencement ou à la fin du *Jour Civil*, qui commence & finit en divers tems, selon les lieux & l'usage des différentes Nations. Ainsi, selon le Droit Romain, un Enfant est censé avoir un an, dès qu'il a atteint le commencement du trois-cent-soixante-cinquiéme jour: au lieu, qu'en suivant le calcul naturel, l'année n'est complette, qu'au moment de ce jour qui répond à celui auquel l'Enfant est venu au monde: *Anniculus, non statim ut natus est, sed trecentesimo sexagesimo quinto die dicitur, incipiente plane, non exacto die: quia annum civiliter, non ad momenta temporum, sed ad dies, numeramus.* DIGEST. Lib. L. Tit. XVI. *De verborum signific.* Leg. CXXXIV.

(2) C'est ainsi que décident BALDE, *de Statutis*, in verb. *Usque*: BARTOLE, in L. *Patronus*, D. De Legat. III. & in L. *Nupta* 12. D. *De Senatorib.* ARCHIDIACONUS, in C. *Ecclesias.* XIII. Qu. 1. HIERON. DE MONTE, Lib. *De Finibus*, Cap. 23. GROTIUS.

(3) Πέρας λέγεται τὸ ἔσχατον ἑκάστου. Metaphys. *Lib.* V. *Cap.* XVII.

(4) *Si quis sic dixerit, ut intra diem mortis ejus aliquid fiat; ipse quoque dies, quo quis mortuus est, numeratur.* DIGEST. Lib. L. Tit. XVI. *De verb. signific.* Leg. 133.

(5) *Introiit Curiam, spretâ religione, Spurinnamque irridens, & ut falsum arguens, quod sine ullâ noxâ Idus Martiæ adessent. Quamquam is, venisse quidem eas, diceret, sed non præteriisse.* SUETON. *in Cæs.* (Cap. LXXXI. *in fin.*) DION CASSIUS exprime ainsi ce mot: Ἥκουσιν, εἶπεν, οὐ μὴν παρεληλύθασιν. (Lib. XLIV.) Et APPIEN d'*Alexandrie*: Πάρεισιν αἱ Εἰδοί· καὶ ὁ μὲν [μάντις] οὐδὲν καταπλαγείς, ἀπεκρίνατο, Ἀλλ' οὐ παρεληλύθασιν. (De Bell. Civ. *Lib.* II. pag. 522. *Ed. H. Steph.*) GROTIUS.

(6) Mais voiez PUFENDORF, dans le Chapitre déja cité plus d'une fois, §. 8. Ce que nôtre Auteur dit ici, est d'autant plus mal fondé, qu'il ne s'accorde pas avec ce qu'il vient de dire lui même, qu'en matiére de Trêve, la prolongation de tems a quelque chose de favorable. STRAUCHIUS, dans la Dissertation que j'ai déja citée, *Cap.* V. §. 2. s'est déclaré là-dessus il y a long-tems contre nôtre Auteur

§. V. (1) Ils ne peuvent pas le savoir certainement avant cela: & il en est de même ici, que quand la Guerre commence. Il arrive assez souvent qu'on a tout lieu de croire, à cause des préparatifs qui se font, & par des bruits ou des avis sur lesquels on peut compter, que la Guerre est résoluë: cependant jusqu'à ce qu'il y ait une Déclaration de Guerre publiée dans les formes, personne ne peut courir sur l'Enne-

mi,

position *depuis* sépare le terme, auquel elle se rapporte, d'avec ce qui le doit suivre.

§. V. Ajoûtons en passant, que la Trêve, & toute autre convention de cette nature, oblige les Parties contractantes, du moment que l'accord est fait & conclu. Mais pour ce qui est des Sujets de part & d'autre, ils ne commencent à entrer dans quelque obligation à cet égard, que quand la Trêve a reçû forme de Loi, (1) c'est-à-dire, qu'elle a été solennellement notifiée. Et même si cette publication se fait dans un seul endroit, elle n'a force d'obliger les Sujets dans le reste des Etats, qu'après un tems suffisant, pour qu'elle puisse venir à leur connoissance. (a) De sorte que, si avant cela les Sujets font quelque chose contre la Trêve, ils ne seront sujets à aucune punition. Ce qui n'empêche pas, que les Puissances qui ont conclu ensemble la Trêve (2) ne doivent dédommager (3) ceux qui ont souffert par les actes d'hostilité exercez dans cet intervalle.

(a) *Bartol.* ad L. *Omnes popul.* & *Panormit.* C. 2. Const. ibique *Felin.* num. 7.

§. VI. 1. Voions maintenant ce qu'il est permis, ou non, de faire pendant la Trêve. La définition même de cette sorte de convention le donne à entendre.

2. Tout (1) acte d'hostilité est donc ici illicite, soit qu'on l'exerce sur les Personnes, ou sur les Biens: en un mot, de quelque maniére qu'on use de violence contre l'Ennemi. Car tout cela est contraire au Droit des Gens, pendant la Trêve, comme le disoit *Lucius Emile*, dans une Harangue à ses Soldats, que (2) Tite Live rapporte.

3. Il faut rendre aussi les choses appartenantes à l'Ennemi, qui, pendant cet intervalle, sont tombées entre nos mains par quelque hazard, encore même qu'elles eussent été nôtres auparavant; parce qu'à l'égard du droit externe, sur lequel il faut se régler ici, la propriété en a passé à l'Ennemi. Et c'est sur ce principe que le Jurisconsulte Paul (3) décide, qu'il n'y a point de droit de *Postliminie* pendant la Trêve; parce que ce droit de retour suppose un droit antécedent de prendre à main armée; droit qui cesse pendant la Trêve.

4. Il est permis alors d'aller & venir de part & d'autre, mais sans aucun train ou aucun appareil, d'où il puisse y avoir quelque chose à craindre. C'est ce que remarque Servius, ancien Commentateur de Virgile: (4) & il raconte à cette occasion, que

mi, comme il lui est permis après. Ainsi rien n'est plus frivole, que les objections que quelques Commentateurs font ici contre l'opinion de nôtre Auteur.

(2) Il est vrai, qu'il n'y a point ici de leur faute, puis qu'on suppose que la Trêve n'a pû être notifiée plûtôt à ceux qui sont éloignez. Mais comme chacun s'est engagé pour soi & pour ses Sujets, qui, dès le moment de la Trêve concluë, seroient tous tenus de discontinuer les actes d'hostilité, s'ils étoient tous à portée d'être informez du Traité, qui doit leur être notifié incessamment: Chacun aussi doit être censé s'être engagé à désapprouver & tenir pour nuls tous les actes d'hostilité exercez dans les endroits éloignez, & par conséquent à dédommager, autant qu'il se pourra, ceux qui les ont soufferts. Il suffit que l'on ne soit point responsable de l'impossibilité où l'on a été de les empêcher, & que cela ne puisse point être regardé raisonnablement comme une infraction de la Trêve.

(3) C'est ce que prétendoient les *Atheniens*, au sujet de *Scione*, qui s'étoit renduë deux jours après la conclusion de la Trêve. Voiez Thucydide, Lib. IV. (*Cap.* CXXII.) Ainsi ce que les *Espagnols* firent en *Italie*, au rapport de Mariana, XXVIII. 7. est insoûtenable. Grotius.

§. VI. (1) On suppose ici, que la Trêve est générale. Mais on fait trêve quelquefois pour certains endroits seulement, par exemple, sur mer, & non pas sur terre: ou par rapport à certains actes d'hostilité, comme pour le ravage de la Campagne &c. Voiez Pufendorf, dans le Chap. cité ci-dessus, §. 3. Nôtre Auteur remarquoit, dans une petite Note sur le §. 10. qu'on trouve dans Procope & dans Menandre *le Protecteur*, des exemples de Trêves, dans lesquelles certains lieux étoient exceptez.

(2) *Nunc fraudem hostium incusans, qui, pace petitâ, induciis datis, per ipsum induciarum tempus, contra jus gentium, ad castra oppugnanda venissent.* Lib. XL. Cap. XXVII. *num.* 9.

(3) Voiez la Loi, citée ci-dessus, §. 1. *Note* 19.

(4) *Denique obsessâ urbe à* Tarquinio, *inter* Porsennam *&* Romanos *factis induciis, quum Ludi Circenses in Urbe celebrarentur; ingressi hostium duces, curuli certamine contenderent, & victores coronarentur.* Impune *autem hoc loco, sine periculo.* In Aen. XI, 134. Mais il s'agit là plûtôt de la sûreté avec laquelle on va & vient, que du soin qu'on doit avoir de ne rien faire, en allant & venant, d'où les autres puissent prendre quelque ombrage. Au reste, on peut voir sur ceci les *Paroemia Juris Germanici* de feu Mr. Hertius, II. 14, 15. où il explique comment on abuse du Saufconduit.

que, comme l'on célebroit à Rome les Jeux du *Cirque*, pendant une Trêve concluë entre *Porsenna* & les *Romains*, assiégez par *Tarquin*, les Chefs de l'Armée Ennemie étant venus dans la Ville, y remportérent le prix de la Course en chariot.

(a) *Lib.* XXXI. Cap. 18. in fin.

(b) Voiez-en un exemple dans *Paruta*, Lib. III.

§. VII. POUR ce qui est de se retirer plus avant dans ses Etats avec son Armée, comme le fit autrefois *Philippe*, au rapport de (a) TITE LIVE; il n'y a rien là de contraire à la Trêve: non plus que si l'on répare les brêches faites à ses Fortifications, ou si l'on léve des Troupes; à moins (b) qu'on n'en soit autrement convenu par un article particulier.

§. VIII. 1. MAIS il est certainement contre la Trêve, de s'emparer de quelque Place occupée par l'Ennemi, en corrompant la Garnison qu'il y avoit. Car une telle aquisition ne peut être légitime, que quand le droit de la Guerre l'autorise.

2. Il faut dire la même chose de la réception des Sujets de l'autre parti, qui veulent passer dans le nôtre pendant la Trêve. TITE LIVE nous en fournit un exemple: (1) *Ceux de* Coronée, (dit-il) *&* d'Haliarte, *par une inclination naturelle qu'ils avoient pour les Rois, envoiérent des Ambassadeurs en* Macédoine, *pour demander une garnison, à la faveur de laquelle ils fussent en état de se défendre contre l'orgueil insupportable des* Thébains. *Mais le Roi répondit à cette Ambassade, qu'il ne pouvoit point leur envoyer de Troupes, à cause de la Trêve qu'il avoit faite avec les* Romains. Il est vrai que THUCYDIDE rapporte un exemple, qui paroît d'abord contraire: car il nous apprend, que la Ville de *Mende* aiant passé du parti des *Atheniens* dans celui des *Lacedémoniens*, *Brasidas*, Chef de ceux-ci, la reçût. Mais on ajoûte en même tems une excuse, (a) c'est que *Brasidas* avoit à son tour de quoi se plaindre des *Athéniens*.

(a) *Lib.* IV, *Cap.* XII.

3. On peut seulement s'emparer des lieux abandonnez par l'Ennemi, pourvû qu'il les aît véritablement abandonnez, c'est-à-dire, à dessein de ne plus les regarder comme siens; & non pas simplement s'il n'y a point de gens qui le gardent, soit qu'il aît cessé de les garder avant ou après la Trêve. Car le droit de Propriété, que l'Ennemi conserve alors, rend injuste toute possession d'autrui. Et cela suffit pour faire voir le peu de fondement de la chicane de *Bélisaire*, qui, sous ce prétexte, (b) s'étoit emparé pendant la Trêve, des (c) Places d'où les *Goths* avoient retiré leurs Garnisons.

(b) Procop. Goth. Lib. II. Cap. 7.

(c) Du *Port*, de *Centcelles*, & d'*Albe*.

§. IX. 1. ON demandé, si ceux, qui aiant été empêchez de se retirer par quelque accident imprévû & insurmontable, se trouvent encore sur les Terres de l'Ennemi après la Trêve expirée, ont droit de prétendre qu'on les laisse retourner? A considerer le Droit des Gens extérieur, je ne doute pas que ces gens-là (1) ne soient dans un cas sem-

§. VIII. (1) Coronæi & Haliartii, *favore quodam insito in Reges, legatos in* Macedoniam *miserunt: præsidium petentes, quo se adversus impotentem superbiam* Thebanorum *tueri possint. Cui legationi responsum ab Rege est,* præsidium se, propter inducias cum *Romanis* factas, mittere non posse &c. *Lib.* XLII. Cap. XLVI. *num.* 9. 10.

§. IX. (1) Mais voiez ce que j'ai dit contre PUFENDORF, qui est de même sentiment, §. 10. du Chapitre déja cité plusieurs fois. Nôtre Auteur & STRAUCHIUS qui le suit, (*Cap. ult.* § *ult.* Diss. *De Induciis*) ont ici abandonné mal à-propos ALBERIC GENTIL, *De Jure Bel.* Lib. II. Cap. XIII.

(2) *Tamen eum, qui ante Idus Martias profectus ex portu, & relatus tempestate in Insulam deductus esset, si inde exisset non videri contra legem fecisse.* DIGEST. Lib. XXXIX. Tit. IV. *De Publicanis, & Vectigalibus, & Commissis*, Leg. XV. *Si propter necessitatem adversæ tempestatis expositum onus fuerit, non debere hoc commisso vindicari, Divi Fratres rescripserunt.* Ibid. *Leg.* XVI. §. 8.

§. X. (1) On ne peut point, par exemple, se retirer, pendant ce tems-là, dans un poste plus sûr, ni se retrancher. PUFENDORF, dans le Chapitre, auquel j'ai deja renvoié plusieurs fois, est d'une autre opinion, §. 9. Il veut, après STRAUCHIUS, (Diss. *De Induc.* Cap. V. §. 4.) que ces sortes de choses, qui tendent seulement à se mettre en état de defense, n'aient rien d'illicite, parce que personne n'est censé renoncer au droit de se défendre soi-même. *Et c'est*, ajoûte-t-il, la faute de celui qui a imprudemment accordé une telle Trêve, si elle donne lieu à l'Ennemi de prendre de nouvelles forces. Mais ces raisons, bien examinées, ne prouvent rien: & feu Mr. BATTIER, que j'ai déja cité, s'est déclaré avec raison pour GROTIUS, dans une petite Dissertation Académique intitulée *De Induciis Bellicis*, & imprimée en 1697. Celui, dit-il, qui a accordé une courte Trêve pour enterrer les Morts, ne l'a accordée que pour cela: & il y a tou-

semblable à celui des personnes, qui étant venuës en tems de Paix, se trouvent malheureusement parmi les Ennemis, à cause d'une Guerre subitement allumée, & par là demeurent Prisonniers de Guerre jusqu'à la Paix, comme nous (a) l'avons remarqué ci-dessus. Les régles même de la véritable Justice, qui oblige en conscience, autorisent cela, entant que les biens & les actions de chacun des Ennemis répondent de la dette de l'Etat, en sorte qu'on peut s'en saisir pour se paier. Et on n'a pas plus de sujet de se plaindre dans le cas, dont il s'agit, que n'en ont tant d'autres Innocens, sur qui retombent les maux & les calamitez de la Guerre.

(a) *Chap.* IX. *de ce Livre*, §. 4.

2. Il ne sert de rien d'alléguer ici ce qui est dit de l'excuse que fournit une tempête imprévuë, (2) qui a jetté dans quelque endroit où le Vaisseau est sujet à confiscation: ni ce que l'on trouve dans CICE'RON, (b) d'un Vaisseau de Guerre que la Tempête avoit jetté dans un Port, où il étoit défendu d'aborder, & que le Questeur à cause de cela vouloit faire confisquer, selon la Loi. Car dans ces exemples il s'agit d'une punition, dont l'accident imprévû & inévitable met à couvert; au lieu que, dans le cas dont nous traitons, il n'y a point proprement de peine, mais seulement l'usage d'un droit, qui n'étoit suspendu que pour un certain tems.

(b) *De Invent.* Lib. II. Cap. 32.

3. Cependant il est sans doute & plus humain & plus généreux, de se relâcher d'un tel droit, & de renvoier les personnes que l'on pourroit à la rigueur retenir.

§. X. 1. IL Y A aussi des choses qu'il n'est pas permis de faire pendant la Trêve, à cause de la nature particuliére de l'accord. Si l'on a, par exemple, accordé une Trêve seulement pour enterrer les Morts, on ne doit rien entreprendre de nouveau, qui apporte aucun changement à l'état des choses (1) pendant ce court intervalle. Si une Ville assiégée a obtenu quelque Trêve, seulement pour être à l'abri des attaques, comme ceux (a) de *Naples* l'obtinrent de *Totila*; il ne lui sera point permis, pendant ce tems-là de recevoir du secours ou des vivres. Car ces sortes de Trêves étant avantageuses à l'une des Parties, il n'est pas juste que l'autre qui les a accordées comme une faveur, reçoive du préjudice.

(a) *Procop. Gotth.* Lib.

2. On convient aussi quelquefois, qu'il ne sera point permis d'aller & venir pendant la Trêve. Quelquefois les Personnes (b) sont mises à couvert des actes d'hostilité, mais non pas les Biens: & en ce cas-là, si, pour défendre ses biens, on fait du mal aux Personnes, on n'agit point contre l'engagement de la Trêve. Car, puis qu'il est permis alors de défendre ses biens, la sureté des Personnes (2) doit se rapporter à ce qu'il y a de principal dans le Traité; & non pas à ce qui pourroit s'en déduire par conséquence.

(b) Voiez les *Decrétales*, *Tit. De Judais*, Cap. 12.

§. XI. 1. SI la Trêve vient à être rompuë d'un côté, il est certainement libre à l'autre

toutes les apparences du monde, qu'il n'auroit permis autre chose, si on le lui eût demandé. D'ailleurs, outre la raison alléguée par nôtre Auteur, si, dans le tems que celui, à qui l'on a accordé la Trêve, pour enterrer ses Morts, en profite pour se retrancher, l'autre l'en empêche par la voie des Armes; on ne voit pas en vertu dequoi le prémier pourroit s'en plaindre. Or comment est-ce qu'une seule & même Convention donneroit droit à l'un de faire une chose; & à l'autre, de l'en empêcher? J'ajoûte, que le droit de se défendre, dont parle PUFENDORF, & auquel il dit que personne n'est censé renoncer, regarde seulement le cas où l'on est attaqué actuellement; & non pas les mesures que l'on peut prendre pour prévenir un danger éloigné & incertain. Or c'est du dernier qu'il s'agit ici. Au reste, l'exemple de *Tissapherne*, tiré de CORNELIUS NEPOS, *in Agesil.* Cap. II. & de XE'NOPHON, *Orat. de laud. Agesil.* Cap. I. §. 10, 11. *Ed. Oxon.* est fort à propos. Mais pour celui de *Philippe*, que Mr. BATTIER, & d'autres alléguent, après ALBERIC GENTIL, Lib. II. Cap. XIII. *pag.* 313. il ne convient point ici, mais au cas dont nôtre Auteur a parlé dans le §. 7. où il allegue aussi précitément le même fait. Celui qui l'a cité le prémier, l'a mal rapporté: *Se recepit*, dit-il, *in loca tutiora.* TITE LIVE ne dit point cela, mais seulement que *Philippe* décampa à la sourdine: *Silenti agmine abiit.* Lib. XXXI. Cap. XXXVIII. à la fin.

(2) Par cela même qu'en accordant une sûreté de part & d'autre pour les Personnes, on s'est reservé le droit de piller, on s'est aussi reservé celui de défendre ses Biens du pillage: & ainsi la sûreté des Personnes n'est point générale, mais seulement pour ceux qui vont & viennent sans dessein de rien prendre à l'Ennemi, avec qui on a fait cette Trêve limitée.

l'autre Partie, lézée par cette infraction, de reprendre les armes, même sans aucune déclaration: & on a tort de mettre cela en question. Car les Articles d'une Convention y sont tous renfermez comme autant de conditions, d'où dépend sa force & sa durée, ainsi que nous (a) l'avons remarqué un peu plus haut.

(a) *Chap.* XIX. de ce Liv. §. 14. & XX. 35.

2. On trouve à la vérité des exemples dans l'Histoire, de gens qui se sont tenus en repos après l'infraction, jusqu'à la fin de la Trêve. Mais on y voit aussi la Guerre faite (b) aux *Etruriens*, & à d'autres Peuples, parce qu'ils avoient violé la Trêve. Cette différente maniére d'agir montre que l'on a veritablement droit de recommencer les actes d'hostilité, sans attendre que le tems de la Trêve soit expiré: mais qu'il dépend de la Partie lézée, d'user ou non de ce droit, comme il lui plaît.

(b) *Tit. Liv.* Lib. IX. & Lib. XI.

§. XII. 1. Il est aussi incontestable, que, si l'on est convenu d'une peine, & que celui qui a violé la Trêve aît subi cette peine, à la réquisition de l'autre Partie; celle-ci (1) n'est point alors en droit de prendre les armes avant le terme expiré. Car la raison pourquoi on paie l'amende, c'est afin que tout le reste demeure en son entier.

2. Au contraire, si, après l'infraction de la Trêve, on prend aussi tôt les armes contre l'Infracteur, on doit être censé (2) avoir renoncé au droit d'exiger la peine, puis qu'on a eu le choix, & qu'on s'est déterminé.

§. XIII. Les actions des Particuliers ne rompent point la Trêve, à moins que l'Etat n'y aît quelque part, ou par un ordre donné là-dessus, ou par une approbation; Et l'Etat est censé approuver ce qui a été commis, lors qu'il ne veut ni punir, ni livrer les Coupables, ou qu'il refuse de rendre les choses prises pendant la suspension d'armes.

§. XIV. 1. Voila' pour ce qui regarde la Trêve. Les Saufconduits, dont nous avons à traiter présentement, sont un certain privilége accordé, sans qu'il y aît cessation d'armes. Ainsi, pour les expliquer, il faut suivre les Régles que l'on donne au sujet de l'interprétation des Priviléges en général.

2. Or celui dont il s'agit, n'est ni nuisible à un tiers, ni fort onéreux pour celui qui l'accorde. Ainsi en demeurant dans la propriété des termes, il faut en étendre le sens, plûtôt que le resserrer; sur tout si celui à qui on fait le plaisir de donner un Saufconduit, ne l'avoit pas demandé, & qu'on le lui aît offert soi-même: & à beaucoup plus forte raison, si, outre l'intérêt particulier de celui que l'on oblige par là, il s'y trouve

§. XII. (1) En ce cas-là, celui contre qui on a exercé des actes d'hostilité, malgré la Trêve, peut aussi, outre la peine stipulée, exiger un dédommagement de ce qu'il a souffert d'ailleurs par l'infraction du Traité. C'est ce que remarque Mr. Battier, dans la Dissertation déja citée, §. 10. ou dernier.

(2) Voiez Pufendorf, *Droit de la Nat. & des Gens*, §. 11. du Chapitre qui répond à celui-ci.

§. XIV. (1) S'il s'agit, par exemple, de traiter de la Paix, & que le Passeport aît été donné pour cela.

§. XV. (1) C'est ainsi que, dans le Droit Romain, quand il s'agit de Testamens privilegiez, le mot de *Miles*, opposé à celui de *Paganus*, signifie généralement tous ceux qui sont en expédition militaire, soit qu'ils commandent, ou qu'ils obeïssent, soit Officiers, ou simple Soldats.

(2) Selon lequel *Milites*, ou *Gens de Guerre*, se dit de ceux qui obeïssent, par opposition aux Officiers, Géneraux ou Subalternes. La chose est connuë: & Alberic Gentil allegue là-dessus des autoritez, *De Jure Bell.* Lib. II. Cap. XIV. pag. 321. où il décide autrement que nôtre Auteur, & sur cet exemple, & sur le suivant.

(3) Le mot Κληρικοί, d'où vient le Latin *Clerici*, & nos mots François *Clerc*, *Clergé*; comprenoit d'abord, c'est-à-dire, depuis le commencement du III. Siécle, où cet usage s'introduisit, tous les Ministres Publics de la Religion, de quelque ordre qu'ils fussent; par opposition aux *Laïques* (Λαϊκοί) ou simples Fidéles. Voiez une Dissertation de Mr. Boehmer, *De differentia inter Ordinem Ecclesiasticum & Plebem, seu inter Clericos & Laïcos*, qui est la VI. de ses *Dissertationes* Juris Ecclesiastici *antiqui ad* Plinium Secundum, & Tertullianum: & la Dissertation IX. du même Recueil, §. 2. comme aussi le Chap. V. de ses *Origines præcipuarum materiarum Juris Ecclesiastici*, publiées avec son Schilterus *illustratus*. A quoi on peut joindre le Chap. V. du I. Livre des *Antiquitez de l'Eglise Chrétienne*, en Anglois par Mr. Bingham; dont le savant & judicieux Auteur de la Bibliotheque Angloise nous a donné de bons Extraits. Mais dans la suite on a restreint le mot de *Clerc* ou *Clergé*, aux Ecclesiastiques d'un Ordre inférieur: en sorte que les *Evêques* n'étoient point compris sous ce nom-là. Les exemples en sont très-communs: & à cela se rapporte un endroit des Decretales, que nôtre Auteur cite en marge, mais qui se trouve fautif, & placé mal-à propos à la marge du paragraphe précedent, dans toutes les

trouve quelque (1) utilité publique. Encore donc que les termes souffrent quelque restriction, il faut la rejetter; à moins qu'autrement il n'en résultât quelque absurdité, ou qu'il n'y aît des indices apparens qui donnent lieu de conjecturer, qu'on n'a point voulu prendre les termes dans toute leur étenduë. Au contraire, on doit admettre une extension, même au delà de ce que souffre la propriété des termes, pour éviter une semblable absurdité, ou pour satisfaire à ce que demandent de pressantes conjectures.

§. XV. De là je conclus, qu'un Saufconduit donné à des *Gens-de-guerre*, est non seulement pour les Officiers Subalternes, mais encore pour ceux qui commandent en chef. Car l'usage propre & naturel du mot de *Gens-de-guerre* (1) souffre cette explication: quoi qu'il aît un autre (2) sens moins étendu. De même sous le nom de *Clergé* (3) ou d'*Ecclésiastiques*, on doit entendre aussi les *Evêques*. Les (4) *Matelots* même d'une Flotte, & généralement tous ceux qui ont prêté serment pour servir contre l'Ennemi d'une maniere ou d'autre, sont compris sous le nom de *Gens-de-guerre.*

§. XVI. 1. Quand on a permis à quelcun d'*aller* (1) en un certain endroit, on est censé lui avoir permis aussi de *retourner*: non que le mot d'*aller* renferme cela par lui-même, mais parce qu'autrement il s'ensuivroit cette absurdité, qu'un bienfait seroit entiérement inutile.

2. Que si l'on a promis de *laisser quelcun s'en aller en sûreté*, il faut entendre cela d'une permission de se retirer, sans avoir rien à craindre, jusqu'à ce que celui à qui on l'accorde soit arrivé en lieu de sûreté. C'est pourquoi on a traité de perfidie (2) l'action d'*Aléxandre le Grand*, qui aiant permis à quelques personnes de s'en aller, (a) les fit tuer en chemin. (a) *Diod. Sicul.* Lib. XVII. §. 84.

3. Mais pour avoir permis à quelcun de *s'en aller*, on ne lui donne pas pour cela permission de *revenir*. Et celui à qui il a été permis de *venir*, ne peut pas non plus *envoier* quelque autre en sa place: comme au contraire celui qui a eu permission d'*envoier* quelcun, ne peut pas *venir* lui-même. Car ce sont choses différentes, & il n'y a point de raison qui (3) oblige ici à étendre le sens au delà de la signification des termes. Cependant si l'on s'est trompé en croiant de bonne foi que l'un valloit l'autre, quoi que cette erreur ne donne aucun droit, elle exemte du moins de la peine qui peut avoir été stipulée.

4. Ce-

les Editions de l'Original, sans en excepter la mienne, où les Imprimeurs ont oublié de la mettre en son lieu, comme je l'avois marqué sur leur Copie: Clerici *sane si contra istam formam quemquam elegerint; & eligendi tunc potestate privatos, & ab Ecclesiasticis beneficiis triennio noverint se suspensos* ... Episcopus *autem, si contra hanc fecerit, aut consenserit fieri, in conferendis prædictis Officiis & Beneficiis potestatem amittat* &c. Lib. I. Tit. VI. *De Electione & Electi potestate*, Cap. VII. §. 3. Dans le Code Theodosien les Evêques sont appellez *Primi Clerici*: Lib. XVI. Tit. VIII. *De Judæis, Cælicolis*, &c. Leg. XIII. Voiez là-dessus le Savant Jaques Godefroi, *pag.* 226. Tom. VI. & *pag.* 31, 32. du même Volume.

(4) *In classibus omnes Remiges & Nautæ milites sunt: & jure militari eos testari posse, nulla dubitatio est.* Digest. Lib. XXXVII. Tit. XIII. *De bonorum possessione ex testamento militis*, Leg. I. §. 1.

§. XVI. (1) Il peut néanmoins y avoir des cas, où l'un n'emporte pas l'autre. Posé, par exemple, que l'on donne à quelcun du Parti de l'Ennemi un Saufconduit pour *aller*, non dans quelque autre Place de ses gens, mais dans un tiers endroit, ou un païs neutre, à *Rome*, par exemple, ou en *France*, lors qu'il ne peut y aller sans passer sur les Terres de celui qui lui donne passeport: en ce cas-là, s'il veut revenir par le même chemin, il a besoin d'un nouveau Saufconduit; le bénéfice du prémier étant expiré. C'est ce que remarque très-bien, apres d'autres, feu Mr. Hertius, dans sa Dissertation *De Literis Commeatûs pro Pace*, §. 13. pag. 327, 328. Tom. I. *Opusc. & Commentat.*

(2) C'est une tâche, dit Plutarque, qui ternit le lustre des autres actions guerriéres de ce Conquérant, accoûtumé d'ailleurs à faire la Guerre avec justice, & d'une maniére digne d'un Roi: Σπεισάμενος ἔν τινι πόλει πρὸς αὐτοὺς, ἀπιοῦσιν ἐν ὁδῷ λαβὼν ἅπαντας ἀπέκτεινε· καὶ τοῦτο τοῖς πολεμικοῖς ἔργοις αὐτοῦ, τἆλλα νομίμως καὶ βασιλικῶς πολεμήσαντος, ὥσπερ κηλὶς πρόσεστι. (In Vit. Alexandr. *pag.* 698. C. Tom. I. Ed. *Wech.*) Leunclavius rapporte une semblable perfidie de *Bajazet* envers ceux de la Ville de *Widin* en *Servie*: Hist. Turc. *Lib.* VI. Grotius.

(3) Mr. Hertius veut pourtant, dans la Dissertation que j'ai citée, un peu plus haut, (§. 15. *pag.* 330.) que, quand le *Passeport* est donné pour traiter de la Paix, comme on peut traiter ou par soi-même, ou par autrui, on puisse ou aller soi-même, ou envoier quelcun en sa place.

4. Celui aussi qui a eu permission de *venir* pourra venir une fois, mais non pas deux; à moins que le tems (4) marqué dans le Saufconduit ne donne lieu de conjecturer autrement.

§. XVII. 1. Un *Pére*, à qui l'on a donné passeport, ne ménera point son *Fils*; ni un *Mari*, sa *Femme*: quoi que l'une de ces personnes suive l'autre, quand il s'agit du droit de demeurer dans un païs. Car on demeure ordinairement (1) avec sa Famille: mais on voiage sans elle.

2. Pour ce qui est des *Valets*, quoi qu'il n'en soit fait aucune mention dans le Passeport, on doit présumer qu'il a été permis d'en mener un ou deux, si le Passeport est pour une personne, qui ne pourroit pas voiager avec bienséance sans quelques gens de service. Car quand on accorde une chose, on accorde en même tems (a) ce qui en est une suite nécessaire: & la nécessité doit être ici entenduë moralement parlant.

(a) *Albar* in C. *Quàm sit.* 7. De *Judais* &c.

§. XVIII. De même, on ne pourra pas prendre avec soi tous ses effets, mais seulement les choses dont on se sert ordinairement en voiage.

§. XIX. 1. S'il est dit dans le Passeport, qu'on pourra aller avec les *gens de sa suite*, il ne faut point entendre par là ceux dont le caractére est plus odieux, que celui de la personne même à la sûreté de qui l'on pourvoit; tels que seroient des Corsaires, des Brigands, des Transfuges, des Déserteurs.

2. Que si en parlant de la *suite* de celui pour qui est le Passeport, on désigne expressément une certaine (1) Nation, cela suffit pour faire voir que la permission ne s'étend point à d'autres, que ceux qui sont de cette Nation.

§. XX. La concession du Saufconduit venant de l'autorité dont celui qui le donne est revêtu, & non pas de sa personne; dans un doute, le privilége ne s'éteint point (1) par la mort de celui qui l'a accordé, selon ce que nous (a) avons dit ailleurs de la maniére d'interprêter les bienfaits des Rois & des autres Souverains.

(a) *Liv.* II. *Chap.* XIV. §. 11, 12.

§. XXI. 1. Quelquefois on met dans un Saufconduit, qu'on l'accorde *pour aussi*

(4) S'il est dit, par exemple, qu'il pourra *venir pendant six mois*, & que dans cet espace de tems le chemin puisse se faire plusieurs fois.

§. XVII. (1) *Quum precario quis rogat*, ut ipsi in eo fundo morari liceat: *supervacuum est adjici*, ipsi suisque. *nam per ipsum suis quoque permissum esse videtur.* Digest. Lib. XLIII. Tit. XXVI. *De Precario*, Leg. XXI. *seu penult.*

§. XIX. (1) Lors qu'on dit, par exemple, *avec ses gens François*, ou *Allemands*. Nôtre Auteur insinuë, que, si l'on a simplement dit, *avec ses gens*, ou *avec sa suite*, il n'importe alors de quelle Nation ils soient. Par où il rejette tacitement l'opinion d'Alberic Gentil, qui, dans son Traité *de Jure Belli*, Lib. II. Cap. XIV. pag. 325. panche à croire, que, quand on n'a point désigné de Nation, les *gens* ou la *suite* sont censez devoir être de la Nation de celui à qui le Passeport est donné.

§. XX. (1) Il peut néanmoins être revoqué, à mon avis, si le Successeur le juge à propos pour de bonnes raisons: mais alors il faut que celui, à qui le Saufconduit avoit été donné, soit averti de se retirer, & qu'on lui donne le tems nécessaire pour parvenir en lieu de sûreté.

§. XXI. (1) La clause, *pour aussi long tems qu'on voudra*, emporte par elle-même une continuation du Saufconduit, jusqu'à ce qu'on le révoque bien clairement, & que l'on témoigne ainsi le changement de la volonté, qui sans cela est censée subsister toûjours, quelque tems qui se soit écoulé. C'est aussi la décision d'Alberic Gentil, *De Jure Belli*, Lib. II. Cap. XIV. *in fin.* où il ajoûte un autre exemple de l'exception que nôtre Auteur fait ici, après lui; c'est lors que celui qui a donné le Saufconduit n'est plus revêtu de l'Emploi, en vertu duquel il avoit pouvoir d'accorder cette sûreté. En effet, son autorité finissant alors il n'est pas plus en état de continuer sa bonne volonté, que s'il etoit mort.

(2) C'est ainsi que, quand on a donné un logement chez soi à quelcun, *pour aussi long tems qu'on voudroit*; si l'on vient à mourir, les Héritiers peuvent le mettre hors de la Maison: comme il est décidé dans une Loi, expliquée selon la correction d'un grand Homme, Mr. Antoine Faure (*Conject. Jur. Civ.* Lib. II. Cap. XIX. Lucius Titius *epistolam talem misit*: Ille illi salutem. Hospitio illo, quamdiu voluero [c'est ainsi que lit ce savant Jurisconsulte, pour *volueris*] utaris, superioribus diætis omnibus gratuito: idque te ex voluntate meâ facere, hac epistola tibi notum facio. *Quæro, an heredes ejus habitationem prohibere possint? Respondit, secundum ea quæ proponerentur, Heredes ejus posse mutare voluntatem.* Digest. Lib. XXXIX. Tit. V. *De Donationibus*, Leg. XXXII. Cela est encore marqué bien clairement dans une autre Loi: *Locatio, precariive rogatio, ita facta*, quoad is, qui eam locasset, dedissetve, vellet, *morte ejus, qui locavit, tollitur.* Lib. XIX. Tit. II. *Locati conducti*, Leg. IV. Voiez le Cardinal Tuschus, *Pract. Conclus.* 751. lit. P. Reinking, Lib. II. Class. II. Cap. 8. *num.* 30. Grotius.

§. XXIII. (1) *Captivorum redemtio, magnum atque præclarum Justitiæ munus est.* Inst. Divin. *Lib.* VI. *Cap.* XII.

aussi long tems qu'on voudra: & les Auteurs ne s'accordent pas sur la maniére d'interpréter cette clause. L'opinion la mieux fondée, à mon avis, est de dire, comme font quelques-uns, qu'une telle concession subsiste, encore même qu'il n'y aît point de nouvelle déclaration d'une (1) volonté de continuer le bienfait: car, dans un doute, ce qui suffit pour produire quelque effet de droit, est censé durer.

2. Mais il n'en est pas de même, lors que celui qui avoit donné le Passeport n'est plus en état de vouloir; (2) ce qui arrive (a) par sa mort. Car, du moment que la personne n'est plus, cette présomtion d'une continuation de sa vôlonté tombe d'elle-même, comme les Accidens s'évanouïssent aussi tôt que la Substance est détruite.

(a) Voiez *Decretal.* in VI. Lib. I. Tit. 3. *De Rescript.* Cap. 5. *Si gratiosè* &c.

§. XXII. AU RESTE, la permission d'aller & venir en sûreté regarde aussi les lieux qui sont hors des Terres de celui qui a donné le Saufconduit. Car cette sûreté est accordée pour mettre à couvert du droit de la Guerre, ou des actes d'hostilité, qui par eux-mêmes ne sont point renfermez dans un Territoire, comme nous l'avons (a) remarqué ailleurs.

(a) *Chap.* IV. de ce Liv. §. 8.

§. XXIII. LA troisiéme & derniére sorte de Conventions, qui se font sans mettre fin à la Guerre, c'est celle qui concerne le RACHAT DES PRISONNIERS. Ce rachat est une chose extrémement favorable, sur tout parmi les *Chrétiens*, à qui la Loi Divine (a) recommande particuliérement cette œuvre de miséricorde. LACTANCE (1) l'appelle *un grand & signalé devoir de Justice:* Et ST. AMBROISE, (2) la *principale partie de la Libéralité.* Le dernier Pére se justifie & justifie son Troupeau, de ce qu'ils avoient vendu les Vases de leur Eglise, même ceux qui étoient deja consacrez; par la raison, que c'étoit (3) pour racheter des Captifs.

(a) *Matth.* XXVI. 36, 39.

§. XXIV. 1. JE n'oserois donc approuver sans restriction les Loix qui défendent le rachat des Prisonniers de Guerre; (1) comme parmi les anciens *Romains*, où l'on faisoit moins d'état de ces sortes de malheureux, qu'en aucun autre endroit du monde, selon (2) que dit un d'eux en plein Sénat. Mais le défaut qu'ARISTOTE blâmoit dans le Gouvernement de *Lacédémone*, on le remarque aussi dans celui des *Ro-*

XII. *num.* 15. *Ed. Cellar.*

(2) *Præcipua est igitur liberalitas, redimere captivos, & maximè ab hoste barbaro* &c. De Offic. *Lib.* II. *Cap.* XV.

(3) *Ornatus sacramentorum, redemtio captivorum est.* Ibid. *Cap.* XXVIII. *St. Augustin* imita cette action, au rapport de POSSIDIUS, qui dit, que quelques personnes mondaines ne l'approuvoient point. (*De Vita Augustin.* Cap. XXIV.) Un autre Evêque d'*Afrique*, nommé *Deo-gratias*, fit la même chose, comme nous l'apprenons de VICTOR *d'Utique*, Lib. I. HINCMAR, dans la Vie de *St. Remi*, raconte, qu'un Vase sacré, qui avoit été à ce Prélat, fut donné pour le rachat des Prisonniers, que les *Normans* avoient faits. MARC ADAM, dans son Histoire Ecclésiastique de *Bréme*, rapporte une semblable action de *Rimbert*, Archevêque de cette Ville. Le VI. [ou plûtôt le VIII.] Concile Général approuva un tel usage des Vases Sacrez: & le Décret en a été inseré dans le DROIT CANON, *Caus.* XII. *Quæst.* II. Can. 13. GROTIUS.

§. XXIV. (1) Le Savant BOECLER, dans sa Dissertation intitulée *Miles Captivus* (Tom. I. pag. 981.) critique ici nôtre Auteur. On ne sauroit, dit il, montrer d'autres Loix Romaines, par lesquelles il soit défendu de racheter les Prisonniers, que celles de la Discipline Militaire, dont on punissoit ainsi la violation. Il n'y en avoit aucune qui portât, qu'on ne racheteroit jamais les Prisonniers: mais quand il y avoit des Soldats Romains pris par l'Ennemi, on examinoit, s'ils avoient observé les Loix de la Discipline Militaire, & par conséquent s'ils méritoient d'être rachetez. Il est vrai que le parti de la rigueur prévaloit ordinairement, comme celui qu'on jugeoit le plus avantageux à la République, dans la persuasion où l'on étoit, que plusieurs ne tomboient entre les mains de l'Ennemi, que par une suite de quelque faute contre leurs engagemens. C'est tout ce que prouvent les passages alleguez par GROTIUS; & *T. Manlius Torquatus*, en dissuadant le rachat de quelques Prisonniers, ne parle que d'une ancienne coûtume: *Ut morem traditum à patribus, necessario ad rem militarem exemplo, servaretis*, TIT. LIV. XXII. 60. *num.* 7. Autre chose est de savoir, si les Loix mêmes de la Discipline Militaire des *Romains* n'étoient pas trop rigoureuses.

(2) *Nemo nostrûm ignorat, nulli umquam civitati viliores fuisse captivos, quàm nostra* &c. TIT. LIV. Lib. XXII. (Cap. LIX. *num.* 2.) Voiez un autre passage du même Auteur [qui a été déja cité ci-dessus, *Chap.* IX. de ce Livre, §. 4. *num.* 2.] On sait l'Ode d'HORACE, sur ce sujet: où il appelle le rachat des Prisonniers de Guerre, une condition honteuse, un exemple pernicieux à suivre, une perte que l'on ajoûte à la lâcheté du Prisonnier racheté:

Dissentientis conditionibus
Fœdis, & exemplo trahenti
Perniciem veniens in ævum.
. . . .
—— —— *Flagitio additis*
Damnum —— —— ——

(Lib. III. Od. V. *vers.* 13, & *seqq.* 26, 27. GROTIUS.

Romains; c'est que tout s'y rapportoit trop à la Guerre, comme si de là dépendoit uniquement le salut de l'Etat.

2. Cependant, à en juger par les régles de l'Humanité, il vaudroit mieux souvent renoncer à toutes les prétensions pour lesquelles on a entrepris la Guerre, que de laisser (3) dans un état très-misérable un grand nombre de personnes qui ont eu le malheur de tomber entre les mains de l'Ennemi, & qui sont ou de nôtre parenté, ou du moins nos compatriotes.

3. On ne sauroit donc, à mon avis, regarder comme juste une Loi, qui défend de racheter les Prisonniers de Guerre; à moins que l'expérience ne fasse voir, qu'il est besoin d'une telle rigueur, pour prévenir des maux plus grands, ou en plus grand nombre, qui sans cela sont inévitables moralement parlant. Car, en ce cas-là, la Charité même engageant les Prisonniers à souffrir patiemment leur sort, on peut leur en imposer l'obligation, & défendre aux autres de rien faire pour les y soustraire; selon ce que nous (a) avons dit ailleurs d'un Citoien que l'on livre pour le bien de l'Etat.

(a) *Liv.* II. *Chap.* XXV. §. 3.

§. XXV. Quoi que, selon nôtre usage, les Prisonniers de Guerre ne deviennent point par là Esclaves; je ne doute pourtant pas, que ceux qui ont pris quelcun à la Guerre ne puissent transferer à autrui le droit qu'ils ont d'exiger du Prisonnier une rançon. Car le pouvoir d'aliener les Choses même incorporelles, ou les droits, n'a rien de contraire à la Loi de Nature.

§. XXVI. Un Prisonnier peut aussi devoir sa rançon à plusieurs, si étant relâché sans l'avoir paiée, il vient à être pris par quelque autre. Car ce sont deux dettes différentes, qui viennent de différentes causes.

§. XXVII. Un accord fait pour la Rançon ne peut être révoqué, sous prétexte que le Prisonnier se trouve plus riche qu'on n'avoit cru. (1) Car, selon le Droit des Gens externe, dont il s'agit, personne n'est obligé de donner au delà de ce qu'il a promis dans un Contract, quand même il manqueroit quelque chose pour faire le juste prix; à moins qu'il n'y eût de la mauvaise foi de sa part: selon les principes, que (a) nous avons expliquez ci-dessus en traitant des Contracts.

(a) *Liv.* II. *Chap.* XII. §. 26.

§. XXVIII. 1. De ce que nous avons déja remarqué, qu'aujourdhui les Prisonniers de Guerre ne deviennent point par là Esclaves, il s'ensuit qu'on n'aquiert point parmi nous tous leurs biens généralement, comme on faisoit autrefois, (a) par une suite du droit de Propriété qu'on avoit sur leur personne. Ainsi il n'y a que ce qu'on leur a pris effectivement, qui soit aquis à celui entre les mains de qui ils sont tombez. De sorte que, si un Prisonnier a pû cacher quelque chose de ce qu'il a avec soi, celui qui l'a

(a) Voiez le *Chap.* VII. de ce *Liv.* §. 4.

(3) L'Empereur *Maurice* se repentit sérieusement d'une telle inhumanité, qu'il avoit commise. Voiez Zonare, dans sa Vie. Grotius.

§. XXVII. (1) Il suffit de dire, que cette circonstance du plus ou moins de richesses du Prisonnier n'a aucune liaison avec l'engagement. De sorte que, si l'on vouloit regler là-dessus la rançon, il falloit avoir mis cette condition dans le Traité.

§. XXVIII. (1) *Ceterum quod* Brutus *&* Manilius *putant, eum, qui fundum longâ possessione cepit, etiam thesaurum cepisse, quamvis nesciat in fundo esse: non est verum. is enim, qui nescit, non possidet thesaurum, quamvis fundum possideat* &c. Digest. XLI. Tit. II. *De adquir. vel amitt. possess.* Leg. III. §. 3. Voiez là-dessus Cujas, *Recit. in Paulum, ad Edictum*, Tom. V. Opp. *pag.* 748.

(2) Quand les Prisonniers de Guerre devenoient Esclaves, comme, selon l'usage reçû, le Maitre aquéroit un droit de Propriété & sur leurs personnes, & sur leurs biens; il n'étoit pas nécessaire qu'il prît possession actuellement de tout ce qu'ils pouvoient avoir, ni même qu'il en eût connoissance, pourvû qu'il fût à portée de s'en emparer dès qu'il le découvriroit: l'intention de s'approprier tous les biens connus ou inconnus, de son Prisonnier, étoit claire, & suivoit de la nature même de la chose; comme quand on aquiert un Fonds de terre, où il peut y avoir bien des choses qui en sont des dépendances naturelles. Mais il en va autrement parmi nous, où l'usage de l'Esclavage est aboli. Quelque envie qu'on ait de prendre & de s'approprier tout ce qui appartient à un homme qu'on a fait Prisonnier de Guerre, on n'a d'autre droit sur sa personne, que de la retenir jusqu'à ce qu'on ait une rançon, ou jusqu'à la Paix. Ainsi on peut bien fouiller, chercher, & s'approprier tout ce que l'on trouve, qui lui appartenoit, mais si on a négligé de faire toutes les perquisitions nécessaires, ou que le prisonnier, qui n'est nullement obligé de déclarer tout ce qu'il a, ait trouvé moien de dérober quelque chose aux recherches les plus exactes; il n'y a point alors d'aquisition de la chose même, & elle n'est pas non plus aquise, comme une dépendance naturelle de quelque autre, puis que le Prisonnier n'appartient point à

l'a pris n'aquiert point cela, parce qu'il n'en est point en possession. Sur ce principe, le Jurisconsulte PAUL décida, contre le sentiment de *Brutus* & de *Manilius*, (1) qu'encore qu'on aît pris possession d'un Fonds de terre, on ne posséde point pour cela un Trésor qu'il y a sans qu'on le sâche; parce qu'on ne peut posseder ce qu'on ignore.

2. De là il s'ensuit encore, qu'un Prisonnier de Guerre peut se servir, pour paier sa rançon, de ce qu'il a trouvé moien de cacher (2) comme en aiant conservé la propriété.

§. XXIX. 1. ON demande encore ici, si l'Héritier d'un Prisonnier de guerre est tenu de paier la rançon que le Défunt avoit promise, & qu'il n'a pas lui-même paiée avant sa mort? Il est aisé, à mon avis, de résoudre la question, en disant, que si le Prisonnier est mort en captivité, l'Héritier ne doit rien; parce que la promesse du Défunt renfermoit cette condition, qu'il fût relâché, & il ne sauroit l'être après sa mort: mais s'il étoit déja relâché, quand il est venu à mourir, l'Héritier alors doit la rançon; parce que le Défunt avoit déja gagné ce pour quoi il l'avoit promise.

2. J'avouë qu'on peut être convenu, que dès le moment de l'accord fait & conclu la rançon seroit duë purement & simplement, & que le Prisonnier demeureroit seulement entre les mains de l'Ennemi, non plus comme Prisonnier de Guerre, mais comme aiant lui-même mis en gage sa personne. On peut au contraire avoir stipulé, que la rançon ne sera paiée, qu'au cas qu'en un certain jour fixé le Prisonnier soit vivant & en liberté. Mais ces sortes de clauses n'étant pas fort naturelles, ne se présument point, sans des preuves évidentes.

§. XXX. 1. VOICI encore une autre question, qu'on propose ici, c'est de savoir, si un Prisonnier de Guerre, qui a été relâché à condition d'en faire relâcher un autre pris par les siens, doit venir se remettre en prison, lors que cet autre est mort avant qu'il aît obtenu son relâchement?

2. Nous avons prouvé ailleurs, (a) que, quand il s'agit de Promesses gratuites, le Promettant est quitte de sa parole, s'il n'a rien omis de ce qui dépendoit de lui, pour engager un tiers à faire telle ou telle chose: mais qu'en matiére de Conventions intéressées de part & d'autre, le Promettant en ce cas-là doit l'équivalent. Pour appliquer ce principe à la question, dont il s'agit, je dis, que le Prisonnier, qui a été relâché, n'est point tenu véritablement de se remettre en prison: car cela n'a point été stipulé dans l'accord; & la Liberté est une cause trop favorable pour que l'on présume là-dessus une convention tacite. Mais le Prisonnier ne doit pas non plus jouïr de la liberté en

(a) *Liv.* II. *Chap.* XI. §. 22. & *Chap.* XV. §. 16. *Liv.* III. *Chap.* XX. §. 58.

à celui qui l'a pris. De sorte que l'exemple du Trésor ignoré par le Maître du Fonds, est ici très-à-propos. Bien plus: supposons qu'avant aucun accord fait pour la rançon, celui qui tient le Prisonnier découvre entre les mains d'un tiers quelques effets appartenans au Prisonnier, mais que ce tiers a pris ou parmi le butin fait dans un pillage, ou entre les mains d'un autre Prisonnier, dont il s'est lui-même saisi: dira-t-on que ces effets peuvent être reclamez par le prémier, sous prétexte qu'ils appartenoient à son Prisonnier? Ainsi la critique de ZIEGLER n'est pas mieux fondée ici, que presque par tout ailleurs. J'en dis autant de la pensée de feu Mr. HERTIUS, qui, dans sa Dissertation *De Lytro*, (Sect. II. §. 30. pag. 287. Tom. I. *Opusc. & Comm.*) quoi qu'il tombe d'accord avec ce Commentateur de la prétenduë aquisition des biens ignorez, ne laisse pas d'approuver la décision de nôtre Auteur, & de l'étendre même aux Prisonniers de Guerre qui deviennent véritablement Esclaves. Sa raison est, que celui qui traite avec son Prisonnier, déclare par là qu'il se contente de la rançon qu'il exige de lui: ainsi il est censé avoir perdu dès-lors la possession des biens, qu'il avoit aquis avec la personne; & à plus forte raison de ceux qu'il avoit aquis, sans aquérir en même tems un droit de Proprieté sur la personne. Mais celui qui traite pour la rançon avec son Prisonnier, veut certainement gagner quelque chose: il ne gagneroit rien, si le Prisonnier ne lui donnoit que ce qui est déja à lui. Ainsi si l'on suppose que les effets même cachez lui appartenoient, il n'aura traité manifestement que sous cette condition, qu'il n'y aît rien de tel dans ce qu'on lui donne pour rançon: de sorte que la condition venant à manquer, l'accord tombera de lui-même. C'est pourquoi le jugement de *Scanderbeg*, que PUFENDORF rapporte aussi, *Liv.* VIII. *Chap.* VII. §. 12. est plûtôt un jugement favorable, rendu en considération du triste sort auquel on est réduit par l'Esclavage, qu'une sentence fondée sur la rigueur du Droit. Car, comme ce fameux Capitaine faisoit la Guerre avec les *Turcs*, il pouvoit autoriser & autorisoit sans doute, par une espéce de Représailles, l'Esclavage des Prisonniers de Guerre.

en pur gain; & ne pouvant effectuer la chose même qu'il a promise, il faut qu'il (1) en paie la valeur à celui envers qui il s'est engagé. Cela est plus conforme à la simplicité du Droit Naturel, que ce qu'enseignent les Interprêtes du Droit Romain, en traitant de l'*Action en termes prescrits*, (2) & de l'*Action personnelle pour chose donnée & chose non ensuivie*.

CHAPITRE XXII.

Des CONVENTIONS faites pendant la GUERRE, par des PUISSANCES SUBALTERNES.

I. *Différentes sortes de* CHEFS *d'*ARMÉE. II. *Comment le Souverain est tenu des* CONVENTIONS *qu'ils ont faites:* III. *Ou entre dans quelque obligation à l'occasion de ces Conventions.* IV. *Quel est l'effet de celles qui se font contre l'ordre du Souverain.* V. *Si en ce cas-là l'autre Partie est véritablement engagée?* VI. *Jusqu'où les Généraux ou les Magistrats peuvent, par leurs Traitez, obliger leurs Inférieurs, ou leur procurer de l'avantage.* VII. *Qu'ils n'ont pas le pouvoir de faire la Paix.* VIII. *S'ils peuvent faire des Trêves?* IX. *Jusqu'où ils sont autorisez à donner des Saufconduits, pour les Personnes, ou pour les Biens des Ennemis.* X. *Que ces sortes de Conventions doivent être interpretées à la rigueur: & pourquoi.* XI. *Comment il faut expliquer l'acte par lequel un Chef reçoit les Vaincus, qui se rendent purement & simplement.* XII. *Interprêtation de la clause apposée, par laquelle on reçoit ceux qui se rendent, si le Roi ou le Peuple y consentent.* XIII. *Et de la promesse qu'on fait de rendre une Ville.*

§. I. 1. APRÈS avoir traité des Conventions faites à la Guerre par les Puissances Souveraines de part & d'autre; il faut passer, selon nôtre (a) division générale, aux CONVENTIONS qui se font par des PUISSANCES SUBALTERNES, & que le Jurisconsulte (1) ULPIEN met aussi au rang des *Conventions Publiques*.

(a) *Chap.* XX. de ce Liv. §. 1.

2. Les Puissances Subalternes traitent ainsi ou entr'elles, ou avec d'autres: non seulement

§. XXX. (1) C'est ce que ne fit point *Paul Balioni*, qui avoit été relâché à condition de faire mettre en liberté le Cardinal *Carvajali*, qui mourut étant encore Prisonnier: aussi MARIANA *Hist. Hisp.* Lib. XXX. blâme-t-il *Balion* d'en avoir usé ainsi. Mais PARUTA *Lib.* II. rapporte le fait un peu autrement. GROTIUS.

Voiez encore, sur ce cas arrivé à un Général Vénitien, pris par les *Espagnols*, PAUL JOVE, *Hist.* Lib. XII. Tom. I. pag. 203. *Ed. Basil.* 1556. où il est appellé *Baleonus*.

(2) Voici ce que c'est. On a donné une chose, pour en avoir une autre. Celui qui devoit la donner, ne le fait pas, soit qu'il le puisse, soit que ne le pouvant point, il y ait ou il n'y ait pas de sa faute: en ce cas-là, l'autre Contractant peut ou intenter *Action en termes prescrits*, pour les dommages & intérêts; ou bien redemander ce qu'il a donné, encore même que la chose qu'il devoit recevoir ait péri par un accident fortuit & inévitable; tant parce qu'il avoit donné le sien en vuë d'une chose qu'il n'a point euë, que parce qu'en matiére de ces sortes de Contracts, qui n'avoient point de nom propre & affecté, il étoit libre à celui qui commençoit ainsi l'exécution, de se dédire avant que l'autre eût effectué ses engagemens. Voiez DIGEST. Lib. XIX. Tit. V. *De Praescriptis verbis* &c. Leg. V. §. 1. & Lib. XII. Tit. IV. *De condictione caussâ data, caussâ non sequutâ*, Leg. ult. Loix, que nôtre Auteur citoit en marge. On peut consulter là-dessus Mr. NOODT, *Probabil. Jur.* Lib. IV. Cap. IV. & V. où il explique savamment & judicieusement, à son ordinaire, ces Loix, qui sont difficiles toutes deux, & l'une corrompuë en un endroit. Voiez aussi ce que j'ai remarqué, sur *Liv.* II. *Chap.* XII. §. 3. *num.* 3. Selon ces principes des Jurisconsultes Romains, celui qui a relâché un Prisonnier de Guerre dans le cas dont il s'agit, auroit droit d'exiger que ce Prisonnier, après la mort de l'autre, vint se remettre en prison

CHAP. XXII. §. I. (1) *Publica conventio est, quae fit per pacem, quotiens inter se Duces belli quaedam paciscuntur*

lement celles qui sont du plus haut rang, après le Souverain, comme les (2) Chefs ou Généraux d'Armée, ainsi dits par excellence; mais encore celles qui sont d'un rang fort inférieur. Voici comment Jules César les distingue: (3) *Autre est*, dit-il, *le pouvoir d'un Lieutenant Général, autre celui du Commandant en chef. Le prémier ne doit rien entreprendre, que selon les ordres qu'il a reçus: l'autre fait tout ce qu'il juge à propos pour la conduite des affaires.*

§. II. 1. Il y a deux choses à examiner, en matiére des Conventions faites par ces Ministres Publics. L'une, si elles obligent le Souverain: l'autre, s'ils s'engagent par là eux-mêmes.

2. La prémiére question (1) doit se décider par un principe, que (a) nous avons établi ailleurs, c'est que l'on s'engage non seulement par soi-même, mais encore par quelque autre personne, que l'on a établie pour agent & interprête de nôtre volonté; soit qu'on aît expressément déclaré cette volonté, soit qu'elle se déduise de la nature même de la commission dont on a chargé la personne qui traite en nôtre nom. Car quiconque donne un pouvoir, donne en même tems, autant qu'en lui est, tout ce qui est nécessaire pour l'exercer, c'est à-dire, ce qui est nécessaire moralement parlant, quand il s'agit de choses morales, tel qu'est un engagement. (a) Liv. II. Chap. XI. §. 12.

3. Les Puissances Subalternes peuvent donc, par leur propre fait, obliger le Souverain en deux maniéres, c'est-à-dire, en faisant ou ce qu'on a lieu de croire vraisemblablement renfermé dans l'étendue de leur Emploi, ou même ce sur quoi elles ont des ordres particuliers, connus ou de tout le monde, ou seulement de ceux avec qui elles ont à faire, bien que la commission soit d'ailleurs hors du ressort de leur charge.

§. III. 1. Il y a encore d'autres cas, où le Souverain est obligé en conséquence du fait de ses Ministres, mais en telle sorte que ce fait est une simple occasion de l'obligation, & non pas une cause proprément dite. Cela arrive en deux maniéres: ou par le consentement du Souverain même, ou par un effet de la chose même.

2. Le prémier a lieu, lors qu'il paroît que le Souverain a *ratifié* les engagemens de ses Ministres, soit que ce consentement postérieur se donne expressément, ou tacitement, c'est-à-dire, que sâchant ce qui s'est passé, le Souverain aît laissé faire des choses, qui ne pouvoient vraisemblablement être rapportées à une autre cause qu'à l'exécution des engagemens contractez sans sa participation. Nous avons expliqué ailleurs (a) comment & jusqu'où l'on présume cette approbation. (a) Liv. II. Chap. IV. §. 5. & Chap. XV. §. 17.

3. Mais le Souverain est aussi obligé *par un effet de la chose même*, à ne pas s'enrichir aux dépens d'autrui, c'est-à-dire, ou à tenir un Contract, d'où il veut retirer de l'avan-

scuntur. Digest. Lib. II. Tit. XIV. *De Pactis.* Voiez, sur cette Loi, le beau Traité de Mr. Noodt, *De Pactis*, Cap. VII. où il montre, qu'il faut lire, comme portent quelques anciennes Editions, *aut quotiens* &c. en sorte qu'il y aît ici deux exemples différens: l'un des Conventions, qui se font, quand on traite de la Paix; l'autre de celles qui se font, pendant la Guerre, entre les Généraux des deux Armées Ennemies. Il faut avouer néanmoins, que les mots, *quæ fit* per pacem, ainsi expliquez, ont quelque chose de bien dur; comme le remarque Mr. Schulting, *Enarrat. in primam partem Pandectarum*, ad Tit. *De Pactis*, §. 2. Je vois dans la Dissertation d'un Docte Jurisconsulte Allemand, nommé Strauchius (*De Induciis*, Cap. III. §. 1.) que j'ai citée sur le Chapitre précedent, une ouverture, dont on pourroit faire usage ici, en y joignant l'addition de la particule *aut*, à quoi il n'a point pensé. Il conjecture, qu'Ulpien a voulu distinguer deux sortes de *Conventions Publiques*: les unes, qui se font pendant la Paix, ou entre ceux qui vivent ensemble en paix; les autres, qui se font pendant la Guerre, où les Généraux sont ordinairement ceux qui traitent au nom & par l'autorité de l'Etat, pour qui ils commandent. Sur ce pié-là, on conserveroit aux termes, *per pacem*, leur signification naturelle, dans toute la pureté de la Langue Latine.

(2) C'est de ceux-là que parle Tite Live, lors qu'il dit, que, parmi les *Romains*, on ne reconnoît pour *Chefs*, que ceux sous les auspices desquels la Guerre se fait: *Nec ducem novimus, nisi sub cujus auspicio bellum geritur.* Lib. IV. (Cap. XX. *num.* 6.) Grotius.

(3) *Alia enim sunt Legati partes, alia Imperatoris: alter omnia agere ad præscriptum, alter liberè ad summam rerum consulere debet.* Comm. de Bell. Civil. *Lib.* III. *Cap.* LI.

§. II. (1) Voiez Cambden, sur l'année 1594. où il rapporte le jugement du Comte de *Mirande*, sur l'affaire de *Hawkins* (pag. 629, *& seq.* Edit. Amst. 1625.) Grotius.

l'avantage, quoi que ses Ministres l'aient fait sans y être autorisez; ou à renoncer aux avantages de ce Contract. L'Equité le demande: & (b) nous en avons aussi traité ailleurs suffisamment.

(b) *Liv.* II. *Chap.* X. §. 2.

4. C'est jusques-là, & non pas plus loin, qu'on peut admettre ce que quelques-uns disent, Que l'accord, quoi que fait à l'insû du Souverain & sans son ordre, est valide, s'il lui en revient de l'avantage. On ne sauroit au contraire excuser d'injustice, ceux qui désapprouvant les Conventions faites sans leur ordre, veulent néanmoins garder ce qu'ils n'auroient point sans cela: comme fit le Sénat Romain, au rapport (1) de VALÉRE MAXIME; & plusieurs autres, dont on trouve des exemples dans l'Histoire.

(a) *Liv.* II. *Chap.* XI. §. 12. & 13.

§. IV. 1. IL FAUT repeter encore ici ce que (a) nous avons déja dit, que, si celui, à qui on avoit donné charge de traiter, a excedé ses ordres secrets, on ne laisse pas d'être tenu de ce qu'il a fait, pourvû qu'il n'aît point passé les bornes du pouvoir attaché à son Emploi. Le Préteur Romain a très-bien suivi cette régle de l'Equité Naturelle, en réglant l'action qu'il donne pour le fait d'un Commis ou Facteur. Car le Négociant (1) n'est point obligé de tenir tout ce qu'a fait son Facteur, mais seulement ce qui regarde les affaires pour lesquelles il l'avoit établi. Que (2) s'il a signifié publiquement qu'on ne traitât point avec lui, celui-ci n'est plus regardé dès-lors comme son Commissionnaire. Mais si, encore qu'il aît fait cette déclaration, elle n'est (3) pourtant pas connuë de tout le monde, il est tenu de ce que le Facteur a contracté en son nom avec ceux qui ne pouvoient savoir le changement de sa volonté. Il faut aussi considerer, (4) sur quel pié le Facteur a été établi: car si on a voulu qu'il traitât sous certaines conditions, ou par l'entremise d'une certaine personne, il doit nécessairement suivre cette maniére d'agir qui lui a été prescrite; faute dequoi on est en droit de désavouer ce qu'il a fait.

2. De ces principes de l'Equité Naturelle, il s'ensuit, qu'entre Rois ou Peuples, les uns peuvent être plus engagez, & les autres moins, par les Conventions de leurs Généraux ou Officiers d'Armée, bien entendu toûjours que leurs Loix & leurs Coûtumes soient assez connuës de ceux avec qui ils ont traité. Mais si ceux-ci n'étoient pas suffisamment instruits de ces Loix & de ces Coûtumes, il faut alors avoir recours à la conjecture, c'est-à-dire, se régler sur cette présomtion raisonnable, que les Chefs ou Officiers ont eu pouvoir de faire tout ce sans quoi ils ne pourroient pas bien exercer les fonctions de leur Emploi; & rien davantage.

3. Si un Ministre Public passe les bornes de sa commission, & qu'il ne puisse point tenir ce qu'il a promis; il sera obligé d'en paier la valeur à ceux avec qui il a traité: à moins qu'il ne s'agisse d'une chose sur quoi il lui étoit défendu de contracter, par quelque Loi assez connuë de l'autre Partie. Que s'il y a eu de la mauvaise foi de son côté, je veux dire, s'il a fait accroire qu'il étoit muni d'un plus grand pouvoir, qu'il n'en avoit effectivement; il doit alors, outre l'estimation de la chose promise, reparer le dommage

§. III. (1) *Cnéus Domitius* avoit pris par trahison, & mené à *Rome*, *Bituitus*, Roi des *Auvergnats*. Le Peuple Romain n'approuva point cette perfidie: cependant il ne voulut point relâcher le Roi, de peur que, s'il retournoit chez lui, il ne rallumât la Guerre. *Cujus factum Senatus neque probare potuit, neque rescindere voluit, ne remissus in patriam* Bituitus *bellum renovaret*. Lib. IX. Cap. VI. *num.* 3.

§. IV. (1) *Non tamen omne quod cum institore geritur, obligat eum, qui præposuit: sed ita, si ejus rei gratiâ, cui præpositus fuerit, contractum est, id est, dumtaxat ad id, ad quod eum præposuit.* DIGEST. Lib. XIV. Tit. III. *De Institoria Act.* Leg. V. §. 11.

(2) *De quo palam proscriptum fuerit, ne cum eo contrahatur, is præpositi loco non habetur.* Ibid. Leg. XI. §. 2. Proscribere palam *sic accipimus, claris literis, unde de plano rectè legi possit: ante tabernam scilicet, vel ante eum locum, in quo negotiatio exercetur: non in loco remoto, sed in evidenti.* §. 3.

(3) Soit parce que l'Affiche est écrite d'une maniére qu'on ne peut pas bien la lire, ou qu'elle a été enlevée, ou gâtée par la pluie, ou par quelque autre accident: *Proscriptum autem perpetuo esse oportet. Ceterum si per id temporis, quo propositum non erat, vel obscurâ proscriptione, contractum: institoria locum habebit. Proinde si dominus quidem mercis proscripsisset, alius autem sustulit, aut vetustas*

mage qu'il a causé par sa faute: il peut même être puni de sa fourberie, à proportion de la grandeur du délit. Pour le prémier, ou le dédommagement, ses biens en répondent; &, à leur défaut, on peut le contraindre à servir comme Esclave, ou le retenir en prison. Pour l'autre, on est en droit de s'en prendre ou à sa personne, ou à ses biens, ou à l'un & l'autre tout ensemble, selon la grandeur du crime.

4. Ce que nous venons de dire au sujet du cas où il y a de la mauvaise foi, aura lieu, encore même que le Ministre aît protesté qu'il ne prétendoit point s'obliger lui-même. Car l'obligation de reparer le dommage qu'on a causé, & la dette d'une juste peine, (5) ont avec le délit une liaison, qui n'est point arbitraire, mais naturelle.

§. V. COMME dans les Conventions dont il s'agit, il y a toûjours quelcun qui est engagé, savoir, ou le Souverain, ou son Ministre; il est certain que l'autre Partie contractante s'oblige aussi véritablement, & qu'on ne peut point dire que le Contract cloche.

§. VI. 1. VOILA pour ce qui regarde les Conventions des Puissances Subalternes, considérées par rapport aux Puissances Supérieures. Voions maintenant quel est l'effet de ces engagemens par rapport aux personnes qui sont sous la dépendance de ces Puissances Subalternes.

2. Il n'y a point de doute, à mon avis, qu'un Géneral d'Armée ne puisse obliger ses Soldats, & un Magistrat ceux de sa Ville, aussi l[illegible] que s'étend le pouvoir qu'ils ont ordinairement de leur commander; car en matiére d'autres choses, il faut un consentement de leur part (a).

(a) *Alc.* Lib. VIII. Cons. 40.

3. Pour ce qui est de savoir si la Convention d'un Géneral ou d'un Magistrat doit tourner au profit de ceux qui sont au dessous d'eux, voici comment il faut distinguer. Quand la Convention regarde des choses purement avantageuses, elle tourne toûjours au profit des Inferieurs: car il n'y a alors aucun lieu de douter que cela ne soit renfermé dans le pouvoir du Supérieur. Que si l'engagement a quelque chose d'onéreux, ou il n'assujettit les Inférieurs qu'à ce qu'on a ordinairement pouvoir de leur commander; & en ce cas-là l'accord tourne toûjours à leur profit: ou bien il tend à exiger d'eux quelque chose au delà, & ici ils ne profitent de la Convention qu'autant qu'ils l'approuvent & l'acceptent. Tout ce que je viens de dire, suit des régles établies ailleurs (b) sur l'effet qu'a, selon le Droit Naturel, une stipulation en faveur d'un tiers. Eclaircissons ces principes géneraux, en les appliquant à des exemples particuliers.

(b) *Liv.* II. *Chap.* XI. §. 18.

§. VII. UN Géneral d'Armée ne peut point transiger de ce qui regarde le sujet de la Guerre, & ses suites: (1) car le pouvoir de finir la Guerre n'est pas une partie du pouvoir qu'on a reçû de la faire; & quand même on en auroit été revêtu de la maniére la plus étenduë, cela devroit toûjours être restreint au commandement en chef, & à la conduite de toutes les affaires de la Guerre. *Agésilas* repondit aux

tempestate, vel pluviâ, vel quo simili, contingit, ne proscriptum esset, vel non pareret: dicendum, eum, qui proposuit, teneri. Ibid. §. 4.

(4) *Conditio quoque praepositionis servanda est: quid enim si certâ lege, vel interventu cujusdam personae, vel sub pignore, voluit cum eo contrahi, vel ad certam rem? Aequissimum erit, id servari, in quo praepositus est.* Ibid. §. 5.

(5) Ce n'est pas tant pour cela, que parce que l'autre Partie a supposé, en traitant, que le Ministre Public agissoit de bonne foi; sans quoi elle n'auroit eu garde de traiter. Autrement, si elle avoit été assez imprudente pour traiter, quoi qu'elle n'ignorât pas que le Ministre s'attribuoit plus de pouvoir qu'il n'en a effectivement: quelque mauvaise foi qu'il y eût de la part de celui-ci, l'autre Partie, par cela même qu'elle le savoit, & que nonobstant cela elle avoit aquiescé à la protestation du Ministre, auroit renoncé au droit d'exiger toute punition, & tout dédommagement; & elle devroit être censée avoir bien voulu courir le risque du défaut de la ratification nécessaire.

§. VII. (1) C'est ce que *Bélisaire* disoit autrefois aux *Goths*, qu'il n'avoit pas le pouvoir de disposer des affaires de l'Empereur: Ὀυ γὰρ ἐστὶν κύριος τὰ Βασιλέως πράγματα διοικῆσαι. PROCOP. *Gothic.* Lib. II. (Cap. VI.) GROTIUS.

aux *Perses* (2) que ce n'étoit point à lui, mais à l'Etat, de faire la Paix. Le Sénat Romain cassa le Traité de Paix (3) qu'*Aulus Albinus* avoit fait, sans son ordre, avec *Jugurtha*. Et nous avons expliqué ailleurs (a) comment le Peuple Romain étoit dispensé de (4) tenir de semblables Traitez, faits à *Numance*, ou près des *Fourches Caudines*.

(a) *Liv.* II. *Chap.* XV. §. 16.

§. VIII. Mais pour ce qui est d'accorder quelque (1) Trêve, les Généraux d'armée (a) le peuvent; & même leurs Lieutenans ou Officiers Subalternes, pendant l'attaque, par exemple, d'un Corps d'Ennemis retranchez, ou dans le Siége d'une Ville: bien entendu que ce n'est que pour eux & pour leurs Troupes qu'ils s'engagent à suspendre les actes d'hostilité, car ils n'imposent par là aucune obligation aux autres Commandans, (2) qui leur sont égaux, comme il paroît par l'histoire de *Fabius* & de *Marcellus*, que nous trouvons dans Tite Live.

(a) Voiez *Parma* Lib. V.

§. IX. 1. Il n'appartient point aux Généraux d'Armée, sans en excepter ceux qui commandent en chef, de relâcher les personnes aquises par les armes, ni de disposer des Souverainetez ou des Terres conquises. C'est ainsi qu'on ôta la *Syrie* à *Tigrane*, (1) quoi que *Lucullus* la lui eût donnée. Quand on eut fait prisonnière la Reine *Sophonisbe*, (2) *Scipion* dit, que c'étoit au Sénat & au Peuple Romain à voir ce qu'il en vouloit faire: & qu'ainsi *Masinissa*, sous la conduite duquel on avoit pris cette Reine, ne pouvoit lui donner la liberté. (a) Pour le reste du butin, nous voions qu'on laisse aux Géneraux quelque pouvoir d'en disposer, non pas tant comme un droit attaché à leur Emploi, qu'en vertu de l'usage de chaque Peuple: de quoi nous avons (b) traité ci-dessus.

(a) *Castrens.* De Justit. & Jur. L. 1.

(b) *Chap.* VI. de ce Liv. §. 13.

2. Mais

(2) Ὁ δὲ τῆς μὲν εἰρήνης ἔφη τὴν πόλιν εἶναι κυρίαν. Plutarch. in Agesil. *pag.* 601. B.

(3) *Senatus, ità uti par fuerat, decernit*, suo atque Populi injussu nullum potuisse fœdus fieri. Sallust. Bell. Jugurth. Cap. XLIII. *Ed. Wass.* Les paroles, que nôtre Auteur rapporte en lettres Italiques comme étant de cet Historien, n'en sont point. Voici un passage de Tite Live, qu'il citoit encore dans le Texte, & qui contient la même pensée: *Aut cui rata ista pax erit, quam sine Consule, non ex auctoritate Senatûs, injussu Populi Romani, pepegerimus?* Lib. XXXVII. Cap. XIX. *num.* 2.

(4) En ce sens & jusques-là on peut admettre ce que *Postumius* disoit à l'occasion du Traité fait par les Consuls près des *Fourches Caudines*, que, si le Peuple Romain pouvoit être engagé à quelque chose par des accords faits sans son ordre, il n'y avoit rien qu'on ne pût l'obliger de tenir: *Si quid est in quod obligari Populus possit, in omnia potest*. (Tit. Liv. Lib. IX. Cap. IX. *num.* 7.) Car cela n'est vrai qu'en matiére de choses qui ne regardent pas la conduite de la Guerre. Et que le Général Romain n'ait entendu parler que de celles-là, il paroît par ce qu'il vient de dire des Conventions par lesquelles on s'engageroit, sans ordre de l'Etat, à faire en sorte que la Ville de *Rome* se rendît; ou que les *Romains* l'abandonnassent, ou y missent le feu; ou qu'ils changeassent la forme de leur Gouvernement. Grotius.

§. VIII. (1) Pufendorf excepte avec raison, celles qui font disparoître entiérement tout l'appareil de la Guerre, & qui approchent d'une véritable Paix: *Droit de la Nat. & des Gens*, Liv. VIII. Chap. VII. §. 13. Il faut aussi excepter, à mon avis, celles qui laissant subsister l'appareil de la Guerre, se font pour un espace de tems un peu considérable. C'est le sentiment d'Ayala, *de Jure & Officiis Bellicis*, Lib. I. Cap. VII. *num.* 6. d'Alberic Gentil, *De Jure Bell.* Lib. II. Cap. X. §. 288, 299, & Cap. XII. pag. 305, Voiez encore Mr. Vitriarius, *Instit Jur. Nat. & Gent.* Lib. III. Cap. XV. *Quæst.* 9. Et certainement ces sortes de Trêves sont de trop grande conséquence, pour être laissées entiérement à la discrétion d'un Général d'Armée. D'ailleurs, les circonstances ne sont pas d'ordinaire si pressantes, qu'on n'ait pas le tems de consulter le Souverain: ce qu'un Général doit faire, autant qu'il lui est possible, & pour le bien public, & pour son propre interêt, en matiére même des choses qu'il a pouvoir de ménager de son chef. Parmi les *Romains*, les Trêves un peu longues n'ont jamais été accordées que par le Sénat & le Peuple. Il y a même eu des Nations (comme le remarque feu Mr. Battier, dans sa Dissertation *de Induciis Bellicis*, que j'ai citée sur le Chap. précedent) qui n'ont pas voulu donner pouvoir à leurs Généraux de faire aucune Trêve de leur chef, quoi que pour peu de tems. C'est ainsi qu'*Agis*, Roi de *Lacédémone*, d'un côté, & *Thrasylle* avec *Alciphron*, Chefs de l'Armée d'*Argos*, de l'autre, aiant conclu une Trêve pour quatre mois, elle fut déclarée nulle par les deux Peuples: & les *Lacédémoniens* même furent si fâchez de ce qu'*Agis* avoit pris cette liberté, qu'ils voulurent que desormais il ne fît rien sans la participation & l'approbation de dix Conseillers qu'ils lui donnérent. C'est ce qu'on peut voir dans Thucydide, Lib. V. Capp. LIX. LX. LXIII. *Ed. Oxon.* & non pas dans Denys *d'Halicarnasse*, Lib. II. que Mr. Battier cite ici, §. 3. n'aiant pas pris garde qu'Ayala, sur la foi de qui il l'a sans doute rapporté, (car il donne, comme lui, le nom de *Thrasybule* à l'un des Chefs de l'Armée d'*Argos*; au lieu qu'il s'appelloit *Thrasylle*) qu'Ayala, dis-je, ne cite cet Historien Grec des Antiquitez Romaines, que pour prouver que les Rois de *Lacédémone* n'étoient point absolus.

(2) Moins encore donc, sur ce pié-là, aux Officiers Supérieurs, & aux Commandans en chef. De sorte que si, après la Trêve accordée, & pendant qu'elle dure,

2. Mais il est certainement au pouvoir des Géneraux, d'accorder ou laisser les choses qui ne sont pas encore aquises. Car la plûpart des Villes, & souvent les personnes, ne se rendent que sous condition d'avoir la vie sauve, ou la liberté, ou même leurs biens: & d'ordinaire on n'a pas le tems de consulter là-dessus le Souverain. Les Chefs même subalternes doivent avoir ce droit, aussi loin que s'étend leur commission. *Maharbal*, dans le tems qu'*Hannibal* étoit assez loin de lui, avoit promis à quelques *Romains*, qui s'étoient sauvez de la défaite près du Lac de *Trasiméne*, de leur donner non seulement la vie, comme Polybe (3) le dit trop concisement, mais encore, de les laisser aller chacun (4) avec un habit. *Hannibal* les retint, (5) sous prétexte que *Maharbal* n'avoit pas eu pouvoir de promettre une telle sûreté, sans son approbation, à des gens qui se rendoient. Mais Tite Live (6) blâme ce desaveu d'*Hannibal*, comme un trait de la perfidie ordinaire aux *Carthaginois*.

3. Il faut donc regarder ce que dit Cicéron, dans son Plaidoier pour *Rabirius*, comme partant de la bouche d'un Orateur, & non pas comme prononcé par un homme qui donne son jugement selon le droit & la vérité. Il prétend, que *Rabirius* n'avoit rien fait que de légitime en tuant *Saturnius*, quoi que le Consul *Cajus Marius* l'eût engagé à sortir du *Capitole* sur sa parole: (7) car, ajoûte-t-il, *ce Consul pouvoit-il lui promettre quelque chose, sans y être autorisé par un Arrêt du Sénat?* Cicéron suppose ici toûjours, que *Marius* seul étoit engagé par la parole qu'il avoit donnée. Mais *Marius* avoit reçû pouvoir, par un Arrêt du Sénat, de faire tout ce qu'il jugeroit à propos pour maintenir l'empire & la majesté du Peuple Romain. C'étoit la plus grande autorité qui pût être (8) donnée, selon l'usage des *Romains*: & oseroit-on nier,

dure, quelque autre Chef trouve l'occasion d'attaquer, avec espérance d'un bon succès, l'Ennemi qui compte sur la foi du Traité de suspension d'armes; il pourra le faire sans scrupule & sans perfidie, selon le principe de nôtre Auteur. Mais Mr. Barbier a raison, ce me semble, de se declarer contre cette opinion, dans la Dissertation que je viens de citer, §. 4. En effet, comme c'est avec l'approbation tacite du Souverain que la Trêve a été faite entant que cela etoit renfermé dans l'étenduë du pouvoir de celui qui l'a accordée: aucun autre Ministre ne peut rompre l'accord, sans blesser indirectement l'autorité du Souverain. D'ailleurs, cela pourroit donner lieu à des superchéries & des défiances, qui iroient à rendre inutile ou impraticable l'usage des Trêves, si nécessaire en diverses occasions. Car on craindroit toûjours d'être surpris pendant ce tems-là par quelque autre Corps de l'Armée Ennemie: & celui-là même, qui a accordé la Trêve, pourroit sous main faire venir d'autres de son Parti, pour attaquer l'Ennemi, endormi sur la foi de l'accord fait avec lui. Ajoûtons à cela une autre raison, dont se sert Alberic Gentil. Celui, dit-il, qui a le Commandement general de l'Armée, peut bien obliger le Souverain, par les Traitez qu'il fait en ce qui regarde la conduite de la Guerre, qui lui a été confiée: pourquoi est-ce qu'un de ses Lieutenans ne pourroit pas l'obliger lui-même, par les Conventions qu'il fait dans l'étenduë de son Emploi? *De Jure Belli*, Lib. II. Cap. X. *pag* 239.

§. IX. (1) Ce ne fut point à *Tigrane*, qu'on ôta la *Syrie*, mais à *Antiochus*, Fils d'*Antiochus le Pieux*, & petit-fils d'*Antiochus de Cyzique*; comme il paroit par Justin, que nôtre Auteur cite en marge: *Igitur* Tigrane à Lucullo *victo*, *Rex* Syriæ Antiochus, Cyziceni *filius*, *ab eodem* Lucullo *adpellatur*. *Sed quod* Lucullus *dederat*, *postea ademit* Pompejus. *Lib.* XL. Cap. II. *num.* 2, 3. D'ailleurs, comme le remarque encore Gronovius, *Pompée* n'avoit pas plus de droit d'ôter la *Syrie*, que *Lucullus* de la donner. Pour agir selon les régles du Droit & selon les Loix, le fait de l'un & de l'autre devoit être ratifié par le Senat & le Peuple Romain. Voiez la Note de ce Savant. Ainsi l'exemple n'est point à propos.

(2) Et *Syphax*, son Epoux: *Et regem* [Syphacem] *conjugemque ejus* .... Romam *oporteret mitti, ac Senatus Populique* Romani *de eâ judicium atque arbitrium esse.* Tit. Liv. Lib. XXX. Cap. XIV. *num.* 10.

(3) Ἀποθεμένοις τὰ ὅπλα, παραδοῦναι αὐτοὺς ὑποσπόνδους, ἐὰν τεύξωνται τῆς σωτηρίας &c. Lib. III. Cap. LXXXIV.

(4) *Fidem dante* Maharbale .... *si arma tradidissent, abire cum singulis vestimentis passurum, sese dediderunt* &c. Tit. Liv. Lib. XXII. Cap. VI. *num.* 11.

(5) Πρῶτον μὲν διετάξατο, ὅτι Μαάρβας οὐκ ἦν κύριος ἄνευ τῆς αὐτοῦ γνώμης διδοὺς τὴν ἀσφάλειαν τοῖς ὑποσπόνδοις &c. Polyb. ubi supra, (*cap.* LXXXV.) *Bajazet* se servit d'un faux-fuiant aussi frivole, dans une affaire semblable, contre ceux de *Crattovo* en *Servie*; comme le rapporte Leunclavius, Lib. VI. Grotius.

(6) *Quæ Punicâ religione servata fides ab* Hannibale *est, atque in vincula omnes conjecit.* Ubi supra, *num.* 12. seu fin.

(7) *Ac, si fides* Saturnino *data est* .... *non eam* C. Rabirius, *sed* C. Marius *dedit*; *idemque violavit, si in fide non stetit. Quæ fides*, Labiene, *qui potuit sine Senatusconsulto dari?* Orat. *pro C. Rabir.* Cap. X.

(8) Voiez Salluste, *Bell. Catilin.* (Cap. XXX. *Ed. Wass.*) On trouve dans Guicciardin, *Hist.* Liv. VI. (*Chap.* IX. fol. 239. de la vieille Traduct. Françoise d'Hiérôme Chomedey: pag. 139. de l'Original Italien; *Ed. de Genéve* 1645.) une chicane semblable à celle de Cicéron, de laquelle *Gonsalve* se servit contre le Duc de *Valentinois*. Grotius.

nier, qu'elle ne renfermât le droit d'accorder l'impunité à quelcun, si cela étoit absolument nécessaire pour mettre l'Etat en sûreté?

§. X. Au reste, les Conventions des Géneraux, dont nous venons de parler, regardant les affaires d'autrui, le sens en doit être restreint, autant que le permet la nature de l'accord; en sorte que, d'un côté, le Souverain ne soit point engagé par là plus qu'il ne voudroit, s'il traitoit lui-même; & que, de l'autre, les Géneraux ne souffrent point de dommage en faisant leur devoir.

§. XI. Ainsi, lors qu'un Géneral reçoit des gens qui se rendent à lui purement & simplement, il est censé ne les recevoir qu'à condition que le Roi ou le Peuple vainqueur, au nom de qui il commande, disposera d'eux comme il le jugera à propos. Nous en avons des exemples en la personne de *Gentius*, Roi d'*Illyrie*, qui (1) se rendit à *Anicius*; & en celle de (a) *Persée*, Roi de *Macédoine*, qui se rendit à *Æmilius Paulus*.

(a) *Tit. Liv.* Lib. XLV. Cap. 6.

§. XII. Par la même raison, si un Géneral, en traitant de son chef, a déclaré expressément, *que l'accord ne seroit bon & valable, qu'au cas que son Souverain le ratifiât*; clause dont on trouve plusieurs exemples dans ces sortes de Traitez faits par des Géneraux Romains: la ratification ne s'ensuivant point, le Géneral ne sera lui-même tenu à rien, qu'autant qu'il aura retiré quelque profit de sa Convention.

§. XIII. Encore un autre cas, dont la décision doit se faire selon la régle que nous venons de poser. Ceux qui ont promis de *remettre une Place* à l'Ennemi, peuvent auparavant en faire sortir la Garnison. Et c'est ainsi (a) qu'en usérent les *Locriens*.

(a) *Tit. Liv.* Lib. XXIV. Cap. 1.

CHAPITRE XXIII.

Des Conventions faites avec l'Ennemi, par de simples Particuliers, comme tels.

I. *Réfutation de ceux qui croient, que les* Particuliers *ne sont point obligez de tenir ce qu'ils ont promis à l'*Ennemi. II. *Que cette obligation a lieu, à certains égards, même envers un Corsaire & un Brigand.* III. *Que l'âge de Minorité n'en dispense point par lui-même.* IV. *Si l'erreur empêche ici l'engagement?* V. *Réponse à l'objection tirée de l'utilité publique.* VI. *Application des principes établis ci-dessus, à la parole donnée de venir se remettre en prison:* VII. *Ou de ne pas retourner dans un certain lieu: ou de ne point servir:* VIII. *Ou de ne pas se sauver.* IX. *Que celui qui a été fait Prisonnier par quelcun, ne peut pas se donner à un autre.* X. *Si les Particuliers doivent être contraints par leurs Supérieurs, à effectuer ce qu'ils ont promis comme Particuliers?* XI. *De quelle maniére on doit expliquer ces sortes de Conventions.* XII. *Comment il faut expliquer les mots de* Vie sauve; Habits; arrivée de secours. XIII. *Quand c'est qu'on peut dire que quelcun est* retourné chez l'Ennemi.

§. XI. (1) Voiez Appien d'*Alexandrie*, De Bell. Illyr. *pag.* 761, *Ed. H. Steph.*

Chap. XXIII. §. I. (1) *Atque etiam, si quid singuli, temporibus adducti, hosti promiserint, est in eo ipso fides*

nemi. XIV. *Ce que l'on doit entendre par un secours suffisant, dans un accord par lequel on promet de se rendre sous condition.* XV. *Que ce qui regarde l'exécution, n'emporte point de condition.* XVI. *Des Otages que l'on donne pour sûreté de ses sortes d'engagemens.*

§. I. 1. C'Est une maxime de Ciceron, assez connuë de tout le monde, (1) que *si des Particuliers ont promis quelque chose à l'Ennemi, y étant contraints par la nécessité des circonstances, ils doivent en cela même tenir religieusement leur parole.* Les Particuliers, dont il parle, ne sont pas seulement les Soldats, mais tout autre personne qui ne porte point les armes: car cette différente condition ne change rien à la force de l'engagement.

2. Il y a donc lieu d'être surpris, qu'il se soit trouvé des Jurisconsultes (a), qui aient enseigné, que les Conventions Publiques faites avec l'Ennemi sont bien obligatoires, mais qu'il n'en est pas de même de celles que font de simples Particuliers, considérez comme tels. Car les personnes privées aiant des droits particuliers, qu'elles peuvent engager; & les Ennemis étant capables d'aquérir quelque droit: qu'est-ce qui peut ici empêcher l'engagement? D'ailleurs, si on n'établit cela, on donne occasion à des carnages, & on met un obstacle à la Liberté: car il arrive souvent que les Prisonniers ne peuvent avoir la vie sauve, ni obtenir leur relâchement, qu'en promettant quelque chose en leur nom propre & privé.

(a) *Bartol.* in L. *Conventionum.* 5. D. *De Pact. Zasius*, in *Apolog. contr. Eckium.*

§. II. 1. Bien plus: on est obligé de tenir ce que l'on a promis, comme Particulier, non seulement à un Ennemi autorisé par le Droit des Gens, mais (1) encore à un Corsaire & à un Brigand; comme nous l'avons dit ci-dessus (a) des Conventions Publiques faites avec de telles gens. Toute la Différence qu'il y a, c'est que, si l'on a été porté à traiter avec eux par l'impression d'une crainte injuste, on peut (b) exiger qu'ils nous relévent de nôtre engagement, ou s'en relever soi-même, si celui à qui l'on a promis le refuse: ce qui n'a pas lieu (c) en matiére des Promesses auxquelles on s'est déterminé par l'effet d'une crainte causée dans une Guerre Publique & selon le Droit des Gens.

(a) *Chap.* XIX. de ce Liv. §. 2.

(b) Voiez ci-dessus, *Liv.* II. Chap. XI. §. 7.

(c) *Uldr.* Cons. 7. *Covarruv.* De Matrim. Part. II. Cap. 3. §. 4. *num.* 21.

2. Que si l'on a promis avec serment, même à un Pirate ou à un Voleur, il faut alors indispensablement tenir sa parole, à moins qu'on ne veuille se rendre coupable de parjure. (d) Mais un tel parjure commis envers ces sortes de gens, demeure impuni parmi les Hommes, en haine de ceux avec qui l'on a eû à faire: au lieu qu'on le punit, quand il est commis contre des Ennemis Publics.

(d) Voiez ci-dessus, *Chap.* XIX. de ce Liv. §. 5.

§. III. Au reste, en ce qui regarde l'obligation des Promesses, dont nous traitons, faites à l'Ennemi par un simple Particulier, comme tel, je n'excepte point celles des Mineurs, pourvû qu'ils soient en état de savoir ce qu'ils font. (1) Car les bénefices accordez aux Mineurs sont de Droit Civil: & il s'agit ici du Droit des Gens.

§. IV. Pour ce qui est de l'erreur qu'il peut y avoir dans ces sortes d'engagemens, il faut expliquer ici ce que nous avons établi ailleurs au (a) sujet des Promesses en géneral, c'est que l'erreur donne droit de se dédire, si, selon l'intention du Promettant, ce en quoi il s'est trompé tenoit lieu de condition, sans laquelle il n'a pas prétendu s'engager.

(a) *Liv.* II. Chap. XI. §. 6.

§. V. 1. Il est plus difficile de décider, jusqu'où s'étend le pouvoir de promettre, qu'ont les Particuliers, par rapport à l'Ennemi.

2. Ici il est bien clair, qu'un Particulier ne sauroit aliéner validement rien de ce qui

fides conservanda. De Offic. *Lib.* I. *Cap.* XIII.

§. II. (1) Mais voiez ce que l'on a dit sur *Liv.* II, Chap. XI. §. 7.

§. III. (1) Voiez ci-dessus, §. 5. du Chapitre, auquel je viens de renvoier.

qui appartient au Public. Car si cela n'est pas permis même aux Generaux d'Armée, (a) Chap. précedent, §. 7. comme (a) nous l'avons prouvé un peu plus haut; à beaucoup plus forte raison ne doit-il pas l'être à de simples Particuliers.

2. Mais en matiére même des actions & des biens de chaque Particulier, il y a lieu de douter s'ils peuvent en disposer validement par un accord avec l'Ennemi; parce qu'ils ne sauroient le faire, sans qu'il en revienne quelque préjudice à leur Parti. Ainsi il semble d'abord, que ces sortes de Conventions sont illicites, soit qu'elles se fassent par les Sujets, ou par les Soldats enrôllez: le droit éminent de l'Etat empêchant les premiers de s'engager; & les autres ne le pouvant à cause du serment qu'ils ont prêté.

4. Cependant il faut considérer ici, que toute Convention, qui tend à éviter un mal plus grand ou plus certain, (1) doit être censée plus avantageuse que nuisible, lors même qu'il s'agit de l'influence qu'elle a sur l'intérêt: parce qu'un moindre mal, comparé avec un plus grand, tient lieu de bien, comme quelcun le remarque (2) dans l'Histoire d'Appien *d'Aléxandrie*. D'ailleurs, ni l'engagement seul où l'on est envers l'Etat, & par lequel on ne s'est point dépouillé du pouvoir qu'on a sur soi-même & sur ses biens; ni la vuë du Bien Public, sans l'autorité de quelque Loi qui défende sous peine de nullité; ne sont pas des raisons assez fortes pour faire qu'un engagement contracté soit nul & de nul effet, encore même qu'il y ait quelque chose de contraire au Devoir de celui qui s'est engagé.

5. Les Loix pourroient sans doute ôter ce pouvoir aux Sujets, tant perpétuels, qu'à ceux qui ne le sont que pour un tems. Mais elles ne le font pas toûjours; parce qu'elles veulent bien épargner les Citoiens: & elles ne peuvent pas même le faire toûjours raisonnablement; car les Loix Humaines, comme nous l'avons remarqué (b) ailleurs, (b) *Liv.* I. *Chap.* IV. §. 7. *num.* 2, 3. & *Liv.* II. *Chap.* XIV. §. 12. *num.* 2. n'ont force d'obliger, que lors qu'elles sont proportionnées à la foiblesse humaine, & non pas si elles imposent quelque charge trop onéreuse, qui répugne entiérement & à la Raison & à la Nature. C'est pourquoi les Loix & les Ordres particuliers, qui renferment quelque chose de semblable, ne doivent point être regardez comme de véritables Loix, auxquelles on soit obligé de se soûmettre. Et les Loix conçuës d'une maniére générale, qui, selon la rigueur des termes, pourroit en faire étendre le sens aux cas d'une extrême nécessité, doivent être restreintes, par la même raison, en sorte qu'elles les excluent.

6. Que si un certain engagement, qui se trouvoit défendu & annullé d'avance par une Loi ou un Ordre particulier, est de nature à pouvoir l'être justement; l'Acte du Particulier, qui s'y est porté contre les défenses, sera nul, & pourra néanmoins être puni par surcroît, à cause qu'il a promis ce qui étoit hors de son pouvoir; sur tout s'il s'est engagé avec serment.

§. VI. 1. On tolére, & avec raison, la promesse que fait un Prisonnier de Guerre, de venir *se remettre en prison*; car la condition de ce Prisonnier (1) n'en devient pas plus malheureuse.

2. La

§. V. (1) Comme, par exemple, quand on promet de paier certaines Contributions, pour se racheter du pillage, ou des incendies &c.

(2) C'est un Carthaginois qui parla ainsi, pour faire entendre à ses gens qu'ils devoient se soûmettre aux *Romains*, puis qu'ils étoient hors d'état de leur résister: Ἐτόλμησεν [τῶν Καρχηδονίων τις] ὡς ἐπὶ δὴ τὸ ἄλλο παρελθὼν ἐς τὸ μέσον εἰπεῖν, ὅτι χρὴ τῶν κακῶν ἐπιλέγεσθαι τὰ μετριώτερα, ὄντας ἀνόπλους &c. De Bell. Punic. *pag.* 55. *Ed. H. Steph.*

§. VI. (1) On ne le laisseroit point aller chez lui sans cela: & il vaut mieux sans doute pour lui d'avoir cette permission pour un tems, que de demeurer toûjours en prison.

(2) Regulus *vero non debuit conditiones pactionesque bellicas & hostiles perturbare perjurio.* De Offic. *Lib.* III. *Cap.* XXIX.

(3) *Atqui sciebat, quæ sibi barbarus*
Tortor pararet. . . . .
Lib. III. Od. V. *vers.* 49, 50.

(4) *Tum octo ex iis, postliminium justum non esse sibi, responderunt, quoniam dejurio vincti forent.* Noct. Attic. *Lib.* VII. (*Cap.* XVIII.) Dejurio vincti, c'est-à-dire, *capitis minores*, comme s'exprime Horace (*ubi supra*) en parlant de *Régulus*. Grotius.

Cette *deminutio capitis* étoit une suite du Serment.

Par

2. La bonne foi de *Régulus* en un pareil cas, n'est donc pas seulement une action glorieuse pour lui, comme quelques-uns le croient; mais il fit aussi par là ce qu'il devoit, comme le reconnoît (2) Cicéron. En vain objecteroit-on ce qu'Horace dit, en parlant de lui, (3) qu'*il savoit les tourmens qu'un Ennemi Barbare lui préparoit.* Car, avant que de promettre, il savoit déja que cela pouvoit arriver. Parmi les *Romains*, dans une autre occasion, huit Prisonniers, de dix, reconnûrent qu'il n'y avoit point pour eux de droit de Postliminie, parce qu'ils étoient liez par leur serment; au moins (4) selon ce qu'Aulu-Gelle rapporte, sur la foi d'anciens Auteurs.

§. VII. 1. Quelquefois on promet, *de ne pas retourner dans un certain lieu*, ou *de ne point servir* contre celui de qui l'on est Prisonnier.

2. On trouve un exemple du prémier, dans Thucydide, où ceux d'*Ithôme* (1) donnent leur parole aux *Lacédémoniens*, qu'ils sortiront du *Péloponnése*, & qu'ils n'y reviendront jamais.

3. L'autre sorte de Promesse est aujourdhui plus fréquente. Elle n'étoit pourtant pas autrefois hors d'usage. Polybe nous parle (2) de quelques *Numides*, qu'*Hamilcar* relâcha, à condition qu'aucun d'eux ne porteroit les armes contre les *Carthaginois.* Il y a deux exemples semblables dans (a) Procope.

(a) *Gotthic.* Lib. II. Cap. 14. & *Lib.* III. Cap. 36.

4. Quelques-uns (3) soûtiennent, que cette derniére Promesse est nulle, parce qu'elle est contre ce qu'on doit à la Patrie. Mais tout ce en quoi il y a quelque chose de contraire au Devoir, n'est pas nul par cela seul, comme nous (b) l'avons montré en un autre endroit. D'ailleurs, il n'est pas même contre le Devoir d'un bon Citoien, de se procurer la liberté, en promettant de s'abstenir d'une chose, dont il est au pouvoir de l'Ennemi de nous empêcher. Car la Patrie ne perd rien par là, puis que le Prisonnier, tant qu'il n'est point relâché, est censé perdu pour elle.

(b) *Liv.* II. *Chap.* V. §. 3. & §. 10. *num.* 3.

§. VIII. On promet aussi quelquefois, de ne point se sauver. Il faut alors tenir sa parole, quand même on l'auroit donnée étant dans les fers; quoi que quelques-uns en dispensent en ce cas-là. Car, à la faveur d'une telle Promesse, ou l'on rachéte sa vie, ou bien on obtient d'être gardé moins étroitement.

2. Mais si le Prisonnier de Guerre, après avoir promis de ne pas s'enfuir, est mis dans les fers, il est quitte alors de sa parole, supposé qu'il ne l'aît donnée qu'à condition de n'être point resserré de cette maniére.

§. IX. Il y a des gens, qui font ici une question assez impertinente, c'est si un Prisonnier peut se donner à un autre que celui qui l'a pris? Car il est de la derniére évidence, que personne ne sauroit ôter validement par ses conventions le droit aquis à un autre. Or celui qui a fait quelcun Prisonnier, a aquis un droit sur lui, ou par le seul droit de la Guerre, ou en partie par droit de Guerre, en partie par la concession de la Puissance Souveraine, qui fait la Guerre; selon ce que (a) nous avons expliqué ailleurs.

(a) *Chap.* VI. de ce Liv. §. 23. & *suiv.*

§. X. 1. Mais il se présente ici une belle question, touchant l'effet des Conventions,

Par le Serment les Prisonniers étoient engagez à se regarder toûjours comme étant au pouvoir de l'Ennemi, & ses Esclaves: ainsi ils étoient déchûs de tous les droits de Citoiens *Romains.*

§. VII. (1) Ou plûtôt les *Hilotes*, & quelques autres, qui s'étoient réfugiez à *Ithome*: Οἱ δ' ἐν Ἰθώμῃ δεκάτῳ ἔτει, ὡς οὐκέτι ἐδύναντο ἀντέχειν, ξυνέβησαν πρὸς τοὺς Λακεδαιμονίους ἐφ' ᾧ τε ἐξίασιν ἐκ τῆς Πελοποννήσου ὑπόσπονδοι, καὶ μηδέποτε ἐπιβήσονται αὐτῆς &c. Lib. I. Cap CIII.

(2) L'Historien ne parle point d'une parole donnée expressément par ces Prisonniers, de ne point servir: il dit seulement, qu'*Hamilcar*, en les relâchant, les menaça de les punir rigoureusement & sans miséricorde, s'ils portoient les armes contre les *Carthaginois*: Τοὺς δὲ μὴ βουλομένους (μεθ' ἑαυτοῦ συστρατεύειν) ἀφεῖναι παρεκάλει φάσκων, ἐὰν μὲν τοῦ νῦν συγγνώμην αὐτοῖς ἔχειν τῶν ἡμαρτημένων· διὸ καὶ συγχωρεῖν τρέπεσθαι κατὰ τὰς ἰδίας ὁρμὰς, ὅποι ἂν ἕκαστος αὐτῶν προαιρῆται. μετὰ δὲ ταῦτα διηπειλήσατο, μηδένα φέρειν ὅπλον πολέμιον κατ' αὐτῶν· ὡς ἐὰν ἁλῷ τις, ἀπαραιτήτου τευξόμενος τιμωρίας. Lib. I. Cap. LXXVIII.

(3) Par exemple, Alberic Gentil. *De Jure Bell.* Lib. II. Cap. XI. Conférez ici Pufendorf, *Droit de la Nat. & des Gens*, Liv. VIII. Chap. II. §. 2.

tions, il s'agit, c'est de savoir, si au cas que les Particuliers qui se sont engagez ne veuillent point tenir leur parole, leur Souverain doit les y contraindre?

2. L'opinion la mieux fondée, est qu'ils doivent y être contraints, mais seulement lors que la Promesse a été faite dans une Guerre Publique & en forme; & cela en vertu du Droit des Gens, selon lequel les deux Ennemis, qui se font la Guerre, doivent se rendre justice l'un à l'autre, (1) en matiére même de ce qui regarde le fait des Particuliers; comme si des Particuliers avoient insulté ou maltraité un Ambassadeur. C'est ainsi qu'autrefois, dans le Sénat Romain, plusieurs furent d'avis de renvoier à *Hannibal*, avec bonne garde, ceux des dix Prisonniers qui ne vouloient pas s'en retourner auprès de lui, selon la parole qu'ils lui avoient donnée; comme cela paroît par un fragment de CORNE'LIUS NE'POS, qu'AULU-GELLE (2) rapporte.

§. XI. A L'E'GARD de la maniére d'interprêter ces sortes de Conventions, il faut suivre les Régles, dont nous avons (a) parlé plusieurs fois, c'est de ne s'éloigner du sens propre & naturel des termes, que pour éviter quelque absurdité, ou quand il y a quelque autre conjecture assez certaine de l'intention du Promettant: en sorte que, dans un doute, l'interprétation se fasse plûtôt au préjudice de celui qui a prescrit les conditions de l'accord.

(a) *Liv.* II. *Chap.* XVI. § 2. *Liv.* III. Chap. XX. §. 26.

§. XII. 1. CELUI, à qui l'on a promis la *vie*, ne peut point prétendre pour cela qu'on lui laisse la *liberté*.

2. Sous le nom d'*Habits* ou d'*Equipage*, on ne comprend point les *Armes*; car ce sont des choses différentes.

3. Un *secours*, dont on a parlé, peut fort bien être dit *arrivé*, lors qu'il est à portée d'être vû, encore même qu'il n'agisse point: car la présence seule a son effet.

§. XIII. MAIS on ne peut pas dire qu'un Prisonnier soit *retourné chez l'Ennemi*, lors qu'il n'a fait que revenir secrétement, pour ressortir aussi tôt. Car quand on parle ici de *retourner*, on doit l'entendre d'un retour, qui remette celui qui revient, au pouvoir de l'Ennemi. Se prévaloir d'une explication toute contraire, c'est, selon (1) CICERON, une fourberie insigne, une sotte finesse, qui joint le parjure à la chicane. AULU-GELLE (2) l'appelle une ruse frauduleuse: il dit que les Censeurs la punissoient par des flétrissûres, & que ceux qui en avoient usé étoient regardez avec exécration, comme des personnes infâmes.

§. XIV. LORS qu'en parlant de *se rendre*, on a dit qu'on ne le feroit point, s'il arrivoit un (1) *bon secours*; cela doit s'entendre d'un renfort qui fasse cesser le danger où l'on étoit.

§. XV. IL FAUT remarquer encore, que, quand on a inséré dans un accord quelque clause qui régle la maniére de l'exécuter, cela seul ne rend point l'accord conditionnel: comme s'il a été stipulé que l'on paieroit en un certain lieu, & que ce lieu vienne ensuite à changer de maître.

§. XVI.

§. X. (1) En vain seroient-ils liez par leur promesse, s'il n'y avoit quelcun, qui pût les contraindre à s'en aquitter. C'est ce que dit ALBERIC GENTIL, dans le Chap. que je viens de citer, vers la fin. Ajoûtons, que ces sortes de Promesses ont été ou dû être tacitement approuvées par le Souverain: ainsi il doit les faire valoir, entant qu'en lui est.

(2) CORNELIUS *autem* NEPOS, *&* *in* Libro Exemplorum *quinto, id quoque literis mandavit, multis in Senatu placuisse, ut ii, qui redire nollent, datis custodibus ad* Hannibalem *deducerentur, sed eam sententiam numero plurium, quibus id non videretur, superatam* &c. Noct. Attic *Lib.* VII. *Cap.* XVIII.

§ XIII. (1) *Reditus enim in castra liberatum se esse jurejurando interpretabatur: non rectè. fraus enim adstringit, non dissolvit perjurium. Fuit igitur stulta calliditas, perversè imitata prudentiam. Itaque decrevit Senatus, ut ille veterator & callidus, vinctus ad* Hannibalem *duceretur.* De Offic. *Lib.* III. *Cap.* XXXII.

(2) *Hac eorum fraudulenta calliditas tam esse turpis existimata est, ut contemti vulgo discerptique sint; Censoresque eos postea omnium notarum & damnis & ignominiis adfecerint ... Usque adeo intestabiles invisosque fuisse, ut tadium vitæ ceperint, necemque sibi consciverint.* Noct. Attic. VII. 18.

§. XIV. (1) Il y a dans PROCOPE quatre exemples de cette sorte de convention: *Gotthic.* Lib. III. (Capp. VII. XII. XXX. XXXVII.) Et un, dans AGATHIAS, au sujet de la Ville de *Luques*, Lib. I. (Cap. VII.) Un autre dans BIZARO, touchant un Château de l'Ile de *Corse*, Hist. Genuens. *Lib.* X. Voiez-

§. XVI. A L'ÉGARD des Otages, que l'on donne pour sûreté des Conventions dont il s'agit, il faut rappeller ce que (a) nous avons dit ci-dessus, qu'ils sont le plus souvent un simple accessoire de l'engagement principal: mais que l'on peut néanmoins conv nir d'une alternative, c'est-à-dire, qu'une certaine chose se fera, ou qu'autrement les Otages seront retenus. Cependant il faut tenir pour maxime, dans un doute, que les Otages ne doivent être regardez que comme un accessoire, parce que c'est la manière la plus naturelle de se constituer pour Otâge.

(a) *Chap.* XX. de ce Liv. §. 58.

CHAPITRE XXIV.

DES CONVENTIONS TACITES.

I. *Comment on* S'ENGAGE TACITEMENT. II. *Exemple de ceux qui se mettent sous la protection d'un Peuple, ou d'un Roi.* III. *De ceux qui demandent ou qui accordent une entrevuë.* IV. *Que, pendant cette entrevuë, on peut néanmoins prendre des mesures & avancer ses affaires, pourvû qu'on ne fasse aucun mal à celui avec qui l'on s'abouche.* V. *Des signes muets, qui, selon la coûtume, signifient quelque chose.* VI. *De l'approbation tacite d'un Traité Public fait sans ordre du Souverain.* VII. *Quand c'est qu'une Peine est remise tacitement.*

§. I. 1. LE Jurisconsulte *Javolenus* a très-bien dit, (1) qu'il y a des Conventions qui se font sans dire mot. Car, de quelque manière que le consentement soit déclaré & accepté, il a la vertu de transferer quelque droit. Et il y a d'autres signes de consentement, que les Paroles & l'Ecriture, comme nous l'avons remarqué (a) plus d'une fois. Quelques-uns même sont renfermez dans la nature de certains actes.

(a) *Liv.* II. *Chap.* IV. §. 4, 5. & *Liv.* III. *Chap.* I. §. 8.

2. Cela a lieu & dans les Conventions Publiques, & dans les Conventions Particuliéres, & dans celles (2) qui tiennent des unes & des autres. Donnons des exemples de toutes ces sortes de CONVENTIONS TACITES.

§. II. QUAND une personne venant de chez l'Ennemi, ou de païs étrangers, se met sous la protection d'un autre Peuple, ou d'un Roi; il n'y a point de doute, qu'elle ne s'engage par là tacitement à ne rien faire contre l'Etat où elle demande un azile. Ainsi il ne faut point entrer dans la pensée de (1) ceux qui examinant l'action de (2) *Zopyre*, n'y trouvent rien de blâmable: car la fidélité de ce Persan envers son Roi, n'excuse point sa perfidie envers ceux chez qui il s'étoit réfugié. Disons la même chose de

en d'autres au Liv. XVIII. & dans la Guerre contre les *Maures*. CROMER en rapporte aussi un, *Lib.* XI. GROTIUS.

CHAP. XXIV. §. I. (1) *Videtur autem in hac specie id silentio convenisse*, ne quid præstaretur, si ampliore pecuniâ fundus esset locatus. DIGEST. Lib. XIX. Tit. II. *Locati conducti*, Leg. LI. *princip.* Voiez le Traité de Mr. NOODT, *De Pactis*, Cap. II.

(2) Nôtre Auteur entend par là ce qu'il appelle *Sponsio*, c'est-à-dire, les Conventions faites par des Personnes Publiques, & en matiére d'affaires publiques; mais sans aucun ordre ni exprès, ni tacite du Souverain: car à cet égard elles tiennent quelque chose des accords privez, ceux qui le font n'aïant pas plus de pouvoir alors, que de simples Particuliers.

§. II. (1) ALBERIC GENTIL (*De Jure Bell.* Lib. II. Cap. IX. *init.*) attribuë cela à VALÉRE MAXIME, dont il cite quelques paroles, auxquelles nôtre Auteur semble faire allusion ici, après lui. Mais cet Historien ne dit rien du tout de *Zopyre*: il parle des Stratagêmes en géneral: *Illa vero pars calliditatis egregia, & ab omni reprehensione procul remota, cujus opera, quia adpellatione nostrâ vix aptè exprimi possunt, Græca pronuntiatione* STRATEGEMATA *dicuntur.* Lib. VII. Cap. IV. *princ.* Il est vrai, qu'il met au nombre de ces Ruses innocentes, l'action semblable de *Sextus Tarquin.* Voiez, au reste, sur ce cas, PUFENDORF, *Droit de la Nat. & des Gens*, Liv. VIII. Chap. XI. §. 5.

(2) Voiez-la rapportée par HÉRODOTE, Lib. III. Cap. CLIV. & *seqq.* JUSTIN, Lib. I, *Cap. ult.* &c.

de *Sextus*, Fils de *Tarquin*, (3) qui s'en étoit allé chez les *Gabiens*; & du fourbe *Sinon*, que VIRGILE (4) représente agissant comme tel en ce cas-là.

§. III. CEUX qui demandent ou qui accordent une *Entrevuë*, promettent aussi tacitement (1) une entiére sûreté à ceux avec qui ils s'aboucheront. Faire du mal aux Ennemis, sous prétexte d'une Entrevuë, c'est *violer le Droit des Gens*, selon (2) TITE LIVE. Le même Historien traite cela formellement de (3) *perfidie*; aussi bien que VALE'RE MAXIME, (4) en parlant de *Cnéus Domitius*, qui en usa ainsi à l'égard de *Bituïtus*, Roi des anciens *Auvergnats*. Je m'étonne donc, que l'Auteur du *VIII. Livre des Mémoires* de CE'SAR, touchant la *Guerre des Gaules*, soit que ce fut HIRTIUS, ou OPPIUS, rapportant une pareille action de *Labiénus*, dise, (5) que *Labiénus* crut pouvoir, sans perfidie, prévenir l'infidélité de *Comius*. A moins que ce ne soit le jugement de l'Historien, plûtôt que celui de *Labiénus*.

§. IV. MAIS il ne faut pas étendre plus loin, que ce que je viens de dire, la force du consentement tacite dont il s'agit. Car, pourvû que ceux avec qui l'on a une entrevuë ne reçoivent aucun mal, il n'y a point de manque de foi à se servir de cette entrevuë pour détourner l'Ennemi de ses projets militaires, & pour avancer pendant ce tems-là ses propres affaires. C'est une des ruses innocentes de la Guerre. Ainsi ceux qui autrefois trouvoient à redire, qu'on eût trompé le Roi *Persée*, en le flattant (1) d'espérances de Paix, ne regardoient pas tant à ce que demande le Droit & la Bonne Foi, qu'à ce qui est de la Grandeur d'Ame & de la gloire des Armes; Comme il paroît par ce que nous avons (a) dit des tromperies permises entre Ennemis. Telle étoit celle dont usa *Asdrubal*, (2) pour tirer son Armée des défilez du païs des *Ausetaniens*: & celle qu'emploia *Scipion l'Africain*, pour découvrir (3) la situation du Camp de *Sy-*

(a) *Chap.* I. de ce Liv. §. 6, & *suiv.*

(3) Cela se trouve dans TITE LIVE, Lib. I. Cap. LIII. & LIV.

(4) *Accipe nunc* Danaûm *insidias, & crimine ab uno Disce omnes* ——— ——— ——— ———
Aeneid. *Lib.* I. *vers.* 65, 66.

§. III. (1) C'est donc avec raison, qu'AGATHIAS blâme *Ragnaris*, Chef des *Huns*, de ce qu'il tira en traître sur *Narsès*, comme celui-ci s'en retournoit d'une Conference que l'autre avoit demandée. *Lib.* II. (*Cap.* VII.) GROTIUS.

(2) *Deinde, quòd ipsi Consuli, parum cauto adversus colloquii fraudem, insidiabantur .... & successisset fraudi, ni pro Jure Gentium, cujus violandi consilium initum erat, stetisset fortuna.* Lib. XXXVIII. Cap. XXV. *num.* 7, 8.

(3) *Major multo pars perfidè* [c'est ainsi qu'il faut lire, au lieu de *per fidem*] *violati colloquii pœnas morte luerunt.* Ubi supr. (*in fin Cap.*) GROTIUS.

Cette correction de nôtre Auteur n'est nullement nécessaire, comme il paroît par plusieurs exemples semblables, que le Savant GRONOVIUS cite ici. Voiez aussi CE'SAR, *De Bell. Gall.* Lib. I. Cap. XLVI. & là-dessus la Note de Mr. DAVIES. Le sens, au fond, revient à la même chose.

(4) Cn. *autem* Domitium .... *nimia gloria cupiditas perfidum existere coëgit .... Per colloquii simulationem arcessitum, hospitioque exceptum vinxit, ac* Romam *nave deportandum curavit.* Lib. IX. Cap. VI. num. 3.

(5) *Quum* Comium *comperisset* [T. Labienus] *sollicitare civitates, & conjurationem contra* Cæsarem *facere, infidelitatem ejus, sine ullâ perfidiâ, judicavit comprimi posse....* C. Volusenum Quadratum *misit, qui eum, per simulationem colloquii, curaret interficiendum.* Cap. XXIII. Mr. COCCEJUS, en son vivant celébre Professeur en Droit à *Francfort sur l'Oder*, critique nôtre Auteur, (dans une Dissertation *De Officio & Jure Mediatorum Pacis*, §. 24.) comme s'il doutoit, qu'il y eût de la perfidie dans cette action de *Labienus*. J'avouë, pour moi, que je ne saurois voir le moindre fondement de cette censure, & je ne crois pas que quiconque lira le passage avec tant soit peu d'attention, y en trouve aucun. C'est le destin de nôtre Auteur, d'être mal entendu par ceux qui le reprennent avec le plus de confiance.

§. IV. (1) *Decepto per inducias & spem pacis Rege* &c. TIT. LIV. Lib. XLII. Cap. XLVII. *num.* 1.

(2) Il demanda une Conference pour le lendemain: mais il décampa tout doucement, à l'entrée de la nuit. Voiez TITE LIVE, Lib. XXVI. Cap. XVII.

(3) *Scipion* envoia, avec ses Officiers, des Soldats, déguisez en Esclaves, qui, pendant que les Officiers étoient en conférence avec *Syphax*, alloient de côté & d'autre dans le Camp, & examinoient tout. Voiez le même Historien, *Lib.* XXX. Cap. IV.

(4) Ces exemples furent imitez par *L. Sylla*, lors qu'il étoit à *Esernie*, dans la Guerre des Confédérez, comme le rapporte FRONTIN, *Strateg.* Lib. I. Cap. V. (*num.* 17.) & par *Jules César*, pendant sa Dictature, lors qu'il faisoit la Guerre aux *Tenctériens* & aux *Usipétes.* APPIAN. *Exc. Legat.* num. 16. GROTIUS.

§. V. (1) Parmi les *Perses* [ou plûtôt parmi les *Assyriens*] on mettoit les mains jointes sur son dos, comme le rapporte AMMIEN MARCELLIN, Lib. XVIII. (Cap. VIII.) sur quoi voiez les Notes de LINDENBROG (*pag.* 222. *Edit. Vales. Gronov.*) Parmi les *Romains* on avoit encore ce signe, de mettre son Bouclier sous ses aisselles, & de renverser les Etendars; comme il paroît par le même Historien, Lib. XXVI. *Cap.* IX. pag. 512. sur quoi on peut consulter la Note de Mr. DE VALOIS] On baissoit aussi les Etendars. LATINUS PACATUS fait mention d'un tel signe, dans son *Panégyrique*, (Cap. XXXVI. *Ed. Cellar.*) Les anciens *Germains*, & d'autres à leur imitation, présentoient de l'Herbe au Vainqueur. Voiez

PLI-

Syphax. L'une & l'autre (4) sont rapportées par TITE LIVE.

§. V. 1. IL Y A aussi des *Signes muets*, qui, selon la coûtume, donnent à entendre certaines choses. Ainsi autrefois les *Bandelettes* qu'on mettoit autour de sa tête, & une *Branche d'Olivier* que l'on tenoit à la main, étoient des marques (1) qu'on se rendoit en suppliant, & qui par conséquent obligeoient à mettre bas les armes. Parmi les *Macédoniens*, (2) une *Pique haussée*; & parmi les *Romains* (3) un *Bouclier* mis sur la Tête; faisoient le même effet. Je n'explique point ici, si celui qui témoigne recevoir la soumission de ceux qui se rendent, entre par là dans quelque engagement, & jusqu'où il s'engage. Il faut rappeller ce que (a) j'ai dit ci-dessus.

(a) *Chap.* IV. de ce Liv. § 12. & *Chap.* XI. §. 11.

2. Aujourdhui, quand on arbore un *Drapeau blanc*, c'est signe qu'on demande (4) à parlementer. On est donc engagé alors, tout de même que si l'on avoit fait cette demande de vive voix.

§. VI. UN Traité Public fait par des Géneraux d'Armée sans ordre de l'Etat, est censé approuvé tacitement par le Peuple, ou par le Roi, lors que le Peuple ou le Roi en aiant eu connoissance, il s'est fait ou omis quelque chose, qui ne peut être rapporté à d'autre cause qu'à une volonté de ratifier l'accord. Nous avons aussi remarqué (a) cela ailleurs.

(a) *Liv.* II. *Chap.* XV. §. 17. & *Liv.* III. *Chap.* XXII. §. 3.

§. VII. LE *pardon* (1) ne peut pas s'inferer de cela seul qu'on néglige de poursuivre la punition d'un Crime: mais il faut que cette omission soit accompagnée de quelque acte positif, qui ou marque par lui-même des sentimens de bienveillance, comme seroit un Traité d'Amitié; ou emporte un jugement favorable, par lequel on reconnoisse dans le Coupable quelque mérite digne qu'on lui pardonne le passé, soit que l'on aît témoigné cette opinion par des discours, ou par des actions, qui, selon l'usage reçû, sont destinées à la donner à connoître.

CHA-

PLINE, *Hist. Nat.* Lib. XXII. (Cap. IV.) SERVIUS remarque, que ceux qui se rendent, mettent bas les armes, pour paroître en posture de Supplians: MANUS INERMES] .... *Aut supplices ... qui enim victi se dedunt, inermes supplicant.* In Aen. Lib. I. (vers. 487.) GROTIUS.

(2) C'est ce que TITE LIVE témoigne: *Quia erigentes hastas* Macedonas *conspexerat ... ut accepit hunc morem esse* Macedonum *tradentium sese* &c. Lib. XXXIII. Cap. X. *num.* 3, 4. Le Savant GRONOVIUS a indiqué ce passage.

(3) APPIEN *d'Aléxandrie*, auquel nôtre Auteur renvoie ici dans une petite Note, & que DE VALOIS a cité sur AMMIEN MARCELLIN, nous apprend cela, en parlant des Troupes d'*Afranius*: Οἱ δὲ ἐπέθεσαν ταῖς κεφαλαῖς τὰς ἀσπίδας, ὅπερ ἐστὶ σύμβολον ἑαυτοὺς παραδιδόντων. De Bell. Civ. *Lib.* II. pag. 414. *Ed. H. Steph.*

(4) Parmi les Peuples du Nord, on allume un feu, pour donner à entendre cette demande; comme il paroît par l'Histoire de JEAN MAGNUS, & par d'autres Auteurs. PLINE remarque, que, de son tems, on présentoit du Laurier, pour signe qu'on vouloit discontinuer les actes d'hostilité: *Ipsa* (Laurus) *pacifera, ut quam pratendi, etiam inter armatos hostes, quietis sit indicium.* Hist. Nat. Lib. XV. Cap. XXX. GROTIUS.

§. VII. (1) POLYBE traite cette question, si lors qu'on a pardonné à celui qui a commis lui-même le Crime, on est censé par cela seul avoir aussi pardonné à celui par ordre duquel il avoit été commis. *Excerpt. Legat.* num. 124. Pour moi, je ne le crois pas. Car chacun est responsable de ses propres fautes. GROTIUS.

La citation de POLYBE, (pour le dire en passant) étoit fautive, comme une infinité d'autres, dans toutes les Editions avant la mienne: car il y avoit *num.* 22. où l'on ne trouve rien d'approchant. Voici le fait, dont il s'agit dans le veritable endroit, que j'ai indiqué. Un Ambassadeur Romain avoit été tué par *Leptine.* Celui-ci fut livré aux *Romains* par le Roi *Démetrius*, à qui il appartenoit. Mais on le renvoia, avec un autre complice: & l'Historien, qui le rapporte, croit que la raison pourquoi le Sénat en usa ainsi, ce fut parce qu'il voulut se reserver la liberté de punir dans l'occasion un tel attentat contre son Ambassadeur; de quoi on auroit cru qu'il avoit tiré satisfaction, s'il eût puni les Auteurs du meurtre: Ἡ γὰρ Σύγκλητος, ὥς ἐμοὶ δοκεῖ, ὑπολαβοῦσα, διότι δόξει τοῖς πολλοῖς ἔχειν τοῦ φόνου δίκην, ἐὰν τοὺς αἰτίους παραλαβοῦσα τιμωρήσηται· τούτους μὲν οὐ προσεδέξατο .... ἐτήρει δὲ τὴν αἰτίαν ἀκέραιον, ὥστ' ἔχειν ἐξουσίαν, ὅτε βουληθείη, χρῆσθαι τοῖς ἐγκλήμασι. Pag. 1324. *Ed. Amst.* Mais il ne paroît point par toute la narration, que *Démétrius* eût eu quelque part au crime, moins encore qu'il l'eût ordonné. Et pour ce qui est de la question en elle-même, la décision de nôtre Auteur n'a pas lieu toûjours, ce me semble. Car si celui qui a ordonné ou fait commettre autrement le crime, en livre l'Auteur, témoignant vouloir par là obtenir lui-même son pardon; celui, contre qui le crime a été commis, doit être censé accorder le pardon, soit qu'il punisse ou qu'il ne punisse point le Coupable livré; à moins qu'en le punissant, ou en le renvoiant, il ne déclare d'une maniére suffisante, que c'est sans préjudice du droit qu'il se reserve contre celui qui a été la prémiére cause ou le complice du Crime. Autrement, il y a ici un Consentement tacite de pardonner, qui répond à la demande formelle, & que l'on doit présumer avec autant de raison, qu'en matiére des autres exemples alleguez par nôtre Auteur.

CHAPITRE XXV.

Conclusion, accompagnée d'Exhortations à garder la Foi, & à rechercher la Paix.

I. Exhortation *à observer religieusement ce qu'on a promis.* II. *Qu'au milieu même de la Guerre, il faut toûjours penser à la Paix.* III. *Et qu'on doit l'embrasser avec joie, lors même qu'on y perd; sur tout si l'on est Chrétien.* IV. *Que cela est utile aux Vaincus:* V. *Et avantageux au Vainqueur:* VI. *Aussi bien qu'à ceux dont les forces, à peu près égales, rendent le succès fort douteux de part & d'autre.* VII. *Que la Paix une fois faite doit être gardée avec le dernier soin.* VIII. Voeu; & fin *de cet Ouvrage.*

§. I. 1. Je crois pouvoir finir ici mon travail. Non que j'aie dit tout ce qui pouvoit se dire sur un si vaste sujet, mais il y en a assez pour poser les fondemens de la Science que j'ai voulu expliquer. Si quelcun veut bâtir là-dessus des Ouvrages plus considérables, je lui en aurai de l'obligation, bien loin d'en être jaloux.

2. Cependant, comme en traitant du dessein d'entreprendre la Guerre, j'ai exhorté, par bien des raisons, à l'éviter, autant qu'il se peut; je vais, avant que de prendre congé du Lecteur, ajoûter encore quelques avis qui seront d'usage & pendant la Guerre, & après la Guerre. Ces avis regardent le soin de *garder la Foi*, & de *rechercher la Paix.*

3. On doit garder religieusement la Foi donnée, pour plusieurs raisons, & entr'autres parce que sans cela on n'auroit aucune espérance de Paix. Car, comme le dit Cicéron, (1) la Fidélité à tenir ce qu'on a promis est le fondement non seulement de tous les Etats, mais encore de cette grande Société, qui embrasse toutes les Nations. *Otez la Bonne Foi, il n'y aura plus de commerce entre les Hommes*; ainsi que le remarque (2) Aristote. La Bonne Foi est, selon Senéque, (3) *le bien le plus pré-*

Chap. XXV. §. I. (1) *Nec enim ulla res vehementiùs Rempublicam continet, quàm fides.* De Offic. *Lib.* II. (Cap. XXIV.) Il dit ailleurs, que c'est une chose abominable, de violer la foi donnee, dont l'observation est le lien de la Vie Humaine: *Atque enim perfidiosum & nefarium est, fidem frangere, quæ continet vitam* &c. [Orat. *pro Q. Rosc. Comœd.* Cap. VI.] Grotius.

(2) Ὥστε ἀκύρων γιγνομένων [τῶν συνθηκῶν] ἀναιρεῖται ἡ πρὸς ἀλλήλους χρεία τῶν ἀνθρώπων. Rhetor. *Lib.* I. *Cap.* XV. pag. 545. B. Tom. II. *Ed. Paris.*

(3) *Fides sanctissimum humani pectoris bonum est* &c. Epist. LXXXVIII. pag. 390. *Edit. Gron. maj.*

(4) Voici ce que disoient les Ambassadeurs de l'Empereur *Justinien* à *Cosroez*, Roi de *Perse*; selon que Procope le rapporte. » Si nous ne parlions à Vous-» même en personne, nous n'aurions jamais crû, ô » Roi, que *Cosroez*, Fils de *Cabade*, entreroit sur les » terres des *Romains* à main armée; sans respecter le » serment qu'il venoit de faire, c'est-à-dire, ce que » l'on regarde parmi les Hommes comme le gage le » plus certain & le plus sacré de la parole donnée; & » en rompant d'ailleurs les Traitez, qui sont la seule » ressource de ceux qui, à cause de leur mauvais suc-» cès dans la Guerre, ne sont pas en sûreté pour l'a-» venir. N'est-ce pas-là changer la Vie Humaine en une » vie de Bêtes féroces? Car si une fois on bannit la con-» fiance dans les Traitez, il faut nécessairement que » les Guerres soient éternelles: & une Guerre sans » fin fait renoncer pour toûjours aux sentimens de » l'Humanité. » Εἰ μὲν πρὸς παρόντα σὲ, ὦ Βασιλεῦ, οἱ λόγοι ἐγίγνοντο, οὐκ ἄν ποτε ᾠόμεθα, Χοσρόην τὸν Καβάδου ἐς γῆν τὴν Ῥωμαίων ἐν ὅπλοις ἥκειν, ἀτιμάσαντα μὲν τοὺς ὀμωμοσμένους σοὶ ἔναγχος ὅρκους, ὃ τῶν ἐν ἀνθρώποις ἁπάντων ὕστατόν τε καὶ ἰσχυρότατον εἶναι δοκεῖ τῆς ἐς ἀλλήλους πίστεώς τε καὶ ἀληθείας ἐνέχυρον, διαλύσαντα δὲ τὰς σπονδὰς, ὧν ἡ ἐλπὶς ἀπολελειμμένη μόνη τοῖς διὰ τὴν ἐν πολέμῳ κακοπραγίαν οὐκ ἐν τῷ ἀσφαλεῖ βιοτεύουσιν. οὐ γὰρ ἄλλο οὐδὲν τὸ τοιοῦτον εἴποι τις ἂν εἶναι, ἢ τὴν τῶν ἀνθρώπων δίαιταν ἐς τὴν τῶν θηρίων μεταβεβλῆσθαι. ἐν γὰρ τῷ μηδαμῇ σπένδεσθαι, τὸ πολεμεῖν ἀπέραντα λελείψεται πάντας· πόλεμος δὲ, ὃ πέρας οὐκ ἔχει, ἐξοικίζειν τῆς φύσεως τοὺς αὐτῷ χρωμένους ἐς ἀεὶ πέφυκε. Persic. *Lib.* II. (*Cap.* X.) Grotius.

§. II. (1) *Postremo sapientes, pacis caussâ, bellum gerunt, laborem spe otii sustentant.* Orat. I. *ad Cæsar.* De Rep. ordinand. *Cap.* XI.

(2) *Non enim pax quæritur, ut bellum excitetur: sed bellum geritur, ut pax adquiratur.* Epist. *ad Bonifac.* CCVII.

ne

précieux & le plus inviolable du Cœur Humain. Les autres parties de la Justice ont souvent quelque obscurité; mais les engagemens de la Foi donnée sont par eux-mêmes de la derniére évidence; & c'est aussi pour empêcher qu'il n'y aît rien que de clair & net dans les affaires, qu'on a recours aux Traitez & aux Conventions, où chacune des Parties doit s'expliquer d'une maniére à ne laisser aucun doute.

4. Bien loin que les Puissances Souveraines soient dispensées de tenir leur parole, elles doivent la garder avec d'autant plus d'exactitude, qu'elles y peuvent manquer plus impunément. Si une fois elles se mettent au dessus de la bonne foi, elles seront comme (4) des Bêtes féroces, dont l'aspect épouvante tout le monde. Un Roi est obligé de tenir religieusement ce qu'il a promis, & par un principe de Conscience, & pour sa réputation, d'où dépend l'autorité de son Gouvernement. Qu'il soit donc assûré, que ceux qui lui inspirent l'art de tromper, font eux-mêmes ce qu'ils enseignent. On ne peut pas se promettre pour long tems quelque avantage de la pratique d'une maxime, qui rend un Homme insociable, par rapport aux autres Hommes; ajoûtons, & abominable aux yeux de DIEU.

§. II. VOILA' pour le prémier point. Mais, quelque religieusement qu'on l'observe envers son Ennemi, on ne sauroit encore avoir la Conscience en repos, & pleine d'une juste confiance en la protection du Ciel, si en tout ce que l'on fait pendant qu'on a les armes à la main, on n'a toûjours en vuë la Paix. C'est le but que se propose un sage Guerrier, selon (1) la maxime de SALLUSTE. ST. AUGUSTIN veut, (2) qu'*on ne cherche point la Paix pour faire la Guerre, mais au contraire qu'on fasse la Guerre, afin d'avoir la Paix.* ARISTOTE même (a) blâme souvent les Peuples, qui, en (a) *Politic.* Lib.
faisant la Guerre, n'ont d'autre but que la Guerre même. La Violence, qui est sur tout VII. *Cap.* 2. & 14.
l'appanage de la Guerre, a quelque chose de féroce: il faut la temperer par la Douceur & l'Humanité, de peur qu'en imitant trop les Bêtes, on n'oublie qu'on est Homme.

§. III. SI donc on peut obtenir une Paix assez sûre, on fera bien de l'acheter en pardonnant les offenses, & tenant même l'Ennemi quitte des dommages & des frais. Cela est sur tout digne des *Chrétiens*, à qui leur (a) Sauveur a laissé la Paix par son (a) *Jean*, XIV,
testament. Son fidéle Interprête (b) veut qu'on cherche à avoir la Paix avec tous les 27. (b) *Romains*,
Hommes, autant qu'il se peut, autant qu'il dépend de nous. Il est d'un Homme-de- XII. 18.
bien, selon SALLUSTE, (1) de ne commencer la Guerre qu'à regret, & de ne la pas pousser volontiers à toute outrance.

§. IV.

Ce passage, avec plusieurs autres pensées qui suivent & qui précédent, se trouve rapporté dans le DROIT CANONIQUE, *Caus.* XXIII. *Quaest.* I. Can. III. Je trouve dans PLATON quelquechose de semblable. Ce fameux Philosophe Païen dit, qu'un bon Législateur doit régler les affaires de la Guerre, en sorte que tout se rapporte à la Paix, plûtôt que de rapporter à la Guerre les affaires de la Paix: Οὐκ ἂν νομοθέτης ἀκριβὴς [γένοιτο], εἰ μὴ χάριν εἰρήνης τὰ πολέμου νομοθετοῖ, μᾶλλον ἢ τῶν πολεμικῶν ἕνεκα τὰ τῆς εἰρήνης. De Legibus, Lib. I. pag. 628. E. Tom. II. *Ed. H. Steph.* Long tems après un Philosophe Platonicien, qui vivoit sous les prémiers Empereurs Romains, donna hautement à entendre la même maxime, en déclarant, dans la Préface d'un Ouvrage destiné à établir les Préceptes de l'Art Militaire, que ce Livre doit être regardé comme une offrande faite à la Paix: Ὡς στρατηγῶν τε ἀγαθῶν ἄσκησιν ἔσεσθαι, παλαιῶν τε ἡγεμόνων κατὰ τὴν Σεβαστῶν Εἰρήνης ἀνάθημα. Pag. 2. Voiez là-dessus la Note de NICOLAS RIGAULT.

§. III. (1) *Viri boni est, initia belli invitum suscipere, extrema non libenter persequi.* Voilà de quelle maniere nôtre Auteur exprime le passage qu'il donne comme de SALLUSTE, (*apud* Sallustium *legimus*, dit-il) mais sans marquer l'endroit, & sans mettre les paroles en caractére italique. Je ne trouve rien de tel ni dans les deux Ouvrages complets de cet Historien, ni dans les Fragmens: & l'*Index* de Mr. WASSE, qui est fort ample & assez exact, ne donne ici aucune ouverture; quoi qu'il y ait dans ce passage des expressions, qu'il n'auroit pas manqué sans doute de remarquer. Je crois presque, que nôtre Auteur, trompé par sa mémoire, ou autrement, a cite cet Ecrivain pour quelque autre. Ce qui peut y avoir donné occasion, c'est un beau passage de l'Histoire de la Guerre contre *Jugurtha*, où il y a quelque chose qui se rapporte ici, & qu'on ne sera pas fâché de lire. Il est dit là, qu'on entreprend toûjours la Guerre fort aisément, mais qu'elle ne finit pas de même: que le commencement & la fin ne sont pas au pouvoir de la même personne: que les plus lâches peuvent la commencer, mais qu'elle ne finit qu'au gré du Vainqueur: *Omne bellum sumi facilè, ceterum aegerrumè desinere: non in ejusdem potestate initium ejus, & finem, esse: incipere, cuivis, etiam ignavo, licere; deponi, quum victores velint.* Cap. LXXXV. *Ed. Wass.*

§. IV. Cette raison seule, tirée du Devoir, suffiroit sans doute: mais on y est souvent engagé par son propre intérêt. Prémiérement, lors qu'on se trouve plus foible, que son Ennemi. Car il est dangereux de lutter long tems avec plus fort que soi. Il faut ici, comme quand on est sur mer, racheter par quelque perte un plus grand malheur, sans écouter la Colére ou l'Espérance, mauvais Conseillers, ainsi que Tite Live (1) les appelle avec raison. Il y a une semblable maxime dans (2) Aristote.

§. V. Mais encore même qu'on soit plus fort, on ne laisse pas de trouver son compte à faire la Paix. Car, comme le dit encore très-véritablement l'Historien Latin, qui vient d'être cité, (1) la Paix est glorieuse & avantageuse, quand on la donne pendant qu'on est dans la prospérité; elle vaut mieux alors, & elle est plus sûre, que la Victoire, qui n'est encore qu'en espérance. Il faut penser, que les Armes sont (2) journaliéres: & craindre sur toutes choses les effets du désespoir, qui ranimant le courage de l'Ennemi, (3) peut rendre ses coups aussi dangereux, que les plus malignes morsures des Bêtes (4) mourantes.

§. VI. Que si les deux Ennemis se croient égaux, c'est alors, selon César, (1) le vrai tems de parler de Paix, pendant que l'un & l'autre a encore bonne opinion de ses forces.

§. VII. Et quand une fois on a fait la Paix, à quelques conditions que ce soit, il faut l'observer inviolablement, à cause de la foi donnée, dont nous avons établi l'obligation sacrée & indispensable. Il faut alors éviter avec soin, non seulement toute ombre de perfidie, mais encore tout ce qui est capable d'aigrir les esprits. Car on peut fort bien appliquer à l'Amitié entre les Etats & les Princes, ce que Cicéron a dit des Amitiez entre personnes privées; (1) c'est qu'on doit toûjours en observer les devoirs religieusement, mais sur tout lors qu'elles ont été renouées par une réconciliation.

§. VIII.

§. IV. (1) C'est au Livre VII. dans une Harangue, où *Titus Quintius*, pris pour Général, malgré lui, par des Soldats séditieux, les exhorte à la Paix, & à se soûmettre: *Pacem, etiam qui vincere possunt, volunt. quid nos velle oportet? quin emissis irâ & spe fallacibus auctoribus, nos ipsos nostraque omnia cognitæ permittimus fidei.* Cap. XL. in fin.

(2) Le passage, que nôtre Auteur cite ici, & celui qu'il citera dans le paragraphe suivant, sans dire de quel Ouvrage ils sont tirez, se trouvent l'un & l'autre dans la *Rhétorique*, adressée à *Aléxandre*, où le Philosophe dit, qu'il vaut mieux laisser quelque chose de ses biens à ceux qui ont du dessus, que si venant à être entiérement vaincu, on périssoit avec tout ce que l'on a: *Καὶ ὅτι κρεῖττον εἶναι τοῖς κρείττοσι μέρος τι τῶν ὑπαρχόντων προέσθαι, ἢ πολέμῳ κρατηθέντας αὐτοῖς τοῖς χρήμασιν ἀπολέσθαι.* Cap. III. pag. 616. C. Tom. II. *Ed. Paris.*

§. V. (1) C'est dans la Harangue d'*Hannibal* à *Scipion*: *In bonis tuis rebus, nostris dubiis, tibi ampla ac speciosa danti est pax .... Melior tutiorque est certa pax, quàm sperata victoria.* Lib. XXX. Cap. XXX. *num.* 18, 19.

(2) *Quum tuas vires, tum vim fortunæ, Martemque belli communem, propone animo.* Titus Livius, ubi supr. *num.* 20.] C'est ce que dit aussi Aristote: *Διεξιέναι δὲ τὰς μεταβολὰς τὰς ἐν τῷ πολέμῳ, ὡς πολλαὶ καὶ παράδοξοι γίνονται.* (Rhetor. ad Alex. *Cap.* III. *pag.* 616. C.) Philon soûtient, que la Paix, quoi que fort désavantageuse, vaut toûjours mieux que la Guerre: *Εἰρήνη γὰρ, κἂν ᾖ σφόδρα ἐπιζήμιος, λυσιτελεστέρα πολέμου.* De constit. Princip. (*pag.* 731. D. *Ed. Paris.*) Dans une Harangue pour la Paix, que Diodore *de Sicile* rapporte, on blâme ceux qui font sonner fort haut la grandeur de leurs bons succès, comme si, ajoûte-t-on, ce n'étoit pas la coûtume de la Fortune, de donner l'avantage tantôt à l'un, tantôt à l'autre. Grotius.

Dans la Harangue rapportée par Diodore *de Sicile*, d'où nôtre Auteur dit avoir tiré ceci, sans en marquer l'endroit, ni même le Livre; ce n'est pas celui qui parle, qui blâme les sentimens d'une confiance présomtueuse, fondée sur les bons succès qu'on a eus: au contraire, c'est lui-même, c'est à dire un Démagogue Athénien, nommé *Cléophon*, qui exhortant non à la Paix, mais à la Guerre, emploie entr'autres raisons celle-là, qu'il savoit très-propre à animer la Multitude. Et la réflexion opposée, est de l'Historien même, qui n'en a voulu rapporter que ce trait: *Ὅτι παρελθὼν, καὶ πολλὰ πρὸς τὴν ὑπόθεσιν οἰκεῖα διαλεχθεὶς, ἐμετεώρισε τὸν δῆμον, τὸ μέγεθος τῶν εὐημερημάτων προσφερόμενος, ὥσπερ τῆς τύχης οὐκ εἰωθυίας ἐναλλὰξ ἐπιδιδόναι βραβεύειν τὰ κατὰ πόλεμον προτερήματα.* Bibl. Histor. *Lib.* XIII. *Cap.* LIII. pag. 359. *Ed. H. Steph.*

(3) Il y a un ancien vers Grec, qui porte, que l'on doit craindre la taniére d'un Lion même mourant:

Δειναὶ γὰρ καὶ κοῖται ἀποιχομένοιο λέοντος. Grotius.

(4) Gronovius indique ici à propos ce passage de Florus: *Sed ut quammaximè mortiferi esse morsus solent morientium bestiarum: sic plus negotii fuit, semirutâ* Carthagine, *quàm integrâ.* Lib. II. Cap. XV. *num.* 18. Et Freinshemius en cite là-dessus un de Séneque *Excerpt. Controv.* Lib. IX. Controv. VI.

§. VI. (1) *Hoc unum esse tempus de pace agendi, dum sibi uterque confideret, & pares ambo viderentur.* De Bell. Civil. Lib. III. Cap. X.

§. VII. (1) C'est dans un fragment de sa Harangue

pour

§. VIII. VEUILLE le Seigneur, qui seul le peut, graver toutes ces maximes dans le cœur des Puissances Chrétiennes; leur donner l'intelligence (1) du Droit Divin & Humain; & disposer leurs esprits de telle maniére, qu'elles pensent toûjours que DIEU les a établies ses Ministres, pour gouverner des Hommes, c'est-à-dire, des Créatures (2) qui lui sont très-chéres.

pour *Gabinius*: EGO, *quum omnes amicitias tuendas semper putavi summâ religione & fide, tum eas maximè, quæ essent ex inimicitiis revocatæ in gratiam.* Apud HIERONYM. Apolog. adv. Ruffin. *Lib.* I. init. *pag.* 196. D. Tom. II. *Edit. Basil.* 1537.

§. VIII. (1) Nôtre Auteur, comme le remarque ici le Savant GRONOVIUS, emploie ici les propres termes de la priére, que *Tibére* faisoit aux Dieux, selon que le rapporte TACITE: *Hos* [Deos precor] *ut mihi, ad finem usque vitæ, quietam & intelligentem humani divinique juris mentem duint* &c. Annal. *Lib.* IV. *Cap.* XXXVIII. *num.* 4.

(2) C'est ainsi que les appelle ST. CHRYSOSTÔME: Ἄνθρωπος, τὸ ἀγαπητότατον ζῶον τῷ Θεῷ. Serm. *de Eleemosyna.* GROTIUS.

Le fameux *Socrate* parloit souvent de l'amour que ces Dieux avoient pour les Hommes, φιλανθρωπία, comme il paroît par les *Mémoires*, que XENOPHON nous a laissez de ses Discours & de ses actions. Voiez, par exemple, *Lib.* IV. *Cap.* III. *Ed. Oxon.* SIMPLICIUS, dans son Commentaire sur EPICTETE, dit, que l'Homme est une Possession de DIEU, non vile ni méprisable; & il se sert de cette raison, pour prouver que DIEU ne peut négliger d'en prendre soin, comme de sa Créature: Ἀλλ' οὐδ' ὡς εὐτελῶν καταφρονεῖν τούτων, ὥστε ἀξίους παραγαγεῖν . . . ὅτι οὐκ ἄτιμον οὐδ' εὐτελές ἐστι τοῦ Θεοῦ κτῆμα ὁ ἄνθρωπος &c. In *Cap.* XXXVIII. *pag.* 239. *Edit. Lugd. Bat.* que PLATON avoit établi long tems avant lui, c'est que l'Homme est comme un bien que DIEU posséde en propre, & qu'il aime par conséquent: Οὐ μὴν τοι ἀλλὰ τόδε γέ μοι δοκεῖ, ὦ Κέβης, εὖ λέγεσθαι, τὸ Θεοὺς εἶναι ἡμῶν τοὺς ἐπιμελουμένους, καὶ ἡμᾶς τοὺς ἀνθρώπους ἓν τῶν κτημάτων τοῖς Θεοῖς εἶναι. In *Phædone*, Tom. I. pag. 62. B. *Edit. Henric. Stephan.* Je ne saurois mieux finir mes Notes, que par ces beaux Passages, d'autant plus remarquables, qu'ils sont d'Auteurs Paiens, dont l'Autorité est ici de plus grand poids, que celle d'un Pére de l'Eglise.

FIN

DU TROISIEME ET DERNIER LIVRE.

I. TABLE,

Où l'on indique les AUTEURS expliquez, critiquez, défendus, ou ſur leſquels on a fait quelque autre remarque, ſoit dans le Texte, ou dans les Notes.

Dans cette Table, & dans les ſuivantes, le Chiffre Romain marque le Livre: le Chiffre Arabe, qui ſuit, indique le Chapitre: & le troiſiéme, precedé d'un point, déſigne le Paragraphe. Que ſi, aprés ce troiſiéme, il y a quelques autres Chiffres Arabes, precedez d'une virgule, ce ſont encore des Paragraphes. Les Notes ſont déſignées par une lettre capitale N. *& le* numero *de chaque Paragraphe, par une petite* n.

I. TABLE, DES AUTEURS.

II. TA-

II. TABLE,

Où l'on trouve

Les mots Grecs, Latins, ou de quelque autre Langue Etrangére, qui sont expliquez, ou sur lesquels on a fait quelque remarque, soit dans le Texte, ou dans les Notes.

parmi les *Grecs*, & parmi les *Romains*. II. 20. 35. N. 4.

Φυσικῶς. Mot, qui ne se trouve point dans les Dictionaires, comme dérivé de φύσις, *natura*; & preuve du sens qu'il a sur ce pié-là. II. 12. 26. N. 4.

G.

Γνωρίσματα. Sens de ce mot, appliqué à un sujet Particulier. II. 8. 3. N. 4.

H.

HABERE *licere*: signification de cette formule du Droit Romain. II. 12. 15. N. 4.

Hanakim: remarque sur ce mot Hébreu. I. 3. 8. N. 38.

Hostis: sens de ce mot, chez les plus anciens *Romains*. II. 15. 5. N. 12.

I.

IMPUNE': sens de cet adverbe, dans quelques Loix du *Digeste*. II. 1. 12. N. 11.

Incensi: quelles gens c'étoit, & leur punition, chez les anciens *Romains*. II. 5. 32. N. 2, 3.

Inducia: étymologie de ce mot. III. 21. 2. N. 1.

Injicere manum: sens de cette expression, en stile de Droit. I. 3. 3. N. 4.

Injusta Uxor: ce que l'on doit entendre par là, dans une Loi du *Digeste*. I. 3. 4 N. 4.

Ἱππικόν, Ἱππικὸς δρόμος. Signification & différence de ces termes. II. 3. 15. N. 2.

Jus: étymologie de ce mot. *Disc. Prélimin.* § 12. N. 4. il se prend quelquefois pour *dominium*, ou *propriété*. I. 1. 5. N. 3. & pour *Lex*, ou *Loi*. *Ibid.* § 9. N. 1.

Justum Testamentum: ce que c'est. I. 3. 4. N. 2.

K.

Κάρβανοι. Sens & origine de ce mot Grec. II. 13. 11. N. 9.

Κατοδίωκον. Ce que c'étoit, chez les anciens *Grecs*. I. 3. 21. N. 29.

Korban: sens de ce mot, chez les anciens *Juifs*. II. 13. 11. N. 3.

Κρίσις, Ἔλεος, Πίστις. Différente signification de ces mots, dans un passage des Evangiles. II. 14. 6. N. 5.

Κτήματα. sens de ce mot, & en quoi il différe d'Ἐγκτήματα. II. 3. 4. N. 8.

L.

Λαφυροπῶλαι. Quelles gens c'étoient, chez les anciens *Lacedémoniens*. III. 6. 14. N. 6.

Liberatio: ce que c'est, dans le Droit Romain. III. 9. 19. N. 13.

Ligius homo: terme du Droit Féodal. I. 3. 23. N. 4.

Limen: *Limes*: diverses remarques grammaticales, à l'occasion de ces mots. III. 9. 1. N. 1.

Limus: mot qui manque dans les Dictionaires Latins. *Ibid.*

Liquido jurare: sens de cette expression. II. 13. 3. N. 7.

Luere pignus: ce que c'est, en stile de Droit. II. 4. 15. N. 2.

Lusoria naves: quelle sorte de Vaisseaux c'étoit, parmi les *Romains*. III. 9. 14. N. 5.

M.

MANCIPIUM. *Res mancipi*, & *Res non mancipi*: distinction de l'ancien Droit Romain, expliquée. II. 8. 25. N. 2.

Manubia: ce que c'étoit, chez les *Romains*. III. 6. 17. N. 11.

Manum injicere. Voiez *Injicere*.

Manus militaris: ce que c'est, dans le Droit Romain. I. 3. 4. N. 12.

Moraschah, & *Nahhalah*: différence de ces deux mots Hébreux. II. 7. 9. N. 2.

Morganatica. Ce que c'est qu'un Mariage ad *Morganaticam*, ou *Morgengabicam*, parmi les *Allemands*. II. 7. 8. N. 8.

Movere arma: sens de cette expression, dans une Loi des *Codes Théodosien & Justinien*. I. 3. 4. N. 10.

Mundiburdium, ou *Mundiburnium*: sens de ces mots de la basse Latinité. I. 3. 21. N. 9.

Municipia: ce que c'étoit, chez les *Romains*. II. 9. 11. N. 9.

Mutuum: se prend quelquefois pour *Commodatum*, ou Prêt à usage. II. 12. 20. N. 2.

N.

NATURA, *Naturaliter*: diverses remarques sur le sens qu'ont ces mots quelquefois. II. 12. 26. n. 2. & N. 4.

Nexi: que les gens on entendoit par là, chez les anciens *Romains*. II. 5. 30. N. 3.

O.

Ὄγκα. Origine du nom de cette Déesse des anciens *Grecs*. I. 3. 8. N. 38.

Οἰκείως: Οἰκειότης: Οἰκειῶσθαι. Sens particulier & philosophique, que ces mots ont dans les anciens Auteurs, mais qui ne se trouve point dans les Dictionnaires. *Disc. Prélimin.* §. 6. N. 4.

Ὁμαιχμία: ce que c'est. II. 15. 5. N. 2.

Ὁμομήτριος: sens particulier, auquel ce mot est emploié par un Pére de l'Eglise. III. 1. 7. N. 6.

Ordalia: ce que c'étoit, chez les anciens *Allemands*. III. 20. 43. N. 6.

Os prabere: sens de cette expression, dans les bons Auteurs Latins. I. 2. 8. N. 26, 27.

P.

Παρακαταθήκη. Sens de ce mot Grec. III. 20. 27. N. 1. en marge.

Pater Patratus: quel étoit son emploi, chez les anciens *Romains*. III. 3. 7. N. 9.

Πάτρωνος. Sens particulier de ce mot Grec, dans les Ecrivains de l'Histoire Byzantine. II. 22. 1. N. 5.

Pax: signification de ce mot, dans les anciens Auteurs Ecclésiastiques. I. 20. 10. N. 37.

PELASGI: origine du nom de cet ancien Peuple. I. 3. 8. N. 38.

Πενέσται: sorte d'Esclaves de *Thessalie*. II. 5. 30. N. 5.

Pignoratio: ce que c'est. III. 2. 1. N. 8.

Πίστις. (Voiez ci-dessus, au mot Κρίσις.) Ἐπὶ τὴν πίστιν αὐτὸν ἐγχειρίσαι τῷ κρατοῦντος: Sens de cette expression. III. 20. 50. N. 5.

Plumbatura: ce que c'est, dans le Droit Romain. II. 8. 21. N. 3.

Pollicitatio: ce que c'est, selon le stile & les idées des anciens Jurisconsultes. II. 11. 3. N. 1.

Postverta Dea: quelle sorte de Déesse c'étoit, chez les *Romains*. III. 9. 1. N. 2.

Princeps: *Principatus*. Sens de ce mot, chez les anciens Auteurs Latins. I. 3. 10. N. 2.

Πρόθεσμα: ce que c'est, dans les Auteurs Grecs de l'Empire de *Constantinople*. II. 3. 10. N. 7.

Προσάγματα: sens de ce mot, dans l'application à un sujet particulier. II. 15. 6. N. 1.

Πρόφασις: ce que les *Grecs* entendoient par là, quand il s'agissoit de l'entreprise d'une Guerre. II. 1. 1. N. 2. II. 22. 1. N. 1.

Ψεύδεσθαι: sens que ce verbe a quelquefois. II. 13. 3. N. 10.

Πυροφόρος. Ce que c'étoit & origine d'un Proverbe Grec, où ce mot entre. III. 11. 10. N. 7.

Q.

QUASI DELICTUM, *Quasi maleficium*. Ce qu'on entend par là dans le Droit Romain II. 1. 2. N. 8.

Quiritium Jus: ce que c'étoit, chez les anciens *Romains*. II. 9. 11. N. 11.

R.

RECIPERATORES, ou *Recuperatores*. Ce que c'étoit, parmi les *Romains*. I. 3. 21. N. 27.

Rega-

III. ET DERNIERE TABLE,

Qui contient les MATIE'RES dont il est traité dans tout l'Ouvrage.

On a expliqué au devant de la prémière Table, ce que signifient les Chiffres & les Lettres qu'on voit ici.

III. TABLE, DES MATIERES.

B.

Butin:

Droit;

G.

H.

I. 9.

T.

Va-

FIN.

ADDI-

ADDITIONS, ET CORRECTIONS.

Dans la PRE'FACE.

PAg. XXIX. ligne 6. *où* GROTIUS *traite* Du Juge competent &c. Lisez: *où* GROTIUS *traite du droit des Ambassades. C'est le Traité* Du Juge compétent &c.

Pag. XXXIX. lign. 11. *la prémiére sorte de Succession Héréditaire* &c. Lisez: *la prémiére sorte de Succession. Pour ce qui est de la Succession Héréditaire* &c.

Pag. XL. lig. 14. *les signes des Prétendans.* Lisez: *les brigues des Prétendans.*

Dans le Corps de l'Ouvrage.

Pag. 7. Not. colomne 1. ligne pénult. *à fine*: Après NICE'TAS CHONIAT. Ajoûtez: [*In* ISACIO ANGEL. Lib. III. Cap. 9.]

Pag. 10. Not. col. 1. lig. 13. ajoûtez à la fin de cette 1. Note: *Voiez ce que j'ai dit sur* PUFENDORF, Droit de la Nat. & des Gens, *Liv.* II. *Chap.* IV. § 4. *Not.* 5. & § 19. *Not.* 2.

Pag. 13. lig 27. *fussent plus faits*: Lisez: *fussent plus forts.*

Pag. 15. Not. col 1. lig. pénult. (*Cap.* XXIX.) Lisez: (*Lib.* IV. *Cap.* XXIX.)

Pag. 24. Not. col. 1. lig. 5. *a fine*: *appelle souvent* SENE'QUE, *nôtre Seneque.* Lisez: *qualifie* SENE'QUE, *Ecrivain souvent de nôtre parti.* [Sicut & SENECA, sæpe noster. *Lib. De Anima*, Cap. XX.] L'ambiguité de l'expression de mon Auteur (*Tertulliano, Seneca sæpe noster*) ne pouvoit être demêlée, que par la lecture du passage même qu'il avoit en vuë, & que je n'ai trouvé que long tems après l'impression de cette feuille.

Pag. 25. lig. 19. *l'essence de la Vérité*: Lisez: *l'essence de la Vertu.*

Pag. 27. Not. col. 1. lign. 6. *Iaιus*: Lisez: *Iσως. Ibid.* lig. 10. *ἀφίενται*: Lisez: *ἰσίενται*

Pag. 34. Not. col. 2. lig. 17. FRANÇOIS CUJAS: Lisez: JAQUES CUJAS.

Pag. 37. dans les Sommaires, *num.* VIII. *l'une soit*: Lisez: *l'une fuit.*

Pag. 40. Not. col. 1. à la fin de la *Note* 6. au lieu de *Cap.* VI. VII. Lisez: *Cap.* VIII.

Pag. 43. Not. col. 2. lig. 38, 39. *une Constitution*: Lisez: *une Convention.*

Pag 45. Not. col. 2. lig. 22. *tant ici, dans* &c. Lisez: *tant ici, que dans* &c.

Pag. 47. Not. col. 1. lig. 30. *Il n'est nullement nécessaire d'une* &c. Lisez: *Il n'est nullement besoin d'une* &c.

Pag. 58. lig. 7. *que la vôtre*: Lisez: *que la nôtre.*

Pag. 63. Not. col. 1. au commencement de la *Note* 25. ajoûtez: *Annal.* Lib. XII. Cap. XIV. *num.* 3. *Dans les* &c.

Pag. 69. Not. col. 1. lig. 7. *πολλάκις δὲ*: Lisez: *πολλάκις αὐτὸ ἀποτίθημι, πολλάκις δὲ* &c.

Pag. 71. Not. col. 2. lig. 13. *Le second passage de* SENE'QUE: Lisez: *Le passage de* QUINTILIEN &c.

Pag. 76. lig. 27. *Souvent avertis*: Lisez: *souvent averties.*

Pag. 83. lig. 23. *qui demandoit changement*: Lisez: *qui demandoit un changement.*

Pag. 88. lig. 15. *il defend de résister*: Lisez: *il défend de résister.*

Pag. 89. Not. col. 1. lig. derniére: *& ob factum*: Lisez: *se ob factum.*

Pag. 94. lig. 13. *établi depuis*: Lisez: *reçû depuis.*

Pag. 101. Not. col. 1. à la Note 23. ajoûtez: [*Orat. ad Græcos*, Cap. XVII. *pag.* 43. *Ed. Oxon.*]

Ibid. Note 1. sur le § X. effacez toute la Note, & substituez y celle-ci: *Le passage se trouve au Liv.* VII. des *Stromates.* Κἂν εἰς ἀρχὴν καταστάς ποτε, καθάπερ ὁ Μωϋσῆς, ἐπὶ σωτηρίᾳ τῶν ἀρχομένων ἡγήσεται, καὶ τὸ ἄγριον καὶ ἄπιστον ἐξημερώσεται, τιμῇ μὲν τῶν ἀρίστων, κολάσει δὲ τῶν μοχθηρῶν &c. Cap. III. pag. 837. *Ed. Oxon.*

Pag. 105. Not. col. 1. à la fin de la *Note* 31. ajoûtez: *Canon.* LXXXII.

Pag. 112. Not. col. 1. lig. 2. *Cap. VI.* Lisez: *Cap. IV.*

Pag. 115. lig. 11. *n'eût à manier*: Lisez: *n'ait à manier.*

Pag. 120. lig. 23. *en quoi consiste la Puissance Civile, & celle*: Lisez: *en quoi consiste la Puissance Civile. La* PUISSANCE SOUVERAINE, *c'est celle* &c.

Pag. 123. Not. col. 1. lig. derniére: *qu'il se trompe*: Lisez: *qu'il se trompa.*

Pag. 134. lig. 1. *Choses corporelles*: Lisez: *Choses incorporelles.*

Pag. 136. Not. col. 2. lig. 10. & 21. *Asymnétes*: Lisez: *Aesymnétes.*

Pag. 138. lig. 13. *plûtôt qu'au Roi.* Lisez: *plûtôt qu'au Roi. Mais cette raison n'est pas meilleure, que la prémiére. Car* &c.

Ibid. Not. col. 2. lig. 12. *que le Peuple commis*: Lisez: *que le Peuple conquis.* Et lig. 25. *pouvoir d'aliener*: Lisez: *le pouvoir d'aliener.*

Pag. 140. Not. col. 1. lig. 16. *translatum*: Lisez: *translatam.*

Pag. 141. lig. 10. au lieu du *numero* 3. mettez 4. & lig. 17. ôtez le *numero* 1.

Pag. 145. Not. col. 1. lig. 2. *des Rois Mineurs*: Lisez: *& l'éducation des Rois Mineurs.*

Pag. 162. Not. col. 2. lig. 3. *à fine*: *μεθὶ*: Lisez: *μεθῇ.*

Pag. 163. lig. pénult. & dern. *Et les conseils d'un Médecin, des Ordonnances.* J'ai suivi, en cet endroit, ce que l'Auteur auroit dû dire, plûtôt que ce qu'il a dit. Il y a dans l'Original: *& ægroti imperare Medicis*: c'est-à-dire: *que les Malades commandent aux Médecins.* Et je crois bien, que nôtre Auteur a eu dans l'esprit une façon de parler, en usage chez les anciens *Romains*, qui, conformément aux maniéres de leur tems, regardoient les Médecins, dont la plûpart étoient Esclaves ou Affranchis, comme autant de Valets des Malades; ainsi qu'il paroît par une Loi du DIGESTE, (*Leg.* 26. *D. De Operis Libertorum*) que GRONOVIUS indique ici, & par quelques autres passages d'Anciens Auteurs, qu'on trouvera alleguez dans les *Disp. anniverſ.* de FRANÇOIS DUAREN, Lib. I. Cap. 54. & dans les Notes de JANUS GRUTER, & de JUSTE LIPSE, sur SENE'QUE, *De Benefic.* Lib. VI. Cap. 16. Mais on ne parle plus ainsi aujourdhui, sur le pié que sont les Médecins: & parmi les Anciens même on disoit aussi d'un Médecin, qu'il *ordonnoit*, qu'il *faisoit des ordonnances* à ses Malades; comme le monte JUSTE LIPSE, dans l'endroit que je viens d'indiquer.

Pag. 166. Not. col. 2. lig. 2. après ces mots, *nous avons parlé ci-dessus*, Ajoûtez: *Il est vrai, que, selon la Version de nôtre Auteur, que j'ai dû suivre, ce Pere semble dire, que* les *Juifs* paioient tribut à leurs propres Rois. *Mais il y a faute dans le Grec, comme l'a très-bien remarqué* DIDIER HERAULT, De rerum judicat. auctoritate, *Lib.* II. *Cap.* XVI. num. 11. Au lieu de τοῖς Βασιλεῦσιν ἑαυτῶν, *il faut lire*, τοῖς Βασιλεῦσιν αὐτῶν, *& traduire par conséquent*: Ils paioient tribut aux Empereurs Romains &c. *C'est ce que demande la liaison du discours*: Ils suivoient du reste leurs propres Loix &c. ST. CHRYSOSTÔME *dit même expressément, que les* Juifs *paioient alors tribut à l'Empereur, selon les paroles de Nôtre Seigneur*: Rendez à *César* ce qui appartient à *César*; *& il ajoûte qu'il y avoit une garde Romaine dans les Portiques du Temple. Après tout* &c.

Ibid. lig. 10. *que ceux des Romains*: Lisez: *que ceux des* Juifs.

Pag. 176. Not. col. 1. dans la *Note* 15. effacez, depuis le commencement, jusqu'aux mots, *voici une pensée*: & lisez: *Ce passage que l'Auteur ne cite qu'en Latin n'est ni dans la* Vie de PYTHAGORE, *ni dans le* Protrepticon *de* JAMBLIQUE: *mais je l'ai enfin trouvé dans* STOBÉE, *où on le donne comme un fragment d'une Lettre qui n'est point parvenue jusqu'à nous. Le voici.* Οὐ γὰρ δὴ ἀσχάλεται τὸ κοινὸν συμφέρον τοῦ ἰδίου· πολὺ ἢ μᾶλλον ἐν τῷ ὅλῳ καὶ τὸ καθ' ἕκαστα λυσιτελοῦν περιέχεται, καὶ σώζεται ἐν τῷ παντὶ τὸ μέρος, ὅτι τε τὸ ζῶον, καὶ τὸ ἄλλον φύσιν. Sermon. XLIV. *De Magistratu* &c. pag. 315. *Edit. Genev.* 1609. *Ajoûtons une pensée* &c.

Pag. 183. lig. 10. & 11. *en vient à accorder*: Lisez: *va jusqu'à accorder.*

Pag. 185. Not. col. 2. lig. 36. *de leur Ministére.* Ajoûtez: *comme je l'ai montré dans une Harangue Latine, imprimée à* Amsterdam, en 1721. *sous ce titre*: ORATIO DE MAGISTRATU, FORTE PECCANTE, E PULPITIS SACRIS NON TRADUCENDO.

Pag. 197. Not. col. 2. lig. 18. *Tit. T.* Lisez: *Vit. T.*

Pag. 198. Not. col. 2. à la fin de la *Note* 9. ajoûtez: GROTIUS.

Pag. 204. Not. col. 1. lig. 8. παρίσανται: Lisez: παρίστανται.

Pag. 225. Not col. 1. lig. 10. *Cap. X.* Lisez: *Lib. II. Cap. X.*

Ibid. lig. 43 après, ἀνίστηται] ajoûtez: (Pag. 35. D.)

Pag. 234. Not. col. 2. lig. 9. *aris objecti*: Lisez: *aris abjecti.*

Ibid. lig. 10. *Lib. IX.* Lisez: *Lib. IV.*

Pag. 240. à la marge, *lettre* b. lig. 2. *Cap.* 79. Lisez: *Cap.* 67.

Pag. 243. Not. col. 2. lig. 3. *à fine*: *n'ait*: Lisez: *n'ont.*

Pag. 244. Not. col. 2. lig. 11. *Note* 15. Lisez: *Note* 16.

Pag 249. Not. col. 1. lig. 8. *que l'on*: Lisez: *ce que l'on.*

Pag. 253. Not. col. 1. lig. 3. ἐπὶ τὴν: Lisez: ὅπη τὴν.

Ibid. col. 2. lig 38. après *pag.* 997. C.) Ajoûtez: *Et ailleurs à la Famille des* Césars *en général*: Ἀφ' ὧν τὴν ἡγεμονίαν ὁ Σέβαστος ἔσχεν ἀνῆψατο γῆς καὶ θαλάττης. In Flacc. (*pag.* 980. B.)

Pag. 255. Not. col. 2. changez ainsi la *Note* 4. POLYBE *parle de l'un & de l'autre* (Lib. IV. Cap. 44.) GROTIUS.

Pag. 258. Not. col. 1. lig. 25. *De reste*: Lisez: *Du reste.*

Pag. 261. Not. col. 1. lig. 9. *par son bien*: Lisez: *sur son bien.*

Pag. 262. Not. col. 1. lig. 2. *Note* 5. Lisez: *num.* 4.

Pag. 271. Not. col. 1. lig. 30. *aime avec l'état*: Lisez: *aime l'état.*

Pag. 275. Not. col. 1. lig. 23. *du même Jurisconsulte*: Lisez: *du Jurisconsulte Allemand, que je viens de citer.*

Pag. 276. lig. 13. *de ceux qui consistent*: Lisez: *ni de ceux qui consistent.*

Ibid. Not. col. 1. lig. 6. *à fine*: *de la differer*: Lisez: *de le differer.*

Pag. 279. lig. 5. effacez les mots, *sur les choses.*

Pag. 284. Not. col. 2. lig. 11. *à fine*: après γενεσθαι Ajoûtez: (*Apolog.* II. § 3. Edit. Oxon.)

Pag. 285. Not. col. 1. lig. 6. *à fine*: au lieu de *IV.* 16. Lisez: *IV.* 6.

Pag. 290. Not. col. 2. lig. 21. ἀφείστασθαι: Lisez: προΐστασθαι.

Pag. 291. Not. col. 2. lig. 23. τὸ Βαρβάρων. Lisez: τὸ Βαρβάρων γένος.

Pag. 292. lig. 8. *ne croions-nous*: Lisez: *ne croirons-nous.*

Pag 296. Not. col. 1. lig. 12. *Lib. V.* Lisez: *Lib. VI.*

Pag. 297. Not. col. 2. lig. 14, 15. *Mariages collatéraux*: Lisez: *Mariages entre Collatéraux.*

Pag. 298. Not. col. 1. lig. 15. μαστόνται: Lisez: μαστεύονται.

Pag. 299. lig. 19. *il passoit pour Bâtard*: Lisez: *leurs Enfans passoient pour Bâtards.*

Ibid. Not. col. 2. lig. 7. *à fine*: μετεῖναι. Lisez: μετεῖναι.

Pag. 303. Not. col. 2. lig. 4. *à fine*: *vers le plus doux*, Lisez: *vers le côté le plus doux.*

Pag. 304. Not. col. 1. lig. 23. *Lib. IX.* Lisez: *Lib. VIII.*

Pag. 311. lig. 13. *qui y étoient*: Lisez: *ou qui y étoient.*

Pag. 313. Not. col. 2. lig. 16. *avec le nouveau*: Lisez: *le nouveau.* Et dans la ligne suivante, avant *l'ancien*, effacez aussi *avec.*

Pag. 320 lig. 24. *& dispôser*: Lisez: *& de disposer.*

Pag. 326. col. 1. lig 19. ξυνιέναι: Lisez: ξυνιέναι.

Ibid. lig. 21. τοῦ πατρὸς: Lisez: τῷ τοῦ πατρός.

Pag. 327. col. 1. lig. 8. avant GROTIUS: Ajoûtez: SALLUSTE *traite d'impie un Testament, par lequel un Fils est exclu de la Succession paternelle.* Et après cette Note, mettez celle-ci, de moi. *Le passage de* SALLUSTE *se trouve dans un Fragment, qui contient la Lettre de* Mithridate *à* Arsace, *Roi de* Perse. *Et il s'agit-là du Testament, par lequel* Attale *institua le Peuple Romain son Héritier*: Simulatoque impio Testamento, filium ejus *Aristonicum*, quia patrium regnum petiverat, hostium more per triumphum duxêre. *Fragm. Lib. IV.* Cap. 2. *Edit. Wass.*

Pag. 330. lig. 12. *on trouve*: Lisez: *on trouva.*

Pag. 336. lig. 11. *parvenir des Parens*: Lisez: *parvenir à des Parens.*

Pag. 339. Not. col. 2. lig. 3. *Mais alors*: Lisez: *Mais cela exposeroit l'État à de grands troubles, & autres fâcheux inconvéniens. Sera-ce le Peuple? Mais alors* &c.

Pag. 340. Not. col. 1. lig. 4. *des Successeurs Mâles*: Lisez: *de Successeurs Mâles.*

Pag. 351. Not. col. 1. lig 8. ἄνευ: Lisez: ἄνευ.

Pag. 356. Not. col. 2. lig. 17. *cela n'est pas possible*: Lisez: *cela n'est pas impossible.*

Pag. 360. Not. col. 1. les Notes 5. & 6. sont transposées: la 5. répond au *numero* 6. du Texte; & la 6. au *numero* 5.

Pag. 366. lig. 9. *qui parait delà*: Lisez: *qui paroit au delà.*

Pag. 369. Not. col. 2. lig. 8. *à fine*: *celui qui avoit*: Lisez: *celui qui a.*

Pag. 372. Not. col. 2. lig. 36, 37. effacez ces mots: *d'un Savant qui a été autrefois Membre de la même Cour, qu'il l'est aujourdhui lui-même.*

Pag. 373. Not. col. 2. lig. 18, 19. *on voit qu'il*: Lisez: *on voit que l'Empereur.*

Pag. 376. lig. 3. *les Corps d'un Peuple*: Lisez: *le Corps d'un Peuple.*

Pag. 383. Not. col. 2. lig. 8, 9. *qu'une Armée en procla-*

ADDITIONS ET CORRECTIONS.

moit un autre : Lisez : qu'une Armée en aiant proclamé un ici, ailleurs on en proclamoit un autre.

Pag. 384. Not. col. 2. lig. 1. τύφα : Lisez : τύχη. Et διαιτεῖν : Lisez : διαιτεῖν.

Pag. 389. lig. 10. qu'il fasse savoir : Lisez : qu'il lui en coûte, mais seulement à faire savoir &c.

Ibid. Not. col. 1. lig. 6. τὸν τε : Lisez : τόν τε.

Pag. 396. lig. 3. par gestion d'affaires : Lisez : pour gestion d'affaires.

Pag. 397. lig. 1. la propriété d'autrui : Lisez : la propriété du bien d'autrui.

Pag. 421. lig. 11. c'est un Contract : Lisez : est un Contract.

Pag. 433. Not. col. 2. lig. 12. profession du Vendeur : Lisez : profession des Acheteurs.

Pag. 442. lig. 18. ce qui n'auroit lieu : Lisez : ce qui n'avoit lieu.

Ibid. Not. col. 2. lig. 31. ἐδ' ἐπὶ χεῖρας. Lisez : ἐδ' ἐπὶ χεῖρας.

Pag. 448. Not. col. 1. lig. 10. Canon d'Ilerde : Lisez : Canon du Concile d'Ilerde.

Pag. 450. Not. col. 1. lig. 17. par Chaganus, Roi : Lisez : par le Chagan, ou Roi.

Pag. 458. Not. col. 1. lig. 6. à fine : par de justes causes : Lisez : pour de justes causes.

Pag. 462. Not. col. 2. lig. 1. pro Digest. Lisez : pro Dejotar.

Pag. 463. lig. 18. dont le Roi permet : Lisez : dont la Loi permet.

Pag. 465. Not. col. 1. lig. 7. à fine : de ce qu'il fait : Lisez : de ce qu'il a fait.

Pag. 472. au dernier paragraphe du Chap. mettez § XIV. au lieu de § IV.

Pag. 489. lig. 10. faits des : Lisez : faits par des :

Ibid. lig. 18. De ces trois parties : Lisez : De ces trois partis.

Pag. 500. lig. 16. le reste : Lisez : en sorte que, le reste &c.

Pag. 501. lig. 3. qu'il faut passer : Lisez : qu'il faut suivre.

Pag. 522. lig. 24. qui deviennent aussi nôtres : Lisez : qui deviennent ainsi nôtres.

Pag. 525. Not. col. 2. lig. 9. de les y porter. Lisez : de ne pas les y porter.

Pag. 526. lig. 19. autres Patrons : Lisez : autres Parens.

Ibid. lig. 27, 28. susceptible d'imputation : Lisez : susceptible d'estimation.

Ibid. Not. col. 1. lig. 2. partem noluisti : Lisez : partem voluisti.

Pag. 533. Not. col. 2. lig. 3. à fine : qu'ils auroient : Lisez : qu'ils auroient eus.

Pag. 534. lig. 9. à fine : après ....., effacez la virgule.

Ibid. lig. 7. à fine : Lib. III. Lisez : Lib. II.

Pag. 538. Not. col. 1. lig. 19. si on se saisiroit d'eux : Lisez : si on les mettroit en prison.

Pag. 539. lig. 31. sans y être forcé, est assez forte pour le punir : Lisez : peut être disposée à le punir.

Ibid. Not. col. 1. au commencement de la Note 7. effacez les mots suivans : Mais comment saura-t-on, si un Ambassadeur est venu de son bon gré, ou non? Pour ce qui est de la raison en elle-même. La Note doit donc commencer ainsi : Il ne s'agit point &c.

Pag. 540. lig. 4. de la mettre : Lisez : de le mettre.

Pag. 552. Not. col. 1. lig. 28. vers. 531. Lisez : vers. 1260.

Pag. 568. Not. col. 2. lig. 5. ἀφαιλάματα : Lisez : ὀφειλήματα.

Pag. 569. lig. 22. Ainsi cet Apôtre : Lisez : Aussi cet Apôtre.

Ibid. Not. col. 2. lig. 9. φέρειν : Lisez : φέρει.

Pag. 571. lig. 14. au lieu du numero 2. mettez 3.

Pag. 572. Not. col. 2. lig. 8. rafraichissimus : Lisez : rafraichissemens.

Ibid. Not. col. 1. lig. 5. à fine : Cap. XXI. Lisez : Cap. XXVI.

Pag. 589. Not. col. 1. lig. 18. Dans l'ancienne Version : Lisez : L'Auteur donne seulement une Version &c.

Ibid. lig. 20. après ignorantia : Ajoûtez : [Voici l'original : 'Ου γὸ' τὰς καταγγελθείσας κολάζειν ὑμᾶς ἀξιοῦμεν· ἀκάντας δ' τὰ φαυλότερον πεποιηκότας, καὶ τῷ ἀκῶν ἀγνοίᾳ. Apolog. II. (ou plûtôt I.) pag. 44. Edit. Sylburg.]

Ibid. lig. 24. après ἐκλαυμα : ajoûtez. [Dialog. cum Tryphon. pag. 182.

Pag. 592. Not. col. 2. lig. 8. à fine : digno illico : Lisez : digno illico supplicio.

Pag. 605. Not. col. 1. lig. 19. pro Cluentio : Lisez : pro P. Sylla.

Pag. 608. Not. col. 2. lig. 9. à fine : .... : Lisez : ......

Pag. 621. lig. 20. Qu'il : Lisez : Qu'il faut.

Pag. 625. Not. col. 1. lig. 11. ἢ ἐν : Lisez : ἢ ἐν.

Ibid. lig. 28. d'idolatrie sujette : Lisez : d'idolatrie fut sujette.

Pag. 628. Not. col. 1. à la fin de la Note 10.] Ajoûtez : GROTIUS.

Ibid. lig. 5. à fine : après abnegarent : ajoûtez : Lib. X.

Pag. 639. Not. col. 1. lig. 11. à fine : après Tit. VII. ajoûtez : Arbor. furtim Caesarum, Leg. VII.

Pag. 645. Not. col. 1. lig. 6. de l'Enéïde : Lisez : SERVIUS sur le VIII. Liv. de l'Enéïde.

Pag. 668. Not. col. 2. lig. 11. à fine : après .... : ajoûtez : ὑπέχειν.

Pag. 672. Not. col. 2. lig. 4. Azatium : Lisez : Azaritum.

Pag. 677. Not. col. 1. lig. 3. à fine : ἀνομολογήσαντι : Lisez : ἀν ὁμολογήσωσι.

Pag. 678. lig. 7. (g) Lisez : (9)

Ibid. lig. 9. (9) Lisez : (g)

Pag. 683. Not. col. 1. lig. 15. ἐν τοῖς ὑπερβάλλουσι : Lisez : ἐν τοῖς γεννήσασι ὑπερβάλλουσι.

Pag. 688. lign. 20. & de Scipion : Lisez : & de Scipion qui ne voulurent point se soûmettre à César, après la fameuse bataille de Pharsale, où celui-ci étoit demeuré Vainqueur.

Pag. 692. à la marge, lett. d. Amphiloch. X, 13. Lisez : Amphiloch. II, 13.

Pag. 697. Not. col. 1. lig. 5. à fine : χάριν : Lisez : χάριν.

Pag. 698. Not. col. 2. lig. 18. ἴσει νόμῳ : Lisez : ἴσῳ νόμῳ.

Pag. 700. Not. col. 2. lig. 22. de Guerre : Lisez : la Guerre.

Pag. 701. Not. col. 1. lig. 26. après le mot vers, effacez le numero 2.

Pag. 717. Not. col. 2. lig. 6. à fine : luserias cubiculatas : Lisez : luserias & cubiculatas.

Pag. 718. Not. col. 1. lig. 17. neutre, que : Lisez : neutre, & que.

Pag. 725. Not. col. 2. lig. 15, 16. effacez, depuis ἐν, jusqu'à ἀυτὸς, inclusivement.

Pag. 737. lig. 14. ses délibérations : Lisez : les délibérations.

Pag. 750. Not. col. 2. lig. 5. πλοῦ : Lisez : ἔνδεα.

Pag. 752. Not. col. 1. lig. 4. à fine : après Peuple : ajoûtez : Lib. XIV. [pag. 234. où néanmoins il n'y a rien qui se rapporte ici.]

Pag. 756. Not. col. 2. lig. 10. aient naturellement : Lisez : aiant naturellement,

Pag. 763. Not. col. 2. lig. 26. en usérent : Lisez : en userent ainsi.

Pag. 764. lig. 8. en vertu du Droit : Lisez : en vertu du Droit Naturel, & non pas en vertu du Droit &c.

Pag. 784. Not. col. 2. lig. 7. tulit : Lisez : tulit, ut.

Pag. 796. Not. col. 2. lig. 25. Note 4. Lisez : Note 7.

Pag. 808. Not. col. 2. lig. dern. CIX. Lisez : CXIV.

Pag. 826. Not. col. 2. lig. 18. ἐπεβουλεύθησαν : Lisez : ἐπεβουλεύθησαν.

Ibid. lig. 19. ἐπαχθεστάτας : Lisez : ἐπαχθεστάτας.

Pag. 832.

ADDITIONS ET CORRECTIONS.

Pag. 832. Not. col. 2. à la fin de la *Note* 4. Ajoûtez : GROTIUS.

Pag. 833. Not. col. 1. lig. 14. *aux devoirs duquel* : Lisez : *aux droits duquel*.

Pag. 837. Not. col. 2. lig. 22. *voit censé* : Lisez : *étoit censé*. Il y a quelque lettre de trop, ou de moins, au commencement des deux lignes suivantes.

Pag. 840. Not. col. 2. lig. 12. *Lib. IV*. Lisez : *Ibid. Leg. IV*.

Pag. 841. Not. col. 2. lig. 34. *presque tout* : Lisez : *presque par tout*.

Pag. 843. lig. 10. *il n'eût été établi* : Lisez : *il n'eût été entre les mains de l'Ennemi. Cela aussi étoit établi* &c.

Pag. 844. Not. col. 1. lig. 28. *Prisonniers qui retournoient* : Lisez : *Prisonniers qui retournoient ou qui mouroient* &c.

Pag. 858. Not. col. 1. lig. 4. *à fine* : *Lib. I*. Lisez : *Lib. III*.

Pag. 863. Not. col. 2. lig. pénult. *Lib. IV*. Lisez : THUCYDID. *Lib. III*.

Pag 871. Not. col. 1. lig. 24. ὁμαρτησάμενον : Lisez : ὁμαρτησάμενον.

Pag. 883. Not. col. 1. lig. 6. ἀξίαν μὴ μόνον : Lisez : ἄξιον μὴ μόνον.

Ibid. lig. 12. ἀδελφεντα : Lisez : ἀδελφοντα.

Pag. 901. Not. col. 1. lig. 17, 18. *pag*. 728. Lisez : *pag*. 798.

Pag. 903. Not. col. 1. lig. 10. *repète ailleurs, où il remarque, que, comme les Esclaves* : Lisez : *fournit, il le repète ailleurs, où il remarque, que les Esclaves* &c.

Pag. 914. lig. dern. *même* d'ARISTOTE : Lisez : *& même* d'ARISTOTE.

Pag. 936. Not. col. 1. lig. 19. πάντα δ' : Lisez : πάντα δ' χεῖρον.

Pag. 951. Not. col. 1. lig. 4. *& offenser* : Lisez : *d'offenser*.

Pag. 962. lig. 19. *après s'être battus* : Lisez : *mais après s'être battus*.

Pag. 969. Not. col. 1. lig. 4. *à fine* : τὴν γῆν : Lisez : τῆς γῆς.

Pag. 974. Not. col. 2. lig. 8. ἀνεγέλασατο : Lisez : ἀνεγέλασατο.

Pag. 983. Not. col. 2. lig. 7. *il ne gagneroit* : Lisez : *& il ne gagneroit*.

Pag. 991. lig. 7. *à fine* : *il faut expliquer ici* : Lisez : *il faut appliquer ici*.

Pag 992. lig. 12. *qu'elle a sur l'intérêt* : Lisez : *qu'elle a sur l'intérêt public*.

Pag. 994 lig. 1. *il s'agit* : Lisez : *dont il s'agit*.

Ibid. Not. col. 1. à la fin de la *Note* 2. ajoûtez : *Avant ce tems-là, le même Sénat Romain avoit contraint quelques Prisonniers d'aller se remettre entre les mains de* Pyrrhus, *qui leur avoit donné congé sous cette condition*. APPIEN, Excerpt. Legat. num. 6. [pag. 348. Eclog. Fulv. Ursin.] GROTIUS.

Pag 998. Not. col. 2. lig. 7. ἂ Lisez : ἄν.

Pag 1000. Not. col. 1. lig. 4. à fine : Λυσιλεσίαν : Lisez : Λυσιτελεσίαν.

Ibid. col. 2. lig. 15. & 16. ἀναμετρησάμενον : Lisez : ἀναμετρησάμενον.

Ibid. col. 2. après la *Note* 3. Ajoûtez : DEPUIS que cette Note est imprimée, j'ai trouvé par hazard le Vers Grec, dans PLUTARQUE, sur la fin de la Vie de *Marius*, pag. 432. C. *Ed. Wech*. où il y a deux mots autrement rangez, que ne les rapporte ici nôtre Auteur.

Δειναὶ γὰρ κοῖται καὶ ἀποιχομένοιο λέοντος.

De plus, le mot ἀποιχομένοιο est traduit *absent*, & non pas *mourant*, par l'Interprête Latin, & par les deux Traducteurs François ; ce qui paroît d'abord assez convenir à la suite du discours. Ainsi l'application, qu'en fait GROTIUS, ne seroit point juste : ou bien il faudra dire, que, citant de mémoire, il ne s'est pas souvenu du sens qu'a le mot équivoque ἀποιχομένοιο dans l'endroit, d'où il l'avoit pris. Cependant, quand j'examine bien les circonstances de l'état où se trouvoit *Marius*, qui, à ce qu'on dit, entendoit toûjours quelcun, qui faisoit retentir ce vers à ses oreilles ; il me semble que nôtre Auteur a pû avoir de bonnes raisons pour expliquer ἀποιχομένοιο par *mourant même* : & on le verroit bientôt, si nous avions l'ancien Poëte, de qui apparemment ce vers avoit passé en proverbe. Dans la frayeur & l'agitation extraordinaire, où étoit *Marius*, il ne regardoit pas comme absent *Sylla*, sur qui doit tomber l'ἀποιχομένοιο, en supposant le sens qu'on y donne communément : il se representoit au contraire cet Ennemi jeune & vigoureux, comme présent, comme aux portes de *Rome*, par les nouvelles qu'il avoit de son approche. Je m'imagine donc, qu'il s'appliquoit à lui-même le vers Grec, & qu'il le prenoit en même tems pour un présage de sa mort prochaine, & pour une exhortation à périr en vieux Lion, tel qu'il étoit. Le mot ἀποιχόμενος se dit assez souvent de ceux qui meurent, sur tout dans les Poëtes : & j'en trouve un exemple fort semblable à celui-ci, dans un ancien Oracle rapporté par LUCIEN, où il s'agit d'un Loup.

Μιμνάζει χεὶ πάντως ἀποιχομένοιο λύκοιο.

De Morte Peregrin. Tom. II. pag. 579. *Ed. Amst*. Mr. DACIER fait consister le fin de l'application du vers Grec, en ce que *Rome* étoit *la patrie de* SYLLA. Mais cette circonstance ne le rendoit pas plus redoutable à *Marius*, qu'auparavant : c'étoit la situation présente des affaires, & sur tout les forces que *Sylla* venoit d'aquérir par ses victoires, qui effraioient *Marius*, & qui l'auroient épouvanté par tout ailleurs. Ainsi la remarque du nouveau Traducteur n'est pas de meilleur goût, que quantité d'autres ; par exemple, que celle qu'il fait un peu plus bas (*Tom*. IV. p. 188. *Ed. d'Amst*.) sur ce que PLATON, remercioit son bon Demon, de l'avoir fait naître *Homme & non pas Bête*. Si jamais Commentateur a été chercher *nodum in scirpo*, c'est-ici certainement.

Pag. 1001. Not. col. 2. lig. 8. *que* PLATON : Lisez : *Ce Philosophe raisonne-là sur un principe, que* PLATON &c.

Achevé d'imprimer le 16. Decembre 1733.

FIN.

PRI-

PRIVILEGIE.

DE Staten van Holland en Westvriesland Doen te weeten: Alsoo ons vertoond is, by Pieter de Coup, Burger en Boekverkooper binnen de Stadt Amsterdam, dat hy Suppliant thans bezig was met zeer groote en swaare onkosten te drukken, en omtrent voleyndt hadde *le Droit de la Guerre & de la Paix par Mr. Hugues Grotius, traduit du Latin en François par Mr. Jean Barbeyrac, Professeur en Droit à Groningue, avec les Notes de l'Auteur & du Traducteur in Quarto, twee Volumes* ende beducht was, dat eenige baatzugtige menschen dat werk souden willen nadrukken en alhier te Lande invoeren tot des Suppliants overgrote schade, so keerde den Suppliant zig met alle ootmoedigheyd tot ons seer onderdaniglyk versoekende, hem Suppliant te willen begunstigen met eene Privilegie, om het voorsz. boek, geintituleert: *Le Droit de la Guerre & de la Paix, in 't Latyn beschreven door Hugo Grotius, en in 't Frans vertaalt door gemelte Jean Barbeyrac, Professor in de regten te Groningen in quarto twee volumes met de aanteekeningen van den Autheur en zeer considerable van den Overzetter.* Alleen met Seclusie van alle andere alhier te Lande te mogen drukken, doen drukken, uitgeven, en verkopen, in sulken formaat als het den Suppliant best zal oordeelen, en dat voor de tydt van vyftien Jaaren, met verbodt aan alle anderen, het voorgemelte alhier te Landen, 't zy in 't geheel, 't zy ten deele, te mogen nadrukken, of buiten 's Lands nagedrukt zynde in deze Landen in te voeren, te verhandelen, of te verkopen, en te statueeren tegens de overtreeders een boete van drie Duyzend Guldens, en confiscatie der ingebragte, verhandelde of verkogte Exemplaren van den Nadruk, SOO IST; dat wy de saake en 't versoek voorschr. overgemerkt hebbende, en geneegen weesende ter Beede van den Suppliant uyt onze regte Wetenschap, Souveraine Magt te Authoriteyt den selven Suppliant geconsenteert, geaccordeert en geoctroyeert hebben, consenteeren, accordeeren, ende octroyeeren hem mits dezen, dat hy geduurende de tydt van vyftien eerst agter een volgende Jaaren het voorsz. boek genaamt, *Le Droit de la Guerre & de la Paix, par Mr. Hugues Grotius, traduit du Latin en François, par Mr. Jean Barbeyrac, Professeur en Droit à Groningue, avec les Notes de l'Auteur & du Traducteur in Quarto twee Volumes*, binnen den voorsz. onsen Landen, alleen zal moogen drukken, doen drukken, uytgeven, en verkopen, verbiedende daarom alle, en een yegelyk het zelve boek int 't geheel of ten deele te drukken, naar te drukken, te doen naar drukken te verhandelen of te verkopen, ofte elders naargedrukt binnen deselve onse Landen te brengen, uyt te geven, ofte te verhandelen ende verkopen, op verbeurte van alle de nagedrukte, ingebragte verhandelde, of verkogte Exemplaren ende een boete van drie Duysent guldens daar en boven te verbeuren, te appliceeren een derde part voor de Officier, die de Calange doen zal, een derde part voor de armen der plaats, daar het casus voorvallen zal, en de het resteerende derde part voor den Suppliant, en dit telkens so meenigmaal, als de zelve zullen werden agterhaalt, alles in dien verstande, dat wy den Suppliant met dezen onzen Octrooy alleen willende gratificeeren tot verhoedinge van syne Schade door het nadrukken van 't voorschr. Boek daar door in geenigen deelen verstaan, de inhouden van dien te authoriseeren, ofte te advoueeren ende veel min het selve onder onse protectie en bescherming eenig meerder credit aanzien, of reputatie te geeven, nemaar den Suppliant in cas daar in iets onbehoorlyk zoude influeeren, alle het zelve tot zynen laste zal gehouden weezen te verantwoorden, tot dien eynde wel expresselyk begeerende, dat by aldien hy dezen onse Octrooye voor het selve boek zal willen stellen, daar van geen geabrevieerde, ofte gecontraheerde mentie zal mogen maken, nemaar gehouden weezen het zelve Octrooy in 't geheel, ende sonder eenige omissie daar voor te drukken; ofte te doen drukken, en dat hy gehouden zal zyn een Exemplaar van het voorsz: Boek, gebonden en wel geconditioneert te brengen in de Bibliotheeck van onse Universiteyt tot Leyden, en daar van behoorlyk te doen blyken, alles op pœne van het effect van dien te verliesen, ende ten eynde de Suppliant dezen onsen consente en Octrooy moogen genieten als naar behooren; Lasten wy alleen ende een yegelyken, die 't aangaan mag, dat zy den Suppliant van den inhoudt van dezen doen, laaten ende gedoogen, rustelyk, vredelyk, ende volkomentlyk genieten ende gebruyken, cesseerende alle belet ter contrarie. Gedaan in den Hage, onder ons grooten zegel, hier aan gehangen, op den veertiende October in 't Jaar onses Heeren ende Saligmakers seventien hondert drie en twintig.

Was geteekent

IS. V. HOORNBEEK, ut.

en onderstond,

Ter ordonnatie van de Staaten

SIMON, VAN BEAUMONT.

Défauts constatés sur le document original

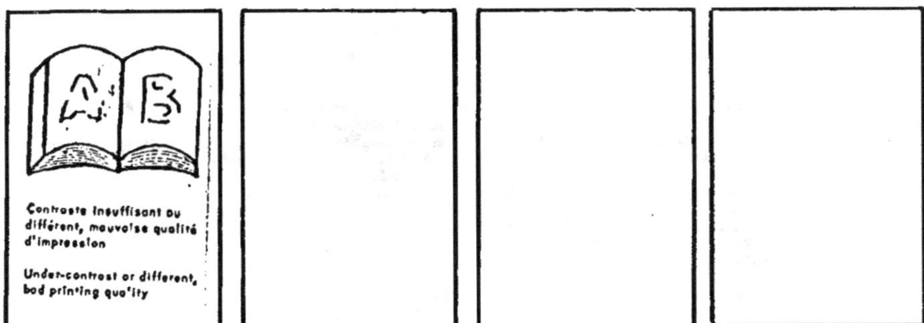
Contraste insuffisant ou différent, mauvaise qualité d'impression
Under-contrast or different, bad printing quality

www.ingramcontent.com/pod-product-compliance
Lightning Source LLC
Chambersburg PA
CBHW070628270326
41926CB00011B/1850